THE END
OF
형사소송법

———

CRIMINAL PROCEDURE LAW
by KIM JEONG CHUL

머리말 PREFACE

　이 책의 이름을 "The End of 형사소송법"이라고 지었다. 그 이유는 이 교재를 가지고 공부하는 사람들이 시험이든 실무에서든 끝까지 가지고 볼 수 있는 책을 만들어보고 싶었기 때문이다. 어느덧 형사법 강의를 한지가 20여 년이 넘었다. 그럼에도 늘 강의에만 중점을 두느라 막상 교재는 보조적 도구로 치부하여 신경을 제대로 쓰지 못했던 것이 사실이다. 그래서 학생들이 기본서는 저명하신 교수님들의 기본서를 선택하여 보도록 하면서 최근 판례와 중요 핵심 쟁점만을 정리해 둔 요약정리집으로만 강의를 해왔다.

　이에 필자는 실무에서 약 15년 간 형사전문 변호사로 활동을 하면서 취득한 실무적 경험과 노하우를 이제는 학생들에게 책으로도 전달할 시점이 왔다고 판단하였다. 그간 바쁘다는 핑계로 기본서에 준하는 교재를 만들고자 하는 계획은 번번이 무산되었지만, 이번에는 본 형사소송법 교재를 통해 형사소송법을 공부하는 학생들뿐만 아니라 변호사, 검찰, 경찰, 법원공무원 분등 실무에서 형사소송을 다루는 분들도 볼 수 있도록 조금은 중요성이 떨어지는(?) 지엽적인 쟁점 부분은 서술을 과감히 줄이고, 형사소송법 전반적인 흐름을 이해하면서 최근 판례 동향을 파악할 수 있도록 서술하였다.

　특히, 2020년 형사소송법이 대대적으로 개정되었기에 이를 통해 변화될 형사소송의 절차를 설명하고자 하였고, 증거법 파트는 기존의 교과서 등이 이해하기 어렵도록 서술된 부분을 최대한 쉽게 그리고 명확하게 설명하여 본 교재를 공부한 분들이 실제 실무에서도 배운 이론을 사용할 수 있도록 하고자 하였다. 과거 필자가 사법시험을 보기 전 형사소송법을 공부했던 시기를 떠올려 보면, 학설들의 내용이 무엇을 의미하는지도 모른 채 막연히 암기만을 했던 것 같다. 이로 인해 형사소송법을 단지 수험용으로만 공부만 했을 뿐 실제 형사소송에서 어떻게 활용되는지를 제대로 알지 못하였다.

　이번 "The End of 형사소송법"은 수험적으로 가장 적합하게 양을 줄이면서도, 실무에 나가서도 반드시 알아야 할 부분은 빠짐없이 다루려고 많은 노력을 기울였다. 모든 내용을 담는 것은 쉬우나 불필요한 것을 덜어내는 것은 정말 어려운 일이다. 이 책의 이름은 "The End of 형사소송법"이지만, 내게는 끝(end)이 될 수 없는 것을 잘 알고 있다. 필자에게는 앞으로 완성도를 높이고 더 좋은 교재가 되기 위한 끊임없는 노력을 기울이기 위한 의미로 'End'를 마음에 새기고자 한다. 부디 이 교재를 보는 분들에게 형사소송법을 좀 더 쉽고, 좀 더 빠르게 익힐 수 있는 무기가 되기를 빈다.

　　　　　　　　　　　　　　　　　　　2022. 1. 21. 법무법인 우리 사무실에서 고된 탈고를 마치며...
　　　　　　　　　　　　　　　　　　　　　　　　　　　　　　　　　김 정철 올림.

형사소송절차 개관도

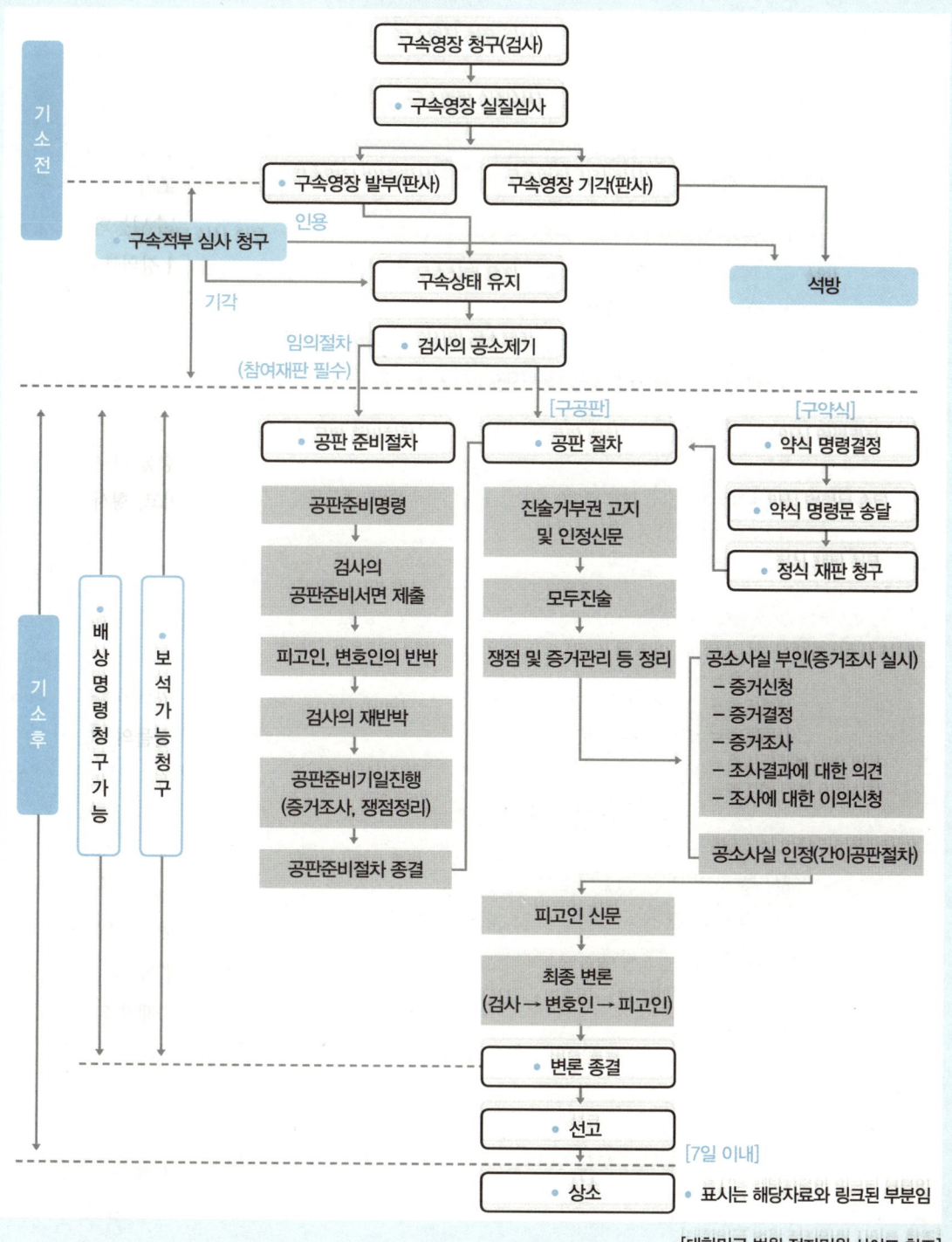

[대한민국 법원 전자민원 사이트 참조]

목차 CONTENTS

PART 01 형사소송법의 일반이론

CHAPTER 01 형사소송법의 이념 ··· 1
- Ⅰ. 형사소송의 의의와 목적 ··· 1
- Ⅱ. 실체진실주의 ··· 2
- Ⅲ. 적법절차의 원리 ··· 3
- Ⅳ. 신속한 재판의 원칙 ··· 4

CHAPTER 02 형사소송법의 구조 ··· 7
- Ⅰ. 소송구조론 ··· 7
- Ⅱ. 규문주의와 탄핵주의 ··· 7
- Ⅲ. 당사자주의와 직권주의 ··· 8
- Ⅳ. 소송절차의 본질 ··· 8

PART 02 수사와 공소

CHAPTER 01 수사 ··· 13
제1절 수사의 기본이론 ··· 13
- Ⅰ. 수사와 수사기관 ··· 13
- Ⅱ. 검찰·경찰 수사권 조정 ··· 14
- Ⅲ. 수사의 단서 ··· 21
- Ⅳ. 수사의 조건 (1) : 수사의 필요성 – 친고죄의 고소 전 수사 ··· 22
- Ⅴ. 수사의 조건 (2) : 수사의 상당성 – 함정수사 ··· 26

제2절 수사의 단서와 수사개시 ··· 31
- Ⅰ. 변사자의 검시 ··· 31
- Ⅱ. 불심검문 ··· 31
- Ⅲ. 고소 ··· 38
- Ⅳ. 고소의 취소 ··· 46

  Ⅴ. 고소의 포기 ⋯ 52
  Ⅵ. 고발 ⋯ 53
  Ⅶ. 자수 ⋯ 55
제3절 수사의 방법 ⋯ 56
  Ⅰ. 수사의 방법 및 실행 ⋯ 56
  Ⅱ. 임의수사의 방법 – 피의자 신문 ⋯ 63
  Ⅲ. 임의수사의 방법 – 피의자 이외의 자의 조사 ⋯ 70
  Ⅳ. 임의수사의 방법 – 사실 조회(공무소 등에 대한 조회) ⋯ 71
제4절 인적 강제수사 ⋯ 71
  Ⅰ. 피의자의 체포 – 영장에 의한 체포(보통체포) ⋯ 71
  Ⅱ. 피의자의 체포 – 긴급 체포 ⋯ 73
  Ⅲ. 피의자의 체포 – 현행범 체포 ⋯ 81
  Ⅳ. 피의자와 피고인의 구속 ⋯ 84
  Ⅴ. 구속 전 피의자심문제도(영장실질심사제도, 제201조의2) ⋯ 84
  Ⅵ. 이중구속 ⋯ 89
  Ⅶ. 별건구속 ⋯ 91
  Ⅷ. 체포·구속된 피의자, 피고인의 접견교통권 ⋯ 93
  Ⅸ. 체포·구속적부심사제도 ⋯ 98
  Ⅹ. 보증금 납입조건부 피의자 석방제도(기소 전 보석) ⋯ 102
  Ⅺ. 보석 제도 ⋯ 105
제5절 대물적 강제수사 ⋯ 114
  Ⅰ. 압수와 수색 ⋯ 116
  Ⅱ. 압수·수색에 있어서의 영장주의의 예외 ⋯ 124
  Ⅲ. 압수물의 환부 ⋯ 135
  Ⅳ. 수사상의 검증 ⋯ 141
  Ⅴ. 신체검사(체내 강제수사) ⋯ 142
  Ⅵ. 수사상 감정 ⋯ 147
제6절 수사상의 증거보전 ⋯ 148

제7절 수사의 종결	… 154
Ⅰ. 불기소처분	… 154
Ⅱ. 불기소처분에 대한 불복	… 155
Ⅲ. 사법경찰관의 결정	… 155
Ⅳ. 재정신청과 기소강제절차	… 156
제8절 공소제기 후의 수사	… 165

CHAPTER 02 공소의 제기 … 173

제1절 공소와 공소권 이론	… 173
Ⅰ. 공소 및 공소권의 의의	… 173
Ⅱ. 공소권의 이론	… 173
Ⅲ. 공소권남용이론	… 173
제2절 공소제기의 기본원칙	… 180
Ⅰ. 공소제기의 기본원칙	… 180
Ⅱ. 공소의 취소	… 180
제3절 공소제기의 방식	… 183
Ⅰ. 공소장의 기재사항 : 범죄사실과 적용법조의 예비적·택일적 기재	… 184
Ⅱ. 공소장일본주의	… 187
제4절 공소제기의 효과	… 191
Ⅰ. 공소제기의 일반론	… 191
Ⅱ. 공소제기의 소송법상 효과	… 191
Ⅲ. 공소제기의 효력이 미치는 범위 및 공소사실의 특정	… 191
Ⅳ. 포괄일죄와 이중기소	… 193
Ⅴ. 일죄의 일부에 대한 공소제기	… 196
제5절 공소시효	… 198

PART 03 소송주체와 소송행위

CHAPTER 01 형사소송의 주체 ··· 209

제1절 법원 ··· 209
Ⅰ. 법정관할 : 관련사건의 관할 ··· 209
Ⅱ. 재정관할 ··· 213
Ⅲ. 관할의 경합 ··· 213
Ⅳ. 사건의 이송 ··· 213
Ⅴ. 법관의 제척·기피·회피 : 제척 ··· 215
Ⅵ. 법관의 제척·기피·회피 : 기피 ··· 220

제2절 검사 ··· 224
Ⅰ. 의의와 성격 ··· 224
Ⅱ. 검사의 조직과 구조 ··· 225
Ⅲ. 검사의 소송법상 지위 ··· 227

제3절 피고인 ··· 231
Ⅰ. 공동 피고인의 소송관계 ··· 231
Ⅱ. 피고인특정의 기준 ··· 237
Ⅲ. 성명모용 ··· 239
Ⅳ. 위장출석 ··· 242
Ⅴ. 위장자수 ··· 243
Ⅵ. 진술거부권 ··· 246

제4절 변호인 ··· 253
Ⅰ. 변호인의 선임 ··· 253
Ⅱ. 변호인의 접견교통권 ··· 254
Ⅲ. 변호인의 기록열람·등사권 ··· 259
Ⅳ. 형사재판 확정기록의 열람·등사권 ··· 263
Ⅴ. 피해자 등의 공판기록 열람·등사권 ··· 266
Ⅵ. 피의자 신문 시 변호인 참여의 문제 ··· 267

목차 CONTENTS

CHAPTER 02 소송행위와 소송조건 ··· 275
제1절 소송행위 ··· 275
    Ⅰ. 소송행위의 의의 ··· 275
    Ⅱ. 소송행위의 방식 ··· 275
    Ⅲ. 소송행위의 성립·불성립 ··· 276
    Ⅳ. 소송행위의 유효·무효 ··· 276
    Ⅴ. 소송행위의 추완 ··· 279
제2절 소송조건 ··· 282
    Ⅰ. 소송조건의 의의 ··· 282
    Ⅱ. 소송조건의 종류 ··· 282
    Ⅲ. 소송조건의 조사와 흠결의 효과 ··· 282

PART 04 공판

CHAPTER 01 공판절차 ··· 287
제1절 공판절차의 기본원칙 ··· 287
    Ⅰ. 공판절차의 의의 ··· 287
    Ⅱ. 공판절차의 기본원칙 ··· 287
제2절 공판 심리의 범위 ··· 289
    Ⅰ. 심판의 대상 ··· 289
    Ⅱ. 공소장변경 ··· 290
    Ⅲ. 공소장변경의 필요성 ··· 297
제3절 공판절차의 진행 ··· 304
    Ⅰ. 공판준비절차 ··· 304
    Ⅱ. 공판기일 전의 절차 ··· 308
    Ⅲ. 증거개시제도 ··· 311
제4절 공판정의 심리 ··· 318
    Ⅰ. 공판정의 구성 ··· 318
    Ⅱ. 피고인의 출석 ··· 318
    Ⅲ. 변호인의 출석 ··· 326

제5절 공판기일의 절차 ··· 327
　Ⅰ. 모두절차 ··· 327
　Ⅱ. 사실심리절차 ··· 328
　Ⅲ. 판결의 선고 ··· 329
제6절 증인신문·감정과 검증 ··· 330
　Ⅰ. 증인적격 ··· 330
　Ⅱ. 증인제도 ··· 334
　Ⅲ. 감정·통역·번역 ··· 341
　Ⅳ. 검증 ··· 342
제7절 공판절차의 특칙 ··· 345
　Ⅰ. 간이공판절차 ··· 345
　Ⅱ. 공판절차의 정지 ··· 348
　Ⅲ. 공판절차의 갱신 ··· 349
　Ⅳ. 변론의 병합·분리와 재개 ··· 350
　Ⅴ. 국민참여재판의 공판절차 ··· 350

CHAPTER 02 증거 ··· 359
제1절 증거의 의의와 종류 ··· 359
　Ⅰ. 증거의 의의 ··· 359
　Ⅱ. 증거의 종류 ··· 359
　Ⅲ. 증거능력과 증명력 ··· 361
제2절 증명의 기본원칙 ··· 362
　Ⅰ. 증거재판주의 ··· 362
　Ⅱ. 거증책임 ··· 368
　Ⅲ. 자유심증주의 ··· 371
제3절 위법수집증거배제법칙 ··· 377
제4절 자백배제법칙 ··· 392
제5절 전문법칙 ··· 399

제6절 형사소송법상 전문법칙의 예외 ··· 406
  Ⅰ. 제311조의 증거능력 ··· 406
  Ⅱ. 피의자신문조서 ··· 410
  Ⅲ. 진술조서 ··· 426
  Ⅳ. 진술서 ··· 433
  Ⅴ. 형사소송법 제313조의 해석 ··· 437
  Ⅵ. 검증조서와 감정서 ··· 443
  Ⅶ. 실황조사서의 증거능력 ··· 448
  Ⅷ. 증거능력에 대한 예외 ··· 449
  Ⅸ. 전문진술 ··· 458
  Ⅹ. 재전문 ··· 462
  Ⅺ. 사진의 증거능력 ··· 464
  Ⅻ. 녹음테이프의 증거능력 ··· 468
  ⅩⅢ. 거짓말탐지기 검사결과의 증거능력 ··· 478
제7절 당사자의 동의와 증거능력 ··· 480
제8절 탄핵증거 ··· 488
제9절 자백과 보강증거 ··· 495
제10절 공판조서의 증명력 ··· 501
제11절 자유심증주의와 신빙성 판단 ··· 506
  Ⅰ. 합리적인 근거의 유무 ··· 506
  Ⅱ. 목격자의 진술을 합리적 근거를 이유로 배척하는 경우 ··· 506
  Ⅲ. 진술이 번복되는 경우 ··· 506
  Ⅳ. 시간이 지날수록 구체화되거나 기억이 명료해지는 증언의 신빙성 배척 ··· 507
  Ⅴ. 진술간의 모순 또는 불일치 ··· 508
  Ⅵ. 논리와 경험칙 또는 사회통념에 어긋나는 경우 ··· 508
  Ⅶ. 진술자의 인간됨 또는 진술자가 어느 일방과 밀접한 관계가 있다는 이유로 신빙성 배척을 주장하는 경우 ··· 509
  Ⅷ. 간접증거 ··· 509
  Ⅸ. 과학적 증거방법의 증명력 ··· 510

CHAPTER 03 재판 ··· 513
제1절 재판 일반 ··· 513
   Ⅰ. 재판의 의의 ··· 513
   Ⅱ. 재판의 종류 ··· 513
   Ⅲ. 재판의 성립과 방식 ··· 513
제2절 종국재판 ··· 514
   Ⅰ. 유죄의 판결 : 유죄판결에 명시할 이유 ··· 514
   Ⅱ. 무죄의 판결 ··· 518
   Ⅲ. 면소의 판결 ··· 524
   Ⅳ. 공소기각의 판결·결정 ··· 528
제3절 재판의 효력 ··· 538
   Ⅰ. 재판의 확정 ··· 538
   Ⅱ. 재판의 확정력 ··· 539
   Ⅲ. 기판력 ··· 541
   Ⅳ. 기판력이 미치는 객관적 범위판단 ··· 542
제4절 소송비용 ··· 548

PART 05 상소 / 비상구제절차 / 특별절차

CHAPTER 01 상소 ··· 553
제1절 상소 일반 ··· 553
   Ⅰ. 상소의 의의와 종류 ··· 553
   Ⅱ. 상소권 ··· 553
   Ⅲ. 상소의 이익 ··· 557
   Ⅳ. 상소의 제기와 포기·취하 ··· 566
   Ⅴ. 일부상소 ··· 567
   Ⅵ. 불이익변경금지의 원칙 ··· 576
   Ⅶ. 형종 상향의 금지 ··· 586
   Ⅷ. 파기판결의 구속력 ··· 586

목차 CONTENTS

제2절 항소 ··· 589
  Ⅰ. 항소의 의의와 구조 ··· 589
  Ⅱ. 항소이유 ··· 590
  Ⅲ. 항소심의 절차 ··· 591

제3절 상고 ··· 595
  Ⅰ. 상고의 의의와 구조 ··· 595
  Ⅱ. 상고이유 ··· 595
  Ⅲ. 상고심의 절차 ··· 597
  Ⅳ. 비약적 상고 ··· 598
  Ⅴ. 상고심판결의 정정 ··· 599

제4절 항고 ··· 600
  Ⅰ. 항고의 의의 ··· 600
  Ⅱ. 항고의 종류 ··· 600
  Ⅲ. 항고심의 절차 ··· 604
  Ⅳ. 준항고 ··· 606

CHAPTER 02 비상구제절차 ··· 611

제1절 재심 ··· 611
  Ⅰ. 재심의 의의와 구조 ··· 611
  Ⅱ. 재심사유 ··· 612
  Ⅲ. 형사소송법 제420조 제5호 – 신증거에 의한 재심 ··· 617
  Ⅳ. 재심개시절차 ··· 625
  Ⅴ. 재심심판절차 ··· 628

제2절 비상상고 ··· 631
  Ⅰ. 의의 ··· 631
  Ⅱ. 비상상고의 대상 ··· 631
  Ⅲ. 비상상고의 이유 ··· 632
  Ⅳ. 비상상고의 절차 ··· 634
  Ⅴ. 재심과 비상상고의 구별 ··· 635

CHAPTER 03 특별절차 ··· 639
제1절 약식절차 ··· 639
Ⅰ. 의의 ··· 639
Ⅱ. 약식명령의 청구 ··· 639
Ⅲ. 약식절차의 심판 ··· 640
Ⅳ. 정식재판의 청구 ··· 641
제2절 즉결심판절차 ··· 643
Ⅰ. 즉결심판절차의 의의 ··· 643
Ⅱ. 즉결심판의 청구 ··· 644
Ⅲ. 즉결심판청구사건의 심리 ··· 645
Ⅳ. 즉결심판의 선고와 효력 ··· 646
Ⅴ. 정식재판의 청구와 재판 ··· 648
제3절 소년에 대한 형사절차 ··· 650
제4절 배상명령과 범죄피해자 구조제도 ··· 652
Ⅰ. 배상명령 ··· 652
Ⅱ. 형사소송절차에서의 화해절차 ··· 655
Ⅲ. 범죄피해자 구조제도 ··· 656

CHAPTER 04 재판의 집행과 형사보상 ··· 661
제1절 재판의 집행 ··· 661
Ⅰ. 재판집행의 일반원칙 ··· 661
Ⅱ. 형의 집행 ··· 661
Ⅲ. 재판집행에 대한 구제방법 ··· 663
제2절 형사보상 ··· 665
Ⅰ. 의의와 성질 ··· 665
Ⅱ. 형사보상의 요건 ··· 665
Ⅲ. 형사보상의 내용 ··· 667
Ⅳ. 형사보상의 절차 ··· 668

판례색인 ··· 670

PART 1

형사소송법의 일반이론

CHAPTER 01 형사소송법의 이념

I 형사소송의 의의와 목적

1. 의의

어떤 행위가 형법 등 실체법상의 범죄가 성립되고, 그 범죄행위에 대하여 어떤 종류의 형벌을 과할 것인지 우선 사실관계를 확정하는 절차가 필요하다. 즉, 형사실체법의 내용을 구체적으로 당해 사건에 적용하기 위한 절차가 필요하다. 우선 범인과 필요한 증거를 찾아 수사를 마친 수집된 증거를 첨부하여 재판에 회부하는 공소제기 절차를 거쳐야 한다. 공소가 제기된 후의 재판 과정에서는 형사실체법상 구성요건을 충족하는 위법·유책한 범죄행위가 있었고, 그러한 범행을 저지른 사람이 바로 기소된 피고인인지 여부를 판단하는 절차를 거치게 되는데, 만일 증거조사를 통해 확정된 사실관계에 따라 적용된 실체법상 유죄로 인정되는 경우에는 형벌의 처단형의 범위 내에서 구체적인 형벌을 정하게 된다. 그리고 확정된 형을 집행하는 절차가 필요하게 된다. 이러한 형사절차 중에서 **수사와 형의 집행을 제외한 공소의 제기로부터 판결의 선고에 이르기까지의 통상의 공판절차를 우리는 '형사소송'**이라고 한다. 광의로는 공소제기 이전의 수사절차 및 판결 확정 이후의 형집행절차를 포함하는 일련의 절차를 규율하는 것이 바로 형사소송법이다.

2. 목적

민사소송이 당사자처분권주의와 변론주의에 입각하여 당사자가 주장하고 입증하는 범위 내에서의 진실을 추구한다면, 형사소송은 법원이 사실관계에 대한 **당사자의 주장에 구애되지 않고 실체적 진실의 발견을 추구**하는 절차이다. 실제진실주의란 법원이 소송의 실체에 관하여 객관적 진실을 찾아갈 것을 요구하는 원리로 민사소송의 형식적 진실주의와는 구별된다. 대표적으로 민사절차에서는 자백이 법원을 구속하고(민사소송법 제288조), 자백을 간주하는 것이 가능하지만 형사소송은 자백을 간주하는 것은 불가능하며, 피고인이 자백을 하였다고 하더라도 보강증거가 없이는 유죄를 선고할 수 없는 것이 바로 대표적인 예이다(형사소송법 제310조, 이하 '형사소송법'의 법명은 생략한다). 그러나 법치주의와 적법절차의 원칙에 의하지 않은 실체적 진실발견은 형사소송의 목적이 될 수 없다. 물론 그 진실을 추구함에 있어서 무죄추정의 원칙이 적용되고, 사실관계를 확정함에 있어서도 '의심스러울 때는 피고인에게 유리하게(in dubio pro reo)'라는 법언이 적용된다. 이를 소극적 진실주의라고 부르기도 한다.

형사소송의 또 하나의 중요한 이념은 바로 적법절차원칙이다. 우리 헌법은 모든 국민은 신체의 자유를 가진다. 누구든지 법률에 의하지 아니하고는 체포·구속·압수·수색 또는 심문을 받지 아니하며, 법률과 적법한 절차에 의하지 아니하고는 처벌·보안처분 또는 강제노역을 받지 아니한다고 규정하여 적법한 절차에 따른 국가형벌권의 행사를 헌법적 이념으로 삼고 있다(헌법 제12조 제1항). 실체진실을 추구하는 것과 적법절차를 준수하는 것은 상호 대립되는 이념처럼 보이나, 적법절차를 단순히 실체진실을 추구하는 과정의 수단이나 방법에 불과한 것으로 취급하여서는 안 된다. 적법절차가 준수되지 않은 실체진실 추구는 허용될 수 없는 것으로 적법절차원리는 실체진실주의와 대등한 이념으로 형사소송법의 목적이 된다. 따라서 국민의 인권을 침해하지 않도록 법치주의와 적법절차에 따른 실체적 진실발견이 형사소송의 궁극적 목적이다. 결국 형사소송은 **실체적 진실발견과 법치주의 및 적법절차로 대표되는 인권보장**이라는 두 가지 이념을 동시에 추구하여야 한다.

II 실체진실주의

형사소송에서 실체진실을 추구한다는 것이 무엇을 의미하는 것일까? 실체진실을 추구하는 의미를 이해하기 위해 우리 형사소송법상 재심제도를 생각해보자. 재심은 비상구제수단이기는 하지만 이미 형이 확정된 사람에 대하여 권리구제를 하는 기능을 하는 제도로써 대표적으로 실체진실을 추구하는 형사소송법상의 제도이다. 최근 재심 판결의 한 내용을 보면 실체진실주의에 대한 설명이 잘 되어 있다. "형사소송의 기본이념인 실체진실주의라 함은 법원이 사건의 실체적 진실을 밝혀냄으로써 죄를 저지른 자에게는 그에 상응한 형벌을 부과하는 한편, 무고한 자를 국가의 형벌권 행사로부터 지켜주는 것을 말한다. 통상 그중 전자를 **적극적 실체진실주의**라 하고,

후자를 **소극적 실체진실주의**라 칭한다. 관념적으로는 위와 같은 실체진실주의의 두 요청이 서로 모순된다 할 수 있겠지만, 인간은 전지전능한 존재가 아닌 까닭에 사건의 실체를 규명하는 능력에 한계가 있을 수밖에 없고, 따라서 현실에 있어서는 그와 같은 두 개의 요청은 언제나 서로 갈등하고 저촉하는 형태로 발현되기 마련인바, 인류의 이성과 역사적 경험은 그 중 **소극적 실체진실주의를 형사소송의 기본이념으로 채택**하도록 하였다. 이는 흔히 "백 명의 죄인을 놓치더라도 한 명의 무고한 자를 처벌하여서는 아니 된다."라는 명제로 표현되고, 형사소송을 담당한 법관들에게 주어진 화두이자 무엇에도 양보할 수 없는 일차적 임무인바, 법률이 정한 재심 요건이 인정됨에도 앞서 본 바와 같은 우려가 있음을 들어 재심청구인들이 그들에 대한 유죄판결을 다투어 그 신원을 회복할 기회를 차단하는 것은 법관들에게 부여된 위와 같은 임무를 외면하는 결과가 된다(제주지방법원 결정 2018.9.3. 2017재고합4)."

Ⅲ 적법절차의 원리

우리는 역사적 경험을 통해 법치주의를 실현하기 위해서 실체진실주의 중 소극적 실체진실주의를 기본이념으로 채택하기로 하였다. 이는 소극적 실체진실주의가 적법절차의 원리와 동전의 양면과 같이 맞닿아 있음을 의미한다.

이러한 적법한 절차를 보장하기 위해서는 우선 ① 공정한 재판이 전제되어야 하는데, 공정한 재판을 위해 우리 형사소송법은 **공평한 법원을 구성**하도록 제척·기피·회피 제도를 마련하여 두고 있고, 헌법상 **무죄추정원칙**을 통해 공정한 재판을 받기 위한 실질적 당사자주의 실현을 위해 노력하고 있다. 나아가 **공소장일본주의**(형사소송규칙 제118조 제2항)를 통해 요증사실에 대한 증거의 첨부나 인용을 금지하고 있는데 이는 공판중심주의, 당사자주의, 증거재판주의 원칙상 당연한 것으로서, 그러한 증거조사절차 이전에 검사의 일방적인 공소장 제출에 의하여 미리 증거물과 증거서류를 보게 하거나 그 인용된 내용을 인지하게 하는 것은 위 원칙들을 심각하게 훼손하는 것이 되기 때문이다. 더구나 우리 형사소송법상 위법수집 증거에 대한 증거능력 배제나 전문증거의 증거능력 제한 등 여러 증거법 원칙상 증거능력이 확인되지 아니한 증거는 법관에게 제시되거나 그 내용을 보게 하는 것이 엄격히 금지되어야 하는 것이고(형사소송규칙 제134조 제4항, 같은 이유로 국민의 형사재판 참여에 관한 법률 제44조는 배심원 또는 예비배심원은 법원의 증거능력에 관한 재판에 관여하지 못하도록 규정되어 있다) 이를 허용하는 경우 형사소송절차의 근간을 이루는 위 원칙들을 형해화하는 것이며 증거법 원칙과 증거재판주의 및 공판중심주의로 지탱되는 형사소송의 기본구조를 붕괴시키는 결과가 되기 때문에(대판 2009.10.22. 2009도7436 전원합의체), 공소장일본주의 역시 공정한 재판에 있어 핵심 원리가 된다. 그 외에도 피고인을 보호하기 위한 진술거부권(제283조의2)이나 증거조사에 있어서 의견을 묻는 절차(제293조) 역시 공정한 재판이 이루어지도록 하는 제도 중 하나이다.

Ⅳ 신속한 재판의 원칙

재판절차는 신속하게 이루어져야 한다. 모든 국민은 신속한 재판을 받을 권리를 가진다는 점을 헌법(헌법 제27조 제3항)에 천명한 이유도 그것이 피고인의 이익을 보호하고, 형벌목적 달성이라는 공익적 목적에도 부합하기 때문이다. 적정절차와 신속한 재판이 형사소송의 목적원리가 된다고 할지라도 이념의 상호관계는 **실체진실주의가 적정절차와 신속한 재판의 원칙에 의해 제한되어야 한다**는 점에서 결론을 같이 한다. 따라서 형사소송의 이념은 **적정절차에 의한 신속한 실체진실발견**이라고 할 수 있다(대판 1999.4.15. 96도1922).

CHAPTER 02 형사소송법의 구조

Ⅰ 소송구조론

소송의 주체가 누구이고 **소송주체 사이의 관계**를 어떻게 구성할 것인가에 대한 이론이다. 형사절차에 참여하는 주체인 법원, 검사 그리고 피고인의 관계가 어떤 구조를 형성하는가에 대한 논의를 소송구조론이라고 하며, 다시 소송의 주도권을 누가 가지는가에 따라 영미법의 당사자주의와 대륙법의 직권주의로 구분된다.

Ⅱ 규문주의와 탄핵주의

규문주의 소송구조와 탄핵주의 소송구조가 있다. 규문주의란 법원이 스스로 절차를 개시하여 심리·재판하는 구조로서 피고인은 단순한 심리객체에 불과하게 된다. 그에 반해 탄핵주의는 **소추기관과 재판기관의 분리**하여 소추기관의 소추에 의해서 재판을 개시하는 구조이고, 현행 형사소송의 구조는 바로 탄핵주의이다. 탄핵주의가 채택되면서 불고불리의 원칙이 적용되었는데, 불고불리의 원칙이란 검사의 공소제기가 없으면 법원이 심판할 수 없는 것이고, 법원은 검사가 공소제기한 사건에 한하여 심판을 하여야 한다는 것[1]을 말한다. 이렇게 불고불리의 원칙이 적용되면서 피고인은 소송의 객체가 아닌 소송의 주체로서 절차에 참여할 권리를 갖기 시작하였다.

---

1) 대판 2001.12.27. 2001도5304

Ⅲ 당사자주의와 직권주의

　　당사자주의란 소송의 주도권이 당사자인 검사와 피고인에게 있는 소송구조로 법원은 제3자의 입장에서 판단한다. 이러한 당사자주의는 피고인의 방어권을 보장할 수 있는데, 당사자주의를 실현한다고 하여 실체진실주의와 모순되지 아니한다. 다만, 소송의 스포츠화로 인하여 무기대등의 원칙이 철저히 지켜지지 않을 경우 소송의 승패가 실제진실과 어긋나는 결과가 발생할 수 있고, 당사자의 처분권을 인정할 경우 그 문제점은 더욱 심화된다. 이에 반해 주도적 **지위가 법원에** 있는 탄핵주의 소송구조를 **직권주의**라고 한다. 직권주의는 직권심리주의와 직권탐지주의를 특징으로 하는데, 공익적 측면을 강조하면서 국가에게 진실규명의 의무와 책임을 지우게 된다. 이는 실체진실 발견에 있어 효과적이며 재판진행이 능률적이라는 장점이 있으나 법원의 객관적이고 능동적인 소송진행을 전제로 한다. 그러나 직권주의는 반대로 법원의 독단이 그 폐단으로 지적되고 있다.

　　우리 대법원은 현행 형사소송법의 소송구조가 **당사자주의 · 공판중심주의 · 직접주의를 지향**하고 있다고 판시2)한 바 있다. 현행 형사소송법은 당사자주의적 요소가 대폭 강화되었고, 앞으로도 더욱 강화될 것으로 판단된다. 결국 당사자주의를 기본으로 하면서 직권주의를 보충하는 것으로 이해할 수 있다.

Ⅳ 소송절차의 본질

　　소송절차는 실체면과 절차면으로 나누어진다. 소송절차의 실체면은 구체적인 사건에 있어 유죄나 무죄와 같은 실체적 관계를 형성하는 측면을 말하는데, 이러한 실체면은 동적 · 발전적 성격을 가진다. 쉽게 설명하면, 甲이 乙을 노상에서 강도치상을 하였다는 사실로 현행범으로 체포되었다고 가정해보자. 수사단계에서는 강도치상으로 수사가 진행되었는데, 검사는 상해 정도에 이르지 않았다고 판단하여 강도로 기소하였다. 그런데 재판과정에서 변호인은 강도에서 요구하는 폭행이나 협박 정도에 이르지 않았다는 사실을 피해자를 증인으로 신청하여 신문하는 과정에서 밝혔고, 결국 제1심 법원은 甲을 공갈죄로 유죄를 인정하였다. 甲이 노상에서 행한 행위는 변함이 없지만 이에 대한 실체는 수사단계에서는 강도치상, 기소단계는 강도, 공판단계에서는 공갈로 변하였다. 이처럼 동적 · 발전적 성격을 가지기에 고정되지 않은 부동적 법률상태라 표현되기도 한다. 대표적으로 공소장 변경제도가 이러한 실체면의 동적 · 발전적 성격을 뒷받침한다.

---

2) 대판 2000.6.15. 99도1108 전원합의체

반면, 절차면은 실체면의 형성과 발전을 목적으로 하는 소송의 절차적 측면을 설명하며 고정적인 법률관계로 실체면과 대비된다. 이러한 절차면은 형식적 확실성이 강조되는데, 이를 통해 기존에 선행되어 진행된 절차진행을 변경하거나 번복 또는 철회하는 것이 원칙적으로 허용되지 않는다. 예를 들어, A 증거에 대하여 피고인이 증거동의를 하였다가 증거조사가 모두 완료된 이후에 증거동의를 철회하겠다고 하는 것은 절차적 확실성을 해하기 때문에 허용되지 않는다.

소송절차의 실체면과 절차면은 상호 영향을 미치는데, 위법수집증거배제법칙이나 자백배제법칙과 같은 증거법칙으로 증거능력을 배제하여 배제된 증거에 의하여 사실을 인정할 수 없게 되는 경우는 절차면이 실체에 영향을 미치는 대표적인 경우이다. 반대로 처음에는 단독관할 사건으로 수사가 진행되어 기소가 되었다가 이후 재판과정에서 공소장이 변경되면서 합의부 사건으로 변경되는 경우 사건을 이송하여야 하는데, 이는 실체면이 절차면에 영향을 미치는 대표적인 경우이다. 필요적 변호사건에 해당하는 중대범죄인지 여부, 긴급체포의 중대성 요건 등도 실체면에 따라 그 절차가 영향을 받는 예가 된다.

PART 2

수사와 공소

CHAPTER 01 수사

제1절 수사의 기본이론

I. 수사와 수사기관

1. 수사의 개념

범죄혐의의 유무를 명백히 하여 공소제기 여부와 유지 여부를 결정하기 위하여 범인을 발견·확보하고 증거를 수집·보전하는 수사기관의 활동을 수사라 한다. 판례 역시 범죄혐의의 유무를 명백히 하여 공소를 제기·유지할 것인가의 여부를 결정하기 위하여 범인을 발견·확보하고 증거를 수집·보전하는 수사기관의 활동(대판 1999.12.7. 98도3329)이라고 정의하고 있다. 수사는 범죄혐의가 인정될 때 개시되는 조사활동이라는 점에서, 아직 범죄혐의가 확인되지 아니한 단계에서 범죄혐의의 유무를 조사하는 활동인 **내사(內査)와 구별된다**.

그러나 내사라고 표현한다고 하여 내사로 인정되는 것은 아니며, 그 실질에 따라 내사인지 수사인지를 구분하여야 한다. 입건 이전이라고 하더라도 실질적으로 수사에 해당하는 증거수집행위가 개시되었다면 피내사자가 아니라 피의자로 보아야 하며, 그에게는 피의자에게 보장되는 형사소송법상의 절차보장이 이루어져야 한다. 대표적으로 변호인의 조력을 받을 권리를 실질적으로 보장하기 위하여는 변호인과의 접견교통권의 인정이 당연한 전제가 되므로, 임의동행의 형식으로 수사기관에 연행된 피의자에게도 변호인 또는 변호인이 되려는 자와의 접견교통권은 당연히 인정된다고 보아야 하고, 임의동행의 형식으로 연행된 피내사자의 경우에도 이는 마찬가지이다(대결 1996.6.3. 96모18). 나아가 내사과정에서 작성된 피의자신문조서는 피의자신문조서의 요건을 구비하면 증거능력을 부여할 수 있게 된다[3].

2. 수사기관

수사기관이란 법률상 수사의 권한이 인정되어 있는 국가기관을 말하며, 수사기관에는 **검사와 사법경찰관리**가 있다(제196조, 제197조 제1항). 수사기관은 일반수사기관과 특별수사기관으로 나뉘고, 일반 경찰공무원과 검찰청 수사관으로 사법경찰관리에 해당하는 직원 그리고 검사가 있는데, 형사소송법에서는 사법경찰관리와 검사로 구분하여 규정하고 있다. 특별수사기관은 일정한 범죄로 한정하여 특별법에 의해 설치되는 수사기관으로 소위 특별사법경찰관리로 불리는 근로감독관, 산림공무원, 세무공무원, 관세공무원 등이 여기에 해당한다. 최근에 설치가 된 '고위공직자범죄수사처'의 수사처 검사 역시 특별법에서 규정한 특별수사기관에 해당한다.

검찰청 직원인 사법경찰관리와 특별사법경찰관리는 일반 수사기관인 경찰과 다음과 같은 차이점이 존재한다. 수사권 조정이 이루어진 이후에도 ① **검사의 지휘**를 받아야 하며, ② **수사종결권이 없다**. 다만, '고위공직자범죄수사처'의 수사처 수사관은 수사처 검사의 지휘·감독을 받아 직무를 수행하고(공수처법 제21조), 검사의 지휘나 감독을 받지 아니한다.

Ⅱ 검찰·경찰 수사권 조정

1. 의의

2020년 형사소송법의 개정은 그야말로 대변혁이 이루어졌다. 종래 수사권은 검사에게 있고 경찰은 검사의 지휘를 받아 수사를 하였는데, 실제상 수사의 대부분은 경찰에 의해 행하여지고 있으며 신속한 수사기술의 필요로 인하여 경찰의 수사범위는 더욱 확대되고 있는 상황에서 검찰개혁의 일환으로 검사와 경찰의 관계는 지휘·감독관계가 아닌 대등한 협력관계로 변경되었다.

---

3) 검찰사건사무규칙 제2조 내지 제4조에 의하면, 검사가 범죄를 인지하는 경우에는 범죄인지서를 작성하여 사건을 수리하는 절차를 거치도록 되어 있으므로, 특별한 사정이 없는 한 수사기관이 그와 같은 절차를 거친 때에 범죄인지가 된 것으로 볼 것이나, 범죄의 인지는 실질적인 개념이고, 이 규칙의 규정은 검찰행정의 편의를 위한 사무처리절차 규정이므로, 검사가 그와 같은 절차를 거치기 전에 범죄의 혐의가 있다고 보아 수사를 개시하는 행위를 한 때에는 이때에 범죄를 인지한 것으로 보아야 하고, 그 뒤 범죄인지서를 작성하여 사건수리 절차를 밟은 때에 비로소 범죄를 인지하였다고 볼 것이 아니며, 이러한 인지절차를 밟기 전에 수사를 하였다고 하더라도, 그 수사가 장차 인지의 가능성이 전혀 없는 상태 하에서 행해졌다는 등의 특별한 사정이 없는 한, 인지절차가 이루어지기 전에 수사를 하였다는 이유만으로 그 수사가 위법하다고 볼 수는 없고, 따라서 그 수사과정에서 작성된 피의자신문조서나 진술조서 등의 증거능력도 이를 부인할 수 없다(대판 2001.10.26. 2000도2968).

2. 주요 내용

첫째, 범죄수사의 주도권을 사법경찰관리에게 부여, 상명하복이 아닌 상호협조관계로 변경하였다. 검사와 사법경찰관은 수사, 공소제기 및 공소유지에 관하여 서로 협력하여야 한다(제195조 제1항).

둘째, 검사는 수사할 수 있는 범위가 대폭 제한되었고, 이는 검찰청법에서 의율하고 있다. 이를 통해 대부분의 범죄에 대한 수사는 사법경찰관이 수사를 개시하고 종결하도록 하였다.

셋째, 사법경찰관에게 수사종결권을 부여하였다. 사실상 불송치결정을 통해 검사가 가진 불기소결정과 같은 정도의 강력한 권한을 사법경찰관에게 부여하였다. 사실 수사권한은 2020년 형사소송법 개정 이전에도 경찰이 사실상 모든 수사를 개시하여 진행하여 왔기 때문에 이번 개정을 통해 가장 의미 있는 것은 경찰이 수사종결권을 가지게 된 것이라 할 수 있다.

넷째, 검찰에게는 경찰에 대한 수사감독권을 부여하였다. 실효성에 대한 의문은 우선 차치하고, 보완수사요구권과 징계요구권 등을 규정하여 경찰이 수사권을 남용하는 것을 통제하고자 하였다.

구체적인 내용을 살펴보면, 다음과 같다.

가. 검경 상호협력관계의 설정

> **제195조(검사와 사법경찰관의 관계 등)** ① 검사와 사법경찰관은 수사, 공소제기 및 공소유지에 관하여 서로 협력하여야 한다.
> ② 제1항에 따른 수사를 위하여 준수하여야 하는 일반적 수사준칙에 관한 사항은 대통령령으로 정한다.

사법경찰관은 수사에 관해 검사의 지휘를 받는 관계에 있었으나, 2020년 개정법에 따르면 수사와 기소에 관해 양자는 상호 협력관계에 있음을 밝히고 있다.

나. 검사의 수사권 : 유지

> **제196조 【검사의 수사】** 검사는 범죄의 혐의가 있다고 사료하는 때에는 범인, 범죄사실과 증거를 **수사한다**.

사법경찰관의 수사권인정과 별개로 검사는 수사권과 기소권을 가진다. 검찰청법은 검사가 수사를 개시할 수 있는 범죄의 범위를 ① 부패범죄, 경제범죄, 공직자범죄, 선거범죄, 방위사업범죄, 대형참사 등 대통령령으로 정하는 중요 범죄 ② 경찰공무원이 범한 범죄 ③ 가목·나목의 범죄 및 사법경찰관이 송치한 범죄와 관련하여 인지한 각 해당 범죄와 직접 관련성이 있는 범죄로 한정하였다(검찰청법 제4조).

다. 사법경찰관의 수사권 : 사법경찰관의 독자적인 수사권을 인정

> **제197조【사법경찰관리】** ① 경무관, 총경, 경정, 경감, 경위는 사법경찰관으로서 범죄의 혐의가 있다고 사료하는 때에는 범인, 범죄사실과 증거를 수사한다.
> ② **경사, 경장, 순경**은 사법경찰리로서 **수사의 보조**를 하여야 한다.

과거에는 모든 수사에 대한 검사의 지휘를 받는 반면, 개정법은 지휘관련 조항을 삭제(제196조 제1항, 제3항)하고 검사와 동일하게 '범인, 범죄사실과 증거를 수사한다'고 규정한다. 사법경찰리의 수사보조 조항은 종전과 동일하다. 다만 검찰청직원과 특별사법경찰관리의 경우에는 개정법에 따를 경우에도 검사의 지휘를 받아 수사하여야 한다(제245조의9, 제245조의10).

라. 검사의 경찰수사권에 대한 통제장치

> **제197조의2【보완수사요구】** ① 검사는 다음 각 호의 어느 하나에 해당하는 경우에 사법경찰관에게 보완수사를 요구할 수 있다.
>   1. 송치사건의 공소제기 여부 결정 또는 공소의 유지에 관하여 필요한 경우
>   2. 사법경찰관이 신청한 영장의 청구 여부 결정에 관하여 필요한 경우
> ② 사법경찰관은 제1항의 요구가 있는 때에는 **정당한 이유가 없는 한 지체없이 이를 이행**하고, 그 **결과를 검사에게 통보하여야** 한다.
> ③ 검찰총장 또는 각급 검찰청 검사장은 사법경찰관이 정당한 이유 없이 제1항의 요구에 따르지 아니하는 때에는 권한 있는 사람에게 해당 사법경찰관의 직무배제 또는 징계를 요구할 수 있고, 그 징계 절차는 「공무원 징계령」 또는 「경찰공무원 징계령」에 따른다.
>
> **제197조의3【시정조치요구 등】** ① 검사는 사법경찰관리의 수사과정에서 법령위반, 인권침해 또는 현저한 수사권 남용이 의심되는 사실의 신고가 있거나 그러한 사실을 인식하게 된 경우에는 사법경찰관에게 사건기록 등본의 송부를 요구할 수 있다.
> ② 제1항의 송부 요구를 받은 사법경찰관은 지체 없이 검사에게 사건기록 등본을 송부하여야 한다.
> ③ 제2항의 송부를 받은 검사는 필요하다고 인정되는 경우에는 사법경찰관에게 시정조치를 요구할 수 있다.
> ④ 사법경찰관은 제3항의 시정조치 요구가 있는 때에는 정당한 이유가 없는 한 **지체없이 이를 이행하고, 그 결과를 검사에게 통보하여야** 한다.
> ⑤ 제4항의 통보를 받은 검사는 제3항에 따른 **시정조치 요구가 정당한 이유 없이 이행되지 않았다고 인정되는 경우**에는 사법경찰관에게 사건을 송치할 것을 요구할 수 있다.
> ⑥ 제5항의 송치 요구를 받은 사법경찰관은 검사에게 사건을 송치하여야 한다.
> ⑦ 검찰총장 또는 각급 검찰청 검사장은 사법경찰관리의 수사과정에서 법령위반, 인권침해 또는 현저한 수사권 남용이 있었던 때에는 권한 있는 사람에게 해당 사법경찰관리의 징계를 요구할 수 있고, 그 징계 절차는 「공무원 징계령」 또는 「경찰공무원 징계령」에 따른다.
> ⑧ 사법경찰관은 피의자를 신문하기 전에 수사과정에서 법령위반, 인권침해 또는 현저한 수사권 남용이 있는 경우 검사에게 구제를 신청할 수 있음을 피의자에게 알려주어야 한다.

> **제245조의8 【재수사요청 등】** ① 검사는 제245조의5 제2호의 경우에 **사법경찰관이 사건을 송치하지 아니한 것이 위법 또는 부당한 때**에는 그 이유를 문서로 명시하여 사법경찰관에게 재수사를 요청할 수 있다.
> ② 사법경찰관은 제1항의 요청이 있는 때에는 **재수사하여야** 한다.

사법경찰관이 검사 송치 전 1차적 수사권 및 종결권을 가지는 것에 대해 검사는 다음과 같은 사법통제권한을 가지도록 하였다.

첫째, 보완수사요구권이다. 다만, 아쉬운 것은 검사의 보완수사권은 인정되지 않았다. 보완수사를 요구만 할 수 있도록 하였는데, 사법경찰관은 검사의 보완수사요구가 있는 경우 정당한 이유가 없는 한 지체없이 이행하고, 결과를 검사에 통보해야 한다.

둘째, **시정조치등요구권**이다. 법령위반, 인권침해, 수사권 남용 등에 대한 통제수단으로 이러한 사실에 대한 신고가 있거나 인식하게 된 경우에 사건기록을 송부, 시정조치, 징계요구를 할 수 있다. 시정조치가 이행되지 않는 경우에는 사건송치를 요구할 수 있다.

셋째, 재수사요구권이다. 이는 불송치결정에 대한 통제수단으로 규정되었다. 사법경찰관의 불송치결정이 위법·부당하여 재수사를 요청할 경우 사법경찰관은 이에 응하여야 한다(제245조의2, 제245조의8).

사법경찰관은 범죄를 수사한 후 '그 밖의 경우' 검사에게 사건을 송치하지 않는 불송치결정 권한을 가지고 있는데, 이와 관련하여서는 아래 바.에서 후술한다.

마. 검경 수사권 경합과 영장청구권

> **제197조의4 【수사의 경합】** ① 검사는 사법경찰관과 동일한 범죄사실을 수사하게 된 때에는 **사법경찰관에게 사건을 송치할 것을 요구할 수 있다.**
> ② 제1항의 요구를 받은 사법경찰관은 **지체 없이 검사에게 사건을 송치하여야 한다.** 다만 **검사가 영장을 청구하기 전에 동일한 범죄사실에 관하여 사법경찰관이 영장을 신청한 경우에는 해당 영장에 기재된 범죄사실을 계속 수사할 수 있다.**
> **제221조의5 【사법경찰관이 신청한 영장의 청구 여부에 대한 심의】** ① 검사가 사법경찰관이 신청한 영장을 정당한 이유 없이 판사에게 청구하지 아니한 경우 사법경찰관은 그 검사 소속의 지방검찰청 소재지를 관할하는 고등검찰청에 영장 청구 여부에 대한 심의를 신청할 수 있다.
> ② 제1항에 관한 사항을 심의하기 위하여 각 고등검찰청에 영장심의위원회(이하 이 조에서 "심의위원회"라 한다)를 둔다.
> ③ 심의위원회는 위원장 1명을 포함한 10명 이내의 외부 위원으로 구성하고, 위원은 각 고등검찰청 검사장이 위촉한다.
> ④ 사법경찰관은 심의위원회에 출석하여 의견을 개진할 수 있다.
> ⑤ 심의위원회의 구성 및 운영 등 그 밖에 필요한 사항은 법무부령으로 정한다.

수사의 경합이 있을 경우, 사법경찰관은 검사보다 영장신청을 먼저 한 경우 외에는 동일 범죄사실을 수사하게 될 때 검사의 송치요구에 따라야만 한다. 또한 영장청구 심의 신청권이 부여되었는데, 검사의 영장청구권을 전제로 검사가 영장청구를 하지 않은 경우 사법경찰관은 영장청구를 위하여 영장심의위원회에 심의 신청을 할 수 있다. 이때 사법경찰관은 심의위원회에 출석하여 의견을 개진할 수 있다.

바. 사법경찰관의 사건 송치

> **제245조의5 【사법경찰관의 사건송치 등】** 사법경찰관은 **고소 · 고발사건을 포함하여** 범죄를 수사한 때에는 다음 각 호의 구분에 따른다.
> 1. **범죄의 혐의가 있다고 인정되는 경우**에는 **지체 없이** 검사에게 사건을 송치하고, 관계 서류와 증거물을 송부하여야 한다.
> 2. **그 밖의 경우**에는 그 이유를 명시한 서면과 함께 관계 **서류와 증거물을 지체 없이 검사에게 송부**하여야 한다. 이 경우 검사는 송부받은 날로부터 **90일 이내**에 사법경찰관에게 **반환하여야** 한다.
>
> **제245조의6 【고소인 등에 대한 송부통지】** 사법경찰관은 제245조의5 제2호의 경우에는 그 송부한 날로부터 7일 이내에 서면으로 고소인 · 고발인 · 피해자 또는 그 법정대리인(피해자가 사망한 경우에는 그 배우자 · 직계친족 · 형제자매를 포함한다.)에게 사건을 검사에게 송치하지 아니하는 취지와 그 이유를 통지하여야 한다.
>
> **제245조의7 【고소인 등의 이의신청】** ① 제245조의6의 통지를 받은 사람은 해당 사법 경찰관의 소속 관서의 장에게 이의를 신청할 수 있다.
> ② 사법경찰관은 제1항의 신청이 있는 때에는 **지체 없이 검사에게 사건을 송치**하고 관계 서류와 증거물을 송부하여야 하며, 처리결과와 그 이유를 제1항의 **신청인에게 통지**하여야 한다.

사법경찰관이 사건을 송치하지 않더라도 '관계서류와 증거물'은 지체없이 검사에게 송부하여야 한다. 즉, 사건 송치 및 혐의없음 등 불송치결정 시에도 서류와 증거물은 검사에게 송부하도록 하였다. 이 경우 검사는 송부받은 날로부터 90일 이내에 사법경찰관에게 반환하여야 한다. 이때 불송치결정을 통지받은 고소인등의 이의 신청이 있을 경우 검사에게 사건 송치해야 함을 규정하고 있고, 이 경우 관계서류와 증거물을 송부하면서 처리결과와 그 이유를 그 신청인에게 통지하여야 한다.

문제는 과연 불송치결정을 받은 고소인 등이 이의신청을 하여 검사에게 사건이 송치된 경우 검사는 사건을 수사할 수 있는지이다. 검사는 현재 보완수사요구권만 있고, 보완수사권이 없기 때문이다. 그러나 불송치결정에 대한 이의가 있는 경우 증거물만 송부하는 것이 아니라 사건 자체를 '송치'하도록 규정하고 있으므로,

검사가 법 제196조에 의하여 범죄의 혐의가 있다고 사료하는 때에는 범인, 범죄사실과 증거를 수사하도록 규정하고 있는 이상 수사를 할 수 있다고 봄이 타당하다. 송치와 송부의 개념을 구분하고 있는 개정 형사소송법의 취지와 불송치결정에 대한 사후통제의 실질적 의미를 부여하기 위하여 송치된 사건에 대한 보완수사는 가능하다고 보아야 한다.

사. 검찰청 직원 및 특별사법경찰관리의 직무

> **제245조의9 【검찰청 직원】** ① 검찰청 직원으로서 사법경찰관리의 직무를 행하는 자와 그 직무의 범위는 법률로 정한다.
> ② **사법경찰관의 직무를 행**하는 검찰청 직원은 **검사의 지휘를 받아** 수사하여야 한다.
> ③ **사법경찰리의 직무를 행**하는 검찰청 직원은 검사 또는 사법경찰관의 직무를 행하는 검찰청 직원의 **수사를 보조**하여야 한다.
> ④ 사법경찰관리의 직무를 행하는 검찰청 직원에 대하여는 제197조의2부터 제197조의4까지, 제221조의5, 제245조의5부터 제245조의8까지의 규정을 **적용하지 아니**한다.

개정법에서는 사법경찰관리의 검사지휘에 따를 의무조항을 삭제하였는데, 검찰청 직원으로서 사법경찰관리의 직무를 행하는 자의 수사에 대해서는 종전처럼 검사의 지휘를 받아야 함을 규정하였다.

> **제245조의10 【특별사법경찰관리】** ① 삼림, 해사, 전매, 세무, 군수사기관 **기타 특별한 사항**에 관하여 사법경찰관리의 직무를 행할 특별사법경찰관리와 그 직무의 범위는 법률로 정한다.
> ② **특별사법경찰관은 모든 수사에 관하여 검사의 지휘를 받는다.**
> ③ 특별사법경찰관은 범죄의 혐의가 있다고 인식하는 때에는 범인, 범죄사실과 증거에 관하여 **수사를 개시·진행**하여야 한다.
> ④ 특별사법경찰관리는 **검사의 지휘가 있는 때에는 이에 따라야** 한다. 검사의 지휘에 관한 구체적 사항은 법무부령으로 정한다.
> ⑤ 특별사법경찰관은 범죄를 수사한 때에는 **지체 없이** 검사에게 **사건을 송치하고, 관계 서류와 증거물을 송부**하여야 한다.
> ⑥ 특별사법경찰관리에 대하여는 제197조의2부터 제197조의4까지, 제221조의5, 제245조의5부터 제245조의8까지의 규정을 **적용하지 아니**한다.

특별사법경찰관리의 직무를 행할 자와 범위에 대해 법률로써 규정하는 점은 개정법에서도 동일하나, 개정법에 따르면 특별사법경찰관리는 예외적으로 검사의 지휘를 받는 경우에 해당한다.

아. 검사 작성 피의자 신문조서의 증거능력 제한

> **구법 제312조【검사 또는 사법경찰관의 조서 등】** ① 검사가 피고인이 된 피의자의 진술을 기재한 조서는 **적법한 절차와 방식에 따라** 작성된 것으로서 피고인이 **진술한 내용과 동일하게** 기재되어 있음이 공판준비 또는 공판기일에서의 **피고인의 진술에 의하여 인정**되고, 그 조서에 기재된 진술이 **특히 신빙할 수 있는 상태**하에서 행하여졌음이 증명된 때에 한하여 증거로 할 수 있다.
> ② 제1항에도 불구하고 피고인이 그 조서의 성립의 진정을 부인하는 경우에는 그 조서에 기재된 진술이 피고인이 진술한 내용과 동일하게 기재되어 있음이 영상녹화물이나 그 밖의 객관적인 방법에 의하여 증명되고, 그 조서에 기재된 진술이 특히 신빙할 수 있는 상태 하에서 행하여졌음이 증명된 때에 한하여 증거로 할 수 있다.

> **개정법 제312조【검사 또는 사법경찰관의 조서 등】** ① 검사가 작성한 피의자신문조서는 **적법한 절차와 방식에 따라** 작성된 것으로서 **공판준비 또는 공판기일**에 그 피의자였던 피고인 또는 변호인이 그 **내용을 인정할 때에 한**하여 증거로 할 수 있다.
> ② <제2항 삭제>

전문증거와 관련하여 구법은 사경작성 피의자신문조서보다 검사작성 피의자 신문조서의 증거능력을 강하게 인정하고 있었는데, 개정법에서는 공판준비 또는 공판기일에 피고인 또는 변호인이 그 내용을 인정하지 않으면 증거로 사용할 수 없게 변경되었다. 피의자신문조서의 증거능력에 관한 개정법 제312조 제1항은 2022년 1. 1.부터 시행되었다.

자. 부칙

> **제1조【시행일】** 이 법은 공포 후 6개월이 경과한 날부터 1년 내에 시행하되, 그 기간 내에 대통령령으로 정하는 시점부터 시행한다. 다만, **제312조 제1항의 개정규정은 공포 후 4년 내에 시행하되**, 그 기간 내에 대통령령으로 정하는 시점부터 시행한다.
> **제2조【다른 법률의 개정】** 법률 제16863호 고위공직자범죄수사처 설치 및 운영에 관한 법률 일부를 다음과 같이 개정한다.
> 제21조 제2항 중 "「형사소송법」 제196조 제1항"을 "「형사소송법」 제197조 제1항"으로 한다.

Ⅲ 수사의 단서

　수사는 수사기관이 주관적 혐의를 가지고 개시하여 공소제기 또는 공소유지를 위하여 증거를 수집하고 발견하는 일체의 활동을 말한다. 수사와 행정작용은 구분되는데, 예를 들어 수출입물품 통관검사절차에서 이루어지는 물품의 개봉, 시료채취, 성분분석 등의 검사는 수출입물품에 대한 적정한 통관 등을 목적으로 조사를 하는 것으로서 이는 행정작용이지 이를 수사기관의 강제처분이라고 할 수 없으므로, 세관공무원은 압수·수색영장 없이도 이러한 검사를 진행할 수 있는 것이다. 세관공무원이 통관검사를 위하여 직무상 소지하거나 보관하는 물품을 수사기관에 임의로 제출한 경우에는 비록 소유자의 동의를 받지 않았더라도 수사기관이 강제로 점유를 취득하지 않은 이상 해당 물품을 압수하였다고 할 수 없다. 그러나 마약류 불법거래 방지에 관한 특례법 제4조 제1항에 따른 조치의 일환으로 마약류 관련 범죄혐의와 관련하여 특정한 수출입물품을 개봉하여 검사하고 그 내용물의 점유를 취득한 행위는 위에서 본 수출입물품에 대한 적정한 통관 등을 목적으로 조사를 하는 경우와는 달리, 범죄수사인 압수 또는 수색에 해당하여 사전 또는 사후에 영장을 받아야 한다(대판 2017.7.18. 2014도8719).

　수사는 구체적 사실에 기초한 주관적 혐의를 통해 개시하게 되는데, 수사기관이 범죄혐의를 갖게 된 원인이 바로 수사의 단서이다. 이후 후술하는 고소나 고발, 변사자 검시, 현행범 체포, 인지, 풍설, 언론보도, 진정, 불심검문, 소지품 검사 등이 모두 수사의 단서에 해당한다.

　수사와 수사의 단서를 구별하는 것이 중요한데, 수사는 형사소송법이 적용되어 형사소송법에 규정된 각종의 절차와 피의자의 권리를 보장하는 규정들이 적용되지만 수사의 단서는 수사가 아니므로 원칙적으로 형사소송법상의 수사관련 규정들이 적용되지 않는다.

　수사의 단서는 수사가 아니며, 수사는 수사의 단서의 한계가 된다. 예를 들어 소지품 검사의 한계가 무엇일까? 소지품 검사는 형사소송법이 아닌 경찰관직무집행법에 근거를 가지고 있는데 이는 경찰행정으로서의 의미를 갖기 때문이다. 그러나 소지품검사를 위해 상대방 동의 없이 가방을 개봉하는 것이나 개봉하여 범죄혐의와 관련된 증거물을 찾는 행위는 압수수색에 해당하므로 이는 형사소송법상 수사에 해당되는 것인 만큼 형사소송법상의 절차에 따르지 않는 한 허용될 수 없다. 만일 이를 경찰행정작용으로 허용한다면, 형사소송법상의 영장주의는 형해화되는 것이므로 수사의 단서는 수사가 곧 그 한계에 해당한다. 수사의 단서의 구체적인 내용에 대하여는 이하 수사의 개시 부분에서 상술하도록 한다.

Ⅳ. 수사의 조건 (1) : 수사의 필요성 – 친고죄의 고소 전 수사

　수사의 조건이란 수사절차의 개시와 진행에 필요한 전제조건을 말하는 것으로 소송조건에 대응되는 개념으로 볼 수 있다. 수사는 그 목적 달성을 위해서 제한 없이 허용되는 것이 아니라 그 목적 달성에 필요한 경우에 한하여 허용된다. 그런 점에서 비례성의 원칙의 한 내용으로 수사의 필요성은 수사의 조건이 된다.
　수사는 앞서 수사의 개념에서 살펴본 바와 같이 공소제기를 전제로 한다. 따라서 공소제기의 가능성이 없는 경우는 수사의 필요성이 인정된다고 볼 수 없다. 예를 들어, 아무리 연쇄살인마라 하더라도 이미 공소시효가 완성되었다면 그 이후 진범이 잡혔다 하더라도 공소를 제기할 수 없는 이상 수사의 필요성이 없다고 보아야 한다. 수사는 기본적으로 기본권을 침해할 수 있다는 특성을 가지고 있으므로 수사의 필요성이 없는 수사를 하는 것은 비례성의 원칙에 반하여 허용될 수 없다. 수사의 필요성과 관련하여서는 소송조건이 구비되지 않은 경우에도 수사를 할 수 있는지 여부가 주요 쟁점으로 문제된다.

1. 문제점

　친고죄의 경우에 고소가 없거나 반의사불벌죄의 경우에 불처벌을 희망하는 의사표시가 있는 경우, 내지는 전속고발범죄에서 고소나 고발이 없는 경우에 수사가 허용되는지가 수사의 필요성과 관련하여 문제된다. 왜냐하면 일반적으로 고소는 수사의 단서에 불과하지만, 친고죄에 있어서의 고소는 소송조건이므로 고소가 없으면 공소를 제기할 수 없기 때문이다.

2. 학설

　① **전면적 허용설**은 고소나 고발이 **수사의 조건이 아니며** 국가형벌권의 실현을 고소나 고발여부로 결정하는 것이 타당하지 않다는 입장으로 고소나 고발 없이도 임의수사나 강제수사 모두 가능하다는 입장이다. 반면 ② **전면적 불허설**은 수사는 공소제기를 전제해야 하므로 소송조건이 구비되지 않은 경우는 처음부터 **수사의 필요성이 없어 수사는 허용되지 않는다는 입장이다.** 현재 통설과 판례의 입장은 ③ **제한적 허용설**로 수사가 원칙적으로 허용되지만 소추조건인 고소나 고발의 가능성이 없는 경우는 공소제기의 가능성도 없으므로 수사가 불가능하다는 입장이다. **친고죄의 입법 취지를 고려하는 입장이기도 하다.** 이 견해는 임의수사는 물론 강제수사도

허용된다는 입장이므로 고소기간을 도과하지 않은 상태에서 고소 전이라도 범죄의 혐의가 있다고 사료될 때에는 구속 등 강제수사도 허용된다는 입장이다. **고소기간이 도과한 경우나 피해자가 고소하지 아니할 뜻을 명백히 한 경우**가 아니라면 친고죄에 대하여 피해자의 고소가 없더라도 수사의 필요성이 있다면 수사를 할 수 있다는 제한적 허용설의 입장이 타당하다.

3. 판례(제한적 허용설 입장)

친고죄나 세무공무원 등의 고발이 있어야 논할 수 있는 죄에 있어서 고소 또는 고발은 이른바 소추조건에 불과하고 당해 범죄의 **성립**요건이나 수사의 **조건**은 아니므로, 위와 같은 범죄에 관하여 고소나 고발[4])이 있기 전에 수사를 하였다 하더라도 **그 수사가 장차 고소나 고발이 있을 가능성이 없는 상태 하에서 행해졌다는 등의 특단의 사정이 없는 한, 고소나 고발이 있기 전에 수사를 하였다는 이유만으로 그 수사가 위법하다고 볼 수는 없다**(대판 1995.2.24. 94도252).

조세범처벌법 제6조의 세무종사 공무원의 고발은 공소제기의 요건이고 수사개시의 요건은 아니므로 수사기관이 고발에 앞서 수사를 하고 피고인에 대한 구속영장을 발부받은 후 검찰의 요청에 따라 세무서장이 고발조치를 하였다고 하더라도 공소제기 전에 고발이 있은 이상 조세범처벌법 위반사건 피고인에 대한 공소제기의 절차가 법률의 규정에 위반하여 무효라고 할 수 없다(대판 1995.3.10. 94도3373).

---

4) 관계 행정기관이 행정목적을 달성하기 위하여 통고처분 등의 조치를 먼저 취지하지 않고 곧바로 고발하는 것이 유효한 고발인가에 대하여, 판례는 **통고처분을 할 것인가의 여부는 관계 행정기관의 재량**에 맡겨져 있다고 보고, **통고처분 하지 않은 채 고발하였다는 것만으로는 그 고발 및 이에 기한 공소제기가 부적법하게 되는 것은 아니다**(대판 2007. 5.11. 2006도1993).

Point

고소나 고발의 가능성이 없는 경우가 문제됨

① 제230조상의 고소기간[5] 도과의 문제 – 범인을 알게 된 때[6]의 의미(범인을 알게 된다 함은 통상인의 입장에서 보아 고소권자가 고소를 할 수 있을 정도로 범죄사실과 범인을 아는 것을 의미[7])와 관련하여

② 고소취소 후 재고소 금지되는 경우(제232조)

③ 비피해자인 고소권자(제225조)
  법정대리인의 고소권의 법적 성격과 관련 위 ①, ② 논의 함께 쟁점화 가능

제232조 【고소의 취소】 ① 고소는 제1심 판결선고 전까지 취소할 수 있다.
② 고소를 취소한 자는 다시 고소하지 못한다.
③ 피해자의 명시한 의사에 반하여 공소를 제기할 수 없는 사건에서 처벌을 원하는 의사표시를 철회한 경우에도 제1항과 제2항을 준용한다. [전문개정 2020. 12. 8.]

---

[5] 대판 2007.10.11. 2007도4962
  고소를 함에는 고소능력이 있어야 하는바, 이는 피해를 받은 사실을 이해하고 고소에 따른 사회생활상의 이해관계를 알아차릴 수 있는 사실상의 의사능력으로 충분하므로 민법상의 행위능력이 없는 자라도 위와 같은 능력을 갖춘 자에게는 고소능력이 인정되고, 범행 당시 고소능력이 없던 피해자가 그 후에 비로소 고소능력이 생겼다면 그 고소기간은 고소능력이 생긴 때로부터 기산하여야 한다. → 강간 피해 당시 14세의 정신지체아가 범행일로부터 약 1년 5개월 후 담임교사 등 주위 사람들에게 피해사실을 말하고 비로소 그들로부터 고소의 의미와 취지를 설명 듣고 고소에 이른 경우, 위 설명을 들은 때 고소능력이 생겼다고 본 사례.

[6] 대판 2004.10.28. 2004도5014 → 포괄일죄와 고소기간
  형사소송법 제230조 제1항에서 말하는 '범인을 알게 된 날'이란 범죄행위가 종료된 후에 범인을 알게 된 날을 가리키는 것으로서, 고소권자가 범죄행위가 계속되는 도중에 범인을 알았다 하여도, 그 날부터 곧바로 위 조항에서 정한 친고죄의 고소기간이 진행된다고는 볼 수 없고, 이러한 경우 고소기간은 범죄행위가 종료된 때부터 계산하여야 하며, 동종행위의 반복이 당연히 예상되는 영업범 등 포괄일죄의 경우에는 최후의 범죄행위가 종료한 때에 전체 범죄행위가 종료된 것으로 보아야 한다.

[7] 대판 2001.10.9. 2001도3106

> **참고**
>
> **성폭력범죄의 친고죄 폐지**
>
> 성인 대상 강간이나 강제추행의 죄 등은 친고죄로 남아있었지만 **2013. 6. 19.부터** 시행되는 개정형법을 통해 친고죄 규정을 전면적으로 폐지하였다. 형법과 더불어 성폭력범죄의 처벌 등에 관한 특례법과 아동·청소년의 성보호에 관한 법률에 있는 친고죄와 반의사불벌죄 규정도 전면 폐지되었다.
>
> 따라서 친고죄와 관련된 쟁점이 출제될 경우 범행시가 언제인지를 파악하여 법시행 이전인지 이후인지에 따라 친고죄의 쟁점이 될 수도 있고 그렇지 않을 수도 있음을 유의하여야 할 것이다.
>
> 특히 아동·청소년을 대상으로 한 강제추행, 강간 등과 관련하여 친고죄, 반의사불벌죄, 비친고죄인 시기별 구분[8]이 중요하다. 특히 성폭력범죄 중에서는 성폭력범죄의 처벌 등에 관한 특례법 제11조(공중 밀집 장소에서의 추행)[9]와 제12조(통신매체를 이용한 음란행위)[10]를 유의하여야 한다. 현재 제12조는 성적 목적을 위한 공공장소 침입행위[11]이며, 위 구법 제12조는 제13조로 위치가 변경되었다.

---

8) 본죄는 고소권자의 고소가 있어야 공소제기 할 수 있는 친고죄이다. 따라서 본죄에 대한 고소가 없거나 고소가 취소된 경우에 그 수단인 폭행·협박만을 분리하여 검사는 공소제기 할 수 없다. 성폭법의 성폭력범죄에 해당하므로 고소기간이 1년으로 연장된다. 나아가 성폭법은 제15조에서 친고죄인 성폭력범죄를 규정하고 있으므로 그 외는 비친고죄로 한다는 취지를 밝히고 있는 것으로 해석한다. 다만, 2012. 12. 18. 형법이 개정되어 강간, 강제추행 등의 성폭력범죄가 모두 비친고죄로 변경되었다. 법시행은 2013. 6. 19.부터이며 부칙 제2조(친고죄 폐지에 관한 적용례)를 통해 제296조 및 제306조의 개정규정은 이 법 시행 후 최초로 저지른 범죄부터 적용한다고 규정하고 있다. 그러므로 2013. 6. 19. 이후부터는 모든 성폭력범죄가 비친고죄이다. 따라서 사안의 행위시점과 수사시점을 정확히 파악하여 법시행전인지 법시행 이후인지를 파악하여야 한다. 종래 아동·청소년의 성보호에 관한 법률 제16조(피해자의 의사)가 "「형법」제306조 및 「성폭력범죄의 처벌 및 피해자보호 등에 관한 법률」제15조에도 불구하고 아동·청소년을 대상으로 한 다음 각 호의 죄에 대하여는 피해자의 고소가 없어도 공소를 제기할 수 있다. 다만, 피해자의 명시한 의사에 반하여 공소를 제기할 수 없다"고 규정하면서 아동·청소년을 대상으로 한 「형법」제297조부터 제300조까지, 제302조, 제303조 및 제305조의 죄에 대하여 반의사불벌죄로 규정하였다가 2010년 4월 15일 법을 개정하고 시행하면서 이를 반의사불벌죄에서 제외하였다. 그런데 반의사불벌죄 규정은 2007. 8. 3. 법이 개정되면서 들어온 규정이고, 부칙에 의하여 제16조의 개정규정은 이 법시행(공포일로부터 6개월 후) 이후 최초로 제16조 각 호의 죄를 범하여 수사를 받는 자부터 적용한다고 규정하였으므로 결국, 2008. 2. 3. 이전에 수사를 받은 자들은 '친고죄로 의율하여야 하고 그 이후부터 2010. 4. 15. 이전에 범죄를 범한 경우는 '반의사불벌죄'가 된다. 2010. 4. 15. 이후는 친고죄도 반의사불벌죄도 아니다. 다만, 2010. 4. 15. 이후에도 「성폭력범죄의 처벌 등에 관한 특례법」제11조 및 제12조의 죄는 반의사불벌죄였으나 이번 형법개정과 더불어 본법도 개정되어 제16조가 삭제되었고, 따라서 2013. 6. 19. 이후부터는 이 역시 반의사불벌죄가 아니다.

9) 대중교통수단, 공연·집회 장소, 그 밖에 공중(公衆)이 밀집하는 장소에서 사람을 추행한 사람은 1년 이하의 징역 또는 300만 원 이하의 벌금에 처한다.

10) 자기 또는 다른 사람의 성적 욕망을 유발하거나 만족시킬 목적으로 전화, 우편, 컴퓨터, 그 밖의 통신매체를 통하여 성적 수치심이나 혐오감을 일으키는 말, 음향, 글, 그림, 영상 또는 물건을 상대방에게 도달하게 한 사람은 2년 이하의 징역 또는 500만 원 이하의 벌금에 처한다.

11) 자기의 성적 욕망을 만족시킬 목적으로 「공중화장실 등에 관한 법률」제2조 제1호부터 제5호까지에 따른 공중화장실 등 및 「공중위생관리법」제2조 제1항 제3호에 따른 목욕장업의 목욕장 등 대통령령으로 정하는 공공장소에 침입하거나 같은 장소에서 퇴거의 요구를 받고 응하지 아니하는 사람은 1년 이하의 징역 또는 300만 원 이하의 벌금에 처한다(성폭력범죄의 처벌 등에 관한 특례법 일부개정 2013. 4. 5.).

관련판례 – 구 성폭법상의 친고죄가 폐지된 경우 폐지 전의 범행에 대한 고소기간 형사소송법 제230조 제1항 본문은 친고죄의 고소기간을 범인을 알게 된 날로부터 6월로 정하고 있다. 구 형법(2012. 12. 18. 법률 제11574호로 개정되어 2013. 6. 19. 시행되기 전의 것, 이하 '구 형법'이라 한다) 제306조는 형법 제298조에서 정한 강제추행죄를 친고죄로 규정하고 있었다. 그런데 위와 같은 개정으로 구 형법 제306조는 삭제되었고, 개정 형법 부칙 제2조는 '제306조의 개정 규정은 위 개정 법 시행 후 최초로 저지른 범죄부터 적용한다'고 규정하였다. 구 성폭력범죄의 처벌 등에 관한 특례법(2012. 12. 18. 법률 제11556호로 전부개정되기 전의 것) 제2조 제1항 제3호는 형법 제298조(강제추행) 등을 성폭력범죄로 규정하고, 제18조 제1항 본문에서 성폭력범죄 중 친고죄의 고소기간을 '형사소송법 제230조 제1항의 규정에 불구하고 범인을 알게 된 날부터 1년'으로 규정하였다(이하 '이 사건 특례조항'이라 한다). 이 사건 특례조항은 위 전부개정 법률에서 제19조 제1항 본문으로 위치가 변경되었다가 2013. 4. 5. 법률 제11729호 개정으로 삭제되었다(2013. 6. 19. 시행, 이하 '개정 성폭력처벌법'이라 한다).
그런데 개정 성폭력처벌법은 부칙에서 이 사건 특례조항 삭제에 관련된 경과규정을 두고 있지 않아 그 시행일 이전에 저지른 친고죄인 성폭력범죄의 고소기간에 이 사건 특례조항이 적용되는지 여부가 문제된다.
구 형법 제306조를 삭제한 것은 친고죄로 인하여 성범죄에 대한 처벌이 합당하게 이루어지지 못하고 피해자에 대한 합의 종용으로 인한 2차 피해가 야기되는 문제를 해결하기 위한 것이었고, 구 형법 제306조가 삭제됨에 따라 이 사건 특례조항을 유지할 실익이 없게 되자 개정 성폭력처벌법에서 이 사건 특례조항을 삭제한 것이다. 위와 같은 개정경위와 취지를 고려하면, **개정 성폭력처벌법 시행일 이전에 저지른 친고죄인 성폭력범죄의 고소기간은 이 사건 특례조항에 따라서 '범인을 알게 된 날부터 1년'이라고 보는 것이 타당하다**(대판 2018.6.28. 2014도13504).

Ⅴ 수사의 조건 (2) : 수사의 상당성 – 함정수사

1. 개념

가. 수사비례의 원칙

수사처분은 그 목적을 달성하기 위한 최소한도에 그쳐야 한다는 원칙으로 수사는 필요하더라도 그 방법과 정도가 수사의 목적에 비추어 허용되는 범위 내에서만 허용되어야 한다. 수사를 개시한 경우에는 법령의 규정을 준수하는 한편 수사비례의 원칙에 따라 필요하고 상당한 범위 내에서 관련된 제반 증거를 수집한 후 그에 대한 증거가치를 합리적으로 판단하여 실체적 진실을 규명하여야 할 의무가 있다. 수사에 의한 법익침해의 정도가 수사로 달성하는 목적보다 중한 경우에는 상당성이 없으며, 수사는 신의칙에 반하여 이루어져서는 안 된다. 수사비례의 원칙 중 수사의 신의칙과 관련된 쟁점이 바로 함정수사이다.

나. 함정수사

(1) 의의

함정수사란 **수사기관이 범죄를 교사하여 그 실행을 기다려 범인을 검거하는 수사방법**으로 주로 마약범죄에 많이 이용되며, 조직범죄나 뇌물사건 등 은밀히 이루어지는 범죄를 수사하는데 이용되고 있다. 학설상 다수의 견해는 범의 없는 자에게 범의를 유발시키는 경우는 물론, 이미 범의를 가지고 있는 자에 대하여 범죄에 나갈 기회를 제공하는 것까지 함정수사의 개념에 포함하고 있으나 소수설과 판례는 **범의 없는 자**에게 **범죄를 교사하여 범의를 유발시키는 것**만을 함정수사라고 한다. 대표적인 함정수사 사례로 경찰관이 노래방의 도우미 알선 영업 단속 실적을 올리기 위하여 손님으로 가장한 후 노래방 업주에게 도우미를 불러줄 것을 요청하였으나 거절당하였음에도 거듭 이를 요구하여 그 업주가 도우미를 불러주었다면 위법한 함정수사에 해당한다12).

> 관련판례 함정수사라 함은 **본래 범의를 가지지 아니한 자에 대하여** 수사기관이 사술이나 계략 등을 써서 범죄를 유발케하여 범죄인을 검거하는 수사방법을 말하는 것이므로, 범의를 가진 자에 대하여 범행의 기회를 주거나, 범행을 용이하게 한 것에 불과한 경우에는 함정수사라고 말할 수 없다거나(대판 1992.10.27. 92도1377), 위법한 함정수사라고 단정할 수 없다고 판시하고 있다(대판 2007.5.31. 2007도1903).

(2) 함정수사의 한계(허용범위)

미국의 함정의 항변에서 유래(Sherman-Sorrels 법칙)하였는데, 1932년 Sorrels 사건에서 미국의 연방최고법원은 금주감시원이 여행자를 가장, 전쟁 중에 같은 사단에 속했다는 체험을 이야기하며 술을 팔기를 종용하였고 이에 피고인이 응한 사안에서 함정의 항변을 인정한 바 있다. 이어 1958년 Sherman 사건에서는 마약 매각과 관련하여 함정수사의 항변을 인정한 바 있는데, 이로 인해 Sherman-Sorrels 법칙이 형성되었다.

---

12) 피고인이 유흥주점을 운영하던 중 그곳에 경찰관들이 단속 실적을 올리기 위하여 손님으로 가장하고 들어와 성매매를 할 수 있는 도우미를 불러 줄 것을 요구하자, 그들로부터 주류 제공 및 성매매 비용 명목으로 40만 원을 지급받고 여종업원을 안내함으로써 성매매를 알선하였다고 하여 성매매알선 등 행위의 처벌에 관한 법률 위반으로 기소된 사안이다. 본래 범의를 가지지 아니한 자에 대하여 사술이나 계략 등을 써서 범죄를 유발케 하여 범죄인을 검거하는 함정수사는 허용되지 않고, 성매매가 우리의 인격과 가치관에 저촉되는 행위임은 분명하나 이를 단속하기 위하여 국민을 범죄인으로 유인하여 함정수사를 하는 것은 성매매에 관한 것이라도 허용되지 않으며, 구체적인 사건에서 위법한 함정수사에 해당하는지 여부는 범죄의 종류와 성질, 유인자의 지위와 역할, 유인의 경위와 방법, 유인에 따른 피유인자의 반응, 피유인자의 처벌 전력 및 유인행위 자체의 위법성 등을 종합하여 판단하여야 하는데, 경찰관들이 고가의 주류를 주문함으로써 피고인으로 하여금 금전적 유혹과 압박을 받게 하고, 직장 내 승진을 위한 상관 접대 필요성 운운으로 동정심이나 감정 호소 등의 수단을 사용한 점 등은 함정수사로 판단할 수 있는 사정이 되는 반면, 위법한 함정수사가 아니라고 볼 만한 검사의 증명은 없다는 이유로, 경찰관들의 위와 같은 단속이 범의 유발형 함정수사에 해당한다고 보아 공소를 기각한 제1심판결이 정당하다고 한 사례이다(의정부지방법원 2019.4.18. 2018노1311 : 상고).

이러한 함정수사의 적법성 내지 함정수사의 한계와 관련하여 ① 주관설(피유발자의 주관 내지 내심을 기준) ② 객관설(수사관의 유혹의 방법자체를 기준) ③ 종합설(사전범의 없는 시민을 보호한다는 주관설을 유지하면서도, 수사기관이 채택한 수사방법도 종합적으로 고려)이 대립한다. 종합설은 함정수사의 피유발자의 내심뿐만 아니라 수사관의 유혹방법 자체가 적절하였는지도 함께 고려하여 판단하여야 수사비례의 원칙의 한 내용을 이루는 신의칙에 반하는 수사인지를 판단할 수 있다고 본다. 판례 역시 최근에는 본래 범의를 가지지 아니한 사람에 대하여 수사기관이 사술이나 계략 등을 써서 범의를 유발하게 하여 범죄인을 검거하는 함정수사는 위법하고, 구체적인 사건에 있어서 위법한 함정수사에 해당하는지 여부는, 해당 범죄의 종류와 성질, 유인자의 지위와 역할, 유인의 경위와 방법, 유인에 따른 피유인자의 반응, 피유인자의 처벌 전력 및 유인행위 자체의 위법성 등을 종합하여 판단하여야 한다는 입장을 취하고 있다(대판 2020.1.30. 2019도15987).

관련판례 본래 범의를 가지지 아니한 자에 대하여 수사기관이 사술이나 계략 등을 써서 범의를 유발케 하여 범죄인을 검거하는 함정수사는 위법하다 할 것인바, 구체적인 사건에 있어서 위법한 함정수사에 해당하는지 여부는 **해당 범죄의 종류와 성질, 유인자의 지위와 역할, 유인의 경위와 방법, 유인에 따른 피유인자의 반응, 피유인자의 처벌 전력 및 유인행위 자체의 위법성 등을 종합하여 판단**하여야 하고, 따라서 **유인자가 수사기관과 직접적인 관련을 맺지 아니한 상태**에서 피유인자를 상대로 단순히 수차례 반복적으로 범행을 교사하였을 뿐, 수사기관이 사술이나 계략 등을 사용하였다고 볼 수 없는 경우는, **설령 그로 인하여 피유인자의 범의가 유발되었다 하더라도 위법한 함정수사에 해당하지 아니한다**(대판 2008.3.13. 2007도10804).

관련판례 甲이 수사기관에 체포된 동거남의 석방을 위한 공적을 쌓기 위하여 乙에게 필로폰 밀수입에 관한 정보제공을 부탁하면서 대가의 지급을 약속하고, 이에 乙이 丙에게, 丙은 丁에게 순차 필로폰 밀수입을 권유하여, 이를 승낙하고 필로폰을 받으러 나온 丁을 체포한 사안에서, 乙, 丙 등이 각자의 **사적인 동기에 기하여 수사기관과 직접적인 관련이 없이 독자적으로 丁을 유인한 것**으로서 위법한 함정수사에 해당하지 않는다(대판 2007.11.29. 2007도7680).

관련판례 경찰관이 게임 결과물의 환전을 거절하는 피고인에게 적극적으로 환전을 요구하는 방식의 함정수사가 위법한지 여부(적극) 및 경찰관이 함정수사 과정에서 이미 이루어지고 있던 피고인의 다른 범행을 적발한 경우 이에 관한 공소제기가 법률의 규정에 위반하여 무효인 때에 해당하는지 여부(소극).

  [1] 본래 범의를 가지지 아니한 사람에 대하여 수사기관이 사술이나 계략 등을 써서 범의를 유발하게 하여 범죄인을 검거하는 함정수사는 위법하고, 이러한 함정수사에 기한 공소제기는 그 절차가 법률의 규정에 위반하여 무효인 때에 해당한다.
  [2] 수사기관이 사술이나 계략 등을 써서 피고인의 범의를 유발한 것이 아니라 **이미 이루어지고 있던 범행을 적발한 것에 불과하므로, 이에 관한 공소제기가 함정수사에 기한 것으로 볼 수 없다.**

→ 경찰관이 피고인 운영의 게임장에 대한 잠입수사 과정에서 게임물을 이용한 사행행위를 조장하고 있는 피고인을 적발하고, 피고인에게 게임 결과물 환전을 적극적으로 요구한 사안임.
→ 게임 결과물 환전으로 인한 게임산업법위반 범행은 경찰관의 위법한 함정수사로 인하여 범의가 유발된 때에 해당하므로 이에 관한 공소를 기각한 원심의 판단은 정당하나, 사행행위 조장으로 인한 게임산업법위반 범행은 수사기관이 이미 이루어지고 있던 범행을 적발한 것에 불과할 뿐 이에 관한 공소제기가 함정수사에 기한 것으로 볼 수 없다고 보아 이 부분 공소를 기각한 원심의 판단에 함정수사에 관한 법리를 오해하여 판결에 영향을 미친 잘못이 있다고 본 사례(대판 2021.7.29. 2017도16810).

(3) 위법한 함정수사의 소송법적 효과

우선 위법한 함정수사에 기하여 체포 내지 구속이 되었다면 피의자의 입장에서는 ① 구속취소청구(제93조)나 ② 체포·구속 적부 심사청구(제214조의2)를 생각해볼 수 있다. 위법한 함정수사는 아래에서 언급하는 바와 같이 공소기각의 사유가 되므로, 구속의 사유가 없거나 소멸된 때에 청구할 수 있는 구속취소를 청구 하는 것이 가능하다고 본다. 이 때 법원은 직권 또는 검사, 피고인, 변호인과 형사소송법 제30조 제2항에 규정한 자의 청구에 의하여 결정으로 구속을 취소하여야 한다.

다음으로 위법한 함정수사가 공소제기에 어떠한 영향을 미치는지 생각해보면, 크게 ① 불가벌설과 ② 가벌설이 대립되고 있다. 불가벌설은 다시 ㉠ 무죄판결설, ㉡ 공소기각설, ㉢ 면소판결설로 나뉘는데, 우리 통설과 판례는 **위법한 함정수사에 해당하는 경우** 법원은 그에 기초한 공소제기에 대하여 **공소기각판결을 선고해야 한다는 입장이다.** 한편, 가벌설에 의하는 경우는 위법한 함정수사로 획득한 증거의 증거능력은 위법수집증거배제법칙에 기하여 증거능력이 부정될 것이다.

`관련판례` 범의를 가진 자에 대하여 단순히 범행의 기회를 제공하거나 범행을 용이하게 하는 것에 불과한 수사방법이 경우에 따라 허용될 수 있음은 별론으로 하고, 본래 범의를 가지지 아니한 자에 대하여 수사기관이 사술이나 계략 등을 써서 범의를 유발케 하여 범죄인을 검거하는 함정수사는 위법함을 면할 수 없고, 이러한 함정수사에 기한 공소제기는 **그 절차가 법률의 규정에 위반하여 무효인 때에 해당**한다(대판 2005.10.28. 2005도1247).

`관련판례 - 이른바 기회제공형 함정수사에 있어 수사기관 유인행위의 위법성 여부(소극)(2007도1903 절도 (차) 상고기각)` 취객을 상대로 한 이른바 부축빼기 절도범을 단속하기 위하여, 경찰관이 지하철 인근 공원 인도에 술 취해 쓰러져 있는 피해자 근처에 차량을 주차하고 감시하다가, 마침 피고인이 나타나 피해자를 부축하며 10m 정도를 끌고 가 앉히면서 지갑을 뒤지자 현장에서 체포한 경우 피고인에 대한 위법한 공소제기라고 볼 수 없다(대판 2007.5.31. 2007도1903).

→ 지하철경찰대 소속 경찰관들이 사당역 인근에서 만취한 취객을 상대로 한 이른바 부축빼기 수법의 범죄가 빈발한다는 첩보를 입수하고 지하철 막차 근무를 마친 후 함께 범행장소인 까치공원으로 갔는데, 그곳 공원 옆 인도에 만취한 피해자가 누워 자고 있는 것을 보고서 "그 장소에서 사건이 계속 발생하다 보니 잡아야겠다는 생각"으로 잠복을 하기로 결심하고, 차량을 피해자로부터 약 10m 거리인 길 옆 모퉁이에 주차하고 머리를 숙이고 있던 중 피고인(51세)이 접근하는 것을 발견하였고, 이어 피고인이 위와 같은 범행에 이르자 즉석에서 피고인을 현행범으로 체포한 경우, 위 경찰관들의 행위는 단지 피해자 근처에 숨어서 지켜보고 있었던 것에 불과하고, 피고인은 피해자를 발견하고 스스로 범의를 일으켜 이 사건 범행에 나아간 것이어서, 잘못된 수사방법에 관여한 경찰관에 대한 책임은 별론으로 하고, 스스로 범행을 결심하고 실행행위에 나아간 피고인에 대한 이 사건 기소 자체가 위법하다고 볼 것은 아니라고 한 사례.

 범행의사가 없는 피유인자에게 불가피한 상황을 만들어 범행을 하도록 만든 경우 역시 위법한 함정수사로 공소기각됨이 타당하다. 대리기사가 이면도로에 피고인 차량을 주차하였는데, 차적을 조회한 경찰이 면허정지사실을 확인하자 아무런 차량 이동의 필요성이 없는 상태에서 '공사로 차량이동을 바란다'고 2회 문자를 보내어 피고인이 급히 나와 차량을 이동시키자 무면허운전으로 현행범체포를 한 사안에서 법원은 위법한 함정수사임을 인정하였다[13].

 만일 제1심에서 함정수사로 인정되어 공소기각 판결이 선고되었으나 항소심에서 피고인에 대한 함정수사가 아니라고 판단하는 경우 항소심 법원은 어떤 판결을 내려야 할지 생각해보면, 형사소송법 제366조는 "공소기각 또는 관할위반의 재판이 법률에 위반됨을 이유로 원심판결을 파기하는 때에는 판결로써 사건을 원심법원에 환송하여야 한다."라고 규정하고 있으므로, 원심으로서는 제1심의 공소기각 판결이 법률에 위반된다고 판단한 이상 본안에 들어가 심리할 것이 아니라 제1심판결을 파기하고 사건을 제1심법원에 환송하여야 한다(대판 1998.5.8. 98도631 등 참조). 따라서 원심이 제1심의 공소기각 판결이 잘못이라고 하여 파기하면서도 사건을 제1심법원에 환송하지 아니하고 본안에 들어가 심리한 후 피고인에게 유죄를 선고하였다면 형사소송법 제366조를 위반한 것이 된다[14].

---

13) 대판 2009.7.23. 2009도3934
14) 대판 2020.1.30. 2019도15987

제2절 수사의 단서와 수사개시

수사는 수사기관의 주관적 혐의에 의하여 개시된다. 이때 수사기관이 범죄혐의를 두게 된 근거가 바로 수사의 단서이다. 아래에서 검토하는 변사자 검시, 불심검문, 인지, 신문이나 방송을 통한 정보, 풍설 등도 모두 수사의 단서에 해당하고, 제3자에 의한 고소나 고발, 진정, 신고 등도 모두 수사의 단서에 해당한다.

I 변사자의 검시

> **제222조 【변사자의 검시】** ① **변사자** 또는 **변사의 의심있는 사체**가 있는 때에는 그 소재지를 관할하는 지방검찰청 **검사**가 검시하여야 한다.
> ② 전항의 검시로 범죄의 혐의를 인정하고 긴급을 요할 때에는 **영장없이 검증할 수** 있다.
> ③ 검사는 사법경찰관에게 전2항의 처분을 명할 수 있다.

변사자 검시는 수사의 단서이다. 다시 말해 수사가 아니며, 수사에 해당하는 검증과는 구분된다. 검시를 통해 범죄의 혐의가 발견되면 그 때 수사로 나아가게 된다는 점에서 변사자 검시는 수사의 단서이다.

II 불심검문

> **경찰관 직무직행법 제3조 【불심검문】** ① 경찰관은 다음 각 호의 어느 하나에 해당하는 사람을 정지시켜 질문할 수 있다.
> 1. 수상한 행동이나 그 밖의 주위 사정을 합리적으로 판단하여 볼 때 어떠한 죄를 범하였거나 범하려 하고 있다고 의심할 만한 상당한 이유가 있는 사람
> 2. 이미 행하여진 범죄나 행하여지려고 하는 범죄행위에 관한 사실을 안다고 인정되는 사람
> ② 경찰관은 제1항에 따라 같은 항 각 호의 사람을 정지시킨 장소에서 질문을 하는 것이 그 사람에게 불리하거나 교통에 방해가 된다고 인정될 때에는 질문을 하기 위하여 가까운 경찰서·지구대·파출소 또는 출장소(지방해양경찰관서를 포함하며, 이하 "경찰관서"라 한다)로 동행할 것을 요구할 수 있다. 이 경우 동행을 요구받은 사람은 그 요구를 거절할 수 있다.
> ③ 경찰관은 제1항 각 호의 어느 하나에 해당하는 사람에게 질문을 할 때에 그 사람이 흉기를 가지고 있는지를 조사할 수 있다.
> ④ 경찰관은 제1항이나 제2항에 따라 질문을 하거나 동행을 요구할 경우 자신의 신분을 표시하는 증표를 제시하면서 소속과 성명을 밝히고 질문이나 동행의 목적과 이유를 설명하여야 하며, 동행을 요구하는 경우에는 동행 장소를 밝혀야 한다.

> ⑤ 경찰관은 제2항에 따라 동행한 사람의 가족이나 친지 등에게 동행한 경찰관의 신분, 동행 장소, 동행 목적과 이유를 알리거나 본인으로 하여금 즉시 연락할 수 있는 기회를 주어야 하며, 변호인의 도움을 받을 권리가 있음을 알려야 한다.
> ⑥ 경찰관은 제2항에 따라 동행한 사람을 6시간을 초과하여 경찰관서에 머물게 할 수 없다.
> ⑦ 제1항부터 제3항까지의 규정에 따라 질문을 받거나 동행을 요구받은 사람은 형사소송에 관한 법률에 따르지 아니하고는 신체를 구속당하지 아니하며, 그 의사에 반하여 답변을 강요당하지 아니한다.

1. 개념 및 법적 성격

경찰관이 **거동이 수상한** 자를 발견한 때 이를 정지시켜 질문하는 것을 말한다. 불심검문의 법적 성격에 대하여는 ① 수사와 밀접한 관계를 갖지만 수사자체로는 볼 수 없다는 것을 이유로 경찰행정작용으로 보는 입장과 ② 행정경찰작용 이외에 사법경찰작용을 포함하는 이원적 성격을 갖는다는 입장이 있으나 불심검문은 수사의 단서로서 범죄혐의의 존재를 요건으로 하지 않으므로 경찰행정작용에 해당한다는 견해가 타당하다. 이러한 불심검문은 정지, 질문, 동행요구 및 흉기소지 검사를 그 내용으로 하고 있으며, 이 역시 수사가 아닌 수사의 단서에 해당한다.

> **관련판례** 불심검문을 하게 된 경위, 불심검문 당시의 현장상황과 검문을 하는 경찰관들의 복장, 피고인이 공무원증 제시나 신분 확인을 요구하였는지 여부 등을 종합적으로 고려하여, **검문하는 사람이 경찰관이고 검문하는 이유가 범죄행위에 관한 것임을 피고인이 충분히 알고 있었다고 보이는 경우에는 신분증을 제시하지 않았다고 하여 그 불심검문이 위법한 공무집행이라고 할 수 없다**(대판 2014.12.11. 2014도7976).

> **관련판례** [1] **범죄 발생 직후 목격자의 기억이 생생하게 살아있는 상황에서 현장이나 그 부근에서 범인식별 절차를 실시하는 경우에는, 목격자에 의한 생생하고 정확한 식별의 가능성**이 열려 있고 범죄의 신속한 해결을 위한 **즉각적인 대면의 필요성**도 인정할 수 있으므로, **용의자와 목격자의 일대일 대면도 허용**된다.
> [2] **피해자가 경찰관과 함께 범행 현장에서 범인을 추적하다 골목길에서 범인을 놓친 직후 골목길에 면한 집을 탐문하여 용의자를 확정한 경우, 그 현장에서 용의자와 피해자의 일대일 대면이 허용된다**(대판 2009.6.11. 2008도12111).

2. 대상

불심검문의 대상자를 '거동불심자'라고 하는데, 죄를 범하였거나 범하려고 하고 있다고 의심할만한 이유가 있는 자 또는 이미 행하여진 범죄나 행하여지려고 하는 범죄에 대하여 그 사실을 안다고 인정되는 자를 말한다.

관련판례 경찰관직무집행법(이하 '법'이라고 한다)의 목적, 법 제1조 제1항, 제2항, 제3조 제1항, 제2항, 제3항, 제7항의 내용 및 체계 등을 종합하면, 경찰관이 법 제3조 제1항에 규정된 대상자(이하 '불심검문 대상자라 한다)해당 여부를 판단할 때에는 **불심검문당시의 구체적 상황은 물론 사전에 얻은 정보나 전문적 지식 등에 기초하여 불심검문대상자인지를 객관적 · 합리적인 기준에 따라 판단하여야 하나, 반드시 불심검문 대상자에게 형사소송법상 체포나 구속에 이를 정도의 혐의가 있을 것을 요한다고 할 수는 없다**(대판 2014.2.27. 2011도13999).

3. 불심검문의 방법

가. 정지

정지요구에 응하지 않고 지나가거나 질문 도중에 떠나는 경우에 실력행사를 할 수 있는지 문제된다. 불심검문은 수사가 아닌 수사의 단서로서의 한계를 가지고 있기 때문에 어느 범위까지 강제력이 허용될 수 있는지에 관하여 견해가 대립한다.

① 강제에 이르지 않는 정도의 유형력의 행사는 허용된다는 **제한적 허용설과** ② 강제와 실력행사를 구별하는 것은 사실상 불가능하므로 원칙적으로 실력행사는 허용되지 않고 다만 살인 · 강도 등의 중범죄에 한하여, 긴급체포도 가능하지만 신중을 기하기 위한 경우에만 예외를 인정하는 **예외적 허용설이 대립하는데, 판례는 범행의 경중, 범행과의 관련성, 상황의 긴박성, 혐의의 정도, 질문의 필요성 등에 비추어 목적 달성에 필요한 최소한의 범위 내에서 사회통념상 용인될 수 있는 상당한 방법으로 대상자를 정지시킬 수 있다고 판단하고 있다**(대판 2012.9.13. 2010도6203). 그러나 강제에 이르지 않는 정도의 유형력의 행사라는 것을 구분하는 것은 사실상 어렵기 때문에 법치국가의 원리를 엄격히 준수하기 위해서라도 원칙적으로 유형력의 행사를 불허함이 타당하다. 예외적 허용설에 따르더라도 긴급체포가 가능하다면 수사를 진행함이 타당하고, 수사의 단서로서 불심검문의 방법으로 강제력을 행사하는 것은 타당하지 않다고 볼 것이다.

나. 질문

질문하기 위하여 부근의 경찰관서에 동행할 것을 요구할 수 있으나, 대상인은 이를 거부할 수 있다. 이러한 질문을 위해서는 경찰관은 자신의 신분을 표시하는 증표를 제시하여야 한다. 경찰관직무집행법 제3조 제4항은 경찰관이 불심검문을 하고자 할 때에는 자신의 신분을 표시하는 증표를 제시하여야 한다고 규정하고, 경찰관직무집행법 시행령 제5조는 위 법에서 규정한 신분을 표시하는 증표는 경찰관의 공무원증이라고 규정하고 있는데, 불심검문을 하게 된 경위, 불심검문 당시의 현장상황과 검문을 하는 경찰관들의 복장, 피고인이 공무원증 제시나 신분 확인을 요구하였는지 여부 등을 종합적으로 고려하여, **검문하는 사람이 경찰관이고 검문하는 이유가 범죄행위에 관한 것임을 피고인이 충분히 알고 있었다고 보이는 경우에는 신분증을 제시하지 않았다고 하여 그 불심검문이 위법한 공무집행이라고 할 수 없다**(대판 2014.12.11. 2014도7976).

다. 동행의 요구

동행을 요구할 경우에도 증표를 제시하면서 소속성명, 그 목적과 이유를 설명하고 가족 또는 친지에게 동행한 경찰관의 신분·동행장소, 동행목적과 이유를 고지하거나 **본인으로 하여금 즉시 연락할 수 있는 기회를 부여**하여야 하며, **변호인의 조력을 받을 권리가 있음을 고지**하여야 한다(경찰관직무집행법 제3조 제5항). 경찰관직무집행법상 불심검문에 따른 임의동행은 정지시킨 장소에서 질문하는 것이 **동행을 요구받은 사람에게 불리하거나 교통의 방해가 된다고 인정되는 때**에 가능하다고 보나, 원칙적으로 수사와 수사의 단서를 구분하기 어려운 상황에서 임의동행 자체는 허용하여서는 안 된다고 생각한다. 판례가 수사관이 수사과정에서 당사자의 동의를 받는 형식으로 피의자를 수사관서 등에 동행하는 것은, 상대방의 신체의 자유가 현실적으로 제한되어 실질적으로 체포와 유사한 상태에 놓이게 됨에도, 영장에 의하지 아니하고 그 밖에 강제성을 띤 동행을 억제할 방법도 없어서 제도적으로는 물론 현실적으로도 임의성이 보장되지 않을 뿐만 아니라, 아직 정식의 체포·구속단계 이전이라는 이유로 상대방에게 헌법 및 형사소송법이 체포·구속된 피의자에게 부여하는 각종의 권리보장 장치가 제공되지 않는 등 형사소송법의 원리에 반하는 결과를 초래할 가능성이 크므로, 수사관이 동행에 앞서 피의자에게 동행을 거부할 수 있음을 알려 주었거나 동행한 피의자가 언제든지 자유로이 동행과정에서 이탈 또는 동행장소로부터 퇴거할 수 있었음이 인정되는 등 **오로지 피의자의 자발적인 의사에 의하여 수사관서 등에의 동행이 이루어졌음이 객관적인 사정에 의하여 명백하게 입증된 경우에 한하여**, 그 적법성이 인정되는 것으로 봄이 상당하다(대판 2006.7.6. 2005도6810)고 하면서, 형사소송법 제200조 제1항에 의하여 검사 또는 사법경찰관이 피의자에 대하여 임의적 출석을 요구할 수는 있겠으나, 그 경우에도 수사관이 단순히 출석을 요구함에 그치지 않고 일정 장소로의 동행을 요구하여 실행한다면 위에서 본 법리가 적용되어야 하고, 한편 **행정경찰 목적의 경찰활동으로 행하여지는 경찰관직무집행법 제3조 제2항 소정의 질문을 위한 동행요구도 형사소송법의 규율을 받는 수사로 이어지는 경우에는 역시 위에서 본 법리가 적용되어야 한다**(대판 2006.7.6. 2005도6810)고 한 것도 마찬가지의 입장이라고 볼 수 있다.

임의동행의 형식으로 수사기관에 연행된 피의자에게도 **변호인 또는 변호인이 되려는 자와의 접견교통권**은 당연히 인정된다고 보아야 하고, 이는 **임의동행의 형식으로 연행된 피내사자의 경우에도 마찬가지이다**. 나아가 이전의 임의동행이 **불법체포에 해당한다면** 이로부터 6시간이 경과한 후에 이루어진 긴급체포 또한 위법한 것이라 볼 것이다.

> **관련판례** 경찰관직무집행법(이하 '법'이라 한다)의 목적, 법 제1조 제1항, 제2항, 제3조 제1항, 제2항, 제3항, 제7항의 규정 내용 및 체계 등을 종합하면, 경찰관은 법 제3조 제1항에 규정된 대상자에게 질문을 하기 위하여 **범행의 경중, 범행과의 관련성, 상황의 긴박성, 혐의의 정도, 질문의 필요성 등에 비추어 목적 달성에 필요한 최소한의 범위 내에서 사회통념상 용인될 수 있는 상당한 방법으로 대상자를 정지시킬 수 있고 질문에 수반하여 흉기의 소지 여부도 조사할 수 있다.**
> 검문 중이던 경찰관들이, 자전거를 이용한 날치기 사건 범인과 흡사한 인상착의의 피고인이 자전거를 타고 다가오는 것을 발견하고 정지를 요구하였으나 멈추지 않아, 앞을 가로막고 소속과 성명을 고지한 후 검문에 협조해 달라는 취지로 말하였음에도 불응하고 그대로 전진하자, 따라가서 재차 앞을 막고 검문에 응하라고 요구하였는데, 이에 피고인이 경찰관들의 멱살을 잡아 밀치거나 욕설을 하는 등 항의하여 공무집행방해 등으로 기소된 사안에서, 범행의 경중, 범행과의 관련성, 상황의 긴박성, 혐의의 정도, 질문의 필요성 등에 비추어 경찰관들은 목적 달성에 필요한 최소한의 범위 내에서 사회통념상 용인될 수 있는 상당한 방법을 통하여 경찰관직무집행법 제3조 제1항에 규정된 자에 대해 의심되는 사항을 질문하기 위하여 정지시킨 것으로 보아야 하는데도, 이와 달리 경찰관들의 불심검문이 위법하다고 보아 피고인에게 무죄를 선고한 원심판결에 불심검문의 내용과 한계에 관한 법리오해의 위법이 있다(대판 2012.9.13. 2010도6203).

> **관련판례 - 경범죄처벌법상의 '인근소란' 행위자에 대하여 경찰관직무집행법 제6조의 제지조치가 가능한지 여부**
> **(적극)** [1] 경찰관 직무집행법 제6조에 따른 경찰관의 제지 조치가 적법한 직무집행으로 평가되기 위해서는, **형사처벌의 대상이 되는 행위가 눈앞에서 막 이루어지려고 하는 것이 객관적으로 인정될 수 있는 상황이고, 그 행위를 당장 제지하지 않으면 곧 인명·신체에 위해를 미치거나 재산에 중대한 손해를 끼칠 우려가 있는 상황**이어서, **직접 제지하는 방법 외에는 위와 같은 결과를 막을 수 없는 절박한 사태이어야** 한다. 다만 경찰관의 제지 조치가 적법한지는 **제지 조치 당시의 구체적 상황을 기초로 판단하여야** 하고 사후적으로 순수한 객관적 기준에서 판단할 것은 아니다.
> [2] 주거지에서 음악 소리를 크게 내거나 큰 소리로 떠들어 이웃을 시끄럽게 하는 행위는 경범죄 처벌법 제3조 제1항 제21호에서 경범죄로 정한 '인근소란 등'에 해당한다. 경찰관은 경찰관 직무집행법에 따라 경범죄에 해당하는 행위를 예방·진압·수사하고, 필요한 경우 제지할 수 있다(대판 2018.12.13. 2016도19417).

4. 흉기 및 일반소지품검사

가. 개념

불심검문에 수반하여 흉기 기타 물건의 소지여부를 밝히기 위해 거동불심자의 착의 또는 휴대품을 조사하는 것을 소지품검사라고 한다. 경찰관직무집행법 제3조 제3항에서는 대상자에게 질문을 할 때에 그 사람이 흉기를 가지고 있는지를 조사할 수 있다고 규정하고 있는데, 문제는 일반 소지품에 대한 검사도 허용될 것인가에 있다.

나. 일반소지품 검사의 허용여부

이에 대하여 **법적인 근거가 없으며** 상대방의 동의가 없는 소지품 검사는 영장제도를 유명무실하게 만든다는 이유로 부정하는 입장이 있으나, 일정한 한계 내에서 허용된다는 입장이 대립한다. 판례는 경찰관직무집행법의 목적, 동법 제1조 제1항, 제2항, 제3조 제1항, 제2항, 제3항, 제7항의 규정 내용 및 체계 등을 종합하면, 경찰관은 동법 제3조 제1항에 규정된 대상자에게 질문을 하기 위하여 범행의 경중, 범행과의 관련성, 상황의 긴박성, 혐의의 정도, 질문의 필요성 등에 비추어 **목적 달성에 필요한 최소한의 범위 내에서 사회통념상 용인될 수 있는 상당한 방법으로** 대상자를 정지시킬 수 있고 질문에 수반하여 흉기의 소지 여부도 조사할 수 있다(대판 2012.9.13. 2010도6203)고 하여 흉기에 대한 소지품 검사에 대한 판시만 존재하고 있다. 명문의 규정이 없는 상태에서 일반소지품 검사는 상대방의 동의가 없는 한 허용하는 것은 강제수사법정주의에 위배된다고 봄이 타당하다.

다. 한계

소지품검사는 수사가 아니다. 그렇기 때문에 형사소송법이 아닌 경찰관직무집행법에 규정을 두고 있으며, 소지품 검사는 경찰행정작용의 한 내용이다. 수사의 단서에 불과할 뿐 수사가 아니므로 당연히 그 한계가 존재할 수밖에 없는데, 소지품검사를 허용한다고 하더라도 ① 외부관찰 ⇨ ② 내용질문 ⇨ ③ 외표검사(Stop and Frisk) ⇨ ④ 내용개시요구 ⇨ ⑤ 내용검사로 나아가는 과정에서 ①, ②, ③까지는 수사의 단서로서 허용된다고 볼 것이나, 내용개시를 요구하고 그 내용을 검사하는 것은 사실상 압수수색이나 검증과 다를 바 없어 영장 없이 이루어지는 것은 허용될 수 없다.

라. 위법한 소지품검사에 이은 긴급체포·현행범체포의 적법성 – 범죄혐의의 상당성판단문제

위법한 소지품 검사에 이어 긴급체포나 현행범체포로 나아간다면 이를 적법하다고 볼 수 있을 것인지 문제된다. ① 선행절차가 위법한 경우에 후행절차가 위법하게 될 수 있는가의 문제는 적정절차라는 관점에서 위법수집증거배제법칙과 같은 이론이 적용될 수 있으므로 후행절차가 선행절차를 이용하여 행하여진 때에는 **선행절차의 위법성은 후행절차의 적법성 판단에 영향을 미친다고 보아 위법한다는 입장**과 ② 체포구속이유의 판단은 공판단계에 앞서는 것으로서 보다 신속한 판단이 필요하며, 범죄혐의의 상당성 판단의 주체는 수사기관인데 위법수집증거배제법칙은 사실인정과 관련하여 법관이 판단하는 증거법칙이지 수사기관의 위법한 인신구속을 통제하기 위한 법칙은 아니라고 하면서 **위법한 소지품 검사라는 사실만으로 체포 자체가 위법하지 않다는 입장**이 있다. 그러나 위법한 소지품검사를 억지하고, 법치국가의 원리를 엄격히 준수하기 위해서는 위법한 소지품 검사에 이은 체포는 위법하다고 봄이 타당하다.

5. 자동차검문

가. 의의

자동차검문이란 범죄의 예방과 범인의 검거를 목적으로 통행 중인 차량을 정지시켜 운전자 또는 동승자에게 질문을 하는 것을 말한다.

나. 법적 근거와 성격

① 교통검문의 법적근거는 도로교통법 제47조이며, 교통위반을 단속하기 위한 검문으로 이는 교통경찰작용이다. ② 경계검문은 경찰관직무집행법 제3조 제1항에 근거를 두고 있는데, 이는 불특정한 일반 범죄의 예방을 위한 것으로 보안경찰작용에 해당한다. 이에 반해 ③ 긴급수배검문은 직접적인 근거규정은 없으나 경찰관직무집행법 제3조 제1항과 형사소송법의 임의수사규정인 제199조를 근거로 설명하고 있으며, 특정범죄가 발생한 경우 범인의 검거와 수사정보의 수집을 목적으로 이루어지는 일종의 사법경찰작용으로 수사활동에 포함된다고 볼 수 있다.

다. 한계

어떤 자동차검문이건 수사의 단서로서의 검문은 필요한 최소한의 유형력 행사만이 허용된다고 봄이 타당하다. 다만, 긴급수배검문의 경우는 검문과정에서 지명수배 등으로 긴급체포나 영장에 의한 체포로 이어지는 경우가 있으며, 이는 수사로서 이루어지는 것으로 적법하다고 볼 것이다.

III 고소

1. 고소의 의의

> **제223조 【고소권자】** 범죄로 인한 피해자는 고소할 수 있다.

고소란 고소권자가 수사기관에 대하여 범죄사실을 신고하여 범인의 처벌을 구하는 의사표시를 말한다. 이러한 고소는 반드시 고소장의 형식을 요하지 않으므로 수사기관이 고소권자를 피해자로서 신문하였는데, 그 **진술조서에 범인처벌을 요구하는 피해자의 의사표시가 조서에 기재된 경우는 이를 적법한 고소로 볼 수 있다.** 그러나 고소는 서면 또는 구술로써 검사 또는 사법경찰관에게 하여야 하는 것이므로 피해자가 피고인을 심리하고 있는 법원에 대하여 범죄사실을 적시하고 피고인을 엄벌에 처하라는 내용의 진술서를 제출하거나 증인으로서 증언하면서 판사의 신문에 대해 피고인의 처벌을 바란다는 취지의 진술을 하였다 하더라도 이는 고소로서의 효력이 없다(대판 1984.6.26. 84도709).

이러한 고소는 고소인이 일정한 범죄사실을 수사기관에 신고하여 범인의 처벌을 구하는 의사표시이므로 그 고소한 범죄사실이 특정되어야 할 것이나 그 특정의 정도는 고소인의 의사가 **구체적으로 어떤 범죄사실을 지정하여 범인의 처벌을 구하고 있는 것인가를 확정**할 수만 있으면 된다(대판 2003.10.23. 2002도446). 또한 고소는 범인의 처벌을 구하는 것이므로 단순히 피해사실을 신고한 것이나 도난신고를 제출한 것만으로는 고소라 볼 수 없다.

2. 고소권자와 고소의 절차

> **제224조 【고소의 제한】** 자기 또는 배우자의 직계존속을 고소하지 못한다.
> **제225조 【비피해자인 고소권자】** ① 피해자의 법정대리인은 독립하여 고소할 수 있다.
> ② 피해자가 사망한 때에는 그 배우자, 직계친족 또는 형제자매는 고소할 수 있다. 단, 피해자의 명시한 의사에 반하지 못한다.
> **제226조 【동전】** 피해자의 **법정대리인이 피의자이거나 법정대리인의 친족이 피의자인** 때에는 **피해자의 친족은 독립하여 고소할 수 있다.**
> **제227조 【동전】** 사자의 명예를 훼손한 범죄에 대하여는 그 **친족 또는 자손은** 고소할 수 있다.
> **제228조 【고소권자의 지정】** 친고죄에 대하여 고소할 자가 없는 경우에 **이해관계인의 신청이 있으면 검사는 10일 이내에 고소할 수 있는 자를 지정하여야 한다.**

> 제230조【고소기간】 ① 친고죄에 대하여는 범인을 알게 된 날로부터 6월을 경과하면 고소하지 못한다. 단, 고소할 수 없는 불가항력의 사유가 있는 때에는 그 사유가 없어진 날로부터 기산한다.
> 제236조【대리고소】 고소 또는 그 취소는 대리인으로 하여금 하게 할 수 있다.
> 제237조【고소, 고발의 방식】 ① 고소 또는 고발은 서면 또는 구술로써 검사 또는 사법경찰관에게 하여야 한다.
> ② 검사 또는 사법경찰관이 구술에 의한 고소 또는 고발을 받은 때에는 조서를 작성하여야 한다.

가. 고소권자

고소권자는 원칙적으로 **피해자**이다. 여기서의 피해자는 직접 피해자를 의미하며, 보호법익의 주체에 한정되는 것이 아니라 '범죄행위의 객체'도 포함된다고 볼 것이다. 사문서위조죄는 사회적 법익을 보호법익으로 하지만 그 명의를 도용당한 사람은 고소권자에 해당한다.

나아가 피해자의 **법정대리인**도 독립하여 고소할 수 있다. 법정대리인은 무능력자의 행위를 일반적으로 대리할 수 있는 지위를 가진 친권자 등을 의미하는데, 고소 당시에 그 지위가 있으면 족하다. 한편 형사소송법 제225조에서 말하는 '독립하여'라는 문구의 의미에 대하여 **독립대리권설**과 **고유권설**이 대립하고 있다. 전자의 경우 독립대리권은 어디까지나 대리권이므로 피해자의 고소권이 소멸하면 법정대리인의 고소권 역시 소멸한다는 결론에 이르고, 고소기간 역시 피해자가 범인을 안 때로부터 기산하게 된다. 이에 의할 경우 무능력자에 대한 보호에 소홀하게 되므로 형사소송법 제225조 제1항이 규정한 법정대리인의 고소권은 **무능력자의 보호를** 위하여 법정대리인에게 주어진 고유권이어서 피해자의 고소권 소멸여부에 관계없이 고소할 수 있는 것이며, 그 고소기간은 법정대리인 자신이 범인을 알게 된 날로부터 진행한다(대판 1984.9.11. 84도1579)고 봄이 타당하다.

이와 유사한 고소권자가 바로 '**친족**'인데, 피해자의 **법정대리인이 피의자이거나 법정대리인의 친족이 피의자**인 때에는 **피해자의 친족은 독립하여 고소할 수 있고** 이 역시 고유권으로 해석된다. **피해자가 사망한 때** 역시 배우자, 직계친족 또는 형제자매는 고소할 수 있지만 **피해자의 명시한 의사에 반하지 못한다.** 만일, 친고죄에 대하여 고소할 자가 없는 경우에 이해관계인의 신청이 있으면 **검사는 10일 이내에 고소할 수 있는 자를 지정하여야 하는데 이를 '지정고소권자'라고 한다.**

나. 고소의 절차

고소의 방식은 서면 또는 구술로 가능하다. 고소는 서면 또는 구술로써 검사 또는 사법경찰관에게 하여야 한다(제237조 제1항). 다만, 구술에 의한 고소를 받은 때에는 조서를 작성하여야 한다(동조 제2항). 특히 고소는 반드시 고소장이나 조서에 직접 표시함을 요하므로 전화나 문자에 의한 고소는 조서에 작성되지 않는 한 고소의 효력이 없다고 보아야 한다. 그러나 **고소조서는 반드시 독립된 조서일 필요는 없으므로** 참고인진술조서에 기재된 경우에도 적법한 고소에 해당한다[15].

사법경찰관이 고소 또는 고발을 받은 때에는 신속히 조사하여 관계서류와 증거물을 검사에게 송부하여야 한다(제238조).

고소는 대리인으로 하여금 하게 할 수 있다(제236조). 대리의 방식에는 특별한 제한이 없으므로 반드시 위임장을 제출한다거나 '대리'라는 표시를 하여야 하는 것은 아니다. 또 고소기간은 고소대리인이 아니라 정당한 고소권자를 기준으로 **고소권자가 범인을 안 날로부터 기산**한다. 다만, 고소대리의 허용범위와 관련하여 ① 고소권자의 범위를 제한하는 현행법의 취지에 비추어 고소권자의 처벌희망 의사표시를 단순히 전달하는 표시대리에 한한다는 견해(표시대리설)와 ② 형사소송법이 명문으로 고소의 대리를 허용하고 있으므로 표시대리 이외에 의사표시의 결정 그 자체를 대리까지도 허용된다는 견해(의사대리설)가 대립하나, 고소권자를 제한적으로 열거하고 있을 뿐 아니라 고소권자가 아닌 자가 고소 여부를 결정하는 것은 고소제도의 취지에도 반하므로 표시대리설이 타당하다.

3. 고소불가분의 원칙

> **제232조【고소의 취소】** ① 고소는 제1심 판결선고 전까지 취소할 수 있다.
> ② 고소를 취소한 자는 다시 고소하지 못한다.
> ③ 피해자의 명시한 의사에 반하여 죄를 논할 수 없는 사건에 있어서 처벌을 희망하는 의사표시의 철회에 관하여도 전2항의 규정을 준용한다.
> **제233조【고소의 불가분】** 친고죄의 공범 중 그 1인 또는 수인에 대한 고소 또는 그 취소는 다른 공범자에 대하여도 효력이 있다.

---

[15] 친고죄에 있어서의 고소는 고소권 있는 자가 수사기관에 대하여 범죄사실을 신고하고 범인의 처벌을 구하는 의사표시로서 서면뿐만 아니라 구술로도 할 수 있는 것이고, 다만 구술에 의한 고소를 받은 검사 또는 사법경찰관은 조서를 작성하여야 하지만 그 조서가 독립된 조서일 필요는 없으며 수사기관이 고소권자를 증인 또는 피해자로서 신문한 경우에 그 진술에 범인의 처벌을 요구하는 의사표시가 포함되어 있고 그 의사표시가 조서에 기재되면 고소는 적법하게 이루어진 것이다(대판 1985.3.12. 85도190).

가. 서설

친고죄에 있어서 **고소 및 고소취소의 효력이 미치는 범위**에 관한 원칙으로 고소의 효력이 불가분이라는 원칙이 바로 고소불가분의 원칙이다. 형사소송법은 고소의 주관적 불가분의 원칙에 대하여만 규정(제233조)하고 있지만, 통설은 객관적 불가분의 원칙도 이론상 당연한 것으로 인정한다(일부에 대한 고소 또는 그 취소를 인정한다면 부당하게 국가의 형벌권 행사를 제한하게 되므로).

> **관련판례** 독점규제 및 공정거래에 관한 법률 제71조 제1항은 "제66조 제1항 제9호 소정의 부당한 공동행위를 한 죄는 공정거래위원회의 고발이 있어야 공소를 제기할 수 있다."고 규정함으로써 그 소추조건을 명시하고 있다. 반면에 위 법은 공정거래위원회가 같은 법 위반행위자 중 일부에 대하여만 고발을 한 경우에 그 고발의 효력이 나머지 위반행위자에게도 미치는지 여부 즉, 고발의 주관적 불가분원칙의 적용 여부에 관하여는 명시적으로 규정하고 있지 아니하고, 형사소송법도 제233조에서 친고죄에 관한 고소의 주관적 불가분원칙을 규정하고 있을 뿐 고발에 대하여 그 주관적 불가분의 원칙에 관한 규정을 두고 있지 않고, 또한 형사소송법 제233조를 준용하고 있지도 아니하다. 이와 같이 명문의 근거규정이 없을 뿐만 아니라 소추요건이라는 성질상의 공통점 외에 그 고소·고발의 주체와 제도적 취지 등이 상이함에도, **친고죄에 관한 고소의 주관적 불가분원칙을 규정하고 있는 형사소송법 제233조가 공정거래위원회의 고발에도 유추적용된다고 해석한다면** 이는 공정거래위원회의 고발이 없는 행위자에 대해서까지 형사처벌의 범위를 확장하는 것으로서, 결국 피고인에게 불리하게 형벌법규의 문언을 유추해석한 경우에 해당하므로 **죄형법정주의에 반하여 허용될 수 없다**(대판 2010.9.30. 2008도4762[16]).

나. 고소의 객관적 불가분의 원칙

(1) 개념

한 개의 범죄사실의 일부분에 대한 고소 또는 그 취소는 그 **범죄사실 전부에 대하여** 효력이 발생한다는 원칙이다. 고소권자가 처벌범위까지 정하는 것은 부당하기 때문이다. 따라서 객관적 불가분의 원칙이 명문으로 규정되어 있지 않지만 통설은 공정한 형벌권 행사를 위해 이를 긍정하고 있다.

(2) 적용범위

(가) 단순일죄

단순일죄의 경우에는 예외 없이 인정된다. 판례가 공갈죄의 수단으로서 한 협박은 공갈죄에 흡수될 뿐 별도로 협박죄를 구성하지 않으므로, 그 범죄사실에 대한 피

---

[16] 공정거래위원회의 고발 대상에서 제외된 피고인들에 대한 독점규제 및 공정거래에 관한 법률 위반의 공소사실에 관하여, 소추요건의 결여로 그 공소의 제기가 법률의 규정에 위반하여 무효인 경우에 해당한다는 이유로 공소기각판결을 선고한 원심의 조치를 수긍한 사례.

해자의 고소는 결국 공갈죄에 대한 것이라 할 것(대판 1996.9.24. 96도2151)이라고 한 것도 같은 이유이다. 다만, 친고죄에서 고소가 없거나 고소취소 후에 범죄사실 일부에 대하여 공소를 제기한 경우 어떤 재판을 하여야 할지 문제된다. 과거 친고죄였던 강간죄에 대하여 고소가 없거나 고소취소 후에 강간의 수단인 폭행협박에 대하여 공소제기를 한 경우 법원은 어떤 재판을 해야 하는지에 대하여 **유죄판결설, 무죄판결설, 공소기각설**이 대립하였는데, 판례는 종래 무죄판결설을 따랐으나(대판 1976.4.27. 75도3365), 그 후에는 "성폭력범죄의처벌및피해자보호등에관한법률이 시행된 이후에도 여전히 친고죄로 남아있는 강간죄의 경우, 고소가 없거나 고소가 취소된 경우 또는 강간죄의 고소기간이 경과한 후에 고소가 있는 때에는 강간죄로 공소를 제기할 수 없음은 물론, 나아가 그 강간범행의 수단으로 또는 그에 수반하여 저질러진 폭행·협박의 점 또한 강간죄의 구성요소로서 그에 흡수되는 법조경합의 관계에 있는 만큼 이를 따로 떼어 내어 폭행죄·협박죄 또는 폭력행위등처벌에관한특별법 위반의 죄로 공소제기 할 수 없다고 해야 마땅하다. **이러한 공소제기를 허용한다면 강간죄를 친고죄로 한 취지에 반하기 때문이다. 결국 그와 같은 공소는 공소제기의 절차가 법률에 위반되어 무효인 경우로서 형사소송법 제327조 제2호에 따라 공소기각의 판결을 해야 할 것이다**(대판 2002.5.16. 2002도51 전원합의체)."라고 판시하였다.

(나) 과형상 일죄

과형상 일죄의 각 부분이 모두 친고죄이고 피해자가 같을 때에는 **적용**된다. 그러나 과형상 일죄의 각 부분이 모두 친고죄라고 하더라도 피해자가 다를 경우나 일죄의 일부분만이 친고죄인 때에는 적용될 수 없다. 예를 들어, 피해자 A에 대해 모욕과 함께 업무상비밀누설을 하였다면, 둘 다 친고죄이고 상상적 경합관계에 있으므로 어느 하나만 고소를 하여도 다른 범죄사실에 고소의 효력이 미친다. 그러나 피해자가 각기 다르다면 객관적 불가분의 원칙은 적용될 수 없다. 또한 피해자 A에 대하여 명예훼손과 모욕을 동시에 하나의 문서로 한 경우는 상상적 경합관계이기는 하나 둘 다 친고죄가 아니므로 고소불가분의 원칙은 적용되지 않는다.

(다) 수죄

수죄의 경우는 **범죄사실 자체가 별개의 행위이므로 고소불가분의 원칙은 적용될 여지가 없으며**, 실체적 경합범의 경우는 두 죄가 모두 친고죄이고 피해자가 동일하다고 하더라도 마찬가지이다.

다. 고소의 주관적 불가분의 원칙

(1) 개념

친고죄의 공범 중 1인 또는 수인에 대한 고소와 그 취소는 다른 공범자에게도 미친다는 원칙이다(제233조). 공범자 1인에 대하여 고소하여도 다른 공범자에게 효력이 미치므로 예컨대, 피해자 A에 대하여 甲과 乙이 공모하여 모욕을 한 경우, A가 甲에 대하여만 고소를 하였다고 하더라도 그 고소의 효력은 乙에게 미친다. 판례 역시 고소불가분의 원칙상 공범 중 일부에 대하여만 처벌을 구하고 나머지에 대하여는 처벌을 원하지 않는 내용의 고소는 적법한 고소라고 할 수 없고, 공범 중 1인에 대한 고소취소는 고소인의 의사와 상관없이 다른 공범에 대하여도 효력이 있다(대판 1994.4.26. 93도1689)고 판시하고 있다. 한편, 친고죄에서 공소제기 전에 고소의 취소가 있었다면 법원은 **직권으로** 이를 심리하여 **공소기각**의 판결을 선고하여야 한다(제327조 제2호)17).

(2) 적용범위

1) 절대적 친고죄의 경우는 원칙적으로 언제나 적용된다. 방조범에 대한 고소도 정범에게 미치며, 교사범에 대한 고소도 정범에게 미친다. 판례는 친고죄의 양벌규정이 존재하는 경우도 마치 공범과 같이 평가하여 주관적 고소불가분의 원칙을 적용한다. 고소는 범죄의 피해자 또는 그와 일정한 관계가 있는 고소권자가 수사기관에 대하여 범죄사실을 신고하여 범인의 처벌을 구하는 의사표시이므로, 고소인은 범죄사실을 특정하여 신고하면 족하고 범인이 누구인지 나아가 범인 중 처벌을 구하는 자가 누구인지를 적시할 필요도 없는바, 저작권법 제103조의 양벌규정은 직접 위법행위를 한 자 이외에 아무런 조건이나 면책조항 없이 그 업무의 주체 등을 당연하게 처벌하도록 되어 있는 규정으로서 당해 위법행위와 별개의 범죄를 규정한 것이라고는 할 수 없으므로, 친고죄의 경우에 있어서도 행위자의 범죄에 대한 고소가 있으면 족하고, 나아가 **양벌규정에 의하여 처벌받는 자에 대하여 별도의 고소를 요한다고 할 수는 없다**(대판 1996.3.12. 94도2423).

2) 그러나 상대적 친고죄(친족상도례)는 비신분자에 대한 고소는 친고죄의 고소가 아니므로 고소불가분의 원칙과는 관계가 없다. 신분자에 대한 고소취소 역시 비신분자에게는 영향이 없다. 예를 들어, 사기죄의 공동정범 A와 B가 있다고 할 때, A는 피해자와 친족관계가 있으나 B는 친족관계가 없다면 A의 사기죄만 친고죄일 뿐 B의

---

17) 대판 2009. 1. 30. 2008도7462

사기죄는 친고죄가 아니므로 고소불가분의 원칙이 적용될 여지가 없다. 따라서 피해자가 A에 대하여 고소를 취소하였다고 하더라도 A의 사기죄만 공소기각될 뿐 B의 사기죄는 유무죄의 실체판결을 받게 된다.

3) 반의사불벌죄에 적용될지 여부가 문제되는데, 준용긍정설(자의에 의한 불공평 피하기 위해)과 준용부정설(명문규정이 없음)이 대립한다. **반의사불벌죄에 이를 준용하는 규정을 두지 아니한 것은** 처벌을 희망하지 아니하는 의사표시의 철회에 관하여 친고죄와는 달리 공범자간에 불가분의 원칙을 적용하지 아니함에 있다고 볼 것이므로 피해자 K에 대하여 A와 B가 명예훼손죄의 공범이라고 하더라도 피해자 K의 A에 대한 처벌불원은 A에게만 미치고, B에게는 미치지 않는다. 따라서 A의 명예훼손죄만 공소기각될 뿐 B의 명예훼손죄는 실체심리에 나아가 유무죄의 실체판결을 받게 된다. 판례 역시 **반의사불벌죄는** 배상이나 분쟁해결의 취지도 있어 **친고죄와는 다른 의미가 있으므로** 친고죄와 달리 처벌을 희망하지 아니하는 의사표시를 범죄사실 자체에 대하여 할 수 있고 범인을 특정하여 그에 대하여서만 하게 할 수 있으므로 **반의사불벌죄에 고소불가분원칙을 준용하지 않은 것은 입법의 불비로 볼 것은 아니라며**(대판 1994.4.26. 93도1689) 준용부정설의 입장을 취하고 있다.

참고

고소의 주관적 불가분의 원칙의 의의 및 적용범위

친고죄의 공범 중 그 1인 또는 수인에 대한 고소 또는 그 취소는 다른 공범자에 대하여도 효력이 있다(제233조). 다만, 친고죄의 고소의 주관적 불가분 원칙은 공범자가 있는 경우 그 공범에 대한 범죄도 친고죄에 해당하여야만 동 원칙의 적용이 있다. **여기의 '공범'에는 형법총칙상의 공범뿐만 아니라 필요적 공범도 포함**된다. 고소인의 자의에 의하여 불공평한 결과가 발생하는 것을 방지하자는 점이 인정취지에 해당한다.

`관련판례` 형사소송법이 고소와 고소취소에 관한 규정을 하면서 제232조 제1항·제2항에서 고소취소의 시한과 재고소의 금지를 규정하고 제3항에서는 반의사불벌죄에 제1항·제2항을 준용하는 규정을 두면서도, 제233조에서 고소와 고소취소의 불가분에 관한 규정을 함에 있어서는 **반의사불벌죄에 이를 준용하는 규정을 두지 아니한 것은** 처벌을 희망하지 아니하는 의사표시의 철회에 관하여 친고죄와는 달리 공범자간에 불가분의 원칙을 적용하지 아니함에 있다고 볼 것이지 입법의 불비로 볼 것은 아니다(대판 1994.4.26. 93도1689).

`관련판례` 부정수표단속법 제2조 제4항에서 **부정수표가 회수된 경우 공소를 제기할 수 없도록 하는 취지**는 부정수표가 회수된 경우에는 수표소지인이 부정수표 발행자 또는 작성자의 처벌을 희망하지 아니하는 것과 마찬가지로 보아 같은 조 제2항 및 제3항의 죄를 이른바 반의사불벌죄로 규정한 취지로서 부도수표 회수나 수표소지인의 처벌을 희망하지 아니하는 의사의 표시가 **제1심판결 선고 이전까지 이루어지는 경우에는 공소기각의 판결을 선고하여야 할 것이고, 이는 부정수표가 공범에 의하여 회수된 경우에도 마찬가지이다**(대판 2009.12.10. 2009도9939).

(3) 공범자에 대한 제1심 판결 선고 후의 (다른 제1심판결선고 전의 공범에 대한)고소취소 가부

이에 대하여 고소취소가 가능하다고 보아 긍정하는 입장과 이를 부정하는 입장이 있다. 통설과 판례는 이를 부정하고 있는데, 그 이유는 이미 제1심 판결이 선고되어 더 이상 고소취소가 불가능한 이상 다른 공범 1인에 대하여 이를 허용하는 경우, 누가 먼저 기소되었는가라는 절차상의 상황에 따라 불공평한 결과가 발생하기 때문이다. 판례는 친고죄의 공범 중 그 일부에 대하여 **제1심판결이 선고된 후에는 제1심 판결선고 전의 다른 공범자에 대하여는 그 고소를 취소할 수 없고 그 고소의 취소가 있다 하더라도 그 효력을 발생할 수 없으며,** 이러한 법리는 **필요적 공범이나 임의적 공범이냐를 구별함이 없이 모두 적용**된다(대판 1985.11.12. 85도1940)고 판시하고 있다.

> **관련판례** 이혼심판사건이 취하간주되었다면 그 취하간주가 간통형사사건에 대한 **제1심 판결선고 후일지라도** 그로 인하여 간통고소는 **소급하여 효력을 상실**하게 되며 간통죄에 대한 공동피고인의 한 사람에 대한 유죄판결이 확정되어 그 사람에 대하여는 고소취소의 효력이 미치게 할 수 없는 경우라 할지라도 위 이론에 소장을 가져올 것이 아니다(대판 1975.6.24. 75도1449).

> **관련판례** 형사소송법 제232조 제1항 및 제3항은 반의사불벌죄에서 **처벌을 희망하는 의사표시는** 제1심 판결 선고 전까지 철회할 수 있다고 규정하고 있다. 반의사불벌죄에서 처벌을 희망하는 의사표시의 철회를 어느 시점까지로 제한할 것인지는 형사소송절차 운영에 관한 입법정책의 문제로, 위 규정은 국가형벌권의 행사가 피해자의 의사에 의하여 좌우되는 현상을 장기간 방치하지 않으려는 목적에서 철회 시한을 획일적으로 제1심 판결 선고 시까지로 제한한 것이다.
> 제1심 법원이 반의사불벌죄로 기소된 피고인에 대하여 소송촉진 등에 관한 특례법(이하 '소송촉진법'이라고 한다) 제23조에 따라 피고인의 진술 없이 유죄를 선고하여 판결이 확정된 경우, 만일 **피고인이 책임을 질 수 없는 사유로 공판절차에 출석할 수 없었음을 이유로 소송촉진법 제23조의2에 따라 제1심 법원에 재심을 청구하여 재심개시결정이 내려졌다면 피해자는 재심의 제1심 판결 선고 전까지 처벌을 희망하는 의사표시를 철회할 수 있다.** 그러나 **피고인이 제1심 법원에 소송촉진법 제23조의2에 따른 재심을 청구하는 대신 항소권회복청구를 함으로써 항소심 재판을 받게 되었다면** 항소심을 제1심이라고 할 수 없는 이상 항소심 절차에서는 **처벌을 희망하는 의사표시를 철회할 수 없다**(대판 2016.11.25. 2016도9470).

그런데 반의사불벌죄이면서 사실상 고소불가분의 원칙이 적용되는 부정수표단속법 위반(발행 후 부도) 사건의 경우는 어떨지 고민을 해볼 필요가 있다. 제1심 판결이 있은 후 공범 중 1인이 수표를 회수하였다면, 아직 제1심 공판이 진행 중인 다른 공범 1인에게 수표회수의 효과가 미칠 수 있을까 하는 것이다. 그러나 수표는 1장이므로 이론상 고소불가분의 원칙이 적용되는 것이 아니라 사실상 또는 현실적으로 수표회수는 고소불가분의 원칙이 적용될 수밖에 없는 것이다. 따라서 수표가 회수되었다면 제1심 판결 선고 후라고 하더라도 다른 공범은 제1심 판결 선고 전이므로 수표회수가 이루어진 것이고, 결국 공소기각판결을 받게 될 것이다.

Ⅳ 고소의 취소

> 제232조【고소의 취소】 ① 고소는 **제1심 판결선고** 전까지 취소할 수 있다.
> ② 고소를 취소한 자는 **다시 고소하지 못한다**.
> ③ 피해자의 명시한 의사에 반하여 죄를 논할 수 없는 사건에 있어서 **처벌을 희망하는 의사표시의 철회**에 관하여도 전2항의 규정을 준용한다.
> 제237조【고소, 고발의 방식】 ① 고소 또는 고발은 **서면 또는 구술**로써 **검사 또는 사법경찰관**에게 하여야 한다.
> ② 검사 또는 사법경찰관이 구술에 의한 고소 또는 고발을 받은 때에는 조서를 작성하여야 한다.
> 제238조【고소, 고발과 사법경찰관의 조치】 사법경찰관이 고소 또는 고발을 받은 때에는 신속히 조사하여 관계서류와 증거물을 검사에게 송부하여야 한다.
> 제239조【준용규정】 전2조의 규정은 고소 또는 고발의 취소에 관하여 준용한다.

1. 개념

고소의 의사표시를 철회하는 소송행위(제232조 제1항)이다.

2. 취소권자

고소취소는 제기된 고소를 철회하는 것이므로 고소취소권자는 고소를 한 고소인 본인이다. 미성년자라 하더라도 고소취소를 하기 위해 법정대리인의 동의는 필요 없다. 형사소송법상 소송능력이라 함은 소송당사자가 유효하게 소송행위를 할 수 있는 능력, 즉 피고인 또는 피의자가 자기의 소송상의 지위와 이해관계를 이해하고 이에 따라 방어행위를 할 수 있는 의사능력을 의미한다. 의사능력이 있으면 소송능력이 있다는 원칙은 피해자 등 제3자가 소송행위를 하는 경우에도 마찬가지라고 보아야 한다. 따라서 반의사불벌죄에 있어서 피해자의 피고인 또는 피의자에 대한 처벌을 희망하지 않는다는 의사표시 또는 처벌을 희망하는 의사표시의 철회는, 위와 같은 형사소송절차에 있어서의 소송능력에 관한 일반원칙에 따라, 의사능력이 있는 피해자가 단독으로 이를 할 수 있고, 거기에 법정대리인의 동의가 있어야 한다거나 법정대리인에 의해 대리되어야만 한다고 볼 것은 아니다. 나아가 **반의사불벌죄**라고 하더라도, 피해자인 청소년에게 의사능력이 있는 이상, 단독으로 피고인 또는 피의자의 처벌을 희망하지 않는다는 의사표시 또는 처벌희망 의사표시의 철회를 할 수 있고, 거기에 **법정대리인의 동의가 있어야 하는 것으로 볼 것은 아니다** (대판 2009.11.19. 2009도6058 전원합의체).

> **관련판례** 고소권자가 대리인을 통하여 고소를 한 경우 고소권자 본인은 대리인의 고소를 취소할 수 있지만, 고소의 대리권자는 고소권자가 제기한 고소를 취소할 수 없다. 따라서 피해자의 부친이 피해자의 사망 후에 피해자를 대신하여 그 피해자가 이미 하였던 고소를 취소하더라도 이는 적법한 고소취소라 할 수 없다(대판 1969.4.29. 69도376).

3. 고소취소의 방법

고소취소의 방법은 고소의 경우와 같다. 따라서 서면 또는 구술로 가능하며, 구술에 의한 경우는 고소와 마찬가지로 조서를 작성하여야 한다. 고소취소는 요식행위가 아니므로 고소권자가 검사에 의한 피해자 진술조서 작성시 고소를 취소하겠다고 명백히 하고 또 고소취소 후에는 다시 고소할 수 없다는 점도 알고 있다고 진술하였음이 인정된다면 그 고소는 적법하게 취소된다(대판 1983.7.26. 83도1431). 고소취소는 수사단계에서는 수사기관에 대하여 할 수 있는데, 고소와 달리 고소취소는 공소제기 후라도 제1심 판결선고 전까지 가능하므로 공소제기 후에는 법원에 고소취소를 하게 된다. 합의서를 작성하여 제출하는 경우에는 그 합의서가 처벌을 구하는 의사표시를 철회하는 것인지를 확인하는 것이 중요하다. **합의서를 제출했지만 그 안에 처벌을 하되 양형에 있어 선처를 구한다는 의미에 불과하다면 이는 고소취소라고 볼 수 없을 것**이다.

▎합의서 작성의 경우에 대한 판례

> **관련판례** 고소인(강간피해자)과 피고인(가해자)사이에 작성, "상호간에 원만히 해결되었으므로 이후에 민·형사간 어떠한 이의도 제기하지 아니할 것을 합의한다."는 취지의 합의서가 제1심 법원에 제출되었으나 고소인이 제1심에서 고소취소의 의사가 없다고 증언하였다면 위 합의서의 제출로 고소취소의 효력이 발생하지 않는다(대판 1969.2.18. 68도1601; 대판 1980.10.27. 80도1448; 대판 1983.9.27. 83도516).

> **관련판례** 강간피해자 명의의 "당사자 간에 원만히 합의되어 민·형사상 문제를 일체 거론하지 않기로 화해되었으므로 합의서를 제1심 재판장 앞으로 제출한다."는 취지의 합의서 및 "피고인들에게 중형을 내리기보다는 법의 온정을 베풀어 사회에 봉사할 수 있도록 관대한 처분을 바란다"는 취지의 탄원서가 제1심법원에 제출되었다면 이는 결국 고소의 취소가 있는 것으로 보아야 한다(대판 1981.11.10. 81도1171).

> **관련판례** 피해자가 경찰에 강간치상의 범죄사실을 신고한 후 경찰관에게 가해자의 처벌을 원한다는 취지의 진술을 하였다가, 그 다음에 가해자와 합의한 후 "이 사건 전체에 대하여 가해자와 원만히 합의하였으므로 피해자는 가해자를 상대로 이 사건과 관련한 어떠한 민·형사상의 책임도 묻지 아니한다."는 취지의 가해자와 피해자 사이의 합의서가 경찰에 제출되었다면 위와 같은 합의서의 제출로써 피해자는 가해자에 대하여 처벌을 희망하던 종전의 의사를 철회한 것으로서 공소제기 전에 고소를 취소한 것으로 봄이 상당하다(대판 2002.7.12. 2001도6777).

4. 고소취소의 시한

친고죄에서는 제1심 판결선고 전까지 고소를 취소할 수 있다(제232조 제1항). 이러한 기한의 제한을 두는 이유는 고소권자의 의사에 의하여 무제한하게 국가형벌권이 좌우되어서는 안 되기 때문이다.

가. 항소심에서의 고소취소 가부

제1심에서는 비친고죄로 기소되어 심리된 사건이 제2심에 이르러 친고죄로 공소장이 변경된 경우, 제2심에서 고소취소를 할 수 있는지에 대해서는 견해가 나뉜다.

(1) 긍정설

제232조 제1항은 **현실적 심판의 대상이 된 친고죄에 대한 제1심판결 선고 전까지 취소할 수 있다는 의미**이고 친고죄의 범죄사실은 제1심에서 현실적 심판대상이 되지 아니하였으므로 친고죄에 대한 제1심 판결은 없었다고 보아 (친고죄에 대해 사실상 제1심인) 항소심에서도 고소취소가 가능하다.

(2) 부정설

고소취소시기를 제1심 판결선고 전까지로 제한하는 **명문규정**이 있고, 공소장변경에 의해 제2심에서 비로소 현실적 심판의 대상이 된 범죄사실도 제1심부터 잠재적인 심판의 대상이 된 것이므로 항소심에서 고소취소는 불가능하다.

(3) 절충설

제232조는 친고죄에 관한 규정이므로 **비친고죄의 경우에는 제1심 판결선고 후에도 친고죄로 공소장변경이 되기까지는 고소취소가 가능**하지만, 제2심에서 친고죄로의 공소장변경이 된 후의 고소취소는 제232조의 적용을 받아 효력이 없다.

(4) 고소취소 및 공소장변경 불허설

항소심에서의 고소취소는 제232조 제1항에 의해 부정되고, 피고인에게 불리한 친고죄로의 공소장변경도 허용하지 않으므로, **처음의 비친고죄 공소 사실에 대해 무죄판결을 해야** 한다.

이에 대하여 판례의 다수의견은 친고죄의 고소를 취소할 수 있는 시기를 언제까지로 한정하는가는 입법정책상의 문제이기에 형사소송법의 그 규정은 국가형벌권의 행사가 피해자의 의사에 의하여 좌우되는 현상을 장기간 방치하지 않으려는 목적에서 고소취소의 기간을 획일적으로 제1심판결 선고 전까지로 한정한 것이고, 따라서 그 규정을 현실적 심판의 대상이 된 공소사실이 친고죄로 된 당해 1심급의 판결선고시까지 고소인이 고소를 취소할 수 있다는 의미로 볼 수는 없다 할 것이어서, 항소심에서 공소장의 변경에 의하여 또는 공소장 변경절차를 거치지 아니하고 법원의 직권에 의하여 친고죄가 아닌 범죄를 친고죄로 인정하였더라도 **항소심을 제1심이라 할 수는 없는 것**이므로, 항소심에 이르러 비로소 고소인이 고소를 취소하였다면 이는 친고죄에 대한 고소취소로서의 효력은 없다(대판 1999.4.15. 96도1922)는 입장을 취하고 있는데, 이는 형사소송의 절차적 확실성을 확보함과 동시에 고소권자의 의사에 따라 국가형벌권이 장시간 좌우되어서는 정책적 측면에서 타당한 결론이라고 본다. 만일 항소심에서 파기되어 환송된 경우라면, 제1심법원에 환송함에 따라 다시 제1심 절차가 진행된 경우, 종전의 제1심판결은 이미 파기되어 효력을 상실하였으므로 **환송 후의 제1심판결 선고 전**에는 고소취소의 제한사유가 되는 제1심판결 선고가 없는 경우에 해당한다. 따라서 고소취소가 가능하며 만일 고소 취소가 있으면 공소기각 판결이 선고되어야 한다(대판 2011.8.25. 2009도9112).

> **참고**
>
> **항소심에서 친고죄나 반의사불벌죄로 판단된 경우 고소취소의 가부**
> **[학설의 태도]** ① 친고죄의 고소취소가 제1심판결까지 가능하다는 의미는 친고죄로 공소제기되어 심리가 진행되었을 것을 전제로 한 것이므로 항소심에서 비로소 친고죄로 밝혀진 경우에는 항소심에서 그 취소가 가능하다는 긍정설과 ② 동법 제232조 제1항이 고소취소는 제1심판결 선고 전까지만 가능하다고 하였는바 항소심에 이르러 친고죄로 밝혀졌다 하더라도 항소심에서는 취소가 불가능하다는 부정설의 대립이 있다.
> **[판례의 태도]** 대법원은 "항소심에서 공소장의 변경에 의하여 친고죄가 아닌 범죄를 친고죄로 인정하였더라도 항소심을 제1심이라 할 수는 없는 것이므로, 항소심에 이르러 비로소 고소인이 고소를 취소하였다면 이는 친고죄에 대한 고소취소로서의 효력은 없다(대판 1999.4.15. 96도1922)."고 판시하여 친고죄의 경우 항소심에서의 고소취소를 부정하는 입장이다.

> **참고**
>
> **만일 위 사안에서 제1심에서 고소취소장이 이미 제출된 경우**
> 1. 대법원의 입장 – 공소기각설(타당)
>   대법원은 "피고인에 대한 이 사건 강간치상죄의 공소사실 중 치상의 점에 대한 범죄의 증명이 없다고 함은 이에 대한 원심의 판결이유와 같으므로 이를 그대로 인용하기로 하는 바, 결국 피해자의 이 사건 상해가 피고인의 강간행위로 인하여 발생한 것임을 인정할 만한 증거가 없는 이상, 피고인을 강간치상으로 처벌할 수 없고 피고인에 대한 강간죄의 성립여부만을 심리·판단하여야 할 것이나, 피해자가 이 사건 공소제기 전에 이 사건 고소를 취소하였음은 위에서 설시한 바와 같으므로 피고인에 대한 이 사건 공소제기는 그 절차가 법률의 규정에 위반하여 무효인 때에 해당한다."고 판시하였다.

2. 대법원의 논리

결과적 가중범이면서 비친고죄인 강간치상죄에서 먼저 중한 결과인 치상의 점을 검토한 다음 범죄의 증명이 없다고 하여 이를 부인하고, **축소사실인 강간죄는 비록 범죄사실이 인정되지 않지만 친고죄인 점, 형식판단이 실체판단보다 우선한다는** 점을 들어 **소추조건인 고소가 공소제기 전에 취소된 것을 이유로 공소기각판결을** 내린 것이다. 이는 강간치상죄로 공소제기된 경우에 공소장 변경절차 없이도 강간 성립여부에 대하여 심리·판단할 수 있다는 대법원의 입장이 전제된 것이다.

3. 무죄설의 논거(박상기)

① 결과적 가중범의 성립여부를 검토하려면 먼저 기본범죄의 성립여부를 검토하고, 이것이 인정된다면 중한 결과의 발생여부를 검토한 다음 기본범죄와 중한 결과의 관련성을 검토하는 것이 유형적 본질에 부합하는 것이다. 이에 따라 대상판례의 경우 먼저 강간죄 성립여부를 검토하여야 할 것이며, 만일 강간죄가 성립하지 않는다면 당연히 강간치상죄에 대하여 무죄판결을 하면 되는 것이다.

② 적법절차의 준수는 실체적 진실발견과 충돌상태에 있을 때에 실체적 진실발견의 절차적 한계를 설정하는 기능을 하며, 이러한 충돌이 발생하지 않은 상황에서는 실체적 진실발견이 형사소송의 주목적으로 남게 되는 것이다. 그런데 위 대상판결은 실체적 진실에 대한 판단이 가능할 뿐만 아니라 기본적 범죄사실의 무죄를 인정하면서도 굳이 형식적 소송조건인 고소취소가 있었음을 이유로 공소기각판결을 하고 있다. 이는 실체적 진실발견이라는 형사소송의 목적에도 부합하지 않을 뿐만 아니라 실체적 사실관계보다 절차적 사실관계를 더 중시한 태도로서 타당하지 않고 피고인의 이익과도 배치된다.

관련판례 친고죄나 세무공무원 등의 고발이 있어야 논할 수 있는 죄에 있어서 **고소 또는 고발은 이른바 소추조건에 불과하고 당해 범죄의 성립 요건이나 수사의 조건은 아니므로**, 위와 같은 범죄에 관하여 **고소나 고발이 있기 전에 수사를 하였다고 하더라도**, 그 수사가 장차 고소나 고발이 있을 가능성이 없는 상태하에서 행해졌다는 등의 특단의 사정이 없는 한, 고소나 고발이 있기 전에 수사를 하였다는 이유만으로 그 수사가 위법하다고 볼 수는 없다(대판 1995.2.24. 94도252).

나. 반의사불벌죄에의 준용

관련판례 형법 제283조 제3항은 같은 조 제1항의 죄(협박죄)는 피해자의 명시한 의사에 반하여 공소를 제기할 수 없다고 규정하고 있고, 한편 형사소송법 **제232조 제3항, 제1항**의 규정에 의하면, 피해자의 명시한 의사에 반하여 죄를 논할 수 없는 사건에서 처벌을 희망하는 의사표시의 철회 또는 처벌을 희망하지 아니하는 의사표시는 **제1심 판결 선고시까지 할 수 있으므로 그 후의 의사표시는 효력이 없다**(대판 2003.9.5. 2003도2578).

관련판례 반의사불벌죄에 있어서 피해자가 처벌을 희망하지 아니하는 의사표시 또는 그 처벌을 희망하는 의사표시의 철회는 피해자의 **진실한 의사가 명백하고 믿을 수 있는 방법으로 표명되어야** 한다(대판 2010.11.11. 2010도11550, 2010전도83).

다. 항소심에서 파기환송 된 경우

관련판례 피고인의 간통 공소사실에 대한 배우자의 고소가 효력이 없다는 이유로 공소를 기각한 제1심판결에 대하여 항소심 절차가 진행되던 중 고소인이 고소를 취소하였는데, 항소심이 공소기각 부분이 위법하다는 이유로 사건을 파기·환송하였고 환송 후의 제1심 및 원심이 간통을 유죄로 인정한 사안에서, **고소취소가 항소심에서 종전 제1심 공소기각판결이 파기되고 사건이 제1심법원에 환송된 후 진행된 환송 후 제1심판결이 선고되기 전에 이루어진 것으로서 적법**하므로, 형사소송법 제327조 제5호에 의하여 판결로써 공소를 기각하였어야 하는데도 이에 관한 실체판단에 나아가 유죄를 인정한 원심판결에는 친고죄의 고소취소 시기에 관한 법리오해의 위법이 있다고 한 사례(대판 2011.8.25. 2009도9112).

5. 방법

고소취소의 방법은 고소의 경우와 같다. ① **수사기관**이나 **법원**에 대해 ② **서면** 또는 **구술**로(제239조) ③ 임의적 의사에 기해 이루어지면 되며, 요식행위가 아닌 이상 검사가 피해자진술조서를 작성할 때 행한 고소취소의 의사표시나 법원 공판과정에서 증인으로 피해자가 출석하여 고소취소의 의사표시를 하는 것 역시 효력이 있다. 다만 고소인과 피고인사이에 작성된, "상호간에 원만히 해결되었으므로 이후에 민·형사간 어떠한 이의도 제기하지 아니할 것을 합의한다."는 취지의 합의서가 제1심 법원에 제출되었으나 고소인이 제1심에서 고소취소의 의사가 없다고 **번복하여 증언**하였다면 위 합의서의 제출로 고소취소의 효력이 발생하지 아니한다(대판 1981.10.6. 81도1968).

6. 효과

고소를 취소한 자는 다시 고소할 수 없는 재고소 금지[18]가 적용된다(제232조 제2항). 이러한 재고소금지는 반의사불벌죄에도 준용된다(동조 제3항). 비친고죄에서의 고소는 이러한 제한이 없다. 고소취소 역시 고소불가분의 원칙이 적용되므로 공범 중 1인이 고소를 취소하면 다른 공범에게도 고소취소의 효력이 미친다. 다만, **다른 공범에 대하여 제1심판결이 선고된 후라면 고소불가분의 원칙에 따라 고소취소는 허용되지 않는다.** 그러나 반의사불벌죄에는 고소불가분의 원칙이 적용되지 않으므로 다른 공범자에 대하여 제1심판결이 선고되었더라도 처벌불원이 가능하다.

---

[18] 간통현장을 신고하면서 홧김에 고소장을 냈더라도 바로 돌려받았다면 고소자체가 없었던 것이므로 재고소가 가능하다(대판 2008.11.27. 2007도4977).

> **참고**
>
> **반의사불벌죄에서의 처벌불원의사표시의 철회**
> 피해자가 피고인과 사이에 피고인이 교통사고로 인한 피해자의 치료비 전액을 부담하는 조건으로 민·형사상 문제삼지 아니하기로 합의하고 피고인으로부터 합의금 일부를 수령하면서 피고인에게 합의서를 작성·교부하고, 피고인이 그 합의서를 수사기관에 제출한 경우, 피해자는 그 합의서를 작성·교부함으로써 피고인에게 자신을 대리하여 자신의 처벌불원의사를 수사기관에 표시할 수 있는 권한을 수여하였고, 이에 따라 **피고인이 그 합의서를 수사기관에 제출한 이상** 피해자의 처벌불원의사가 수사기관에 적법하게 표시되었으며, **이후 피고인이 피해자에게 약속한 치료비 전액을 지급하지 아니한 경우에도** 민사상 치료비에 관한 합의금지급채무가 남는 것은 별론으로 하고 처벌불원의사를 **철회할 수 없다**(대판 2001.12.14. 2001도4283).

> **관련판례** 법원은 검사가 공소를 제기한 범죄사실을 심판하는 것이지 고소권자가 고소한 내용을 심판하는 것이 아니므로, **고소권자가 비친고죄로 고소한 사건이더라도 검사가 사건을 친고죄로 구성하여 공소를 제기하였다면** 공소장 변경절차를 거쳐 공소사실이 비친고죄로 변경되지 아니하는 한, **법원으로서는 친고죄에서 소송조건이 되는 고소가 유효하게 존재하는지를 직권으로 조사·심리하여야 한다.** 그리고 **이 경우 친고죄에서 고소와 고소취소의 불가분 원칙을 규정한 형사소송법 제233조는 당연히 적용**되므로, 만일 그 공소사실에 대하여 피고인과 공범관계에 있는 자에 대한 적법한 고소취소가 있다면 그 고소취소의 효력은 피고인에 대하여 미친다고 보아야 한다(대판 2015.11.17. 2013도7987).
> 피해자가 피고인과 공소외인을 비친고죄인 성폭력범죄의 처벌 등에 관한 특례법 위반(특수강제추행)으로 고소하였더라도 검사가 피고인을 친고죄인 구 형법(2012. 12. 18. 법률 제11574호로 개정되기 전의 것) 제298조의 강제추행죄로 공소를 제기한 이상 친고죄에서의 고소와 고소취소 불가분의 원칙이 적용될 수밖에 없는데, **공소외인에게 공범**(적어도 종범)**으로서 강제추행의 혐의가 인정되지 아니한다고 단정할 수 없으므로 공소외인에 대한 고소취소의 효력은 형사소송법 제233조에 따라 피고인에게 미친다.**

Ⅴ 고소의 포기

1. 개념

친고죄의 **고소**기간 내에 미리 **장**차 고소권을 행사하지 않겠다는 의사표시를 하는 **고소**권자의 소송행위를 고소권의 포기라고 한다.

2. 고소권의 포기를 인정할 것인지 여부

이에 대하여는 ① 적극설(이를 인정하여도 아무런 피해가 없음, 조속한 사건의 종결을 위함), ② 소극설(명문규정이 없음, 사인에 의한 형사소추권의 방해는 부적절함), ③ 절충설(원칙적으로 긍정하나, 고소취소와 같은 방식으로 수사기관 또는 법원에 행해져야 함)이 대립하고 있다. 그러나 판례는 피해자의 고소권은 형사소송법상 부여된 권리로서 친고죄에 있어서는 고소의 존재는 공소의 제기를 유효하게 하는 것이며 **공법상의 권리**라고 할 것이므로 그 **권리의 성질상** 법이 특히 명문으로 인정하는 경우를 제외하고는 **자유처분을 할 수 없다고 함이 상당**하다. 그런데 형사소송법 제232조에 의하면 일단 제기한 고소는 취소할 수 있도록 규정하였으나, **고소권의 포기에 관하여는 아무런 규정이 없으므로 고소 전에 고소권을 포기할 수 없다**고 함이 상당하다(대판 1967.5.23. 67도471; 대판 1999.12.21. 99도4670→대판 1993.10.22. 93도1620)고 판시하고 있다. 따라서 (고소취소가 아닌 방식으로) 고소 전에 피해자가 처벌을 원하지 않았다고 하더라도, 그 후에 제기한 피해자의 고소는 유효하다.

VI 고발

> 제234조【고발】 ① 누구든지 범죄가 있다고 사료하는 때에는 **고발할 수 있다.**
> ② 공무원은 그 직무를 행함에 있어 범죄가 있다고 사료하는 때에는 **고발하여야 한다.**
> 제235조【고발의 제한】 제224조의 규정(직계존속에 대한 고소의 제한)은 고발에 준용한다.
> 제237조【고소, 고발의 방식】 ① 고소 또는 고발은 **서면 또는 구술로써 검사 또는 사법경찰관에게 하여야 한다.**
> ② 검사 또는 사법경찰관이 **구술에 의한 고소 또는 고발을 받은 때에는 조서를 작성하여야 한다.**

1. 의의

고발이란 고소권자와 **범인 이외의 제3자가** 수사기관에 대하여 범죄사실을 신고하여 범인의 소추를 구하는 의사표시를 의미하는바, 단순한 피해신고는 고발이라고 할 수 없다. 대부분의 고발은 수사의 단서이나, 전속고발범죄(조세범처벌법, 공정거래법 위반사건 등)에 있어서는 고발이 친고죄의 고소와 같이 소추조건으로 소송조건이 된다.

2. 성격

가. 원칙

고발은 수사의 단서에 불과하다.

나. 전속고발범죄(즉시고발사건)과 고소불가분의 원칙

공무원의 고발이 있은 후 죄를 논하는 **즉시고발사건의 경우에는 소송조건**으로서의 성질을 갖는데(예 관세법 위반, 조세범처벌법 위반, 출입국관리법 위반 등),

즉시고발사건의 경우에는 **고소의 주관적 불가분의 원칙은 적용되지 아니하지만**(대판 2010.9.30. 2008도4762), **고소의 객관적 불가분의 원칙은 적용**된다(대판 2014.10.15. 2013도5650). 예를 들어, 각 사업연도별 1개의 범죄가 성립하는 법인세 포탈범죄의 '일부'에 대한 고발은 그 일죄의 '전부'에 미치게 된다. 판례 역시 '고발은 범죄사실에 대한 소추를 요구하는 의사표시로서 그 효력은 고발장에 기재된 범죄사실과 동일성이 인정되는 사실 모두에 미치므로, 범칙사건에 대한 고발이 있는 경우 그 고발의 효과는 범칙사건에 관련된 범칙사실의 전부에 미치고 한 개의 범칙사실의 일부에 대한 고발은 그 전부에 대하여 효력이 생기므로, 동일한 부가가치세의 과세기간 내에 행하여진 조세포탈기간이나 포탈액수의 일부에 대한 조세포탈죄의 고발이 있는 경우 **그 고발의 효력은 그 과세기간 내의 조세포탈기간 및 포탈액수 전부에 미친다**. 따라서 일부에 대한 고발이 있는 경우 기본적 사실관계의 동일성이 인정되는 범위 내에서 조세포탈기간이나 포탈액수를 추가하는 공소장변경은 적법하다(대판 2009.7.23. 2009도3282)'고 판시한 바 있다.

3. 고소와의 차이점

고발은 고소와 법적 효력에 다음과 같은 차이가 있다. 고소와 달리 고발은 ① 제기권자에 대한 제한이 없고, ② 대리가 허용되지 않으며, 친고죄에 6월의 기간 제한을 두는 고소와 달리 고발은 ③ 기간 제한이 없고, ④ 재고발이 가능하다.

4. 고발권자

① **누구든지** 범죄가 있다고 사료되는 때에는 고발할 수 있다(제234조 제1항). ② **공무원**은 그 **직무를 행함에 있어 범죄가 있다고 사료되는 때**에는 **고발하여야 한다**(동조 제2항). 다만 공무원이라고 하더라도 직무내용과 관계없이 우연히 범죄를 발견한 경우에는 이에 해당하지 않는다.

5. 고발의 방식·절차

고발과 그 취소의 절차와 방식은 고소의 경우와 같다(제237조, 제238조, 제239조). 즉 서면 또는 구술로써 검사 또는 사법경찰관에게 하여야 한다. **대리인에 의한 고발이 인정되지 않고, 고발기간에는 제한이 없으며, 고발을 취소한 후에도 다시 고발할 수 있다는** 점에서 고소와 구별된다. 자기 또는 배우자의 직계존속은 고발할 수 없다(제235조).

Ⅶ 자수

> **형사소송법 제240조【자수와 준용규정】** 제237조와 제238조의 규정은 자수에 대하여 준용한다.
> **형법 제52조【자수, 자복】** ① 죄를 지은 후 수사기관에 자수한 경우에는 형을 감경하거나 면제할 수 있다.
> ② 피해자의 의사에 반하여 처벌할 수 없는 범죄의 경우에는 피해자에게 죄를 자복(自服)하였을 때에도 형을 감경하거나 면제할 수 있다. [전문개정 2020. 12. 8.]

1. 의의

가. 개념

① 자수(自首)란 수사기관에 대하여 **범인이 자발적으로 자신의 범죄사실을 신고**하여 수사와 소추를 구하는 의사표시를 말한다. 범행발각 전후를 묻지 않는다(대판 1965.10.5. 65도597).

② 자수는 **형법상 형의 임의적 감면사유**지만(형법 제52조 제1항), **소송법상으로는 수사단서로서의** 의미를 가진다.

나. 구별 개념

① 자수는 범인 스스로 수사기관에 범죄사실을 신고하는 것이므로 범인이 수사기관의 신문에 대하여 범죄사실을 인정하는 것은 자백이지 자수가 아니며, ② 피해자에게 범죄사실을 고지하여 용서를 구하는 것은 자수가 아니라 자복이다.

2. 방법

① 자수는 고소·고발에 관한 제237조(고소·고발의 방식)와 제238조(고소·고발과 사법경찰관의 조치)의 규정을 준용한다(제240조). ② **성질상 대리인에 의한 자수는 인정되지 않는다.** 그러나 범인이 부상이나 질병으로 인하여 타인에게 부탁하여 신고하는 것은 자수에 해당한다. 판례는 형법 제52조 제1항에서 말하는 '자수'란 "범인이 스스로 수사책임이 있는 관서에 자기의 범행을 자발적으로 신고하고 그 처분을 구하는 의사표시이므로, **수사기관의 직무상의 질문 또는 조사에 응하여 범죄사실을 진술하는 것은 자백일 뿐 자수로는 되지 아니하고**, 나아가 자수는 범인이 수사기관에 의사표시를 함으로써 성립하는 것이므로 내심적 의사만으로는 부족하고 **외부로 표시되어야** 이를 인정할 수 있는 것이다."라고 판시하면서 피고인이

자수하였다 하더라도 자수한 이에 대하여는 법원이 임의로 형을 감경할 수 있음에 불과한 것으로서 원심이 자수감경을 하지 아니하였다거나 자수감경 주장에 대하여 판단을 하지 아니하였다 하여 위법하다고 할 수 없다(대판 2011.12.22. 2011도12041)는 입장이다.

제3절 수사의 방법

> **제198조 【준수사항】** ① 피의자에 대한 수사는 **불구속 상태**에서 함을 원칙으로 한다.
> **제199조 【수사와 필요한 조사】** ① 수사에 관하여는 **그 목적을 달성하기 위하여 필요한 조사**를 할 수 있다. 다만, **강제처분**은 이 법률에 특별한 규정이 있는 경우에 한하며, 필요한 최소한도의 범위 안에서만 하여야 한다.
> ② 수사에 관하여는 공무소 기타 공사단체에 조회하여 **필요한 사항의 보고를 요구**할 수 있다.
> **제200조 【피의자의 출석요구】** 검사 또는 사법경찰관은 **수사에 필요한 때에는 피의자의 출석**을 요구하여 **진술**을 들을 수 있다.

Ⅰ 수사의 방법 및 실행

수사의 방법으로는 임의수사와 강제수사가 있다. 임의수사는 수사방법이 임의적인 수사로 강제력을 행사하지 않고 상대방의 동의나 승낙에 기하여 이루어지는 수사를 말하며, 강제수사는 강제처분에 의하여 이루어지는 수사를 말한다. 우리 형사소송법은 수사에 관하여는 **그 목적을 달성하기 위하여 필요한 조사**를 할 수 있고 다만, **강제처분**은 이 법률에 특별한 규정이 있는 경우에 한하며, 필요한 최소한도의 범위 안에서만 하여야 한다고 하여 **임의수사의 원칙**을 명백히 하고 있다(제199조 제1항).

1. 임의수사와 강제수사의 구별

임의수사와 강제수사를 구별하는 기준은 크게 형식설과 실질설이 대립하고 있는데, ① **형식설**은 형사소송법이 규정한 강제처분만이 강제수사라고 보고, 그 이외의 수사를 임의수사로 보는 입장이다. 이에 반해 ② **실질설**은 물리적 강제력의 행사 여부 또는 의사에 반하는 실질적 법익침해 여부 등 실질적 기준을 가지고 구별하는 입장이다. 기본권의 영역이 확장되고 다양한 만큼 실질적인 법익침해의 기준으로 임의수사와 강제수사를 구분하는 것이 타당하다. 하급심 판결이기는 하나 예금계좌의 입·출금상황에 대한 정보의 제공을 요구한 사안에서 비록 이와 같은 행위가 임의수사의 형식, 즉 수사기관이 수사의 단서를 발견하기 위하여 법관의 영장이 없이 형사소송법 제199조 제2항에 따라 공사단체에 사실조회를 요청한 것과 같은 형식을 갖추고 있으나 이 행위는 위 금융실명거래에관한법률에서 명백히 금지하고 있는 것을 행한 것이므로 그 목적 여하 및 그로 인하여 원고가 입은 손해 여하에 불구하고 일단 불법행위가 성립된다(서울지방법원 1996.8.8. 95나54753)고 판시한 것은 실질적인 기준을 가지고 위법성 여하를 판단한 것으로 평가할 수 있다. 새로운 수사방법들이 생겨나지만 형사소송법에서 이를 즉시 규율하기 어렵다. 그렇다면 이러한 새로운 수사기법들에 대한 사법통제는 강제수사에 적용되는 ① 강제처분법정주의와 ② 영장주의, ③ 비례성의 원칙을 통해 이루어져야 한다. 따라서 실질설이 타당하다.

2. 임의수사와 강제수사의 구별이 문제되는 수사

가. 임의동행

(1) 개념

수사기관이 **피**의자의 동의를 얻어 **피**의자와 수사기관까지 동행하는 것을 임의동행이라고 하는데, 이러한 임의동행은 외관상 기본적으로 임의수사의 성격을 띤다. 그러나 이러한 임의동행 과정에서 피동행자의 법익을 침해하는 일이 발생한다면 강제수사에 해당될 수 있게 된다.

(2) 임의동행의 적법성

현행법은 **경찰관직무집행법**과 **주민등록법** 외에 수사의 방법으로서의 임의동행을 규정하고 있지 않은 바, 임의동행이 제199조의 임의수사의 한 방법으로서 허용되는지가 문제된다. 경찰관직무집행법상의 임의동행은 수사의 단서로서 성격을 가지는 경찰행정작용의 일환이며, 이는 수사가 아니다. 여기에서 문제 삼는 것은 바로 형사소송법 제199조에 기한 임의수사의 일환으로서의 임의동행이다.

수사로서 행하여지는 임의동행에 대하여 임의수사설(긍정설)과 **강제수사설**(부정설)이 대립하는데, 임의수사로 볼 경우는 임의동행을 통해 사실상 체포와 같은 결과를 낳을 수 있으므로, **원칙적으로 강제수사로서 허용되지 않되, 예외적으로 엄격한 요건 하에서만 임의수사로 허용**된다고 봄이 타당하다. 판례는 이른바 임의동행에 있어서의 임의성의 판단은 동행의 시간과 장소, 동행의 방법과 동행거부의사의 유무, 동행 이후의 조사방법과 퇴거의사의 유무 등 여러 사정을 종합하여 객관적인 상황을 기준으로 하여야 할 것이다(대판 1993.11.23. 93다35155)라고 판시하면서도, "형사소송법 제199조 제1항은 "수사에 관하여 그 목적을 달성하기 위하여 필요한 조사를 할 수 있다. 다만, 강제처분은 이 법률에 특별한 규정이 있는 경우에 한하며, 필요한 최소한도의 범위 안에서만 하여야 한다."고 규정하여 임의수사의 원칙을 명시하고 있는바, 수사관이 수사과정에서 당사자의 동의를 받는 형식으로 피의자를 수사관서 등에 동행하는 것은, 상대방의 신체의 자유가 현실적으로 제한되어 실질적으로 체포와 유사한 상태에 놓이게 됨에도, 영장에 의하지 아니하고 그밖에 강제성을 띤 동행을 억제할 방법도 없어서 제도적으로는 물론 현실적으로도 임의성이 보장되지 않을 뿐만 아니라, 아직 정식의 체포·구속단계 이전이라는 이유로 상대방에게 헌법 및 형사소송법이 체포·구속된 피의자에게 부여하는 각종의 권리보장 장치가 제공되지 않는 등 형사소송법의 원리에 반하는 결과를 초래할 가능성이 크므로, 수사관이 동행에 앞서 피의자에게 동행을 거부할 수 있음을 알려 주었거나 동행한 피의자가 언제든지 자유로이 동행과정에서 이탈 또는 동행장소로부터 퇴거할 수 있었음이 인정되는 등 오로지 피의자의 자발적인 의사에 의하여 수사관서 등에의 동행이 이루어졌음이 객관적인 사정에 의하여 명백하게 입증된 경우에 한하여, 그 적법성이 인정되는 것으로 봄이 상당하다. 형사소송법 제200조에 의하여 검사 또는 사법경찰관이 피의자에 대하여 임의적 출석을 요구할 수는 있겠으나, 그 경우에도 수사관이 단순히 출석을 요구함에 그치지 않고 일정 장소로의 동행을 요구하여 실행한다면 위에서 본 법리가 적용되어야 할 것이고, 한편 행정경찰 목적의 경찰활동으로 행하여지는 경찰관직무집행법 제3조 제2항 소정의 질문을 위한 동행요구도 형사소송법의 규율을 받는 수사로 이어지는 경우[19]에는 역시 위에서 본 법리가 적용되어야 할 것이다(대판 2006.7.6. 2005도6810)"라고 판시함으로써 사실상 수사로서의 임의동행을 허용하지 않고 있다고 평가할 수 있다. 임의동행의 적법성을 주장하는 수사기관이 오로지 피의자의 자발적인 의사에 의하여 수사관서 등에의 동행이 이루어졌음을 객관적으로 증명하여야 할 것이기 때문이다.

---

[19] 단속경찰관으로부터 주취운전에 관한 증거 수집을 위한 음주측정을 위하여 인근 파출소까지 동행하여 줄 것을 요구받고 이를 명백하게 거절하였음에도 위법하게 체포·감금된 상태에서 이 사건 음주측정요구를 받게 되었으므로, 그와 같은 음주측정요구에 응하지 않았다고 하여 피고인을 음주측정거부에 관한 도로교통법 위반죄로 처벌할 수 없다고 판단한 것은 정당하다(대판 2006.11.9. 2004도8404).

나. 보호실유치

수사의 편의상 피의자를 임의동행한 경우에도 **조사 후 귀가시키지 아니하고** 그의 의사에 반하여 경찰서 또는 보호실 등에 계속 유치함으로써 신체의 자유를 속박하였다면 이는 구금에 해당한다(대결 1985.7.29. 85모16). 나아가 경찰서에서 운영하는 보호실이 경찰관직무집행법에 규정된 경우를 제외하고는 구속영장을 발부받음이 없이 피의자를 보호실에 유치함은 영장주의에 위배되는 위법한 구금으로서 적법한 공무수행이라고 볼 수 없을 뿐만 아니라(대판 1999.4.23. 98다1377; 대판 1994.3.11. 93도958) 경찰관직무집행법 제4조 제1항 제1호의 보호조치 요건이 갖추어지지 않았음에도, **경찰관이 실제로는 범죄수사를 목적으로 피의자에 해당하는 사람을 이 사건 조항의 피구호자로 삼아 그의 의사에 반하여 경찰관서에 데려간 행위**는, 달리 현행범체포나 임의동행 등의 적법 요건을 갖추었다고 볼 사정이 없다면 **위법한 체포**에 해당한다고 보아야 한다.

다. 거짓말탐지기에 의한 검사

현재 실무상으로도 거짓말탐지기 검사는 **피검사자의 동의가 있는 경우 허용**되고 있다. 다만 그 **검사의 결과는 증거능력이 없다**(대판 2005.5.26. 2005도130).

라. 마취분석

이는 피검사자의 동의가 있다고 하더라도 인간의 존엄과 가치에 반하며, 기본권을 침해하는 수사의 방식으로 **허용되지 않는다고 볼 것이다**.

마. 음주측정

음주측정 자체는 임의수사로 볼 수 있다. 호흡측정기에 의한 음주 측정은 운전자가 호흡측정기에 숨을 세게 불어 넣는 방식으로 행하여지는 것으로서 여기에는 **운전자의 자발적인 협조가 필수적**이기 때문이다. 다만 운전자가 **정당한 사유 없이 호흡측정기에 의한 음주측정에 불응**한 이상 그로써 **음주측정불응의 죄는 성립**하는 것이며, 그 후 **경찰공무원이 혈액채취 등의 방법으로 음주여부를 조사하지 아니하였다고 하여 달리 볼 것은 아니다**(대판 2000.4.1. 99도5210).

바. 사진촬영

사진촬영은 전통적 수사의 내용으로는 검증에 가깝다. 문제는 피촬영자의 의사에 반하는 사진촬영이 임의수사인지 아니면 강제수사인지 학설이 대립한다. 그러나 실질설에 따라 초상권을 침해하는 이상 강제수사의 일종으로 보아야 한다. 그렇다면 아직 사진촬영을 통한 수사기법에 대하여 강제처분법정주의를 적용할 수 있는 근거

규정이 없으므로, 검증에 관한 영장주의 및 그 예외조항을 적용하여 사법적 통제를 함이 타당하다. 판례는 현재 "누구든지 자기의 얼굴 기타 모습을 함부로 촬영당하지 않을 자유를 가지나 이러한 자유도 국가권력의 행사로부터 무제한으로 보호되는 것은 아니고 국가의 안전보장·질서유지·공공복리를 위하여 필요한 경우에는 상당한 제한이 따르는 것이고, 수사기관이 범죄를 수사함에 있어서 **현재 범행이 행하여지고 있거나 행하여진 직후이고, 증거 보전의 필요성 및 긴급성**이 있으며, 일반적으로 허용되는 **상당한 방법**에 의하여 촬영을 한 경우라면 위 촬영이 영장 없이 이루어졌다하여 이를 위법하다고 단정할 수 없다(대판 1999.9.3. 99도2317)."고 판시하여 비례성의 원칙을 통해 사진촬영에 대한 사법적 통제를 하고 있다. 그러나 궁극적으로 수사기관이 수사대상에 대한 **특정 범죄혐의와 관련되어 사진촬영을 하는 경우**는 검증에 준하여 긴급을 요하여 영장없이 사진촬영을 하였더라도 사후에 지체 없이 사후영장을 발부받도록 함이 타당하다(제216조 이하).

> **관련판례** **무인장비에 의한 제한속도 위반차량 단속**은 … 도로에서의 위험을 방지하고 교통의 안전과 원활한 소통을 확보하기 위하여 도로교통법령에 따라 정해진 제한속도를 위반하여 차량을 주행하는 범죄가 현재 행하여지고 있고, 그 범죄의 성질·태양으로 보아 긴급하게 증거보전을 할 필요가 있는 상태에서 일반적으로 허용되는 한도를 넘지 않는 상당한 방법에 의한 것이라고 판단되므로, **이를 통하여 운전차량의 차량번호 등을 촬영한 사진을 두고 위법하게 수집된 증거로서 증거능력이 없다고 말할 수 없다**(대판 1999.12.27. 98도3329).

사. 전기통신의 감청

> **통비법 제3조 【통신 및 대화비밀의 보호】** ① 누구든지 이 법과 형사소송법 또는 군사법원법의 규정에 의하지 아니하고는 **우편물의 검열·전기통신의 감청** 또는 **통신사실확인자료의 제공**을 하거나 공개되지 아니한 타인간의 대화를 녹음 또는 청취하지 못한다.
> **통비법 제14조 【타인의 대화비밀 침해금지】** ① 누구든지 공개되지 아니한 타인간의 대화를 녹음하거나 전자장치 또는 기계적 수단을 이용하여 청취할 수 없다.
> ② 제4조(증거사용금지) 내지 제8조, 제9조 제1항 전단 및 제3항, 제9조의2, 제11조 제1항·제3항·제4항 및 제12조의 규정은 제1항의 규정에 의한 녹음 또는 청취에 관하여 이를 적용한다.

통신비밀보호법에 규정된 '감청'은 전기통신에 대하여 당사자의 동의 없이 전자장치·기계장치 등을 사용하여 통신의 음향·문언·부호·영상을 청취·공독하여 그 내용을 지득 또는 채록하거나 전기통신의 송·수신을 방해하는 것을 말한다고 규정되어 있다(통신비밀보호법 제2조 제7호, 이하 '통비법'이라 한다). 따라서 '전기통신의 감청'은 '감청'의 개념 규정에 비추어 **전기통신이 이루어지고 있는 상황에서**

실시간으로 전기통신의 내용을 지득·채록하는 경우와 통신의 송·수신을 직접적으로 방해하는 경우를 의미하는 것이지, 이미 수신이 완료된 전기통신에 관하여 남아 있는 기록이나 내용을 열어보는 등의 행위는 포함하지 않는다. 이러한 감청은 국민의 개인정보자기결정권 등 기본권을 침해하는 것으로 명백한 강제수사임에 의문이 없다. 허가된 통신제한조치의 종류가 전기통신의 '감청'인 경우, **수사기관 또는 수사기관으로부터 통신제한조치의 집행을 위탁받은 통신기관 등은** 통신비밀보호법이 정한 감청의 방식으로 집행하여야 하고 그와 다른 방식으로 집행하여서는 아니 된다. 한편 수사기관이 통신기관 등에 통신제한조치의 집행을 위탁하는 경우에는 집행에 필요한 설비를 제공하여야 한다(통비법 시행령 제21조 제3항). 그러므로 수사기관으로부터 통신제한조치의 집행을 위탁받은 통신기관 등이 집행에 필요한 설비가 없을 때에는 수사기관에 설비의 제공을 요청하여야 하고, 그러한 요청 없이 **통신제한조치허가서에 기재된 사항을 준수하지 아니한 채 통신제한조치를 집행하였다면**, 그러한 집행으로 취득한 전기통신의 내용 등은 헌법과 통신비밀보호법이 국민의 기본권인 통신의 비밀을 보장하기 위해 마련한 적법한 절차를 따르지 아니하고 수집한 증거에 해당하므로(제308조의2), 이는 유죄 인정의 증거로 할 수 없다(대판 2016.10.13. 2016도8137 → 통비법상 '감청'의 의미).

이러한 감청에 대한 사법적 통제는 음성통화 감청뿐 아니라 인터넷 회선 감청에도 이루어져야 한다. 헌법재판소는 인터넷회선 감청의 특성을 고려하여 그 집행 단계나 집행 이후에 수사기관의 권한 남용을 통제하고 관련 기본권의 침해를 최소화하기 위한 제도적 조치가 제대로 마련되어 있지 않은 상태에서, 범죄수사 목적을 이유로 인터넷회선 감청을 통신제한조치 허가 대상 중 하나로 정하고 있으므로 **침해의 최소성 요건을 충족**한다고 할 수 없다고 판시하면서, 광범위하게 **'패킷감청' 방식으로 이루어지는 인터넷회선 감청**은 그 특성상, 실제 집행 단계에서 원래 허가받은 통신제한조치의 인적·물적 범위를 넘어 피의자 또는 피내사자의 범죄 수사와 무관한 정보뿐만 아니라 피의자 또는 피내사자와 무관하게 해당 인터넷회선을 이용하는 불특정 다수인의 정보까지 광범위하게 수사기관에 수집·보관되므로, **다른 종류의 통신제한조치에 비하여, 개인의 통신 및 사생활의 비밀과 자유가 침해될 가능성이 높다**. 그런데 현행법은 인터넷통신 감청을 통신제한조치의 하나로 인정하면서 앞서 본 바와 같이 집행 단계나 그 이후에 인터넷회선 감청을 통해 수사기관이 취득한 자료에 대한 권한 남용을 방지하거나 개인의 통신 및 사생활의 비밀과 자유의 침해를 최소화하기 위한 조치를 제대로 마련하고 있지 않다. 이러한 여건하에서 인터넷회선의 감청을 허용하는 것은 개인의 통신 및 사생활의 비밀과 자유에 심각한 위협을 초래하게 된다고 하면서 과잉금지원칙에 반하여 청구인의 통신 및 사생활의 비밀과 자유를 침해한다(헌재결 2018.8.30. 2016헌마263 → 통비법 제 5조 제2항 중 '인터넷 회선을 통하여 송·수신하는 전기통신'에 관한 부분(잠정적용 헌법불합치)고 판시한 바 있다.

　통신사실확인자료(통화내역 등 정보)나 통신자료20)(통화자의 인적사항 등 정보) 역시 국민의 기본권을 침해하는 것이므로 강제수사로 봄이 타당하다. 통신비밀보호법은 **통신제한조치의 집행으로 인하여 취득된 전기통신의 내용**은 통신제한조치의 목적이 된 범죄나 이와 관련되는 범죄를 수사·소추하거나 그 범죄를 예방하기 위한 경우 등에 한정하여 사용할 수 있도록 규정하고(통비법 제12조 제1호), 통신사실확인자료의 사용제한에 관하여 이 규정을 준용하도록 하고 있다(통비법 제13조의5). 따라서 **통신사실확인자료 제공요청에 의하여 취득한 통화내역 등 통신사실확인자료를 범죄의 수사·소추를 위하여 사용하는 경우** 대상 범죄는 통신사실확인자료 제공요청의 목적이 된 범죄 및 이와 관련된 범죄에 한정되어야 한다. 여기서 통신사실확인자료 제공요청의 목적이 된 범죄와 관련된 범죄란 통신사실 확인자료제공요청 허가서에 기재한 혐의사실과 객관적 관련성이 있고 자료제공 요청대상자와 피의자 사이에 인적 관련성이 있는 범죄를 의미한다.

　그 **관련성**은 통신사실 확인자료 제공요청 허가서에 기재된 혐의사실의 내용과 수사의 대상 및 수사 경위 등을 종합하여 **구체적·개별적 연관관계가 있는 경우에만 인정되고, 혐의사실과 단순히 동종 또는 유사 범행이라는 사유만으로 관련성이 있는 것은 아니다.** 그리고 **피의자와 사이의 인적 관련성**은 통신사실 확인자료제공요청 허가서에 기재된 대상자의 **공동정범이나 교사범 등 공범이나 간접정범은 물론 필요적 공범 등에 대한 피고사건에 대해서도 인정될 수 있다**(대판 2017.1.25. 2016도13489).

---

20) 전기통신사업법 제83조 ③ 전기통신사업자는 법원, 검사 또는 수사관서의 장(군 수사기관의 장, 국세청장 및 지방국세청장을 포함한다. 이하 같다), 정보수사기관의 장이 재판, 수사(「조세범 처벌법」 제10조제1항·제3항·제4항의 범죄 중 전화, 인터넷 등을 이용한 범칙사건의 조사를 포함한다), 형의 집행 또는 국가안전보장에 대한 위해를 방지하기 위한 정보수집을 위하여 다음 각 호의 자료의 열람이나 제출(이하 "통신자료제공"이라 한다)을 요청하면 그 요청에 따를 수 있다.
→ 현재 실무상 이를 근거로 수사기관은 영장 없이 통신자료를 요청하여 광범위하게 수집하고 있다. 그러나 본 조항은 강제수사임에도 영장주의를 위배한 위헌적 규정으로 판단될 뿐 아니라 동 조항에서 '영장 없이'라는 규정이 없음에도 불구하고 동 규정만으로 과연 영장 없는 통신자료 요청이 가능한지도 불분명하다.

Ⅱ 임의수사의 방법 – 피의자 신문

1. 개념

> **제200조 【피의자의 출석요구】** 검사 또는 사법경찰관은 **수사에 필요한 때**에는 피의자의 출석을 요구하여 진술을 들을 수 있다.
>
> **제198조 【준수사항】** ① 피의자에 대한 수사는 **불구속 상태**에서 함을 원칙으로 한다.
> ② 검사·사법경찰관리와 그 밖에 직무상 수사에 관계있는 자는 피의자 또는 다른 사람의 인권을 존중하고 수사과정에서 취득한 비밀을 엄수하며 수사에 방해되는 일이 없도록 하여야 한다.
> ③ 검사·사법경찰관리와 그 밖에 직무상 수사에 관계있는 자는 수사과정에서 수사와 관련하여 작성하거나 취득한 서류 또는 물건에 대한 **목록**을 빠짐 없이 작성하여야 한다.

피의자신문이란 검사 또는 사법경찰관이 수사에 필요한 때에 피의자를 출석시켜 신문하고 진술을 듣는 것을 말한다. 피의자신문은 임의수사에 속한다. 수사기관, 즉 검사 또는 사법경찰관이 피의자를 신문하여 피의자로부터 진술을 듣는 것이며(제200조), 현행법은 제198조에서 불구속 수사의 원칙을 규정하고 있다.

2. 방법

가. 출석요구

수사기관이 피의자신문을 하기 위해서는 먼저 피의자에게 출석을 요구하여야 한다. 출석요구는 전화, 팩스 등 상당한 방법으로 할 수 있고, **피의자신문이 임의수사인 이상 피의자가 출석에 응할 의무는 없다.** 다만, 형사소송법 제70조 제1항 제1호, 제2호, 제3호, 제199조 제1항, 제200조, 제200조의2 제1항, 제201조 제1항의 취지와 내용에 비추어 보면, 수사기관이 관할 지방법원 판사가 발부한 구속영장에 의하여 피의자를 구속하는 경우, 그 구속영장은 기본적으로 장차 공판정에의 출석이나 형의 집행을 담보하기 위한 것이지만, 이와 함께 제202조, 제203조에서 정하는 구속기간의 범위 내에서 수사기관이 제200조, 제241조 내지 제244조의5에 규정된 피의자신문의 방식으로 구속된 피의자를 조사하는 등 적정한 방법으로 범죄를 수사하는 것도 예정하고 있다고 할 것이다. 따라서 구속영장 발부에 의하여 적법하게 **구금된 피의자가 피의자신문을 위한 출석요구에 응하지 아니하면서 수사기관 조사실에 출석을 거부한다면 수사기관은 그 구속영장의 효력에 의하여 피의자를 조사실로 구인할 수 있다고 보아야 한다.** 다만 이러한 경우에도 그 피의자신문절차는 어디까지나 제199조 제1항 본문, 제200조의 규정에 따른 임의수사의 한 방법으로 진행되어야 하므로, 피의자는 헌법 제12조 제2항과 형사소송법 제244조의3에 따라 일체의 진술을 하지 아니하거나 개개의 질문에 대하여 진술을 거부할 수 있고, 수사기관은 피의자를 신문하기 전에 그와 같은 권리를 알려주어야 한다(대결 2013.7.1. 2013모160).

> **관련판례** 구속영장 발부에 의하여 **적법하게 구금된 피의자가 피의자신문을 위한 출석요구에 응하지 아니하면서 수사기관 조사실에 출석을 거부한다면 수사기관은 그 구속영장의 효력에 의하여 피의자를 조사실로 구인할 수 있다**고 보아야 한다. 다만 이러한 경우에도 그 피의자신문 절차는 어디까지나 법 제199조 제1항 본문, 제200조의 규정에 따른 **임의수사의 한 방법으로 진행되어야 하므로, 수사기관은 피의자를 신문하기 전에 진술거부권이 있음을 알려주어야 한다**(대결 2013.7.1. 2013모160).

나. 진술거부권의 고지

> **제244조의3 【진술거부권 등의 고지】** ① 검사 또는 사법경찰관은 피의자를 신문하기 전에 다음 각 호의 사항을 알려주어야 한다.
> 1. 일체의 **진술을 하지 아니**하거나 개개의 질문에 대하여 **진술을 하지 아니**할 수 있다는 것
> 2. 진술을 하지 아니하더라도 **불이익을 받지 아니**한다는 것
> 3. 진술을 거부할 권리를 포기하고 행한 진술은 법정에서 **유죄의 증거로 사용될 수 있다는 것**
> 4. 신문을 받을 때에는 변호인을 참여하게 하는 등 **변호인의 조력을 받을 수 있다는 것**
> ② 검사 또는 사법경찰관은 제1항에 따라 알려 준 때에는 피의자가 진술을 거부할 권리와 변호인의 조력을 받을 권리를 행사할 것인지의 여부를 질문하고, 이에 대한 피의자의 답변을 조서에 기재하여야 한다. 이 경우 피의자의 답변은 피의자로 하여금 **자필로** 기재하게 하거나 검사 또는 사법경찰관이 피의자의 답변을 기재한 부분에 **기명날인 또는 서명**하게 하여야 한다.

진술거부권의 고지는 피의자를 신문하기 전에 미리 이루어져야 한다. 그 고지의 내용은 ① 일체의 **진술을 하지 아니**하거나 개개의 질문에 대하여 **진술을 하지 아니할 수 있다는 것** ② 진술을 하지 아니하더라도 **불이익을 받지 아니**한다는 것 ③ 진술을 거부할 권리를 포기하고 행한 진술은 법정에서 **유죄의 증거로 사용될 수 있다는 것** ④ 신문을 받을 때에는 변호인을 참여하게 하는 등 **변호인의 조력을 받을 수 있다는 것**이다. 또한 검사 또는 사법경찰관은 헌법 제12조 제2항, 형사소송법 제244조의3 제1항, 제2항, 제312조 제3항에 따라, 사법경찰관은 피의자에게 진술거부권을 행사할 수 있음을 알려 주고 그 행사 여부를 질문하여야 하고,

이에 대한 피의자의 답변을 조서에 자필로 기재하거나 답변 부분에 기명날인 또는 서명을 하여야 한다. 만일 형사소송법 제244조의3 제2항에 규정한 방식에 위반하여 진술거부권 행사 여부에 대한 피의자의 답변이 **자필로 기재되어 있지 아니하거나 그 답변 부분에 피의자의 기명날인 또는 서명이 되어 있지 아니한** 사법경찰관 작성의 피의자신문조서는 특별한 사정이 없는 한 형사소송법 **제312조 제3항에서 정한 '적법한 절차와 방식'에 따라 작성된 조서라 할 수 없으므로** 그 증거능력을 인정할 수 없다(대판 2013.3.28. 2010도3359, 대판 2014.4.10. 2014도1779). 따라서 "피의자는 진술거부권과 변호인의 조력을 받을 권리들이 있음을 고지받았는가요?"라는 질문에 "예, 고지를 받았습니다."라는 답변이, "피의자는 진술거부권을 행사할 것인가요?"라는 질문에 "행사하지 않겠습니다."라는 답변이 기재되어 있기는 하나 그 답변은 자필로 기재된 것이 아니고, 각 답변란에 무인이 되어 있기는 하나 조서 말미와 간인으로 되어 있는 무인과 달리 흐릿하게 찍혀 있다면, 그 피의자신문조서는 위법수집증거는 아니지만 형사소송법 제312조 제3항에서 정하는 '적법한 절차와 방식'에 따라 작성된 조서로 볼 수 없으므로 **증거동의가 없는 한 이를 증거로 쓸 수 없다**(대판 2014.4.10. 2014도1779). 그러나 피의자의 진술거부권은 헌법이 보장하는 권리에 터 잡은 것이므로 수사기관이 피의자를 신문함에 있어 피의자에게 미리 진술거부권을 고지하지 않은 때에는 그 진술의 임의성이 인정되는 경우라도 위법하게 수집된 증거로서 증거능력이 부인되어야 하므로(대결 2015.7.16. 2011모1839 전원합의체), **증거동의가 있더라도 증거능력을 인정할 수 없다.**

다. 신문사항

> **제241조 【피의자신문】** 검사 또는 사법경찰관이 피의자를 신문함에는 먼저 그 성명, 연령, 등록기준지, 주거와 직업을 물어 피의자임에 틀림없음을 확인하여야 한다.

검사 또는 사법경찰관이 피의자를 신문함에는 먼저 그 성명, 연령, 등록기준지, 주거와 직업을 물어 피의자임에 틀림없음을 확인하는 인정신문을 하고, 인정신문이 끝난 후에는 피의자에게 범죄사실과 정상에 관한 필요사항을 신문하여야 하며, 피의자에게 이익되는 사실을 진술할 기회를 주어야 한다(제242조).

라. 피의자 신문시 참여자

> **제243조 【피의자신문과 참여자】** 검사가 피의자를 신문함에는 검찰청수사관 또는 서기관이나 서기를 참여하게 하여야 하고 사법경찰관이 피의자를 신문함에는 사법경찰관리를 참여하게 하여야 한다.

> **제243조의2 【변호인의 참여 등】** ① 검사 또는 사법경찰관은 피의자 또는 그 변호인·법정대리인·배우자·직계친족·형제자매의 **신청**에 따라 변호인을 피의자와 접견하게 하거나 정당한 사유가 없는 한 피의자에 대한 신문에 참여하게 **하여야** 한다.
>
> **제244조의5 【장애인 등 특별히 보호를 요하는 자에 대한 특칙】** 검사 또는 사법경찰관은 피의자를 신문하는 경우 다음 각 호의 어느 하나에 해당하는 때에는 직권 또는 피의자·법정대리인의 신청에 따라 피의자와 신뢰관계에 있는 자를 동석하게 할 수 있다.
> 1. 피의자가 신체적 또는 정신적 장애로 사물을 변별하거나 의사를 결정·전달할 능력이 미약한 때
> 2. 피의자의 연령·성별·국적 등의 사정을 고려하여 그 심리적 안정의 도모와 원활한 의사소통을 위하여 필요한 경우

검사, 사법경찰관은 피의자 또는 변호인의 신청이 있는 때에는 정당한 사유가 없는 한 변호인을 참여하게 해야 한다(제243조의2 제1항). 이때 변호인이 참여하는 권리는 피의자가 갖는 변호인의 조력을 받을 권리는 헌법상 권리로부터 도출되고, 변호인이 피의자신문에 자유롭게 참여할 수 있는 권리는 피의자가 가지는 변호인의 조력을 받을 권리를 실현하는 수단이므로 **헌법상 기본권인 변호인의 변호권**으로서 보호되어야 한다(헌재결 2017.11.30. 2016헌마503). **피의자가 신체적 정신적 장애로 사물을 변별하거나 의사를 결정·전달할 능력이 미약하거나, 심리적 안정도모와 원활한 의사소통을 위하여 필요한 경우**에는 **직권 또는 신청**에 따라 피의자와 **신뢰관계에 있는 자를 동석하게 할 수 있다**(제244조의5). 조서기재 정확성과 신문절차 적법성 보장 위해 **검사가 피의자를 신문할 때**에는 **검찰서기관 등을**, **사법경찰관이 피의자를 신문할 때**에는 **사법경찰관리를 참여하게 하여야** 한다(제243조). 또한 피의자가 변호인의 참여를 원한다는 의사를 명백하게 표시하였음에도 수사기관이 정당한 사유 없이 변호인을 참여하게 하지 아니한 채 피의자를 신문하여 작성한 피의자신문조서는 위법하게 수집한 증거로서 증거능력이 없다. 피의자신문에 참여한 변호인이 피의자 옆에 앉는다고 하였음에도 수사기관이 피의자 뒤에 앉으라고 요구하는 경우, 옆에 앉는 것이 후방착석의 경우보다 수사를 방해할 가능성이 높아진다거나 수사기밀을 유출할 가능성이 높아진다고 볼 수 없으므로, 이러한 **후방착석요구행위**의 목적의 정당성과 수단의 적절성을 인정할 수 없을 뿐 아니라 위축된 피의자가 변호인에게 적극적으로 조언과 상담을 요청할 것을 기대하기 어렵다. 그러므로 후방착석요구행위는 피의자 신문참여권을 정당한 이유 없이 침해한 것에 해당한다(헌재결 2017.11.30. 2016헌마503). 신문에 참여한 변호인은 원칙적으로 **신문 후 의견을 진술**할 수 있지만, **신문 중이라도 부당한 신문방법에 대하여는 이의를 제기**할 수 있다. 변호인의 피의자신문 참여를 부당하게 제한하거나 중단시키는 수사기관의 처분에 대해서는 **준항고**로 다툴 수 있다(제417조).

마. 조서의 작성

제244조【피의자신문조서의 작성】 ① 피의자의 진술은 조서에 기재하여야 한다.
② 제1항의 조서는 피의자에게 **열람하게 하거나 읽어 들려주어야** 하며, 진술한 대로 기재되지 아니하였거나 사실과 다른 부분의 유무를 물어 피의자가 **증감 또는 변경**의 청구 등 이의를 제기하거나 의견을 진술한 때에는 이를 조서에 추가로 기재하여야 한다. 이 경우 피의자가 이의를 제기하였던 부분은 읽을 수 있도록 남겨두어야 한다.
③ 피의자가 조서에 대하여 이의나 의견이 없음을 진술한 때에는 피의자로 하여금 그 취지를 **자필로 기재하게 하고 조서에 간인한 후 기명날인 또는 서명하게 한다.**

제48조【조서의 작성방법】 ① 피고인, 피의자, 증인, 감정인, 통역인 또는 번역인을 신문(訊問)하는 때에는 신문에 참여한 법원사무관등이 조서를 작성하여야 한다.
② 조서에는 다음 각 호의 사항을 기재하여야 한다.
  1. 피고인, 피의자, 증인, 감정인, 통역인 또는 번역인의 진술
  2. 증인, 감정인, 통역인 또는 번역인이 선서를 하지 아니한 때에는 그 사유
③ 조서는 진술자에게 읽어 주거나 열람하게 하여 기재 내용이 정확한지를 물어야 한다.
④ 진술자가 조서에 대하여 추가, 삭제 또는 변경의 청구를 한 때에는 그 진술내용을 조서에 기재하여야 한다.
⑤ 신문에 참여한 검사, 피고인, 피의자 또는 변호인이 조서 기재 내용의 정확성에 대하여 이의(異議)를 진술한 때에는 그 진술의 요지를 조서에 기재하여야 한다.
⑥ 제5항의 경우 재판장이나 신문한 법관은 그 진술에 대한 의견을 기재하게 할 수 있다.
⑦ 조서에는 진술자로 하여금 간인(間印)한 후 서명날인하게 하여야 한다. 다만, 진술자가 서명날인을 거부한 때에는 그 사유를 기재하여야 한다.

제312조【검사 또는 사법경찰관의 조서 등】 ① 검사가 작성한 피의자신문조서는 적법한 절차와 방식에 따라 작성된 것으로서 공판준비, 공판기일에 그 피의자였던 피고인 또는 변호인이 그 내용을 인정할 때에 한정하여 증거로 할 수 있다.
② 삭제
③ **검사 이외의 수사기관이 작성한 피의자신문조서는 적법한 절차와 방식**에 따라 작성된 것으로서 공판준비 또는 공판기일에 그 피의자였던 피고인 또는 변호인이 그 **내용을 인정할 때**에 한하여 증거로 할 수 있다.

바. 피의자 진술의 영상녹화(제244조의2)

제244조의2【피의자진술의 영상녹화】 ① 피의자의 진술은 영상녹화할 수 있다. 이 경우 **미리 영상녹화사실을 알려주어야** 하며, **조사의 개시부터 종료까지의 전 과정 및 객관적 정황을 영상녹화**하여야 한다.
② 제1항에 따른 영상녹화가 완료된 때에는 피의자 또는 변호인 **앞에서 지체 없이 그 원본을 봉인**하고 피의자로 하여금 **기명날인 또는 서명**하게 하여야 한다.
③ 제2항의 경우에 피의자 또는 변호인의 **요구가 있는 때**에는 영상녹화물을 재생하여 시청하게 하여야 한다. 이 경우 그 내용에 대하여 이의를 진술하는 때에는 그 취지를 기재한 서면을 첨부하여야 한다.

종래 제312조 제1항과 제2항이 개정 되기 전에는 검사 작성 피의자신문조서의 경우 영상녹화물이 성립의 진정을 대체하는 기능을 담당하였다. 그러나 검사 작성 피의자신문조서도 사법경찰관 작성 피의자신문조서와 같이 내용인정을 증거능력 인정의 요건으로 규정하면서 더 이상 영상녹화물이 이러한 기능을 할 수 없게 되었다.

3. 피의자신문조서의 작성

가. 조서작성의 원칙

피의자의 진술은 조서에 기재하여야 한다(제244조).

나. 조서의 열람·낭독·증감변경 청구권

(1) 제244조 제2항

피의자에게 열람하게 하거나 읽어 들려주어야 하며, 진술한 대로 기재되지 아니하였거나 사실과 다른 부분의 유무를 물어 피의자가 증감 또는 변경의 청구 등 이의를 제기하거나 의견을 진술한 때에는 이를 조서에 추가로 기재하여야 한다. 이 경우 피의자가 이의를 제기하였던 부분은 읽을 수 있도록 남겨두어야 한다.

(2) 취지

조서기재의 정확성 보장 그리고 조서의 신뢰성을 높이기 위하여 어떤 부분에 이의가 있었는지 알 수 있게 남겨두고 조서의 정정과정을 드러나게 한 것이다.

(3) 위배의 효과

증거능력을 부정하여야 한다는 입장도 있으나 중대한 위법이라고 보기 어렵다는 점에서 **증거능력을 긍정**하는 것이 판례(대판 1988.5.10. 87도2716; 대판 1993.5.14. 93도486)의 입장이다. 그러나 조서의 정확성을 담보하는 것은 수사의 염결성과도 관련이 있는 바, 증거능력을 부정함이 타당하다.

> **관련판례** 피의자신문조서를 작성함에 있어 피고인들에게 조서의 기재내용을 알려 주지 아니하였다 하더라도 그 사실만으로는 피의자신문조서의 증거능력이 없다고 할 수 없다(대판 1993.5.14. 93도486).

다. 조서의 진정성 및 임의성 보장

피의자가 조서에 대하여 이의나 의견이 없음을 진술한 때에는 피의자로 하여금 그 취지를 **자필로 기재**하게 하고 조서에 간인한 후 기명날인 또는 서명하게 한다

(제244조 제3항). 따라서 피고인의 기명만이 있고, 그 날인이나 무인이 없는, 검사 작성의 피고인에 대한 피의자 신문조서는 **증거능력이 없다**(대판 1981.10.27. 81도1370). 형사소송법 제57조 제1항은 공무원이 작성하는 서류에는 법률에 다른 규정이 없는 때에는 작성 연월일과 소속공무소를 기재하고 서명하여야 한다고 규정하고 있는바, 그 서명날인은 공무원이 작성하는 서류에 관하여 그 기재 내용의 정확성과 완전성을 담보하는 것이므로 검사 작성의 피의자신문조서에 작성자인 검사의 서명날인이 되어 있지 아니한 경우 그 피의자신문조서는 공무원이 작성하는 서류로서의 요건을 갖추지 못한 것으로서 위 법규정에 위반되어 **무효이고 따라서 이에 대하여 증거능력을 인정할 수 없다**고 보아야 할 것이며, 그 피의자신문조서에 진술자인 피고인의 서명날인이 되어 있다거나, 피고인이 법정에서 그 피의자신문조서에 대하여 진정성립과 임의성을 인정하였다고 하여 달리 볼 것은 아니다(대판 2001.9.28. 2001도4091).

검사 또는 사법경찰관은 피의자가 조사장소에 도착한 시각, 조사를 시작하고 마친 시각, 그 밖에 조사과정의 진행경과를 확인하기 위하여 필요한 사항을 피의자신문조서에 기록하거나 별도의 서면에 기록한 후 수사기록에 편철하여야 한다.

고문 등 가혹행위의 절대적 금지(헌법 제12조 제2항, 형법 제125조), 진술거부권의 사전고지(헌법 제12조 제2항, 형사소송법 제244조의3 제1항), 참여제도(제243조), 조서의 열람·낭독·증감변경청구권(제244조 제2항), 조서에의 피의자의 서명·날인·간인(제244조 제3항), 자백의 증거능력의 제한(제309조), 피의자신문조서의 증거능력을 부여하기 위한 특신상태 요구(제312조, 개정법에 따르면 특신상태는 요구하지 않는다.) 등의 제도들은 모두 진술의 임의성을 보장하기 위한 제도로서 의미를 가지고 있다. 나아가 "수사과정의 기록제도"를 도입하였는 바(제244조의4), 이 역시 수사과정의 투명성을 통해 진술의 임의성을 보장하게 된다.

관련판례 피고인이 아닌 자가 수사과정에서 진술서를 작성하였지만 수사기관이 그에 대한 **조사과정을 기록하지 아니하여** 형사소송법 제244조의4 제3항, 제1항에서 정한 절차를 위반한 경우에는, 특별한 사정이 없는 한 '적법한 절차와 방식'에 따라 수사과정에서 진술서가 작성되었다 할 수 없으므로 **그 증거능력을 인정할 수 없다**(대판 2015.4.23. 2013도3790).

Ⅲ 임의수사의 방법 – 피의자 이외의 자의 조사

> **제221조【제3자의 출석요구 등】** ① 검사 또는 사법경찰관은 수사에 필요한 때에는 **피의자가 아닌 자**의 출석을 요구하여 진술을 들을 수 있다. 이 경우 그의 **동의를 받아 영상녹화할 수 있다.**
> ② 검사 또는 사법경찰관은 수사에 필요한 때에는 **감정·통역 또는 번역을 위촉할 수 있다.**
> **제244조의4【수사과정의 기록】** ③ 제1항 및 제2항(수사과정의 기록)은 피의자가 아닌 자를 조사하는 경우에 준용한다.

1. 참고인 조사

검사 또는 사법경찰관은 수사에 필요한 때에는 피의자 아닌 자를 출석시켜 진술을 들을 수 있는데, 이를 참고인 조사라고 한다. 주로 피해자나 목격자 등을 소환하여 진술을 듣는 경우에 해당한다. 참고인이 수사단계를 지나 공판단계에 이르게 되면, 법정에서는 증인의 지위에서 선서를 하고 증언을 하게 된다. 참고인은 수사기관에 대한 출석의무나 진술의무가 없지만, 증인은 구인의 대상이 될 수 있으며, 불출석에 따른 과태료 등의 제재가 가능하다는 점에서 차이가 있다.

이러한 참고인에 대하여는 진술거부권을 고지할 필요가 없다. 그러나 참고인 조사의 형식을 취하더라도 실질적으로 피의자의 진술을 기재한 서류 또는 문서로 수사기관에서의 조사 과정에서 작성된 것이라면, 그것이 '**진술조서, 진술서, 자술서**'라는 형식을 취하였다고 하더라도 피의자신문조서와 달리 볼 수 없고, 수사기관에 의한 진술거부권 고지의 대상이 되는 피의자의 지위는 수사기관이 범죄인지서를 작성하는 등의 형식적인 사건수리 절차를 거치기 전이라도 조사대상자에 대하여 범죄의 혐의가 있다고 보아 실질적으로 수사를 개시하는 행위를 한 때에 인정된다. 특히 조사대상자의 진술 내용이 단순히 제3자의 범죄에 관한 경우가 아니라 자신과 제3자에게 공동으로 관련된 범죄에 관한 것이거나 제3자의 피의사실뿐만 아니라 자신의 피의사실에 관한 것이기도 하여 **실질이 피의자신문조서의 성격을 가지는 경우에 수사기관은 진술을 듣기 전에 미리 진술거부권을 고지하여야** 한다(대판 2015.10.29. 2014도5939). 예를 들어, 뇌물공여자를 참고인신분으로 소환하여 수사기관이 참고인진술조서를 작성하면서 뇌물을 공여한 사실을 묻고 그 답변을 기재한다면, 이는 실질이 피의자신문조서이므로 반드시 진술거부권을 고지하여야 하고, 이를 고지하지 아니하는 경우는 **중대한 위법으로 증거능력을 인정할 수 없다.**

2. 감정·통역·번역의 위촉

Ⅳ 임의수사의 방법 – 사실 조회(공무소 등에 대한 조회)

> 제199조【수사와 필요한 조사】② 수사에 관하여는 공무소 기타 공사단체에 조회하여 필요한 사항의 보고를 요구할 수 있다.

사실조회는 그 조회내용에는 제한이 없으나, 실질적으로 강제수사로 취득하여야 할 사항에 대하여 사실조회 형식으로 영장없이 증거를 수집하는 것은 위법하다고 볼 것이다. 즉, 임의수사의 방식이나 강제수사를 회피하는 수단으로 영장에 의하여 취득할 정보 등을 사실조회로 수집한 경우는 영장주의 위배의 위법이 존재한다고 볼 것이다.

제4절 인적 강제수사

Ⅰ 피의자의 체포 – 영장에 의한 체포(보통체포)

> 제200조의2【영장에 의한 체포】① 피의자가 **죄를 범하였다고 의심할 만한 상당한 이유**가 있고, **정당한 이유없이 제200조의 규정에 의한 출석요구에 응하지 아니하거나 응하지 아니할 우려가 있는 때**에는 **검사**는 관할 지방법원판사에게 **청구**하여 체포영장을 발부받아 피의자를 체포할 수 있고, **사법경찰관**은 검사에게 신청하여 검사의 청구로 관할지방법원판사의 체포영장을 발부받아 피의자를 체포할 수 있다. 다만, **다액 50만 원이하의 벌금, 구류 또는 과료에 해당하는 사건**에 관하여는 **피의자가 일정한 주거가 없는 경우** 또는 **정당한 이유없이 제200조의 규정에 의한 출석요구에 응하지 아니한 경우**에 한한다.
> ② 제1항의 청구를 받은 지방법원판사는 **상당하다고 인정할 때**에는 체포영장을 발부한다. 다만, **명백히 체포의 필요가 인정되지 아니하는 경우**에는 그러하지 아니하다.
> ③ 제1항의 청구를 받은 지방법원판사가 체포영장을 **발부하지 아니할 때**에는 청구서에 그 취지 및 이유를 기재하고 서명날인하여 청구한 검사에게 교부한다.
> ④ 검사가 제1항의 청구를 함에 있어서 동일한 범죄사실에 관하여 그 피의자에 대하여 전에 체포영장을 청구하였거나 발부받은 사실이 있는 때에는 **다시 체포영장을 청구하는 취지 및 이유**를 기재하여야 한다.
> ⑤ 체포한 피의자를 구속하고자 할 때에는 **체포한 때부터 48시간 이내에 제201조의 규정에 의하여 구속영장을 청구**하여야 하고, **그 기간내에 구속영장을 청구하지 아니하는 때**에는 피의자를 즉시 석방하여야 한다.

체포란 피의자를 단기간 동안 수사관서 등 일정한 장소에 유치하는 강제처분이다. 영장에 의한 체포는 피의자가 **죄를 범하였다고 의심할 만한 상당한 이유가** 있고, **정당한 이유없이 제200조의 규정에 의한 출석요구에 응하지 아니하거나 응하지 아니할 우려가** 있는 때에 **검사**는 관할 지방법원판사에게 **청구**하여 체포영장을 발부받아 피의자를 체포하거나, **사법경찰관**은 검사에게 신청하여 검사의 청구로 관할지방법원판사의 체포영장을 발부받아 피의자를 체포하는 것을 말한다. 여기서 말하는 **상당한 이유란 피의자가 구체적인 범죄를 범하였다고 볼만한 고도의 개연성**을 의미하므로 수사기관의 주관적 혐의만으로는 부족하고, 구체적인 사실에 근거한 '객관적 혐의'가 있어야 한다. 그러나, 구속에 비하여 낮은 정도의 범죄혐의로도 체포는 가능하다고 볼 것이다. 다만, 체포의 경우에도 비례의 원칙상 **다액 50만 원이하의 벌금, 구류 또는 과료에 해당하는 사건**에 관하여는 **피의자가 일정한 주거가 없는 경우** 또는 **정당한 이유없이 제200조의 규정에 의한 출석요구에 응하지 아니한 경우**에 한해서만 가능하다.

또한 **체포의 필요성**이 인정되어야 하는데, 여기서 말하는 체포의 필요성이란 **도망 또는 증거인멸의 염려**를 의미한다. 판사는 체포사유가 존재한다고 하더라도 제반사정에 비추어 피의자가 도망할 염려가 없고, 증거를 인멸할 염려가 없는 등 명백히 체포의 필요성이 없는 경우는 체포영장의 청구를 기각하여야 한다(형사소송규칙 제96조의2).

체포영장의 집행은 피의자에게 미리 그 영장을 제시하여야 한다(제200조의6, 제85조 제1항). 다만 급속을 요하는 때에는 피의자에 대하여 피의사실의 요지와 영장이 발부되었음을 알리고 집행할 수 있고, 이 경우 집행을 완료한 후 신속히 체포영장을 제시하여야 한다.

> **관련판례** 긴급을 요하여 체포영장을 제시하지 않은 채 체포영장에 기한 체포 절차에 착수하였으나, 이에 피고인이 저항하면서 경찰관을 폭행하는 등 행위를 하여 특수공무집행방해의 현행범으로 체포한 후 체포영장을 별도로 제시하지 않은 것이 적법한지 여부(적극)
> 원심은, ① 피고인에 대해 「성폭력범죄의 처벌 등에 관한 특례법」(이하 '성폭력처벌법'이라고 한다) 위반(비밀준수등) 범행으로 체포영장이 발부되어 있었던 사실, ② '피고인의 차량이 30분 정도 따라온다'는 내용의 112신고를 받고 현장에 출동한 경찰관들이 승용차에 타고 있던 피고인의 주민등록번호를 조회하여 피고인에 대한 체포영장이 발부된 것을 확인한 사실, ③ 경찰관들이 피고인에게 '성폭력처벌법위반으로 수배가 되어 있는바, 변호인을 선임할 수 있고 묵비권을 행사할 수 있으며, 체포적부심을 청구할 수 있고 변명의 기회가 있다'고 고지하며 하차를 요구한 사실을 인정한 후, 이 사건 당시 경찰관들이 체포영장을 소지할 여유 없이 우연히 그 상대방을 만난 경우로서 체포영장의 제시 없이 체포영장을 집행할 수 있는 '급속을 요하는 때'에 해당하므로, 경찰관들이 체포영장의 제시 없이 피고인을 체포하려고 시도한 행위는

적법한 공무집행이라고 판단하였다. 나아가 원심은, 위와 같이 경찰관들이 체포영장을 근거로 체포절차에 착수하였으나 피고인이 흥분하며 타고 있던 승용차를 출발시켜 경찰관들에게 상해를 입히는 범죄를 추가로 저지르자, 경찰관들이 위 승용차를 멈춘 후 저항하는 피고인을 별도 범죄인 특수공무집행방해치상의 현행범으로 체포한 사실을 인정한 후, **이와 같이 경찰관이 체포영장에 기재된 범죄사실이 아닌 새로운 피의사실인 특수공무집행방해치상을 이유로 피고인을 현행범으로 체포하였고, 현행범 체포에 관한 제반 절차도 준수하였던 이상 피고인에 대한 체포 및 그 이후 절차에 위법이 없다고 판단**한 후, 이 사건 공소사실을 유죄로 판단한 제1심판결을 그대로 유지하였다. 원심이 든 위 사정들과 함께 이 사건 당시 체포영장에 의한 체포절차가 착수된 단계에 불과하였고, 피고인에 대한 체포가 체포영장과 관련 없는 새로운 피의사실인 특수공무집행방해치상을 이유로 별도의 현행범 체포 절차에 따라 진행된 이상, 집행 완료에 이르지 못한 체포영장을 사후에 피고인에게 제시할 필요는 없는 점까지 더하여 보면, 피고인에 대한 체포절차가 적법하다는 원심의 판단이 타당하다(대판 2021.6.24. 2021도4648).

Ⅱ 피의자의 체포 - 긴급 체포

> **제72조 【구속과 이유의 고지】** 피고인에 대하여 **범죄사실의 요지, 구속의 이유와 변호인을 선임할 수 있음**을 말하고 **변명할 기회를 준 후**가 아니면 구속할 수 없다. 다만, **피고인이 도망한 경우**에는 그러하지 아니하다.
>
> **제200조의3 【긴급체포】** ① 검사 또는 사법경찰관은 **피의자가 사형·무기 또는 장기 3년이상의 징역이나 금고에 해당하는 죄를 범하였다고 의심할 만한 상당한 이유**가 있고, **다음 각 호의 어느 하나에 해당하는 사유가 있는 경우**에 **긴급을 요하여 지방법원판사의 체포영장을 받을 수 없는 때**에는 그 사유를 알리고 영장없이 피의자를 체포할 수 있다. 이 경우 긴급을 요한다 함은 피의자를 우연히 발견한 경우등과 같이 **체포영장을 받을 시간적 여유가 없는 때**를 말한다.
> 1. 피의자가 **증거를 인멸할 염려**가 있는 때
> 2. 피의자가 도망하거나 **도망할 우려**가 있는 때
> ② 사법경찰관이 제1항의 규정에 의하여 피의자를 체포한 경우에는 **즉시 검사의 승인**을 얻어야 한다.
> ③ 검사 또는 사법경찰관은 제1항의 규정에 의하여 피의자를 체포한 경우에는 즉시 **긴급체포서를 작성**하여야 한다.
> ④ 제3항의 규정에 의한 긴급체포서에는 **범죄사실의 요지, 긴급체포의 사유** 등을 기재하여야 한다.

1. 개념

긴급체포란 중대한 범죄를 범하였다고 의심할만한 상당한 이유가 있는 피의자를 수사기관이 법관의 체포영장을 발부받지 않고 체포하는 것을 말한다(헌법 제12조 제3항 단서, 형사소송법 제200조의3).

2. 실체적 요건

> **관련판례** 요건을 갖추었는지 여부는 **사후**에 밝혀진 사정을 기초로 판단하는 것이 아니라 "**체포당시의 상황을 기초로 판단**"하여야 하고, 이에 관한 검사나 사법경찰관 등의 판단에는 상당한 재량의 여지가 있지만, 긴급체포 당시의 상황으로 보아서도 현저히 합리성을 잃은 경우에는 위법한 체포가 될 것이다(대판 2002.6.11. 2000도5701; 대판 2008.3.27. 2007도11400 → 판단시기).

가. 범죄의 중대성

나. 체포의 필요성

체포의 필요성은 ① 피의자가 증거를 인멸할 염려가 있는 때, 또는 ② 피의자가 도망하거나 도망할 우려가 있는 때에 인정된다. 긴급체포는 구속사유의 존재가 필요할 정도로 엄격한 요건 하에서만 가능하도록 규정하였다. 영장없는 체포를 허용하되, 체포영장보다 요건을 가중하여 긴급체포가 남용되는 것을 방지하기 위한 취지이다.

다. 체포의 긴급성

'긴급을 요하여'란 피의자를 우연히 발견한 경우 내지 영장을 받을 시간적 여유가 없을 때를 의미한다. 대법원은 "**피의자가 수사기관에 자진출석하여 조사 중 또는 조사 후 즉시 귀가를 요구하는 경우**에 출석경위, 수사상황 등 제반정황을 종합적으로 고려하여, 조사과정에서 중범죄의 혐의가 인정됨에 따라 **구속을 우려하여 귀가를 요구하는 것과 같이 도망 및 증거인멸의 우려가 현저한 경우의 긴급체포는 적법하지만, 그러하지 않은 경우의 긴급체포는 위법하다**(대판 2006.9.8. 2006도148)"고 판시하였다.

> **관련판례** 형법 제136조가 규정하는 공무집행방해죄는 공무원의 직무집행이 적법한 경우에 한하여 성립하고, 여기서 적법한 공무집행은 그 행위가 공무원의 추상적 권한에 속할 뿐 아니라 구체적 직무집행에 관한 법률상 요건과 방식을 갖춘 경우를 가리키므로, 검사나 사법경찰관이 **수사기관에 자진출석한 사람을** 긴급체포의 요건을 갖추지 못하였음[21]**에도 실력으로 체포하려고 하였다면 적법한 공무집행이라고 할 수 없고,** 자진출석한 사람이 검사나 사법경찰관에 대하여 이를 거부하는 방법으로써 폭행을 하였다고 하여 공무집행방해죄가 성립하는 것은 아니다(대판 2006.9.8. 2006도148).

---

21) 자진출석한 사람이 조사를 거부하면서 퇴거를 요구하였다는 사정만으로 도주 우려가 있다고 볼 수는 없어 체포의 필요성도 결여되었으며 피의자신분으로 소환하고 소환에 불응하면 통상의 체포영장을 발부받아 조사했어야 함에도 참고인조사의 형식을 빌려 영장주의의 요청을 회피하고 피의자신병을 확보하는 것은 허용되지 않는다는 점에서 긴급체포의 긴급성의 요건을 갖추었다고 보기도 어렵다(조국).

관련판례 피고인이 필로폰을 투약한다는 제보를 받은 경찰관이 제보된 주거지에 피고인이 살고 있는지 등 제보의 정확성을 사전에 확인한 후에 제보자를 불러 조사하기 위하여 피고인의 주거지를 방문하였다가, 현관에서 담배를 피우고 있는 피고인을 발견하고 사진을 찍어 제보자에게 전송하여 사진에 있는 사람이 제보한 대상자가 맞다는 확인을 한 후, 가지고 있던 피고인의 전화번호로 전화를 하여 차량 접촉사고가 났으니 나오라고 하였으나 나오지 않고, 또한 경찰관임을 밝히고 만나자고 하는데도 현재 집에 있지 않다는 취지로 거짓말을 하자 피고인의 집 문을 강제로 열고 들어가 피고인을 긴급체포한 사안에서, 피고인이 마약에 관한 죄를 범하였다고 의심할 만한 상당한 이유가 있었더라도, 경찰관이 이미 피고인의 신원과 주거지 및 전화번호 등을 모두 파악하고 있었고, 당시 마약 투약의 범죄 증거가 급속하게 소멸될 상황도 아니었던 점 등의 사정을 감안하면, 긴급체포가 미리 체포영장을 받을 시간적 여유가 없었던 경우에 해당하지 않아 위법하다고 본 원심판단이 정당하다고 한 사례(대판 2016.10.13. 2016도5814 → 긴급체포의 긴급성).

3. 절차적 요건

가. 체포의 주체

검사 또는 사법경찰관은 긴급체포의 권한이 있다(제200조의3). 사법경찰리도 사법경찰관사무취급의 지위에서는 긴급체포의 권한이 있다(이에 대하여 긴급체포는 예외적 강제처분이므로 그 주체를 엄격히 제한하여야 하므로 수사보조자에 불과한 사법경찰리는 독자적인 긴급체포권을 부정함이 타당하다는 입장이 있다).

나. 범죄사실의 요지, 체포의 이유와 변호인선임권 고지, 변명의 기회 부여(제200조의5)

> **제200조의5【체포와 피의사실 등의 고지】** 검사 또는 사법경찰관은 피의자를 체포하는 경우에는 피의사실의 요지, 체포의 이유와 변호인을 선임할 수 있음을 말하고 변명할 기회를 주어야 한다.
> **제213조의2【준용규정】** 제87조, 제89조, 제90조, 제200조의2 제5항 및 제200조의5의 규정은 검사 또는 사법경찰관리가 현행범인을 체포하거나 현행범인을 인도받은 경우에 이를 준용한다.

미란다 원칙의 고지시기와 관련하여서 헌법 제12조 제5항 전문은 '누구든지 체포 또는 구속의 이유와 변호인의 조력을 받을 권리가 있음을 고지받지 아니하고는 체포 또는 구속을 당하지 아니한다.'는 원칙을 천명하고 있고, 형사소송법 제72조는 '피고인에 대하여 범죄사실의 요지, 구속의 이유와 변호인을 선임할 수 있음을 말하고 변명할 기회를 준 후가 아니면 구속할 수 없다.'고 규정하는 한편 이 규정은 같은 법 제213조의2에 의하여 검사 또는 사법경찰관리가 현행범인을 체포하거나 일반인이 체포한 현행범인을 인도받는 경우에 준용되므로, **사법경찰리가 현행범인으로 체포하는 경우에는 반드시 범죄사실의 요지, 구속의 이유와 변호인을 선임할 수 있음을 말하고 변명할 기회를 주어야 할 것임은 명백하며**, 이러한 법리는 비단 현행범인을 체포하는 경우뿐만 아니라 **긴급체포의 경우에도** 마찬가지로 적용되는 것이고, 이와 같은 고지는 체포를 위한 **실력행사에 들어가기 이전에 미리 하여야 하는 것이 원칙**이나, 달아나는 피의자를 쫓아가 붙들거나 폭력으로 대항하는 피의자를 실력으로 제압하는 경우에는 붙들거나 제압하는 과정에서 하거나, **그것이 여의치 않은 경우에는 일단 붙들거나 제압한 후에 지체 없이 행하여야 한다**(대판 2007.11.29. 2007도7961).

판례는 더 나아가 전투경찰대원들이 위 조합원들을 체포하는 과정에서 체포의 이유 등을 제대로 고지하지 않다가 **30~40분이 지난 후** 피고인 등의 항의를 받고 나서야 비로소 체포의 이유 등을 고지한 것은 형사소송법상 현행범인 체포의 적법한 절차를 준수한 것이 아니므로 적법한 공무집행이라고 볼 수 없다(대판 2017.3.15. 2013도2168)고 판시하였고, 피고인이 경찰관들과 마주하자마자 도망가려는 태도를 보이거나 먼저 폭력을 행사하며 대항한 바 없는 등 경찰관들이 체포를 위한 실력행사에 나아가기 전에 체포영장을 제시하고 미란다 원칙을 고지할 여유가 있었음에도 **애초부터 미란다 원칙을 체포 후에 고지할 생각으로** 먼저 체포행위에 나선 행위는 적법한 공무집행이라고 보기 어렵다(대판 2017.9.21. 2017도10866)고 판시하였다.

다. 검사의 승인

사법경찰관이 긴급체포한 경우에는 즉시 검사의 승인을 얻어야 한다(제200조의3 제2항).

라. 긴급체포서 작성

검사 또는 사법경찰관은 긴급체포한 경우에 즉시 긴급체포서를 작성하여야 한다(제200조의3 제3항).

4. 체포 후의 조치

> **제200조의4 【긴급체포와 영장청구기간】** ① 검사 또는 사법경찰관이 제200조의3의 규정에 의하여 피의자를 체포한 경우 피의자를 구속하고자 할 때에는 **지체 없이** 검사는 관할지방법원판사에게 **구속영장을 청구**하여야 하고, 사법경찰관은 검사에게 신청하여 검사의 청구로 관할지방법원판사에게 구속영장을 청구하여야 한다. 이 경우 구속영장은 피의자를 **체포한 때부터 48시간 이내**에 청구하여야 하며, 제200조의3 제3항에 따른 긴급체포서를 첨부하여야 한다.

③ 제2항의 규정에 의하여 **석방된 자**는 영장 없이는 동일한 범죄사실에 관하여 체포하지 못한다.
④ 검사는 제1항에 따른 구속영장을 청구하지 아니하고 피의자를 석방한 경우에는 **석방한 날부터 30일 이내**에 서면으로 다음 각 호의 사항을 법원에 통지하여야 한다. 이 경우 긴급체포서의 사본을 첨부하여야 한다.
　1. 긴급체포 후 석방된 자의 인적사항
　2. 긴급체포의 일시·장소와 긴급체포하게 된 구체적 이유
　3. 석방의 일시·장소 및 사유
　4. 긴급체포 및 석방한 검사 또는 사법경찰관의 성명
⑤ 긴급체포 후 석방된 자 또는 그 변호인·법정대리인·배우자·직계친족·형제자매는 **통지서 및 관련 서류를 열람하거나 등사**할 수 있다.
⑥ 사법경찰관은 긴급체포한 피의자에 대하여 구속영장을 신청하지 아니하고 석방한 경우에는 즉시 검사에게 보고하여야 한다.

가. 구속영장의 청구

종전에는 "48시간 이내"였으나 현행법은 **"지체없이"** 청구하되 48시간 이내에 하도록 규정하고 있다(제200조의4 제1항). 불법체포에 이어 긴급체포된 경우 구속영장청구기간은 불법체포기간을 포함하여 기산하여야 하며 구속영장청구기간이 경과되었지만 구속사유가 인정되는 경우라도 청구를 기각하여야 한다.

> **관련쟁점** | 체포 후 영장청구 전에 '추가 조사' 가능한지에 대하여

이에 대한 법무부 개정법 해설안의 내용에 의하면, ① 정부 제출안의 '불필요한 지체 없이'는 '필요한 조사를 마친 후 지체 없이'라는 표현의 취지를 반영한 것으로 국회 법안심사 과정에서 단순히 국어 어법상 부자연스럽다는 이유에서 조문 정리가 이루어진 것에 불과하고, ② 주요 선진국의 입법례가 **체포 중 조사**를 모두 **허용**하고 있으며, ③ 개정법은 영장청구시한을 현행과 같이 체포시점으로부터 48시간 이내로 유지하면서도 이에 덧붙여 검사로 하여금 구속영장청구여부 결정을 '지체 없이' 하도록 촉구하는 것이고, ④ 실무상 ㉠ 긴급체포된 피의자가 새로운 변명을 하는 때에는 당연히 그 진위를 확인하지 아니하고 구속영장을 청구하도록 하는 것은 오히려 인권 보호에 역행하고 ㉡ 피의자가 해외도피를 기도하는 등 긴급한 상황에서는 일응 고소인이 제출한 소명자료를 근거로 피의자의 신병을 확보한 상태에서 추가 조사가 불가피하며 ㉢ 조사 도중 도망을 시도하는 피의자에 대하여 조사를 마치고 구속영장을 청구할 필요성이 있는 점 등을 고려하면 **긴급체포 중 조사가 가능한 것으로 풀이**된다고 설명하고 있다.
그러나 **법관대면권을 실현**하고 체포로 인한 인권보호의 흠결을 최소화 하기 위한 개정이라는 점에서 필요최소한의 조사 즉, **구속영장청구요건에 대한 사항으로 구속영장청구여부의 판단을 위한 조사에 한정**하여야 하고 불필요한 조사까지 허용하여서는 안 된다고 본다.

관련판례 - 긴급체포된 자에 대한 검사의 구속영장청구 전 대면조사권 사법경찰관이 검사에게 긴급체포된 피의자에 대한 긴급체포 승인 건의와 함께 구속영장을 신청한 경우, 검사는 긴급체포의 승인 및 구속영장의 청구가 피의자의 인권에 대한 부당한 침해를 초래하지 않도록 **긴급체포의 적법성 여부를 심사하면서 수사서류 뿐만 아니라 피의자를 검찰청으로 출석시켜 직접 대면조사할 수 있는 권한을 가진다고 보아야** 한다. 따라서 이와 같은 목적과 절차의 일환으로 **검사가 구속영장 청구 전에 피의자를 대면조사하기 위하여 사법경찰관리에게 피의자를 검찰청으로 인치할 것을 명하는 것은 적법**하고 타당한 수사지휘 활동에 해당하고, 수사지휘를 전달받은 사법경찰관리는 이를 준수할 의무를 부담한다. 다만 체포된 피의자의 구금 장소가 임의적으로 변경되는 점, 법원에 의한 영장실질심사 제도를 도입하고 있는 현행 형사소송법 하에서 **체포된 피의자의 신속한 법관 대면권 보장이 지연될 우려가 있는 점** 등을 고려하면, 위와 같은 검사의 구속영장 청구 전 피의자 대면조사는 긴급체포의 적법성을 의심할 만한 사유가 기록 기타 객관적 자료에 나타나고 피의자의 대면조사를 통해 그 여부의 판단이 가능할 것으로 보이는 **예외적인 경우에 한하여 허용될 뿐, 긴급체포의 합당성이나 구속영장 청구에 필요한 사유를 보강하기 위한 목적**으로 실시되어서는 아니 된다. 나아가 검사의 구속영장 청구 전 피의자 대면조사는 강제수사가 아니므로 피의자는 검사의 출석 요구에 응할 의무가 없고, 피의자가 검사의 출석 요구에 동의한 때에 한하여 사법경찰관리는 피의자를 검찰청으로 호송하여야 한다(대판 2010.10.28. 2008도11999)[22].

나. 재체포의 제한(제200조의4 제3항)

긴급체포 되었다가 석방된 자는 영장 없이는 동일한 범죄사실로 체포하지 못한다(동조 제3항). 이는 석방된 피의자에 대하여 다시 체포할 수 없다는 것이지 **법원으로부터 구속영장을 발부받아 구속할 수 있다.** 나아가 제208조 소정의 "구속되었다가 석방된 자"라 함은 구속영장에 의하여 구속되었다가 석방된 경우를 말하는 것이지, **긴급체포나 현행범으로 체포되었다가 사후영장 발부 전에 석방된 경우는 포함되지 않는다.**

관련판례 형사소송법 제200조의4 제3항은 영장 없이는 긴급체포 후 석방된 피의자를 동일한 범죄사실에 관하여 체포하지 못한다는 규정으로, 위와 같이 석방된 피의자라도 법원으로부터 구속영장을 발부받아 구속할 수 있음은 물론이고, 같은 법 제208조 소정의 '**구속되었다가 석방된 자**'라 함은 구속영장에 의하여 구속되었다가 석방된 경우를 말하는 것이지, 긴급체포나 현행범으로 체포되었다가 사후영장발부 전에 석방된 경우는 포함되지 않는다 할 것이므로, **피고인이 수사 당시 긴급체포되었다가 수사기관의 조치로 석방된 후 법원이 발부한 구속영장에 의하여 구속이 이루어진 경우 앞서 본 법조에 위배되는 위법한 구속이라고 볼 수 없다**(대판 2001.9.28. 2001도4291).

---

22) 검사가 긴급체포 등 강제처분의 적법성에 의문을 갖고 대면조사를 위한 피의자 인치를 2회에 걸쳐 명하였으나 이를 이행하지 않은 사법경찰관에게 인권옹호직무명령불준수죄와 직무유기죄를 모두 인정하고 두 죄를 상상적 경합관계로 처리한 사안.

다. 법원에의 통지의무 및 열람·등사권(제200조의4)

구속영장을 청구하지 아니할 경우에도 긴급체포서 사본을 첨부하여 30일 이내에 인적사항, 긴급체포 및 석방의 이유 등에 관하여 법원에 통지하도록 하여 부당한 긴급체포를 통한 인권침해를 규제하고자 하였다. 긴급체포제도가 도입된 이후 수사기관이 피의자를 긴급체포하였다가 구속영장을 청구하지 않고 석방을 하게 되면 영장을 청구하지 않았으므로 법원의 사후통제를 받지 않게 되어 인권침해의 소지가 있다는 비판이 있었기 때문에 개정법은 법원에 통지의무와 불법한 긴급체포에 대하여 다툴 수 있는 기본 전제로서 통지서 및 관련서류의 열람·등사를 허용하는 명문규정을 신설한 것이다. 이는 후술할 제308조의2의 위법수집증거배제법칙과 관련하여 중요한 의미를 가질 수 있을 것이다.

5. 불법한 긴급체포 중 작성된 피의자신문조서의 증거능력(긴급체포요건 구비의 판단기준)

관련판례 긴급체포는 영장주의원칙에 대한 예외로서, 요건을 갖추지 못한 긴급체포는 법적 근거에 의하지 아니한 영장 없는 체포로서 위법한 체포에 해당하는 것이고, 여기서 **긴급체포의 요건을 갖추었는지 여부는 사후에 밝혀진 사정을 기초로 판단하는 것이 아니라 체포당시의 상황을 기초로 판단하여야 하고**, 이에 관한 검사나 사법경찰관등 수사주체의 판단에는 상당한 재량의 여지가 있다고 할 것이나, 긴급체포 당시의 상황으로 보아서도 그 요건의 충족여부에 관한 검사나 사법경찰관의 판단이 경험칙에 비추어 현저히 합리성을 잃은 경우에는 그 체포는 위법한 체포라 할 것이고, 이러한 **위법은 영장주의에 위배되는 중대한 것이니 그 체포에 의한 유치 중에 작성된 피의자신문조서는 위법하게 수집된 증거로서 특별한 사정이 없는 한 이를 유죄의 증거로 할 수 없다**(대판 2002.6.11. 2000도5701).

6. 긴급체포 된 피의자의 지위

가. 접견교통권의 보장(제209조, 제200조의6, 제89조, 제91조)

제89조 【구속된 피고인과의 접견, 수진】 구속된 피고인은 **법률의 범위 내에서 타인과 접견하고 서류 또는 물건을 수수하며 의사의 진료**를 받을 수 있다.
제91조 【비변호인과의 접견, 교통의 접견】 법원은 **도망하거나 또는 죄증을 인멸할 염려**가 있다고 인정할 만한 **상당한 이유**가 있는 때에는 **직권 또는 검사의 청구**에 의하여 결정으로 구속된 피고인과 제34조에 규정한 외의 타인과의 접견을 금하거나 수수할 서류 기타 물건의 검열, 수수의 금지 또는 압수를 할 수 있다. 단, **의류, 양식, 의료품의 수수**를 금지 또는 압수할 수 없다.

나. 구속기간의 계산

피의자에 대한 수사기관의 구속기간 기산점은 **체포된 때**이므로, 긴급체포 된 후 구속영장이 발부되기까지의 기간은 피의자에 대한 구속기간에 산입된다.

다. 체포적부심사청구권(제214조의2 제1항)

> **제214조의2 【체포와 구속의 적부심사】** ① 체포 또는 구속된 피의자 또는 그 변호인, 법정대리인, 배우자, 직계친족, 형제자매나 가족, 동거인 또는 고용주는 관할법원에 체포 또는 구속의 적부심사를 청구할 수 있다.

라. 체포의 통지

> **제85조 【구속영장집행의 절차】** ① 구속영장을 집행함에는 피고인에게 반드시 이를 제시하여야 하며 신속히 지정된 법원 기타 장소에 인치하여야 한다.
> ② 제77조제3항의 구속영장에 관하여는 이를 발부한 판사에게 인치하여야 한다.
> ③ 구속영장을 소지하지 아니한 경우에 급속을 요하는 때에는 피고인에 대하여 공소사실의 요지와 영장이 발부되었음을 고하고 집행할 수 있다.
> ④ 전항의 집행을 완료한 후에는 신속히 구속영장을 제시하여야 한다.
>
> **제87조 【구속의 통지】** ① 피고인을 구속한 때에는 변호인이 있는 경우에는 변호인에게, 변호인이 없는 경우에는 제30조 제2항에 규정한 자 중 피고인이 지정한 자에게 피고사건명, 구속일시·장소, 범죄사실의 요지, 구속의 이유와 변호인을 선임할 수 있는 취지를 알려야 한다.
> ② 제1항의 통지는 **지체없이** 서면으로 하여야 한다.
>
> **제200조의6 【준용규정】** 제75조, 제81조 제1항 본문 및 제3항, 제82조, 제83조, 제85조 제1항·제3항 및 제4항, 제86조, 제87조, 제89조부터 제91조까지, 제93조, 제101조 제4항 및 제102조 제2항 단서의 규정은 검사 또는 사법경찰관이 피의자를 체포하는 경우에 이를 준용한다. 이 경우 "구속"은 이를 "체포"로, "구속영장"은 이를 "체포영장"으로 본다.

그 피의자의 가족 등에게 체포의 일시·장소·범죄사실의 요지 등을 지체 없이 서면으로 통지하여야 한다(제200조의6, 제87조). 체포영장 역시 구속영장을 집행하는 경우와 같이 피고인에게 반드시 이를 제시하여야 한다. 다만, 체포영장을 소지하지 않거나 구속영장을 소지하지 아니한 경우에 급속을 요하는 때에는 피의자에 대하여 공소사실의 요지와 영장이 발부되었음을 고하고 집행할 수 있다. 집행을 완료한 후에는 신속히 구속영장을 제시하여야 한다. 이는 형집행장의 경우에도 준용되는데, 사법경찰관리가 벌금형을 받은 사람을 그에 따르는 노역장유치의 집행을 위하여 구인하려면 검사로부터 발부받은 형집행장을 그 상대방에게 제시하여야 하지만

(제85조 제1항 참조), **형집행장을 소지하지 아니한 경우에 급속을 요하는 때에는 그 상대방에 대하여 형집행 사유와 형집행장이 발부되었음을 고하고 집행할 수 있다**(제85조 제3항 참조). 그리고 형집행장의 제시 없이 구인할 수 있는 '급속을 요하는 때'라고 함은 애초 사법경찰관리가 적법하게 발부된 형집행장을 소지할 여유가 없이 형집행의 상대방을 조우한 경우 등을 가리키는 것이다(대판 2013.9.12. 2012도2349; 대판 2010.10.14. 2010도8591 등 참조).

Ⅲ 피의자의 체포 - 현행범 체포

> **제211조 【현행범인과 준현행범인】** ① 범죄의 실행 중이거나 실행의 즉후인 자를 현행범인이라 한다.
> ② 다음 각 호의 1에 해당하는 자는 현행범인으로 간주한다.
>   1. **범인으로 호창되어 추적되고 있는 때**
>   2. **장물이나 범죄에 사용되었다고 인정함에 충분한 흉기 기타의 물건을 소지하고 있는 때**
>   3. **신체 또는 의복류에 현저한 증적이 있는 때**
>   4. **누구임을 물음에 대하여 도망하려 하는 때**
>
> **제213조의2 【준용규정】** 제87조, 제89조, 제90조, 제200조의2 제5항 및 제200조의5의 규정은 검사 또는 사법경찰관리가 현행범인을 체포하거나 현행범인을 인도받은 경우에 이를 준용한다.

1. 개념

범죄의 실행 중이거나 실행의 직후에 있는 자를 현행범이라 하는 바, **현행범인은 누구든지 영장없이 체포할 수 있다**(제211조 제1항).

2. 요건

가. 범죄의 명백성

> **관련판례 - 대판 2007.4.13. 2007도1249[23)]** 형사소송법 제211조가 현행범인으로 규정한 "범죄의 실행의 즉후인 자"라고 함은, 범죄의 실행행위를 종료한 직후의 범인이라는 것이 체포하는 자의 입장에서 볼 때 명백한 경우를 일컫는 것으로서, 위 법조가 제1항에서 본래의 의미의 현행범인에 관하여 규정하면서 "범죄의 실행의 즉후인 자"를 "범죄의 실행 중인 자"와 마찬가지로 현행범인으로 보고 있고, 제2항에서는 현행범인으로 간주되는 준현행범인[24)]에 관하여 별도로

[23)] 음주운전을 종료한 후 40분 이상이 경과한 시점에서 길가에 앉아 있던 운전자를 술냄새가 난다는 점만을 근거로 음주운전의 현행범으로 체포한 것은 적법한 공무집행으로 볼 수 없다고 한 사례.
[24)] 순찰 중이던 경찰관이 교통사고를 낸 차량이 도주하였다는 무전연락을 받고 주변을 수색하다가 범퍼 등의 파손상태로 보아 사고차량으로 인정되는 차량에서 내리는 사람을 발견한 경우, 형사소송법 제211조 제2항 제2호 소정의 '장

규정하고 있는 점 등으로 미루어 볼 때, "범죄의 실행행위를 종료한 직후"라고 함은, **범죄행위를 실행하여 끝마친 순간 또는 이에 아주 접착된 시간적 단계를 의미하는 것으로 해석되므로, 시간적으로나 장소적으로 보아 체포를 당하는 자가 방금 범죄를 실행한 범인이라는 점에 관한 죄증이 명백히 존재하는 것으로 인정되는 경우에만** 현행범인으로 볼 수 있는 것이다(대판 1991.9.24. 91도1314 등 참조).

나. 체포의 필요성

현행범체포의 경우에도 긴급체포와 같이 도망 또는 증거인멸의 우려라는 구속사유가 필요한지에 대하여 학설이 대립한다(구속사유필요설, 구속사유불요설, 절충설). 판례는 현행범인은 누구든지 영장 없이 체포할 수 있는데(제212조), 현행범인으로 체포하기 위하여는 **행위의 가벌성, 범죄의 현행성·시간적 접착성, 범인·범죄의 명백성** 이외에 **체포의 필요성** 즉, 도망 또는 증거인멸의 염려가 있어야 하고, 이러한 요건을 갖추지 못한 현행범인 체포는 법적 근거에 의하지 아니한 영장 없는 체포로서 위법한 체포에 해당한다(대판 2011.5.26. 2011도3682)고 판시하여 체포의 필요성을 요구한다.

다. 비례성의 원칙

다만 비례성의 원칙상 경미사건(다액 50만 원 이하의 벌금, 구류 또는 과료 사건)에 대하여는 범인의 주거부정에 한하여 현행범인으로 체포할 수 있다.

3. 체포 후의 절차

가. 현행범인의 인도

현행범인은 누구든지 영장 없이 체포할 수 있고(제212조), 검사 또는 사법경찰관리(이하 '검사 등'이라고 한다) 아닌 이가 현행범인을 체포한 때에는 즉시 검사 등에게 인도하여야 한다(제213조 제1항). 여기서 **'즉시'라고 함은 반드시 체포시점과 시간적으로 밀착된 시점이어야 하는 것은 아니고**, '정당한 이유 없이 인도를 지연하거나 체포를 계속하는 등으로 **불필요한 지체를 함이 없이**'라는 뜻으로 볼 것이다. 또한 검사 등이 현행범인을 체포하거나 현행범인을 인도받은 후 현행범인을 구속하고자 하는 경우 48시간 이내에 구속영장을 청구하여야 하고 그 기간 내에 구속영장을 청구하지 아니하는 때에는 즉시 석방하여야 한다(제213조의2, 제200조의2 제5항).

물이나 범죄에 사용되었다고 인정함에 충분한 흉기 기타의 물건을 소지하고 있는 때에 해당하므로 준현행범으로서 영장 없이 체포할 수 있다(대판 2000.7.4. 99도4341).

위와 같이 체포된 현행범인에 대하여 일정 시간 내에 구속영장 청구 여부를 결정하도록 하고 그 기간 내에 구속영장을 청구하지 아니하는 때에는 즉시 석방하도록 한 것은 영장에 의하지 아니한 체포 상태가 부당하게 장기화되어서는 안 된다는 인권보호의 요청과 함께 수사기관에서 구속영장 청구 여부를 결정하기 위한 합리적이고 충분한 시간을 보장해 주려는 데에도 그 입법취지가 있다고 할 것이다. 따라서 검사 등이 아닌 이에 의하여 현행범인이 체포된 후 불필요한 지체 없이 검사 등에게 인도된 경우 **위 48시간의 기산점은 체포시가 아니라 검사 등이 현행범인을 인도받은 때**라고 할 것이다(대판 2011.12.22. 2011도12927).

나. 수사기관의 현행범 체포의 경우

수사기관이 현행범체포를 하는 경우는 적법절차를 준수하여야 하고, '현행범인체포서'를 작성하여야 한다. 현행범을 체포한 경찰관의 진술이라 하더라도 범행을 **목격한 부분에 관하여는 여느 목격자의 진술과 다름없이 증거능력이 있다**(대판 1995.5.9. 95도535). 대법원이 피고인의 범행을 직접 목격하면서 압수조서 중 '압수경위'란에 수사기관이 기재한 목격진술내용 역시 피고인이 범행을 저지르는 현장을 직접 목격한 사람의 진술이 담긴 것으로서 형사소송법 제312조 제5항에서 정한 '피고인이 아닌 자가 수사과정에서 작성한 진술서'에 준하는 것으로 볼 수 있고, 이에 따라 휴대전화기에 대한 임의제출절차가 적법하였는지에 영향을 받지 않는 **별개의 독립적인 증거에 해당**하여, 피고인이 증거로 함에 동의한 이상 유죄를 인정하기 위한 증거로 사용할 수 있을 뿐 아니라 피고인의 자백을 보강하는 증거가 된다(대판 2019.11.14. 2019도13290)고 판시한 것도 같은 취지이다.

> **관련판례 – 음주 다음날 아침 2m 가량 운전하여 이동ㆍ주차한 자를 음주운전 현행범으로 체포한 경우 → 위법**
> 전날 밤 술을 마신 뒤 식당 건너편 빌라 주차장에 차량을 그대로 둔 채 귀가하였다가 다음 날 아침 차량을 이동시켜 달라는 경찰관의 전화를 받고 현장에 도착하여 차량을 약 2m 가량 운전하여 이동ㆍ주차하였고, 차량을 완전히 뺄 것을 요구하던 공사장 인부들과 시비가 된 상태에서 누군가 피고인이 음주운전을 하였다고 신고를 하여 출동한 **경찰관이 음주감지기에 의한 확인을 요구하였으나 응하지 아니하고 임의동행도 거부하자 피고인을 도로교통법위반(음주운전)죄의 현행범으로 체포하여 지구대로 데리고 가 음주측정을 요구한 경우**, 경찰관이 **피고인을 현행범으로 체포한 것은 그 요건을 갖추지 못한 것이어서 위법**하고, 그와 같이 위법한 체포상태에서 이루어진 경찰관의 음주측정요구 또한 위법하므로 피고인에 대한 도로교통법위반(음주측정거부)죄의 공소사실은 무죄이다(대판 2017.4.7. 2016도19907).

> **관련판례 – 현행범 체포의 적법여부** 피고인이 甲과 주차문제로 언쟁을 벌이던 중, 112 신고를 받고 출동한 경찰관 乙이 甲을 때리려는 피고인을 제지하자 자신만 제지를 당한 데 화가 나서 손으로 乙의 가슴을 1회 밀치고, 계속하여 욕설을 하면서 피고인을 현행범으로 체포하며 순찰차 뒷좌석에 태우려고 하는 乙의 정강이 부분을 양발로 2회 걷어차는 등 폭행함으로써 경찰관의

112 신고처리에 관한 직무집행을 방해하였다는 내용으로 기소된 사안에서, 제반 사정을 종합하면 피고인이 손으로 乙의 가슴을 밀칠 당시 乙은 112 신고처리에 관한 직무 내지 순찰근무를 수행하고 있었고, 이와 같이 **공무를 집행하고 있는 乙의 가슴을 밀치는 행위는 공무원에 대한 유형력의 행사로서 공무집행방해죄에서 정한 폭행에 해당**하며, 피고인이 **체포될 당시 도망 또는 증거인멸의 염려가 없었다고 할 수 없어 체포의 필요성이 인정되고, 공소사실에 관한 증인들의 법정진술의 신빙성을 인정한 제1심의 판단을 뒤집을 만한 특별한 사정이 없다**고 한 사례(대판 2018.3.29. 2017도21537).

Ⅳ 피의자와 피고인의 구속

구속이란 피의자 또는 피고인의 신체 자유를 체포에 비하여 장기간에 걸쳐 제한하는 대인적 강제처분으로 구속은 구인(피의자 또는 피고인을 법원 기타 일정한 장소에 인치하는 강제처분)과 구금(피의자 또는 피고인을 법원 기타 일정한 장소에 구금하는 강제처분)을 모두 포함한다. 체포와 달리 영장주의의 예외가 없다. 피의자가 죄를 범하였다고 의심할 만한 상당한 이유가 있고 도망할 염려 내지 증거인멸의 염려에 해당하는 사유가 있을 때에는 검사는 관할지방법원판사에게 청구하여 구속영장을 받아 피의자를 구속할 수 있고 사법경찰관은 검사에게 신청하여 검사의 청구로 관할지방법원판사의 구속영장을 받아 피의자를 구속할 수 있다. 다만, 다액 50만 원 이하의 벌금, 구류 또는 과료에 해당하는 범죄에 관하여는 피의자가 일정한 주거가 없는 경우에 한한다.

구속은 신체의 자유를 제한하는 가장 강력한 강제수사이므로 비례성의 원칙을 엄격히 준수하여야 한다. 아무리 구속사유가 존재한다고 하더라도 구속의 목적에 상당한 수단으로서 구속이 이루어져야 한다. 이러한 비례성의 원칙을 준수하지 않은 구속은 허용되지 않는다고 보아야 한다.

Ⅴ 구속 전 피의자심문제도(영장실질심사제도, 제201조의2)

제201조의2【구속영장 청구와 피의자 심문】 ① 제200조의2·제200조의3 또는 제212조에 따라 체포된 피의자에 대하여 구속영장을 청구받은 판사는 지체 없이 피의자를 심문하여야 한다. 이 경우 특별한 사정이 없는 한 구속영장이 **청구된 날의 다음날까지 심문**하여야 한다.
② 제1항 외의 피의자에 대하여 구속영장을 청구받은 판사는 피의자가 죄를 범하였다고 의심할 만한 이유가 있는 경우에 구인을 위한 구속영장을 발부하여 피의자를 구인한 후 심문하여야 한다. 다만, **피의자가 도망하는 등의 사유로 심문할 수 없는 경우에는 그러하지 아니하다.**

③ 판사는 제1항의 경우에는 즉시, 제2항의 경우에는 피의자를 인치한 후 즉시 검사, 피의자 및 변호인에게 심문기일과 장소를 통지하여야 한다. 이 경우 검사는 피의자가 체포되어 있는 때에는 심문기일에 피의자를 출석시켜야 한다.
④ 검사와 변호인은 제3항에 따른 심문기일에 출석하여 의견을 진술할 수 있다.
⑤ 판사는 제1항 또는 제2항에 따라 심문하는 때에는 공범의 분리심문이나 그 밖에 수사상의 비밀보호를 위하여 필요한 조치를 하여야 한다.
⑥ 제1항 또는 제2항에 따라 피의자를 심문하는 경우 법원사무관등은 심문의 요지 등을 **조서로 작성하여야 한다.**
⑦ 피의자심문을 하는 경우 법원이 구속영장청구서·수사 관계 서류 및 증거물을 접수한 날부터 **구속영장을 발부하여 검찰청에 반환한 날까지의 기간은 제202조 및 제203조의 적용에 있어서 그 구속기간에 이를 산입하지 아니한다.**
⑧ 심문할 피의자에게 변호인이 없는 때에는 지방법원판사는 **직권으로 변호인을 선정하여야 한다.** 이 경우 변호인의 선정은 피의자에 대한 구속영장 청구가 기각되어 효력이 소멸한 경우를 제외하고는 **제1심까지 효력**이 있다.
⑨ 법원은 변호인의 사정이나 그 밖의 사유로 변호인 선정결정이 취소되어 변호인이 없게 된 때에는 **직권으로 변호인을 다시 선정할 수 있다.**
⑩ 제71조, 제71조의2, 제75조, 제81조부터 제83조까지, 제85조 제1항·제3항·제4항, 제86조, 제87조 제1항, 제89조부터 제91조까지 및 제200조의5는 제2항에 따라 구인을 하는 경우에 준용하고, 제48조, 제51조, 제53조, 제56조의2 및 제276조의2는 피의자에 대한 심문의 경우에 준용한다.

제315조【당연히 증거능력이 있는 서류】 다음에 게기한 서류는 증거로 할 수 있다.
1. 가족관계기록사항에 관한 증명서, 공정증서등본 기타 공무원 또는 외국공무원의 직무상 증명할 수 있는 사항에 관하여 작성한 문서
2. 상업장부, 항해일지 기타 업무상 필요로 작성한 통상문서
3. 기타 특히 신용할 만한 정황에 의하여 작성된 문서

1. 개념

구속영장실질심사란 구속영장의 청구를 받은 판사가 피의자를 **직접 심문**하여 구속사유를 판단하는 것을 말한다(제201조의2 제1항, 규칙 제96조의6 이하).

2. 취지

영장발부의 사전적 규제 및 무죄추정원칙과 불구속 수사원칙 구현(실질적 당사자대등 확보)을 위해 인정되는 제도이다.

3. 심문의 범위

과거 임의적 피의자심문제도(체포된 피의자 : 신청 / **체포되지** 않은 피의자 : 직권고려)였던 적이 있으나 현재는 **필요적** 피의자심문제도로 확립되었다. 이에 체포된 피의자, 미체포 피의자를 불문하고 필요적 심문으로 규정하고 있다.

영장실질심사는 필요적 변호사건이다. 즉, 심문할 피의자가 변호인이 없는 경우는 판사가 직권으로 변호인을 선정하여야 하고, 이 경우 변호인의 선정은 피의자에 대한 구속영장 청구가 기각되어 효력이 소멸한 경우를 제외하고는 **제1심까지 효력**이 있다.

4. 방법과 절차

가. 심문참여 할 변호인의 열람권

형사소송규칙 제96조의21은 '피의자 심문에 참여할 변호인은 지방법원 판사에게 제출된 구속영장청구서 및 그에 첨부된 **고소·고발장, 피의자의 진술을 기재한 서류와 피의자가 제출한 서류**를 '**열람**'할 수 있다.'고 규정하고 있으며, 검사는 증거인멸 또는 피의자나 공범 관계에 있는 자가 도망할 염려가 있는 등 수사에 방해가 될 염려가 있는 때에는 지방법원 판사에게 제1항에 규정된 서류(구속영장청구서는 제외한다)의 열람 제한에 관한 의견을 제출할 수 있고, 지방법원 판사는 검사의 의견이 상당하다고 인정하는 때에는 그 전부 또는 일부의 열람을 제한할 수 있다고 규정하고 있다.

특히, 체포된 피의자의 경우 영장실질심사는 매우 급박하게 심문기일이 지정되므로 변호인으로서는 사실상 영장실질심사를 준비하는 시간이 부족한 현실에서 변호인에게 열람등사권이 아닌 '열람'권만 인정한 동 **규칙은 개정되어야 한다**고 본다. 변호인이 열람만을 하기 위해 법원에 직접 방문하는 것은 사실상 방어권을 행사하지 못하도록 하는 것이나 다름이 없다. 이미 헌법재판소에서 '고소로 시작된 형사피의사건의 구속적부심절차에서 피구속자의 변호를 맡은 변호인으로서는 **피구속자가 무슨 혐의로 고소인의 공격을 받고 있는 것인지 그리고 이와 관련하여 피구속자가 수사기관에서 무엇이라고 진술하였는지 그리고 어느 점에서 수사기관 등이 구속사유가 있다고 보았는지 등을 제대로 파악하지 않고서는 피구속자의 방어를 충분히 조력할 수 없다는 것**은 사리상 너무도 명백하므로 이 사건에서 변호인은 고소장과 피의자신문조서의 내용을 알 권리가 있다(헌재결 1997.11.27. 94헌마60)'고 결정한 이상 **열람권만을 인정할 것이 아니라 실질적인 변호인의 알권리 및 피의자가 변호인의 조력을 받을 권리(방어권)를 보장하기 위해서 반드시 등사권도 인정되어야** 한다.

나. 영장실질심사조서의 작성

현행 영장재판 실무가 상세한 질문답변 형태로 이루어지고 있고, 향후 정식 공판절차의 증거자료로 제공하기 위하여 영장재판 과정을 정확하게 기록으로 남길 필요가 있으므로 구속 전 피의자심문의 경우에 영장실질심문기일의 조서는 공판조서에 준하여 작성하도록 함으로써 이후 심문조서의 기재를 통하여 심문사항의 정확성을 담보하고자 하였다. 즉, 구속 전 피의자심문의 경우 형사소송법 제48조(조서의 작성방법), 제51조(공판조서의 기재요건), 제53조(공판조서의 서명 등), 제56조의2(공판정에서의 속기 · 녹음 및 영상녹화), 제276조의2(장애인 등 특별히 보호를 요하는 자에 대한 특칙)만을 준용하고, 제52조(공판조서 작성상의 특례)를 준용 대상에서 제외하고 있으므로 법원이 구속 전 피의자심문조서를 작성하는 때에는 조서 작성의 일반 원칙(제48조)에 따라 조서 기재내용의 정확성 여부를 진술자에게 확인하고, 조서에 간인하여 기명날인 또는 서명을 받아야 한다. 또한 제200조의5[25](체포와 피의사실 등의 고지)를 준용하도록 함으로써 영장실질심사를 위한 구인시에도 절차적 보장을 하여야 함을 명확히 규정하여 인권보장을 강화하고자 하였다. 이를 통해 작성된 구속 전 피의자심문조서의 증거능력에 관해서는 형사소송법 **제315조(당연히 증거능력이 있는 서류) 제3호** 소정의 '기타 특히 신용할 만한 정황에 의하여 작성된 문서'에 해당하여 절대적 증거능력을 인정하므로 별도의 명문규정을 두지 않았다.[26]

다. 피의자의 인치

(1) 체포된 피의자

체포의 효력을 이용하여 피의자를 인치(개정법은 무영장체포의 경우 **구속영장이 청구된 다음날까지** 심문을 실시한다고 규정함으로써 인신구속의 근거 마련)할 수 있다.

(2) 체포되지 않은 피의자

구인을 위한 구속영장을 발부하여 피의자를 영장실질심사를 하는 장소로 인치할 수 있다.

---

[25] 검사 또는 사법경찰관은 피의자를 체포하는 경우에는 피의사실의 요지, 체포의 이유와 변호인을 선임할 수 있음을 말하고 변명할 기회를 주어야 한다. → 종래 제200조의5는 준용규정이었으나 이를 제200조의6으로 바꾸고 제200조의5는 수사기관의 체포시의 절차적 보장(사이변번)을 독립적으로 신설하였다.
[26] 법무부가 공개한 개정 형사소송법 해설 참조.

라. 피의자의 출석과 심문방법

심문기일에 피의자를 출석시켜야 하는데, **피의자가 출석을 거부하거나 질병·기타 사유로 출석이 현저하게 곤란한 때**에는 피의자의 출석 없이 심문절차를 진행할 수 있다.

① 심문은 법원청사 내(출석거부나 출석할 수 없는 때는 경찰서 등 적당한 장소에서 가능(규칙 제96조의15)), ② **비공개** 원칙(규칙 제96조의14), ③ 범죄사실 요지의 고지 및 진술거부권, 이익사실진술권고지(규칙 제96조의16 제1항), ④ 판사는 신속간결하게 심문하도록 하며(규칙 제2항. 검사와 변호인은 판사심문 후 의견 진술하도록 한다. 규칙 제96조의16 제3항) ⑤ 변호인은 심문시작 전에 피의자 접견할 수 있도록 하여(규칙 제96조의20 제1항)[27] 통상 법원 영장담당재판정 옆에는 변호인접견실이 마련되어 있다.

> **참고**
>
> **피의자 신문을 위하여 구속된 피의자를 강제로 구인할 수 있는지 여부**
> **[학설의 태도]** ① 구속된 피의자 신문 시에는 피의자에게 조사·수인의무가 있으므로 이미 발부된 구속영장의 효력에 의하여 피의자를 강제로 구인하는 것이 가능하다는 수인의무 긍정설과 ② 피의자신문은 어디까지나 임의수사이므로 피의자 신문을 위한 강제구인인 허용될 수 없다는 수인의무 부정설의 대립이 있다.
> **[판례의 태도]** 대법원은 "**구속영장 발부에 의하여 적법하게 구금된 피의자가 피의자신문을 위한 출석 요구에 응하지 아니하면서 수사기관 조사실에의 출석을 거부한다면 수사기관은 그 구속영장의 효력에 의하여 피의자를 조사실로 구인할 수 있다**"고 판시하여(대결 2013.7.1. 2013모160), 적법하게 체포·구속된 피의자는 피의자신문을 위한 소환요구에 대하여 조사실에의 출석할 수인의무가 있다고 보고 있다.
> **[검토]** 불구속 상태의 피의자에 대한 신문은 임의수사에 해당하므로 강제구인이 허용되지 않지만 피의자를 구속한 이유가 피의자의 신병확보를 통하여 이후의 원활한 형사절차의 진행을 위한 것이라는 점을 고려할 때 구속된 피의자에 대해서는 구속영장의 효력을 이용한 강제구인이 가능하다는 수인의무 긍정설의 입장이 타당하다.

5. 효과

가. 구속영장의 발부

상당하다고 인정하는 때에는 지방법원판사는 구금을 위한 구속영장을 발부해야 한다. **영장발부기각 재판에는 항고·재항고를 할 수 없다.**

---

27) 피의자심문에 참여할 변호인은 지방법원 판사에게 제출된 구속영장청구서 및 그에 첨부된 고소고발장, 피의자의 진술을 기재한 서류와 피의자가 제출한 서류를 열람할 수 있다(규칙 제96조의21).

나. 구속기간의 불산입

법원이 구속영장청구서·수사관계서류 및 증거물을 **접수한 날부터** **구속영장을 발부하여** **검찰청에 반환한 날까지의 기간**은 검사와 사법경찰관의 구속기간에 산입하지 아니한다.[28](제201조의2 제7항). 그러나 이에 대하여 수사기관의 수사편의만을 앞세운 것으로서 폐지하는 것이 바람직하다는 비판이 있다.

Ⅵ 이중구속

1. 이중구속의 개념

이중구속의 개념에 대하여 다툼이 있다.

① 이중구속이란 어느 범죄사실을 이유로 이미 구속영장이 발부되어 구속되어 있는 피고인 또는 피의자에 대하여 별개의 다른 범죄사실로 구속영장이 발부되어 다시 구속하는 것을 말하며 소위 '별건 재구속'과 같은 의미로 파악하는 입장과 ② 구속된 자에게 다른 범죄사실로 구속영장을 발부받을 수는 있어도 수개의 구속영장을 동시에 집행 할 수는 없다는 의미로 구속영장의 발부문제가 아닌 '이중집행'의 문제를 논의하는 입장(이재상) 등이 있다.

2. 학설의 대립

위 ①설과 관련하여 별건으로 재구속하는 것이 가능한가에 대한 논의가 있으며 여기에는 다음과 같은 견해 대립이 있다.

가. 적극설[29]

구속의 효력은 구속영장에 기재된 범죄사실에 대해서만 미치고 그 이외의 사실에는 미치지 않으므로, 동일한 피의자·피고인에 대하여 사건을 기준으로 몇 번이라도 구속할 수 있게 되어 현재 구속 중인 피고인 또는 피의자라도 구속취소, 구속의 집행 정지, 보석 등으로 석방된 후에 도망이나 증거인멸의 염려가 없지 아니하므로 이런 경우를 대비하여 이와 별개인 타범죄사실에 대하여 신병확보를 위하여 미리 중복적으로 구속해 둘 필요가 있기 때문에 이중구속도 허용된다고 본다.

---

28) 실무상 보통 2일이 걸리므로 수사기관은 2일간 더 구속할 수 있게 된다.
29) 백형구, 전게서, 255면

나. 소극설

구속은 범인에 대하여 행해지는 것이지 범죄사실에 대하여 행해지는 것이 아니므로 동일인이 수개의 범죄사실을 범하였다 하더라도 한번만 구속할 수 있을 뿐 각 범죄사실에 기하여 중복되게 구속할 수 없다는 입장인데 구속의 효력은 구속된 피고인 또는 피의자에 대하여 미치고 현재 구속 중인 피고인, 피의자는 도주의 우려나 증거인멸의 우려가 없으며 주거도 확실하여 구속의 실질적 요건이 없으므로 이러한 이중구속은 위법이고 허용되어서는 안 된다고 본다.

다. 이중집행의 문제로 바라보는 학설

이 입장에서는 이미 구속되어 있는 자에 대하여 다시 구속할 필요성이 없고 구속된 피고인 또는 피의자의 석방에 대비하기 위하여는 석방 전에 구속영장을 발부받아 둔 후 만료시 집행에 관한 규정으로 집행하면 되는 것이라고 보아 위 적극설과 소극설의 논의와 차원을 달리하여 논하고 있다고 볼 수 있다.

3. 판례의 입장

> **관련판례** 구속의 효력은 원칙적으로 위 방식에 따라 작성된 구속영장에 기재된 범죄사실에만 미치는 것이므로, **구속기간이 만료될 무렵에 종전 구속영장에 기재된 범죄사실과 다른 범죄사실로 피고인을 구속하였다는 사정만으로는 피고인에 대한 구속이 위법하다고 할 수 없다**(대결 2000.11.10. 2000모134).

> **관련판례** 동일한 피의자 또는 피고인에 대한 수개의 범죄사실을 동시에 수사하거나 공판심리함에 있어 피의자 또는 피고인을 그중 일부 범죄사실만으로 구속한 경우에는 절차의 번잡을 피하고 피의자 또는 피고인의 구속이 부당하게 장기화되는 것을 피한다는 뜻에서 나머지 범죄사실에 대하여는 중복하여 구속하지 아니하는 것이 실무상의 관행이라고 볼 수 있다(대판 1986.12.9. 86도1875).

4. 결론

우리 형사소송법은 피의자의 경우와 피고인의 경우를 달리하여 재차구속이나 별건구속을 규율하고 있다. 피고인의 경우는 재구속제한과 구속영장의 효력범위에 관한 제한의 규정(제208조 제1항, 제2항)이 적용되지 않는다. 따라서 법원이 피고인에 대한 구속기간이 만료되어 동일한 범죄사실로 재구속(소위 재차구속)하는 것도 가능하며 구속기간이 만료된 피고인을 별개의 사실로 구속하는 것도 당연히 가능하다. 이론상 문제 되는 것은 바로 피의자의 경우 재차구속은 금지되므로 (다른 사건으로) 별건구속이 가능한지이며 원칙적으로 여죄수사를 위한 이중의 별건구속은 허용된다고 볼 것이다. 물론 영장주의를 잠탈할 우려가 있는 별건구속은 위법을 면치 못한다.

결론적으로 구속기간이 만료되어 수사를 더 할 필요가 있을 때 영장주의를 잠탈하지 않는 범위 내에서 다른 사건으로 구속영장을 청구하여 발부받아 집행절차에 따라 집행을 하는 것은 허용된다고 할 것이다.

Ⅶ 별건구속

> **제208조【재구속의 제한】** ② 전항의 경우에는 1개의 목적을 위하여 동시 또는 수단결과의 관계에서 행하여진 행위는 동일한 범죄사실로 간주한다.

1. 개념

수사기관이 본래 수사하고자 하는 사건(본건)에 대하여는 구속요건이 구비되지 않았기 때문에 **본건의 수사에 이용할 목적으로** 구속요건이 구비된 별건으로 구속하는 경우를 별건구속이라고 한다.

2. 별건구속의 적법여부

① **적법설**(별건 자체의 구속요건을 구비하였으므로, 인단위설, 사건의 동시처리는 신체구속의 장기화를 피할 수 있어 범인에게 오히려 이익, 수사의 효율성), ② **위법설**(실질적 영장주의 위배, 강제처분법정주의의 요청상 체포 또는 구속에는 특정한 범죄사실을 기재할 것을 필요, 사건단위설, **구속기간의 제한규정 잠탈**)이 대립한다. 그러나 **제208조 제2항**에서 별건인 수개의 사건을 연속범이나 견련범의 형태로 묶어 재구속을 금지하고 있다는 측면에서 별건구속은 금지된다고 봄이 형사소송법 해석상 타당하며, 별건구속을 허용할 경우 영장주의에 기초한 구속기간이 사실상 형해화 될 수 있으므로 별건구속은 위법하다고 볼 것이다. 예컨대, 사법경찰관이 A를 살인죄로 구속하여 수사하던 중 구속기간인 10일이 경과하자, A의 별건인 도박죄를 수사한다는 명목으로 도박죄로 별건구속을 한 후 구속기간동안 사실상 살인죄 수사를 계속한다면 구속기간을 10일로 제한한 형사소송법 규정을 **잠탈**하여 **영장주의를 형해화**하는 결과를 초래한다.

> [관련판례] 피고인은 … 신용카드업법위반 등 피의사실로 1990. 3. 1.부터 같은 달 27일까지 27일간 구속된 사실을 알 수 있는 바, **결과적으로 위 구속기간이 이 사건 사기 등 범행사실의 수사에 실질상 이용되었다 하더라도 위 구금일수를 이 사건 사기죄의 본형에 산입할 수는 없다**(대판 1990.12.11. 90도2337).[30]

3. 별건구속과 여죄수사의 한계

가. 여죄수사의 개념

여죄수사란 동일 피의자의 범죄사실 중 수사기관의 수사대상이 된 피의사건 이외의 사건으로 동시수사의 가능성이 있는 것을 말한다.

나. 허용여부

동시수사 및 동시심판에 의한 피의자의 장기구속회피 이념과 영장주의 이념의 조화문제로서, 별건구속과는 달리 여죄수사는 허용된다는 것이 다수설이고 실무의 입장이나, 별건구속과 여죄수사가 명백히 구별되지 않는다는 점에서 ① **피의자가 자진하여 자백한 경우**, ② **여죄가 영장 기재사안보다 경미한 경우**, ③ **동종 사안이나 밀접한 관련이 있는 경우**에만 예외적으로 허용하는 것이 타당하다는 입장도 있다.

다. 위법한 별건구속에 대한 구제수단

① 수사단계에서는 우선 구속영장이 청구된 영장실질심사 단계에서 별건구속의 위법을 이유로 영장을 기각하는 것을 생각할 수 있다. 구속영장이 발부된 이후에는 구속적부심사청구를 통해 구제받는 것을 생각할 수 있으며, 수사기관이 별건구속을 하고자 한다는 점을 파악한 경우 법원이 구속기간연장을 불허하는 것도 구제방법으로 언급할 수 있다. ② 공소제기단계에서는 수사의 위법을 통해 제327조 제2호에 따른 공소기각을 구하는 것을 생각해 볼 수 있으나 판례는 수사의 위법만으로 공소제기의 효력을 부인하지 않으므로 이는 실무상 받아들여지기 어렵다. ③ 공판단계에서는 별건구속기간 중 작성된 피의자신문조서의 증거능력을 위법수집증거라는 이유로 증거부동의를 한 후 증거능력을 다투는 방법이 있다. ④ 유죄판결이 이루어진 경우는 위법한 증거에 기초한 사실인정에 대하여 항소하는 방법과 별건구속을 통한 피의자의 미결구금일수를 본형에 산입하여 줄 것을 요청하는 방법이 있다. 이에 대하여 실질적으로 본건구속이라고 보아 **산입해야 한다는 입장**과 사건단위설 입장에서 별건구속의 효력은 본건에 대한 구속에 미칠 수 없으므로 **산입할 수 없다는 입장**(대판 1990.12.11. 90도2337)[31]이 있으나 별건으로 구속 중에 본건사건에 대한 신문이 행하여진 경우에는 별건구속도 실질적으로는 본건을 위한 구속이라는 점에서 피고인이 유죄판결을 받은 때에는 별건구속기간을 미결구금일수에 산입하는 것이 타당하다.

---

30) 이 판시는 별건구속에 대한 직접적인 판례가 아니라 본건에 대하여 적법하게 구속영장이 발부된 상황에서 통상적인 여죄수사를 하는 것은 허용된다는 취지의 판례이다.

31) 피고인은 이 사건 사기 등 범행으로 기소되기 전에(이 사건으로는 1990.3.27. 구속영장이 발부되어 그날 집행되었다.) 기소중지처분된 신용카드사업법위반 등 피의사실로 1990.3.1.부터 같은 달 27.까지 구속된 사실을 알 수 있는 바, 결과적으로 위 구속기간이 이 사건 사기 등 범행사실의 수사에 실질상 이용되었다 하더라도 위 구금일수를 이 사건 사기죄의 본형에 산입할 수는 없다(대판 1990.12.11. 90도2337).

관련판례 - 미결구금일수의 산입 판결선고 전 구금(미결구금)이란 범죄의 혐의를 받고 있는 자를 재판이 확정될 때까지 구금하는 것을 말한다. 미결구금은 형은 아니나 실질적으로 자유형의 집행과 동일한 효력을 가지므로 이를 형에 산입하여 주는 것이다. 구금일수의 산입은 긴급체포 등 실제로 구금된 날부터 판결선고 전일까지의 구금일수를 산입한다. 이러한 미결구금일수를 어느 정도까지 산입하느냐는 법원의 재량이지만, 전혀 산입하지 않거나 미결구금일수보다 많은 일수를 산입함은 위법이라는 것이 판례의 입장이나 헌법재판소[32])는 헌법상 무죄추정의 원칙에 따라, 유죄판결이 확정되기 전에 피의자 또는 피고인을 죄 있는 자에 준하여 취급함으로써 법률적·사실적 측면에서 유형·무형의 불이익을 주어서는 아니되고 특히 미결구금은 신체의 자유를 침해받는 피의자 또는 피고인의 입장에서 보면 실질적으로 자유형의 집행과 다를 바 없으므로, 인권보호 및 공평의 원칙상 형기에 전부 산입되어야 한다고 판시하면서 형법 제57조 제1항 중 "또는 일부" 부분은 헌법에 위반된다고 판시하였다. 또한 남상소를 방지한다는 이유로 미결구금일수의 일부를 산입하지 아니하는 것은 재판청구권이나 상소권의 적정한 행사를 저해하게 되는 것이라고 하였다. 그러나 **형의 집행과 구속영장의 집행이 경합하고 있는 경우**에는 구속 여부와 관계없이 피고인 또는 피의자는 형의 집행에 의하여 구금을 당하고 있는 것이어서 구속은 관념상은 존재하지만 사실상은 형의 집행에 의한 구금만이 존재하는 것에 불과하므로 즉, 구속에 의하여 자유를 박탈하는 것이 아니므로 인권보호의 관점에서 이러한 미결구금 기간을 본형에 통산할 필요가 없고 오히려 이것을 통산한다면 하나의 구금으로써 두 개의 자유형의 집행을 동시에 하는 것과 같게 되는 불합리한 결과가 되어 **피고인에게 부당한 이익을 부여하게 되므로 이러한 경우의 미결구금은 본형에 통산하여서는 아니된다**(대판 2001.10.26. 2001도4583).

4. 별건구속에 이은 본건구속의 적법성

별건구속 후에 본건에 의하여 다시 구속하는 제2차의 구속의 적법여부가 문제된다. 이에 대하여 (1) 사건단위설 입장에서 피의사실이 다른 이상 본건사실을 이유로 하는 2차 구속은 적법하다는 입장과 (2) 실질적으로 동일사건에 대한 이중구속과 같고, 수사 기관의 구속기간을 제한규정을 잠탈하는 효과는 동일하므로 위법하다고 봄이 타당하다는 입장이 대립한다. 별건구속이 위법한 이상 본건에 의하여 다시 구속하는 2차 구속 역시 위법하다고 봄이 타당하다.

Ⅷ 체포·구속된 피의자, 피고인의 접견교통권

> **제34조 【피고인, 피의자와의 접견, 교통, 수진】** 변호인 또는 **변호인이 되려는** 자는 신체구속을 당한 피고인 또는 **피의자**와 접견하고 서류 또는 물건을 수수할 수 있으며 의사로 하여금 진료하게 할 수 있다.
> **제89조 【구속된 피고인과의 접견, 수진】** **구속된 피고인**은 법률의 범위 내에서 타인과 접견하고 서류 또는 물건을 수수하며 의사의 진료를 받을 수 있다.

---
[32]) 헌재결 2009.6.25. 2007헌바25

> **제91조【비변호인과의 접견, 교통의 접견】** 법원은 도망하거나 또는 죄증을 인멸할 염려가 있다고 인정할 만한 상당한 이유가 있는 때에는 직권 또는 검사의 청구에 의하여 결정으로 구속된 피고인과 제34조에 규정한 외의 타인과의 접견을 금하거나 수수할 서류 기타 물건의 검열, 수수의 금지 또는 압수를 할 수 있다. 단, 의류, 양식, 의료품의 수수를 금지 또는 압수할 수 없다.
>
> **제200조의6【준용규정】** 제75조, 제81조 제1항 본문 및 제3항, 제82조, 제83조, 제85조 제1항·제3항 및 제4항, 제86조, 제87조, 제89조부터 제91조까지, 제93조, 제101조 제4항 및 제102조 제2항 단서의 규정은 검사 또는 사법경찰관이 피의자를 체포하는 경우에 이를 준용한다. 이 경우 "구속"은 이를 "체포"로, "구속영장"은 이를 "체포영장"으로 본다.
>
> **제209조【준용규정】** 제70조 제2항, 제71조, 제75조, 제81조 제1항 본문·제3항, 제82조, 제83조, 제85조부터 제87조까지, 제89조부터 제91조까지, 제93조, 제101조 제1항, 제102조 제2항 본문(보석의 취소에 관한 부분은 제외한다) 및 제200조의5는 검사 또는 사법경찰관의 피의자 구속에 관하여 준용한다.
>
> **제402조【항고할 수 있는 재판】** 법원의 결정에 대하여 불복이 있으면 항고를 할 수 있다. 단, 이 법률에 특별한 규정이 있는 경우에는 예외로 한다.
>
> **제403조【판결 전의 결정에 대한 항고】** ② 전항의 규정은 구금, 보석, 압수나 압수물의 환부에 관한 결정 또는 감정하기 위한 피고인의 유치에 관한 결정에 적용하지 아니한다.
>
> **제417조【동전】** 검사 또는 사법경찰관의 구금, 압수 또는 압수물의 환부에 관한 처분과 제243조의2에 따른 변호인의 참여 등에 관한 처분에 대하여 불복이 있으면 그 직무집행지의 관할법원 또는 검사의 소속검찰청에 대응한 법원에 그 처분의 취소 또는 변경을 청구할 수 있다.

1. 개념

피고인 또는 피의자, 특히 체포 또는 구속된 피의자(피고인)가 변호인이나 가족·친지 등 타인과 접견하고 서류 또는 물건을 수수하며 의사의 진료를 받는 권리(헌법 제12조 제4항, 형소법 제34조, 제89조, 제91조, 제200조의6, 제209조)를 접견교통권이라 한다. 헌법상 보장되는 변호인의 조력을 받을 권리의 핵심 내용이 바로 접견교통권으로 구속을 당한 피의자나 피고인에게는 헌법상 권리로, 변호인에게는 그에 준하는 고유권으로서 의미를 갖는다. 물론 신체구속을 당하지 않은 피의자에게도 변호인과의 접견교통권은 인정된다.

2. 근거

기본적 인권의 보장과 피의자 내지 피고인의 방어권을 보장하기 위해 변호인과의 접견교통권이 보장된다. 형사소송법 제34조는 "변호인 또는 변호인이 되려는 자는 신체구속을 당한 피고인 또는 피의자와 접견하고 서류 또는 물건을 수수할 수 있으며 의사로 하여금 진료하게 할 수 있다."라고 규정하고 있으므로, **변호인이 되려는 의사를 표시한 자가 객관적으로 변호인이 될 가능성이 있다고 인정되는데도**, 형사소송법 제34조에서 정한 '변호인 또는 변호인이 되려는 자'가 아니라고 보아 신체구속을 당한 피고인 또는 피의자와 접견하지 못하도록 제한하여서는 아니 된다. 변호인 또는 변호인이 되려는 자의 접견교통권은 **신체구속제도 본래의 목적을 침해하지 아니하는 범위 내에서 행사되어야** 하므로, 변호인 또는 변호인이 되려는 자가 구체적인 시간적·장소적 상황에 비추어 현실적으로 보장할 수 있는 한계를 벗어나 피고인 또는 피의자를 접견하려고 하는 것은 정당한 접견교통권의 행사에 해당하지 아니하여 허용될 수 없다. 다만 접견교통권이 그와 같은 한계를 일탈한 것이어서 허용될 수 없다고 판단함에 있어서는 신체구속을 당한 사람의 **헌법상 기본적 권리인 변호인의 조력을 받을 권리의 본질적인 내용이 침해되는 일이 없도록 신중을 기하여야** 한다(대판 2017.3.9. 2013도16162).

3. 변호인과의 접견교통권

가. 자유로운 접견교통권의 보장

체포·구속을 당한 피의자·피고인은 변호인을 선임할 권리가 있을 뿐 아니라(헌법 제12조 제4항), 변호인 또는 변호인이 되려는 자는 신체구속을 당한 피고인 또는 피의자와 접견하고 서류 또는 물건을 수수할 수 있으며 의사로 하여금 진료하게 할 수 있다(제34조). 변호인과의 접견교통권을 제한하는 법률의 규정은 없고, "법원의 결정"에 의하여 변호인과의 접견교통권을 제한할 수도 없다. 따라서 변호인과의 접견을 "수사를 위하여 필요하다"는 이유로 제한할 수는 없다. 헌법재판소도 **변호인과의 자유로운 접견은 국가안전보장·질서유지·공공복리 등 어떠한 명분으로도 제한 될 수 있는 성질의 것이 아니다**(헌재결 1992.1.28. 91헌마111)라고 판시하였다. 다만, 변호인의 접견교통권은 헌법상 변호인의 조력을 받을 권리를 기본적 인권의 하나로 보장한 취지를 실현하기 위하여 피의자 등의 헌법상 기본권을 구체화함과 동시에 변호인 또는 변호인이 되려는 자(이하 '변호인'이라 한다)에게 피의자 등과 자유롭게 접견교통을 할 수 있는 법률상 권리를 인정한 것이다. 변호인의 접견교통권은 피의자 등의 인권보장과 방어준비를 위하여 필수불가결한 권리이므로, 수사기관의 처분 등으로 이를 제한할 수 없고, 다만 법령에 의해서만 제한할 수 있다(대판 2018.12.27. 2016다266736).

나. 접견의 비밀보장

변호인과의 접견교통권은 방해나 감시 없는 자유로운 접견교통을 본질로 하므로 접견에 있어서 교도관 또는 경찰관의 **입회나 감시는 절대로 허용되지 않는다.** 다만, 피의자의 도망·위험방지·계호의 필요성 또는 구금시설의 집무상 부득이 구속장소의 질서유지를 위해서 **접견시간의 일반적 제한**(예 일요일 또는 퇴근 시간 후의 접견의 금지)은 가능하다.

다. 서류와 물건의 수수

변호인 또는 변호인이 되려고 하는 자는 체포 또는 구속된 피의자 또는 피고인을 위하여 서류 또는 물건을 수수할 수 있다. 수수한 서류의 검열과 물건의 압수도 허용되지 않으며, 서신에 대한 압수도 허용되지 않는다.

4. 비변호인과의 접견교통권

가. 접견교통권의 보장(제89조, 제200조의5, 제209조)

체포 또는 구속된 피의자 또는 피고인은 **법률의 범위 내에서 변호인 아닌** 타인과 접견하고 서류 또는 물건을 수수하며 의사의 진료를 받을 수 있다(제89조, 제200조의6, 제209조). 이러한 비변호인과의 접견교통권 역시 방어권 보장에 필요할 뿐 아니라 구속된 피의자의 심리적 안정을 유지하는데도 의미가 있다.

나. 접견교통권의 제한(증거인멸 염려와 구금장소의 안전상)

(1) 제한의 근거

① 법률에 의한 제한은 형의 집행 및 수용자의 처우에 관한 법률에 의한 제한이 있다.

② 법원 또는 수사기관의 결정에 의한 제한(제91조, 제200조의6, 제209조)
법원은 도망이나 증거인멸의 상당한 염려가 있을 때에는 직권 또는 검사의 청구에 의하여 결정으로 접견을 제한할 수 있다. 피의자의 경우는 준용규정을 통해 형사소송법 제91조가 적용된다.

(2) 제한의 범위(제91조 단서)

타인과의 접견을 금하거나 수수할 서류 기타 물건의 검열, 수수의 금지 또는 압수를 할 수 있으나 **의류, 양식, 의료품의 수수를 금지 또는 압수할 수 없다.**

(3) 제한의 절차

피고인의 경우에는 검사의 청구에 의하여 법원이 결정을 통해 제한할 수 있음에는 의문이 없다. 문제는 피의자의 경우는 법원이 결정할 것인지 수사기관이 결정할 것인지에 대한 견해의 대립이 있으나 피의자에 대한 구속은 법원의 허가를 전제로 한 수사기관의 권한이므로 **수사기관 결정설**이 타당하다. 단, 피의자에 대한 접견제한은 공소제기와 동시에 효력을 상실하며, 피고인에 대한 접견제한을 계속하는 경우는 새로운 법원의 결정을 요한다고 볼 것이다.

5. 접견교통권의 침해에 대한 구제

가. 항고, 준항고(제403조 제2항, 제417조)

① 법원의 접견교통권 제한 결정은 구금에 관한 결정으로 보통항고(제402조)를 할 수 있다. ② 검사 또는 사법경찰관의 접견교통권 제한의 경우는 수사상 준항고(제417조)를 통해 다툴 수 있다. 판례는 준항고의 상대방과 관련하여 제417조 소정의 사법경찰관이 아닌 안기부장을 상대방으로 표시한 잘못(위법)이 있다고 하더라도 그것이 제415조의 재항고 이유로 되는 위법사유가 되는 것은 아니다(대결 1991.3.28. 91모24)라고 판시한 바 있다. ③ 교도소, 구치소에 의한 접견교통권의 제한이 있는 경우는 마찬가지로 준항고의 대상이 된다고 볼 것이며, 나아가 청원, 행정소송, 국가배상 청구를 통해 다툴 수 있다.

나. 증거능력의 배제

|관련판례| 검사작성의 피의자신문조서가 검사에 의하여 피의자에 대한 변호인의 접견이 부당하게 제한되고 있는 동안에 작성된 경우에는 증거능력이 없다(대판 1990.8.24. 90도1285).

다. 항소이유

수사기관에 의한 접견교통권의 침해는 항소이유가 되지 않으나(제361조의5 제1호), **수소법원**의 침해로 인해 피고인의 방어준비에 지장을 준 때에는 상대적 항소이유가 된다.

|관련판례| 검사 또는 사법경찰관의 구금에 관한 처분에 대하여 불복이 있는 경우 형사소송법 제417조에 따라 법원에 그 처분의 취소 또는 변경을 청구하는 것은 별론으로 하고 **수사기관에서의 구금의 장소, 변호인의 접견 등 구금에 관한 처분이 위법한 것이라는 사실만으로는 그와 같은 위법이 판결에 영향을 미친것이 아닌 한 독립한 상소이유가 될 수 없다**(대판 1990.6.8. 90도646).

라. 헌법소원

　수사기관의 접견거부처분에 대해 법원에 준항고 절차까지 밟아 취소하는 결정이 있었음에도, 무시한 채 '**재차**' 접견거부처분에 이르렀다면 헌법소원 청구가 허용된다고 볼 것이다(헌재결 1991.7.8. 89헌마181).

마. 손해배상청구

IX 체포·구속적부심사제도

> **제214조의2 【체포와 구속의 적부심사】** ① 체포 또는 구속된 피의자 또는 그 변호인, 법정대리인, 배우자, 직계친족, 형제자매나 **가족, 동거인 또는 고용주**는 관할법원에 체포 또는 구속의 적부심사를 청구할 수 있다.
> ② 피의자를 체포 또는 구속한 검사 또는 사법경찰관은 체포 또는 구속된 피의자와 제1항에 규정된 자 중에서 피의자가 지정하는 자에게 제1항에 따른 적부심사를 청구할 수 있음을 알려야 한다.
> ③ 법원은 제1항에 따른 청구가 다음 각 호의 어느 하나에 해당하는 때에는 제4항에 따른 **심문 없이 결정으로 청구를 기각**할 수 있다.
>   1. **청구권자 아닌 자가 청구**하거나 동일한 체포영장 또는 구속영장의 발부에 대하여 **재청구**한 때
>   2. 공범 또는 공동피의자의 순차청구가 **수사방해의 목적임이 명백**한 때
> ④ 제1항의 청구를 받은 법원은 **청구서가 접수된 때부터 48시간** 이내에 체포 또는 **구속된 피의자를 심문**하고 수사관계서류와 증거물을 조사하여 그 청구가 이유없다고 인정한 때에는 결정으로 이를 기각하고, 이유있다고 인정한 때에는 결정으로 체포 또는 구속된 피의자의 석방을 명하여야 한다. 심사청구후 피의자에 대하여 공소제기가 있는 경우에도 또한 같다.
> ⑧ 제3항과 제4항의 결정에 대하여는 **항고하지 못한다.**
> ⑭ 제201조의2 제6항은 제4항에 따라 피의자를 심문하는 경우에 준용한다.
>
> **제214조의3 【재체포 및 재구속의 제한】** ① 제214조의2 제4항의 규정에 의한 체포 또는 구속적부심사결정에 의하여 석방된 피의자가 **도망하거나 죄증을 인멸하는 경우를 제외하고는 동일한 범죄사실에 관하여 재차 체포 또는 구속하지 못한다.**
> ② 제214조의2 제5항에 따라 석방된 피의자에 대하여 다음 각 호의 1에 해당하는 사유가 있는 경우를 제외하고는 동일한 범죄사실에 관하여 재차 체포 또는 구속하지 못한다.
>   1. 도망한 때
>   2. 도망하거나 죄증을 인멸할 염려가 있다고 믿을만한 충분한 이유가 있는 때
>   3. 출석요구를 받고 정당한 이유없이 출석하지 아니한 때
>   4. 주거의 제한 기타 법원이 정한 조건을 위반한 때

> 제311조【법원 또는 법관의 조서】 공판준비 또는 공판기일에 피고인이나 피고인 아닌 자의 진술을 기재한 조서와 법원 또는 법관의 검증의 결과를 기재한 조서는 증거로 할 수 있다. 제184조 및 제221조의2의 규정에 의하여 작성된 조서도 또한 같다.
> 제315조【당연히 증거능력이 있는 서류】 다음에 게기한 서류는 증거로 할 수 있다.
> 3. 기타 특히 신용할 만한 정황에 의하여 작성된 문서
> 제201조의2【구속영장 청구와 피의자 심문】 ⑥ 제1항 또는 제2항에 따라 피의자를 심문하는 경우 법원사무관등은 심문의 요지 등을 조서로 작성하여야 한다.

1. 개념

수사기관에 의하여 체포 또는 구속된 피의자에 대하여 법원이 체포 또는 구속의 적법여부와 그 필요성을 심사하여 체포 또는 구속이 부적법·부당한 경우에 피의자를 석방시키는 제도(헌법 제12조 제6항, 형사소송법 제214조의2)가 체포·구속 적부심사제도이다.

2. 심사의 청구

가. 청구권자(제214조의2 제1항)

예전과 달리 심사 청구대상에서 '영장' 요건을 삭제하여 영장에 의한 체포 이외에 **긴급체포·현행범인 체포에 대해서도 적부심사를 허용**하고 있다. 체포영장 또는 구속영장이 발부되지 않고 불법하게 체포 또는 구속된 피의자(예 임의동행에 의하여 보호실에 유치되어 있거나 긴급체포 또는 현행범체포에 의하여 체포되어 구속영장이 청구되지 않은 피의자)에게 청구권이 있는가에 대해 판례는 적부심사를 청구할 수 있다고 판시[33]한다.

나. 청구사유

불법·부당한 체포 또는 구속의 적법여부 및 그 계속의 필요성을 다툴 수 있다. 구속이 적법하게 이루어졌으나 그 이후에 합의와 같은 사정변경이 생겨 구속을 계속할 필요성이 감소하는 경우나 체포의 위법으로 구속에도 위법성이 승계되는 경우 등도 청구사유에 해당한다고 볼 것이다.

---

33) 형사소송법 제214조의2 제1항은 체포영장 또는 구속영장에 의하여 체포 또는 구속된 피의자 등이 체포 또는 구속의 적부심사를 청구할 수 있다고 규정하고 있는 바, 형사소송법의 위 규정이 체포영장에 의하지 아니하고 체포된 피의자의 적부심사권을 제한한 취지라고 볼 것은 아니므로, **긴급체포 등 체포영장에 의하지 아니하고 체포된 피의자의 경우에도 헌법과 형사소송법의 위 규정에 따라 그 적부심사를 청구할 권리를 가진다**(대결 1997.8.27. 97모21).

다. 청구방법

관할법원에 서면 또는 구술로 한다(규칙 제176조, 제102조).

라. 체포·구속적부심사 청구 고지 절차(제214조의2 제2항)

피의자를 체포·구속하는 경우 수사기관으로 하여금 피의자와 변호인, 법정대리인, 배우자, 직계친족, 형제자매, 가족, 동거인 또는 고용주 중에서 피의자가 지정하는 자에게 석방심사를 청구할 수 있음을 알리도록 하여 체포·구속적부심사제도 이용이 활성화 되도록 하였다.

3. 법원의 심사 → 법 제214조의2 이하, 규칙 제103조, 104조, 105조

가. 체포·구속 적부심사기한 제한

현행법상 선언적 규정에 불과한 '지체 없이'로 규정되어 있어 체포·구속 적부심사 기한을 '청구서가 접수된 때로부터 48시간 이내'로 명시적으로 제한하여 신속한 심사절차 진행을 보장하였다.

구속적부심사를 청구한 피의자에게 변호인이 없는 때에는 형사소송법 제33조의 규정에 따라 법원은 직권으로 **국선변호인을 선정하여야** 한다. 심문없이 기각하는 간이기각결정의 예외적인 경우에도 국선변호인을 선정하여야 한다. 체포·구속 적부심사를 청구한 피의자의 변호인은 구속영장청구서 및 그에 첨부된 고소, 고발장과 피의자의 진술을 기재한 서류 그리고 피의자가 제출한 서류를 **열람**할 수 있다(규칙 제104조의2, 제96조의21).

나. 체포·구속 적부심사 조서 작성의 의무화 및 조서의 증거능력

체포·구속적부심사의 경우에도 형사소송법 제201조의2 제6항이 준용되므로 체포·구속적부심사 조서는 구속전 피의자심문조서에 준하여 작성해야 한다. 구속적부심사절차에서 피의자를 심문한 조서가 형사소송법 제311조가 적용되는지 문제되나 형사소송법 제311조는 법원 또는 법관면전조서에 대하여 무조건 증거능력을 인정하고 있으나 증거능력이 인정되는 법원 또는 법관면전조서는 공판준비 또는 공판기일에서의 공판조서와 증거보전절차 및 증인신문청구절차에서의 조서에 제한되므로, 구속적부심문조서는 동조가 규정한 문서에는 해당하지 않는다. 그러나 구속전 피의자심문조서는 형사소송법 제311조의 조서는 아니지만 법관에 의하여 작성된 조서로서 특히 신빙할 만한 정황에 의하여 작성된 문서로 볼 수 있으므로 형사소송법 제315조 제3호를 적용하는 **증거능력 긍정설**과 적부심제도가 수사기관에 의하여 피의자의 법관면전진술을 확보하는 장치로 전용될 위험이 있고, 피의자는 석방을 위하여 구속적부심절차내에서는 자백하는 경향이 있는 바, 피의자의 방어권을 보장하기 위해서 **증거능력 부정**하자는 입장[34]의 대립이 있다. 판례는 법원 또는 합의부원, 검사, 변호인 청구인이 구속된 피의자를 심문하고 그에 대한 피의자의 진술 등을 기재한 구속적부심문조서는 형사소송법 제311조가 규정한 문서에는 해당하지 않는다 할 것이나, **특히 신용할 만한 정황에 의하여 작성된 문서**라고 할 것이므로 특별한 사정이 없는 한, 피고인이 그 증거로 함에 부동의 하더라도 **형사소송법 제315조 제3호**에 의하여 당연히 그 증거능력이 인정된다(대판 2004.1.16. 2003도5693)고 판시하였다.

4. 법원의 결정 → 규칙 제106조, 법 제214조의3 참조

법원은 심문을 위해서 피의자를 출석시켜야 한다. 이러한 피의자의 출석은 절차개시의 요건이라 할 것이며, 검사·변호인·청구인은 심문기일에 출석하여 의견을 진술할 수 있다(제214의2 제9항). 다만 심문을 거치는 것이 원칙이지만 법원은 ① **청구권자 아닌 자가 청구**하거나 **동일한 체포영장 또는 구속영장의 발부에 대하여 재청구**한 때, ② 공범 또는 공동피의자의 순차청구가 **수사방해의 목적임이 명백한 때 심문 없이 결정으로 청구를 기각할 수 있다**. 이를 간이기각결정이라고 한다.

① 기각결정

법원은 심사결과 그 청구가 이유없다고 인정한 경우에는 결정으로 기각한다. 이러한 법원의 결정에 대하여는 항고할 수 없다.

② 석방결정

법원은 그 청구가 이유 있다고 인정한 경우에는 결정으로 피의자의 석방을 명하는 결정을 할 수 있는데, 이러한 석방결정 역시 검사는 항고할 수 없다.

> **참고**
>
> **석방결정의 효력 발생시기 → 전격기소의 문제와 관련**
> **전격기소와 형사소송법 제214조의2**(헌재결 2004.3.25. 2002헌바104)
> 청구인이 구속적부심사를 청구한 이후 검사가 같은 날 구속영장의 혐의사실에 대하여 공소를 제기하여 위 구속적부심사가 기각된 이 사건에 있어서, 우리 형사소송법상 구속적부심사의 청구인적격을 피의자 등으로 한정하고 있어서 **청구인이 구속적부심사청구권을 행사한 다음 검사가 법원의 결정이 있기 전에 기소하는 경우**(이른바 전격기소), 영장에 근거한 구속의 헌법적 정당성에 대하여 법원이 실질적인 판단을 하지 못하고 그 청구를 기각할 수밖에 없다.

---

[34] 신동운

그러나 검사가 **헌법 제12조 제3항**에 근거하여 **수사단계에서 법원으로부터 발부받는 구속영장**은 '명령장'이 아닌 '**허가장**'의 성격을 가지는 것이므로 구속 피의자에 대한 구속주체는 검사이지만, 이 사건과 같이 구속된 피의자가 적부심사청구권을 (이미)행사한 경우 **검사는 그 적부심사절차에서 피구속자와 대립하는 반대 당사자의 지위**를 가지게 됨에도 불구하고 헌법상 독립된 법관으로부터 심사를 받고자 하는 청구인의 '**절차적 기회**'가 반대 당사자의 '전격기소'라고 하는 일방적 행위에 의하여 제한되어야 할 합리적인 이유가 없고, 검사가 전격기소를 한 이후 청구인에게 '구속취소'라는 후속절차가 보장되어 있다고 하더라도 그에 따르는 적지 않은 시간적, 정신적, 경제적인 부담을 청구인에게 지워야 할 이유도 없으며, 기소이전단계에서 이미 행사된 적부심사청구권의 당부에 대하여 **법원으로부터 실질적인 심사를 받을 수 있는 청구인의 절차적 기회를 완전히 박탈하여야 하는 합리적인 근거도 없기 때문에**, 입법자는 그 한도 내에서 적부심사청구권의 본질적 내용을 제대로 구현하지 아니하였다고 보아야 한다.

위 결정으로 인하여 현재는 **제214조의2 제3항에서** "제1항의 청구를 받은 법원은 지체없이 체포 또는 구속된 피의자를 심문하고 수사 관계서류와 증거물을 조사하여 그 청구가 이유없다고 인정한 때에는 결정으로 이를 기각하고, 이유 있다고 인정한 때에는 결정으로 체포 또는 구속된 피의자의 석방을 명하여야 한다. 심사청구 후 피의자에 대하여 공소제기가 있는 경우에도 또한 같다."라고 **개정**(개정 2004.10.16.)되었다.

③ 재체포·재구속의 제한(제214조의3 제1항)

체포 또는 구속적부심사결정에 의하여 석방된 피의자가 **도망가거나 죄증을 인멸하는 경우**를 제외하고는 동일한 범죄사실에 관하여 재차 체포 또는 구속하지 못한다.

X 보증금 납입조건부 피의자 석방제도(기소 전 보석)

제214조의2 【체포와 구속의 적부심사】 ④ 제1항의 청구를 받은 법원은 **청구서가 접수된 때부터 48시간 이내에 체포 또는 구속된 피의자를 심문하고** 수사관계서류와 증거물을 조사하여 그 청구가 이유없다고 인정한 때에는 결정으로 이를 기각하고, 이유 있다고 인정한 때에는 결정으로 체포 또는 구속된 피의자의 석방을 명하여야 한다. 심사청구후 피의자에 대하여 공소제기가 있는 경우에도 또한 같다.
⑤ 법원은 구속된 피의자(심사청구후 공소제기된 자를 포함한다)에 대하여 피의자의 출석을 보증할 만한 **보증금의 납입을 조건으로 하여 결정으로 제4항의 석방**을 명할 수 있다. 다만, 다음 각 호에 해당하는 경우에는 그러하지 아니하다.
1. **죄증을 인멸할 염려**가 있다고 믿을만한 충분한 이유가 있는 때
2. 피해자, 당해 사건의 재판에 필요한 사실을 알고 있다고 인정되는 자 또는 그 친족의 **생명·신체나 재산에 해를 가하거나 가할 염려**가 있다고 믿을만한 충분한 이유가 있는 때
⑥ 제5항의 석방결정을 하는 경우에 주거의 제한, 법원 또는 검사가 지정하는 일시·장소에 출석할 의무 기타 적당한 조건을 부가할 수 있다.
⑧ 제3항과 제4항의 결정에 대하여는 항고하지 못한다.

> **제214조의3 【재체포 및 재구속의 제한】** ② 제214조의2 제5항에 따라 석방된 피의자에 대하여 다음 각 호의 1에 해당하는 사유가 있는 경우를 제외하고는 동일한 범죄사실에 관하여 **재차 체포 또는 구속하지 못한다.**
>
> **제214조의4 【보증금의 몰수】** ① 법원은 다음 각 호의 1의 경우에 직권 또는 검사의 청구에 의하여 결정으로 제214조의2 제5항에 따라 납입된 보증금의 **전부 또는 일부**를 몰수할 수 있다.
> 1. 제214조의2 제5항에 따라 석방된 자를 제214조의3 제2항에 열거된 사유로 **재차 구속할 때**
> 2. 공소가 제기된 후 법원이 제214조의2 제5항에 따라 석방된 자를 동일한 범죄사실에 관하여 **재차 구속할 때**
>
> ② 법원은 제214조의2 제5항에 따라 석방된 자가 동일한 범죄사실에 관하여 형의 선고를 받고 그 판결이 확정된 후, 집행하기 위한 소환을 받고 정당한 이유없이 출석하지 아니하거나 도망한 때에는 직권 또는 검사의 청구에 의하여 결정으로 보증금의 전부 또는 일부를 몰수하여야 한다.
>
> **제402조 【항고할 수 있는 재판】** 법원의 결정에 대하여 불복이 있으면 항고를 할 수 있다. 단, 이 법률에 특별한 규정이 있는 경우에는 예외로 한다.

1. 개념

피의자에 대하여 보증금 납입을 조건으로 구속의 집행을 정지하는 제도(제214조의2 제4항). 보석제도를 피의자까지 확대한 것이지만, 적부심사와 결합하여 보증금 납입조건부 피의자석방제도를 운용하고 있다. 즉, ① **적부심사의 청구가 있을 때에만** 허용되며, ② **법원의 직권에 의하여 석방을 명할 수 있을 뿐**인 직권보석이고 **재량보석**이며 피의자에게 보석신청권이 인정되는 것은 아니라는 점에 특색이 있다.

2. 내용

가. 청구

(1) 직권재량보석

피의자의 보석청구는 인정되지 않으며, **피의자가 구속적부심사를 청구한 경우에 법원이 보증금의 납입을 조건으로 피의자의 석방을 명할 수 있을 뿐**이다.

(2) 체포 적부심에서의 인정여부(체포된 자의 기소전 보석 인정여부)

구속적부심과 달리 체포적부심에서는 이를 인정할 수 있을지 논란이 있다. 이에 **긍정설**(제214조의3 제2항 "재차 체포 또는 구속되지 아니한다"고 규정) 과 **부정설**(체포와 구속은 명백히 구별)이 대립하고 있으나, 형사소송법은 수사단계에서의 체포와 구속을 명백히 구별하고 있고 이에 따라 체포와 구속을 규정한 같은 법 제214조의2에서 체포와 구속을 서로 구별되는 개념으로 사용하고 있는 바, 같은 조 제4항에 기소전 보증금납입을 조건으로 한 석방의 대상자가 '구속된 피의자'라고 명시하고 있고, 같은 법 제214조의3 제2항의 취지를 체포된 피의자에 대하여도 보증금의 납입을 조건으로 한 석방이 허용되어야 한다는 근거로 보기는 어렵다 할 것이어서, 현행법상 **체포된 피의자에 대하여는 보증금의 납입을 조건으로 한 석방이 허용되지 않는다**(대결 1997.8.27. 97모21)는 판례의 입장이 타당하다.

나. 보증금과 조건은 보석에 관한 규정을 준용(제214조의2 제6항, 제99조, 제100조).

다. 재체포·재구속의 제한(제214조의3 제2항)

보증금납입조건부 피의자보석에 따라 석방된 피의자에 대하여 도망 또는 증거인멸의 사유가 있는 경우를 제외하고는 동일한 범죄사실에 관하여 **재차 체포 또는 구속하지 못한다.**

3. 보증금의 몰수(제214조의4 제2항)

가. 임의적 몰수

① 보증금납입을 조건으로 석방된 피의자를 재체포·재구속 제한의 예외사유에 해당하여 재차 구속할 때 ② 보증금납입을 조건으로 석방된 피의자에 대하여 공소가 제기된 후 법원이 동일한 범죄사실에 관하여 피고인을 재차 구속할 때(제214조의4 제1항) 납입된 보증금의 **전부 또는 일부를 몰수할 수 있다**

나. 필요적 몰수

동일한 범죄사실에 관하여 형의 선고를 받고 그 판결이 확정된 후, 집행하기 위한 소환을 받고 정당한 이유 없이 출석하지 아니하거나 도망한 때(제214조의4 제2항)는 직권 또는 검사의 청구에 의하여 결정으로 보증금의 전부 또는 일부를 몰수하여야 한다.

4. 불복방법

구속적부심사청구에 대한 결정에 대해서는 **항고가 불가능**하고, **피고인보석허부결정**에 대해서는 **항고가 가능**한바, **보증금납입조건부 피의자석방결정에 대해** 항고(제402조)가 가능한지가 문제가 된다.

이에 대하여 (1) **긍정설**(그 취지와 내용을 달리하는 것이고, 기소 후 보석결정에 항고가 인정되는 점의 균형상 피의자보석에도 허용하자는 입장)과 (2) **부정설**(항고로 인하여 수사의 지연이나 불필요한 심사로 장기화될 우려가 있으므로 항고를 허용할 수 없다는 입장이 대립하나, 형사소송법 제402조의 규정에 의하면, 법원의 결정에 대하여 불복이 있으면 항고를 할 수 있으나 다만 같은 법에 특별한 규정이 있는 경우에는 예외로 하도록 되어 있는 바, **체포 또는 구속 적부심사절차에서의 법원의 결정에 대한 항고의 허용여부에 관하여 같은 법 제214조의2 제8항은 제2항과 제3항의 기각결정 및 석방결정에 대하여 항고하지 못하는 것으로 규정하고 있을 뿐**이고 제4항에 의한 석방결정에 대하여 항고하지 못한다는 규정은 없을 뿐만 아니라, 같은 법 제214조의2 제4항의 석방결정은 체포 또는 구속이 불법이거나 이를 계속할 사유가 없는 등 부적법한 경우에 피의자의 석방을 명하는 것임에 비하여 같은 법 제214조의2 제3항의 석방결정은 구속의 적법을 전제로 하면서 그 단서에서 정한 제한 사유가 없는 경우에 한하여 출석을 담보할 만한 보증금의 납입을 조건으로 하여 피의자의 석방을 명하는 것이어서 **같은 법 제214조의2 제3항의 석방결정과 제4항의 석방결정은 원래 그 실질적인 취지와 내용을 달리하는 것이고, 또한 기소후 보석결정에 대하여 항고가 인정되는 점에 비추어 그 보석결정과 성질 및 내용이 유사한 기소전 보증금납입조건부 석방결정**에 대하여도 항고할 수 있도록 하는 것이 균형에 맞는 측면도 있다할 것이므로, 같은 법 제214조의2 제4항의 석방결정에 대하여는 피의자나 검사가 그 취소의 실익이 있는 한 같은 **법 제402조에 의하여 항고할 수 있다**(대결 1997.8.27. 97모21)는 **판례**의 입장이 타당하다.

XI 보석 제도

1. 개념

일정한 보증금의 납부를 조건으로 하여 구속의 집행을 정지함으로써 구속된 **피고인**을 석방하는 제도[35](제94조 이하)이다. 보석은 보증을 조건으로 석방하는 것이므로 실질은 구속집행정지와 같다. 즉, 구속영장의 효력은 유지하면서 그 구속의

---

[35] **구별개념**
① 구속의 집행정지 - 보석은 보증금의 납부 등을 조건으로 한다는 점에서 구속의 집행정지와 구별된다.
② 구속의 취소 - 보석이 취소된 때에는 정지되어 있던 구속영장의 효력이 당연히 부활되는 점에서 보석은 구속취소와 구별
③ 체포·구속적부심사 - 보석은 피고인의 석방을 위한 제도라는 점에서 피의자를 석방하기 위한 체포·구속적부심사와 구별

집행만을 잠정적으로 정지되는 것이기 때문에 보석이 취소되면 구속영장의 효력은 다시 생긴다. 보석제도의 취지는 무죄추정의 원칙을 구현하고, 구속의 비례성 원칙을 실현함으로써 피고인의 방어권을 보장하기 위한 것이다.

2. 종류

가. 필요적 보석

> **제95조 【필요적 보석】** 보석의 청구가 있는 때에는 다음 이외의 경우에는 보석을 허가하여야 한다.
> 1. 피고인이 **사형, 무기 또는 장기 10년이 넘는 징역이나 금고**에 해당하는 죄를 범한 때
> 2. 피고인이 **누범에 해당하거나 상습범**인 죄를 범한 때
> 3. 피고인이 **죄증을 인멸하거나 인멸할 염려**가 있다고 믿을 만한 충분한 이유가 있는 때
> 4. 피고인이 **도망하거나 도망할 염려**가 있다고 믿을 만한 충분한 이유가 있는 때
> 5. 피고인의 **주거가 분명하지 아니**한 때
> 6. 피고인이 피해자, 당해 사건의 재판에 필요한 사실을 알고 있다고 인정되는 자 또는 그 친족의 생명·신체나 재산에 해를 가하거나 가할 염려가 있다고 믿을만한 충분한 이유가 있는 때

(1) 필요적 보석의 원칙(제95조)

보석청구가 있는 때에는 제외사유가 없는 한 보석을 허가하여야 한다. 이 보석은 반드시 보석의 청구가 있어야 하는 것으로 직권보석이 아니다.

(2) 필요적 보석의 제외사유

범죄중대성(제1호), **누범·상습범**(제2호), **증거인멸 염려**(제3호), **도망염려**(제4호), **주거부정**(제5호), **기타**(제6호)가 필요적 보석의 제외사유로 규정되어 있는데, 이러한 제외사유가 지나치게 광범위하여 필요적 보석제도의 취지를 훼손한다는 비판이 충분히 가능하다. 피고인이 범한 죄는 기본적으로 공소장에 기재된 적용법조를 통해 **법정형**을 기준으로 판단한다. 판례는 피고인이 집행유예의 기간 중에 있어 집행유예의 결격자라고 하여 보석을 허가할 수 없는 것은 아니고 형사소송법 제95조는 그 제1호 내지 5호 이외의 경우에는 필요적으로 보석을 허가하여야 한다는 것이지 여기에 해당하는 경우에는 보석을 허가하지 아니할 것을 규정한 것이 아니므로 **집행유예기간 중에 있는 피고인의 보석을 허가한 것**이 누범과 상습범에 대하여는 보석을 허가하지 아니할 수 있다는 형사소송법 제95조 제2호의 취지에 위배되어 위법이라고 할 수 없다(대결 1990.4.18. 90모22).

(3) 제외 사유의 판단과 여죄

적극설, 소극설, 절충설, 중간설 등이 대립하나, 사건단위설의 입장에서 여죄를 고려하면 필요적 보석원칙이 형해화할 우려가 있으므로 소극설이 타당하다고 본다.

나. 임의적 보석(제96조)

> **제96조 【임의적 보석】** 법원은 제95조의 규정에 불구하고 상당한 이유가 있는 때에는 직권 또는 제94조에 규정한 자의 청구에 의하여 결정으로 보석을 허가할 수 있다.

임의적 보석은 직권 재량보석의 일종이다. 실무상으로는 주로 중대한 질병이 있는 경우 임의적 보석이 이루어진다.

다. 보석조건의 확대(제98조)

> **제98조 【보석의 조건】** 법원은 보석을 허가하는 경우에는 필요하고 상당한 범위 안에서 다음 각 호의 조건 중 하나 이상의 조건을 정하여야 한다.
> 1. 법원이 지정하는 일시·장소에 출석하고 증거를 인멸하지 아니하겠다는 서약서를 제출할 것
> 2. 법원이 정하는 보증금 상당의 금액을 납입할 것을 약속하는 약정서를 제출할 것
> 3. 법원이 지정하는 장소로 주거를 제한하고 이를 변경할 필요가 있는 경우에는 법원의 허가를 받는 등 도주를 방지하기 위하여 행하는 조치를 수인할 것
> 4. 피해자, 당해 사건의 재판에 필요한 사실을 알고 있다고 인정되는 자 또는 그 친족의 생명·신체·재산에 해를 가하는 행위를 하지 아니하고 주거·직장 등 그 주변에 접근하지 아니할 것
> 5. 피고인 외의 자가 작성한 출석보증서를 제출할 것
> 6. 법원의 허가 없이 외국으로 출국하지 아니할 것을 서약할 것
> 7. 법원이 지정하는 방법으로 피해자의 권리회복에 필요한 금원을 공탁하거나 그에 상당한 담보를 제공할 것
> 8. 피고인 또는 법원이 지정하는 자가 보증금을 납입하거나 담보를 제공할 것
> 9. 그 밖에 피고인의 출석을 보증하기 위하여 법원이 정하는 적당한 조건을 이행할 것
>
> **제100조의2 【출석보증인에 대한 과태료】** ① 법원은 제98조 제5호의 조건을 정한 보석허가결정에 따라 석방된 피고인이 정당한 사유 없이 기일에 불출석하는 경우에는 결정으로 그 출석보증인에 대하여 500만 원 이하의 과태료를 부과할 수 있다.
> ② 제1항의 결정에 대하여는 즉시항고를 할 수 있다.

3. 절차

가. 보석의 청구(제94조, 규칙 제53조 제1항, 제105조)

> **제94조 【보석의 청구】** 피고인, 피고인의 변호인·법정대리인·배우자·직계친족·형제자매·가족·동거인 또는 고용주는 법원에 구속된 피고인의 보석을 청구할 수 있다.

나. 보석결정 전의 검사 의견청취(제97조 제1항)

> **제97조 【보석, 구속의 취소와 검사의 의견】** ① 재판장은 보석에 관한 결정을 하기 전에 검사의 의견을 물어야 한다.
> ② 구속의 취소에 관한 결정을 함에 있어서도 검사의 청구에 의하거나 급속을 요하는 경우외에는 제1항과 같다.
> ③ 검사는 제1항 및 제2항에 따른 의견요청에 대하여 지체 없이 의견을 표명하여야 한다.
> ④ 구속을 취소하는 결정에 대하여는 검사는 즉시항고를 할 수 있다.

재판장은 보석에 관한 결정을 하기 전에 검사의 의견을 물어야 한다. 종래는 "보석에 관한 결정을 함에는"이라고 규정되어 있었다. 이에 대하여 ① 의무적 규정설, ② 재량적 규정설이 대립하고 있는데, 판례는 검사의 의견청취 절차는 보석에 관한 결정의 본질적 부분이 되는 것이 아니므로, **설사 법원이 검사의 의견을 듣지 아니한 채 보석에 관한 결정을 하였다고 하더라도 그 결정이 적정한 이상 절차상의 하자만을 들어 그 결정을 취소할 수는 없다**(대결 1997.11.27. 97모88)고 판시하여 검사의 의견에 기속되지 않는 재량규정임을 명확히 하였다.

다. 법원의 결정(규칙 제54조의2, 규칙 제55조, 규칙 제55조의2)

법원은 그 청구가 부적법하거나 이유가 없는 경우 기각결정을 한다. 반면, 필요적 보석의 제외사유에 해당하지 않거나 상당한 이유가 있는 경우에는 허가결정을 내린다. 이 경우에는 보석보증금 등 보석의 조건을 부과할 수 있다. 이러한 보석허가결정의 효력은 보석이 취소되지 않는 한 판결이 확정될 때까지 지속된다.

라. 보석허가결정에 대한 불복방법

① 규칙 제97조 제4항(보석 허가결정에 대한 검사의 즉시항고)은 **피고인에 대한 보석 허가결정이 부당하다는 검사의 불복**을 그 피고인에 대한 구속집행을 계속할 필요가 없다는 법원의 판단보다 우선시킨 것이어서 구속의 여부와 구속을 계속시키는 여부에 대한 판단을 사법권의 독립이 보장된 법관의 결정에만 맡기려는 영장주의에 위반되고, 그 내용에 있어서 합리성과 정당성이 없으면서 피고인의 신체의 자유를 제한하는

것이므로, 적법절차의 원칙에 반하며, 기본권 제한 입법의 기본 원칙인 방법의 적절성, 피해의 최소성, 법익의 균형성을 갖추지 못하여 과잉금지 원칙에도 위반되므로(헌재결 1993.12.23. 93헌가2) 즉시항고는 허용되지 않는다. 그러나 ② 판례는 형사소송법 제97조 제3항이 구 형사소송법에서 인정하던 보석허가결정에 대한 검사의 즉시항고권을 삭제하였으나, 개정된 법이 시행된 이후에도 **검사가 법 제403조 제2항에 의한 보통항고의 방법으로 보석허가결정에 대하여 불복하는 것은 허용된다**(대결 1997.4.28. 97모26)고 하여, 보통항고의 방법으로 불복하는 것은 허용된다고 판시하고 있다.

마. 보석의 집행 → 선이행 후석방의 원칙(제100조)

> **제100조 【보석집행의 절차】** ① 제98조 제1호·제2호·제5호·제7호 및 제8호의 조건은 이를 이행한 후가 아니면 보석허가결정을 집행하지 못하며, 법원은 필요하다고 인정하는 때에는 다른 조건에 관하여도 그 이행 이후 보석허가결정을 집행하도록 정할 수 있다.
> ② 법원은 보석청구자 이외의 자에게 보증금의 납입을 허가할 수 있다.
> ③ 법원은 유가증권 또는 피고인 외의 자가 제출한 **보증서로써** 보증금에 갈음함을 허가할 수 있다.
> ④ 전항의 보증서에는 보증금액을 언제든지 납입할 것을 기재하여야 한다.
> ⑤ 법원은 보석허가결정에 따라 석방된 피고인이 보석조건을 준수하는데 필요한 범위 안에서 관공서나 그 밖의 공사단체에 대하여 적절한 조치를 취할 것을 요구할 수 있다.

4. 보석의 취소·실효와 보증금의 몰수·환부

가. 보석의 변경과 취소

> **제102조 【보석조건의 변경과 취소 등】** ① 법원은 직권 또는 제94조에 규정된 자의 신청에 따라 결정으로 피고인의 보석조건을 변경하거나 일정기간 동안 당해 조건의 이행을 유예할 수 있다.
> ② 법원은 피고인이 다음 각 호의 어느 하나에 해당하는 경우에는 직권 또는 검사의 청구에 따라 결정으로 보석 또는 구속의 집행정지를 취소할 수 있다. 다만, 제101조 제4항에 따른 구속영장의 집행정지는 그 회기 중 취소하지 못한다.
>   1. 도망한 때
>   2. 도망하거나 죄증을 인멸할 염려가 있다고 믿을 만한 충분한 이유가 있는 때
>   3. 소환을 받고 정당한 사유 없이 출석하지 아니한 때
>   4. 피해자, 당해 사건의 재판에 필요한 사실을 알고 있다고 인정되는 자 또는 그 친족의 생명·신체·재산에 해를 가하거나 가할 염려가 있다고 믿을 만한 충분한 이유가 있는 때
>   5. 법원이 정한 조건을 위반한 때
> ③ 법원은 피고인이 정당한 사유 없이 보석조건을 위반한 경우에는 결정으로 피고인에 대하여 1천만 원 이하의 과태료를 부과하거나 20일 이내의 감치에 처할 수 있다.

법원은 직권 또는 제94조에 규정된 자의 신청에 따라 결정으로 피고인의 보석조건을 변경하거나 일정기간 동안 당해 조건의 이행을 유예할 수 있다(제102조 제1항). 그리고 직권 또는 검사 청구로(제102조 제2항) 보석 취소결정을 할 수 있다(제102조 제2항). 법원의 재량이며, 취소결정에 항고하는 것도 가능하다. '보석조건을 위반'한 경우에는 과태료를 부가하거나 감치에 처할 수 있다(제102조 제3항).

나. 보석의 실효 → 보석의 취소와 구속영장의 실효로(제104조의2)

> **제104조의2 【보석조건의 효력상실 등】** ① 구속영장의 효력이 소멸한 때에는 보석조건은 즉시 그 효력을 상실한다.
> ② 보석이 취소된 경우에도 제1항과 같다. 다만, 제98조 제8호의 조건은 예외로 한다.

다. 보증금의 몰수

(1) 보석의 취소(제102조 제2항)

> **제102조 【보석조건의 변경과 취소 등】** ② 법원은 피고인이 다음 각 호의 어느 하나에 해당하는 경우에는 직권 또는 검사의 청구에 따라 결정으로 보석 또는 구속의 집행정지를 취소할 수 있다. 다만, 제101조 제4항에 따른 구속영장의 집행정지는 그 회기 중 취소하지 못한다.
> 1. 도망한 때
> 2. 도망하거나 죄증을 인멸할 염려가 있다고 믿을 만한 충분한 이유가 있는 때
> 3. 소환을 받고 정당한 사유 없이 출석하지 아니한 때
> 4. 피해자, 당해 사건의 재판에 필요한 사실을 알고 있다고 인정되는 자 또는 그 친족의 생명·신체·재산에 해를 가하거나 가할 염려가 있다고 믿을 만한 충분한 이유가 있는 때
> 5. 법원이 정한 조건을 위반한 때

(2) 임의적 몰취(제103조)

> **제103조 【보증금 등의 몰취】** ① 법원은 보석을 취소하는 때에는 **직권 또는 검사의 청구**에 따라 결정으로 **보증금 또는 담보의 전부 또는 일부를** 몰취할 수 있다.
> ② 법원은 보증금의 납입 또는 담보제공을 조건으로 석방된 피고인이 동일한 범죄사실에 관하여 형의 선고를 받고 그 판결이 확정된 후 집행하기 위한 소환을 받고 정당한 사유 없이 출석하지 아니하거나 도망한 때에는 직권 또는 검사의 청구에 따라 결정으로 보증금 또는 담보의 전부 또는 일부를 몰취하여야 한다.

보석취소결정과 동시에 보석금의 몰수결정을 해야 하는가에 대하여 동시에 해야 한다는 견해, 취소결정 후에도 몰수결정을 할 수 있다는 견해가 대립한다. 이에 대해 판례는 규정이 없음을 근거로 소극설의 입장(대결 1970.3.13. 65모4)에서 적극설로 변경되었는데(대결 2001. 5.29. 2000모22 전원합의체) **형사소송법 제102조 제2항(現 제103조 제2항)**은 "보석을 취소할 때에는 결정으로 보증금의 전부 또는 일부를 몰수할 수 있다"라고 규정하고 있는바, 이는 보석취소사유가 있어 보석취소결정을 할 경우에는 보석보증금의 전부 또는 일부를 몰수하는 것도 가능하다는 의미로 해석될 뿐 **문언상 보석보증금의 몰수는 반드시 보석취소와 동시에 결정하여야 한다는 취지라고 단정하기는 어려운 점**, 같은 법 제103조에서 보석된 자가 유죄판결 확정후의 집행을 위한 소환에 불응하거나 도망한 경우 보증금을 몰수하도록 규정하고 있어 **보석보증금은 형벌의 집행단계에서의 신체의 확보까지 담보하고 있으므로, 보석보증금의 기능은 유죄의 판결이 확정될 때까지의 신체의 확보도 담보하는 취지로 봄이 상당한 점**, 보석취소결정은 그 성질상 신속을 요하는 경우가 대부분임에 반하여, 보증금몰수결정에 있어서는 그 몰수의 요부(보석조건위반 등 귀책사유의 유무) 및 몰수금액의 범위 등에 관하여 신중히 검토하여야 할 필요성도 있는 점 등을 아울러 고려하여 보면, **보석보증금을 몰수하려면 반드시 보석취소와 동시에 하여야만 가능한 것이 아니라 보석취소 후에 별도로 보증금몰수결정을 할 수도 있다.** 그리고 형사소송법 제104조가 구속 또는 보석을 취소하거나 구속영장의 효력이 소멸된 때에는 몰수하지 아니한 보증금을 청구한 날로부터 7일 이내에 환부하도록 규정되어 있다고 하여도, 이 규정의 해석상 **보석취소 후에 보증금 몰수를 하는 것이 불가능하게 되는 것도 아니다**(대결 2001.5.29. 2000모22 전원합의체)라고 판시하였다.

> [관련판례] 보석보증금이 소송절차 진행 중의 피고인의 출석을 담보하는 기능 외에 형 확정 후의 형 집행을 위한 출석을 담보하는 기능도 담당하는 것이고 형사소송법 제102조 제2항의 규정에 의한 보증금몰수결정은 반드시 보석취소결정과 동시에 하여야만 하는 것이 아니라 보석취소결정 후에 별도로 할 수도 있다고 해석되는 점에 비추어 보면, 위 법 **제103조에서 규정하는 "보석된 자"란 보석허가결정에 의하여 석방된 사람 모두를 가리키는 것**이지, 판결확정 전에 그 보석이 취소되었으나 도망 등으로 재구금이 되지 않은 상태에 있는 사람이라고 하여 여기에서 제외할 이유가 없다(대결 2002.5.17. 2001모53).

> [관련판례] **보증금몰수사건은 성질상 당해 형사본안 사건의 기록이 존재하는 법원 또는 그 기록을 보관하는 검찰청에 대응하는 법원**의 토지관할에 속하고, 그 법원이 지방법원인 경우에 있어서 사물관할은 법원조직법 제7조 제4항의 규정에 따라 **지방법원 단독판사**에게 속하는 것이지, 소송절차 계속 중에 보석허가결정 또는 그 취소결정 등을 본안 관할법원인 제1심 합의부 또는 항소심인 합의부에서 한 바 있었다고 하여 그러한 법원이 사물관할을 갖게 되는 것은 아닙니다(대결 2002.5.17. 2001모53).

라. 보증금의 환부(제104조)

> **제104조【보증금 등의 환부】** 구속 또는 보석을 취소하거나 구속영장의 효력이 소멸된 때에는 몰취하지 아니한 보증금 또는 담보를 청구한 날로부터 7일 이내에 환부하여야 한다.

'**구속 또는 보석을 취소**'하거나 '**구속영장의 효력이 소멸된 때**'에는 몰수하지 아니한 보증금 또는 담보를 청구한 날로부터 7일 이내에 환부하여야 한다(제104조). 보석을 취소한 때에도 몰취하지 않거나, 일부만을 몰취한 때에는 나머지 보증금을 환부해야 한다. 구속을 취소하거나 구속영장의 효력이 소멸된 때에는 보증금을 전부 환부해야 한다.

> ❖ **보석제도의 변화**
>
> 1. 보석청구권자의 범위
>   보석청구권자의 범위는 피고인, 피고인의 변호인·법정대리인·배우자·직계친족·형제자매 이외에 가족·동거인 또는 고용주이므로 피의자에 대한 구속적부심사 청구권자의 범위와 동일하다. 참고로 현행법은 구속 피고인의 석방절차를 구속 취소(제93조), 보석(제94조), 구속집행정지(제101조)로 구분하고 있다.[36]
>
> 2. 보석사유
>   가. 취지
>   보석이 필요적 보석임에도 그 예외사유로 인하여 보석청구가 받아들여지는 경우가 드물기 때문에 여러 가지 조건을 부과함으로써 **보석의 가능성을 높여 불구속수사와 재판을 실현하고자** 함에 그 취지가 있다. 이렇게 보석 조건을 다양화하여 **비금전적인 보석 조건을 인정**함으로써 경제적 무자력자에게도 보석의 기회를 확대하고 있다.
>
>   나. 내용(법무부 개정법 설명을 토대로 정리)
>   ① 인신구속에 관한 비례의 원칙이 반영될 수 있도록 법원이 보석 결정을 하는 경우에는 '**필요하고도 상당한 범위 안에서**' 보석조건을 정하도록 하였다.
>   ② 한편, 실무상 '**피해배상**'은 피고인의 도주우려나 증거인멸의 우려를 현저히 감소시키는 대표적인 사정이므로 피해자에 대한 배상 등 범행 후의 정황에 관련된 사항도 보석조건 결정시 고려사항으로 추가하였고, '**피해자의 권리회복에 필요한 금원을 공탁하거나 그에 상당한 담보를 제공하는 것**'도 보석 조건으로 도입하였다. 피해변상이 제대로 이루어지지 않았거나 불충분한 경우에는 피해액 내지 담보 공탁을 보석의 조건으로 부과할 수 있다.
>   ③ 제1호는 피고인이 출석을 약속하면서 작성하는 서약서로서 가장 간편하게 이행할 수 있는 보석 조건으로 기능하다.
>   ④ 제2호는 보증금 납입 약정서로서 피고인이 장래 보증금을 납부하겠다는 의사를 표시하는 서면으로 현행 보증금을 갈음하는 보석 조건으로 경제적 약자에게도 동등한 보석 기회를 부여하는 기능을 수행하고 있다.

---

[36] 보석은 피고인 등의 신청에 의하여 보증금 납부를 조건으로 구속의 집행을 정지하여 석방하는 절차이고, 구속의 취소는 구속사유가 처음부터 존재하지 않음이 판명되거나 구속사유가 사후 소멸한 경우 구속을 취소하는 절차이며, 구속집행정지는 상당한 이유가 있는 경우 피고인을 위탁하거나 주거를 제한하여 구속의 집행을 정지하는 절차로서 법원의 직권에 의한 석방절차로 이해된다.

⑤ 제3호는 법원이 지정하는 장소로 주거를 제한하고 이를 변경하는 경우 법원의 허가를 받게 하는 것으로 치료 목적으로 병원에 입원하는 경우 등에 활용이 가능하고
⑥ 제4호는 피해자, 증인 또는 그 가족에게 접근하거나 위해를 가하지 말라는 부작위 의무를 부담시키는 보석조건으로서 피해자 보호를 달성하고 증거인멸의 우려를 감소시킬 수 있으며
⑦ 제5호는 피고인 이외의 자가 작성한 출석보증서를 제출하는 보석 조건으로 피고인이 정당한 이유 없이 불출석하는 경우 출석보증인에게 500만 원 이하의 과태료를 부과할 수 있고(제100조의2)
⑧ 제6호는 피고인이 법원의 허가 없이 출국하지 않겠다는 서약을 하는 보석조건으로 제1호의 특칙 성격을 띠는 보석 조건이며
⑨ 제7호는 피해자의 권리회복에 필요한 금원을 공탁하거나 그에 상당한 담보를 제공하도록 하는 보석조건이고
⑩ 제8호는 피고인 또는 법원이 지정하는 자가 보증금을 납부하거나 담보를 제공하는 보석 조건으로 보증금 납부 주체가 '법원이 지정하는 자'로 확대되고 보증금에 준하는 담보 제공으로 보증금을 갈음할 수 있게 되었으며
⑪ 제9호는 법률에 구체적으로 나열된 조건 이외에 법원이 적당하다고 판단하는 보석 조건을 부과할 수 있게 하는 보충적인 규정으로, 실무 운영 과정에서 출석담보 기능을 유지하면서도 피고인에게 가장 적합한 보석 조건을 개발하도록 한다.

3. 보석의 절차
① 보석조건은 피고인에게 특정한 작위의무를 부과하는 조건과 부작위 의무를 부과하는 조건으로 구별할 수 있으므로, 보석조건의 이행 및 보석의 집행시기와 관련하여 전자는 선이행·후석방 방식, 후자는 선석방·후이행 방식이 적합하다고 볼 수 있다.
② 그리하여 제1호(본인 서약서), 제2호(본인 보증금 약정서), 제5호(제3자의 출석보증서), 제7호(피해액 공탁 조건), 제8호(보증금 또는 담보 제공)는 선이행·후석방 조건으로 규정하고, 나머지는 선석방·후이행 조건으로 규정하고 있다. 다만, 법원이 지정하는 다양한 보석조건이 부과될 수 있으므로 조건부 석방시 선이행이 필요하다고 판단되면 개별적인 조건의 선이행 여부를 법원이 정할 수 있도록 하였다.
③ 또한 법원이 보석을 허가할 때 제98조의 보석조건이 피고인의 출석을 담보할 수 있도록 보석조건의 준수에 필요한 범위 내에서 공무소 또는 공사 단체에 필요한 조치를 요구할 수 있도록 하고 있다.

4. 보석조건의 변경과 취소
향후 다양한 보석조건이 도입되어 보석조건 부과 사례가 증가하고 보석 석방기간이 경과함에 따라 보다 적절한 보석 조건을 고려할 필요가 있을 수 있으므로 법원이 직권 또는 보석청구권자의 신청에 따라 보석 조건을 변경하거나 일정기간 동안 조건의 이행을 유예할 수 있게 하였다. 한편, 제102조 제1항(보석취소 사유)과 같이 도망 또는 정당한 사유 없는 불출석 이외에도 보석조건 위반 등의 사유가 있으면 피고인에 대한 보석 결정을 취소할 수 있도록 하였다. 또한 피고인이 보석조건을 준수하도록 심리적 강제효과를 높이기 위하여 정당한 이유 없이 보석조건을 위반한 경우에는 피고인에게 1,000만 원 이하의 과태료나 20일 이하의 감치에 처할 수 있고, 과태료, 감치처분 등 보석조건 위반행위에 대한 제재는 보석 취소의 경우에도 부과할 수 있고, 보석의 취소 없이도 부과할 수 있다. 위 제재결정에 대하여는 즉시항고를 할 수 있다.

5. 보증금의 몰취와 보석조건의 실효
   가. 보증금의 몰취
   개정법은 보석취소를 원인으로 한 임의적 보증금 몰취와 형 집행을 위한 소환에 불출석한 것을 원인으로 한 필요적 보증금 몰취에 관하여 제103조에 통합하고 있다.
   나. 보석조건의 효력 상실
   법무부 개정법 설명에 의하면, 구속영장의 효력 소멸(집행유예 석방 등) 또는 보석결정의 취소시에는 문리 해석상 보석 조건의 준수가 당연히 불필요하므로 명문규정을 둘 필요가 없다는 지적도 있었으나, 구속영장의 효력이 소멸된 경우 피고인이 더 이상 보석 조건을 준수할 필요성이 없고, 보석이 취소되어 구속영장이 집행되는 경우에도 보석 조건은 더 이상 필요하지 아니하므로 자동적으로 보석 조건의 효력이 상실되도록 명확히 규정하되, 보석을 취소할 경우 법원이 임의적으로 보증금을 몰취할 수 있는 것이므로 보증금에 관한 보석 조건은 자동 실효 대상에서 제외하였다고 한다.

제5절 대물적 강제수사

제215조 【압수, 수색, 검증】 ① 검사는 범죄수사에 필요한 때에는 피의자가 죄를 범하였다고 의심할 만한 정황이 있고 해당 사건과 관계가 있다고 인정할 수 있는 것에 한정하여 지방법원판사에게 청구하여 발부받은 영장에 의하여 압수, 수색 또는 검증을 할 수 있다.
② 사법경찰관이 범죄수사에 필요한 때에는 피의자가 죄를 범하였다고 의심할 만한 정황이 있고 해당 사건과 관계가 있다고 인정할 수 있는 것에 한정하여 검사에게 신청하여 검사의 청구로 지방법원판사가 발부한 영장에 의하여 압수, 수색 또는 검증을 할 수 있다.

제106조 【압수】 ① 법원은 필요한 때에는 피고사건과 관계가 있다고 인정할 수 있는 것에 한정하여 증거물 또는 몰수할 것으로 사료하는 물건을 압수할 수 있다. 단, 법률에 다른 규정이 있는 때에는 예외로 한다.

제108조 【임의 제출물 등의 압수】 소유자, 소지자 또는 보관자가 임의로 제출한 물건 또는 유류한 물건은 영장없이 압수할 수 있다.

제114조 【영장의 방식】 ① 압수·수색영장에는 피고인의 성명, 죄명, 압수할 물건 수색할 장소, 신체, 물건 발부년월일, 유효기간과 그 기간을 경과하면 집행에 착수하지 못하며 영장을 반환하여야 한다는 취지 기타 대법원규칙으로 정한 사항을 기재하고 재판장 또는 수명법관이 서명날인하여야 한다. 다만, 압수·수색할 물건이 전기통신에 관한 것인 경우에는 작성기간을 기재하여야 한다.
② 제1항의 영장에 관하여는 제75조 제2항을 준용한다.

제120조【집행과 필요한 처분】 ① 압수·수색영장의 집행에 있어서는 건정을 열거나 개봉 기타 필요한 처분을 할 수 있다.
② 전항의 처분은 압수물에 대하여도 할 수 있다.

제121조【영장집행과 당사자의 참여】 검사, 피고인 또는 변호인은 압수·수색영장의 집행에 참여할 수 있다.

제123조【영장의 집행과 책임자의 참여】 ① 공무소, 군사용의 항공기 또는 선차 내에서 압수·수색영장을 집행함에는 그 **책임자에게 참여할 것을 통지하여야 한다.**
② 전항에 규정한 이외의 타인의 주거, 간수자 있는 가옥, 건조물, 항공기 또는 선차 내에서 압수·수색영장을 집행함에는 **주거주, 간수자 또는 이에 준하는** 자를 참여하게 하여야 한다.

제125조【야간집행의 제한】 일출 전, 일몰 후에는 압수·수색영장에 야간집행을 할 수 있는 기재가 없으면 그 영장을 집행하기 위하여 타인의 주거, 간수자 있는 가옥, 건조물, 항공기 또는 선차 내에 들어가지 못한다.

제129조【압수목록의 교부】 압수한 경우에는 **목록**을 작성하여 소유자, 소지자, 보관자 기타 이에 준할 자에게 교부하여야 한다.

제137조【구속영장집행과 수색】 검사, 사법경찰관리 또는 제81조 제2항의 규정에 의한 법원사무관등이 구속영장을 집행할 경우에 **필요한 때에는 미리 수색영장을 발부받기 어려운 긴급한 사정이 있는 경우에 한정하여** 타인의 주거, 간수자있는 가옥, 건조물, 항공기, 선차 내에 들어가 피고인을 수색할 수 있다.

제216조【영장에 의하지 아니한 강제처분】 ① 검사 또는 사법경찰관은 제200조의2·제200조의3·제201조 또는 제212조의 규정에 의하여 피의자를 체포 또는 구속하는 경우에 필요한 때에는 영장없이 다음 처분을 할 수 있다.
  1. 타인의 주거나 타인이 간수하는 가옥, 건조물, 항공기, 선차 내에서의 피의자 **수색. 다만, 제200조의2 또는 제201조에 따라 피의자를 체포 또는 구속하는 경우의 피의자 수색은 미리 수색영장을 발부받기 어려운 긴급한 사정이 있는 때에 한정한다.**
  2. 체포현장에서의 압수, 수색, 검증
② 전항 제2호의 규정은 검사 또는 사법경찰관이 피고인에 대한 구속영장의 집행의 경우에 준용한다.
③ 범행 중 또는 범행직후의 범죄 장소에서 긴급을 요하여 법원판사의 영장을 받을 수 없는 때에는 영장없이 압수, 수색 또는 검증을 할 수 있다. 이 경우에는 사후에 지체 없이 영장을 받아야 한다.

제217조【영장에 의하지 아니하는 강제처분】 ① 검사 또는 사법경찰관은 제200조의3에 따라 **체포된** 자가 소유·소지 또는 **보관하는** 물건에 대하여 **긴급히 압수할 필요가** 있는 경우에는 체포한 때부터 **24시간 이내에 한하여** 영장 없이 압수·수색 또는 검증을 할 수 있다.
② 검사 또는 사법경찰관은 제1항 또는 제216조 제1항 제2호에 따라 압수한 물건을 계속 압수할 필요가 있는 경우에는 **지체 없이 압수수색영장을 청구하여야 한다.** 이 경우 **압수수색영장의 청구는 체포한 때부터 48시간 이내에** 하여야 한다.
③ 검사 또는 사법경찰관은 제2항에 따라 청구한 압수수색영장을 발부받지 못한 때에는 압수한 물건을 즉시 반환하여야 한다.

> **제218조【영장에 의하지 아니한 압수】** 검사, 사법경찰관은 피의자 기타인의 유류한 물건이나 소유자, 소지자 또는 보관자가 임의로 제출한 물건을 영장없이 압수할 수 있다.
> **제219조【준용규정】** 제106조, 제107조, 제109조 내지 제112조, **제114조**, 제115조 제1항 본문, 제2항, 제118조부터 제132조까지, 제134조, 제135조, 제140조, 제141조, 제333조 제2항, 제486의 규정은 **검사 또는 사법경찰관의 본장의 규정에 의한 압수, 수색 또는 검증에 준용한다.** 단, 사법경찰관이 제130조, 제132조 및 제134조에 따른 처분을 함에는 검사의 지휘를 받아야 한다.
> **제220조【요급처분】** 제216조의 규정에 의한 처분을 하는 경우에 급속을 요하는 때에는 제123조 제2항, 제125조의 규정에 의함을 요하지 아니한다.
> **제308조의2【위법수집증거의 배제】** 적법한 절차에 따르지 아니하고 수집한 증거는 증거로 할 수 없다.

Ⅰ 압수와 수색

1. 개념

가. 압수

압수란 물건의 점유를 취득하는 강제처분을 말한다. 압류, 영치 및 제출명령 3가지 유형이 있는데, 압류는 점유의 '취득'에 있어 강제력을 행사하는 것을 의미하고, 영치는 점유의 '계속'에 강제력을 행사하는 것을 의미하며, 제출명령은 법원이 압수한 물건을 지정하여 소유자등에게 제출을 명하는 것을 의미한다. 제출명령은 법원의 명령에 의한 압수로 이는 수사기관의 압수에서는 인정되지 않는다.

나. 수색

압수할 물건 또는 체포할 사람을 발견할 목적으로 주거·물건·사람의 신체 또는 기타 장소에 대하여 행하는 강제처분을 수색이라 한다. 수색은 압수를 위한 전제로 주로 행하여지는 강제처분으로 실무상 압수영장과 함께 1개의 단일 영장으로 발부된다.

다. 압수·수색의 대상

압수의 대상은 피의사건 또는 피고사건과 관계가 있다고 인정할 수 있는 '**증거물**' 또는 '**몰수할 것으로 사료되는 물건**'이다. 그런데 디지털 기술의 발달로 디지털 기술에 대한 증거가치가 점점 중요시되고, 정보저장매체에 저장된 '정보'가 주요 압수의 대상이 되었다. 이에 형사소송법은 압수의 목적물이 컴퓨터용디스크, 그 밖에 이와 비슷한 정보저장매체인 경우에는 기억된 '정보'의 범위를 정하여 '출력'하거나 '복제'하여 제출받도록 하는 정보 압수에 대한 근거규정을 마련하였다(제106조 제3항). 수사기관의 전자정보에 대한 압수·수색은 원칙적으로 영장 발부의 사유로 된 범죄 혐의사실과 관련된 부분만을 문서 출력물로 수집하거나 수사기관이 휴대한 저장매체에 해당 파일을 복제하는 방식으로 이루어져야 하고, **저장매체 자체를 직접 반출하거나 저장매체에 들어 있는 전자파일 전부를 하드카피나 이미징 등 형태(이하 '복제본'이라 한다)로 수사기관 사무실 등 외부로 반출하는 방식으로 압수·수색하는 것은** 현장의 사정이나 전자정보의 대량성으로 관련 정보 획득에 긴 시간이 소요되거나 전문 인력에 의한 기술적 조치가 필요한 경우 등 범위를 정하여 **출력 또는 복제하는 방법이 불가능하거나 압수의 목적을 달성하기에 현저히 곤란하다고 인정되는 때에 한하여 예외적으로 허용**될 수 있을 뿐이다(대결 2015.7.16. 2011모1839 전원합의체). 나아가 형사소송법 제219조, 제121조에 의하면, 수사기관이 압수·수색영장을 집행할 때 피의자 또는 변호인은 그 집행에 참여할 수 있다. **압수의 목적물이 컴퓨터용디스크 그 밖에 이와 비슷한 정보저장매체인 경우**에는 영장 발부의 사유로 된 범죄 혐의사실과 관련 있는 정보의 범위를 정하여 출력하거나 복제하여 이를 제출받아야 하고, 피의자나 변호인에게 참여의 기회를 보장하여야 한다. 만약 그러한 조치를 취하지 않았다면 이는 형사소송법에 정한 영장주의 원칙과 적법절차를 준수하지 않은 것이다. **수사기관이 정보저장매체에 기억된 정보 중에서 키워드 또는 확장자 검색 등을 통해 범죄 혐의사실과 관련 있는 정보를 선별한 다음 정보저장매체와 동일하게 비트열 방식으로 복제하여 생성한 파일(이하 '이미지 파일'이라 한다)을 제출받아 압수하였다면 이로써 압수의 목적물에 대한 압수·수색 절차는 종료된 것이므로, 이미 선별된 이후에는 수사기관이 수사기관 사무실에서 위와 같이 압수된 이미지 파일을 탐색·복제·출력하는 과정에서도** 피의자 등에게 참여의 기회를 보장하여야 하는 것은 아니다(대판 2018.2.8. 2017도13263).

형사소송법 제219조, 제129조에 의하면, 압수한 경우에는 목록을 작성하여 소유자, 소지자, 보관자 기타 이에 준할 자에게 **교부하여야** 한다. … 압수물 목록은 피압수자 등이 압수처분에 대한 준항고를 하는 등 권리행사절차를 밟는 가장 기초적인 자료가 되므로, 수사기관은 이러한 권리행사에 지장이 없도록 압수 직후 현장에서 압수물 목록을 바로 작성하여 교부해야 하는 것이 원칙이다. 이러한 압수물 목록 교부 취지에 비추어 볼 때, **압수된 정보의 상세목록에는** 정보의 파일 명세가 특정되어 있어야 하고, 수사기관은 이를 출력한 서면을 교부하거나 전자파일 형태로 복사해 주거나 이메일을 전송하는 등의 방식으로도 할 수 있다. **전자문서를 수록한 파일 등의 경우**에는, 성질상 작성자의 서명 혹은 날인이 없을 뿐만 아니라 작성자·관리자의 의도나 특정한 기술에 의하여 내용이 편집·조작될 위험성이 있음을 고려하여, 원본임이 증명되거나 혹은 원본으로부터 복사한 사본일 경우에는 복사 과정에서 편집되는 등 인위적 개작 없이 원본의 내용 그대로 복사된 사본임이 증명되어야만 하고, 그러한 증명이 없는 경우에는 쉽게 증거능력을 인정할 수 없다. 그리고 증거로 제출된 전자문서 파일의 사본이나 출력물이 복사·출력 과정에서 편집되는 등 인위적 개작 없이 원본 내용을 그대로 복사·출력한 것이라는 사실은 전자문서 파일의 사본이나 출력물의 생성과 전달 및 보관 등의 절차에 관여한 사람의 증언이나 진술, 원본이나 사본 파일 생성 직후의 **해시(Hash)값 비교**, 전자문서 파일에 대한 검증·감정 결과 등 제반 사정을 종합하여 판단할 수 있다. **이러한 원본 동일성은** 증거능력의 요건에 해당하므로 **검사가 그 존재에 대하여 구체적으로 주장·증명해야 한다**(대판 2018.2.8. 2017도13263).

라. 압수·수색영장 제시

압수수색 영장은 검사의 지휘에 따라 사법경찰관리가 집행하는데, 이 때 영장은 처분을 받는 자에게 반드시 제시하여야 한다(제118조, 제219조). 형사소송법이 압수·수색영장을 집행하는 경우에 피압수자에게 반드시 압수·수색영장을 제시하도록 규정한 것은 법관이 발부한 영장 없이 압수·수색을 하는 것을 방지하여 영장주의 원칙을 절차적으로 보장하고, 압수·수색영장에 기재된 물건, 장소, 신체에 대해서만 압수·수색을 하도록 하여 개인의 사생활과 재산권의 침해를 최소화하는 한편 준항고 등 피압수자의 불복신청의 기회를 실질적으로 보장하기 위한 것이다. 위와 같은 관련 규정과 영장 제시 제도의 입법 취지 등을 종합하여 보면, 압수·수색영장을 집행하는 **수사기관은** 피압수자로 하여금 법관이 발부한 영장에 의한 압수·수색이라는 사실을 확인함과 동시에 형사소송법이 압수·수색영장에 필요적으로 기재하도록 정한 사항이나 그와 일체를 이루는 사항을 충분히 알 수 있도록 압수·수색영장을 제시하여야 한다. 나아가 압수·수색영장은 현장에서 **피압수자가 여러 명일 경우**에는 그들 모두에게 개별적으로 영장을 제시해야 하는 것이 원칙이다. 수사기관이 압수·수색에 착수하면서 **그 장소의 관리책임자에게 영장을 제시하였더라도**, 물건을 소지하고 있는 다른 사람으로부터 이를 압수하고자 하는 때에는 그 사람에게 따로 영장을 제시하여야 한다. 나아가 영장 제시 제도의 입법 취지 등을 종합하여 보면, 압수·수색영장을 집행하는 수사기관은 피압수자로 하여금 법관이 발부한 영장에 의한 압수·수색이라는 사실을 확인함과 동시에 형사소송법이 **압수·수색영장에 필요적으로 기재하도록 정한 사항이나 그와 일체를 이루는 사항을 충분히 알 수 있도록 압수·수색영장을 제시하여야 한다**(대판 2017.9.21. 2015도12400).

관련판례 - 압수·수색절차에서 영장을 제시하지 않은 것 형사소송법 제219조가 준용하는 제118조는 "압수·수색영장은 처분을 받는 자에게 반드시 제시하여야 한다"고 규정하고 있으나, 이는 영장제시가 현실적으로 가능한 상황을 전제로 한 규정으로 보아야 하고, **피처분자가 현장에 없거나 현장에서 그를 발견할 수 없는 경우 등 영장제시가 현실적으로 불가능한 경우에는 영장을 제시하지 아니한 채 압수·수색을 하더라도 위법하다고 볼 수 없다**(대판 2015.1.22. 2014도10978 전원합의체).

최근 압수의 위법을 다툰 재항고 사건에서 대법원은 수사기관이 재항고인의 휴대전화 등을 압수(이하 '압수처분'이라 한다)할 당시 재항고인에게 압수·수색영장을 제시하였는데 재항고인이 영장의 구체적인 확인을 요구하였으나 수사기관이 영장의 범죄사실 기재 부분을 보여주지 않았고, 그 후 재항고인의 변호인이 재항고인에 대한 조사에 참여하면서 비로소 영장을 확인한 경우, 수사기관이 압수처분 당시 재항고인으로부터 영장 내용의 구체적인 확인을 요구받았음에도 압수·수색영장의 내용을 보여주지 않았던 것으로 보이므로 **형사소송법 제219조, 제118조에 따른 적법한 압수·수색영장의 제시라고 인정하기 어렵다는 이유로, 압수처분 당시 수사기관이 법령에서 정한 취지에 따라 재항고인에게 압수·수색영장을 제시하였는지 여부를 판단하지 아니한 채 변호인이 조사에 참여할 당시 영장을 확인하였다는 사정을 들어 압수처분이 위법하지 않다고 본 원심결정에 헌법과 형사소송법의 관련 규정을 위반한 잘못이 있다**(대결 2020.4.16. 2019모3526)고 판시한 바 있다.

마. 변호인의 참여권

형사소송법 제219조, 제121조가 규정한 변호인의 참여권은 피압수자의 보호를 위하여 변호인에게 주어진 **고유권**이다. 따라서 설령 **피압수자가 수사기관에 압수·수색영장의 집행에 참여하지 않는다는 의사를 명시하였다고 하더라도**, 특별한 사정이 없는 한 그 변호인에게는 형사소송법 제219조, 제122조에 따라 미리 집행의 일시와 장소를 통지하는 등으로 압수·수색영장의 집행에 참여할 기회를 **별도로 보장하여야** 한다(대판 2020.11.26. 2020도10729).

바. 야간집행의 제한

일출 전, 일몰 후에는 압수·수색영장에 야간집행을 할 수 있는 기재가 없으면 그 영장을 집행하기 위하여 타인의 주거, 간수자 있는 가옥, 건조물, 항공기 또는 선차 내에 들어가지 못한다(제219조, 제125조). 다만, 도박 기타 풍속을 해하는 행위에 상용된다고 인정하는 장소나 공개된 시간 내의 여관, 음식점 기타 야간에 공중이 출입할 수 있는 장소는 야간집행의 제한을 받지 않는다(제219조, 제126조).

사. 집행 1회성의 원칙

형사소송법 제215조에 의한 압수·수색영장은 수사기관의 압수·수색에 대한 허가장으로서 거기에 기재되는 유효기간은 집행에 착수할 수 있는 종기를 의미하는 것일 뿐이므로, 수사기관이 압수·수색영장을 제시하고 집행에 착수하여 압수·수색을 실시하고 그 집행을 종료하였다면 이미 그 영장은 목적을 달성하여 효력이 상실되는 것이고, 동일한 장소 또는 목적물에 대하여 다시 압수·수색할 필요가 있는 경우라면 그 필요성을 소명하여 법원으로부터 새로운 압수·수색영장을 발부 받아야 하는 것이지, 앞서 발부 받은 압수·수색영장의 유효기간이 남아있다고 하여 이를 제시하고 다시 압수·수색을 할 수는 없다(대결 1999.12.1. 99모161).

2. 대물적 강제수사와 영장주의

영장주의 원칙(제215조)은 압수수색에 있어서도 당연히 적용된다. 다만 압수수색의 긴급성에 대처하기 위해 **엄격한 요건** 하에 영장주의의 예외를 인정하고 있다.

> 관련판례 헌법과 형사소송법이 구현하고자 하는 적법절차와 영장주의의 정신에 비추어 볼 때, 법관이 압수·수색영장을 발부하면서 '**압수할 물건**'을 특정하기 위하여 기재한 문언은 엄격하게 해석하여야 하고, 함부로 피압수자 등에게 불리한 내용으로 확장 또는 유추 해석하여서는 안 된다. 따라서 압수·수색영장에서 압수할 물건을 '**압수장소에 보관중인 물건**'이라고 기재하고 있는 것을 '**압수장소에 현존하는 물건**'으로 해석할 수는 없다(대판 2009.3.12. 2008도763).

영장 기재 범죄사실과 관련성이 있는 것만 압수·수색할 수 있고, 영장에 명시되지 않은 장소 또는 별개의 무관한 물건에 대한 압수나 수색은 금지된다. 형사소송법 제215조 제1항은 "검사는 범죄수사에 필요한 때에는 피의자가 죄를 범하였다고 의심할 만한 정황이 있고 해당 사건과 관계가 있다고 인정할 수 있는 것에 한정하여 지방법원판사에게 청구하여 발부받은 영장에 의하여 압수, 수색 또는 검증을 할 수 있다."라고 정하고 있다. 따라서 영장 발부의 사유로 된 범죄 **혐의사실과 무관한 별개의 증거를 압수하였을 경우** 이는 원칙적으로 유죄 인정의 증거로 사용할 수 없다. 그러나 압수·수색의 목적이 된 범죄나 이와 **관련된 범죄**의 경우에는 그 압수·수색의 결과를 유죄의 증거로 사용할 수 있다(대판 2017.12.5. 2017도13458). 즉, **별건압수**는 헌법상 영장주의 내지 적법절차의 실질적 내용을 침해하는 **중대한 위법에 해당한다**. 판례가 '사법경찰리가 음란물유포의 범죄혐의를 이유로 발부받은 압수·수색영장에 기하여 피고인의 주거지를 수색하는 과정에서 대마가 발견되자 이에 피고인을 마약류관리에 관한 법률 위반(대마)죄의 현행범으로 체포하면서 위 대마를 압수하였으나, 현행범으로 체포된 피고인이 구속영장에 의하여 구속되지 않고 다음날 석방되었음에도 사후 압수·수색영장을 발부받지 않은 사안에서, 위 압수물과 압수조서는 형사소송법상 영장주의를 위반하여 수집한 증거로서 **증거능력이 부정된다**(대판 2009.5.14. 2008도10914)고 판시한 것도 같은 이유이다. 별건 압수에 해당하는지를 판단하는 기준인 **압수·수색영장의 범죄 혐의사실과 관계있는 범죄라는 것은** 압수·수색영장에 기재한 혐의사실과 객관적 관련성이 있고 압수·수색영장 대상자와 피의자 사이에 인적 관련성이 있는 범죄를 의미한다. 그중 혐의사실과의 **객관적 관련성은** 압수·수색영장에 기재된 혐의사실 자체 또는 그와 기본적 사실관계가 동일한 범행과 직접 관련되어 있는 경우는 물론 범행 동기와 경위, 범행 수단과 방법, 범행 시간과 장소 등을 증명하기 위한 간접증거나 정황증거 등으로 사용될 수 있는 경우에도 인정될 수 있다. 그 관련성은 압수·수색영장에 기재된 혐의사실의 내용과 수사의 대상, 수사 경위 등을 종합하여 **구체적·개별적 연관관계가 있는 경우에만 인정되고, 혐의사실과 단순히 동종 또는 유사 범행이라는 사유만으로 관련성이 있다고 할 것은 아니다. 그리고 피의자와 사이의 **인적 관련성은** 압수·수색영장에 기재된 대상자의 공동정범이나 교사범 등 공범이나 간접정범은 물론 필요적 공범 등에 대한 피고사건에 대해서도 인정될 수 있다(대판 2017.12.5. 2017도13458).

> **관련판례 - 별건압수에 해당한다는 판례** 수사기관이 피의자 갑의 공직선거법 위반 범행을 영장 범죄사실로 하여 발부받은 압수·수색영장의 집행 과정에서 을, 병 사이의 대화가 녹음된 녹음파일(이하 '녹음파일'이라 한다)을 압수하여 을, 병의 공직선거법 위반 혐의사실을 발견한 사안에서, 압수·수색영장에 기재된 '피의자'인 갑이 녹음파일에 의하여 의심되는 **혐의사실과 무관한 이상,** 수사기관이 별도의 압수·수색영장을 발부받지 아니한 채 압수한 녹음파일은 **형사소송법 제219조**에 의하여 수사기관의 압수에 준용되는 **형사소송법 제106조 제1항**이 규정하는 '피고사건' 내지 같은 법 **제215조 제1항**이 규정하는 '해당 사건'과 '관계가 있다고 인정할 수 있는 것'에 해당하지 않으며, 이와 같은 압수에는 헌법 제12조 제1항 후문, 제3항 본문이 규정하는 **영장주의를 위반한 절차적 위법이 있으므로,** 녹음파일은 **형사소송법 제308조의2**에서 정한 '적법한 절차에 따르지 아니하고 수집한 증거'로서 증거로 쓸 수 없고, 그 절차적 위법은 헌법상 영장주의 내지 적법절차의 실질적 내용을 침해하는 **중대한 위법**에 해당하여 예외적으로 **증거능력을 인정할 수도 없다**(대판 2014.1.16. 2013도7101).

> **관련판례 - 별건압수에 해당하지 않는다는 판례** 성범죄로 긴급체포한 피의자의 휴대폰을 압수하면서 영장에 적힌 혐의와 다른 성범죄와 관련한 자료가 있다면 이를 증거로 사용할 수 있다고 본 사안 / 압수·수색영장의 범죄 혐의사실과 관계있는 범죄의 의미
>
> [1] 형사소송법 제215조 제1항은 "검사는 범죄수사에 필요한 때에는 피의자가 죄를 범하였다고 의심할 만한 정황이 있고 해당 사건과 관계가 있다고 인정할 수 있는 것에 한정하여 지방법원판사에게 청구하여 발부받은 영장에 의하여 압수, 수색 또는 검증을 할 수 있다."라고 정하고 있다. 따라서 영장 발부의 사유로 된 범죄 혐의사실과 무관한 별개의 증거를 압수하였을 경우 이는 원칙적으로 유죄 인정의 증거로 사용할 수 없다. 그러나 **압수·수색의**

목적이 된 범죄나 이와 관련된 범죄의 경우에는 그 압수·수색의 결과를 유죄의 증거로 사용할 수 있다. 압수·수색영장의 범죄 혐의사실과 관계있는 범죄라는 것은 압수·수색영장에 기재한 혐의사실과 객관적 관련성이 있고 압수·수색영장 대상자와 피의자 사이에 인적 관련성이 있는 범죄를 의미한다. 그중 혐의사실과의 객관적 관련성은 압수·수색영장에 기재된 혐의사실 자체 또는 그와 기본적 사실관계가 동일한 범행과 직접 관련되어 있는 경우는 물론 범행 동기와 경위, 범행 수단과 방법, 범행 시간과 장소 등을 증명하기 위한 간접증거나 정황증거 등으로 사용될 수 있는 경우에도 인정될 수 있다. 이러한 객관적 관련성은 압수·수색영장에 기재된 혐의사실의 내용과 수사의 대상, 수사 경위 등을 종합하여 구체적·개별적 연관관계가 있는 경우에만 인정된다고 보아야 하고, **혐의사실과 단순히 동종 또는 유사 범행이라는 사유만으로 객관적 관련성이 있다고 할 것은 아니다.**

[2] 피고인이 2018. 5. 6.경 피해자 갑(여, 10세)에 대하여 저지른 간음유인미수 및 성폭력범죄의 처벌 등에 관한 특례법(이하 '성폭력처벌법'이라고 한다) 위반(통신매체이용음란) 범행과 관련하여 수사기관이 피고인 소유의 휴대전화를 압수하였는데, 위 휴대전화에 대한 디지털정보분석 결과 피고인이 2017. 12.경부터 2018. 4.경까지 사이에 저지른 피해자 을(여, 12세), 병(여, 10세), 정(여, 9세)에 대한 간음유인 및 간음유인미수, 미성년자의제강간, 성폭력처벌법 위반(13세미만미성년자강간), 성폭력처벌법 위반(통신매체이용음란) 등 범행에 관한 추가 자료들이 획득되어 그 증거능력이 문제 된 사안에서, 위 휴대전화는 피고인이 긴급체포되는 현장에서 적법하게 압수되었고, **형사소송법 제217조 제2항**에 의해 발부된 법원의 사후 압수·수색·검증영장(이하 '압수·수색영장'이라고 한다)에 기하여 압수 상태가 계속 유지되었으며, 압수·수색영장에는 범죄사실란에 갑에 대한 간음유인미수 및 통신매체이용음란의 점만이 명시되었으나, 법원은 계속 압수·수색·검증이 필요한 사유로서 **영장 범죄사실에 관한 혐의의 상당성 외에도 추가 여죄수사의 필요성을 포함시킨 점**, 압수·수색영장에 기재된 혐의사실은 미성년자인 갑에 대하여 간음행위를 하기 위한 중간 과정 내지 그 수단으로 평가되는 행위에 관한 것이고 나아가 피고인은 형법 제305조의2 등에 따라 **상습범으로 처벌될 가능성이 완전히 배제되지 아니한 상태였으므로, 추가 자료들로 밝혀지게 된 을, 병, 정에 대한 범행은 압수·수색영장에 기재된 혐의사실과 기본적 사실관계가 동일한 범행에 직접 관련되어 있는 경우라고 볼 수 있으며**, 실제로 2017. 12.경부터 2018. 4.경까지 사이에 저질러진 추가 범행들은, 압수·수색영장에 기재된 혐의사실의 일시인 2018. 5. 7.과 시간적으로 근접할 뿐만 아니라, 피고인이 자신의 성적 욕망을 해소하기 위하여 미성년자인 피해자들을 대상으로 저지른 일련의 성범죄로서 범행 동기, 범행 대상, 범행의 수단과 방법이 공통되는 점, 추가 자료들은 압수·수색영장의 범죄사실 중 간음유인죄의 '간음할 목적'이나 성폭력처벌법 위반(통신매체이용음란)죄의 '자기 또는 다른 사람의 성적 욕망을 유발하거나 만족시킬 목적'을 뒷받침하는 간접증거로 사용될 수 있었고, 피고인이 영장 범죄사실과 같은 범행을 저지른 수법 및 준비과정, 계획 등에 관한 정황증거에 해당할 뿐 아니라, 영장 범죄사실 자체에 대한 피고인 진술의 신빙성을 판단할 수 있는 자료로도 사용될 수 있었던 점 등을 종합하면, **추가 자료들로 인하여 밝혀진 피고인의 을, 병, 정에 대한 범행은 압수·수색영장의 범죄사실과 단순히 동종 또는 유사 범행인 것을 넘어서 이와 구체적·개별적 연관관계가 있는 경우로서 객관적·인적 관련성을 모두 갖추었다**는 이유로, 같은 취지에서 추가 자료들은 위법하게 수집된 증거에 해당하지 않으므로 압수·수색영장의 범죄사실뿐 아니라 추가 범행들에 관한 증거로 사용할 수 있다(대판 2020.2.13. 2019도14341).

행정조사와 수사를 구분하여야 한다. 예를 들어, 관세법이 관세의 부과·징수와 아울러 수출입물품의 통관을 적정하게 함을 목적으로 한다는 점(관세법 제1조)에 비추어 보면, 우편물 통관검사절차에서 이루어지는 우편물의 개봉, 시료채취, 성분분석 등의 검사는 수출입물품에 대한 적정한 통관 등을 목적으로 한 **행정조사의 성격**을 가지는 것으로서 **수사기관의 강제처분이라고 할 수 없으므로**, 압수·수색영장 없이 우편물의 개봉, 시료채취, 성분분석 등 검사가 진행되었다 하더라도 특별한 사정이 없는 한 위법하다고 볼 수 없다(대판 2013.9.26. 2013도7718). 그러나 행정조사가 아닌 범죄혐의를 찾기 위하여 행정조사의 형식으로 이루어진 증거수집행위는 실질적으로 강제수사에 해당하므로 영장주의 원칙의 적용을 받아야 한다.

> **관련판례 — 세관공무원의 통관검사와 마약류 불법거래방지에 관한 특례법의 관계** [1] 세관공무원이 수출입물품을 검사하는 과정에서 마약류가 감추어져 있다고 밝혀지거나 그러한 의심이 드는 경우, 검사는 그 마약류의 분산을 방지하기 위하여 충분한 감시체제를 확보하고 있어 수사를 위하여 이를 외국으로 반출하거나 대한민국으로 반입할 필요가 있다는 요청을 세관장에게 할 수 있고, 세관장은 그 요청에 응하기 위하여 필요한 조치를 할 수 있다(마약류 불법거래방지에 관한 특례법 제4조 제1항). 그러나 이러한 조치가 수사기관에 의한 압수·수색에 해당하는 경우에는 영장주의 원칙이 적용된다. 물론 수출입물품 통관검사절차에서 이루어지는 물품의 개봉, 시료채취, 성분분석 등의 검사는 수출입물품에 대한 적정한 통관 등을 목적으로 조사를 하는 것으로서 이를 수사기관의 강제처분이라고 할 수 없으므로, 세관공무원은 압수·수색영장 없이 이러한 검사를 진행할 수 있다.
>
> [2] 세관공무원이 통관검사를 위하여 직무상 소지하거나 보관하는 물품을 수사기관에 임의로 제출한 경우에는 비록 소유자의 동의를 받지 않았다고 하더라도 수사기관이 강제로 점유를 취득하지 않은 이상 해당 물품을 압수하였다고 할 수 없다(대판 2013.9.26. 2013도7718 참조). 그러나 위 마약류 불법거래방지에 관한 특례법 제4조 제1항에 따른 조치의 일환으로 특정한 수출입물품을 개봉하여 검사하고 그 내용물의 점유를 취득한 행위는 위에서 본 수출입물품에 대한 적정한 통관 등을 목적으로 조사를 하는 경우와는 달리, **범죄수사인 압수 또는 수색에 해당하여 사전 또는 사후에 영장을 받아야 한다**고 봄이 타당하다(대판 2017.7.18. 2014도8719).
>
> → 피고인이 국제항공특송화물 속에 필로폰을 숨겨 수입할 것이라는 정보를 입수한 검사가, 이른바 '통제배달(controlled delivery, 적발한 금제품을 감시하에 배송함으로써 거래자를 밝혀 검거하는 수사기법)'을 하기 위해, 세관공무원의 협조를 받아 특송화물을 통관절차를 거치지 않고 가져와 개봉하여 그 속의 필로폰을 취득하였으므로, 이는 구체적인 범죄사실에 대한 증거수집을 목적으로 한 압수·수색인데도 사전 또는 사후에 영장을 받지 않았다는 이유로 압수물 등의 증거능력을 부정한 원심판단이 정당하다고 보아 검사의 상고를 기각한 사안임.

Ⅱ 압수·수색에 있어서의 영장주의의 예외

1. 체포·구속 목적의 피의자수색(제216조 제1항 제1호)

> **제216조【영장에 의하지 아니한 강제처분】** ① 검사 또는 사법경찰관은 제200조의2·제200조의3·제201조 또는 제212조의 규정에 의하여 피의자를 체포 또는 구속하는 경우에 **필요한 때에는** 영장없이 다음 처분을 할 수 있다.
> 1. 타인의 주거나 타인이 간수하는 가옥, 건조물, 항공기, 선차 내에서의 피의자 수색. 다만, 제200조의2 또는 제201조에 따라 피의자를 체포 또는 구속하는 경우의 피의자 수색은 미리 수색영장을 발부받기 어려운 긴급한 사정이 있는 때에 한정한다.

검사 또는 사법경찰관은 체포 구속하는 경우에 필요한 때에는 영장 없이 타인의 주거나 타인이 간수하는 가옥·건조물·항공기·선차 내에서 피의자수사를 할 수 있다(제216조 제1항 제1호). 이는 피의자의 **소재를 발견하기 위한** 수색은 체포를 위한 불가결한 전제이기 때문에 영장주의의 예외를 인정하는 것이다. 그러므로 **피의자의 발견을 위한 경우**에만 적용되며 구속·체포하기 위한 처분이므로 수색은 체포 전임을 요한다. 수색의 범위도 피의자의 주거 등에 제한되지 아니하고, 피의자가 소재한다는 개연성이 있는 **제3자의 주거**도 **대상**이 된다. 또한 **요급처분이 허용**(제220조)된다.

또한 해당 조항은 종래 '**필요한때**' 라고 애매모호하게 명시하여 피의자가 그 장소에 소재할 개연성만 인정되면 수색영장발부받기 어려운 긴급한 사정이 아닌 때에도 무분별하게 남용될 여지가 컸다. 이는 헌법 제16조(영장주의의 예외) 목적과 취지에 크게 벗어난다. 해당 **장소에 범죄혐의나 범죄를 입증할 자료나 피의자가 존재할 개연성뿐만 아니라 사전에 영장을 발부 받기 어려운 긴급하고 곤란한 사정이 있는 경우에만 제한적으로 허용되는 것이 타당하다**(헌법불합치 결정). 이에 2019년 개정을 통해 '미리 수색영장을 발부받기 어려운 긴급한 사정이 있는 때'라는 긴급성 요건이 들어가게 되었다.

> **관련판례 - 체포영장 집행시 별도 영장 없이 타인의 주거 등을 수색할 수 있도록 한 형사소송법 조항은 영장주의 위반 - 헌법불합치(잠정적용 헌법불합치)** 헌법 제12조 제3항과는 달리 헌법 제16조 후문은 "**주거에 대한 압수나 수색을 할 때에는 검사의 신청에 의하여 법관이 발부한 영장을 제시하여야 한다.**"라고 규정하고 있을 뿐 영장주의에 대한 예외를 명문화하고 있지 않으나, 헌법 제12조 제3항과 헌법 제16조의 관계, 주거 공간에 대한 긴급한 압수·수색의 필요성, 주거의 자유와 관련하여 영장주의를 선언하고 있는 헌법 제16조의 취지 등에 비추어 ① 그 장소에 **범죄혐의 등을 입증할 자료나 피의자가 존재할 개연성이 있고**, ② 사전에 영장을 발부받기 어려운 긴급한 사정이 있는 경우에는 제한적으로 영장주의의 예외를 허용할 수 있다고 보는 것이 타당하다.

심판대상조항은 체포영장을 발부받아 피의자를 체포하는 경우에 필요한 때에는 영장 없이 타인의 주거 등 내에서 피의자 수사를 할 수 있다고 규정함으로써, 앞서 본 바와 같이 **별도로 영장을 발부받기 어려운 긴급한 사정이 있는지 여부를 구별하지 아니하고 피의자가 소재할 개연성만 소명되면 영장 없이 타인의 주거 등을 수색할 수 있도록 허용하고 있다.**

이는 체포영장이 발부된 피의자가 타인의 주거 등에 소재할 개연성은 소명되나, **수색에 앞서 영장을 발부받기 어려운 긴급한 사정이 인정되지 않는 경우에도 영장 없이 피의자 수색을 할 수 있다는 것이므로, 위에서 본 헌법 제16조의 영장주의 예외 요건을 벗어나는 것으로서 영장주의에 위반된다**(헌재결 2018.4.26. 2015헌바370 등).

2. 체포현장에서의 압수·수색·검증(제216조 제1항 제2호)

> **제216조【영장에 의하지 아니한 강제처분】** ① 검사 또는 사법경찰관은 제200조의2·제200조의3·제201조 또는 제212조의 규정에 의하여 피의자를 체포 또는 구속하는 경우에 필요한 때에는 영장없이 다음 처분을 할 수 있다.
> 2. 체포현장에서의 압수, 수색, 검증

가. 제도의 취지

검사 또는 사법경찰관은 제200조의2·제200조의3·제201조 또는 제212조의 규정에 의하여 피의자를 체포 또는 구속하는 경우에 필요한 때에는 영장없이 체포현장에서의 압수, 수색, 검증을 할 수 있도록 하였다. 이를 인정한 근거에 대하여는 ① **부수처분설**(체포/구속영장이 이미 발부되어 있거나 구속영장의 발부되는 경우 대는 소를 포함한다는 의미에서) 과 ② **긴급행위설**(체포나 구속의 과정에서 발생하는 긴급행위로서 허용)이 대립하고 있는데, 대물적 강제처분의 독자성을 인정함이 타당하므로 긴급행위설이 타당하다. 부수처분설은 특히 구속의 적법성을 전제로 하여야 하므로 반드시 체포에 성공하여야 한다는 것을 요건으로 하게 되는데, 이는 긴급한 상황에서 압수수색의 필요성에 적절히 대응할 수 없게 된다. 단, 사후에 압수수색영장을 발부받을 것이 요구된다(제217조 제2항).

> **관련판례** 형사소송법 제216조 제1항 제2호, 제217조 제2항, 제3항은 사법경찰관은 형사소송법 제200조의3(**긴급체포**)의 규정에 의하여 피의자를 체포하는 경우에 필요한 때에는 영장 없이 체포현장에서 압수·수색을 할 수 있고, **압수한 물건을 계속 압수할 필요가 있는 경우에는 지체 없이 압수수색영장을 청구하여야 하며, 청구한 압수수색영장을 발부받지 못한 때에는 압수한 물건을 즉시 반환하여야 한다**고 규정하고 있는바, 형사소송법 제217조 제2항, 제3항에 위반하여 압수수색영장을 청구하여 이를 발부받지 아니하고도 **즉시 반환하지 아니한 압수물은 이를 유죄 인정의 증거로 사용할 수 없는 것이고, 헌법과 형사소송법이 선언한 영장주의의 중요성에 비추어 볼 때 피고인이나 변호인이 이를 증거로 함에 동의하였다고 하더라도 달리 볼 것은 아니다**(대판 2009.12.24. 2009도11401).

> **참고**
> **체포현장에서의 영장 없는 압수(제216조 제1항 제2호) 허용 요건**
> ① 체포와의 시간적 접착성, ② 당해 사건의 증거물에 한할 것 그리고 ③ 피체포자의 신체 및 그의 직접 지배하에 있는 장소일 것 등의 요건을 충족하여야 한다. 더불어 ④ 압수한 물건을 계속 압수할 필요가 있는 경우에는 지체없이 압수·수색영장을 청구하여야 하는데 압수수색영장의 청구는 체포한 때부터 48시간 이내에 하여야 한다.

나. 체포와의 시간적 접착성('체포현장'의 의미)

체포현장의 의미는 다음과 같은 학설의 대립이 있다. ① **시간적·장소적 접착설**(체포의 전후 및 체포의 성공 여부를 불문함) ② **현장설**(압수수색 당시에 피의자가 현장에 있을 것을 要함) ③ **체포착수설**(피의자가 압수수색의 장소에 있고 체포에 현실적으로 착수해야 함) ④ **체포설**(체포실현설, 피의자가 현실적으로 체포되었을 것을 要함)이 대립하는데, 종래는 제216조 제3항과 제217조 제2항 단서가 사후 구속영장을 받을 것을 요구하고 있다는 점에서 부수처분설적 입장으로 해석할 수 있었으며 이에 피의자가 현실로 체포된 경우에 한하여 허용함이 타당하다는 것이 한 때 실무의 입장인 적이 있었다. 다만, 체포의 전후는 묻지 않는다고 봄이 본 규정의 취지에 부합한다고 보았다(개정 전 검찰실무상의 해석도 동일). 그러나 현재는 제216조 제1항 제2호의 체포현장에서의 압수·수색에 대하여 사후에 구속영장이 아닌 압수수색영장을 받도록 하고 있으며, 긴급행위설적 입장을 취하고 있으므로 체포현장의 의미 역시 긴급행위설적인 입장에서 파악하는 것이 타당하다. 어느 학설을 취하든지 기본적으로 시간적으로나 장소적으로 접속될 것을 요구한다고 봄이 타당하다. 판례는 경찰이 피고인의 집에서 **20m 떨어진 곳**에서 피고인을 체포한 후 피고인의 집안을 수색하여 칼과 합의서를 압수하였을 뿐만 아니라 적법한 시간 내에 압수수색영장을 청구하여 발부받지도 않은 사안에서, 위 칼과 합의서는 위법하게 압수된 것으로서 증거능력이 없고, 이를 기초로 한 2차 증거인 '임의제출동의서', '압수조서 및 목록', '압수품 사진' 역시 증거능력이 없다(대판 2010.7.22. 2009도14376)는 입장이다.

위 학설 중 시간적·장소적 접착설과 체포착수설은 긴급행위설적인 입장에 기초한 학설인데 체포현장이 문제되는 영역은 다음의 두 가지 경우가 대표적이다. ① 체포에 성공하지 못한 경우와 ② 먼저 압수한 후 체포에 착수하는 경우이다.

부수처분설과 달리 긴급행위설은 구속의 적법을 전제하지 않으므로 체포의 성공을 반드시 요하지 않는다고 본다. 다만, 이 경우에도 적어도 체포에는 착수하여야 한다는 체포착수설과 체포에 착수를 요하지 않는다는 시간적·장소적 접착설이 대립한다.

판례는 **현행범 체포에 착수하지 아니한 상태여서** 형사소송법 제216조 제1항 제2호, 제212조가 정하는 '체포현장에서의 압수·수색' 요건을 갖추지 못하였으므로, 영장 없는 압수·수색업무로서의 적법한 직무집행으로 볼 수 없다(대판 2017.11.29. 2014도16080)고 판시한 바 있어, 체포착수설의 입장에 가깝다고 판단된다.

또한 압수를 먼저 한 후 체포에 나아간 경우는 **체포착수설**에 의하면 위법하다고 판단하게 된다. 그러나 **시간적·장소적 접착설**은 시간적으로나 장소적으로 근접하다면 적법하다고 볼 여지가 있게 된다. 영장주의의 예외는 엄격하게 제한적으로 해석함이 타당하다는 측면에서 시간적·장소적은 당연히 인정되어야 할 뿐 아니라 적어도 체포에는 착수하여야 한다고 봄이 타당하다. 다만, 긴급한 상황에서 압수수색이 이루어지는 만큼 체포에 성공하지 못하는 경우가 발생할 수 있으므로 체포에 성공할 것까지 요하지는 않는다고 볼 것이다. 따라서 체포에 착수하였으나 피의자가 도주한 경우에도 체포를 시도한 현장에서 영장 없이 압수·수색 또는 검증이 가능하다고 볼 것이다.

> **관련판례** 피고인·변호인은 피고인을 현행범으로 체포하면서 압수한 석궁과 화살 등을 계속 압수할 필요가 있는 경우에는 형사소송법 제217조 제2항의 규정에 의하여 새로 압수수색영장을 발부받아야 하는 것인데, 수사기관이 이를 발부받지 아니하였으므로 위 석궁과 화살 등은 위법하게 수집된 증거로서 증거능력이 없음에도 불구하고, 원심이 이를 증거로 사용한 위법이 있다고 주장한다. 그러나 위 조항은 2008. 1. 1.부터 시행된 개정 형사소송법에 신설된 규정이고, 형사소송법 부칙 제2조 단서는 "이 법 시행 전에 종전의 규정에 따라 행한 행위의 효력에는 영향을 미치지 아니한다"고 규정하고 있는바, 기록에 의하면 수사기관은 개정 형사소송법 시행 전인 2007. 1. 15. 피고인을 현행범으로 체포하면서 위 증거물들을 적법하게 압수하였고, 이와 같이 압수한 후에 새로 압수수색영장을 발부받지 아니하였다고 하더라도 위 부칙 조항에 의하여 종전의 규정에 따라 적법하게 행한 압수행위의 효력에 영향을 미치는 것은 아니므로, 위 압수물들을 증거로 사용한 원심의 조치에 어떠한 위법이 있다고 할 수 없다(대판 2008.6.12. 2008도2621).

다. 압수수색의 대상과 장소적 범위

(1) 대상 : 체포자에게 위해를 줄 우려가 있는 무기 기타의 흉기, 수단이 되는 물건, 체포의 원인이 되는 범죄사실에 대한 증거물에 한한다(긴급행위설).

(2) 장소적 범위 : 피체포자의 신체 및 그의 직접 지배하에 있는 장소

형사소송법 제220조는 "제216조의 규정에 의한 처분을 하는 경우에 급속을 요할 때에는 제123조 제2항(주거주 등 책임자의 참여), 제125조의 규정(야간집행의 제한)에 의함을 요하지 아니한다."라고 규정하고 있다. 따라서 이 규정에 의하여 동법 제216조에 따라 영장 없이 압수 등을 할 경우에는 ① 주거주 등 책임자의 참여 없이도 압수 등을 할 수 있고, ② 야간이더라도 압수 등을 할 수 있다. 그러나 법률규정을 살펴볼 때 동법 **제220조에 의한 요급처분은 제216조의 처분을 할 때에만 허용**될 뿐, 제217조에 의한 긴급체포시의 압수 등의 경우에는 그 적용이 없다.

3. 피고인 구속현장에서의 압수·수색·검증(제216조 제2항)

> **제216조 【영장에 의하지 아니한 강제처분】** ② 전항 제2호의 규정은 검사 또는 사법경찰관이 피고인에 대한 구속영장의 집행의 경우에 준용한다.

검사 또는 사법경찰관(집행기관)이 피고인에 대한 구속영장을 집행함에 필요한 때에는 그 집행현장에서 영장 없이 압수·수색 또는 검증할 수 있다(제216조 제2항). 집행현장에서의 압수·수색 또는 검증은 법원의 압수수색이 아니며 수사기관의 수사에 속하는 처분이다. 따라서 그 결과를 법관에게 보고하거나 압수물을 제출할 것을 요하지 않는다. 이는 **공소제기 후의 수사**에 해당하므로 별도로 사후영장을 받을 필요도 없다.

4. 범죄장소에서의 압수·수색·검증(제216조 제3항)

> **제216조 【영장에 의하지 아니한 강제처분】** ③ 범행 중 또는 범행직후의 범죄 장소에서 긴급을 요하여 법원판사의 영장을 받을 수 없는 때에는 영장없이 압수, 수색 또는 검증을 할 수 있다. 이 경우에는 사후에 지체없이 영장을 받아야 한다.

범행 중 또는 범행직후의 범죄장소에서 긴급을 요하여 법원판사의 영장을 받을 수 없는 때에는 영장 없이 압수·수색 또는 검증을 할 수 있다. 이 경우에는 사후에 지체없이 영장을 받아야 한다(제216조 제3항). **피의자의 체포 또는 구속을 전제로 하지 않는다**는 점에서 체포현장에서의 압수·수색과는 다르다. 이 역시 **요급처분이 허용된다(제220조)**. 다만, 지체없이 압수·수색의 영장을 받아야 한다. 만일 사후영장을 발부받지 못한 때 압수물 즉시 환부해야 하며 압수물을 반환하지 않을 경우 위법한 압수물로 증거능력을 부정하여야 한다. 또한, 형사소송법 제216조 제3항의 요건 중 어느 하나라도 갖추지 못한 경우에 그러한 압수·수색 또는 검증은 위법하며, 이에 대하여 **사후에 법원으로부터 영장을 발부받았다고 하여 그 위법성이 치유되지 아니한다**(대판 2017.11.29. 2014도16080).

여기서 범행 중 또는 범행 직후의 범죄장소는 체포 전이거나 체포에 실패하여 도주한 경우라 하더라도 인정된다. 판례도 주취운전이라는 범죄행위로 당해 음주운전자를 구속·체포하지 아니한 경우에도 필요하다면 그 차량열쇠는 범행 중 또는 범행 직후의 범죄장소에서의 압수로서 형사소송법 제216조 제3항에 의하여 영장 없이 이를 압수할 수 있다(대판 1998.5.8. 97다54482)라고 판시하고 있다. 나아가 피의자의 신체 내지 의복류에 주취로 인한 냄새가 강하게 나는 등 형사소송법 제211조 제2항 제3호가 정하는 범죄의 증적이 현저한 준현행범인으로서의 요건이 갖추어져 있고 교통사고 발생 시각으로부터 사회통념상 범행 직후라고 볼 수 있는 시간 내라면 피의자의 생명·신체를 구조하기 위하여 사고현장으로부터 곧바로 후송된 병원 응급실 등의 장소는 형사소송법 제216조 제3항의 범죄 장소에 준한다 할 것이다(대판 2012.11.15. 2011도15258)라고 판시한 바 있다.

> **관련판례** 사법경찰관 사무취급이 작성한 실황조서가 사고발생 직후 사고장소에서 긴급을 요하여 판사의 영장없이 시행된 것으로서 형사소송법 제216조 제3항에 의한 검증에 따라 작성된 것이라면 사후영장을 받지 않는 한 유죄의 증거로 삼을 수 없다(대판 1989.3.14. 88도1399).

> **관련판례** 사법경찰관이 범죄수사시 **범행 중 또는 범행 직후**의 범죄 장소에서 긴급을 요해 법원 판사의 영장을 받을 수 없는 때에는 **영장없이 압수·수색 또는 검증을 할 수 있으나**, **이 경우에는 사후에 지체없이 영장을 받아야** 한다. 이러한 요건을 갖추지 못하면 압수·수색 또는 검증은 위법하고, 사후에 법원으로부터 영장을 발부받았다고 해서 위법성이 치유되는 것은 아니다(대판 2012.2.9. 2009도14884).

5. 긴급체포시의 압수·수색·검증(제217조)

> **제217조【영장에 의하지 아니하는 강제처분】** ① 검사 또는 사법경찰관은 제200조의3에 따라 체포된 자가 소유·소지 또는 보관하는 물건에 대하여 긴급히 압수할 필요가 있는 경우에는 **체포한 때부터 24시간 이내**에 한하여 영장 없이 압수·수색 또는 검증을 할 수 있다.
> ② 검사 또는 사법경찰관은 제1항 또는 제216조 제1항 제2호에 따라 압수한 물건을 **계속 압수할 필요가 있는 경우**에는 지체 없이 압수수색영장을 청구하여야 한다. 이 경우 압수수색영장의 청구는 **체포한 때부터 48시간 이내**에 하여야 한다.
> ③ 검사 또는 사법경찰관은 제2항에 따라 청구한 압수수색영장을 발부받지 못한 때에는 압수한 물건을 즉시 반환하여야 한다.

가. 긴급 압수·수색·검증 대상자

적법한 긴급체포일 것을 전제로 한다. 긴급체포된 자가 소유·소지·보관하는 물건을 말하며, 영장없이 압수한 후 긴급체포한 경우는 적용될 여지가 없다. 다만 **피의자가 소유하는 것이라면 타인이 보관하는 경우**도 본조의 적용대상이 된다. 범죄수사를 위하여 압수, 수색 또는 검증을 하려면 미리 영장을 발부받아야 한다는 이른바 사전영장주의가 원칙이지만, 형사소송법 제217조는 그 예외를 인정한 것이다. 즉, 검사 또는 사법경찰관은 긴급체포된 자가 소유·소지 또는 보관하는 물건에 대하여는 긴급히 압수할 필요가 있는 경우에는 체포한 때부터 24시간 이내에 한하여 영장 없이 압수·수색 또는 검증을 할 수 있고(제217조 제1항), 압수한 물건을 계속 압수할 필요가 있는 경우에는 지체 없이 압수수색영장을 청구하여야 한다. 이 경우 압수수색영장의 청구는 체포한 때부터 48시간 이내에 하여야 한다(같은 조 제2항).

형사소송법 제217조 제1항은 수사기관이 피의자를 긴급체포한 상황에서 피의자가 체포되었다는 사실이 공범이나 관련자들에게 알려짐으로써 관련자들이 **증거를 파괴하거나 은닉하는 것을 방지하고, 범죄사실과 관련된 증거물을 신속히 확보할 수 있도록 하기 위한 것**이다. 이 규정에 따른 압수·수색 또는 검증은 체포현장에서의 압수·수색 또는 검증을 규정하고 있는 형사소송법 제216조 제1항 제2호와 달리, **체포현장이 아닌 장소에서도** 긴급체포된 자가 소유·소지 또는 보관하는 물건을 대상으로 할 수 있다(대판 2017.9.12. 2017도10309).

> [관련판례] 구 형사소송법(2007. 6. 1. 법률 제8496호로 개정되기 전의 것) 제217조 제1항 등에 의하면 검사 또는 사법경찰관은 피의자를 긴급체포한 경우 체포한 때부터 48시간 이내에 한하여 영장 없이, **긴급체포의 사유가 된 범죄사실 수사에 필요한 최소한의 범위 내에서 당해 범죄사실과 관련된 증거물 또는 몰수할 것으로 판단되는 피의자의 소유, 소지 또는 보관하는 물건을 압수할 수 있다**. 이때, 어떤 물건이 긴급체포의 사유가 된 범죄사실 수사에 필요한 최소한의 범위 내의 것으로서 압수의 대상이 되는 것인지는 당해 범죄사실의 구체적인 내용과 성질, 압수하고자 하는 물건의 형상·성질, 당해 범죄사실과의 관련 정도와 증거가치, 인멸의 우려는 물론 압수로 인하여 발생하는 불이익의 정도 등 압수 당시의 여러 사정을 종합적으로 고려하여 객관적으로 판단하여야 한다(대판 2008.7.10. 2008도2245).
> → 경찰관이 이른바 전화사기죄 범행의 혐의자를 긴급체포하면서 그가 보관하고 있던 다른 사람의 주민등록증, 운전면허증 등을 압수한 사안에서, 이는 구 형사소송법(2007. 6. 1. 법률 제8496호로 개정되기 전의 것) 제217조 제1항에서 규정한 해당 범죄사실의 수사에 필요한 범위 내의 압수로서 적법하므로, 이를 위 혐의자의 점유이탈물횡령죄 범행에 대한 증거로 인정한 사례.

나. 긴급성 요건 – 긴급히 압수할 필요

긴급압수·수색·검증은 실무상 긴급체포된 사실이 밝혀지면 피의자와 관련된 사람이 증거물을 은닉하는 것을 방지하기 위한 제도이므로, 법관으로부터 영장을 발부받을 시간적 여유가 없는 상태에서 긴급히 압수할 필요가 있는 경우에 할 수 있음을 명시하였다. 즉, 긴급성을 명문화하여 본 규정이 긴급성에 기하여 영장주의의 예외가 인정된 것임을 분명히 하였다.

다. 긴급압수·수색·검증의 시간 제한

긴급압수·수색·검증이 허용되는 시간을 24시간으로 한정하였다. 긴급압수수색 허용 시간을 체포시로부터 **24시간으로 제한**하여 기존의 48시간보다 시간적 제한을 한 것이며 영장주의의 예외인 긴급압수수색을 제한하고자 하였다. 또한 구속영장을 발부받는 경우에도 별도로 압수수색영장을 발부받도록 하되, 체포시로부터 **48시간을 넘을 수 없도록** 하였다.

라. 압수 계속을 위해 필요한 조치

체포현장에서의 긴급압수·수색·검증과 긴급체포에 부수된 긴급압수·수색·검증의 독자성을 인정하여 압수를 계속할 필요가 있을 경우 구속영장과는 별도로 체포시로부터 48시간 이내에 압수·수색영장을 청구하도록 하였다.

> **참고**
>
> **압수의 계속 필요시 사후영장의 청구**
> 동법 제217조 제2항에 따르면 법 제216조 제1항 제2호에 의하여 적법하게 압수를 한 경우라도 이를 계속하여 압수할 필요가 있는 경우에는 체포한 때로부터 48시간 내에 압수·수색영장을 청구하여야 하고 압수·수색영장을 발부받지 못한 경우에는 제217조 제3항에 의하여 압수한 물건을 즉시 반환하도록 되어 있다.

마. 요급처분 불허(제220조)

본 조의 예외는 요급처분을 허용하지 않는다. 따라서 제123조 제2항과 제125조의 제한을 받는다. 이에 대하여 판례의 입장은 아직 정리된 바 없는 듯하다. 야간인 20시 경에 긴급체포를 한 뒤 20시 24분경 야간 압수수색을 한 사안임에도 제217조 제1항에 의한 압수물에 대하여 사후영장이 발부되었다는 이유로 증거능력을 인정한 사안이다(대판 2017.9.12. 2017도10309)[37]. 그러나 이 판시에서는 야간집행의 위법성 여부가 다투어지지 않았고, 이를 법원이 직권으로 판단하지도 않았으므로 이 판시 내용을 근거로 판례는 야간집행을 허용하고 있다고 볼 수는 없다. 이 사안은 **야간에 집행이 된 것이 명백할 뿐 아니라 요급처분이 허용되지 않는 제217조 제1항에 의한 긴급압수수색이므로 위법하다**고 봄이 타당하다.

---

[37] (1) 서울지방경찰서 소속 경찰관들은 2016. 10. 5. 20:00 경기 광주시 (주소 1 생략) 앞 도로에서 위장거래자와 만나서 마약류 거래를 하고 있는 피고인을 긴급체포한 뒤 현장에서 피고인이 위장거래자에게 건네준 메트암페타민 약 9.50g이 들어 있는 비닐팩 1개(증제1호)를 압수하였다. (2) 위 경찰관들은 같은 날 20:24경 영장 없이 체포현장에서 약 2km 떨어진 경기 광주시 (주소 2 생략)에 있는 피고인의 주거지에 대한 수색을 실시해서 작은 방 서랍장 등에서 메트암페타민 약 4.82g이 들어 있는 비닐팩 1개(증제2호) 등을 추가로 찾아내어 이를 압수하였다. (3) 이후 사법경찰관은 압수한 위 메트암페타민 약 4.82g이 들어 있는 비닐팩 1개(증제2호)에 대하여 감정의뢰 등 계속 압수의 필요성을 이유로 검사에게 사후 압수수색영장 청구를 신청하였고, 검사의 청구로 서울중앙지방법원 영장전담판사로부터 2016. 10. 7. 사후 압수수색영장을 발부받았다. 위와 같은 피고인에 대한 긴급체포 사유, 압수·수색의 시각과 경위, 사후 영장의 발부 내역 등에 비추어 보면, 수사기관이 피고인의 주거지에서 긴급 압수한 메트암페타민 4.82g은 긴급체포의 사유가 된 범죄사실 수사에 필요한 범위 내의 것으로서 형사소송법 제217조에 따라 적법하게 압수되었다고 할 것이다. 원심은 증제2호 등을 증거로 삼아 2016. 10. 5.자 마약류관리에 관한 법률 위반(향정)죄의 공소사실을 유죄로 인정한 제1심판결을 유지하였는데, 이는 위 법리에 따른 것으로 정당하다. 원심의 판단에 상고이유 주장과 같이 위법수집증거 배제의 법칙에 관한 법리를 오해한 잘못이 없다(대판 2017.9.12. 2017도10309).

6. 임의제출한 물건의 압수(제108조, 제218조)

의사에 반하여 점유를 취득하지는 않으나 일단 영치된 물건을 임의로 점유를 회복할 수 없다는 점에서 강제처분의 일종으로 이해된다. **영치된 목적물은 반드시 증거물이나 몰수대상물에 한정되지 않고**, 또한 소유자나 소지자 또는 보관자가 **반드시 적법한 권리자일 필요는 없다. 임의제출물 압수가 적법하기 위해서는 그 제출이 오로지 '자발적 의사'에 기한 것이어야 한다. 이러한 임의성은 그 증거를 제출한 검사가 증명하여야 한다.** 즉, 피고인이 형사소송법 제218조에 따른 임의제출물로 압수된 압수물에 대하여 그 제출의 임의성도 부정하였다면, 검사가 위 임의성의 존재에 관하여 합리적 의심을 배제할 정도로 증명하여야 한다(대판 2020.5.14. 2020도398). 특히, 수사기관이 먼저 임의제출물로 제출할 것을 요구하는 경우는 수사기관의 우월적 지위에 비추어 임의성을 쉽사리 인정하여서는 안 될 것이다.

판례는 범죄를 실행 중이거나 실행 직후의 현행범인은 누구든지 영장 없이 체포할 수 있고(제212조), 검사 또는 사법경찰관은 피의자 등이 유류한 물건이나 소유자·소지자 또는 보관자가 임의로 제출한 물건을 영장 없이 압수할 수 있으므로(제218조), 현행범 체포현장이나 범죄 현장에서도 소지자 등이 임의로 제출하는 물건을 형사소송법 제218조에 의하여 영장 없이 압수하는 것이 허용되고, 이 경우 **검사나 사법경찰관은 별도로 사후에 영장을 받을 필요가 없다**(대판 2020.4.9. 2019도17142)고 판시하고 있으나, 체포현장이나 범행현장에서는 먼저 법 제216조 제3항 내지는 법 제217조 제1항에 의하여 압수를 우선적으로 하고, 사후 압수수색 영장을 받도록 함이 타당하다. 체포현장이나 범행현장에서는 임의제출물 압수는 수사기관의 임의제출물 요구가 아닌 피의자가 먼저 자발적으로 수사시관에 임의제출물로 제출한다는 의사를 표현하는 경우에 한하여 예외적으로 허용함이 타당하다. 임의제출물 압수가 영장주의를 회피하는 수단으로 악용되어서는 안 되기 때문이다.

> 관련판례 형사소송법 제218조는 "사법경찰관은 소유자, 소지자 또는 보관자가 임의로 제출한 물건을 영장없이 압수할 수 있다"고 규정하고 있는바, 위 규정을 위반하여 **소유자, 소지자 또는 보관자가 아닌 자로부터 제출받은 물건을 영장없이 압수한 경우 그 '압수물' 및 '압수물을 찍은 사진**'은 이를 **유죄 인정의 증거로 사용할 수 없는** 것이고, 헌법과 형사소송법이 선언한 영장주의의 중요성에 비추어 볼 때 피고인이나 변호인이 이를 증거로 함에 동의하였다고 하더라도 달리 볼 것은 아니다(대판 2010.1.28. 2009도10092).

> 관련판례 이 사건 강판조각은 형사소송법 제218조에 규정된 유류물에, 이 사건 차량에서 탈거 또는 채취된 **이 사건 보강용 강판과 페인트는 위 차량의 보관자가 감정을 위하여 임의로 제출한 물건**에 각 해당함을 알 수 있다. 따라서 이 사건 강판조각과 보강용 강판 및 차량에서 채취된 페인트는 형사소송법 제218조에 의하여 영장 없이 압수할 수 있으므로 위 각 증거의 수집 과정에 영장주의를 위반한 잘못이 있다 할 수 없다(대판 2011.5.26. 2011도1902).

`관련판례` 형사소송법 제218조에 의하면 검사 또는 사법경찰관은 피의자 등이 유류한 물건이나 소유자·소지자 또는 보관자가 임의로 제출한 물건은 영장 없이 압수할 수 있으므로, **현행범 체포 현장이나 범죄 장소에서도 소지자 등이 임의로 제출하는 물건은** 위 조항에 의하여 영장 없이 압수할 수 있고, 이 경우에는 검사나 사법경찰관이 사후에 영장을 받을 필요가 없다(대판 2016.2.18. 2015도13726).

`관련판례 – 전자정보에 대한 압수·수색영장의 집행이 그 적법성을 갖추기 위하여 필요한 조치` 전자정보에 대한 압수·수색영장의 집행에 있어서는 원칙적으로 **영장 발부의 사유로 된 혐의사실과 관련된 부분만을 문서 출력물로 수집하거나 수사기관이 휴대한 저장매체에 해당 파일을 복사하는 방식으로 이루어져야** 하고, 집행현장의 사정상 위와 같은 방식에 의한 집행이 불가능하거나 현저히 곤란한 부득이한 사정이 존재하더라도 그와 같은 경우에 그 저장매체 자체를 직접 혹은 하드카피나 이미징 등 형태로 수사기관 사무실 등 외부로 반출하여 해당 파일을 압수·수색할 수 있도록 영장에 기재되어 있고 실제 그와 같은 사정이 발생한 때에 한하여 예외적으로 허용될 수 있을 뿐이다. 나아가 이처럼 저장매체 자체를 수사기관 사무실 등으로 옮긴 후 영장에 기재된 범죄 혐의 관련 전자정보를 탐색하여 해당 전자정보를 문서로 출력하거나 파일을 복사하는 과정 역시 전체적으로 압수·수색영장 집행의 일환에 포함된다고 보아야 한다. 따라서 그러한 경우의 문서출력 또는 파일복사의 대상 역시 혐의사실과 관련된 부분으로 한정되어야 함은 헌법 제12조 제1항, 제3항, 형사소송법 제114조, 제215조의 적법절차 및 영장주의의 원칙상 당연하다. 나아가 이처럼 **저장매체 자체를 수사기관 사무실 등으로 옮긴 후 영장에 기재된 범죄 혐의 관련 전자정보를 탐색하여 해당 전자정보를 문서로 출력하거나 파일을 복사하는 과정 역시 전체적으로 압수·수색영장 집행에 포함된다**고 보아야 한다. 따라서 그러한 경우 문서출력 또는 파일복사의 대상 역시 혐의사실과 관련된 부분으로 한정되어야 함은 헌법 제12조 제1항, 제3항, 형사소송법 제114조, 제215조의 적법절차 및 영장주의의 원칙상 당연하다. 그러므로 **수사기관 사무실 등으로 옮긴 저장매체에서 범죄혐의와 관련성에 대한 구분 없이 저장된 전자정보 중 임의로 문서출력 또는 파일복사를 하는 행위는** 특별한 사정이 없는 한 영장주의 등 원칙에 반하는 **위법한 집행**이 된다(대결 2011.5.26. 2009모1190).

`비교판례 – 국제우편물 통관검사절차` (국제)우편물 통관검사절차에서 이루어지는 우편물의 개봉, 시료채취, 성분분석 등의 검사는 수출입물품에 대한 적정한 통관 등을 목적으로 한 행정조사의 성격을 가지는 것으로서 **수사기관의 강제처분이라고 할 수 없으므로, 압수·수색영장 없이 우편물의 개봉, 시료채취, 성분분석 등의 검사가 진행되었다 하더라도 특별한 사정이 없는 한 위법하다고 볼 수 없다.** 한편 형사소송법 제218조는 검사 또는 사법경찰관은 피의자, 기타인의 유류한 물건이나 소유자, 소지자 또는 보관자가 임의로 제출한 물건을 영장 없이 압수할 수 있다고 규정하고 있고, 압수는 증거물 또는 몰수할 것으로 사료되는 물건의 점유를 취득하는 강제처분으로서, **세관공무원이 통관검사를 위하여 직무상 소지 또는 보관하는 우편물을 수사기관에 임의로 제출한 경우에는 비록 소유자의 동의를 받지 않았다 하더라도 수사기관이 강제로 점유를 취득하지 않은 이상 해당 우편물을 압수하였다고 할 수 없다**(대판 2013.9.26. 2013도7718).

`관련판례` [1] 제1영장 : 저장매체에 대한 압수·수색 과정에서 범위를 정하여 출력 또는 복제하는 방법이 불가능하거나 압수의 목적을 달성하기에 현저히 곤란한 예외적인 사정이 인정되어 전자정보가 담긴 저장매체 또는 복제본을 수사기관 사무실 등으로 옮겨 이를 복제·탐색·출력하는 경우에도, 그와 같은 일련의 과정에서 형사소송법 제219조, 제121조에서 규정하는 피압수·수색 당사자(이하 '피압수자'라 한다)나 그 변호인에게 참여의 기회를 보장하고

혐의사실과 무관한 전자정보의 임의적인 복제 등을 막기 위한 적절한 조치를 취하는 등 영장주의 원칙과 적법절차를 준수하여야 한다. 만약 그러한 조치가 취해지지 않았다면 압수·수색이 적법하다고 평가할 수 없고, 비록 수사기관이 저장매체 또는 복제본에서 혐의사실과 관련된 전자정보만을 복제·출력하였다 하더라도 달리 볼 것은 아니다(대결 2015.7.16. 2011모1839 전원합의체).

[2] **제2영장** : 전자정보에 대한 압수·수색에 있어 그 저장매체 자체를 외부로 반출하거나 하드카피·이미징 등의 형태로 복제본을 만들어 외부에서 그 저장매체나 복제본에 대하여 압수·수색이 허용되는 예외적인 경우에도 혐의사실과 관련된 전자정보 이외에 이와 무관한 전자정보를 탐색·복제·출력하는 것은 원칙적으로 위법한 압수·수색에 해당하므로 허용될 수 없다. 그러나 전자정보에 대한 압수·수색이 종료되기 전에 혐의사실과 관련된 전자정보를 적법하게 탐색하는 과정에서 별도의 범죄혐의와 관련된 전자정보를 우연히 발견한 경우라면, 수사기관으로서는 더 이상의 추가 탐색을 중단하고 법원으로부터 별도의 범죄혐의에 대한 압수·수색 영장을 발부받은 경우에 한하여 그러한 정보에 대하여도 적법하게 압수·수색을 할 수 있다. 나아가 이러한 경우에도 별도의 압수·수색 절차는 최초의 압수·수색 절차와 구별되는 별개의 절차이므로, 특별한 사정이 없는 한 그 피압수자에게 형사소송법 제219조, 제121조, 제129조에 따라 참여권을 보장하고 압수한 전자정보 목록을 교부하는 등 피압수자의 이익을 보호하기 위한 적절한 조치가 이루어져야 할 것이다.

> **관련판례** 검사 또는 사법경찰관은 범죄수사에 필요한 때에는 피의자가 죄를 범하였다고 의심할 만한 정황이 있는 경우에 판사로부터 발부받은 영장에 의하여 압수·수색을 할 수 있으나, 압수·수색은 영장 발부의 사유로 된 범죄 혐의사실과 관련된 증거에 한하여 할 수 있으므로, **영장 발부의 사유로 된 범죄 혐의사실과 무관한 별개의 증거를 압수하였을 경우 이는 원칙적으로 유죄 인정의 증거로 사용할 수 없다.** 다만 수사기관이 별개의 증거를 피압수자 등에게 환부하고 후에 임의제출받아 다시 압수하였다면 증거를 압수한 최초의 절차 위반행위와 최종적인 증거수집 사이의 인과관계가 단절되었다고 평가할 수 있으나, 환부 후 다시 제출하는 과정에서 수사기관의 우월적 지위에 의하여 임의제출 명목으로 실질적으로 강제적인 압수가 행하여질 수 있으므로, **제출에 임의성이 있다는 점에 관하여는 검사가 합리적 의심을 배제할 수 있을 정도로 증명**하여야 하고, 임의로 제출된 것이라고 볼 수 없는 경우에는 증거능력을 인정할 수 없다(대판 2016.3.10. 2013도11233).

임의제출물 압수에 있어서도 별건압수는 허용될 수 없다고 보아야 한다. 종래 판례는 임의제출의 경우 영장에 의한 압수와는 달리 임의제출물 중 사건과 관련성이 있는 범위에서만 압수를 할 수 있는 것이 아니라 **사건과의 관련성을 불문하고 임의제출물 전체**를 적법하게 압수할 수 있다고 판시하였다. 이에 대한 비판이 꾸준히 제기되어 왔고, 최근 대법원은 '수사기관이 제출자의 의사를 쉽게 확인할 수 있음에도 이를 확인하지 않은 채 **특정 범죄혐의사실과 관련된 전자정보**와 그렇지 않은 전자정보가 혼재된 정보저장매체를 임의제출받은 경우, 그 정보저장매체에 저장된 전자정보 전부가 임의제출되어 압수된 것으로 취급할 수는 없다.'고 하면서 '임의제출자의 의사에 따른 전자정보 압수의 대상과 범위가 명확하지 않거나 이를 알 수 없는 경우에는 임의제출에 따른 압수의 동기가 된 범죄혐의사실과 관련되고 이를 증명할 수 있는 최소한의 가치가 있는 전자정보에 한하여 압수의 대상이 된다.'고 판시하면서 범죄혐의사실과의 관련성38)이 존재하는 경우에 한하여 임의제출물 압수가 적법하다고 판례를 변경하였다. 특히, 휴대폰과 같은 전자정보저장장치에 대한 임의제출물 압수로 인한 기본권 침해의 문제가 크다는 점에서 이러한 대법원 판결은 극히 타당한 판결이다. 특히, 위 대법원 전원합의체 판결은 '피의자가 소유·관리하는 정보저장매체를 피의자 아닌 피해자 등 제3자가 임의제출하는 경우에는, 그 임의제출 및 그에 따른 수사기관의 압수가 적법하더라도 **임의제출의 동기가 된 범죄혐의사실과 구체적·개별적 연관관계가 있는 전자정보에 한하여** 압수의 대상이 되는 것으로 더욱 제한적으로 해석하여야 한다. 피의자 개인이 소유·관리하는 정보저장매체에는 그의 사생활의 비밀과 자유, 정보에 대한 자기결정권 등 인격적 법익에 관한 모든 것이 저장되어 있어 제한 없이 압수·수색이 허용될 경우 **피의자의 인격적 법익이 현저히 침해될 우려가 있기 때문**이다.'(대판 2021.11.18. 2016도348 전원합의체)라고 판시하여 임의제출물 압수에 있어서 압수대상의 범위를 제한적으로 해석해야 함을 명백히 하였다는 점에서 의미가 있다.

Ⅲ 압수물의 환부

> **제133조【압수물의 환부, 가환부】** ① 압수를 계속할 필요가 없다고 인정되는 압수물은 피고사건 종결 전이라도 **결정으로 환부**하여야 하고 **증거에 공할 압수물**은 소유자, 소지자, 보관자 또는 제출인의 **청구에 의하여 가환부**할 수 있다.
> ② 증거에만 공할 목적으로 압수한 물건으로서 그 소유자 또는 소지자가 **계속 사용**하여야 할 물건은 사진촬영 기타 원형보존의 조치를 취하고 신속히 **가환부**하여야 한다.
> **제135조【압수물처분과 당사자에의 통지】** 전3조의 결정을 함에는 검사, 피해자, 피고인 또는 변호인에게 **미리 통지**하여야 한다.
> **제217조【영장에 의하지 아니하는 강제처분】** ② 검사 또는 사법경찰관은 제1항 또는 제216조 제1항 제2호에 따라 압수한 물건을 계속 압수할 필요가 있는 경우에는 지체 없이 압수수색영장을 청구하여야 한다. 이 경우 **압수수색영장의 청구는 체포한 때부터 48시간 이내**에 하여야 한다.

---

38) 이때 범죄혐의사실과 관련된 전자정보에는 범죄혐의사실 그 자체 또는 그와 기본적 사실관계가 동일한 범행과 직접 관련되어 있는 것은 물론 범행 동기와 경위, 범행 수단과 방법, 범행 시간과 장소 등을 증명하기 위한 간접증거나 정황증거 등으로 사용될 수 있는 것도 포함될 수 있다. 다만 그 관련성은 임의제출에 따른 압수의 동기가 된 범죄혐의사실의 내용과 수사의 대상, 수사의 경위, 임의제출의 과정 등을 종합하여 구체적·개별적 연관관계가 있는 경우에만 인정되고, 범죄혐의사실과 단순히 동종 또는 유사 범행이라는 사유만으로 관련성이 있다고 할 것은 아니다.

제218조의2(압수물의 환부, 가환부) ① 검사는 사본을 확보한 경우 등 압수를 계속할 필요가 없다고 인정되는 압수물 및 증거에 사용할 압수물에 대하여 공소제기 전이라도 소유자, 소지자, 보관자 또는 제출인의 청구가 있는 때에는 환부 또는 가환부하여야 한다.
② 제1항의 청구에 대하여 검사가 이를 거부하는 경우에는 신청인은 해당 검사의 소속 검찰청에 대응한 법원에 압수물의 환부 또는 가환부 결정을 청구할 수 있다.
③ 제2항의 청구에 대하여 법원이 환부 또는 가환부를 결정하면 검사는 신청인에게 압수물을 환부 또는 가환부하여야 한다.
④ 사법경찰관의 환부 또는 가환부 처분에 관하여는 제1항부터 제3항까지의 규정을 준용한다. 이 경우 사법경찰관은 검사의 지휘를 받아야 한다.

제219조 【준용규정】 제106조, 제107조, 제109조 내지 제112조, 제114조, 제115조 제1항 본문, 제2항, 제118조부터 제132조까지, 제134조, 제135조, 제140조, 제141조, 제333조 제2항; 제486조의 규정은 검사 또는 사법경찰관의 본장의 규정에 의한 압수, 수색 또는 검증에 준용한다. 단, 사법경찰관이 제130조, 제132조 및 제134조에 따른 처분을 함에는 검사의 지휘를 받아야 한다.

제486조 【환부불능과 공고】 ① 압수물의 환부를 받을 자의 **소재가 불명**하거나 **기타 사유로 인하여 환부를 할 수 없는 경우**에는 검사는 그 사유를 관보에 공고하여야 한다.
② 공고한 후 3월 이내에 환부의 청구가 없는 때에는 그 물건은 **국고**에 귀속한다.
③ 전항의 기간 내에도 **가치없는 물건은 폐기**할 수 있고 **보관하기 어려운 물건은 공매**하여 그 대가를 보관할 수 있다.

제332조 【몰수의 선고와 압수물】 압수한 서류 또는 물품에 대하여 몰수의 선고가 **없는 때에는 압수를 해제한 것으로** 간주한다.

1. 개념 및 문제점

압수물을 종국적으로 소유자 또는 제출인에게 반환하는 법원 또는 수사기관의 처분(제133조 제1항 전단, 제218조의2)을 환부라고 한다. 결국 환부는 '압수를 계속할 필요성가 없는 경우'에 종국적으로 반환을 하는 것인데 반하여, 가환부는 압수의 효력을 유지하면서 '잠정적'으로 반환을 하는 것으로 몰수할 것은 아니지만 증거에는 공할 물건의 경우에 **그 소유자 또는 소지자가 계속 사용**하여야 **할 물건은 사진 촬영 기타 원형보존의 조치를 취하고 신속히 가환부하여야** 하도록 하고 있다.

영장을 발부받지 못하였거나(제217조 제2항) 압수를 계속할 필요가 없는 경우(제133조, 제219조) 현행법상 압수물환부의무만을 규정하고 있는 바, ㉠ 환부청구권을 인정할 수 있는지, ㉡ 기소중지시 압수계속필요성이 없어 환부의무가 발생하는지, ㉢ 포기가 허용되는지, ㉣ 환부의 상대방은 누구인지가 문제된다.

2. 환부청구권 인정여부

환부청구권이 인정될 것인가에 대하여 학설의 대립이 있다.

부정설(명시적 규정 없음)과 **긍정설**(의무적 환부를 명하고 있고, 가환부의 경우 청구에 의한 가환부 규정)이 대립하고 있는데, 판례는 환부받을 자가 수사기관에 대하여 가지는 형사소송법상의 환부청구권은 **수사기관의 필요적 환부의무에 대응**하는 **절차법상의 권리**(대결 1996.8.16. 94모51 전원합의체)라고 판시하여, 환부청구권을 절차법상의 권리로서 긍정하고 있다.

3. 기소중지와 압수물 환부

검사가 **협의의 불기소처분을 하여 수사를 종결하는 경우**에는 압수계속필요성이 없어 **환부해야** 하나, 혐의가 있으나 소재불명으로 **기소중지하는 경우** 수사의 종결이라기보다는 수사의 중지처분에 불과하여 압수계속필요성이 인정된다. 이에 대하여 학설에서는 ① **압수계속필요성 긍정설**(소재발견시 수사상 필요와 압수대상물 확보의 필요성)과 ② **압수계속필요성 부정설**(입증부족으로 기소하지 못하는 것은 오로지 수사기관의 책임)이 대립하고 있으나, 이는 학설이 대립할 문제가 아니다. 즉, 기소중지를 한 이유가 무엇인가에 따라 달라질 문제이지 같은 기소중지를 두고 학설의 차이를 둘 사안이 아니기 때문이다. 판례가 관세법위반으로 압수된 다이아몬드가 언제, **누구에 의하여 관세포탈된 물건인지 알 수 없어 기소중지처분을 한 경우**에는 그 압수물은 관세장물이라고 단정할 수 없어 이를 국고에 귀속시킬 수 없을 뿐만 아니라 **압수를 더 이상 계속할 필요도 없다**(대결 1996.8.16. 94모51 전원합의체)고 판시한 것은 혐의가 있으나 피의자의 소재불명으로 혐의가 있고, 압수물을 증거로 하여야 하는 상황에서 기소중지를 한 것이 아니므로 압수계속의 필요성이 없어 환부하여야 한다. 그러나 피의자의 혐의가 명백하고, 압수된 물건이 증거에 쓸 것이 명백한 경우에는 피의자의 소재불명으로 기소중지가 되었다고 하더라도 압수계속의 필요성이 있으므로 환부할 것이 아니라 보관처분을 통해 증거로 보존하여야 한다.

4. 실체법상의 소유권 포기와 환부청구권의 소멸

피압수자의 소유권포기에 의해 환부청구권도 소멸하는지에 관한 문제이다. 이에 대하여 ① **환부청구권소멸설**(소유권포기의 의사표시는 모든 권리 포기 의사로 해석)과 ② **환부청구권불소멸설**(압수물환부는 실체법상의 권리와 관계없이 압수당시의 소지인에게 행하여지는 것이므로 실체법상 권리유무가 형사소송법상 지위에 영향을 미칠 수 없음)이 대립한다.

관련판례 [다수의견] 압수물의 환부는 환부를 받는 자에게 환부된 물건에 대한 소유권 기타 실체법상의 권리를 부여하거나 그러한 권리를 확정하는 것이 아니라 단지 압수를 해제하여 압수 이전의 상태로 환원시키는 것뿐으로서, 이는 실체법상의 권리와 관계없이 압수 당시의 소지인에 대하여 행하는 것이므로, 실체법인 민법(사법)상 권리의 유무나 변동이 압수물의 환부를 받을 자의 절차법인 형사소송법(공법)상 지위에 어떠한 영향을 미친다고는 할 수 없다. 피압수자 등 환부를 받을 자가 압수 후 그 소유권을 포기하는 등에 의하여 실체법상의 권리를 상실하더라도 그 때문에 압수물을 환부하여야 하는 수사기관의 의무에 어떠한 영향을 미칠 수 없고, 또한 수사기관에 대하여 형사소송법상의 환부청구권을 포기한다는 의사표시를 하더라도 그 효력이 없어 그에 의하여 수사기관의 필요적 환부의무가 면제된다고 볼 수는 없으므로, 압수물의 소유권이나 그 환부청구권을 포기하는 의사표시로 인하여 위 환부의무에 대응하는 압수물에 대한 환부청구권이 소멸하는 것은 아니다. 형사소송법 제133조 제1항, 제219조, 제486조 각 규정의 취지를 종합하여보면, 압수물에 대하여 더 이상 압수를 계속할 필요가 없어진 때에는 수사기관은 환부가 불가능하여 국고에 귀속시키는 경우를 제외하고는 반드시 그 압수물을 환부하여야 하고, 환부를 받을 자로 하여금 그 환부청구권을 포기하게 하는 등의 방법으로 압수물의 환부의무를 면할 수는 없다. 피압수자 등으로 하여금 그 압수물에 대한 환부청구권을 포기하게 하는 등의 방법으로 압수물의 환부의무를 면하게 함으로써 압수를 계속할 필요가 없어진 물건을 국고에 귀속시킬 수 있는 길을 허용하는 것은 적법절차에 의한 인권보장 및 재산권 보장의 헌법정신에도 어긋나고, 압수물의 환부를 필요적이고 의무적으로 규정한 형사소송법 제133조를 사문화시키며, 나아가 몰수제도를 잠탈할 수 있는 길을 열어 놓게 되는 것이다(대결 1996.8.16. 94모51 전원합의체).

[소수의견] ① 압수물 환부청구권은 개인적 공권이기는 하지만 형사소송법 제133조의 주된 입법취지가 공익적 요소보다는 압수물에 대한 권리자의 경제적 이익의 보호에 있다고 보아야 하고, ② 압수물환부청구권의 포기가 문제되는 것은 피의사실에 대하여 불기소처분을 할 때에 우리 형사소송법상 압수된 범칙물을 몰수할 수 있는 제도가 마련되어 있지 아니한 관계(형법 제48조는 물건 자체에 대한 몰수를 인정하지 않고 반드시 범죄행위가 있음을 전제로 몰수를 허용하고 있다)로 피압수자에게 압수물을 반환함이 사회정의에 반하거나 압수물이 다시 범죄에 제공될 위험이 있음에도 불구하고 압수물을 반환해야하는 불합리한 경우가 대부분이므로 스스로 자유로운 의사에 의하여 포기가 이루어지는 한 이를 부정할 필요가 없으며, ③ 피압수자가 압수물 환부청구권을 포기하여도 소유권이 제3자에게 있는 경우에는 소유자)의 권리에는 아무런 영향을 미치지 아니할 것임은 의문의 여지가 없어 피압수자의 환부청구권 포기는 피압수자인 권리자 자신에게 경제적 손실을 주는 외에는 그것으로 인하여 제3자의 권익에 별다른 영향을 미칠 여지가 없고, ④ 압수물에 대한 소유권포기가 있으면 국가가 그 소유권을 취득한다고 보아야 할 것이므로 환부청구에 의하여 환부가 된다 하여도 국가가 소유권에 기하여 다시 압수물에 대한 인도를 청구할 수 있게 되어 환부청구할 실익이 없게 될 것이므로 결국 무용의 절차를 반복하게 되거나 압수물에 대한 불필요한 분쟁을 일으키게 된다.

5. 환부청구권의 포기와 국고귀속의 허용여부

환부청구권 자체 포기를 인정하여 압수물을 국고귀속할 수 있는지 여부도 위 4.의 논의와 같다. ① 긍정설(환부청구권은 압수물에 관한 권리자의 경제적 이익보호에 국한)과 ② 부정설(공권은 양도나 포기가 불가능)이 대립하는데, 판례는 **환부청구권을 포기한다는 의사표시를 한 경우에 있어서도, 그 효력이 없어 그에 의하여 수사기관의 필요적 환부의무가 면제된다고 볼 수는 없으므로, 그 환부의무에 대응하는 압수물의 환부를 청구할 수 있는 절차법상의 권리가 소멸하는 것은 아니라고 할 것이다**(대판 1996.8.16. 94모51 전원합의체)라고 판시하여 소극설의 입장이다.

6. 환부의 상대방

"환부의 상대방은 누구인가?" 이에 대하여 **피압수자설**과 **실체적 권리자설**이 대립하고 있으나, 환부의 성격이 압수를 해제하는 것이므로 압수이전 상태로 환원시키는 피압수자설이 타당하다.

> [관련판례] 압수물의 환부는 환부를 받는 자에게 환부된 물건에 대한 소유권 기타 실체법상의 권리를 부여하거나 그러한 권리를 확정하는 것이 아니라 **단지 압수를 해제하여 압수 이전의 상태로 환원시키는 것뿐**으로서, 이는 **실체법상의 권리와 관계없이 압수당시의 소지인**에 대하여 행하는 것이므로, 실체법인 민법(**사법**)상 권리의 유무나 변동이 압수물의 환부를 받을 자의절차법인 형사소송법(**공법**)상 지위에 어떠한 영향을 미친다고는 할 수 없다(대결 1996.8.16. 94모51 전원합의체).

◆ 압수물의 가환부

1. 의의

압수는 증거에 공할 물건과 몰수할 것에 대하여 이루어진다. 이렇게 수사절차에서 압수한 서류나 물건은 공소가 제기된 후 공판절차를 거쳐 종국판결이 선고된 후에 몰수의 선고가 없으면 압수의 필요성이 없게 되어 압수를 해제한 것으로 간주되고 피압수자에게 돌려주게 된다(제332조). 하지만 이해관계인의 입장에서 보면 수사절차가 진행되는 도중이라도 재산권을 신속히 회복할 필요가 있다. 이때 압수의 효력을 존속시키면서 경제적 이용을 위하여 압수물을 소유자·소지자 또는 보관자 등에게 잠정적으로 돌려주는 제도가 바로 가환부이다.

2. 가환부의 요건

가. 증거물

"증거에 공할 압수물"(제133조 제1항), "**증거에만 공할 목적**으로 압수한 물건"(제133조 제2항)이라고 규정, 증거에 사용할 압수물에 제한된다.

나. 몰수대상물

통설은 가환부의 대상은 증거물에 한하므로 몰수하여야 할 압수물에 대해서는 가환부가 허용되지 않는다.

3. 가환부의 절차 및 효과

압수를 계속할 필요가 있다고 인정되는 압수물이라도 증거에 공할 압수물은 소유자의 청구로 **가환부할 수 있다**(제133조 제1항, 제219조). 다만, **몰수대상이 아니면서 증거에만 공할 목적으로 압수한 물건으로서 소유자 등이 계속 사용할 물건**은 **원형보존 조치를 취하고 가환부하여야** 한다(제133조 제2항, 제219조). 이때 이해관계인에게 미리 **통지**하여야 한다(제135조, 제219조). 의견을 진술할 기회를 주지 아니한 채 한 가환부 결정은 위법하다.

이러한 가환부는 압수자체의 효력을 잃게 하는 것이 아니므로 가환부를 받은 자는 압수물에 대한 보관의무를 가지게 된다. 따라서 이를 임의로 처분하지 못하고 법원 또는 수사기관의 요구가 있는 때에는 이를 제출할 의무를 갖게 된다.

관련판례 – 압수물의 가환부 및 관세법상 몰수의 대상물 [1] 형사소송법 제218조의2 제1항은 '검사는 사본을 확보한 경우 등 압수를 계속할 필요가 없다고 인정되는 압수물 및 증거에 사용할 압수물에 대하여 공소제기 전이라도 소유자, 소지자, 보관자 또는 제출인의 청구가 있는 때에는 환부 또는 가환부하여야 한다'고 규정하고 있다. 따라서 **검사는 증거에 사용할 압수물에 대하여 가환부의 청구가 있는 경우 가환부를 거부할 수 있는 특별한 사정이 없는 한 가환부에 응하여야** 한다. 그리고 **그러한 특별한 사정이 있는지는** 범죄의 태양, 경중, 몰수 대상인지 여부, 압수물의 증거로서의 가치, 압수물의 은닉·인멸·훼손될 위험, 수사나 공판수행상의 지장 유무, 압수에 의하여 받는 피압수자 등의 불이익의 정도 등 여러 사정을 검토하여 종합적으로 **판단하여야** 한다.

[2] **관세법** 제269조 제3항 제2호는 '수출의 신고를 하였으나 해당 수출물품과 다른 물품으로 신고하여 수출한 자 등은 3년 이하의 징역 등에 처한다'고 규정하고 있고, **제282조 제2항**은 '제269조 제3항 등의 경우에는 범인이 소유하거나 점유하는 그 물품을 몰수한다'고 규정하고 있다. 따라서 **범인이 직접 또는 간접으로 점유하던 밀수출 대상 물품을 압수한 경우**에는 그 **물품이 제3자의 소유에 속하더라도 필요적 몰수의 대상이 된다.**

[3] **피고인 이외의 제3자의 소유에 속하는 물건의 경우, 몰수를 선고한 판결의 효력은** 원칙적으로 몰수의 원인이 된 사실에 관하여 유죄의 판결을 받은 피고인에 대한 관계에서 그 물건을 소지하지 못하게 하는 데 그치고, 그 사건에서 재판을 받지 아니한 제3자의 소유권에 어떤 영향을 미치는 것은 아니다.

[4] 피의자들이 밀수출하기 위해 허위의 수출신고 후 선적하려다 미수에 그친 수출물품으로서 甲 주식회사 소유의 렌트차량인 자동차를 세관의 특별사법경찰관이 압수수색검증영장에 기해 압수하였는데, 甲 회사와 밀수출범죄 사이에 아무런 관련성이 발견되지 않음에도 검사가 甲 회사의 압수물 가환부 청구를 거부하자 甲 회사가 준항고를 제기하여 원심에서 준항고가 인용된 사안에서, **자동차는 범인이 간접으로 점유하는 물품으로서 필요적 몰수의 대상인데**

밀수출범죄와 무관한 甲 회사의 소유이어서 범인에 대한 몰수는 범인으로 하여금 소지를 못하게 함에 그치는 점 및 밀수출범죄의 태양이나 경중, 자동차의 증거로서의 가치, 은닉·인멸·훼손될 위험과 그로 인한 수사나 공판수행상의 지장 유무, 압수에 의하여 받는 甲 회사의 불이익 정도 등 여러 사정을 아울러 감안하면, 검사에게 甲 회사의 가환부 청구를 거부할 수 있는 **특별한 사정이 있는 경우**라고 보기 어려우므로, 이와 달리 자동차가 증거에만 사용할 목적으로 압수된 것임을 이유로 형사소송법 제133조 제2항에 의하여 준항고를 받아들이는 결정을 한 **원심판단**에는 검사의 압수물 가환부에 관한 적용법조 및 가환부 거부의 특별한 사정 유무 등에 관한 법리오해의 잘못이 있으나, 원심이 준항고를 받아들인 것은 결론적으로 **정당하다**고 한 사례(대결 2017.9.29. 2017모236).

Ⅳ 수사상의 검증

제139조【검증】 법원은 **사실을 발견함에 필요한 때**에는 검증을 할 수 있다.
제140조【검증과 필요한 처분】 검증을 함에는 신체의 검사, 사체의 해부, 분묘의 발굴, 물건의 파괴 기타 필요한 처분을 할 수 있다.
제141조【신체검사에 관한 주의】 ① 신체의 검사에 관하여는 검사를 당하는 자의 성별, 연령, 건강상태 기타 사정을 고려하여 그 사람의 건강과 명예를 해하지 아니하도록 주의하여야 한다.
② **피고인 아닌 자**의 신체검사는 **증적의 존재를 확인할 수 있는 현저한 사유가 있는 경우에 한**하여 할 수 있다.
③ **여자**의 신체를 검사하는 경우에는 의사나 성년의 여자를 참여하게 하여야 한다.
④ 사체의 해부 또는 분묘의 발굴을 하는 때에는 예를 잊지 아니하도록 주의하고 미리 유족에게 통지하여야 한다.
제142조【신체검사와 소환】 법원은 신체를 검사하기 위하여 피고인 아닌 자를 법원 기타 지정한 장소에 소환할 수 있다.

수사상의 검증이란, 수사기관이 물건의 존재와 상태 등을 오관의 작용에 의하여 인식하는 강제수사를 말한다. 다만, 강제처분이지만 승낙검증의 경우에는 임의수사로서 검증영장이 없어도 허용될 수 있는지 논의가 있다. 이에 대해 **임의수사설**(승낙의 임의성이 인정되는 경우에는 임의수사에 해당된다는 견해)과 **강제수사설**(수사기관에서의 검증과정에서의 승낙은 완전한 의미의 법익포기의 승낙이라 할 수 없으므로 강제수사에 해당한다는 견해)가 대립되는데, 판례는 범행 현장에서 지문채취 대상물에 대한 지문채취가 먼저 이루어진 이상, 수사기관이 그 이후에 지문채취 대상물을 적법한 절차에 의하지 아니한 채 압수하였다고 하더라도 피해자의 소유로서 이를 수거한 행위가 피해자의 의사에 반한 것이라고 볼 수 없으므로, 이를 가리켜 위법한 압수라고 보기도 어렵다(대판 2008.10.23. 2008도7471)고 판시하여 임의성이 있는 경우는 허용된다는 입장으로 평가된다.

Ⅴ 신체검사(체내 강제수사)

> **제215조【압수, 수색, 검증】** ① 검사는 범죄수사에 필요한 때에는 피의자가 죄를 범하였다고 의심할 만한 정황이 있고 해당 사건과 관계가 있다고 인정할 수 있는 것에 한정하여 지방법원판사에게 청구하여 발부받은 영장에 의하여 압수, 수색 또는 검증을 할 수 있다.
> ② 사법경찰관이 범죄수사에 필요한 때에는 피의자가 죄를 범하였다고 의심할 만한 정황이 있고 해당 사건과 관계가 있다고 인정할 수 있는 것에 한정하여 검사에게 신청하여 검사의 청구로 지방법원판사가 발부한 영장에 의하여 압수, 수색 또는 검증을 할 수 있다.
> **제218조【영장에 의하지 아니한 압수】** 검사, 사법경찰관은 피의자 기타인의 유류한 물건이나 소유자, 소지자 또는 보관자가 임의로 제출한 물건을 영장없이 압수할 수 있다.
> **제211조【현행범인과 준현행범인】** ② 다음 각 호의 1에 해당하는 자는 현행범인으로 간주한다.
>   3. 신체 또는 의복류에 현저한 증적이 있는 때
> **제216조【영장에 의하지 아니한 강제처분】** ③ 범행 중 또는 범행직후의 범죄 장소에서 긴급을 요하여 법원판사의 영장을 받을 수 없는 때에는 영장없이 압수, 수색 또는 검증을 할 수 있다. 이 경우에는 사후에 지체없이 영장을 받아야 한다.
> **제140조【검증과 필요한 처분】** 검증을 함에는 신체의 검사, 사체의 해부, 분묘의 발굴, 물건의 파괴 기타 필요한 처분을 할 수 있다.
> **제173조【감정에 필요한 처분】** ① 감정인은 감정에 관하여 필요한 때에는 법원의 허가를 얻어 타인의 주거, 간수자 있는 가옥, 건조물, 항공기, 선차 내에 들어 갈 수 있고 **신체의 검사**, 사체의 해부, 분묘발굴, 물건의 파괴를 할 수 있다.
> ② 전항의 허가에는 피고인의 성명, 죄명, 들어갈 장소, 검사할 신체, 해부할 사체, 발굴할 분묘, 파괴할 물건, 감정인의 성명과 유효기간을 기재한 허가장을 발부하여야 한다.
> ③ 감정인은 제1항의 처분을 받는 자에게 허가장을 제시하여야 한다.
> ④ 전2항의 규정은 감정인이 공판정에서 행하는 제1항의 처분에는 적용하지 아니한다.
> ⑤ 제141조, 제143조의 규정은 제1항의 경우에 준용한다.
> **제221조의4【감정에 필요한 처분, 허가장】** ① 제221조의 규정에 의하여 감정의 위촉을 받은 자는 판사의 허가를 얻어 제173조 제1항에 규정된 처분을 할 수 있다.
> ② 제1항의 허가의 청구는 검사가 하여야 한다.
> ③ 판사는 제2항의 청구가 상당하다고 인정할 때에는 허가장을 발부하여야 한다.
> ④ 제173조 제2항, 제3항 및 제5항의 규정은 제3항의 허가장에 준용한다.

1. 개념

채혈대상자의 혈관으로부터 일정량의 혈액을 채취하는 강제처분을 말한다.

2. 허용성

의학적으로 안전한 방법으로 행한 소량의 채혈 또는 채뇨는 일상적으로 행해지며, 신체에 대한 특별한 침해가 예견되지 않으므로 **일정요건 충족시 허용된다.** 다만, 미국연방대법원은 Rochin판결에서 마약캡슐을 삼킨 자에게 구토제를 삽입하여 토해내도록 한 것은 **'양심에 충격을 주고', '정의의 관념에 반한다'**고 하여 **적정절차 위배**라고 판시한 바 있다.

우리 판례도 '피의자에게 범죄혐의가 있고 그 범죄가 중대한지, 소변성분 분석을 통해서 범죄혐의를 밝힐 수 있는지, 범죄 증거를 수집하기 위하여 피의자의 신체에서 소변을 확보하는 것이 필요한 것인지, 채뇨가 아닌 다른 수단으로는 증명이 곤란한지 등을 고려하여 **범죄수사를 위해서 강제채뇨가 부득이하다고 인정되는 경우에 최후의 수단으로 적법한 절차에 따라** 허용된다. 이때 의사, 간호사, 그 밖의 숙련된 의료인 등으로 하여금 소변채취에 적합한 의료장비와 시설을 갖춘 곳에서 **피의자의 신체와 건강을 해칠 위험이 적고 피의자의 굴욕감 등을 최소화하는 방법으로 소변을 채취하여야 한다**(대판 2018.7.12. 2018도6219)'고 판시한 바 있다.

3. 요건

① 강제채취의 필요성 ② 증거로서의 중요성 ③ 대체수단의 부존재 ④ 채취방법의 상당성을 요건으로 하여 강제체혈 또는 강제체뇨가 허용된다. 즉, 비례성의 원칙을 엄격히 준수할 것을 요구한다.

4. 절차(영장의 종류)

현행법상 체액채취를 위한 영장을 별도로 규정하지 않고 있어 어떤 영장에 의할지 문제가 된다. 강제채뇨 내지 강제채혈은 전문의료인에 의한 감정에 해당하지만 체내수색과 소변에 대한 압수의 성격을 함께 갖는 것이므로, 어떠한 종류의 영장에 의하여야 하는지에 관하여 다음과 같이 견해가 나뉜다.

① 체내에 있는 범죄 증거물을 강제적으로 채취하는 행위이므로 압수·수색에 해당된다는 **압수수색설**, ② 채혈 등이 신체검사의 일종인 체내검사에 해당되고 형사소송법상 신체검사는 검증이므로 채혈 등도 검증에 해당된다는 **검증설**, ③ 체내에 있는 혈액 등을 채취하는 것이므로 압수수색에 해당되나 신체의 손상을 수반하는 내부검사이기에 의사 등에 의하여 정당한 방법으로 실시되어야 한다는 점에서

감정처분의 성격도 가진다는 **압수수색·감정처분설**, ④ 체내검사이어서 기본적으로는 검증에 해당되지만 의사 등 전문가에 의하여 실시되어야 한다는 점에서 감정처분의 성격도 가진다는 **검증·감정처분설** 등이 있다.

판례는 강제채혈에 대하여는 수사기관이 피의자의 동의없이 피의자의 혈액을 취득·보관하는 행위는 법원으로부터 **감정처분허가장을 받아 '감정에 필요한 처분'**으로도 할 수 있지만 압수의 방법으로 할 수 있고, 압수의 방법에 의하는 경우 혈액의 취득을 위하여 피의자의 신체로부터 혈액을 채취하는 행위는 그 혈액의 압수를 위한 것으로서 **'압수영장의 집행에 있어 필요한 처분'**에 해당한다고 하여 ① 감정처분허가장만으로도 가능하고 또는 ② 압수영장만으로도 가능하다고 보았다.

즉, 수사기관이 범죄 증거를 수집할 목적으로 피의자의 동의 없이 피의자의 소변을 채취하는 것은 법원으로부터 감정허가장을 받아 형사소송법 제221조의4 제1항, 제173조 제1항에서 정한 '감정에 필요한 처분'으로 할 수 있지만(피의자를 병원 등에 유치할 필요가 있는 경우에는 형사소송법 제221조의3에 따라 법원으로부터 감정유치장을 받아야 한다), 형사소송법 제219조, 제106조 제1항, 제109조에 따른 압수·수색의 방법으로도 할 수 있다. 이러한 압수·수색의 경우에도 수사기관은 원칙적으로 형사소송법 제215조에 따라 판사로부터 압수·수색영장을 적법하게 발부받아 집행해야 한다(대판 2018.7.12. 2018도6219).

> **관련판례** 수사기관이 범죄 증거를 수집할 목적으로 피의자의 동의 없이 피의자의 혈액을 취득·보관하는 행위는 법원으로부터 감정처분허가장을 받아 형사소송법 제221조의4 제1항, 제173조 제1항에 의한 '감정에 필요한 처분'으로도 할 수 있지만, 형사소송법 제219조, 제106조 제1항에 정한 압수의 방법으로도 할 수 있고, 압수의 방법에 의하는 경우 혈액의 취득을 위하여 피의자의 신체로부터 혈액을 채취하는 행위는 그 혈액의 압수를 위한 것으로서 형사소송법 제219조, 제120조 제1항에 정한 **'압수영장의 집행에 있어 필요한 처분'**에 **해당**한다고 할 것이다(대판 2012.11.15. 2011도15258).

음주운전 중 교통사고를 야기한 후 피의자가 의식불명 상태에 빠져 있는 등 법원으로부터 혈액 채취에 대한 감정처분허가장이나 사전 압수영장을 발부받을 시간적 여유도 없는 긴급한 상황이 생길 수 있다. 이러한 경우 피의자의 신체 내지 의복류에 주취로 인한 냄새가 강하게 나는 등 형사소송법 제211조 제2항 제3호가 정하는 범죄의 증적이 현저한 준현행범인으로서의 요건이 갖추어져 있고 교통사고 발생 시각으로부터 사회통념상 범행 직후라고 볼 수 있는 시간 내라면 피의자의 생명·신체를 구조하기 위하여 사고현장으로부터 곧바로 후송된 병원 응급실 등의 장소는 형사소송법 제216조 제3항의 범죄장소에 준한다 할 것이므로, 검사 또는 사법경찰관은 피의자의 혈중알코올농도 등 증거의 수집을 위하여 의학적인 방법에 따라 필요최소한의 한도 내에서 피의자의 혈액을 채취하게 한 후 그 혈액을 영장 없이 압수할 수 있다. 다만 이 경우에도 형사소송법 제216조 제3항 단서, 형사소송규칙 제58조, 제107조 제1항 제3호에 따라 **사후에 지체 없이 강제채혈에 의한 압수의 사유 등을 기재한 영장청구서에 의하여 법원으로부터 압수영장을 받아야** 함은 물론이다.39)

> 관련판례 형사소송법 제218조(임의제출물의 압수)와 제219조에 의하여 준용되는 제112조 본문 규정(의사등의 압수거부권)에는 의료인이 진료목적으로 채혈한 혈액을 수사기관이 수사목적으로 압수하는 절차에 관하여 특별한 절차적 제한을 두고 있지 않으므로, **의료인이 진료목적으로 채혈한 환자의 혈액을 수사기관에 임의로 제출하였다면** 그 혈액의 증거사용에 대하여도 환자의 사생활의 비밀 기타 인격적 법익이 침해되는 등의 특별한 사정이 없는 한 **반드시 그 환자의 동의를 받아야 하는 것이 아니고**, 따라서 경찰관이 간호사로부터 진료목적으로 이미 채혈되어 있던 피고인의 혈액 중 일부를 주취 운전여부에 대한 감정을 목적으로 임의로 제출받아 이를 압수한 경우, 당시 간호사가 위 혈액의 소지자 겸 보관자인 병원 또는 담당의사를 대리하여 혈액을 경찰관에게 임의로 제출할 수 있는 권한이 없었다고 볼 특별한 사정이 없는 이상, **그 압수절차가 피고인 또는 피고인의 가족의 동의 및 영장없이 행하여졌다고 하더라도 이에 적법절차를 위반한 위법이 있다고 할 수 없다**(대판 1999.9.3. 98도968).

> 관련판례 우리 형사소송법에 의하더라도 음주측정을 거부한 사람에 대하여 **법원의 감정처분허가장 등을 발부 받아 강제로 혈액을 채취한 다음 그 혈액을 의사로 하여금 감정하게 하는 방법으로 혈중알코올농도를 측정하지 못할 이유는 없으며**, 교통경찰관들이 음주측정을 거부하는 운전자들에 대하여 강제채혈을 하지 않고 음주측정거부로만 의율하는 것은 어디까지나 우리 형사소송법이 강제채혈에 관련된 명시적 규정을 따로 두지 아니하고 있는 데서 오는 절차적인 불명확함이나 번거로움, 시·공간적 제약 등에서 비롯되는 실무 관행일 뿐이므로 … (중략).
>
> → 현재 실무상으로는 이 판례를 근거로 하여 **강제채혈은 감정처분허가장을 받아 시행**하고 있다. 감정처분허가장에 의하여 **법 제173조 제1항에 따른 감정처분에 필요한 처분으로서 신체의 검사가 가능**하기 때문이다. 다만 체포 또는 구속되지 아니한 **피의자를 채혈 또는 채뇨장소인 병원으로 연행하는 것은** 법 제173조에 의하여 감정처분에 필요한 처분으로 하는 것은 부적절하므로 **검증영장을 병행하여 발부받아 검증에 필요한 기타 처분(제140조)으로 행할 수 있을 것**이다(대판 2004.11.12. 2004도5257).

---

39) **사실관계**) 피고인이 오토바이를 음주운전하였다는 범죄사실로 공소가 제기된 사건에서, 피고인이 오토바이를 운전하여 가다가 선행 차량의 뒷부분을 들이받는 교통사고를 야기한 후 의식을 잃은 채 119 구급차량에 의하여 병원 응급실로 후송되고, 사고 시각으로부터 약 1시간 후인 2011. 3. 6. 00:50경 사고신고를 받고 병원 응급실로 출동한 경찰관이 법원으로부터 압수영장을 발부받지 아니한 채 피고인의 아들로부터 동의를 받아 간호사로 하여금 의식을 잃고 응급실에 누워 있는 피고인으로부터 채혈을 하도록 하였다는 사실을 인정한 다음, **이 사건 채혈은 법관으로부터 영장을 발부받지 않은 상태에서 이루어졌고 사후에 영장을 발부받지도 아니한 이상**, 피고인의 혈중알코올농도에 대한 국립과학수사연구소의 감정의뢰회보 등의 증거는 **위법수집증거**로서 증거능력이 없으므로, 피고인의 자백 외에 달리 이를 보강할 만한 증거가 없다는 이유로 이 사건 공소사실을 무죄로 판단한 원심을 수긍한 사안.

관련판례 형사소송법 제215조 제2항, 제216조 제3항, 제221조, 제221조의4, 제173조 제1항의 규정을 위반하여 **수사기관이 법원으로부터 영장 또는 감정처분허가장을 발부받지 아니한 채 피의자의 동의 없이 피의자의 신체로부터 혈액을 채취하고 사후적으로도 지체 없이 이에 대한 영장을 발부받지도 아니한 채 강제채혈한 피의자의 혈액 중 알코올농도에 관한 감정이 이루어 졌다면**, 이러한 감정결과보고서 등은 형사소송법상 **영장주의 원칙을 위반하여 수집되거나 그에 기초한 증거로서 그 절차 위반행위가 적법절차의 실질적인 내용을 침해하는 정도에 해당하고, 이러한 증거는 피고인이나 변호인의 증거동의가 있다고 하더라도 유죄의 증거로 사용할 수 없다**(대판 2011.4.28. 2009도2109).

나아가 저항하는 피의자를 인근 병원으로 데려가기 위한 강제력 행사의 적법여부가 문제된다. 압수·수색의 방법으로 소변을 채취하는 경우 압수대상물인 피의자의 소변을 확보하기 위한 수사기관의 노력에도 불구하고, 피의자가 인근 병원 응급실 등 소변 채취에 적합한 장소로 이동하는 것에 동의하지 않거나 저항하는 등 임의동행을 기대할 수 없는 사정이 있는 때에는 수사기관으로서는 소변 채취에 적합한 장소로 피의자를 데려가기 위해서 필요 최소한의 유형력을 행사하는 것이 허용된다. 이는 형사소송법 제219조, 제120조 제1항에서 정한 '압수·수색영장의 집행에 필요한 처분'에 해당한다고 보아야 한다. 그렇지 않으면 피의자의 신체와 건강을 해칠 위험이 적고 피의자의 굴욕감을 최소화하기 위하여 마련된 절차에 따른 강제 채뇨가 불가능하여 압수영장의 목적을 달성할 방법이 없기 때문이다(대판 2018.7.12. 2018도6219). 결론적으로 감정처분허가장 또는 압수수색영장 모두 법원에 의하여 강제수사를 허용하는 영장이라는 점에 비추어 강제체뇨 집행을 위한 영장에 해당한다고 볼 것이다. 다만, 피의자를 채혈 내지 채뇨를 위한 병원으로 데리고 가는 것은 압수수색영장의 집행에 필요한 처분으로 할 수 있다고 볼 것이다. 형사소송법 제219조, 제120조 제1항과 달리 제173조 제1항은 '기타 필요한 처분'을 규정하고 있지 않으므로 감정에 필요한 처분으로는 할 수 없기 때문이다.

Ⅵ 수사상 감정

1. 의의 · 대상과 요건

> **제169조【감정】** 법원은 **학식 경험있는 자**에게 감정을 명할 수 있다.
> **제171조【감정보고】** ① 감정의 경과와 결과는 감정인으로 하여금 서면으로 제출하게 하여야 한다.
> ② 감정인이 수인인 때에는 **각각 또는 공동**으로 제출하게 할 수 있다.
> ③ 감정의 결과에는 그 **판단의 이유**를 명시하여야 한다.
> ④ **필요한 때**에는 감정인에게 **설명하게** 할 수 있다.
> **제172조(법원 외의 감정)** ① 법원은 필요한 때에는 감정인으로 하여금 법원 외에서 감정하게 할 수 있다.
> ② 전항의 경우에는 감정을 요하는 물건을 감정인에게 교부할 수 있다.
> ③ 피고인의 정신 또는 신체에 관한 감정에 필요한 때에는 법원은 기간을 정하여 병원 기타 적당한 장소에 피고인을 유치하게 할 수 있고 감정이 완료되면 즉시 유치를 해제하여야 한다.
> ④ 전항의 유치를 함에는 감정유치장을 발부하여야 한다.
> ⑤ 제3항의 유치를 함에 있어서 필요한 때에는 법원은 직권 또는 피고인을 수용할 병원 기타 장소의 관리자의 신청에 의하여 사법경찰관리에게 피고인의 간수를 명할 수 있다.
> ⑥ 법원은 필요한 때에는 유치기간을 연장하거나 단축할 수 있다.
> ⑦ 구속에 관한 규정은 이 법률에 특별한 규정이 없는 경우에는 제3항의 유치에 관하여 이를 준용한다. 단, 보석에 관한 규정은 그러하지 아니하다.
> ⑧ 제3항의 유치는 미결구금일수의 산입에 있어서는 이를 구속으로 간주한다.
> **제172조의2(감정유치와 구속)** ① 구속 중인 피고인에 대하여 감정유치장이 집행되었을 때에는 피고인이 유치되어 있는 기간 구속은 그 집행이 정지된 것으로 간주한다.
> ② 전항의 경우에 전조 제3항의 유치처분이 취소되거나 유치기간이 만료된 때에는 구속의 집행정지가 취소된 것으로 간주한다.

감정이란 특수한 전문지식과 경험을 가진 제3자가 그 지식이나 경험을 적용하여 얻은 사실판단을 보고하는 것을 말한다. 감정유치는 감정을 위하여 일정기간 동안 병원 기타 적당한 장소에 피의자를 유치하는 강제처분을 말한다. 감정유치는 피의자의 신체의 자유를 제한하는 것으로 구속에 관한 규정을 준용하고 있다.

2. 감정에 필요한 처분

제173조【감정에 필요한 처분】 ① 감정인은 감정에 관하여 필요한 때에는 **법원의 허가**를 얻어 타인의 주거, 간수자 있는 가옥, 건조물, 항공기, 선차 내에 들어 갈 수 있고 신체의 검사, 사체의 해부, 분묘발굴, 물건의 파괴를 할 수 있다.
② 전항의 허가에는 피고인의 성명, 죄명, 들어갈 장소, 검사할 신체, 해부할 사체, 발굴할 분묘, 파괴할 물건, 감정인의 성명과 유효기간을 기재한 허가장을 발부하여야 한다.
③ 감정인은 제1항의 처분을 받는 자에게 허가장을 제시하여야 한다.
④ 전2항의 규정은 감정인이 공판정에서 행하는 제1항의 처분에는 적용하지 아니한다.
⑤ 제141조, 제143조의 규정은 제1항의 경우에 준용한다.

제6절 수사상의 증거보전

제184조【증거보전의 청구와 그 절차】 ① 검사, 피고인, 피의자 또는 변호인은 **미리 증거를 보전하지 아니하면 그 증거를 사용하기 곤란한 사정이 있는 때에는 제1회 공판기일 전이라도** 판사에게 압수, 수색, 검증, 증인신문 또는 감정을 청구할 수 있다.
② 전항의 청구를 받은 판사는 그 처분에 관하여 **법원 또는 재판장과 동일한 권한**이 있다.
③ 제1항의 청구를 함에는 **서면**으로 그 사유를 소명하여야 한다.
④ 제1항의 청구를 기각하는 결정에 대하여는 **3일 이내에 항고할 수** 있다.
제185조【서류의 열람등】 검사, 피고인, 피의자 또는 변호인은 **판사의 허가를 얻어** 전조의 처분에 관한 서류와 증거물을 열람 또는 등사할 수 있다.
제221조의2【증인신문의 청구】 ① 범죄의 수사에 없어서는 아니될 사실을 안다고 명백히 인정되는 자가 전조의 규정에 의한 출석 또는 진술을 거부한 경우에는 검사는 제**1회 공판기일 전에 한**하여 판사에게 그에 대한 증인신문을 청구할 수 있다.
② 삭제
③ 제1항의 청구를 함에는 서면으로 그 사유를 소명하여야 한다.
④ 제1항의 청구를 받은 판사는 증인신문에 관하여 **법원 또는 재판장과 동일한 권한**이 있다.
⑤ 판사는 제1항의 청구에 따라 증인신문기일을 정한 때에는 피고인·피의자 또는 변호인에게 이를 통지하여 증인신문에 참여할 수 있도록 하여야 한다.
⑥ 판사는 제1항의 청구에 의한 증인신문을 한 때에는 지체없이 이에 관한 서류를 검사에게 송부하여야 한다.

> **제163조 【당사자의 참여권, 신문권】** ① 검사, 피고인 또는 변호인은 증인신문에 참여할 수 있다.
> ② 증인신문의 시일과 장소는 전항의 규정에 의하여 참여할 수 있는 자에게 **미리 통지**하여야 한다. 단, 참여하지 아니한다는 의사를 명시한 때에는 예외로 한다.
> **제311조 【법원 또는 법관의 조서】** 공판준비 또는 공판기일에 피고인이나 피고인 아닌 자의 진술을 기재한 조서와 법원 또는 법관의 검증의 결과를 기재한 조서는 증거로 할 수 있다. 제184조 및 제221조의2의 규정에 의하여 작성한 조서도 또한 같다.
> **제402조 【항고할 수 있는 재판】** 법원의 결정에 대하여 불복이 있으면 **항고**를 할 수 있다. 단, 이 법률에 특별한 규정이 있는 경우에는 예외로 한다.
> **제403조 【판결 전의 결정에 대한 항고】** ① 법원의 관할 또는 판결 전의 소송절차에 관한 결정에 대하여는 특히 즉시항고를 할 수 있는 경우 외에는 **항고하지 못한다**.
> ② 전항의 규정은 구금, 보석, 압수나 압수물의 환부에 관한 결정 또는 감정하기 위한 피고인의 유치에 관한 결정에 적용하지 아니한다.
> **제416조 【준항고】** ① 재판장 또는 수명법관이 다음 각 호의 1에 해당한 재판을 고지한 경우에 불복이 있으면 그 법관소속의 법원에 재판의 취소 또는 변경을 청구할 수 있다.
> 1. 기피신청을 기각한 재판
> 2. 구금, 보석, 압수 또는 압수물환부에 관한 재판
> 3. 감정하기 위하여 피고인의 유치를 명한 재판
> 4. 증인, 감정인, 통역인 또는 번역인에 대하여 과태료 또는 비용의 배상을 명한 재판

1. 개념

수사절차에서 판사가 증거조사 또는 증인신문을 하여 그 결과를 보전하는 것을 증거보전이라고 한다. 검사, 피고인, 피의자 또는 변호인은 **미리 증거를 보전하지 아니하면 그 증거를 사용하기 곤란한 사정이 있는 때에는 제1회 공판기일 전이라**도 판사에게 압수, 수색, 검증, 증인신문 또는 감정을 청구할 수 있다.

2. 증거보전절차

가. 제도적 취지

수사단계에서의 증거를 수집·보전하는 절차이다. 강제처분권이 없는 피의자와 피고인은 법원의 힘을 빌리지 않을 수 없기에 판사에 대하여 강제처분을 청구하여 판사가 강제 처분을 행하는 절차이며, 주로 피의자의 유리한 증거에 대한 수집·보전권을 보장하기 위한 것이다. 당사자지위 강화에 중점을 두고 있어 수사기관보다는 피의자·피고인을 위한 제도로서 더 큰 의미가 있다.

나. 요건

(1) 증거보전의 필요성

증거의 사용곤란이란 증거의 증거조사가 곤란한 경우, 증명력 변화 있는 경우 등을 의미한다. 증거물의 멸실 위험이나 증인의 사망 내지 질병의 악화 등으로 진술증거를 확보하기 곤란한 상황이 예측되는 경우, 진술번복의 염려 등이 여기에 해당할 것이다. 대표적으로, 뇌물사건의 뇌물공여자는 수사단계에서는 자백을 하였다가 공판정에서 진술을 번복할 가능성이 큰데(검사작성 피의자신문조서도 사경작성 피의자신문조서와 같이 내용부인으로 증거능력이 상실되므로, 공범자에 대한 검사작성 피의자신문조서 역시 당해 피고인이 내용부인을 할 경우 증거능력이 없으므로), 이 경우 뇌물공여자에 대하여 증거보전청구를 통해 진술의 증거능력을 확보해둘 필요성이 있다.

(2) 제1회 공판기일 전

내사단계라 하더라도 판례는 '검사가 범죄인지 절차를 거치기 전에 범죄혐의가 있다고 보아 수사를 개시하는 행위를 한 때에는 이때에 범죄를 인지한 것으로 보아야 한다(대판 2001.10.26. 2000도2968)'고 판시하고 있으므로 **실질적으로 수사를 개시하였다면** 증거보전 청구가 가능하다. 수사단계에서 증거보전청구가 가능한 것은 당연하며 **공소제기 이후라도 제1회 공판기일 전까지는 가능**하다. 다만, 증거보전이란 장차 공판에 있어서 사용하여야 할 증거가 멸실되거나 또는 그 사용하기 곤란한 사정이 있을 경우에 당사자의 청구에 의하여 공판 전에 미리 그 증거를 수집보전하여 두는 제도로서 제1심 제1회 공판기일 전에 한하여 허용되는 것이므로 **재심청구사건에서는 증거보전절차는 허용되지 아니한다**(대결 1984.3.29. 84모15).

다. 절차

(1) 청구권자

검사, 피고인, 피의자, 변호인이 청구권자이다. 법원의 직권으로는 증거보전을 할 수 없다.

(2) 청구방식

서면으로 관할 지방법원 판사에게 청구한다(제184조, 규칙 제92조).

(3) 청구의 내용

압수·수색·검증·증인신문 또는 감정 이렇게 5가지로 한정된다. **증거보전절차에서 피의자 또는 피고인의 신문을 청구할 수는 없다**(대판 1972.6.12. 79도702).

관련판례 공동피고인과 피고인이 뇌물을 주고받는 사이로 필요적 공범관계에 있다고 하더라도 검사는 **수사단계에서** 피고인에 대한 증거를 미리 보전하기 위하여 필요한 경우에는 판사에게 **공동피고인을 증인으로 신문할 것을 청구할 수 있다**40)(대판 1988.11.8. 86도1646).

(4) 지방법원판사의 결정

기각하는 결정에 대한 불복이 가능한지 여부에 대해 과거 판례41)는 불복할 수 없다고 판시하였으나, 입법적으로 해결하였다. 제416조의 준항고는 증거보전에 관한 판사의 결정에 대하여는 불복방법이 없었던 기존 문제점을 개선하기 위하여 **증거보전 청구를 기각하는 결정에 대한 불복절차를 규정**하고 있다.

라. 증거보전 후의 절차

(1) 증거물의 열람 · 등사권(제185조)

검사, 피고인, 피의자 또는 변호인은 판사의 허가를 얻어 증거보전처분에 관한 서류와 증거물을 열람 또는 등사할 수 있다.

(2) 증거보전절차에서 작성된 조서의 증거능력은 절대적 증거능력을 가진다(제311조 후문). 이를 통해 증거보전의 효과를 가져오게 되는 것이다.

(가) 증거보전참여권의 배제시 증인신문의 증거능력

관련판례 제1회 공판기일 전에 형사소송법 제184조에 의한 증거보전절차에서 증인신문을 하면서 위 증인신문의 일시와 장소를 피의자 및 변호인에게 미리 통지하지 아니하여 **증인신문에 참여할 수 있는 기회를 주지 아니하였고**, 또 변호인이 제1심 공판기일에 위 증인신문조서의 증거조사에 관하여 이의신청을 하였다면 **위 증인신문조서는 그 증거능력이 없다 할 것이고, 그 증인이 후에 법정에서 그 조서의 진정성립을 인정한다하여 다시 그 증거능력을 취득한다고 볼 수도 없다**(대판 1992.2.28. 91도2337).

---

40) 이는 공판단계에서의 증인신문이 아니므로 공동피고인의 증인적격의 문제와 상관없는 쟁점이다.
41) 관련판례 법원의 결정에 대하여 불복이 있으면 항고할 수 있다고 규정한 형사소송법 제402조가 말하는 법원은 형사소송법상의 수소법원만을 가리키는 것이어서 증거보전청구를 기각한 판사의 결정에 대하여는 제402조가 정하는 항고의 방법으로는 불복할 수 없고 나아가 그 판사는 수소법원으로서의 재판장 또는 수명법관도 아니므로 그가 한 재판은 동법 제416조가 정하는 준항고의 대상도 되지 않으며, 또 동법 제403조가 정하는 판결 전의 소송절차에 대한 항고는 즉시항고를 할 수 있는 근거가 없는 증거보전에 관한 재판에는 그 적용이 없다 할 것이어서 **결국 증거보전청구의 기각결정에 대하여는 형사소송법상 어떠한 방법으로도 불복할 수 없다**(대결 1986.7.12. 86모25).

(나) 증거보전참여권 배제시 증인신문조서에 대한 증거동의

> **관련판례** 판사가 형사소송법 제184조에 의한 증거보전절차로 증인신문을 하는 경우에는 동법 제221조의2에 의한 증인신문의 경우와는 달리 동법 제163조에 따라 검사, 피의자 또는 변호인에게 증인신문의 시일과 장소를 미리 통지하여 증인신문에 참여할 수 있는 기회를 주어야 하나 **참여의 기회를 주지 아니한 경우라도 피고인과 변호인이 증인신문조서를 증거로 할 수 있음에 동의하여 별다른 이의없이 적법하게 증거조사를 거친 경우에는 위 증인신문조서는 증인신문절차가 위법하였는지의 여부에 관계없이 증거능력이 부여된다**(대판 1988.11.8. 86도1646).

(3) 제척·기피

예단이 생기지 않는다고 하여 소극설을 취하는 입장과 증거조사(증인신문, 검증)를 한 경우에는 제척사유에 해당하지만, 단지 압수수색영장을 발부한 경우에는 제척사유가 되지 않는다는 절충설도 있으나 증거조사를 통하여 확보된 증거가 당해 재판에 그대로 사용되어 증거능력을 갖추게 되므로 적극설이 타당하다고 본다.

> **관련판례** 공소제기전에 검사의 증거보전청구에 의하여 증인신문을 한 법관은 형사소송법 … 에 이른바 전심재판 또는 기초되는 조사, 심리에 관여한 법관이라고 할 수 없다(대판 1971.7.6. 71도974).

3. 증인신문의 청구

가. 의의 및 제도적 취지

범죄의 수사에 없어서는 아니 될 사실을 안다고 명백히 인정되는 자가 전조의 규정에 의한 출석 또는 진술을 거부한 경우에는 검사는 **제1회 공판기일 전에 한**하여 판사에게 그에 대한 증인신문을 청구할 수 있다. 참고인의 출석·진술을 강제할 법적 제도를 마련하기 위한 것으로 판사의 힘을 빌린 수사기관의 강제처분이다. 과거에는 '진술번복의 염려'도 대상이 되었으나 위헌결정으로 2007년 개정으로 삭제되었다. 그러므로 진술번복의 염려가 있을 경우에는 제221조의2가 아닌 제184조의 증거보전청구를 통해 증거보전을 하여야 한다.

나. 요건

(1) 증인신문의 필요성

(가) 출석 또는 진술의 거부

(나) 진술번복의 염려(위헌)

헌법재판소는 형사소송법 제221조의2 제2항은 범인필벌의 요구만을 앞세워 과잉된 입법수단으로 증거수집과 증거조사를 허용함으로써 법관의 합리적이고 공정한 자유심증을 방해하여 헌법상 보장된 법관의 독립성을 침해할 우려가 있으므로 그 자체로서도 적법절차 및 공정한 재판을 받을 권리에 위배되는 것이다(헌재결 1996.12.26. 94헌바1)라고 위헌 결정을 내렸으며, 대법원은 "乙에 대한 증인신문조서 사본은 검사가 乙의 진술번복을 우려하여 법 제221조의2 제2항의 규정에 따라 제1회 공판기일 전 증인신문을 청구함으로써 작성된 것인바, 헌법재판소가 제221조의2 제2항 및 제5항 중 같은 조 제2항에 관한 부분은 위헌이라는 결정을 선고하였으므로, **위 증인신문조서 사본 역시 그 증거능력이 없다**(대판 1997.12.26. 97도2249; 대판 1998.6.23. 98도869)"고 판시하였다.

(2) 제1회 공판기일 전에 한하는 점은 앞서 살핀 증거보전과 같다.

다. 절차

(1) **청구권자** : 검사에 한한다.

(2) **청구의 방식** : 서면(제184조 제3항, 규칙 제111조)으로 그 사유를 소명하여야 한다.

(3) **청구의 심사**

(4) **참여권 문제(제221조의2 제5항)**

기존에는 "… 참여하게 할 수 있다."라고 규정하여 원칙적으로 참여권을 인정하지 않았다. 이에 대해 대법원은 "증인신문절차에서 피고인·피의자나 변호인에게 참여의 기회가 주어지지 않았다고 하여 위법은 아니다(대판 1992.9.22. 92도1751)"라고 판시하였으나, 헌법재판소는 "피고인 등의 반대신문권을 제한하고 있는 형사소송법 **제221조의2 제5항은 피고인의 공격·방어권을 과다히 제한하는** 것으로써 그 자체의 내용이나 대법원의 제한적 해석에 의하더라도 그 입법목적을 달성하기에 필요한 입법수단으로서의 합리성 내지 정당성이 인정될 수는 없다고 할 것이므로, **헌법상의 적법절차의 원칙 및 청구인의 공정한 재판을 받을 권리를 침해하고 있다**(헌재결 1996.12.26. 94헌바1)."고 위헌결정 하였다. 따라서 당사자의 참여권은 보장되며, 판사는 제1항의 청구에 따라 증인신문기일을 정한 때에는 피고인·피의자 또는 변호인에게 이를 통지하여 증인신문에 참여할 수 있도록 하여야 한다(동조 제5항).

라. 증인신문후의 조치

(1) 판사는 검사에게 서류 송부한다(제221조의2 제6항). 증거보전과 달리 검사에게 송부한다는 것이 다르다. 수사서류와 같이 열람등사권도 제한된다. 결국 증인신문조서는 공소제기 후에 증거개시절차를 통해 열람등사할 수밖에 없다.

(2) 조서의 증거능력

제311조에 의해 당연히 인정된다(단, 피고인 피의자 변호인에게 참여 기회를 주지 않은 증인신문절차에서 작성된 증인신문조서는 증거능력 부정함).

> **증거보전(제184조)** 공판정에서의 정상적인 증거조사가 있을 때까지 기다려서는/ 증거방법의 사용이 불가능하거나 현저히 곤란하게 될 염려가 있는 경우에/ **검사·피고인·피의자 또는 변호인의 청구**에 의하여/ 판사가/ 미리 증거조사 또는 증인신문을 하여/ 그 결과를 보전하여 두는 제도
>
> **증인신문의 청구(제221조의2)** 참고인이/ 출석 또는 진술을 거부하거나/ 전의 진술과 다른 진술을 할 염려가 있는 경우에/ 제1회 공판기일 전까지/ **검사의 청구**에 의하여/ 판사가/ 그를 증인으로 신문하는/ 진술증거의 수집과 보전을 위한 대인적 강제처분

제7절 수사의 종결

I 불기소처분[42]

1. 검사는 피의사실이 **범죄구성요건에는 해당하지만 위법성조각사유나 책임조각사유 등 법률상 범죄의 성립을 조각하는 사유가 있는 경우에는 죄로 되지 않음의 불기소처분**을 한다.

2. 검사는 피의사실이 인정되는 경우에 반드시 **공소를 제기**하여야 하는 것이 아니라 피의자의 연령, 피해자에 대한 관계, 범행의 동기 및 수단과 결과 등을 참작하여 소추를 필요로 하지 아니하는 경우에는 **기소유예 처분**을 할 수 있다.

---

[42] 검사가 사건의 수사를 종결할 때에는 다음 각 호의 구분에 따라 결정을 하여야 한다(검찰사건사무규칙 제57조).
  1. 공소제기 2. 불기소 3. 기소중지 4. 참고인중지 5. 공소보류
  6. 이송 7. 소년보호사건 송치 8. 가정보호사건 송치 9. 성매매보호사건 송치

II 불기소처분에 대한 불복

구속영장을 발부하는 재판에 대하여는 항고나 준항고가 허용되지 않고, 검사의 영장청구를 기각하는 재판에 대하여는 **항고의 대상이 되는 '결정'이 아니므로 항고나 재항고**는 할 수 없고 다만 검사는 **영장의 발부를 재청구** 할 수 있을 뿐이다.

> **제258조 【고소인등에의 처분고지】** ① 검사는 고소 또는 고발있는 사건에 관하여 공소를 제기하거나 **제기하지 아니하는 처분, 공소의 취소** 또는 제256조의 **송치**를 한 때에는 그 **처분한 날로부터 7일 이내**에 서면으로 고소인 또는 고발인에게 그 취지를 통지하여야 한다.
> ② 검사는 불기소 또는 제256조의 처분을 한 때에는 피의자에게 즉시 그 취지를 통지하여야 한다.
>
> **제260조 【재정신청】** ① 고소권자로서 고소를 한 자(「형법」 제123조부터 제126조까지의 죄에 대하여는 고발을 한 자를 포함한다. 이하 이 조에서 같다)는 검사로부터 공소를 제기하지 아니한다는 통지를 받은 때에는 그 검사 소속의 지방검찰청 소재지를 관할하는 고등법원(이하 "관할 고등법원"이라 한다)에 그 당부에 관한 재정을 신청할 수 있다. 다만, 「형법」 제126조의 죄에 대하여는 피공표자의 명시한 의사에 반하여 재정을 신청할 수 없다.

III 사법경찰관의 결정

> **제245조의5(사법경찰관의 사건송치 등)** 사법경찰관은 고소·고발 사건을 포함하여 범죄를 수사한 때에는 다음 각 호의 구분에 따른다.
> 1. 범죄의 혐의가 있다고 인정되는 경우에는 지체 없이 검사에게 사건을 송치하고, 관계 서류와 증거물을 검사에게 송부하여야 한다.
> 2. 그 밖의 경우에는 그 이유를 명시한 서면과 함께 관계 서류와 증거물을 지체 없이 검사에게 송부하여야 한다. 이 경우 검사는 송부받은 날부터 90일 이내에 사법경찰관에게 반환하여야 한다.

사법경찰관은 **송치결정**과 **불송치결정**을 할 수 있다. 범죄를 수사한 후 혐의가 있다고 인정되는 경우는 송치결정을 하며, 이때 관계서류와 증거물을 검사에게 송부하여야 한다. 검사는 송치사건을 받아 공소제기 여부 또는 공소유지에 관하여 필요한 경우 '사법경찰관에게 보완수사를 요구'할 수 있다. 이때 직접 보완수사는 할 수 없도록 하였다. 이로써 사법경찰관이 1차적 수사종결권을 갖게 되었다.

문제는 불송치결정의 경우이다. 불송치결정을 하는 경우 사법경찰관은 이유를 명시한 서면과 함께 관계 서류와 증거물을 지체 없이 검사에게 **송부하여야** 한다. 이 경우 검사는 송부받은 날부터 90일 이내에 사법경찰관에게 **반환하여야** 한다. 검사는 사법경찰관이 사건을 송치하지 아니한 것이 위법 또는 부당한 때에는 그 이유를 문서로 명시하여 사법경찰관에게 재수사를 요청할 수 있다[재수사요구]. 사법경찰관은 이러한 요청이 있는 때에는 사건을 재수사하여야 한다(제245조의8).

사법경찰관은 재수사를 한 후 혐의가 있다고 인정하는 경우는 검사에게 사건을 송치하고 관계서류와 증거물을 송부하여야 하고, 종래와 같이 불송치결정을 유지하는 경우는 그 내용과 이유를 구체적으로 적어 검사에게 '통보'하도록 수사준칙에 규정하고 있다. 그런데 불송치결정을 하는 경우 불기소처분과 같이 불송치이유를 제대로 기재하지 않아 이에 대한 이의를 제기하기 어렵고, 재수사요청의 횟수를 수사준칙(제64조 제2항)에서 1회로 제한하는 등 불송치에 대한 통제가 미약한 점이 문제점으로 지적된다.

고소인 등에 대한 송부통지제도가 그나마 불송치결정에 대한 통제기능을 하고 있는데, 사법경찰관은 불송치결정을 송부한 날부터 7일 이내에 서면으로 고소인·고발인·피해자 또는 그 법정대리인(피해자가 사망한 경우에는 그 배우자·직계친족·형제자매를 포함한다)에게 사건을 검사에게 송치하지 아니하는 취지와 그 이유를 통지하여야 한다(제245조의6). 이러한 통지를 받은 사람은 해당 사법경찰관의 소속 관서의 장에게 이의를 신청할 수 있다. 사법경찰관은 신청이 있는 때에는 지체 없이 검사에게 사건을 송치하고 관계 서류와 증거물을 송부하여야 하며, 처리결과와 그 이유를 신청인에게 통지하여야 한다(제245조의7). 사건기록을 송부하는 것에 그치는 것이 아니라 송치하여야 한다고 규정하고 있는 이상 불송치결정에 대한 사법통제기능을 하기 위하여 검사는 보완수사를 거쳐 공소제기여부를 결정할 수 있다고 해석함이 타당하다.

Ⅳ 재정신청과 기소강제절차

> **제260조 【재정신청】** ① 고소권자로서 고소를 한 자(「형법」 제123조부터 제126조까지의 죄에 대하여는 **고발을 한 자를 포함**한다. 이하 이 조에서 같다)는 **검사로부터 공소를 제기하지 아니한다는 통지를 받은 때**에는 그 검사 소속의 지방검찰청 소재지를 관할하는 **고등법원**(이하 "관할 고등법원"이라 한다)에 그 **당부에 관한 재정을 신청할 수 있다.** 다만, 「형법」 제126조의 죄에 대하여는 피공표자의 명시한 의사에 반하여 재정을 신청할 수 없다.

② 제1항에 따른 재정신청을 하려면 「검찰청법」 제10조에 따른 항고를 거쳐야 한다. 다만, 다음 각 호의 어느 하나에 해당하는 경우에는 그러하지 아니하다.
  1. 항고 이후 재기수사가 이루어진 다음에 다시 공소를 제기하지 아니한다는 통지를 받은 경우
  2. 항고 신청 후 항고에 대한 처분이 행하여지지 아니하고 **3개월**이 경과한 경우
  3. 검사가 공소시효 만료일 30일 전까지 공소를 제기하지 아니하는 경우
③ 제1항에 따른 재정신청을 하려는 자는 항고기각 결정을 통지받은 날 또는 제2항 각 호의 사유가 발생한 날부터 **10일** 이내에 지방검찰청검사장 또는 지청장에게 재정신청서를 제출하여야 한다. 다만, 제2항 제3호의 경우에는 **공소시효 만료일 전날까지** 재정신청서를 제출할 수 있다.
④ 재정신청서에는 재정신청의 대상이 되는 사건의 범죄사실 및 증거 등 재정신청을 이유있게 하는 사유를 기재하여야 한다.

제37조【판결, 결정, 명령】 ② 결정 또는 명령은 **구두변론에 의거하지 아니 할 수** 있다.
③ 결정 또는 명령을 함에 필요한 경우에는 **사실을 조사할 수 있다**.

제261조【지방검찰청검사장 등의 처리】 제260조 제3항에 따라 재정신청서를 제출받은 지방검찰청검사장 또는 지청장은 **재정신청서를 제출받은 날부터 7일 이내**에 재정신청서·의견서·수사 관계 서류 및 증거물을 관할 고등검찰청을 경유하여 관할 고등법원에 송부하여야 한다. 다만, 제260조 제2항 각 호의 어느 하나에 해당하는 경우에는 지방검찰청검사장 또는 지청장은 다음의 구분에 따른다.
  1. 신청이 이유 있는 것으로 인정하는 때에는 즉시 공소를 제기하고 그 취지를 관할 고등법원과 재정신청인에게 통지한다.
  2. 신청이 이유 없는 것으로 인정하는 때에는 30일 이내에 관할 고등법원에 송부한다.

제262조【심리와 결정】 ① 법원은 재정신청서를 송부받은 때에는 송부받은 날부터 **10일 이내**에 **피의자에게 그 사실을 통지하여야** 한다.
② 법원은 재정신청서를 송부받은 날부터 3개월 이내에 항고의 절차에 준하여 다음 각 호의 구분에 따라 결정한다. 이 경우 필요한 때에는 증거를 조사할 수 있다.
  1. 신청이 법률상의 방식에 위배되거나 이유 없는 때에는 신청을 기각한다.
  2. 신청이 이유 있는 때에는 사건에 대한 공소제기를 결정한다.
④ 제2항 제1호의 결정에 대하여는 제415조에 따른 즉시항고를 할 수 있고, 제2항 제2호의 결정에 대하여는 불복할 수 없다. 제2항 제1호의 결정이 확정된 사건에 대하여는 다른 중요한 증거를 발견한 경우를 제외하고는 소추할 수 없다.

제262조의2【재정신청사건 기록의 열람·등사 제한】 재정신청사건의 심리 중에는 관련 서류 및 증거물을 **열람 또는 등사할 수 없다**. 다만 법원은 제262조 제2항 후단의 증거조사과정에서 작성된 서류의 전부 또는 일부의 열람 또는 등사를 허가할 수 있다.

제264조【대리인에 의한 신청과 1인의 신청의 효력, 취소】 ① 재정신청은 **대리인에 의하여 할 수 있으며 공동신청권자 중 1인의 신청**은 그 전원을 위하여 효력을 발생한다.
② 재정신청은 제262조 제2항의 결정이 있을 때까지 취소할 수 있다. **취소한 자는 다시 재정신청을 할 수 없다.**
③ 전항의 **취소는 다른 공동신청권자에게 효력을 미치지 아니한다**.

> **제264조의2 【공소취소의 제한】** 검사는 제262조 제2항 제2호의 결정에 따라 공소를 제기한 때에는 이를 취소할 수 없다.
> **제376조 【원심법원에서의 상고기각 결정】** ① 상고의 제기가 법률상의 방식에 위반하거나 상고권소멸 후인 것이 명백한 때에는 원심법원은 결정으로 상고를 기각하여야 한다.
> **제415조 【재항고】** 항고법원 또는 고등법원의 결정에 대하여는 재판에 영향을 미친 헌법·법률·명령 또는 규칙의 위반이 있음을 이유로 하는 때에 한하여 대법원에 **즉시항고**를 할 수 있다.

1. 개념

모든 범죄에 대한 검사의 불기소처분에 불복하는 고소인 또는 고발인(형법 제123조 내지 제125조에 한정)의 재정신청에 의하여 법원이 심리하여 공소제기여부를 결정하고 검사로 하여금 공소를 제기하도록 하는 제도(제260조 이하)로서 **기소독점주의에 대한 예외**라 할 수 있다.

2. 구조 – 논의 필요성(소송상의 절차적 권리를 인정할 것인지)

이에 대하여 수사설, 항고소송설, 형사소송유사의 재판절차설이 대립되나, **형사소송절차와 유사하다고 봄이 타당하다.** 그러므로 재정신청을 수리한 고등법원은 재정신청서와 수사기록 등을 기초로 구두변론 없이 준기소절차를 진행할 수 있으며(제37조 제2항) 필요한 경우는 사실과 증거를 조사할 수 있다(제262조 제2항, 제37조 제3항). 그러나 형사소송 그 자체라고 볼 수는 없으므로 재정신청인에게 독자적인 증거신청권이나 제한 없는 증거서류의 열람·등사권 내지 증인신문에 참여권까지 인정된다고 볼 수는 없다. 다만, 2007년 개정으로 **피의자에게 그 사실을 통지하여야 한다**고 규정하였으며(제262조 제1항), **재정신청사건 기록의 열람·등사에 대한 규정을 신설하여** 재정신청사건의 심리 중에는 관련 서류 및 증거물을 열람 또는 등사할 수 없지만, 법원은 제262조 제2항 후단의 증거조사과정에서 작성된 서류의 전부 또는 일부의 열람 또는 등사를 허가할 수 있도록 하여(제262조의2) 수사적 성격을 가지고 있으면서도 형사소송적 성격을 가지고 있음을 분명히 하였다고 평가할 수 있다.

3. 심판에 준하는 절차

가. 재정신청

(1) 신청권자는 고소인, 고발인, 대리인이다(제260조, 제264조).

(2) 대상

　종래는 공무원의 직권남용죄(형법 제123조 내지 제125조)과 특별법상 헌정질서파괴범죄의공소시효에관한특별법, 5·18민주화운동 등에 관한 특별법, 공직선거법에 대한 검사의 불기소처분 등에 한하여 인정되었으나 현행법은 대상을 **모든 범죄로 확대하되**, 고소사건으로 제한43)하고, 고발사건은 재정신청 대상에서 제외하였다. 단, 현행법에 의하여 고발인도 재정신청이 가능한 형법 제123조 내지 제125조의 죄의 경우에는 고발사건도 포함되도록 하였다(제260조 제1항).

(3) 방법

　종래에는 불기소처분의 통지를 받은 날로부터 10일 이내에 서면으로 불기소처분을 한 검사소속의 지방검찰청 검사장 또는 지청장을 경유하여 그 검사 소속의 고등검찰청에 대응하는 고등법원에 신청하도록 하였었다.

　[**항고전치주의 도입**] 2007년 개정으로 재정신청을 위해서는 **반드시 검찰항고를 거치게** 함으로써 고소인은 재정신청전 신속한 권리구제의 기회를 부여하고 검사에게 자체 시정 기회를 갖게 하되, **3월 이내에 결정이 없는 경우** 바로 재정신청을 할 수 있게 하여 항고심사 지연으로 인한 고소인의 불이익을 방지하고, 나아가 **재정신청을 할 수 있는 경우 재항고는 불허**하여 피고소인 지위가 장기간 불안정해지는 것을 방지하였다. 즉, 항고를 한 자 중 **재정신청을 할 수 있는 자를 제외하고는** 3개월 경과시 재항고를 하도록 하고, 항고를 한 자 중 재정신청을 할 수 있는 자는 바로 재정신청을 하도록 하고 있다. 결국 **형법 제123조 내지 제125조의 죄에 대한 고발사건 이외의 고발 사건**은 재정신청의 대상이 아니므로 검찰청법에 따라 항고 후 3개월 경과시 **재항고를 하도록** 하는 것이다.

　또한 제1항에 따른 재정신청을 하려는 자는 **항고 기각 결정을 통지받은 날 또는 제2항 각 호의 사유가 발생한 날부터** 10일 이내에 **지방검찰청검사장 또는 지청장에게 재정신청서를 제출하여야** 한다(제260조 제3항). 다만, 제2항 제3호의 경우에는 공소시효만료일 전날까지 재정신청서를 제출할 수 있다. 재정신청서에는 재정신청의 대상이 되는 사건의 범죄사실 및 증거 등 재정신청을 이유있게 하는 사유를 기재하여야 한다(동조 제4항).

---

43) 고발사건이 재정신청 대상에서 제외됨에 따라 고발사건에 대한 불기소 처분에 대하여서는 현재와 같이 대검찰청에 대한 재항고를 통해 불복할 수 있게 하였다.

(4) 효력

1인의 신청은 그 전원을 위해 효력(제264조 제1항), 재정결정이 있을 때까지 공소시효의 진행을 정지된다(제262조의2).

(5) 취소

고등법원의 재정결정이 있을 때까지 가능, 취소한 자는 다시 재정신청을 할 수 없다(제264조 제2항·제3항, 규칙 제121조).

나. 검사장·지청장의 처리(제261조)

재정신청인은 재정신청 기간 내에 **지방검찰청검사장 또는 지청장에게 제출**하도록 하고(제260조 제3항), 지방검찰청검사장이나 지청장은 **7일 이내**에 사건기록 및 증거물과 함께 **관할 고등검찰청을 거쳐 관할 고등법원에 송부하게 한다.** 이때 지방검찰청검사장이나 지청장은 제260조 제2항 각호에 해당하는 사건의 경우에는 **공소를 제기하거나 30일 이내에 관할 고등법원에 송부하도록 하여** 자체 시정의 기회를 부여하고 있다.

다. 고등법원의 재정결정(제260조 제1항, 제262조)

(1) 피의자의 기피신청

피의자가 기피신청을 할 수 있는지 여부에 대하여 긍정설(형사소송 유사의 성질을 가지고 있는 재판의 일종이므로)과 부정설(비록 형사소송유사설을 취한다고 하더라도 여기의 기피는 재정신청자가 아닌 당해 사건의 피의자가 기피신청을 하여야 하므로 이를 인정하지 못한다)이 대립한다. 그러나 재정신청 사건에서 피의자가 불복하는 절차를 두는 것이 타당하지 아니하고, 피의자는 공소제기결정이 이루어진 후 본안사건에서 다투는 것이 타당하므로 기피신청을 할 수 없다고 봄이 타당하다.

(2) 심리기간(제262조 제2항)

현실성 있는 처리기간을 설정함으로써 심리의 신속을 도모하기 위하여 처리기간을 **3개월**로 정하였다.

(3) 심리방식(제262조 제2항)

종래 '항고의 절차에 준하여…재정결정을 하여야 한다. 법원이 필요 있는 때에는 증거를 조사할 수 있다'고 규정하고 있어, **재정법원이 강제처분을 할 수 있는지** 여부에 관하여 학설상 대립이 있어 왔다.

> **참고**
>
> **재정신청사건에서 강제처분의 허용여부(2008 법원실무제요, 457면)**
> 재정신청사건의 심리절차에서 강제처분이 허용되는지 여부에 관하여 견해의 대립이 있다. **적극설**은 공판법원의 강제처분에 관한 규정을 준용하여 재정법원은 공판법원과 동일한 권한을 갖는다고 하는 반면, **소극설**44)은 재정법원은 공판법원이 아니므로 명문규정이 없이 강제처분을 허용하는 것은 강제처분 법정주의에 위배된다고 한다. 재정법원이 재정신청사건을 심리함에 있어 가능하다면 강제처분을 하지 않는 것이 옳다고 할 것이다. 그러나 **어떤 강제처분이 핵심적인 증거에 관한 것이어서 이를 조사하지 않으면 기소 여부를 가릴 수 없는 것과 같은 사정이 있다면**, 그러한 경우에는 예외적으로 강제처분이 허용된다. 즉, 법원은 피의자의 출석 및 심문, 신청인의 출석 및 의견청취, 검사 및 사법경찰관의 의견청취, 수사자료의 검토 등의 임의처분을 원칙으로 하되, 반드시 필요한 경우에는 피의자의 심문을 위한 구인, 압수·수색, 검증 등의 강제처분도 할 수 있다고 할 것이다.

(4) 재정결정(제262조 제2항)

재정신청이 법률상의 방식에 위배되거나 이유 없는 때에 재정법원이 신청을 기각하는 것은 현행법과 마찬가지이고, 신청이 이유 있는 때에 **법원이 공소제기 결정을 하고 검사가 공소를 제기하도록 하였다**. 한편, 재정법원의 심리는 기소여부 결정을 위하여 행하여지는 **수사에 준하는 성격이 있으며**, 검찰이 불기소 판단을 내린 사건에 대한 재심리 절차임을 고려하여 비밀을 보장하고 피고소인을 더욱 보호할 필요가 있으므로 특별한 사정이 없는 한 비공개로 하도록 규정하였다.

(5) 재정결정에 대한 불복(제262조 제4항)

개정 전 제262조 제4항 전단은 '제2항의 결정에 대하여는 불복할 수 없다.'고 하였지만, 개정으로 제2항 제1호의 결정[**재정신청 기각결정**]에 대하여는 제415조에 따른 즉시항고를 할 수 있고, 제2항 제2호의 결정(**공소제기명령**)에 대하여는 불복할 수 없다고 하여 재정신청 기각결정에 대해서는 즉시항고를 할 수 있도록 하였다. 나아가 제2항 제1호의 결정이 확정된 사건에 대하여는 다른 중요한 증거를 발견한 경우를 제외하고는 소추할 수 없다.

---

44) '주석 형사소송법(1998년 한국사법행정학회 발간)'에 의하면, 재정신청의 대상인 피의자는 피고인이 아니어서 피고인 구속에 관한 규정을 적용할 수 없고, 재정법원은 수소법원이 아니며 구속을 허용하는 명문규정이 없음에도 구속을 허용하는 것은 강제처분 법정주의에 위반되므로 피의자 구속이 불가능하고, 압수·수색에 관하여서도 재정법원은 수소법원이 아니며 압수·수색을 허용하는 명문규정이 없고, 압수·수색은 증거의 조사가 아니며, 강제처분 법정주의에 위배되므로 압수·수색이 곤란하다는 것이다(476, 477면). 피의자신문, 참고인 조사, 증인신문, 검증, 감정 등이 재정법원이 할 수 있는 '증거의 조사'에 해당한다(475면).

관련판례 - 공소제기결정에 대한 재항고 가부 [1] 형사소송법 제262조 제2항, 제4항은 검사의 불기소처분에 따른 재정신청에 대한 법원의 재정신청기각 또는 공소제기의 결정에 불복할 수 없다고 규정하고 있는데, 법 제262조 제2항 제2호의 공소제기결정에 잘못이 있는 경우에는 그 **공소제기에 따른 본안사건의 절차가 개시되어 본안사건 자체의 재판을 통하여 대법원의 최종적인 판단을 받는 길이 열려 있으므로**, 이와 같은 공소제기의 결정에 대한 재항고를 허용하지 않는다고 하여 재판에 대하여 최종적으로 대법원의 심사를 받을 수 있는 권리가 침해되는 것은 아니고, 따라서 법 제262조 제2항 제2호의 공소제기결정에 대하여는 법 제415조의 **재항고가 허용되지 않는다**고 보아야 한다.

[2] 형사소송법 제415조에 규정된 재항고 절차에 관하여는 법에 아무런 규정을 두고 있지 아니하므로 성질상 상고에 관한 규정을 준용하여야 하고, 한편 상고에 관한 법 제376조 제1항에 의하면 상고의 제기가 법률상의 방식에 위반하거나 상고권 소멸 후인 것이 명백한 때에는 원심법원은 결정으로 상고를 기각하여야 하는데, 재항고의 대상이 아닌 공소제기의 결정에 대하여 재항고가 제기된 경우에는 재항고의 제기가 법률상의 방식에 위반한 것이 명백한 때에 해당하므로 원심법원은 결정으로 이를 기각하여야 한다(대결 2012.10.29. 2012모1090).

관련판례 형사소송법이 **법정기간의 준수에 대하여 도달주의 원칙**을 정하고 그에 대한 **예외로서 재소자 피고인 특칙**을 제한적으로 인정하는 취지는 소송절차의 **명확성, 안정성과 신속성**을 도모하기 위한 것이며, 재정신청절차에 대하여 재소자 피고인 특칙의 준용 규정을 두지 아니한 것도 마찬가지라 할 것이다. 위와 같이 법정기간 준수에 대하여 도달주의 원칙을 정하고 **재소자 피고인 특칙의 예외를 개별적으로 인정한** 형사소송법의 규정 내용과 입법 취지, **재정신청절차가 형사재판절차와 구별되는 특수성** 등을 종합하여 보면, **재정신청 기각결정에 대한 재항고나 그 재항고 기각결정에 대한 즉시항고로서의 재항고**에 대한 법정기간의 준수 여부는 **도달주의 원칙에 따라 재항고장이나 즉시항고장이 법원에 도달한 시점을 기준으로 판단**하여야 하고, 거기에 **재소자 피고인 특칙은 준용되지 아니한다**고 해석함이 타당하다(대결 2015.7.16. 2013모2347 전원합의체).

관련판례 - 재정신청서의 기재요건을 위반한 재정신청을 인용한 공소제기결정의 잘못을 그 본안에서 다툴 수 있는지 여부(원칙적 소극) 법원이 재정신청서에 재정신청을 이유 있게 하는 사유가 기재되어 있지 않음**에도** 이를 간과한 채 법 제262조 제2항 제2호 소정의 **공소제기결정**을 한 관계로 그에 따른 공소가 제기되어 본안사건의 절차가 개시된 후에는, **다른 특별한 사정이 없는 한 이제 그 본안사건에서 위와 같은 잘못을 다툴 수 없다**고 할 것이다. 그렇지 아니하고 위와 같은 잘못을 본안사건에서 다툴 수 있다고 한다면 이는 재정신청에 대한 결정에 대하여 그것이 기각결정이든 인용결정이든 불복할 수 없도록 한 법 제262조 제4항의 규정취지에 위배하여 형사소송절차의 안정성을 해칠 우려가 있기 때문이다. 또한 위와 같은 잘못은 본안사건에서 공소사실 자체에 대하여 무죄, 면소, 공소기각 등을 할 사유에 해당하는지를 살펴 무죄 등의 판결을 함으로써 그 잘못을 바로잡을 수 있는 것이다. 뿐만 아니라 본안사건에서 심리한 결과 범죄사실이 **유죄**로 인정되는 때에는 이를 처벌하는 것이 오히려 형사소송의 이념인 **실체적 정의**를 구현하는 데 보다 충실하다는 점도 고려하여야 한다(대판 2010.11.11. 2009도224).

관련판례 - 형사소송법 제262조 제2항, 제4항이 법원이 형식적인 사유로 재정신청을 기각한 경우에도 적용되는지 여부(소극) 「형사소송법」 제262조 제2항, 제4항은 검사의 불기소처분에 따른 재정신청에 대한 법원의 재정신청기각 또는 공소제기의 결정에 불복할 수 없다고 규정하고 있으나, 위 규정은 그 취지에 비추어 **재정신청이 법률상의 방식을 준수하였음에도 법원이 방식위배의 신청이라고 잘못 보아 그 신청이유에 대한 실체 판단 없이 형식적인 사유로 기각한 경우에는 그 적용이 없다** 할 것이다(대결 2011.2.10. 2009모407).

→ 이 사건 재정신청을 재정신청기간인 10일이 지난 후에 제기되어서 부적법하다는 이유로 기각한 원심을 적법한 기간 내에 제기되었다는 이유로 파기한 사례

관련판례 법원이 재정신청서를 송부받았음에도 송부받은 날부터 형사소송법 제262조 제1항에서 정한 기간 안에 피의자에게 그 사실을 통지하지 아니한 채 형사소송법 제262조 제2항 제2호에서 정한 공소제기결정을 하였더라도, 그에 따른 공소가 제기되어 본안사건의 절차가 개시된 후에는 다른 특별한 사정이 없는 한 본안사건에서 위와 같은 잘못을 다툴 수 없다(대판 2017.3.9. 2013도16162).

관련판례 형사소송법 제262조 제2항, 제4항과 형사소송법 제262조 제4항 후문의 입법 취지 등에 비추어 보면, 형사소송법 제262조 제4항 후문에서 말하는 '재정신청 기각결정이 확정된 사건'은 재정신청사건을 담당하는 법원에서 공소제기의 가능성과 필요성 등에 관한 심리와 판단이 현실적으로 이루어져 재정신청 기각결정의 대상이 된 사건만을 의미한다. 따라서 재정신청각결정의대상이 되지 않은 사건은 형사소송법 제262조 제4항 후문에서 말하는 '제2항 제1호의 결정이 확정된 사건'이라고 할 수 없고, 재정신청기각결정의대상이 되지 않은 사건이 고소인의 고소내용에 포함되어 있었다 하더라도 이와 달리 볼 수 없다(대판 2015.9.10. 2012도14755).

4. 검사의 공소제기 및 공소유지

공소제기명령을 받은 경우는 검사는 공소를 제기하여야 하며, 공소장 변경 역시 공소사실의 동일성이 인정되는 범위 안에서 허용된다.

관련판례 형사소송법 제263조(현행 삭제)에 의하면 같은 법 제262조 제1항 제2호의 심판에 부하는 결정이 있는 때에는 그 사건에 대하여 공소의 제기가 있는 것으로 간주되므로 그 후에는 통상의 소송절차에서와 마찬가지로 기본적인 사실관계가 동일한 한 공소사실 및 적용법조의 변경이 가능하다 할 것이고 이와 같은 법리는 형사소송법 제260조가 형법 제123조 내지 제125조의 죄에 대하여만 재정신청을 할 수 있는 길을 열어 놓았다 하여 그 결론을 달리할 것이 아니다. 따라서 원심이 이 사건 심판에 부하여진 가혹행위와 상상적 경합관계에 있는 준강제 추행의 공소사실 및 적용법조의 추가적 변경을 허가하여 이를 심판의 범위로 삼은 것은 정당하다(대판 1989.3.14. 88도2428).

→ 당연히 상상적 경합관계에 있는 준강제추행의 공소사실을 추가하는 변경이 가능하며 이러한 변경도 검사가 수행한다. 다만, 기소강제명령이 내려진 상상적 경합 관계에 있는 공소사실을 철회하는 공소장변경이 가능한지가 문제될 수 있으나, 현행 법률상 이를 제한하는 규정은 없다. 하지만 재정법원의 공소제기 결정의 취지에 반하는 공소장변경이라면 허용되지 않는다고 봄이 타당하다.

독일에서와 같이 법원이 공소제기 결정을 하면 일반 사건과 마찬가지로 검사가 공소제기 및 공소유지를 하도록 한 것이다. 이때 검사는 통상적인 공판관여 검사와 같은 권한과 의무를 행사하되, 다만, 재정법원의 공소제기 결정 취지에 반하는 행위에 해당하는 공소취소는 하지 못한다(제264조의2).

검사가 공소제기 및 공소유지를 담당하게 하는 이상 ① 국가소추주의의 원칙을 유지하고 ② 재정법원의 역할을 불기소처분의 당부심사에만 한정하게 하고 이후 절차에 관여하는 것을 배제하여 소추와 심판의 분리원칙의 훼손을 방지하며 ③ 검사는 객관의무 및 공익적 지위에서 사안에 따라 피고소인의 권리와 이익도 보호해야 할 책무가 있다.

5. 재정신청제도의 정리

형사소송법은 재정신청 남용으로 인한 피고소인의 지위 불안과 불이익 방지를 위하여

가. 재정신청이 가능한 사건에 대하여는 검찰 재항고를 불허하고
나. 재정법원의 심사 기간을 3개월로 제한하고
다. 재정법원의 공소부제기 결정에 대하여는 대법원에 불복을 불허하며
라. 재정법원의 심리를 비공개하여 피고소인의 사생활비밀침해를 방지하고, 심리의 효율성과 신속성을 제고하고
마. '공소유지 변호사' 대신 검사가 공소제기 및 유지를 담당하게 하고(다만, 재정법원의 공소제기 결정의 취지를 존중하여 검사의 공소취소는 불허)
바. 재정신청 사건 기록에 대하여 원칙적으로 열람·등사를 불허하며
사. 재정신청 기각시 재정신청인이 재정신청 절차의 비용 이외에 피고소인의 변호사 비용 등을 부담하게 하는 지급 명령이 가능하다.

참고

고위공직자범죄수사처 설치 및 운영에 관한 법률(2020. 12. 15 개정, 2021. 1. 1. 시행)에 따른 재정신청의 특례

제29조【재정신청에 대한 특례】 ① 고소·고발인은 수사처검사로부터 공소를 제기하지 아니한다는 통지를 받은 때에는 서울고등법원에 그 당부에 관한 재정을 신청할 수 있다.
② 제1항에 따른 재정신청을 하려는 사람은 공소를 제기하지 아니한다는 통지를 받은 날부터 **30일 이내에 처장에게 재정신청서**를 제출하여야 한다.
③ 재정신청서에는 재정신청의 대상이 되는 사건의 범죄사실 및 증거 등 재정신청을 이유 있게 하는 사유를 기재하여야 한다.
④ 제2항에 따라 재정신청서를 제출받은 처장은 재정신청서를 제출받은 날부터 7일 이내에 재정신청서·의견서·수사 관계 서류 및 증거물을 **서울고등법원에 송부**하여야 한다. **다만, 신청이 이유 있는 것으로 인정하는 때**에는 즉시 공소를 제기하고 그 취지를 서울고등법원과 재정신청인에게 통지한다.

⑤ 이 법에서 정한 사항 외에 재정신청에 관하여는 「형사소송법」 제262조 및 제262조의 2부터 제262조의4까지의 규정을 준용한다. 이 경우 관할법원은 서울고등법원으로 하고, "지방검찰청검사장 또는 지청장"은 "처장", "검사"는 "수사처검사"로 본다.

형사소송법상의 재정신청은 신청권자가 불기소처분을 한 검사 소속 지방검찰청 소재지 관할 법원에 신청하고, 검찰청법의 항고를 거쳐야 한다. 신청서 제출기간은 10일이다. 반면 고위공직자범죄수사처 설치 및 운영에 관한 법률법에서는 수사처검사의 불기소처분에 대해 고소·고발인은 서울고등법원에 **30일 이내**에 재정신청할 수 있다(공수처법 제29조).

제8절 공소제기 후의 수사

제215조 【압수, 수색, 검증】 ① 검사는 범죄수사에 필요한 때에는 피의자가 죄를 범하였다고 의심할 만한 정황이 있고 해당 사건과 관계가 있다고 인정할 수 있는 것에 한정하여 지방법원판사에게 청구하여 발부받은 영장에 의하여 압수, 수색 또는 검증을 할 수 있다.
② 사법경찰관이 범죄수사에 필요한 때에는 피의자가 죄를 범하였다고 의심할 만한 정황이 있고 해당 사건과 관계가 있다고 인정할 수 있는 것에 한정하여 검사에게 신청하여 검사의 청구로 지방법원판사가 발부한 영장에 의하여 압수, 수색 또는 검증을 할 수 있다.

제199조 【수사와 필요한 조사】 ① 수사에 관하여는 그 목적을 달성하기 위하여 필요한 조사를 할 수 있다. 다만, 강제처분은 이 법률에 특별한 규정이 있는 경우에 한하며, 필요한 최소한도의 범위 안에서만 하여야 한다.

제246조 【국가소추주의】 공소는 검사가 제기하여 수행한다.

제247조 【기소편의주의】 검사는 「형법」 제51조의 사항을 참작하여 공소를 제기하지 아니할 수 있다.

제312조 【검사 또는 사법경찰관의 조서 등】 ① 검사가 작성한 피의자신문조서는 **적법한 절차와 방식에 따라** 작성된 것으로서 공판준비 또는 공판기일에 그 피의자였던 피고인 또는 변호인이 그 **내용을 인정할 때**에 한하여 증거로 할 수 있다.
② 삭제

> **제318조의2 【증명력을 다투기 위한 증거】** ① 제312조부터 제316조까지의 규정에 따라 증거로 할 수 없는 서류나 진술이라도 공판준비 또는 공판기일에서의 피고인 또는 피고인이 아닌 자(공소제기 전에 피고인을 피의자로 조사하였거나 그 조사에 참여하였던 자를 포함한다. 이하 이 조에서 같다)의 진술의 증명력을 다투기 위하여 증거로 할 수 있다.
> ② 제1항에도 불구하고 피고인 또는 피고인이 아닌 자의 진술을 내용으로 하는 **영상녹화물**은 공판준비 또는 공판기일에 피고인 또는 피고인이 아닌 자가 진술함에 있어서 **기억이 명백하지 아니한 사항에 관하여 기억을 환기시켜야 할 필요가 있다고 인정되는 때**에 한하여 피고인 또는 피고인이 아닌 자에게 재생하여 시청하게 할 수 있다.

1. 수사의 시간적 한계(필요성)

공소를 제기하면 수사는 원칙적으로 종결되나, 공소제기 후에도 **검사가 공소유지를 위하거나 공소유지 여부를 결정하기 위하여** 수사를 계속할 수 있다.

2. 공소제기 후의 수사의 범위(한계)

공소제기 후 수사를 할 수 있다고 하여도 ① 법원의 심리에 지장을 초래하고 ② 피고인의 당사자지위와 모순되며, ③ 피고인의 인권침해와 강제수사법정주의에 반한다는 측면이 있어 공소제기 전과 같이 무제한하게 허용되지 않는다.

3. 공소제기후의 강제수사

가. 구속

법원의 권한에 속하므로 **수사기관**이 피고인을 구속할 수는 없다. 공판절차에서 검사와 피고인은 대등한 지위를 가지며, 피고인은 수사의 객체가 아닌 당사자로서 수사기관인 검사에게 피고인을 구속할 권한은 인정될 수 없다.

나. 압수·수색·검증

공소제기 후 당해 피고사건에 대하여 수사기관이 압수나 수색, 검증을 하는 것이 허용되는지 문제이다.

(1) 긍정설

제215조가 영장청구시기를 제한하고 있지 않아 제1회 공판기일 전까지는 허용된다는 견해이다.

(2) 부정설

제215조는 강제처분규정이므로 제한적 해석 필요하다는 견해이다. 공판중심주의와 당사자주의를 지향하는 현행 형사소송법의 이념에 부합하는 부정설의 입장이 타당하다. 다만, 부정설에 의하는 경우에도 ① 피고인에 대한 구속영장의 집행(제216조 제2항), ② 임의제출물의 압수(제218조)의 경우에는 예외적으로 허용된다고 본다.

> **관련판례** 형사소송법은 제215조에서 검사가 압수·수색 영장을 청구할 수 있는 시기를 공소제기 전으로 명시적으로 한정하고 있지는 아니하나, 헌법상 보장된 적법절차의 원칙과 재판받을 권리, 공판중심주의·당사자주의·직접주의를 지향하는 현행 형사소송법의 소송구조, 관련 법규의 체계, 문언 형식, 내용 등을 종합하여 보면, **일단 공소가 제기된 후에는 피고사건에 관하여 검사로서는 형사소송법 제215조에 의하여 압수·수색을 할 수 없다**고 보아야 하며, 그럼에도 검사가 공소제기 후 형사소송법 제215조에 따라 수소법원 이외의 지방법원 판사에게 청구하여 발부받은 영장에 의하여 압수·수색을 하였다면, 그와 같이 수집된 증거는 기본적 인권 보장을 위해 마련된 적법한 절차에 따르지 않은 것으로서 원칙적으로 **유죄의 증거로 삼을 수 없다**(대판 2011.4.28. 2009도10412).

따라서 수사단계에서는 제215조에 의한 압수·수색이 가능하고, 공소제기 후 제1회 공판기일 전까지는 제215조에 의한 압수·수색은 허용되지 않는다. 다만, 제184조에 의한 수사상 증거보전으로 압수가 가능할 뿐이다. 제1회 공판기일 이후에는 수사기관은 그 어떠한 경우에도 압수·수색할 수 없다. 그것은 오로지 법원의 권한이기 때문이다.

4. 공소제기 후의 임의수사

가. 임의수사의 범위(제199조 제1항)

> **제199조 【수사와 필요한 조사】** ① 수사에 관하여는 그 목적을 달성하기 위하여 필요한 조사를 할 수 있다. 다만, 강제처분은 이 법률에 특별한 규정이 있는 경우에 한하며, 필요한 최소한도의 범위 안에서만 하여야 한다.

나. 피고인 신문

(1) 공소제기 후 피고인신문의 허용여부

공소제기 후에 수사기관이 당해 사건에 대하여 피고인을 피의자로 신문할 수 있는지에 대하여 견해대립이 있다. ① 적극설(피고인신문이 임의수사이고 임의수사에는 법적 제한이 없으므로 공소제기 후에도 제1회 공판기일 전후를 불문하고 가능하다는 견해이다. 동 견해에 따르면 공소제기 후에 검사가 피고인을 신문하여 작성한 진술조서도 동법 제312조 제1항·제2항의 요건을 충족하면 증거능력을 갖는다.)과 ② **소극설**(동법 제200조의 피의자신문에는 피고인신문이 포함될 수 없다는 점과 당사자주의와 모순되므로 공소제기 후에는 제1회 공판기일 전후를 불문하고 수사기관은 피고인을 신문할 수 없다는 견해이다. 동 견해에 따르면 공소제기 후에 검사가 피고인을 신문하여 작성한 진술조서는 위법하게 수집된 증거로서 증거능력이 부정된다.)그리고 ③ **절충설**(공소제기 후에도 피고인의 당사자로서의 지위는 제1회 공판기일에 이르러야 발현되므로 공소제기 후에도 제1회 공판기일 전에는 수사기관에 의한 피고인신문을 허용해야 한다는 견해이다. 동 견해에 따르면 제1회 공판기일 전에 한하여 검사가 피고인을 신문하여 작성한 진술조서는 동법 제312조 제1항·제2항의 요건을 충족하면 증거능력을 갖게 된다)이 대립하나, 판례는 **검사의 피고인에 대한 당해 피고사건에 대한 진술조서가 기소 후에 작성된 것이라는 이유만으로 곧 그 증거능력이 없는 것이라고 할 수는 없다**(대판 1982.6.8. 82도754; 대판 1984.9.26. 85도1646)고 판시하여 증거능력을 인정하고 있다. 그러나 당사자주의와 공판중심주의 그리고 직접심리주의를 철저히 하기 위해서는 소극설이 타당하다, 다만, **소극설에 의하는 경우라도 예외적으로 피고인 신문이 허용되는 경우로** ㉠ 피고인이 자발적으로 검사면접을 요구한 경우와 ㉡ 공범자 또는 진범이 발견되어 피고인에 대한 신문이 추가적으로 불가피한 경우(위장자수와 관련)는 예외적으로 허용된다고 볼 것이다.

(2) 피고인 신문조서의 증거능력

소극설에 의하면 위법수집증거이므로 증거능력이 부정된다. 따라서 증거동의한다고 하더라도 증거능력을 부정한다는 결론에 이르게 된다. 그러나 판례는 현재까지는 증거능력을 긍정하고 있다. 곧 판례의 입장이 변경될 것이라 예상한다.

다. 참고인 조사

(1) 허용여부

허용범위와 관련하여 제1회 공판기일 전에 한정된다는 견해와 **제1회 공판기일 전후를 불문하고 허용된다는 견해**(통설)가 대립한다. 통설의 입장은 본질상 임의수사이므로 허용된다는 것이다.

(2) 공소제기 후 당해 증인에 대한 참고인진술조서의 증거능력

공판기일에서 이미 증언을 마친 증인을 검사가 소환한 후 다시 신문하여 작성한 번복진술조서의 증거능력을 인정할 수 있는가에 대해 학설은 ① **위법수집증거로서 증거능력이 부정된다는 견해**, ② **증명력이 부정된다는 견해**로 나뉜다. 종래 번복진술조서의 증거능력을 인정하면서도 증명력판단에서 신빙성을 부인한 판례와 다음 공판기일에 그 참고인을 증인으로 환문하여 피고인에 **반대신문기회를 부여했다면 증거능력이 인정된다**는 판례가 있었으나, 최근 증거능력의 문제로 정리되었다. **판례**는 아래와 같이 증거능력을 부정하면서도 증거동의가 있는 경우 증거능력을 부여하고 있다. 나아가 **증언번복진술조서의 증거능력은 부정**하면서도 **번복 증언의 증거능력은 긍정**하고 있으며, 다만 **번복 증언의 증명력**은 신중하게 인정하여야 한다는 입장이다. 또한 **증인으로 예정된 사람에 대한 소환을 통한 진술조서** 역시 증언번복진술조서와 같은 법리에 따라 증거능력을 부정하고 있음을 유의한다.

> **관련판례** 공판준비 또는 공판기일에서 **이미 증언을 마친 증인을 검사가 소환한 후 피고인에게 유리한 그 증언내용을 추궁하여 이를 일방적으로 번복시키는 방식으로 작성한 진술조서**를 유죄의 증거로 삼는 것은 당사자주의·공판중심주의·직접주의를 지향하는 현대 형사소송법의 기본구조에 어긋나는 것일 뿐만 아니라, 헌법 제27조가 보장하는 기본권, 즉 법관의 면전에서 모든 증거자료가 조사·진술되고 이에 대하여 피고인이 공격·방어할 수 있는 기회가 실질적으로 부여되는 재판을 받을 권리를 침해하는 것이므로, 이러한 진술조서는 **피고인이 증거로 할 수 있음에 동의하지 아니하는 한 그 증거능력이 없다**고 하여야 할 것이고, 그 후 원진술자인 종전 증인이 다시 법정에 출석하여 증언을 하면서 그 진술조서의 성립의 진정함을 인정하고 **피고인측에 반대신문의 기회가 부여되었다고 하더라도 그 증언자체를 유죄의 증거로 할 수 있음은 별론**으로 하고 위와 같은 **진술조서의 증거능력이 없다**는 결론은 달리할 것이 아니다(대판 2000.6.15. 99도1108 전원합의체).

> **관련판례** 공판준비 또는 공판기일에서 이미 증언을 마친 증인을 검사가 소환한 후 피고인에게 유리한 증언 내용을 추궁하여 이를 일방적으로 번복시키는 방식으로 작성한 진술조서를 유죄의 증거로 삼는 것은 당사자주의·공판중심주의·직접주의를 지향하는 현행 형사소송법의 소송구조에 어긋나는 것일 뿐만 아니라, 헌법 제27조가 보장하는 기본권, 즉 법관의 면전에서 모든 증거자료가 조사·진술되고 이에 대하여 피고인이 공격·방어할 수 있는 기회가 실질적으로 부여되는 재판을 받을 권리를 침해하는 것이므로, 이러한 진술조서는 피고인이 증거로 할 수 있음에 동의하지 아니하는 한 증거능력이 없고, 그 후 원진술자인 종전 증인이 다시 법정에 출석하여 증언을 하면서 그 진술조서의 성립의 진정함을 인정하고 피고인 측에 반대신문의 기회가 부여되었다고 하더라도 **그 증언 자체를 유죄의 증거로 할 수 있음은 별론으로** 하고 위와 같은 **진술조서의 증거능력이 없다**는 결론은 달리할 것이 아니다. 이는 **검사가 공판준비 또는 공판기일에서 이미 증언을 마친 증인에게 수사기관에 출석할 것을 요구하여 그 증인을 상대로 위증의 혐의를 조사한 내용을 담은 피의자신문조서의 경우도 마찬가지이다**(대판 2013.8.14. 2012도13665).

관련판례 - 수사기관이 항소심 공판기일에 증인으로 신청하여 신문할 수 있는 사람을 미리 수사기관에 소환하여 작성한 진술조서의 증거능력 및 그 참고인이 법정에서 증거능력이 없는 진술조서와 같은 취지로 한 피고인에게 불리한 내용의 진술의 신빙성 [1] 제1심에서 피고인에 대하여 무죄판결이 선고되어 검사가 항소한 후, 수사기관이 항소심 공판기일에 증인으로 신청하여 신문할 수 있는 사람을 특별한 사정 없이 미리 수사기관에 소환하여 작성한 진술조서는 피고인이 증거로 할 수 있음에 동의하지 않는 한 증거능력이 없다고 할 것이다. 검사가 공소를 제기한 후 참고인을 소환하여 피고인에게 불리한 진술을 기재한 진술조서를 작성하여 이를 공판절차에 증거로 제출할 수 있게 한다면, 피고인과 대등한 당사자의 지위에 있는 검사가 수사기관으로서의 권한을 이용하여 일방적으로 법정 밖에서 유리한 증거를 만들 수 있게 하는 것이므로 당사자주의·공판중심주의·직접심리주의에 반하고 피고인의 공정한 재판을 받을 권리를 침해하기 때문이다. 위 참고인이 나중에 법정에 증인으로 출석하여 위 진술조서의 성립의 진정을 인정하고 피고인 측에 반대신문의 기회가 부여된다 하더라도 위 진술조서의 증거능력을 인정할 수 없음은 마찬가지이다.

[2] 위 참고인이 법정에서 위와 같이 증거능력이 없는 진술조서와 같은 취지로 피고인에게 불리한 내용의 진술을 한 경우, 그 진술에 신빙성을 인정하여 유죄의 증거로 삼을 것인지는 증인신문 전 수사기관에서 진술조서가 작성된 경위와 그것이 법정진술에 영향을 미쳤을 가능성 등을 종합적으로 고려하여 신중하게 판단하여야 한다.

→ 피고인이 양재동 화물터미널 복합개발사업의 시행사 대표인 甲에게 乙을 통해 도와주겠다고 접근한 다음 甲으로부터 서울시 소관인 위 사업의 인허가 청탁비용 명목으로 합계 5억 5,000만 원을 받았다는 공소사실의 특정범죄가중처벌등에관한법률위반(알선수재)으로 기소된 사안에서, 제1심에서 피고인에 대하여 무죄판결이 선고되어 검사가 항소한 후, 수사기관이 항소심 공판기일에 증인으로 신청하여 신문할 수 있는 사람을 미리 수사기관에 소환하여 작성한 피고인에게 불리한 내용의 **진술조서는 증거능력이 부정**되고, 그 참고인의 법정진술 등 유죄로 판단한 근거가 된 증거들은 상호간에도 불일치하고 모순되며 증인신문 전 수사기관에서 조사를 하고 진술조서를 작성한 경위와 **그것이 법정진술에 영향을 미쳤을 사정** 등에 비추어 보아 신빙성을 인정하기 어렵다고 보아 **파기환송**한 사례(대판 2019.11.28. 2013도6825).

(3) 증거동의 가부

판례는 가능하다는 취지로 판시하였으나 위법수집증거에 대하여는 증거동의를 인정할 수 없다고 해야 한다.

(4) 탄핵증거로의 사용가능성

번복진술조서를 증인의 공판정에서의 증언에 대한 탄핵증거로서 사용가능한가에 대하여, 제318조의2가 그 시기에 제한이 없다는 이유로 긍정하는 견해가 있으나, 공판중심주의와 공정한 재판의 이념에 반하므로 불허해야 한다.

CHAPTER 02 공소의 제기

제1절 공소와 공소권 이론

I 공소 및 공소권의 의의

> 제246조 【국가소추주의】 공소는 **검사가** 제기하여 수행한다.
> 제247조 【기소편의주의】 검사는 「형법」 제51조의 사항을 참작하여 공소를 제기하지 아니할 수 있다.

공소는 검사가 법원에 대해 특정한 형사사건의 심판을 구하는 법률행위적 소송행위를 말한다. 검사의 공소제기가 없으면 법원은 당해 사건에 대하여 심리하지 못하며, 법원의 심판대상은 검사가 공소제기한 범죄사실에 한정된다. 이를 불고불리의 원칙이라 한다.

II 공소권의 이론

공소권이론이란 검사가 갖는 공소권의 본질과 성격을 규명하기 위한 이론을 말한다.

III 공소권남용이론

1. 개념

통상 **공소권의 남용**이라 함은 공소권의 행사가 형식적으로 적법하나 실질적으로는 부당한 경우를 말한다고 정의하고 있다. 그러면서 **공소권 남용이론**은 공소권의 남용이라고 인정되는 경우에 공소기각 또는 면소판결에 의하여 소송을 종결시켜야 한다는 이론이라고 정의되고 있다45). 이러한 공소권남용이론이 필요한 것인가와 관련하여 공소제기의 유효요건을 일반적인 소송조건으로 흡수하여 이해하는 입장에서는 법원이 소송의 전과정을 통하여 법률상 규정된 소송조건의 존부를 판단하면 족하고 별도로 공소권남용론을 인정할 필요는 없다고 보는 견해46)도 있으나 검사의 공소제기를 특수한 소송행위로 파악하고 그 유효조건에 독자적인 의미를 부여하게 되면 공소제기의 법적 근거인 공소권의 행사에 대하여 독자적인 통제의 필요성을 인정할 수 있게 된다. 공소권이론 가운데 구체적 공소권 내지는 유죄판결청구권설이 가지는 이론적 장점에서 공소권 남용론의 필요성을 언급하기도 한다47). 생각건대, 공소권남용론은 피고인을 검사의 공소제기 및 유지로 인한 형사절차상의 고통을 조속히 벗어날 수 있다는 점에서 나아가 검사의 부당한 공소제기를 억제하는 정책적 통제기제로 사용될 수 있다는 점에서 그 필요성은 충분하다고 할 것이다.

공소권남용이론이 명문의 규정이 없음에도 이와 같이 논의가 필요한 그 배경에 대하여 다음과 같은 설명48)을 하고 있다. 이 이론의 주장배경에는 다음과 같은 이유를 들 수 있다고 하면서 ① 공소의 제기는 국가기관인 검사에게 있고, 국가소추주의 즉 검사의 기소독점주의를 채용하고 있는 것은 형사소송이 민사소송과는 다르게 국가공공의 관심사이고, ② 그 결과 부당한 불기소에 대해서는 전술한 바와 같이 억제수단을 법은 규정하고 있지만, 부당한 기소에 대해서는 그 억제수단을 법은 규정하고 있지 않기 때문이며, ③ 헌법과 형사소송법상 국민의 기본권 보장과 피고인의 절차적 부담(신병구속 공판기일의 출석의무 등)이라고 하는 소송법적 관점에서 부당기소로부터 구제할 필요가 있으며, ④ 나아가 부당한 공소가 제기된 경우, 국가배상의 대상49)이 되고, 형법상 범죄가 성립되거나, 행정법상 징계처분을 받을 가능성이 있지만, 이와 같은 사후적인 구제수단은 검찰의 부당한 기소에 대해서 직접적으로 기능할 수 없기 때문이다. ⑤ 그리고 현실적으로 우리나라에서는 법원은 검사를 순수한 당사자로 보는 반면에, 검찰은 기소독점주의·기소편의주의를 바탕으로 한 직권주의적 경향에 있으므로 법원과 검찰의 합리적인 조화를 위해서라도 공소권남용론은 필요하다고 이론적 근거를 제시하고 있다.

---

45) 형사소송법 주석 338면, 신동운 332면
46) 신동운 323면, 정영석, 이형국 233면, 진계호 372면
47) 신동운 305면
48) 정진연, "공소권 남용" 고시연구 25권8호(293호)
49) 우리나라와는 달리 공소권남용과 관련하여 일본에서는 국가배상청구가 빈번히 존재한다.

2. 인정여부

학계에서는 공소권남용론을 긍정하는 견해와 부정하는 견해가 대립하고 있다.

부정설은 ① 공소권 남용을 인정하는 명문규정이 없고, ② 미국처럼 법원이 배심재판에 앞서 부당한 공소제기를 심사하는 예비심문절차가 없으며, ③ 공소제기 여부는 기소편의주의와 기소독점주의에 의하여 검사의 고유권한으로 남아야 하며, ④ 법률규정에 따라 적법, 적식으로 이루어진 공소는 특별히 면소나 공소기각의 사유로 규정된 사유가 없는 한 언제나 유효하며 법원은 실체판단을 행하여야 한다는 점을 근거로 든다.

이에 반해 **긍정설**은 ① 검사의 공소권행사의 편파성과 부당기소를 통제하고, 피고인을 조기에 형사절차로부터 해방시킬 수 있다는 점에서 그리고 ② 법의 적정절차이념에서 볼 때 공소권남용론이 인정될 필요가 있다고 한다. 그러나 여기에 ③ 공판중심주의의 강화에 따른 검사의 공소유지의 제한의 필요성을 또 하나의 논거로 제시되어야 한다고 보며 이는 앞서 공판중심주의를 논함에 있어 언급한 바와 같다.

판례도 최근에는 공소권남용을 긍정하고 있으나, 대법원은 "검사의 태만 내지 위법한 부작위"라는 추상적인 요건을 제시한 뒤 이의 부존재를 이유로 원심판결을 파기하고 있다. 그리하여 대법원은 본판결에서 공소권남용의 이론에 대하여 분명한 태도를 표명하고 있다고 볼 수는 없으나 그 가능성을 제시하고 있다는 점에서 의미가 있다고 볼 것이다.

> **관련판례** 검사가 자의적으로 공소권을 행사하여 피고인에게 실질적인 불이익을 줌으로써 소추재량권을 현저히 일탈하였다고 보여지는 경우에는 이를 공소권의 남용으로 보아 공소제기의 효력을 부인할 수 있다(대판 2004.4.27. 2004도482).

3. 유형

가. 범죄의 객관적 혐의 없는 사건의 공소제기

범죄의 객관적 혐의가 충분하지 않음에도 불구하고 검사가 공소를 제기한 경우에는 공소권남용론을 긍정할 것인가에 따라 공소기각설과 무죄판결설이 대립되고 있다. 공소권남용을 지지하는 입장에서는 공소제기의 유효조건이 결여되어 형식재판으로 형사절차를 종결시킬 수 있다고 봄에 반하여 이를 부정하는 입장에서는 무죄판결로 종결하여야 한다는 입장이다.

나. 소추재량을 일탈한 공소제기

　피의사건의 성질이나 내용 등에 비추어 볼 때 기소유예를 함이 타당함에도 불구하고 소추재량권을 일탈해서 검사가 기소한 경우 이를 공소권남용으로 볼 수 있을 것인가에 대하여 논의가 있다. 이에 대하여 기소유예의 판단은 범인의 석방이라고 하는 형사정책적인 판단이지만, 그것은 기속재량이라고 볼 수 있고 법원에 의한 사법심사가 미칠 수 있다고 보고 나아가 특별예방적 고려에도 한계가 있고 기소유예재량의 행사범위도 한계가 있으므로, 기소유예처분의 성격을 경미한 범죄의 사법전 처리로 보는 입장보다는 불법적인 의도에 기해서 명백히 경미한 범죄가 기소되는 경우에 한정해서 공소권남용론을 적용해서 형식재판(공소기각의 판결)으로 종결해야 한다고 보는 견해50)가 있다.

> **관련판례** 검사가 자의적으로 공소권을 행사하여 피고인에게 실질적인 불이익을 줌으로써 소추재량권을 현저히 일탈하였다고 보여지는 경우에는 이를 공소권의 남용으로 보아 공소제기의 효력을 부인할 수 있다(대판 2004.4.27. 2004도482).

다. 차별적 공소제기

　범죄의 성질과 내용이 비슷한 여러 피의자들 가운데 일부만을 선별하여 공소제기하고 다른 사람들은 수사에 착수하지도 않거나 기소유예하는 경우 우리는 이를 **차별적 공소제기**라고 한다. 대법원은 "다수의 동종의 뇌물수수자 중 피고인들만이 기소되어 유죄의 판결이 선고되었다 하여도 그것이 앞서 본 피고인들의 주관적·객관적 일절의 사정에 의한 것이고 헌법 제10조에서 규정하는 성별, 종교, 사회적 신분의 차별에 의한 것이 아니므로 이를 가리켜 **헌법 제10조에서 규정한 평등권에 위반된다거나 기소 자체가 위법하다고는 할 수 없다**"고 판시하였고51) 검사는 피의자의 연령·성행·지능과 환경, 피해자에 대한 관계, 범행의 동기·수단과 결과, 범행후의 정황 등의 사항을 참작하여 공소를 제기할 것인지의 여부를 결정할 수 있는 것으로서 똑같은 범죄구성요건에 해당하는 행위라고 하더라도 그 행위자 또는 그 행위당시의 상황에 따라서 위법성이 조각되거나 책임이 조각되는 경우도 있을 수 있는 것이므로, 자신이 행위가 범죄구성요건에 해당한다는 이유로 공소가 제기된 사람은 단순히 자신과 동일한 범죄구성요건에 해당하는 행위를 하였음에도 불구하고 **불기소된 사람이 있다는 사유만으로는 평등권이 침해되었다고 주장할 수는**

---

50) 안부결, やさしい형사소송법, 1990, 96면. 정진연 "공소권 남용" 고시연구 25권8호(293호) 재인용
51) 대판 1987.10.26. 87도1909.

없는 것일 뿐만 아니라 … 중략 …피고인들을 기소한 것이 피고인들이 평등권을 침해하였다고 볼 수는 없으므로 검사가 공소권을 남용하여 공소를 제기한 것이 아니라고 본 원심의 판단은 정당하다고 판시하였다.[52] 그런데 이를 학계에서는 공소권남용이론을 받아들여 공소기각으로 종결할 가능성을 인정하였으므로 공소기각판결설의 입장으로 보고 있다[53]. 그러나 우리나라의 경우는 실제 이를 받아들여 공소기각의 결론을 주문에 표시한 바가 없어 이를 대법원이 명시적으로 공소기각설의 입장에 있다고 보기는 어려운 점이 있다.

> **관련판례** 검사는 피의자의 연령·성행, 지능과 환경, 피해자에 대한 관계, 범행의 동기·수단과 결과, 범행후의 정황 등의 사항을 참작하여 공소를 제기할 것인지의 여부를 결정할 수 있는 것으로서 **똑같은 범죄구성요건에 해당하는 행위라고 하더라도 그 행위자 또는 그 행위당시의 상황에 따라서 위법성이 조각되거나 책임이 조각되는 경우도 있을 수 있는 것이므로**, 자신의 행위가 범죄구성요건에 해당한다는 이유로 공소가 제기된 사람은 단순히 자신과 동일한 범죄구성요건에 해당하는 행위를 하였음에도 불구하고 불기소된 사람이 있다는 사유만으로는 … 평등권을 침해하였다고 볼 수는 없으므로 **검사가 공소권을 남용하여 공소를 제기한 것은 아니다**(대판 2004.4.27. 2004도482).

라. 수사과정에 중대한 위법이 있는 기소의 경우

위법수사에 기인한 공소제기가 위법하다고 볼 수 있을 것인가라는 근본적 물음에 대하여 수사와 공소를 명확히 구분하여 파악하는 통설과 판례의 입장에서 이러한 공소를 위법하다고 볼 수는 없다. 그러나 검사의 객관의무와 관련하여 이를 공소제기의 남용으로 파악하는 입장이 있는데, 이 경우에도 경찰의 수사위법에 기인한 공소제기는 이를 공소권 남용으로 볼 수 없다는 입장[54]도 존재한다. 다만, 예외적으로 함정수사에 있어서는 판례가 함정수사의 위법으로 인해 공소제기가 위법하다고 판시하면서 제327조 제2호에 의한 공소기각을 인정하고 있다.

---

52) 대판 1990. 6. 8. 90도646.
53) 신동운 328면
54) 이 입장에서 언급하는 내용을 인용하면 다음과 같다 "공소권 남용의 남용사유들 중 경찰의 위법수사에 의한 기소는 공소권남용의 범위에서 제외하는 것이 타당하다. 공소권남용은 공소제기에 검사의 직접적 잘못이 있는 경우에 한정시키는 것이 바람직하다. 미국의 경우도 위법수사의 일종인 함정수사의 경우 공소권남용과 구별하여 공소기각(dismissal)사유로 다루고 있다 [LaFave & Israel, ibid., 17.1; Joel Samaha, Criminal Procedure, 4th ed.(1998), 451] . 독일도 함정수사문제에 있어서 공소권남용보다는 넓은 개념인 소송조건 내지 소송장애(Verfahrenshindernis)의 문제로 처리하고 있다(Karlsruher Kommentar zur StPO, 1999, S. 78). 생각건대 검사가 위법수사를 알면서 기소한 경우 그에 의한 증거를 배제하여 혐의 없는 기소나 기소유예재량일탈의 기소로 처리할 수 있을 것이며, 이 방법으로 처리되지 않는 중대한 위법의 경우는 미국이나 독일과 같은 소송장애사유 내지 소송중단사유를 명문으로 규정하든지 [신양균, 「형사소송법」(1997), 193면] 아니면 비유형적 소송장애(소송조건)를 해석론에 의하여 인정하는 방법으로 해결하는 것이 타당할 것이다." (형사판례연구 제9호, 공소권남용과 주관적 요건, 김재봉)

관련판례 공소기각의 판결을 할 경우 중 형사소송법 제327조 제2호에 규정된 공소제기의 절차가 법률의 규정에 의하여 무효인 때라 함은 무권한자에 의하여 공소가 제기되거나 공소제기의 소송조건이 결여되거나 또는 공소장의 현저한 방식위반이 있는 경우를 가리키는 것인 바, **불법구금, 구금장소의 임의적 변경 등의 (수사상의)위법사유가 있다고 하더라도 그 위법한 절차에 의하여 수집된** 증거를 배제할 이유는 될지언정 **공소제기의 절차** 자체가 위법하여 무효인 경우에 해당한다고 볼 수 없다. 그러나, 최근에는 아래와 같은 판시를 함으로써 위법한 수사에 기한 공소제기의 위법을 인정할 가능성을 열어 두었다(대판 1990.9.25. 90도1586).

관련판례 범의를 가진 자에 대하여 단순히 범행의 기회를 제공하거나 범행을 용이하게 하는 것에 불과한 수사방법이 경우에 따라 허용될 수 있음은 별론으로 하고, 본래 범의를 가지지 아니한 자에 대하여 수사기관이 사술이나 계략 등을 써서 범의를 유발케 하여 범죄인을 검거하는 함정수사는 위법함을 면할 수 없고, 이러한 함정수사에 기한 공소제기는 그 절차가 법률의 규정에 위반하여 무효인 때에 해당한다(대판 2005.10.28. 2005도1247).

마. 누락기소와 공소권남용

경합범에 해당하는 수 개의 사건에 대하여 동시기소 또는 추가기소가 가능하였음에도 불구하고 병합심리를 못하게 할 의도로 검사가 수 개의 사건 중 일부만을 기소하는 경우로 피고인이 모든 범행을 수사기관에게 자백했는데도 일부 범죄사실이 기소에서 누락되고, 뒤늦게 항소심 판결이 선고되거나 판결이 확정된 후 다시 기소되는 경우에 대해서도 공소권남용론을 적용할 수 있는지에 대해 견해가 대립되고 있다. 실체적 경합관계에 있는 수개의 범죄사실에 대한 동시기소 또는 추가기소가 가능함에도 불구, 병합심리를 못하게 할 목적으로, 일부 범죄사실에 대한 공소제기를 하지 않다가 선기소사건에 대한 유죄판결이 선고 내지 확정된 후에 비로소 공소제기하는 것으로 경합범의 동시심판이익박탈이 문제된다. 이에 대하여 ① 공소기각판결설(다시 공소권남용여부의 판단기준에 대하여 ㉠ **이중위험기준설** : 관련사건 함께 기소해야할 동시소추의무 위배, ㉡ **권리남용설** : 검사의 직무태만 내지 위법한 부작위, ㉢ **실질적기준설** : 검사가 알면서 누락시킨 경우 누락부분에 대한 심판을 구하지 않겠다는 묵시적 의사표시가 있는 것으로 보아 공소취소 후 재기소 금지하는 제329조의 금반언 법리)과 ② 실체판결설(검사에게 동시소추의무는 없으므로)이 대립한다. 누락기소의 경우, 경합범으로서 형이 선고될 경우에 얻게 될 양형상의 이익이 박탈되는 문제가 존재하고 있다.55) 생각건대 공소권남용의 판단은 피고인의 병합가능성 여부와 관련하여 객관적으로 파악함이 타당하며 결국 검사의 추가기소가 피고인의 병합심리의 가능성을 상실시키는 정도에 이를 정도로

---

55) 공판중심주의의 관점에서 바라 본 공소권남용, 김정철, 고시연구, 2006.12.

지연된 경우 검사의 주관적 의도와 상관없이 공소를 기각함이 타당하다고 본다. 공판중심주의를 강화하는 입장에서 공판정에서 피고인의 병합신청요구권(제300조)은 피고인의 양형상의 이익과 관련하여 중요한 권리이며 검사의 객관의무 또한 피고인의 양형상의 불이익을 방치하여서는 안 된다는 점에서 공소권남용이론을 통한 추가기소의 규제를 정당화하는 근거가 될 수 있다고 본다.

관련판례 검사가 자의적으로 공소권을 행사하여 피고인에게 실질적인 불이익을 줌으로써 소추재량권을 현저히 일탈하였다고 보이는 경우에는 이를 공소권의 남용으로 보아 공소제기의 효력을 부인할 수 있으나(대판 2001.10.9. 2001도3106 등 참조), 기록에 비추어 살펴보면, 검사가 피고인의 여러 범죄행위를 일괄하여 기소하지 아니하고 수사진행 상황에 따라 여러 번에 걸쳐 나누어 분리기소하였다고 하여 검사의 공소제기가 소추재량권을 현저히 일탈한 것으로 보이지는 아니한다. 뿐만 아니라, 형법 제37조의 경합범관계에 있는 수죄가 별개로 기소되어 별개의 절차에서 재판을 받게 된 결과 어느 하나의 사건에서 먼저 집행유예가 선고되어 그 형이 확정된 경우, 그 집행유예기간의 도과 여부를 불문하고 나중에 기소된 범죄사실에 대하여 형의 집행유예를 선고할 수 있음은 형법 제62조 제1항의 규정 문언과 취지에 비추어 명백하다. 따라서 원심판결에는 상고이유로 주장하는 바와 같이 공소권남용에 관한 법리를 오해하는 등의 위법이 있다고 할 수 없다(대판 2007.12.27. 2007도5313).

관련판례 甲사건에 대한 공소의 제기가 늦어진 이유가 피고인이 그 공소 사실을 부인함으로 말미암아 검사가 증거를 확보하느라고 상당한 시간이 경과되었기 때문인 경우, 甲사건보다 늦게 범하여진 별개의 乙사건에 대한 항소심 판결이 선고된 후에야 甲사건이 기소됨으로써 피고인이 두 개의 사건을 한꺼번에 재판을 받을 수 있는 기회를 상실하게 되었다고 하여, 甲사건 공소가 공소권을 남용하여 제기된 것이라고 볼 수는 없다(대판 1996.9.24. 96도1730).

관련판례 검사가 관련사건을 수사할 당시 이사건 범죄사실이 확인된 경우 이를 입건하여 관련사건과 함께 기소하는 것이 상당하기는 하나 검사가 자의적으로 공소권을 행사(단순한 직무상의 과실만으로는 부족하고 적어도 미필적으로나마 어떤 의도가 있어야 한다)하여 소추재량권을 현저히 일탈한 위법이 있다고 보여지지 아니할 뿐 아니라, 검사가 항소심 판결 선고 이후에 이 사건 공소를 제기한 것이 검사의 태만 내지 위법한 부작위에 의한 것으로 인정되지 아니하므로 피고인이 관련사건의 재판 때 이 사건 범죄사실에 대하여 병합하여 재판을 받지 못하였다는 점에만 주목하여 이 사건 공소제기가 공소권의 남용에 해당한다고 인정한 것은 기소편의주의와 공소권 남용에 관한 법리를 오해한 위법이 있다(대판 1996.2.13. 94도2568).

제2절 공소제기의 기본원칙

I 공소제기의 기본원칙

1. 형사소추의 주체(국가소추주의)

국가소추주의에 대비되는 개념은 '사인소추주의'이다. 미국의 대배심제도, 독일의 사인소추제도(경미범죄에 보충적으로 허용됨)가 바로 그것이다.

2. 기소독점주의

우리는 국가기관 중에서도 검사만이 공소제기의 권한을 갖는다. 이를 기소독점주의라고 한다. 다만 경찰서장의 즉결심판청구는 기소독점주의의 예외에 해당한다. 판례는 범칙자가 통고처분을 불이행하였더라도 기소독점주의의 예외를 인정하여 경찰서장의 즉결심판 청구를 통하여 공판절차를 거치지 않고 사건을 간이하고 신속·적정하게 처리함으로써 소송경제를 도모하되, 즉결심판 선고 전까지 범칙금을 납부하면 형사처벌을 면할 수 있도록 함으로써 범칙자에 대하여 형사소추와 형사처벌을 면제받을 기회를 부여하고 있다(대판 2020.4.29. 2017도13409)고 판시하고 있다.

II 공소의 취소

> 제255조 【공소의 취소】 ① 공소는 **제1심판결의 선고 전까지** 취소할 수 있다.
> ② 공소취소는 이유를 기재한 **서면**으로 하여야 한다. 단, 공판정에서는 **구술**로써 할 수 있다.

1. 개념

검사가 공소제기를 철회하는 법률행위적 소송행위를 말한다. 일단 제기한 공소의 취소를 인정하는 기소변경주의는 **기소편의주의의 논리적 귀결**이라고 설명할 수 있다. 다만, 이러한 공소취소는 실체적 경합 사안과 같이 공소사실이 동일성이 인정되지 않는 경우에 이루어지는 소송행위라는 점에서 공소장변경의 일환인 공소사실의 철회(동일성이 인정되는 공소사실의 일부를 철회하는 것)와 구별하여야 한다.

2. 사유(법률상 제한이 없음)

가. 공소제기의 부적법 → 공소제기방법에 중대한 하자, 공소제기당시 소송조건이 흠결

관련판례 컴퓨터와 인터넷이 보편적으로 사용되고 정보통신기술이 급속히 발달하고 있는 상황에 대응하여, 형사소송절차에서 정보저장매체에 저장된 문자 등의 전자정보를 증거로 사용하는 법적 근거를 마련하고(형사소송법 제313조 제1항, 제314조), 그에 관한 증거조사방법이나 강제처분절차도 규정하는 등(형사소송법 제292조의3, 제106조 등)으로 전자정보의 활용을 법적으로 뒷받침하기 위한 조치가 증가하고 있다. 그러나 **공소제기에 관하여 전자문서나 전자매체를 이용할 수 있도록 한 입법적 조치는 마련되어 있지 않다.**
그러므로 검사가 공소사실의 일부인 범죄일람표를 컴퓨터 프로그램을 통하여 열어보거나 출력할 수 있는 전자적 형태의 문서로 작성한 다음 종이문서로 출력하지 않은 채 저장매체 자체를 서면인 공소장에 첨부하여 제출한 경우에는, 서면에 기재된 부분에 한하여 적법하게 공소가 제기된 것으로 보아야 한다. 전자문서나 저장매체를 이용한 공소제기를 허용하는 법규정이 없는 상태에서 저장매체나 전자문서를 형사소송법상 공소장의 일부인 '서면'으로 볼 수 없기 때문이다(대판 2017.2.15. 2016도19027).

관련판례 – 공소사실의 불명확과 석명권 불고불리의 원칙상 검사의 공소제기가 없으면 법원이 심판할 수 없고, 법원은 검사가 공소제기한 사건에 한하여 심판을 하여야 하므로, 검사는 공소장의 공소사실과 적용법조 등을 명백히 함으로써 공소제기의 취지를 명확히 하여야 하는데, 검사가 어떠한 행위를 기소한 것인지는 기본적으로 공소장의 기재 자체를 기준으로 하되, 심리의 경과 및 검사의 주장내용 등도 고려하여 판단하여야 한다. **공소제기의 취지가 명료할 경우 법원이 이에 대하여 석명권을 행사할 필요는 없으나,** 공소제기의 취지가 오해를 불러일으키거나 명료하지 못한 경우라면 법원은 형사소송규칙 제141조에 의하여 검사에 대하여 석명권을 행사하여 그 취지를 명확하게 하여야 한다(대판 2017.6.15. 2017도3448).

관련판례 – 재산상 피해자가 잘못 기재된 경우 기소된 공소사실의 재산상 피해자와 공소장에 기재된 피해자가 다른 것이 판명된 경우에는 공소사실의 동일성을 해치지 않고 피고인의 방어권 행사에 실질적 불이익을 주지 않는 한 **공소장변경절차 없이 직권으로** 공소장 기재의 피해자와 다른 실제의 피해자를 적시하여 이를 유죄로 인정하여야 한다(대판 2017.6.19. 2013도564).

나. 소송계속 중 소송조건의 흠결 → 피고인의 사망, 친고죄의 고소취소

다. 공소유지의 불가능 → 유죄판결의 가능성이 없는 경우

라. 가벌성의 희박 → 공소제기 후의 사정변경 등

마. 관할의 경합 → 동일 사건이 사물관할을 같이 하는 수개의 법원에 계속된 경우 뒤의 법원이 심판하도록 하기 위해 먼저 공소제기를 취소

3. 절차

가. 취소권자
검사만 가능하다.

나. 방법(제255조 제2항, 제258조 제1항)
서면 또는 공판정에서는 구술, 전적으로 검사의 행위로 성립한다.

다. 시기(제255조 제1항)
'제1심 판결선고 전'까지만 가능하다. 따라서 항소심에서는 공소장변경은 가능하지만 공소취소는 허용되지 않는다.

4. 공소취소의 효과

가. 공소기각의 결정(제328조 제1항 제1호)

> 제328조 【공소기각의 결정】 ① 다음 경우에는 결정으로 공소를 기각하여야 한다.
> 1. 공소가 취소 되었을 때

나. 재기소의 제한(제329조, 제327조 제4호)

> 제327조 【공소기각의 판결】 다음 경우에는 판결로써 공소기각의 선고를 하여야 한다.
> 4. 제329조의 규정에 위반하여 공소가 제기되었을 때
>
> 제329조 【공소취소와 재기소】 공소취소에 의한 공소기각의 결정이 확정된 때에는 공소취소 후 그 범죄사실에 대한 다른 중요한 증거를 발견한 경우에 한하여 다시 공소를 제기할 수 있다.

공소 취소에 의한 공소기각의 결정이 확정된 때 다시 공소를 제기하는 요건으로서 "**다른 중요한 증거를 발견한 경우**"라 함은 공소취소 전의 증거만으로서는 증거불충분으로 무죄가 선고될 가능성이 있으나 새로 발견된 증거를 추가하면 충분히 유죄의 확신을 가지게 될 정도의 증거가 있는 경우를 말한다(대판 1977.12.27. 77도1308).

다. 고소·고발인에게 통지(제258조 제1항)

> 제258조 【고소인등에의 처분고지】 ① 검사는 고소 또는 고발있는 사건에 관하여 공소를 제기하거나 제기하지 아니하는 처분, 공소의 취소 또는 제256조의 송치를 한 때에는 그 처분한 날로부터 7일 이내에 서면으로 고소인 또는 고발인에게 그 취지를 통지하여야 한다.

라. 검찰항고·재정신청은 할 수 없다.

> **비교**
>
> **포괄일죄의 공소사실 일부를 철회하였다가 재기소가 가능한지**
> [사건내용] 기록에 비추어 살펴보면, 당초 피고인이 그가 상무로 재직하던 신용협동조합에서 이 사건 피해자를 비롯한 다수의 사람들로부터 대출 명의를 빌려 변제능력이 없는 사람들에게 대출을 함으로써 조합에 손해를 가한 혐의로 업무상 배임의 포괄일죄로 기소되어 제1심 재판을 받던 중, 이 사건 피해자 명의로 이루어진 대출의 경우 그 대출금이 위 조합의 시재금 부족분에 충당되었을 뿐 피고인이 이를 현실로 인출, 사용한 적이 없다는 이유로 그 부분 공소사실이 철회되고 나머지 공소사실에 관하여 유죄의 확정판결을 받았다가, 그 후 위 대출행위로 말미암아 위 조합에 대하여 법률상 채무를 부담하게 된 피해자의 고소에 의하여 피해자에 대한 사기죄로 이 사건 공소가 다시 제기된 경우이다.
> [판결요지] 공소사실의 동일성이 인정되지 아니하고 실체적 경합관계에 있는 수개의 공소사실의 전부 또는 일부를 철회하는 **공소취소**의 경우 그에 따라 공소기각의 결정이 확정된 때에는 그 범죄사실에 대하여는 형사소송법 제329조의 규정에 의하여 다른 중요한 증거가 발견되지 않는 한 재기소가 허용되지 아니하지만 이와 달리 **포괄일죄로 기소된 공소사실 중 일부에 대하여 형사소송법 제298조 소정의 공소장변경의 방식으로 이루어지는 공소사실의 일부 철회의 경우에는 그러한 제한이 적용되지 아니한다.** 따라서 위 사안의 경우 사기죄로 다시 공소를 제기함에 아무런 문제가 없다고 판시한 것이다(대판 2004.9.23. 2004도3203).

제3절 공소제기의 방식

공소제기는 법원에 대하여 특정한 형사사건의 심판을 요구하는 검사의 **법률행위적 소송행위**로서 형사소송법 제254조 제1항은 공소를 제기함에는 공소장을 관할법원에 제출하여야 하도록 규정하고, 동조 제3항은 위 공소장에는 피고인의 성명 기타 피고인을 특정할 수 있는 사항, 죄명, 공소사실, 적용법조 등 일정한 사항을 기재하도록 하고 있는바, 형사소송법이 공소의 제기에 관하여 위와 같은 **서면주의와 엄격한 요식행위**를 채용한 것은 공소의 제기에 의해서 법원의 심판이 개시되므로, 심판을 구하는 대상(공소사실 및 피고인)을 명확하게 하고 피고인의 방어권을 보장하기 위한 것이라 할 것이어서 검사에 의한 공소장의 제출은 공소제기라는 소송행위가 성립하기 위한 **본질적 요소**라고 보아야 할 것이므로, 이러한 공소장의 제출이 없는 경우에는 소송행위로서의 공소제기가 성립되었다고 할 수 없다(대판 2003.11.14. 2003도2735).

형사소송법 제266조는 공소제기가 있는 때에는 지체 없이 **공소장의 부본을 피고인 또는 변호인에게 송달하여야 한다**고 규정하고 있다. 한편 형사소송법 제57조 제1항은 "공무원이 작성하는 서류에는 법률에 다른 규정이 없는 때에는 작성 연월일과 소속 공무소를 기재하고 기**명날인 또는 서명하여야** 한다."라고 규정하고 있고, 검사가 작성하는 공소장은 '공무원이 작성하는 서류'에 속하므로 위 규정에 따라 공소장에는 검사의 기명날인 또는 서명이 있어야 한다. 서면인 공소장의 제출 없이 공소를 제기한 경우에는 이를 허용하는 특별한 규정이 없는 한 공소제기에 요구되는 소송법상의 정형을 갖추었다고 할 수 없어 소송행위로서의 공소제기가 성립되었다고 볼 수 없다. 검사가 공소사실의 일부가 되는 범죄일람표를 전자적 형태의 문서로 작성한 후, 종이문서로 출력하여 제출하지 아니하고 **전자적 형태의 문서가** 저장된 저장매체 자체를 서면인 공소장에 첨부하여 제출한 경우에는, 서면인 공소장에 기재된 부분에 한하여 공소가 제기된 것으로 볼 수 있을 뿐이고, 저장매체에 저장된 전자적 형태의 문서 부분까지 공소가 제기된 것이라고 할 수는 없다. 이러한 형태의 공소제기를 허용하는 별도의 규정이 없을 뿐만 아니라, 저장매체나 전자적 형태의 문서를 공소장의 일부로서의 '**서면**'**으로 볼 수도 없기 때문**이다. 이는 전자적 형태의 문서의 양이 방대하여 그와 같은 방식의 공소제기를 허용해야 할 현실적인 필요가 있다거나 피고인과 변호인이 이의를 제기하지 않고 변론에 응하였다고 하여 달리 볼 것도 아니다(대판 2016.12.15. 2015도3682).

Ⅰ 공소장의 기재사항 : 범죄사실과 적용법조의 예비적·택일적 기재

> 제254조 【공소제기의 방식과 공소장】 ⑤ 수개의 범죄사실과 적용법조를 **예비적 또는 택일적**으로 기재할 수 있다.

관련판례 – 어느 처벌조항을 준용할지에 관한 해석 및 판단에 법원이 검사의 공소장 기재 적용법조에 구속되는지 여부(소극) 공소장에는 죄명·공소사실과 함께 적용법조를 기재하여야 하지만(형사소송법 제254조) 공소장에 적용법조를 기재하는 이유는 공소사실의 법률적 평가를 명확히 하여 공소의 범위를 확정하는 데 보조기능을 하도록 하고, 피고인의 방어권을 보장하고자 함에 있을 뿐이고, **법률의 해석 및 적용 문제**는 법원의 전권이므로, 공소사실이 아닌 어느 처벌조항을 준용할지에 관한 해석 및 판단에 있어서는 법원은 검사의 공소장 기재 적용법조에 구속되지 않는다(대판 2018.7.24. 2018도3443).

1. 개념

공소장에는 수개의 범죄사실과 적용법조를 예비적 또는 택일적으로 기재할 수 있다(제254조 제5항). 예비적 기재란 수 개의 사실 또는 법조에 대하여 **심판의 순서를 정하여** 선순위의 사실이나 법조의 존재가 인정되지 않는 경우에 후순위의 사실 또는 법조의 존재의 인정을 구하는 취지로 기재하는 것을 말하고, 택일적 기재란 수 개의 사실에 관하여 **심판의 순서를 정하지 않고** 어느 것을 심판해도 좋다는 취지의 기재를 말한다.

2. 인정이유

이러한 기재를 허용하는 이유는 심증형성이 불충분한 경우 **공소제기를 용이**하게 하기 위함이다. 즉, 공소제기에 있어 검사에게 융통성을 부여해 준 것이다.

3. 허용범위

'수개'라는 규정에 비추어, **범죄사실의 동일성이 인정되지 않는 경우**에도 예비적·택일적 기재가 허용되는지에 대해 학설의 대립이 있다. ① **소극설**(범죄사실의 동일성 한도 내)과 ② **적극설**(범죄사실의 동일성 불요)로 견해가 나뉜다. **판례**는 '수 개의 범죄사실 사이에 동일성이 인정되는 때에만 예비적·택일적 기재가 허용된다(대판 1962.6.28. 62도66)'고 보았으나, 그 후에는 태도를 변경하여 **'수개의 범죄사실 사이에 동일성이 인정될 것을 요하지 않는다**(대판 1966.3.24. 65도114 전원합의체)'고 판시하였다.

> **관련판례** 형사소송법 제254조 제5항은 검사가 공소를 제기함에 있어 수개의 범죄사실과 적용법조를 예비적 또는 택일적으로 기재하여 그 중 어느 하나의 범죄사실만의 처벌을 구할 수 있다는 것이며 그들 수개의 범죄사실간에 범죄사실의 동일성이 인정되는 범위 내에서 예비적·택일적으로 기재할 수 있음은 물론이나 그들 범죄사실 상호간에 범죄의 일시·장소·수단 및 객체 등이 달라서 수개의 범죄사실로 인정되는 경우에도 이들 수개의 범죄사실을 예비적 또는 택일적으로 기재할 수 있다고 해석할 것이다(대판 1966.3.24. 65도114 전원합의체).

공소사실의 동일성이 인정되지 않는 사실을 공소장에 예비적·택일적으로 기재한 경우에 법원이 어떻게 처리할 것인지에 대하여 소극설을 취하는 경우는 다음과 같은 학설의 대립이 있다. ① **경합범 심판설**(경합범으로 인정하여 유·무죄의 실체판결을 할 수 있다는 견해), ② **경합범 보정설**(검사로 하여금 공소장을 경합범으로 보정하게 하여야 한다는 견해), ③ **공소기각설**(공소제기의 방식이 부적법하다는 이유로 공소기각 해야 한다는 견해)이 있다.

4. 소송관계

가. 공소제기의 효력
공소사실의 전부에 대하여 효력이 미친다.

나. 심판의 대상
공소사실 전부가 심판의 대상이 된다.

다. 심판의 순서
예비적 기재는 검사의 기소 순위에 제한 받는다. 이를 위반시 항소이유가 된다. 택일적 기재의 경우는 순서에 제한이 없다. 따라서 이를 위반하여도 항소이유가 될 수 없다.

라. 판단의 방법

(1) 예비적 기재

① 본위적 공소사실을 유죄로 인정하는 경우는 예비적 공소사실에 대한 판단이 필요하지 않다. 그러나 ② 예비적 공소사실을 유죄로 인정하는 경우는 판결이유에서 본위적 공소사실에 대한 판단을 요한다. **판례**도 예비적 기재의 경우에는 **판결이유에서 본위적 공소사실을 판단해야** 한다(대판 1976.5.26. 76도1126)고 판시하였다.

(2) 택일적 기재

택일적 기재의 경우는 판결이유에서도 **다른 사실에 대한 판단이 필요하지 않다. 어느 것을 먼저 심판하든 이것은 법원의 재량이다.**

마. 검사의 상소

법원이 예비적 공소사실을 유죄로 인정한 경우에 한하여 검사의 상소가 허용된다. 이는 판결이유를 기재하지 않는 경우는 항소할 수 없기 때문이다. 예비적 공소사실을 유죄로 인정하는 경우는 본위적 공소사실에 대하여 무죄이유를 설시하기 때문에 그에 대한 항소가 가능하다. 그러나 판결이유를 설시하지 않는 경우인 택일적 기재의 경우는 항소할 수 없다. 판례 역시 본래의 강도살인죄에 택일적으로 살인 및 절도죄를 추가하는 공소장변경을 하여 법원이 **택일적으로** 공소제기 된 살인 및 절도죄에 대하여 유죄로 인정한 이상 검사는 중한 강도살인죄를 유죄로 인정하지 아니한 것이 위법이라는 이유로 상소할 수 없다(대판 1981.6.9. 81도1269)고 판시하였다.

바. 기판력

기판력은 예비적 기재이건 택일적 기재이건 어느 하나의 확정판결의 기판력은 전부에 미친다.

Ⅱ 공소장일본주의

> **제254조 【공소제기의 방식과 공소장】** ③ 공소장에는 다음 사항을 기재하여야 한다.
> 1. 피고인의 성명 기타 피고인을 특정할 수 있는 사항
> 2. 죄명
> 3. 공소사실
> 4. 적용법조
>
> ④ 공소사실의 기재는 범죄의 **시일, 장소와 방법**을 명시하여 사실을 특정할 수 있도록 하여야 한다.
> ⑤ 수개의 범죄사실과 적용법조를 예비적 또는 택일적으로 기재할 수 있다.
>
> **제248조 【공소효력의 범위】** ① 공소는 **검사가 피고인으로 지정한 사람 외의 다른 사람**에게는 그 효력이 미치지 아니한다.
> ② 범죄사실의 **일부**에 대한 공소는 그 효력이 **전부**에 미친다.

1. 개념

공소제기시에 법원에 제출하는 것은 공소장 하나이며, 공소사실에 대한 증거는 물론 법원에 예단을 생기게 할 수 있는 것은 증거가 아니더라도 제출할 수 없다는 원칙이다(규칙 제118조 제2항). 공소장에 법령이 요구하는 사항 이외의 사실로서 법원에 예단이 생기게 할 수 있는 사유를 나열하는 것이 허용되지 않는다는 것도 이른바 '**기타 사실의 기재 금지**'로서 공소장일본주의의 내용에 포함된다(대판 2009.10.22. 2009도7436 전원합의체).

2. 이론적 근거

당사자주의 소송구조, 예단배제의 원칙, 공판중심주의, 공판정에 유입되는 위법증거의 배제가 대표적인 근거이다. 특히, 법원이 수사서류나 증거물 등을 공판기일 전에 접하지 못하도록 하여 위법한 증거가 공판정에 유입될 가능성을 사전에 차단하는 것은 공소장일본주의의 중요한 기능이기도 하다.

3. 내용

가. 첨부의 금지

법관의 심증형성에 영향을 줄 수 있는 자료는 첨부하여서는 안 된다. 다만, 그에 영향 없는 자료는 허용된다(규칙 제118조 제1항).

나. 인용의 금지

공소장에 증거 기타 예단을 줄 수 있는 문서내용을 인용하는 것이 금지된다. 문서를 수단으로 하는 공갈, 협박 또는 명예훼손의 사건에서 문서의 기재내용 자체가 범죄구성요건에 해당하는 경우의 문서 인용은 범죄의 방법을 구체적으로 특정하기 위한 것으로서 유효하다.

다. 여사기재의 금지

(1) 전과사실(동종전과, 누범전과, 이종전과)

동종전과이건 이종전과이건 피고인에게 불필요한 예단을 형성할 수 있으므로 범죄구성요건을 이루는 상습전과, 누범전과, 제37조 후단전과를 제외하고는 원칙적으로 여사기재로 금지함이 타당하다. 누범전과에 대하여 ① 예단배제원칙상 공소장일본주의에 위반이라는 적극설과 ② 범죄사실에 준하는 것으로 공소장일본주의의 위반이 아니라는 소극설이 대립하나, 누범전과는 현재 집행유예결격전과에 해당한다는 점에서 소극설이 타당하다.

> [관련판례] 공소장에 누범이나 상습범을 구성하지 않는 전과사실을 기재하였다 하더라도 이는 피고인을 특정할 수 있는 사항에 속한다 할 것으로서 그 공소장기재는 적법하다(대판 1966.7.19. 66도793).

(2) 전과이외의 악성격·경력·소행의 기재

> [관련판례] 공소장 첫머리에 피고인의 과거 경력·성향·활동 등에 관한 사항을 나열하는 것은 적절하다고 할 수 없지만 이로 인하여 공소제기가 무효로 되지는 않는다(대판 1999.7.23. 99도1860).

(3) 범죄동기의 기재

부정설과 긍정설이 대립하나, 동기는 범죄사실과 불가분의 관계에 있다고 볼 수 있어 공소장일본주의 위반이라고 볼 수는 없다.

> [관련판례] 살인, 방화 등의 경우 범죄의 직접적인 동기 또는 공소범죄사실과 밀접불가분의 관계에 있는 동기를 공소사실에 기재하는 것이 공소장일본주의 위반이 아님은 명백하고, 설사 **범죄의 직접적인 동기가 아닌 경우에도 동기의 기재는 공소장의 효력에 영향을 미치지 아니한다**(대판 2007.5.11. 2007도748).

(4) 여죄의 기재

삭제를 명하면 족하다는 견해와 공소기각의 결정을 해야 한다는 견해가 대립한다.

> **관련판례** 형사소송법 제254조 제3항은 공소장에 동항 소정의 사항들을 필요적으로 기재하도록 한 규정에 불과하고 그 이외의 사항의 기재를 금지하고 있는 규정이 아니므로 **공소시효가 완성된 범죄사실을 공소범죄 사실 이외의 사실로 기재한** 공소장이 위 형사소송법 제254조 제3항의 규정에 **위배된다고 볼 수 없다**(대판 1983.11.8. 83도1979).

4. 위반의 효과

가. 공소기각의 판결(제327조 제2호)

> 제327조 【공소기각의 판결】 다음 경우에는 판결로써 공소기각의 선고를 하여야 한다.
> 2. 공소제기의 절차가 법률의 규정에 위반하여 무효인 때

나. 하자의 치유

(1) 적극설

예단을 생기게 할 수 있는 자료를 첨부한 경우는 공소제기가 무효가 되지만, 이 정도에까지 이르지 않는 여사기재는 법원에서 삭제를 명하면 족하다.

(2) 소극설

법관에게 예단이 생기게 할 수 있는 여사기재는 모두 공소장일본주의의 위반이고 한 번 예단이 생긴 이상 하자의 치유도 인정되지 아니한다.

> **관련판례** 공소장일본주의의 위배 여부는 공소사실로 기재된 범죄의 유형과 내용 등에 비추어 볼 때에 공소장에 첨부 또는 인용된 서류 기타 물건의 내용, 그리고 법령이 요구하는 사항 이외에 공소장에 기재된 사실이 법관 또는 배심원에게 예단을 생기게 하여 법관 또는 배심원이 범죄사실의 실체를 파악하는 데 장애가 될 수 있는지 여부를 기준으로 당해 사건에서 구체적으로 판단하여야 한다. 이러한 기준에 비추어 **공소장일본주의에 위배된 공소제기라고 인정되는 때**에는 그 절차가 **법률의 규정에 위반하여 무효인 때**에 해당하는 것으로 보아 **공소기각의 판결**을 선고하는 것이 원칙이다(제327조 제2호). 그러나 공소장 기재의 방식에 관하여 피고인 측으로부터 아무런 이의가 제기되지 아니하였고 법원 역시 범죄사실의 실체를 파악하는 데 지장이 없다고 판단하여 그대로 공판절차를 진행한 결과 **증거조사절차가 마무리되어 법관의 심증형성이 이루어진 단계**에서는 소송절차의 동적 안정성 및 소송경제의 이념 등에 비추어 볼 때 이제는 더 이상 공소장일본주의 위배를 주장하여 이미 진행된 소송절차의 효력을 다툴 수는 없다고 보아야 한다(대판 2009.10.22. 2009도7436 전원합의체).

5. 적용범위(공소장일본주의의 예외)

① **정식재판**의 공소제기에는 적용된다. 그러나 ② **약식절차, 즉결심판절차**에는 적용되지 않는다.

> **관련판례** 검사가 약식명령을 청구하는 때에는 약식명령의 청구와 동시에 약식명령을 하는 데 필요한 증거서류 및 증거물을 법원에 제출하여야 하는바(형사소송규칙 제170조), 이는 약식절차가 서면심리에 의한 재판이어서 공소장일본주의의 예외를 인정한 것이므로 **약식명령의 청구와 동시에 증거서류 및 증거물이 법원에 제출**되었다 하여 **공소장일본주의를 위반하였다 할 수 없고**, 그 후 약식명령에 대한 정식재판청구가 제기되었음에도 법원이 증거서류 및 증거물을 검사에게 반환하지 않고 보관하고 있다고 하여 그 이전에 이미 적법하게 제기된 공소제기의 절차가 위법하게 된다고 할 수도 없다(대판 2007.7.26. 2007도3906).

6. 관련문제

가. 증거개시의 문제(형사기록 열람·등사권 부분 참조)

나. 공판기일 전의 증거제출(제273조, 제274조)

> **제273조 【공판기일 전의 증거조사】** ① 법원은 검사, 피고인 또는 변호인의 신청에 의하여 공판준비에 필요하다고 인정한 때에는 **공판기일 전**에 피고인 또는 증인을 신문할 수 있고 검증, 감정 또는 번역을 명할 수 있다.
> ② 재판장은 부원으로 하여금 전항의 행위를 하게 할 수 있다.
> ③ 제1항의 신청을 기각함에는 결정으로 하여야 한다.
> **제274조 【당사자의 공판기일 전의 증거제출】** 검사, 피고인 또는 변호인은 공판기일 전에 서류나 물건을 증거로 법원에 제출할 수 있다.

공판기일 전의 증거조사는 제1회 공판기일 이후의 다음 공판기일 전을 의미하므로, 공소장일본주의의 문제는 발생하지 않는다.

제4절 공소제기의 효과

I 공소제기의 일반론

공소가 제기되면 피의사건이 피고사건으로 변하여 법원이 소송사건화 함으로써, 법원은 그 사건에 관하여 심리재판을 할 권한과 의무를 갖게 되고, 검사와 피고인의 양 당사자는 그 사건에 관하여 소송을 수행하며 법원의 심판을 받아야 할 권리·의무를 갖게 되는 법률관계가 발생한다.

II 공소제기의 소송법상 효과

1. 소송계속

공소제기에 의하여 법원은 당해 피고사건을 심판할 권리와 의무를 가지게 되는데, 이를 적극적 효과라 한다. 반면, 공소제기에 의하여 소송계속이 발생하면 검사는 동일사건에 대하여 다시 공소를 제기할 수 없는데, 이를 소극적 효과라 한다.

2. 공소시효의 정지

공소시효는 공소의 제기로 진행이 정지된다. 공소시효는 이후 상술한다.

III 공소제기의 효력이 미치는 범위 및 공소사실의 특정

> 제248조 【공소효력의 범위】 ① 공소는 검사가 피고인으로 지정한 사람 외의 다른 사람에게는 그 효력이 미치지 아니한다.
> ② 범죄사실의 일부에 대한 공소는 그 효력이 전부에 미친다.
> 제253조 【시효의 정지와 효력】 ① 시효는 공소의 제기로 진행이 정지되고 공소기각 또는 관할위반의 재판이 확정된 때로부터 진행한다.
> ② 공범의 1인에 대한 전항의 시효정지는 다른 공범자에게 대하여 효력이 미치고 당해 사건의 재판이 확정된 때로부터 진행한다.
> ③ 범인이 형사처분을 면할 목적으로 국외에 있는 경우 그 기간 동안 공소시효는 정지된다.

형사소송법 제248조에 의하여 공소는 검사가 피고인으로 지정한 이외의 다른 사람에게 그 효력이 미치지 아니하는 것이므로 공소제기의 효력은 검사가 피고인으로 지정한 자에 대하여만 미치는 것(대판 1997.11.28. 97도2215)이며, 공소제기의 효력은 공소가 제기된 범죄사실과 동일성이 인정되는 범죄사실 전체에 미치는 것이다(대판 1999.11.26. 99도3929,99감도97). 전자를 인적 효력범위라 하고, 후자를 물적 효력범위라 한다.

즉, 공소는 검사가 지정한 피고인 이외의 사람에게는 그 효력이 미치지 않으므로(제248조 제1항), 법원은 **검사가 공소장에 특정하여 기재한 피고인만 심판**하여야 하며 그 이외의 자를 심판할 수 없다. 또한 **범죄사실의 일부에 대한 공소는 그 효력이 전부에 미친다**(동조 제2항). 즉 **단일성과 동일성이 인정되는 사실**의 전체에 대하여 공소제기의 효력이 미치는 것이고, 그것은 법원의 잠재적 심판의 대상이 된다. 그러나 **공소사실과 동일성이 인정되더라도 공소장에 기재되지 않은 사실은 공소장 변경에 의하여 비로소 현실적 심판의 대상**이 된다. 공소사실이나 범죄사실의 동일성 여부는 사실의 동일성이 갖는 법률적 기능을 염두에 두고 피고인의 행위와 그 사회적인 사실관계를 기본으로 하되 **그 규범적 요소도 고려에 넣어** 판단하여야 한다(대판 2006.3.23. 2005도9678).

이러한 공소제기의 효력범위를 한정하는 것은 피고인의 방어권 보장을 위해서도 중요하다. 이를 위해서 공소사실은 특정되어야 한다. 즉, 공소사실의 특정은 공소제기의 유효요건이며 필요적 기재사항이다(제254조 제4항). 형사소송법 제254조 제4항에서 범죄의 일시·장소와 방법을 명시하여 공소사실을 특정하도록 한 취지는 법원에 대하여 심판의 대상을 한정하고 피고인에게 방어의 범위를 특정하여 그 방어권 행사를 용이하게 하기 위한 데 있다.

공소제기된 범죄의 성격에 비추어 그 공소의 원인이 된 사실을 다른 사실과 구별할 수 있을 정도로 그 **일시(적용법령, 공소시효완성 여부판단, 책임능력 유무 판단), 장소(토지관할), 방법(범죄구성요건을 밝히는 정도), 목적** 등을 적시하여 특정하면 족하다.

설사 그 일부가 다소 불명확하더라도 그와 함께 적시된 다른 사항들에 의하여 그 공소사실을 특정할 수 있고, 그리하여 피고인의 방어권 행사에 지장이 없다면 공소제기의 효력에는 영향이 없다.

죄수와 관련하여서 경합범의 경우는 별개의 사실이므로 공소제기 하는 사실을 각 구체적으로 기재하여 특정하여야 한다. 반면, 포괄일죄에 있어서는 범행의 내용이 복잡하고 시간 장소의 특정이 어려운 경우가 많으므로 개개의 행위에 대하여 구체적으로 특정되지 아니하더라도 그 전체 범행의 시기와 종기, 범행방법, 범행횟수 또는 피해액의 합계 및 피해자나 상대방을 명시하면 이로써 그 범죄사실은 특정된다(대판 1995.2.17. 94도3297). 상상적 경합 역시 수개의 죄이므로 각각 구체적 사실을 특정하되, 상상적 경합관계의 경우에는 그 중 1죄에 대한 확정판결의 기판력은 다른 죄에 대하여도 미친다는 점에서 기판력이 미치는지 여부를 판단할 수 있을 정도로 특정됨이 타당하다. 이러한 공소사실이 불특정된 경우는 법 제327조 제2호에 의하여 공소기각 사유가 된다.

> **관련판례 – 양벌규정에 따라 처벌되는 법인 또는 개인의 귀책사유를 구체적으로 기재하여야 하는지 여부(소극)**
>
> 법인의 대표자나 법인 또는 개인의 대리인, 종업원 등이 그 법인 또는 개인의 업무에 관하여 위반행위를 함에 따라 그 행위자를 벌하는 외에 그 법인 또는 개인에게도 해당 조문의 형을 과하도록 하는 한편 그 법인 또는 개인이 그 위반행위를 방지하기 위하여 해당 업무에 관하여 상당한 주의와 감독을 게을리 하지 아니한 때에는 그러하지 아니하다는 내용의 양벌규정을 적용하여 그 법인 또는 개인에 대하여 공소를 제기하는 경우에, **그 공소사실에 법인 또는 개인의 업무에 관하여 종업원의 법률위반행위를 방지하지 못한 귀책사유가 있는지를 판단할 수 있는 내용을** 반드시 구체적으로 특정하여 기재하여야 하는 것은 아니다(대판 2017.4.13. 2016도12551).

Ⅳ 포괄일죄와 이중기소

> **제248조【공소효력의 범위】** ② 범죄사실의 일부에 대한 공소는 그 효력이 전부에 미친다.
>
> **제254조【공소제기의 방식과 공소장】** ④ 공소사실의 기재는 **범죄의 시일, 장소와 방법**을 명시하여 **사실을 특정할 수 있도록** 하여야 한다.
>
> **제327조【공소기각의 판결】** 다음 경우에는 **판결로써 공소기각의 선고**를 하여야 한다.
>   3. 공소가 제기된 사건에 대하여 다시 공소가 제기되었을 때

1. 포괄일죄의 의의

수개의 행위가 포괄적으로 1개의 구성요건에 해당하여 포괄적으로 일죄로 평가받는 것이 포괄일죄이다. 실체법상으로도 1죄이며, 소송법상으로도 1죄로 취급된다.

2. 법적 성격

포괄일죄의 법적 성격에 대하여 수죄설과 일죄설(통설)이 대립하나, 판례는 포괄일죄는 일죄임을 명백히 하고 있다.

3. 포괄일죄의 공소제기 방식

공소사실은 피고인의 방어권 행사를 보호하기 위하여 범죄의 시일, 장소와 방법을 명시하여 사실을 특정할 수 있도록 기재해야 한다(제254조 제4항). 포괄일죄에 있어서는 그 일죄의 일부를 구성하는 **개개의 행위**에 대하여 **구체적으로 특정되지 아니하더라도**, 그 **전체범행**의 시기와 종기, 범행방법, 범행횟수, 또는 피해액의 합계 및 피해자나 상대방을 명시하면 이로써 그 범죄는 특정된다는 것이 다수설·판례이다.

4. 포괄일죄에 대한 공소제기의 효력범위

공소불가분원칙(제248조 제2항)상 포괄일죄의 일부에 대한 공소제기의 효력은 그 일죄의 전부에 미치므로 포괄일죄의 일부에 대해서만 공소가 제기된 경우에도 **포괄일죄의 전부가 잠재적 심판대상**이 된다. 따라서 기소되지 않은 잔여부분에 대해서 심판하려면 원칙적으로 공소장을 변경하여 공소사실을 추가해야 하고, 별소(추가기소)는 이중기소에 해당하므로 허용되지 않는다.

5. 포괄일죄의 추가기소의 적법성

포괄일죄의 일부에 대하여 공소장변경을 통한 공소사실 추가가 아닌 별도의 추가기소를 한 경우 이중기소의 문제와 관련하여 그 적법성이 문제된다. ① 포괄일죄는 **실질적으로 수죄**이므로 실질적 의미에서 이중기소에 해당 않는다는 견해와 ② 포괄일죄의 일부를 이루는 범죄사실이 공소제기 이후에 행해졌다면 그 부분에 대해서는 **검사가 동시처리의무를 이행할 수 없는 경우**이므로 예외적으로 이중기소에 해당하지 않고 별도의 기소가 가능하다는 견해, ③ 공소불가분원칙상 포괄일죄의 추가기소는 **이중기소금지원칙에 해당하여 부적법**하다는 견해(다수설)가 대립한다.

> **관련판례** 검사가 단순일죄라고 하여 특수절도범행을 먼저 기소하고 포괄일죄인 상습특수절도 범행을 추가기소하였으나, 심리과정에서 전후에 기소된 범죄사실이 모두 포괄하여 상습특수절도죄를 구성하는 것으로 밝혀진 경우에는, 검사로서는 원칙적으로 먼저 기소한 사건의 범죄사실에 추가기소의 공소장에 기재된 범죄사실을 추가하여 전체를 상습범행으로 변경하고 그 죄명과 적용법조도 이에 맞추어 변경하는 공소장변경신청을 하고, **추가기소한 사건에 대해서는 공소취소를 하여야 한다**(대판 1996.10.11. 96도1698).

다만, 공소제기된 범죄사실과 추가로 발견된 범죄사실 사이에 그것들과 동일한 습벽에 의하여 저질러진 또 다른 범죄사실에 대한 상습범의 유죄의 확정판결이 있는 경우 전후 범죄사실의 일죄성은 그에 의하여 분단되어 공소제기된 범죄사실과 판결이 확정된 범죄사실만이 포괄하여 하나의 상습범을 구성하고, 추가로 발견된 확정판결 후의 범죄사실은 그것과 경합범 관계에 있는 별개의 상습범이 되므로, 검사는 공소장변경절차에 의하여 이를 공소사실로 추가할 수는 없고, 어디까지나 별개의 독립된 범죄로 공소를 제기하여야 한다.

6. 추가기소에 대한 검사와 법원의 조치

가. 검사의 조치

검사로서는 원칙적으로 먼저 기소한 사건의 범죄사실에 추가기소의 공소장에 기재된 범죄사실을 추가하여 전체를 상습범행으로 변경하고 그 죄명과 적용법조도 이에 맞추어 변경하는 공소장변경신청을 하고, **추가기소한 사건에 대해서는 공소취소를 하여야 한다.**

나. 법원의 조치

원칙적으로 추가기소에 대해서는 이중기소라는 이유로 제327조 제3호의 공소기각판결하며, 검사에게 먼저 기소한 사건에 대해 공소사실을 추가하는 공소장변경을 요구하여야 한다. 그런데 포괄일죄의 이중기소의 경우 검사와 법원이 위와 같은 적정한 조치를 취하지 아니한 경우, 법원이 추가기소의 실질적 의미를 고려하여 공소장변경이 있는 것으로 보아 전체 범죄사실에 대하여 심판할 수 있는지가 문제가 된다.

이에 대하여 ① **공소기각판결설**(이중기소금지원칙을 무의미하게 만든다는 이유로)과 ② **공소장변경 의제설**(추가기소는 실질적으로 공소장변경에 해당한다는 이유로) 그리고 ③ **석명후판단설**(소송경제나 절차유지원칙이 절대적인 것은 아니므로)이 대립하나, 추가기소를 공소장변경으로 파악하는 것은 허용되지 않지만 법정에서 검사의 석명이 있는 때에는 공소장변경으로 인정하는 것이 가능하다고 봄이 타당하다. 즉, 포괄일죄의 특수성과 피고인의 방어권보호를 조화하여 석명후판단설이 타당하다.

> **관련판례** 대법원은 대판 1993.10.22. 93도2178에서는 **영업범에 대하여** "포괄적 일죄를 구성하는 행위의 일부에 관하여 추가기소하는 것은 일죄를 구성하는 행위 중 누락된 부분을 보충하는 취지라고 볼 것이어서 이중기소의 위법이 있다고 할 수 없다."고 하여 **공소장변경의제설**을 따랐으나, 대판 1999.12.26. 99도3929(**상습범사안**)에서는 "포괄일죄의 추가기소와 공소사실을 추가하는 공소장변경과는 절차상 차이가 있을뿐, 그 실질에 있어서 별 차이가 없으므로, 검사의 석명에 의하여 1개의 죄에 대해 중복하여 공소를 제기한 것이 아님이 분명하여진 경우에는, 그 추가기소에 의하여 공소장변경이 이루어진 것으로 보아 전후에 기소된 범죄사실 전부에 대하여 실체판단을 하여야 하고 추가기소에 대하여 공소기각판결을 할 필요가 없다"고 하여 **석명후판단설**을 취한다.

> **비교판례** 검사가 수 개의 협박 범행을 먼저 기소하고 다시 별개의 협박 범행을 추가로 기소하였는데 이를 병합하여 심리하는 과정에서 전후에 기소된 각각의 범행이 모두 포괄하여 하나의 협박죄를 구성하는 것으로 밝혀진 경우, 이중기소에 대하여 공소기각판결을 하도록 한 형사소송법 제327조 제3호의 취지는 동일사건에 대하여 피고인으로 하여금 이중처벌의 위험을 받지 아니하게 하고 법원이 2개의 실체판결을 하지 아니하도록 함에 있으므로, 위와 같은 경우 법원이 각각의 범행을 포괄하여 하나의 협박죄를 인정한다고 하여 이중기소를 금하는

위 법의 취지에 반하는 것이 아닌 점과 법원이 실체적 경합범으로 기소된 범죄사실에 대하여 그 범죄사실을 그대로 인정하면서 다만 죄수에 관한 법률적인 평가만을 달리하여 포괄일죄로 처단하는 것이 피고인의 방어에 불이익을 주는 것이 아니어서 공소장변경 없이도 포괄일죄로 처벌할 수 있는 점에 비추어 보면, 비록 협박죄의 포괄일죄로 공소장을 변경하는 절차가 없었다거나 추가로 공소장을 제출한 것이 포괄일죄를 구성하는 행위로서 기존의 공소장에 누락된 것을 추가·보충하는 취지의 것이라는 석명절차를 거치지 아니하였다 하더라도, 법원은 전후에 기소된 범죄사실 전부에 대하여 실체판단을 할 수 있고, 추가기소된 부분에 대하여 공소기각판결을 할 필요는 없다(대판 2007.8.23. 2007도2595).

Ⅴ. 일죄의 일부에 대한 공소제기

> 제248조 【공소효력의 범위】 ② 범죄사실의 일부에 대한 공소는 그 효력이 전부에 미친다.
> 제327조 【공소기각의 판결】 다음 경우에는 판결로써 공소기각의 선고를 하여야 한다.
>   2. 공소제기의 절차가 법률의 규정에 위반하여 무효인 때
>   3. 공소가 제기된 사건에 대하여 다시 공소가 제기되었을 때

1. 개념

일죄의 전부에 대하여 범죄혐의가 인정되고 **소송조건이 모두 구비된 경우**에 검사가 일부만의 공소를 제기하는 것이 허용되는가의 문제이다. 다만, 친고죄에 관하여 고소가 없는 경우 등 **소송조건이 구비되지 않은 경우**에 그 안에 포함된 비친고죄 부분만을 일부 기소한 경우에는 일죄의 일부에 대한 공소제기의 이론이 적용될 것이라기보다는 친고죄의 취지와 관련하여 그 기소가 적법한지를 판단할 문제로 구분할 필요가 있다.

2. 허용성

이에 대하여 **소극설**(제248조 제2항·입법정책적 관점), **적극설**(공소제기는 검사 재량) 그리고 **절충설**(예비적·택일적기재시 허용)이 대립한다.

> **관련판례** 하나의 행위가 **부작위범**인 직무유기죄와 **작위범**인 범인도피죄의 구성요건을 동시에 충족하는 경우 공소제기권자는 **재량에 의하여** 작위범인 범인도피죄로 공소를 제기하지 않고 부작위범인 직무유기죄로만 공소를 제기할 수도 있다(대판 1999.11.26. 99도1904).
>
> **관련판례** 하나의 행위가 부작위범인 직무유기죄와 작위범인 허위공문서작성·행사죄의 구성요건을 동시에 충족하는 경우, **공소제기권자는 재량에 의하여** 작위범인 허위공문서작성·행사죄로 공소를 제기하지 않고 부작위범인 직무유기죄로만 공소를 제기할 수 있다(대판 2008.2.14. 2005도4202).

기소편의주의하에서는 공소제기는 검사의 재량이다. 일죄의 일부기소가 경우에 따라 부당할 수는 있어도 부적법하다고 볼 수는 없다. 제248조 제2항의 문언상으로도 일부기소가 허용되는 것으로 보아야 하며, 일죄의 일부기소가 기판력에 있어서는 전부 미치게 되므로 피고인에게 불리하지 않은 점도 적극설이 타당한 이유이다.

3. 공소제기의 효력 및 심판의 대상

일죄의 일부기소의 경우에도 공소제기의 효력은 그 전부에 미친다(제248조 제2항). **나머지 부분에 대한 공소제기는 이중기소로 공소기각**(제327조 제3호)**대상이 된다.**

일죄의 일부기소가 제기되었다면 법원의 심판범위는 마땅히 공소장에 기재된 범죄사실일 것이므로 기소된 일부가 현실적 심판대상이며, 나머지 부분은 잠재적 심판대상이라 할 것이다. 따라서 잠재적 심판대상은 공소장 변경을 통해서 현실적 심판대상이 될 것이다. 판례 역시 '검사가 **단순사기**의 공소사실에 **특정경제범죄가중처벌등에관한법률** 제3조 제1항 제2호, 형법 제347조 제1항을 적용하여 기소한 경우에는 비록 상습성이 인정된다고 하더라도 **공소장의 변경이 없는 한 법원이 상습사기의 같은 특별법위반으로 인정하여 처벌할 수는 없다**(대판 1989.6.13. 89도582)'고 판시하였다.

4. 관련문제

> **참고**
>
> **친고죄의 일부기소의 쟁점**
> 과거 친고죄였던 강간죄 사안에서 대법원은 아래와 같이 판단한 바 있다.
> **[다수의견]** 성폭력범죄의 처벌 및 피해자보호등에 관한 법률이 시행된 이후에도 여전히 친고죄로 남아 있는 강간죄의 경우, 고소가 없거나 고소가 취소된 경우 또는 강간죄의 고소기간이 경과된 후에 고소가 있는 때에는 강간죄로 공소를 제기할 수 없음은 물론, 나아가 그 강간범행의 수단으로 또는 그에 수반하여 저질러진 폭행·협박의 점 또한 강간죄의 구성요소로서 그에 흡수되는 **법조경합의 관계에 있는 만큼 이를 따로 떼어내어 폭행죄·협박죄 또는 폭력행위 등 처벌에 관한 법률위반의 죄로 공소제기할 수 없다**고 해야 마땅하고, 이는 만일 이러한 공소제기를 허용한다면, 강간죄를 친고죄로 규정한 취지에 반하기 때문이므로 결국 그와 같은 공소는 공소제기의 절차가 법률에 위반되어 무효인 경우로서 **형사소송법 제327조 제2호에 따라 공소기각의 판결**을 하여야 한다. 따라서 강간죄에 대하여 고소취소가 있는 경우에 그 수단인 폭행만을 분리하여 공소제기 하였다면 이는 범죄로 되지 아니하는 경우에 해당하므로, 무죄를 선고하여야 한다고 본 (대판 1976.4.27. 75도3365)의 견해는 이와 저촉되는 한도 내에서 변경하기로 한다(대판 2002.5.16. 2002도51 전원합의체).
> → 공동강간죄에 대하여 고소가 취소된 후 검사가 강간죄의 수단인 공동폭행만을 폭력행위 등처벌에 관한 법률 제2조 제2항의 위반으로 공소제기한 경우에는 공동폭행은 강간죄에 흡수되어(법조경합의 흡수관계에 해당하여) 범죄가 성립되지 아니하므로 무죄판결을 하여야 한다는 종전의 대법원판례(대판 1976.4.27. 75도3365)가 전원합의체 대법원판례(다수의견)에 의해서 변경된 것이다.

제5절 공소시효

제249조【공소시효의 기간】 ① 공소시효는 다음 기간의 경과로 완성한다.
1. **사형**에 해당하는 범죄에는 25년
2. **무기징역 또는 무기금고**에 해당하는 범죄에는 15년
3. **장기 10년 이상의 징역 또는 금고**에 해당하는 범죄에는 10년
4. **장기 10년 미만의 징역 또는 금고**에 해당하는 범죄에는 7년
5. **장기 5년 미만의 징역 또는 금고, 장기 10년 이상의 자격정지 또는 벌금**에 해당하는 범죄에는 5년
6. **장기 5년 이상의 자격정지**에 해당하는 범죄에는 3년
7. **장기 5년 미만의 자격정지, 구류, 과료 또는 몰수**에 해당하는 범죄에는 1년

② 공소가 제기된 범죄는 판결의 확정이 없이 공소를 제기한 때로부터 **25년**을 경과하면 공소시효가 완성한 것으로 간주한다.

제252조【시효의 기산점】 ① 시효는 **범죄행위의 종료한 때**로부터 진행한다.
② 공범에는 **최종행위의 종료한 때**로부터 전공범에 대한 시효기간을 기산한다.

제253조【시효의 정지와 효력】 ① 시효는 **공소의 제기**로 진행이 정지되고 **공소기각 또는 관할위반**의 재판이 확정된 때로부터 진행한다.
② **공범의 1인**에 대한 전항의 시효정지는 다른 공범자에게 대하여 효력이 미치고 당해 사건의 재판이 확정된 때로부터 진행한다.
③ **범인이 형사처분을 면할 목적으로 국외에 있는 경우** 그 기간 동안 공소시효는 정지된다.

제66조【기간의 계산】 ① 기간의 계산에 관하여는 시(時)로 계산하는 것은 즉시(卽時)부터 기산하고 일(日), 월(月) 또는 연(年)으로 계산하는 것은 초일을 산입하지 아니한다. 다만, **시효(時效)와 구속기간의 초일은 시간을 계산하지 아니하고 1일로 산정한다.**
② 연 또는 월로써 정한 기간은 연 또는 월 단위로 계산한다.
③ 기간의 말일이 공휴일이거나 토요일이면 그날은 기간에 산입하지 아니한다. 다만, **시효와 구속기간에 관하여는 예외로 한다.**

제262조의2【재정신청사건 기록의 열람·등사 제한】 재정신청사건의 심리 중에는 관련 서류 및 증거물을 열람 또는 등사할 수 없다. 다만 법원은 제262조 제2항 후단의 증거조사과정에서 작성된 서류의 전부 또는 일부의 열람 또는 등사를 허가할 수 있다.

제326조【면소의 판결】 다음 경우에는 판결로써 면소의 선고를 하여야 한다.
3. 공소의 시효가 완성되었을 때

참고

공소시효 쟁점 유의사항

공소시효를 검토할 때, ① 공범이 존재하는지 ② 공소장변경이 존재하는지 ③ 해외도피를 하였는지 ④ 특별법상 공소시효의 특례규정56)이 존재하는지를 사례나 기록에서 체크해두어야 한다.

---

56) 성폭력범죄는(공소시효도 함께 유의) - 만 20세 미만인 미성년자를 강간한 경우는 성폭력범죄 처벌 등에 관한 특례법 제21조 제1항에 따라 성폭력범죄로 피해를 당한 미성년자가 성년에 달한 날로부터 공소시효가 진행되게 된다.

> 공범은 최종행위가 종료한 때로부터 전체 공범에 대한 공소시효가 진행되고(제252조 제2항) 공범자 1인에 대한 기소로 시효가 정지되는 점을 유의한다. 공소장변경이 있는 경우 공소시효를 기산하는 시기와 관련하여 공소장변경시를 기준으로 한다는 견해와 최초 공소 제기시를 기준으로 한다는 견해가 있으나 공소제기의 효력은 공소장에 기재된 공소사실과 동일성이 인정되는 사실에 대하여도 미치므로 '공소제기시'를 기준으로 판단해야 할 것이다[57]. 단, 변경된 공소사실의 법정형을 기준으로 공소시효기간을 정한다.

1. 개념

검사가 일정기간 동안 공소를 제기하지 않고 방치하는 경우에 국가의 소추권을 소멸시키는 제도가 '공소시효'이다. 시간의 경과로 처벌의 필요성이 감소하고, 증거의 멸실과 산일로 실체진실의 발견이 곤란해지는 점 등이 공소시효제도가 인정되는 핵심이유이다.

2. 본질

이에 대하여 실체법설(무죄 또는 면제), 소송법설, 결합설이 대립한다. 판례는 "공소시효제도의 실질은 국가형벌권의 소멸이라는 점에서 형의 시효와 마찬가지로 실체법적 성격을 갖고 있는 것이어서, … 공소시효가 이미 완성되어 소추할 수 없는 상태에 이른 뒤에 뒤늦게 소추가 가능하도록 하는 새로운 법률을 제정하는 것은 결과적으로 형벌에 미치는 사실적 영향에서는 형벌을 사후적으로 가능하게 하는 새로운 범죄구성요건의제정과 실질에 있어서는 마찬가지(헌재 1993.9.27. 92헌마284; 헌재 1996.2.16. 96헌가2)"라고 판시한 바 있고, 법원이 어떠한 법률조항을 해석·적용함에 있어서 한 가지 해석방법에 의하면 헌법에 위배되는 결과가 되고 다른 해석방법에 의하면 헌법에 합치하는 것으로 볼 수 있을 때에는 위헌적인 해석을 피하고 헌법에 합치하는 해석방법을 택하여야 한다. 이는 입법방식에 다소 부족한 점이 있어 어느 법률조항의 적용 범위 등에 관하여 불명확한 부분이 있는 경우에도 마찬가지이다. 이러한 관점에서 보면, 공소시효를 정지·연장·배제하는 내용의 특례조항을 신설하면서 소급적용에 관한 명시적인 경과규정을 두지 아니한 경우에 그 조항을 소급하여 적용할 수 있다고 볼 것인지에 관하여는 이를 해결할 보편타당한 일반원칙이 존재할 수 없는 터이므로 **적법절차원칙과 소급금지원칙을 천명한 헌법 제12조 제1항과 제13조 제1항의 정신을 바탕으로 하여 법적 안정성과 신뢰보호원칙을 포함한 법치주의 이념을 훼손하지 아니하도록 신중히 판단**하여야 한다(대판 2015.5.28. 2015도1362, 2015전도19)고 판시하고 있다. 우리 법은 무죄나 형의 면제가 아닌 면소판결을 하도록 하고 있으므로 결합설에 가깝다고 평가할 수 있다.

---

[57] 공소장 변경이 있는 경우에 공소시효의 완성 여부는 당초의 공소제기가 있었던 시점을 기준으로 판단할 것이고 공소장 변경시를 기준으로 삼을 것은 아니다(대판 2004.7.22. 2003도8153).

3. 공소시효의 기간

가. 시효기간(제249조 제1항)

　시효기간은 법정형을 기준으로 한다. 다만 과학수사의 발달과 흉폭범죄 등에 대한 처벌의 필요성에 따라 2007년 12월 공소시효 기간을 늘리는 개정이 이루어졌다. 또한 영구미제사건을 종결하기 위한 실무적 필요성에 따라 공소가 제기된 범죄는 판결의 확정이 없이 공소를 제기한 때로부터 25년을 경과하면 공소시효가 완성한 것으로 간주한다. 이를 의제공소시효(제249조 제2항)라 한다.

> 관련판례 1개의 행위가 여러 개의 죄에 해당하는 경우 형법 제40조는 이를 과형상 일죄로 처벌한다는 것에 지나지 아니하고, 공소시효를 적용함에 있어서는 각 죄마다 따로 따져야 할 것인바, 공무원이 취급하는 사건에 관하여 청탁 또는 알선을 할 의사와 능력이 없음에도 청탁 또는 알선을 한다고 기망하여 금품을 교부받은 경우에 성립하는 사기죄와 변호사법 위반죄는 상상적 경합의 관계에 있으므로(대판 2006.1.27. 2005도8704), **변호사법 위반죄의 공소시효가 완성되었다고 하여 그 죄와 상상적 경합관계에 있는 사기죄의 공소시효까지 완성되는 것은 아니다**(대판 2006.12.8. 2006도6356).

나. 기준

(1) 공소장기재 범죄사실

　공소장에 기재된 범죄사실을 기준으로 하며, 실제 피고인이 범한 범죄의 실체를 기준으로 판단하지 않는다. 특별법이 아닌 일반 형법에 의하여 법정형이 낮은 적용법조를 적용하여 기소를 하였다면 낮은 법정형을 기준으로 공소시효 완성여부를 판단한다. 물론 공소장 변경을 통해 특별법으로 적용법조가 변경된 경우는 변경된 적용법조의 법정형에 따른 공소시효를 판단해야 한다. 임의적 공범은 정범을 기준으로 공소시효를 판단하나, 필요적 공범은 개별행위자를 기준으로 각각 공소시효를 계산한다. 뇌물죄에서 수뢰자와 증뢰자의 법정형이 다른 경우가 대표적이다.

> 관련판례 **범죄 후 법률의 개정에 의하여 법정형이 가벼워진 경우**에는 형법 제1조 제2항에 의하여 당해 범죄사실에 적용될 **가벼운 법정형(신법의 법정형)이 공소시효기간의 기준**이 된다(대판 2008.12.11. 2008도4376).

(2) 법정형을 기준으로 하며 가중감경하지 아니한 형을 기준으로 한다.

(3) 공소장변경의 경우

　공소불가분원칙상 공소제기의 효력은 공소장에 기재된 공소사실과 동일성이 인정되는 사실에 대하여도 미치므로 **변경된 공소사실의 법정형을 기준으로 공소제기시를 기준**으로 판단해야 한다.

관련판례 사기죄로 공소가 제기된 범죄사실에 대하여 예비적으로 배임죄를 추가하는 공소장변경이 된 경우에는 공소장기재의 공소사실의 동일성에 아무런 소장이 없으므로 배임죄에 대한 공소시효의 완성여부는 **본래의 공소제기시를 기준**으로 하여야 하고 공소장변경시를 기준으로 삼아서는 아니된다(대판 2002.1.22. 2001도4014).

관련판례 공소장변경절차에 의하여 공소사실이 변경됨에 따라 그 법정형에 차이가 있는 경우에는 **변경된 공소사실에 대한 법정형**이 공소시효기간의 기준이 된다고 보아야 하므로 공소제기 당시의 공소사실에 대한 법정형을 기준으로 하면 공소제기 당시 아직 공소시효가 완성되지 않았으나 변경된 공소사실에 대한 법정형을 기준으로 하면 공소제기 당시 이미 공소시효가 완성된 경우에는 공소시효의 완성을 이유로 면소판결을 선고하여야 한다(대판 2001.8.24. 2001도2902 등 참조). 이러한 법리는 법원이 공소장을 변경하지 않고도 인정할 수 있는 사실에 대한 법정형을 기준으로 하면 공소제기 당시 이미 공소시효가 완성된 경우에도 마찬가지로 적용된다. 이 사건 공소사실 중 원심이 공소장을 변경하지 않고 인정한 피고사건 제1심 판시 제1의 죄, 즉 강간죄의 법정형은 3년 이상의 징역이어서 범죄행위의 종료일부터 7년의 기간이 경과하면 그 공소시효가 완성되는 것인바[구 형사소송법(2007. 12. 21. 법률 제8730호로 개정되기 전의 것) 제249조 제1항 제3호], 기록에 의하면 이 사건 공소는 피고인 겸 피부착명령청구자(이하 '피고인'이라고만 한다)에 대하여 강간의 범죄행위가 종료한 2004. 9. 10.부터 7년이 경과한 후인 2012. 8. 30. 제기되었으므로, 이 사건 공소제기 당시 강간죄에 대하여는 공소시효가 정지되었다는 등의 특별한 사정이 없는 한 이미 공소시효가 완성되었다고 볼 여지가 있다(대판 2013.7.26. 2013도6182).

다. 공소시효의 기산점

(1) 범죄행위 종료시(제252조 제1항)

공소시효의 기산점에 관하여 규정하는 형사소송법 제252조 제1항의 '범죄행위'는 **당해 범죄행위의 결과까지도 포함**하는 취지로 해석함이 상당하다(대판 2003.9.26. 2002도3924). 동일 죄명에 해당하는 수 개의 행위를 단일하고 계속된 범의로 일정 기간 계속하여 행하고 그 피해법익도 동일한 경우에는 이들 각 행위를 통틀어 포괄일죄로 처단하여야 하고, 그 경우 공소시효는 **최종의 범죄행위가 종료한 때로부터** 진행한다(대판 2021.3.11. 2020도12583). 공무원이 직무에 관하여 금전을 무이자로 차용한 경우에는 차용 당시에 금융이익 상당의 뇌물을 수수한 것으로 보아야 하므로, 공소시효는 금전을 **무이자로 차용한 때로부터** 기산한다(대판 2012.2.23. 2011도7282).

(2) 공범에 관한 특칙

최종행위가 종료한 때로부터 모든 공범에 대한 시효기간을 기산한다(제252조 제2항).

라. 공소시효의 계산(제66조)

초일은 시간을 계산함이 없이 1일로 산정하고, 기간의 말일이 공휴일 또는 토요일에 해당하는 날이라도 기간에 산입한다.

4. 공소시효의 정지

가. 개념

그 사유가 존재하는 동안 시효가 진행하지 않지만 그 효력이 없어지면 나머지 기간이 진행되는 것을 공소시효의 정지라 한다.

나. 정지사유

(1) 공소의 제기(제253조 제1항)

공소가 제기되면 공소시효는 정지된다. **공소기각 또는 관할위반의 재판이 확정된 때**로부터 진행한다.

(2) 범인의 해외도피(제253조 제3항)

범인이 형사처분을 면할 목적으로 국외에 있는 경우 그 기간 동안 공소시효는 정지된다.

> 관련판례 공소시효 정지에 관한 형사소송법 제253조 제3항의 입법 취지는 범인이 우리나라의 사법권이 실질적으로 미치지 못하는 국외에 체류한 것이 도피의 수단으로 이용된 경우에 그 체류기간 동안은 공소시효가 진행되는 것을 저지하여 범인을 처벌할 수 있도록 하여 형벌권을 적정하게 실현하고자 하는 데 있다. 따라서 위 규정이 정한 '형사처분을 면할 목적'은 국외 체류의 유일한 목적으로 되는 것에 한정되지 않고 범인이 가지는 여러 국외 체류 목적 중에 포함되어 있으면 족하다. 범인이 국외에 있는 것이 형사처분을 면하기 위한 방편이었다면 '형사처분을 면할 목적'이 있었다고 볼 수 있고, 위 '형사처분을 면할 목적'과 양립할 수 없는 범인의 주관적 의사가 명백히 드러나는 객관적 사정이 존재하지 않는 한 국외 체류기간 동안 '형사처분을 면할 목적'은 계속 유지된다(대판 2008.12.11. 2008도4101).
>
> → 법정최고형이 징역 5년인 부정수표단속법 위반죄를 범한 사람이 중국으로 출국하여 체류하다가 그곳에서 징역 14년을 선고받고 8년 이상 복역한 후 우리나라로 추방되어 위 죄로 공소제기된 사안에서, 위 수감기간 동안에는 실제 그 범죄로 인한 수감기간이 당해 범죄의 공소시효 기간보다도 현저하게 길어서 범인이 수감기간 중에 생활근거지가 있는 우리나라로 돌아오려고 했을 것으로 넉넉잡아 인정할 수 있는 사정이 있으므로 형사소송법 제253조 제3항의 '형사처분을 면할 목적'을 인정할 수 없어 공소시효의 진행이 정지되지 않는다고 한 사례.

관련판례 피고인이 당해 사건으로 처벌받을 가능성이 있음을 인지하였다고 보기 어려운 경우라면 피고인이 다른 고소사건과 관련하여 형사처분을 면할 목적으로 국외에 있는 경우라고 하더라도 당해 사건의 형사처분을 면할 목적으로 국외에 있었다고 볼 수 없다(대판 2014.4.24. 2013도9162).

관련판례 범인이 국외에서 범죄를 저지르고 형사처분을 면할 목적으로 국외에서 체류를 계속하는 경우도 포함된다고 볼 것이다(대판 2015.6.24. 2015도5916).

(3) 재정신청(제262조의2)

(4) 소년보호사건의 심리개시결정(소년법 제54조)

> 소년법 제54조 【공소시효의 정지】 제20조에 따른 심리 개시 결정이 있었던 때로부터 그 사건에 대한 보호처분의 결정이 확정될 때까지 공소시효는 그 진행이 정지된다.

다. 정지효력이 미치는 범위

(1) 주관적 범위

공소제기된 피고인에 대하여만 미친다. 따라서 범인이 아닌 자에 대해 공소제기한 경우 진범인에 대한 공소시효는 계속 진행된다. 그러나 **공범의 1인에 대한 공소시효의 정지**는 다른 공범자에 대하여도 미친다(제253조 제2항). 다만, 당해 사건의 재판이 **확정된 때**로부터 진행한다.

관련판례 형사소송법 제253조 제1항, 제2항에 의하면 공소시효는 공소의 제기로 진행이 정지되고, 공범의 1인에 대한 공소시효의 정지는 다른 공범자에 대하여 효력이 미치고 당해 사건의 재판이 확정된 때로부터 진행한다고 규정하고 있는바, 위 제2항 소정의 공범관계의 존부는 현재 시효가 문제되어 있는 사건을 심판하는 법원이 판단하는 것으로서 법원조직법 제8조의 경우를 제외하고는 다른 법원의 판단에 구속되는 것은 아니라고 할 것이고, 위 형사소송법 제253조 제2항 소정의 재판이라 함은 종국재판이면 그 종류를 묻지 않는다고 할 것이나, 공범의 1인으로 기소된 자가 구성요건에 해당하는 위법행위를 공동으로 하였다고 인정되기는 하나 **책임조각을 이유로 무죄로 되는 경우와는 달리 범죄의 증명이 없다는 이유로 공범 중 1인이 무죄의 확정판결을 선고받은 경우에는 그를 공범이라고 할 수 없어** 그에 대하여 제기된 공소로써는 진범에 대한 공소시효정지의 효력이 없다(대판 1999.3.9. 98도4621).

관련판례 형사소송법 제253조 제2항의 규정에 의하면, 공범의 1인에 대한 시효의 정지는 다른 공범자에 대하여 효력이 미치고 당해 사건의 재판이 확정된 때로부터 다시 진행하도록 되어 있으므로, 피고인과 공범관계에 있는 자가 같은 범죄사실로 공소제기가 된 후 대법원에서 상고기각됨으로써 유죄판결이 확정된 사실이 명백하다면, 공범자인 피고인에 대하여도 적어도 그 공범이 **공소제기된 때부터 그 재판이 확정된 때까지의 기간 동안**은 **공소시효의 진행이 정지되었음**이 명백하다(대판 1995.1.20. 94도2752).

`관련판례 - 필요적 공범은 제253조 제2항의 공범 ✕` 뇌물공여죄와 뇌물수수죄 사이와 같은 이른바 **대향범 관계**에 있는 자는 강학상으로는 필요적 공범이라고 불리고 있으나, 서로 대향된 행위의 존재를 필요로 할 뿐 각자 자신의 구성요건을 실현하고 별도의 형벌규정에 따라 처벌되는 것이어서, 2인 이상이 가공하여 공동의 구성요건을 실현하는 공범관계에 있는 자와는 본질적으로 다르며, 대향범 관계에 있는 자 사이에서는 각자 상대방의 범행에 대하여 **형법 총칙의 공범규정이 적용되지 아니한다**. 이러한 점들에 비추어 보면, 형사소송법 제253조 제2항에서 말하는 (공소제기로 시효정지의 효력이 미치는) '공범'에는 뇌물공여죄와 뇌물수수죄 사이와 같은 대향범 관계에 있는 자는 포함되지 않는다(대판 2015.2.12. 2012도4842).

`관련판례` 형사소송법 제253조 제2항은 공범 중 1인에 대한 공소의 제기로 다른 공범자에 대한 공소시효까지 정지한다고 규정하면서도 다시 공소시효가 진행하는 시점에 관해서는 위 제253조 제1항과 달리 공소가 제기된 당해 사건의 재판이 확정된 때라고만 하고 있을 뿐 그 판결이 공소기각 또는 관할위반의 재판인 경우로 한정하고 있지 않다. 따라서 공범 중 1인에 대한 공소의 제기로 다른 공범자에 대한 공소시효의 진행이 정지되더라도 공소가 제기된 공범 중 1인에 대한 재판이 확정되면, 그 재판의 결과가 형사소송법 제253조 제1항이 규정한 공소기각 또는 관할위반인 경우뿐 아니라 유죄, 무죄, 면소인 경우에도 그 재판이 확정된 때로부터 다시 공소시효가 진행된다고 볼 것이고, 이는 약식명령이 확정된 때에도 마찬가지라고 할 것이다. 그리고 공범 중 1인에 대해 약식명령이 확정되고 그 후 정식재판청구권이 회복되었다고 하는 것만으로는, 그 사이에 검사가 다른 공범자에 대한 공소를 제기하지 못할 법률상 장애사유가 있다고 볼 수 없을 뿐만 아니라, 그 기간 동안 다른 공범자에 대한 공소시효가 정지된다고 볼 아무런 근거도 찾을 수 없다. 더욱이 정식재판청구권이 회복되었다는 사정이 약식명령의 확정으로 인해 다시 진행된 공소시효기간을 소급하여 무효로 만드는 사유가 된다고 볼 수도 없다. 그렇다면 공범 중 1인에 대해 약식명령이 확정된 후 그에 대한 정식재판청구권회복결정이 있었다고 하더라도 그 사이의 기간 동안에는, 특별한 사정이 없는 한, 다른 공범자에 대한 공소시효는 정지함이 없이 계속 진행한다고 보아야 할 것이다. 원심판결 이유 및 기록에 의하면, 피고인에 대한 이 사건 공소사실은 피고인이 공소외 1과 함께 매수한 이 사건 임야에 관하여 위 공소외 1과 공모하여 명의수탁자인 공소외 2 명의로 2005. 7. 12. 소유권이전등기를 하였다는 것으로 그 공소시효기간이 5년인 사실, 공범인 공소외 1에 대하여는 2010. 6. 24. 약식명령이 청구되어 2010. 10. 8. 벌금 500만 원의 약식명령이 확정되었다가 2010. 11. 17. 그에 대한 정식재판청구권회복결정이 내려진 사실, 이 사건 공소는 2011. 2. 16. 제기된 사실을 알 수 있다. 이러한 사실관계를 앞서 본 법리에 비추어 보면, **피고인에 대한 공소시효는 공범인 공소외 1에 대하여 약식명령이 청구된 2010. 6. 24. 일단 정지되었다가 벌금 500만 원의 약식명령이 확정된 때인 2010. 10. 8.부터 다시 진행하여** 그에 대한 정식재판청구권회복결정이 내려진 2010. 11. 17. 이전에 공소시효기간 5년이 이미 경과하였음이 역수상 분명하므로, 피고인에 대한 이 사건 공소는 공소시효가 완성된 다음에 제기되었다고 할 것이다(대판 2012.3.29. 2011도15137).

→ 이 경우 공소시효의 정지가 인정되는 기간은 ① 약식명령청구일로부터 그 확정일 전날까지와 ② 정식재판회복청구를 통해 회복이 결정된 그 결정일로부터 당해 사건의 재판의 확정일 전날까지이다.

(2) 객관적 범위

공소사실과 동일성이 인정되는 사건전체에 미친다. 예를 들어, 포괄일죄와 상상적 경합의 경우는 그 중 일부에 대하여 공소가 제기되면 다른 부분에 대하여 공소시효가 정지된다.

5. 공소시효 완성의 효과

공소제기 전이라면 불기소처분(공소권 없음)이 내려진다. 그러나 공소제기 후라면 **면소판결**(제326조 제3호)의 대상이 된다.

> **관련판례** 부정수표단속법 제2조 제2항 위반의 범죄는 예금부족으로 인하여 제시일에 지급되지 아니할 것이라는 결과 발생을 예견하고 발행인이 수표를 발행한 때에 바로 성립하는 것이고 수표소지인이 발행일자를 보충기재하여 제시하고 그 제시일에 수표금의 지급이 거절된 때에 범죄가 성립하는 것은 아니다(대판 2003.9.26. 2003도3394).
>
> → 즉, 소멸시효의 기산점은 **수표소지인이 발행일자를 보충하여 지급제시하고 그 제시일에 지급이 거절된 때부터 진행하는 것이 아니라 예금부족으로 인하여 제시일에 지급되지 아니할 것이라는 결과 발생을 예견하고 발행인이 수표를 발행한 때부터 진행**하게 된다는 것이다. 이로 인해 공소시효가 완성되는 사례가 많다.
>
> 예를 들어, 피고인이 예금부족으로 인하여 제시일에 지급되지 아니할 것이라는 결과 발생을 예견하고 발행인이 수표를 발행한 것은 2009. 5. 5.이고, 실제로 이를 보충기재하여 지급제시하여 지급거절된 것은 2016. 11. 2. 그리고 공소제기일은 2021. 5. 5.이라고 할 때, 공소시효는 7년이다. 그렇다면 발행일인 2009. 5. 5.로부터 7년이 경과하였음은 역수상 명백하므로 제326조 제3호에 의하여 면소될 것이다.

> **관련판례 – 미수범에 있어 공소시효의 기산점** 공소시효는 범죄행위가 종료한 때부터 진행한다(형사소송법 제252조 제1항). 미수범은 범죄의 실행에 착수하여 행위를 종료하지 못하였거나 결과가 발생하지 아니한 때에 처벌받게 되므로(형법 제25조 제1항), **미수범의 범죄행위는** 행위를 종료하지 못하였거나 결과가 발생하지 아니하여 더 이상 범죄가 진행될 수 없는 때에 종료하고, **그때부터 미수범의 공소시효가 진행**한다(대판 2017.7.11. 2016도14820).

> **관련판례 – 공직선거법 위반사건에서 공소시효의 기산일** 공직선거법 제268조 제1항 본문은 "이 법에 규정한 죄의 공소시효는 당해 선거일 후 6개월(선거일 후에 행하여진 범죄는 그 행위가 있는 날부터 6개월)을 경과함으로써 완성한다."라고 규정하고 있다. **여기서 말하는 '당해 선거일'이란 그 선거범죄와 직접 관련된 공직선거의 투표일을 의미한다. 이는 선거범죄가 당내경선운동에 관한 공직선거법 위반죄인 경우에도 마찬가지이므로, 그 선거범죄에 대한 공소시효의 기산일은 당내경선의 투표일이 아니라 그 선거범죄와 직접 관련된 공직선거의 투표일이다**(대판 2019.10.31. 2019도8815).

PART 3

소송주체와 소송행위

CHAPTER 01 형사소송의 주체

제1절 법원

I 법정관할 : 관련사건의 관할

> **제4조【토지관할】** ① 토지관할은 **범죄지, 피고인의 주소, 거소 또는 현재지**로 한다.
> ② 국외에 있는 대한민국 선박 내에서 범한 죄에 관하여는 전항에 규정한 곳 외에 선적지 또는 범죄 후의 선착지로 한다.
> ③ 전항의 규정은 국외에 있는 대한민국 항공기 내에서 범한 죄에 관하여 준용한다.
> **제6조【토지관할의 병합심리】** 토지관할이 다른 여러 개의 관련사건이 각각 다른 법원에 계속된 때에는 **공통되는 바로 위의 상급법원**은 **검사나 피고인의 신청**에 의하여 결정(決定)으로 한 개 법원으로 하여금 병합심리하게 할 수 있다.
> **제10조【사물관할의 병합심리】** 사물관할을 달리하는 수개의 관련사건이 각각 법원합의부와 단독판사에 계속된 때에는 **합의부는** 결정으로 단독판사에 속한 사건을 **병합하여 심리할 수 있다.**

1. 관련사건의 개념

관할이 인정된 하나의 피고사건과 **주관적·객관적 관련성**이 인정되는 사건을 관련사건이라고 한다.

① 주관적(인적)관련 ⇨ 1인이 범한 수죄 ⇨ 불필요한 이중심리 방지
② 객관적(물적)관련 ⇨ 수인이 공동하여 범한 죄 ⇨ 동일한 사건의 모순판결 방지

2. 관련사건의 병합관할

수개의 관련사건을 병합하여 하나의 공소장으로 공소제기를 하는 경우를 관련사건의 병합관할이라고 한다. 관련사건 중 1개 사건에 대하여 관할권이 있는 법원은 다른 관련사건에 대하여도 병합관할이 인정된다.

예컨대, 사물관할을 달리하는 수개의 사건이 관련된 경우로 합의부 사건의 살인죄와 단독사건의 사기죄가 하나의 공소장으로 기소가 되는 경우, 관련사건은 결국 합의부가 병합관할하게 된다. 합의부 사건을 다룰 수 없는 단독판사가 살인죄를 병합관할 할 수 없는 것이므로 당연한 결론이다.

반면, 토지관할을 달리하는 수개의 사건이 관련된 때에는 1개의 사건에 관하여 관할권이 있는 법원은 다른 사건까지 관할할 수 있다(제5조). 나아가 형사소송법 제5조에 정한 관련사건의 관할은, 이른바 고유관할사건 및 그 관련사건이 반드시 병합기소 되거나 병합되어 심리될 것을 전제요건으로 하는 것은 아니고, 고유관할 사건 계속 중 고유관할 법원에 관련사건이 계속된 이상 그 후 양 사건이 병합되어 심리되지 아니한 채 고유사건에 대한 심리가 먼저 종결되었다 하더라도 관련 사건에 대한 관할권은 여전히 유지된다(대판 2008.6.12. 2006도8568).

3. 관련사건의 병합심리

관련사건의 병합관할과 달리 수개의 관련사건이 이미 각각 다른 법원에 계속된 경우는 관련사건의 병합심리가 문제된다.

가. 사물관할의 병합심리(합의부) : 제10조, 규칙 제4조 제1항

사물관할을 달리하는 수개의 관련사건이 각각 법원합의부와 단독판사에 계속된 때에는 **합의부**는 결정으로 단독판사에 속한 사건을 병합하여 심리할 수 있다(제10조). 이는 관련사건이 항소심에서 계속된 경우도 마찬가지이다. 예컨대, 토지관할을 달리하는 A 사건과 B 사건이 각각 항소심 고등법원과 항소심 지방법원합의부 사건으로 계속 중일 때, 토지관할이 다른 것은 의미가 없다. 왜냐하면 사물관할이 다르면 합의부가 심리할 수밖에 없기 때문에 토지관할이 다른 것은 영향을 미칠 수 없기 때문이다. 따라서 A 사건과 B 사건은 고등법원이 병합심리하게 된다.

> 관련판례 [1] 형법 제264조, 제258조의2 제1항에 의하면 상습특수상해죄는 법정형의 단기가 1년 이상의 유기징역에 해당하는 범죄이고, 법원조직법 제32조 제1항 제3호 본문에 의하면 **단기 1년 이상의 징역에 해당하는 사건에 대한 제1심 관할법원은 지방법원과 그 지원의 합의부이다.**

[2] 형법은 제264조에서 상습으로 제258조의2의 죄를 범한 때에는 그 죄에 정한 형의 2분의 1까지 가중한다고 규정하고, 제258조의2 제1항에서 위험한 물건을 휴대하여 상해죄를 범한 때에는 1년 이상 10년 이하의 징역에 처한다고 규정하고 있다. 위와 같은 형법 각 규정의 문언, **형의 장기만을 가중하는 형법 규정에서 그 죄에 정한 형의 장기를 가중한다고 명시하고 있는 점**, 형법 제264조에서 상습범을 가중처벌하는 입법취지 등을 종합하면, **형법 제264조는 상습특수상해죄를 범한 때에 형법 제258조의2 제1항에서 정한 법정형의 단기와 장기를 모두 가중하여 1년 6개월 이상 15년 이하의 징역에 처한다는 의미로 새겨야** 한다(대판 2017.6.29. 2016도18194 – 사물관할).

→ 피고인이 형법 제264조의 상습특수상해죄로 기소된 사건을 단독판사가 제1심으로 심판하였고, 원심이 그 항소심으로 심리하면서 형법 제258조의2(특수상해죄)에서 정한 형의 장기만을 가중하고 작량감경을 거쳐 피고인에게 징역 8개월을 선고한 사건에서, 법원조직법상 사물관할을 위반하였다는 이유로 원심을 파기하고 사건을 제1심 합의부에 이송하고, 덧붙여 형법 제264조에서 형법 제258조의2에서 정한 형의 1/2을 가중하도록 한 취지는 형의 단기도 가중한다는 의미임을 밝힌 사안임. 특수상해죄는 단독관할이나, 상습특수상해죄는 합의부관할에 해당한다는 의미

나. 토지관할의 병합심리(직근상급법원) : 제6조, 규칙 제4조의2(항소사건)

형사소송법 **제6조**는 토지관할을 달리하는 수개의 관련사건이 각각 다른 법원에 계속된 때에는 공통되는 상급법원은 검사 또는 피고인의 신청에 의하여 결정으로 1개 법원으로 하여금 병합심리하게 할 수 있다고 규정하고 있는데 여기서 말하는 **'각각 다른 법원'이란 사물관할은 같으나 토지관할을 달리하는 동종, 동등의 법원을 말하는 것이므로** 예를 들어, 사건이 각각 계속된 마산 지방법원 항소부와 부산고등법원은 상급은 같을지언정 사물관할을 같이하지 아니하여 이에 해당하지 아니한다. 결국 토지관할의 병합심리는 사물관할이 같은 경우에만 의미가 있다.

> **관련판례 – 형사소송법 제6조에 따른 토지관할 병합심리 신청사건의 관할법원** 사물관할은 같지만 토지관할을 달리하는 수개의 제1심 법원(지원을 포함한다. 이하 같다)들에 관련 사건이 계속된 경우에 있어서, 형사소송법 제6조에서 말하는 **'공통되는 직근상급법원'**은 그 성질상 형사사건의 토지관할 구역을 정해 놓은 '각급 법원의 설치와 관할구역에 관한 법률' 제4조에 기한 [별표 3]의 관할구역 구분을 기준으로 정하여야 할 것인바, 형사사건의 제1심 법원은 각각 일정한 토지관할 구역을 나누어 가지는 대등한 관계에 있으므로 그 상급법원은 위 표에서 정한 제1심 법원들의 토지관할 구역을 포괄하여 관할하는 고등법원이 된다. 따라서 **토지관할을 달리하는 수개의 제1심 법원들에 관련 사건이 계속된 경우에 그 소속 고등법원이 같은 경우에는 그 고등법원이, 그 소속 고등법원이 다른 경우에는 대법원이 위 제1심 법원들의 공통되는 직근상급법원으로서 위 조항에 의한 토지관할 병합심리 신청사건의 관할법원이 된다**(대결 2006.12.5. 2006초기335 전원합의체).

관련판례 제1심 형사사건에 관하여 **지방법원 본원과 지방법원 지원은** 소송법상 별개의 법원이자 각각 일정한 토지관할 구역을 나누어 가지는 대등한 관계에 있으므로, **지방법원 본원과 지방법원 지원 사이의 관할의 분배도** 지방법원 내부의 사법행정사무로서 행해진 지방법원 본원과 지원 사이의 단순한 사무분배에 그치는 것이 아니라 소송법상 토지관할의 분배에 해당한다. 그러므로 형사소송법 제4조에 의하여 지방법원 본원에 제1심 토지관할이 인정된다고 볼 특별한 사정이 없는 한, 지방법원 지원에 제1심 토지관할이 인정된다는 사정만으로 당연히 지방법원 본원에도 제1심 토지관할이 인정된다고 볼 수는 없다(대판 2015.10.15. 2015도1803).

관련판례 (헌법 제27조 제2항 일반국민의 군사법원의 재판을 받지 않을 권리의 정신에 비추어) 군사법원이 군사법원법 제2조 제1항 제1호에 의하여 특정 군사범죄를 범한 일반 국민에 대하여 신분적 재판권을 가지더라도 이는 어디까지나 해당 특정 군사범죄에 한하는 것이지 이전 또는 이후에 범한 다른 일반 범죄에 대해서까지 재판권을 가지는 것은 아니다. **일반 국민이 범한 수 개의 죄 가운데 특정 군사범죄와 그 밖의 일반 범죄가 형법 제37조 전단의 경합범 관계에 있다고 보아 하나의 사건으로 기소된 경우**, 특정 군사범죄에 대하여는 군사법원이 전속적인 재판권을 가지므로 **일반 법원은 이에 대하여 재판권을 행사할 수 없다**. 반대로 그 밖의 일반 범죄에 대하여 군사법원이 재판권을 행사하는 것도 허용될 수 없다. 이 경우 어느 한 법원에서 기소된 모든 범죄에 대해 재판권을 행사한다면 재판권이 없는 법원이 아무런 법적 근거 없이 임의로 재판권을 창설하여 재판권이 없는 범죄에 대한 재판을 하는 것이 되므로, 결국 기소된 사건 전부에 대하여 재판권을 가지지 아니한 일반 법원이나 군사법원은 사건 전부를 심판할 수 없다(대결 2016.6.16. 2016초기318 전원합의체).

관련쟁점 | 토지관할과 현재지

제4조【토지관할】 ① 토지관할은 범죄지, 피고인의 주소, 거소 또는 현재지로 한다.

'현재지'란 **임의 또는 적법한 강제에 의하여 피고인이 현재하는 장소**를 말하며, 현재지인가 여부는 **"공소제기시"**를 기준으로 판단한다.

관련판례 형사소송법 제4조 제1항은 "토지관할은 범죄지, 피고인의 주소, 거소 또는 현재지로 한다"라고 정하고, 여기서 '현재지'라고 함은 공소제기 당시 피고인이 현재한 장소로서 임의에 의한 현재지 뿐만 아니라 **적법한 강제에 의한 현재지도 이에 해당**한다(대판 2011.12.22. 2011도12927)[56].

관련판례 내국 법인의 대표자인 외국인이 내국 법인이 외국에 설립한 특수목적법인에 위탁해 둔 자금을 정해진 목적과 용도 외에 임의로 사용한 데 따른 **횡령죄의 피해자는 당해 금전을 위탁한 내국 법인이다**. 따라서 그 행위가 외국에서 이루어진 경우에도 행위지의 법률에 의하여 범죄를 구성하지 아니하거나 소추 또는 형의 집행을 면제할 경우가 아니라면 **그 외국인에 대해서도 우리 형법이 적용되어**(형법 제6조), **우리 법원에 재판권이 있다**(대판 2017.3.22. 2016도17465).

---

[56] 소말리아 해적인 피고인들 등이 공해상에서 대한민국 해운회사가 운항 중인 선박을 납치하여 대한민국 국민인 선원 등에게 해상강도 등 범행을 저질렀다는 내용으로 국군 청해부대에 의해 체포·이송되어 국내 수사기관에 인도된 후 구속·기소된 사안에서, 피고인들은 적법한 체포, 즉시 인도 및 적법한 구속에 의하여 공소제기 당시 국내에 구금되어 있어 현재지인 국내법원에 토지관할이 있다고 본 원심판단을 수긍한 사례

Ⅱ 재정관할

토지관할을 달리하는 수 개의 사건이 관련된 경우에는 1개의 사건에 관하여 관할권 있는 법원은 다른 사건까지 관할할 수 있다.

Ⅲ 관할의 경합

동일사건이 '사물관할을 달리하는' 수개의 법원에 계속된 때에는 법원합의부가 심판한다(제12조). 이때 선착수 우선의 원칙이 적용되는데, 사물관할이 같은 여러 개의 법원에 계속된 때에는 먼저 공소를 받은 법원이 심판한다(제13조).

> **제8조【사건의 직권이송】** ① 법원은 피고인이 그 관할구역 내에 현재하지 아니하는 경우에 특별한 사정이 있으면 결정으로 사건을 피고인의 현재지를 관할하는 동급 법원에 이송할 수 있다.
> ② 단독판사의 관할사건이 공소장변경에 의하여 합의부 관할사건으로 변경된 경우에 법원은 결정으로 관할권이 있는 법원에 이송한다.

① 동일사건이 **사물관할을 달리하는 수 개의 법원에 계속된 경우**에는 **법원합의부**가 심판한다.

② 동일사건이 사물관할을 같이하는 수 개의 법원에 계속된 때에는 **먼저 공소를 받은 법원이 심판한다**.

Ⅳ 사건의 이송

사건의 이송이란 수소법원이 계속 중인 사건을 다른 법원이 심판하도록 소송계속을 이전하는 것을 말하며, 주로 결정의 형식으로 이루어진다. 특히, 문제되는 경우로는 공소장변경에 의하여 단독판사의 관할 사건이 합의부의 관할 사건으로 된 경우 사건의 이송이 이루어지는 경우이다. 나아가 항소심에서 공소장 변경이 있는 경우는 관할권이 있는 법원이 어디인지 문제된다.

형사소송법 **제8조 제2항**이 "단독판사의 관할 사건이 공소장 변경에 의하여 합의부관할 사건으로 변경된 경우에는 법원은 결정으로 '관할권이 있는 법원'에 이송한다."고 규정하고 있는데 **항소심에서 공소장이 변경된 경우에도 적용되어 이송되어야 하는지**, 또 이송하려면 어느 법원에 관할권이 있는지가 문제된다(소송경제 vs 피고인의 방어권 보장).

이에 대하여는 ① 지방법원 합의부 제1심 관할설(피고인의 1심 재판을 받을 권리에 중점을 두는 견해)와 ② 지방법원 항소부 항소심 관할설(소송경제를 강조하는 견해) ③ 고등법원 항소심 관할설(법원조직법 제32조와 제28조의 조화로운 해석) ④ 관할 위반설 (명문의 이송규정이 없는 것이므로 관할 위반)이 대립한다.

다. 판례

특정경제범죄가중처벌등에관한법률 제3조 제1항 제2호의 **법정형**은 3년 이상의 유기징역이고, **법원조직법 제32조 제1항 제3호**에 의하면 사형, 무기 또는 단기 1년 이상의 징역 또는 금고에 해당하는 사건은 지방법원 또는 그 지원의 합의부가 제1심으로 심판권을 행사하는 것으로 규정되어 있다. 그리고 **같은 법 제28조**에는 고등법원은 지방법원 합의부의 제1심 판결에 대한 항소사건을 심판하도록 규정되어 있으며, **형사소송법 제8조 제2항**에는 단독판사의 관할사건이 공소장 변경에 의하여 합의부 관할사건으로 변경된 경우에 법원은 결정으로 **관할권이 있는 법원**에 이송한다고 규정되어 있다. 위 관련 규정을 종합하여 보면, 항소심에서 공소장변경에 의하여 단독 판사의 관할사건이 합의부 관할사건으로 된 경우에도 법원은 사건을 관할권이 있는 법원에 이송하여야 한다고 할 것이고, **항소심에서 변경된 위 합의부 관할사건에 대한 관할권이 있는 법원은 고등법원이라고 봄이 상당**하다(대판 1997.12.12. 97도2463).

> **관련판례** 제1심에서 합의부 관할사건에 관하여 단독판사 관할사건으로 죄명, 적용법조를 변경하는 공소장변경허가신청서가 제출되자, 합의부가 공소장변경을 허가하는 결정을 하지 않은 채 착오배당을 이유로 사건을 단독판사에게 재배당한 사안에서, 형사소송법은 제8조 제2항에서 단독판사의 관할사건이 공소장변경에 의하여 합의부 관할사건으로 변경된 경우 합의부로 이송하도록 규정하고 있을 뿐 그 반대의 경우에 관하여는 규정하고 있지 아니하며, '법관 등의 사무분담 및 사건배당에 관한 예규'에서도 이러한 경우를 재배당사유로 규정하고 있지 아니하므로, **사건을 배당받은 합의부는 공소장변경허가결정을 하였는지에 관계없이 사건의 실체에 들어가 심판하였어야 하고 사건을 단독판사에게 재배당할 수 없는데도**, 사건을 재배당받은 제1심 및 원심이 사건에 관한 실체 심리를 거쳐 심판한 조치는 관할권이 없는데도 이를 간과하고 실체판결을 한 것으로서 **소송절차에 관한 법령을 위반한 잘못이 있고**, 이러한 잘못은 판결에 영향을 미쳤다는 이유로, 원심판결 및 제1심판결을 모두 파기하고 사건을 **관할권이 있는 법원 제1심 합의부에 이송**한다(대판 2013.4.25. 2013도1658).

> **판례쟁점 - 특가법 제5조의4 제6항의 성격과 형소법상의 제문제(특정범죄가중처벌등에관한법률위반(절도)(차)파기환송)** 2005. 8. 4. 법률 제7654호로 개정·시행된 특정범죄 가중처벌 등에 관한 법률(이하 '특가법')은 그 제5조의4 제6항을 신설하였는바, ① 이 조항은 그 입법취지가 사회보호법이 폐지됨에 따라 상습절도 사범 등에 관한 법정형을 강화하기 위한 데 있다고 보이고, ② 조문의 체계가 일정한 구성요건을 규정하는 형식으로 되어 있으며, ③ 적용요건이나 효과도 형법 제35조와 달리 규정되어 있는 점 등에 비추어 볼 때, 특가법 제5조의4 제1항 또는 제2항의 죄로 2회 이상 실형을 받아 그 집행을 종료하거나 면제받은 후 3년 이내에 다시 위 제1항 또는 제2항의 죄를 범한 때에는 그 죄에 정한 형의 단기의 2배까지 가중한 법정형에

의하여 처벌한다는 내용의 새로운 구성요건을 창설한 규정이라고 새기는 것이 옳고, 이와 달리 누범가중에 관한 형법 제35조를 보충하는 데 불과한 규정으로 새길 것이 아니므로, **법원이 위 제5조의4 제6항을 적용하기 위하여는 검사가 공소장에 위 조항을 기재하거나 적용법조의 추가·변경 절차에 의하여 법원에 그 적용을 구하여야** 하고, 그러한 기재 등이 없는 한 법원이 직권으로 위 제5조의4 제6항을 적용할 수는 없다(대판 2006.4.28. 2006도1296).

[판례해설] 특가법 제5조의4 제6항의 성격 : 누범가중의 특칙의 일종이라는 견해와 새로운 구성요건의 창설이라는 견해의 대립, 이후 이 문제는 형사소송에 있어서는 공소장의 변경, 합의부 이송의 문제를 수반함

비교판례 - 특정범죄가중처벌등에관한법률위반(절도) (사) 상고기각 특정범죄가중처벌등에관한법률 제5조의4 제5항의 규정은 같은 조 제1항, 제3항 또는 제4항에 규정된 죄 가운데 동일한 항에 규정된 죄를 3회 이상 반복 범행하고 다시 그 반복 범행한 죄가 규정된 항 소정의 죄를 범하여 누범에 해당하는 경우에는 상습성이 인정되지 아니하는 경우에도 같은 조 제1항 내지 제4항 가운데 해당되는 항에 정한 법정형으로 처벌된다는 것이지만, 같은 조 제1항은 상습성을 요건으로 하는 반면에 같은 조 제5항은 범죄전력과 누범가중에 해당함을 요건으로 하고 있어 요건이 서로 다르고, 따라서 같은 조 제5항으로 기소되었는데도 공소장변경 없이 같은 조 제1항을 적용하여 처벌하는 것은 피고인의 방어에 실질적 불이익을 끼칠 우려가 있으므로, **같은 조 제5항으로 기소되었는데도 공소장변경 없이 같은 조 제1항을 적용하여 처벌할 수는 없다고** 할 것이다(대판 2005.11.25. 2005도6925).

관련판례 - 공소장 변경과 공판절차의 정지 저작권법위반 (나) 상고기각 형사소송법 제298조 제4항은 공소사실의 변경 등이 피고인의 불이익을 증가할 염려가 있다고 인정될 때에는 **피고인으로 하여금 필요한 방어의 준비를 하게 하기 위하여 공판절차를 정지할 수 있도록 규정**하고 있는바, 공소사실의 일부 변경이 있고 법원이 그 변경을 이유로 공판절차를 정지하지 않았다고 하더라도 공판절차의 진행상황에 비추어 그 변경이 피고인의 방어권 행사에 실질적 불이익을 주지 않는 것으로 인정되는 경우에는 이를 위법하다고 할 수는 없는 것이다(대판 2005.12.23. 2005도6402).

Ⅴ 법관의 제척·기피·회피 : 제척

제17조 【제척의 원인】 법관은 다음 경우에는 직무집행에서 제척된다.
1. 법관이 피해자인 때
2. 법관이 피고인 또는 피해자의 친족 또는 친족관계가 있었던 자인 때
3. 법관이 피고인 또는 피해자의 법정대리인, 후견감독인인 때
4. 법관이 사건에 관하여 증인, 감정인, 피해자의 대리인으로 된 때
5. 법관이 사건에 관하여 피고인의 대리인, 변호인, 보조인으로 된 때
6. 법관이 사건에 관하여 검사 또는 사법경찰관의 직무를 행한 때
7. 법관이 사건에 관하여 **전심재판 또는 그 기초되는 조사, 심리에 관여**한 때
8. 법관이 사건에 관하여 피고인의 변호인이거나 피고인·피해자의 대리인인 법무법인, 법무법인(유한), 법무조합, 법률사무소, 「외국법자문사법」 제2조 제9호에 따른 합작법무법인에서 퇴직한 날부터 2년이 지나지 아니한 때 <2021. 6. 9. 시행>
9. 법관이 피고인인 법인·기관·단체에서 임원 또는 직원으로 퇴직한 날부터 2년이 지나지 아니한 때 <2021. 6. 9. 시행>

> **제18조 【기피의 원인과 신청권자】** ① 검사 또는 피고인은 다음 경우에 법관의 기피를 신청할 수 있다.
> 1. 법관이 전조 각 호의 사유에 해당되는 때
> 2. 법관이 **불공평한** 재판을 할 **염려**가 있는 때
>
> **제24조 【회피의 원인 등】** ① 법관이 제18조의 규정에 해당하는 사유가 있다고 사료한 때에는 회피하여야 한다.
>
> **제361조의5 【항소이유】** 다음 사유가 있을 경우에는 원심판결에 대한 항소이유로 할 수 있다.
> 7. 법률상 그 재판에 관여하지 못할 판사가 그 사건의 심판에 관여한 때
>
> **제383조 【상고이유】** 다음 사유가 있을 경우에는 원심판결에 대한 상고이유로 할 수 있다.
> 1. **판결에 영향을 미친 헌법·법률·명령 또는 규칙의 위반**이 있을 때

1. 의의 및 필요성

가. 의의(제17조)

구체적인 사건의 심판에 있어서 법관이 **불공평한 재판을 할 우려가 현저한 때**, 법률의 유형적 사유에 해당하는 경우 그 법관을 직무집행에서 (당연히)배제시키는 제도가 제척이다.

나. 필요성

피고사건에 대한 법원의 심리와 재판은 공정하여야 한다. 공정한 재판은 공평한 법원을 구성하는 것에서부터 시작된다. 즉, **헌법 제103조**(사법권독립) 및 **헌법 제27조 제1항**(헌법과 법률이 정한 법관에 의한 재판을 받을 권리)을 기본권으로 하고 있는 취지 및 **공판중심주의를 위한 전제**로서 공평한 법원을 구성할 필요성이 인정된다.

2. '전심재판 또는 그 기초되는 조사·심리에 관여한 때'(제17조 제7호)의 해석

가. "전심재판"의 개념

당해 사건에 관해 상소에 의하여 불복이 신청된 재판으로 소송계속의 이전이 있는 것을 전심재판이라 한다. 즉, 제2심에 대한 제1심, 제3심에 대한 제2심을 의미한다. 만일 실질상 같은 심급이거나 소송계속의 이전이 없는 경우는 전심에 해당되지 않는다.

> **참고**
>
> **판례가 전심재판에 해당하지 않는다고 본 것**
> ① 파기환송 전의 원심에 관여한 법관이 환송 후의 재판에 관여한 경우(파기환송한 상고심의 법관이 원심재판에 관여한 경우도 같다)
> ② 재심청구의 대상인 확정판결에 관여한 경우
> ③ 판결정정신청사건의 상고심
> ④ 구속영장 발부 법관이 피고사건의 제1심재판에 관여하는 경우

> **참고**
>
> **약식명령과 정식재판**
> ① 학설 : 적극설(논거: 제457조의2 규정)
>   소극설(논거: 동일심급이라는 점, 제척사유는 정형적 사유를 형식적으로 판단)
> ② 판례 : 소극설
>
> 약식절차와 피고인 또는 검사의 정식재판청구에 의하여 개시된 제1심 공판절차는 **동일한 심급 내에서 서로 절차를 달리할 뿐**이므로, 약식명령이 제1심 공판절차의 전심재판에 해당하는 것은 아니고, 따라서 제1심판결에 관여하였다고 하여 형사소송법 제17조 제7호에 정한 '법관이 사건에 관하여 **전심재판 또는 그 기초되는 조사, 심리에 관여한 때**'에 해당하여 제척의 원인이 된다고 볼 수는 없다(대판 2002.4.12. 2002도944).

나. "전심재판에 관여한 때"의 의미

(1) 내용

'관여한 때'란 전심재판의 **내부적 성립에 실질적으로 관여한 때**로서 **사실심리나 증거조사에 관여**한 경우를 의미한다. 즉, 실질적으로 사건에 대한 판단을 하는 재판의 합의 및 판결서의 작성에 관여하는 것을 말하는 것으로 사건의 판단에 관여한 바 없다면 관여한 때에 해당될 수 없다.

> **관련판례** 약식명령을 발부한 법관이 그 정식재판 절차의 **항소심 판결**에 관여함은 형사소송법 제17조 제7호, 제18조 제1항 제1호 소정의 법관이 사건에 관하여 **전심재판 또는 그 기초되는 조사심리에 관여한 때에 해당하여 제척·기피의 원인이 되나**, 제척 또는 기피되는 재판은 불복이 신청된 당해 사건의 판결절차를 말하는 것이므로 약식명령을 발부한 법관이 그 정식재판 절차의 항소심 공판에 관여한 바 있어도 후에 **경질되어 그 판결에는 관여하지 아니한 경우는 전심재판에 관여한 법관이 불복이 신청된 당해 사건의 재판에 관여하였다고 할 수 없다.**
> → (이미 경질되었으니 제척 기피문제가 나오지 않는다는 의미) – '당해' 사건이 아닌 경우
> (대판 1985.4.23. 85도281).

> **[비교]** 제1심 정식재판에서 증거조사를 한 판사가 경질된 경우 그 판사가 항소심에서 동일사건을 판단하는 경우는 당연히 전심재판에 관여한 때가 된다. 이는 판사가 경질된 경우라도 경질되기 전의 공판절차에서의 피고인의 진술은 공판조서로서 증거능력을 갖게 되어 유죄의 증거로 사용되기 때문이다.

(2) '관여한 때'가 아닌 경우

① 재판의 선고(외부적 성립)에만 관여한 경우, ② 공판기일을 연기하는 재판에만 관여한 경우, ③ 같은 피고인의 다른 사건은 물론 분리 심리된 다른 공범자에 대한 사건에 관여한 경우는 여기서의 관여한 때에 해당되지 않는다.

다. "전심재판의 기초가 되는 조사, 심리에 관여"한 때의 의미

"전심재판의 기초가 되는 조사, 심리에 관여"한 때란, 그 결과가 전심재판의 내용 형성에 사용될 자료의 수집이나 사실인정 자료로 쓰이는 경우를 말한다. 제1심판결에서 피고인에 대한 유죄의 증거로 사용된 증거를 조사한 판사는 설사 공판진행 중 경질이 되었다고 하더라도 형사소송법 제17조 제7호 소정의 전심재판의 기초가 되는 조사, 심리에 관여하였다 할 것이고, 그와 같이 전심재판의 기초가 되는 조사, 심리에 관여한 판사는 직무집행에서 제척되어 항소심 재판에 관여할 수 없다(대판 1999.10.22. 99도3534).

(1) 해당하지 않은 경우

① **구속영장**을 발부한 법관, ② **구속적부심사**에 관여한 법관, ③ **보석허가결정**에 관여한 법관, ④ **법관이 선거관리위원장으로서 수사기관에 수사의뢰**를 하고, 그 후 당해 형사피고사건의 항소심 재판을 하는 경우(대판 1999.4.13. 99도155) 등은 이에 해당하지 않는다.

(2) 해당되는 경우

① 형사소송법 제221조의2 증인신문절차에 관여한 판사가 항소심에 관여한 경우나 ② 기소강제절차에서 공소제기결정을 한 법관이 당해사건의 항소심 재판에 관여하는 경우는 기초되는 조사심리에 관여한 경우에 해당한다. 그러나 판례는 공소제기 전의 검사의 증거보전청구에 의하여 증인신문을 한 법관은 형사소송법 제17조 제7호에 이른바 전심재판 또는 기초되는 조사 심리에 관여한 법관이라고 할 수 없다(대판 1971.7.6. 71도974)고 판시하고 있다. 그러나 제184조에 의하여 이루어진 증거보전 행위는 제311조에 의하여 절대적 증거능력을 갖추게 되는 바, 판결의 내부적 성립에 실질적으로 관여한 것으로 봄이 타당하다. 판사에 의한 증거보전절차(제184조)나 증인신문절차(제221조의2)에서 작성된 법관의 조서는 제311조에 의하여 절대적 증거능력이 있다는 점, 그리고 증거보전 처분을 행하는 법관은 법원 또는 재판장과 동일한 권한이 있다는 점(제184조 제2항)에 비추어 제척사유로 봄이 타당하다.

[구별] 재정신청의 기소강제절차에 관여한 고등법원판사가 제1심 공판을 담당한 경우 기소강제절차와 제1심 공판절차 사이에도 상소제기에 의한 소송계속의 이전이 발생하지 않으므로, '전심재판에 관여한 때' 또는 '기초되는 조사심리에 관여한때'에 해당하지 않는다.

관련판례 고발인의 피고인에 대한 고발사실 중 검사가 불기소한 부분에 관하여 한 재정신청사건에 관여하여 이를 기각한 법관들이, 위 고발사실 중 공소가 제기된 사건의 항소심에서 재판장과 주심판사로 관여한 경우, 고발사실의 일부에 대한 재정신청사건에 관여하여 그 신청을 기각한 것이 그 나머지 부분에 대한 사건에 있어 **형사소송법 제17조 제7호에 정한 '법관이 사건에 관여하여 전심재판 또는 그 기초되는 조사, 심리에 관여한 때'에 해당하지 않는다**(대판 2014.1.16. 2013도10316).

3. 제척의 효과

가. 당연배제

제척사유에 해당하는 법관은 당해 사건의 직무집행에서 법률상 당연히 배제된다. 당사자의 신청이나 별도의 재판은 필요 없다.

나. 회피 및 기피신청(제24조 제1항, 제18조 제1항)

제척사유 있는 법관은 스스로 회피해야 하며, 당사자도 제척사유 있는 법관에 대하여 기피신청을 할 수 있다.

다. 상소이유(제361조의5 제7항, 제383조 제1호)

제척사유 있는 법관이 재판에 관여한 판결은 절대적 항소이유가 되며, 상대적 상고이유에 해당한다.

비교판례 - 사건관련 검사의 수사참여 범죄의 피해자인 검사가 그 사건의 수사에 관여하거나, 압수·수색영장의 집행에 참여한 검사가 다시 수사에 관여하였다는 이유만으로 바로 그 수사가 위법하다거나 그에 따른 참고인이나 피의자의 진술에 임의성이 없다고 볼 수는 없다. 원심이 유지한 제1심은, 이 사건압수·수색영장의 집행과정에서 폭행 등의 피해를 당한 검사 등이 수사에 관여하였다는 이유만으로 그 검사 등이 작성한 참고인 진술조서 등의 증거능력이 부정될 수 없다고 판단하였다. 위 법리에 비추어 원심의 판단은 정당하고, 거기에 수사의 적법성이나 증거능력에 관한 법리오해 등의 위법이 있다 할 수 없다(대판 2013.9.12. 2011도12918).

관련판례 범죄의 피해자인 검사가 그 사건의 수사에 관여하거나, 압수·수색영장의 집행에 참여한 검사가 다시 수사에 관여하였다는 이유만으로 바로 **그 수사가 위법하다거나 그에 따른 참고인이나 피의자의 진술에 임의성이 없다고 볼 수는 없다**(대판 2013.9.12. 2011도12918).

Ⅵ 법관의 제척·기피·회피 : 기피

> **제18조 【기피의 원인과 신청권자】** ① 검사 또는 피고인은 다음 경우에 법관의 기피를 신청할 수 있다.
> 1. 법관이 전조 각 호의 사유에 해당되는 때
> 2. 법관이 불공평한 재판을 할 염려가 있는 때
>
> **제19조 【기피신청의 관할】** ① 합의법원의 법관에 대한 기피는 **그 법관의 소속법원**에 신청하고 수명법관 수탁판사 또는 단독판사에 대한 기피는 **당해 법관**에게 신청하여야 한다.
> ② 기피사유는 신청한 날로부터 **3일 이내**에 **서면**으로 소명하여야 한다.
>
> **제20조 【기피신청기각과 처리】** ① 기피신청이 **소송의 지연을 목적으로 함이 명백**하거나 제19조의 규정에 위배된 때에는 신청을 받은 법원 또는 법관은 결정으로 이를 기각한다.
>
> **제21조 【기피신청에 대한 재판】** ① 기피신청에 대한 재판은 **기피당한 법관의 소속법원합의부**에서 결정으로 하여야 한다.
> ② 기피당한 법관은 전항의 결정에 관여하지 못한다.
> ③ 기피당한 판사의 소속법원이 합의부를 구성하지 못하는 때에는 **직근 상급법원**이 결정하여야 한다.
>
> **제22조 【기피신청과 소송의 정지】** 기피신청이 있는 때에는 제20조 제1항의 경우를 제한 외에는 소송진행을 정지하여야 한다. 단, 급속을 요하는 경우에는 예외로 한다.
>
> **제294조의2 【피해자등의 진술권】** ① 법원은 범죄로 인한 피해자 **또는 그 법정대리인**(피해자가 사망한 경우에는 배우자·직계친족·형제자매를 포함한다. 이하 이 조에서 "피해자등"이라 한다)의 신청이 있는 때에는 그 피해자등을 **증인으로 신문하여야 한다**. 다만, 다음 각 호의 어느 하나에 해당하는 경우에는 그러하지 아니하다.
> 2. 피해자등 이미 당해 사건에 관하여 **공판절차**에서 충분히 진술하여 다시 진술할 필요가 없다고 인정되는 경우
> 3. 피해자등의 진술로 인하여 공판절차가 현저하게 지연될 우려가 있는 경우
> ② 법원은 제1항에 따라 피해자등을 신문하는 경우 피해의 정도 및 결과, 피고인의 처벌에 관한 의견 그 밖에 당해 사건에 관한 의견을 진술할 기회를 주어야 한다.
> ③ 법원은 동일한 범죄사실에서 제1항의 규정에 의한 신청인이 여러 명인 경우에는 진술할 자의 수를 제한할 수 있다.
> ④ 제1항의 규정에 의한 신청인이 출석통지를 받고도 정당한 이유없이 출석하지 아니한 때에는 그 신청을 철회한 것으로 본다.

1. 개념

'기피'란 법관에게 제척사유가 있음에도 불구하고 재판에 관여하거나 기타 불공평한 재판을 할 염려가 있는 때에 **당사자의 신청에 의하여** 그 법관을 직무집행에서 탈퇴케 하는 제도이다(제18조).

특히, 최근에는 **공판중심주의와 관련하여 피고인의 방어권보장을 위한 수단**으로서 중요한 의미를 띠게 되고 있으며, 실무상으로도 기피신청제도를 이용하는 경우가 늘어나는 추세이다.

2. 기피의 원인

가. 법관이 제척의 원인에 해당하는 때

나. 법관이 불공평한 재판을 할 염려가 있을 때

> **관련판례** 형사소송법 제18조 제1항 제2호 소정의 '불공평한 재판을 할 염려가 있는 때'라 함은 당사자가 불공평한 재판이 될지도 모른다고 추측할만한 주관적인 사정이 있는 때를 말하는 것이 아니라 통상인의 판단으로 법관과 사건과의 관계상 불공평한 재판을 할 것이라는 의혹을 갖는 것이 합리적이라고 인정할 만한 객관적 사정이 있는 때를 말한다. 따라서 재판부가 당사자의 증거신청을 채택하지 아니하거나 이미 한 증거결정을 취소하였다 하더라도 그러한 사유만으로는 재판의 공평을 기대하기 어려운 객관적인 사정이 있다고 할 수 없다. 법관이 심리 도중 피고인의 유죄를 예단케 하는 취지의 발언을 한 경우는 기피사유에 해당한다(대결 1995.4.3. 95모10).
>
> 판례는 나아가 법관이 심리 중 피고인으로 하여금 유죄를 예단하는 취지로 미리 법률판단을 한 때에는 경우에 따라서 불공평한 재판을 할 염려가 있는 경우에도 해당될 수 있다(대결 1974.10.16. 74모68)고 판시하였으나, 검사의 피고인에 관한 공소장변경허가신청에 대하여 불허가 결정을 한 사유만으로 재판의 공평을 기대하기 어려운 객관적인 사정이 있다고 보기 어렵다(대결 2001.3.21. 2001모2)고 판시하였다. 그 외 법관이 피고인에게 공판기일에 어김없이 출석하라고 촉구하거나(대결 1969.1.6. 68모57), 법률이 규정한 기간 내에 재정신청사건의 결정을 하지 아니 한 사유만으로는 기피사유가 되지 않는다(대결 1990.11.2. 90모44)고 판시하기도 했다.

> **관련판례** 형사피고사건의 담당재판부의 재판장이 변호인에 대하여 그 신청의 증인에 대한 증인신문사항의 제출을 명한 것은 형사소송법 제279조, 형사소송규칙 제66조에 따른 적법한 소송지휘권의 행사이고, 재판부가 그 신문사항의 미제출을 이유로 증인채택결정을 취소한 것도 같은 규칙 제67조에 의한 적법한 조치이므로 이를 위법 또는 부당하다고 할 수 없고, 달리 재판부가 증거취소결정을 한 것이 실체적 진실발견을 추구할 의사가 없음에 기인하는 것이라고 볼 자료가 없는 이상 법관기피신청을 기각한 결정은 정당하다(대판 1994.11.3. 94모73).

증거신청의 성격에 대하여는 ① 자유재량설(소송지휘권에 근거하고, 증거결정기준에 관한 규정이 없다는 점에 근거)과 ② 기속재량설(제294조의2가 범죄피해자의 진술신청을 통한 증거결정의 기준을 제시하고 있는 점에 근거)이 대립하고 있으나, 판례는 "증거신청의 채택여부는 법원의 재량으로서 법원이 필요하지 아니하다고 인정한 때에는 이를 조사하지 아니할 수 있다"고 하여 자유재량설의 입장에 있다.

하지만 공판중심주의를 강조하는 당사자주의 하에서 증거신청은 당사자의 참여권으로서 법원이 정당한 이유 없이 침해해서는 안 된다는 점에서 기속재량설이 타당하다고 생각한다.

3. 기피신청의 시기

① 학설은 판결선고시설(명문의 제한이 없음을 논거로), 변론종결시설(변론종결시에 모든 실체심리가 끝나므로)이 대립한다.

② 판례는 기피신청이 있는 경우에 **형사소송법 제22조에 의하여 정지될 소송진행은 그 피고 사건의 실체적 재판에의 도달을 목적으로 하는 본안의 소송절차를 말하고 판결의 선고는 이에 해당되지 않는다.** 이미 종국 판결이 선고되어 버리면 기피신청은 그 목적의 소멸로 재판을 할 이익이 상실되어 부적법하게 된다(대결 1995.1.9. 94모77). 한편으로 변론 종결 후 기피신청이 있자 선고기일을 연기하고 기피신청을 기각하였음에도 불구하고 여러 차례 이를 반복한 사안에서 기피권남용을 이유로 스스로 각하할 수 있다고 판시한 바 있다(대결 1985.7.8. 85초29).

4. 기피신청의 효과 - 소송 진행의 정지범위

본안에 대한 소송 진행을 말한다는 견해, 모든 소송절차가 정지된다는 견해가 대립한다. 그러나 기피제도가 본안재판의 공정을 목적으로 하고 있다는 점을 고려할 때, 본안에 대한 소송진행을 말한다는 견해가 타당하다.

> **관련판례** 제22조에 규정된 정지하여야할 소송절차란 실체재판에의 도달을 직접 목적으로 하는 본안의 소송절차를 말하며, 구속기간의 갱신이나 판결의 선고는 정지해야 할 소송절차에 해당하지 않는다.

> **관련판례** 형사소송법 제92조 제3항에 의하면 같은 법 제22조에 의한 기피신청으로 인하여 공판절차가 정지된 기간은 구속기간에 산입하지 아니한다고 규정되어 있는바, 그 취지는 본안의 심리기간을 확보하기 위한 것뿐이므로 기피신청으로 인하여 공판절차가 정지된 상태의 구금기간도 판결선고 전의 구금일수에는 산입되어야 하는 것이고, 따라서 제1심판결이 위 구금기간을 미결구금일수에 산입하지 아니한 것은 잘못이라고 할 것이나 판결선고 전의 구금일수는 법률상 당연히 통산할 경우가 아닌 이상 그 전부를 산입할 것인가 또는 그 일부만을 산입할 것인가의 여부는 판결법원의 자유재량에 속하는 것이므로, 제1심판결이 그 판결선고 전의 미결구금일수 중 일부만을 본형에 산입하고 기피신청일 다음날부터 기피사건 재항고 기각결정 전날까지의 구금기간을 본형에 산입하지 아니하였다고 하더라도 이를 위법이라고 할 것은 아니다(대판 2005.10.14. 2005도4758).

5. 간이기각결정(제20조 제1항)

기피신청의 형식적 요건을 구비하지 못하여 부적법한 경우에는 기피신청을 받은 법원 또는 법관이 결정으로 그 신청을 기각한다. 일종의 요건불비에 의한 부적법 각하의 의미를 가지고 있다고 볼 수 있기 때문에 기피신청을 당한 법관이 간이기각결정을 하는 것이 가능한 것이고 자기심판이라는 모순이 발생하지 않는다. 이런 측면에서 '소송지연을 목적으로 하는 기피신청'을 간이기각사유로 보는 것은 부당하고 기피당한 법관의 소속 합의부에서 이를 심사하는 것이 입법론적으로 타당하다는 비판이 있다(신동운 607면).

◆ 기피신청의 절차 개관

1. 신청권자
   가. 검사와 피고인 : 제18조 제1항(변호인 – 독립대리권 제2항)
   나. 피의자[57]
2. 신청방법
   가. 신청방식 – 서면 또는 공판정에서 구두
   나. 사유소명 – 기피사유는 '3일 이내'에 '서면'으로 소명
3. 신청시기
4. 신청대상 – 법관(∴법원 즉, 합의부 자체 ✕)
5. 신청의 재판
   가. 신청관할(제19조) : 합의부원은 그 소속 법원에, 수명·수탁·단독판사는 당해 법관에
   나. 재판관할(제21조) : 기피당한 법관의 소속법원 합의부에서
6. 신청 받은 법원의 처리
   (1) 간이기각결정
       ① 의의
          소송의 지연을 목적으로 함이 명백 or 제19조의 규정에 위배된 때
       ② 판단기준
          사안의 성질, 심리의 경과 및 변호인의 소송준비 등 객관적 사정을 종합하여 판단
       ③ 해당하는 경우

---

57) 재정신청사건에 대하여는 학설의 대립이 존재한다. ㉠ 적극설(다수설) – 부심판절차도 재판의 일종이므로, 제18조를 유추적용하여 기피신청 인정하는 견해 ㉡ 소극설 – 재정신청을 제기한 자는 검사의 불기소처분에 불복하는 고소인이며, 재정결정은 당해 사건에 대한 실체판단이 아니라는 점에 비추어 피의자는 재판부에 대한 기피신청을 행할 수 없다는 견해가 존재하나 기소강제절차가 일종의 형사재판이라는 점에서 재판의 공정이라는 이념을 구현하기 위하여 적극설이 타당하다고 본다.

                ㉠ 제19조의 규정에 위배된 때
                    (예 기피신청 관할위반 신청 후 3일내 서면으로 소명 않은 경우)
                ㉡ 소송의 지연을 목적으로 함이 명백한 경우
                    ① 시기에 늦은 기피신청, ② 이유 없음이 명백한 기피신청
        (2) 의견서 제출 – 결정의 합리성을 기하려는 취지
        (3) 소송 진행의 정지
            ① 의의
            ② 정지범위
            ③ 위반된 경우의 효력
                ㉠ 기피신청에 대한 심리결과 제척사유가 인정된 경우에는 급속을 요하는 소송행위든 그렇지 아니한 소송행위든 모두 효력이 없다.
                ㉡ 급속을 요하지 아니하는 소송행위를 한 경우에 나중에 기피신청이 인용된 경우는 물론 기각된 경우에도 효력이 없고, 기각되어도 소급하여 그 하자가 치유되지 아니한다.
7. **기피신청사건의 관할** – 기피당한 법관의 소속법원 합의부(제21조 제1항)
8. **기피신청에 대한 재판**
    ① **기각결정** – 이유 없다고 인정 시, 즉시항고○
    ② **인용결정** – 이유 있다고 인정 시, 항고×

제2절 검사

I 의의와 성격

1. 의의

검사는 검찰권을 행사하는 국가기관이다. 공익을 대표하여 수사와 공판(공소유지) 및 재판의 집행에 이르는 권한을 가지고 있다. ① 범죄수사, 공소의 제기 및 그 유지에 필요한 사항, ② 범죄수사에 관한 특별사법경찰관리 지휘·감독 ③ 법원에 대한 법령의 정당한 적용 청구, ④ 재판 집행 지휘·감독, ⑤ 국가를 당사자

또는 참가인으로 하는 소송과 행정소송 수행 또는 그 수행에 관한 지휘·감독, ⑥ 다른 법령에 따라 그 권한에 속하는 사항이 검사의 직무와 권한이다. 검사는 그 직무를 수행할 때 국민 전체에 대한 봉사자로서 헌법과 법률에 따라 국민의 인권을 보호하고 적법절차를 준수하며, 정치적 중립을 지켜야 하고 주어진 권한을 남용하여서는 아니 된다(검찰청법 제4조).

2. 법적 성격

가. 준사법기관

검사는 **법무부에 소속되어 검찰권을 행사하는 행정기관**으로서 국가의 행정목적을 위하여 활동하며, 행정과 사법의 중간에 위치하여 행정기관으로서의 성질을 가지는 준사법기관으로 독립성이 보장될 것이 요청된다.

나. 단독제 관청

검찰사무는 모든 검사가 단독으로 처리하는 것이며, 검사가 검찰총장이나 검사장의 보조기관으로서 처리하는 것은 아니다.

다. 인권옹호기관으로서의 검사의 지위

관련판례 검사는 공익의 대표자로서 실체적 진실에 입각한 **국가 형벌권의 실현을 위하여 공소제기와 유지를 할 의무뿐만** 아니라 그 과정에서 **피고인의 정당한 이익을 옹호하여야 할 의무를** 진다(대판 2012.11.15. 2011다48452).

라. 검사의 처분에 대한 특수한 불복방법

검사의 수사종결 기타의 처분에 대하여는 행정소송은 인정되지 않는다(대판 2000.3.28. 99두11264). 다만, 별도의 검찰항고, 재정신청, 준항고 등의 특수한 불복방법만이 인정된다.

Ⅱ 검사의 조직과 구조

> **검찰청법 제6조(검사의 직급)** 검사의 직급은 **검찰총장과 검사로** 구분한다.
> **검찰청법 제7조(검찰사무에 관한 지휘·감독)** ① 검사는 **검찰사무에 관하여** 소속 상급자의 지휘·감독에 따른다.
> ② 검사는 구체적 사건과 관련된 제1항의 **지휘·감독의 적법성** 또는 **정당성**에 대하여 이견이 있을 때에는 이의를 제기할 수 있다.

> **검찰청법 제7조의2(검사 직무의 위임·이전 및 승계)** ① 검찰총장, 각급 검찰청의 검사장 및 지청장은 소속 검사로 하여금 그 권한에 속하는 직무의 일부를 처리하게 할 수 있다.
> ② 검찰총장, 각급 검찰청의 검사장 및 지청장은 소속 검사의 직무를 **자신이 처리**하거나 **다른 검사로 하여금 처리**하게 할 수 있다.
> **검찰청법 제8조(법무부장관의 지휘·감독)** 법무부장관은 검찰사무의 최고 감독자로서 일반적으로 검사를 지휘·감독하고, 구체적 사건에 대하여는 검찰총장만을 지휘·감독한다.

1. 검사조직의 특수성

2. 검사동일체의 원칙

가. 의의와 제도적 취지

① 모든 검사는 **검찰총장을 정점으로 하는 피라미드형의 계층적 조직체**를 형성하고 **일체불가분의 유기적 통일체**로서 활동하는 것을 말한다. 동 원칙에 의하여 단독제의 관청인 검사는 분리된 관청이 아니라 **전체의 하나로서 검찰권을 행사**할 수 있게 된다.

② 검찰권행사의 공정을 기하고 전국적인 수사망의 확보를 위한 전제가 된다. 검사는 행정기관이면서도 준사법기관으로서 독립성을 유지하면서도 자의와 독선이 허용되지 않아야 한다. 검사에 대한 이러한 요청을 조직면에서 실현하는 것이 검사동일체의 원칙이라고 할 수 있다

나. 내용

(1) 검사의 지휘·감독관계

① 의의: 검사는 검찰사무에 관하여 **소속 상급자의 지휘·감독에 따른다**(검찰청법 제7조 제1항). 이는 검사동일체의 원칙의 본질적 요소를 이룬다. 이는 검찰사무에 대하여 뿐만 아니라 **검찰행정사무에 대하여도** 적용되어야 한다.

② 이의제기권 (동조 제2항).

(2) 직무승계와 이전의 권한(검찰청법 제7조의2 제2항)

검사의 지휘·감독 관계는 상사의 직무승계와 직무이전의 권한에 의해 비로소 그 의미를 가질 수 있게 되나 한편으로는 검사의 독립성이 제한적 의미를 갖게 된다.

(3) 직무대리권

각급 검찰청의 **차장검사**는 소속 장에게 사고가 있을 때에는 **특별한 수권 없이** 그 직무를 대리하는 권한을 가진다(검찰청법 제18조 제2항, 제23조 제2항). 검찰사무 뿐만 아니라 검찰행정사무에도 미친다.

다. 효과

(1) 검사교체의 효과

일체의 검찰사무의 취급 도중에 검사가 교체되어도 소송법상 효과에는 **영향을 미치지 않는다.** 따라서 검사가 교체되었다고 하여 **수사절차나 공판절차를 갱신할 필요는 없다.**

(2) 검사에 대한 제척·기피

현행법상 명문의 규정이 없으므로 이를 소극적으로 해석할 수밖에 없다. 다만 수사준칙에서 검사의 회피의무는 규정하고 있다.

> **관련판례 – 검사에 대한 제척 내지 기피의 인정 여부** 범죄의 피해자인 검사가 그 사건의 수사에 관여하거나 압수·수색영장의 집행에 참여한 검사가 다시 수사에 관여하였다는 이유만으로 **바로 그 수사가 위법하다나 그에 따른 참고인이나 피의자의 진술에 임의성이 없다고 볼 수는 없다**(대판 2013.9.12. 2011도12918).

3. 법무부장관의 지휘·감독권 (검찰청법 제8조)

법무부장관은 검찰사무의 최고 감독자로서 일반적으로 검사를 지휘·감독하고, 구체적 사건에 대하여는 검찰총장만을 지휘·감독한다.

Ⅲ 검사의 소송법상 지위

> **참고**
> 형사소송법 개정에 따른 검사의 수사권 조정에 관한 내용은 "제2편 제1장 제1절 Ⅱ. 검찰·경찰 수사권 조정" 참조

1. 수사의 주재자

가. 수사권

① 검사와 사법경찰관은 수사, 공소제기 및 공소유지에 관하여 서로 협력하여야 한다(제195조).

② 따라서 검사는 임의수사는 물론 강제수사를 할 수 있고, 특히 영장청구권(제200조의2, 제201조, 제215조), 증거보전청구권(제184조), 증인신문청구권(제221조의2)은 검사에게만 인정되고 있다.

나. 경찰수사 감독권

검사의 체포·구속장소감찰(제198조의2), 검사의 영장청구권(제201조, 제215조), 긴급체포에 관한 사후승인권(제200조의3 제2항), 등의 규정은 종래에도 존재하던 수사감독권의 일종이다. 수사권조정 2020년 개정으로 사법경찰관리의 1차적 수사에 대한 감독권이 인정되는데, 앞서 살펴본 바와 같이 ① 시정조치 등의 요구권 ② 보완수사요구권 ③ 재수사요청권 등이 대표적이다.

다. 수사종결권

공소의 제기 여부를 결정하는 최종 수사종결권은 원칙적으로 **검사만** 가지고 있다(제246조, 제247조)고 보아야 하나, 수사권 조정으로 인하여 이제는 사법경찰관에게 제1차적 수사종결권이 있다고 본다. 다만, 특별사법경찰관은 이러한 수자종결권이 인정되지 않는다.

2. 공소권의 주체

가. 공소제기의 독점자

① 공소는 검사가 제기하여 수행한다(기소독점주의, 제246조). 현행 형사소송법은 **즉결심판의 경우 외**에는 공소제기의 권한을 검사에게 독점시키고 있다.

② 검사는 「형법」 제51조의 사항을 참작하여 **공소를 제기하지 아니할 수** 있다(기소편의주의, 제247조).

③ 공소는 **제1심판결의 선고 전까지 취소할 수 있다**(기소변경주의, 제255조 제1항).

나. 공소수행의 담당자

① 검사는 공판절차에서 공익의 대표자로서 공소사실을 입증하고 공소를 유지하는 공소수행의 담당자가 된다.

② 공소수행의 담당자인 검사는 피고인에 대립하는 **당사자의 지위**에 선다(통설).

다. 검사의 객관의무

검사는 피고인에 대립되는 당사자이면서도 단순한 당사자가 아니라 **공익의 대표자로서 피고인의 정당한 이익을 옹호해야 할 의무**가 있는데, 이를 객관의무라 한다.

관련판례 – 검사가 수사 및 공판과정에서 피고인에게 유리한 증거를 발견한 경우, 이를 법원에 제출하는 등으로 **피고인의 정당한 이익을 옹호할 의무가 있는지 여부(적극)** [1] 검찰청법 제4조 제1항은 검사는 공익의 대표자로서 범죄수사·공소제기와 그 유지에 관한 사항 및 법원에 대한 법령의 정당한 적용의 청구 등의 직무와 권한을 가진다고 규정하고, 같은 조 제2항은 검사는 그 직무를 수행함에 있어 그 부여된 권한을 남용하여서는 아니 된다고 규정하고 있을 뿐 아니라, 형사소송법 제424조는 검사는 피고인을 위하여 재심을 청구할 수 있다고 규정하고 있고, 검사는 피고인의 이익을 위하여 항소할 수 있다고 해석되므로 **검사는 공익의 대표자로서 실체적 진실에 입각한 국가형벌권의 실현을 위하여 공소제기와 유지를 할 의무뿐만 아니라 그 과정에서 피고인의 정당한 이익을 옹호하여야 할 의무를 진다**고 할 것이고, 따라서 **검사가 수사 및 공판과정에서 피고인에게 유리한 증거를 발견하게 되었다면 피고인의 이익을 위하여 이를 법원에 제출하여야 한다.**
[2] 강도강간의 피해자가 제출한 팬티에 대한 국립과학수사연구소의 유전자검사결과 그 팬티에서 범인으로 지목되어 기소된 원고나 피해자의 남편과 다른 남자의 유전자형이 검출되었다는 **감정결과를 검사가 공판과정에서 입수한 경우 그 감정서는 원고의 무죄를 입증할 수 있는 결정적인 증거에 해당하는데도 검사가 그 감정서를 법원에 제출하지 아니하고 은폐하였다면 검사의 그와 같은 행위는 위법하다고 보아 국가배상책임을 인정**한 사례(대판 2002.2.22. 2001다23447).

① 검사의 객관의무는 공판절차에서만 인정되는 것이 아니라 **형사절차 전반에 걸쳐 인정**된다. 검사는 피고인에게 이익이 되는 사실도 조사·제출하고, 피고인의 이익을 위하여 상소·재심 청구할 수 있고(제424조), 비상상고도 할 수 있다(제441조).
② **객관의무에 위반한 검사의 행위는 위법**한 행위가 된다.

참고

고위공직자범죄수사처 설치 및 운영에 관한 법률(2020.1.14. 제정, 2020.7.15. 시행) – 검사의 수사권 및 공소제기, 재정신청 특례 등

주요내용
기존의 고위공직자와 관련된 검찰 또는 특별검사 제도가 시행된 바 있으나, 수사대상에 대한 국회의 의결과 특별검사 임명절차를 거치도록 되어 있어 수사의 구조적 한계를 가지고 있었다.
이번 소위 공수처 법안에서는, 수사의 독립성 보장을 위해 대통령, 대통령 비서실의 직무수행 관여를 금지(동법 제3조 제3항)하고, 추천위의 추천을 받아 대통령이 수사처장을 임명한다(동법 제5조, 제6조). 또한 수사처검사의 자격요건을 수사처규칙으로 규율하고 대통령이 임명하도록 하였다(동법 제8조 제1항).
고위 공직자에 대한 수사와 법원, 검찰청, 경찰권에 대한 기소권 규정과, 타 수사기관에의 이첩요구권과 타수사기관의 범죄인지시 통보의무를 골자로 한다.

1. 수사권 및 기소권
수사는 대통령을 포함한 **현직 및 퇴직** 고위 공직자 및 그 가족을 대상으로 한다. 이 중 공소제기 및 유지는 **법원(대법원장, 대법관, 판사), 검찰청(검찰총장, 검사), 경찰청(경무관이상 경찰공무원)**에 대해서만 가능하다(동법 제2조, 제3조).

2. 공수처의 수사권한

> 제23조(수사처검사의 수사) 수사처검사는 고위공직자범죄의 혐의가 있다고 사료하는 때에는 범인, 범죄사실과 증거를 수사하여야 한다.
>
> 제24조(다른 수사기관과의 관계) ① 수사처의 범죄수사와 중복되는 다른 수사기관의 범죄수사는 처장이 수사의 진행정도 및 공정성 논란 등에 비추어 **수사처에서 수사하는 것이 적절하다고 판단하여 이첩을 요청하는 경우** 해당 수사기관은 이에 응하여야 한다.
>
> ② 다른 수사기관이 범죄를 수사하는 과정에서 고위공직자범죄 등을 인지한 경우 그 사실을 즉시 수사처에 통보하여야 한다.
>
> ③ 처장은 피의자, 피해자, 사건의 내용과 규모 등에 비추어 다른 수사기관이 고위공직자범죄등을 수사하는 것이 적절하다고 판단될 때에는 **해당 수사기관에 사건을** 이첩할 수 있다.
>
> ④ 제2항에 따라 고위공직자범죄등 사실의 통보를 받은 처장은 통보를 한 다른 수사기관의 장에게 수사처규칙으로 정한 기간과 방법으로 **수사개시 여부를 회신**하여야 한다.

고위공직자 관련 범죄에 대한 수사가 타 수사기관과 중복하여 이뤄지게 되는 경우, 수사처의 이첩요구가 있다면 타 수사기관은 이에 응해야 한다. 더욱이 타 수사기관은 범죄수사과정에서 고위공직자범죄를 인지한 경우 수사처에 통보할 의무까지 규정하고 있는데, 검경 등에 대한 기소권과 함께 수사처의 권한의 핵심을 이루는 조항이다.

3. 수사절차 및 집행[58]

4. 재정신청의 특례 및 재판 관할

형사소송법상의 재정신청은 신청권자가 불기소처분을 한 검사 소속 지방검찰청 소재지 관할 법원에 신청하고, 검찰청법의 항고를 거쳐야 한다. 신청서 제출기간은 10일이다. 반면 동법에서는 ① 수사처검사의 불기소처분에 대해 고소·고발인은 서울고등법원에 30일 이내에 재정신청서를 제출하여야 하고(동법 제29조), ② 관련범죄에 대한 제1심 재판은 서울지방법원이 관할함을 원칙으로 한다(동법 제31조).

5. 부칙

이 법은 공포 후 6개월이 경과한 날부터 시행한다. 수사처 설립에 관한 준비행위 등은 이 법 시행 전에 할 수 있다.

---

[58] 제25조(수사처검사 및 검사 범죄에 대한 수사) ① 처장은 수사처검사의 범죄 혐의를 발견한 경우에 관련 자료와 함께 이를 대검찰청에 통보하여야 한다.
② **수사처 외의 다른 수사기관이** 검사의 고위공직자범죄 혐의를 발견한 경우 그 수사기관의 장은 사건을 수사처에 이첩하여야 한다.
제26조(수사처검사의 관계 서류와 증거물 송부 등) ① 수사처검사는 **제3조 제1항 제2호에서 정하는 사건을 제외한 고위공직자범죄등에 관한 수사**를 한 때에는 관계 서류와 증거물을 지체 없이 서울중앙지방검찰청 소속 검사에게 송부하여야 한다.
② 제1항에 따라 관계서류와 증거물을 송부받아 사건을 처리하는 검사는 처장에게 해당 사건의 공소제기여부를 신속하게 통보하여야 한다.
제27조(관련인지 사건의 이첩) 처장은 고위공직자범죄에 대하여 **불기소 결정을 하는 때**에는 해당 범죄의 수사과정에서 알게 된 관련범죄 사건을 대검찰청에 이첩하여야 한다.
제28조(형의 집행) ① 수사처검사가 공소를 제기하는 고위공직자범죄등 사건에 관한 재판이 확정된 경우 **제1심 관할지방법원에 대응하는 검찰청 소속 검사**가 그 형을 집행한다.
② 제1항의 경우 처장은 원활한 형의 집행을 위하여 해당 사건 및 기록 일체를 관할 검찰청의 장에게 인계한다.

3. 재판의 집행기관

① 재판의 집행은 검사가 지휘한다(제460조). 형집행장은 원칙적으로 검사가 발부한다. 다만, 예외적으로 재판장·수명법관·수탁판사가 지휘할 수 있는 경우도 있다(제81조, 제115조).

② 검사는 **사형 또는 자유형**의 집행을 위하여 형집행장을 발부하여 구인하도록 하고 있으며(제473조), **검사가 발부한 형집행장**은 구속영장과 같은 효력이 있다.

제3절 피고인

I 공동 피고인의 소송관계

> 제300조【변론의 분리와 병합】 법원은 필요하다고 인정한 때에는 **직권** 또는 **검사, 피고인이나 변호인의 신청**에 의하여 결정으로 변론을 분리하거나 병합할 수 있다.
>
> 제312조【검사 또는 사법경찰관의 조서 등】 ② 제1항에도 불구하고 피고인이 그 조서의 성립의 진정을 부인하는 경우에는 그 조서에 기재된 진술이 피고인이 진술한 내용과 동일하게 기재되어 있음이 영상녹화물이나 그 밖의 객관적인 방법에 의하여 증명되고, 그 조서에 기재된 진술이 특히 신빙할 수 있는 상태 하에서 행하여졌음이 증명된 때에 한하여 증거로 할 수 있다. (→ 개정법 제312조 제2항 삭제)
>
> ③ 검사 이외의 수사기관이 작성한 피의자신문조서는 적법한 절차와 방식에 따라 작성된 것으로서 공판준비 또는 공판기일에 그 피의자였던 피고인 또는 변호인이 그 내용을 인정할 때에 한하여 증거로 할 수 있다.
>
> ④ 검사 또는 사법경찰관이 피고인이 아닌 자의 진술을 기재한 조서는 적법한 절차와 방식에 따라 작성된 것으로서 그 조서가 검사 또는 사법경찰관 앞에서 진술한 내용과 동일하게 기재되어 있음이 원진술자의 공판준비 또는 공판기일에서의 진술이나 영상녹화물 또는 그 밖의 객관적인 방법에 의하여 증명되고, 피고인 또는 변호인이 공판준비 또는 공판기일에 그 기재 내용에 관하여 원진술자를 신문할 수 있었던 때에는 증거로 할 수 있다. 다만, 그 조서에 기재된 진술이 특히 신빙할 수 있는 상태하에서 행하여졌음이 증명된 때에 한한다.

1. 공동피고인의 의의

동일 소송절차에서 공동으로 심판받는 수인의 피고인을 공동피고인이라고 한다.

2. 공동피고인의 증인적격

공동피고인은 피고인으로서 **진술거부권**이 있는 반면, 상피고인에 대해서는 **증언의무**(제161조)를 부담하는 제3자의 지위에 있는바, 이러한 양면성으로 인한 갈등의 해결이 문제가 된다. 이에 대하여 아래와 같은 학설의 대립이 있다.

① **부정설** : 공범여부를 불문하고 변론을 분리(제300조)하지 않는 한 소송당사자로서 진술거부권이 있으므로 증인적격이 부정된다는 견해

② **긍정설** : 다른 피고인에 대해서는 제3자에 불과하고, 형사상 자기에게 불리한 사실에 대해서는 증언거부권(제148조)이 있으므로 증인적격을 인정하여도 불리하지 않다는 견해

③ **절충설** : 공범자인 경우 진술거부권보장을 무의미하게 할 수 없고 그 공판진술을 증거로 쓸 수 있어 증인적격이 없으나, 공범 아닌 공동피고인으로서 단순히 병합심리를 받는 경우에는 제3자성이 유지되므로 증인적격이 인정되고 따라서 반드시 증인으로서 증언해야 증거능력이 인정된다는 견해

대법원은 상호격투로 맞고소한 사안에서 "**별개 범죄로 기소되어**(공범이 아닌) **병합심리중인 공동피고인은 증인의 지위에 있으므로 선서없이 한 공동피고인의 진술이나 피고인이 동의한 바 없는 공동피고인의 피의자신문조서는 상피고인에 대해 증거로 쓸 수 없다**(대판 1982.9.14. 82도1000)"고 하고, 공동으로 뇌물을 받은 사건에서 "**공범자인 공동피고인의 법정자백은 반대신문권이 보장되어 있어 증인으로 신문한 경우와 다를 바 없어 독립한 증거능력이 있다**(대판 1985.6.25. 85도691)"고 판시한 것으로 보아 판례는 절충설의 입장이다. 부정설은 변론이 분리되어도 피고인으로서 진술거부권이 있다는 점을 간과하였다는 문제가 있으며 긍정설은 위증의 제재를 받으면서 진술을 강요하여 진술거부권을 침해할 우려가 있다. 그러므로 방어권보호와 실체진실발견을 조화하는 절충설이 타당하다고 본다.

다만, 현재 판례와 실무상 공범이라고 하더라도 변론을 분리하기만 하면 증인적격을 인정하고, 위증의 벌과 함께 증언의무를 부과하고 있으므로 진술거부권과의 충돌이 발생하는 문제점이 여전히 존재한다.

3. 공동피고인의 법정진술의 증거능력

공동피고인의 법정진술이 다른 공동피고인의 공소사실에 대해 어떠한 요건 하에서 증거능력이 인정되는가에 대해 학설은 다음과 같이 견해가 나뉜다.

① **소극설** : 다른 공동피고인에 대한 **반대신문의 보장이 미흡**하다는 점에서 변론을 분리(제300조)하여 증인으로 신문해야 한다는 견해이다.

② **제한적극설** : 실제로 충분히 **반대신문을 하였거나 반대신문의 기회가 부여된 경우에만** 증거능력이 인정된다는 견해이다.

③ **이분설** : 공범인 공동피고인의 법정진술은 법이 공범자에 대해서 반대신문권의 보장을 요건으로 하지 않는다는 점에서 전면적으로 증거능력을 인정하고, 공범 아닌 공동피고인의 경우에는 증인으로서 진술한 경우에만 증거능력을 인정하는 견해이다.

판례는 **공범인 공동피고인의 법정진술**은 공동피고인에 의한 **반대신문권이 보장되어 있음**을 이유로 **증거능력을 인정**하고 있으나 **공범이 아닌 자의 법정진술**에 대하여는 피고인과 별개의 범죄사실로 기소되어 병합심리중인 공동피고인은 피고인의 범죄사실에 관하여는 증인의 지위에 있다 할 것이므로 **선서없이 한 공동피고인의 법정진술이나 피고인이 증거로 함에 동의한 바 없는 공동피고인에 대한 피의자신문조서는 피고인의 공소범죄사실을 인정하는 증거로 할 수 없다**고 판시한 바 있다(대판 1982.9.14. 82도1000).

반대신문권이 사실상 행사됐는지의 기준도 모호하고, 공범 아닌 공동피고인은 제3자라는 점을 고려하면 이분설이 타당하다.

4. 공동피고인의 법정 외 진술(서증)의 증거능력

제312조 내지 제314조에서 규정하는 '피고인'의 범위에 공동피고인을 포함시킬 것인가의 문제이다.

가. 공동피고인의 검찰진술의 증거능력

종래에는 제312조 제4항에 "검사 또는 사법경찰관이 피고인이 아닌 자의 진술을 기재한 조서"를 별도로 규정함으로써 공범인 공동피고인이건 공범이 아닌 공동피고인이건 간에 본 규정에 따른 요건을 구비하면 되었다. 그러나 이제는 제312조 제1항의 개정으로 인하여 검사작성 피의자신문조서의 증거능력이 사법경찰관 작성의 피의자신문조서와 같이 내용인정의 요건을 갖춘 경우에만 그 증거능력이 인정되므로, **공범인 공동피고인의 검찰진술도 이제는 제312조 제1항이 적용되어 당해 피고인이 내용인정을 하지 않으면 그 증거능력이 인정될 수 없다.**

관련판례 공동피고인인 절도범과 그 장물범은 서로 다른 공동피고인의 범죄사실에 관하여는 증인의 지위에 있다 할 것이므로, 피고인이 증거로 함에 동의한 바 없는 공동피고인에 대한 피의자신문조서는 공동피고인의 증언에 의하여 그 성립의 진정이 인정되지 아니하는 한 피고인의 공소 범죄사실을 인정하는 증거로 할 수 없다(대판 2006.1.12. 2005도7601).

[판례해설] 위 판례 사안의 경우는 절도범과 장물범은 **공범이 아닌** 공동피고인의 관계이므로 장물범의 유죄의 증거로 절도범의 검사작성의 피의자신문조서를 사용하기 위해서는 절도범이 증인으로 선서한 후 성립의 진정을 하여야 한다는 것이다. 다만, 제312조 제4항이 적용될 것이라는 점만 차이가 있을 뿐 절도범이 **증인으로 선서 후** 성립의 진정을 하여야 한다는 점에는 차이가 없다.

나. 공동피고인의 경찰진술의 증거능력

내용인정을 누가 할 것인가의 문제는 공범인 공동피고인의 경우의 문제로서 다음과 같은 견해가 대립한다.

① **제1설** : 피고인의 인권보장을 위해 검사작성의 피신조서와 증거능력에 있어서 차별을 둔 개정법 제312조 제3항(종전 제312조 제2항)의 취지상 당해 피고인이 내용을 부인하면 증거능력이 없다는 견해이다.

② **제2설** : 공범인 공동피고인이 법정에서 내용을 인정하면 증거능력이 있다는 견해이다.

③ **제3설** : 공동피고인이 내용을 인정하고 당해피고인이 법정에서 사실상 반대신문권을 충분히 행사하였거나 반대신문의 기회가 부여된 경우에만 증거능력이 인정된다는 견해이다.

④ **제4설** : 현행법 제312조 제4항의 "피고인이 아닌 자의 진술"에 해당된다고 보는 견해이다.

⑤ 판례는 "제312조 제3항의 규정은 당해 피의자였던 피고인에 대해서 뿐만 아니라 공동피의자였던 다른 피고인의 관계에서도 적용된다(대판 1992.4.14. 92도442)"고 판시하면서 제312조 제3항의 취지상 당해 피고인이 내용을 인정할 것으로 요구하였다. 형사소송법 제312조 제3항은 검사 이외의 수사기관이 작성한 당해 피고인에 대한 피의자신문조서를 유죄의 증거로 하는 경우뿐만 아니라 검사 이외의 수사기관이 작성한 당해 피고인과 공범관계에 있는 다른 피고인이나 피의자에 대한 피의자신문조서를 당해 피고인에 대한 유죄의 증거로 채택할 경우에도 적용된다. 따라서 당해 피고인과 공범관계가 있는 다른 피의자에 대하여 검사 이외의 수사기관이 작성한 피의자신문조서는 그 피의자의 법정진술에 의하여 그 성립의 진정이 인정되는 등 **형사소송법 제312조 제4항의 요건을 갖춘 경우라고 하더라도 당해 피고인이 공판기일에서 그 조서의 내용을 부인한 이상 이를 유죄 인정의 증거로 사용할 수 없다**(대판 2009.7.9. 2009도2865)고 판시하였다.

⑥ **검토** : 공범인 공동피고인은 그의 '공동피의자였던 성격'에 비추어 제312조 제2항을 적용함이 타당하고, 2설이나 3설에 의할 경우 자신이 자백한 피의자신문조서도 공판정에서 내용을 부인하면 증거능력이 없는데, '타인의 자백'에 대해서 피고인이 내용을 부인하여도 증거능력이 인정된다는 불합리한 결과가 발생하므로 제1설이 타당하다. 제312조 제3항에서 그 피의자였던 피고인 또는 변호인이 그 내용을 인정할 때에 한하여 증거로 할 수 있다고 규정하였다는 점에서 당해 조서의 진술대상인 피의자였던 피고인이 내용을 인정하여야 한다고 해석함이 타당하므로 판례와 제1설이 타당하다고 본다.59)

> **관련판례 – 공범 '진정성립' 증언의 증거능력** 형사소송법 제312조 제3항은 검사 이외의 수사기관이 작성한 당해 피고인에 대한 피의자신문조서를 유죄의 증거로 하는 경우뿐만 아니라, 검사 이외의 수사기관이 작성한 당해 피고인과 공범관계에 있는 다른 피고인이나 피의자에 대한 피의자신문조서를 당해 피고인에 대한 유죄의 증거로 채택할 경우에도 적용된다. 따라서 당해 피고인과 공범관계에 있는 공동피고인에 대해 검사 이외의 수사기관이 작성한 피의자신문조서는 그 공동피고인의 법정진술에 의하여 성립의 진정이 인정되더라도 당해 피고인이 공판기일에서 그 조서의 내용을 부인하면 증거능력이 부정된다. 그리고 이러한 경우 그 공동피고인이 법정에서 경찰수사 도중 피의자신문조서에 기재된 것과 같은 내용으로 진술하였다는 취지로 증언하였다고 하더라도, 이러한 증언은 원진술자인 공동피고인이 그 자신에 대한 경찰 작성의 피의자신문조서의 진정성립을 인정하는 취지에 불과하여 위 조서와 분리하여 독자적인 증거가치를 인정할 것은 아니므로, 앞서 본 바와 같은 이유로 위 조서의 증거능력이 부정되는 이상 위와 같은 증언 역시 이를 유죄 인정의 증거로 쓸 수 없다(대판 2009.10.15. 2009도1889).

---

59) 제312조 제4항에 '피고인 아닌 자의 진술을 기재한 조서'에 해당한다고 볼 수 있는가가 문제될 수 있지만 개정법이 개정전과 같이 검사작성의 경우와 사경작성의 경우를 구별하고 사경작성의 경우는 '내용의 인정을 요건으로 하였으며 이러한 구분을 전제로 한 위 판례의 취지상 제312조 제3항을 적용하여야 한다고 봄이 타당하다.

5. 공동피고인 자백의 증명력(자백보강법칙 부분 상세 참조)

[공동피고인 사건기록의 증거목록상 증거의견을 통한 증거능력 판단]

증 거 목 록 (증거서류 등)
2000고합0000

① 이○○
② 박○○

2000형제374893호   신청인 검사

순번	증거방법 작성	쪽수(수)	쪽수(증)	증거명칭	성명	참조사항 등	신청기일	증거의견 기일	내용
1	검사			피의자신문조서	이○○		1	1	①○ ②×
2	〃			피의자신문조서	박○○		1	1	①○ ②○
3	사경			진술조서	정○○		1	1	①○ ②×
4	〃			피의자신문조서	이○○		1	1	①○ ②×
5	사경			0000			1	1	①○ ②○
6	사경			0000			1	1	①○ ②○
7									
8									
9									
10									

※ 증거의견표시 - 피의자신문조서 : 인정 ○, 부인 ×
　　　　　　　　(여러 개의 부호가 있는 경우, 성립 / 임의성 / 내용의 순서임)
　　　　　　 - 기타 증거서류 : 동의 ○, 부동의 ×
※ 증거결정 표시 : 채 ○, 부 ×
※ 증거조사 내용은 제시, 내용고지

◆ **무죄기재례**

이 사건 공소사실 중 특수절도의 점의 요지는 ~ 하였다는 것이다. 그런데 피고인 박○○는 검찰이래 이 법정에 이르기 까지 절도범행을 공모한 사실이 없다고 주장하면서 이 사건 공소사실을 부인하고 있다. 살피건대, 사법경찰리가 작성한 이○○에 대한 피의자신문조서는 피고인이 이 법정에서 그 내용을 부인하는 취지로 증거로 함에 부동의 하고 있으므로 그 증거능력이 없고, 증인 정○○이 이 법정에서 한 진술과 사법경찰리가 작성한 정○○에 대한 진술조서의 진술기재 가운데 이○○으로부터 피고인이 열쇠를 주면서 금품을 훔쳐오라고 했다는 말을 들었다는 부분은 피고인이 아닌 자가 피고인이 아닌 타인의 진술을 내용으로 하는 전문 진술 또는 그 전문 진술이 기재된 조서라 할 것인데, 피고인이 이를 증거로 함에 동의한 바 없을 뿐 아니라 원진술자인 이○○이 이 법정에서 함께 재판을 받고 있어 원진술자가 형사소송법 제316조 제2항 소정의 공판기일에 진술할 수 없는 경우에 해당하지도 않음이 분명하여 각 증거능력이 없다.

나아가 검사가 작성한 이○○에 대한 피의자진술조서의 진술기재 역시 당해 피고인이 내용을 부인하고 있으므로 증거능력이 인정될 수 없다. 따라서 검사가 제출한 증거만으로는 위 공소사실을 인정하기에 부족하고 달리 이를 인정할 증거가 없다. 따라서 이 부분 공소사실은 범죄의 증명이 없는 경우에 해당하므로 형사소송법 제325조 후단에 의하여 무죄를 선고한다.

Ⅱ 피고인특정의 기준

제248조 【공소의 효력 범위】 ① 공소의 효력은 **검사가 피고인으로 지정한 자에게만** 미친다.
② 범죄사실의 **일부**에 대한 공소는 그 효력이 **전부**에 미친다.
제254조 【공소제기의 방식과 공소장】 ① 공소를 제기함에는 **공소장을 관할법원에** 제출하여야 한다.
② 공소장에는 **피고인수에 상응한 부본**을 첨부하여야 한다.
③ 공소장에는 다음 사항을 기재하여야 한다.
  1. 피고인의 **성명** 기타 피고인을 특정할 수 있는 사항
  2. **죄명**
  3. 공소사실
  4. 적용법조
④ **공소사실의 기재**는 범죄의 시일, 장소와 방법을 명시하여 사실을 특정할 수 있도록 하여야 한다.
⑤ 수개의 범죄사실과 적용법조를 **예비적 또는 택일적**으로 기재할 수 있다.

> **제326조 【면소의 판결】** 다음 경우에는 판결로써 면소의 선고를 하여야 한다.
>   1. **확정판결**이 있은 때
>   2. **사면**이 있은 때
>   3. 공소의 **시효가 완성**되었을 때
>   4. 범죄 후의 법령개폐로 **형이 폐지**되었을 때

1. 문제점

제254조 제3항과 제248조와 관련하여 공소장에 피고인으로 적시된 자 외에 피고인으로 취급·행위하는 자가 있다면 누구를 피고인으로 보아야 하는가의 문제(실질적 의미)와 피고인으로 행위한 자의 절차를 어떻게 종결시킬 것인가의 문제(형식적 의미)이다.

2. 학설

피고인을 특정하는 기준과 관련하여 아래와 같은 학설의 대립이 있다.

가. 의사설 : 검사의 의사를 기준으로 특정한다. 검사의 자의를 허용한다는 비판이 있다.

나. 표시설 : 공소장에 피고인으로 표시된 자로 특정한다. 공판정에 출석해 피고인으로 행위한 자를 절차상 방치한다는 비판이 있다.

다. 행위설 : 실제로 피고인으로 행위하거나 피고인으로 취급된 자로 특정한다. 인정기준이 부동적이어서 절차안정성이 확보되지 않는다는 비판이 있다.

라. 실질적 표시설 : 표시설을 중심으로 행위설과 의사설을 함께 고려하는 견해로, 절차의 확실성과 구체적 타당성을 고려하는 본설이 타당하다.

3. 판례

타인의 성명과 생년월일을 사칭하여 기소된 경우에 그 공소의 효력은 **명의를 사칭한 자에 대하여만** 미치고 그 명의를 모용당한 자에게는 미치지 아니한다(대판 1984.9.25. 84도1610). 피고인 불특정시 제254조 제3항의 법률의 절차를 위배하여 공소가 제기된 것으로 제327조 제2호에 의하여 공소기각판결 대상이 된다.

III 성명모용

> **제298조【공소장의 변경】** ① 검사는 **법원의 허가**를 얻어 공소장에 기재한 공소사실 또는 적용법조의 **추가, 철회 또는 변경**을 할 수 있다. 이 경우에 법원은 **공소사실의 동일성을 해하지 아니하는 한도**에서 허가하여야 한다.
> ② 법원은 심리의 경과에 비추어 상당하다고 인정할 때에는 공소사실 또는 적용법조의 추가 또는 변경을 요구하여야 한다.
> ③ 법원은 공소사실 또는 적용법조의 추가, 철회 또는 변경이 있을 때에는 그 사유를 신속히 피고인 또는 변호인에게 **고지하여야** 한다.
> ④ 법원은 전3항의 규정에 의한 공소사실 또는 적용법조의 추가, 철회 또는 변경이 **피고인의 불이익을 증가할 염려가 있다고 인정한 때**에는 직권 또는 피고인이나 변호인의 청구에 의하여 피고인으로 하여금 필요한 방어의 준비를 하게 하기 위하여 결정으로 필요한 기간 **공판절차를 정지할 수 있다**.
> **제327조【공소기각의 판결】** 다음 경우에는 판결로써 공소기각의 선고를 하여야 한다.
> 2. 공소제기의 절차가 법률의 규정에 위반하여 무효인 때

1. 개념

피의자가 수사단계에서 타인의 성명, 주소 등을 사칭함으로써 공소장에 피모용자의 성명 등이 기재된 경우(甲이 乙의 성명을 모용하여 乙의 이름으로 공소가 제기된 경우), 즉, 피모용자의 이름으로 공소가 제기된 경우를 성명모용이라 말한다.

2. 피고인으로 되는 자 – 피고인 특정

성명모용 사안은 ① 누구에게 공소제기의 효력이 미치는가, ② 누구에게 기판력이 미치게 되는가를 중심으로 검토하여야 하는데, 이는 피고인 특정의 문제에 해당한다.

가. 실질적 피고인

공소장에 피모용자가 피고인으로 표시되었다고 하더라도 이는 **당사자의 표시상의 착오일 뿐**이고 검사는 모용자에 대하여 공소를 제기한 것이므로 **모용자**가 피고인이다(대판 1997.11.28. 97도2215 등).

나. 형식적 피고인

검사의 공소제기효력은 모용자에게만 미치므로 **원칙적으로 피고인이 아니나, 피모용자가 실체심리에 관여하거나 소송행위를 한 경우**에는 형식적 피고인의 지위를 갖는 것에 불과하다.

3. 공판심리 중 밝혀진 경우 모용관계를 바로잡기 위한 방법

가. 모용자가 출석한 경우

(1) 검사의 조치

(가) 공소장 변경가부

피고인은 모용자이므로, 피고인에 실질적 변경이 없어 방어권 보호의 문제가 생기지 않고, 제298조는 공소사실과 적용법조만을 대상으로 하므로, **공소장변경의 대상이 아니다.**

(나) 공소장 정정

피의자가 다른 사람의 성명을 모용한 탓으로 공소장에 피모용자가 피고인으로 표시되었다 하더라도 이는 **당사자의 표시상의 착오**일 뿐이고 **검사는 모용자에 대하여 공소를 제기한 것**이므로 모용자가 피고인이 되고 피모용자에게 **공소의 효력이 미친다고 할 수 없고**, 이와 같은 경우 검사는 공소장의 **인적사항의 기재를 정정**하여 피고인의 표시를 바로잡아야 하는 것인 바, 이는 피고인의 표시상의 착오를 정정하는 것이지 공소장을 변경하는 것이 아니므로 형사소송법 제298조에 따른 공소장변경의 절차를 밟을 필요가 없고 법원의 허가도 필요로 하지 아니한다(대판 1993.1.19. 92도2554).

(2) 법원의 조치

검사가 피고인 표시를 정정하여 모용관계를 바로잡지 않은 경우, 특정여부는 공소장에 기재된 인적사항을 기준으로 보면 피고인이 특정되어 공소기각판결하면 안 되며 심리를 진행하여야 한다는 견해도 있으나 통설과 판례는 **인적사항이 피모용자로 기재되어 있어 모용자에 대해 공소장 기재가 특정되었다고 할 수 없어 공소기각을 하여야** 한다고 본다.

> **관련판례** 이 사건 공소장기재에 의하면 피고인을 乙로 기재하고 있고 이 사건 공소사실은 그와 다른 사람인 甲에 대한 것인데 동 甲이 피고인 乙의 성명, 본적, 주소 등 인적 사항을 모용하였기 때문에 검사가 피고인을 甲으로 오인하여 공소를 제기하였다는 것인 즉 甲에 대한 공소로서는 이 사건 공소장의 기재는 동 **甲을 특정할 수 없는 것**이어서 이 사건 공소는 결국 공소제기의 방식이 **형사소송법 제254조의 규정에 위반하여 무효이므로 공소기각판결**을 하여야 한다(대판 1982.10.12. 82도2078).

나. 피모용자가 공판정에 출석한 경우

특히 피모용자에게 약식명령이 송달됨으로써 피모용자가 정식재판을 청구하고 공판정에 출석하여 피고인으로 행동한 경우에 **형식적 피고인**이 되는 바, 각각 어떤 소송절차를 진행하는지가 문제된다(피모용자는 외관제거의 문제가, 모용자는 절차보장의 문제가 발생함).

(1) 피모용자에 대한 조치

피모용자에 대하여 ① 정식재판청구기각결정(제455조 제1항)설과 ② 제327조 제2호 유추적용설이 대립한다.

> **관련판례** 사실상의 소송계속이 발생하고 형식 또는 외관상 피고인의 지위를 갖게 된 경우 법원으로서는 **피모용자에게 적법한 공소제기가 없었음을 밝혀주는 의미**에서 **제327조 제2호를 유추적용**하여 공소기각의 판결을 함으로써 피모용자의 불안정한 지위를 해소해주어야 한다(대판 1993.1.19. 92도2554).

피모용자가 공판정에 출석하여 피고인으로 행동한 이상 **제327조 제2호를 유추적용**하여 공소기각의 판결을 함으로써 피모용자의 불안정한 지위를 해소해주는 것이 타당하다.

(2) 모용자에 대한 조치

실질적 피고인인 모용자에 대하여는 절차보장의 문제가 발생한다. 왜냐하면 절차보장이 형식적 피고인인 피모용자에게만 이루어졌기 때문이다. 이에 대하여 ① 정식재판절차설(소송경제상 정식재판부터 바로 시작하면 된다는 입장)과 ② 약식절차설(절차보장을 위하여 모용자에게 다시 약식명령을 송달하여야 한다는 입장)이 대립하나, 아래의 판례와 같이 모용자에게 다시 약식명령을 송달하고 절차보장을 해주는 것이 타당하다. 다만, 그 소송의 효력은 명의를 사칭한 모용자에 대해서만 미치고 그 명의를 모용당한 피모용자에게는 미치지 아니하므로 공소제기의 절차가 법률의 규정에 위반하여 무효라는 이유로 피모용자에게 공소기각의 판결을 하고 그 판결이 확정되었다고 하여 모용자에 대하여 별도로 기소하여야 하는 것이 아니다(대판 1981.7.7. 81도182).

> **관련판례** 피모용자가 정식 재판을 청구하였다 하여도 모용자에게는 아직 약식명령의 송달이 없었다 할 것이어서 검사는 공소장에 기재된 피고인의 표시를 정정할 수 있으며, 법원은 이에 따라 약식명령의 피고인 표시를 경정할 수 있고, 본래의 **약식명령 정본과 함께 이 경정결정을 모용자에게 송달하면 이때에 약식명령의 적법한 송달이 있다고 볼 것**이며, 이에 대하여 소정의 기간 내에 정식 재판의 청구가 없으면 약식명령은 확정된다(대판 1993.1.19. 92도2554. 대판 1997.11.28. 97도2215).

4. 판결확정 후 모용사실이 판명된 경우

가. 유죄판결의 효력이 미치는 자

공소효력이 미치지 않는 자에게 판결의 효력이 미치지 않으므로 피모용자에게 판결의 효력은 미치지 않는다. 다만 수형인명부에 기재되어 불이익당할 우려가 있으므로 구제방법이 문제된다.

나. 피모용자에 대한 구제방법

피모용자에 대한 구제방법에 대하여 다음과 같은 학설의 대립이 있다.

(1) 재심설: 피모용자에 대해 유죄판결확정, 따라서 재심으로 피모용자에게 무죄판결을 선고하도록 해야 한다는 견해이다.

(2) 전과말소설: 피모용자가 검사에게 전과말소를 신청해 검사 결정으로 수형자명부의 전과기재를 말소하면 된다는 견해이다.

(3) 비상상고설: 전과말소는 미온적이고 이 경우에 이 사건 심판이 법령에 위반된 것으로 보아 비상상고(제441조)에 의해 판결을 파기하고 피고사건에 다시 판결하여야 한다는 견해이다.

(4) 검토: 판결확정 후 10일 이내인 경우는 제400조에 의한 판결정정의 방법도 고려할 수 있으나 그 기간이 도과한 경우는 사실상 판결을 정정할 방법이 없다. 따라서 명확한 증빙자료가 존재한다면 비상상고를 이용하는 것이 실질적 구제수단으로 타당하다. 형식적 소송조건의 흠결을 간과한 위법을 바로잡는 것이므로 재심보다는 비상상고가 적절하다고 본다.

IV 위장출석

1. 개념

공소장에 피고인으로 표시된 이외의 자가 공판정에 출석하여 공소장에 표시된 피고인인양 가장하고 소송활동을 하는 경우(가령, 검사가 甲을 피고인으로 지정하여 공소를 제기하였으나, 乙이 甲인 것처럼 행동하여 법원이 심리를 진행하는 것)를 위장출석이라 한다.

2. 피고인으로 되는 자

공소장에 표시된 자는 실질적 피고인(甲)이고, 위장출석자는 형식적 피고인(乙)이 된다.

3. 형식적 피고인을 절차에서 배제하는 방법

위장출석논의는 각 단계별 피고인이 누구인가를 언급하고 형식적 피고인에 대한 절차배제와 공소제기의 효력 문제가 논의된다.

가. 인정신문의 단계

위장출석자인 형식적 피고인을 퇴정시키고, **실질적 피고인을 소환하면 된다.**

나. 사실심리의 단계

위장출석자인 형식적 피고인에 대해선 **제327조 제2호의 공소기각판결을 유추적용**하고, 실질적 피고인에 대해선 다시 공소를 제기할 필요가 없이 실질적 피고인을 소환하여 처음부터 절차를 진행하면 된다.

다. 판결선고 후 단계

판결이 선고된 후에는 판결의 효력이 형식적 피고인인 위장출석자에게만 미치므로 위장출석자의 상소에 의하여 공소기각 판결을 선고하고, 진정한 피고인에 대하여는 제1심 공판절차를 다시 새롭게 진행하여야 한다.

라. 판결확정 후 단계

① 재심설(유죄판결의 확정이 되었으나 무죄사유가 존재하므로 재심으로 구제함이 타당함(제420호 제5호). 그러나 증거의 신규성이 존재하는지 의문이 있음)과 ② 비상상고설(형식적 소송조건 흠결을 간과한 위법이 있다고 보아 비상상고를 통해 구제함이 타당함)이 대립한다. 재심사유는 극히 제한적이므로 비상상고를 통해 신속히 구제할 수 있도록 함이 타당하다고 본다.

V. 위장자수

> **제420조 【재심이유】** 재심은 다음 각 호의 어느 하나에 해당하는 이유가 있는 경우에 유죄의 확정판결에 대하여 그 선고를 받은 자의 이익을 위하여 청구할 수 있다.
> 5. 유죄를 선고받은 자에 대하여 무죄 또는 면소를, 형의 선고를 받은 자에 대하여 형의 면제 또는 원판결이 인정한 죄보다 가벼운 죄를 인정할 명백한 증거가 새로 발견된 때

1. 개념

처음부터 범인임을 위장하여 자수한 자에 대하여 수사와 기소가 이루어진 경우를 위장자수라 한다. 위장자수 사안에서 공소제기 후 수사의 쟁점을 논하는 경우가 있으나, 위장자수 사안은 A죄로 위장자수하여 진범인이 밝혀지면, 위장자수인에 대하여 범인도피죄라는 별개의 죄로 수사가 진행되는 것이므로 공소제기 후 수사의 문제가 아니다. 공소제기 후 수사의 문제는 A죄로 기소한 후 A죄로 수사를 하는 경우, 공판중심주의와 당사자주의를 침해하여 그 수사를 제한하여야 한다는 논의이기 때문이다.

2. 피고인으로 되는 자

수사와 공소제기가 모두 위장자수한 자에 대하여 이루어졌고, 피고인은 진범인임을 요하지 않으므로 피고인임에는 의문의 여지가 없다. 따라서 성명모용이나 위장출석과 달리 피고인이 특정됨에는 문제가 없다.

3. 법원과 검사의 조치

가. 법원 심리 중 판명된 경우

(1) 법원의 조치

불고불리원칙상 범인도피심증이 형성되어도 이에 대해 심판할 수 없고, 위장자수인에 무죄판결을 선고하여야 한다.

(2) 검사의 조치

(가) 범인도피죄로 공소장변경가부

범죄사실과 범인도피사실[60] 사이에는 기본적 사실이 서로 다르므로 공소사실의 동일성이 인정되지 않아 공소장변경은 불가하고, 범인도피죄로 처벌하고 싶다면 범인도피(은닉)죄로 처음부터 수사를 한 후 별도로 공소제기를 하여야 한다.

(나) 현재의 절차를 중지하는 방법

검사가 스스로 공소취소(제255조, 제328조)를 하거나, 검사의 객관의무에 기하여 무죄취지변론을 하는 방법이 있다.

---

[60] 진범인을 대신한 위장자수가 범인은닉죄를 구성한다는 것이 통설과 판례(대판 1996.6.14. 96도1016; 대판 2000.11.24. 2000도4078).

나. 판결확정 후 판명된 경우

(1) 판결의 효력이 미치는 자

위장자수를 한 경우에 피고인은 진범이 아니라 위장자수자이므로 위장자수 사실을 간과한 판결이 확정되면 그 효력은 **위장자수한 피고인**에게 미치고 **진범인**에게는 미치지 않는다.

(2) 위장자수인이 무죄를 주장하여 재심청구가 가능한지 여부

제420조 제5호의 증거의 명백성 요건은 충족하나, 진범을 알고 있었던 위장자수인에게도 새로운 증거여야 하는지 여부, 즉 **증거의 신규성이 누구에 대해 존재하여야 하는가**가 문제된다.

재심청구가 가능하다는 ① **적극설**(증거의 신규성은 법원에 대한 관계에서 존재하면 족하다는 점, 따라서 유죄판결이 확정된 후에 위장자수한 사실이 판명된 경우는 유죄판결을 받은 자에 대하여 무죄를 인정할 명백한 증거가 새로 발견된 경우에 해당한다는 점 등을 고려하여 재심이 허용된다는 견해)과 재심청구를 할 수 없다는 ② **소극설**(위장자수한 자의 재심청구를 허용한다는 것은 금반언의 원칙에 반한다는 점, 유죄판결이 확정된 후에 위장자수한 사실이 판명된 경우는 증거의 신규성이 인정 되지 않는다는 점을 들어 재심이 허용되지 않는다는 견해)이 대립한다.

재심청구인이 자신의 **책임 있는 사유**(고의 또는 과실)로 **법원의 판단을 그르치게 한** 사정이 있는 경우는 신규성을 부인하는 것이 판례이므로 위장자수의 경우도 신규성을 부정할 것이다.

(3) 범인도피죄에 대한 유죄판결의 가능성

일사부재리효의 객관적 범위와 관련되는바, **범죄사실과 범인도피사실 간에는 기본적 사실이 서로 달라 동일성이 인정되지 않는다**. 따라서 검사의 범인도피죄에 대한 별도의 공소제기는 유효하고 법원은 실체심리 후에 유죄판결이 가능하다. 설사 범죄사실에 대하여 유죄판결이 확정되었다고 하더라도 다시 범인도피죄로 기소할 수 있고, 죄질·행위·결과 등 모든 점에서 동일성이 인정되지 아니하므로 "기판력의 객관적 범위"가 달라 전소의 범죄사실의 기판력은 범인도피사건에 미치지 않는다. 따라서 법원은 범인도피죄사건의 실체를 심리하여 유죄가 인정되면 범인도피죄의 유죄판결을 선고할 수 있다.

(4) 진범에 대한 유죄판결 가능성

일사부재리효의 주관적 범위와 관련되는바, 일사부재리효력은 공소제기된 피고인에 대해서만 미치므로, **검사는 진범에 대하여 공소를 제기할 수 있고, 법원은 실체 심리하여 유죄판결할 수 있다**(기판력의 주관적 범위).

Ⅵ 진술거부권

> **제244조의3 【진술거부권 등의 고지】** ① 검사 또는 사법경찰관은 피의자를 신문하기 전에 다음 각 호의 사항을 알려주어야 한다.
> 1. 일체의 **진술을 하지 아니하거나** 개개의 질문에 대하여 **진술을 하지 아니**할 수 있다는 것
> 2. 진술을 하지 아니하더라도 **불이익을 받지 아니한다는 것**
> 3. 진술을 거부할 권리를 **포기하고** 행한 진술은 법정에서 **유죄의 증거로 사용될 수 있다는 것**
> 4. 신문을 받을 때에는 변호인을 참여하게 하는 등 **변호인의 조력을 받을 수 있다는 것**
> ② 검사 또는 사법경찰관은 제1항에 따라 알려 준 때에는 피의자가 진술을 거부할 권리와 변호인의 조력을 받을 권리를 행사할 것인지의 여부를 질문하고, **이에 대한 피의자의 답변을 조서에 기재**하여야 한다. 이 경우 피의자의 답변은 피의자로 하여금 **자필로 기재**하게 하거나 검사 또는 사법경찰관이 피의자의 답변을 기재한 부분에 **기명날인 또는 서명**하게 하여야 한다.
>
> **제266조의8 【검사 및 변호인 등의 출석】** ⑥ 재판장은 출석한 피고인에게 진술을 거부할 수 있음을 알려주어야 한다.
>
> **제283조의2 【피고인의 진술거부권】** ① 피고인은 진술하지 아니하거나 개개의 질문에 대하여 진술을 거부할 수 있다.
> ② 재판장은 피고인에게 제1항과 같이 진술을 거부할 수 있음을 고지하여야 한다.
>
> **제312조 【검사 또는 사법경찰관의 조서 등】** ③ **검사 이외의 수사기관이 작성한 피의자신문조서는 적법한 절차와 방식에 따라 작성된 것으로서** 공판준비 또는 공판기일에 그 피의자였던 피고인 또는 변호인이 그 **내용을 인정할 때**에 한하여 증거로 할 수 있다.
> ④ 검사 또는 사법경찰관이 피고인이 아닌 자의 진술을 기재한 조서는 적법한 절차와 방식에 따라 작성된 것으로서 그 조서가 검사 또는 사법경찰관 앞에서 진술한 내용과 동일하게 기재되어 있음이 원진술자의 공판준비 또는 공판기일에서의 진술이나 영상녹화물 또는 그 밖의 **객관적인 방법에 의하여 증명**되고, 피고인 또는 변호인이 공판준비 또는 공판기일에 그 기재 내용에 관하여 원진술자를 **신문할 수 있었던 때**에는 증거로 할 수 있다. 다만, 그 조서에 기재된 진술이 **특히 신빙할 수 있는 상태**하에서 행하여졌음이 증명된 때에 한한다.

1. 개념

피고인 또는 피의자가 공판절차 또는 수사절차에서 법원 또는 수사기관의 신문에 대하여 진술을 거부할 수 있는 권리를 말한다(헌법 제12조 제2항 및 형사소송법 제244조의3, 제266조의8 제6항, 제283조의2).

> **관련판례** 헌법 제12조는 제1항에서 적법절차의 원칙을 선언하고, 제2항에서 '모든 국민은 고문을 받지 아니하며, 형사상 자기에게 불리한 진술을 강요당하지 아니한다.'고 규정하여 진술거부권을 국민의 기본적 권리로 보장하고 있다. 이는 형사책임과 관련하여 비인간적인 자백의

강요와 고문을 근절하고 인간의 존엄성과 가치를 보장하려는 데에 그 취지가 있다. 그러나 진술거부권이 보장되는 절차에서 진술거부권을 고지 받을 권리가 **헌법 제12조 제2항에 의하여 바로 도출된다고 할 수는 없고**, 이를 인정하기 위해서는 입법적 뒷받침이 필요하다(대판 2014.1.16. 2013도5441).

2. 진술거부권과 자백의 임의성의 관계(진술거부권 불고지의 효과)

가. 학설

① **구별설**(자백배제법칙과 위수증의 구별) ② **비구별설**(자백배제법칙은 위수증의 특칙)이 대립하나, 자백배제법칙을 위법수집증거배제법칙의 특칙으로 보아 어떤 경우에건 진술거부권을 고지하지 않는 경우에는 진술의 임의성이 인정되는 경우라도 증거능력을 배제하여야 한다. 피의자신문조서 자체를 위법수집증거배제법칙으로 증거능력을 배제하거나 피의자신문조서의 내용 중 '자백' 부분만을 한정하여 자백배제법칙을 적용하여 증거능력을 배제하더라도 그 결과에 차이는 전혀 없다고 볼 것이다.

나. 판례

형사소송법 제200조 제2항은 검사 또는 사법경찰관이 출석한 피의자의 진술을 들을 때에는 미리 피의자에 대하여 진술을 거부할 수 있음을 알려야 한다고 규정하고 있는 바, 이러한 피의자의 진술거부권은 헌법이 보장하는 형사상 자기에게 불리한 진술을 강요당하지 않는 자기부죄거부의 권리에 터 잡은 것이므로 수사기관이 피의자를 신문함에 있어 피의자에게 미리 진술거부권을 고지하지 않은 때에는 **그 피의자의 진술은 ① 위법하게 수집된 증거**로서 **② 진술의 임의성이 인정되는 경우라도** 증거능력이 부정되어야 한다(대판 1992.6.23. 92도682).

다. 소결

판례는 위법수집증거배제법칙을 통하여 증거능력을 부정하고 있다고 볼 수 있다. 자백배제법칙으로 증거능력을 부정하였다면 '진술의 임의성이 인정되는 경우라도'라는 표현은 사용할 수 없었을 것이기 때문이다. 나아가 제312조 제1항과 제3항은 '적법한 절차와 방식에 따라서 작성된 것'임을 요하고 있으므로 진술거부권의 불고지는 전문법칙상 위 요건 역시 검토될 수 있다. 그러므로 진술거부권을 고지하지 않았다면 전문법칙상의 위 '적법한 절차와 방식에 따라서 작성된 것'이라는 요건을 갖추지 못하여 증거능력을 인정할 수 없게 되고 나아가 위법수집증거로서도 그 증거능력을 배척하게 될 것이다. 그렇다면 이 증거는 증거동의의 대상이 될 수 없을 뿐 아니라 **탄핵증거로도 사용될 수 없다.**

3. 내용

가. 주체

헌법상 모든 국민에게 진술거부권이 보장되므로 제한이 없으나, 피내사자나 참고인 그 어떤 형식으로 진술을 하더라도 실질적으로 형사상 자기에게 불리한 내용은 진술을 거부할 수 있다고 볼 것이다. 현재 실무는 실질적으로 진술자 내지 공범자에 대한 피의사실 관련 내용이 진술되는 경우라면, 참고인진술조서나 수사기관에서 진술서를 받는 경우 모두 진술거부권 고지를 하고 있다.

나. 범위

유리불리 불문하며, 여기서 말하는 진술이란 생각이나 지식, 경험사실을 정진작용의 일환인 언어로 표출하는 것을 뜻한다61). 인정신문에서 진술거부권을 행사할 수 있는지 문제되나, 현행법이 제283조의2를 규정하면서 인정신문규정인 법 제284조 앞에 위치하도록 한 점에서 인정신문에도 진술거부권이 인정된다고 볼 수 있는 근거가 된다고 본다.

다. 고지

근거(피의자-제244조의3, 피고인-제283조의2 제2항), 방법, 불고지 효과

> [관련판례] 형사소송법에 규정된 피의자의 진술거부권은 헌법 제12조 제2항의 형사상 자기에 불리한 진술을 강요당하지 않는 자기부죄거부의 권리에 터 잡은 것으로(대판 1992.6.23. 92도682. 대판 2009.8.20. 2008도8213 등 참조), 이를 실질적으로 보장하기 위하여 2007. 6. 1. 법률 제8496호로 개정된 형사소송법 제244조의3은 제1항에서 검사 또는 사법경찰관은 피의자를 신문하기 전에 "일체의 진술을 하지 아니하거나 개개의 질문에 대하여 진술을 하지 아니할 수 있다는 것"(제1호) 등의 사항을 알려주어야 한다고 규정하고, 제2항에서 "검사 또는 사법경찰관은 제1항에 따라 알려 준 때에는 피의자가 진술을 거부할 권리를 행사할 것인지의 여부를 **질문**하고, 이에 대한 피의자의 **답변을 조서에 기재하여야** 한다. 이 경우 피의자의 답변은 피의자로 하여금 자필로 기재하게 하거나 검사 또는 사법경찰관이 피의자의 답변을 기재한 부분에 기명날인 또는 서명하게 하여야 한다"고 규정하여 진술거부권 행사 여부에 관한 답변 기재 방식의 절차를 구체적으로 규정하고 있다. 한편 형사소송법 제312조 제3항은 **검사 이외의 수사기관이 작성한 피의자신문조서의 증거능력이 인정되려면 "적법한 절차와 방식에 따라 작성된 것"이어야** 한다고 규정하고 있다. 여기서 '적법한 절차와 방식'이라 함은 피의자에 대한 조서 작성 과정에서 지켜야 할 진술거부권의 고지 등 **형사소송법이 정한 제반 절차를 준수하고 조서의 작성 방식에도 어긋남이 없어야 한다는 것**을 의미한다(대판 2012.5.24. 2011도7757. 대판 2013.3.28. 2010도3359).

---

61) 헌법 제12조 제2항은 진술거부권을 보장하고 있으나, 여기서 "진술"이라함은 생각이나 지식, 경험사실을 정신작용의 일환인 언어를 통하여 표출하는 것을 의미하는데 반해, 도로교통법 제41조 제2항에 규정된 음주측정은 호흡측정기에 입을 대고 호흡을 불어 넣음으로써 신체의 물리적, 사실적 상태를 그대로 드러내는 행위에 불과하므로 이를 두고 "진술"이라 할 수 없고, 따라서 주취운전의 혐의자에게 호흡측정기에 의한 주취여부의 측정에 응할 것을 요구하고 이에 불응할 경우 처벌한다고 하여도 이는 형사상 불리한 "진술"을 강요하는 것에 해당한다 할 수 없으므로 헌법 제12조 제2항의 진술거부권조항에 위배되지 아니한다(헌재 1997.3.27. 96헌가11).

위와 같은 규정들에 비추어 보면 비록 사법경찰관이 피의자에게 진술거부권을 행사할 수 있음을 알려 주고 그 행사 여부를 질문하였다 하더라도, 형사소송법 제244조의3 제2항에 규정한 방식에 위반하여 진술거부권 행사 여부에 대한 피의자의 답변이 자필로 기재되어 있지 아니하거나 그 답변 부분에 피의자의 **기명날인 또는 서명이 되어 있지 아니한 사법경찰관 작성의 피의자신문조서는 특별한 사정이 없는 한** 형사소송법 제312조 제3항에서 정한 '적법한 절차와 방식에 따라 작성'된 조서라 할 수 없으므로 그 증거능력을 인정할 수 없다.

라. 포기

포기가 가능한지에 대하여 ① 진술거부권을 행사하지 않고 진술을 하는 것은 진술거부권의 포기를 의미, 그 포기여부는 개개의 신문을 기준으로 판단한다는 **긍정설**과 ② 진술거부권을 행사하지 않고 진술할 수 있으나, 언제나 진술을 거부할 수 있기 때문에 이를 진술거부권의 포기라고 할 수는 없다는 **부정설**이 대립하나, **포기와 불행사를 구별**하여야 한다는 점과 진술거부권은 **헌법상 기본권이자 공권이므로 포기가 불가능**하다고 봄이 타당하다.

> **관련판례** 피의자에 대한 진술거부권 고지는 피의자의 진술거부권을 실효적으로 보장하여 진술이 강요되는 것을 막기 위해 인정되는 것인데, 이러한 진술거부권 고지에 관한 형사소송법 규정 내용 및 진술거부권 고지가 갖는 실질적인 의미를 고려하면 **수사기관에 의한 진술거부권 고지 대상이 되는 피의자 지위는 수사기관이 조사대상자에 대한 범죄혐의를 인정하여 수사를 개시하는 행위를 한 때 인정되는 것**으로 보아야 한다. 따라서 이러한 피의자 지위에 있지 아니한 자에 대하여는 진술거부권이 고지되지 아니하였더라도 진술의 증거능력을 부정할 것은 아니다(대판 2011.11.10. 2011도8125).

4. 양형고려 가부

진술거부권을 고지하였다는 것을 이유로 양형의 가중요소로 삼을 수 있는지가 문제된다. 이에 대하여 ① **적극설**(범인의 개전이나 회오는 양형에서 고려해야 할 사정이고, 개전의 정을 표시한 자와 진술거부권을 행사한 자를 같이 처벌하는 것은 불합리)과 ② **소극설**(피고인의 진술의 자유를 보장하기 위하여)이 대립한다.

판례는 형법 제51조 제4호에서 양형의 조건의 하나로 정하고 있는 범행 후의 정황 가운데에는 형사소송절차에서의 피고인의 태도나 행위를 들 수 있는데, **모든 국민은 형사상 자기에게 불리한 진술을 강요당하지 아니할 권리가 보장되어 있으므로**(헌법 제12조 제2항), 형사소송절차에서 피고인은 방어권에 기하여 범죄사실에 대하여 진술을 거부하거나 거짓 진술을 할 수 있고, 이 경우 범죄사실을 단순히 부인하고 있는 것이 죄를 반성하거나 후회하고 있지 않다는 **인격적 비난요소로 보아 가중적**

양형의 조건으로 삼는 것은 결과적으로 피고인에게 자백을 강요하는 것이 되어 허용될 수 없다고 할 것이나 그러한 태도나 행위가 **피고인에게 보장된 방어권** 행사의 범위를 넘어 객관적이고 명백한 증거가 있음에도 진실의 발견을 적극적으로 숨기거나 법원을 오도하려는 시도에 기인한 경우에는 가중적 양형의 조건으로 참작될 수 있다(대판 2001.3.9. 2001도192)고 판시한 바 있다.

관련쟁점	제3자에 대한 신문조서가 피고인의 유죄의 증거로 제출될 경우도 당해 피고인이 진술거부권의 불고지를 이유로 증거능력 배제를 주장할 수 있을 것인가

<u>판례분석</u> 피의자의 진술을 녹취 내지 기재한 서류 또는 문서가 수사기관에서의 조사과정에서 작성된 것이라면, 그것이 '진술조서, 진술서, 자술서'라는 형식을 취하였다고 하더라도 **피의자신문조서**와 달리 볼 수 없고(대판 2004.9.3. 2004도3588 등 참조), 한편 형사소송법이 보장하는 피의자의 진술거부권은 헌법이 보장하는 형사상 자기에 불리한 진술을 강요당하지 않는 자기부죄거부의 권리에 터 잡은 것이므로 수사기관이 피의자를 신문함에 있어서 **피의자에게 미리 진술거부권을 고지하지 않은 때**에는 그 피의자의 진술은 위법하게 수집된 증거로서 진술의 임의성이 인정되는 경우라도 증거능력이 부인되어야 한다(대판 1992.6.23. 92도682 등 참조).

원심은, 검사가 2006. 8. 16. 공소외 1에 대하여 국가보안법위반죄로 구속영장을 청구하여 2006. 8. 18. 서울중앙지방법원으로부터 구속영장을 발부받았는데, 그 구속영장의 범죄사실에는 공소외 1이 연계된 공범들과 공모하여 국가보안법을 위반하였다는 등의 내용이 포함되어 있었던 사실, 그 후 검사는 공소외 1에 대한 피의자신문을 하면서 공범들과의 조직구성 및 활동 등에 관하여 신문을 하였으나, 공소외 1이 진술을 거부한 사실, 검사는 2006. 9. 12. 공소외 1을 국가보안법위반죄 등으로 구속 기소한 이후, 2006. 9. 19. 공소외 1을 재차 소환하여 피고인 등 공범들과의 조직구성 및 활동 등에 관한 신문을 하면서 피의자신문조서의 형식이 아니라 일반적인 진술조서의 형식으로 위 진술조서를 작성한 사실을 인정한 다음, 위 공소외 1에 대한 진술조서가 진술조서의 형식을 취하였다고 하더라도 그 내용은 피의자의 진술을 기재한 피의자신문조서와 실질적으로 같고, 그런데도 기록상 검사가 공소외 1의 진술을 들음에 있어 공소외 1에게 미리 진술거부권이 있음을 고지한 사실을 인정할 만한 아무런 자료가 없으므로, 진술의 임의성이 인정되는 경우라도 위법하게 수집된 증거로서 증거능력이 없어 피고인에 대한 유죄의 증거로 쓸 수 없다(대판 2009.8.20. 2008도8213).

<u>판례쟁점분석</u> 1. 공소외 1에 대한 진술조서를 작성함에 있어 진술거부권을 고지하여야 하는지 여부

실질적으로 공소외 1을 국가보안법위반죄 등으로 구속 기소한 이후, 2006. 9. 19. 공소외 1을 재차 소환하여 참고인으로 조사를 하면서도 피고인 등 공범들과의 조직구성 및 활동 등에 관하여 신문한 것이므로 이는 참고인 조사의 형식을 취했다고 하더라도 실질적으로 피의자신문을 한 것으로 보아야 한다. 따라서 공소외 1은 피의자이므로 진술거부권을 고지하여야 한다.

2. 공소외 1에 대한 진술조서와 전문법칙

앞서 본 바와 같이 공소외 1에 대한 참고인조사의 형식을 취하였다고 하더라도 이는 피의자신문을 한 것이므로 그 조서는 진술조서가 아니라 피의자신문조서로 보아야 한다. 판례도 피의자의 진술을 녹취 내지 기재한 서류 또는 문서가 수사기관에서의 조사과정에서 작성된 것이라면, 그것이 '진술조서, 진술서, 자술서'라는 형식을 취하였다고 하더라도 피의자신문조서와 달리 볼 수 없다(대판 2004.9.3. 2004도3588 등 참조)고 판시하였다. 따라서 본 진술조서는 공소외 1에 대하여는 형사소송법 제312조 제4항이 아니라 제312조 제1항과 제2항이 적용되어야 하나 사안은 당해 피고인에 대하여 유죄의 증거로서 제출된 공범관계에 있는 자의 피의자신문조서라는 점에서 형사소송법 제312조 제4항이 적용되게 된다.

3. 진술거부권을 고지하지 않은 조서의 증거능력

가. 진술거부권을 고지하지 않은 조서의 증거능력

판례는 형사소송법 제200조 제2항은 검사 또는 사법경찰관이 출석한 피의자의 진술을 들을 때에는 미리 피의자에 대하여 진술을 거부할 수 있음을 알려야 한다고 규정하고 있는 바, 이러한 피의자의 진술거부권은 헌법이 보장하는 형사상 자기에게 불리한 진술을 강요당하지 않는 자기부죄거부의 권리에 터잡은 것이므로 수사기관이 피의자를 신문함에 있어 피의자에게 미리 진술거부권을 고지하지 않은 때에는 그 피의자의 진술은 ① **위법하게 수집된 증거로서** ② **진술의 임의성이 인정되는 경우라도 증거능력이 부정되어야 한다**(대판 1992.6.23. 92도682)고 판시하였다.

나. 제3자에 대한 신문조서가 피고인의 유죄의 증거로 제출될 경우도 당해 피고인이 진술거부권의 불고지를 이유로 증거능력 배제를 주장할 수 있을 것인지 여부

① 미국의 경우 미란다 원칙을 위반한 경우에는 증거로 할 수 없으나, 이 때에도 위법수집증거 배제원칙의 예외이론이 적용된다. 따라서 피고인은 당사자적격이 있어야 배제를 주장할 수 있다[Couch v U.S., 409 U.S. 322 (1973)]. 즉 피고인은 피고인 자신이 아닌 다른 피의자나 다른 피고인에 대해 미란다 원칙 위반이 있다는 이유로 진술의 증거능력 배제를 주장할 수 없다고 한다(안상수 검사, 법률신문 2008. 4. 7. 판례논단 중에서). 하지만 제3자인 공범에 대한 피의자신문조서를 작성함에 있어서 진술거부권을 고지하지 않았다고 하더라도 진술거부권은 헌법이 보장하는 형사상 자기에게 불리한 진술을 강요당하지 않는 자기부죄거부의 권리에 터잡은 것이므로 그 위법은 헌법상의 위법으로 중대한 위법이라 할 것이다. 그러므로 증거의 세계에서 영원히 배제하는 것이 타당하다. 개정법이 위법수집증거를 배제하고자 하는 의지를 명확히 표현하였다는 점에서도 당해 피고인에 대한 유죄의 증거로서 사용할 수 없다고 보아야 한다. 위 판례 역시 검사가 공소외 1의 진술을 들음에 있어 공소외 1에게 미리 진술거부권이 있음을 고지한 사실을 인정할 만한 아무런 자료가 없으므로, 진술의 임의성이 인정되는 경우라도 위법하게 수집된 증거로서 증거능력이 없어 피고인에 대한 유죄의 증거로 쓸 수 없다고 판시하였다.

② 종래 판례(대판 1992.6.23. 92도682)도 공범으로서 별도로 공소제기 된 다른 사건의 피고인 甲에 대한 수사과정에서 담당 검사가 피의자인 甲과 그 사건에 관하여 대화하는 내용과 장면을 녹화한 비디오테이프에 대한 법원의 검증조서는 이러한 비디오테이프의 녹화내용이 피의자의 진술을 기재한 피의자신문조서와 실질적으로 같다고 볼 것이므로 피의자신문조서에 준하여 그 증거능력을 가려야 한다고 하면서 검사가 위의 녹화 당시 위 甲의 진술을 들음에 있어 동인에게 미리 진술거부권이 있음을 고지한 사실을 인정할 자료가 없으므로 위 녹화내용은 위법하게 수집된 증거로서 증거능력이 없는 것으로 볼 수밖에 없고, **따라서 이러한 녹화내용에 대한 법원의 검증조서 기재는 공범인 乙에 대한 유죄증거로 삼을 수 없다고 판시하였는바** 이번 판례는 이를 명확히 하였다는 점에 의미가 있다고 볼 것이다.

5. 진술거부권의 고지와 변호사의 진실의무

가. 변호인의 공익적 지위

변호인의 기능은 기본적으로 피고인의 보호자로서 보호의무가 발생하지만, **피고인의 이익에 대해서는 정당한 이익에 제한**되며, 직무를 수행함에 있어서 **진실을 은폐하거나 허위의 진술을 하여서는 안 된다**(변호사법 제1조 제1항, 제24조 제2항). 이를 변호인의 공익적 지위에 의한 진실의무라고 한다.

나. 법적 조언과 진실의무의 조화

위와 같이 변호인은 실체적 진실발견 의무와 공정한 판결을 확보할 의무가 있다고 하지만 이러한 진실의무는 법관이나 검사에게 요구되는 객관의무와 달리 **소극적 의무**에 불과하다. 따라서 변호인은 법률상 허용되지 않는 수단이나 국가의 법질서에 반하는 변호활동을 할 수 없다는 의미이다. 묵비권의 행사를 권하는 것은 도의적으로 바람직하지 않은 경우도 있을 수 있지만 묵비권은 헌법상의 권리인 만큼 법률전문가로서 묵비권을 권하는 취지의 법적 조언은 상당하다고 판단된다.

다. 판례의 입장

변호사인 변호인에게는 변호사법이 정하는 바에 따라서 이른바 진실의무가 인정되는 것이지만, 변호인이 신체구속을 당한 사람에게 법률적 조언을 하는 것은 그 권리이자 의무이므로 변호인이 적극적으로 피고인 또는 피의자로 하여금 **허위진술**을 하도록 하는 것이 아니라 단순히 헌법상 권리인 진술거부권이 있음을 알려 주고 그 행사를 **권고**하는 것을 가리켜 변호사로서의 진실의무에 위배되는 것이라고는 할 수 없다(대결 2007.1.31. 2006모657).

> **관련판례 - 준항고기각결정에 대한 재항고** 형사소송법(이하 '법'이라고 한다) 제70조 제1항 제1호, 제2호, 제3호, 제199조 제1항, 제200조, 제200조의2 제1항, 제201조 제1항의 취지와 내용에 비추어 보면, 수사기관이 관할 지방법원 판사가 발부한 구속영장에 의하여 피의자를 구속하는 경우, 그 **구속영장은 기본적으로 장차 공판정에의 출석이나 형의 집행을 담보하기 위한 것**이지만, 이와 함께 법 제202조, 제203조에서 정하는 구속기간의 범위 내에서 수사기관이 법 제200조, 제241조 내지 제244조의5에 규정된 **피의자신문의 방식으로 구속된 피의자를 조사하는 등 적정한 방법으로 범죄를 수사하는 것도 예정하고 있다고 할 것이다.** 따라서 구속영장 발부에 의하여 적법하게 구금된 피의자가 피의자신문을 위한 출석요구에 응하지 아니하면서 수사기관 조사실에 출석을 거부한다면 **수사기관은 그 구속영장의 효력에 의하여 피의자를 조사실로 구인할 수 있다**고 보아야 한다. 다만 이러한 경우에도 그 **피의자신문 절차는** 어디까지나 법 제199조 제1항 본문, 제200조의 규정에 따른 **임의수사의 한 방법으로** 진행되어야 하므로, **피의자는 헌법 제12조 제2항과 법 제244조의3에 따라 일체의 진술을 하지 아니하거나 개개의 질문에 대하여 진술을 거부할 수 있고**, 수사기관은 피의자를 신문하기 전에 그와 같은 권리를 알려주어야 한다(대결 2013.07.01. 2013모160).

제4절 변호인

I 변호인의 선임

1. 사선 변호사

> **관련판례 - 변호인선임신고서 미제출 변호인의 재항고장 제출** [1] 형사소송법 제32조 제1항에서 **변호인의 선임은 심급마다 변호인과 연명날인한 서면으로 제출하여야 한다**고 규정하고 있다. 그리고 **변호인선임신고서를 제출하지 않은 변호인이 변호인 명의로 재항고장을 제출한 경우, 그 재항고장은 적법ㆍ유효한 재항고로서의 효력이 없다**(대결 2017.7.27. 2017모1377).
> [2] 재항고인이 제1심에서만 변호인선임신고서를 제출하고 원심과 재항고심에는 별도의 변호인선임신고서를 제출하지 않았는데, 재항고인의 제1심 변호인이 그 명의로 재항고장을 제출한 사안에서, **법정기간 내에 변호인선임신고서의 제출 없이 변호인 명의로 제출된 재항고장은 재항고의 효력이 없다고 한 사례**

2. 국선 변호사

> **관련판례 - 제1심의 집행유예판결에 대하여 항소심에서 징역형의 실형을 선고하는 경우에 있어 국선변호인 선임** 피고인에 대하여 제1심법원이 집행유예를 선고하였으나 검사만이 양형부당을 이유로 항소한 사안에서 항소심이 변호인이 선임되지 않은 피고인에 대하여 검사의 양형부당 항소를 받아들여 형을 선고하는 경우에는 **판결 선고 후 피고인을 법정구속한 뒤에 비로소 국선변호인을 선정하는 것보다는 피고인의 권리보호를 위해 판결 선고 전 공판심리 단계에서부터 형사소송법 제33조 제3항에 따라 피고인의 명시적 의사에 반하지 아니하는 범위 안에서 국선변호인을 선정해 주는 것이 바람직하다**(대판 2016.11.10. 2016도7622).

> **관련판례 - '국선변호인 선임시 피고인이 구속된 때'의 의미** 형사소송법 제33조 제1항 제1호에서 '**피고인이 구속된 때**'란 피고인이 **당해 형사사건**에서 구속되어 재판을 받고 있는 경우를 의미하고, **피고인이 별건으로 구속되어 있거나, 다른 형사사건에서 유죄로 확정되어 수형중인 경우는 이에 해당하지 않는다**(대판 2017.2.6. 2016도19006).

> **관련판례 - 국선변호인 선임시 '피고인이 심신장애의 의심이 있는 때'의 의미** [1] 형사소송법 제282조는 제33조 제1항의 필요적 변호 사건과 제2항, 제3항에 따라 국선변호인이 선정된 사건에 관하여는 변호인 없이 개정하지 못한다고 규정하고 있다. 헌법상 변호인의 조력을 받을 권리와 형사소송법에 국선변호인 제도를 마련한 취지 등에 비추어 보면, 법원이 국선변호인을 반드시 선정해야 하는 사유로 **형사소송법 제33조 제1항 제5호에서 정한 '피고인이 심신장애의 의심이 있는 때'**란 진단서나 정신감정 등 객관적인 자료에 의하여 피고인의 심신장애 상태를 확신할 수 있거나 그러한 상태로 추단할 수 있는 근거가 있는 경우는 물론, 범행의 경위, 범행의 내용과 방법, 범행 전후 과정에서 보인 행동 등과 아울러 피고인의 연령ㆍ지능ㆍ교육 정도 등 소송기록과 소명자료에 드러난 **제반 사정에 비추어 피고인의 의식상태나 사물에 대한 변별능력, 행위통제능력이 결여되거나 저하된 상태로 의심되어 피고인이 공판심리단계에서 효과적으로 방어권을 행사하지 못할 우려가 있다고 인정되는 경우를 포함한다.**

[2] 제1심이 피고인에 대한 폭행, 상해, 재물손괴, 공연음란, 업무방해, 특수재물손괴의 각 공소사실을 모두 유죄로 인정하면서 일부 범행에 대해 심신미약 감경을 한 다음 벌금형을 선고하였고, 이에 대하여 검사만이 양형부당 등을 이유로 항소하였는데, 원심이 검사의 양형부당 주장을 받아들여 제1심판결을 파기하고 피고인에게 징역 10개월을 선고한 사안에서, 범행의 내용, 범행 전후에 나타난 피고인의 이상행동, 구속수감 된 이후에도 계속된 피고인의 정신이상 증세, 정신과 전문의의 진단 결과와 약물 처방내역 등 제반 사정을 종합하면, **범행 당시 정신이상 증세로 인한 피고인의 심신장애 상태가 원심 공판심리단계에서도 계속되어 피고인이 공판심리단계에서 효과적으로 방어권을 행사하지 못할 우려가 있었을 가능성을 배제할 수 없고**, 이는 형사소송법 제33조 제1항 제5호의 '심신장애의 의심이 있는 때'에 해당하여 형사소송법 제282조, 제33조 제1항 제5호에서 정한 필요적 변호 사건에 해당한다고 볼 여지가 충분할 뿐만 아니라, 같은 법 제33조 제3항에 따라 피고인의 명시적인 의사에 반하지 아니하는 범위 안에서 피고인의 권리 보호를 위해 직권으로 국선변호인을 선정하여야 할 필요성도 있다는 이유로, 원심이 변호인이 선임되지 않은 피고인에 대하여 국선변호인을 선정하지 아니한 채 공판절차를 진행한 조치는 소송절차가 형사소송법에 어긋나 위법하고, 위와 같이 위법한 공판절차에서 이루어진 소송행위는 무효라고 한 사례(대판 2019.9.26. 2019도8531).

II 변호인의 접견교통권

제34조【피고인, 피의자와의 접견, 교통, 진료】 변호인이나 변호인이 되려는 자는 신체가 구속된 피고인 또는 피의자와 접견하고 서류나 물건을 수수(授受)할 수 있으며 의사로 하여금 피고인이나 피의자를 진료하게 할 수 있다.

제275조【공판정의 심리】 ① 공판기일에는 공판정에서 심리한다.
② 공판정은 판사와 검사, 법원사무관등이 출석하여 개정한다.
③ 검사의 좌석과 피고인 및 변호인의 좌석은 대등하며, 법대의 좌우측에 마주 보고 위치하고, 증인의 좌석은 법대의 정면에 위치한다. 다만, **피고인신문을 하는 때에는 피고인은 증인석**에 좌석한다.

제416조【준항고】 ① 재판장 또는 수명법관이 다음 각 호의 1에 해당한 재판을 고지한 경우에 불복이 있으면 그 법관소속의 법원에 재판의 취소 또는 변경을 청구할 수 있다.

제417조【동전】 검사 또는 사법경찰관의 구금, 압수 또는 압수물의 환부에 관한 처분과 제243조의2에 따른 변호인의 참여 등에 관한 처분에 대하여 불복이 있으면 그 직무집행지의 관할법원 또는 검사의 소속검찰청에 대응한 법원에 그 처분의 취소 또는 변경을 청구할 수 있다.

제403조【판결 전의 결정에 대한 항고】 ① **법원의 관할 또는 판결 전의 소송절차에 관한 결정**에 대하여는 특히 즉시항고를 할 수 있는 경우 외에는 항고하지 못한다.
② 전항의 규정은 구금, 보석, 압수나 압수물의 환부에 관한 결정 또는 감정하기 위한 피고인의 유치에 관한 결정에 적용하지 아니한다.

제304조【재판장의 처분에 대한 이의】 ① 검사, 피고인 또는 변호인은 재판장의 처분에 대하여 이의신청을 할 수 있다.
② 전항의 이의신청이 있는 때에는 법원은 결정을 하여야 한다.

1. 개념

변호인 또는 변호인 되려는 자가(주체) 신체구속을 당한 **피고인 또는 피의자**를(상대방) 접견하고 서류 또는 물건을 수수할 수 있으며, 의사로 하여금 진료하게 할 수 있는 권리로 변호인 고유권으로 인정한다(제34조). 이는 ① **인권보장**, ② **방어권보장**을 위한 필수적 권리라 할 수 있다. 최근에는 변호인의 조력을 받을 권리를 구속과 불구속을 불문하고 수사의 개시에서부터 판결의 확정시까지 보장하고자 한다. 이러한 측면에서 **공판절차에서의 접견교통권**도 의미를 가지게 되며, 이를 보장하기 위한 장치로 **공판정의 좌석배치의 변경**(제275조 제3항)을 예로 들 수 있겠다.

2. 접견주체와 상대방

가. 주체

변호인 또는 변호인이 되려는 자(변호인으로 활동이 예정되거나 변호인으로 활동하려는 자가 포함)가 접견교통권의 주체이다. 접견교통권은 피의자나 피고인의 입장에서는 헌법상 권리이나, 변호인의 입장에서는 법률상 고유권으로서의 성질을 가진다. 그렇기 때문에 변호인의 권리 역시 불가분적 양면성에 의하여 헌법상 권리에 준하여 보호되어야 한다.

나. 상대방

신체구속을 당한 피고인·피의자가 상대방이나, 피고인 피의자라는 형식적 기준으로 결정할 것이 아니다. **임의동행의 형식으로 수사기관에 연행된 피내사자도 실질적으로 판단하여 포함된다**(대결 1996.6.3. 96모18).

다. 접견신청의 장소와 상대방

① 장소에 대한 현행법 규정은 없으나 ② 구속된 자의 현재지에서 접견이 이루어져야 함이 원칙으로 구속영장과 구속통지서상의 구속 장소에서 접견이 이루어진다. 접견신청은 구속된 자의 신병에 일정한 권한과 책임이 있는 기관과 공무원에게 한다.

3. 접견의 비밀 보장

접견교통권은 **절대적으로 보장되어야** 하므로 구속피의자 피고인과 변호인과의 접견교통은 교도관의 입회 없이 양자대면 상태 하에서 이루어져야 하고 교도관이 접견의 내용을 기록하거나 장면사진을 촬영하는 것은 허용되지 않는다. 설사 그 내용이 기록된다고 하더라도 위법수집증거로서 그 기록의 증거능력은 인정될 수 없다.

아직도 검찰이나 경찰 수사에서 변호인과 구속된 피의자의 접견 중에 교도관이 피의자의 도주우려를 이유로 옆에 착석하는 경우가 있는데, 이는 접견교통권을 침해한 중대한 위법이므로 반드시 시정되어야 할 부분이다.

> **관련판례** 변호인의 접견 교통권은 피의자의 인권보장과 방어준비를 위하여 필수불가결한 권리이므로 **법령에 의한 제한이 없는 한 수사기관의 처분은 물론 법원의 결정으로도 이를 제한할 수 없는 것이다**(대결 1990.2.13. 87모37).

> **관련판례** [1] 변호인 선임을 위하여 피의자·피고인(이하 '피의자 등'이라 한다)이 가지는 '**변호인이 되려는 자'와의 접견교통권**은 **헌법상 기본권으로 보호되어야** 하고, '변호인이 되려는 자'의 접견교통권은 피의자 등이 변호인을 선임하여 그로부터 조력을 받을 권리를 공고히 하기 위한 것으로서, 그것이 보장되지 않으면 피의자 등이 변호인 선임을 통하여 변호인으로부터 충분한 조력을 받는다는 것이 유명무실하게 될 수밖에 없다. 이와 같이 '변호인이 되려는 자'의 접견교통권은 피의자 등을 조력하기 위한 핵심적인 부분으로서, **피의자 등이 가지는 헌법상의 기본권인 '변호인이 되려는 자'와의 접견교통권과 표리의 관계**에 있다. 따라서 피의자 등이 가지는 '변호인이 되려는 자'의 조력을 받을 권리가 실질적으로 확보되기 위해서는 '변호인이 되려는 자'의 접견교통권 역시 헌법상 기본권으로서 보장되어야 한다.
>
> [2] **청구인이 '변호인이 되려는 자'의 자격으로 피의자 접견 신청을 하였음에도 이를 허용하기 위한 조치를 취하지 않은 검사의 행위**(이하 '이 사건 검사의 접견불허행위'라 한다)가 헌법상 기본권인 **청구인의 접견교통권을 침해**하였다고 보아 청구인의 헌법소원심판청구를 인용한 사례(헌재 2019.2.28. 2015헌마1204).

> **관련판례** 변호인과의 자유로운 접견은 신체구속을 당한 사람에게 기본적으로 보장된 변호인의 조력을 받을 권리의 가장 중요한 내용이어서 **국가안전보장·질서유지·공공복리 등 어떠한 명분으로도 제한될 수 있는 성질의 것이 아니다**. … 행형법 제62조가 "미결수용자에 대하여 본법 또는 본법의 규정에 의하여 발하는 명령에 특별한 규정이 없는 때에는 수형자에 관한 규정을 준용한다"라고 규정하여 미결수용자(피의자, 피고인)의 변호인 접견에도 행형법 제18조 제3항에 따라서 교도관이 참여할 수 있게 한 것은 신체구속을 당한 미결수용자에게 보장된 변호인의 조력을 받을 권리를 침해한 것이어서 헌법에 위반된다(헌재 1992.1.28. 91헌마111).

또한 변호인은 서류 또는 물건의 수수가 가능하며 그 내용으로는 압수금지와 서신검열금지가 있다.

① **압수금지** : 일반인과 달리 변호인은 원칙적으로 **제한이 없다**. 그러나 질서유지를 위한 최소한의 범위 내에서 마약, 무기 등의 수수를 금지하는 것이 가능하다.

② **서신검열금지** : 변호인과 신체 구속된 피고인, 피의자 사이의 서신에 대한 검열이 금지된다62).

---

62) 접견의 경우뿐만 아니라 **변호인과 미결수용자 사이의 서신에도 적용**되어 그 비밀이 보장되어야 할 것이다. 다만 미결 수용자와 변호인 사이의 서신으로서 그 비밀을 보장받기 위하여는, <첫째>, 교도소 측에서 상대방이 변호인이라는 사실을 확인할 수 있어야 하고, <둘째>, 서신을 통하여 마약 등 소지 금지품의 반입을 도모한다든가 그 내용에 도주·증거인멸·수용시설의 규율과 질서의 파괴·기타 형벌법령에 저촉되는 내용이 기재되어 있다고 의심할 만한 합리적인 이유가 있는 경우가 아니어야 한다(헌재 1995.7.21. 92헌마144).

관련판례 – 변호인의 접견교통권 행사의 한계 [1] 형사소송법 제34조는 "변호인 또는 변호인이 되려는 자는 신체구속을 당한 피고인 또는 피의자와 접견하고 서류 또는 물건을 수수할 수 있으며 의사로 하여금 진료하게 할 수 있다."라고 규정하고 있으므로, **변호인이 되려는 의사를 표시한 자가 객관적으로 변호인이 될 가능성이 있다고 인정되는데도**, 형사소송법 제34조에서 정한 '변호인 또는 변호인이 되려는 자'가 아니라고 보아 신체구속을 당한 피고인 또는 피의자와 접견하지 못하도록 제한하여서는 아니 된다.

[2] **변호인 또는 변호인이 되려는 자의 접견교통권은** 신체구속제도 본래의 목적을 침해하지 아니하는 범위 내에서 행사되어야 하므로, **변호인 또는 변호인이 되려는 자가** 구체적인 시간적·장소적 상황에 비추어 현실적으로 보장할 수 있는 한계를 벗어나 피고인 또는 피의자를 접견하려고 하는 것은 정당한 접견교통권의 행사에 해당하지 아니하여 허용될 수 없다. 다만 접견교통권이 그와 같은 한계를 일탈한 것이어서 허용될 수 없다고 판단함에 있어서는 **신체구속을 당한 사람의 헌법상 기본적 권리인 변호인의 조력을 받을 권리의 본질적인 내용이 침해되는 일이 없도록 신중을 기하여야** 한다(대판 2017.3.9. 2013도16162).

→ 피해자가 노동조합으로부터 근로자들이 연행될 경우 적절한 조치를 취해 줄 것을 부탁한다는 내용의 공문을 받았고 체포 현장에서 변호사 신분증을 제시하면서 변호인이 되려는 자로서 접견을 요청하였다면, 형사소송법 제34조에서 정한 접견교통권이 인정되고, 변호인 또는 변호인이 되려는 자의 접견교통권은 신체구속제도 본래의 목적을 침해하지 아니하는 범위 내에서 행사되어야 하지만, 신체구속을 당한 사람의 헌법상 기본적 권리인 변호인의 조력을 받을 권리의 본질적인 내용이 침해되는 일이 없도록 신중을 기하여야 하는데, 사법경찰관인 피고인이 체포 당시 상황을 고려하여 경험칙에 비추어 현저하게 합리성을 잃지 않은 채 판단하면 체포 요건이 충족되지 아니함을 충분히 알 수 있었는데도, 자신의 재량 범위를 벗어난다는 사실을 인식하고 그와 같은 결과를 용인한 채 피해자를 체포하였으므로, 직권남용체포죄와 직권남용권리행사방해죄가 성립한다.

4. 접견의 지연금지

변호인의 구속피의자에 대한 접견이 접견신청일이 경과하도록 이루어지지 아니한 것은 **실질적으로 접견불허가처분이 있는 것과 동일시된다**(대결 1991.3.28. 91모24).

5. 구금장소의 임의적 변경 금지

사실상의 구금장소의 임의적 변경은 피의자의 방어권이나 접견교통권의 행사에 중대한 장애를 초래하는 것이므로 접견교통권을 침해한 것이다.

관련판례 행형법 제62조에 의해 준용되는 행형법 제12조에 의해 **미결수용자의 처우상 특히 필요한 때에는** 교도소장이 법무부 장관의 승인을 얻어 다른 수용시설로 이송할 수 있으나, 이송처분이 행정소송의 대상이 되는 행정처분임에는 틀림없고 **미결수용자의 방어권이나 접견권의 행사에 중대한 장애가 생기는 이송처분인 경우**에는 재량의 한계를 넘은 위법한 처분이므로 **법원의 판결에 의하여 취소될 수 있다**(대결 1992.8.7. 92두30).

관련판례 구속영장에는 청구인을 구금할 수 있는 장소로 특정 경찰서 유치장으로 기재되어 있었는데, 청구인에 대하여 위 구속영장에 의하여 1995. 11. 30. 17:50경 위 경찰서 유치장에 구속이 집행되었다가 같은 날 18:00에 그 신변이 조사차 국가안전기획부 직원에게 인도된 후 위 경찰서 유치장에 인도된 바 없이 계속하여 국가안전기획부 청사에 사실상 구금되어 있다면, 청구인에 대한 이러한 **사실상의 구금장소의 임의적 변경은 청구인의 방어권이나 접견교통권의 행사에 중대한 장애를 초래하는 것이므로 위법**하다(대결 1996.5.15. 95모94).

6. 접견교통권의 침해에 대한 구제방법

① 수사절차상의 준항고(제417조)의 방법으로 다툴 수 있다.

② 공소제기 후 수소법원에 의하여 접견교통권이 제한되는 경우는 "구금"에 관한 결정이 있는 것으로 보아 공판절차상 항고(제403조)를 할 수 있다.

③ 피고인과 변호인이 공판정에서 나란히 앉아 의견을 주고받는 것에 대하여 재판장의 소송지휘권으로 제한을 가하는 경우, 공판절차와 이의신청(제304조 제1항)을 할 수 있다.

④ 헌법소원도 구제방법 중 하나이다. **청구인이 '변호인이 되려는 자'의 자격으로 피의자 접견 신청을 하였음에도 이를 허용하기 위한 조치를 취하지 않은 검사의 행위**(이하 '이 사건 검사의 접견불허행위'라 한다)가 헌법상 기본권인 **청구인의 접견교통권을 침해**하였다고 보아 청구인의 헌법소원심판청구를 인용한 사례(헌재 2019.2.28. 2015헌마1204)가 있다.

⑤ 증거능력 부인63)(다만, 단순히 변호인 접견 전에 피신조서가 작성되었다는 사정만으로는 그 피신조서의 증거능력이 부인되는 것이 아니다.64) / 검사작성 피의자 신문조서가 검사에 의해 피의자에 대한 변호인의 접견이 부당하게 제한되고 있는 동안에 작성된 경우에는 증거능력이 없다.65) [학설] **자백배제법칙적용설 vs 위법수집증거배제법칙설**)

---

63) 헌법 제12조 제1항, 제4항 본문, 형사소송법 제243조의2 제1항 및 그 입법 목적 등에 비추어 보면, 피의자가 변호인의 참여를 원한다는 의사를 명백하게 표시하였음에도 수사기관이 정당한 사유 없이 변호인을 참여하게 하지 아니한 채 피의자를 신문하여 작성한 피의자신문조서는 **형사소송법 제312조**에 정한 '적법한 절차와 방식'에 위반된 증거일 뿐만 아니라, **형사소송법 제308조의2**에서 정한 '적법한 절차에 따르지 아니하고 수집한 증거'에 해당하므로 이를 증거로 할 수 없다(대판 2013.3.28. 2010도3359).
64) 대판 1990.9.25. 90도1613
65) 대판 1990.8.24. 90도1285

Ⅲ 변호인의 기록열람·등사권

제35조【서류·증거물의 열람·복사】 ① 피고인과 변호인은 소송계속 중의 관계 서류 또는 증거물을 열람하거나 복사할 수 있다.
② 피고인의 법정대리인, 제28조에 따른 특별대리인, 제29조에 따른 보조인 또는 피고인의 배우자·직계친족·형제자매로서 피고인의 **위임장 및 신분관계를 증명하는 문서를 제출한 자**도 제1항과 같다.
③ 재판장은 피해자, 증인 등 사건관계인의 생명 또는 신체의 안전을 현저히 해칠 우려가 있는 경우에는 제1항 및 제2항에 따른 열람·복사에 앞서 **사건관계인의 성명 등 개인정보가 공개되지 아니하도록 보호조치**를 할 수 있다.
④ 제3항에 따른 개인정보 보호조치의 방법과 절차, 그 밖에 필요한 사항은 **대법원규칙**으로 정한다.

제185조【서류의 열람등】 검사, 피고인, 피의자 또는 변호인은 판사의 허가를 얻어 전조의 처분에 관한 서류와 증거물을 열람 또는 등사할 수 있다.

제200조의4【긴급체포와 영장청구기간】 ① 검사 또는 사법경찰관이 제200조의3의 규정에 의하여 피의자를 체포한 경우 피의자를 구속하고자 할 때에는 지체 없이 검사는 관할지방법원판사에게 구속영장을 청구하여야 하고, 사법경찰관은 검사에게 신청하여 검사의 청구로 관할지방법원판사에게 구속영장을 청구하여야 한다. 이 경우 구속영장은 **피의자를 체포한 때부터 48시간 이내에 청구**하여야 하며, 제200조의3 제3항에 따른 긴급체포서를 첨부하여야 한다.
② 제1항의 규정에 의하여 구속영장을 청구하지 아니하거나 발부받지 못한 때에는 피의자를 **즉시 석방**하여야 한다.
③ 제2항의 규정에 의하여 석방된 자는 영장없이는 동일한 범죄사실에 관하여 체포하지 못한다.
④ 검사는 제1항에 따른 구속영장을 청구하지 아니하고 피의자를 석방한 경우에는 **석방한 날부터 30일 이내에 서면으로** 다음 각 호의 사항을 **법원에 통지**하여야 한다. 이 경우 긴급체포서의 사본을 첨부하여야 한다.
 1. 긴급체포 후 석방된 자의 인적사항
 2. 긴급체포의 일시·장소와 긴급체포하게 된 구체적 이유
 3. 석방의 일시·장소 및 사유
 4. 긴급체포 및 석방한 검사 또는 사법경찰관의 성명
⑤ 긴급체포 후 석방된 자 또는 그 변호인·법정대리인·배우자·직계친족·형제자매는 통지서 및 관련 서류를 열람하거나 등사할 수 있다.

제266조의3【공소제기 후 검사가 보관하고 있는 서류 등의 열람·등사】 ① **피고인 또는 변호인**은 검사에게 공소제기된 사건에 관한 서류 또는 물건(이하 "서류등"이라 한다)의 목록과 공소사실의 인정 또는 양형에 영향을 미칠 수 있는 다음 서류등의 열람·등사 또는 서면의 교부를 신청할 수 있다. 다만, **피고인에게 변호인이 있는 경우에는 피고인은 열람만**을 신청할 수 있다.

> 1. 검사가 증거로 신청할 서류등
> 2. 검사가 증인으로 신청할 사람의 성명·사건과의 관계 등을 기재한 서면 또는 그 사람이 공판기일 전에 행한 진술을 기재한 서류등
> 3. 제1호 또는 제2호의 서면 또는 서류등의 증명력과 관련된 서류등
> 4. 피고인 또는 변호인이 행한 법률상·사실상 주장과 관련된 서류등(관련 형사재판확정기록, 불기소처분기록 등을 포함한다)
>
> ② 검사는 국가안보, 증인보호의 필요성, 증거인멸의 염려, 관련 사건의 수사에 장애를 가져올 것으로 예상되는 구체적인 사유 등 열람·등사 또는 서면의 교부를 허용하지 아니할 상당한 이유가 있다고 인정하는 때에는 열람·등사 또는 서면의 교부를 거부하거나 그 범위를 제한할 수 있다.
> ③ 검사는 열람·등사 또는 서면의 교부를 거부하거나 그 범위를 제한하는 때에는 지체 없이 그 이유를 서면으로 통지하여야 한다.
> ④ 피고인 또는 변호인은 검사가 제1항의 신청을 받은 때부터 48시간 이내에 제3항의 통지를 하지 아니하는 때에는 제266조의4 제1항의 신청을 할 수 있다.
> ⑤ 검사는 제2항에도 불구하고 서류등의 목록에 대하여는 열람 또는 등사를 거부할 수 없다.
> ⑥ 제1항의 서류등은 도면·사진·녹음테이프·비디오테이프·컴퓨터용 디스크, 그 밖에 정보를 담기 위하여 만들어진 물건으로서 문서가 아닌 특수매체를 포함한다. 이 경우 특수매체에 대한 등사는 필요 최소한의 범위에 한한다.

1. 개념

가. 의의

변호인은 판사의 허가를 얻어 증거보전절차에서 작성·수집된 서류와 증거물을 열람 또는 등사할 수 있으며(제185조), 소송계속중의 관계 서류 또는 증거물을 열람·등사할 수 있다(제35조).

나. 법적 성격

형사소송법은 변호인 이외에 피고인, 법정대리인, 보조인 등에게도 관계서류 등에 대한 열람·등사권이 있음을 법률에 명시함으로써 열람등사권은 변호사의 고유의 권리가 아님을 밝힘과 동시에 피고인의 열람·등사권을 법률상의 권리로 보장하였다. 열람·등사권은 방어준비 및 효율적인 변론활동에 필수적이며, 공정한 재판의 이념을 실현하기 위한 전제로서의 의미를 가진다.

2. 열람·등사권의 인정범위 및 행사

가. 공소제기 후의 관계서류와 증거물

　과거에는 열람·등사권의 인정범위에 대하여 공소제기 이후의 관계서류와 증거물에 대하여 열람·등사가 가능하다는 견해와 공소제기 후 법원이 보관하는 관계서류와 증거물에 대하여만 열람·등사가 가능하다는 입장이 대립하면서 공소제기 후 검사가 보관하는 관계서류와 증거물에 대하여 열람·등사가 가능한지에 대하여 다툼이 있었다. 이는 일본법이 '법원에서 열람·등사한다'라고 규정한 것과 달리 '소송계속 중 열람·등사를 할 수 있다'라고만 규정하여, 공소제기 후 **검사**가66) **보관하고 있는** 서류나 증거물에 대한 열람·등사가 허용되느냐에 대하여 논란이 있었으나, 현재는 '**증거개시 제도**'(후술)를 도입하여 입법적으로 해결하였다(제266조의3).

　따라서 여기의 **제35조 규정**은 공소제기 후 **법원이 보관하고 있는** 서류나 증거물에 대한 열람·등사에 적용된다고 할 것이다.

> [관련판례] 검사가 보관하는 수사기록에 대한 변호인의 열람·등사는 **실질적 당사자대등을 확보하고 신속·공정한 재판을 실현하기 위하여 필요불가결한 것**이며, 그에 대한 지나친 제한은 피고인의 **신속·공정한 재판을 받을 권리**와 **변호인의 조력을 받을 권리**를 침해하는 것이다. … 위 서류들의 열람은 피구속자를 충분히 조력하기 위하여 변호인에게 반드시 보장되지 않으면 안 되는 핵심적 권리이다. 고소로 시작된 형사피의사건의 **구속적부심절차**에서 피구속자의 변호를 맡은 변호인으로서는 피구속자가 무슨 혐의로 고소인의 공격을 받고 있는 것인지 그리고 이와 관련하여 피구속자가 수사기관에서 무엇이라고 진술하였는지 그리고 어느 점에서 수사기관 등이 구속사유가 있다고 보았는지 등을 제대로 파악하지 않고서는 **피구속자의 방어를 충분히 조력할 수 없다는 것**은 사실상 너무도 명백하므로 이 사건에서 **변호인은 고소장과 피의자신문조서의 내용을 알 권리가 있다**. … 수사기록에 대한 열람·등사 신청은 **수사기록을 보관하고 있는 검사에게 직접 하여야** 한다. 이는 **수사기록을 보관하고 있는 자에게 신청하는 것이 원칙**일 뿐만 아니라 신청을 받은 검사도 신속하고 간편하게 열람·등사를 허용할 수 있을 것이고, 또 비록 검사의 공소제기에 의하여 법원에 소송계속이 생겼다 하더라도 증거조사 전단계에서는 검사가 보관중인 수사기록에 대하여 법원이 열람·등사를 허용할 근거는 없기 때문이다(헌재 1997.11.27. 94헌마60).

---

66) 검사 아닌 **사법경찰관이 보관하는** 서류도 열람·등사의 대상이 포함되는지 여부를 생각해 볼 수 있으나 검사는 수사의 주재자로서 사법경찰관리를 지휘하는 위치에 있으므로(제195조, 제196조), 검사의 지휘에 의하여 사법경찰관리가 보관하는 서류 또는 물건도 당연히 열람·등사의 대상에 포함된다.

3. 수사단계에서의 열람·등사권

　　구속적부심단계에서 열람·등사를 인정하는 헌법재판소의 결정[67]과 같은 취지로 **영장실질심사를 준비하기 위한 열람도 가능하다**[68]. 헌법재판소의 결정의 취지는 등사 역시 가능하다는 취지로 받아들여야 함에도 규칙에서는 '**열람'만 가능하도록 규정(규칙 제96조의21, 제104조의2)**되어 있는 바, 조속히 '등사'까지 가능하도록 명시적인 개정이 필요하다고 본다. 체포된 피의자의 변호인 등의 관련서류를 열람·등사할 수 있도록 함으로써 영장실질심사를 대비하여 변호인 등의 알 권리 및 피의자의 방어권을 보장할 수 있을 것이다. 형사소송법은 수사단계에서의 열람·등사권을 명시적으로 규정하지는 않았지만 제200조의4 제5항에서 긴급체포 후 석방된 자 또는 그 변호인 등이 통지서 및 관계서류를 열람하거나 등사할 수 있도록 규정하였다. 다만, 공공기관의 정보공개에 관한 법률 제5조에 의한 정보공개청구권을 근거로 수사서류 중 신청자 본인이 진술한 서류 등은 실무상 등사를 허용하고 있다.

4. 열람·등사권의 침해에 대한 구제

가. 제417조에 의한 준항고는 현행법상 불가능하다.

> **관련판례** 형사소송법 제417조는 검사 또는 사법경찰관의 구금·압수 또는 압수물의 환부에 관한 처분에 대하여만 그에 대한 불복이 있을 때 법원에 그 처분의 취소 또는 변경을 청구할 수 있는 준항고를 규정하고 있는데, … 형사확정소송기록의 열람·복사 신청에 대한 검사의 대응 처분에 대해서도 준항고를 할 수 있다고 주장할 수 있는지는 모르나 그것은 **입법론으로는 별론 현행 법률의 해석론으로서는 무리라고 할 것**이고, … 따라서 이 규정을 아무리 확대해석한다고 할지라도 형사소송기록에 대한 열람·복사 신청에 대한 검사의 대응처분을 **준항고의 대상에 포함되는 것으로 보기는 어렵**다(헌재 1991.5.13. 90헌마133).

---

67) **기소전 체포·구속적부심사단계에서의 수사기록열람·등사청구권**(헌재 2003.3.27. 2000헌마474)
　① 형사피의사건의 구속적부심절차에서 피구속자의 변호를 맡은 청구인으로서는 피구속자에 대한 고소장과 경찰의 피의자신문조서를 열람하여 그 내용을 제대로 파악하지 못한다면 구속적부심절차에서 피구속자를 충분히 조력할 수 없으므로, 위 서류들의 열람·등사는 변호인인 청구인에게 그 열람이 반드시 보장되어야 하는 핵심적 권리로서 청구인의 기본권이며, 또한 이는 변호인의 알 권리에 속한다.
　② 고소장과 피의자신문조서에 대한 열람이 헌법상 변호인의 변호권 내지 알 권리로 보호되는 것이라 하더라도 일정한 제한이 가능하지만, 이 사안에서는 이 권리를 제한해야 할 사정이 없다.
　③ 피청구인은 "소송에 관한 서류는 공판의 개정 전에는 공익상 필요 기타 상당한 이유가 없으면 공개하지 못한다"라는 형사소송법 제47조를 근거로 하여 열람·등사를 거부하였으나, 헌법재판소는 동조의 입법목적은 형사소송에 있어서 유죄의 판결이 확정될 때까지는 무죄로 추정을 받아야 할 피의자가 수사단계에서의 수사서류 공개로 말미암아 그의 기본권이 침해되는 것을 방지하고자 함에 목적이 있는 것이지, 구속적부심사를 포함하는 형사소송절차에서 피의자의 방어권행사를 제한하려는 데 그 목적이 있는 것은 아니다.
68) **형사소송규칙 제96조의21(구속영장청구서 및 소명자료의 열람)** ① 피의자 심문에 참여할 변호인은 지방법원 판사에게 제출된 구속영장청구서 및 그에 첨부된 고소·고발장, 피의자의 진술을 기재한 서류와 피의자가 제출한 서류를 열람할 수 있다.

나. 행정소송

관련판례 행정심판법이나 행정소송법상의 행정쟁송이 허용된다고 하더라도 그와 같은 구제 절차가 형사소송사건 공판개시 전에 완결되리라고 기대하기 어려우므로 행정소송절차의 이행을 요구하는 것은 청구인으로 하여금 **불필요한 우회절차를 강요하는 것**이 된다(헌재 1997.11.27. 94헌마60).

다. 헌법소원

관련판례 검사의 수사기록 열람·등사 거부행위에 대하여는 형사소송법상의 준항고가 허용되지 아니하고 행정심판법이나 행정소송법상의 행정쟁송이 허용된다 하더라도 그에 의하여 권리가 구제될 가능성이 없어서 청구인에게 위와 같은 **절차의 선이행을 요구하는 것은 청구인**으로 하여금 불필요한 우회절차를 강요하는 것이 된다 할 것이므로 위와 같은 경우에는 헌법재판소법 제68조 제1항 단서에 불구하고 구제절차를 거치지 아니하고 직접 헌법소원을 제기할 수 있는 예외적인 경우의 하나로 보아야 할 것이다(헌재 1991.5.13. 90헌마133; 헌재 1997.11.27. 94헌마60).

라. 그 외 열람등사권을 제한한 경우의 증거능력 배제, 열람등사권 침해에 따른 판결선고가 있는 경우 상소이유로 삼아 불복하는 방법을 생각해볼 수 있다.

Ⅳ 형사재판 확정기록의 열람·등사권

> **제59조의2 【재판확정기록의 열람·등사】** ① 누구든지 권리구제·학술연구 또는 공익적 목적으로 재판이 확정된 사건의 소송기록을 보관하고 있는 검찰청에 그 소송기록의 열람 또는 등사를 신청할 수 있다.
> ② **검사는** 다음 각 호의 어느 하나에 해당하는 경우에는 소송기록의 전부 또는 일부의 열람 또는 등사를 **제한할 수 있다.** 다만, 소송관계인이나 이해관계 있는 제3자가 열람 또는 등사에 관하여 정당한 사유가 있다고 인정되는 경우에는 그러하지 아니하다.
> 1. 심리가 비공개로 진행된 경우
> 2. 소송기록의 공개로 인하여 **국가의 안전보장, 선량한 풍속, 공공의 질서유지 또는 공공복리**를 현저히 해할 우려가 있는 경우
> 3. 소송기록의 공개로 인하여 **사건관계인의 명예나 사생활의 비밀 또는 생명·신체의 안전이나 생활의 평온**을 현저히 해할 우려가 있는 경우
> 4. 소송기록의 공개로 인하여 **공범관계에 있는 자 등의 증거인멸 또는 도주를 용이**하게 하거나 관련 사건의 재판에 중대한 영향을 초래할 우려가 있는 경우
> 5. 소송기록의 공개로 인하여 피고인의 개선이나 갱생에 현저한 지장을 초래할 우려가 있는 경우
> 6. 소송기록의 공개로 인하여 **사건관계인의 영업비밀**(「부정경쟁방지 및 영업비밀보호에 관한 법률」 제2조 제2호의 영업비밀을 말한다)이 현저하게 침해될 우려가 있는 경우
> 7. 소송기록의 공개에 대하여 **당해 소송관계인이 동의하지 아니하는 경우**

> ③ 검사는 제2항에 따라 소송기록의 열람 또는 등사를 제한하는 경우에는 신청인에게 그 사유를 명시하여 통지하여야 한다.
> ④ 검사는 소송기록의 보존을 위하여 필요하다고 인정하는 경우에는 그 소송기록의 등본을 열람 또는 등사하게 할 수 있다. 다만, 원본의 열람 또는 등사가 필요한 경우에는 그러하지 아니하다.
> ⑤ 소송기록을 열람 또는 등사한 자는 열람 또는 등사에 의하여 알게 된 사항을 이용하여 공공의 질서 또는 선량한 풍속을 해하거나 피고인의 개선 및 갱생을 방해하거나 사건관계인의 명예 또는 생활의 평온을 해하는 행위를 하여서는 아니 된다.
> ⑥ 제1항에 따라 소송기록의 열람 또는 등사를 신청한 자는 열람 또는 등사에 관한 검사의 처분에 불복하는 경우에는 당해 기록을 보관하고 있는 검찰청에 대응한 법원에 그 처분의 취소 또는 변경을 신청할 수 있다.
> ⑦ 제418조 및 제419조는 제6항의 불복신청에 관하여 준용한다.

1. 의의

2. 근거법률

개정 전에는 형사재판이 확정된 이후에 그 기록의 정보공개에 대하여 형사소송법이 규율하고 있지 않았으므로 공공기관이 보유·관리하는 정보의 공개에 관한 사항을 일반적으로 규율하는 공공기관의 정보공개에 관한 법률이 적용되었다고 볼 수 있다. 다만, 실무상은 검찰보존사무규칙[69]에 의하여, 피고인(피고인의 변호인·법정대리인·배우자 등 포함)은 재판확정기록 전부의 열람·등사, 고소인·고발인·피해자는 전부가 아닌 본인 제출서류 및 본인 진술서류, 실황조사서·진단서·감정서 등 비진술 서류의 열람·등사, 참고인·증인은 본인 제출서류 및 본인 진술서류의 열람·등사가 가능하였다. 이제 개정법은 **공공기관의 정보공개에 관한 법률의 특칙**에 해당하므로 형사재판 확정기록의 공개에 관하여 동법의 적용이 배제된다고 볼 것이다.

---

[69] 제20조(재판확정기록의 열람·등사청구) ① 다음 각호의 1에 해당하는 자는 별지 제5호 서식에 의한 사건기록열람·등사청구서에 의하여 재판확정기록의 열람·등사를 청구할 수 있다.
    1. 피고인이었던 자, 피고인이었던 법인의 대표자 및 「형사소송법」 제28조의 규정에 의한 특별대리인
    2. 제1호에 규정된 자의 변호인·법정대리인·배우자·직계친족·형제자매·호주
② 고소인·고발인 또는 피해자는 청구하는 사유를 소명하여 본인의 진술이 기재된 서류, 본인이 제출한 서류와 실황조사서·진단서·감정서등 비진술서류에 대하여 열람·등사를 청구할 수 있다. <개정 2006.7.4>
③ 참고인 또는 증인으로 진술한 자는 본인의 진술이 기재된 서류와 본인이 제출한 서류에 대하여 열람·등사를 청구할 수 있다. <개정 2006.7.4>

3. 입법취지

　개정법은 **헌법 제27조와 제109조**에 규정된 '재판공개의 원칙'을 실질적으로 구현하고, 형사사법 영역에서 국민의 알 권리를 충분히 보장하기 위해서 재판 확정기록에 대한 일반 국민의 접근을 제도적으로 보장하도록 한 것이다.

> **비교판례** 헌법 제27조 제3항 후문, 제109조와 법원조직법 제57조 제1항, 제2항 의 취지에 비추어 보면, 헌법 제109조, 법원조직법 제57조 제1항 에서 정한 공개금지사유가 없음에도 불구하고 재판의 심리에 관한 공개를 금지하기로 결정하였다면 그러한 공개금지결정은 피고인의 공개재판을 받을 권리를 침해한 것으로서 그 절차에 의하여 이루어진 증인의 증언은 증거능력이 없고, 변호인의 반대신문권이 보장되었더라도 달리 볼 수 없으며, 이러한 법리는 공개금지결정의 선고가 없는 등으로 공개금지결정의 사유를 알 수 없는 경우에도 마찬가지이다(대판 2013.7.26. 2013도2511).

4. 주체 및 대상

　누구든지 '권리구제, 학술연구, 공익적 목적'이 있는 경우 기록공개 신청이 가능하도록 허용하고 있다. 재판의 집행지휘와 그 외 검사의 사무(형의 집행유예의 취소 청구 등)를 적절하고 원활하게 수행하기 위하여 검찰청에서 형사재판 확정기록을 보관하고 있으므로 공개신청 대상을 재판이 확정된 사건의 소송기록을 보관하고 있는 검찰청의 '**검사**'로 하였다.

5. 제한사유

　검사는 심리의 비공개, 국가의 안전보장, 공공질서 유지, 사건관계인의 명예, 사생활의 비밀, 증거인멸 또는 도주 방지, 사건관계인의 영업비밀 보호 등을 이유로 기록 공개를 제한할 수 있다.

6. 불복절차

　검사의 기록 열람·등사 거부 처분에 대해서는 당해 기록을 보관하고 있는 검찰청에 대응하는 **법원에 그 처분의 취소 또는 변경을 신청**할 수 있도록 불복절차를 두었다. 이 불복절차에서는 형사재판 기록의 특수성을 고려하고 권리구제의 신속성을 보장하기 위하여 형사신청 절차의 일종으로 **형사소송법의 준항고 규정을 준용**하기로 하였다.

Ⅴ. 피해자 등의 공판기록 열람·등사권

> **제294조의4 【피해자 등의 공판기록 열람·등사】** ① 소송계속 중인 사건의 피해자(피해자가 사망하거나 그 심신에 중대한 장애가 있는 경우에는 그 배우자·직계친족 및 형제자매를 포함한다), 피해자 본인의 법정대리인 또는 이들로부터 위임을 받은 피해자 본인의 배우자·직계친족·형제자매·변호사는 소송기록의 열람 또는 등사를 재판장에게 신청할 수 있다.
> ② 재판장은 제1항의 신청이 있는 때에는 **지체 없이** 검사, 피고인 또는 변호인에게 그 **취지를 통지**하여야 한다.
> ③ 재판장은 피해자 등의 **권리구제를 위하여 필요**하다고 인정하거나 **그 밖의 정당한 사유**가 있는 경우 범죄의 성질, 심리의 상황, 그 밖의 사정을 고려하여 상당하다고 인정하는 때에는 열람 또는 등사를 **허가할 수 있다**.
> ④ 재판장이 제3항에 따라 등사를 허가하는 경우에는 등사한 소송기록의 사용목적을 제한하거나 적당하다고 인정하는 **조건을 붙일 수 있다**.
> ⑤ 제1항에 따라 소송기록을 열람 또는 등사한 자는 열람 또는 등사에 의하여 알게 된 사항을 사용함에 있어서 부당히 관계인의 명예나 생활의 평온을 해하거나 수사와 재판에 지장을 주지 아니하도록 하여야 한다.
> ⑥ 제3항 및 제4항에 관한 재판에 대하여는 **불복할 수 없다**.

1. 의의 및 취지

기존에는 피해자의 공판기록의 열람·등사에 대하여 별다른 법률 규정은 없었다. 다만, 대검예규[70]로 피해자에게 공소제기 후 증거제출 전에 수사기록 중 본인 진술서류 및 본인 제출서류의 전부 또는 일부에 대한 열람·등사를 허용하고 있었다. 그러나 형사절차에서의 범죄피해자 보호를 위하여 **피해자 법정진술권을 강화**하며 이로써 **공판중심주의를 강화**하고자 하는 흐름에 발맞추어 **소송계속 중 공판기록의 열람·등사를 확대**할 필요가 있으므로 현재는 제294조의4에 이를 **규정**하였다.

2. 내용

가. 신청권자

피해자(피해자가 사망, 중대한 심신 장애가 있는 경우 그 배우자, 직계친족, 형제자매 등 포함), 그 법정대리인 또는 위임을 받은 변호사 등으로 한다.

나. 신청 시기

기소 후 법원에 기록이 있는 경우에는 특별한 제한이 없다.

---

[70] 구 사건기록 열람·등사에 관한 업무처리(대검예규 기획 제381호, 2005. 6. 20.) 제4조 제3항

다. 신청의 상대방

법원이 아닌 '**재판장**'에 대하여 신청하여야 한다.

라. 검사, 피고인 또는 변호인에 대한 통지

재판장으로 하여금 피해자의 소송기록 열람·등사 신청 취지를 신속히 검사, 피고인 또는 변호인에게 통지하도록 하였다. 이는 피해자가 열람하고 등사한 내용이 무엇이고 신청한 이유가 무엇인지를 통지하여 **피고인의 사생활이나 명예를 최대한 보호하고자 함**이며 검사에 대하여는 수사나 공판절차의 공소유지활동에 지장이 없도록 하기 위함이다.

3. 허용 요건

일본 및 독일의 입법례에 따라 ① 손해배상청구권 행사를 위해 필요가 있는 경우 또는 기타 정당한 이유가 있는 경우 ② 범죄의 성질, 심리의 상황 기타 사정을 고려하여 상당하다고 인정되는 때 등 두 가지 요건을 충족하여야 한다.

4. 불복절차

재판절차가 지연될 우려 등을 이유로, 열람·등사 허가 여부 및 등사한 기록의 사용목적 제한 및 조건부가 처분에 대한 불복을 허용하지 아니한다.

Ⅵ 피의자 신문 시 변호인 참여의 문제

> **제89조【구속된 피고인과의 접견, 진료】** 구속된 피고인은 관련 법률이 정한 범위에서 타인과 접견하고 서류나 물건을 수수하며 의사의 진료를 받을 수 있다.
> **제209조【준용규정】** 제70조 제2항, 제71조, 제75조, 제81조 제1항 본문·제3항, 제82조, 제83조, 제85조부터 제87조까지, 제89조부터 제91조까지, 제93조, 제101조 제1항, 제102조 제2항 본문(보석의 취소에 관한 부분은 제외한다) 및 제200조의5는 검사 또는 사법경찰관의 피의자 구속에 관하여 준용한다.
> **제243조의2【변호인의 참여 등】** ① 검사 또는 사법경찰관은 피의자 또는 그 변호인·법정대리인·배우자·직계친족·형제자매의 신청에 따라 **변호인을 피의자와 접견하게 하거나 정당한 사유가 없는 한 피의자에 대한 신문에 참여하게 하여야 한다.**
> ② 신문에 참여하고자 하는 변호인이 2인 이상인 때에는 피의자가 신문에 참여할 변호인 **1인을 지정한다. 지정이 없는 경우에는 검사 또는 사법경찰관이 이를 지정할 수 있다.**
> ③ 신문에 참여한 변호인은 **신문 후 의견을 진술할 수 있다. 다만 신문 중이라도 부당한 신문방법에 대하여** 이의를 제기할 수 있고, 검사 또는 사법경찰관의 **승인을 얻어 의견을 진술할 수 있다.**

④ 제3항에 따른 변호인의 의견이 기재된 피의자신문조서는 변호인에게 열람하게 한 후 변호인으로 하여금 그 조서에 기명날인 또는 서명하게 하여야 한다.
⑤ 검사 또는 사법경찰관은 변호인의 신문참여 및 그 제한에 관한 사항을 피의자신문조서에 기재하여야 한다.

제308조의2【위법수집증거의 배제】 적법한 절차에 따르지 아니하고 수집한 증거는 증거로 할 수 없다.

제312조【검사 또는 사법경찰관의 조서 등】 ① 검사가 피고인이 된 피의자의 진술을 기재한 조서는 적법한 절차와 방식에 따라 작성된 것으로서 피고인이 진술한 내용과 동일하게 기재되어 있음이 공판준비 또는 공판기일에서의 피고인의 진술에 의하여 인정되고, 그 조서에 기재된 진술이 특히 신빙할 수 있는 상태하에서 행하여졌음이 증명된 때에 한하여 증거로 할 수 있다. → 개정법 제312조 ① 검사가 작성한 피의자신문조서는 적법한 절차와 방식에 따라 작성된 것으로서 공판준비 또는 공판기일에 그 피의자였던 피고인 또는 변호인이 그 내용을 인정할 때에 한하여 증거로 할 수 있다.
② 삭제

제417조【동전】 검사 또는 사법경찰관의 구금, 압수 또는 압수물의 환부에 관한 처분과 제243조의2에 따른 변호인의 참여 등에 관한 처분에 대하여 불복이 있으면 그 직무집행지의 관할법원 또는 검사의 소속검찰청에 대응한 법원에 그 처분의 취소 또는 변경을 청구할 수 있다.

1. 서설

종래에는 피의자 신문 시 변호인 참여를 규정하는 명문규정이 없는 반면, 수사기관의 피의자 신문 시 변호인 참여는 피의자의 인권보장에 중요한 방어책이 된다는 점에서 해석상 피의자 신문 시 변호인 참여를 인정할 수 있는 것은 아닌지가 문제되었다. 그러나 현재는 제243조의2에 피의자 신문 시 변호인의 참여권을 명문으로 인정하였다.

2. 인정 취지

수사기관의 피의자신문 과정에서 변호인의 조력을 받을 권리를 실질적으로 보장하기 위하여 형사소송법의 명문규정으로 이를 인정하였다(헌법 제12조 제4항, 형사소송법 제48조 제5항). 변호인 접견교통권의 실질적 보장을 위해 필수불가결한 권리로 볼 것이다.

3. 판례의 입장

관련판례-송두율 사건 신체구속을 당한 사람의 변호인과의 접견교통권은 인권보장과 방어준비를 위하여 필수불가결한 권리이므로 법령에 제한이 없는 한 어떠한 명분으로도 제한될 수 있는 성질의 것이 아님은 물론 수사기관의 처분이나 법원의 결정으로도 이를 제한할 수 없는 것이고,

현행법상 신체구속을 당한 사람과 변호인 사이의 접견교통권을 제한하는 규정은 마련되어 있지 아니하므로 **신체구속을 당한 사람은 수사기관으로부터 피의자신문을 받는 도중에라도 언제든지 변호인과 접견교통하는 것이 보장되고 허용되어야 할 것이고, 이를 제한하거나 거부하는 것은 신체구속을 당한 사람의 변호인 접견교통권을 제한하는 것으로서 위법임을 면치 못한다**고 할 것이다. 형사소송법이 아직은 구금된 피의자의 피의자신문에 변호인이 참여할 수 있다는 명문규정을 두고 있지는 아니하지만, 위와 같은 내용의 접견교통권이 헌법과 법률에 의해 보장되고 있을 뿐 아니라 누구든지 체포 또는 구속을 당한 때에는 즉시 **변호인의 조력을 받을 권리를 가진다고 선언한 헌법규정에 비추어, 구금된 피의자는 형사소송법의 위 규정**(제89조 제209조)**을 유추적용하여 피의자신문을 받음에 있어 변호인의 참여를 요구할 수 있고 그러한 경우 수사기관은 이를 거절할 수 없는 것으로 해석하여야 하고**, 이렇게 해석하는 것은 인신구속과 처벌에 관하여 '적법절차주의'를 선언한 헌법의 정신에도 부합한다 할 것이다. 그러나 구금된 피의자가 피의자 신문 시 변호인의 참여를 요구할 수 있는 권리가 형사소송법 제209조, 제89조등의 유추적용에 의해 보호되는 권리라 하더라도 헌법상 보장된 다른 기본권과 사이에 조화를 이루어야 하며, 구금된 피의자에 대한 신문 시 무제한적으로 변호인의 참여를 허용하는 것 또한 헌법이 선언한 적법절차의 정신에 맞지 아니하므로 **신문을 방해하거나 수사기밀을 누설하는 등의 염려가 있다고 의심할 만한 상당한 이유가 있는 특별한 사정이 있음이 객관적으로 명백하여 변호인의 참여를 제한하여야 할 필요가 있다고 인정되는 경우**에는 변호인의 참여를 제한 할 수 있음은 당연하다고 할 것이다(대결 2003.11.11. 2003모402).

관련판례 우리 헌법이 변호인의 조력을 받을 권리가 불구속피의자·피고인 모두에게 포괄적으로 인정되는지 여부에 관하여 명시적으로 규율하고 있지는 않지만, **불구속 피의자의 경우에도 변호인의 조력을 받을 권리는 우리 헌법에 나타난 법치국가원리, 적법절차원리에서 인정되는 당연한 내용이고, 헌법 제12조 제4항도 이를 전제로 특히 신체구속을 당한 사람에 대하여 변호인의 조력을 받을 권리의 중요성을 강조하기 위하여 별도로 명시하고 있다고 할 것이다. … 불구속 피의자가 피의자 신문 시 조언과 상담을 구하기 위하여 자신의 변호인을 대동하기를 원한다면, 수사기관은 특별한 사정이 없는 한 이를 거부할 수 없다고 할 것이다**(헌재 2004.9.23. 2000마138).

4. 내용

가. 참여의 범위

개정법은 수사기관의 피의자 신문과정에 변호인의 참여를 원칙적으로 허용한다[71]. 특히, 신병이 구금된 피의자 신문에 한하지 아니하고, **불구속 상태의 피의자에 대한 신문에도 전면 허용**하는 점에서 외국보다 참여의 범위를 확대하고 있다.

나. 참여권의 주체

피의자뿐 아니라 **변호인 법정대리인 배우자, 직계친족 또는 형제자매**도 변호인의 참여를 신청할 수 있다.

---

71) 독일의 경우는 검사가 피의자를 신문하는 때에는 변호인의 참여를 허용하나, 경찰수사 단계에서는 이를 허용하지 아니한다.

다. 신문에의 참여

'신문'에 참여를 허용하는 것이므로, 신문 이외의 수사기관의 활동에 해당하는 '조사'의 경우까지 참여를 허용해야 하는 것은 아니며, 신청이 있는 경우 변호인의 참여를 허용한다는 취지일 뿐이고 국선 변호인을 선정해 주어야 한다는 의미는 아닙니다. 또한, 변호인이 피의자신문 과정에 참여하는 것을 허용한다는 것은 참여 기회를 부여한다는 의미이지 참여 없이 신문이 불가능하다는 의미는 아니므로, 참여를 신청한 변호인이 합리적인 시간 내에 참여하지 아니하거나, 출석거부 등 참여할 수 없음이 명백한 경우 변호인의 참여 없이 신문할 수 있다고 볼 것이다.

다만, 여기서의 '피의자'는 실질적인 의미로 파악하여야 할 것이므로 피내사자의 신분으로 수사기관의 신문을 받는 경우라고 하더라도 신청권자는 변호인과의 접견교통이나 신문에의 참여를 신청할 수 있을 것이다.72)

5. 참여권의 제한

법에 의하면, 수사기관은 '정당한 사유'가 있는 경우 변호인의 신문참여를 제한할 수 있다. '정당한 사유'의 의미에 대하여는 법무부 또는 대검찰청에서 규칙이나 예규로 구체적인 기준을 마련하게 될 것이다. 다만, 대법원은 피의자의 신문에 변호인이 참여를 신청할 경우 '신문을 방해할 염려가 있다거나, 수사기밀을 누설하여 증거를 인멸하거나, 관련 사건의 수사를 방해할 염려가 있음이 객관적으로 명백한 경우'에 참여를 제한할 수 있는 것으로 보고 있고73), 2004년 법무부 개정 시안은 변호인의 참여로 인하여 ① 죄증의 인멸, 은닉, 조작 또는 조작된 증거의 사용 ② 공범의 도주 ③ 피해자, 당해 사건의 수사 또는 재판에 필요한 사실을 알고 있다고 인정되는 자 또는 그 친족의 생명·신체나 재산에 대한 위해가 발생할 것이라고 믿을 만한 상당한 이유가 있는 경우 변호인 참여를 제한할 수 있다고 규정한 바 있으므로 위와 같은 요소를 충분히 고려하여 '정당한 사유'의 의미를 구체화할 필요가 있다.

> 관련판례 변호인의 피의자신문 참여권을 규정한 형사소송법 제243조의2 제1항에서 '정당한 사유'란 변호인이 피의자신문을 방해하거나 수사기밀을 누설할 염려가 있음이 객관적으로 명백한 경우 등을 말하는 것이므로, 수사기관이 피의자신문을 하면서 위와 같은 정당한 사유가 없는데도 변호인에 대하여 피의자로부터 떨어진 곳으로 옮겨 앉으라고 지시를 한 다음 이러한 지시에 따르지 않았음을 이유로 변호인의 피의자신문 참여권을 제한하는 것은 허용될 수 없다(대결 2008.9.12. 2008모793).

---

72) 변호인의 조력을 받을 권리를 실질적으로 보장하기 위하여는 변호인과의 접견교통권의 인정이 당연한 전제가 되므로, 임의동행의 형식으로 수사기관에 연행된 피의자에게도 변호인 또는 변호인이 되려는 자와의 접견교통권은 당연히 인정된다고 보아야 하고, 임의동행의 형식으로 연행된 피내사자의 경우에도 이는 마찬가지이다(대결 1996.6.3. 96모18).
73) 대결 2003.11.11. 2003모402. 대결 2005.5.9. 2004모24 등

[사실관계] 丙의 변호인은 2008. 6. 17.경 수사기관인 甲에게 피의자신문진술의 녹취·녹화신청서를 제출한 바 있는데, 위 甲은 위 丙에 대한 신문을 시작하기에 앞서 丙과 丙의 옆에 앉아 있는 변호인에게 위 녹취·녹화신청의 철회를 요청하였으나, 변호인과 丙은 이에 응하지 아니하였다. 이에 위 甲은 수사기관에 의한 녹취·녹화에 갈음하여 피의자 측에서 스스로 신문내용을 녹취하도록 한 다음, 갑자기 변호인에게 피의자로부터 떨어진 곳으로 옮겨 앉을 것을 요구하였고, 이어서 피의자 옆에 앉아 있을 것을 주장하는 변호인에게 조사관실에서의 퇴실을 명하였다. 이에 변호인이 변호인 퇴실명령에 대한 제417조에 의한 준항고를 제기한 사안이다.

관련판례 – 검사의 피의자 신문 시 계구해제 의무와 형사소송법 제417조에서 정한 '구금에 관한 처분' 및 변호인의 피의자신문참여권 제한사유인 '정당한 이유'에 부당한 신문방법에 대한 이의제기가 포함되는지 여부(소극) [1] 인간의 존엄성 존중을 궁극의 목표로 하고 있는 우리 헌법이 제27조 제4항에서 무죄추정의 원칙을 선언하고, 제12조에서 신체의 자유와 적법절차의 보장을 강조하고 있음을 염두에 두고 앞서 본 규정들의 내용과 취지를 종합하여 보면, **검사가 조사실에서 피의자를 신문할 때 피의자가 신체적으로나 심리적으로 위축되지 않은 상태에서 자기의 방어권을 충분히 행사할 수 있도록 피의자에게 보호장비를 사용하지 말아야 하는 것이 원칙이고, 다만 도주, 자해, 다른 사람에 대한 위해 등** 형집행법 제97조 제1항 각호에 규정된 위험이 분명하고 구체적으로 드러나는 경우에만 예외적으로 보호장비를 사용하여야 한다. 따라서 **구금된 피의자는 형집행법 제97조 제1항 각호에 규정된 사유에 해당하지 않는 이상 보호장비 착용을 강제당하지 않을 권리를 가진다.** 검사는 조사실에서 피의자를 신문할 때 해당 피의자에게 그러한 특별한 사정이 없는 이상 **교도관에게 보호장비의 해제를 요청할 의무가 있고, 교도관은 이에 응하여야** 한다.
[2] 검사 또는 사법경찰관이 보호장비 사용을 정당화할 예외적 사정이 존재하지 않음에도 구금된 피의자에 대한 교도관의 보호장비 사용을 용인한 채 그 해제를 요청하지 않는 경우에, 검사 및 사법경찰관의 이러한 조치를 형사소송법 제417조에서 정한 '구금에 관한 처분'으로 보지 않는다면 구금된 피의자로서는 이에 대하여 불복하여 침해된 권리를 구제받을 방법이 없게 된다. 따라서 **검사 또는 사법경찰관이 구금된 피의자를 신문할 때 피의자 또는 변호인으로부터 보호장비를 해제해 달라는 요구를 받고도 거부한 조치는 형사소송법 제417조에서 정한 '구금에 관한 처분'에 해당한다고 보아야** 한다.
[3] 형사소송법 제243조의2 제3항 단서는 피의자신문에 참여한 변호인은 신문 중이라도 부당한 신문방법에 대하여 이의를 제기할 수 있다고 규정하고 있으므로, **검사 또는 사법경찰관의 부당한 신문방법에 대한 이의제기는 고성, 폭언 등 그 방식이 부적절하거나 또는 합리적 근거 없이 반복적으로 이루어지는 등의 특별한 사정이 없는 한, 원칙적으로 변호인에게 인정된 권리의 행사에 해당하며, 신문을 방해하는 행위로는 볼 수 없다. 따라서 검사 또는 사법경찰관이 그러한 특별한 사정없이, 단지 변호인이 피의자신문 중에 부당한 신문방법에 대한 이의제기를 하였다는 이유만으로 변호인을 조사실에서 퇴거시키는 조치는 정당한 사유 없이 변호인의 피의자신문 참여권을 제한하는 것으로서 허용될 수 없다**(대결 2020.3.17. 2015모2357).

6. 변호인의 신문 후 의견진술

피의자신문에 참여한 변호인은 신문 후에 의견을 진술할 수 있고, 신문 중이라도 부당한 신문방법에 대하여 이의를 제기할 수 있으며, 검사·사법경찰관의 승인 하에 의견을 진술할 수 있다. 그런데 신문에 참여한 변호인의 활동 범위는 '변호인의 신문참여'의 법적 성격 내지 그 취지를 어떻게 볼 것인지와 연관된 문제이다. 이전에는 미국의 미란다 원칙이 변호인의 구금심문에 대한 입회(be present)로 규정하고, 일본에서 이를 '입회'로 번역하고 있는 바와 같이, 수사과정은 당사자 대심구조가 아닌 직권 증거수집절차이므로 변호인의 참여는 진술의 임의성과 절차의 적법성 확보를 위한 조치로 이해하여 변호인은 신문 과정에 출석하여 위법을 감시할 수 있을 뿐이라는 의견이 있었으나, 앞에서 인용한 헌법재판소와 대법원의 결정 내용에 따르면, 변호인의 신문참여는 우리 헌법이나 형사소송법이 규정하는 '피의자의 접견교통권', '변호인의 조력을 받을 권리'에서 연원하는 것으로 신문현장에서의 변호인의 조력은 허용된다고 보고 있으며, **개정법도 신문참여 변호인에게 ① 신문 후 의견을 진술하고 ② 예외적으로 신문중이라도 '부당한 신문방법'에 대하여 이의를 제기하거나 수사기관의 승인을 얻어 의견을 진술할 수 있도록 하고 있다.**

다만, 신문에 참여한 변호인이 신문을 부당하게 제지 또는 중단시키는 행위, 피의자의 특정한 답변이나 진술 번복을 유도하는 행위, 신문 내용을 촬영·녹음하는 등 신문을 방해하는 행위를 하는 경우까지 허용된다고 할 수는 없다.[74]

7. 침해구제와 불복방법

가. 수사절차상의 준항고

검사나 사법경찰관이 변호인의 참여를 제한하거나 퇴거시킨 처분에 대해서는 준항고를 통해 다툴 수 있다(제417조). 따라서 변호인의 피의자 신문 참여가 제한되거나, 참여한 변호인이 신문도중 허용되지 않는 행위를 하였다는 이유로 퇴거 처분을 받은 때에는 이에 대하여 법원에 불복을 신청할 수 있다.

나. 증거능력의 부정

변호인참여권은 변호인접견교통권이라는 헌법상 기본권으로부터 도출되는 권리인 바, 이를 제한하는 것은 중대한 위법이라 할 것이므로 제308조의2에 의하여 증거능력을 부정된다.

> 관련판례 피의자가 변호인의 참여를 원한다는 의사를 명백하게 표시하였음에도 수사기관이 정당한 사유 없이 변호인을 참여하게 하지 아니한 채 피의자를 신문하여 작성한 피의자신문조서는 **형사소송법 제312조에 정한 '적법한 절차와 방식'에 위반된 증거일 뿐만 아니라**, 형사소송법 제308조의2에서 정한 "적법한 절차에 따르지 아니하고 수집한 증거"에 해당하므로 이를 증거로 할 수 없다고 할 것이다(대판 2013.3.28. 2010도3359).[75]

---

[74] 법무부 개정 형사소송법 해설 中
[75] 개정법 제312조 ① 검사가 작성한 피의자신문조서는 **적법한 절차와 방식에 따라 작성**된 것으로서 공판준비 또는 공판기일에 그 피의자였던 피고인 또는 변호인이 그 **내용을 인정할 때**에 한하여 증거로 할 수 있다. ② 삭제

다. 수사관 등에 대한 손해배상청구

국가에게 불법행위로 인하여 입은 정신적 고통 등에 대하여 불법행위에 기한 손해배상청구가 가능하다고 볼 것이다.

라. 항소이유

수사절차상의 위법만으로는 항소이유가 되지는 않으나, 위법하게 수집한 증거에 기하여 사실인정을 한 경우에 있어서는 항소이유로 삼을 수 있다.

참고

검찰사건사무규칙개정 내용[76]

1. 변호인 참여권 보장 강화(제9조의2)
   가. 피의자 또는 그 변호인·법정대리인·배우자·직계친족·형제자매의 신청이 있는 경우 변호인의 참여로 인하여 신문 방해, 수사기밀 누설 등 수사에 현저한 지장을 초래할 우려가 있다고 인정되는 정당한 사유가 있는 경우를 제외하고는 피의자에 대한 신문에 변호인을 참여하도록 명시하고, 변호인 참여 신청은 서면 외에 구술로도 할 수 있도록 함
   나. 검사가 변호인의 참여를 중단시키는 경우에는 불복방법에 대해 고지하도록 하고, 다른 변호인의 참여 기회를 부여하도록 함
   다. 피의자신문에 참여한 변호인을 피의자의 뒤에 앉도록 한 행위가 헌법재판소에서 위헌으로 결정됨에 따라 피의자 신문 시 변호인이 피의자의 옆에 앉아 참여할 수 있도록 하되, 조사인원, 조사실 면적 등을 고려하여 변호인의 옆자리에 앉기 어려운 경우가 있을 수 있으므로 변호인이 동의하는 경우에는 다른 곳에 앉을 수 있도록 함
   라. 피의자 외에 피혐의자·피내사자·피해자·참고인이 조사를 받는 경우에도 변호인이 참여할 수 있도록 하여 변호인 참여권의 대상을 확대함

---

[76] 검찰사건사무규칙
제23조(변호인의 변론) 검사는 피의자·피혐의자·피내사자·피해자·참고인의 변호인이 변론을 요청하는 경우 특별한 사정이 없으면 일정, 시간, 방식 등을 협의하여 변론할 기회를 보장해야 한다.
제36조(피의자 등의 출석요구) ③ 검사는 제1항에 따른 방법으로 출석요구를 했을 때에는 출석요구서의 사본을, 제2항에 따른 방법으로 출석요구를 했을 때에는 그 취지를 적은 수사보고서를 각각 사건기록에 편철해야 한다.
④ 검사는 제1항 및 제2항에 따라 피의자에게 출석요구를 하려는 경우 피의자와 조사의 일시·장소에 관하여 협의해야 하고, 변호인이 있는 경우에는 변호인과도 협의해야 한다.
제47조(피의자 및 신문 참여 변호인 등의 기록) ① 검사는 수사준칙 제13조 제1항에 따라 다음 각 호의 어느 하나에 해당하는 경우를 제외하고는 피의자 및 신문에 참여한 변호인이 법적인 조언·상담을 위하여 신문 내용을 메모하는 것을 제한해서는 안 된다. 이 경우 검사는 피의자 또는 변호인이 메모를 할 수 있도록 적절한 조치를 해야 한다.
  1. 수사기밀 등 유출될 경우 수사에 현저한 지장을 초래하는 사항을 기록하는 경우
  2. 신문을 종료한 후 피의자신문조서의 내용을 옮겨 쓰는 경우
  3. 다른 사람의 개인정보 등 유출될 경우 사생활의 비밀 또는 자유를 침해할 우려가 있는 사항을 기록하는 경우
② 검사의 피혐의자·피내사자·피해자·참고인 조사 시 피혐의자 등과 조사에 참여한 변호인이 하는 기록에 관하여는 제1항을 준용한다.

CHAPTER 02 소송행위와 소송조건

제1절 소송행위

I 소송행위의 의의

　소송행위란 형사절차를 조성하는 행위로서 소송법상의 효과가 인정되는 것을 말하는데, 공판절차 뿐 아니라 수사와 형 집행절차 전반의 형성행위를 일컫는다. 이러한 소송행위는 절차유지의 원칙이 적용되는데, 소송행위의 하자에 대해 민사법과 달리 하자의 치유를 인정하여 소송절차가 유지되도록 하는 원칙을 말한다. 이러한 소송행위에는 절차형성행위와 실체형성행위로 크게 구분되는데, 공소제기, 상소제기, 증거조사절차 등 절차면의 형성과 관련된 소송행위를 절차형성행위라 하고, 피고인의 진술이나 증인의 증언 등 실체면의 형성에 관련된 소송행위를 실체형성행위라고 한다. 실체형성행위는 동적, 발전적 성격을 가지며 철회가 자유로운 반면 절차형성행위는 형식적 확실성이 강조되어 이를 해치지 않는 한도 내에서만 제한적으로 철회가 허용된다.

II 소송행위의 방식

1. 방식

　피고인이 원하는 시기에 공판조서를 열람·등사하지 못하였다 하더라도 그 변론 종결 이전에 이를 열람·등사한 경우에는 피고인의 방어권행사에 지장이 있었다는 등의 특별한 사정이 없는 한 피고인의 공판조서의 열람·등사청구권이 침해되었다고 볼 수 없고, 그 공판조서는 유죄의 증거로 할 수 있다.

2. 소송서류와 송달

① 최초의 공시송달은 법원게시장에 공시한 날로부터 2주일을 경과하면 그 효력이 생기고, 2회 이후의 공시송달은 5일을 경과하면 그 효력이 있다.

② 법원이 수감 중인 피고인에 대하여 공소장 부본과 피고인소환장 등을 종전 주소지 등으로 송달하거나 공시송달의 방법으로 송달하였다면 이는 위법하다.

③ **피고인이 재판권이 미치지 않는 장소에 있는 경우에는 공시송달**을 할 수 있다.

④ 다른 사건으로 신체구속을 당한 자에게는 송달영수인에 관한 규정을 적용할 수 있다.

⑤ **교도소 또는 구치소에 구속된 자**에 대한 송달은 그 **소장에게** 송달하면 구속된 자에게 전달된 여부와 관계없이 효력이 발생한다.

Ⅲ 소송행위의 성립·불성립

소송행위의 성립 여부는 특정한 행위가 소송행위의 본질적 개념요소를 구비하였는가의 문제로, 이러한 요소를 구비하지 못하여 소송행위의 전형이 인정될 수 없는 경우에는 소송행위가 성립하지 않는다. 이는 소송행위가 성립하였으나 그 효력이 없어 무효인 경우와 구별되며, 불성립의 경우는 하자의 치유가 문제되지 않는다는 점에서 무효와 다르다.

Ⅳ 소송행위의 유효·무효

> 제254조【공소제기의 방식과 공소장】 ① 공소를 제기함에는 **공소장을 관할법원에 제출**하여야 한다.
> 제266조【공소장부본의 송달】 법원은 공소의 제기가 있는 때에는 **지체없이 공소장의 부본을 피고인 또는 변호인에게 송달하여야 한다. 단, 제1회 공판기일 전 5일까지 송달**하여야 한다.

1. 개념

소송행위가 성립한 것을 전제로 소송행위의 본래적 효력을 인정할 것인가에 대한 가치판단이다. ① 소송행위의 불성립은 소송행위의 외관조차 갖추지 못한 것이므로, 외관의 존재를 전제로 하는 무효와는 구별되며 ② 소송행위의 부적법은 소송행위의 전제조건과 방식에 관한 사전판단이므로 소송행위의 본래적 효력을 인정할 것인가에 대한 사후판단을 의미하는 무효와는 구별된다.

2. 무효의 원인

가. 행위 주체에 관한 무효원인

① 소송행위적격(예 상소권이외의 자의 상소) 또는 소송행위 능력의 부존재가 대표적인 무효원인이다.

② 의사표시의 하자

착오·사기·강박에 의한 절차형성행위가 무효원인이 되는지 문제된다. 이에 대하여 **효력긍정설**(절차의 확실성), **효력부정설**(피고인의 이익과 정의가 희생되어서는 안 됨), **적정절차설**(법원 또는 검사의 사기, 강박 등 적정절차의 원칙에 반하는 경우 외에는 사법상 의사표시 하자규정 적용 불가함)이 대립하고 있으나, 판례는 착오에 의한 소송행위가 무효로 되기 위해서는 첫째, 통상인의 판단을 기준으로 하여 만약 착오가 없었다면 그러한 소송행위를 하지 않았으리라고 인정되는 중요한 점(동기를 포함하여)에 관하여 착오가 있고 둘째, 착오가 행위자 또는 대리인이 책임질 수 없는 사유로 인하여 발생하였으며 셋째, 그 행위를 유효로 하는 것이 현저하게 정의에 반한다고 인정될 것 등 세 가지 요건을 필요로 한다. … 항소포기와 같은 절차형성적 소송행위가 착오로 인하여 행하여진 경우 그 행위가 무효로 되기 위하여는 그 착오가 행위자 또는 대리인이 책임질 수 없는 사유로 발생하였을 것이 요구된다 할 것인 바, 재항고인이 교도관이 내어주는 상소권포기서를 항소장으로 잘못 믿은 나머지 이를 확인하여 보지도 않고 서명무인하였다면 재항고인에게 과실이 없다고 보기 어렵고, 따라서 재항고인의 항소포기는 유효하다(대결 1992.3.13. 92모1)고 판시한 바 있다.

나. 내용과 방식에 관한 무효원인

> **참고**
>
> **소송행위의 무효의 원인**
> [학설의 대립] ① 소송행위는 절차적 확실성이 중요하므로 사기·강박·착오와 같은 하자가 있더라도 무효 원인이 될 수 없다는 무효부정설, ② 피고인의 이익과 정의가 소송행위의 형식적 확실성으로 인하여 희생될 수 없어 무효가 된다는 무효긍정설 그리고 ③ 원칙적으로 착오 등에 의한 소송행위도 유효하나, 적정절차의 원칙에 반하여 이루어진 경우에는 예외적으로 무효가 된다는 적정절차설의 대립이 있다.
> [판례의 태도] 대법원은 '적법절차 보장의 정신에 비추어 성립의 진정함을 인정한 최초의 진술에 그 효력을 그대로 유지하기 어려운 중대한 하자가 있고 그에 관하여 진술인에게 귀책사유가 없는 경우에 한하여 예외적으로 증거조사 절차가 완료된 뒤에도 그 진술을 취소할 수 있다(대판 2008.7.10. 2007도7760)'고 판시하여 적정절차설의 입장과 유사하다.
> [검토] 생각건대 소송행위의 형식적 확실성을 고려할 때 원칙적으로는 의사표시의 하자가 있더라도 이를 함부로 무효로 할 수는 없지만 소송행위가 적정절차원칙에 위반하여 이루어지고 이에 대하여 피고인의 귀책사유가 없는 경우까지 유효로 볼 수는 없으므로 적정절차설의 입장이 타당하다.

다. 무효의 치유

(1) 개념

무효인 소송행위가 사정변경에 의하여 유효하게 될 수 있는가의 문제가 무효의 치유이다. 공소장부본송달의 하자, 공판기일 지정의 하자, 제1회 공판기일의 유예기간의 하자 등은 치유된다는 것이 판례의 입장이다.

(2) 소송행위의 추완 – 이 부분은 후술한다.

(3) 공격방어방법의 소멸에 의한 하자의 치유

판례분석 – 소송행위의 불성립과 하자의 치유 여부 소송행위가 성립하기 위하여는 소송행위에 요구되는 소송법상의 정형을 충족하기 위한 본질적 개념요소를 구비하여야 할 것이고, 공소제기는 법원에 대하여 특정한 형사사건의 심판을 요구하는 검사의 법률행위적 소송행위로서 형사소송법 제254조 제1항은 공소를 제기함에는 공소장을 관할법원에 제출하여야 하도록 규정하고, 같은 조 제4항은 위 공소장에는 피고인의 성명 기타 피고인을 특정할 수 있는 사항, 죄명, 공소사실, 적용법조 등 일정한 사항을 기재하도록 하고 있는바, **형사소송법이 공소의 제기에 관하여 위와 같은 서면주의와 엄격한 요식행위를 채용한 것은 공소의 제기에 의해서 법원의 심판이 개시되므로, 심판을 구하는 대상(공소사실 및 피고인)을 명확하게 하고 피고인의 방어권을 보장하기 위한 것이라 할 것이어서 검사에 의한 공소장의 제출은 공소제기라는 소송행위가 성립하기 위한 본질적 요소라고 보아야 할 것**이므로, 이러한 공소장의 제출이 없는 경우에는 소송행위로서의 공소제기가 성립되었다고 할 수 없다(대판 2003.11.14. 2003도2735).

→ 이 사안은 검찰의 법원에 대한 기록송치는 있었으나 공소장의 제출이 없었다. 이에 대하여 대법원은 소송행위의 불성립을 인정하였다. 소송행위의 불성립은 소송행위의 무효와 구별하여야 한다. **소송행위의 불성립**은 하자의 치유가 있을 수 없지만 성립은 하였으나 하자로 인하여 **무효인 경우**는 하자의 치유가 가능하다. 만일 공소장의 제출은 있었으나 공소장 부본이 피고인에게 송달되지 아니한 공소제기는 하자 있는 소송행위로서 하자의 치유가 가능하다고 볼 수 있다. 그러므로 공소장 제출된 이후에 진행된 제1심 공판절차에서 피고인이 이의를 제기하지 않고 변론을 진행하였다면 이러한 하자는 치유가 될 수 있다고 본다.

비교판례 – 공소장 송달의 하자 형사소송법 제266조는 "법원은 공소의 제기가 있는 때에는 지체없이 공소장의 부본을 피고인 또는 변호인에게 송달하여야 한다. 단, 제1회 공판기일 전 5일까지 송달하여야 한다."고 규정하고 있으므로, **제1심이 공소장 부본을 피고인 또는 변호인에게 송달하지 아니한 채 공판절차를 진행하였다면** 이는 **소송절차에 관한 법령을 위반한 경우에 해당**한다. 이러한 경우에도 피고인이 제1심 법정에서 이의함이 없이 공소사실에 관하여 충분히 진술할 기회를 부여받았다면 판결에 영향을 미친 위법이 있다고 할 수 없으나, 제1심이 공시송달의 방법으로 피고인을 소환하여 피고인이 공판기일에 출석하지 아니한 가운데 제1심의 절차가 진행되었다면 그와 같은 위법한 공판절차에서 이루어진 소송행위는 효력이 없으므로, 이러한 경우 **항소심은 피고인 또는 변호인에게 공소장 부본을 송달하고 적법한 절차에 의하여 소송행위를 새로이 한 후 항소심에서의 진술과 증거조사 등 심리결과에 기초하여 다시 판결하여야 한다**(대판 2014.4.24. 2013도9498).

비교판례 – 소송행위와 소송서류의 송달 형사소송법 제361조의4, 제361조의3, 제361조의2에 의하면 항소인이나 변호인이 항소법원으로부터 소송기록접수통지를 받은 날로부터 20일 이내에 항소이유서를 제출하지 아니하고 항소장에도 항소이유의 기재가 없는 경우에는 결정으로 항소를 기각할 수 있도록 규정되어 있으나, 이처럼 항소이유서 부제출을 이유로 항소기각의 결정을 하기 위해서는 항소인이 적법한 소송기록접수통지서를 받고서도 정당한 이유 없이 20일 이내에 항소이유서를 제출하지 아니하였어야 한다. 한편 형사소송법 제65조, 민사소송법 제182조에 의하면 교도소·구치소 또는 국가경찰관서의 유치장에 수감된 사람에게 할 송달을 교도소·구치소 또는 국가경찰관서의 장에게 하지 아니하고 수감되기 전의 종전 주·거소에 하였다면 부적법하여 무효이고, 법원이 피고인의 수감 사실을 모른 채 종전 주·거소에 송달하였다고 하여도 마찬가지로 송달의 효력은 발생하지 않는다. 그리고 송달명의인이 체포 또는 구속된 날 소송기록접수통지서 등의 송달서류가 송달명의인의 종전 주·거소에 송달되었다면 송달의 효력 발생 여부는 체포 또는 구속된 시각과 송달된 시각의 선후에 의하여 결정하되, 선후관계가 명백하지 않다면 송달의 효력은 발생하지 않는 것으로 보아야 한다(대결 2017.11.7. 2017모2162).

관련판례 – 공소제기와 하자의 치유 [1] 형사소송법이 공소의 제기에 관하여 서면주의와 엄격한 요식행위를 채용한 것은 공소의 제기에 의해서 법원의 심판이 개시되므로 심판을 구하는 대상을 명확하게 하고 피고인의 방어권을 보장하기 위한 것이다. 따라서 위와 같은 엄격한 형식과 절차에 따른 공소장의 제출은 공소제기라는 소송행위가 성립하기 위한 본질적 요소라고 할 것이므로, 공소의 제기에 현저한 방식 위반이 있는 경우에는 공소제기의 절차가 법률의 규정에 위반하여 무효인 경우에 해당하고, 위와 같은 절차위배의 공소제기에 대하여 피고인과 변호인이 이의를 제기하지 아니하고 변론에 응하였다고 하여 그 하자가 치유되지는 않는다.
[2] 검사가 공판기일에서 피고인 등이 특정되어 있지 않은 공소장변경허가신청서를 공소장에 갈음하는 것으로 구두진술하고 피고인과 변호인이 이의를 제기하지 않은 사안에서, 이를 적법한 공소제기로 볼 수 없다(대판 2009.2.26. 2008도11813).

Ⅴ 소송행위의 추완

> **제345조【상소권회복 청구권자】** 제338조부터 제341조까지의 규정에 따라 상소할 수 있는 자는 자기 또는 대리인이 책임질 수 없는 사유로 상소 제기기간 내에 상소를 하지 못한 경우에는 상소권회복의 청구를 할 수 있다.
>
> **제458조【준용규정】** ① 제340조 내지 제342조, 제345조 내지 제352조, 제354조의 규정은 정식재판의 청구 또는 그 취하에 준용한다.
> ② 제365조의 규정은 정식재판절차의 공판기일에 정식재판을 청구한 피고인이 출석하지 아니한 경우에 이를 준용한다.

1. 개념

법정기간이 경과한 후에 이루어진 소송행위에 대하여 그 기간 내에 행한 소송행위와 같은 효력을 인정할 수 있는가의 문제이다.

2. 단순추완

단순추완이란 추완되는 소송행위 자체가 유효하게 되는 경우를 말한다. 대표적으로 상소권 회복의 청구(제345조)와 약식명령에 대한 정식재판청구권의 회복(제458조)을 말한다.

3. 보정적 추완

보정적 추완이란 다른 소송행위의 효력이 보정될 수 있는가가 문제이다.

가. 변호인 선임의 추완

변호인선임계 제출 전에 변호인의 이름으로 한 소송행위가 변호인선임계 제출에 의하여 유효하게 되는가의 문제인데, 판례는 상소이유서 제출기간 후에 변호인선임계가 제출된 때에는 그 기간 전에 상소 이유서를 제출하였다고 하더라도 변호인의 상소이유서로서의 효력이 없다(대판 1961.6.7. 4293형상923)고 판시하고 있다. 나아가 변호인선임신고서를 제출하지 아니한 변호인이 변호인 명의로 정식재판청구서만 제출하고, 형사소송법 제453조 제1항이 정하는 **정식재판청구기간 경과 후에 비로소 변호인선임신고서를 제출**한 경우도, 변호인 명의로 제출한 위 정식재판청구서는 적법·유효한 정식재판청구로서의 효력이 없다(대결 2005.1.20. 2003모429).

나. 공소사실의 추완

공소사실을 전혀 기재하지 않은 공소제기가 공소장변경에 의하여 보정될 수는 없다.

다. 고소의 추완

(1) 개념

친고죄에 있어서 고소가 없음에도 불구하고 공소를 제기한 후에 비로소 고소가 있는 경우에 고소의 추완에 의하여 공소가 적법하게 될 수 있는가의 문제이다.

(2) 학설

적극설(형사소송의 동적·발전적 성격을 강조)과 소극설(절차의 형식적 확실성 강조) 그리고 **절충설**(비친고죄로 공소제기 된 사건이 심리결과 친고죄로 판명된 경우는 고소의 추완을 인정하는 견해)이 대립한다. 그러나 절차의 형식적 확실성이 강조되는 형사소송법상의 절차적 형성행위이므로 **소극설**이 타당하다.

(3) 판례

세무공무원의 고발 없이 조세범칙사건의 공소가 제기된 이후에 세무공무원이 고발한 경우에는 공소제기의 흠결이 보정될 수 없다(대판 1970.7.28. 70도942)고 판시한 바 있고, **비친고죄인 강간치사죄로 기소되었다가 친고죄인 강간죄로 공소장이 변경되는 경우에 공소장이 변경된 후 고소장을 제출하였다고 하여도** 강간죄의 공소제기절차는 법률의 규정에 위반하여 무효인 경우에 해당한다(대판 1982.9.14. 82도1504)고 판시하여 고소의 추완을 허용하지 않는다.

이와 비교할 것은 친고죄에서 피해자의 고소가 없거나 고소가 취소되었음에도 친고죄로 기소되었다가 그 후 당초에 기소된 공소사실과 동일성이 인정되는 비친고죄로 공소장변경이 허용된 경우 그 공소제기의 흠은 치유되고(대판 1996.9.24. 96도2151 등 참조), 친고죄로 기소된 후에 피해자의 고소가 취소되더라도 제1심이나 항소심에서 당초에 기소된 공소사실과 동일성이 인정되는 범위 내에서 다른 공소사실로 공소장을 변경할 수 있으며 이러한 경우 변경된 공소사실에 대하여 심리·판단하여야 하는데(대판 1990.1.25. 89도1317 등 참조), 이는 반의사불벌죄에서 피해자의 '처벌을 희망하지 아니하는 의사표시' 또는 '처벌을 희망하는 의사표시의 철회'가 있는 경우에도 마찬가지로 보아야 한다(대판 2011.5.13. 2011도2233)고 판시한 바 있다.

> **관련판례 – 고소의 의미와 고소의 추완** [1] 고소인이 제출한 고소장 및 고소보충 진술조서에 처벌의사를 표시한 바 없는 간통행위에 대하여, 고소인이 원심 재판 진행 중 검찰 조사에서 원래의 고소 취지는 고소장 접수 이전의 모든 간통행위를 처벌해 달라는 것이었다는 취지의 진술을 한 경우, 이는 친고죄에 있어서 **공소제기 후의 고소 추완에 해당**하여 허용되지 않는다.
> [2] 고소인이 고소 및 고소보충 진술 후에, 그 고소장 및 고소보충 진술조서에서 처벌의사를 명시적으로 표시하지 않은 간통사실을 시인하는 내용의 **피고소인 작성의 진술서를 수사기관에 제출**한 경우, 적법한 고소의 효력이 인정된다(대판 2006.4.28. 2005도8976).

> **관련판례** [1] **피고인이 구치소나 교도소 등에 수감 중에 있는 경우**는 형사소송법 제63조 제1항에 규정된 '피고인의 주거, 사무소, 현재지를 알 수 없는 때'나 '소송촉진 등에 관한 특례법' 제23조에 규정된 '피고인의 소재를 확인할 수 없는 경우'에 해당한다고 할 수 없으므로, **법원이 수감 중인 피고인에 대하여 공소장 부본과 피고인소환장 등을 종전 주소지 등으로 송달한 경우는 물론 공시송달의 방법으로 송달하였더라도 이는 위법하다**고 보아야 한다. 따라서 법원은 주거, 사무소, 현재지 등 소재가 확인되지 않는 피고인에 대하여 공시송달을 할 때에는 **검사에게 주소보정을 요구하거나 기타 필요한 조치를 취하여 피고인의 수감 여부를 확인할 필요가 있다.**
> [2] 제1심법원이 별건으로 수감 중인 피고인에게 공시송달의 방법으로 소송서류를 송달한 다음 피고인의 출석 없이 재판을 진행하여 유죄를 선고하였는데, 그 후 피고인이 상소권회복결정을 받아 원심 공판기일에 출석한 사안에서, 제1심의 피고인에 대한 송달은 위법하고, **위법한 공시송달에 기초하여 진행된 제1심 소송절차는 모두 위법**하므로, 원심이 제1심의 공시송달이 적법함을 전제로 공소장 부본의 송달부터 증거조사 등 **절차진행을 새로이 하지 아니한 채 제1심이 채택하여 조사한 증거만으로 피고인에게 유죄판결을 선고한 것은 위법**하다(대판 2013.6.27. 2013도2714).

제2절 소송조건

I. 소송조건의 의의

소송조건이란 전체로서의 형사소송이 적법하게 성립하고, 유지·존속하기 위한 기본 조건을 말하며, 공소제기의 적법·유효요건 내지는 실체심판의 전제조건으로 이해될 수 있다. 이러한 소송조건이 흠결된 경우에는 실체심리에 나아갈 수 없으므로 형식재판으로 종결된다.

II. 소송조건의 종류

소송의 절차면에 관한 소송조건을 형식적 소송조건이라 하고, 이 경우는 공소기각 판결이나 결정으로 소송이 종결된다. 반면, 소송의 실체면을 어느정도 요구하는 소송조건을 실체적 소송조건이라 하는데, 대표적인 것이 기판력에 의한 면소사유이다.

III. 소송조건의 조사와 흠결의 효과

소송조건은 직권조사사항이다. 예컨대, 처벌불원의 의사표시의 부존재는 소극적 소송조건으로서 직권조사사항에 해당하므로 당사자가 항소이유로 주장하지 않았더라도 법원은 이를 직권으로 조사·판단하여야 한다(대판 2019.12.13. 2019도10678). 이러한 소송조건은 형사소송절차 전반에 걸쳐 충족되어야 하므로, 모든 소송단계에서 그 존부를 확인하여야 한다. 다만, 토지관할과 공소시효의 완성 여부는 공소제기시를 기준으로 판단한다.

소송조건이 흠결된 경우는 형식재판으로 절차를 종결하여야 하는데, 이를 '**형식재판 우선의 원칙**'이라 한다. 그 판단순서는 **공소기각, 면소, 유무죄의 실체판결** 순이다. 즉, 유죄사유와 공소기각 사유가 있으면 공소기각 판단을 내리고, 공소기각 사유와 면소사유가 경합하면 공소기각 판단을 함이 원칙이다. 다만, 판례는 교통사고처리특례법 제3조 제1항, 제2항 단서, 형법 제268조를 적용하여 공소가 제기된 사건에서, 심리 결과 교통사고처리특례법 제3조 제2항 단서에서 정한 사유가 없고 같은 법 제3조 제2항 본문이나 제4조 제1항 본문의 사유로 공소를 제기할 수 없는 경우에 해당하면 공소기각의 판결을 하는 것이 원칙이라고 하면서도 사건의 실체에 관한 심리가 이미 완료되어 교통사고처리특례법 제3조 제2항 단서에서 정한 사유가 없는 것으로 판명되고 달리 피고인이 같은 법 제3조 제1항의 죄를 범하였다고 인정되지 않는 경우, 설령 같은 법 제3조 제2항 본문이나 제4조 제1항 본문의 사유가 있더라도, 사실심법원이 피고인의 이익을 위하여 교통사고처리특례법 위반의 공소사실에 대하여 무죄의 실체판결을 선고하였다면, 이를 위법이라고 볼 수는 없다고 할 것이다(대판 2015.5.14. 2012도11431, 대판 2015.5.28. 2013도10958 참조)라고 판시한 바 있다.

관련판례 – 항소권 회복청구에 따른 항소심에서 반의사불벌죄에 대한 처벌희망 의사표시의 철회 형사소송법 제232조 제1항 및 제3항은 반의사불벌죄에서 처벌을 희망하는 의사표시는 제1심 판결 선고 전까지 철회할 수 있다고 규정하고 있다. 반의사불벌죄에서 처벌을 희망하는 의사표시의 철회를 어느 시점까지로 제한할 것인지는 형사소송절차 운영에 관한 입법정책의 문제로, 위 규정은 국가형벌권의 행사가 피해자의 의사에 의하여 좌우되는 현상을 장기간 방치하지 않으려는 목적에서 철회 시한을 획일적으로 제1심 판결 선고 시까지로 제한한 것이다. 제1심 법원이 반의사불벌죄로 기소된 피고인에 대하여 소송촉진 등에 관한 특례법(이하 '소송촉진법'이라고 한다) 제23조에 따라 피고인의 진술 없이 유죄를 선고하여 판결이 확정된 경우, 만일 **피고인이 책임을 질 수 없는 사유로 공판절차에 출석할 수 없었음을 이유로 소송촉진법 제23조의2에 따라 제1심 법원에 재심을 청구하여 재심개시결정이 내려졌다면 피해자는 재심의 제1심 판결 선고 전까지 처벌을 희망하는 의사표시를 철회할 수 있다.** 그러나 **피고인이 제1심 법원에 소송촉진법 제23조의2에 따른 재심을 청구하는 대신 항소권회복청구를 함으로써 항소심 재판을 받게 되었다면 항소심을 제1심이라고 할 수 없는 이상 항소심 절차에서는 처벌을 희망하는 의사표시를 철회할 수 없다**(대판 2016.11.25. 2016도9470).

PART 4

공판

CHAPTER 01 공판절차

제1절 공판절차의 기본원칙

Ⅰ 공판절차의 의의

공판 또는 공판절차(Hauptverhandlung)란 **공소가 제기된 사건이 법원에 계속된 이후 그 소송절차가 종결될 때까지의 모든 절차**를 의미한다. 즉 법원이 피고사건에 대하여 증거조사·심리·재판하고, 당사자가 변론을 행하는 절차단계를 말한다.

Ⅱ 공판절차의 기본원칙

1. 공개주의

공개주의란 **일반 국민에게 심리의 방청을 허용**하는 주의를 말한다. 헌법은 공개재판을 받을 권리를 국민의 기본적 인권으로 보장하고 있고(제27조 제3항), 다시 법원의 재판공개 원칙을 선언하고 있다(제109조). 이러한 공개주의는 제1심뿐만 아니라 **모든 재판에 대하여** 적용되며, **공개주의에 위반한 때에는 항소이유**가 된다(제361조의5 제9호). 다만, 법원이 법정의 규모·질서의 유지·심리의 원활한 진행 등을 고려하여 방청을 희망하는 피고인들의 가족·친지 기타 일반 국민에게 미리 방청권을 발행하게 하고 그 소지자에 한하여 방청을 허용하는 등의 방법으로 **방청인의 수를 제한하는 조치**를 취하는 것이 공개재판주의의 취지에 반하는 것은 아니다[77].

---

[77] 대판 1990.6.8. 90도646

2. 구두변론주의

> **제275조의3 【구두변론주의】** 공판정에서의 변론은 **구두로** 하여야 한다.

구두변론주의란 **법원이 당사자의 구두에 의한 공격·방어를 근거로 하여 심리·재판하는 주의**를 말한다. 공판기일에서의 변론은 구두에 의하여 하여야 하며(제275조의3), 특히 **판결은 법률에 다른 규정이 없으면 구두변론에 의하여야** 한다(제37조 제1항). 이는 형사소송법이 공판중심주의를 충실히 실현하기 위하여 구두변론주의원칙을 명백히 한 것이다. 구두변론주의는 구두주의와 변론주의를 내용으로 한다.

3. 직접주의

직접주의란 **공판정에서 직접 조사한 증거**만을 재판의 기초로 삼을 수 있다는 주의를 말한다. 직접주의는 구두주의와 함께 법관에게 정확한 심증을 형성할 수 있게 할 뿐만 아니라, 피고인에게 증거에 관하여 직접 변명의 기회를 주기 위하여 요구되는 원칙이다. 즉 직접주의는 단순히 실체진실의 발견만을 위하여 요구되는 것이 아니라 동시에 피고인에게 반대신문의 기회를 주어 피고인을 보호하고 공정한 재판을 실현하는 의미도 가지고 있다. 형사소송법이 공판개정 후에 판사의 경질이 있으면 공판절차를 갱신하도록 한 것(제301조)은 직접주의의 요청이라고 할 것이며, **전문증거배제의 법칙도 직접주의와 표리일체의 관계에 있다고 할 수 있다.**[78]

4. 집중심리주의

> **제267조의2 【집중심리】** ① 공판기일의 심리는 **집중되어야** 한다.
> ② 심리에 2일 이상이 필요한 경우에는 부득이한 사정이 없는 한 **매일 계속 개정**하여야 한다.
> ③ 재판장은 여러 공판기일을 **일괄하여 지정**할 수 있다.
> ④ 재판장은 부득이한 사정으로 매일 계속 개정하지 못하는 경우에도 특별한 사정이 없는 한 **전회의 공판기일부터 14일 이내로 다음 공판기일을 지정**하여야 한다.
> ⑤ 소송관계인은 기일을 준수하고 심리에 지장을 초래하지 아니하도록 하여야 하며, 재판장은 이에 필요한 조치를 할 수 있다.

---

78) 이재상 396면.

① 집중심리주의란 **심리에 2일 이상을 요하는 사건은 연일 계속하여 심리해야 한다는 원칙**을 말한다. 계속심리주의라고도 한다. 집중심리주의는 법관이 신선하고 확실한 심증에 의하여 재판을 할 수 있을 뿐만 아니라, 소송의 촉진과 신속한 재판을 실현하고자 하는 데 그 취지가 있다. 법관의 심증이 공판정에서 이루어진 증거조사과정을 통해 형성되게 하므로 집중심리주의는 공판중심주의를 실현하기 위해서도 필요하다.

② 종래 우리나라에서는 특정강력범죄의 처벌에 관한 특례법이 특정강력범죄의 심리와 판결에 관하여 집중심리주의를 도입하는 규정(동법 제10조)을 두었을 뿐 형사소송법에 집중심리주의를 선언한 규정은 없었다. 그 결과 구속사건에 있어서는 구속기간의 제한으로 어느 정도의 집중심리가 이루어질 수 있었으나 불구속사건의 경우에는 집중심리는 생각할 수 없었다.[79] 그러나 배심원이 참여하는 국민참여재판이 도입되고, 공판중심주의를 강화하여야 한다는 입장에서 형사소송법의 개정을 통해서 집중심리(제267조의2)와 즉일선고(제318조의4)의 원칙을 선언하였고 집중심리주의를 실현하고자 하고 있다.

제2절 공판 심리의 범위

I 심판의 대상

피고인의 방어권 행사에 실질적인 불이익을 초래할 염려가 없는 경우에는 **공소사실과 기본적 사실이 동일한 범위 내에서 법원이 공소장변경절차를 거치지 아니하고 다르게 사실을 인정하였다고 할지라도 불고불리의 원칙에 위배되지 아니한다.** 그러나 공동정범으로 공소가 제기된 경우, 공판심리 중 방조 쟁점이 전혀 언급된 바 없음에도 공소장의 변경 없이 방조범 성립여부를 심리하여 판단하는 것은 **피고인의 방어권 행사에 실질적 불이익을 초래할 염려가 있어 위법하다고 볼 수 있다.** 반면, 공판심리 중 방조 쟁점에 대한 예비적 주장과 변론이 있었다면 방어권에 실질적 불이익이 없으므로 공소장 변경 없이도 법원은 방조를 인정할 수 있다.

---

[79] 법원행정처, 형사소송법 개정법률 해설, 101면.

II 공소장변경

> **제298조 【공소장의 변경】** ① 검사는 **법원의 허가**를 얻어 공소장에 기재한 **공소사실 또는 적용법조의 추가, 철회 또는 변경**을 할 수 있다. 이 경우에 법원은 **공소사실의 동일성을 해하지 아니하는 한도**에서 허가하여야 한다.
> ② 법원은 심리의 경과에 비추어 상당하다고 인정할 때에는 공소사실 또는 적용법조의 추가 또는 변경을 **요구**하여야 한다.
> ③ 법원은 공소사실 또는 적용법조의 추가, 철회 또는 변경이 있을 때에는 그 사유를 신속히 피고인 또는 변호인에게 **고지**하여야 한다.
> ④ 법원은 전3항의 규정에 의한 공소사실 또는 적용법조의 추가, 철회 또는 변경이 피고인의 불이익을 증가할 염려가 있다고 인정한 때에는 직권 또는 피고인이나 변호인의 청구에 의하여 피고인으로 하여금 필요한 방어의 준비를 하게 하기 위하여 결정으로 필요한 기간 **공판절차를 정지**할 수 있다.

1. 개념

검사가 공소사실의 동일성을 해하지 않는 한도에서 법원의 허가를 얻어 공소장에 기재된 공소사실 또는 적용법조를 추가·철회 또는 변경하는 것을 말한다(제298조 제1항). 이와 구별할 것은 추가기소·공소취소로 이는 공소사실의 동일성이 없다. 또한 공소장의 정정은 법원의 심판의 대상을 변경하는 것과 달리 명백한 오기를 고치는 것에 불과하다.

2. 가치

공소장 변경은 형사소송의 동적·발전적 성격 반영하는 제도이다. 처음 수사는 강도죄로 이루어졌지만 공판과정에서 증거조사가 이루어지면서 강도가 아닌 공갈죄로 변경될 수 있는데, 이것이 바로 형사소송 실체면의 특징인 형사소송의 동적·발전적 성격이다. 이를 반영하는 절차가 공소장변경인 것이며, 이를 통해 피고인의 실질적 방어권을 보장해주는 것이다.

3. 한계

가. 공소사실의 동일성의 의의

공소사실의 단일성과 협의의 동일성을 포함하는 개념으로 이해하는 것이 다수설이다.

나. 단일성의 기준

단일성은 하나의 사건 즉, 하나의 행위로 이루어진 것임을 의미한다. 형사소송법상의 '행위'개념은 형법상의 행위개념과는 구분된다. 형사소송법상의 행위는 원칙적으로 규범적 의미가 아닌 사실적 개념이다. 형법상 상상적 경합은 수죄이지만, 소송법상으로는 하나의 사실적 행위에 의하여 이루어지므로 일죄로 평가되는 것이 바로 그 이유이다. 경합범은 실체법상으로도 수죄이며, 소송법상으로도 수개의 사실에 기초하여 이뤄지는 수개의 행위이므로 수죄로 평가된다. 단, 경합범의 경우라도 역사적 사실로서 하나로 인정될 때에는 단일성을 인정할 수 있을 것이다(가령, 주거침입과 절도처럼 목적 수단관계에 있는 범죄80)). 즉, 단일성을 판단하는데 유용한 개념이 바로 형법상의 죄수론이다. 포괄일죄와 상상적 경합은 단일성이 인정되나, 실체적 경합관계에 있는 사실은 원칙적으로 단일성이 인정되지 않으므로 공소장변경의 대상이 될 수 없게 된다.

다. 동일성의 기준

동일성은 사건의 동질성 내지 시간적 전후의 동일성을 의미한다. 이러한 동일성을 판단하는 기준에 대하여는 아래와 같은 학설의 대립이 있다.

① **기본적 사실동일설**: 공소사실의 기초가 되는 사회적 사실로 환원하여 그 사실관계의 동일성이 인정되면 동일하다고 판단하는 견해이다.

② **죄질동일설**: 일정한 죄명, 즉, 구성요건의 유형적 본질인 죄질의 동일성을 기준으로 판단하는 견해이다.

③ **구성요건공통설**: 범죄는 구성요건을 떠나서 생각할 수 없으므로, 구성요건의 공통여부를 기준으로 판단하는 견해이다.

④ **소인공통설**: 구체적인 사실을 의미하는 '소인'의 기본적 부분의 공통여부를 기준으로 판단하는 견해인데, 소인의 개념이 명확하지 않다는 문제가 있다.

> 관련판례 일관하여 공소사실의 동일성은 그 사실의 기초가 되는 사회적 사실관계가 기본적인 점에서 동일한 것인가에 따라서 판단해야 한다고 하여 기본적 사실동일설을 따르고 있다. 다만, (대판 1994.3.22. 93도2080 전원합의체)에서는 피고인이 장물취득죄로 제1심에서 징역 1년을 선고받고 항소하였으나 공범이 검거되어 강도상해죄로 처벌될 상황에 이르자 항소를 취하하여 확정시킨 사건에서 검사가 다시 피고인을 강도상해죄로 공소제기하자, 대법원은 규범적 요소를 통하여 동일성을 부정하고 장물취득죄의 확정판결의 기판력이 강도상해죄의 공소제기에 미치지 않는다고 판시하였다.

---

80) 공소사실의 동일성은 기본적 사실관계가 동일하면 된다 할 것이므로 참고인에 대하여 허위진술을 하여 달라고 요구하면서 이에 불응하면 어떠한 위해를 가할 듯한 태세를 보여 외포케 하여 참고인을 협박하였다는 공소사실과 위와 같이 협박하여 겁을 먹은 참고인으로 하여금 허위로 진술케 함으로써 2시경 수사기관에 검거되어 신병이 확보된 채 조사를 받고 있던 자를 증거불충분으로 풀려나게 하여 도피케 하였다는 공소사실은 허위진술을 하도록 참고인을 강요, 협박하였다는 기본적 사실관계가 동일하여 공소사실의 동일성이 있다고 할 것이다(대판 1987.2.10. 85도897) → 협박과 범인도피가 실체적 경합관계에 있다고 볼 것이나, 협박이 도피의 수단으로 이용된 점으로 인해 동일성이 인정된다고 본 판시이다.

[다수의견] "유죄로 확정된 장물취득죄와 이 사건 강도상해죄는 범행일시가 근접하고 위 장물취득죄에서의 장물이 이 사건 강도상해죄의 목적물 중 일부이기는 하나, 그 **범행의 일시·장소가 서로 다르고**, … 그 **수단·방법·상대방 등 범죄사실의 내용이나 행위가 별개이고, 행위의 태양이나 피해법익도 다르고 죄질에도 현저한 차이가 있어** 위 장물취득죄와 이 사건 강도상해죄사이에는 **동일성이 있다고 보기 어렵고**, 따라서 피고인이 장물취득죄로 받은 판결이 확정되었다고 하여 피고인을 강도상해죄로 처벌하는 것이 일사부재리의 원칙에 어긋난다고 할 수는 없다. **공소사실이나 범죄사실의 동일성은 형사소송법상의 개념이므로 이것이 형사절차에서 가지는 의미나 소송법적 기능을 고려해야 할 것이고, 따라서 두 죄의 기본적 사실관계가 동일한가의 여부는 그 규범적 요소를 전적으로 배제한 채 순수하게 사회적·前법률적인 관점에서만 파악할 수는 없고 그 자연적·사회적 사실관계나 피고인의 행위가 동일한 것인가 외에 그 규범적 요소도 기본적 사실관계의 동일성의 실질적 내용의 일부를 이루는 것이라고 보는 것이 상당하다**(대판 1994.3.22. 93도2080 전원합의체).

[관련판례] ① 경범죄처벌법 제7조 제3항, 제8조 제3항에 의하면 범칙금납부의 통고처분을 받고 범칙금을 납부한 사람은 그 범칙행위에 대하여 다시 벌 받지 아니한다고 규정하고 있는바, 이는 통고처분에 의한 범칙금의 납부에 확정판결에 준하는 효력을 인정한 것이다.

② 형사소송법 제326조 제1호는 '확정판결이 있는 때'를 면소사유로 규정하고 있으므로 확정판결이 있는 사건과 동일사건에 대하여 공소가 제기된 경우에는 판결로써 면소의 선고를 하여야 하며, 여기에서 공소사실이나 범칙행위의 동일성 여부는 사실의 동일성이 갖는 법률적 기능을 염두에 두고 피고인의 행위와 그 사회적인 사실관계를 기본으로 하되 그 규범적 요소도 아울러 고려하여 판단하여야 한다(대판 2011.1.27. 2010도11987).

→ 업무방해죄 및 공무집행방해죄로 기소된 공소사실이 피고인이 이미 경범죄처벌법에 의하여 범칙금납부통지를 받고 범칙금을 납부한 음주소란 등의 행위와 동일한 사건일 여지가 있다는 이유로 피고인에 대하여 유죄를 선고한 원심판결을 파기하였다.

[관련판례 – 공소사실이나 범죄사실의 동일성 여부의 판단기준] 공소사실이나 범죄사실의 동일성 여부는 사실의 동일성이 갖는 법률적 기능을 염두에 두고 피고인의 행위와 그 사회적인 사실관계를 기본으로 하되 그 규범적 요소도 고려에 넣어 판단하여야 한다(대판 2011.1.27. 2010도12375).

→ 피고인에 대한 유죄판결이 선고된 게임산업진흥에관한법률위반 사건의 범죄사실과 공소가 제기된 사행행위등규제및처벌특례법위반 사건의 공소사실이 동일하다고 본 사례

[판례비판] 규범적 요소를 고려하여 기판력이 미치는 범위를 결정할 경우 **그 범위가 불명확**할 뿐 아니라 기본적 사실동일설을 취하는 판례의 입장이 공소사실을 자연적, 사회적 사실로 환원하여 검토하자는 이론임에도 불구하고 **기본적 사실동일성의 판단에 규범적 요소를 고려하는 것은 전후 모순**이라고 하지 않을 수 없다(이재상).

[검토] 동일성에 대한 판단은 법적 평가가 아닌 사실이기 때문에 순수하게 자연적·전법률적 관점에서 사회 일반인의 생활경험을 기준으로 판단하는 기본적사실동일설이 타당. 이러한 **기본적 사실동일설에 따를 때**, 공소장에 기재된 공소사실이 변경된 공소사실과 시간적·장소적으로 밀접한 관계에 있거나(밀접관계), 그것이 양립할 수 없는 관계에 있을 때(택일관계) 기본적 사실이 동일하다고 할 수 있다.

[관련판례] 형사소송법 제298조 제1항의 규정에 의하면, 검사는 법원의 허가를 얻어 공소장에 기재한 공소사실 또는 적용법조의 추가·철회 또는 변경을 할 수 있고, 법원은 공소사실의 동일성을 해하지 아니하는 한도에서 이를 허가하여야 한다고 되어 있는바, **이 규정의 취지는 검사의 공소장변경허가신청이 공소사실의 동일성을 해하지 아니하는 한 법원은 이를 허가하여야 한다는 뜻으로 해석되고**, 공소사실의 동일성은 그 사실의 기초가 되는 사회적 사실관계가 기본적인

점에서 동일하면 그대로 유지되는 것이나, 이러한 **기본적 사실관계의 동일성을 판단함에 있어서는 그 사실의 동일성이 갖는 법률적 기능을 염두에 두고 피고인의 행위와 그 사회적인 사실관계를 기본으로 하되 규범적 요소도 아울러 고려하여야** 한다(대판 2021.7.21. 2020도13812).

→ 변경 전·후의 공소사실은 모두 「목재의 지속가능한 이용에 관한 법률」에 따라 미리 규격·품질 검사를 받아야 함에도 그와 같은 검사를 받지 않은 목탄 및 성형목탄을 국내로 수입하는 행위에 관한 것으로서, 행위의 주체, 범행의 일시 및 장소, 행위의 객체인 물품 및 수량, 검사의무의 근거가 되는 법률, 행위태양 등 공소사실의 기초되는 사실관계가 기본적인 점에서 동일하다고 볼 수 있으므로, 검사의 공소장변경허가신청을 받아들여 변경된 공소사실에 대하여 심리·판단하였어야 함에도 그와 같이 하지 아니한 원심의 판단에 공소사실의 동일성에 관한 법리를 오해하여 판결에 영향을 미친 잘못이 있다고 본 사례

<mark>관련판례 - 포괄일죄에서 공소장변경 시 동일성 판단기준</mark> [1] **포괄일죄에서는** 공소장변경을 통한 종전 공소사실의 철회 및 새로운 공소사실의 추가가 가능한 점에 비추어 그 **공소장변경 허가 여부를 결정할 때는** 포괄일죄를 구성하는 개개 공소사실별로 종전 것과의 동일성 여부를 따지기보다는 변경된 공소사실이 전체적으로 포괄일죄의 범주 내에 있는지 여부, 즉 단일하고 계속된 범의하에 동종의 범행을 반복하여 행하고 그 피해법익도 동일한 경우에 해당한다고 볼 수 있는지 여부에 초점을 맞추어야 한다.

[2] 형사소송법 제298조 제1항의 규정에 의하면, '검사는 법원의 허가를 얻어 공소장에 기재한 공소사실 또는 적용법조의 추가·철회 또는 변경을 할 수 있고', '법원은 공소사실의 동일성을 해하지 아니하는 한도에서 이를 허가하여야 한다'고 되어 있으므로, 위 규정의 취지는 **검사의 공소장변경 신청이 공소사실의 동일성을 해하지 아니하는 한 법원은 이를 허가하여야 한다는 뜻으로 해석하여야** 한다(대판 2018.10.25. 2018도9810).

① 판례가 기본적 사실관계가 동일하다고 하여 **공소사실의 동일성을 인정한 사례**로는, **장물양여와 그 본범인 절도** 사이,81) **절도와 장물운반** 사이,82) **공갈과 배임수재** 사이,83) **횡령과 사기** 사이,84) **횡령과 배임** 사이,85) **관세포탈과 관세포탈물품운반** 사이,86) **공문서위조 및 동 행사와 위계에 의한 공무집행방해** 사이,87) **공정증서원본불실기재 및 동 행사와 강제집행면탈** 사이,88) **살인미수와 강간치상** 사이,89) 흉기를 휴대하고 다방에 모여 강도예비를 하였다는 공소사실과 폭력범죄에 공용될 우려가 있는 흉기를 휴대하고 있었다는 폭력행위 등 처벌에 관한 법률 제7조 위반의 공소사실 사이90) 등을 들 수 있다.

---

81) 대판 1964.12.29. 64도664
82) 대판 1999.5.14. 98도1438
83) 대판 1993.3.26. 92도2033
84) 대판 1983.11.8. 83도2500
85) 대판 1990.10.30. 90도1694
86) 대판 1967.3.7. 66도1749
87) 대판 1978.11.1. 78도1540
88) 대판 1976.9.28. 74도1676
89) 대판 1984.6.26. 84도666
90) 대판 1987.1.20. 86도2396

② 그에 반하여 판례가 기본적 사실관계가 동일하지 않거나 규범적 요소를 고려하여 공소사실의 동일성을 부정한 사례로는, **장물취득과 강도상해** 사이,91) 축산업협동조합 상무대리가 조합 소유의 사료를 판매하여 이를 횡령하였다는 공소사실과 조합 이사회의 의결 없이 개인으로부터 금전을 차용함으로써 축산업협동조합법을 위반하였다는 공소사실 사이92), **조세포탈과 업무상횡령** 사이93), **명예훼손과 업무방해** 사이94)등이 있다. 다만, 허위사실을 유포한 1개의 행위가 형법 제314조 제1항의 허위사실 유포에 의한 업무방해죄 뿐 아니라 형법 제307조 제2항의 허위사실 적시에 의한 명예훼손죄에도 해당하는 경우 그 2개의 죄는 상상적 경합관계에 있으므로 이 경우는 공소사실의 동일성이 인정되어 공소장 변경이 가능하다95).

라. 공소장변경의 대상절차

간이공판절차는 증거능력과 증거조사에 대한 특칙이 있을 뿐이므로, 간이공판절차에서도 공소장변경이 가능하다. 그러나 공판심리절차가 아닌 약식절차는 공소장변경이 있을 수 없다, 다만 **정식재판 청구**96)시 정식재판절차에서는 공소장변경이 가능하다.

파기환송후의 항소심도 공소장 변경이 가능하다. 그러나 상고심은 법률심이자 사후심으로 공소장 변경절차가 불가능하다.

마. 공소장변경에 관한 별도의 판례

관련판례 간접정범은 정범과 동일한 형 또는 그보다 감경된 형으로 처벌되는 점 등에 비추어 볼 때, 공소장 변경 없이 직권으로 **간접정범 규정을 적용하였더라도 피고인의 방어권 행사에 실질적인 불이익을 초래하였다고 할 수는 없다**(대판 2017.3.16. 2016도21075).

---

91) 대판 1994.3.22. 93도2080 전원합의체
92) 대판 1989.1.24. 87도1978
93) 대판 2002.1.22. 2001도5920
94) 대판 2003.9.23. 2001도6839 → 공소장의 변경은 공소사실의 동일성이 인정되는 범위 내에서만 허용되고, 당초의 공소사실을 동일성이 인정되지 아니하는 새로운 공소사실로 변경하는 취지의 공소장변경신청이 있는 경우에 법원은 그 변경신청을 기각하여야 하는바(형사소송법 제298조 제1항), **공소사실의 동일성은 그 사실의 기초가 되는 사회적 사실관계가 기본적인 점에서 동일하면 그대로 유지되는 것이나**, 이러한 기본적 사실관계의 동일성을 판단함에 있어서는 그 사실의 동일성이 갖는 기능을 염두에 두고 피고인의 행위와 그 사회적인 사실관계를 기본으로 하되 **규범적 요소도 아울러 고려하여야** 한다(공소제기 된 당초의 범죄사실과 공소장변경신청을 한 범죄사실은 비록 범행 일시와 장소는 동일하나, 그 범행의 수단, 방법, 상대방 등 범죄사실의 내용이나 행위가 별개이고, 행위의 태양이나 피해법익도 다르고 죄질에 있어서도 현저한 차이가 있으므로, 규범적 요소를 고려한다 하여도 당초 공소제기 된 명예훼손죄와 공소장변경신청 된 업무방해죄 사이에는 동일성이 있다고 보기 어렵다고 한 사례
95) 대판 2007.2.23. 2005도10233
96) 대판 2013.2.28. 2011도14986. **약식명령에 대하여 피고인만이 정식재판을 청구**한 이 사건에서 피고인에 대하여 사서명위조와 위조사서명행사의 범죄사실이 인정되는 경우에는 비록 사서명위조죄와 위조사서명행사죄의 법정형에 유기징역형만 있다 하더라도 형사소송법 제457조의2에서 규정한 불이익변경금지 원칙(현 형종 상향의 금지 등의 원칙)이 적용되어 벌금형을 선고할 수 있는 것이므로, 위와 같은 불이익변경금지 원칙 등을 이유로 이 사건 공소장변경을 불허할 것은 아니다.

관련판례 포괄일죄인 영업범에서 공소제기의 효력은 공소가 제기된 범죄사실과 동일성이 인정되는 범죄사실의 전체에 미치므로, 공판심리 중에 그 범죄사실과 동일성이 인정되는 범죄사실이 추가로 발견된 경우에 검사는 공소장변경절차에 의하여 그 범죄사실을 공소사실로 추가할 수 있다. 그러나 공소제기 된 범죄사실과 추가로 발견된 범죄사실 사이에 그 범죄사실들과 동일성이 인정되는 또 다른 범죄사실에 대한 유죄의 확정판결이 있는 때에는, 추가로 발견된 확정판결 후의 범죄사실은 공소제기 된 범죄사실과 분단되어 동일성이 없는 별개의 범죄가 된다. 따라서 이때 검사는 공소장변경절차에 의하여 확정판결 후의 범죄사실을 공소사실로 추가할 수는 없고 별개의 독립된 범죄로 공소를 제기하여야 한다(대판 2017.4.28. 2016도21342).

4. 공소장변경의 필요성 — 아래에서 상술한다.

5. 절차

가. 검사의 신청(제298조 제1항·제3항·제4항, 규칙142조)

관련판례 — 공소장변경신청서의 송달 형사소송규칙 제142조 제3항은 공소장변경허가신청서가 제출된 경우 법원은 그 부본을 피고인 또는 변호인에게 즉시 송달하여야 한다고 규정하고 있는데, 피고인과 변호인 모두에게 부본을 송달하여야 하는 취지가 아님은 문언 상 명백하므로, 공소장변경신청서 부본을 피고인과 변호인 중 어느 한 쪽에 대해서만 송달하였다고 하여 절차상 잘못이 있다고 할 수 없다(대판 2013.7.12. 2013도5165).

관련판례 검사가 공소장을 변경하고자 하는 때에는 그 취지를 기재한 공소장변경허가신청서를 법원에 제출하여야 하고, 다만 피고인이 재정하는 공판정에서 피고인에게 이익이 되거나 피고인이 동의하는 예외적인 경우에 한하여 법원은 구술에 의한 공소장변경을 허가할 수 있다(형사소송규칙 제142조 제1항, 제5항). 따라서 검사가 구술에 의한 공소장변경허가신청을 하는 경우에도 변경하고자 하는 공소사실의 내용은 서면에 의하여 신청을 할 때와 마찬가지로 구체적으로 특정하여 진술하여야 하므로, 검사가 구술로 공소장변경허가신청을 하면서 변경하려는 공소사실의 일부만 진술하고 나머지는 전자적 형태의 문서로 저장한 저장매체를 제출하였다면, 공소사실의 내용을 구체적으로 진술한 부분에 한하여 공소장변경허가신청이 된 것으로 볼 수 있을 뿐이다. 그 경우 저장매체에 저장된 전자적 형태의 문서는 공소장변경허가신청이 된 것이라고 할 수 없고, 법원이 그 부분에 대해서까지 공소장변경허가를 하였더라도 적법하게 공소장변경이 된 것으로 볼 수 없다(대판 2016.12.29. 2016도11138).

나. 법원의 공소장변경요구(제298조 제2항)

(1) 개념

법원이 검사에 대하여 공소사실 또는 적용법조의 추가 또는 변경을 요구하는 것으로서 적정한 형사사법실현을 위해(취지) 법원이 행하는 소송지휘에 관한 결정(성질)이다.

(2) 의무성

공소장변경요구가 법원의 의무라고 할 수 있는가에 대해 ① **의무설**(제298조 제2항 문리해석, 변경하지 않고 무죄판결 시 심리미진의 위법), ② **재량설**(법원의 권리, 심리미진의 위법이 아님)과 ③ **예외적 의무설**(원칙적 재량, 공소장변경요구를 하지 아니하고 무죄판결을 하는 것이 현저히 정의에 반하는 경우 '범죄의 중대성'과 범죄의 명백성'을 기준으로 판단)로 나뉜다. **판례**는 공소장변경요구는 **법원의 권한에 불과**하며, 법원이 공소장변경요구를 하지 않았다고 하여 **심리미진의 위법이 있는 것은 아니다**(대판 1979.11.27. 79도2410)라고 판시하였다.

(3) 효과

(가) 공소사실에 대한 효과 (형성력 인정여부)

법원의 공소장변경요구가 있는 경우에 공소장변경요구의 형성력에 의하여 공소장이 자동적으로 변경되는가에 대해 ① 긍정설(검사가 요구 불응시도 변경효과 발생)과 ② 부정설(검사의 권한, 변경효과인정 규정 없음)로 나뉜다. 공소장변경 요구에도 검사가 불응하는 경우에도 공소장이 자동적으로 변경된다고 볼 것이 아니라 법원은 유무죄의 실체 판단을 통해 공소제기 된 사실에 대하여만 판단함이 타당하다.

(나) 검사에 대한 효과

그렇다면 공소장변경요구가 검사에 대한 관계에서 어떤 효과를 가질 것인지 권고효설과 명령효설로 나뉜다. 공소장변경은 검사의 권한이며, 실무상 검사가 불응하였을 때 아무런 방법이 없는 상황에서 형성력을 긍정하는 것이 의미가 없다. 따라서 권고효설이 현행법상 타당하다.

6. 관련문제 – 항소심에서의 공소장변경가부

항소심의 공소장 변경여부는 항소심의 법적 성격과 관련되어 있다. 이에 대해 학설은 **소극설**(항소심은 사후심이므로), **절충설**(항소심에서 파기자판하는 경우가 예외적으로 속심의 성격을 갖는다고 하여 이 경우에 한하여 허용), **적극설**(항소심은 속심이므로)로 나뉜다. 대법원은 **항소심의 구조를 원칙적 속심·예외적 사후심설을 전제로**, "**항소심법원이 변론을 종결하였다가 그 후 변론을 재개하여 심리를 속행한 다음 검사의 공소장변경신청을 허가하였다고 하여 위법이 아니다**(대판 1995.12.5. 94도1520)"라고 하여 적극설의 입장이다. 현행 형사소송법상 항소심은 실체적 진실발견을 위하여 새로이 발견되는 증거를 고려할 수 있도록 하여 속심적 성격이 인정되고 있다는 점을 고려하면 판례의 적극설이 타당하다.

관련판례 변경된 공소사실이 당초의 공소사실과 기본적 사실관계에서 동일하다고 보는 이상 설사 그것이 새로운 공소의 추가적 제기와 다를 바 없다고 하더라도, **현행법상 형사 항소심의 구조가 오로지 사후심으로서의 성격만을 가지고 있는 것은 아니어서 공소장의 변경은 항소심에서도 할 수 있는 것**이므로 이를 허가한 항소심 법원의 조처에 피고의 제1심 판결을 받을 기회를 박탈하여 헌법 제27조 제1항의 법률에 의한 재판을 받을 권리를 침해한 위법이 있다고 할 수 없다(대판 1995.2.17. 94도3297).

관련판례 피고인의 상고에 의하여 상고심에서 **원심판결을 파기하고 사건을 항소심에 환송한 경우**에 그 항소심에서는 그 파기된 항소심판결의 형보다 더 중한 형을 선고할 수 없으며 환송 후에 공소장 변경이 있어 이에 따라 항소심이 새로운 범죄사실을 유죄로 인정하는 경우에도 그 법리를 같이 한다(대판 1980.3.25. 79도2105).

III 공소장변경의 필요성

1. 개념

법원이 어떤 범위에서 공소장변경 없이 공소장에 기재된 공소사실과 다른 사실을 인정할 수 있는가의 문제이다.

2. 필요성판단의 기준

이에 대하여 ① **동일벌조설**(구체적 사실관계가 다를지라도 적용되는 처벌규정 또는 구성요건에 변경이 없는 한 공소장을 변경할 필요가 없다)과 ② **법률구성설**(구체적 사실관계가 다를지라도 그 **법률구성에 영향이 없을 때**에는 공소장 변경을 요하지 아니하고 다른 사실을 인정할 수 있다) ③ **사실기재설**(실질적으로 피고인의 방어권행사에 불이익을 초래하는가를 기준으로 공소장변경이 필요한 사실인지 여부를 판단)이 대립하는데, 판례는 **피고인의 방어권행사에 실질적인 불이익을 초래할 염려가 없는 경우**에는 공소사실과 기본적 사실이 동일한 범위 내에서 법원이 공소장변경절차를 거치지 아니하고 다르게 인정하였다 할지라도 불고불리의 원칙에 위반되지 않는다(대판 1994.12.9. 94도1888)는 사실기재설의 입장이다.

관련판례 피고인의 방어권 행사에 있어서 실질적인 불이익을 초래할 염려가 존재하는지 여부는 공소사실의 기본적 동일성이라는 요소 이외에도 법정형의 경중 및 그러한 경중의 차이에 따라 피고인이 자신의 방어에 들일 노력·시간·비용에 관한 판단을 달리할 가능성이 뚜렷한지 여부 등의 여러 요소를 종합하여 판단해야 한다(대판 2011.2.10. 2010도14391)[97].

---

[97] 위력 부분을 제외한 피고인에 대한 이 사건 공소사실의 행위유형이 성폭력범죄의 처벌 등에 관한 특례법(이하 '성폭법'이라 한다) 제7조 제2항 제2호와 제3항에 모두 해당할 수 있는 상황에서, 검사는 성폭법 제7조 제5항으로만 공소제기한 채 성폭법 제7조 제2항 제2호 또는 제3항 중 어느 조항의 예에 따라 처벌할 것인지 여부에 관한 적용법조를 특정하지 않았고, 제1심이 피고인에게 보다 유리한 성폭법 제7조 제5항, 제3항을 적용하고, 검사마저 이를 전

3. 유형적 고찰

구성요건이 같은 경우에는 일시나 장소, 수단과 객체 등이 달라지는 경우 피고인의 방어권에 불이익을 줄 수 있는 경우가 발생한다. 예를 들어, 검사는 칼날길이 15cm의 예리한 칼로 찔러 살해하였다고 공소사실에 기재하였고, 피고인 측은 피해자의 좌상은 예리한 칼이 아닌 투박한 도끼날에 의한 좌상이라는 이유로 피고인의 범행이 아니라며 치열하게 다투고 있음에도 법원이 공소장변경도 없이 피고인을 도끼로 피해자를 살해하였다고 유죄를 인정하는 것은 방어권을 침해하는 것이 될 것이다. 따라서 이 경우는 반드시 공소장변경을 통해 피고인의 방어권을 보장하여 주어야 한다.

원칙적으로 구성요건이 다르면 사실도 변경되고 피고인의 방어권에 불이익을 초래할 위험이 있으므로 원칙적으로 **공소장변경이 필요**하다. 그러나 **예외적**으로 ① **축소사실의 인정**, ② **죄수에 대한 법적 평가를 달리**하는 경우, ③ **공범관계를 달리 평가**하는 경우, 그리고 ④ **법률평가만을 달리**하는 경우에는 구성요건이 다르더라도 피고인의 방어권에 불이익을 초래하지 아니하므로 **공소장변경이 필요하지 아니**하다.

가. 구성요건이 같은 경우

(1) 범죄의 일시·장소

> 관련판례 범죄의 일시는 공소사실의 특정을 위한 요건이지 범죄사실의 기본적 요소는 아니므로 동일 범죄사실에 대하여 약간 다르게 인정하는 경우에도 반드시 공소장변경을 요하지 아니하나, 그 **범행일시의 차이가 단순한 착오기재가 아니고 그 변경 인정이 피고인의 방어에 실질적 불이익을 가져다 줄 염려가 있는 경우**에는 공소장의 변경을 요한다(대판 1980.2.12. 79도1032).

(2) 범죄의 수단과 방법

범죄의 수단과 방법이 변경된 경우도 공소사실을 특정하기 위한 요소이기 때문에 원칙적으로 공소장 변경이 필요하다. 다만 수단과 방법뿐 아니라 일시와 피해자까지 변경되는 경우는 공소사실의 동일성의 범위를 벗어날 수 있으므로 이 경우는 공소장변경을 통해서 해결할 문제가 아니라 별도의 추가수사를 통해서 추가기소를 해야 할 사안이다.

제로 형의 양정이 부당하다는 항소이유만을 들어 항소한 탓에 피고인으로서는 법정형이 훨씬 중한 성폭법 제7조 제5항, 제2항 제2호의 적용에 따른 불이익이 발생할 수 있는 사정을 예상할 수 없는 상황에 처해 있었다면, 원심이 위 적용법조의 변경에 따른 방어권 행사의 기회를 피고인에게 제공하지도 아니한 채 직권으로 이 사건 공소사실에 대하여 성폭법 제7조 제5항, 제2항 제2호를 적용한 것은 피고인의 방어권 행사에 있어서 실질적인 불이익을 초래할 염려가 있는 경우에 해당한다고 볼 수 있다. 이 경우 원심으로서는 제1심과 달리 피고인에게 불리한 적용법조를 직권으로 적용하기 위하여 검사에게 그 부분 석명을 구함과 아울러 위와 같은 취지를 밝히는 방법 등을 통하여 피고인에게 적절한 방어권 행사의 기회를 제공한 다음 비로소 직권판단으로 나아갔어야 할 것이다.

관련판례 피고인에 대하여 공소가 제기된 당초의 범죄사실과 검사가 공소장변경신청을 한 범죄사실은 범행 일시와 상대방은 물론 그 수단·방법 등 범죄사실의 내용이나 행위태양이 다르고 경합범 관계에 있으므로 그 기본적인 사실관계가 동일하다고 할 수 없다(대판 2002.3.29. 2002도587).

(3) 범죄의 객체

피고인의 방어권행사에 영향을 미치는 사실이기 때문에 범죄의 일시·장소·수단에 준하여 원칙적으로 공소장변경이 필요하다.

관련판례 – 공소장변경이 필요한 경우 [1] 피고인의 방어권 행사에 실질적인 불이익을 초래할 염려가 없는 경우에는 **법원이 공소장변경절차 없이 일부 다른 사실을 인정하거나 적용법조를 수정하더라도 불고불리의 원칙에 위배되지 않는다.** 그러나 피고인의 방어권 행사에 실질적인 불이익을 초래하는지는 공소사실의 기본적 동일성이라는 요소와 함께 법정형의 경중과 그러한 경중의 차이에 따라 피고인이 자신의 방어에 들일 노력·시간·비용에 관한 판단을 달리할 가능성이 뚜렷한지 여부 등 여러 요소를 종합하여 판단하여야 한다.

[2] 검사가 피고인을 도로교통법 위반(음주운전)으로 기소하면서 **공소사실을 '도로교통법 위반(음주운전)죄로 소년보호사건 송치처분 및 벌금 150만 원의 약식명령을 받아 술에 취한 상태에서의 운전금지의무를 2회 이상 위반한 사람으로서 다시 혈중알코올농도 0.132%의 술에 취한 상태로 자동차를 운전하였다'고 기재하고, 적용법조를 '도로교통법 제148조의2 제2항 제2호, 제44조 제1항'으로 기재한 사안**에서, 도로교통법 제44조 제1항은 술에 취한 상태에서 자동차 등의 운전을 금지하고, 도로교통법 제148조의2 제1항 제1호는 '제44조 제1항을 2회 이상 위반한 사람'으로서 다시 같은 조 제1항을 위반하여 술에 취한 상태에서 자동차 등을 운전한 사람을 무겁게 처벌하고 있으나, 검사가 도로교통법 제148조의2 제1항 제1호를 적용하지 않고 형이 가벼운 '도로교통법 제148조의2 제2항 제2호, 제44조 제1항'을 적용하여 공소를 제기하였으므로 **법원이 공소장변경 없이 직권으로 그보다 형이 무거운 '도로교통법 제148조의2 제1항 제1호, 제44조 제1항'을 적용하여 처벌하는 것은 불고불리의 원칙에 반하여** 피고인의 방어권 행사에 실질적인 불이익을 초래하며, 위 공소사실에 관하여 '도로교통법 제148조의2 제1항 제1호, 제44조 제1항'과 '도로교통법 제148조의2 제2항 제2호, 제44조 제1항'이 모두 적용될 수 있는지 여부는 위와 같은 결론에 영향을 미치지 않는다고 한 사례(대판 2019.6.13. 2019도4608).

나. 구성요건이 다른 경우

사실이 변경되고 적용법조까지 달라지므로 이는 피고인의 방어권에 실질적인 영향을 미치므로 원칙적으로 공소장변경을 필요로 한다. 물론 이 경우에도 피고인의 방어권 행사에 실질적인 불이익이 없는 경우라면 공소장변경 없이도 가능하다. 이는 형식적인 죄명으로 판단할 문제가 아니라 실제 그 사건에서 **공판심리 중 피고인에게 실제 방어권이 보장되었는지를 기준으로 판단해야 한다.** 따라서 강간치상죄로 기소된 사안에서 준강제추행으로 공소장변경 없이 인정할 수 있는가는 원칙적으로는 방어방법에 차이가 있으므로 반드시 공소장변경을 요하여야 하지만, 예외적으로 공판심리과정에서 준강제추행 부분에 대한 공방이 검찰과 변호인 측 쌍방을 통해 충분히 이루어졌다면 방어권에 실질적 불이익이 없다고 판단할 수도 있다[98].

> **관련판례 - 흉기휴대 공갈 → 다중의 위력으로 공갈** 비록 같은 조항에서 함께 규정되어 있기는 하지만, 그 행위태양이 전혀 다르고 그에 대응할 피고인의 방어행위 역시 달라질 수밖에 없으므로, **흉기 등 휴대의 방법으로 타인의 재물을 갈취**하였다는 공소사실을 법원이 **다중의 위력 등의 방법으로 타인의 재물을 갈취**하였다는 것으로 인정하려면 **공소장변경의 절차를 거쳐야 할 것**이다(대판 2013.6.27. 2013도3983).

> **관련판례 - 장애인에 대한 준강간 → 심신미약자 간음 및 추행** '성폭력범죄의 처벌 등에 관한 특례법' 제6조 제4항 위반(장애인에 대한 준강간 등)의 공소사실을 형법 제302조의 위력에 의한 심신미약자간음죄 및 심신미약자추행죄로 인정하기 위하여는 **공소장변경의 절차를 거쳐야** 한다(대판 2014.3.27. 2013도13567).

그러나 구성요건이 다르더라도 다음 두 가지는 예외적으로 공소장변경이 필요하지 않다.

(1) 축소사실의 인정

(가) 문제점

구성요건을 달리하는 사실이 공소사실에 포함되어 있는 경우를 축소사실이라 하는바, ① 법원은 **공소장변경 없이 유죄판결 할 수 있는지**, ② 있다면 법원은 반드시 **유죄를 선고해야 하는지**, ③ 관련문제로서 공소장변경 없이 법원이 비친고죄를 **친고죄로 축소인정 할 수 있는지** 문제된다.

(나) 축소사실의 경우 공소장변경의 필요성여부

사실기재설에 의하면 구성요건이 달라 원칙적으로 공소장변경이 필요하나, 축소사실의 경우 **대는 소를 포함**한다는 점, **방어권행사에 불이익이 없다**는 점에서 공소장변경이 필요 없다고 볼 것이다. 판례 역시 법원은 공소사실의 동일성이 인정되는 범위 내에서 **공소가 제기된 범죄사실에 포함된 보다 가벼운 범죄사실이 인정되는 경우에 심리의 경과에 비추어** 피고인의 방어권 행사에 실질적 불이익을 초래할 염려가 없다고 인정되는 때에는 공소장이 변경되지 않았더라도 직권으로 공소장에 기재된 공소사실과 다른 공소사실을 인정할 수 있는 것이다(대판 1999.11.9. 99도2530, 대판 2007.4.12. 2007도828 참조)라고 판시하였다.

---

[98] 강간치상으로 공소가 제기되었다고 하더라도 준강제추행죄는 강간치상죄의 공소사실과 동일성이 인정되고 공소제기된 범죄사실에 포함되어 충분히 심리되었으므로 별도의 공소장변경절차 없이 준강제추행죄를 인정할 수 있다(대판 2008. 5. 29. 2007도7260).

(다) 축소사실에 대한 법원의 심판의무

축소사실에 대한 유죄 판결을 하는 것이 법원의 의무인가에 대해 재량설과 의무설로 나뉜다. 검사의 기소편의주의와 관련 이러한 입장을 판결편의주의라 부를 수 있을 것이며, 기소독점주의 하에서 법원의 심판권이 검사의 기소권에 의해 좌우되는 불고불리원칙을 법관이 사실상 피해갈 수 있는(완화) 방편으로서 적정하다. **정의와 형평을 기준으로 법원이 한** 무죄판결은 정당하다고 평가하는 견해로 판례에 찬성하는 견해(재량설)와 현저한 정의와 형평기준은 명백하지 않고, 법원에 실체진실발견의무가 있는 이상 법원의 판결에는 판결편의주의가 적용되지 않는다는 판례에 반대하는 견해(의무설)가 있다. 그러나 판례는 **현저히 정의와 형평에 반하는 것으로 인정되는 경우가 아닌 한 법원이 직권으로 그 범죄사실(축소사실)을 인정하지 않을 수 있음을 명백히 하였으며, 공소제기 된 범죄사실 전부에 대하여 무죄판결을 할 수 있다는 입장이다.**

> **관련판례** 법원은 공소사실의 동일성이 인정되는 범위 내에서 공소가 제기된 범죄사실에 포함된 보다 가벼운 범죄사실이 인정되는 경우에 심리의 경과에 비추어 피고인의 방어권 행사에 실질적인 불이익을 초래할 염려가 없다고 인정되는 때에는 공소장이 변경되지 않았더라도 직권으로 공소장에 기재된 공소사실과 다른 범죄사실을 인정할 수 있지만, 이와 같은 경우라고 하더라도 공소가 제기된 범죄사실과 대비하여 볼 때 실제로 인정되는 **범죄사실의 사안이 중대하여** 공소장이 변경되지 않았다는 이유로 이를 처벌하지 않는다면 적정절차에 의한 신속한 실체적 진실의 발견이라는 형사소송의 목적에 비추어 **현저히 정의와 형평에 반하는 것으로 인정되는 경우가 아닌 한 법원이 직권으로 그 범죄사실(축소사실)을 인정하지 아니하였다고 하여 위법한 것이라고까지는 볼 수 없다**(대판 2001.12.11. 2001도4013).

(라) 관련문제(공소장변경 없이 비친고죄를 친고죄로 축소 인정할 수 있는지 여부)

비친고죄의 공소사실이 친고죄의 공소사실로 판명된 경우 공소장 변경절차를 거치지 않고 유죄를 인정할 수 있는가에 대해 사실기재설에 의할 때, 고소취소라는 방어활동 침해했는지, 실질적 불이익이 있다고 할 수 있는지가 문제가 된다. 학설은 **공소장변경불요설**(피고인이 비친고죄의 공판절차에서 축소사실인 친고죄에 대해서도 방어권을 행사했다는 점) **공소장변경필요설**(고소취소를 받아내는 것도 방어권 행사의 일환이므로 공소장변경을 거쳐야 한다는 점)으로 나뉜다.

> **관련판례** [다수의견] 피고인의 방어권행사에 실질적으로 불이익을 줄 우려가 없을 경우에 한하여 법원으로 하여금 검사의 공소장변경절차를 거치지 아니하고 공소사실과 다른 범죄사실을 인정할 수 있게 함이 상당하다 할 것인바. 강제추행치상의 공소사실 중에는 강제추행의 공소사실도 포함되어 있다고 볼 것이므로 강제추행치상의 공소사실에 대한 **피고인의 방어행위는 동시에 강제추행의 공소사실에 대한 방어행위를 겸하고 있으며**, … 피고인으로서는 그 방어행위의

일환으로 자신의 행위로 인하여 피해자에게 강제추행치상죄에서의 상해를 입힌 사실이 없다는 주장을 하고 법원이 그와 같은 주장을 받아들여 피고인의 행위가 강제추행죄로 처벌되는 경우까지도 대비하여 강제추행죄에 관한 고소인의 고소취소의 원용 등 일체의 방어행위를 할 수 있으므로…방어권행사에 어떠한 불이익을 주었다고 할 수 없으며, 이러한 이치는 공소제기 된 강제추행치상죄는 친고죄가 아닌 반면 강제추행죄는 친고죄라 하여 달라질 것은 아니기 때문에 공소제기 된 강제추행치상죄가 입증되지 않고 강제추행죄만 입증되는 경우에 법원은 공소장 변경절차를 거치지 아니하고 강제추행의 공소사실에 관하여 심리·판단할 수 있다.

[소수의견] 친고죄인 강제추행죄에 있어서는 소송조건인 고소의 부존재나 고소취소는 공소기각이라는 유리한 형식판결을 선고받을 수 있는 결정적인 방어방법이 되므로 양 죄는 그 방어방법을 전혀 달리하는 것이고, … 다른 결과적가중범에서와 같이 공소장변경절차를 거치지 아니하고 강제추행죄를 인정할 수 있다고 보는 것은 공소장 변경제도가 없는 직권주의 법제하의 해석으로는 별론으로 하고 공소장변경제도를 채택한 당사자주의 법제하의 해석으로서는 수긍하기 어려우며, 이러한 견해는 편면적인 축소이론에 집착하여 공소장변경제도를 무력하게 만드는 것으로서 소송법적 측면에서 피고인이 받을 우려가 있는 불이익을 고려하지 아니하였다는 비난을 면하기 어려울 것이다. … 잘못된 공소제기로 인한 불이익을 검사에게 돌리기는커녕 오히려 그 불이익을 피고인에게 돌려, 공소기각 판결을 받을 수 있었을 피고인에게 유죄의 판결을 선고하는 부당한 결과가 초래될 수 있을 것이다(대판 1999.4.15. 96도1922 전원합의체).

(마) 축소사실과 소송조건의 결여

법원이 인정한 축소사실이 친고죄나 반의사불벌죄이고, 고소 등 그 요건을 갖추지 못한 경우 어떠한 심판을 해야 하는지 문제된다. 이는 하나의 범죄사실에 대해 무죄사유와 공소기각사유가 영합하는 문제와도 관련된다.

① 학설은 **무죄판결설**(실체적 진실에 대한 판단이 가능하다면, 실체적 진실 발견이라는 형사소송의 목적과 피고인의 이익[형식재판에는 기판력이 발생하지 않는다는 점]을 위해 무죄판결 해야 함)과 **공소기각판결설**(소송조건이 구비되지 않은 때에는 형식재판으로 소송을 종결해야 하고 피해자의 고소권을 존중하는 차원에서 공소기각 해야 함)로 나뉜다.

② 판례는 "강간치상죄로 공소제기 된 경우, 치상의 점에 증명이 없더라도 강간의 점에 유죄인정을 할 수 있으므로, 제1심판결 선고 전에 고소취소가 있었다면 제327조 제5호에 의해 공소기각판결을 선고해야 할 것이지 범죄의 증명이 없는 것으로 보아 무죄의 선고를 할 수는 없다"고 하면서 공소기각사유와 무죄사유가 경합하는 경우 형식재판인 공소기각판결을 해야 한다(대판 1988.3.8. 87도2673)고 판시하여 공소기각판결설을 따르고 있다. 이론상 적법·부적법판단이 이유유무 판단에 선행하므로 공소기각판결설이 타당하다.

(2) 법률평가만을 달리하는 경우

사실에는 변경이 없이 법적 평가만 달리하는 경우는 법원의 전권판단사항이므로 공소장변경 없이 직권으로 달리 판단할 수 있다. 그러나 법적 평가만을 달리하더라도 법정형이 중하게 될 경우는 피고인의 방어권에 불이익을 주므로 공소장변경을 요한다고 볼 것이다. 판례는 공소제기 된 장물취득의 점과 실제로 인정되는 장물보관의 범죄사실 사이에는 법적 평가에 차이가 있을 뿐 공소사실의 동일성이 인정되는 범위 내에 있으므로 따로 공소사실의 변경이 없더라도 법원이 직권으로 장물보관의 범죄사실을 유죄로 인정하여야 한다(대판 2003.5.13. 2003도1366)고 판시하였고, 동일한 범죄사실을 가지고 포괄일죄로 보지 않고 실체적 경합관계에 있는 수죄로 인정하였다고 하여도 이는 **다만 죄수에 대한 법률적 평가를 달리한 것에 지나지 않을 뿐이지** 소추대상이 공소사실과 다른 사실을 인정한 것이라고 보기 어렵고, 또 피고인의 방어권 행사에 실질적으로 불이익을 초래할 우려도 없다고 하겠으므로 불고불리의 원칙에 위반한 처사라고 볼 수 없다(대판 1982.6.22. 82도938)고 판시한 바 있다. 나아가 법원이 횡령죄로 공소제기 된 경우 횡령과 배임은 특별관계의 일종이기에 공소장변경 없이 직권으로 배임죄로 인정할 수 있으나 그렇다고 배임으로 처벌하지 않은 것을 심리미진의 위법이 있다고 볼 수는 없다(대판 2000.9.8. 2000도258).

> **관련판례 – 법원이 공동정범으로 기소된 범죄사실에 대하여 공소장변경 없이 직권으로 방조범의 성립을 인정할 수 있는 경우** 공동정범으로 공소가 제기된 피고인에 대하여 법원이 공소장 변경 없이 직권으로 방조범으로 인정하여 처벌하기 위해서는, 정범의 범행에 대한 공동가공의 의사나 기능적 행위지배의 점에 대한 증명이 부족하지만 그 의심이 있다는 정도로는 부족하고 방조의 고의와 행위가 있었다는 점에 대한 **적극적인 증명이 있어야 하고, 나아가 그 점에 대하여 피고인에게 방어의 기회가 제공되는 등 심리의 경과에 비추어 피고인의 방어에 실질적인 불이익을 주지 아니한 경우라야** 가능할 것이다(대판 2011.11.24. 2009도7166).

> **관련판례** 법원은 공소사실의 동일성이 인정되는 범위 내에서 공소가 제기된 범죄사실에 포함된 보다 가벼운 범죄사실이 인정되는 경우에 심리의 경과에 비추어 피고인의 방어권 행사에 실질적 불이익을 초래할 염려가 없다고 인정되는 때에는 공소장이 변경되지 아니하였더라도 직권으로 공소장에 기재된 공소사실과 다른 공소사실을 인정할 수 있으나, 그렇지 아니한 경우에는 검사의 공소장변경 없이 공소장에 기재된 공소사실과 다른 공소사실을 인정할 수 없다. 원심판결 이유를 기록에 비추어 살펴보면, 원심은 이 부분 공소사실(구 '성폭력범죄의 처벌 등에 관한 특례법' 위반[장애인에 대한 준강간 등]의 죄)에 포함되지 아니한 '위력으로'라는 새로운 사실을 인정하였음을 알 수 있다. 그러나 **정신장애로 인하여 항거불능 상태에 있는 피해자를 간음 또는 추행하는 행위와 원심에서 인정한 심신미약자에 대하여 위력으로 간음 또는 추행하는 행위**는 그 행위의 객체, 상대방의 상태, 행위의 내용과 방법 등에서 서로 달라서 그에 대응하는 피고인들의 소송상 방어의 내용이나 수단 등 역시 달라질 수밖에 없다(대판 2014.3.27. 2013도13567).

제3절 공판절차의 진행

공판절차는 공소제기에 의해 사건이 법원에 계속된 후부터 소송절차가 종료할 때까지의 모든 절차를 말한다. 공판절차에서 가장 중시되는 것은 바로 공판중심주의이다. 헌법은 제12조 제1항 후문에서 적법절차의 원칙을 천명하고, 제27조에서 재판받을 권리를 보장하고 있다. 형사소송법은 이를 실질적으로 구현하기 위하여, 피고사건에 대한 실체심리가 공개된 법정에서 검사와 피고인 양 당사자의 공격·방어활동에 의하여 행해져야 한다는 **당사자주의와 공판중심주의**, 공소사실의 인정은 법관의 면전에서 직접 조사한 증거만을 기초로 해야 한다는 **직접심리주의와 증거재판주의**를 기본원칙으로 채택하고 있다. 이에 따라 공소가 제기된 후에는 그 사건에 관한 형사절차의 모든 권한이 사건을 주재하는 수소법원에 속하게 되며, 수사의 대상이던 피의자는 검사와 대등한 당사자인 피고인의 지위에서 방어권을 행사하게 된다(대판 2021.6.10. 2020도15891). 여기서 실질적 직접주의를 실현하기 위해서는 법관의 정확한 심증형성을 위해서는 '원본증거'를 재판의 기초로 삼아야 한다.

I 공판준비절차

> **제266조의5 【공판준비절차】** ① 재판장은 효율적이고 집중적인 심리를 위하여 사건을 **공판준비절차에 부칠 수 있다.**
> ② 공판준비절차는 주장 및 입증계획 등을 **서면**으로 준비하게 하거나 **공판준비기일을 열어** 진행한다.
> ③ 검사, 피고인 또는 변호인은 증거를 미리 수집·정리하는 등 공판준비절차가 원활하게 진행될 수 있도록 협력하여야 한다.
>
> **제266조의6 【공판준비를 위한 서면의 제출】** ① **검사, 피고인 또는 변호인**은 법률상·사실상 주장의 요지 및 입증취지 등이 기재된 서면을 법원에 제출할 수 있다.
> ② 재판장은 검사, 피고인 또는 변호인에 대하여 제1항에 따른 **서면의 제출을 명할 수 있다.**
> ③ 법원은 제1항 또는 제2항에 따라 서면이 제출된 때에는 그 **부본을 상대방에게 송달**하여야 한다.
> ④ 재판장은 검사, 피고인 또는 변호인에게 공소장 등 법원에 제출된 서면에 대한 설명을 요구하거나 그 밖에 공판준비에 필요한 명령을 할 수 있다.
>
> **제266조의7 【공판준비기일】** ① 법원은 **검사, 피고인 또는 변호인의 의견**을 들어 공판준비기일을 **지정할 수 있다.**
> ② 검사, 피고인 또는 변호인은 법원에 대하여 공판준비기일의 **지정을 신청할 수 있다.** 이 경우 당해 신청에 관한 법원의 결정에 대하여는 **불복할 수 없다.**

③ 법원은 합의부원으로 하여금 공판준비기일을 진행하게 할 수 있다. 이 경우 수명법관은 공판준비기일에 관하여 법원 또는 재판장과 동일한 권한이 있다.
④ 공판준비기일은 공개한다. 다만, 공개하면 절차의 진행이 방해될 우려가 있는 때에는 공개하지 아니할 수 있다.

제266조의9 【공판준비에 관한 사항】 ① 법원은 공판준비절차에서 다음 행위를 할 수 있다.
1. 공소사실 또는 적용법조를 명확하게 하는 행위
2. 공소사실 또는 적용법조의 추가·철회 또는 변경을 허가하는 행위
3. 공소사실과 관련하여 주장할 내용을 명확히 하여 사건의 쟁점을 정리하는 행위
4. 계산이 어렵거나 그 밖에 복잡한 내용에 관하여 설명하도록 하는 행위
5. 증거신청을 하도록 하는 행위
6. 신청된 증거와 관련하여 입증 취지 및 내용 등을 명확하게 하는 행위
7. 증거신청에 관한 의견을 확인하는 행위
8. 증거 채부(採否)의 결정을 하는 행위
9. 증거조사의 순서 및 방법을 정하는 행위
10. 서류등의 열람 또는 등사와 관련된 신청의 당부를 결정하는 행위
11. 공판기일을 지정 또는 변경하는 행위
12. 그 밖에 공판절차의 진행에 필요한 사항을 정하는 행위

② 제296조 및 제304조는 공판준비절차에 관하여 준용한다.

제266조의10 【공판준비기일 결과의 확인】 ① 법원은 공판준비기일을 종료하는 때에는 검사, 피고인 또는 변호인에게 쟁점 및 증거에 관한 정리결과를 고지하고, 이에 대한 이의의 유무를 확인하여야 한다.
② 법원은 쟁점 및 증거에 관한 정리결과를 공판준비기일조서에 기재하여야 한다.

제266조의12 【공판준비절차의 종결사유】 법원은 다음 각 호의 어느 하나에 해당하는 사유가 있는 때에는 공판준비절차를 종결하여야 한다. 다만, 제2호 또는 제3호에 해당하는 경우로서 공판의 준비를 계속하여야 할 상당한 이유가 있는 때에는 그러하지 아니하다.
1. 쟁점 및 증거의 정리가 완료된 때
2. 사건을 공판준비절차에 부친 뒤 **3개월**이 지난 때
3. 검사·변호인 또는 소환받은 피고인이 **출석하지 아니한** 때

제266조의13 【공판준비기일 종결의 효과】 ① 공판준비기일에서 신청하지 못한 증거는 다음 각 호의 어느 하나에 해당하는 경우에 한하여 **공판기일에 신청할** 수 있다.
1. 그 신청으로 인하여 **소송을 현저히 지연시키지 아니하는** 때
2. 중대한 과실 없이 공판준비기일에 제출하지 못하는 등 **부득이한 사유를 소명한** 때

② 제1항에도 불구하고 법원은 직권으로 증거를 조사할 수 있다.

제266조의15 【기일간 공판준비절차】 법원은 쟁점 및 증거의 정리를 위하여 필요한 경우에는 제1회 공판기일 후에도 사건을 공판준비절차에 부칠 수 있다. 이 경우 기일전 공판준비절차에 관한 규정을 준용한다.

1. 의의

기존에는 제273조에서 공판기일전의 증거조사, 제274조는 당사자의 공판기일전의 증거제출에 관해 각각 규정하고 있으나, 공소장일본주의의 정신에 비추어 위 각 조문의 '공판기일 전'을 '**제1회 공판기일 이후의 공판기일 전**'을 **의미한다고 해석해 왔다**. 따라서 신속한 재판진행과 집중심리를 위하여 제1회 공판기일 전에 사건의 쟁점을 정리하고 입증계획을 수립한다는 의미에서의 공판준비절차 제도는 존재하지 않고 있는데 현행법은 **제1회 공판기일 전이라고 하더라도 효율적이고 집중적인 심리를 위하여** 사건을 공판준비절차에 부칠 수 있도록 한 것이다.99)

2. 취지

기존에는 비효율적으로 공판이 진행되는 경우100)가 많았기 때문에 현행법은 공판준비절차를 도입하여 공판 범행을 자백하는 사건의 경우는 신속하게 절차를 진행하는 한편 증거관계가 복잡하거나 다툼이 있는 사건의 경우는 별도의 기일을 마련하여 쟁점을 정리한 후 공판기일을 진행함으로써 재판의 신속, 충실화를 통해 한정된 사법자원의 효율적인 운용을 기할 필요가 있어 본 제도를 도입한 것이다. 이는 우리 민사소송에서 변론준비절차와 같이 미리 쟁점을 정리하여 심리의 편의를 도모하고 불필요한 심리의 반복을 방지함으로써 공판중심주의를 구현하기 위함이다.

3. 입법례

미국에서는 기소인부절차(Arraignment), 공판 전 협의절차(Pre-trial Disposition Conference)나 공판 전 신청(Pre-trial Motions), 증거개시(Discovery), 유죄협상(Plea Bargaining) 등을 통하여 당사자 사이에 의견이 대립되거나 논란의 대상이 되는 법률상 또는 사실상의 쟁점을 미리 추출하여 여기에 집중하여 변론을 진행하고 있다101).

---

99) 이에 대하여 이재상 교수, 백형구 교수는 공판준비절차의 도입은 예단배제의 원칙 내지 공소장일본주의의 원칙에 배치되고 직권주의적 소송구조를 강화하여 규문절차로 회귀하는 결과를 초래할 수 있다고 비판한다.
100) 종래의 재판실무는 피고인이 자백하는 사건이든 다투는 사건이든, 간단한 사건이든 복잡한 사건이든 가리지 않고 일률적으로 접수되는 순서대로 순차적으로 공판기일을 지정하여 똑같은 방식으로 진행하는 것이었으므로 사건의 쟁점을 조기에 파악할 수 없고, 공판기일이 공전되거나 부실하게 진행되는 경우가 없지 않았다.
101) 기소인부절차는 공소가 제기된 후 공판절차가 정식으로 개시되기 전에 유죄를 인정하고 재판을 진행할 것인가(guilty plea), 무죄를 주장하면서 재판을 진행할 것인지(not guilty plea), 또는 유죄를 인정하지 아니하나 공식공판을 포기하고 법원이 정하는 형벌을 선고받을 것인지(nolo contendere or contest plea) 여부를 확인하여 향후 심리방향을 결정짓기 위한 제도로서 이 절차를 통해 다수의 사건을 간이·신속하게 걸러내는 대신 다툼이 있는 사건을 선별하여 충분한 시간을 할애하여 심도 있게 심리할 수 있게 된다. 공판 전 협의절차는 판사와 검사, 변호인이 협의하여 정식 공판에 이르지 아니하고 사건을 종결할 수 있는 제도로서 기소인부절차에서 피고인이 범행을

일본은 2004년 5월 개정된 형사소송법 제316조의2 내지 제316조의32의 규정에서 공판기일 전 또는 공판기일 간 정리절차를 도입하였다.

4. 내용

공판준비절차를 도입하여 재판장은 효율적이고 집중적인 심리 진행을 위하여 필요한 경우 사건을 공판준비절차에 부칠 수 있도록 하였다. 공판준비절차 회부 여부는 재판장의 재량으로 결정하며, 공판준비절차는 서면으로 준비하도록 하는 방법과 공판준비기일을 여는 방법 중에 선택할 수 있도록 하였다. 한편, 공판준비절차의 신속한 진행을 위해 검사·피고인 또는 변호인은 증거를 미리 수집하여 정리하는 방법 등을 통해 공판준비절차의 원활한 진행에 협력할 의무가 있다는 점을 규정하였다(제266조의5).

가. 공판준비기일(제266조의7)

① 법원은 **신청 또는 직권**으로 공판준비기일을 지정할 수 있다.
② 공판준비기일에서는 쟁점정리, 증거신청, 증거신청에 대한 의견 확인, 증거 채부의 결정, 증거조사의 순서 및 방법을 정하는 행위, 증거개시 관련 신청에 대한 결정 등을 할 수 있다.

나. 공판준비에 관한 사항(제266조의9)

법원은 공판준비절차에서 제1항 각 호 소정의 행위를 할 수 있고, 이에 대한 이의신청이 있을 경우에는 공판절차에서의 법원의 증거조사 또는 재판장의 처분 등 결정에 대한 이의신청 규정을 준용하도록 하였다.

다. 기일 간 공판준비절차(제266조의15)

법원은 쟁점 및 증거의 정리를 위하여 필요한 경우에는 **제1회 공판기일 후에도** 사건을 공판준비절차에 부칠 수 있다.

라. 공판준비를 위한 서면의 제출(제266조의6)

검사, 피고인 또는 변호인은 공판준비절차에서 법률상·사실상 주장 및 입증취지 등이 기재된 서면을 법원에 **제출할 수** 있고, 재판장은 필요한 경우 이 서면의 **제출을 명할 수** 있다. 법원은 이 서면이 제출된 때에는 그 부본을 상대방에게 송달하여야 한다. 재판장은 검사나 피고인 측에 공소장이나 답변서 등 법원에 제출된 서면의 내용에 불분명한 부분이 있는 경우 이에 대한 설명을 요구하는 등 공판준비에 필요한 제출을 명할 수 있다.

부인하는 경우에는 판사, 검사, 변호인 등은 이 사건을 종결하기 위한 방안을 논의하기 위하여 회의를 갖고, 여기서 사건의 실질적인 쟁점을 추려냄으로써 공판이 쟁점에 집중하여 효율적으로 이루어지도록 한다.

마. 공판준비기일 결과의 확인(제266조의12)

법원은 공판준비기일을 종료할 때 쟁점 및 증거의 정리 결과를 당사자에게 고지하고, 이에 대한 이의의 유무를 확인하여야 한다. 공판준비기일에도 조서를 작성하여야 하나, 공판준비기일 조서가 공판조서와 같이 자세히 작성되면 공판준비기일이 본안재판처럼 될 염려가 있으므로 공판조서와는 달리 공판준비기일에서 확인된 쟁점 및 증거의 정리 결과만을 기재하도록 하였다.

5. 공판준비기일 종결

가. 종결사유(제266조의10)

쟁점 및 증거의 정리가 완료된 때는 물론 공판준비절차가 지연되는 것을 방지하기 위해 사건을 공판준비절차에 부친 뒤 3개월이 지난 때, 검사·변호인 또는 소환받은 피고인이 출석하지 아니한 때에도 공판준비절차를 종결하여야 한다. 다만, **사건을 공판준비절차에 부친 뒤 3개월이 지나거나, 검사·변호인 또는 소환받은 피고인이 출석하지 아니하더라도 공판준비절차를 계속하여야 할 상당한 이유가 있는 때에는 예외로** 한다.

나. 종결의 효과(제266조의13)

공판준비기일에서 **신청하지 못한 증거는 공판기일에 신청할 수 없도록** 하여 증거조사를 위한 증거신청이 계속 반복됨으로서 소송의 지연 등이 이루어지는 것을 방지하기 위함이다. 다만, 그 신청으로 인하여 **소송을 현저히 지연시키지 아니하거나, 중대한 과실 없이 공판준비기일에 제출하지 못하는 등 사유가 있는 경우에는** 예외를 인정하고 있다. 또한 비록 검사나 피고인 측이 공판준비기일에서 신청하지 아니한 새로운 증거를 공판기일에 신청할 수 없는 경우라고 하더라도 법원은 직권으로 새로운 증거를 조사할 수 있다.

Ⅱ 공판기일 전의 절차

1. 공소장부본의 송달

법원은 공소의 제기가 있는 때에는 지체없이 공소장의 부본을 피고인 또는 변호인에게 송달하여야 한다. 단, **제1회 공판기일 전 5일까지 송달하여야 한다.** 피고인이 구치소나 교도소 등에 수감 중에 있는 경우는 형사소송법 제63조 제1항에 규정된

'피고인의 주거, 사무소, 현재지를 알 수 없는 때'나 '소송촉진 등에 관한 특례법' 제23조에 규정된 '피고인의 소재를 확인할 수 없는 경우'에 해당한다고 할 수 없으므로, 법원이 수감 중인 피고인에 대하여 공소장 부본과 피고인소환장 등을 종전 주소지 등으로 송달한 경우는 물론 공시송달의 방법으로 송달하였더라도 이는 위법하다고 보아야 한다. 따라서 법원은 주거, 사무소, 현재지 등 소재가 확인되지 않는 피고인에 대하여 공시송달을 할 때에는 검사에게 주소보정을 요구하거나 기타 필요한 조치를 취하여 피고인의 수감 여부를 확인할 필요가 있다(대판 2013.6.27. 2013도2714).

나아가 제1심이 공소장 부본을 피고인 또는 변호인에게 송달하지 아니한 채 공판절차를 진행하였다면 이는 소송절차에 관한 법령을 위반한 경우에 해당한다. 이러한 경우에도 피고인이 제1심 법정에서 이의함이 없이 공소사실에 관하여 충분히 진술할 기회를 부여받았다면 판결에 영향을 미친 위법이 있다고 할 수 없으나, 제1심이 공시송달의 방법으로 피고인을 소환하여 피고인이 공판기일에 출석하지 아니한 가운데 제1심의 절차가 진행되었다면 그와 같은 위법한 공판절차에서 이루어진 소송행위는 효력이 없으므로, 이러한 경우 항소심은 피고인 또는 변호인에게 공소장 부본을 송달하고 적법한 절차에 의하여 소송행위를 새로이 한 후 항소심에서의 진술과 증거조사 등 심리결과에 기초하여 다시 판결하여야 한다(대판 2014.4.24. 2013도9498).

2. 의견서의 제출

피고인 또는 변호인은 공소장 부본을 송달받은 날부터 7일 이내에 공소사실에 대한 인정 여부, 공판준비절차에 관한 의견 등을 기재한 의견서를 법원에 제출하여야 한다. 다만, 피고인이 진술을 거부하는 경우에는 그 취지를 기재한 의견서를 제출할 수 있다. 법원은 의견서가 제출된 때에는 이를 검사에게 송부하여야 한다(제266조의2 제1항, 제2항).

3. 공판기일의 지정·변경과 피고인 등의 소환

재판장은 공판기일을 정하여야 한다. 공판기일에는 피고인, 대표자 또는 대리인을 소환하여야 한다. 공판기일은 검사, 변호인과 보조인에게 통지하여야 한다.

형사소송법은 피고인을 소환함에 있어서는 법률이 정한 방식에 따라 작성된 소환장을 송달하여야 한다고 정하면서(제73조, 제74조, 제76조 제1항), 다만 피고인이 기일에 출석한다는 서면을 제출하거나 출석한 피고인에 대하여 차회기일을 정하여 출석을 명한 때, 구금된 피고인에 대하여 교도관을 통하여 소환통지를 한 때, 법원의 구내에 있는 피고인에 대하여 공판기일을 통지한 때 등에는 소환장의 송달과 동일한 효력을 인정하고 있다(제76조 제2항 내지 제5항, 제268조). 위와 같은 관련 규정의 문언과 취지, 그리고 피고인과 달리 공판기일 출석의무가 없는 검사·변호인 등의 소송관계인에 대해서는 소환을 하는 대신 공판기일을 통지하도록 하고 있는 점(제267조 제3항) 등을 종합하면, 피고인에 대한 공판기일 소환은 형사소송법이 정한 소환장의 송달 또는 이와 동일한 효력이 있는 방법에 의하여야 하고, 그 밖의 방법에 의한 사실상의 기일의 고지 또는 통지 등은 적법한 피고인 소환이라고 할 수 없다(대판 2018.11.29. 2018도13377).

4. 공판기일 전의 증거조사

공판기일에서 신속하고 충실한 심리가 이루어지려면 공판기일 전에 미리 증거를 수집하고 정리할 필요성이 있다. 이들 증거는 공판기일에서 정식의 증거조사를 거쳐야 증거로 할 수 있다.

5. 공무소등에의 조회 및 서류송부의 요구

III 증거개시제도

> **제266조의3 【공소제기 후 검사가 보관하고 있는 서류 등의 열람·등사】** ① 피고인 또는 변호인은 검사에게 공소제기된 사건에 관한 서류 또는 물건(이하 "서류등"이라 한다)의 목록과 공소사실의 인정 또는 양형에 영향을 미칠 수 있는 다음 서류등의 열람·등사 또는 서면의 교부를 신청할 수 있다. 다만, 피고인에게 변호인이 있는 경우에는 피고인은 열람만을 신청할 수 있다.
> 4. 피고인 또는 변호인이 행한 법률상·사실상 주장과 관련된 서류등(관련 형사재판확정기록, 불기소처분기록 등을 포함한다)
> ② 검사는 **국가안보, 증인보호의 필요성, 증거인멸의 염려, 관련 사건의 수사에 장애를 가져올 것으로 예상되는 구체적인 사유 등 열람·등사 또는 서면의 교부를 허용하지 아니할 상당한 이유가 있다고 인정하는 때**에는 열람·등사 또는 서면의 교부를 거부하거나 그 범위를 제한할 수 있다.
> ⑥ 제1항의 서류등은 도면·사진·녹음테이프·비디오테이프·컴퓨터용 디스크, 그 밖에 정보를 담기 위하여 만들어진 물건으로서 문서가 아닌 특수매체를 포함한다. 이 경우 특수매체에 대한 등사는 필요 최소한의 범위에 한한다.

제266조의4 【법원의 열람·등사에 관한 결정】 ① **피고인 또는 변호인**은 검사가 서류 등의 열람·등사 또는 서면의 교부를 거부하거나 그 범위를 제한한 때에는 법원에 그 서류등의 열람·등사 또는 서면의 교부를 허용하도록 할 것을 신청할 수 있다.
② 법원은 제1항의 신청이 있는 때에는 열람·등사 또는 서면의 교부를 허용하는 경우에 생길 폐해의 유형·정도, 피고인의 방어 또는 재판의 신속한 진행을 위한 필요성 및 해당 서류등의 중요성 등을 고려하여 검사에게 열람·등사 또는 서면의 교부를 허용할 것을 명할 수 있다. 이 경우 열람 또는 등사의 시기·방법을 지정하거나 조건·의무를 부과할 수 있다.
③ 법원은 제2항의 결정을 하는 때에는 **검사에게 의견을 제시할 수 있는 기회**를 부여하여야 한다.
④ 법원은 필요하다고 인정하는 때에는 검사에게 해당 서류등의 제시를 요구할 수 있고, 피고인이나 그 밖의 이해관계인을 심문할 수 있다.
⑤ 검사는 제2항의 열람·등사 또는 서면의 교부에 관한 법원의 결정을 지체 없이 이행하지 아니하는 때에는 해당 증인 및 서류등에 대한 증거신청을 할 수 없다.

제266조의11 【피고인 또는 변호인이 보관하고 있는 서류등의 열람·등사】 ① **검사**는 피고인 또는 변호인이 공판기일 또는 공판준비절차에서 현장부재·심신상실 또는 심신미약 등 법률상·사실상의 주장을 한 때에는 피고인 또는 변호인에게 다음 서류등의 열람·등사 또는 서면의 교부를 요구할 수 있다.
1. 피고인 또는 변호인이 증거로 신청할 서류등
2. 피고인 또는 변호인이 증인으로 신청할 사람의 성명, 사건과의 관계 등을 기재한 서면
3. 제1호의 서류등 또는 제2호의 서면의 증명력과 관련된 서류등
4. 피고인 또는 변호인이 행한 법률상·사실상의 주장과 관련된 서류등
② 피고인 또는 변호인은 검사가 제266조의3 제1항에 따른 서류등의 열람·등사 또는 서면의 교부를 거부한 때에는 제1항에 따른 서류등의 열람·등사 또는 서면의 교부를 거부할 수 있다. 다만, 법원이 제266조의4 제1항에 따른 신청을 기각하는 결정을 한 때에는 그러하지 아니하다.
③ 검사는 피고인 또는 변호인이 제1항에 따른 요구를 거부한 때에는 법원에 그 서류등의 열람·등사 또는 서면의 교부를 허용하도록 할 것을 신청할 수 있다.
④ 제266조의4 제2항부터 제5항까지의 규정은 제3항의 신청이 있는 경우에 준용한다.
⑤ 제1항에 따른 서류등에 관하여는 제266조의3 제6항을 준용한다.

제266조의16 【열람·등사된 서류등의 남용금지】 ① 피고인 또는 변호인(피고인 또는 변호인이었던 자를 포함한다. 이하 이 조에서 같다)은 검사가 열람 또는 등사하도록 한 제266조의3 제1항에 따른 서면 및 서류등의 사본을 당해 사건 또는 관련 소송의 준비에 사용할 목적이 아닌 다른 목적으로 다른 사람에게 교부 또는 제시(전기통신설비를 이용하여 제공하는 것을 포함한다)하여서는 아니 된다.
② 피고인 또는 변호인이 제1항을 위반하는 때에는 1년 이하의 징역 또는 500만 원 이하의 벌금에 처한다.

> **제292조【증거서류에 대한 조사방식】** ① 검사, 피고인 또는 변호인의 신청에 따라 증거서류를 조사하는 때에는 신청인이 이를 **낭독하여야** 한다.
> ② 법원이 직권으로 증거서류를 조사하는 때에는 소지인 또는 재판장이 이를 낭독하여야 한다.
> ③ 재판장은 필요하다고 인정하는 때에는 제1항 및 제2항에도 불구하고 내용을 고지하는 방법으로 조사할 수 있다.
> ④ 재판장은 법원사무관등으로 하여금 제1항부터 제3항까지의 규정에 따른 낭독이나 고지를 하게 할 수 있다.
> ⑤ 재판장은 열람이 다른 방법보다 적절하다고 인정하는 때에는 증거서류를 제시하여 열람하게 하는 방법으로 조사할 수 있다.
> **제292조의2【증거물에 대한 조사방식】** ① 검사, 피고인 또는 변호인의 신청에 따라 증거물을 조사하는 때에는 신청인이 이를 제시하여야 한다.
> ② 법원이 직권으로 증거물을 조사하는 때에는 소지인 또는 재판장이 이를 제시하여야 한다.
> ③ 재판장은 법원사무관등으로 하여금 제1항 및 제2항에 따른 제시를 하게 할 수 있다.

1. 의의

피고인 또는 변호인이 공소제기 된 사건과 관련된 서류나 물건을 열람·등사할 수 있도록 공소제기 후 증거조사기일 전에 검사가 보관하고 있는 사건 관련 서류나 물건을 열람·등사할 수 있으며 **검사 역시** 피고인 또는 변호인이 공판기일 또는 공판준비절차에서 **현장부재·심신상실 또는 심신미약 등 법률상·사실상의 주장을 한 때에는** 피고인 또는 변호인에게 다음 서류 등의 열람·등사 또는 서면의 교부를 요구할 수 있도록 하는 제도이다.

2. 취지 및 입법례

가. 취지

공판중심주의를 실현하며 당사자주의 하에서 **피고인의 방어권을 충실히 보장함**과 동시에 **신속한 재판이 가능**하도록 하기 위하여는 증거개시(Discovery) 제도를 형사소송법에 폭넓게 도입할 필요성이 제기되었고 개정법은 이러한 이유에서 증거개시제도를 신설하였다. 검사의 입장에서도 증거개시제도의 도입에 따라 검사는 공소사실의 입증에 필요한 증거는 물론 피고인에게 유리한 자료까지 개시할 의무를 지게 되므로, 피고인도 방어권행사와 관련된 법률상·사실상의 주장을 한 때에는 그와 관련된 서류 등과 증인의 인적사항 등은 공개하는 것이 합리적이라고 할 것이므로 피고인 측에게도 증거개시의무를 인정하였다.

나. 입법례

일본의 경우는 2004년 5월 개정된 형사소송법 제316조의2 내지 제316조의32에서 공판 전 정리절차를 도입하면서 증거개시절차를 명확하게 규정하였다. 일본은 제1회 공판기일 전 또는 기일사이에 사건의 쟁점 및 증거를 정리하기 위하여 공판 전 정리절차에 부칠 수 있으며, 이 공판 전 정리절차에서 증거신청을 받고, 증거채부 결정을 하고, 증거개시 결정을 한다. 피고인 측은 공판 전 정리절차에서 검찰관으로부터 증거개시를 받은 경우 재판소 및 검찰관에 대해 증명예정 사실을 밝혀야 하고 이를 증명하기 위해 조사를 청구한 증거를 신속하게 검찰에 개시하여야 한다.

미국의 경우는 공판 전 증거개시에 관하여는 연방형사소송규칙 제16조가, 공판 시작 후 증거개시에 관하여는 연방형사소송법 제3500조(소위 'Jencks법')가 각 규정하고 있는데 공판시작 후는 피고인의 신청에 의하여 검찰 측이 소지하는 증인의 진술로 증언한 사항과 관계되는 것의 제출을 명할 수 있도록 하고 있다. 피고인은 검사에게 증거의 개시를 청구하는 경우 피고인도 검사의 요청에 따라 피고인이 소지·보관 내지 관리하고 있는 증거자료로서 법정에서 증거로 제출할 예정인 물건, 시험이나 검사결과보고서, 전문가 증언 등을 개시하여야 한다(연방형사소송규칙 제16조).

3. 종전의 규정 내용

개정 전에는 법 제35조에 의하여 공소가 제기된 후 법정에서 증거로 제출하기 전에 검사가 보관하고 있는 수사기록의 열람·등사가 가능한지에 대해서는 논란이 있었으며, 다만, 검찰은 대검 예규인 '사건기록 열람·등사에 관한 업무처리(대검예규 기획 제296호, 1999. 8. 23.)'에 의하여 제한적으로 열람·등사를 허용하고 있었다. 위 예규에 의하면 피고인 또는 피고인의 변호인·보조인은 공격과 방어의 준비를 위하여 법원에 증거가 제출되기 전이라도 수사기록 중 피고인에 대한 수사의 범위 내에서 수집된 것으로서 장차 법원에 증거로 제출될 서류 및 증거물에 대하여 열람·등사를 청구할 수 있었다. 다만, 이 경우에 검사는 검찰보존사무규칙 소정의 열람·등사 제한사유[102]가 있는 때에는 그 사유를 명시하여 해당기록의 일부에 대하여 열람·등사를 거부할 수 있도록 하고 있다. 그러나 압수조서·증거물·실황조사서·감정서 등 증거인멸의 우려가 없는 서류 및 증거물, 본인 진술서류, 본인 제출서류에 대하여는 예외를 인정하지 않고 있었다.

---

[102] 기록의 공개로 인하여 ① 국가의 안전보장, 선량한 풍속 기타 공공의 질서유지나 공공복리를 해할 우려가 있는 경우 ② 사건관계인의 명예나 사생활의 비밀 또는 생명·신체의 안전이나 생활의 평온을 해할 우려가 있는 경우 ③ 공범관계에 있는 자등의 증거인멸 또는 도주를 용이하게 하거나 관련사건의 재판에 중대한 영향을 초래할 우려가 있는 경우 ④ 비밀로 보존하여야 할 수사방법상의 기밀이 누설되거나 불필요한 새로운 분쟁이 야기될 우려가 있는 경우 ⑤ 기타 기록을 공개함이 적합하지 아니하다고 인정되는 현저한 사유가 있는 경우 열람·등사가 제한된다.

4. 내용

가. 증거개시 대상 및 신청의 상대방

(1) 검사의 증거개시의무

증거개시제도를 규정하여 피고인 또는 변호인은 검사에게 공소제기 된 사건에 관한 서류 또는 물건의 목록과 공소사실의 인정 또는 양형에 영향을 미칠 수 있는 서류 등의 열람·등사 또는 서면의 교부를 신청할 수 있도록 하였다. **신청의 상대방은 검사이며, 공소제기 후 법원에 제출되지 않은 서류 등이 열람·등사 신청의 대상**이다. 다만 피고인에게 변호인이 있는 경우에는 피고인은 열람만을 신청할 수 있고 등사나 서면의 교부는 변호인만이 신청할 수 있다. 그런데, 증거개시의 대상이 되는 '**공소사실의 인정 또는 양형에 영향을 미칠 수 있는 서류 등**'에는 검사가 증거로 신청할 서류 등뿐만 아니라 검사가 증인으로 신청할 사람의 성명·사건과의 관계 등을 기재한 서면 또는 그 사람이 공판기일 전에 행한 진술을 기재한 서류 등과 위 서류 등의 증명력에 관련된 서류 등, 피고인 또는 변호인이 행한 법률상·사실상 주장과 관련된 서류 등이 포함된다.

서류 등의 증명력에 관련된 서류 등에는 **증명력을 강화, 또는 약화시키는 서류 등이 모두 포함**된다. 피고인 또는 변호인이 행한 법률상·사실상 주장과 관련된 서류 등에는 당해사건의 기록 이외에 관련된 형사재판 확정기록, 불기소처분기록 등이 포함된다. 또한 열람·등사를 신청할 수 있는 서류 등에는 도면·사진·녹음테이프·비디오테이프·컴퓨터용 디스크 그 밖에 정보를 담기 위하여 만들어진 물건으로서 문서가 아닌 특수매체가 포함된다. 이러한 특수매체는 사생활 침해 및 전파 가능성이 매우 높은 특성을 가지고 있으므로, 등사를 신청하는 경우에는 필요한 최소한의 범위에 한하여 허용한다.

(2) 피고인 또는 변호인의 증거개시의무(제266조의11)

검사는 피고인 측이 공판기일 또는 공판준비절차에서 **현장부재·심신상실 또는 심신미약 등 법률상·사실상의 주장을 한 때**에는 피고인 측에게 관계 서류 등의 열람·등사 등을 요구할 수 있다. 아울러 검사와 피고인의 증거개시 범위가 상호 균형을 갖추도록 조문을 수정한 국회 법안심사 과정에 비추어 볼 때 '법률상·사실상의 주장'의 의미를 현장부재, 심신상실, 심신미약의 주장으로만 제한하여 해석할 것은 아니다.

열람·등사 등의 대상이 되는 서류 등에는 피고인 측이 증거로 신청할 서류 등뿐만 아니라 피고인 측이 증인으로 신청할 사람의 성명·사건과의 관계 등을 기재한 서면 또는 위 서류 등의 증명력에 관련된 서류 등, 피고인 또는 변호인이 행한 법률상·사실상 주장과 관련된 서류 등이 모두 포함된다. 또한, 피고인 측이 개시하여야 할 서류 등에는 제266조의3 제6항 소정의 특수매체가 포함되며, 특수매체에 대한 등사는 최소한의 범위에 한한다.

나. 열람·등사의 거부

(1) 검사의 증거개시 거부

한편, 검사는 국가안보, 증인보호의 필요성, 증거인멸의 염려, 관련사건의 수사에 장애를 가져올 것으로 예상되는 등 열람·등사 등을 허용하지 아니할 상당한 이유가 있다고 인정하는 때에는 열람·등사 등을 거부할 수 있다. 필요한 경우 서류 등의 일부에 대한 열람·등사 등을 거부하거나 그 범위를 제한하는 것도 가능할 것이다. 그러나 증거개시 제도의 실효성 확보를 위해, 서류 등의 목록에 대하여는 열람·등사를 거부할 수 없도록 하였다. 만일 검사가 열람·등사 등을 거부하거나 그 범위를 제한하는 때에는 지체 없이 그 이유를 서면으로 신청인에게 통지하여야 하며, 검사가 48시간 이내에 위 통지를 하지 아니하는 때에는 피고인 또는 변호인은 열람·등사 등이 거부된 경우와 같이 법원에 열람·등사 등의 허용 신청을 할 수 있다.

> **관련판례** 공소장일본주의는 어디까지나 법원에 대한 예단배제의 한도 내에서 운용되어야 하는 것이지 그것이 피고인의 방어권을 제약하는 수단으로 이용되어서는 안 되며, 검사가 정당한 사유를 밝히지 않은 채 변호인의 열람·등사청구를 거부한 조치는 피고인의 신속·공정한 재판을 받을 권리, 변호인의 조력을 받을 권리를 침해하는 것이다(헌재 1997.11.27. 94헌마60).

검사가 열람·등사를 거부하는 정당한 사유와 관련하여 ① 검사 측에서 증거신청 할 계획이 없다는 사유로 거부할 수 있는가가 문제되나 증거개시의 대상은 검사가 신청 예정인 증거 이외에 피고인에게 유리한 증거까지를 포함한 전면적 증거개시를 원칙으로 정하고 있는 바, 피고인의 방어권 보장과 법관의 공정한 재판과 직결되는 제도인 점, 검사의 객관의무에 비추어 거부 사유가 안 된다고 봄이 타당하다. 하지만 사실상 피고인 측에 유리한 증거에 대하여 증거개시를 거부하더라도 실질적인 구제방법이 없다는 점에서 문제점이 존재한다. 부득이 이런 경우는 기존의 문서송부촉탁제도나 사실조회제도를 이용하여 유리한 증거를 확보하는 수밖에 없으나 이 역시 강제성이 없어 실효성은 크지 않다. ② 관련사건 수사 장애가 예상된다는 사유로 거부하는 경우 역시 제266조의3 제2항의 증거개시 거부사유는 증거개시

제도의 취지에 비추어 검사가 '수사장애의 구체적 사유'를 소명해야 할 것이며 그 사유를 엄격하게 판단하여야 한다. 열람·등사 거부 또는 범위제한 통지서에 관련사건을 표시함과 아울러 공범관계에 있는 자등의 증거인멸 또는 도주우려 등 수사에 장애가 예상되는 사유를 구체적으로 기재하도록 하고 있다(검찰사건사무규칙 제172조 제2항).

(2) 피고인 측의 증거개시 거부

한편, 검사가 이미 피고인 측의 열람·등사 등 신청을 거부한 경우에는 피고인 측도 검사의 열람·등사 등 요구를 거부할 수 있으나, **법원이 피고인 측의 열람·등사 허용 신청을 기각하는 결정을 한 경우에는 피고인 측에서 검사가 열람·등사를 거부한 적이 있다는 이유로 검사의 열람·등사 등의 요구를 거부할 수 없다.** 그리고 **검사는 피고인 측이 열람·등사 등 요구를 거부한 때에는 법원에 그 서류 등의 열람·등사 등을 허용할 것을 신청할 수 있으며**, 법원의 결정 절차와 효과 등은 검사의 열람·등사 등의 경우와 같다.

5. 증거개시제도의 실효성확보 수단

가. 검사의 증거개시의무의 실효성 확보(제266조의4)

검사의 열람·등사 거부처분에 대하여 별도의 불복절차가 마련되지 않을 경우 피고인 측의 열람·등사 신청권이 형해화 될 우려가 있으므로 불복절차를 마련할 필요가 있다. 피고인 측은 검사가 서류 등의 열람·등사 등을 거부하거나 그 범위를 제한한 때에는 법원에 불복을 신청할 수 있으며, 법원은 열람·등사 등을 허용하는 경우에 생길 폐해의 유형·정도, 피고인의 방어 또는 재판의 신속한 진행을 위한 필요성 및 해당 서류 등의 중요성 등을 고려하여 열람·등사 등을 허용할 것인지 여부를 결정한다. **검사에게 열람·등사 등을 허용할 것을 명할 경우에는 열람 또는 등사의 시기·방법을 지정하거나 피고인 측에 일정한 조건이나 의무를 부과할 수 있다.** 법원은 위와 같은 결정을 하는 때에는 검사에게 의견을 제시할 수 있는 기회를 부여하여야 하며, 필요하다고 인정하는 때에는 검사에게 해당 서류 등의 제시를 요구할 수 있고, 피고인이나 그 밖의 이해관계인을 심문할 수 있다. 이와 같은 **법원의 결정은 판결 전의 소송절차에 관한 결정에 해당하여 항고로 불복할 수 없다.** 만약 검사가 열람·등사 등에 관한 법원의 결정을 지체 없이 이행하지 아니하는 때에는 해당 증인 및 서류 등에 대한 증거신청을 할 수 없다.

[관련판례] 법원이 검사에게 수사서류 등의 열람·등사 또는 서면의 교부를 허용할 것을 명한 결정은 피고사건 소송절차에서의 증거개시(개시)와 관련된 것으로서 제403조에서 말하는 '판결 전의 소송절차에 관한 결정'에 해당한다 할 것인데, 위 결정에 대하여는 형사소송법에서 별도로 즉시항고에 관한 규정을 두고 있지 않으므로 **제402조에 의한 항고의 방법으로 불복할 수 없다**(대결 2013.1.24. 2012모1393).

영상녹화물의 열람·등사 허용 결정에 대한 검사의 보통항고는 '판결 전의 소송절차에 관한 결정'에 대한 것으로서 **법률상의 방식에 위반한 항고**라는 이유로 **제1심법원**(제407조의 원심법원)의 항고기각결정을 유지한 원심의 조치는 정당하다.

나. 피고인 측의 증거개시의무의 실효성 확보(제266조의11)

검사는 피고인 측이 열람·등사 등 요구를 거부한 때에는 법원에 그 서류 등의 열람·등사 등을 허용할 것을 신청할 수 있으며, 법원의 결정 절차와 효과 등은 검사의 열람·등사 등의 경우와 같다.

6. 증거개시제도 남용의 금지(제266조의16)

증거개시제도가 도입됨에 따라 열람·등사된 증거를 당해 사건 또는 소송 이외의 목적으로 남용하는 것을 억제할 수 있는 장치가 필요하며, 그 실효성 확보를 위해 열람·등사된 증거의 남용행위에 대해 처벌규정을 둘 필요가 있다. 피고인 또는 변호인(피고인 또는 변호인이었던 자를 포함한다)은 검사가 열람 또는 등사하도록 한 서류 등의 사본 또는 검사가 교부한 증인으로 신청할 사람의 서명·사건과의 관계 등을 기재한 서면을 당해 사건 또는 관련 소송의 준비에 사용할 목적이 아닌 다른 목적으로 다른 사람에게 교부 또는 제시하여서는 아니 된다.

[관련판례] 형사소송법 제272조에 따라 법원이 송부요구 한 서류에 대하여 변호인 등이 열람·지정할 수 있도록 한 것은 피고인의 방어권과 변호인의 변론권 행사를 위한 것으로서 실질적인 당사자 대등을 확보하고 피고인의 신속·공정한 재판을 받을 권리를 실현하기 위한 수단으로 인정된 것이므로, 그 서류의 열람·지정을 거절할 수 있는 형사소송규칙 제132조의4 제3항 소정의 '정당한 이유'는 엄격하게 제한하여 해석할 것이다. 특히 그 서류가 관련 형사재판확정기록이나 불기소처분기록 등으로서 피고인 또는 변호인이 행한 법률상·사실상 주장과 관련된 것인 때에는 "국가안보, 증인보호의 필요성, 증거인멸의 염려, 관련사건의 수사에 장애를 가져올 것으로 예상되는 구체적인 사유"에 준하는 사유가 있어야 그에 대한 열람·지정을 거절할 수 있는 정당한 이유가 인정될 수 있다고 할 것이다(형사소송법 제266조의3 제1항 제4호, 제2항 참조). 따라서 **검찰청이 보관하고 있는 불기소처분기록에 포함된 불기소결정서는** 형사피의자에 대한 수사의 종결을 위한 검사의 처분 결과와 이유를 기재한 서류로서, 작성 목적이나 성격 등에 비추어 이는 수사기관 내부의 의사결정과정 또는 검토과정에 있는 사항에 관한 문서도 아니고, 그 공개로써 수사에 관한 직무의 수행을 현저하게 곤란하게 하는 것도 아니므로, 달리 특별한 사정이 없는 한 **변호인의 열람·지정에 의한 공개의 대상**이 된다(대판 2012.5.24. 2012도1284).

비교판례 – 증거조사 과정에서의 열람 형사소송법 제292조, 형사소송규칙 제134조의6에 의하면 증거서류를 조사하는 때에는 신청인이 이를 낭독함을 원칙으로 하되 재판장이 필요하다고 인정하는 때에는 이에 갈음하여 그 요지를 진술하게 할 수 있고 열람이 다른 방법보다 적절하다고 인정하는 때에는 증거서류를 제시하여 열람하게 하는 방법으로 조사할 수 있다. 한편 형사소송법 제292조의2 제1항에 의하면 증거물을 조사하는 때에는 신청인이 이를 제시하여야 한다. 위와 같은 규정들의 취지에 비추어 보면, 본래 증거물이지만 증거서류의 성질도 가지고 있는 이른바 '**증거물인 서면**'을 조사하기 위해서는 증거서류의 조사방식인 낭독·내용고지 또는 열람의 절차와 증거물의 조사방식인 제시의 절차가 함께 이루어져야 하므로, 원칙적으로 증거 **신청인으로 하여금 그 서면을 제시하면서 낭독하게 하거나 이에 갈음하여 그 내용을 고지 또는 열람하도록 하여야** 한다(대판 2013.7.26. 2013도2511).

제4절 공판정의 심리

Ⅰ 공판정의 구성

Ⅱ 피고인의 출석

> **제276조 【피고인의 출석권】** 피고인이 **공판기일에 출석하지 아니한 때에는 특별한 규정이 없으면 개정하지 못한다.** 단 **피고인이 법인인 경우에는** 대리인을 출석하게 할 수 있다.
>
> **제26조 【의사무능력자와 소송행위의 대리】** 「형법」 제9조 내지 제11조의 규정의 적용을 받지 아니하는 범죄사건에 관하여 **피고인 또는 피의자가 의사능력이 없는 때에는** 그 법정대리인이 소송행위를 대리한다.
>
> **제27조 【법인과 소송행위의 대표】** ① 피고인 또는 피의자가 법인인 때에는 그 **대표자**가 소송행위를 대표한다.
> ② 수인이 공동하여 법인을 대표하는 경우에도 소송행위에 관하여는 **각자가 대표**한다.
>
> **제28조 【소송행위의 특별대리인】** ① 전2조의 규정에 의하여 피고인을 대리 또는 대표할 자가 없는 때에는 법원은 **직권 또는 검사의 청구에 의하여 특별대리인을 선임**하여야 하며 피의자를 대리 또는 대표할 자가 없는 때에는 법원은 검사 또는 이해관계인의 청구에 의하여 특별대리인을 선임하여야 한다.
> ② 특별대리인은 피고인 또는 피의자를 대리 또는 대표하여 **소송행위를 할 자가 있을 때까지** 그 임무를 행한다.
>
> **제63조 【공시송달의 원인】** ① 피고인의 주거, 사무소와 현재지를 알 수 없는 때에는 공시송달을 할 수 있다.

제161조의2 【증인신문의 방식】 ① 증인은 신청한 검사, 변호인 또는 피고인이 먼저 이를 신문하고 다음에 다른 검사, 변호인 또는 피고인이 신문한다.
② 재판장은 전항의 신문이 끝난 뒤에 신문할 수 있다.
③ 재판장은 **필요하다고 인정하면** 전2항의 규정에 불구하고 어느 때나 신문할 수 있으며 제1항의 신문순서를 변경할 수 있다.
⑤ 합의부원은 재판장에게 고하고 신문할 수 있다.

제275조 【공판정의 심리】 ① 공판기일에는 공판정에서 심리한다.
② 공판정은 **판사와 검사, 법원사무관등이** 출석하여 개정한다.
③ 검사의 좌석과 피고인 및 변호인의 좌석은 대등하며, 법대의 좌우측에 마주 보고 위치하고, 증인의 좌석은 법대의 정면에 위치한다. 다만, 피고인신문을 하는 때에는 피고인은 증인석에 좌석한다.

제277조 【경미사건 등과 피고인의 불출석】 다음 각 호의 어느 하나에 해당하는 사건에 관하여는 피고인의 **출석을 요하지 아니한다.** 이 경우 피고인은 대리인을 출석하게 할 수 있다.
1. **다액 500만 원 이하의 벌금 또는 과료에 해당하는 사건**
2. **공소기각 또는 면소의 재판을 할 것이 명백한 사건**
3. **장기 3년 이하의 징역 또는 금고, 다액 500만 원을 초과**하는 벌금 또는 구류에 해당하는 사건에서 **피고인의 불출석허가신청이 있고 법원이 피고인의 불출석이 그의 권리를 보호함에 지장이 없다고 인정하여 이를 허가한 사건.** 다만, 제284조에 따른 절차를 진행하거나 판결을 선고하는 공판기일에는 출석하여야 한다.
4. **제453조 제1항에 따라 피고인만이 정식재판의 청구를 하여 판결을 선고하는 사건**

제277조의2 【피고인의 출석거부와 공판절차】 ① 피고인이 출석하지 아니하면 개정하지 못하는 경우에 **구속된 피고인이 정당한 사유없이 출석을 거부하고, 교도관에 의한 인치가 불가능하거나 현저히 곤란하다고 인정되는** 때에는 피고인의 출석 없이 공판절차를 진행할 수 있다.
② 제1항의 규정에 의하여 공판절차를 진행할 경우에는 출석한 검사 및 변호인의 의견을 들어야 한다.

제282조 【필요적 변호】 제33조 제1항 각 호의 어느 하나에 해당하는 사건 및 같은 조 제2항·제3항의 규정에 따라 변호인이 선정된 사건에 관하여는 변호인 없이 개정하지 못한다. 단, 판결만을 선고할 경우에는 예외로 한다.

제296조의2 【피고인신문】 ① 검사 또는 변호인은 증거조사 종료 후에 순차로 피고인에게 공소사실 및 정상에 관하여 필요한 사항을 신문할 수 있다. 다만, 재판장은 필요하다고 인정하는 때에는 증거조사가 완료되기 전이라도 이를 허가할 수 있다.
② 재판장은 필요하다고 인정하는 때에는 피고인을 신문할 수 있다.
③ 제161조의2 제1항부터 제3항까지 및 제5항은 제1항의 신문에 관하여 준용한다.

제297조 【피고인등의 퇴정】 ① 재판장은 **증인 또는 감정인이 피고인 또는 어떤 재정인의 면전에서 충분한 진술을 할 수 없다고 인정한 때에는** 그를 퇴정하게 하고 진술하게 할 수 있다. 피고인이 다른 피고인의 면전에서 충분한 진술을 할 수 없다고 인정한 때에도 같다.

② 전항의 규정에 의하여 피고인을 퇴정하게 한 경우에 증인 감정인 또는 공동피고인의 진술이 종료한 때에는 퇴정한 피고인을 입정하게 한 후 법원사무관등으로 하여금 진술의 요지를 고지하게 하여야 한다.

제306조【공판절차의 정지】 ① 피고인이 사물의 변별 또는 의사의 결정을 할 능력이 없는 상태에 있는 때에는 법원은 검사와 변호인의 의견을 들어서 결정으로 그 상태가 계속하는 기간 공판절차를 정지하여야 한다.
② 피고인이 질병으로 인하여 출정할 수 없는 때에는 법원은 검사와 변호인의 의견을 들어서 결정으로 출정할 수 있을 때까지 공판절차를 정지하여야 한다.
④ 피고사건에 대하여 무죄, 면소, 형의 면제 또는 공소기각의 재판을 할 것으로 명백한 때에는 제1항, 제2항의 사유있는 경우에도 피고인의 출정없이 재판할 수 있다.

제318조【당사자의 동의와 증거능력】 ① 검사와 피고인이 증거로 할 수 있음을 동의한 서류 또는 물건은 진정한 것으로 인정한 때에는 증거로 할 수 있다.
② 피고인의 출정없이 증거조사를 할 수 있는 경우에 피고인이 출정하지 아니한 때에는 전항의 동의가 있는 것으로 간주한다. 단 대리인 또는 변호인이 출정한 때에는 예외로 한다.

제330조【피고인의 진술없이 하는 판결】 피고인이 **진술하지 아니하거나 재판장의 허가없이 퇴정**하거나 재판장의 질서유지를 위한 **퇴정명령을 받은 때**에는 피고인의 진술 없이 판결할 수 있다.

제365조【피고인의 출정】 ① 피고인이 공판기일에 출정하지 아니한 때에는 **다시 기일을 정하여야** 한다.
② 피고인이 **정당한 사유없이 다시** 정한 기일에 출정하지 아니한 때에는 피고인의 진술 없이 판결을 할 수 있다.

제370조【준용규정】 제2편 중 공판에 관한 규정은 본장에 특별한 규정이 없으면 **항소의 심판에 준용**한다.

제389조의2【피고인의 소환 여부】 상고심의 공판기일에는 피고인의 소환을 요하지 아니한다.

제458조【준용규정】 ② 제365조의 규정은 정식재판절차의 공판기일에 정식재판을 청구한 피고인이 출석하지 아니한 경우에 이를 준용한다.

1. 원칙(제276조)

피고인의 출석은 공판개정의 요건이다. 피고인이 공판기일에 출석하지 않으면 특별한 규정이 없는 한 개정하지 못한다. 여기서 '개정하지 못한다'의 의미는 사실심리, 증거조사, 판결선고를 하지 못한다는 의미이다.

> **관련판례** 소송촉진 등에 관한 특례법(이하 '특례법'이라 한다) 제23조, 소송촉진 등에 관한 특례규칙(이하 '특례규칙'이라 한다) 제18조 제2항, 제3항, 제19조 제1항은 피고인의 소재를 확인하기 위하여 필요한 조치를 취하였음에도 피고인의 소재가 확인되지 아니한 때에는 그 후 피고인에 대한 송달을 공시송달의 방법에 의하도록 규정하고 있다. 형사소송법 제63조 제1항에 의하면 형사소송절차에서 피고인에 대한 공시송달은 피고인의 주거, 사무소, 현재지를 알 수 없는 때에 한하여 이를 할 수 있는 것인바, 앞서 본 바와 같이 **피고인 남편의**

주소지가 기록상 나타나 있고, 피고인이 경찰에서 남편의 휴대전화번호를 진술하고 있으므로, 원심으로서도 공시송달결정을 함에 앞서 피고인 남편의 주소지로 송달이 가능한지 여부를 살펴보거나 위 휴대전화번호로 연락하여 송달받을 장소를 확인하여 보는 등의 조치를 취했어야 한다. 그럼에도 위와 같은 조치를 다하지 아니한 채 **피고인의 소재가 확인되지 아니한다고 단정하여 곧바로 공시송달의 방법에 의한 송달을 하고 피고인의 진술 없이 판결을 한 원심의 조치에는 형사소송법 제63조 제1항, 제365조를 위반한 위법이 있다**(대판 2014.5.16. 2014도3037).

또한 제1심이 위법한 공시송달결정에 터 잡아 피고인에게 공소장 부본 및 공판기일 소환장 등을 송달하고 피고인이 2회 이상 출석하지 아니하였다고 보아 피고인의 진술 없이 심리·판단한 이상, 이는 **피고인에게 진술의 기회를 주지 아니한 것이 되어 그 소송절차는 위법하고**, 항소법원은 판결에 영향을 미친 사유에 관하여는 항소이유서에 포함되지 아니한 경우에도 직권으로 심판할 수 있으므로, 원심으로서는 검사만이 양형부당을 이유로 항소하였더라도 마땅히 직권으로 제1심의 위법을 시정하는 조치를 취했어야 한다. 즉 이러한 경우 원심으로서는 **다시 적법한 절차에 의하여 소송행위를 새로이 한 후 위법한 제1심판결을 파기하고, 원심에서의 진술 및 증거조사 등 심리결과에 기하여 다시 판결하여야** 한다.

2. 피고인 출석의무와 재정의무의 예외

가. 소송무능력자의 소송행위의 대리와 대표

(1) 피고인이 의사무능력자인 경우(제26조, 제28조)

형법 제9조 내지 제11조의 규정의 적용을 받지 아니하는 범죄사건에 관하여 **피고인 또는 피의자가 의사능력이 없는 때에는 그 법정대리인이 소송행위를 대리한다**. 따라서 이 경우는 피고인의 출석이 필요 없다.

(2) 피고인이 법인인 경우(제27조 제1항, 제276조 단서)

나. 경미사건

(1) 경미사건의 예외범위(제277조)

아래의 사건의 경우는 피고인의 출석이 의무가 아니다. 그러나 피고인에게 출석권은 있다.

① 다액 500만 원 이하의 벌금 또는 과료에 해당하는 사건
② 공소기각 또는 면소의 재판을 할 것이 명백한 사건

③ 장기 3년 이하의 징역 또는 금고, 다액 500만 원을 초과하는 벌금 또는 구류에 해당하는 사건에서 피고인의 불출석 허가 신청이 있고 법원이 그의 권리를 보호함에 지장이 없다고 인정하여 이를 허가한 사건

④ 피고인만이 정식재판의 청구를 하여 판결을 선고하는 사건

(2) 즉결심판사건(즉결심판에관한절차법 제8조의2)

다. 피고인에게 유리한 재판을 하는 경우

아래의 경우 역시 피고인의 출석이 의무가 아니다.

(1) 공소기각 또는 면소의 재판을 하는 경우(제277조)

(2) 의사무능력자인 피고인에 대하여 무죄 등을 선고할 경우(제306조 제1·2·4항)

라. 피고인이 퇴정하거나 퇴정명령을 받은 경우

(1) 퇴정명령의 경우 → 피고인의 진술 없이 판결할 수 있다(제330조)

피고인의 무단퇴정의 법적효과로서 '피고인의 진술 없이 판결할 수 있다'는 것의 의미에 대하여 ① **방어권남용설**(판결, 심리, 증거동의 간주 - 무단퇴정은 방어권의 남용이므로), ② **공정성설**(판결, 심리, 증거동의는× - 형사재판의 공정상 퇴정을 반대신문권포기로 볼 수 없음), ③ **적법절차설**(사실상 심리 끝난 후 판결선고만 가능 - 제330조가 재판편에 규정되어 있으므로), ④ **이원설**(무단퇴정이 위법한 공판진행에 대한 불가피한 항의인 경우 제330조 적용 않고, 무단퇴정이 적법한 공판진행에 대한 위법한 방어전략인 경우 제330조 적용하되, 증거동의 의제는 불가)이 대립한다. 판례는 방어권남용설의 입장이다.

관련판례 필요적 변론사건이라 하여도 피고인이 재판 거부의 의사를 표시하고 재판장의 허가없이 퇴정하고 변호인마저 이에 동조하여 퇴정해버린 것은 모두 피고인 측의 방어권의 남용 내지 변호권의 포기로 볼 수밖에 없는 것이므로 수소법원으로서는 형사소송법 제330조에 의하여 피고인이나 변호인의 재정없이도 심리·판결할 수 있고, 피고인과 변호인들이 출석하지 않은 상태에서 증거조사를 할 수밖에 없는 경우에는 형사소송법 제318조 제2항의 규정상 피고인의 진의와는 관계없이 형사소송법 제318조 제1항의 동의가 있는 것으로 간주하게 되어있다(대판 1991.6.28. 91도865).

(2) 일시퇴정의 경우(제297조)

재판장은 증인 또는 감정인이 피고인 또는 어떤 재정인의 면전에서 충분한 진술을 할 수 없다고 인정한 때에는 그를 퇴정하게 하고 진술하게 할 수 있다. 피고인이 다른 피고인의 면전에서 충분한 진술을 할 수 없다고 인정한 때에도 같다. 이때 피고인을 퇴정하게 한 경우에 증인, 감정인 또는 공동피고인의 진술이 종료한 때에는 퇴정한 피고인을 입정하게 한 후 법원사무관등으로 하여금 진술의 요지를 고지하게 하여야 한다. 다만, 형사소송법 제297조의 규정에 따라 재판장은 증인이 피고인의 면전에서 충분한 진술을 할 수 없다고 인정한 때에는 피고인을 퇴정하게 하고 증인신문을 진행함으로써 피고인의 직접적인 증인 대면을 제한할 수 있지만, 이러한 경우에도 피고인의 반대신문권을 배제하는 것은 허용될 수 없다(대판 2010.1.14. 2009도9344).

마. 피고인이 불출석하는 경우

(1) 구속피고인의 출석거부(제277조의2, 규칙 제126조)

(2) 피고인의 소재불명(소송촉진법 제23조)

피고인의 귀책사유를 불문하고 소송경제만을 이유로 불출석재판을 허용하는 것은 공정한 재판을 받을 권리 및 적법절차에 반하여 위헌결정이 이루어졌다(헌재 1998.7.16. 97헌바22). 이에 따라 현재 소송촉진 등에 관한 특례법에 의하면 제1심 공판절차에서 피고인에 대한 송달불능보고서가 접수된 때로부터 6개월이 경과하도록 피고인이 소재를 확인할 수 없는 경우 '공시송달'의 방법으로 피고인의 진술없이 재판할 수 있도록 하고 있다. 또한 소송촉진 등에 관한 특례규칙 제19조 제2항의 규정에 의하면, 제1심 공판절차에서 피고인에 대한 소환이 공시송달로 행하여지는 경우에도 법원이 피고인의 진술 없이 재판을 하기 위하여는 공시송달의 방법으로 소환받은 피고인이 2회 이상 불출석할 것이 요구된다. 그러므로 공시송달의 방법으로 소환한 피고인이 불출석하는 경우 다시 공판기일을 지정하고 공시송달의 방법으로 피고인을 재소환한 후 그 기일에도 피고인이 불출석하여야 비로소 피고인의 불출석 상태에서 재판절차를 진행할 수 있다(대판 2011.5.13. 2011도1094).

(3) 항소심에서의 특칙(제365조)

항소심에서 적법한 소환을 받고도 2회 이상 정당한 사유없이 공판기일에 출정하지 않으면 피고인의 진술 없이 판결 외 심리도 가능하며 증거동의 의제도 가능하다. 항소심에서도 공판기일에 피고인의 출석 없이는 개정하지 못하나, 같은 법 제365조가 피고인이 항소심 공판기일에 출석하지 아니한 때에는 다시 기일을 정하고,

피고인이 정당한 사유 없이 다시 정한 기일에도 출석하지 아니한 때에는 피고인의 진술 없이 판결할 수 있도록 정하고 있으므로 피고인의 출석 없이 개정하려면 불출석이 2회 이상 계속된 바가 있어야 한다(대판 2016.4.29. 2016도2210).

관련판례 형사소송법 제370조, 제276조에 의하면, 항소심에서도 피고인의 출석 없이는 개정하지 못하고, 다만 같은 법 제365조에 의하면, 피고인이 항소심 공판기일에 출정하지 아니한 때에는 다시 기일을 정하고 피고인이 정당한 사유 없이 다시 정한 기일에도 출정하지 아니한 때에는 피고인의 진술 없이 판결할 수 있도록 되어 있으나, 이는 피고인의 해태에 의하여 본안에 대한 변론권을 포기한 것으로 보는 일종의 제재적 규정이므로 그 **2회 불출석의 책임을 피고인에게 귀속시키려면** 그가 2회에 걸쳐 적법한 공판기일소환장을 받고서 정당한 사유 없이 출정하지 아니함을 필요로 한다(대판 2008.9.25. 2008도5508).
→ 피고인에게 공판기일변경명령이 이사불명으로 송달되지 않은 후 공판기일소환장도 같은 사유로 송달불능 되자 항소심법원이 피고인의 진술 없이 판결한 사안에서, 이는 형사소송법 제365조에 위배된 것이라고 한 사례

관련판례 형사소송법 제370조, 제276조에 의하면 항소심에서도 공판기일에 피고인의 출석 없이는 개정하지 못하나, 같은 법 제365조가 피고인이 항소심 공판기일에 출석하지 아니한 때에는 다시 기일을 정하고, 피고인이 정당한 사유 없이 다시 정한 기일에도 출석하지 아니한 때에는 피고인의 진술 없이 판결할 수 있도록 정하고 있으므로 피고인의 출석 없이 개정하려면 **불출석이 2회 이상 계속된 바가 있어야** 한다(대판 2016.4.29. 2016도2210).

(4) 정식재판 청구에 의한 공판절차의 특칙(제458조 제2항)

관련판례 형사소송법 제458조, 제365조가 적용되는 **약식명령에 대한 정식재판청구사건**에서 제1심은 소촉법 제23조 및 그 시행규칙 제19조가 정하는 "피고인에 대한 송달불능보고서가 접수된 때로부터 6개월이 지나도록 피고인의 소재를 확인할 수 없는 경우"에까지 이르지 아니하더라도 공시송달의 방법에 의하여 피고인의 진술 없이 재판을 할 수 있다(대판 2013.3.28. 2012도12843).

바. 피고인의 출석이 부적당한 경우

상고심의 공판기일(제389조의2)은 피고인의 소환이 필요 없다. 법률심이기 때문이다.

관련판례 – 필요적 변호사건에서 제1심의 공판절차가 변호인 없이 이루어진 경우, 항소심이 취해야 할 조치 형사소송법 제282조에 규정된 필요적 변호사건에 해당하는 사건에서 제1심의 공판절차가 변호인 없이 이루어져 증거조사와 피고인신문 등 심리가 이루어졌다면 그와 같은 위법한 공판절차에서 이루어진 증거조사와 피고인신문 등 일체의 소송행위는 모두 무효이므로, 이러한 경우 항소심으로서는 변호인이 있는 상태에서 소송행위를 새로이 한 후 위법한 제1심판결을 파기하고, 항소심에서의 증거조사 및 진술 등 심리결과에 기하여 다시 판결하여야 한다(대판 2011.9.8. 2011도6325).

비교판례 [1] **피고인이 구치소나 교도소 등에 수감 중에 있는 경우**는 형사소송법 제63조 제1항에 규정된 '피고인의 주거, 사무소, 현재지를 알 수 없는 때'나 '소송촉진 등에 관한 특례법' 제23조에 규정된 '피고인의 소재를 확인할 수 없는 경우'에 해당한다고 할 수 없으므로, **법원이 수감 중인 피고인에 대하여 공소장 부본과 피고인소환장 등을 종전 주소지 등으로 송달한 경우는 물론 공시송달의 방법으로 송달하였더라도 이는 위법하다**고 보아야 한다. 따라서 법원은 주거, 사무소, 현재지 등 소재가 확인되지 않는 피고인에 대하여 공시송달을 할 때에는 검사에게 주소보정을 요구하거나 기타 필요한 조치를 취하여 피고인의 수감 여부를 확인할 필요가 있다.

[2] 제1심법원이 별건으로 수감 중인 피고인에게 공시송달의 방법으로 소송서류를 송달한 다음 피고인의 출석 없이 재판을 진행하여 유죄를 선고하였는데, 그 후 피고인이 상소권회복결정을 받아 원심 공판기일에 출석한 사안에서, 제1심의 피고인에 대한 송달은 위법하고, 위법한 공시송달에 기초하여 진행된 제1심 소송절차는 모두 위법하므로, 원심이 제1심의 공시송달이 적법함을 전제로 공소장 부본의 송달부터 증거조사 등 절차진행을 새로이 하지 아니한 채 제1심이 채택하여 조사한 증거만으로 피고인에게 유죄판결을 선고한 것은 위법하다(대판 2013.6.27. 2013도2714).

◆ 피고인신문제도에 대하여

1. 종전의 피고인신문

    2007년 개정 전의 형사재판은 증거조사에 들어가기 전에 피고인신문을 먼저 실시하고, 그 이전 절차인 검사 또는 피고인의 모두진술은 사실상 간략하게 이루어짐으로써 검사의 피고인신문 단계에서 재판의 본격적인 심리가 시작되었다.

2. 종전 피고인신문의 의미와 문제점

    피고인신문이라는 것은 피고인의 입장에서는 자신에게 유리한 내용을 재판부에 설명하는 기회를 주는 의미가 있으며, **법원의 입장에서도 신문을 통하여 사건의 진상을 정확히 파악하고 의문점을 해소할 수 있는 기회**가 되는 측면이 존재한다. 그러나 이 절차가 모두에 행해짐으로써 처음부터 피고인에 대한 부정적인 인상이 노출되게 되고, **재판이 범죄사실에 대한 객관적인 증거를 발견하기보다는 피고인의 진술의 진위를 추궁하는 식으로 진행되기 쉬운 문제점**이 지적되어 왔다.

3. 현행 내용

    이에 **현재는 피고인신문을 하는 때에 피고인은 증인석에 좌석하도록 규정**하고 있으며 검사 또는 변호인은 증거조사 종료 후에 순차로 피고인에게 공소사실 및 정상에 관하여 필요한 사항을 신문할 수 있다. 다만, 재판장은 필요하다고 인정하는 때에는 증거조사가 완료되기 전이라도 검사 또는 변호인에게 피고인신문을 허가할 수 있다. 재판장도 필요하다고 인정하는 때에는 직권으로 피고인을 신문할 수 있다. 한편, 현행법은 증인신문의 방식에 관한 **제161조의2 제1항 내지 제3항 및 제5항**은 제1항의 신문에 관하여 준용하도록 하고 있다. 증인신문의 방식에 관한 준용규정 중 제161조의2 제1항 내지 제3항은 개정법 제296조의2 제1항 단서에 따라 **증거조사 완료 전에** 재판장의 허가를 받아 피고인신문을 하는 경우에만 준용될 수 있고, **증거조사 완료 후에는** 검사와 변호인이 순차로 피고인을 신문하도록 되어 있기 때문에 **준용의 여지가 없다.**

III 변호인의 출석

> 제282조 【필요적 변호】 제33조 제1항 각 호의 어느 하나에 해당하는 사건 및 같은 조 제2항·제3항의 규정에 따라 변호인이 선정된 사건에 관하여는 **변호인 없이 개정하지 못한다**. 단, 판결만을 선고할 경우에는 예외로 한다.
> 제283조 【국선변호인】 제282조 본문의 경우 변호인이 출석하지 아니한 때에는 법원은 직권으로 변호인을 선정하여야 한다.

변호인은 소송주체가 아니다. 따라서 변호인의 출석은 공판개정요건이 아니다. 그러나 필요적 변호사건은 변호인 없이 개정하지 못한다. 필요적 변호사건에서 변호인이 재판장의 허가 없이 퇴정하거나, 퇴정명령을 받은 경우는 앞서 언급한 피고인의 무단퇴정과 같은 쟁점이 된다.

관련판례 - 전문심리위원의 소송절차 참여와 관련된 규정을 마련한 취지 형사소송법 제279조의2 제1항, 제2항, 제4항, 제279조의4 제1항, 제279조의5 제1항, 형사소송규칙 제126조의8, 제126조의10, 전문심리위원의 소송절차 참여에 관한 예규 제4조 제1항, 제5조에서 전문심리위원의 형사소송절차 참여와 관련하여 위와 같이 상세한 규정을 마련한 것은, **전문심리위원의 전문적 지식이나 경험에 기초한 설명이나 의견이 법원의 심증형성에 상당한 영향을 미칠 가능성이 있음**을 고려한 다음 그에 대응하여 전문심리위원이 지정되는 단계, 전문심리위원의 설명이나 의견의 대상 내지 범위를 정하는 과정, 그의 설명이나 의견을 듣는 절차에 피고인 등 당사자가 참여할 수 있도록 한 것이다. 그럼으로써 형사재판에 대한 당사자의 신뢰의 기초가 될 '형사재판의 절차적 공정성과 객관성'이 확보될 수 있기 때문이다. 따라서 형사재판의 담당 법원은 전문심리위원에 관한 위 각각의 규정들을 지켜야 하고 이를 준수함에 있어서도 **적법절차원칙을 특별히 강조하고 있는 헌법 제12조 제1항을 고려하여 전문심리위원과 관련된 절차 진행 등에 관한 사항을 당사자에게 적절한 방법으로 적시에 통지하여 당사자의 참여 기회가 실질적으로 보장될 수 있도록 세심한 배려를 하여야** 한다. 그렇지 않을 경우, 헌법 제12조 제1항의 적법절차원칙을 구현하기 위하여 형사소송법 등에서 입법한 위 각각의 적법절차조항을 위반한 것임과 동시에 헌법 제27조가 보장하고 있는 공정한 재판을 받을 권리로서 '법관의 면전에서 모든 증거자료가 조사·진술되고 이에 대하여 피고인이 방어할 수 있는 기회가 실질적으로 부여되는 재판을 받을 권리'의 침해로 귀결될 수 있다(대판 2019.5.30. 2018도19051).

제5절 공판기일의 절차

I 모두절차

1. 진술거부권 등의 고지

> 제283조의2 【피고인의 진술거부권】 ① 피고인은 **진술하지 아니하거나 개개의 질문에** 대하여 **진술을 거부할 수 있다.**
> ② 재판장은 피고인에게 제1항과 같이 진술을 거부할 수 있음을 **고지하여야** 한다.

2. 인정신문

> 제284조 【인정신문】 재판장은 **피고인의 성명, 연령, 등록기준지, 주거와 직업을** 물어서 피고인임에 틀림없음을 확인하여야 한다.

3. 검사의 모두진술

> 제285조 【검사의 모두진술】 검사는 공소장에 의하여 **공소사실·죄명 및 적용법조를 낭독하여야** 한다. 다만, 재판장은 필요하다고 인정하는 때에는 **검사에게 공소의 요지를 진술하게 할 수 있다.**

4. 피고인의 모두진술

> 제286조 【피고인의 모두진술】 ① 피고인은 **검사의 모두진술이 끝난 뒤에** 공소사실의 인정 여부를 진술하여야 한다. 다만, 피고인이 진술거부권을 행사하는 경우에는 그러하지 아니하다.
> ② 피고인 및 변호인은 이익이 되는 사실 등을 진술할 수 있다.

5. 재판장의 쟁점정리 및 검사·변호인의 증거관계 등에 대한 진술

> 제287조 【재판장의 쟁점정리 및 검사·변호인의 증거관계 등에 대한 진술】 ① 재판장은 피고인의 **모두진술이 끝난 다음에** 피고인 또는 변호인에게 쟁점의 정리를 위하여 필요한 질문을 할 수 있다.
> ② 재판장은 **증거조사를 하기에 앞서** 검사 및 변호인으로 하여금 공소사실 등의 증명과 관련된 주장 및 입증계획 등을 진술하게 할 수 있다. 다만, 증거로 할 수 없거나 증거로 신청할 의사가 없는 자료에 기초하여 법원에 사건에 대한 예단 또는 편견을 발생하게 할 염려가 있는 사항은 진술할 수 없다.

Ⅱ 사실심리절차

1. 증거조사

가. 기본적인 증거조사

> 제290조【증거조사】 증거조사는 **제287조에 따른 절차가 끝난 후에** 실시한다.

증거조사의 신청은 실체적 공판준비의 일환으로 공판기일 전에도 허용된다.

나. 당사자의 신청에 의한 증거조사

> 제294조【당사자의 증거신청】 ① 검사, 피고인 또는 변호인은 서류나 물건을 증거로 제출할 수 있고, 증인·감정인·통역인 또는 번역인의 신문을 신청할 수 있다.

① 피고인의 자백을 보강하는 증거나 정상에 관한 증거는 보강증거 또는 정상에 관한 증거라는 취지를 특히 명시하여 그 조사를 신청해야 한다.
② 검사는 피고인 또는 피고인 아닌 자의 진술을 내용으로 하는 조서의 진정성립을 증명하기 위하여 영상녹화물의 조사를 신청할 수 있다.

다. 직권에 의한 증거조사

> 제295조【증거신청에 대한 결정】 법원은 제294조 및 제294조의2의 증거신청에 대하여 결정을 하여야 하며 직권으로 증거조사를 할 수 있다.

라. 증거조사의 방법

> 제292조【증거서류에 대한 조사방식】 ① 검사, 피고인 또는 변호인의 **신청**에 따라 증거서류를 조사하는 때에는 **신청인이 이를 낭독**하여야 한다.
> ② 법원이 **직권**으로 증거서류를 조사하는 때에는 **소지인 또는 재판장이 이를 낭독**하여야 한다.
> ③ 재판장은 필요하다고 인정하는 때에는 제1항 및 제2항에도 불구하고 내용을 고지하는 방법으로 조사할 수 있다.
> ④ 재판장은 법원사무관등으로 하여금 제1항부터 제3항까지의 규정에 따른 낭독이나 고지를 하게 할 수 있다.
> ⑤ 재판장은 **열람이 다른 방법보다 적절하다고 인정하는** 때에는 증거서류를 제시하여 열람하게 하는 방법으로 조사할 수 있다.
>
> 제292조의2【증거물에 대한 조사방식】 ① 검사, 피고인 또는 변호인의 **신청**에 따라 증거물을 조사하는 때에는 **신청인이 이를 제시**하여야 한다.

② 법원이 **직권**으로 증거물을 조사하는 때에는 **소지인 또는 재판장이 이를 제시**하여야 한다.
③ 재판장은 법원사무관등으로 하여금 제1항 및 제2항에 따른 제시를 하게 할 수 있다.
제292조의3 【그 밖의 증거에 대한 조사방식】 도면·사진·녹음테이프·비디오테이프·컴퓨터용디스크, 그 밖에 정보를 담기 위하여 만들어진 물건으로서 문서가 아닌 증거의 조사에 관하여 필요한 사항은 대법원규칙으로 정한다.

마. 증거조사에 대한 이의신청

제296조의2 【피고인신문】 ① 검사 또는 변호인은 증거조사 종료 후에 순차로 피고인에게 공소사실 및 정상에 관하여 필요한 사항을 신문할 수 있다. 다만, 재판장은 필요하다고 인정하는 때에는 증거조사가 완료되기 전이라도 이를 허가할 수 있다.
② 재판장은 필요하다고 인정하는 때에는 피고인을 신문할 수 있다.
③ 제161조의2 제1항부터 제3항까지 및 제5항은 제1항의 신문에 관하여 준용한다.
제302조 【증거조사 후의 검사의 의견진술】 피고인 신문과 증거조사가 종료한 때에는 검사는 사실과 법률적용에 관하여 의견을 진술하여야 한다. 단, 제278조의 경우에는 공소장의 기재사항에 의하여 검사의 의견진술이 있는 것으로 간주한다.

2. 피고인의 신문

제296조의2 【피고인신문】 ① 검사 또는 변호인은 **증거조사 종료 후**에 순차로 피고인에게 공소사실 및 정상에 관하여 필요한 사항을 신문할 수 있다. 다만, 재판장은 필요하다고 인정하는 때에는 **증거조사가 완료되기 전**이라도 이를 허가할 수 있다.
② 재판장은 필요하다고 인정하는 때에는 피고인을 신문할 수 있다.

3. 최종변론

제303조 【피고인의 최후진술】 재판장은 검사의 의견을 들은 후 피고인과 변호인에게 최종의 의견을 진술할 기회를 주어야 한다.

III 판결의 선고

제318조의4 【판결선고기일】 ① 판결의 선고는 **변론을 종결한 기일**에 하여야 한다. 다만, 특별한 사정이 있는 때에는 따로 선고기일을 **지정할 수 있다**.
② 변론을 종결한 기일에 판결을 선고하는 경우에는 판결의 선고 후에 판결서를 작성할 수 있다.
③ 제1항 단서의 **선고기일**은 **변론종결 후 14일 이내**로 지정되어야 한다.

제6절 증인신문·감정과 검증

I 증인적격

> **제17조【제척의 원인】** 법관은 다음 경우에는 직무집행에서 제척된다.
> 4. 법관이 사건에 관하여 증인, 감정인, 피해자의 대리인으로 된 때
>
> **제160조【증언거부권의 고지】** 증인이 제148조, 제149조에 해당하는 경우에는 **재판장은 신문 전에 증언을 거부할 수 있음을 설명하여야 한다.**
>
> **제297조【피고인등의 퇴정】** ① 재판장은 증인 또는 감정인이 **피고인 또는 어떤 재정인의 면전에서 충분한 진술을 할 수 없다고 인정한 때에는** 그를 퇴정하게 하고 진술하게 할 수 있다. 피고인이 **다른 피고인의 면전에서 충분한 진술을 할 수 없다고 인정한 때에도** 같다.
> ② 전항의 규정에 의하여 피고인을 퇴정하게 한 경우에 증인, 감정인 또는 공동피고인의 **진술이 종료한 때에는** 퇴정한 피고인을 입정하게 한 후 법원사무관등으로 하여금 **진술의 요지를 고지하게 하여야 한다.**
>
> **제275조【공판정의 심리】** ① **공판기일에는** 공판정에서 심리한다.
> ② 공판정은 **판사와 검사, 법원사무관등**이 출석하여 개정한다.
> ③ 검사의 좌석과 피고인 및 변호인의 좌석은 대등하며, 법대의 좌우측에 마주 보고 위치하고, 증인의 좌석은 법대의 정면에 위치한다. 다만, 피고인신문을 하는 때에는 피고인은 증인석에 좌석한다.
>
> **제267조의2【집중심리】** ① 공판기일의 **심리는 집중되어야** 한다.
> ② **심리에 2일 이상이 필요한 경우**에는 부득이한 사정이 없는 한 **매일 계속 개정하여야** 한다.
> ③ 재판장은 **여러 공판기일을 일괄하여 지정할 수 있다.**
> ④ 재판장은 부득이한 사정으로 매일 계속 개정하지 못하는 경우에도 특별한 사정이 없는 한 **전회의 공판기일부터 14일 이내로 다음 공판기일을 지정하여야** 한다.
> ⑤ 소송관계인은 기일을 준수하고 심리에 지장을 초래하지 아니하도록 하여야 하며, 재판장은 이에 필요한 조치를 할 수 있다.

1. 개념

증인이란 법원 또는 법관에 대하여 자신이 과거에 경험한 사실을 진술하는 제3자를 말한다. 수사기관에 대하여 진술하는 참고인은 증인이 아니며, 감정인과 달리 비대체적인 성격을 가진다. 이에 반해 증인적격이란 누가 증인될 자격이 있는가, 즉 법원이 누구를 증인으로 신문할 수 있는가의 문제이다. 형사소송법 제146조는 '법원은 법률에 다른 규정이 없으면 누구든지 증인으로 신문할 수 있다'고 규정하고 있으므로 원칙적으로 **누구든지 증인적격**이 있다.

2. 법관·검사·변호인의 증인적격

가. 법관
당해 피고사건을 직접 담당하는 경우 증인 적격이 없다.

나. 검사
수사검사의 경우는 증인적격을 부정할 이유가 없다. 검사의 증인적격을 긍정하는 입장은 수사검사를 전제로 논의한 것으로 보인다. 그러나 당해 사건 공판관여 검사는 당사자로서 제3자성이 없으므로 증인이 될 수 없다.

다. 변호인
변호인에 대하여는 ① **긍정설**(부정할 규정 없고, 피고인의 이익보호)과 ② **부정설**(변호인은 피고인의 보호자로 제3자성 없음)이 대립하나, 당해 사건의 변호인은 피고인에게 불리한 사실에 대하여는 증언거부권(제149조)을 행사할 수 있으므로 증인적격을 부정함이 타당하다.

3. 피고인의 증인적격

가. 피고인
피고인에 대하여 증인적격을 인정하고 증언의무를 부여하게 되면, 진술거부권을 무의미하게 하므로 부정설이 타당하며, 통설적 입장이다. 헌법재판소도 형사소송절차상 피고인의 증인적격이 부정되어 있어 피고인의 진술거부권이 침해될 소지는 없다고 보일 뿐 아니라, 피고인은 증인이 아닌 당사자로서 그 법정진술이 직접 자신을 위한 유리한 증거로 사용될 수 있다(헌재 2001.11.29. 2001헌바41)고 판시하고 있다.

나. 공동피고인의 증인적격
공동피고인이란 2인 이상의 피고인이 동일한 소송절차에서 함께 심판을 받게 될 경우 각각의 피고인들을 말한다. 이러한 공동피고인에는 공범인 공동피고인과 공범이 아닌 공동피고인이 있다. 예컨대 甲과 乙이 공범으로 특수절도 범행을 하였고, 甲은 단독으로 도박죄를 범하여 기소가 되었고 함께 재판을 받고 있다면, 특수절도 사건에 있어서는 甲과 乙은 공범인 공동피고인이며, 도박사건에 있어서는 甲 혼자 범행을 범한 단독범으로서 공범이 아니지만 재판만 같이 받고 있는 공범이 아닌 공동피고인이 된다.

이때 공동피고인의 증인적격 유무에 대하여 ① **부정설**(공범여부를 불문하고 변론을 분리하지 않는 한 증인적격 없다)과 ② **긍정설**(공동피고인은 다른 피고인에 대한 관계에서 제3자), 그리고 ③ **절충설**(공범인 경우 자신의 범행을 진술하여야 하는 증언의무를 과하는 것은 진술거부권을 침해하므로 증인적격이 없으나, 공범이 아닌 경우는 진술거부권을 침해할 우려가 없으므로 증인적격을 인정)하는 견해가 대립한다. 자기 피고사건과 실질적 관련성을 통하여 제3자성을 판단함이 타당할 뿐 아니라 증인적격의 문제는 진술거부권과의 관계에서 논의되어야 한다는 점에서 절충설이 타당하다.

판례는 절도죄와 장물죄와 같이 피고인과 별개의 범죄사실로 기소되어 병합심리 중인 공범이 아닌 공동피고인은 피고인의 범죄사실에 관하여는 **증인의 지위**에 있다 할 것이므로 선서 없이 한 공동피고인의 법정진술이나 피고인이 증거로 함에 동의한 바 없는 공동피고인에 대한 피의자신문조서는 피고인에 대한 공소범죄사실을 인정하는 증거로 쓸 수 없다(대판 1979.3.27. 78도1031)고 판시하는데, 절충설의 입장이다. 이에 반해 공범인 경우는 증인적격이 없으므로 피고인의 지위에서 진술하여야 하고, 이것이 바로 피고인신문에서의 피고인진술이다. 피고인진술시는 선서의무가 없으며, 진술거부권도 인정된다.

다만 판례는 공범인 공동피고인이라고 하더라도 당해 소송절차에서는 피고인의 지위에 있으므로 다른 공동피고인에 대한 공소사실에 관하여 증인이 될 수 없으나, **소송절차가 분리되어 피고인의 지위에서 벗어나게 되면 다른 공동피고인에 대한 공소사실에 관하여 증인이 될 수 있다**(대판 2008.6.26. 2008도3300)고 판시하고 있다. 변론의 분리만으로 증인적격이 부여되는 것이 타당할 것인지는 고민해봐야 할 부분이나, 판례에 의하면, 소송절차가 분리된 공범인 공동피고인이 증언거부권을 고지받은 상태에서 자기의 범죄사실에 대하여 허위로 진술한 경우, 위증죄가 성립한다(대판 2012.10.11. 2012도6848, 2012전도143). 다만, 공범자라고 하더라도 별개사건에서 재판을 받고 있는 경우 등 공동피고인이 아닌 경우는 증인적격이 인정됨에 의문의 여지가 없다.

> 관련판례 형사소송법 제148조는 피고인의 **자기부죄거부특권**을 보장하기 위하여 자기가 유죄판결을 받을 사실이 발로될 염려 있는 증언을 거부할 수 있는 권리를 인정하고 있고, 그와 같은 증언거부권 보장을 위하여 형사소송법 제160조는 재판장이 신문 전에 증언거부권을 고지하여야 한다고 규정하고 있으므로, **소송절차가 분리된 공범인 공동피고인에 대하여 증인적격을 인정하고** 그 자신의 범죄사실에 대하여 신문한다 하더라도 피고인으로서의 진술거부권 내지 자기부죄거부특권을 침해한다고 할 수 없다. 따라서 증인신문절차에서 형사소송법 제160조에 정해진 증언거부권이 고지되었음에도 불구하고 위 피고인이 자기의 범죄사실에 대하여 증언거부권을 행사하지 아니한 채 허위로 진술하였다면 위증죄가 성립된다고 할 것이다(대판 2012.10.11. 2012도6848).

다. 반대신문 기회보장과 증언의 증거능력

공동피고인의 진술에 대하여는 당해 피고인의 반대신문권이 보장되어 있어 독립한 증거능력이 있다(대판 1992.7.28. 92도917).

> **관련판례** 형사소송법 제297조의 규정에 따라 재판장은 증인이 피고인의 면전에서 충분한 진술을 할 수 없다고 인정한 때에는 피고인을 퇴정하게 하고 증인신문을 진행함으로써 피고인의 직접적인 증인 대면을 제한할 수 있지만, 이러한 경우에도 피고인의 반대신문권을 배제하는 것은 **허용될 수 없다.** 형사소송법 제297조에 따라 변호인이 없는 피고인을 일시 퇴정하게 하고 증인신문을 한 다음 피고인에게 실질적인 반대신문의 기회를 부여하지 아니한 채 이루어진 증인의 법정진술은 위법한 증거로서 증거능력이 없다고 볼 여지가 있으나, **그 다음 공판기일에서 재판장이 증인신문 결과 등을 공판조서(증인신문조서)에 의하여 고지하였는데 피고인이 '변경할 점과 이의할 점이 없다'고 진술하여 책문권 포기 의사를 명시함**으로써 실질적인 반대신문의 기회를 부여받지 못한 **하자가 치유**되었다고 할 수 있다(대판 2010.1.14. 2009도9344).

◆ 공판정의 심리

1. 집중심리주의(제267조의2)

공판중심주의의 핵심요소인 직접주의, 구두주의, 공개주의[103]를 실현하기 위하여 집중심리의 원칙을 도입하였다. 공판기일의 심리는 집중되어야 한다는 원칙을 선언하면서 심리에 2일 이상이 필요한 경우에는 부득이한 사정이 없는 한 매일 계속 개정하여야 한다고 규정하여 연일 개정 원칙을 분명히 하였다. 이를 위해 재판장은 여러 공판기일을 일괄하여 지정할 수 있으며, 부득이한 사정으로 인해 매일 계속 개정하지 못하는 경우에도 특별한 사정이 없는 한 전회의 공판기일부터 14일 이내로 다음 공판기일을 지정하여야 한다.

2. 공판정의 심리(제275조)

공판정은 판사와 검사, 법원사무관 등이 출석하여 개정한다. 피고인석을 현재의 변호인석 옆으로 이동시켜 검사의 좌석과 피고인 및 변호인의 좌석이 법대의 좌우측에 '마주 보고' 위치하게 하여 대좌(對坐)형 법정구조를 취함을 명백히 하고 있다. 증인석은 법대의 정면에 위치하며, 피고인신문을 하는 때에는 피고인이 증인석에 좌석하도록 하였다.

이는 종전의 법정배치는 피고인을 단순히 재판의 대상 또는 증거조사의 객체로 인식되도록 하는 문제가 있고, 변호인의 조력을 실질적으로 받기 곤란하여 피고인의 방어권보장에 어려움이 있으므로 공판중심주의를 실현하기 위한 전제로서 법정의 구조와 피고인과 증인의 위치를 변경하였다.

---

[103] 헌법과 법원조직법에 정한 공개금지사유가 없음에도 불구하고 재판의 심리에 관한 공개를 금지하기로 결정하였다면 그러한 공개금지결정은 피고인의 공개재판을 받을 권리를 침해한 것으로서 그 절차에 의하여 이루어진 **증인의 증언은 증거능력이 없고, 변호인의 반대신문권이 보장되었더라도 달리 볼 수 없으며**, 이러한 법리는 공개금지결정의 선고가 없는 등으로 공개금지결정의 사유를 알 수 없는 경우에도 마찬가지이다(대판 2013.7.26. 2013도2511).

Ⅱ 증인제도

제150조의2 【증인의 소환】 ① 법원은 **소환장의 송달, 전화, 전자우편, 그 밖의 상당한 방법**으로 증인을 소환한다.
② 증인을 신청한 자는 증인이 출석하도록 합리적인 노력을 할 의무가 있다.

제151조 【증인이 출석하지 아니한 경우의 과태료 등】 ① 법원은 소환장을 송달받은 증인이 정당한 사유 없이 출석하지 아니한 때에는 결정으로 **당해 불출석으로 인한 소송비용**을 증인이 부담하도록 명하고, 500만 원 이하의 **과태료**를 부과할 수 있다. 제153조에 따라 준용되는 제76조 제2항·제5항에 따라 소환장의 송달과 동일한 효력이 있는 경우에도 또한 같다.
② 법원은 증인이 제1항에 따른 과태료 재판을 받고도 정당한 사유 없이 **다시 출석하지 아니한 때**에는 결정으로 증인을 **7일 이내의 감치**에 처한다.
③ 법원은 감치재판기일에 증인을 소환하여 제2항에 따른 정당한 사유가 있는지의 여부를 심리하여야 한다.
④ 감치는 그 재판을 한 법원의 재판장의 명령에 따라 사법경찰관리·교도관·법원경위 또는 법원사무관등이 교도소·구치소 또는 경찰서유치장에 유치하여 집행한다.
⑤ 감치에 처하는 재판을 받은 증인이 제4항에 규정된 감치시설에 유치된 경우 당해 감치시설의 장은 즉시 그 사실을 법원에 통보하여야 한다.
⑥ 법원은 제5항의 통보를 받은 때에는 **지체 없이 증인신문기일**을 열어야 한다.
⑦ 법원은 감치의 재판을 받은 증인이 감치의 집행 중에 **증언을 한 때**에는 **즉시 감치결정을 취소**하고 그 증인을 **석방**하도록 명하여야 한다.
⑧ 제1항과 제2항의 결정에 대하여는 **즉시항고**를 할 수 있다. 이 경우 제410조는 적용하지 아니한다.

제161조의2 【증인신문의 방식】 ④ 법원이 **직권**으로 신문할 증인이나 범죄로 인한 피해자의 **신청**에 의하여 신문할 증인의 신문방식은 **재판장이 정하는 바**에 의한다.

제163조의2 【신뢰관계에 있는 자의 동석】 ① 법원은 범죄로 인한 피해자를 증인으로 신문하는 경우 증인의 연령, 심신의 상태, 그 밖의 사정을 고려하여 증인이 **현저하게 불안 또는 긴장을 느낄 우려가 있다고 인정하는 때**에는 직권 또는 피해자·법정대리인·검사의 **신청**에 따라 피해자와 신뢰관계에 있는 자를 동석하게 할 수 있다.
② 법원은 **범죄로 인한 피해자가 13세 미만**이거나 신체적 또는 정신적 장애로 사물을 변별하거나 의사를 결정할 능력이 미약한 경우에 재판에 지장을 초래할 우려가 있는 등 부득이한 경우가 아닌 한 피해자와 신뢰관계에 있는 자를 동석하게 하여야 한다.
③ 제1항 또는 제2항에 따라 동석한 자는 법원·소송관계인의 **신문 또는 증인의 진술**을 방해하거나 그 진술의 내용에 부당한 영향을 미칠 수 있는 **행위**를 하여서는 아니된다.
④ 제1항 또는 제2항에 따라 동석할 수 있는 신뢰관계에 있는 자의 범위, 동석의 절차 및 방법 등에 관하여 필요한 사항은 **대법원규칙**으로 정한다.

제165조의2 【비디오 등 중계장치 등에 의한 증인신문】 법원은 다음 각 호의 어느 하나에 해당하는 자를 증인으로 신문하는 경우 상당하다고 인정하는 때에는 검사와 피고인 또는 변호인의 **의견을 들어** 비디오 등 중계장치에 의한 **중계시설을 통하여 신문**하거나 **차폐(遮蔽)시설 등을 설치하고 신문**할 수 있다.
1. 「아동복지법」 제71조 제1항 제1호부터 제3호까지에 해당하는 죄의 피해자
2. 「아동·청소년의 성보호에 관한 법률」 제7조, 제8조, 제11조부터 제15조까지 및 제17조 제1항의 규정에 해당하는 죄의 대상이 되는 아동·청소년 또는 피해자
3. 범죄의 성질, 증인의 연령, 심신의 상태, 피고인과의 관계, 그 밖의 사정으로 인하여 피고인 등과 대면하여 진술하는 경우 심리적인 부담으로 정신의 평온을 현저하게 잃을 우려가 있다고 인정되는 자

제221조 【제3자의 출석요구 등】 ③ 제163조의2 제1항부터 제3항까지는 검사 또는 사법경찰관이 범죄로 인한 피해자를 조사하는 경우에 준용한다.

제297조 【피고인등의 퇴정】 ① 재판장은 증인 또는 감정인이 피고인 또는 어떤 재정인의 면전에서 충분한 진술을 할 수 없다고 인정한 때에는 그를 퇴정하게 하고 진술하게 할 수 있다. 피고인이 다른 피고인의 면전에서 충분한 진술을 할 수 없다고 인정한 때에도 같다.

제294조의2 【피해자등의 진술권】 ① 법원은 범죄로 인한 피해자 또는 그 법정대리인(피해자가 사망한 경우에는 배우자·직계친족·형제자매를 포함한다. 이하 이 조에서 "피해자등"이라 한다)의 신청이 있는 때에는 그 피해자등을 증인으로 신문하여야 한다. 다만, 다음 각 호의 어느 하나에 해당하는 경우에는 그러하지 아니하다.
1. <삭제>
2. 피해자등 이미 당해 사건에 관하여 공판절차에서 충분히 진술하여 다시 진술할 필요가 없다고 인정되는 경우
3. 피해자등의 진술로 인하여 공판절차가 현저하게 지연될 우려가 있는 경우

② 법원은 제1항에 따라 피해자등을 신문하는 경우 피해의 정도 및 결과, 피고인의 처벌에 관한 의견, 그 밖에 당해 사건에 관한 의견을 진술할 기회를 주어야 한다.
③ 법원은 동일한 범죄사실에서 제1항의 규정에 의한 신청인이 여러 명인 경우에는 진술할 자의 **수를 제한할 수 있다.**
④ 제1항의 규정에 의한 신청인이 출석통지를 받고 정당한 이유없이 출석하지 아니한 때에는 그 신청을 철회한 것으로 본다.

제294조의3 【피해자 진술의 비공개】 ① 법원은 범죄로 인한 피해자를 증인으로 신문하는 경우 당해 피해자·법정대리인 또는 검사의 **신청에 따라 피해자의 사생활의 비밀이나 신변보호를 위하여 필요하다고 인정하는 때**에는 결정으로 심리를 공개하지 아니할 수 있다.
② 제1항의 결정은 이유를 붙여 고지한다.

제295조 【증거신청에 대한 결정】 법원은 제294조 및 제294조의2의 증거신청에 대하여 결정을 하여야 하며 **직권**으로 증거조사를 할 수 있다.

1. 증인소환의 근거규정 마련(제150조의2)

증인이 지정된 기일에 출석하지 않으면 기일이 공전되고 공판준비 등을 통하여 수립된 심리계획이 수포로 돌아가게 되는 문제점을 시정하고 집중심리 등이 가능하게 하기 위해서는, 증인 출석이 확보될 필요가 있다. 이에 민사소송법 제167조, 동법 규칙 제82조와 유사한 규정을 신설하였는데 통신수단의 발달을 고려하여 소환장의 송달 이외에 전화, 전자우편 기타 상당한 방법으로 증인을 소환할 수 있도록 하고, 증인이 지정된 기일에 출석하도록 노력을 할 의무를 증인신청인에게 부과하였다.

2. 증인불출석시의 제재 강화(제151조)

가. 종전에는 불출석 증인에 대한 제재로 50만 원 이하의 과태료와 구인제도를 두고 있었다. 그러나 이것만으로는 공판중심주의를 강조하는 법원의 심리에 있어서 증인신문의 원활한 진행에 어려운 점이 많으므로 민사소송법 제311조와 같은 내용의 개정을 한 것이며 이로서 형사재판에 있어서도 증인이 **정당한 사유 없이 출석하지 아니한 때**에 법원은 결정으로 증인에게 그 소송비용을 부담하도록 명하고, **500만 원 이하의 과태료에 처할 수 있도록** 한 것이다.

나. 다만, 불출석 증인에 대한 제재는 **소환장을 송달받았거나 소환장을 송달받은 것과 동일한 효력이 있는 경우에 한하여 가할 수 있는 것으로** 하였기 때문에 전화나 전자우편 등의 간이방법으로 증인소환이 이루어진 경우에는 이러한 제재를 가할 수 없으므로 **이러한 경우에는 정식으로 소환장을 발송하는 등 후속 조치를 취할 필요**가 있다. 만일 증인이 과태료 처분을 받고도 다시 정당한 사유 없이 출석하지 아니한 때에는 7일 이내에 감치에 처하도록 하나, **감치처분을 하기 위해서는 법원은 감치재판 기일을 열어 정당한 사유가 있는지 여부를 심리하여야** 한다. 다만, 증인이 감치 집행 중에 증언을 한 때에는 곧바로 감치결정을 취소하고 석방하도록 하였다. 위와 같은 **과태료, 감치 결정에 대하여는 즉시항고**를 할 수 있으나, **집행정지**의 **효력은 인정하지 아니하였다.**

3. 증인신문시 신뢰관계에 있는 자의 동석(제163조의2)

가. 취지

개별법에는 성폭력·성매매 사건의 피해자나 노인·아동 학대 사건의 노인·아동을 법원이 증인으로 신문하거나 수사기관이 조사하는 경우 신청 등에 의하여 신뢰관계자의 동석을 허용하고 있고[104] 특히, 성폭력·성매매 피해자가 13세 미만이거나 청소년, 또는 심신 장애자인 경우 등에는 수사·재판에 지장을 초래할 우려가 있는 등 부득이한 경우가 아닌 한 신뢰관계자를 반드시 동석하게 하여야 한다. 그러나 **범죄 피해자에 대한 수사기관의 조사나 법원에서의 신문에 대하여는 신뢰관계자 동석을 일반적으로 허용하지는 않고 있다.** 이에 특별법에 규정한 이외의 일반범죄의 피해자의 경우에도 경우에 따라 피해자와 신뢰관계에 있는 자를 동석시킴으로서 법원의 증인신문을 원활히 하고 증인신문으로 인한 2차 피해를 막고자 한 것이다.

나. 내용

현저하게 불안·긴장을 느낄 수 있는 범죄 피해자를 법원이 증인으로 신문하거나, 수사기관이 조사하는 경우105) 신청 또는 직권에 의하여 신뢰관계에 있는 자를 동석할 수 있게 하여 피해자의 심리적 안정과 원활한 진술을 도모하였다.

특히, 피해자가 13세 미만이거나 신체적·정신적인 장애로 인하여 의사 결정력이 미약한 경우 부득이한 사정이 없는 한 신뢰관계자를 필요적으로 동석하도록 하되, 신뢰관계자의 증언 방해 등 부당한 영향력 행사를 금지하여 원만한 절차 진행을 도모하였고, 동석하는 신뢰관계 있는 자의 범위·동석 절차 등에 관하여는 대법원규칙에서 정하도록 하였다.

4. 비디오 등 중계장치 등에 의한 증인신문(제165조의2)

가. 종전 규정

이 제도 역시 증인의 **심리적 안정과 원활한 증언**을 위한 제도로서 공판중심주의를 강화하는 흐름에 맞추어 개정된 것으로 볼 수 있다. 종전에는 법원이 **성폭력 범죄의 피해자를 증인으로 신문하는 경우**에 검사, 피고인 또는 변호인의 의견을 들어 비디오 등 중계방식에 의한 신문이 가능하였다(성폭력범죄의처벌및피해자보호등에관한법률 제22조의4). 또한 증인의 심리적 안정과 원활한 증언을 위하여 증인을 신문할 때 **피고인을 잠시 법정에서 퇴정시키는 제도**(형사소송법 제297조)**를 통하여** 피고인을 피해자로부터 격리시켜 피해자 보호의 기능을 수행하고 원활한 증언이 이루어지도록 하였다.

---

104) 성폭력범죄의처벌및피해자보호등에관한법률 제22조의3, 성매매알선등행위의처벌에관한법률 제8조, 노인복지법 제39조의8, 아동복지법 제28조
105) 수사기관의 범죄 피해자 조사 시의 신뢰관계자 동석은 제221조 제3항에서 규정하고 있다(제163조의2 준용).

나. 취지

성폭력 범죄 이외의 범죄 피해자도 피고인의 면전에서 증언할 경우 그 심리적 압박이나 정신적 고통이 수반될 수 있으므로 피고인과 격리시키는 등의 대책이 필요하다.

다. 내용

(1) 아동 등 일정한 범위의 피해자의 경우 소송관계인 및 방청인이 있는 법정에서 증언할 경우 정신적 압박이라는 2차적 피해를 받을 수 있으므로 법정외의 별실에 증인을 있게 하고 판사, 소송관계인 등이 비디오 모니터에 비치는 증인의 모습을 보면서 증인신문을 하거나, 법정 내에 피해자와 피고인 간에 차폐장치를 하여 피해자가 피고인을 바라보지 않고도 증인신문에 응할 수 있도록 하였다.

(2) 이렇게 비디오 등 중계장치 또는 차폐시설 등에 의하여 신문할 경우 피고인이 증인을 직접 대면할 기회는 다소 제한되지만 반대신문권은 보장되므로 피고인의 방어권 보장에 큰 문제는 없게 된다. 특히 실무상 국선변호가 확대된 지금은 피고인이 직접 반대신문을 하지 않고 변호인이 주로 증인에 대한 반대신문을 진행하므로 피해자가 피고인의 얼굴을 대면하지 않을 뿐 아니라 최대한 피고인의 목소리도 듣지 않을 수 있다는 점에서 본 제도의 효용성이 크다고 본다.

관련판례 형사소송법 제165조의2 제3호도 대상을 '피고인 등'이라고 규정하고 있으므로, 법원은 형사소송법 **제165조의2 제3호의 요건이 충족될 경우 피고인뿐만 아니라 검사, 변호인, 방청인 등에 대하여도 차폐시설 등을 설치하는 방식으로 증인신문을 할 수 있으며**, 이는 형사소송규칙 제84조의9에서 피고인과 증인 사이의 차폐시설 설치만을 규정하고 있다고 하여 달리 볼 것이 아니다. 다만 피고인뿐만 아니라 변호인에 대해서까지 차폐시설을 설치하는 방식으로 증인신문이 이루어지는 경우 피고인과 변호인 모두 증인이 증언하는 모습이나 태도 등을 관찰할 수 없게 되어 그 한도에서 반대신문권이 제한될 수 있으므로, 변호인에 대한 차폐시설의 설치는, 특정범죄신고자 등 보호법 제7조에 따라 범죄신고자 등이나 친족 등이 보복을 당할 우려가 있다고 인정되어 조서 등에 인적사항을 기재하지 아니한 범죄신고자 등을 증인으로 신문하는 경우와 같이, **이미 인적사항에 관하여 비밀조치가 취해진 증인이 변호인을 대면하여 진술함으로써 자신의 신분이 노출되는 것에 대하여 심한 심리적인 부담을 느끼는 등의 특별한 사정이 있는 경우에 예외적으로 허용될 수 있을 뿐이다**(대판 2015.5.28. 2014도18006).

◆ 피해자의 진술권[106]

1. **피해자 진술권의 의의**

   법원은 범죄로 인한 피해자의 신청이 있는 경우에는 그 피해자를 증인으로 신문하여야 한다(제294조의2 제1항 본문). 이를 피해자의 진술권이라고 한다. 헌법 제27조 제5항은 형사피해자의 진술권을 재판청구권의 한 내용으로 보장하고 있다. 따라서 법원은 범죄로 인한 피해자를 신문하는 경우에 피해의 정도 및 결과, 피고인의 처벌에 관한 의견 그 밖에 당해 사건에 관한 의견을 진술할 기회를 주어야 한다(제294조의2 제2항).

2. **인정 취지**

   피고인은 소송의 당사자로서의 역할을 담당하고 있음에 반하여, 피해자는 지금까지 단순한 소송의 객체로서 심리의 대상이고 소송절차 안에서는 단지 검사를 통하거나 진정서 등에 의하여 의견을 진술할 수 있을 뿐이었다. 피해자의 지위 강화를 위해서는 이른바 합의 방식(제한적으로는 후술하는 배상명령제도)에 의한 피해변상 내지 원상회복으로 손해를 전보하는 이외에도 피해자에게도 형사소송절차 안에서 적극적인 역할을 부여하는 것이 필요한데, 형사소송법은 그 지위를 인정하고 있는 것이다.

3. **신청 주체**

   법은 피해자 진술권의 신청 주체를 피해자 이외에 그 법정대리인, 피해자가 사망한 경우에는 배우자·직계친족·형제자매를 포함하는 것으로 확장하였다(제294조의2 제1항 본문. 다음부터 피해자 진술권의 신청 주체를 '피해자 등'이라고 한다).

4. **피해자 진술권의 제한**

   그런데 피해자 등의 신청에 의한 증인(피해자 등)은 검사나 피고인의 신청에 의한 증인이 아니므로 당사자주의 소송구조와 모순되는 점이 있을 뿐만 아니라, 그 진술을 무제한 허용할 경우는 재판의 신속을 저해할 수 있고, 피해자 등의 개인적 감정에 의하여 재판이 영향을 받을 소지가 있다. 따라서 법원은 ① 피해자 등이 이미 당해 사건에 관하여 공판절차에서 충분히 진술하여 다시 진술할 필요가 없다고 인정되는 경우, ② 피해자 등의 진술로 인하여 공판절차가 현저하게 지연될 우려가 있는 경우에는 피해자 등을 증인으로 신문할 필요가 없으며(제294조의2 제1항 단서 각호), 동일한 범죄사실에 대하여 신청인이 여러 명인 경우에는 진술할 자의 수를 제한할 수 있다(동조 제3항).

5. **피해자 진술에 대한 법원의 직권조사**

   피해자 등의 신청이 있을 때에는 법원이 결정을 하여야 하며, 직권으로 조사할 수도 있다(제295조). 피해자 등의 진술권은 헌법과 법률이 보장하는 권리이므로 피해자 등의 진술 신청은 위 제한사유가 없는 한 공판 어느 단계에서도 가능하고 이를 받아들이지 아니할 수 없다. 다만 위 제한사유가 있는 경우에는 진술 신청을 기각할 수 있지만 기각 결정시에는

---

106) 2008 법원실무제요 중에서 발췌함.

위 제한사유에 해당한다는 이유를 고지하여야 할 것이다. 피해자가 탄원서나 진정서를 제출하고 있는 경우에 확인할 점이 있다거나(예 피고인 측이 합의를 강요하고 있다거나 합의를 하고도 그 내용을 이행하지 않고 있다고 주장하는 경우 등) 교통사고 사건 등에서 피해자의 현재 건강상태를 직접 확인할 필요가 있다고 판단되는 경우 등에는 피해자 등의 신청이 없더라도 직권으로 피해자를 소환하여 증인신문을 하는 것이 바람직하다.

6. 증인신문의 방식

피해자 등의 진술도 증인신문의 절차에 의하여 행하여지는 것으로 되어있으며, 변론종결 전에는 언제든지 가능하다고 볼 것이다. 피해자 등에 대한 증인의 신문 방식은 재판장이 정하는 바에 의하며(제161조의2 제4항), 신청인이 출석통지를 받고도 정당한 이유 없이 출석하지 아니한 때에는 그 신청을 철회한 것으로 본다(제294조의2 제4항). 피해자 등의 신청에 의하여 피해자 등을 증인으로 채택하고 증거조사를 하는 경우에 증거목록상 어느 부분에 기재할 것인지 문제가 있으나, 형사공판조서 중 증거조사부분의 목록화에 관한 예규(재형 2003-2)상 피해자 신청분에 관한 목록이 없으므로, '직권'분의 증거목록에 기재하되 비고란에 '피해자 신청'이라고 기재하여야 할 것이다. 한편, 피해자를 증인으로 신문하는 경우에 당해 피해자·법정대리인 또는 검사의 신청에 의하여 피해자의 사생활의 비밀이나 신변보호를 위하여 필요하다고 인정하는 때에는 결정으로 심리를 공개하지 아니할 수 있고(제294조의3 제1항), 이 결정은 이유를 붙여 고지하여야 한다(동조 제2항).

증언에 있어 선서의무는 선서무능력자 즉, 16세 미만의 자와 선서취지를 이해하지 못하는 자에게는 인정되지 않는다. 다만 선서능력과 증언능력은 구분된다.

관련판례 사고당시 10세 남짓한 국민학교 5학년생으로서 비록 선서무능력자라 하여도 그 증언 내지 진술의 전후 사정으로 보아 의사판단능력이 있다고 인정된다면 증언능력이 있다고 할 것이다(대판 1984.9.25. 84도619).

또한 증인에게는 증언거부권이 있는데, 누구든지 자기나 친족이거나 친족이었던 사람, 법정대리인, 후견감독인에 해당하는 자가 형사소추 또는 공소제기를 당하거나 유죄판결을 받을 사실이 드러날 염려가 있는 증언을 거부할 수 있다(제148조). 그러나 형사소송법 제148조에서 '형사소추'는 증인이 이미 저지른 범죄사실에 대한 것을 의미한다고 할 것이므로, 증인의 증언에 의하여 비로소 범죄가 성립하는 경우에는 형사소송법 제160조, 제148조 소정의 증언거부권 고지대상이 된다고 할 수 없다(대판 2011.12.8. 2010도2816). 형사소송법 제148조의 증언거부권은 헌법 제12조 제2항에 정한 불이익 진술의 강요금지 원칙을 구체화한 자기부죄거부특권에 관한 것인데, 이미 유죄의 확정판결을 받은 경우에는 헌법 제13조 제1항에 정한 일사부재리의 원칙에 의해 다시 처벌받지 아니하므로 자신에 대한 유죄판결이 확정된 증인은 공범에 대한 사건에서 증언을 거부할 수 없다. 형사소송법상 피고인의 불이익을 위한 재심청구는 허용되지 아니하며(제420조), 재심사건에는 불이익변경 금지 원칙이 적용되어 원판결의 형보다 중한 형을 선고하지 못하므로(제439조), 자신의 유죄 확정판결에 대하여 재심을 청구한 증인에게 증언의무를 부과하는 것이 형사소추 또는 공소제기를 당하거나 유죄판결을 받을 사실이 발로(發露)될 염려 있는 증언을 강제하는 것이라고 볼 수는 없다. 따라서 자신에 대한 유죄판결이 확정된 증인이 공범에 대한 피고사건에서 증언할 당시 앞으로 재심을 청구할 예정이라고 하여도, 이를 이유로 증인에게 형사소송법 제148조에 의한 증언거부권이 인정되지는 않는다(대판 2011.11.24. 2011도11994).

 나아가 변호사, 변리사, 공증인, 공인회계사, 세무사, 대서업자, 의사, 한의사, 치과의사, 약사, 약종상, 조산사, 간호사, 종교의 직에 있는 자 또는 이러한 직에 있던 자가 그 업무상 위탁을 받은 관계로 알게 된 사실로서 타인의 비밀에 관한 것은 증언을 거부할 수 있다. 단, 본인의 승낙이 있거나 중대한 공익상 필요 있는 때에는 예외로 한다(제149조).

Ⅲ 감정·통역·번역

1. 감정

> **제174조 【감정인의 참여권, 신문권】** ① 감정인은 감정에 관하여 필요한 경우에는 **재판장의 허가**를 얻어 서류와 증거물을 열람 또는 등사하고 피고인 또는 증인의 신문에 참여할 수 있다.
> ② 감정인은 피고인 또는 증인의 신문을 구하거나 **재판장의 허가**를 얻어 직접 발문할 수 있다.
> **제177조 【준용규정】** 감정에 관하여는 제12장(구인에 관한 규정은 제외한다)을 준용한다.
> **제178조 【여비, 감정료 등】** 감정인은 법률의 정하는 바에 의하여 여비, 일당, 숙박료 외에 감정료와 체당금의 변상을 청구할 수 있다.
> **제179조 【감정증인】** 특별한 지식에 의하여 알게 된 과거의 사실을 신문하는 경우에는 본장의 규정에 의하지 아니하고 전장의 규정에 의한다.
> **제179조의2 【감정의 촉탁】** ① 법원은 필요하다고 인정하는 때에는 공무소·학교·병원 기타 상당한 설비가 있는 단체 또는 기관에 대하여 감정을 촉탁할 수 있다. 이 경우 **선서에 관한 규정**은 이를 적용하지 아니한다.
> ② 제1항의 경우 법원은 당해 공무소·학교·병원·단체 또는 기관이 지정한 자로 하여금 감정서의 설명을 하게 할 수 있다.

2. 통역 · 번역

> 제180조【통역】 국어에 통하지 아니하는 자의 진술에는 통역인으로 하여금 통역하게 하여야 한다.
> 제181조【청각 또는 언어장애인의 통역】 듣거나 말하는 데 장애가 있는 사람의 진술에 대해서는 통역인으로 하여금 통역하게 **할 수 있다**.
> 제182조【번역】 국어 아닌 문자 또는 부호는 번역하게 하여야 한다.
> 제183조【준용규정】 전장의 규정은 통역과 번역에 준용한다.

Ⅳ 검증

1. 의의 및 성질

> 제139조【검증】 법원은 **사실을 발견함에 필요한 때**에는 검증을 할 수 있다.

2. 검증의 주체와 대상

> 제140조【검증과 필요한 처분】 검증을 함에는 신체의 검사, 사체의 해부, 분묘의 발굴, 물건의 파괴 기타 필요한 처분을 할 수 있다.

3. 검증의 절차

가. 검증기일 지정

나. 당사자에 통지 및 참여

> 제122조【영장집행과 참여권자에의 통지】 압수·수색영장을 집행함에는 미리 집행의 **일시와 장소를 전조에 규정한 자에게 통지**하여야 한다. 단, 전조에 규정한 자가 **참여하지 아니한다는 의사를 명시한 때 또는 급속을 요하는 때**에는 예외로 한다.
> 제123조【영장의 집행과 책임자의 참여】 ① 공무소, 군사용 항공기 또는 선박·차량 안에서 압수·수색영장을 집행하려면 그 **책임자에게 참여**할 것을 통지하여야 한다.
> ② 제1항에 규정한 장소 외에 타인의 주거, 간수자 있는 가옥, 건조물(建造物), 항공기 또는 선박·차량 안에서 압수·수색영장을 집행할 때에는 **주거주(住居主), 간수자** 또는 이에 준하는 사람을 참여하게 하여야 한다.
> ③ 제2항의 사람을 참여하게 하지 못할 때에는 **이웃 사람 또는 지방공공단체의 직원**을 참여하게 하여야 한다.

다. 신체검사를 위한 소환

> **제68조【소환】** 법원은 피고인을 소환할 수 있다.
> **제142조【신체검사와 소환】** 법원은 신체를 검사하기 위하여 피고인 아닌 자를 법원 기타 지정한 장소에 소환할 수 있다.

라. 검증에 필요한 처분

> **제140조【검증과 필요한 처분】** 검증을 함에는 신체의 검사, 사체의 해부, 분묘의 발굴, 물건의 파괴 기타 필요한 처분을 할 수 있다.

마. 검증장소에 대한 출입금지 및 폐쇄

> **제119조【집행 중의 출입금지】** ① 압수·수색영장의 집행 중에는 타인의 출입을 금지할 수 있다.
> ② 전항의 규정에 **위배한 자에게는 퇴거**하게 하거나 집행종료시까지 간수자를 붙일 수 있다.

바. 신체검사의 특칙

> **제141조【신체검사에 관한 주의】** ① 신체의 검사에 관하여는 검사를 받는 사람의 성별, 나이, 건강상태, 그 밖의 사정을 고려하여 그 사람의 건강과 명예를 해하지 아니하도록 주의하여야 한다.
> ② 피고인 아닌 사람의 신체검사는 증거가 될 만한 흔적을 확인할 수 있는 현저한 사유가 있는 경우에만 할 수 있다.
> ③ **여자의 신체를 검사하는 경우**에는 의사나 성년의 여자를 참여하게 하여야 한다.
> ④ **사체의 해부 또는 분묘의 발굴**을 하는 때에는 예(禮)에 어긋나지 아니하도록 주의하고 미리 유족에게 통지하여야 한다.

사. 검증의 제한

> **제143조【시각의 제한】** ① **일출 전 일몰 후에는 가주, 간수자 또는 이에 준하는 자의 승낙**이 없으면 검증을 하기 위하여 타인의 주거, 간수자 있는 가옥, 건조물, 항공기, 선차 내에 들어가지 못한다. 단 일출 후에는 **검증의 목적을 달성할 수 없을 염려가 있는 경우에는 예외**로 한다.
> ② **일몰 전에 검증에 착수한 때**에는 일몰 후라도 검증을 계속할 수 있다.
> ③ 제126조에 규정한 장소에는 제1항의 제한을 받지 아니한다.

4. 검증조서

가. 검증조서 작성

> **제49조【검증 등의 조서】** ① 검증, 압수 또는 수색에 관하여는 조서를 작성하여야 한다.
> ② 검증조서에는 검증목적물의 현상을 명확하게 하기 위하여 도화나 사진을 첨부할 수 있다.
> ③ 압수조서에는 **품종, 외형상의 특징과 수량**을 기재하여야 한다.
> **제51조【공판조서의 기재요건】** ② 공판조서에는 다음 사항 기타 모든 소송절차를 기재하여야 한다.
> 10. 공판정에서 행한 검증 또는 압수

나. 검증의 증거조사

    수소법원이 공판기일에 검증을 행한 경우에는 그 검증결과 즉 법원이 오관의 작용에 의하여 판단한 결과가 바로 증거가 되고, 그 검증의 결과를 기재한 검증조서가 서증으로서 증거가 되는 것은 아니다(대판 2009.11.12. 2009도8949).

다. 검증조서의 증거능력

> **제311조【법원 또는 법관의 조서】** 공판준비 또는 공판기일에 피고인이나 피고인 아닌 자의 진술을 기재한 조서와 법원 또는 법관의 검증의 결과를 기재한 조서는 증거로 할 수 있다. 제184조 및 제221조의2의 규정에 의하여 작성한 조서도 또한 같다.

제7절 공판절차의 특칙

I 간이공판절차

> **제286조의2 【간이공판절차의 결정】** 피고인이 공판정에서 공소사실에 대하여 자백한 때에는 법원은 그 공소사실에 한하여 간이공판절차에 의하여 심판할 것을 결정할 수 있다.
> **제286조의3 【결정의 취소】** 법원은 전조의 결정을 한 사건에 대하여 피고인의 자백이 **신빙할 수 없다고 인정되거나 간이공판절차로 심판하는 것이 현저히 부당하다고 인정할 때에는 검사의 의견을 들어** 그 결정을 **취소하여야** 한다.
> **제297조의2 【간이공판절차에서의 증거조사】** 제286조의2의 결정이 있는 사건에 대하여는 제161조의2, 제290조 내지 제293조, 제297조의 규정을 적용하지 아니하며 **법원이 상당하다고 인정하는 방법으로 증거조사를 할 수 있다.**
> **제301조의2 【간이공판절차결정의 취소와 공판절차의 갱신】** 제286조의2의 결정이 취소된 때에는 공판절차를 갱신하여야 한다. 단, **검사, 피고인 또는 변호인이 이의가 없는 때에는** 그러하지 아니하다.
> **제361조의5 【항소이유】** 다음 사유가 있을 경우에는 원심판결에 대한 항소이유로 할 수 있다.
> 1. 판결에 영향을 미친 헌법·법률·명령 또는 규칙의 위반이 있는 때
> **제403조 【판결 전의 결정에 대한 항고】** ① 법원의 관할 또는 판결 전의 소송절차에 관한 결정에 대하여는 특히 즉시항고를 할 수 있는 경우 외에는 항고하지 못한다.

1. 개념

피고인이 공판정에서 **자백**하는 때에 형사소송법이 규정하는 ① 증거조사절차를 간이화하고 ② 증거능력의 제한을 완화하여 심리를 신속하게 하기 위하여 마련된 공판절차(제286조의2)를 간이공판절차라고 한다. 간이공판절차는 자백사건의 신속한 재판을 위한 것이지 당사자에게 소송에 대한 처분권을 부여한 것은 아니다.

2. 요건

가. 제1심 관할사건

간이공판절차는 제1심 관할사건에 대하여만 인정된다. 항소심이나 상고심은 이미 증거조사가 완료된 이후이므로 이론상 간이공판절차가 필요 없기 때문이다.

나. 피고인의 공판정에서의 자백

(1) 주체는 피고인이다. 변호인의 자백은 여기에 해당될 수 없다.

(2) 대상은 공소사실에 대한 자백이다. 즉, 유죄를 인정하는 것을 말한다. 따라서 피고인이 법정에서 "공소사실은 모두 사실과 다름없다."고 하면서 그 범행 당시 심신상실 또는 심신미약의 상태에 있었다고 주장하는 경우는 형사소송법 제323조 제2항에 정하여진 법률상 범죄의 성립을 조각하거나 형의 감면의 이유가 되는 사실의 진술에 해당하므로 피고인은 적어도 공소사실을 부인하거나 심신상실의 책임조각사유를 주장하고 있는 것으로 볼 여지가 충분하므로 간이공판절차에 의하여 심판할 대상에 해당하지 아니한다(대판 2004.7.9. 2004도2116). 상습성을 다투거나 자백 이후에 번복하는 경우도 간이공판절차로 진행할 수 없다.

(3) 여기서의 자백은 공판절차에서 이루어져야 한다. 수사절차나 공판준비절차에서의 자백은 여기에 해당하지 않는다.

(4) 공판정에서의 자백이라도 그 자백의 신빙성(제286조의3)이 존재하여야 한다. 신빙성이 없는 경우 간이공판절차 취소사유에 해당한다.

(5) 자백과 죄수문제

경합범의 경우에는 일부에 대하여만 자백한 경우에도 자백한 공소사실에 대하여 간이공판절차가 가능하지만 상상적 경합관계와 예비적·택일적기재의 경우는 절차가 복잡하게 되어 간이공판절차를 인정하는 취지에 반하게 된다는 점에 비추어 부정하는 입장이 있다. 하지만 상상적 경합의 경우도 실체법상은 수죄이며 간이공판절차로 진행할 경우 심리가 신속하게 이루어질 수 있다는 점에서 긍정함이 타당하다.

3. 개시결정

가. 결정의 성질 : 재량(제286조의2)

나. 결정의 방법 : 재판장이 미리 피고인에게 설명(규칙 제131조)

다. 결정에 대한 불복방법 : 항고할 수 없다(제403조 제1항).

그러나 간이공판절차에 의할 수 없는 경우인 데도 이에 의하여 심리한 경우에는 **소송절차의 법령위반에 해당하여 항소이유**가 된다(제361조의5 제1호).

4. 간이공판절차의 특칙

가. 증거능력에 대한 특칙

(1) 증거능력제한의 완화

(2) 전문법칙 이외의 증거법칙은 간이공판절차에서도 배제되지 않는다. 즉, 임의성 없는 자백, 위법수집증거 등은 간이공판절차에서도 증거능력이 없다. 나아가 증명력의 제한도 완화되는 것이 아니므로 **자백의 보강법칙은 그대로 적용된다.**

나. 증거조사에 대한 특칙

(1) 상당하다고 인정되는 방법(제297조의2)

> **관련판례** 피고인이 공판정에서 공소사실을 자백한 때에 법원이 취하는 심판의 간이공판절차에서의 증거조사는 증거방법을 표시하고 증거조사내용을 "**증거조사함**"이라고 **표시하는 방법**으로 하였다면 간이절차에서의 증거조사에서 법원이 인정채택한 상당한 증거방법이라고 인정할 수 있다(대판 1980.4.22. 80도333).

(2) 적용이 배제되는 증거조사방법

증인의 선서, 당사자의 증거조사 참여권(제163조), 증거신청권(제294조), 증거조사에 대한 이의신청권(제296조)은 간이공판절차에서도 인정된다.

다. 공판절차에 관한 규정의 적용

① 간이공판절차에서도 **공소장 변경**이 가능하며, ② 공판절차가 아닌 재판서의 작성에 있어서는 간이한 방식이 인정되지 않고, ③ 간이공판절차에 의하여 유죄판결 뿐 아니라 공소기각이나 관할위반재판, 무죄판결도 선고할 수 있다.

5. 간이공판절차의 취소

가. 취소의 사유

① 피고인의 자백이 **신빙할 수 없다고 인정**될 때 ② 간이공판절차로 심판하는 것이 **현저히 부당하다고 인정**된 때에는 간이공판절차를 취소할 수 있다.

나. 취소의 절차 : 법원의 **직권**이다. 다만 **검사의 의견**을 들어야 한다(제286조의3).

다. 취소의 효과

취소를 하는 경우 공판절차를 갱신해야 한다(제301조의2). 이는 위법하게 진행된 종전절차를 제거함에 목적이 있다. 따라서 증거조사절차를 처음부터 다시 진행하는 것이 원칙이다. 다만, 이의가 없다고 할 경우에 한하여 갱신하지 않을 수 있다.

Ⅱ 공판절차의 정지

1. 공판절차정지의 사유와 절차

> **제306조 【공판절차의 정지】** ① 피고인이 **사물의 변별 또는 의사의 결정을 할 능력이 없는 상태**에 있는 때에는 법원은 검사와 변호인의 **의견을 들어서** 결정으로 그 상태가 계속하는 기간 공판절차를 **정지하여야** 한다.
> ② **피고인이 질병으로 인하여 출정할 수 없는 때**에는 법원은 검사와 변호인의 의견을 들어서 결정으로 출정할 수 있을 때까지 공판절차를 **정지하여야** 한다.
> ③ 전2항의 규정에 의하여 공판절차를 정지함에는 **의사의 의견**을 들어야 한다.
> ④ 피고사건에 대하여 **무죄, 면소, 형의 면제 또는 공소기각의 재판을 할 것으로 명백한** 때에는 제1항, 제2항의 사유있는 경우에도 **피고인의 출정없이 재판할** 수 있다.
> ⑤ 제277조의 규정에 의하여 대리인이 출정할 수 있는 경우에는 제1항 또는 제2항의 규정을 적용하지 아니한다.
> → 제277조(경미사건 등과 피고인의 불출석) 다음 각 호의 어느 하나에 해당하는 사건에 관하여는 피고인의 출석을 요하지 아니한다. 이 경우 피고인은 대리인을 출석하게 할 수 있다.
> 1. 다액 500만 원 이하의 벌금 또는 과료에 해당하는 사건
> 2. 공소기각 또는 면소의 재판을 할 것이 명백한 사건
> 3. 장기 3년 이하의 징역 또는 금고, 다액 500만 원을 초과하는 벌금 또는 구류에 해당하는 사건에서 피고인의 불출석허가신청이 있고 법원이 피고인의 불출석이 그의 권리를 보호함에 지장이 없다고 인정하여 이를 허가한 사건. 다만, 제284조에 따른 절차를 진행하거나 판결을 선고하는 공판기일에는 출석하여야 한다.
> 4. 제453조 제1항에 따라 피고인만이 정식재판의 청구를 하여 판결을 선고하는 사건

공판절차의 정지란 심리를 진행할 수 없는 일정한 사유가 있는 경우에 그 사유가 없어질 때까지 법원의 결정으로 심리를 진행하지 않는 것인데, 이는 피고인의 방어권 보장을 위한 것이다.

2. 공판절차정지의 불복

> **제403조 【판결 전의 결정에 대한 항고】** ① 법원의 관할 또는 판결 전의 소송절차에 관한 결정에 대하여는 특히 즉시항고를 할 수 있는 경우 외에는 항고하지 못한다.
> ② 전항의 규정은 **구금, 보석, 압수나 압수물의 환부**에 관한 결정 또는 감정하기 위한 피고인의 유치에 관한 결정에 적용하지 아니한다.
> → 원칙상 항고할 수는 없다.
> **제361조의5 【항소이유】** 다음 사유가 있을 경우에는 원심판결에 대한 항소이유로 할 수 있다.
> 1. 판결에 영향을 미친 헌법·법률·명령 또는 규칙의 위반이 있는 때
> **제383조 【상고이유】** 다음 사유가 있을 경우에는 원심판결에 대한 상고이유로 할 수 있다.
> 1. 판결에 영향을 미친 헌법·법률·명령 또는 규칙의 위반이 있을 때
> → 이 경우만 항고 할 수 있다.

III 공판절차의 갱신

1. 공판절차갱신의 절차

> **제301조【공판절차의 갱신】** 공판개정 후 판사의 경질이 있는 때에는 공판절차를 갱신하여야 한다. 단, 판결의 선고만을 하는 경우에는 예외로 한다.
>
> **제301조의2【간이공판절차결정의 취소와 공판절차의 갱신】** 제286조의2의 결정이 취소된 때에는 공판절차를 갱신하여야 한다. 단, 검사, 피고인 또는 변호인이 이의가 없는 때에는 그러하지 아니하다.
>
> **형사소송규칙 제144조【공판절차의 갱신절차】** ① 법 제301조, 법 제301조의2 또는 제143조에 따른 공판절차의 갱신은 다음 각 호의 규정에 의한다.
> 1. 재판장은 제127조의 규정에 따라 피고인에게 진술거부권 등을 고지한 후 법 제284조에 따른 인정신문을 하여 피고인임에 틀림없음을 확인하여야 한다.
> 2. 재판장은 검사로 하여금 공소장 또는 공소장변경허가신청서에 의하여 공소사실, 죄명 및 적용법조를 낭독하게 하거나 그 요지를 진술하게 하여야 한다.
> 3. 재판장은 피고인에게 공소사실의 인정 여부 및 정상에 관하여 진술할 기회를 주어야 한다.
> 4. 재판장은 갱신전의 공판기일에서의 피고인이나 피고인이 아닌 자의 진술 또는 법원의 검증결과를 기재한 조서에 관하여 증거조사를 하여야 한다.
> 5. 재판장은 갱신전의 공판기일에서 증거조사된 서류 또는 물건에 관하여 다시 증거조사를 하여야 한다. 다만, 증거능력 없다고 인정되는 서류 또는 물건과 증거로 함이 상당하지 아니하다고 인정되고 검사, 피고인 및 변호인이 이의를 하지 아니하는 서류 또는 물건에 대하여는 그러하지 아니하다.
>
> ② 재판장은 제1항 제4호 및 제5호에 규정한 서류 또는 물건에 관하여 증거조사를 함에 있어서 검사, 피고인 및 변호인의 동의가 있는 때에는 그 전부 또는 일부에 관하여 법 제292조·제292조의2·제292조의3에 규정한 방법에 갈음하여 상당하다고 인정하는 방법으로 이를 할 수 있다.
>
> **제305조【변론의 재개】** 법원은 필요하다고 인정한 때에는 직권 또는 검사, 피고인이나 변호인의 신청에 의하여 결정으로 종결한 변론을 재개할 수 있다.

2. 공판절차갱신규정 위반의 효과

> **제361조의5【항소이유】** 다음 사유가 있을 경우에는 원심판결에 대한 항소이유로 할 수 있다.
> 8. 사건의 심리에 관여하지 아니한 판사가 그 사건의 판결에 관여한 때
>
> **제383조【상고이유】** 다음 사유가 있을 경우에는 원심판결에 대한 상고이유로 할 수 있다.
> 1. 판결에 영향을 미친 헌법·법률·명령 또는 규칙의 위반이 있을 때
>
> **제361조의5【항소이유】** 다음 사유가 있을 경우에는 원심판결에 대한 항소이유로 할 수 있다.
> 1. 판결에 영향을 미친 헌법·법률·명령 또는 규칙의 위반이 있는 때
>
> **제383조【상고이유】** 다음 사유가 있을 경우에는 원심판결에 대한 상고이유로 할 수 있다.
> 1. 판결에 영향을 미친 헌법·법률·명령 또는 규칙의 위반이 있을 때

Ⅳ 변론의 병합 · 분리와 재개

> **제300조【변론의 분리와 병합】** 법원은 **필요하다고 인정한 때**에는 직권 또는 검사, 피고인이나 변호인의 **신청**에 의하여 결정으로 변론을 분리하거나 병합할 수 있다.

변론의 병합이란 수개의 관련사건이 사물관할을 같이 하는 동일한 법원에 계속된 경우에 이들 사건을 하나의 공판절차에서 한 사건으로 심리하는 것을 의미한다. 반면, 변론이 병합되어 있던 수개의 관련사건을 분리하여 각각 별도의 공판절차에서 따로 심리하는 것을 변론의 분리라고 한다. 다만, 동일한 피고인에 대하여 각각 별도로 2개 이상의 사건이 공소제기 되었을 경우 반드시 병합심리하여 동시에 판결을 선고하여야만 되는 것은 아니다(대판 1994.11.4. 94도2354). 실무상 공범자들에 대한 기소가 이루어져 공동피고인으로 심리를 진행하던 중에 공범자들 간에 서로 이해관계가 대립되는 등의 사유가 있을 때 변론을 분리하여 공범자를 증인으로 신문하거나, 공범자 중 1인만 자백하고 다른 공범들은 모두 부인할 경우 자백하는 1인에 대하여만 변론을 분리한 후 다른 공범자들에 대한 부인 공판과정에 불필요한 출석을 하지 않도록 하는 경우 등이 대표적이다.

Ⅴ 국민참여재판의 공판절차

1. 국민참여재판의 의의

배심제의 도입을 골자로 한 「국민의 형사재판 참여에 관한 법률」은 2008년부터 시행되었다. 배심제도는 범죄사실의 유무에 관하여 일정한 절차에 따라 소집된 시민집단인 배심원들이 평결을 하고, 그 평결에 근거하여 법관이 법률적 판단 및 양형을 하여 판결을 선고하는 제도이며 이렇게 국민이 형사재판에 참여하도록 하여 사법의 민주적 정당성과 신뢰를 높이고자 하는 것이다.

2. 국민참여재판의 제도적 특징

우리는 **배심제와 참심제의 요소를 반영하여 혼합된 또는 수정된 형태의 제도를 입법**한 것으로 볼 수 있다. ① **배심원의 수**를 5인, 7인, 9인 중에서 다양하게 정하도록 한 점(국민참여재판법 제13조[109])과 ② **배심원의 평의과정에 법관이 참여하게 하여 의견을 제시할 수 있도록 한 점**(동법 제46조[110] 제2항, 제3항), ③ 배심원이 사실에 대한 평결뿐 아니라 **양형에 대한 토의에 참여**할 수 있도록 한 점 (제46조 제4항), ④ 배심원의 평결이 법원을 기속하지 않는 **권고적 효력**이라는 점(제46조 제5항)에서 참심제적 요소를 가지고 있다고 볼 수 있다.

---

[109] 제13조(배심원의 수)
 ① 법정형이 사형·무기징역 또는 무기금고에 해당하는 대상사건에 대한 국민참여재판에는 9인의 배심원이 참여하고, 그 외의 대상사건에 대한 국민참여재판에는 7인의 배심원이 참여한다. 다만, 법원은 피고인 또는 변호인이 공판준비절차에서 공소사실의 주요내용을 인정한 때에는 5인의 배심원이 참여하게 할 수 있다.
 ② 법원은 사건의 내용에 비추어 특별한 사정이 있다고 인정되고 검사·피고인 또는 변호인의 동의가 있는 경우에 한하여 결정으로 배심원의 수를 7인과 9인 중에서 제1항과 달리 정할 수 있다.

[110] 제46조(재판장의 설명·평의·평결·토의 등)
 ① 재판장은 변론이 종결된 후 법정에서 배심원에게 공소사실의 요지와 적용법조, 피고인과 변호인 주장의 요지, 증거능력, 그 밖에 유의할 사항에 관하여 설명하여야 한다. 이 경우 필요한 때에는 증거의 요지에 관하여 설명할 수 있다.
 ② 심리에 관여한 배심원은 제1항의 설명을 들은 후 유·무죄에 관하여 평의하고, **전원의 의견이 일치하면 그에 따라 평결**한다. 다만, **배심원 과반수의 요청이 있으면 심리에 관여한 판사의 의견을 들을 수 있다.**
 ③ 배심원은 유·무죄에 관하여 전원의 의견이 일치하지 아니하는 때에는 **평결을 하기 전에 심리에 관여한 판사의 의견을 들어야 한다. 이 경우 유·무죄의 평결은 다수결의 방법**으로 한다. 심리에 관여한 판사는 평의에 참석하여 의견을 진술한 경우에도 평결에는 참여할 수 없다.
 ④ 제2항 및 제3항의 평결이 유죄인 경우 배심원은 심리에 관여한 판사와 함께 양형에 관하여 토의하고 그에 관한 의견을 개진한다. 재판장은 양형에 관한 토의 전에 처벌의 범위와 양형의 조건 등을 설명하여야 한다.
 ⑤ 제2항부터 제4항까지의 평결과 의견은 법원을 기속하지 아니한다.
 ⑥ 제2항 및 제3항의 평결결과와 제4항의 의견을 집계한 서면은 소송기록에 편철한다.

3. 대상사건 및 관할

가. 대상사건(국민참여재판법 제5조)[111]

나. 피고인 의사확인(국민참여재판법 제8조)

> **국민의 형사재판 참여에 관한 법률 제8조【피고인 의사확인】** ① 법원은 대상사건의 피고인에 대하여 국민참여재판을 원하는지 여부에 관한 의사를 서면 등의 방법으로 **반드시 확인하여야** 한다. 이 경우 피고인 의사의 구체적인 확인 방법은 대법원규칙으로 정하되, 피고인의 국민참여재판을 받을 권리가 최대한 보장되도록 하여야 한다.
> ② 피고인은 **공소장 부본을 송달받은 날부터 7일 이내**에 국민참여재판을 원하는지 여부에 관한 의사가 기재된 서면을 제출하여야 한다. 이 경우 피고인이 서면을 우편으로 발송한 때, 교도소 또는 구치소에 있는 피고인이 서면을 교도소장·구치소장 또는 그 직무를 대리하는 자에게 제출한 때에 법원에 제출한 것으로 본다.
> ③ 피고인이 제2항의 **서면을 제출하지 아니**한 때에는 국민참여재판을 **원하지 아니하는** 것으로 본다.
> ④ 피고인은 제9조 제1항의 배제결정 또는 제10조 제1항의 회부결정이 있거나 공판준비기일이 종결되거나 제1회 공판기일이 열린 이후에는 종전의 의사를 바꿀 수 없다.

> **참고**
>
> **피고인에 대한 국민참여재판에 대한의사확인 및 의사표명절차와 그 시기**
>
> 1. 의사확인서의 제출시기
>
>   국민의 형사재판 참여에 관한 법률(이하 '국참법') 제8조 제1항에서는 법원이 대상사건의 피고인에 대하여 국민참여재판을 원하는지 여부에 관한 의사를 서면 등의 방법으로 반드시 확인하여야 한다고 규정하면서 제2항과 제3항에서는 피고인은 공소장 부본을 송달받은 날부터 7일 이내에 국민참여재판을 원하는지 여부에 관한 의사가 기재된 서면을 제출하여야 하는데 만약 피고인이 제2항의 서면을 제출하지 아니한 때에는 국민참여재판을 원하지 아니하는 것으로 본다고 규정하고 있다.
>
> 2. 공소장부본 송달 후 7일 이내에 의사확인서 미제출자의 국민참여재판 신청가부
>
>   국참법 제8조 제4항에서는 피고인은 '공판준비기일 종료 시까지' 또는 '제1회 공판기일 전까지' 국민참여재판 희망 여부에 대한 종전 의사를 번복할 수 있다고 **규정**하고 있는바 공소장부본을 송달받은 날부터 7일 이내에 의사확인서를 제출하지 아니하였더라도 피고인은 제1회 공판기일이 전까지 국민참여재판 신청을 할 수 있다고 봄이 타당하다.

---

111) 제5조(대상사건)
① 다음 각 호에 정하는 사건을 국민참여재판의 대상사건(이하 "대상사건"이라 한다)으로 한다.
  1. 「법원조직법」 제32조 제1항(제2호 및 제5호는 제외한다)에 따른 **합의부 관할** 사건
  2. 제1호에 해당하는 사건의 미수죄·교사죄·방조죄·예비죄·음모죄에 해당하는 사건
  3. 제1호 또는 제2호에 해당하는 사건과 「형사소송법」 제11조에 따른 관련 사건으로서 **병합하여 심리하는 사건**
② 피고인이 국민참여재판을 **원하지 아니**하거나 제9조 제1항에 따른 **배제결정**이 있는 경우는 국민참여재판을 하지 아니한다.

3. 국민참여재판 배제결정

> **제9조【배제결정】** ① 법원은 공소제기 후부터 공판준비기일이 종결된 다음날까지 다음 각 호의 어느 하나에 해당하는 경우 국민참여재판을 하지 아니하기로 하는 결정을 할 수 있다.
> 1. 배심원·예비배심원·배심원후보자 또는 그 친족의 **생명·신체·재산에 대한 침해 또는 침해의 우려**가 있어서 출석의 어려움이 있거나 이 법에 따른 직무를 공정하게 수행하지 못할 염려가 있다고 인정되는 경우
> 2. 공범 관계에 있는 **피고인들 중 일부**가 국민참여재판을 **원하지 아니**하여 국민참여재판의 진행에 어려움이 있다고 인정되는 경우
> 3. 「성폭력범죄의 처벌 등에 관한 특례법」 제2조의 범죄로 인한 피해자(이하 "성폭력범죄 피해자"라 한다) **또는 법정대리인이 국민참여재판을 원하지 아니**하는 경우
> 4. 그 밖에 국민참여재판으로 진행하는 것이 **적절하지 아니**하다고 인정되는 경우
> ② 법원은 제1항의 결정을 하기 전에 검사·피고인 또는 변호인의 **의견**을 들어야 한다.
> ③ 제1항의 결정에 대하여는 **즉시항고**를 할 수 있다.

4. 통상회부절차

> **제11조【통상절차 회부】** ① 법원은 피고인의 질병 등으로 **공판절차가 장기간 정지**되거나 **피고인에 대한 구속기간의 만료, 성폭력범죄 피해자의 보호**, 그 밖에 심리의 제반 사정에 비추어 **국민참여재판을 계속 진행하는 것이 부적절하다고 인정하는 경우**에는 **직권** 또는 검사·피고인·변호인이나 성폭력범죄 피해자 또는 법정대리인의 **신청**에 따라 결정으로 사건을 **지방법원 본원 합의부**가 국민참여재판에 의하지 아니하고 심판하게 할 수 있다.
> ② 법원은 제1항의 결정을 하기 전에 검사·피고인 또는 변호인의 **의견을 들어야** 한다.
> ③ 제1항의 결정에 대하여는 **불복할 수 없다.**
> ④ 제1항의 결정이 있는 경우에는 제6조 제3항 및 제4항을 준용한다.

4. 배심원

가. 배심원의 의의

배심원의 본질적 권한은 공판에 참석하여 심리를 들은 후 유무죄에 대하여 평결하고 유죄일 경우 양형에 대한 의견을 개진하는 것이며(국민참여재판법 제46조), 본질적인 의무는 재판에 출석하여 공정하고 객관적으로 판단하는 것(동법 제41조 제2항)이다.

나. 배심원의 권한과 의무

(1) 배심원의 권한

(가) 본질적 권한

배심원의 본질적 권한은 공판에 참여한 후 **유무죄에 대하여 평결**하고 유죄일 경우 **양형에 대한 의견**을 제시하는 것이다(국민참여재판법 제46조).

(나) 절차적 권한

이러한 본질적 권한을 보장하기 위한 절차적 권한으로, 재판장에게 피고인 및 증인에 대하여 **필요한 사항을 신문하여 줄 것을 요구**할 수 있고, 필요하다고 인정되는 경우 재판장의 허가를 받아 각자 **필기**를 하여 이를 평의에 사용할 수 있다(국민참여재판법 제41조 제1항). **재판장은 변론이 종결된 후 법정에서 배심원에게 공소사실의 요지와 적용법조, 증거능력, 그 밖에 유의할 사항에 관하여 설명**하여야 한다. (동법 제46조) 배심원단은 **판사의 관여 없이 독자적으로 유무죄에 관하여 평의하고 전원일치로 평결**하되, 배심원 과반수의 요청이 있으면 심리에 관여한 **판사의 의견을 들을 수 있다**(동법 제46조). 이때 배심원의 자율적 평결을 존중하자는 배심제도의 취지상 판사가 유무죄에 관한 의견을 진술은 할 수 없는 것으로 봄이 타당하다. 이에 따라 대법원 규칙 제41조 제5항에서는 **판사는 유무죄에 관한 의견을 진술하여서는 아니 된다**고 규정하고 있다. 배심원이 전원일치 또는 다수결로 **유죄의 평결을 한 경우에는, 심리에 관여한 판사와 함께 양형에 관하여 토의하고 의견을 개진**한다(동법 제46조 제3항). 이때 배심원은 양형에 관하여 평결하지는 않고, **개별적으로 양형 의견을 법관에게 개진**한다. 법원은 이러한 **배심원의 평결과 양형에 관한 의견을 참고하되 기속되지 아니하고 유무죄와 양형에 관하여 판단**한다. 다만 재판장이 배심원 평결과 다른 판결을 선고하고자 하는 때에는 피고인에게 그 이유를 고지해야 하고 판결서에 그 이유를 기재해야 한다(동법 제47조).

(2) 배심원의 의무

(가) 본질적 의무

배심원의 본질적 의무는 재판에 출석하여 공정하고 객관적으로 판단하고 직무상 취득한 비밀을 누설하지 아니하는 것이다(국민참여재판법 제41조 제2항).

(나) 절차적 의무

위 본질적 의무에 수반되는 절차적 의무를 살펴보면, 배심원후보자로 선정되었을 때 선정기일에 출석하여야 하고(국민참여재판법 제23조 제1항), 법원이 배심원 결격사유 여부를 판단하기 위해 행하는 질문에 성실히 답변하여야 하며(동법 제25조 제2항), 배심원 또는 예비배심원으로 선정된 이후에는 법률에 따라 공정하게 그 직무를 수행할 것을 다짐하는 취지의 선서를 하여야 하고(동법 제42조), 출석의무를 잘 지키며 법정에서 재판장이 명한 사항을 따라야 한다(동법 제32조).

다. 선정절차

① 배심원 후보예정명부의 작성(국민참여재판법 제22조 제1항, 제3항)
② 후보자 명부 송부 후의 전과조회 등
③ 배심원후보자에 대한 질문과 질문표[112](동법 제17조 내지 제29조)
④ 배심원 후보자 기피(동법 제28조 내지 제30조)

법원은 배심원후보자가 국민참여재판법 제17조부터 제20조까지의 사유에 해당하거나 불공평한 판단을 할 우려가 있다고 인정되는 때에는 직권 또는 검사·피고인·변호인의 기피신청에 따라 당해 배심원후보자에 대하여 불선정결정을 하여야 한다. 검사·피고인 또는 변호인의 기피신청을 기각하는 경우에는 이유를 고지하여야 한다.

라. 무이유부기피신청에 따른 배심원 선정(단, 일괄기피가 아닌 순차기피방식)

검사와 변호인은 각자 다음 각 호의 범위 내에서 배심원후보자에 대하여 이유를 제시하지 아니하는 기피신청(이하 "무이유부기피신청"이라 한다)을 할 수 있다. 배심원이 9인인 경우는 5인, 배심원이 7인인 경우는 4인, 배심원이 5인인 경우는 3인의 범위 내에서 할 수 있다. 이러한 무이유부기피신청이 있는 때에는 법원은 당해 배심원후보자를 배심원으로 선정할 수 없다. 법원은 검사·피고인 또는 변호인에게 순서를 바꿔가며 무이유부기피신청을 할 수 있는 기회를 주어야 한다.

5. 배심원의 해임과 사임

배심원이나 예비배심원에게 해임사유가 있을 때 직권 또는 검사, 피고인 또는 변호인의 신청에 따라 해임결정을 할 수 있다. 이 결정에는 불복할 수 없다. 또한 배심원이나 예비배심원은 직무를 계속 수행하기 어려운 사정이 있을 때에는 법원에 사임을 신청할 수 있다.

---

112) 예를 들어, "당신은 금고 이상의 실형을 선고받고, 그 집행이 종료된 적이 있습니까?", "있다면 그 집행이 종료된 시점이 언제인가요?"(결격사유 관련). "당신의 직업은 무엇입니까?"(직업 등에 의한 배제사유). "당신은 피고인 ○○○와 친족관계에 있습니까?"(제척사유). "당신은 본건 재판에 배심원으로 선정될 경우 회복하기 어려운 재산상 손해를 보게 될 가능성이 있습니까?"(면제사유) 등등의 질문표를 작성하여 질문한다.

6. 국민참여재판의 공판절차

가. 공판준비절차

재판장은 피고인이 국민참여재판을 원하는 의사표시를 한 경우는 사건을 공판준비절차에 부쳐야 한다. 단, 배제 결정이 있는 경우는 예외이다(국민참여재판법 제36조 제1항).

나. 공판정의 구성

① 공판기일의 통지(국민참여재판법 제38조) 공판기일은 배심원과 예비배심원에게 통지하여야 한다.

② 배심원 등의 출석과 좌석(동법 제39조) 공판정은 판사·배심원·예비배심원·검사·변호인이 출석하여 개정한다. 검사와 피고인 및 변호인은 대등하게 마주 보고 위치한다. 다만, 피고인신문을 하는 때에는 피고인은 증인석에 위치한다. 배심원과 예비배심원은 재판장과 검사·피고인 및 변호인의 사이 왼쪽에 위치한다. 증인석은 재판장과 검사·피고인 및 변호인의 사이 오른쪽에 배심원과 예비배심원을 마주 보고 위치한다.

다. 모두절차(국민참여재판법 제42조)

배심원과 예비배심원은 법률에 따라 공정하게 그 직무를 수행할 것을 다짐하는 취지의 선서를 하여야 한다. 재판장은 배심원과 예비배심원에 대하여 배심원과 예비배심원의 권한·의무·재판절차, 그 밖에 직무수행을 원활히 하는 데 필요한 사항을 설명하여야 한다.

라. 배심원의 공판절차상 권리와 의무(국민참여재판법 제41조)[113]

① 신문요청권
② 필기
③ 배심원의 절차상 의무

---

[113] 제41조(배심원의 절차상 권리와 의무)
① 배심원과 예비배심원은 다음 각 호의 행위를 할 수 있다.
   1. 피고인·증인에 대하여 필요한 사항을 신문하여 줄 것을 재판장에게 요청하는 행위
   2. 필요하다고 인정되는 경우 재판장의 허가를 받아 각자 필기를 하여 이를 평의에 사용하는 행위
② 배심원과 예비배심원은 다음 각 호의 행위를 하여서는 아니 된다.
   1. 심리 도중에 법정을 떠나거나 평의·평결 또는 토의가 완결되기 전에 재판장의 허락 없이 평의·평결 또는 토의 장소를 떠나는 행위
   2. 평의가 시작되기 전에 당해 사건에 관한 자신의 견해를 밝히거나 의논하는 행위
   3. 재판절차 외에서 당해 사건에 관한 정보를 수집하거나 조사하는 행위
   4. 이 법에서 정한 평의·평결 또는 토의에 관한 비밀을 누설하는 행위

마. 평의, 평결 및 양형의 토의(국민참여재판법 제46조)[114]

바. 평결의 효과와 판결의 선고

7. 공판절차상의 특칙

가. 간이공판절차 규정의 배제(국민참여재판법 제43조)[115]

나. 배심원의 증거능력판단 배제(국민참여재판법 제44조)[116]

다. 공판절차의 갱신(국민참여재판법 제45조)[117]

국민참여재판에는 간이공판절차를 적용하지 아니한다. 또한 배심원 또는 예비배심원은 법원의 증거능력에 관한 심리에 관여할 수 없다.

---

114) 제46조(재판장의 설명·평의·평결·토의 등)
① 재판장은 변론이 종결된 후 법정에서 배심원에게 공소사실의 요지와 적용법조, 피고인과 변호인 주장의 요지, 증거능력, 그 밖에 유의할 사항에 관하여 설명하여야 한다. 이 경우 필요한 때에는 증거의 요지에 관하여 설명할 수 있다.
② 심리에 관여한 배심원은 제1항의 설명을 들은 후 유·무죄에 관하여 평의하고, 전원의 의견이 일치하면 그에 따라 평결한다. 다만, 배심원 과반수의 요청이 있으면 심리에 관여한 판사의 의견을 들을 수 있다.
③ 배심원은 유·무죄에 관하여 전원의 의견이 일치하지 아니하는 때에는 평결을 하기 전에 심리에 관여한 판사의 의견을 들어야 한다. 이 경우 유·무죄의 평결은 다수결의 방법으로 한다. 심리에 관여한 판사는 평의에 참석하여 의견을 진술한 경우에도 평결에는 참여할 수 없다.
④ 제2항 및 제3항의 평결이 유죄인 경우 배심원은 심리에 관여한 판사와 함께 양형에 관하여 토의하고 그에 관한 의견을 개진한다. 재판장은 양형에 관한 토의 전에 처벌의 범위와 양형의 조건 등을 설명하여야 한다.
⑤ 제2항부터 제4항까지의 평결과 의견은 법원을 기속하지 아니한다.
⑥ 제2항 및 제3항의 평결결과와 제4항의 의견을 집계한 서면은 소송기록에 편철한다.
115) 제43조(간이공판절차 규정의 배제) 국민참여재판에는 「형사소송법」 제286조의2를 적용하지 아니한다.
116) 제44조(배심원의 증거능력 판단 배제) 배심원 또는 예비배심원은 **법원의 증거능력에 관한 심리에 관여할 수 없다**.
117) 제45조(공판절차의 갱신) ① 공판절차가 개시된 후 새로 재판에 참여하는 배심원 또는 예비배심원이 있는 때에는 공판절차를 갱신하여야 한다. ② 제1항의 갱신절차는 새로 참여한 배심원 또는 예비배심원이 쟁점 및 조사한 증거를 이해할 수 있도록 하되, 그 부담이 과중하지 아니하도록 하여야 한다.

CHAPTER 02 증거

제1절 증거의 의의와 종류

I 증거의 의의

형사절차는 피고사건의 실체적 진실을 밝히고 이에 형벌법규를 적용함으로써 국가형벌권을 실현시키는 과정이다. 이를 위해서는 형벌법규 적용의 전제가 될 사실관계의 확정이 필수적으로 요구된다. **사실관계를 확정하는 데에 사용되는 자료를 '증거'라고 한다. 증거에 의하여 사실관계가 확인되는 과정을 '증명'**이라고 하고, **증명의 대상이 되는 사실을 '요증사실'**이라고 하며, **증거와 증명하고자 하는 사실과의 관계를 '입증취지'**라고 한다.[118]

II 증거의 종류

1. 직접증거 · 간접증거(정황증거)

요증사실과의 관계에 따른 분류로서 요증사실의 존부를 직접 증명하는 증거를 직접증거(예 피해자나 목격자의 진술 그리고 범행에 사용된 물증 등)라고 하고, 요증사실의 존부를 간접적으로 추인케 하는 사실(간접사실 또는 정황사실)을 증명하는 증거를 간접증거 또는 정황증거라고 한다. 직접증거와 간접증거는 **증명력 자체에는 우열은 없으나**, 간접증거에 의하여 요증사실을 인정하는 경우에는 특히 그 추론과정이 논리와 경험칙에 부합하여야 한다.[119]

---

[118] 형사증거법 및 사실인정론 1면.
[119] 대판 1993.3.23. 92도3327, 대판 1994.9.13. 94도1335

2. 인증·물증(증거물)·증거서류·증거물인 서면

증인의 증언, 피고인의 진술 등과 같이 법원의 면전에서 행한 사람의 진술 내용이 증거로 되는 것을 **인증**이라고 하고, **범행에 사용한 흉기, 장물 등과 같이 물건의 존재 및 상태가 증거로 되는 것을 물증 또는 증거물**이라고 하며, **서류의 기재내용이 증거로 되는 것을 증거서류**라고 한다.

서류는 위와 같이 그 기재내용이 증거로 되는 경우(증거서류) 외에, 예컨대 위조죄에 있어서의 위조문서, 무고죄에 있어서의 허위고소장, 공갈죄나 협박죄에서의 공갈·협박 편지, 부정수표단속법위반의 수표 등과 같이 **증거물과 증거서류 양자의 성질을 함께 가지고 있어서 그 기재내용뿐만 아니라 그 존재와 물적 상태도 증거로 되는 경우가 있는데 이를 증거서류와 구분하여 증거물인 서면**이라고 부른다.120) 이러한 분류를 하는 이유는 증거조사의 방법에 있어서 차이가 있기 때문이다. **인증**은 신문, 물적 증거인 **물증**(증거물)은 제시, **증거서류**는 그 내용을 증거로 쓰므로 **요지의 고지**(또는 낭독), **증거물인 서면**은 물적 상태와 그 내용 모두를 증거로 쓰므로 **제시 및 요지의 고지**(또는 낭독)의 방법에 의하여 증거조사를 한다121).

3. 본증·반증

증거의 용법에 의한 분류로 거증책임을 지는 당사자가 그 책임을 다하기 위하여 제출하는 증거를 **본증**이라고 하고, **본증에 의하여 증명하려고 하는 사실의 존재를 부인하기 위하여 제출하는 증거를 반증**이라고 한다. 반증은 '증명력'을 다투기 위한 증거인 탄핵증거와 구별하여야 한다. **탄핵증거는 단지 본증 또는 반증으로서 제출된 증거 자체의 증명력을 다투기 위하여 제출되는 증거**이고, 요증사실의 존부를 직접 또는 간접으로 증명하기 위하여 사용되는 본래의 증거는 아니다.

탄핵증거는 범죄사실을 인정하는 증거가 아니므로 엄격한 증거조사를 할 필요는 없지만 법정에서 이에 대한 탄핵증거로서의 증거조사는 필요하다122).

---

120) 형사증거법 및 사실인정론 2면.
121) 형사소송법 제292조, 제292조의2 제1항, 형사소송규칙 제134조의6의 취지에 비추어 보면, 본래 증거물이지만 증거서류의 성질도 가지고 있는 이른바 '증거물인 서면'을 조사하기 위해서는 증거서류의 조사방식인 낭독·내용고지 또는 열람의 절차와 증거물의 조사방식인 제시의 절차가 함께 이루어져야 하므로, 원칙적으로 증거신청인으로 하여금 그 서면을 제시하면서 낭독하게 하거나 이에 갈음하여 그 내용을 고지 또는 열람하도록 하여야 한다(대판 2013.7.26. 2013도2511).
122) 대판 1998.2.27. 97도1770.

4. 진술증거 · 비진술증거

진술증거는 사람의 진술이 증거가 되는 것으로 진술의 임의성이 인정되어야 하고(제309조, 제317조), 전문법칙이 적용된다. 반면 비진술증거는 전문법칙이 적용되지 않는다. 진술증거는 다시 원본증거와 전문증거로 나뉘는데, 원본증거는 증인이나 피고인이 직접 경험한 것을 증언하는 것을 말하므로, 피해자의 피해경험진술이나 목격자의 목격진술, 피고인의 범행자백 진술 등이 여기에 해당한다. 이러한 원본증거는 전문법칙이 적용되지 않고 그 진술 자체가 증거가 된다. 전문증거는 이러한 원본진술의 내용을 타인으로부터 전해들은 것이거나 그 진술내용이 서류 등에 기재되는 것으로 전문증거는 예외요건(제312조~제316조)을 갖추지 못하는 한 원칙적으로 그 증거능력이 없다(제310조의2).

III 증거능력과 증명력

증거능력이란 엄격한 증명의 증거로 쓸 수 있는 **법률상의 자격**이다. 따라서 자유로운 증명의 자료가 되기 위해서는 굳이 증거능력을 요하지 않는다. 이러한 증거능력은 **증거의 가치를 의미하는** 증거의 **증명력**과 구별된다. 아무리 증거로서의 가치가 있는 증거라 할지라도 증거능력 없는 증거는 요증사실에 대한 사실인정의 자료가 될 수 없다. 자백배제법칙과 위법수집증거배제법칙을 위배한 증거는 절대적으로 증거능력을 배제하나 전문법칙의 예외요건을 갖추지 못한 증거는 피고인의 동의가 있으면 그 증거능력을 부여받을 수 있다.

이러한 **증거능력을 갖춘 증거들 중 어떤 증거를 믿을 것인가의 문제가 바로 증명력**의 **문제**이며 이는 법관의 자유로운 심증으로 판단한다. 증거능력이 있는 증거라고 하더라도 증명력이 없거나 부족한 경우가 있으며, 이 경우는 증명이 부족하여 제325조 후단에 의한 무죄판결을 선고받게 된다. 자백의 보강법칙과 공판조서의 증명력의 문제는 바로 자유로운 심증을 제한하는 것으로서 바로 증명력의 문제이다. 증명력을 판단하는 기준으로는 ① 합리적인 근거의 유무, ② 진술번복, 진술의 모순, ③ 시간이 지날수록 구체화되거나 기억이 명료해지는 증언의 신빙성 배척, ④ 논리와 경험칙 또는 사회통념에 어긋나는 경우, ⑤ 진술자의 인간됨 또는 진술자가 어느 일방과 밀접한 관계가 있다는 이유로 신빙성 배척 주장하는 경우(불리한 진술자의 이해관계), ⑥ 추측진술, ⑦ 제3자에 의한 범행가능성 유무 등이 대표적이다.

증명력에 관한 법관의 자유판단에도 한계가 있다. 합리적 의심이 없는 정도의 고도의 유죄확신이 들 정도로 심증을 형성해야 하는 것이 내재적인 한계이다. 법률상 한계로는 자백보강법칙(제307조 제2항), 공판조서의 증명력(제56조) 규정을 들 수 있다.

제2절 증명의 기본원칙

I 증거재판주의

> **제307조【증거재판주의】** ① 사실의 인정은 증거에 의하여야 한다.
> ② 범죄사실의 인정은 **합리적인 의심이 없는 정도**의 증명에 이르러야 한다.
> **제361조의5【항소이유】** 다음 사유가 있을 경우에는 원심판결에 대한 항소이유로 할 수 있다.
>   1. 판결에 영향을 미친 헌법·법률·명령 또는 규칙의 위반이 있는 때
> **제383조【상고이유】** 다음 사유가 있을 경우에는 원심판결에 대한 상고이유로 할 수 있다.
>   1. 판결에 영향을 미친 헌법·법률·명령 또는 규칙의 위반이 있을 때

1. 개념

사실의 인정은 증거에 의하여야 한다. 이를 증거재판주의라고 한다. 사실 중에서 범죄사실의 인정은 법관의 자의에 의해서는 안 되고 반드시 증거능력이 있고 법률이 정한 증거조사절차를 거친 증거에 의해야 한다는 원칙(제307조 제1항)이 엄격한 증명의 법칙으로 증거재판주의의 핵심을 이룬다.

2. 엄격한 증명과 자유로운 증명

가. 엄격한 증명

법률상 증거능력 있고 적법한 증거조사를 거친 증거에 의한 증명을 엄격한 증명이라 한다. 엄격한 증명의 대상이 되는 것은 반드시 전문법칙을 준수하여야 한다.

나. 자유로운 증명

반면, 증거능력이 없거나 적법한 증거조사를 거치지 아니한 증거에 의한 증명을 자유로운 증명이라 하는데, 자유로운 증명 대상은 전문법칙을 준수할 필요가 없다.

예를 들면, 피고인의 유죄를 인정하기 위한 증거로 제출된 甲의 진술서와 피고인의 처벌을 감경해 달라는 어머니 乙의 진술서가 제출되었을 때, 甲의 진술서는 엄격한 증명의 대상이므로 전문법칙에 따라 수사단계에서 작성된 경우는 제312조 제5항에 의하여, 그 이외의 경우는 제313조 제1항에 의하여 증거능력이 존재하는지를 판단하고, 증거능력이 없다면 그 진술서를 근거로 피고인에 대한 유죄를 인정할 수 없다. 그러나 乙의 진술서는 같은 진술서라는 명칭을 사용하고 있으나, 일종의 탄원서로 범죄사실을 인정하기 위한 증거가 아니므로 전문법칙이 적용되지 않는 자유로운 증명대상이 된다.

3. 엄격한 증명의 대상

가. 공소범죄사실

범죄의 구성요건을 충족하는 구체적 사실로서 위법성과 책임을 구비한 것을 말한다.

(1) 구성요건 해당사실: 상습범의 상습성의 기초사실, 공모공동정범 공모사실, 교사사실, 각 구성요건의 객관적 요소인 주체, 객체, 행위 등을 예로 들 수 있다. 다만 **고의는 범죄사실을 구성하는 것으로서 이를 인정하기 위해서는 엄격한 증명이 요구**되지만, 피고인이 **범의를 부인하는 경우**에는, 이러한 주관적 요소로 되는 사실은 사물의 성질상 **범의와 상당한 관련성이 있는 간접사실을 증명하는 방법에 의하여 이를 입증할 수밖에 없고**, 무엇이 상당한 관련성이 있는 간접사실에 해당할 것인가는 정상적인 경험칙에 바탕을 두고 치밀한 관찰력이나 분석력에 의하여 사실의 연결상태를 합리적으로 판단하는 방법에 의하여야 한다(대판 2002.3.12. 2001도2064).

> **관련판례** 뇌물죄에서 **수뢰액**은 다과에 따라 범죄구성요건이 되므로 **엄격한 증명의 대상**이 되고, 특정범죄 가중처벌 등에 관한 법률에서 정한 범죄구성요건이 되지 않는 단순 뇌물죄의 경우에도 몰수·추징의 대상이 되는 까닭에 역시 증거에 의하여 인정되어야 하며, 수뢰액을 특정할 수 없는 경우에는 가액을 추징할 수 없다(대판 2011.5.26. 2009도2453).

> **관련판례** 형사재판에서 공소가 제기된 범죄의 구성요건을 이루는 사실에 대한 증명책임은 검사에게 있으므로 **특정범죄 가중처벌 등에 관한 법률 제5조의9 제1항 위반의 죄의 행위자에게 보복의 목적이 있었다는 점** 또한 **검사가 증명하여야** 하고 그러한 증명은 법관으로 하여금 합리적인 의심을 할 여지가 없을 정도의 확신을 생기게 하는 엄격한 증명에 의하여야 하며 이와 같은 증명이 없다면 피고인의 이익으로 판단할 수밖에 없다. 다만 피고인의 자백이 없는 이상 피고인에게 보복의 목적이 있었는지 여부는 피해자와의 인적 관계, 수사단서의 제공 등 보복의 대상이 된 피해자의 행위(이하 '수사단서의 제공 등'이라 한다)에 대한 피고인의 반응과 이후 수사 또는 재판과정에서의 태도 변화, 수사단서의 제공 등으로 피고인이 입게 된 불이익의 내용과 정도, 피고인과 피해자가 범행 시점에 만나게 된 경위, 범행 시각과 장소 등 주변환경, 흉기 등 범행도구의 사용 여부를 비롯한 범행의 수단·방법, 범행의 내용과 태양, 수사단서의 제공 등 이후 범행에 이르기까지의 피고인과 피해자의 언행, 피고인의 성행과 평소 행동특성, 범행의 예견가능성, 범행 전후의 정황 등과 같은 여러 **객관적인 사정을 종합적으로 고려하여 판단**할 수밖에 없다(대판 2014.9.26. 2014도9030).

> **관련판례** 형사재판에서 공소가 제기된 범죄사실에 대한 증명책임은 검사에게 있고, 유죄의 인정은 법관으로 하여금 합리적인 의심을 할 여지가 없을 정도로 공소사실이 진실한 것이라는 확신을 가지게 하는 증명력을 가진 엄격한 증거에 의하여야 하며, 이러한 법리는 **선행차량에 이어 피고인 운전 차량이 피해자를 연속하여 역과하는 과정에서 피해자가 사망한 경우**에도 마찬가지로 적용되므로, 피고인이 일으킨 후행 교통사고 당시에 피해자가 생존해 있었다는 증거가 없다면 설령 피고인에게 유죄의 의심이 있다고 하더라도 피고인의 이익으로 판단할 수밖에 없다(대판 2014.6.12. 2014도3163).

→ 자동차 운전자인 피고인이, 甲이 운전하는 선행차량에 충격되어 도로에 쓰러져 있던 피해자 乙을 다시 역과함으로써 사망에 이르게 하고도 필요한 조치를 취하지 않고 도주하였다고 하여 특정범죄 가중처벌 등에 관한 법률 위반(도주차량)으로 기소된 사안에서, 제출된 증거들만으로는 피고인 운전 차량이 2차로 乙을 역과할 당시 아직 乙이 생존해 있었다고 단정하기 어렵다는 이유로, 이와 달리 보아 피고인에게 유죄를 인정한 원심판결에 선행 교통사고와 후행 교통사고가 경합하여 피해자가 사망한 경우 후행 교통사고와 피해자의 사망 사이의 인과관계 증명책임에 관한 법리오해 등의 위법이 있다.

관련판례 목적과 용도를 정하여 위탁한 금전을 수탁자가 임의로 소비하면 횡령죄를 구성할 수 있으나 이 경우 피해자 등이 **목적과 용도를 정하여 금전을 위탁한 사실 및 그 목적과 용도가 무엇인지**는 **엄격한 증명의 대상**이라고 보아야 한다(대판 2013.11.14. 2013도8121).

(2) 위법성과 책임의 기초사실 : 위법성조각사유와 책임조각사유의 **부존재**는 **엄격한 증명**의 방식을 통해 입증되어야 한다. 그러나 위법성조각사유의 부존재가 아닌 '존재'를 증명하는 것은 피고인의 범행을 인정하기 위한 것이 아니므로 엄격한 증명 대상이 아니다. 예를 들어, 공연히 사실을 적시하여 사람의 명예를 훼손한 행위가 형법 제310조의 규정에 따라서 위법성이 조각되어 처벌대상이 되지 않기 위하여는 그것이 진실한 사실로서 오로지 공공의 이익에 관한 때에 해당된다는 점을 행위자가 증명하여야 하는 것이나, 그 증명은 유죄의 인정에 있어 요구되는 것과 같이 법관으로 하여금 의심할 여지가 없을 정도의 확신을 가지게 하는 증명력을 가진 엄격한 증거에 의하여야 하는 것은 아니므로, 이때에는 전문증거에 대한 증거능력의 제한을 규정한 형사소송법 제310조의2는 적용될 여지가 없다(대판 1996.10.25. 95도1473).

(3) 처벌조건 : 객관적 처벌조건과 인적처벌조각사유는 구성요건, 위법성, 책임과 함께 실체법상 요구되는 범죄요소로서 **엄격한 증명**을 요한다.

나. 법률상 형의 가중·감면의 이유되는 사실

범죄사실 자체가 가중되는 가중적 구성요건은 당연히 엄격한 증명대상이다. 또한 일반적으로 처벌을 가중하는 누범전과는 엄격한 증명, 그 이외의 전과는 자유로운 증명 대상으로 보고 있다.

관련판례 피고인의 범행 당시의 정신상태가 **심신상실이냐 또는 심신미약이었느냐의 문제**는 **법률적 판단이지 범죄될 사실은 아니기 때문에 엄격한 증명이 필요 없다**(대판 1961.10.26. 4294형상590).

다. 간접사실 · 경험법칙 · 법규

여기서의 간접사실 · 경험법칙 · 법규란 모두 주요사실의 존부를 증명하기 위한 경우로 한정된다.

(1) 간접사실 : 주요사실의 존부를 간접적으로 추인하는 사실을 간접사실이라 한다. (예 현장부재증명(알리바이)[123] 또는 위드마크공식에 의한 음주운전 사실 인정 등)

(2) 경험법칙 : 경험법칙의 내용이 명백하지 않은 때에 누구나 알고 있는 경험법칙이라면 공지의 사실로 증명을 요하지 않는다 할 것이나, 특별한 경험법칙이며, 그것이 엄격한 증명을 요하는 사실 인정의 기초가 될 때에는 그 경험법칙 역시 엄격한 증명의 대상이 된다.

(3) 법규 : 원칙적으로 법규는 법원의 직권조사사항으로 볼 것이므로 증명의 대상이라 볼 수 없다. 그러나 외국법규와 같이 법규의 내용이 명백하지 않은 때에 그 법규가 엄격한 증명의 대상인 사실을 판단하기 위한 경우는 엄격한 증명의 대상이 된다. 형법 제6조에 따라 행위지의 법률[외국법규]에 의하여 범죄를 구성하는가 여부에 관하여는 이른바 엄격한 증명을 필요로 한다(대판 1973.5.1. 73도289).

4. 자유로운 증명의 대상

가. 정상관계사실

복잡하고 비유형적일 뿐 아니라 양형판단은 법원의 전권사항으로 자유로운 증명의 대상이 되지 않는다. 양형의 조건에 관하여 규정한 형법 제51조의 사항은 널리 형의 양정에 관한 법원의 재량사항에 속한다고 해석되므로(대판 2008.5.29. 2008도1816 등 참조), 법원은 범죄의 구성요건이나 법률상 규정된 형의 가중 · 감면의 사유가 되는 경우를 제외하고는, 법률이 규정한 증거로서의 자격이나 증거조사방식에 구애됨이 없이 상당한 방법으로 조사하여 양형의 조건이 되는 사항을 인정할 수 있다. 나아가 형의 양정에 관한 절차는 범죄사실을 인정하는 단계와 달리 취급하여야 하므로, 당사자가 직접 수집하여 제출하기 곤란하거나 필요하다고 인정되는 경우 등에는 직권으로 양형조건에 관한 형법 제51조의 사항을 수집 · 조사할 수 있다(대판 2010.4.29. 2010도750).

---

[123] 알리바이 증명에 대하여 이를 주요사실에 대한 간접적 반대증거로서 간접사실의 증명이라고 보는 견해가 있으나 이렇게 보면 피고인 측이 범행현장의 부재사실을 엄격한 증명에 의하여 입증하여야 한다는 결론에 이르게 된다. 엄격한 증명제도 자체는 피고인을 보호하는 취지라는 점에서 알리바이 증명은 구성요건존재에 대한 다툼의 의미로 새기고 검사가 구성요건해당사실 자체를 엄격한 증명으로 입증하도록 함이 타당하다고 본다.

> **관련판례** 몰수·추징의 대상이 되는지 여부나 추징액의 인정 등은 범죄구성요건사실에 관한 것이 아니어서 엄격한 증명은 필요 없지만 역시 증거에 의하여 인정되어야 함은 당연하고, 그 대상이 되는 범죄수익을 특정할 수 없는 경우에는 추징할 수 없다(대판 2014.7.10. 2014도4708).

나. 소송법적 사실

소송법적 사실은 소송조건의 구비여부, 증거의 증거능력 인정을 위한 기초 사실 등을 들 수 있는데, 이는 엄격한 증명의 대상이 아니라 증거능력이 없는 증거나 법률이 규정한 증거조사방법을 거치지 아니한 증거에 의한 증명, 이른바 **자유로운 증명의 대상**이다.

> **관련판례** 반의사불벌죄에서 피고인 또는 피의자의 처벌을 희망하지 않는다는 의사표시 또는 처벌희망 의사표시 철회의 유무나 그 효력 여부에 관한 사실은 엄격한 증명의 대상이 아니라 증거능력이 없는 증거나 법률이 규정한 증거조사방법을 거치지 아니한 증거에 의한 증명, 이른바 **자유로운 증명의 대상**이다(대판 2010.10.14. 2010도5610, 2010전도31).

> **관련판례** 친고죄에서 적법한 고소가 있었는지는 **자유로운 증명의 대상**이 되고, 일죄의 관계에 있는 범죄사실 일부에 대한 고소의 효력은 일죄 전부에 대하여 미친다(대판 2011.6.24. 2011도4451, 2011전도76).

자백의 임의성의 기초가 되는 사실(증거능력의 기초사실)에 대한 증명이 엄격한 증명대상인지 여부에 대하여 **엄격한 증명설**(피고인에게 중대한 불이익 초래하므로)과 **자유로운 증명설**(소송법적 사실인 이상), 그리고 **절충설**(위법사유의 정도에 따라 고문 등은 엄격한 증명, 기망 기타사유는 자유로운 증명)이 대립하나, 판례는 임의성 없는 자백의 증거능력을 부정하는 취지가 허위진술을 유발 또는 강요할 위험성이 있는 상태하에서 행하여진 자백은 그 자체로 실체적 진실에 부합하지 아니하여 오판의 소지가 있을 뿐만 아니라 그 진위 여부를 떠나서 자백을 얻기 위하여 피의자의 기본적 인권을 침해하는 위법부당한 압박이 가하여지는 것을 사전에 막기 위한 것이므로 그 임의성에 다툼이 있을 때에는 그 임의성을 의심할 만한 합리적이고, 구체적인 사실을 피고인이 입증할 것이 아니고 검사가 그 임의성의 의문점을 해소하는 입증을 하여야 한다(대판 1998.4.10. 97도3234)고 하면서, 피고인이 그 진술을 임의로 한 것이 아니라고 다투는 경우에는 법원은 구체적인 사건에 따라 당해 조서의 형식과 내용, 피고인의 학력, 경력, 직업, 사회적 지위, 지능 정도 등 제반사정을 참작하여 **자유로운 심증**으로 그 진술을 임의로 한 것인지의 여부를 판단하면 된다(대판 1994.11.4. 94도129)고 판시하고 있다.

관련판례 피고인 된 피의자에 대한 **검사작성의 피의자신문조서**는 그 피고인의 공판정에서의 진술 등 에 의하여 성립의 진정함이 인정되면 그 조서에 기재된 피고인의 진술이 임의로 한 것이 아니라고 특히 의심할만한 사유가 없는 한 증거능력이 있고, **피고인이 그 진술을 임의로 한 것이 아니라고 다투는 경우**에는 법원은 구체적인 사건에 따라 당해 조서의 형식과 내용, 피고인의 학력, 경력, 직업, 사회적 지위, 지능 정도 등 제반사정을 참작하여 **자유로운 심증**으로 그 진술을 임의로 한 것인지의 여부를 판단하면 된다(대판 1994.11.4. 94도129).

다. 보조사실

보조사실은 증거의 증명력에 영향을 미치는 사실을 의미한다. 보조사실의 경우는 그 보조사실이 유죄의 증명을 보강시키는 경우라면 엄격한 증명의 대상이 된다고 보아야 한다. 즉, 구성요건에 해당하는 사실은 엄격한 증명에 의하여 이를 인정하여야 하고, 증거능력이 없는 증거는 구성요건 사실을 추인하게 하는 간접사실이나 구성요건 사실을 입증하는 직접증거의 증명력을 보강하는 보조사실의 인정자료로도 사용할 수 없다(대판 2008.12.11. 2008도7112). 그러나 증명력을 감쇄시키는 보조증거의 경우는 엄격한 증명을 요하지 않고, 자유로운 증명대상이다.

5. 증명을 요하지 않는 사실(불요증사실)

가. 공지의 사실

일반적으로 알려져 있는 사실, 즉 보통의 지식·경험이 있는 사람이면 의심하지 않는 사실은 증명이 필요 없는 사실이다.

나. 추정된 사실

법률상 추정된 사실이란 실체진실주의와 자유심증주의, 무죄추정의 법리에 어긋나므로 형사법원리상 원칙적으로 허용될 수 없다. 그러나 **사실상 추정된 사실은 일반 경험칙을 적용하여 행하는 추정을 말하며, 이러한 추정은 당사자가 다투는 즉시 그 추정은 깨지게 된다고 볼 것이다.**

다. 거증금지사실

증명으로 얻은 소송법적 이익보다 큰 초소송법적 이익 때문에 증명이 금지된 사실을 말한다.

6. 증거재판주의 위반의 효과

이러한 증거재판주의를 위반한 경우는 항소이유(제361조의5 제1호)와 상고이유(제383조 제1호)로 삼을 수 있다.

Ⅱ 거증책임

1. 개념

요증사실의 존부에 대하여 증명이 불충분한 경우에 불이익을 받을 당사자의 법적 지위를 거증책임이라 한다.

2. 거증책임의 분배

거증책임을 어느 당사자에게 부담하게 하는가를 정하는 것을 거증책임의 분배라고 하는데, 이는 누가 형사재판에서 요증사실에 대한 증명이 되지 못하였을 때 불이익을 받을 것인가의 문제이다. 이를 분배하는 기준으로 'in dubio pro reo(의심스러울 때는 피고인의 이익으로)'의 원칙이 제시되고 있고, 이로 인해 원칙적으로 **검사가 거증책임 부담하게 된다**. 검사는 **합리적 의심이 없는 정도의 증명을 다하지 않는 한** 피고인에게 유죄의 의심이 간다 하더라도 피고인의 이익으로 판단할 수밖에 없는 이유가 여기에 있다.

공소범죄사실과 처벌조건인 사실은 검사가 증명하여야 한다. 형사재판에서 공소가 제기된 범죄의 구성요건을 이루는 사실은 그것이 주관적 요건이든 객관적 요건이든 그 입증책임이 검사에게 있다(대판 2012.8.30. 2012도7377). 나아가 피고인이 위법성조각사유나 책임조각사유를 주장하면, 검사는 그 부존재에 대한 증명책임을 지게 된다.

> 관련판례 형사재판에 있어서 **공소가 제기된 범죄사실에 대한 입증책임**은 **검사**에 있고, 유죄의 인정은 법관으로 하여금 합리적인 의심을 할 여지가 없을 정도로 공소사실이 진실한 것이라는 확신을 가지게 하는 증명력을 가진 증거에 의하여야 하므로, 그와 같은 증거가 없다면 설령 피고인에게 유죄의 의심이 간다 하더라도 피고인의 이익으로 판단할 수밖에 없으며, **민사재판이었더라면 입증책임을 지게 되었을 피고인이 그 쟁점이 된 사항에 대하여 자신에게 유리한 입증을 하지 못하고 있다 하여 위와 같은 원칙이 달리 적용되는 것은 아니다**(대판 2003.12.26. 2003도5255).

> 관련판례 양심적 병역거부에서 정당한 사유가 없다는 사실의 증명방법] **정당한 사유가 없다는 사실은 범죄구성요건이므로 검사가 증명하여야** 한다. 다만 진정한 양심의 부존재를 증명한다는 것은 마치 특정되지 않은 기간과 공간에서 구체화되지 않은 사실의 부존재를 증명하는 것과 유사하다. 위와 같은 **불명확한 사실의 부존재를 증명하는 것은 사회통념상 불가능한 반면 그 존재를 주장·증명하는 것이 좀 더 쉬우므로, 이러한 사정은 검사가 증명책임을 다하였는지를 판단할 때 고려하여야** 한다. 따라서 **양심상의 이유로 예비군훈련 거부를 주장하는 피고인은** 자신의 예비군훈련 거부가 그에 따라 행동하지 않고서는 인격적 존재가치가 파멸되고 말 것이라는 절박하고 구체적인 양심에 따른 것이며 그 양심이 깊고 확고하며 진실한 것이라는 사실의 존재를 수긍할 만한 소명자료를 제시하고, 검사는 제시된 자료의 신빙성을 탄핵하는 방법으로 진정한 양심의 부존재를 증명할 수 있다. 이때 **예비군훈련 거부자가 제시하여야 할 소명자료는 적어도 검사가 그에 기초하여 정당한 사유가 없다는 것을 증명하는 것이 가능할 정도로 구체성을 갖추어야** 한다(대판 2021.1.28. 2018도4708).

가. 형의 가중·감면의 사유가 되는 사실

형벌권의 범위에 영향을 미치는 사유이므로 **검사는 가중사유(예 누범전과사실의 존재) 및 감면사유(예 자수나 자복)의 부존재에 대한 거증책임을 부담한다.**

나. 소송법적 사실

(1) 소송조건의 존재

소송조건은 법원의 직권조사사항에 해당한다. 그러나 소송조건의 구비여부(친고죄의 고소, 반의사불벌죄의 처벌불원, 공소시효의 완성여부 등)에 대한 다툼이 있는 경우, 예를 들어 친고죄에서 고소기간 내 고소가 없었다는 주장이 있는 경우에 그 적법한 고소의 존부에 대하여 검사가 증명하여야 한다. 만일 그 증명이 불충분한 경우의 불이익은 검사가 진다.

(2) 증거능력의 전제되는 사실

증거능력의 전제되는 사실은 **그 증거를 제출한 당사자에게 거증책임**이 있다고 보아야 하고, 이는 증거를 자신의 이익으로 이용하려는 자에게 거증책임을 부담토록 하는 것이 공평의 이념에 부합하기 때문이다. 따라서 검사가 제출한 증거는 검사가 증거의 증거능력의 전제되는 사실을 증명하여야 하고, 피고인이 제출한 검사는 피고인이 그 증거의 증거능력이 전제되는 사실을 입증하여야 한다. 이는 거증책임 분배의 기본 원리인 'in dubio pro reo'나 무죄추정원칙에 근거한 것이 아니라 당사자주의에 기초한 거증책임 분배이다. 즉, 증거를 제출한 당사자가 그 증거가 증거능력이 있음을 증명하여야 하는 것이다.

> [관련판례] 피고인이 그 진술의 임의성을 다투는 경우에 검사에게 임의성에 관한 입증책임이 있다는 것은 검사가 **당해조서를 증거로 제출하였다는 점에서 당사자주의를 일관할 때 당연한 이치**라고 할 것이다. … 진술의 임의성을 잃게 하는 위와 같은 사정이 없다는 것은 헌법이나 형사소송법 등의 규정에 비추어 특히 이례에 속하는 것이므로 **진술의 임의성은 추정된다고 풀이하여야 할 것이다.** 따라서 **진술의 임의성에 관하여는** … 법원이 자유롭게 판정하면 되고 특히 피고인 또는 검사에게 진술의 임의성에 관한 주장 **입증책임이 분배되는 것은 아니라고 할 것이다**(대판 2001.10.8. 2001도3931).

3. 거증책임의 전환

가. 개념

거증책임의 분배원칙에 대한 명문규정에 의한 예외로 상대방(피고인)에게 검사가 부담하는 거증책임이 전가되는 것을 '거증책임의 전환'이라고 한다.

나. 허용여부

거증책임의 전환 내지는 증명책임의 전가는 헌법상 무죄추정원칙의 예외를 인정하는 것이기 때문에 반드시 전환에 대한 **명문규정**이 있고, 거증책임의 예외를 뒷받침할 **합리적 근거**가 있는 경우에만 예외적으로 인정된다.

다. 현행법상 문제되는 경우

(1) 형법 제263조(상해죄의 동시범 특례)

형법 제263조는 형법 제19조의 동시범에 대한 원칙 규정의 예외로서 인과관계에 대한 입증곤란을 해소하기 위해 '공동정범의 예'에 의하도록 함으로써 공동정범처럼 각 행위자의 행위와 결과사이에 인과관계를 입증하지 않아도 기수책임을 인정하는 규정이다. 원칙적으로는 검사가 각 행위자의 행위와 결과 사이의 인과관계를 입증하여야하나 동시범 특례 규정으로 인해 피고인이 '인과관계의 부존재'에 대하여 증명책임을 부담하게 된다. 이에 대하여 거증책임전환설, 법률상추정설, 이원설, 위헌규정설이 대립하고 있는데, 법률상추정설 및 법률상추정설을 내포하는 이원설은 실체진실주의, 무죄추정주의, 자유심증주의라는 형사법의 기본원리에 반하므로 부당하여 채택할 것이 아니다. 따라서 거증책임전환설이 타당하다고 볼 것이다.

(2) 형법 제310조(명예훼손죄의 사실의 증명)

형법 제310조는 명예훼손행위에 대하여 진실성과 공공성을 위법성조각사유로 규정하고 있다. 이 규정에 대하여 진실성과 공공성에 대한 증명을 피고인이 하여야 한다는 전제에서 ① **거증책임전환설**(제310조의 사유가 부존재한다는 증명을 하는 것이 현실적으로 어려우므로 전환시킨 것) ② **거증책임전환부정설**(특수한 위법성조각사유를 규정한 것에 불과, '증명'에 관한 언급 없음)이 대립되고 있다. 형법 제310조는 특수한 위법성조각사유를 규정한 것이고, 진실성과 공공성은 이를 주장하는 자 즉, 피고인이 입증하도록 하는 것이 타당하다. 다만, 이는 유죄를 증명하는 것이 아니라는 점에서 자유로운 증명의 대상으로 증거능력이 없는 증거에 의하여도 자유롭게 증명할 수 있도록 함이 타당하다. 판례 역시 전문법칙이 적용되지 않는다는 입장으로 같은 입장이다.

관련판례 공연히 사실을 적시하여 사람의 명예를 훼손한 행위가 형법 제310조의 규정에 따라서 위법성이 조각되어 처벌대상이 되지 않기 위하여는 그것이 **진실한 사실로서 오로지 공공의 이익에 관한 때에 해당한다는 점**을 **행위자가 증명하여야 하는 것**이나 그 증명은 유죄의 인정에 있어 요구되는 것과 같이 법관으로 하여금 의심할 여지가 없을 정도의 확신을 가지게 하는 증명력을 가진 **엄격한 증거에 의하여야 하는 것은 아니**므로, 이때에는 **전문증거에 대한 증거능력의 제한을 규정한 형사소송법 제310조의2는 적용될 여지가 없다**(대판 1996.10.25. 95도1473).

Ⅲ 자유심증주의

제308조【자유심증주의】 증거의 증명력은 법관의 자유판단에 의한다.
제310조【불이익한 자백의 증거능력】 피고인의 자백이 그 피고인에게 불이익한 유일의 증거인 때에는 이를 유죄의 증거로 하지 못한다.
제56조【공판조서의 증명력】 공판기일의 소송절차로서 공판조서에 기재된 것은 그 조서만으로써 증명한다.
제283조의2【피고인의 진술거부권】 ① 피고인은 진술하지 아니하거나 개개의 질문에 대하여 진술을 거부할 수 있다.
② 재판장은 피고인에게 제1항과 같이 진술을 거부할 수 있음을 고지하여야 한다.

1. 개념

증거의 증명력을 적극적 또는 소극적으로 법정하지 아니하고 법관의 자유로운 판단에 맡기는 주의를 자유심증주의라고 한다(제308조). 즉, **증거의 증명력**은 **법관의 자유판단**에 의한다. 이에 대립되는 개념으로 법정증거주의가 있는데, 이는 **일정한 증거가 있으면 반드시 유죄로 인정하여야** 하고(적극적 법정증거주의) 일정한 증거가 없으면 유죄로 할 수 없도록 하여(소극적 법정증거주의) 증거에 대한 증명력의 평가에 법률적 제약을 가하는 것을 말한다.

2. 내용

가. 자유판단의 대상

형사소송법 제307조 제1항, 제308조는 증거에 의하여 사실을 인정하되 '증거의 증명력'은 법관의 자유판단에 의하도록 규정하고 있는데, 이는 법관이 증거능력 있는 증거 중 필요한 증거를 채택·사용하고 증거의 실질적인 가치를 평가하여 사실을 인정하는 것은 법관의 자유심증에 속한다는 것을 의미한다. 따라서 충분한 증명력이 있는 증거를 합리적인 근거 없이 배척하거나 반대로 객관적인 사실에 명백히 반하는 증거를 아무런 합리적인 근거 없이 채택·사용하는 등으로 논리와 경험의 법칙에 어긋나는 것이 아닌 이상, 법관은 자유심증으로 증거를 채택하여 사실을 인정할 수 있다(대판 2015.8.20. 2013도11650 전원합의체).

나. 자유판단의 의미

증명력판단에 있어서 법관이 법률적 제한을 받지 않는다는 것으로 여기서 자유판단이란 **증명력 판단에 있어서 법관이 법률적 제한을 받지 않는다는 것**을 의미한다. 즉 어떤 증거가 있어야 사실이 증명되고, 어느 증거에 어떤 가치가 있는가를 결정하는 기준이나 법칙은 있을 수 없다. 그러므로 증거의 취사선택은 법관의 자유판단에 맡겨지며, 모순되는 증거가 있는 경우에 어느 증거를 믿는가도 전적으로 법관의 자유에 속할 수밖에 없다.

(1) 인적 증거(증인의 증언, 피고인의 진술, 감정인의 의견)

증인의 증언과 피고인의 진술 중 증인의 증언을 믿고, 피고인의 진술을 배척할 수 있으며, 증인들 A, B, C의 증언 중 A의 증언을 취신하고, 이에 상반되는 B, C의 증언을 배척할 수도 있다. 나아가 증인 A의 진술 중 일부만 취신하고, 나머지 진술은 배척할 수도 있다. 또한 형사재판에서 이와 관련된 다른 형사사건의 확정판결에서 인정된 사실은 특별한 사정이 없는 한 유력한 증거자료가 되는 것이나, 당해 형사재판에서 제출된 다른 증거 내용에 비추어 관련 형사사건 확정판결의 사실판단을 그대로 채택하기 어렵다고 인정될 경우에는 이를 배척할 수 있는데(대판 2012.6.14. 2011도15653), 다른 형사사건의 공판조서에 기재된 증인신문의 내용 역시 절대적 증거능력을 갖춘다하더라도 그 증명력은 배척할 수 있는 것이다. 감정인의 의견 역시 법관의 자유심증을 보조하는 것일 뿐이다. 전문감정인의 정신감정 결과가 중요한 참고자료가 되기는 하나, 법원으로서는 반드시 그 의견에 기속을 받는 것은 아니다(대판 1995.2.24. 94도3163).

(2) 서증(증거서류)

증거서류도 인적 증거와 마찬가지로 법관의 자유판단의 대상일 뿐이다. 증거서류(피의자신문조서, 참고인진술조서, 공판조서 등)에 비해 법정진술(피고인의 피고인신문과정에서의 진술, 증인신문과정에서의 증언)이 더 증명력이 있다고 볼 수도 없다. 이는 증거서류가 절대적 증거능력(제311조, 제315조)을 갖추고 있다고 하더라도 마찬가지이다. 판례 역시 법 제184조의 증거보전 절차에서의 진술이 법원의 관여 하에 행하여지는 것으로서 수사기관에서의 진술보다 임의성이 더 보장되는 것이기는 하나 보전된 증거가 항상 진실이라고 단정 지을 수는 없는 것이므로 법원이 그것을 믿지 않을만한 사유가 있어서 믿지 않는 것에 자유심증주의의 남용이 있다고 볼 수 없다(대판 1980.4.8. 79도2125)고 판시하고 있다.

나아가 증거의 취사와 이를 근거로 한 사실인정은 채증법칙에 위배되지 아니하면 사실심의 전권사항에 속하고 경찰에서의 자술서, 검사작성의 각 피의자신문조서, 다른 형사사건의 공판조서의 기재와 당해사건의 공판정에서의 같은 사람이 증인으로서의 진술이 상반되는 경우 반드시 공판정에서의 증언을 믿어야 된다는 법칙은 없다 할 것이고, 상반된 증언, 감정 중에 그 어느 것을 사실인정의 자료로 인용할 것인가는 오로지 사실심법원의 자유심증에 속한다(대판 1986.9.23. 86도1547).

(3) 간접증거와 종합증거

범죄사실의 증명은 반드시 직접증거만으로 이루어져야 하는 것은 아니고 논리와 경험칙에 합치되는 한 간접증거로도 할 수 있으며, 간접증거가 개별적으로는 범죄사실에 대한 완전한 증명력을 가지지 못하더라도 전체 증거를 상호 관련 하에 종합적으로 고찰할 경우 그 단독으로는 가지지 못하는 종합적 증명력이 있는 것으로 판단되면 그에 의하여도 범죄사실을 인정할 수가 있다(대판 1998.11.13. 96도1783). 예컨대, 살인죄에 있어 사망시간의 추정을 위한 시반·시강 및 위(胃) 내용물의 감정이 갖는 개별적 의문점에 기하여 그 전체가 갖는 종합적 증명력과 제3자의 범행가능성을 배제할 수 있는 정황증거 및 유죄에 관한 다른 간접증거들의 증명력을 통해 피고인에 대하여 직접적인 유죄증거가 부족하더라도 유죄를 인정할 수 있다는 것이다(대판 1998.11.13. 96도1783).

> **관련판례 – 진정한 양심의 증명방법** 양심적 병역거부자에게 병역의무의 이행을 일률적으로 강제하고 그 불이행에 대하여 형사처벌 등 제재를 하는 것은 양심의 자유를 비롯한 헌법상 기본권 보장체계와 전체 법질서에 비추어 타당하지 않을 뿐만 아니라 소수자에 대한 관용과 포용이라는 자유민주주의 정신에도 위배된다. 따라서 진정한 양심에 따른 병역거부라면, 이는 병역법 제88조 제1항의 '정당한 사유'에 해당한다. **진정한 양심**은 그 신념이 깊고, 확고하며, 진실하여야 한다. **인간의 내면에 있는 양심**을 직접 객관적으로 증명할 수는 없으므로 사물의 성질상 양심과 관련성이 있는 간접사실 또는 정황사실을 증명하는 방법으로 판단하여야 한다(대판 2018.11.1. 2016도10912 전원합의체).

다. 자유판단의 기준

(1) 논리와 경험법칙

논리법칙이란 논리적 규칙이나 수학적 공리와 같은 사고법칙을 말하며, 경험법칙이란 개별현상과 귀납적 일반화에 의하여 얻어지는 규칙성을 띤 지식을 의미한다. 특히, 살인죄와 같이 법정형이 무거운 범죄의 경우에는 직접증거 없이 간접증거만으로도 유죄를 인정할 수는 있으나, 그 경우에도 주요사실의 전제가 되는 간접사실의 인정은 합리적 의심을 허용하지 않을 정도의 증명이 있어야 하고, 그 하나하나의 간접사실이 상호 모순, 저촉이 없어야 함은 물론 논리와 경험칙, 과학법칙에 의하여 뒷받침되어야 한다. 그러므로 유죄의 인정은 범행 동기, 범행수단의 선택, 범행에 이르는 과정, 범행 전후 피고인의 태도 등 여러 간접사실로 보아 피고인이 범행한 것으로 보기에 충분할 만큼 압도적으로 우월한 증명이 있어야 하고, 피고인이 고의적으로 범행한 것이라고 보기에 의심스러운 사정이 병존하고 증거관계 및 경험법칙상 고의적 범행이 아닐 여지를 확실하게 배제할 수 없다면 유죄로 인정할 수 없다. 피고인은 무죄로 추정된다는 것이 헌법상의 원칙이고, 그 추정의 번복은 직접증거가 존재할 경우에 버금가는 정도가 되어야 한다(대판 2017.5.30. 2017도1549).

> **관련판례** 목격자의 진술 등 직접증거가 전혀 없는 사건에 있어서는 적법한 증거들에 의하여 인정되는 간접사실들에 논리법칙과 경험칙을 적용하여 공소사실이 합리적인 의심을 할 여지가 없이 진실한 것이라는 확신을 가지게 할 정도로 추단될 수 있을 경우에만 이를 유죄로 인정할 수 있고, 이러한 정도의 심증을 형성할 수 없다면 설령 피고인에게 유죄의 의심이 간다고 하더라도 피고인의 이익으로 판단할 수밖에 없다는 것이 형사소송의 대원칙이다(대판 2002.5.31. 2000도2716).

(2) 자유심증주의와 상소

증거의 취사와 이를 근거로 한 사실의 인정은 그것이 경험칙에 위배된다는 등의 특단의 사정이 없는 한 사실심법원의 전권에 속한다(대판 1988.4.12. 87도2709). 따라서 자유심증주의로 인해 상소는 제한되지만, 경험칙 등 자유심증주의의 한계를 벗어난 특단의 사정이 있는 경우에만 상소에 의한 구제가 가능하다.

(3) 자유심증주의 관련 '증명력 판단' 판례 사안들

> **관련판례 - 도로교통법위반(음주운전)** 운전 시점과 혈중알코올농도의 측정 시점 사이에 시간 간격이 있고 그때가 혈중알코올농도의 상승기로 보이는 경우라 하더라도, 그러한 사정만으로 무조건 실제 운전시점의 혈중알코올농도가 처벌기준치를 초과한다는 점에 대한 증명이 불가능하다고 볼 수는 없다. **이러한 경우 운전 당시에도 처벌기준치 이상이었다고 볼 수 있는지 여부**는 운전과 측정 사이의 시간 간격, 측정된 혈중알코올농도의 수치와 처벌기준치의 차이, 음주를 지속한 시간 및 음주량, 단속 및 측정 당시 운전자의 행동 양상, 교통사고가 있었다면 그 사고의 경위 및 정황 등 증거에 의하여 인정되는 **여러 사정을 종합적으로 고려하여 논리와 경험칙에 따라 합리적으로 판단**하여야 한다(대판 2013.10.24. 2013도6285).

관련판례 증거의 증명력은 법관의 자유판단에 맡겨져 있으나 그 판단은 **논리와 경험칙에 합치하여야 하고, 형사재판에 있어서 유죄로 인정하기 위한 심증형성의 정도는 합리적인 의심을 할 여지가 없을 정도**여야 하나, 이는 모든 가능한 의심을 배제할 정도에 이를 것까지 요구하는 것은 아니며, 증명력이 있는 것으로 인정되는 증거를 합리적인 근거가 없는 의심을 일으켜 배척하는 것은 **자유심증주의의 한계**를 벗어나는 것으로 허용될 수 없다. 여기에서 말하는 **합리적 의심**이라 함은 모든 의문, 불신을 포함하는 것이 아니라 **논리와 경험칙에 기하여 요증사실과 양립할 수 없는 사실의 개연성에 대한 합리성 있는 의문을 의미하는 것**으로서, 피고인에게 유리한 정황을 사실인정과 관련하여 파악한 이성적 추론에 그 근거를 두어야 하는 것이므로 **단순히 관념적인 의심이나 추상적인 가능성에 기초한 의심**은 **합리적 의심에 포함된다고 할 수 없다**(대판 2014.5.16. 2013도14656).

관련판례 **야간에 짧은 시간 동안 강도의 범행을 당한 피해자가** 어떤 용의자의 인상착의 등에 의하여 그를 범인으로 진술하는 경우에, 그 용의자가 종전에 피해자와 안면이 있는 사람이라든가 피해자의 진술 외에도 그 용의자를 범인으로 의심할 만한 다른 정황이 존재한다든가 아니면 피해자가 아무런 선입견이 없는 상태에서 그 용의자를 포함하여 인상착의가 비슷한 여러 사람을 동시에 대면하고 그 중에서 범인을 식별하였다든가 하는 부가적인 사정이 있다면, 직접 목격자인 피해자의 진술은 특별히 허위진술을 할 동기나 이유가 없는 한 그 증명력이 상당히 높은 것이라 하겠으나, **피해자가 범행 전에 용의자를 한 번도 본 일이 없고 피해자의 진술 외에는 그 용의자를 범인으로 의심할 만한 객관적인 사정이 존재하지 않는 상태에서**, 수사기관이 잘못된 단서에 의하여 범인으로 지목하고 신병을 확보한 용의자를 **일대일로 대면하고 그가 범인임을 확인하였을 뿐**이라면, 사람의 기억력의 한계 및 부정확성과 위와 같은 상황에서 피해자에게 주어질 수 있는 무의식적인 암시의 가능성에 비추어 **그 피해자의 진술에 높은 정도의 신빙성을 부여하기는 곤란**하다. 형사재판에서 공소된 범죄사실에 대한 입증책임은 검사에게 있는 것이고, 유죄의 인정은 법관으로 하여금 합리적인 의심을 할 여지가 없을 정도로 공소사실이 진실한 것이라는 확신을 가지게 하는 증명력을 가진 증거에 의하여야 하므로, 그와 같은 증거가 없다면 설령 피고인에게 유죄의 의심이 간다 하더라도 피고인의 이익으로 판단할 수밖에 없다(대판 2001.2.9. 2000도4946).

관련판례 사람이 목격하거나 경험한 사실에 대한 기억은 시일의 경과에 따라 흐려질 수는 있을지언정 오히려 처음보다 명료해 진다는 것은 이례에 속하는 일이므로 **피해자의 진술이 범행 다음날**의 조사시에는 칼을 들이댄 범인이 피고인(甲)인지의 여부를 알 수 없다고 하였다가 그 후 **검찰과 법정**에서는 피고인(甲)임이 틀림없다고 하고 다른 피고인들에 대해서도 검찰조사시까지는 범행가담여부를 정확히 기억하지 못한다고 하다가 **법정에 이르러서** 동인들의 범행가담이 틀림없다고 한 내용이라면 그 같은 피해자의 진술은 **신빙성이 없다** 할 것이다(대판 1983.3.8. 82도3217).

관련판례 성폭행 피해자의 대처 양상은 피해자의 성정이나 가해자와의 관계 및 구체적인 상황에 따라 다르게 나타날 수밖에 없다. 따라서 개별적, 구체적인 사건에서 성폭행 등의 피해자가 처하여 있는 특별한 사정을 충분히 고려하지 않은 채 피해자 진술의 증명력을 가볍게 배척하는 것은 정의와 형평의 이념에 입각하여 논리와 경험의 법칙에 따른 증거판단이라고 볼 수 없다. 피고인의 친딸로 가족관계에 있던 피해자가 '마땅히 그러한 반응을 보여야만 하는 피해자'로 보이지 않는다는 이유만으로 피해자 진술의 신빙성을 함부로 배척할 수 없다. 그리고 친족관계에 의한 성범죄를 당하였다는 피해자의 진술은 피고인에 대한 이중적인 감정, 가족들의 계속되는 회유와 압박 등으로 인하여 번복되거나 불분명해질 수 있는 특수성이 있다는 점을 고려해야 한다(대판 2020.8.20. 2020도6965, 2020전도74).

관련판례 - 성범죄에서 '성인지 감수성' [1] 법원이 성폭행이나 성희롱 사건의 심리를 할 때에는 그 사건이 발생한 맥락에서 성차별 문제를 이해하고 양성평등을 실현할 수 있도록 '성인지 감수성'을 잃지 않도록 유의하여야 한다(양성평등기본법 제5조 제1항 참조). 우리 사회의 가해자 중심의 문화와 인식, 구조 등으로 인하여 성폭행이나 성희롱 피해자가 피해사실을 알리고 문제를 삼는 과정에서 오히려 피해자가 부정적인 여론이나 불이익한 처우 및 신분 노출의 피해 등을 입기도 하여 온 점 등에 비추어 보면, 성폭행 피해자의 대처 양상은 피해자의 성정이나 가해자와의 관계 및 구체적인 상황에 따라 다르게 나타날 수밖에 없다. 따라서 개별적, 구체적인 사건에서 성폭행 등의 피해자가 처하여 있는 특별한 사정을 충분히 고려하지 않은 채 피해자 진술의 증명력을 가볍게 배척하는 것은 정의와 형평의 이념에 입각하여 논리와 경험의 법칙에 따른 증거판단이라고 볼 수 없다.

[2] 강간죄에서 공소사실을 인정할 증거로 사실상 피해자의 진술이 유일한 경우에 피고인의 진술이 경험칙상 합리성이 없고 그 자체로 모순되어 믿을 수 없다고 하여 그것이 공소사실을 인정하는 직접증거가 되는 것은 아니지만, 이러한 사정은 법관의 자유판단에 따라 피해자 진술의 신빙성을 뒷받침하거나 직접증거인 피해자 진술과 결합하여 공소사실을 뒷받침하는 간접정황이 될 수 있다(대판 2018.10.25. 2018도7709).

관련판례 - 성폭행 피해자의 대처 양상에 따른 피해자 진술의 신빙성 판단 [1] 성폭행이나 성희롱 사건의 피해자가 피해사실을 알리고 문제를 삼는 과정에서 오히려 피해자가 부정적인 여론이나 불이익한 처우 및 신분 노출의 피해 등을 입기도 하여 온 점 등에 비추어 보면, 성폭행 피해자의 대처 양상은 피해자의 성정이나 가해자와의 관계 및 구체적인 상황에 따라 다르게 나타날 수밖에 없다. 따라서 개별적, 구체적인 사건에서 성폭행 등의 피해자가 처하여 있는 특별한 사정을 충분히 고려하지 않은 채 피해자 진술의 증명력을 가볍게 배척하는 것은 정의와 형평의 이념에 입각하여 논리와 경험의 법칙에 따른 증거판단이라고 볼 수 없다.

[2] 피고인이 경의중앙선 전동차 안에서, 피해자(여, 28세)의 앞에 붙어 서서 손을 피해자의 치마 속에 집어넣어 스타킹 겉 부분까지 손가락이 닿은 채로 검지와 중지손가락을 이용하여 피해자의 성기 부분을 문지르고 더듬는 등 약 5분 동안 피해자를 강제로 추행하였다는 이유로 기소된 사안에서, 원심은 사람이 많은 전동차 내에서 피고인에게 큰 소리로 항의하고 피고인을 잡고 전동차 밖으로 끌어 내린 뒤 경찰에 신고한 피해자의 태도에 비추어 적극적이고 용감한 성격인 피해자가 일정 시간 공소사실과 같은 정도의 피해에 대하여 이의를 제기하지 않고 참았다는 것은 믿기 어렵다는 등의 이유로 피해자 진술의 신빙성을 배척함으로써, 공소사실을 유죄로 판단한 제1심판결을 파기하고 무죄를 선고하였으나 이 사건 피해자의 진술이 그 진술 내용의 주요한 부분이 일관되며, 경험칙에 비추어 비합리적이거나 진술 자체로 모순되는 부분이 없고, 또한 허위로 피고인에게 불리한 진술을 할 만한 동기나 이유가 분명하게 드러나지 않는데다가, 추행행위를 인지하게 된 경위에 있어서 '처음에는 생리대 때문에 바로 느끼지 못하였다가 한 30초 정도 뒤에 느낌이 이상하여 한 걸음 이동하였는데, 피고인이 그때부터 노골적으로 따라 붙어서 이 사건 추행을 하였다.', '3~5초 정도 눈으로 정확히 범행 장면을 목격하고 난 뒤에 정신을 차리고 따졌다.'는 등으로 진술하고 있는 이 사건에 있어서, 피해자의 항의 태도만으로 피해자의 성격을 속단하여 피해자 진술의 신빙성을 배척한 원심판결은 개별적, 구체적인 사건에서 성범죄 피해자가 처하여 있는 특별한 사정을 충분히 고려하지 않은 채 피해자 진술의 증명력을 가볍게 배척하는 것으로 논리와 경험의 법칙에 따른 증거판단이라고 보기 어렵다는 등의 이유를 들어, 원심의 판단에 증거의 증명력에 관한 법리를 오해한 잘못이 있다고 보아 원심판결을 파기환송하였다(대판 2021.3.11. 2020도15259).

3. 자유심증주의의 예외

가. 자백의 증명력 제한(제310조)

형사소송법 제310조는 '피고인의 자백이 그 피고인에게 불이익한 유일한 증거인 때에는 이를 유죄의 증거로 하지 못한다'고 하여 자백의 보강법칙을 규정하고 있다. 자백에 의해 유죄의 심증을 얻은 경우에도 유죄를 선고할 수 없다는 점에서 자백의 증명력제한은 **자유심증주의의 예외**라고 할 수 있다.

나. 공판조서의 증명력(제56조)

형사소송법 제56조는 '공판기일의 소송절차로서 공판조서에 기재된 것은 그 조서만으로써 증명한다'고 규정하고 있다. 공판조서에 기재된 것은 **법관의 심증 여하를** 불문하고 그 기재된 대로 인정해야 된다는 점에서 이를 **자유심증주의에 대한 예외**로 볼 수 있다.

다. 피고인의 진술거부와 자유심증주의(제308조)

형사소송법은 피고인에게 진술거부권을 보장하고 있다(제283조의2). 그런데 피고인이 진술거부권을 행사한 경우에 자유심증주의에 의하여 피고인의 진술거부를 피고인에게 불이익한 간접증거로 평가할 수 있다면 진술거부권의 보장은 무의미하게 된다.

제3절 위법수집증거배제법칙

> **제308조의2 【위법수집증거의 배제】** 적법한 절차에 따르지 아니하고 수집한 증거는 증거로 할 수 없다.

1. 개념

위법한 절차에 의하여 수집된 증거, 즉 위법수집증거의 증거능력을 부정하는 법칙이다(제308조의2). 현행법은 **헌법이 보장하고 있는 적법절차의 원칙을 증거법에 구체화**하여, '적법한 절차에 의하지 아니하고' 수집된 증거의 증거능력을 배제함으로써 증거수집절차의 적법성을 제고하고자 하였다.

2. 위법수집증거배제법칙의 채부와 근거

가. 위법수집증거배제법칙의 채부

2007년 이전 판례는 진술증거와 비진술증거를 구별하면서 진술증거에만 제한적으로 인정하였다. 진술거부권을 고지하지 않은 피의자신문조서에 대하여는 위법하게 수집된 증거라는 이유로 증거능력을 부정하면서(대판 1992.6.23. 92도682), 영장주의에 위반하여 압수한 증거물의 증거능력에 관하여 "압수물은 **압수절차가 위법이라 하더라도 물건 자체의 성질·형상에 변경을 가져오는 것은 아니므로 그 형상 등에 관한 증거가치에는 변함이 없다 할 것이므로 증거능력이 있다**(성상불변론)."고 판시하였다. 그러나 이후 아래의 판시와 같이 전원합의체로 판례를 변경하면서 수사기관의 절차위반행위가 적법절차의 실질적인 내용을 침해하는 경우는 압수물이라고 하더라도 증거물로 사용할 수 없다는 입장을 분명히 하였다. 이에 따라 2007년 형사소송법 개정을 통해 위법수집증거배제법칙을 명문으로 규정하기에 이르렀다.

> [관련판례] 법이 정한 절차에 따르지 아니하고 수집한 압수물의 증거능력 인정 여부를 최종적으로 판단함에 있어서는, 실체적 진실 규명을 통한 정당한 형벌권의 실현도 헌법과 형사소송법이 형사소송 절차를 통하여 달성하려는 중요한 목표이자 이념이므로, **형식적으로 보아 정해진 절차에 따르지 아니하고 수집한 증거라는 이유만을 내세워 획일적으로 그 증거의 증거능력을 부정하는 것 역시 헌법과 형사소송법이 형사소송에 관한 절차 조항을 마련한 취지에 맞는다고 볼 수 없다.** 따라서 수사기관의 증거수집과정에서 이루어진 절차위반행위와 관련된 모든 사정, 즉 절차 조항의 취지와 그 위반의 내용 및 정도, 구체적인 위반 경위와 회피가능성, 절차 조항이 보호하고자 하는 권리 또는 법익의 성질과 침해 정도 및 피고인과의 관련성, 절차 위반행위와 증거수집 사이의 인과관계 등 관련성의 정도, 수사기관의 인식과 의도 등을 전체적·종합적으로 살펴볼 때, 수사기관의 절차 위반행위가 적법절차의 실질적인 내용을 침해하는 경우에 해당하지 아니하고, 오히려 그 증거의 증거능력을 배제하는 것이 헌법과 형사소송법이 형사소송에 관한 절차 조항을 마련하여 적법절차의 원칙과 실체적 진실 규명의 조화를 도모하고 이를 통하여 형사 사법 정의를 실현하려 한 취지에 반하는 결과를 초래하는 것으로 평가되는 **예외적인 경우**라면, 법원은 그 증거를 유죄 인정의 증거로 사용할 수 있다고 보아야 한다. 이는 적법한 절차에 따르지 아니하고 수집한 증거를 기초로 하여 획득한 2차적 증거의 경우에도 마찬가지여서, 절차에 따르지 아니한 증거 수집과 2차적 증거 수집 사이 인과관계의 희석 또는 단절 여부를 중심으로 2차적 증거 수집과 관련된 모든 사정을 전체적·종합적으로 고려하여 예외적인 경우에는 유죄 인정의 증거로 사용할 수 있다(대판 2007.11.15. 2007도3061 전원합의체).

위 판례를 분석해보면, 비진술증거인 압수물에 대하여도 원칙적으로 **헌법과 형사소송법이 형사소송에 관한 절차 조항을 마련한 적법한 절차에 따르지 않는 경우는 증거로 사용할 수 없음**을 명백히 하였다. 다만, 판례는 위법수집증거라 할지라도 획일적으로 그 증거의 증거능력을 부정하는 것 역시 헌법과 형사소송법이 형사소송에 관한 절차 조항을 마련한 취지에 맞는다고 볼 수 없다고 하면서 ① 적법절차의 실질적 내용을 침해하는 경우에 해당하지 않으면서 ② 증거능력을 배제하는 것은 오히려 형사법적 정의를 실현하는 취지에 반하는 경우에는 예외적으로 증거능력을 인정하고자 하였다. 나아가 종래 이론상 인정되어온 독수독과의 원칙을 받아들여 적법한 절차에 따르지 아니하고 수집한 증거를 기초로 하여 획득한 2차적 증거의 경우에도 절차에 따르지 아니한 증거 수집과 2차적 증거 수집 사이 **인과관계의 희석 또는 단절 여부를 중심으로** 2차적 증거 수집과 관련된 모든 사정을 전체적·종합적으로 고려하여 예외적인 경우에는 유죄 인정의 증거로 사용할 수 있다고 판시하였다.

나. 위법수집증거배제법칙의 근거

위법수집증거배제법칙을 인정하는 근거로는 ① 적정절차의 보장(이론적 근거)과 ② 위법수사의 억지(정책적 근거)를 들 수 있다. 위법수집증거배제법칙을 통해 위법하게 수집된 증거의 유입을 차단하는 것은 위법수사를 방지하는데 매우 중요한 역할을 하기 때문이다.

3. 위법수집증거배제법칙의 적용범위

가. 배제의 기준

'due process'의 기본이념에 반하는 중대한 위법이 있는 때에 한하여 증거능력을 배제한다. 우리 형사소송법에서는 '위법하게 수집한 증거'가 아니라 '적법한 절차에 의하지 아니하고 수집한 증거'라고 규정하고 있으므로 제312조 전문법칙에서 규정하는 '적법한 절차'와 구별이 문제된다. 제308조의2에서 규정하는 적법한 절차는 '헌법상 또는 헌법적 형사소송법상의 적법한 절차'로 중대한 위법을 의미하고, 제312조의 적법한 절차는 그 뿐만 아니라 '법률상 적법절차' 즉, 법률에서 정하는 조서작성 방식의 절차와 같은 절차까지 모두 포함하여 중대한 위법 뿐 아니라 경미한 위법까지 포함하는 개념으로 보아야 한다[124]. 변호인의 접견교통권이나 진술거부권을 침해한 경우, 피의자신문 참여권을 정당한 이유 없이 침해한 경우는 전자에

---

[124] 형사소송법 제312조 제4항은 검사 또는 사법경찰관이 피고인이 아닌 자의 진술을 기재한 조서의 증거능력이 인정되려면 '적법한 절차와 방식에 따라 작성된 것'이어야 한다고 정하고 있다. 여기에서 적법한 절차와 방식에 따라 작성한다는 것은 형사소송법이 피고인 아닌 사람의 진술에 대한 조서 작성 과정에서 지켜야 한다고 정한 여러 절차를 준수하고 조서의 작성 방식에도 어긋나지 않아야 한다는 것을 의미한다(대판 2017.7.18. 2015도12981, 2015전도218)

해당하나, 진술거부권 행사여부에 대한 자필기재가 되지 않은 경우 등 조서작성 방식의 위배는 경미한 위법으로 후자에 해당한다 할 것이다. 그러나 진술자를 특정할 수 있는 한 가명으로 기재하는 수사는 허용되므로 수사기관이 진술자의 성명을 가명으로 기재하여 조서를 작성하였다고 해서 그 이유만으로 그 조서가 '적법한 절차와 방식'에 따라 작성되지 않았다고 할 것은 아니다.

관련판례 헌법 제12조 제2항, 형사소송법 제244조의3 제1항, 제2항, 제312조 제3항에 비추어 보면, 비록 사법경찰관이 피의자에게 진술거부권을 행사할 수 있음을 알려 주고 그 행사 여부를 질문하였다 하더라도, 형사소송법 제244조의3 제2항에 규정한 방식에 위반하여 진술거부권 행사 여부에 대한 피의자의 답변이 자필로 기재되어 있지 아니하거나 그 답변 부분에 피의자의 기명날인 또는 서명이 되어 있지 아니한 사법경찰관 작성의 피의자신문조서는 특별한 사정이 없는 한 형사소송법 제312조 제3항에서 정한 '적법한 절차와 방식'에 따라 작성된 조서라 할 수 없으므로 그 증거능력을 인정할 수 없다(대판 2013.3.28. 2010도3359).

관련판례 헌법 제12조 제1항, 제4항 본문, 형사소송법 제243조의2 제1항 및 그 입법 목적 등에 비추어 보면, 피의자가 변호인의 참여를 원한다는 의사를 명백하게 표시하였음에도 수사기관이 정당한 사유 없이 변호인을 참여하게 하지 아니한 채 피의자를 신문하여 작성한 피의자신문조서는 형사소송법 제312조에 정한 '적법한 절차와 방식'에 위반된 증거일 뿐만 아니라, 형사소송법 제308조의2에서 정한 '적법한 절차에 따르지 아니하고 수집한 증거'에 해당하므로 이를 증거로 할 수 없다(대판 2013.3.28. 2010도3359).

관련판례 형사소송법 제312조 제4항은 검사 또는 사법경찰관이 피고인이 아닌 자의 진술을 기재한 조서의 증거능력이 인정되려면 '적법한 절차와 방식에 따라 작성된 것'이어야 한다고 규정하고 있다. 여기서 적법한 절차와 방식이라 함은 피의자 또는 제3자에 대한 조서 작성 과정에서 지켜야 할 진술거부권의 고지 등 형사소송법이 정한 제반 절차를 준수하고 조서의 작성방식에도 어긋남이 없어야 한다는 것을 의미한다. 그런데 형사소송법은 조서에 진술자의 실명 등 인적 사항을 확인하여 이를 그대로 밝혀 기재할 것을 요구하는 규정을 따로 두고 있지는 아니하다. 따라서 「특정범죄신고자 등 보호법」 등에서처럼 명시적으로 진술자의 인적 사항의 전부 또는 일부의 기재를 생략할 수 있도록 한 경우가 아니라 하더라도, 진술자와 피고인의 관계, 범죄의 종류, 진술자 보호의 필요성 등 여러 사정으로 볼 때 상당한 이유가 있는 경우에는 수사기관이 진술자의 성명을 가명으로 기재하여 조서를 작성하였다고 해서 그 이유만으로 그 조서가 '적법한 절차와 방식'에 따라 작성되지 않았다고 할 것은 아니다. 그러한 조서라도 공판기일 등에 원진술자가 출석하여 자신의 진술을 기재한 조서임을 확인함과 아울러 그 조서의 실질적 진정성립을 인정하고 나아가 그에 대한 반대신문이 이루어지는 등 형사소송법 제312조 제4항에서 규정한 조서의 증거능력 인정에 관한 다른 요건이 모두 갖추어진 이상 그 증거능력을 부정할 것은 아니라고 할 것이다(대판 2012.5.24. 2011도7757).

관련판례 **수사기관이 피의자 甲의 공직선거법 위반 범행을 영장 범죄사실로 하여 발부받은 압수·수색영장의 집행 과정에서 乙, 丙사이의 대화가 녹음된 녹음파일(이하 '녹음파일'이라 한다)을 압수하여 乙, 丙의 공직선거법 위반 혐의사실을 발견한 사안**에서, 압수·수색영장에 기재된 '피의자'인 甲이 녹음파일에 의하여 의심되는 혐의사실과 무관한 이상, 수사기관이 별도의 압수·수색영장을 발부받지 아니한 채 압수한 녹음파일은 형사소송법 제219조에 의하여 수사기관의 압수에 준용되는 형사소송법 제106조 제1항이 규정하는 '피고사건'내지 같은 법

제215조 제1항 이 규정하는 '해당 사건'과 '관계가 있다고 인정할 수 있는 것'에 해당하지 않으며, 이와 같은 압수에는 헌법 제12조 제1항 후문, 제3항 본문이 규정하는 **영장주의를 위반한 절차적 위법이 있으므로**, 녹음파일은 형사소송법 제308조의2에서 정한 '적법한 절차에 따르지 아니하고 수집한 증거'로서 증거로 쓸 수 없고, 그 절차적 위법은 헌법상 영장주의 내지 적법절차의 실질적 내용을 침해하는 중대한 위법에 해당하여 예외적으로 증거능력을 인정할 수도 없다(대판 2014.1.16. 2013도7101).

관련판례 통신비밀보호법에서 보호하는 타인 간의 '**대화**'는 원칙적으로 **현장에 있는 당사자들이 육성으로 말을 주고받는 의사소통행위를 가리킨다**. 따라서 **사람의 육성이 아닌 사물에서 발생하는 음향은 타인 간의 '대화'에 해당하지 않는다**. 또한 사람의 목소리라고 하더라도 **상대방에게 의사를 전달하는 말이 아닌 단순한 비명소리나 탄식 등은 타인과 의사소통을 하기 위한 것이 아니라면 특별한 사정이 없는 한 타인 간의 '대화'에 해당한다고 볼 수 없다**. 한편 국민의 인간으로서의 존엄과 가치를 보장하는 것은 국가기관의 기본적인 의무에 속하고 이는 형사절차에서도 구현되어야 한다. **위와 같은 소리가 비록 통신비밀보호법에서 말하는 타인 간의 '대화'에는 해당하지 않더라도**, 형사절차에서 그러한 증거를 사용할 수 있는지는 개별적인 사안에서 **효과적인 형사소추와 형사절차상 진실발견이라는 공익과 개인의 인격적 이익 등의 보호이익을 비교형량하여 결정하여야 한다**(대판 2017.3.15. 2016도19843).

관련판례 형사소송법상 소송능력이라고 함은 소송당사자가 유효하게 소송행위를 할 수 있는 능력, 즉 피고인 또는 피의자가 자기의 소송상의 지위와 이해관계를 이해하고 이에 따라 방어행위를 할 수 있는 의사능력을 의미하는데(대판 2009.11.19. 2009도6058 전원합의체 등 참조), 피의자에게 의사능력이 있으면 직접 소송행위를 하는 것이 원칙이고, 피의자에게 의사능력이 없는 경우에는 형법 제9조 내지 제11조의 규정의 적용을 받지 아니하는 범죄사건에 한하여 예외적으로 그 법정대리인이 소송행위를 대리할 수 있다(형사소송법 제26조). 따라서 **음주운전과 관련한 도로교통법위반죄의 범죄수사를 위하여 미성년자인 피의자의 혈액채취가 필요한 경우에도 피의자에게 의사능력이 있다면 피의자 본인만이 혈액채취에 관한 유효한 동의를 할 수 있고, 피의자에게 의사능력이 없는 경우에도 명문의 규정이 없는 이상 법정대리인이 피의자를 대리하여 동의할 수는 없다**(대판 2014.11.13. 2013도1228).

→ 원심은, 피고인이 2011. 2. 24. 02:30경 오토바이를 운전하여 가다가 교통사고를 일으키고 의식을 잃은 채 병원 응급실로 후송된 사실, 병원 응급실로 출동한 경찰관은 사고시각으로부터 약 1시간 20분 후인 2011. 2. 24. 03:50경 법원으로부터 압수·수색 또는 검증 영장이나 감정처분허가장을 발부받지 아니한 채 피고인의 아버지의 동의만 받고서 응급실에 의식을 잃고 누워 있는 피고인으로부터 채혈한 사실 등을 인정한 후, 위 채혈에 관하여 사후적으로라도 영장을 발부받지 아니하였으므로 피고인의 혈중 알코올농도에 대한 국립과학수사연구소의 감정의뢰회보와 이에 기초한 다른 증거는 위법수집증거로서 증거능력이 없고, 피고인의 자백 외에 달리 이를 보강할 만한 증거가 없다는 이유로 이 부분 공소사실을 무죄로 판단하였다.

비교판례 헌법 제12조는 제1항에서 적법절차의 원칙을 선언하고, 제2항에서 "모든 국민은 고문을 받지 아니하며, 형사상 자기에게 불리한 진술을 강요당하지 아니한다."고 규정하여 **진술거부권을 국민의 기본적 권리로 보장**하고 있다. 이는 형사책임과 관련하여 비인간적인 자백의 강요와 고문을 근절하고 인간의 존엄성과 가치를 보장하려는 데에 그 취지가 있다. 그러나 진술거부권이 보장되는 절차에서 **진술거부권을 고지받을 권리가 헌법 제12조 제2항에 의하여**

바로 도출된다고 할 수는 없고, 이를 인정하기 위해서는 입법적 뒷받침이 필요하다. 구 공직선거법(2013. 8. 13. 법률 제12111호로 개정되기 전의 것, 이하 같다)은 제272조의2에서 선거범죄 조사와 관련하여 선거관리위원회 위원·직원이 관계자에게 질문·조사를 할 수 있다고 규정하면서도 진술거부권의 고지에 관하여는 **별도의 규정을 두지 않았고**, 수사기관의 피의자에 대한 진술거부권 고지를 규정한 **형사소송법 제244조의3 제1항이 구 공직선거법상 선거관리위원회 위원·직원의 조사절차에 당연히 유추적용된다고 볼 수도 없다.** 한편 2013. 8. 13. 법률 제12111호로 개정된 공직선거법은 제272조의2 제7항을 신설하여 선거관리위원회의 조사절차에서 피조사자에게 진술거부권을 고지하도록 하는 규정을 마련하였으나, 그 부칙 제1조는 "이 법은 공포한 날부터 시행한다."고 규정하고 있어 그 시행 전에 이루어진 선거관리위원회의 조사절차에 대하여는 구 공직선거법이 적용된다. 결국 구 공직선거법 시행 당시 **선거관리위원회 위원·직원이 선거범죄 조사와 관련하여 관계자에게 질문을 하면서 미리 진술거부권을 고지하지 않았다고 하여 단지 그러한 이유만으로 그 조사절차가 위법하다거나 그 과정에서 작성·수집된 선거관리위원회 문답서의 증거능력이 당연히 부정된다고 할 수는 없다** (대판 2014.1.16. 2013도5441).

나. 위법수집증거의 유형(위법의 정도 판단문제)

(1) 헌법정신에 반하여 수집한 증거

영장주의 위반, 적정절차의 위반(특히, 수사상의 참여권 배제) 등이 대표적이다. 영장 집행의 하자 역시 마찬가지로 적법절차를 위배한 것으로 야간집행제한을 위반한 경우나 여자수색 시 성년의 여자참여가 없는 경우 등도 해당된다. 나아가 진술거부권의 불고지나 변호인과의 접견교통권 침해, 변호인의 피의자신문참여권 침해 등도 헌법상 기본권으로부터 도출된 권리를 침해한 것으로 위법수집증거가 된다. 뿐만 아니라 공판단계에서 법원의 증거수집이 위법한 경우에도 역시 위법수집증거에 해당한다. 증인신문절차의 공개금지사유로 삼은 사정이 '국가의 안녕질서를 방해할 우려가 있는 때'에 해당하지 아니하고, 달리 헌법 제109조, 법원조직법 제57조 제1항이 정한 공개금지사유를 찾아볼 수도 없음에도 이루어진 공개금지결정은 피고인의 공개재판을 받을 권리를 침해한 것으로서 그 절차에 의하여 이루어진 증인의 증언은 증거능력이 없다(대판 2005.10.28. 2005도5854)고 판시한 것 역시 같은 이유이다.

(2) 형사소송법의 효력규정에 위반하여 수집한 증거

대표적으로 증인적격이 없는 증인의 증언이나 선서능력이 있는 증인이 선서없이 한 증언 역시 이러한 효력규정 위반에 해당한다.

(3) 예외적 허용

수사기관의 절차 위반행위가 적법절차의 실질적인 내용을 침해하는 경우에 해당하지 않고, 오히려 증거능력을 배제하는 것이 헌법과 형사소송법이 형사소송에 관한 절차 조항을 마련하여 적법절차의 원칙과 실체적 진실 규명의 조화를 도모하고 이를 통하여 형사사법 정의를 실현하려 한 취지에 반하는 결과를 초래하는 것으로 평가되는 예외적인 경우라면, 법원은 그 증거를 유죄 인정의 증거로 사용할 수 있다고 보아야 한다는 것이 판례의 입장이다. 이에 해당하는지는 수사기관의 증거 수집 과정에서 이루어진 절차 위반행위와 관련된 모든 사정, 즉 절차 조항의 취지, 위반 내용과 정도, 구체적인 위반 경위와 회피가능성, 절차 조항이 보호하고자 하는 권리나 법익의 성질과 침해 정도, 이러한 권리나 법익과 피고인 사이의 관련성, 절차 위반행위와 증거 수집 사이의 관련성, 수사기관의 인식과 의도 등을 전체적·종합적으로 고찰하여 판단해야 한다.

> **관련판례** 형사소송법 제219조, 제121조는 '수사기관이 압수·수색영장을 집행할 때에는 피압수자 또는 변호인은 그 집행에 참여할 수 있다.'고 정하고 있다. 저장매체에 대한 압수·수색 과정에서 범위를 정하여 출력·복제하는 방법이 불가능하거나 압수의 목적을 달성하기에 현저히 곤란한 예외적인 사정이 인정되어 전자정보가 담긴 저장매체, 하드카피나 이미징(imaging) 등 형태(이하 '복제본'이라 한다)를 수사기관 사무실 등으로 옮겨 복제·탐색·출력하는 경우에도, 피압수자나 변호인에게 참여 기회를 보장하고 혐의사실과 무관한 전자정보의 임의적인 복제 등을 막기 위한 적절한 조치를 취하는 등 영장주의 원칙과 적법절차를 준수하여야 한다. 만일 그러한 조치를 취하지 않았다면 압수·수색이 적법하다고 평가할 수 없다. 다만 피압수자 측이 위와 같은 절차나 과정에 참여하지 않는다는 의사를 명시적으로 표시하였거나 절차 위반행위가 이루어진 과정의 성질과 내용 등에 비추어 피압수자에게 절차 참여를 보장한 취지가 실질적으로 침해되었다고 볼 수 없는 경우에는 압수·수색의 적법성을 부정할 수 없다. 이는 수사기관이 저장매체 또는 복제본에서 혐의사실과 관련된 전자정보만을 복제·출력한 경우에도 마찬가지이다(대판 2019.7.11. 2018도20504).

> **관련판례 – 제출의 임의성 입증책임(검사)** 검사 또는 사법경찰관은 범죄수사에 필요한 때에는 피의자가 죄를 범하였다고 의심할 만한 정황이 있는 경우에 판사로부터 발부받은 영장에 의하여 압수·수색을 할 수 있으나, 압수·수색은 영장 발부의 사유로 된 범죄 혐의사실과 관련된 증거에 한하여 할 수 있으므로, 영장 발부의 사유로 된 범죄 혐의사실과 무관한 별개의 증거를 압수하였을 경우 이는 원칙적으로 유죄 인정의 증거로 사용할 수 없다. 다만 수사기관이 별개의 증거를 피압수자 등에게 **환부하고 후에 임의제출받아 다시 압수**하였다면 증거를 압수한 최초의 절차 위반행위와 최종적인 증거수집 사이의 **인과관계가 단절되었다고 평가할 수 있으나**, 환부 후 다시 제출하는 과정에서 수사기관의 우월적 지위에 의하여 임의제출 명목으로 실질적으로 강제적인 압수가 행하여질 수 있으므로, **제출에 임의성이 있다는 점에 관하여는 검사가 합리적 의심을 배제할 수 있을 정도로 증명**하여야 하고, 임의로 제출된 것이라고 볼 수 없는 경우에는 증거능력을 인정할 수 없다(대판 2016.3.10. 2013도11233).

다. 독수의 과실이론

(1) 개념

위법하게 수집된 증거(독수)에 의하여 발견된 제2차 증거(과실)의 증거능력을 배제하는 이론을 독수의 과실이론이라 한다(만일, 2차 증거 수집 자체의 위법이 있다면 바로 위법수집증거배제법칙을 적용할 것이지 독수독과이론을 적용할 것이 아니다. 나아가 위법한 수사가 있기 전에 취득한 증거에 대하여도 독수독과이론이 적용되는 것이 아니다).

관련판례 압수된 망치, 야전잠바 등은 피고인의 증거능력 없는 자백(고문 등에 의한)에 의해 획득된 것이므로 증거능력이 없다고 판시한 바 있으며 판례도 「위법수집 증거에 의하여 획득한 2차적 증거도 유죄 인정의 증거로 삼을 수 없다」고 판시하였다(대판 2007.11.15. 2007도3061 전원합의체).

관련판례 – 수사기관이 적법절차를 위반하여 지문채취[125] 대상물을 압수한 경우, 그전에 이미 범행 현장에서 위 대상물에서 채취한 지문이 위법수집증거에 해당하는지 여부(소극) 형사소송법 제308조의2(위법수집증거의 배제) 위반의 점에 대하여 원심이 적법하게 채택한 증거들에 의하면, 피해자 공소외 1의 신고를 받고 현장에 출동한 인천남동경찰서 과학수사팀 소속 경장 공소외 2는 피해자 공소외 1이 범인과 함께 술을 마신 테이블 위에 놓여 있던 맥주컵에서 지문 6점을, 물컵에서 지문 8점을, 맥주병에서 지문 2점을 각각 현장에서 직접 채취하였음을 알 수 있는바, 이와 같이 범행 현장에서 지문채취 대상물에 대한 지문채취가 먼저 이루어진 이상, 수사기관이 그 이후에 지문채취 대상물을 적법한 절차에 의하지 아니한 채 압수하였다고 하더라도(한편, 이 사건 지문채취 대상물인 맥주컵, 물컵, 맥주병 등은 피해자 공소외 1이 운영하는 주점 내에 있던 피해자 공소외 1의 소유로서 이를 수거한 행위가 피해자 공소외 1의 의사에 반한 것이라고 볼 수 없으므로, 이를 가리켜 위법한 압수라고 보기도 어렵다), 위와 같이 채취된 지문은 위법하게 압수한 지문채취 대상물로부터 획득한 2차적 증거에 해당하지 아니함이 분명하여, 이를 가리켜 위법수집증거라고 할 수 없으므로, 원심이 이를 증거로 채택한 것이 위법하다고 할 수 없다. 이 점에 관한 상고이유의 주장은 받아들일 수 없다(대판 2008.10.23. 2008도7471).

(2) 독수의 과실이론의 예외

① **오염순화에 의한 예외** : 피고인이 자의에 의하여 행한 행위는 위법성의 오염을 희석시킨다는 예외이론이다.

② **불가피한 발견의 예외** : 위법한 행위와 관련 없이 합법적인 수단에 의할지라도 증거를 불가피하게 발견하였을 것임을 증명할 수 있을 때에는 증거로 허용된다는 이론이다.

---

125) 검사의 사법경찰관리에 대한 수사지휘 및 사법경찰관리의 수사준칙에 관한 규정 제45조(증거물 등의 보전) ① 사법경찰관리는 혈흔, 지문, 발자국, 그 밖에 멸실할 염려가 있는 증거물은 특히 보전에 유의하여야 하며, 별지 제41호 서식의 검증조서 또는 다른 조서에 그 성질·형상을 상세히 적거나 사진을 촬영하여야 한다.

③ **독립된 오염원의 예외** : 위법수색한 집에서 유괴된 소녀를 발견한 경우 그 소녀의 진술과 같이 위법한 수색과 별개의 독립된 근원에 의하여 발생한 증거는 증거로 허용된다는 이론이다.

우리 대법원도 구체적인 사안에 따라 주로 **인과관계 희석 또는 단절 여부를 중심으로 전체적·종합적으로 고려하여 예외적으로 2차 증거의 증거능력을 인정하는 바**, 오염순화이론 내지는 희석이론을 인정하고 있다. 오염성이 점점 희석되거나 그 위법성을 제거할 정도의 다른 사정으로 인해 인과관계가 단절되었다고 볼 수 있는 대표적인 고려요소로는 ① 오염원과 2차 증거사이의 상당한 시간적 간격, ② 변호인의 참여 여부, ③ 진술자의 자발성의 정도 등이 있다.

관련판례 [1] 형사소송법 제308조의2는 '적법한 절차에 따르지 아니하고 수집한 증거는 증거로 할 수 없다'고 규정하고 있는바, 수사기관이 헌법과 형사소송법이 정한 절차에 따르지 아니하고 수집한 증거는 물론, 이를 기초로 하여 획득한 2차적 증거 역시 유죄 인정의 증거로 삼을 수 없는 것이 원칙이다. 다만, 수사기관의 절차 위반 행위가 적법절차의 실질적인 내용을 침해하는 경우에 해당하지 아니하고, 오히려 그 증거의 증거능력을 배제하는 것이 헌법과 형사소송법이 형사소송에 관한 절차 조항을 마련하여 적법절차의 원칙과 실체적 진실 규명의 조화를 도모하고, 이를 통하여 형사 사법 정의를 실현하려 한 취지에 반하는 결과를 초래하는 것으로 평가되는 예외적인 경우라면, 법원은 그 증거를 유죄 인정의 증거로 사용할 수 있다. 따라서 법원이 2차적 증거의 증거능력 인정 여부를 최종적으로 판단할 때에는 먼저 절차에 따르지 아니한 1차적 증거 수집과 관련된 모든 사정들, 즉 절차 조항의 취지와 그 위반의 내용 및 정도, 구체적인 위반 경위와 회피가능성, 절차 조항이 보호하고자 하는 권리 또는 법익의 성질과 침해 정도 및 피고인과의 관련성, 절차 위반행위와 증거수집 사이의 인과관계 등 관련성의 정도, 수사기관의 인식과 의도 등을 살피는 것은 물론, 나아가 1차적 증거를 기초로 하여 다시 2차적 증거를 수집하는 과정에서 추가로 발생한 모든 사정들까지 구체적인 사안에 따라 주로 **인과관계 희석 또는 단절 여부를 중심으로 전체적·종합적으로 고려하여야 한다**. 수사기관이 헌법 제12조 제3항, 형사소송법 제85조 제1항, 제209조에 반하여 사전에 영장을 제시하지 아니한 채 구속영장을 집행한 경우, 그 구속 중 수집한 2차적 증거들인 구속 피고인의 진술증거가 유죄 인정의 증거로 사용될 수 있는지 역시 위와 같은 법리에 의하여 판단되어야 하고, 이는 형사소송법 제81조 제3항, 제209조에 따라 검사의 지휘에 의하여 교도관리가 구속영장을 집행하는 경우에도 마찬가지이다.

[2] **사전에 구속영장을 제시하지 아니한 채 구속영장을 집행하고, 그 구속 중 수집한 피고인의 진술증거 중 피고인의 제1심 법정진술은**, 피고인이 구속집행절차의 위법성을 주장하면서 청구한 구속적부심사의 심문 당시 구속영장을 제시받은 바 있어 그 이후에는 구속영장에 기재된 범죄사실에 대하여 숙지하고 있었던 것으로 보이고, 구속 이후 원심에 이르기까지 구속적부심사와 보석의 청구를 통하여 구속집행절차의 위법성만을 다투었을 뿐, **그 구속 중 이루어진 진술증거의 임의성이나 신빙성에 대하여는 전혀 다투지 않았을 뿐만 아니라, 변호인과의 충분한 상의를 거친 후 공소사실 전부에 대하여 자백한 것이라면, 유죄 인정의 증거로 삼을 수 있는 예외적인 경우에 해당**한다고 한 사례(대판 2009.4.23. 2009도526).

`관련판례` 구 정보통신망 이용촉진 및 정보보호 등에 관한 법률상 음란물 유포의 범죄혐의를 이유로 압수·수색영장을 발부받은 사법경찰리가 피고인의 주거지를 수색하는 과정에서 대마를 발견하자, 피고인을 마약류관리에 관한 법률 위반죄의 현행범으로 체포하면서 대마를 압수하였으나, 그 다음날 피고인을 석방하였음에도 사후 압수·수색영장을 발부받지 않은 사안에서, 위 압수물과 압수조서는 형사소송법상 영장주의를 위반하여 수집한 증거로서 **증거능력이 부정**된다(대판 2009.5.14. 2008도10914).

`관련판례` 구체적인 사안에서 2차적 증거들의 증거능력 인정 여부는 제반 사정을 전체적·종합적으로 고려하여 판단하여야 한다. 예컨대 진술거부권을 고지하지 않은 것이 단지 수사기관의 실수일 뿐 피의자의 자백을 이끌어내기 위한 의도적이고 기술적인 증거확보의 방법으로 이용되지 않았고, 그 이후 이루어진 신문에서는 진술거부권을 고지하여 잘못이 시정되는 등 수사 절차가 적법하게 진행되었다는 사정, 최초 자백 이후 구금되었던 피고인이 석방되었다거나 변호인으로부터 충분한 조력을 받은 가운데 상당한 시간이 경과하였음에도 다시 자발적으로 계속하여 동일한 내용의 자백을 하였다는 사정, 최초 자백 외에도 다른 독립된 제3자의 행위나 자료 등도 물적 증거나 증인의 증언 등 2차적 증거 수집의 기초가 되었다는 사정, 증인이 그의 독립적인 판단에 의해 형사소송법이 정한 절차에 따라 소환을 받고 임의로 출석하여 증언하였다는 사정 등은 **통상 2차적 증거의 증거능력을 인정할만한 정황**에 속한다. 강도 현행범으로 체포된 피고인에게 진술거부권을 고지하지 아니한 채 강도범행에 대한 자백을 받고, 이를 기초로 여죄에 대한 진술과 증거물을 확보한 후 진술거부권을 고지하여 피고인의 임의자백 및 피해자의 피해사실에 대한 진술을 수집한 사안에서, 제1심 법정에서의 피고인의 자백은 진술거부권을 고지받지 않은 상태에서 이루어진 최초 자백 이후 40여 일이 지난 후에 변호인의 충분한 조력을 받으면서 공개된 법정에서 임의로 이루어진 것이고, 피해자의 진술은 법원의 적법한 소환에 따라 자발적으로 출석하여 위증의 벌을 경고받고 선서한 후 공개된 법정에서 임의로 이루어진 것이어서, 예외적으로 **유죄 인정의 증거로 사용할 수 있는 2차적 증거에 해당**한다(대판 2009.3.12. 2008도11437).

`관련판례` 형사소송법 제215조 제2항은 "사법경찰관이 범죄수사에 필요한 때에는 검사에게 신청하여 검사의 청구로 지방법원 판사가 발부한 영장에 의하여 압수, 수색 또는 검증을 할 수 있다."고 규정하고 있는바, 사법경찰관이 위 규정을 위반하여 영장없이 물건을 압수한 경우 그 압수물은 물론 이를 기초로 하여 획득한 2차 증거 역시 **유죄 인정의 증거로 사용할 수 없는** 것이고, 이와 같은 법리는 헌법과 형사소송법이 선언한 영장주의의 중요성에 비추어 볼 때 위법한 압수가 있은 직후에 피고인으로부터 작성받은 그 압수물에 대한 임의제출동의서도 특별한 사정이 없는 한 마찬가지라고 할 것이다(대판 2010.7.22. 2009도14376).

`관련판례` 체포의 이유와 변호인 선임권의 고지 등 적법한 절차를 무시한 채 이루어진 강제연행은 전형적인 위법한 체포에 해당하고, 위법한 체포 상태에서 이루어진 음주측정요구는 주취운전의 범죄행위에 대한 증거수집을 목적으로 한 일련의 과정에서 이루어진 것이므로, 그 측정결과는 형사소송법 제308조의2에 규정된 '적법한 절차에 따르지 아니하고 수집한 증거'에 해당하여 **증거능력을 인정할 수 없다**. 위법한 강제연행 상태에서 호흡측정의 방법에 의한 음주측정을 한 다음 그 강제연행 상태로부터 시간적·장소적으로 단절되었다고 볼 수도 없고 피의자의 심적 상태 또한 강제연행 상태로부터 완전히 벗어났다고 볼 수 없는 상황에서 피의자가 호흡측정 결과에 대한 탄핵을 하기 위하여 스스로 혈액채취 방법에 의한 측정을 할 것을 요구하여 혈액채취가 이루어졌다고 하더라도 그 사이에 위법한 체포상태에 의한 영향이 완전하게

배제되고 피의자의 의사결정의 자유가 확실하게 보장되었다고 볼 만한 다른 사정이 개입되지 않은 이상 불법체포와 증거 수집 사이의 인과관계가 단절된 것으로 볼 수는 없다. 따라서 그러한 혈액채취에 의한 측정결과 역시 유죄 인정의 증거로 쓸 수 없다고 보아야 한다. 그리고 이는 수사기관이 위법한 체포 상태를 이용하여 증거를 수집하는 등의 행위를 효과적으로 억지하기 위한 것이므로, **피고인이나 변호인이 이를 증거로 함에 동의하였다고 하여도 달리 볼 것은 아니다**(대판 2013.3.14. 2010도2094).

관련판례 수사기관이 피의자를 강제로 연행한 상태에서 실시한 1차 채뇨절차 이후 법원으로부터 피의자의 소변 등 채취에 관한 압수영장을 발부받아 그 영장에 기하여 2차 채뇨가 이루어지고 그 채뇨결과를 분석한 소변감정서 등의 2차적 증거가 수집된 사안에서, 연행 당시 피고인이 마약을 투약한 것이거나 자살할지도 모른다는 취지의 구체적 제보가 있었던 데다가, 피고인이 모텔 방안에서 운동화를 신고 안절부절 못하면서 술 냄새가 나지 아니함에도 불구하고 경찰관 앞에서 바지와 팬티를 내리는 등 비상식적인 행동을 하였던 사정 등에 비추어 경찰관들이 적법하지 아니한 임의동행 절차에 의하여 피고인을 연행하는 위법을 범하기는 하였으나, 당시 상황에 비추어 피고인에 대한 긴급한 구호의 필요성이 전혀 없었다고 볼 수 없는 점, 위와 같은 상황에서는 피고인을 마약 투약 혐의로 긴급체포하는 것도 고려할 수 있었다고 할 것이고, 실제로 경찰관들은 그 임의동행시점으로부터 얼마 지나지 아니하여 체포의 이유와 변호인 선임권 등을 고지하면서 피고인에 대한 긴급체포의 절차를 밟는 등 절차의 잘못을 시정하려고 한 바 있으므로, 경찰관들의 위와 같은 임의동행조치는 단지 그 수사의 순서를 잘못 선택한 것이라고 할 수 있지만 관련 법 규정으로부터의 실질적 일탈 정도가 헌법에 규정된 영장주의 원칙을 현저히 침해할 정도에 이르렀다고 보기 어려운 점, 압수영장의 발부는 수사절차로부터 독립된 법관에 의한 재판의 일종으로서 이에 따라 수사기관에 피고인의 소변·모발 등을 압수할 권한을 부여하고 피고인에게는 그와 같은 수사기관의 압수를 수인할 의무를 부담하게 하는 효력을 지니는 것이므로, 수사기관은 형사소송법 제120조 소정의 '압수영장의 집행을 위하여 필요한 처분'으로서 피고인에 대한 채뇨 등 절차를 적법하게 행할 수 있는 점 등의 사정을 전체적·종합적으로 고려하여 볼 때 **2차적 증거인 위 소변감정서 등의 증거능력이 인정**된다(대판 2013.3.14. 2012도13611).

관련판례 수사기관이 위와 같이 법관의 영장에 의하지 아니하고 매출전표의 거래명의자에 관한 정보를 획득한 경우 이에 터 잡아 수집한 2차적 증거들, 예컨대 피의자의 자백이나 범죄 피해에 대한 제3자의 진술 등이 유죄 인정의 증거로 사용될 수 있는지 역시 위와 같은 법리에 의하여 판단되어야 할 것인데, 수사기관이 의도적으로 영장주의의 정신을 회피하는 방법으로 증거를 확보한 것이 아니라고 볼 만한 사정, 위와 같은 정보에 기초하여 **범인으로 특정되어 체포되었던 피의자가 석방된 후 상당한 시간이 경과하였음에도 다시 동일한 내용의 자백을 하였다거나 그 범행의 피해품을 수사기관에 임의로 제출하였다는 사정, 2차적 증거 수집이 체포 상태에서 이루어진 자백 등으로부터 독립된 제3자의 진술에 의하여 이루어진 사정 등은 통상 2차적 증거의 증거능력을 인정할 만한 정황에 속한다**고 볼 수 있을 것이다(대판 2013.3.28. 2012도13607).

관련판례 - 독수독과의 예외 인정요건 [1] 수사기관은 범죄수사의 필요성이 있고 피의자가 죄를 범하였다고 의심할 만한 정황이 있는 경우에도 해당 사건과 관계가 있다고 인정할 수 있는 것에 한하여 영장을 발부받아 압수·수색을 할 수 있다. **영장 발부의 사유로 된 범죄 혐의사실과 관련된 증거가 아니라면** 적법한 압수·수색이 아니다. 따라서 **영장 발부의 사유로 된 범죄 혐의사실과 무관한 별개의 증거를 압수하였을 경우 이는 원칙적으로 유죄 인정의 증거로 사용할 수 없다.**

[2] 법원이 2차적 증거의 증거능력 인정 여부를 최종적으로 판단할 때에는 먼저 절차에 따르지 아니한 1차적 증거 수집과 관련된 모든 사정들, 즉 절차 조항의 취지와 그 위반의 내용 및 정도, 구체적인 위반 경위와 회피가능성, 절차 조항이 보호하고자 하는 권리 또는 법익의 성질과 침해 정도 및 피고인과의 관련성, 절차 위반행위와 증거수집 사이의 인과관계 등 관련성의 정도, 수사기관의 인식과 의도 등을 **살펴야** 한다. 그리고 **1차적 증거를 기초로 하여 다시 2차적 증거를 수집하는 과정에서 추가로 발생한 모든 사정들까지** 구체적인 사안에 따라 주로 인과관계 희석 또는 단절 여부를 중심으로 전체적·종합적으로 고려하여야 한다(대판 2018.4.26. 2018도2624; 대판 2018.5.11. 2018도4075).

관련판례 - 위법하게 수집된 증거 및 그 파생증거의 증거능력(= 독수의 과실이론) 판례의 태도 대법원은 '헌법과 형사소송법이 정한 절차에 따르지 아니하고 수집한 증거는 기본적 인권 보장을 위해 마련된 적법한 절차에 따르지 않은 것으로서 원칙적으로 유죄 인정의 증거로 삼을 수 없다. 수사기관의 위법한 압수수색을 억제하고 재발을 방지하는 가장 효과적이고 확실한 대응책은 이를 통하여 수집한 증거는 물론 이를 기초로 하여 획득한 2차적 증거를 유죄 인정의 증거로 삼을 수 **없도록 하는 것**(대판 2007.11.15. 2007도3061 전원합의체)'이라고 판시하여 독수과실의 예외에 해당하지 않는 한 위법하게 수집된 증거뿐만 아니라 그 파생증거의 증거능력도 부정함을 명백히 하고 있다.

4. 관련문제

가. 선의의 예외이론

위법하게 수집된 증거라 할지라도 그 **위법이 수사기관에 의하여 범해지지 않았거나** 수사기관에 의하여 범해진 경우에도 **경찰관이 정직하고 합리적인 때**(귀책사유가 없는 때)에는 증거로 허용된다는 원칙이다. 그러나 이는 허용할 수 없다. 판례가 형사소송법 제216조 제3항의 요건 중 어느 하나라도 갖추지 못한 경우에 그러한 압수·수색 또는 검증은 위법하며, 이에 대하여 사후에 법원으로부터 영장을 발부받았다고 하여 그 위법성이 치유되지 아니한다(대판 2017.11.29. 2014도16080)고 판시하는 것 역시 선의의 예외이론을 받아들이지 않는다는 의미로 해석할 수 있다.

나. 위법수집증거와 증거동의

위법하게 수집된 증거가 당사자의 동의에 의하여 증거능력이 인정될 수 있는지 문제된다. 이는 증거동의의 본질을 어떻게 파악하는가에 관련된다.

학설은 **적극설**(증거동의의 본질을 당사자의 처분권으로 보아, 위법수집증거를 포함한 모든 증거가 동의의 대상), **소극설**(위법수집증거배제법칙의 실효성을 강조하여, 위법수집증거는 증거의 세계에서 영원히 배제), **절충설**(본질적 위반과 비본질적 위반을 구별하여, 공익적 절차위반의 경우 동의의 대상될 수 없으나, 개인의 이익 보호를 목적으로 하는 절차에 위반한 경우 증거동의 가능)로 나뉜다.

판례는 ① **고문 등**에 의한 피고인의 경찰에서의 자백진술은 피고인의 증거동의 유무를 불문하고 유죄의 증거로 할 수 없다고 하면서도, ② 제184조의 증거보전절차에서 판사가 제163조에 따른 참여의 기회를 주지 아니하여 참여권을 침해한 상태에서 작성된 **증인신문조서**의 증거능력에 대하여 당사자의 동의가 있으면 증거로 사용할 수 있는 것처럼 판시한 바 있다. ③ 한편, 증언을 마친 증인의 법정진술을 번복하는 **참고인 진술조서**의 증거능력을 부정하면서도 당사자가 동의한 경우에는 증거능력이 있다고 판시하였다.

> **관련판례** 형사소송법상 증거동의는 소송경제와 신속한 재판의 관점에서 인정되는 것이지 소송관계인에게 증거에 대한 처분권을 부여하는 것이 아니고, **위법수집증거는 처음부터 증거동의의 대상에서 배제되는 것**이므로, 증거동의의 대상이 될 수도 없다(대판 1997.9.30. 97도1230).

다. 위법수집증거와 탄핵증거

탄핵증거로서 사용을 허용하면 사실상 증거배제의 효과를 피하는 것을 허용하는 결과가 되므로 위법수집증거는 증거의 세계에서 영원히 배제시켜야 한다. 즉, 탄핵증거로도 사용할 수 없다.

라. 사인에 의한 증거수집과 위법수집증거배제법칙

(1) 위법수집증거배제법칙의 적용범위

증거수집에 사인이 개입된 경우 원칙적으로 위수증법칙은 적용되지 않는다. 위법수집증거배제법칙은 수사기관의 위법수사로부터 개인의 권리를 보호하는 제도이기 때문이다.

(2) 사인에 의한 증거수집의 한계

그러나 사인의 증거수집이 실체법상 위법한 경우에도 국가기관이 이러한 증거를 사용하게 되면 결과적으로 수사기관에 의한 위법수집의 경우와 다를 바 없게 되므로 형법 등 실체법상의 한계 내에 있어야 한다.

(3) 사인이 위법하게 수집한 증거의 증거능력

사인의 증거수집에 실체법상의 위법이 존재하는 경우, 증거능력에 관한 소송법규정이 유추적용될 것인지에 대한 문제로 학설은 다음과 같이 나뉜다.

① 1설 : 증거수집과정의 실체법적 위법성과 소송법상의 증거능력문제는 엄격히 구별된다는 점에서 증거능력을 인정하는 견해이다.

② 2설 : 적법절차이념과 법치국가원리에 의해 국가는 사인에 의한 기본권침해에도 이를 보호해야하는 의무가 있으므로 증거능력을 부정하는 견해이다.

③ 3설(절충설) : 침해된 권리와 증거의 필요성을 비교형량하여 증거사용여부를 결정하는 견해이다. 이를 '이익형량설'이라고도 한다.

판례는 간통현장에서 공갈목적으로 피고인의 나체사진을 촬영한 경우에 사진의 증거능력이 문제된 사건에서 "모든 국민의 인간으로서의 존엄과 가치를 보장하는 것은 국가기관의 기본적인 의무에 속하는 것이고, 이는 형사절차에서도 당연히 구현되어야 하는 것이기는 하나, 그렇다고 하여 국민의 사생활 영역에 관계된 모든 증거의 제출이 곧바로 금지되는 것이 아니라고 보고 있으며 … **효과적인 형사소추 및 형사소송에서의 진실발견이라는 공익과 개인의 사생활의 보호이익을 비교형량하여 그 허용여부를 결정**하고 … (대판 1997. 9. 30. 97도1230)라고 판시한 바 있다.126)

1설(원칙적 인정설)은 법치국가이념을 경시, 2설(부정설)은 사인을 국가기관과 같이 볼 필요는 없다는 점에서 양자의 조화를 이루는 3설(절충설)이 타당하다. 그런데 제308조의2는 "적법한 절차에 따르지 아니하고 수집한 증거는 증거로 할 수 없다."고만 규정할 뿐 "수사기관"에 한정하지 아니하고 있으므로 사인의 수집증거에 대하여도 동 규정을 적용할 수 있다고 판단되며 법원은 판례와 같은 비교형량을 통하여 위법성 여부를 판단한 후 적법한 절차에 따른 것인지를 따져 볼 수 있다고 생각된다. 실무상은 대부분의 사안에서 공익이 비교형량을 통해 우월하다는 판단을 하여 증거능력을 인정하고 있다.127)

> 관련판례 제3자가 공갈목적을 숨기고 피고인의 동의하에 직은 나체사진이 피고인에 대한 간통죄에 있어 위법수집증거로서 증거능력이 배제되는지의 여부가 문제된 사안에서, "모든 국민의 인간으로서의 존엄과 가치를 보장하는 것은 국가기관의 기본적인 의무에 속하는 것이고, 이는 형사절차에서도 당연히 구현되어야 하는 것이기는 하나 그렇다고 하여 **국민의 사생활 영역에 관계된 모든 증거의 제출이 곧바로 금지되는 것으로 볼 수는 없고, 법원으로서는 효과적인 형사소추 및 형사소송에서의 진실발견이라는 공익과 개인의 사생활의 보호이익을 비교형량하여 그 허용여부를 결정하고**, 적절한 증거조사의 방법을 선택함으로써 국민의 인간으로서의 존엄성에 대한 침해를 피할 수 있다(대판 1997.9.30. 97도1230).

> 관련판례 [1] 국민의 인간으로서의 존엄과 가치를 보장하는 것은 국가기관의 기본적인 의무에 속하는 것이고 이는 형사절차에서도 당연히 구현되어야 하는 것이지만, 국민의 사생활 영역에 관계된 모든 증거의 제출이 곧바로 금지되는 것으로 볼 수는 없으므로, 법원으로서는 **효과적인 형사소추 및 형사소송에서의 진실발견이라는 공익과 개인의 인격적 이익 등의 보호이익을 비교형량하여 그 허용 여부를 결정**하여야 한다.

---

126) 대법원은 사생활의 핵심영역에 있는 권리를 침해하여 사인이 수집한 증거는 ① 효과적인 형사소추 및 형사소송에서의 진실발견이라는 **공익과 개인의 사생활 보호이익을 비교형량**하여 그 허용여부를 결정하여야 하며 ② **적절한 증거조사의 방법을 선택**함으로써 국민의 인간으로서의 존엄성에 대한 침해를 피할 수 있다는 점도 고려하여 증거배제여부를 결정하여야 한다는 것으로 설명이 가능하다(신동운, 판례분석 566면).

127) 피고인을 형사소추하기 위해서는 이 사건 업무일지가 반드시 필요한 증거로 보이므로, 설령 그것이 제3자에 의하여 절취된 것으로서 위 소송사기 등의 피해자측이 이를 수사기관에 증거자료로 제출하기 위하여 대가를 지급하였다 하더라도, **공익의 실현을 위하여는** 이 사건 업무일지를 범죄의 증거로 제출하는 것이 허용되어야 하고, 이로 말미암아 피고인의 사생활 영역을 침해하는 결과가 초래된다 하더라도 이는 피고인이 수인하여야 할 기본권의 제한에 해당된다(대판 2008.6.26. 2008도1584).

[2] 피고인 甲, 乙의 간통 범행을 고소한 甲의 남편 丙이 甲의 주거에 침입하여 수집한 후 수사기관에 제출한 혈흔이 묻은 휴지들 및 침대시트를 목적물로 하여 이루어진 감정의뢰회보에 대하여, 丙이 甲의 주거에 침입한 시점은 甲이 그 주거에서의 실제상 거주를 종료한 이후이고, 위 회보는 피고인들에 대한 형사소추를 위하여 반드시 필요한 증거이므로 공익의 실현을 위해서 증거로 제출하는 것이 허용되어야 하고, 이로 말미암아 甲의 주거의 자유나 사생활의 비밀이 일정 정도 침해되는 결과를 초래하더라도 이는 甲이 수인하여야 할 기본권의 제한에 해당된다는 이유로, 위 회보의 증거능력을 인정한 사안(대판 2010.9.9. 2008도3990).

마. 임의제출물 압수와 사후영장 요부

<u>관련판례</u> 범죄를 실행 중이거나 실행 직후의 현행범인은 누구든지 영장 없이 체포할 수 있다(형사소송법 제212조). 현행범인으로 체포하기 위하여는 행위의 가벌성, 범죄의 현행성·시간적 접착성, 범인·범죄의 명백성 외에 **체포의 필요성**, 즉 도망 또는 증거인멸의 염려가 있어야 하는데(대판 1999.1.26. 98도3029 등 참조), 이러한 현행범인 체포의 요건을 갖추었는지는 **체포 당시의 상황을 기초로 판단**하여야 하고, 이에 관한 수사주체의 판단에는 상당한 재량의 여지가 있다고 할 것이다. 따라서 **체포 당시의 상황에서 보아 그 요건에 관한 수사주체의 판단이 경험칙에 비추어 현저히 합리성이 없다고 인정되지 않는 한 수사주체의 현행범인 체포를 위법하다고 단정할 것은 아니다**(대판 2012.11.29. 2012도8184 등 참조).

검사 또는 사법경찰관은 형사소송법 제212조의 규정에 의하여 피의자를 현행범 체포하는 경우에 필요한 때에는 체포 현장에서 영장 없이 압수·수색·검증을 할 수 있으나, 이와 같이 압수한 물건을 계속 압수할 필요가 있는 경우에는 체포한 때부터 48시간 이내에 지체 없이 압수영장을 청구하여야 한다(제216조 제1항 제2호, 제217조 제2항). 그리고 검사 또는 사법경찰관이 범행 중 또는 범행 직후의 범죄 장소에서 긴급을 요하여 판사의 영장을 받을 수 없는 때에는 영장 없이 압수·수색 또는 검증을 할 수 있으나, 이 경우에는 사후에 지체 없이 영장을 받아야 한다(제216조 제3항). 다만 **형사소송법 제218조**에 의하면 검사 또는 사법경찰관은 피의자 등이 유류한 물건이나 소유자·소지자 또는 보관자가 임의로 제출한 물건은 영장 없이 압수할 수 있으므로, **현행범 체포 현장이나 범죄 장소에서도 소지자 등이 임의로 제출하는 물건은 위 조항에 의하여 영장 없이 압수할 수 있고**, 이 경우에는 검사나 사법경찰관이 **사후에 영장을 받을 필요가 없다**(대판 2016.2.18. 2015도13726).

제4절 자백배제법칙

> **제309조【강제등 자백의 증거능력】** 피고인의 자백이 고문, 폭행, 협박, 신체구속의 부당한 장기화 또는 기망 기타의 방법으로 임의로 진술한 것이 아니라고 의심할 만한 이유가 있는 때에는 이를 유죄의 증거로 하지 못한다.

1. 자백의 개념

자백이란 피고인 또는 피의자가 범죄사실의 전부 또는 일부를 인정하는 진술을 말한다.

2. 자백배제법칙의 개념과 법적 근거

헌법 제12조 제7항은 피고인의 자백이 고문·폭행·협박·구속의 부당한 장기화 또는 기망 기타의 방법에 의하여 자의로 진술된 것이 아니라고 인정될 때 또는 정식재판에 있어서 피고인의 자백이 그에게 불리한 유일한 증거일 때에는 이를 유죄의 증거로 삼거나 이를 이유로 처벌할 수 없다고 규정하고 있고, 형사소송법 제309조는 피고인의 자백이 **고문, 폭행, 협박, 신체구속의 부당한 장기화 또는 기망 기타의 방법으로 임의로 진술한 것이 아니라고 의심할 만한 이유가 있는 때**에는 이를 유죄의 증거로 하지 못한다고 규정하고 있다. 즉, 자백배제법칙이란 임의성이 의심되는 자백의 증거능력을 부정하는 원칙이다. 이러한 자백배제법칙은 수사기관에 대하여는 자백편중의 수사를 방지하고, 법원에 대하여는 자백에 의존하는 공판진행을 막음으로써 합리적인 심증형성과 공판중심주의의 발전에 기여할 수 있다.

3. 이론적 근거

가. 허위배제설

허위가 숨어들 위험성이 크고, 진실발견을 저해하므로 증거능력이 부정된다는 견해이다. 그러나 '허위'에 중점을 둠으로써 증거능력과 증명력을 혼동하였다는 비판을 받는다. 자백이 진실일 경우에 증거능력을 배제할 수 없다는 점 역시 비판받는다.

나. 인권옹호설

헌법상의 묵비권 즉, 진술거부권을 중심으로 한 인권보장을 담보하기 위하여 자백의 증거능력을 부인하여야 한다는 견해이다. 이 견해는 진술거부권 침해로 한정하여 자백배제법칙의 적용범위를 지나치게 축소하는 문제점이 있다는 비판을 받는다.

다. 위법배제설

자백취득과정의 적정절차를 보장하기 위한 장치가 자백배제법칙이다. 이 견해 역시 수사기관의 위법에만 중점을 두는 한계가 있다는 비판을 받는다. 이 견해는 자백배제법칙을 위법수집증거배제법칙의 특칙으로 본다. 이 견해의 핵심은 **임의성과 상관없이 증거능력을 부정할 수 있다는 점**에 있다.

라. 절충설(허 + 인) 내지 종합설(허 + 인 + 위)

이 견해는 여러 관점을 상호보완적으로 사용하여 법 제309조를 해석할 필요가 있다는 입장이다. 그러나 하나의 기준으로 설명하지 못하는 한계가 있다는 비판을 피할 수 없다.

> **관련판례** 종래 허위배제설에 입각하여 있다가, 그 후 위법배제설("진술의 임의성이라는 것은 … 즉, 증거수집과정에 위법성이 없다는 것"이라고 판시[대판 1983.3.8. 82도3248])을 기본 바탕으로 최근 대판 1999.1.29. 98도3584에서는 "임의성 없는 자백의 증거능력을 부정하는 취지가 허위진술을 유발 또는 강요한 위험성이 있는 상태하에서 행하여진 자백은 그 자체가 **실체적 진실에 부합하지 아니하여 오판의 소지**가 있을 뿐만 아니라 그 진위여부를 떠나서 자백을 얻기 위하여 **피의자의 기본적 인권을 침해하는 위법 부당한 압력이 가하여지는 것을 사전에 막기 위한 것**이므로, 그 임의성에 다툼이 있을 때에는 검사가 그 임의성의 의문점을 해소하는 입증을 하여야 한다."고 판시하였다.

마. 검토

원칙적으로는 위법배제설이 타당하다고 본다. 이것이 객관적 적용기준과 통일된 해석원리를 제공할 수 있을 뿐 아니라 자백배제법칙의 적용범위를 확장시킬 수 있기 때문이다. 이로써 인권침해와 위법수사에 대한 확실한 억지효과를 발생시킬 수 있다.

4. 적용범위

가. 고문·폭행·협박·신체구속의 부당한 장기화로 인한 자백

(1) 고문·폭행·협박에 의한 자백

고문과 폭행의 형태는 제한이 없다. 직접 고문당하지 않더라도 다른 사람이 고문당하는 것을 보고 자백하는 경우에도 여기에 해당될 수 있다. 나아가 수사기관에서 한 자백이 고문에 의한 허위자백이라는 주장을 가볍게 신빙성이 있는 것으로 보기는 어렵더라도 피고인이 범행을 한 뚜렷한 동기가 없고 범인이라는 혐의를 받을 수사의 단서도 없으며 피고인의 자백진술이 객관적 합리성이 결여되고 범행현장과 객관적 상황과 중요한 부분이 부합되지 않는 등의 특별 사정이 있는 경우라면 수사기관에서 자백하게 된 연유가 설사 고문이 아니라 할지라도 다소의 폭행 또는 기타의 방법으로 자백을 강요하여 임의로 진술한 것이 아니라고 의심할 사유가 있다 할 것이다(대판 1977.4.26. 77도210).

(2) 경찰고문과 검사에게 한 자백

피의자가 경찰에서 고문에 의하여 자백을 한 후 검사에게 동일한 자백을 한 경우에 검사 앞에서 한 자백의 증거능력을 인정할 수 있는가에 대해 판례는 임의성 없는 자백으로 보아 증거능력을 부정하고 있다.

> 관련판례 피고인들이 검사 이전의 수사기관의 조사과정에서 **고문 등으로 임의성 없는 진술을 하고 그 후 검사의 조사단계에서도 임의성 없는 심리상태가 계속**되어 동일한 내용의 진술을 하였다면 비록 검사 앞에서 조사받을 당시는 고문 등의 자백 강요를 당한 바가 없었다고 하여도 검사 앞에서의 자백은 결국 임의성 없는 진술이 될 수밖에 없으니, 피고인이 검사 이전의 수사기관에서 고문으로 임의성 없는 자백을 하였음을 주장하면서 검사 앞에서의 동일한 내용의 자백을 부인하고 있다면 이는 결국 검사작성의 피의자 심문조서의 임의성을 부인하는 취지라고 보아야 한다(대판 1981.10.13. 81도2160).

> 관련판례 피고인이 검사 이전의 수사기관에서 고문 등 가혹행위로 인하여 임의성 없는 자백을 하고 그 후 검사의 조사단계에서도 임의성 없는 심리상태가 계속되어 동일한 내용의 자백을 하였다면 **검사의 조사단계에서 고문 등 자백의 강요행위가 없었다고 하여도** 검사 앞에서의 자백도 임의성 없는 자백이라고 볼 수밖에 없다(대판 2012.11.29. 2010도11788).

나. 신체구속의 부당한 장기화로 인한 자백

> 관련판례 **경찰에서 약 15일간의 위법한 장기구금상태하의 자백의 임의성을 부인**하면서, 이에 뒤이은 검찰의 조사단계에서의 자백도 부당한 장기구금으로부터 오는 임의성 없는 상태가 계속된 상황에서 된 것이라고 의심할 이유가 있다(대판 1982.5.25. 82도716).

> 관련판례 긴급체포는 영장주의원칙에 대한 예외인 만큼 형사소송법 제200조의3 제1항의 요건을 모두 갖춘 경우에 한하여 예외적으로 허용되어야 하고, 요건을 갖추지 못한 긴급체포는 법적 근거에 의하지 아니한 영장 없는 체포로서 위법한 체포에 해당하는 것이고, 여기서 **긴급체포의 요건을 갖추었는지 여부**는 사후에 밝혀진 사정을 기초로 판단하는 것이 아니라 **체포 당시의 상황을 기초로 판단하여야 하고, 이에 관한 검사나 사법경찰관 등 수사주체의 판단에는 상당한 재량의 여지**가 있다고 할 것이나, 긴급체포 당시의 상황으로 보아서도 그 요건의 충족 여부에 관한 검사나 사법경찰관의 판단이 경험칙에 비추어 현저히 합리성을 잃은 경우에는 그 체포는 위법한 체포라 할 것이고, 이러한 위법은 영장주의에 위배되는 중대한 것이니 그 체포에 의한 유치 중에 작성된 피의자신문조서는 위법하게 수집된 증거로서 특별한 사정이 없는 한 이를 유죄의 증거로 할 수 없다(대판 2002.6.11. 2000도5701).

다. 기망 기타의 방법에 의한 임의성에 의심 있는 자백

(1) 기망에 의한 자백

위계에 의한 자백, **적극적인 사술**이 있을 것을 요한다(예 공범자가 자백하였다고 기망하거나 거짓말탐지기 결과가 거짓으로 나왔다고 기망하는 경우 등).

관련판례 피고인의 자백이 심문에 참여한 검찰주사가 피의사실을 자백하면 피의사실부분은 가볍게 처리하고 보호감호의 청구를 하지 않겠다는 각서를 작성하여 주면서 자백을 유도한 것에 기인한 것이라면 위 자백은 기망에 의하여 임의로 진술한 것이 아니라고 의심할 만한 이유가 있는 때에 해당하여 형사소송법 제309조 및 제312조 제1항의 규정에 따라 증거로 할 수 없다(대판 1985.12.10. 85도2182, 85감도313).

(2) 약속에 의한 자백

자백하는 대가로 일정한 이익을 제공할 것을 약속하여 얻은 자백(예 자백하면 기소유예)의 경우를 말한다.

① **약속의 주체** : 검사 또는 사법경찰관이다(약속자는 약속내용에 관해 **처분권한 가진 경우**뿐만 아니라 객관적으로 권한 있는 자가 아니지만, **권한 가진 자로 생각되는 경우**도 포함함).

② **약속의 내용** : 형사책임 또는 형사절차상 이해에 관계되는 기소, 불기소, 형의 경중, 신병석방 등이 포함됨은 물론, 기타 **개인적·세속적 이익도 포함된다.**

③ **약속의 방법** : **구체적·명시적이어야 한다.**

관련판례 자백의 약속이 검사의 강요나 위계에 의하여 이루어졌다던가 또는 불기소나 경한 죄의 소추 등 이익과 교환조건으로 된 것이라고 인정되지 아니하므로 위와 같이 일정한 증거가 발견되면 자백하겠다는 약속 하에 된 자백을 곧 임의성이 없는 자백이라고 단정할 수는 없다(대판 1983.9.13. 83도712).

관련판례 피고인이 처음 검찰조사시에 범행을 부인하다가 뒤에 자백을 하는 과정에서 금 200만 원을 뇌물로 받은 것으로 하면 특정범죄가중처벌등에관한법률 위반으로 중형을 받게 되니 금 200만 원 중 금 30만 원을 술값을 갚은 것으로 조서를 허위작성한 것이라면 이는 단순 수뢰죄의 가벼운 형으로 처벌되도록 하겠다고 약속하고 자백을 유도한 것으로 위와 같은 상황 하에서 한 자백은 그 임의성에 의심이 가고 따라서 진실성이 없다는 취지에서 이를 배척하였다 하여 자유심증주의의 한계를 벗어난 위법이 있다고는 할 수 없다(대판 1984.5.9. 83도2782).

관련판례 피고인이 검사가 공소장을 변경하여 벌금형이 선고될 수 있게 해주겠다는 제의와 검사가 신청한 증인들의 증언 등에 의하여 무거운 처벌을 받게 될지도 모른다는 두려움 때문에 공판기일에서 허위자백한 것이라고 변소하고 있고 그 자백내용자체가 객관적 합리성이 없으며 자백에 이르게 된 경위가 타증거에 비추어 모순되어 신빙성이 없으므로 이를 유죄의 증거로 할 수 없다고 한 사례(대판 1987.4.14. 87도317).

(3) 기타 임의성에 의심 있는 자백

① **위법한 신문방법에 의한 자백** : 야간신문도 그 자체가 위법한 것은 아니나, 피의자가 **피로에 의해 정상적인 판단능력을 잃을 정도**에 이르면 신문을 중단해야 한다. 현재 수사준칙(2021. 1.1. 시행)에 의하면, 심야조사제한을 규정하여 오후 9시

부터 오전 6시 사이에 조사를 금지하고 있다(수사준칙 제21조). 또한 장시간 조사를 제한하여 총 조사시간이 12시간을 초과하지 않도록 하며 실제 조사시간은 8시간을 초과하지 않도록 하고 있다(수사준칙 제22조). 휴게시간 역시 최소 2시간마다 10분 이상 휴식시간을 주어야 하도록 규정하고 있다(수사준칙 제23조).

> **관련판례** 피고인의 검찰에서의 자백은 피고인이 검찰에 연행된 때로부터 **약 30시간동안 잠을 재우지 아니한 채** 검사 2명이 교대로 신문을 하면서 회유한 끝에 받아낸 것으로 **임의로 진술한 것이 아니라고 의심할 만한 이유가 있는 때에 해당한다**고 보아, 형사소송법 제309조의 규정에 의하여 **그 피의자신문조서는 증거능력이 없다**(대판 1997.6.27. 95도1964).

> **관련판례** 별건으로 수감 중인 자를 약 1년 3개월의 기간 동안 무려 270회나 검찰청으로 소환하여 밤늦은 시각 또는 그 다음날 새벽까지 조사를 하였다면 그는 과도한 육체적 피로, 수면부족, 심리적 압박감 속에서 진술을 한 것으로 보이고, 미국 영주권을 신청해 놓았을 뿐 아니라 가족들도 미국에 체류 중이어서 반드시 미국으로 출국하여야 하는 상황에 놓여있는 자를 구속 또는 출국금지조치의 지속 등을 수단으로 삼아 회유하거나 압박하여 조사를 하였을 가능성이 충분하다면 그는 심리적 압박감이나 정신적 강압상태하에서 진술을 한 것으로 의심되므로 이들에 대한 진술조서는 그 임의성을 의심할 만한 사정이 있는데, 검사가 그 임의성의 의문점을 해소하는 증명을 하지 못하였으므로 위 각 진술조서는 증거능력이 없다(대판 2006.1.26. 2004도517).

② 진술거부권을 고지하지 않은 자백

진술거부권 불고지의 경우 증거능력을 부정하는 이론적 근거에 대해 견해대립이 있다. **위법수집증거배제법칙적용설**은 진술거부권불고지의 경우에도 자백의 임의성 있을 수 있고, 제309조는 자백의 임의성은 인정되나 그 자백의 수집절차에 중대한 위법이 있는 경우에는 적용되지 않는다는 견해이다. 반면에 **자백배제법칙적용설**은 제309조는 임의성 없는 경우뿐만 아니라 임의성에 의심 있는 경우도 규정하고 있고, 진술거부권 불고지한 경우는 적어도 임의성에 의심 있는 경우에 해당한다는 견해이다. 분명한 것은 자백배제법칙의 근거가 허위배제설에서 위법배제설로 발전함에 따라 진술거부권과 자백배제법칙은 공통의 원리에 의해 일체화되고 있다는 점이다. 사실 어느 견해에 의하더라도 그 결론에 있어 차이가 있는 것은 아니다. 위법수집증거배제법칙설은 임의성과 무관하게 증거능력을 배제할 수 있다는 것이고, 자백배제법칙설은 위법수사에 기하여 임의성에 의심이 있다는 것으로 결국 증거능력을 배제하여야 한다는 것이기 때문이다.

> **관련판례** 형사소송법 제200조 제2항은 검사 또는 사법경찰관이 출석한 피의자의 진술을 들을 때에는 미리 피의자에 대하여 진술을 거부할 수 있음을 알려야 한다고 규정하고 있는바 이러한 피의자의 진술거부권은 헌법이 보장하는 형사상 자기에게 불리한 진술을 강요당하지 않는 자기부죄거부의 권리에 터잡은 것이므로 수사기관이 피의자를 신문함에 있어 피의자에게 미리 진술거부권을 고지하지 않은 때에는 그 피의자의 진술은 **위법하게 수집된 증거로서** 진술의 **임의성이 인정되는 경우라도** 증거능력이 **부정**되어야 한다(대판 1992.6.23. 92도682).

2007년 개정 전에는 위법수집증거배제에 관한 명문규정이 없었으므로 제309조의 자백배제법칙에 의존할 수밖에 없었으며 결국 위법수집증거배제법칙의 강화된 실정법규정(자백배제법칙적용설)이라고 보았다. 그러나 이에 의하면 피신조서 자체의 증거능력을 배제하는 것이 아니라 그 조서에 기재된 자백진술의 증거능력만을 배제하게 되므로 진술거부권이 고지되지 않은 상황에서 작성된 조서라고 하더라도 자백 이외의 진술을 담고 있는 검사작성의 피의자신문조서에 대하여는 증거능력을 제한할 수 없다는 결론에 이르게 된다. 그러나 제244조의3은 진술거부권의 규정을 피의자신문 부분에 옮겨 상세히 규정하면서 제308조의2는 "적법한 절차에 의하지 아니하고 수집한 증거는 증거로 할 수 없다"고 규정하였으므로 적법절차의 원칙을 위반한 피신조서 자체의 증거능력을 본 규정에 의하여 부정할 수 있으며 자백여부도 따질 필요가 없게 된 것이다.128)

③ 변호인 선임권·접견교통권의 침해에 의한 자백

이 역시 위 진술거부권을 고지하지 않고 얻은 자백의 경우와 같은 논의가 이루어진다.

`관련판례` 검사작성의 피의자 신문조서가 검사에 의하여 피의자에 대한 변호인의 접견이 부당하게 제한되고 있는 동안에 작성된 경우에는 **증거능력이 없다**(대판 1990.8.24. 90도1285).

`관련판례` 헌법 제12조 제1항, 제4항 본문, 형사소송법 제243조의2 제1항 및 그 입법 목적 등에 비추어 보면, 피의자가 **변호인의 참여를 원한다는 의사를 명백하게 표시하였음에도 수사기관이 정당한 사유 없이 변호인을 참여하게 하지 아니한 채 피의자를 신문하여 작성한 피의자 신문조서**는 형사소송법 제312조에 정한 '적법한 절차와 방식'에 위반된 증거일 뿐만 아니라, 형사소송법 제308조의2에서 정한 '적법한 절차에 따르지 아니하고 수집한 증거'에 해당하므로 이를 **증거로 할 수 없다**(대판 2013.3.28. 2010도3359).

이와 달리, **범죄의 피해자인 검사가 그 사건의 수사에 관여하거나, 압수·수색영장의 집행에 참여한 검사가 다시 수사에 관여하였다는 이유만**으로 바로 그 수사가 위법하다거나 그에 따른 **참고인이나 피의자의 진술에 임의성이 없다고 볼 수는 없다**(대판 2013.9.12. 2011도12918).

5. 관련문제

가. 인과관계의 요부

고문·폭행·협박·신체구속의 부당한 장기화와 임의성 없는 자백 사이에 인과관계를 요하는가에 대해 적극설, 소극설, 절충설로 견해가 나뉜다. 분명한 것은 법 제309조의 사유와 자백사이의 인과관계가 있어야 함에는 의문의 여지가 없는 것

---

128) 신동운 판례분석, 266면, 314면

이고, 제309조의 사유와 자백의 '임의성' 사이에 인과관계가 필요한가에 대한 논의라고 할 것이다. 그러나 위법배제설적 관점에서 위법수사가 존재한다면 임의성 유무와 무관하게 자백배제법칙을 적용하여야 하므로, 임의성과의 인과관계는 요하지 않는다고 볼 것이다.

> **관련판례** 피고인의 자백이 임의성이 없다고 의심할만한 사유가 있는 때에 해당한다 할지라도 그 임의성이 없다고 의심하게 된 사유들과 피고인의 자백과의 사이에 인과관계가 존재하지 않은 것이 명백한 때에는 그 자백은 임의성이 있는 것으로 인정된다(대판 1984.4.27. 84도2252).

나. 임의성의 입증

판례는 "법관이 자백의 임의성의 존부에 관하여 상당한 이유가 있다고 의심할 만한 구체적 사실을 들어 그에 의하여 자백의 임의성에 합리적이고 상당한 정도의 의심이 있을 때에 비로소 **검사에게** 그에 대한 입증책임이 돌아간다(대판 1984.8.14. 84도1139)."고 판시한바 있으나, 최근, 임의성에 다툼이 있는 경우에는 검사가 임의성의 의문점을 해소하여 입증하여야 한다고 판시(대판 1995.5.12. 95도484)하여 정면으로 검사의 거증책임을 인정하였다. 다만, 앞서 언급한 바와 같이 이는 소송법적 사실에 해당하는 것으로 자유로운 증명으로 증명하면 된다.

> **관련판례** 피고인이 피의자신문조서에 기재된 피고인 진술의 임의성을 다투면서 그것이 허위 자백이라고 주장하는 경우, 법원은 구체적인 사건에 따라 피고인의 학력, 경력, 직업, 사회적 지위, 지능 정도, 진술의 내용, 피의자신문조서의 경우 그 조서의 형식 등 제반 사정을 참작하여 **자유로운 심증으로** 위 진술이 임의로 된 것인지의 여부를 판단하되, 자백의 진술 내용 자체가 객관적인 합리성을 띠고 있는가, 자백의 동기나 이유 및 자백에 이르게 된 경위는 어떠한가, 자백 외의 정황증거 중 자백과 저촉되거나 모순되는 것이 없는가 하는 점 등을 고려하여 그 신빙성 유무를 판단하여야 한다(대판 2011.10.27. 2009도1603).

6. 자백배제법칙의 효과

가. 증거능력의 절대적 배제

자백배제법칙은 헌법상 근거를 둔 것으로서 자백배제법칙으로 증거능력이 부인되는 것은 중대한 위법에 해당하는 바, **피고인의 동의가 있더라도 그 자백은 증거능력이 없다.** 나아가 **탄핵증거로도 사용하지 못한다.** 그러나 피고인자백진술의 신빙성을 탄핵하는 탄핵증거로는 제시하는 것이 가능하다고 볼 것이다(대판 1985.2.26. 82도2413).

나. 파생증거의 증거능력

제309조에 위반하여 취득한 자백에 의하여 수집된 증거의 증거능력은 독수의 과실이론에 의해 증거능력을 부정하는 것이 통설이자 판례이다.

제5절 전문법칙

제310조【불이익한 자백의 증거능력】 피고인의 자백이 그 피고인에게 **불이익한 유일의 증거**인 때에는 이를 유죄의 증거로 하지 못한다.

제310조의2【전문증거와 증거능력의 제한】 제311조 내지 제316조에 규정한 것 이외에는 공판준비 또는 공판기일에서의 진술에 대신하여 진술을 기재한 서류나 공판준비 또는 공판기일 외에서의 타인의 진술을 내용으로 하는 진술은 이를 증거로 할 수 없다.

제311조【법원 또는 법관의 조서】 공판준비 또는 공판기일에 피고인이나 피고인 아닌 자의 진술을 기재한 조서와 법원 또는 법관의 검증의 결과를 기재한 조서는 증거로 할 수 있다. 제184조 및 제221조의2의 규정에 의하여 작성한 조서도 또한 같다.

제312조【검사 또는 사법경찰관의 조서 등】 ① 검사가 작성한 피의자신문조서는 **적법한 절차와 방식에 따라 작성**된 것으로서 공판준비 또는 공판기일에 그 피의자였던 피고인 또는 변호인이 그 **내용을 인정할 때**에 한하여 증거로 할 수 있다[2022. 1. 1. 시행].

② 삭제

③ 검사 이외의 수사기관이 작성한 피의자신문조서는 **적법한 절차와 방식에 따라 작성**된 것으로서 공판준비 또는 공판기일에 그 피의자였던 피고인 또는 변호인이 그 **내용을 인정할 때**에 한하여 증거로 할 수 있다.

④ 검사 또는 사법경찰관이 피고인이 아닌 자의 진술을 기재한 조서는 **적법한 절차와 방식에 따라 작성**된 것으로서 그 조서가 검사 또는 사법경찰관 앞에서 진술한 내용과 **동일하게 기재되어 있음이** 원진술자의 공판준비 또는 공판기일에서의 **진술이나 영상녹화물 또는 그 밖의 객관적인 방법에 의하여 증명**되고, 피고인 또는 변호인이 공판준비 또는 공판기일에 그 기재 내용에 관하여 **원진술자를 신문할 수 있었던 때**에는 증거로 할 수 있다. 다만, 그 조서에 기재된 진술이 **특히 신빙할 수 있는 상태**하에서 행하여졌음이 증명된 때에 한한다.

⑤ 제1항부터 제4항까지의 규정은 피고인 또는 피고인이 아닌 자가 수사과정에서 작성한 진술서에 관하여 준용한다.

⑥ 검사 또는 사법경찰관이 검증의 결과를 기재한 조서는 **적법한 절차와 방식에 따라 작성**된 것으로서 공판준비 또는 공판기일에서의 작성자의 진술에 따라 **그 성립의 진정함이 증명된 때**에는 증거로 할 수 있다.

제313조【진술서등】 ① 전2조의 규정 이외에 피고인 또는 피고인이 아닌 자가 작성한 진술서나 그 진술을 기재한 서류로서 그 작성자 또는 진술자의 **자필**이거나 그 **서명 또는 날인**이 있는 것(피고인 또는 피고인 아닌 자가 작성하였거나 진술한 내용이 포함된 문자·사진·영상 등의 정보로서 컴퓨터용디스크, 그 밖에 이와 비슷한 정보저장매체에 저장된 것을 포함한다. 이하 이 조에서 같다)은 공판준비나 공판기일에서의 그 작성자 또는 진술자의 진술에 의하여 **그 성립의 진정함이 증명**된 때에는 증거로 할 수 있다. 단, 피고인의 진술을 기재한 서류는 공판준비 또는 공판기일에서의 그 작성자의 진술에 의하여 **그 성립의 진정함이 증명**되고 그 진술이 **특히 신빙할 수 있는 상태**하에서 행하여 진 때에 한하여 피고인의 공판준비 또는 공판기일에서의 진술에 불구하고 증거로 할 수 있다.

② 제1항 본문에도 불구하고 진술서의 작성자가 공판준비나 공판기일에서 **그 성립의 진정을 부인하는 경우**에는 과학적 분석결과에 기초한 디지털포렌식 자료, 감정 등 **객관적 방법으로 성립의 진정함이 증명**되는 때에는 증거로 할 수 있다. 다만, 피고인 아닌 자가 작성한 진술서는 피고인 또는 변호인이 공판준비 또는 공판기일에 그 기재 내용에 관하여 작성자를 신문할 수 있었을 것을 요한다.

③ **감정의 경과와 결과를 기재한 서류**도 제1항 및 제2항과 같다.

제314조【증거능력에 대한 예외】 제312조 또는 제313조의 경우에 공판준비 또는 공판기일에 진술을 요하는 자가 **사망·질병·외국거주·소재불명 그 밖에 이에 준하는 사유로 인하여 진술할 수 없는 때**에는 그 조서 및 그 밖의 서류(피고인 또는 피고인 아닌 자가 작성하였거나 진술한 내용이 포함된 문자·사진·영상 등의 정보로서 컴퓨터용디스크, 그 밖에 이와 비슷한 정보저장매체에 저장된 것을 포함한다)를 **증거로 할 수 있다**. 다만, 그 진술 또는 작성이 **특히 신빙할 수 있는 상태**하에서 행하여졌음이 증명된 때에 한한다.

제315조【당연히 증거능력이 있는 서류】 다음에 게기한 서류는 증거로 할 수 있다.
1. 가족관계기록사항에 관한 증명서, 공정증서등본 기타 공무원 또는 외국공무원의 직무상 증명할 수 있는 사항에 관하여 작성한 문서
2. 상업장부, 항해일지 기타 업무상 필요로 작성한 통상문서
3. 기타 특히 신용할 만한 정황에 의하여 작성된 문서

제316조【전문의 진술】 ① 피고인이 아닌 자(공소제기 전에 피고인을 피의자로 조사하였거나 그 조사에 참여하였던 자를 포함한다. 이하 이 조에서 같다)의 공판준비 또는 공판기일에서의 진술이 **피고인의 진술을 그 내용으로 하는 것인 때**에는 그 진술이 **특히 신빙할 수 있는 상태**하에서 행하여졌음이 증명된 때에 한하여 이를 증거로 할 수 있다.

② 피고인 아닌 자의 공판준비 또는 공판기일에서의 진술이 **피고인 아닌 타인의 진술을 그 내용으로 하는 것인 때**에는 원진술자가 사망, 질병, 외국거주, 소재불명 그 밖에 이에 준하는 사유로 인하여 진술할 수 없고, 그 진술이 특히 신빙할 수 있는 상태하에서 행하여졌음이 증명된 때에 한하여 이를 증거로 할 수 있다.

1. 개념

가. 전문증거

전문증거는 한자 풀이 그대로 '전해들은 진술'을 증거로 한다는 말이다. 즉, 사실인정의 기초가 되는 경험적 사실(요증사실)을 경험자 자신이 직접 법원에 진술하지 않고 간접적으로 보고하는 것을 전문증거라 한다(제310조의2). 반면, **경험자가 자신이 체험한 사실을 외부에 알리는 행위를 원진술**이라 하고, 원본증거는 경험자가 중간에 다른 매개체인 사람이나 서류의 형식 등을 거치지 않고 직접 법원에 진술하는 경우를 말한다. 전문증거의 형태는 ① 원진술자의 진술을 들은 자가 법정에서 진술하는 **전문진술** ② 원진술자가 자신이 경험한 사실을 서면에 기재한 경우인 **진술서** ③ 원진술자의 경험진술을 제3자가 기재하는 **진술기재 서류**로 크게 분류된다.

> 관련판례 어떤 진술이 범죄사실에 대한 직접증거로 사용함에 있어서는 전문증거가 된다고 하더라도 그와 같은 진술을 하였다는 것 자체 또는 그 진술의 진실성과 관계없는 간접사실에 대한 정황증거로 사용함에 있어서는 반드시 전문증거가 되는 것은 아니다(대판 2000.2.25. 99도1252).
>
> 비교판례 어떤 진술이 기재된 서류가 그 내용의 진실성이 범죄사실에 대한 직접증거로 사용될 때는 전문증거가 된다고 하더라도 그와 같은 진술을 하였다는 것 자체 또는 그 진술의 진실성과 관계없는 간접사실에 대한 정황증거로 사용될 때는 반드시 전문증거가 되는 것은 아니다(대판 2007.8.23. 2007도2595).

나. 전문법칙

전문법칙이란 전문증거는 증거가 아니며, 따라서 증거능력이 인정될 수 없다는 원칙을 말한다. 이를 "Hearsay is no evidence"라고 한다. 경험적 진술을 원본증거의 형태가 아닌 간접적인 방식으로 제출되는 경우 그 증거능력을 배제하는 원칙이다.

다. 전문법칙의 근거

전문법칙의 근거는 처음에는 '선서의 결여와 부정확한 전달의 위험'에서 시작되었다. 부정확한 전달의 위험이 본질이기는 하나 공판중심주의하에서는 '반대신문의 결여'가 핵심적인 이유가 된다. 또한 수사기관의 일방적인 작성으로 만들어진 조서의 경우는 '신용성의 결여'도 전문법칙의 근거가 된다. 그러나 무엇보다도 전문법칙의 주된 근거는 '반대신문의 결여'이다. 공판중심주의와 구두변론주의가 강화되는 형사소송법의 발전방향에 따라 반대신문의 기회보장이 더욱 중요한 전문법칙의 예외요건이 되었기 때문이다.[129]

> 관련판례 제310조의2에서 법관의 면전에서 진술되지 아니하고 피고인에 대한 반대신문의 기회가 부여되지 아니한 진술에 대하여는 원칙적으로 증거능력을 부여하지 아니하는 내용을 규정하여, 모든 증거는 법관의 면전에서 진술·심리되어야 하는 직접주의와 피고인에게 불리한 증거에 대하여는 반대신문할 수 있는 권리를 원칙적으로 보장하였다(헌재결 1998.9.30. 97헌바51).

---

[129] 형사소송법은 제161조의2에서 피고인의 반대신문권을 포함한 교호신문제도를 규정함과 동시에, 제310조의2에서 법관의 면전에서 진술되지 아니하고 피고인에 의한 반대신문의 기회가 부여되지 아니한 진술에 대하여는 원칙적으로 증거능력을 부여하지 아니함으로써, 형사재판에 있어서 모든 증거는 법관의 면전에서 진술·심리되어야 한다는 직접주의와 피고인에게 불리한 증거에 대하여는 반대신문할 수 있는 권리를 원칙적으로 보장하고 있는바, 반대신문권의 보장은 형식적·절차적인 것이 아니라 실질적·효과적인 것이어야 하므로, 증인이 반대신문에 대하여 답변을 하지 아니함으로써 진술내용의 모순이나 불합리를 드러내는 것이 사실상 불가능하였다면, 그 사유가 피고인이나 변호인에게 책임있는 것이 아닌 한 그 진술증거는 법관의 올바른 심증형성의 기초가 될 만한 진정한 증거가치를 가진다고 보기 어렵다 할 것이고, 따라서 이러한 증거를 채용하여 공소사실을 인정함에 있어서는 신중을 기하여야 한다(대판 2001.9.14. 2001도1550).

2. 반대신문권 보장과 무관한 전문법칙

반대신문권과 관계없는 규정들 즉, "피고인진술" 관련된 전문증거인 제312조 제1항, 제2항, 제3항, 제313조 제1항의 피고인진술서 내지 피고인 진술기재서류, 제316조 제1항의 피고인의 진술을 내용으로 하는 전문진술의 성격과 관련되어서는 ① 반대신문권의 보장이라고 보는 견해와 ② 신용성의 결여에 있다고 해석해야 한다는 견해가 있으나, 피고인 진술은 반대신문의 기회보장이라는 것이 의미가 없으므로 신용성의 결여를 보충하는 특신상태 요건을 통해 예외적으로 증거능력을 인정하는 것으로 보아야 한다.

가. 전문법칙의 적용범위

(1) 전문법칙의 적용요건

(가) 진술증거 : 전문증거는 사람의 진술이 증거가 되는 진술증거이다. 따라서 비진술증거는 전문법칙의 대상이 아니다.

(나) 요증사실과의 관계(원진술내용에 의해 요증사실을 증명하는 경우) : 전문법칙은 반드시 요증사실과의 관계에서 증거능력을 검토하여야 한다. 예를 들어, '甲이 乙을 성추행하였다.'고 목격자 丙이 말하는 것을 들은 丁이 법원에 나와 "丙이 그 때 甲이 乙을 성추행하였다고 말하는 것을 들었습니다"라고 증언하였을 경우, 이 진술이 강제추행죄의 증거로 사용될 때는 원진술자인 丙으로부터 들은 전문진술이 되어 제316조 제2항이 적용되나, 丙의 명예훼손죄에 대한 증거로 사용될 경우에는 丁은 경험진술을 한 것이므로 원진술에 해당하고 원본증거가 된다.

> [관련판례] 형사소송법은 제310조의2에서 원칙적으로 전문증거의 증거능력을 인정하지 않고, 제311조부터 제316조까지 정한 요건을 충족하는 경우에만 예외적으로 증거능력을 인정한다. 다른 사람의 진술을 내용으로 하는 진술이 전문증거인지는 요증사실이 무엇인지에 따라 정해진다. 다른 사람의 진술, 즉 원진술의 **내용**인 사실이 요증사실인 경우에는 전문증거이지만, **원진술의 존재 자체가 요증사실인 경우에는 본래증거이지 전문증거가 아니다.** 어떤 진술이 기재된 서류가 그 내용의 진실성이 범죄사실에 대한 직접증거로 사용될 때는 전문증거가 되지만 그와 같은 진술을 하였다는 것 자체 또는 진술의 진실성과 관계없는 간접사실에 대한 정황증거로 사용될 때는 반드시 전문증거가 되는 것이 아니다. 그러나 **어떠한 내용의 진술을 하였다는 사실 자체에 대한 정황증거로 사용될 것이라는 이유로 서류의 증거능력을 인정한 다음 그 사실을 다시 진술 내용이나 그 진실성을 증명하는 간접사실로 사용하는 경우에 그 서류는 전문증거에 해당**한다. 서류가 그곳에 기재된 원진술의 내용인 사실을 증명하는 데 사용되어 원진술의 내용인 사실이 요증사실이 되기 때문이다. 이러한 경우 형사소송법 제311조부터 제316조까지 정한 요건을 충족하지 못한다면 증거능력이 없다(대판 2019.8.29. 2018도2738 전원합의체).

(다) 공판준비 또는 공판기일 외에서의 진술이 전문증거에 해당한다. 공판준비 또는 공판기일에서의 진술은 법원이 직접 청취하는 것이므로 전문증거가 될 수 없다. 다만 공판기일에 이루어진 경험진술이 아닌 전문진술(제316조)은 전문증거에 해당한다.

(2) 전문법칙이 적용되지 않는 경우

(가) 요증사실의 일부를 이루는 진술

어떤 사람의 진술의 내용을 증거로 사용하는 것은 전문증거이나, 원진술의 존재 자체가 증거가 되는 것은 본래증거이지 전문증거가 아니다.130) 즉, 원진술자의 진술 내용의 진실성 여부가 요증사실인 경우는 전문증거이나 그 진실성과 관계없이 그렇게 말한 사실 자체가 요증사실의 증거가 되는 경우는 본래증거가 되어 전문법칙이 적용되지 않는다. 예를 들어, 피고인(알선자)로부터 담당공무원에게 사례비를 주어야 한다는 말을 들었다는 A(알선의뢰인)가 법정에 나와 이를 진술한 것은 '알선자의 금품요구'라는 알선수재죄의 요증사실의 일부를 이루는 내용이므로 경험진술이지 피고인으로부터 말을 전해 들은 전문진술(제316조 제1항)이 아니다. 타인의 진술을 내용으로 하는 진술이 전문증거인지 여부는 요증사실과의 관계에서 정하여지는바, 원진술의 내용인 사실이 요증사실인 경우에는 전문증거이나, 원진술의 존재 자체가 요증사실인 경우에는 본래증거이지 전문증거가 아니다(대판 2008.11.13. 2008도8007).

> **관련판례** ― "피해자로부터 '피고인이 추행했다'는 취지의 말을 들었다."는 증인의 법정진술이 전문증거에 해당하지 않는다고 판단한 원심이 타당한지 여부(소극) 증인 A의 제1심 법정진술 중 "피해자로부터 '피고인이 추행했다'는 취지의 말을 들었다."는 부분은 '피고인이 피해자를 추행한 사실의 존부'에 대한 증거로 사용되는 경우에는 전문증거에 해당하나 피해자가 A에게 위와 같은 진술을 하였다는 것 자체에 대한 증거로 사용되는 경우에는 A가 경험한 사실에 관한 진술에 해당하여 전문법칙이 적용되지 않고, 나아가 위 A의 진술도 피해자의 진술에 부합한다고 판단한 원심에 대하여 대법원은, 원심의 판단은 피해자가 A에게 '피고인이 추행했다'는 진술을 하였다는 것 자체에 대한 증거로 사용된다는 이유로 증거능력을 인정한 것이나, **원심은 위와 같이 판단한 다음 A의 위 진술이 피해자의 진술에 부합한다고 보아 A의 위 진술을 피해자의 진술 내용의 진실성을 증명하는 간접사실로 사용하였으므로 위 A의 진술은 전문증거에 해당**하고, 형사소송법 제310조의2, 제316조 제2항의 요건을 갖추지 못하므로 증거능력이 없다고 판단하였다(대판 2021.2.25. 2020도17109).

---

130) 타인의 진술을 내용으로 하는 진술이 전문증거인지 여부는 요증사실과의 관계에서 정하여지는바, 원진술의 내용인 사실이 요증사실인 경우에는 전문증거이나, 원진술의 존재 자체가 요증사실인 경우에는 본래증거이지 전문증거가 아니다(대판 2008.9.25. 2008도5347 참조). 공소외 2(알선의뢰인)는 전화를 통하여 피고인(알선인)으로부터 2005. 8.경 건축허가 담당 공무원이 외국연수를 가므로 사례비를 주어야 한다는 말과 2006. 2.경 건축허가 담당 공무원이 4,000만 원을 요구하는데 사례비로 2,000만 원을 주어야 한다는 말을 들었다는 취지로 수사기관 제1심 및 원심 법정에서 진술하였음을 알 수 있는데, 피고인의 위와 같은 원진술의 존재 자체가 이 사건 알선수재죄에 있어서의 요증사실이므로, 이를 직접 경험한 공소외 2가 피고인으로부터 위와 같은 말들을 들었다고 하는 진술들은 전문증거가 아니라 본래증거에 해당된다(대판 2008.11.13. 2008도8007).

(나) 언어적 행동 : 행동의 의미를 설명하는 언어적 행동 역시 전문증거로 볼 수 없다. 甲이 여자를 껴안아 강제추행이 문제되는 사안에서 甲의 친구 乙이 법정에 나와 甲이 한 '행동의 의미'를 설명하는 것은 경험진술이 아닐 뿐 아니라 의미해석에 불과하므로 전문증거 자체가 아니다.

(다) 정황증거에 사용된 언어 : "나는 외계에서 온 옵티머스 프라임이다."라는 진술은 공소사실을 직접 증명하는 증거가 될 수는 없다. 그러나 이러한 말을 했다는 자체가 '정신적 상태'를 증명하는 정황증거로 이용될 수 있는데, 이는 전문증거가 될 수 없어 전문법칙이 적용되지 않는다.

(라) 탄핵증거로 사용된 진술 : 탄핵증거는 증명력을 떨어뜨리기 위한 것으로 전문법칙을 적용하지 않는다.

(마) 증거물인 서면 : 물적 상태를 증거로 사용하는 경우이다. 대표적으로 협박문자나 공갈편지와 같이 그와 같은 수단을 이용하여 범행을 범하였다는 증거가 되는 경우는 경험자의 진술에 갈음하는 대체물이 아닌 직접증거로서 전문법칙이 적용되지 않는다.

> **관련판례** [1] 구 정보통신망 이용촉진 및 정보보호 등에 관한 법률(2005. 12. 30. 법률 제7812호로 개정되기 전의 것) 제65조 제1항 제3호는 정보통신망을 통하여 공포심이나 불안감을 유발하는 글을 반복적으로 상대방에게 도달하게 하는 행위를 처벌하고 있다. 검사가 위 죄에 대한 유죄의 증거로 문자정보가 저장되어 있는 휴대전화기를 법정에 제출하는 경우, 휴대전화기에 저장된 문자정보 그 자체가 범행의 직접적인 수단으로서 증거로 사용될 수 있다. 또한, 검사는 휴대전화기 이용자가 그 문자정보를 읽을 수 있도록 한 휴대전화기의 화면을 촬영한 사진을 증거로 제출할 수도 있는데, 이를 증거로 사용하려면 문자정보가 저장된 휴대전화기를 법정에 제출할 수 없거나 그 제출이 곤란한 사정이 있고, 그 사진의 영상이 휴대전화기의 화면에 표시된 문자정보와 정확하게 같다는 사실이 증명되어야 한다.
> [2] 형사소송법 제310조의2는 사실을 직접 경험한 사람의 진술이 법정에 직접 제출되어야 하고 이에 갈음하는 대체물인 진술 또는 서류가 제출되어서는 안 된다는 이른바 전문법칙을 선언한 것이다. 그런데 정보통신망을 통하여 공포심이나 불안감을 유발하는 글을 반복적으로 상대방에게 도달하게 하는 행위를 하였다는 공소사실에 대하여 휴대전화기에 저장된 문자정보가 그 증거가 되는 경우, 그 문자정보는 범행의 직접적인 수단이고 경험자의 진술에 갈음하는 대체물에 해당하지 않으므로, 형사소송법 제310조의2에서 정한 전문법칙이 적용되지 않는다(대판 2008.11.13. 2006도2556).

> **관련판례** 피고인이 수표를 발행하였으나 예금부족 또는 거래정지처분으로 지급되지 아니하게 하였다는 부정수표단속법위반의 공소사실을 증명하기 위하여 제출되는 수표는 그 서류의 존재 또는 상태 자체가 증거가 되는 것이어서 **증거물인 서면**에 해당하고 어떠한 사실을 직접 경험한 사람의 진술에 갈음하는 **대체물이 아니므로**, 증거능력은 증거물의 예에 의하여 판단하여야 하고, 이에 대하여는 형사소송법 제310조의2에서 정한 **전문법칙이 적용될 여지가 없다**. 이때 수표 원본이 아니라 전자복사기를 사용하여 복사한 사본이 증거로 제출되었고 피고인이 이를 증거로 하는 데 부동의한 경우 위 수표 사본을 증거로 사용하기 위해서는 수표 원본을 법정에 제출할 수 없거나 제출이 곤란한 사정이 있고 수표 원본이 존재하거나 존재하였으며 증거로 제출된 수표 사본이 이를 정확하게 전사한 것이라는 사실이 증명되어야 한다(대판 2015.4.23. 2015도2275).

3. 전문법칙의 예외이론

가. 예외인정의 필요성

전문증거라도 신용성이 보장되어 있는 경우가 있을 수 있으므로 재판의 지연방지, 진실발견을 위해 예외를 인정할 필요가 있다.

나. 예외인정의 기준

(1) 신용성의 정황적 보장(= 특신상태)

공판정 외에서의 진술의 진실성이 제반의 정황에 의하여 보장되어 있는 경우를 말하는데, 이는 진술내용 자체의 진실성이나 신빙성을 말하는 것이 아니라 그러한 진실성을 담보할만한 상황에서 진술이 이루어졌다는 것을 말하는 것으로 증명력의 문제가 아닌 증거능력의 문제다.

(2) 필요성(= 원진술자의 출석불능)

원진술과 같은 가치의 증거를 얻는 것이 불가능하거나 곤란하기 때문에 전문증거라도 사용할 필요가 있는 것을 말한다. 원진술자의 사망이나 질병, 해외거주 또는 소재불명 등으로 공판정에 진술할 수 없는 사정을 말하는 것으로 이는 공판중심주의 하에서 엄격하고 제한적으로 해석하여야 한다.

다. 전문법칙의 예외규정

증거의 실질적 내용, 즉 작성주체와 원진술자의 성격에 따라 제311조에서 제316조까지 규정이 있는데, 제311조부터 제315조는 전문서류에 대한 예외이며 제316조는 전문진술에 대한 예외이다.

제6절 형사소송법상 전문법칙의 예외

I 제311조의 증거능력

> **제311조【법원 또는 법관의 조서】** 공판준비 또는 공판기일에 피고인이나 피고인 아닌 자의 진술을 기재한 조서와 법원 또는 법관의 검증의 결과를 기재한 조서는 증거로 할 수 있다. 제184조 및 제221조의2의 규정에 의하여 작성한 조서도 또한 같다.
>
> **제315조【당연히 증거능력이 있는 서류】** 다음에 게기한 서류는 증거로 할 수 있다.
> 3. 기타 특히 신용할 만한 정황에 의하여 작성된 문서
>
> **제49조【검증 등의 조서】** ② 검증조서에는 검증목적물의 현상을 명확하게 하기 위하여 도화나 사진을 첨부할 수 있다.
>
> **제171조【감정보고】** ④ 필요한 때에는 감정인에게 설명하게 할 수 있다.
>
> **제184조【증거보전의 청구와 그 절차】** ① 검사, 피고인, 피의자 또는 변호인은 미리 증거를 보전하지 아니하면 그 증거를 사용하기 곤란한 사정이 있는 때에는 제1회 공판기일 전이라도 판사에게 압수, 수색, 검증, 증인신문 또는 감정을 청구할 수 있다.
> ② 전항의 청구를 받은 판사는 그 처분에 관하여 법원 또는 **재판장과 동일한 권한**이 있다.
> ③ 제1항의 청구를 함에는 서면으로 그 사유를 소명하여야 한다.
> ④ 제1항의 청구를 기각하는 결정에 대하여는 **3일 이내에 항고할 수** 있다.
>
> **제221조의2【증인신문의 청구】** ① 범죄의 수사에 없어서는 아니될 사실을 안다고 명백히 인정되는 자가 전조의 규정에 의한 출석 또는 진술을 거부한 경우에는 검사는 **제1회 공판기일 전에 한**하여 판사에게 그에 대한 증인신문을 청구할 수 있다.
> ③ 제1항의 청구를 함에는 서면으로 그 사유를 소명하여야 한다.
> ④ 제1항의 청구를 받은 판사는 증인신문에 관하여 법원 또는 **재판장과 동일한 권한**이 있다.
> ⑤ 판사는 제1항의 청구에 따라 증인신문기일을 정한 때에는 피고인·피의자 또는 변호인에게 이를 통지하여 증인신문에 참여할 수 있도록 하여야 한다.
> ⑥ 판사는 제1항의 청구에 의한 증인신문을 한 때에는 **지체없이 이에 관한 서류를 검사에게 송부**하여야 한다.

1. 제311조에 의한 예외

형사소송법 제311조는 법원 또는 법관이 주재하는 절차에서 작성된 조서에 대하여 증거능력을 부여하고 있는데, 직접심리주의의 관점에서 살펴보면 원진술자가 법정에서 경험사실을 진술하면, 법원은 이를 직접 듣고 심리하여야 한다. 하지만 성립의 진정과 신용성의 정황적 보장에 의문이 없는 경우라면, 예외적으로 증거능력을 부여해야 할 필요성이 존재하는데 이를 위해 마련된 전문법칙의 예외가 바로 제311조이다.[131]

---

[131] 제311조가 전문법칙의 적용이 없다는 견해, 전문법칙의 예외라는 견해 등이 있으나 직접심리주의의 예외로서 전문법칙의 예외라고 본다.

2. 법원·법관이 주재하는 절차에서 작성된 서류(제311조)

법원·법관이 주재하는 절차에서 작성된 서류는 **특별한 요건 없이 당연히** 증거능력이 있다(제311조). **당사자가 증거로 함에 부동의를 하여도** 증거능력이 인정된다. 여기에 해당하는 서류로는 아래와 같은 것들이 있다.

가. 공판준비 또는 공판기일에서 피고인이나 피고인 아닌 자가 행한 진술을 기재한 조서

(1) 당해 사건에 관하여 작성된 조서

당연히 증거능력이 인정되는 것은 '당해 사건에 관하여 작성된 조서'에 한한다. **다른 사건의 공판조서나 검증조서** 등은 형사소송법 **제315조 제3호**[132](기타 특히 신용할 만한 정황에 의하여 작성된 문서)에 해당하는 것으로 볼 것이다. 다만 당해 사건의 공판기일에서의 **피고인이나 증인의 진술은 직접 증거가 되므로**, 전문증거인 공판조서가 증거로 사용되는 것은 **판사의 경질로 공판절차가 갱신된 경우 공판절차 갱신 전**에 작성된 공판조서나 **파기환송 전** 원심의 공판조서 또는 **이송된 사건의 이송 전** 공판조서, **관할위반의 재판이 확정된 후에 재기소된 경우의 공판조서** 등이다. 피고인신문 내지 증인신문의 내용이 공판조서에 기재되는데, 피고인신문은 공판조서 그 자체에 기재되는가 하면, 증인신문은 공판조서의 일부로서 별도로 작성된다.

[피고인신문이 기재된 공판조서의 예]

```
판사
      증거조사를 마치고, 피고인신문을 실시하겠다고 고지

검사
피고인 김갑동에게
문    피고인은 최유정으로부터 자재납품 청탁을 받고 2,000만원을 받은 사실이 있지요
답    이 부분은 정말 억울합니다. 저는 그런 사실이 없습니다.
문    그렇다면 피고인은 카페에서 최유정을 만난 사실이 없나요
```

---

132) 다른 피고인에 대한 형사사건의 공판조서는 형사소송법 제315조 제3호에 정한 서류로서 당연히 증거능력이 있는 바(대판 1964. 4. 28. 64도135, 1966. 7. 12. 66도617 등 참조), 공판조서 중 일부인 증인신문조서 역시 형사소송법 제315조 제3호에 정한 서류로서 당연히 증거능력이 있다고 보아야 할 것이다(대판 2005. 4. 28. 2004도4428).

[증인신문조서가 별도로 작성되는 예]

서울중앙지방법원

증인신문조서(제2회 공판조서의 일부)

사 건   2021고합765   배임수재 등
증 인   이 름   최유정
         생 년 월 일   (생략)
         주   거   (생략)

판 사

증인에게 형사소송법 제 148조 또는 제 149조에 해당하는가의 여부를 물어 이에 해당하지 아니함을 인정하고 위증의 벌을 경고한 후 별지 선서서와 같이 선서를 하게 하였다.(별지 생략)

검 사
증인 최유정에게

문   증인은 2014. 4. 3.경 회사 앞 카페에서 피고인 김갑동과 이을남을 만난 사실이 있지요

(2) 공동피고인의 진술이 기재된 조서

공동피고인의 진술이 조서에 기재되면 그 조서자체는 증거능력이 있으나 문제는 그 조서에 진술이 어떻게 기재되어 있는가에 따라 증거능력 유무가 달라질 수 있다. **공범인 공동피고인의 자백**에 대하여는 피고인의 반대신문권이 보장되어 있어 증인으로 신문한 경우와 다를 바 없으므로 **독립한 증거능력이 있다**는 것이 판례의 입장이다(대판 1992.7.28. 92도917 등). 그러나 **피고인과는 별개의 범죄사실로 기소되고 다만 병합심리된 것일 뿐인 공동피고인**은 피고인에 대한 관계에서는 증인에 불과하므로 선서없이 한 공동피고인의 공판정에서의 진술을 피고인에 대한 공소사실을 인정하는 증거로 쓸 수 없다(대판 2006.1.12. 2005도7601 등 참조). 예컨대 쌍방 폭행으로 기소된 공동피고인이나 절도범과 장물범이 공동피고인인 경우(대판 2006.1.12. 2005도7601 등), 피고인신문의 형식으로 얻어 낸 법정진술은 그 자체로서 증거능력이 없고, 공범이 아닌 공동피고인에 대한 변론을 분리하여 증인으로 신문하여야 당해 피고인에 대하여 그 진술에 증거능력이 부여된다.

나. 법원 또는 법관의 검증조서

검증조서는 검증의 결과를 기재한 조서, 즉 검증을 한 자가 오관의 작용에 의하여 사람의 신체 상태나 물건의 존재 및 상태에 대하여 인식한 것을 기재한 서면을 말한다. 검증자가 법원 또는 법관이므로 검증의 결과에 신용성을 인정할 수 있고, 당사자의 참여권이 인정되어 실질상 반대신문권의 보장이 있는 것으로 볼 수 있으며, 검증자의 기억에 의한 진술보다 서면화된 것이 보다 정확·상세할 것이기 때문에 무조건 증거능력을 인정하고 있다. 여기의 검증조서는 **당해 사건의 재판부가 공판기일 외에서 행한 검증 또는 수명법관 등이 행한 검증의 결과를 기재한 조서**를 말하고, 당해 재판부가 공판기일에 법정에서 검증을 행한 때에는 그 검증결과가 바로 증거가 되므로 검증조서의 증거능력은 논할 필요가 없다.

당해 사건의 검증조서라고 하더라도 당사자에게 참여의 기회를 부여하지 않은 경우에는 검증절차에 적법성을 결여하고 있으므로 증거능력이 없다. **검증조서에 붙은 사진이나 도면(제49조 제2항) 중 검증조서와 일체를 이루는 것은** 그 일부로서 증거능력이 인정되고, **검증조서에 검사나 피고인의 주장이나 진술을 기재한 부분이나 그들이 제출한 도면 등**은 검증의 결과가 아니므로, **공판조서의 진술기재와 같이 취급**하여야 한다.

> **관련판례** 법원이 녹음테이프에 대하여 실시한 검증의 내용이 녹음테이프에 녹음된 전화대화 내용이 녹취서에 기재된 것과 같다는 것에 불과한 경우 증거자료가 되는 것은 여전히 녹음테이프에 녹음된 대화 내용임에는 변함이 없으므로, 그와 같은 녹음테이프의 녹음 내용이나 검증조서의 기재는 실질적으로는 공판준비 또는 공판기일에서의 진술에 대신하여 **진술을 기재한 서류와 다를 바 없어서 형사소송법 제311조 내지 제315조에 규정한 것이 아니면 이를 유죄의 증거로 할 수 없다**(대판 1996.10.15. 96도1669).

다. 법원 또는 법관의 감정인신문조서

형사소송법 제171조 제4항에 따른 설명기재조서도 포함한다. 그러나 법원에서 명한 감정인이 작성하였다고 하더라도 **감정서 자체**는 당연히 증거능력이 부여되는 증거는 아니다. 감정서는 제313조 제2항에 의하여 증거능력이 인정된다.

라. 증거보전절차에서 작성된 조서(제184조) 검사의 청구에 의한 제1회 공판기일 전 증인신문조서(제221조의2)

(1) 판사 앞에서 이루어진 진술로서 증거보전절차에 의하여 작성된 조서 및 제1회 공판기일전에 검사의 신청에 의하여 행한 증인신문절차에 의하여 작성된 조서는 당연히 증거능력이 있다(제311조 제2문).

(2) 피의자신문은 제184조에 의한 증거보전의 방법으로 청구할 수 없으므로 그 조서 중에 피의자의 진술을 기재한 부분은 증거능력이 없게 된다(대판 1977.12.13. 77도2770). 또한 제221조의2에 의한 증인신문은 검사가 수사의 연장으로 행한 증거보전행위이므로 공판 전 증인신문조서라고 하더라도 피고인, 피의자 또는 변호인의 참여없이 행한 것은 적법절차의 위배로 변호인의 증거동의가 있더라도 증거능력이 부정되어야 한다.

> **관련판례** 증인신문조서가 증거보전절차에서 피고인이 증인으로서 증언한 내용을 기재한 것이 아니라 증인(甲)의 증언내용을 기재한 것이고 다만 **피의자였던 피고인이 당사자로 참여하여 자신의 범행사실을 시인하는 전제하에 위 증인에게 반대신문한 내용이 기재되어 있을 뿐이라면**, 위 조서는 공판준비 또는 공판기일에 피고인 등의 진술을 기재한 조서도 아니고, 반대신문과정에서 피의자가 한 진술에 관한 형사소송법 제184조에 의한 증인신문조서도 아니므로 위 조서 중 피의자의 진술기재부분에 대하여는 형사소송법 제311조에 의한 **증거능력을 인정할 수 없다**(대판 1984.5.15. 84도508).

> **관련판례** 구속적부심은 구속된 피의자 또는 그 변호인 등의 청구로 수사기관과는 별개 독립의 기관인 법원에 의하여 행하여지는 것으로서 구속된 피의자에 대하여 피의사실과 구속사유 등을 알려 그에 대한 자유로운 변명의 기회를 주어 구속의 적부를 심사함으로써 피의자의 권리보호에 이바지하는 제도인바, 법원 또는 합의부원, 검사, 변호인, 청구인이 구속된 피의자를 심문하고 그에 대한 피의자의 진술 등을 기재한 구속적부심문조서는 형사소송법 제311조가 규정한 문서에는 해당하지 않는다(대판 2004.1.16. 2003도5693). → 제315조 제3호

II 피의자신문조서

> **제244조 【피의자신문조서의 작성】** ① 피의자의 진술은 조서에 기재하여야 한다.
> ② 제1항의 조서는 피의자에게 열람하게 하거나 읽어 들려주어야 하며, 진술한 대로 기재되지 아니하였거나 사실과 다른 부분의 유무를 물어 피의자가 증감 또는 변경의 청구 등 이의를 제기하거나 의견을 진술한 때에는 이를 조서에 추가로 기재하여야 한다. 이 경우 피의자가 이의를 제기하였던 부분은 읽을 수 있도록 남겨두어야 한다.
> ③ 피의자가 조서에 대하여 **이의나 의견이 없음을** 진술한 때에는 피의자로 하여금 그 취지를 **자필로 기재**하게 하고 조서에 **간인한 후 기명날인 또는 서명**하게 한다.
>
> **제244조의2 【피의자진술의 영상녹화】** ① 피의자의 진술은 **영상녹화할 수 있다**. 이 경우 **미리 영상녹화사실을 알려주어야** 하며, 조사의 개시부터 종료까지의 전 과정 및 객관적 정황을 영상녹화하여야 한다.
> ② 제1항에 따른 영상녹화가 완료된 때에는 피의자 또는 변호인 앞에서 **지체 없이 그 원본을 봉인**하고 피의자로 하여금 **기명날인 또는 서명**하게 하여야 한다.
> ③ 제2항의 경우에 피의자 또는 변호인의 **요구가 있는** 때에는 영상녹화물을 **재생하여 시청하게** 하여야 한다. 이 경우 그 내용에 대하여 **이의를 진술하는** 때에는 그 취지를 기재한 서면을 **첨부**하여야 한다.

1. 개념

피의자신문조서란 수사기관, 즉 검사 또는 사법경찰관이 피의자를 신문하여 그 진술을 기재한 조서를 말한다(제243조).

> **참고**
>
> **피의자신문조서 여부의 판단 – 실질적 판단**
> 수사기관의 조사과정에서 피의자의 진술을 녹취한 서류 또는 문서가 작성된 것이라면 **진술조서, 진술서, 자술서의 어떤 형식을 취했는가는 문제되지 않는다.** 따라서 수사과정에서 검사가 피의자와 대화하는 장면을 녹화한 비디오테이프의 검증조서도 피의자신문조서에 준하여 증거능력을 가려야 한다는 것이 판례이다. 2007년 개정법은 피의자진술의 영상녹화를 신설하였으나 이는 피의자신문조서로서 인정되어 독립된 증거능력을 갖는 것이 아니라 영상녹화물은 피의자 또는 참고인[133]이 조서에 기재된 바와 같은 내용의 진술을 한 사실이 없다고 다툴 경우 진정성립의 인정을 위하여 재생이 가능할 뿐이다. 다만, 탄핵증거로서의 영상녹화물 사용(제318조의2)은 가능하며 피고인 또는 참고인이 공판준비 또는 공판기일에 진술하면서, 기억이 명백하지 아니한 사항에 관하여 기억을 환기시켜야 할 필요가 있다고 인정되는 때에 한하여, 당해 진술인에게만 재생하여 시청하게 한다.

2. 피의자신문조서의 증거능력의 제한

가. 검사가 작성한 피의자신문조서

종래는 공판준비 또는 공판기일에서의 피고인의 진술에 의하여 그 **성립의 진정이 인정**된 때(구 제312조 제1항, 제2항) 증거능력을 인정하여 사법경찰관 작성의 피의자신문조서와 달리 규정하였다. 그러나 2020년 개정 형사소송법은 검사가 작성한 피의자신문조서는 적법한 절차와 방식에 따라 작성된 것으로서 공판준비 또는 공판기일에 그 피의자였던 피고인 또는 변호인이 그 내용을 인정할 때에 한하여 증거로 할 수 있다고 하여 검사작성의 피의자신문조서의 증거능력을 사법경찰관 작성의 그것과 동등하게 하였다. 이로써 검사가 작성한 피의자신문조서 역시 당해 피고인이 내용만 부인하면 증거능력을 인정할 수 없게 되었다. 이는 2022. 1. 1.이후 기소된 사건부터 적용하기로 하였다.

---

[133] 2007. 6. 1. 법률 제8496호로 개정되기 전의 형사소송법에는 없던 수사기관에 의한 피의자 아닌 자(이하 '참고인'이라 한다) 진술의 영상녹화를 새로 정하면서 그 용도를 참고인에 대한 진술조서의 실질적 진정성립을 증명하거나 참고인의 기억을 환기시키기 위한 것으로 한정하고 있는 현행 형사소송법의 규정 내용을 영상물에 수록된 성범죄 피해자의 진술에 대하여 독립적인 증거능력을 인정하고 있는 성폭력범죄의 처벌 등에 관한 특례법 제30조 제6항 또는 아동·청소년의 성보호에 관한 법률 제26조 제6항의 규정과 대비하여 보면, 수사기관이 참고인을 조사하는 과정에서 형사소송법 제221조 제1항에 따라 작성한 영상녹화물은, 다른 법률에서 달리 규정하고 있는 등의 특별한 사정이 없는 한, 공소사실을 직접 증명할 수 있는 독립적인 증거로 사용될 수는 없다고 해석함이 타당하다(대판 2014.7.10. 2012도5041).

나. 검사이외의 수사기관이 작성한 피의자신문조서

피고인 또는 변호인이 그 **내용을 인정**한 때에 한하여 증거로 할 수 있다(제312조 제3항).

3. 피의자신문조서의 증거능력을 인정하기 위한 전제요건

가. 진술의 임의성

자백은 제309조, 자백이외의 진술은 제317조에 의해 임의성이 인정되어야 한다.

> **관련판례** 임의성 유무가 다투어지는 경우에는 법원은 구체적인 사건에 따라 당해 조서의 **형식과 내용**, 진술자의 **신**분, **사**회적 지위, **학**력, **지**능정도 등 제반사정 참작하여 자유로운 심증으로 판단한다(대판 1989. 11. 14. 88도1251).

나. 적법한 절차와 방식

앞서 위법수집증거배제법칙에서 간단히 비교 설명한 바 있다. 여기서의 적법한 절차와 방식이란 진술에 대한 조서 작성 과정에서 지켜야 할 형사소송법이 정한 여러 절차를 준수하고 조서의 작성 방식에도 어긋남이 없어야 한다는 것을 의미한다. 조서작성의 방식과 절차에 관한 규정으로는 피의자신문과 참여에 관한 규정, 피의자신문조서 작성 방식에 관한 규정(제244조), 진술거부권의 고지, 수사과정기록제도 등을 들 수 있다. 따라서 피고인의 서명, 날인 및 간인이 없는 검사작성의 피고인에 대한 피의자신문조서는 증거능력이 없다(대판 1992.6.23. 92도954). 나아가 판례는 형사소송법의 규정 및 그 입법 목적 등을 종합하여 보면, 피고인이 아닌 자가 수사과정에서 진술서를 작성하였지만 수사기관이 그에 대한 조사과정을 기록하지 아니하여 형사소송법 제244조의4 제3항, 제1항에서 정한 절차를 위반한 경우에는, 특별한 사정이 없는 한 '적법한 절차와 방식'에 따라 수사과정에서 진술서가 작성되었다 할 수 없으므로 그 증거능력을 인정할 수 없다(대판 2015.4.23. 2013도3790)고 판시하고 있다.

> **관련판례** 헌법, 형사소송법의 규정 및 그 입법 목적 등에 비추어 보면, **피의자가 변호인의 참여를 원한다는 의사를 명백하게 표시하였음에도 수사기관이 정당한 사유 없이 변호인을 참여하게 하지 아니한 채 피의자를 신문하여 작성한 피의자신문조서는** 형사소송법 제312조에 정한 **'적법한 절차와 방식'에 위반된 증거일 뿐만 아니라**, 형사소송법 제308조의2에서 정한 "적법한 절차에 따르지 아니하고 수집한 증거"에 해당하므로 이를 **증거로 할 수 없다**고 할 것이다(대판 2013.3.28. 2010도3359).

(1) 주체면

작성 주체는 검사 또는 사법경찰관이다(제200조).

(2) 절차면

① 진술거부권고지(제244조의3), ② 사법경찰관 또는 서기 등의 참여(제243조), ③ 조서의 열람·낭독(제244조 제2항) 등의 절차를 준수하여야 한다.

> **관련판례** 검사작성의 피의자신문조서에는 **검사의 기명날인 또는 서명이 있어야** 한다(제57조 제1항. 이는 기재내용의 정확성과 완전성을 담보하는 것). **작성자인 검사의 기명날인이나 서명이 누락되어 있는 경우에는** 설령 그 진술자인 **피고인과 참여자인 검찰주사(보)의 기명날인 또는 서명이 되어 있다거나,** 피고인이 법정에서 그 조서에 대하여 진정성립과 임의성을 인정하였다고 하더라도 **무효이고 증거능력이 없다**(대판 2001.9.28. 2001도4091).

> **관련판례** 형사소송법 제254조 제1항은 "공소를 제기함에는 공소장을 관할법원에 제출하여야 한다"고 정한다. 한편 형사소송법 제57조 제1항은 "공무원이 작성하는 서류에는 법률에 다른 규정이 없는 때에는 작성 연월일과 소속공무소를 기재하고 기명날인 또는 서명하여야 한다"고 정하고 있다. 여기서 '공무원이 작성하는 서류'에는 검사가 작성하는 공소장이 포함되므로, 검사의 기명날인 또는 서명이 없는 상태로 관할법원에 제출된 공소장은 형사소송법 제57조 제1항에 위반된 서류라 할 것이다. 그리고 이와 같이 법률이 정한 형식을 갖추지 못한 공소장 제출에 의한 공소의 제기는 특별한 사정이 없는 한 그 절차가 법률의 규정에 위반하여 무효인 때(형사소송법 제327조 제2호)에 해당한다. **다만 이 경우 공소를 제기한 검사가 공소장에 기명날인 또는 서명을 추완하는 등의 방법에 의하여 공소의 제기가 유효하게 될 수 있다**(대판 2012.9.27. 2010도17052).

[피의자신문조서 서식 예]

피의자신문조서

위의 사람에 대한 강도상해 등 피의사건에 관하여 2021. 4. 22 서울서초경찰서 형사과 사무실에서 사법경찰리 경사 박금순은 순경 이미리를 참여하게 한 후, 아래와 같이 피의자임에 틀림없음을 확인한다.

문   피의자의 성명, 주민등록번호, 직업, 주거, 등록기준지 등을 말하시오.
답   성명은   이을남
        주민등록번호는   (생략)
        직업, 주거 등   (생략)

사법경찰리는 피의사실의 요지를 설명하고 사법경찰리는 신문에 대하여 「형사소송법」 제244조의 3에 따라 진술을 거부할 수 있는 권리 및 변호인의 참여 등 조력을 받을 권리가 있음을 피의자에게 알려주고 이를 행사할 것인지 그 의사를 확인한다.

진술거부권 및 변호인 조력권 고지 등 확인

1. 귀하는 일체의 진술을 하지 아니하거나 개개의 질문에 대하여 진술을 하지 아니할 수 있습니다.
2. 귀하가 진술을 하지 아니하더라도 불이익을 받지 아니합니다.
3. 귀하가 진술을 거부할 권리를 포기하고 행한 진술은 법정에서 유죄의 증거로 사용될 수 있습니다.
4. 귀하가 신문을 받을 때에너는 변호인을 참여하게 하는 등 변호인의 조력을 받을 수 있습니다.

문   피의자는 위와 같은 권리들이 있음을 고지받았는가요.
답   예, 고지받았습니다.
문   피의자는 진술거부권을 행사할 것인가요.
답   아닙니다.
문   피의자는 변호인의 조력을 받을 권리를 행사할 것인가요.
답   아닙니다. 혼자서 조사를 받겠습니다.

④ 조서에는 피의자의 서명·날인이 있어야 한다(제244조 제3항).

관련판례 수사기관이 피의자신문조서를 작성함에 있어서 피의자에게 열람하게 하거나 조서의 기재내용을 알려주지 아니하였다 하더라도 그 사실만으로는 피의자신문조서의 증거능력이 없다고 할 수 없다(대판 1988.5.10. 87도2716).

관련판례 비록 사법경찰관이 피의자에게 진술거부권을 행사할 수 있음을 알려 주고 그 행사 여부를 질문하였다 하더라도, 형사소송법 제244조의3 제2항에 규정한 방식에 위반하여 진술거부권 행사 여부에 대한 피의자의 답변이 자필로 기재되어 있지 아니하거나 그 답변 부분에 피의자의 기명날인 또는 서명이 되어 있지 아니한 사법경찰관 작성의 피의자신문조서는 특별한 사정이 없는 한 형사소송법 제312조 제3항에서 정한 '**적법한 절차와 방식에 따라 작성**'134)된 조서라 할 수 없으므로 그 증거능력을 인정할 수 없다(대판 2013.3.28. 2010도3359).

4. 검사작성의 피의자신문조서(제312조 제1·2항)

2020년 개정(2022. 1. 1. 시행)전에는 검사작성의 피의자신문조서의 증거능력과 관련하여 ① 적법한 절차와 방식에 따라 작성되었을 것(**형식적 진정성립의 내용**), ② 피고인이 진술한 내용과 동일하게 기재되어 있음이 인정될 것(**실질적 진정성립**), ③ 그 조서에 기재된 내용이 특히 신빙할 수 있는 상태하에서 행하여졌음(**특신상태** – 조서작성 당시의 외부적이고 객관적인 정황)이 증명될 것을 요구하고 있었다. 그러나 2022. 1. 1. 이후 기소된 사건부터는 개정법에 따라 '내용인정'을 요건으로 증거능력이 인정된다. 이하에서는 종전에 규정되었던 요건들을 살펴본 후 '내용인정'의 의미는 이후 사법경찰관 작성 피의자신문조서 부분에서 살펴보기로 한다.

가. 작성의 주체 : 검사작성의 의미

검사가 참여하지 않은 상태에서 검찰주사작성의 피의자신문조서는 사법경찰관 작성의 피의자신문조서와 같다.

관련판례 외관상 검사가 작성한 것으로 되어 있는 피고인에 대한 피의자신문조서는 검찰주사가 이 사건을 담당한 검사가 임석하지 아니한 상태에서 피의자를 신문한 끝에 작성한 것으로서, 위 **검사는** 피고인에 대한 조사가 끝나고 자백하는 취지의 진술을 기재한 피의자신문조서가 작성되자 이를 살펴본 후 비로소 피고인이 조사를 받고 있던 방으로 와서 위 피의자신문조서를 손에 든 채 그에게 "**이것이 모두 사실이냐**"는 취지로 개괄적으로 질문한 사실이 있을 뿐, 피의사실에 관하여 **피고인을 직접·개별적으로 신문한 것이 아니므로,** 위 피의자신문조서를 형사소송법 **제312조 제1항 소정의 '검사가 피의자나 피의자 아닌 자의 진술을 기재한 조서'로 볼 수 없고,** 피고인이 직성한 자술서 역시 피고인을 피의자로서 조사하는 과정에서 형사소송법 제244조에 의하여 피의자신문조서에 기재됨이 마땅한 피의자의 진술내용을

---

134) 여기서 '적법한 절차와 방식에 따라 작성'의 의미는 일차적으로는 **형식적 진정성립**(서명·날인의 진정성)을 의미하며, 나아가 제243조(피의자신문과 참여자), 제244조(피의자신문조서 작성), 제243조의2(변호인의 참여 등), 제244조의4 (수사과정의 기록) 등 조서 작성의 절차와 방식에 따라 작성된 것을 의미한다고 볼 수 있다.

진술서의 형식으로 피의자로 하여금 작성하여 제출케 한 서류이므로 그 **증거능력 유무 역시 검사 이외의 수사기관이 작성한 피의자신문조서와 마찬가지 기준에 의하여 결정되어야** 할 것이어서, 결국 위 피의자신문조서 및 자술서는 피고인이 각 그 내용을 부인하는 이상 모두 유죄의 증거로 삼을 수 없다(대판 2003.10.9. 2002도4372).

나. 작성의 시기

[관련판례] **검찰에 송치되기 전에 구속피의자로부터 받은 검사작성의 피의자신문조서**는 극히 이례에 속하는 것으로, 그와 같은 상태에서 작성된 피의자신문조서는 내용만 부인하면 증거능력을 상실하게 되는 사법경찰관작성의 피의자신문조서상의 자백 등을 부당하게 유지하려는 수단으로 악용될 가능성이 있어 그렇게 했어야 할 특별한 사정이 보이지 않는 한 **송치 후에 작성한 피의자신문조서와 마찬가지로 취급하기는 어렵다**(대판 1994.8.9. 94도1228).

[검토] 제312조 제3항을 형해화 할 우려가 있으므로 판례의 견해가 타당하다. 그러나 이제 개정으로 인해 검사 작성 피의자신문조서와 사법경찰관 작성의 피의자신문조서의 요건상 차이가 없으므로 그 의미가 상실되었다.

다. 개정 전 '성립의 진정'

(1) 성립의 진정의 의미

서명·날인 등이 진술자의 것임에 틀림없다는 형식적 진정성립과 기재내용과 진술내용이 일치한다는 실질적 진정성립135)을 의미한다.

(2) 성립의 진정의 인정방법

종래는 검사 작성의 피의자신문조서에 대하여 피고인이 진정성립을 부인하는 경우에도 그 진정성립이 '영상녹화물 기타 객관적인 방법'에 의하여 증명되고, 특신상태가 증명된 경우에 한하여 증거로 사용할 수 있도록 하였다(제312조 제2항)136). 이 경우에도 특신상태는 진정성립이 증명되면 특별한 사정이 없는 한 추정된다고 볼 수 있다.

여기서 '**기타 객관적인 방법**'이란 ① 영상녹화물이 예시적으로 열거된 점에 착안하여 녹음테이프와 같이 기계적으로 재현할 수 있는 방법에 한정하여야 한다는 입장도 있다. 그러나 ② 객관적인 방법으로서 신문절차에 참여한 변호인의 증언 등을 여기에서 제외할 이유는 없다고 본다. 하지만 ③ **조사자가 작성한 신문조서에 대하여 조사자의 증언으로 성립의 진정을 하는 것은 타당하지 않으므로 조사자증언은 포함되지 않는다.**

---

135) 현행법상의 '피고인이 진술한 내용과 동일하게 기재되어 있음이 피고인의 진술에 의하여 인정되고'라는 규정은 피의자였던 피고인의 진술에 의하여 실질적 진정성립이 인정되었다는 것을 의미한다.
136) 개정법 <제312조> ① 검사가 작성한 피의자신문조서는 적법한 절차와 방식에 따라 작성된 것으로서 공판준비 또는 공판기일에 그 피의자였던 피고인 또는 변호인이 그 **내용을 인정할 때**에 한하여 증거로 할 수 있다. ② 삭제

> **관련판례** 공범이나 제3자에 대한 검사작성의 피의자신문조서의 등본이 증거로 제출된 경우 피고인이 위 공범 등에 대한 피의자신문조서를 증거로 함에 동의하지 않는 이상, 원진술자인 공범이나 제3자가 각기 자신에 대한 공판절차나 다른 공범에 대한 형사공판의 증인신문절차에서 위 수사서류의 진정성립을 인정해 놓은 것만으로는 증거능력을 부여할 수 없고, **반드시 공범이나 제3자가 현재의 사건에 증인으로 출석하여 그 서류의 성립의 진정을 인정하여야 증거능력이 인정**된다(대판 1999.10.8. 99도3063).

> **관련판례** 실질적 진정성립을 증명할 수 있는 방법으로서 형사소송법 제312조 제2항137)에 예시되어 있는 영상녹화물의 경우 형사소송법 및 형사소송규칙에 의하여 영상녹화의 과정, 방식 및 절차 등이 엄격하게 규정되어 있는데다(형사소송법 제244조의2, 형사소송규칙 제134조의2 제3항, 제4항, 제5항 등) 피의자의 진술을 비롯하여 검사의 신문 방식 및 피의자의 답변 태도 등 조사의 전 과정이 모두 담겨 있어 피고인이 된 피의자의 진술 내용 및 취지를 과학적·기계적으로 재현해 낼 수 있으므로 조서의 내용과 검사 앞에서의 진술 내용을 대조할 수 있는 수단으로서의 객관성이 보장되어 있다고 볼 수 있으나, 피고인을 피의자로 조사하였거나 조사에 참여하였던 자들의 증언은 오로지 증언자의 주관적 기억 능력에 의존할 수 밖에 없어 객관성이 보장되어 있다고 보기 어렵다. 결국 검사 작성의 피의자신문조서에 대한 실질적 진정성립을 증명할 수 있는 수단으로서 형사소송법 제312조 제2항에 규정된 '영상녹화물이나 그 밖의 객관적인 방법'이란 형사소송법 및 형사소송규칙에 규정된 방식과 절차에 따라 제작된 **영상녹화물 또는 그러한 영상녹화물에 준할 정도로 피고인의 진술을 과학적·기계적·객관적으로 재현해 낼 수 있는 방법만을 의미하고, 그 외에 조사관 또는 조사 과정에 참여한 통역인 등의 증언**은 이에 해당한다고 볼 수 없다(대판 2016.2.18. 2015도16586).

> **관련판례** 검사가 피고인이 된 피의자의 진술을 기재한 조서는 그 작성절차와 방식의 적법성과 별도로 그 내용이 검사 앞에서 진술한 것과 동일하게 기재되어 있다는 점, 즉 실질적 진정성립이 인정되어야 증거로 사용할 수 있다. 여기서 기재내용이 동일하다는 것은 적극적으로 진술한 내용이 그 진술대로 기재되어 있어야 한다는 것뿐 아니라 진술하지 아니한 내용이 진술한 것처럼 기재되어 있지 아니할 것을 포함하는 의미이다. 그리고 형사소송법이 조서 작성절차와 방식의 적법성과 실질적 진정성립을 분명하게 구분하여 규정하고 있고, 또 피고인이 조서의 실질적 진정성립을 부인하는 경우에는 영상녹화물 등 객관적인 방법에 의하여 피고인이 진술한 내용과 동일하게 기재되어 있음을 증명할 수 있는 방법을 마련해 두고 있는 이상, 피고인 본인의 진술에 의한 실질적 진정성립의 인정은 공판준비 또는 공판기일에서 한 **명시적인 진술**에 의하여야 하고, 단지 피고인이 **실질적 진정성립에 대하여 이의하지 않았다거나 조서 작성절차와 방식의 적법성을 인정하였다는 것만으로 실질적 진정성립까지 인정한 것으로 보아서는 아니 될 것이다. 또한 특별한 사정이 없는 한 이른바 '입증취지 부인'이라고 진술한 것만으로** 이를 조서의 진정성립을 인정하는 전제에서 그 증명력만을 다투는 것이라고 가볍게 단정해서도 안 된다 할 것이다(대판 2013.3.14. 2011도8325).

---

137) 개정법에 따르면 특신상태를 요하지 않는다.

◆ **영상녹화물의 증거조사 방법**

구 형사소송규칙 제134조의2(영상녹화물의 조사 신청) ① 검사는 피고인이 된 피의자의 진술을 영상녹화한 사건에서 피고인이 그 조서에 기재된 내용이 피고인이 **진술한 내용과 동일하게 기재되어 있음을 인정하지 아니하는 경우** 그 부분의 성립의 진정을 증명하기 위하여 영상녹화물의 조사를 신청할 수 있다.

② 검사는 제1항에 따른 신청을 함에 있어 다음 각 호의 사항을 기재한 서면을 제출하여야 한다.
  1. 영상녹화를 시작하고 마친 **시각과 조사 장소**
  2. 피고인 또는 변호인이 진술과 조서 기재내용의 동일성을 다투는 부분의 영상을 구체적으로 특정할 수 있는 시각

이 역시 이번 형사소송법 개정으로 규칙 역시 개정되었다.

제134조의2(영상녹화물의 조사 신청) ① 검사는 피고인이 아닌 피의자의 진술을 영상녹화한 사건에서 피고인이 아닌 피의자가 그 조서에 기재된 내용이 자신이 진술한 내용과 동일하게 기재되어 있음을 인정하지 아니하는 경우 그 부분의 성립의 진정을 증명하기 위하여 영상녹화물의 조사를 신청할 수 있다. <개정 2020. 12. 28.>

② 삭제 <2020. 12. 28.>

영상녹화물의 위 조사와 탄핵증거의 조사방법인 형사소송법 제318조의2의 기억환기를 위한 **영상녹화물의 조사**[138]는 구분되는데, 기억의 환기가 필요한 피고인 또는 피고인 아닌 자에게만 이를 재생하고 법원이나 검사는 이를 재생하여 볼 수 없다는 점에서 앞서 본 영상녹화물 증거조사로서의 영상녹화물 재생과 구별하여야 한다.

라. 피고인이 된 피의자신문조서의 증거능력(제312조 제1항)

(1) 개정 전 특신상태의 의미[139]

현재는 특신상태가 요건에서 빠졌다. 그런데 종래에는 '특히 신빙할 수 있는 상태'를 요구하였는바, 아래와 같은 견해의 대립이 있었다. 그러나 적법절차를 증거능력의 전제조건으로 명문화 하면서 특신상태의 내용에서 적법절차준수의 내용을 제외시켰다고 봄이 타당하다.

① **신용성의 정황적보장설** : 특신상태를 전문법칙의 예외사유인 신용성의 정황적 보장으로 본다.

---

138) 규칙 제134조의5, 법 제318조의2 제2항에 따른 영상녹화물의 재생은 **검사의 신청이 있는 경우에 한하고, 기억의 환기가 필요한 피고인 또는 피고인 아닌 자에게만** 이를 재생하여 시청하게 하여야 한다.
139) '특히 신빙할 수 있는 상태 하에서 행하여졌음이 증명된 때'는 현행법상의 '특히 신빙할 수 있는 상태에서 행하여진 때에 한하여'의 개념과 유사하나, 원진술자가 진정성립을 인정하는 이상 특별한 사정이 없는 한 이 요건은 추정되는 것으로 볼 수 있다.

② **적법절차설** : 특신상태를 검사의 피의자신문이 법관 면전에서의 피고인 신문에 준할 정도의 객관성과 적법성을 갖춘 상황으로 본다(즉, 특신상태 = 적법절차준수).

③ **종합설** : 특신상태 = 신용성의 정황적 보장 + 적법절차준수로 본다. 신용성의 정황적 보장을 특신상태로 봄이 전문법칙의 예외인정의 근거와 일치하는 해석이라고 본다. 현재는 조서 중에서는 제312조 제4항에서 특신상태가 요건으로 남아 있다.

(2) 판례의 입장

<u>관련판례 – 특신상태의 의미; 대구 대학생 성폭행 사망사건</u> [1] 형사소송법 제312조 제4항은 검사 또는 사법경찰관이 피고인이 아닌 자의 진술을 기재한 조서의 증거능력이 인정되려면 '적법한 절차와 방식에 따라 작성된 것'이어야 한다고 정하고 있다. 여기에서 **적법한 절차와 방식에 따라 작성한다는 것은** 형사소송법이 피고인 아닌 사람의 진술에 대한 조서 작성 과정에서 지켜야 한다고 정한 여러 절차를 준수하고 조서의 작성 방식에도 어긋나지 않아야 한다는 것을 의미한다.

[2] 전문진술이나 전문진술을 기재한 조서는 형사소송법 제310조의2에 따라 원칙적으로 증거능력이 없다. 다만 전문진술은 형사소송법 제316조 제2항에 따라 원진술자가 사망, 질병, 외국거주, 소재불명, 그 밖에 이에 준하는 사유로 진술할 수 없고, 그 진술이 특히 신빙할 수 있는 상태 하에서 행하여졌음이 증명된 때에 한하여 예외적으로 증거능력이 있다. 그리고 **전문진술이 기재된 조서는 형사소송법 제312조 또는 제314조에 따라 증거능력이 인정될 수 있는 경우에 해당하여야 함은 물론 형사소송법 제316조 제2항**에 따른 요건을 갖추어야 예외적으로 증거능력이 있다. 형사소송법 제316조 제2항에서 말하는 '그 진술 또는 작성이 특히 신빙할 수 있는 상태 하에서 행하여졌음'이란 진술 내용이나 조서 또는 서류의 작성에 허위가 개입할 여지가 거의 없고, 진술 내용의 신빙성이나 임의성을 담보할 구체적이고 외부적인 정황이 있는 경우를 가리킨다.

[3] 형사소송법 제312조 또는 제313조는 참고인이 진술하거나 작성한 진술조서나 진술서에 대하여 피고인 또는 변호인의 반대신문권이 보장되는 등 엄격한 요건이 충족될 경우에 한하여 증거능력을 인정하고 있다. **형사소송법 제314조는** 참고인 소재불명 등의 경우에 직접심리주의 등 기본원칙에 대한 예외를 인정한 것에 대하여 다시 중대한 예외를 인정하여 원진술자 등에 대한 반대신문의 기회조차 없이 증거능력을 부여할 수 있도록 한 것이다. 따라서 **이러한 경우 참고인의 진술 또는 작성이 '특히 신빙할 수 있는 상태 하에서 행하여졌음에 대한 증명'은** 단지 그러할 개연성이 있다는 정도로는 부족하고 합리적인 의심의 여지를 배제할 정도에 이르러야 한다. 나아가 **이러한 법리는** 원진술자의 소재불명 등을 전제로 하고 있는 **형사소송법 제316조 제2항의 경우에도 그대로 적용**된다(대판 2017.7.18. 2015도12981).

5. 사법경찰관작성의 피의자신문조서

가. 제312조 제3항

검사 이외의 수사기관 작성의 피의자신문조서는 공판준비 또는 공판기일에 그 피의자였던 피고인이나 변호인이 **그 내용을 인정할 때**에 한하여 증거로 할 수 있다고 규정하고 있다.

> **참고**
>
> **외국수사기관 작성 조서의 전문법칙 적용**
>
> 형사소송법 제312조 제2항은 검사 이외의 수사기관이 작성한 피의자신문조서는 그 피의자였던 피고인이나 변호인이 그 내용을 인정할 때에 한하여 증거로 할 수 있다고 규정하고 있는바, 피고인이 검사 이외의 수사기관에서 범죄 혐의로 조사받는 과정에서 작성하여 제출한 진술서는 그 형식 여하를 불문하고 당해 수사기관이 작성한 피의자신문조서와 달리 볼 수 없고, 피고인이 수사 과정에서 범행을 자백하였다는 검사 아닌 수사기관의 진술이나 같은 내용의 수사보고서 역시 피고인이 공판 과정에서 앞서의 자백의 내용을 부인하는 이상 마찬가지로 보아야 하며, 여기서 말하는 검사 이외의 수사기관에는 **달리 특별한 사정이 없는 한 외국의 권한 있는 수사기관도 포함**된다. 사법경찰관이 작성한 검증조서에 피의자이던 피고인이 검사 이외의 수사기관 앞에서 자백한 범행내용을 현장에 따라 진술·재연한 내용이 기재되고 그 재연 과정을 촬영한 사진이 첨부되어 있다면, 그러한 기재나 사진은 피고인이 공판정에서 그 진술내용 및 범행재연의 상황을 모두 부인하는 이상 증거능력이 없다(대판 2006.1.13. 2003도6548).
>
> → 미국 범죄수사대(CID), 연방수사국(FBI)의 수사관들이 작성한 수사보고서 및 피고인이 위 수사관들에 의한 조사를 받는 과정에서 작성하여 제출한 진술서는 피고인이 그 내용을 부인하는 이상 증거로 쓸 수 없다고 한 원심의 조치를 정당하다고 한 사례

나. 내용의 인정(제312조 제3항)

(1) 의의

검사 이외의 수사기관 작성의 피의자신문조서는 공판준비 또는 공판기일에 그 피의자였던 피고인이나 변호인이 그 내용을 인정할 때 한하여 증거로 할 수 있다. 여기서 '내용인정'이란 조서의 진정성립 뿐만 아니라 조서의 기재내용이 객관적 진실에 부합한다는 조서내용의 진실성을 의미한다.

관련판례 형사소송법 제312조 제2항[140])에 의하면 검사 이외의 수사기관 작성의 피의자신문조서는 공판준비 또는 공판기일에 그 피의자였던 피고인이나 변호인이 그 내용을 인정할 때 한하여 증거로 할 수 있다고 규정하고 있는바, 위 규정에서 그 내용을 인정할 때라 함은 **위 피의자신문조서의 기재 내용이 진술내용대로 기재되어 있다는 의미가 아니고, 그와 같이 진술한 내용이 실제사실과 부합한다는 것을 의미한다**고 할 것이다(대판 2001.9.28. 2001도3997 참조).

→ **피고인이 제1심 법정 이래 공소사실을 계속 부인하는 경우**, 증거목록에 피고인이 경찰 작성의 피의자신문조서의 내용을 인정한 것으로 기재되었더라도 이는 **착오 기재**거나 조서를 잘못 정리한 것이어서 위 피의자신문조서가 증거능력을 가지게 되는 것은 아니라고 한 사례[141])

---

140) 개정법 <제312조> ① 검사가 작성한 피의자신문조서는 **적법한 절차와 방식에 따라 작성**된 것으로서 공판준비 또는 공판기일에 그 피의자였던 피고인 또는 변호인이 그 **내용을 인정할 때**에 한하여 증거로 할 수 있다. ② 삭제
141) 공소사실이 최초로 심리된 제1심 제4회 공판기일부터 피고인이 공소사실을 일관되게 부인하여 경찰 작성 피의자신문조서의 진술 내용을 인정하지 않는 경우, 제1심 제4회 공판기일에 피고인이 위 서증의 내용을 인정한 것으로 공판조서에 기재된 것은 착오 기재 등으로 보아 위 피의자신문조서의 증거능력을 부정하여야 하고, 이와 반대되는 원심판단에 법리오해의 위법이 있다고 한 사례(대판 2010.6.24. 2010도5040).

(2) 내용인정의 방법

피의자였던 피고인이나 변호인의 진술에 의한다.142) 이러한 내용인정은 피의자였던 피고인 또는 변호인의 진술에 의하여만 가능하고, 다른 대체수단은 인정되지 않는다. 이는 개정법에 따른 검사 작성 피의자신문조서의 경우에도 같다. 단, 제316조 제1항에 의하여 피고인이 내용을 부인하더라도 조사를 담당한 사법경찰관이 증인으로 법정에 출석하여 증언의 형태로 피고인의 진술을 증언함으로써 공판정에서의 사법경찰관의 진술을 증거로 할 수 있는 길이 열렸다. 그렇다고 하여, 사법경찰관의 증언을 피의자신문조서의 증거능력을 인정하기 위한 내용인정의 대체수단으로 삼을 수는 없다.

> **관련판례** 조서의 기재내용을 들었다는 다른 증인이나 조사한 경찰관의 증언에 의하여 증거능력을 인정할 수는 없다고 보았으나, 현재는 제316조 제1항에 의하여 증거능력을 부여받을 수 있다.

공범인 경우에 대하여는 누가 내용을 인정하여야 하는가에 대하여 학설의 대립이 존재한다. ① 공범이 별개사건으로 재판을 받아 공동피고인이 아닌 경우는 그 공범은 증인의 지위에 있으므로 당연히 제312조 제4항을 적용해야 하고, 함께 공동피고인으로 재판을 받는 경우라 하더라도 다른 공동피고인에 대해서는 증인의 증언과 다름이 없으므로 제312조 제4항을 적용해야 한다는 설이 있으나 ② 제312조 제3항이 인권보호의 취지에 근거를 두고 입법된 것이므로 당해 피고인이 그 내용을 부인하는 이상 이를 증거로 사용하지 못하도록 함이 타당하다. 이 논의는 이제 2022. 1. 1. 이후 기소되는 검사작성 '공범자'에 대한 피의자신문조서 역시 같다. 따라서 검사작성 공범자에 대한 피의자신문조서의 경우도 당해 피고인이 내용을 부인하는 경우는 제312조 제1항이 적용된다고 봄이 타당하며, 결국 유죄의 증거로 사용하지 못한다.

공범자에 대한 검사작성 피의자신문조서가 사법경찰관 작성 피의자신문처럼 당해 피고인이 내용을 부인하면 그 증거능력이 없어지므로 실무상 공판절차는 거의 수사절차처럼 진행될 우려가 크며 결국, 증인의 증언에 의존하여 증거조사와 심리가 진행될 수밖에 없다. 예를 들어, 뇌물공여자 A가 경찰, 검찰에서 뇌물수수자 B에게 2억을 현금으로 주었다고 상세히 진술했고 B역시 검찰 수사에서 자백하였다고 가정해보자. 이후 B는 공판정에서 뇌물수수사실을 부인하면서 A에 대한 모든 조서에 내용부인을 할 경우, B에 대한 사법경찰관 검사 작성의 모든 조서는 물론, A가 진술한 뇌물공여 내용이 담긴 조서 역시 증거능력이 없게 된다. 결국 검사가 A를 증인으로 신청하여 증

---

142) 2022. 1. 1. 이후 기소되는 검사 작성 피의자신문조서 역시 동일함.

인으로 출석한 A가 수사단계와 달리 법정에서 돈을 준 사실을 부인하고, 별다른 객관적 증거가 없는 이상 A와 B는 둘 다 무죄가 된다. 공판검사는 A로부터 공여진술을 끌어내기 위해 수사단계에서 했던 질문들을 다시 하기 위해 오랜기간 신문을 상세히 하여야 하고, 공판절차는 수사의 연장선이 되어 그 절차 지연이 심각하게 될 우려가 있다. 이는 구속피고인인 경우에는 6개월의 구속기간 도과로 부득이 피고인을 석방하여야 하는 경우도 속출 할 것이다. 왜냐하면 여러 명의 공범이 함께 기소되면 구속기간 내에 공판심리를 마치는 것이 거의 불가능하기 때문이다. 그런 측면에서 검사 작성의 피의자신문조서의 증거능력을 부정하는 것은 단순히 진술증거 하나의 문제가 아니다. 더욱 심각한 문제는 공범자들의 합동작전으로 의도적 재판불출석을 통해 재판을 공전시켜 지연하는 것에 대응할 방법이 없다143). 공판중심주의를 충실히 실현하면서도 실체진실을 밝혀낼 수 있도록 제도적 보완이 필요하다고 본다.

> **관련판례** 형사소송법 제312조 제3항은 검사 이외의 수사기관이 작성한 당해 피고인에 대한 피의자신문조서를 유죄의 증거로 하는 경우뿐만 아니라 **검사 이외의 수사기관이 작성한 당해 피고인과 공범관계에 있는 다른 피고인이나 피의자에 대한 피의자신문조서를 당해 피고인에 대한 유죄의 증거로 채택할 경우에도 적용**된다. 따라서 당해 피고인과 공범관계가 있는 다른 피의자에 대하여 검사 이외의 수사기관이 작성한 피의자신문조서는 그 피의자의 법정진술에 의하여 그 성립의 진정이 인정되는 등 형사소송법 제312조 제4항의 요건을 갖춘 경우라고 하더라도 당해 피고인이 공판기일에서 **그 조서의 내용을 부인한 이상 이를 유죄 인정의 증거로 사용할 수 없다**(대판 2010.2.25. 2009도14409).

> **관련판례** 당해 피고인과 공범관계가 있는 다른 피의자에 대하여 검사 이외의 수사기관이 작성한 피의자신문조서는, 그 피의자의 법정진술에 의하여 그 성립의 진정이 인정되는 등 형사소송법 제312조 제4항의 요건을 갖춘 경우라고 하더라도 **당해 피고인이 공판기일에서 그 조서의 내용을 부인한 이상 이를 유죄 인정의 증거로 사용할 수 없다**(대판 2009.7.9. 2009도2865).

> **관련판례 – 피고인의 공범에 대한 피신조서와 진술조서 등의 증거능력** 피고인이 새마을금고 이사장 선거와 관련하여 대의원 甲에게 자신을 지지해 달라고 부탁하면서 현금 50만 원을 제공하였다고 하여 새마을금고법 위반으로 기소되었는데, 검사는 **사법경찰관 작성의 공범 甲에 대한 피의자신문조서 및 진술조서를 증거로 제출**하고, 검사가 신청한 **증인 乙은 법정에 출석하여 '甲으로부터 피고인에게서 50만 원을 받았다는 취지의 말을 들었다'**고 증언한 사안에서, 甲이 법정에 출석하여 위 피의자신문조서 및 진술조서의 성립의 진정을 인정하였더라도 피고인이 공판기일에서 그 조서의 내용을 모두 부인한 이상 **이는 증거능력이 없고**, 한편 제1심 및 원심 공동피고인인 甲은 원심에 이르기까지 일관되게 피고인으로부터 50만 원을 받았다는 취지의 공소사실을 부인한 사실에 비추어 **원진술자 甲이 사망, 질병, 외국거주, 소재불명 그 밖에 이에 준하는 사유로 인하여 진술할 수 없는 때에 해당하지 아니하여 甲의 진술을 내용으로 하는 乙의 법정증언은 전문증거로서 증거능력이 없으며**, 나아가 피고인은 일관되게 甲에게 50만 원 자체를 교부한 적이 없다고 주장하면서 적극적으로 다툰 점, 이에 따라 사법경찰관

---

143) 그렇다면 증거능력이 있는 진술증거를 확보해야하는 수사기관으로서는 수사상 증거보전인 제184조와 제221조의2 조항을 활용하는 것이 대안이 될 수 있다.

작성의 甲에 대한 피의자신문조서 및 진술조서의 내용을 모두 부인한 점, 乙의 법정증언이 전문증거로서 증거능력이 없다는 사정에 대하여 피고인 또는 변호인에게 의견을 묻는 등의 적절한 방법으로 고지가 이루어지지 않은 채 증인신문이 진행된 다음 증거조사 결과에 대한 의견진술이 이루어진 점, 乙이 위와 같이 증언하기에 앞서 원진술자 甲이 피고인으로부터 50만 원을 제공받은 적이 없다고 이미 진술한 점 등을 종합하면 피고인이 乙의 법정증언을 증거로 삼는 데에 동의하였다고 볼 여지는 없고, 乙의 증언에 따른 증거조사 결과에 대하여 별 의견이 없다고 진술하였더라도 달리 볼 수 없으므로, 결국 사법경찰관 작성의 甲에 대한 피의자신문조서 및 진술조서와 乙의 전문진술은 증거능력이 없다(대판 2019.11.14. 2019도11552).

다. 제314조의 적용여부

사법경찰관작성의 피의자신문조서에 대하여 제314조를 근거로 증거능력을 인정할 수 있는지 여부가 문제된다. 같은 문제로 2022. 1. 1. 이후 기소되는 사건의 검사작성 피의자신문조서의 경우도 마찬가지 쟁점이다.

(1) 학설

1) **긍정설** : 사경작성 피신조서의 경우에만 제314조의 적용을 부정할 이유는 없다.
2) **부정설** : 제312조 제3항의 입법취지가 자백편중의 수사관행을 타파하고 강압수사를 방지하기 위한 위법수사의 예방장치라는 점에서 사경작성 피신조서의 경우 제312조 제3항에 의해서만 증거능력의 유무를 판단해야 한다.
3) **절충설** : 피고인과 공범관계에 있는 자에 대해서는 제314조의 적용이 없고, 공범 아닌 자에 대한 것은 제314조가 적용된다(타당 – 판례의 전반적 입장과 일치).

(2) 판례

구 형사소송법 제312조 제2항(현행 제3항)은 검사 이외의 수사기관이 작성한 당해 피고인에 대한 피의자신문조서를 유죄의 증거로 하는 경우 뿐만 아니라 검사 이외의 수사기관이 작성한 당해 피고인과 공범관계에 있는 다른 피고인이나 피의자에 대한 피의자신문조서를 당해 피고인에 대한 유죄의 증거로 채택할 경우에도 적용되는바, 당해 피고인과 공범관계가 있는 다른 피의자에 대한 검사 이외의 수사기관 작성의 피의자신문조서는 그 피의자의 법정진술에 의하여 그 성립의 진정이 인정되더라도 **당해 피고인이 공판기일에서 그 조서의 내용을 부인하면 증거능력이 부정되므로 그 당연한 결과로** 그 피의자신문조서에 대하여는 사망 등 사유로 인하여 법정에서 진술할 수 없는 때에 예외적으로 증거능력을 인정하는 규정인 형사소송법 **제314조가 적용되지 아니한다**(공범이 아닌 공동피고인에 대한 피의자신문조서에 대하여 본조가 적용된다)(대판 2004.7.15. 2003도7185 전원합의체).

2022. 1. 1. 이후 기소되는 사건의 검사작성 피의자신문조서의 경우도 검사 작성의 공범자에 대한 피의자신문조서는 당해 피고인이 내용부인하면 증거능력이 없으므로, 공범자의 진술불능 등의 사유로 제314조가 적용될 여지가 없다. 다만, 검사작성의 공범자 아닌 자에 대한 피의자신문조서는 제312조 제4항이 적용되는 바, 제314조가 적용될 수 있을 것이다.

관련판례 사법경찰관이나 검사작성의 피고인 아닌 피의자에 대한 피의자신문조서가 **제314조에 의하여** 증거능력이 인정된다(대판 1967.4.25. 67도322).

관련판례 검사작성의 공소외(甲)에 대한 피의자신문조서는 제1심에서 동인에 대한 증인 소환장이 소재불명으로 송달불능이 되고 소재탐지촉탁에 의하여도 거주지를 확인할 방도가 없어 그 진술을 들을 수 없는 사정이 있고 그 조서의 내용에 의하면 특히 신빙할 수 있는 상태하에서 작성된 것으로 보여지므로 원심이 형사소송법 제314조에 의하여 증거능력을 인정한 조치는 정당하다(대판 1984.1.24. 83도2945).

관련판례 - 양벌규정상 행위자인 다른 피의자에 대한 사법경찰관 작성의 피의자신문조서가 사업주인 당해 피고인에 대하여 증거능력을 가지기 위한 요건(제312조 제3항) 및 형사소송법 제314조의 적용 여부(소극) [1] 형사소송법 제312조 제3항은 검사 이외의 수사기관이 작성한 해당 피고인에 대한 피의자신문조서를 유죄의 증거로 하는 경우뿐만 아니라 **검사 이외의 수사기관이 작성한 해당 피고인과 공범관계에 있는 다른 피고인이나 피의자에 대한 피의자신문조서를 해당 피고인에 대한 유죄의 증거로 채택할 경우에도 적용**된다. 따라서 해당 피고인과 공범관계가 있는 다른 피의자에 대하여 검사 이외의 수사기관이 작성한 피의자신문조서는 그 피의자의 법정진술에 의하여 그 성립의 진정이 인정되는 등 형사소송법 제312조 제4항의 요건을 갖춘 경우라고 하더라도 해당 피고인이 공판기일에서 그 조서의 내용을 부인한 이상 이를 유죄 인정의 증거로 사용할 수 없고, 그 당연한 결과로 위 피의자신문조서에 대하여는 사망 등 사유로 인하여 법정에서 진술할 수 없는 때에 예외적으로 증거능력을 인정하는 규정인 형사소송법 제314조가 적용되지 아니한다. 그리고 이러한 법리는 공동정범이나 교사범, 방조범 등 공범관계에 있는 자들 사이에서뿐만 아니라, 법인의 대표자나 법인 또는 개인의 대리인, 사용인, 그 밖의 종업원 등 행위자의 위반행위에 대하여 행위자가 아닌 법인 또는 개인이 양벌규정에 따라 기소된 경우, 이러한 법인 또는 개인과 행위자 사이의 관계에서도 마찬가지로 적용된다고 보아야 한다.
[2] 피고인이 운영하는 병원의 사무국장으로 근무하던 공소외인이 저지른 행위에 대하여 피고인이 양벌규정인 의료법 제91조를 적용법조로 기소된 사안에서, **검사가 증거로 제출한 사법경찰관 작성의 공소외인에 대한 피의자신문조서에 관해서는 피고인이 증거동의를 한 바가 없고 오히려 그 내용을 부인하였음에도 불구**하고, 원심은 위 피의자신문조서에 대하여는 형사소송법 제312조 제3항이 아니라 형사소송법 제312조 제4항 및 제314조가 적용된다고 보아 그 증거능력을 인정하여 피고인에게 유죄를 인정한 것을 파기한 사례(대판 2020.6.11. 2016도9367).

6. 관련문제

가. 증거동의의 대상

피의자신문조서도 **증거동의의 대상**이 된다(제309조와는 달리 전문증거는 상대적 증거능력제한이고, 전문법칙의 근거는 반대신문권의 보장에 있는바, 증거동의의 경우 반대신문권의 포기가 있는 것이어서).

나. 탄핵증거와의 관계

피고인이 성립의 진정이나 내용을 부인하여 증거능력이 없는 피의자신문조서를 **탄핵증거로 사용할 수 있는가**에 대해 견해가 나뉜다.

① 부정설 : 피고인이 공판기일에 행한 진술은 증거능력 없는 피의자신문조서에 의한 탄핵대상이 될 수 없다.

② 긍정설 : **자백조서인 피의자신문조서가 임의성이 없어 증거능력이 배제되는 경우를 제외**하고는 피의자신문조서에 피의자의 서명·날인이 있는 한 탄핵증거로 사용가능하다.

③ 검토 : 제318조의2에서 명문으로 인정하고 있는 이상 현재는 긍정설을 취할 수밖에 없으나, 내용부인으로 증거능력을 배제하는 취지를 고려할 때 이를 탄핵증거로 제시하여 현출되는 것은 타당하지 않으므로 입법적으로 이를 탄핵증거로 사용할 수 없도록 규정함이 타당하다.

> **관련판례** 사법경찰관작성의 피고인에 대한 피의자신문조서와 피고인이 작성한 자술서들은 모두 검사가 유죄의 자료로 제출한 증거들로서 피고인이 각 그 내용을 부인하는 이상 **증거능력은 없으나**, 그러한 증거라 하더라도 **그것이 임의로 작성된 것이 아니라고 의심할 만한 사정이 없는 한**, 피고인의 법정에서의 진술을 탄핵하기 위한 반대증거로 사용할 수 있다(대판 1998.2.27. 97도1770).

Ⅲ 진술조서

제312조【검사 또는 사법경찰관의 조서 등】
④ 검사 또는 사법경찰관이 피고인이 아닌 자의 진술을 기재한 조서는 **적법한 절차와 방식에 따라 작성**된 것으로서 그 조서가 검사 또는 사법경찰관 앞에서 진술한 **내용과 동일하게 기재되어 있음이** 원진술자의 공판준비 또는 공판기일에서의 진술이나 영상녹화물 또는 **그 밖의 객관적인 방법에 의하여 증명**되고, 피고인 또는 변호인이 공판준비 또는 공판기일에 그 기재 내용에 관하여 원진술자를 신문할 수 있었던 때에는 증거로 할 수 있다. 다만, 그 조서에 기재된 진술이 **특히 신빙할 수 있는 상태**하에서 행하여 졌음이 증명된 때에 한한다.

제313조【진술서등】 ① 전2조의 규정 이외에 피고인 또는 피고인 아닌 자가 작성한 진술서나 그 진술을 기재한 서류로서 그 작성자 또는 진술자의 자필이거나 그 서명 또는 날인이 있는 것(피고인 또는 피고인 아닌 자가 작성하였거나 진술한 내용이 포함된 문자·사진·영상 등의 정보로서 컴퓨터용디스크, 그 밖에 이와 비슷한 정보저장매체에 저장된 것을 포함한다. 이하 이 조에서 같다)은 공판준비나 공판기일에서의 그 작성자 또는 진술자의 진술에 의하여 그 성립의 진정함이 증명된 때에는 증거로 할 수 있다. 단 피고인의 진술을 기재한 서류는 공판준비 또는 공판기일에서의 그 작성자의 진술에 의하여 그 성립의 진정함이 증명되고 그 진술이 특히 신빙할 수 있는 상태하에서 행하여 진 때에 한하여 피고인의 공판준비 또는 공판기일에서의 진술에 불구하고 증거로 할 수 있다.
② 제1항 본문에도 불구하고 진술서의 작성자가 공판준비나 공판기일에서 그 성립의 진정을 부인하는 경우에는 과학적 분석결과에 기초한 디지털포렌식 자료, 감정 등 객관적 방법으로 성립의 진정함이 증명되는 때에는 증거로 할 수 있다. 다만, 피고인 아닌 자가 작성한 진술서는 피고인 또는 변호인이 공판준비 또는 공판기일에 그 기재 내용에 관하여 작성자를 신문할 수 있었을 것을 요한다.
③ **감정의 경과와 결과를 기재한 서류**도 제1항 및 제2항과 같다.

제221조【제3자의 출석요구 등】 ① 검사 또는 사법경찰관은 수사에 필요한 때에는 피의자가 아닌 자의 출석을 요구하여 진술을 들을 수 있다. 이 경우 그의 동의를 받아 영상녹화할 수 있다.
② 검사 또는 사법경찰관은 수사에 필요한 때에는 감정·통역 또는 번역을 위촉할 수 있다.
③ 제163조의2 제1항부터 제3항까지는 검사 또는 사법경찰관이 범죄로 인한 피해자를 조사하는 경우에 준용한다.

제244조의5【장애인 등 특별히 보호를 요하는 자에 대한 특칙】 검사 또는 사법경찰관은 피의자를 신문하는 경우 다음 각 호의 어느 하나에 해당하는 때에는 직권 또는 피의자·법정대리인의 신청에 따라 피의자와 신뢰관계에 있는 자를 동석하게 할 수 있다.
 1. 피의자가 신체적 또는 정신적 장애로 사물을 변별하거나 의사를 결정·전달할 능력이 미약한 때
 2. 피의자의 연령·성별·국적 등의 사정을 고려하여 그 심리적 안정의 도모와 원활한 의사소통을 위하여 필요한 경우

1. 개념

검사 또는 사법경찰관이 **피의자 아닌 자의 진술을 기재**한 조서를 말한다. 이는 조서에 담긴 내용이 **요증사실과의 관계에서** 피의자로서의 진술인지 아니면 피의자가 아닌 자로서의 진술인지가 중요하다. 예를 들어, 특수절도의 공범인 甲에 대하여 작성된 사법경찰관 작성의 피의자신문조서에 '乙과 함께 절도를 범하였습니다'라는 내용과 '훔친 물건을 丙에게 보관시켰습니다'라는 내용이 모두 기재되어 있다면 이 피의자신문조서가 乙의 특수절도 사건에 증거로 제출될 때에는 공범자에 대한 사경 작성 피의자신문조서로서 제312조 제3항이 적용되어 乙이 내용부인하면 증거능력이 없다. 그러나 그 피의자신문조서가 丙의 장물보관 사건에 증거로 제출될 때는 설사 명칭이 피의자신문조서라고 되어 있다고 하더라도 실질은 제312조 제4항의 참고인진술조서와 같으므로 甲은 증인의 지위에서 선서한 후 성립의 진정을 하여야 丙에 대한 유죄의 증거로 사용할 수 있다.

관련판례 피의자의 진술을 기재한 서류가 수사기관의 수사과정에서 작성된 것이라면 진술조서의 형식을 취한 경우에도 피의자신문조서로 볼 것이므로 사법경찰관이 작성한 피의자에 대한 진술조서도 내용을 부인하면 증거능력이 없다(즉, 제312조 제2항 적용)(대판 1983.7.26. 82도835).

2. 진술조서의 증거능력

검사, 사법경찰관이 작성한 경우를 구분하지 아니하고 모두 제312조 제4항에서 규정하여 증거능력을 판단하도록 하였다. 피고인이 아닌 자의 진술을 기재한 조서는 적법한 절차와 방식에 따라 작성된 것으로서 원진술자가 법정에서 진정성립을 인정하는 진술을 하거나, 영상녹화물 기타 객관적인 방법에 의하여 진정성립이 증명되고 법정에서 반대신문을 할 수 있었고, **특신상태가 증명**된 경우 증거로 사용할 수 있도록 하였다(제312조 제4항). 제314조(증거능력에 대한 예외)가 적용되는 경우 이외에는 참고인진술조서는 원진술자가 법정 진술로 진정성립을 인정하는 경우에 한하여 증거능력을 부여하는 것이 아니라 **원진술자의 진술 외에도 영상녹화물 기타 객관적인 방법으로(제221조) 진정성립이 증명되면 증거로 사용할 수 있도록** 합리적으로 개정하였다. **다만, 진정성립이 증명되더라도 피고인 측에서 참고인의 진술 내용에 대하여 다툴 수 있는 기회를 부여하여야** 하므로 반대신문의 기회 부여를 별도 요건으로 규정하였으나, 반드시 반대신문이 실제로 이루어져야 하는 것은 아니며, 특신상태는 진정성립이 증명되면 특별한 사정이 없는 한 추정된다고 볼 수 있다. 제312조 제4항은 제1항, 제2항, 제3항의 피의자신문조서와 달리 진정성립을 요건으로 하며, 대체증명이 가능하고, 특신상태를 요건으로 한다는 점에서 차이가 있다.

가. 인정요건

(1) 적법한 절차와 방식

진술자의 간인과 서명날인의 진정이라는 형식적 진정성립뿐만 아니라, 조서의 작성방법(제48조) 및 제3자의 출석요구에 관한 규정(제221조)을 준수하여야 한다.

> **관련판례** 형사소송법 제312조 제4항은 검사 또는 사법경찰관이 피고인이 아닌 자의 진술을 기재한 조서의 증거능력이 인정되려면 '적법한 절차와 방식에 따라 작성된 것'이어야 한다고 규정하고 있다. 여기서 적법한 절차와 방식이라 함은 피의자 또는 제3자에 대한 조서 작성 과정에서 지켜야 할 진술거부권의 고지 등 형사소송법이 정한 제반 절차를 준수하고 조서의 작성방식에도 어긋남이 없어야 한다는 것을 의미한다. 그런데 형사소송법은 조서에 진술자의 실명 등 인적 사항을 확인하여 이를 그대로 밝혀 기재할 것을 요구하는 규정을 따로 두고 있지는 아니하다. 따라서 「특정범죄신고자 등 보호법」등에서처럼 명시적으로 진술자의 인적 사항의 전부 또는 일부의 기재를 생략할 수 있도록 한 경우가 아니라 하더라도, 진술자와 피고인의 관계, 범죄의 종류, 진술자 보호의 필요성 등 여러 사정으로 볼 때 상당한 이유가 있는 경우에는 **수사기관이 진술자의 성명을 가명으로 기재하여 조서를 작성하였다고 해서 그 이유만으로 그 조서가 '적법한 절차와 방식'에 따라 작성되지 않았다고 할 것은 아니다.** 그러한 조서라도 공판기일 등에 원진술자가 출석하여 자신의 진술을 기재한 조서임을 확인함과 아울러 그 조서의 실질적 진정성립을 인정하고 나아가 그에 대한 반대신문이 이루어지는 등 형사소송법 제312조 제4항에서 규정한 조서의 증거능력 인정에 관한 다른 요건이 모두 갖추어진 이상 그 증거능력을 부정할 것은 아니라고 할 것이다(대판 2012.5.24. 2011도7757).

(2) 실질적 진정성립

조서가 검사 또는 사법경찰관 앞에서 진술한 내용과 동일하게 기재되어 있음이 인정되어야 하는데, 이러한 실질적 진정성립은 **원진술자가 공판준비 또는 공판기일에서의 진술이나, 영상녹화물 기타 객관적 방법으로** 증명한다. 만일 필요적 변호사건에서 변호인이 없거나 출석하지 아니한 채 공판절차가 진행되었고 그 공판절차에서 피고인의 성립의 진정이 있었다면, 그 공판절차가 위법하며 무효이므로 그 조서 역시 증거능력이 인정될 수 없다(대판 1999.4.23. 99도915). 판례[144]는 나아가 '진정성립'의 증언도 증언거부권의 행사대상에 포함된다고 하므로 정당한 증언거부가 있는 경우에는 제314조 적용여부는 별론으로 하더라도 대체증명을 허용할 수는 없을 것이다.

---

[144] 변호사가 이 사건 법률의견서의 진정성립 등에 관하여 진술하지 아니한 것은 형사소송법 제149조에서 정한 바에 따라 정당하게 증언거부권을 행사한 경우에 해당하므로, 앞서 본 법리에 따라 형사소송법 제314조에 의하여 이 사건 법률의견서의 증거능력을 인정할 수도 없다(대판 2012. 5. 17. 2009도6788 전원합의체).

(3) 반대신문권의 보장

피고인 아닌 자에 대한 수사기관 작성의 진술조서는 법관면전에서 원진술자에 대한 반대신문의 기회를 부여한 후가 아니면 증거능력이 인정되지 않는다. 다만, 피고인 또는 변호인에게 **반대신문의 기회가 보장**되면 족하며, **반드시 반대신문이 실제로 행해져야 하는 것은 아니다**. 또한 원진술자가 공판기일에서 그 조서의 내용과 다른 진술을 하거나 변호인 또는 피고인의 반대신문에 대하여 아무런 답변을 하지 아니하였다 하여 곧 증거능력 자체를 부정할 사유가 되지는 아니한다(대판 2001.9.14. 2001도1550). 그러나 일체의 증언을 거부하여 반대신문의 기회 자체가 실질적으로 봉쇄되었다면, 반대신문의 기회를 보장받았다고 볼 수 없다.

> **관련판례** 검사가 작성한 참고인진술조서에 기재된 **진술의 임의성을 의심할만한 사유가 있는 경우**에는 피고인이 증거로 함에 동의한 경우에도 그 진술은 피고인의 공소사실에 관하여 증거능력이 인정되지 아니한다(대판 2006.11.23. 2004도7900).

(4) 특신상태

진술이 특히 신빙할 수 있는 상태에서 행하여진 것을 말하는데, **그 진술을 하였다는 것에 허위개입의 여지가 거의 없고, 그 진술내용의 신빙성이나 임의성을 담보할 구체적이고 외부적인 정황이 있는 경우**(대판 2001.10.9. 2001도3106)를 말한다. 주의할 점은 특신상태는 증명력의 문제가 아니라는 점이다. 특히 신빙할 수 있는 상황에서 조서가 작성되면 증거능력을 인정할 수 있다는 취지이지 특신상태가 인정되면 신빙성을 인정하겠다는 것이 아니다.

> **관련판례** 검찰관이 피고인을 뇌물수수 혐의로 기소한 후, 형사사법공조절차를 거치지 아니한 채 과테말라공화국에 현지출장하여 그곳 호텔에서 뇌물공여자 甲을 상대로 참고인 진술조서를 작성한 사안에서, 甲이 자유스러운 분위기에서 임의수사 형태로 조사에 응하였고 조서에 직접 서명·무인하였다는 사정만으로 특신상태를 인정하기에 부족할 뿐만 아니라, 검찰관이 군사법원의 증거조사절차 외에서, 그것도 형사사법공조절차나 과테말라공화국 주재 우리나라 영사를 통한 조사 등의 방법을 택하지 않고 직접 현지에 가서 조사를 실시한 것은 수사의 정형적 형태를 벗어난 것이라고 볼 수 있는 점 등 제반 사정에 비추어 볼 때, **진술이 특별히 신빙할 수 있는 상태에서 이루어졌다는 점에 관한 증명이 있다고 보기 어려워** 甲의 진술조서는 증거능력이 인정되지 아니하므로, 이를 유죄의 증거로 삼을 수 없다(대판 2011.7.14. 2011도3809).

3. 제314조에 의한 증거능력의 인정

사법경찰관이 작성한 참고인진술조서라 할지라도 **원진술자가 행방불명이 되어 공판기일에 환문할 수 없고 그 진술이 특히 신빙할 수 있는 상태에서 행하여진 때에는 이를 증거로 채택하였다고 하여 위법이 아니다**(대판 1983.6.28. 83도931).

가. 필요성

여기서 **질병, 외국거주, 소재불명 그밖에 이에 준하는 사유로 진술할 수 없을 때**라 함은 정신적, 신체적 고장 또는 소재가 불명하거나 국외에 있기 때문에 임상신문이 불가능한 경우를 말한다. 소재불명이라고 하기 위해서는 **소환장이 송달불능된 것으로는 족하지 않고**, 소재수사를 하였어도 소재를 확인할 수 없을 것을 요하며, **원진술자가 법정에 출석하나 증언거부권을 행사하여 증언을 거절한 때에도 기타 사유로 진술할 수 없는 때에 해당되지 않아 필요성 요건을 충족할 수 없다**고 본다. 이후 제314조 서술 부분에서 상술하도록 한다.

나. 특신상태는 앞서 언급한 바와 같다.

> **관련판례** [1] 형사소송법 제314조가 참고인의 소재불명 등의 경우에 그 참고인이 진술하거나 작성한 진술조서나 진술서에 대하여 증거능력을 인정하는 것은, 형사소송법이 제312조 또는 제313조에서 참고인 진술조서 등 서면증거에 대하여 피고인 또는 변호인의 반대신문권이 보장되는 등 엄격한 요건이 충족될 경우에 한하여 증거능력을 인정할 수 있도록 함으로써 직접심리주의 등 기본원칙에 대한 예외를 인정한 데 대하여 다시 중대한 예외를 인정하여 원진술자 등에 대한 반대신문의 기회조차 없이 증거능력을 부여할 수 있도록 한 것이므로, 그 경우 참고인의 진술 또는 작성이 '특히 신빙할 수 있는 상태하에서 행하여졌음에 대한 증명'은 단지 그러할 개연성이 있다는 정도로는 부족하고 합리적인 의심의 여지를 배제할 정도에 이르러야 한다.
>
> [2] **형사소송법 제314조의 '특신상태'와 관련된 법리**는 마찬가지로 원진술자의 소재불명 등을 전제로 하고 있는 **형사소송법 제316조 제2항의 '특신상태'에 관한 해석에도 그대로 적용**된다(대판 2014.4.30. 2012도725).
>
> **관련판례** 형사소송법 제312조 제4항에서 '특히 신빙할 수 있는 상태'란 진술 내용이나 조서 작성에 허위개입의 여지가 거의 없고, 진술 내용의 신빙성이나 임의성을 담보할 구체적이고 외부적인 정황이 있는 것을 말한다. 그리고 이러한 '특히 신빙할 수 있는 상태'는 **증거능력의 요건에 해당하므로 검사가 그 존재에 대하여 구체적으로 주장·증명하여야** 하지만, 이는 소송상의 사실에 관한 것이므로 엄격한 증명을 요하지 아니하고 **자유로운 증명으로 족하다**(대판 2012.7.26. 2012도2937).
>
> **관련판례** [1] 형사소송법 제314조의 신용성 정황적 보장의 요건인 '특히 신빙할 수 있는 상태하에서 행하여진 때'라고 함은 그 진술내용이나 조서 또는 서류의 작성에 허위개입의 여지가 거의 없고, 그 진술내용의 신빙성이나 임의성을 담보할 구체적이고 외부적인 정황이 있는 경우를 가리킨다.

[2] 만 5세 무렵에 당한 성추행으로 인하여 **외상 후 스트레스 증후군을 앓고 있다는 등의 이유로 공판정에 출석하지 아니한 약 10세 남짓의 성추행 피해자**에 대한 진술조서가 형사소송법 제314조에 정한 필요성의 요건과 신용성 정황적 보장의 요건을 모두 갖추지 못하여 **증거능력이 없다**고 본 원심의 판단을 수긍한 사례(대판 2006.5.25. 2004도3619).

4. 공소제기 후 피고인 또는 참고인에 대한 진술조서

공소제기 후에 검사가 수사기관으로서 피고인을 신문하여 작성한 피고인진술조서도 검사가 피의자의 진술을 기재한 조서에 해당한다고 볼 것인가에 대하여 학설의 대립이 있다. 이에 대하여 제313조 내지는 제312조 제1항에 따라 검사 작성 피의자신문조서로 보아야 한다는 입장과 공판중심주의와 당사자주의에 반하는 위법한 수사로 위법수집증거배제법칙에 따라 증거능력을 부정하여야 한다는 입장이 있다. 이 논의의 전제는 공소제기가 된 그 당해 사건에 대하여 공소제기 후에도 피고인을 신문할 수 있는가의 문제이다. 판례는 검사의 피고인에 대한 당해 피고사건에 대한 **진술조서가 기소 후에 작성된 이유만**으로 곧 그 **증거능력이 없는 것이라고 할 수는 없다**(대판 1982.6.8. 82도754)고 판시하여 적법성을 긍정하는 입장이다.

그러나 당사자주의와 공판중심주의에 위배될 뿐 아니라 구속사건의 경우는 구속기간을 잠탈할 수도 있어 공소제기 후에는 피고인을 신문할 수 없다고 봄이 타당하다. 검사의 수사단계의 구속기간은 공소제기전까지로 한정되어 있기 때문이다(제203조)145).

가. 공판기일에서 이미 증언을 마친 증인을 검사가 소환한 후 다시 신문하여 작성한 진술조서의 증거능력을 인정할 수 있는지 여부

관련판례 공판준비 또는 공판기일에서 이미 증언을 마친 증인을 검사가 소환한 후 피고인에게 유리한 그 증언내용을 추궁하여 이를 일방적으로 번복시키는 방식으로 작성한 진술조서를 유죄의 증거로 삼는 것은 **당사자주의·공판중심주의·직접주의**를 지향하는 현대 형사소송법의 기본구조에 어긋나는 것일 뿐만 아니라, 헌법 제27조가 보장하는 기본권, 즉 법관의 면전에서 모든 증거자료가 조사·진술되고 이에 대하여 피고인이 공격·방어할 수 있는 기회가 실질적으로 부여되는 재판을 받을 권리를 침해하는 것이므로, 이러한 진술조서는 피고인이 증거로 할 수 있음에 동의하지 아니하는 한 그 증거능력이 없다고 하여야 할 것이고, 그 후 원진술자인 종전 증인이 다시 법정에 출석하여 증언을 하면서 그 진술조서의 성립의 진정함을 인정하고 피고인측에 반대신문의 기회가 부여되었다고 하더라도 그 증언자체를 유죄의 증거로 할 수 있음은 별론으로 하고 위와 같은 진술조서의 증거능력이 없다는 결론은 달리 할 것이 아니다(대판 2000.6.15. 99도1108 전원합의체).

---

145) 검사가 피의자를 구속한 때 또는 사법경찰관으로부터 피의자의 인치를 받은 때에는 10일 이내에 공소를 제기하지 아니하면 석방하여야 한다.

관련판례 이는 검사가 공판준비 또는 공판기일에서 이미 증언을 마친 증인에게 수사기관에 출석할 것을 요구하여 그 증인을 상대로 위증의 혐의를 조사한 내용을 담은 피의자신문조서의 경우도 마찬가지146)이다(대판 2013.8.14. 2012도13665 전원합의체).

나. 피의자신문 시 동석자가 대신한 진술의 증거능력

관련판례 형사소송법 제244조의5는, 검사 또는 사법경찰관은 피의자를 신문하는 경우 피의자가 신체적 또는 정신적 장애로 사물을 변별하거나 의사를 결정·전달할 능력이 미약한 때나 피의자의 연령·성별·국적 등의 사정을 고려하여 그 심리적 안정의 도모와 원활한 의사소통을 위하여 필요한 경우에는, 직권 또는 피의자·법정대리인의 신청에 따라 피의자와 신뢰관계에 있는 자를 동석하게 할 수 있도록 규정하고 있다. 구체적인 사안에서 위와 같은 동석을 허락할 것인지는 원칙적으로 검사 또는 사법경찰관이 피의자의 건강 상태 등 여러 사정을 고려하여 재량에 따라 판단하여야 할 것이나, 이를 허락하는 경우에도 동석한 사람으로 하여금 피의자를 대신하여 진술하도록 하여서는 안 된다. 만약 **동석한 사람이 피의자를 대신하여 진술한 부분이 조서에 기재되어 있다면** 그 부분은 피의자의 진술을 기재한 것이 아니라 **동석한 사람의 진술을 기재한 조서에 해당**하므로, 그 사람에 대한 진술조서로서의 증거능력을 취득하기 위한 요건을 충족하지 못하는 한 이를 유죄 인정의 증거로 사용할 수 없다(대판 2009.6.23. 2009도1322).

다. 진술자의 법정 증언의 증명력

대법원은 "그 후 **원진술자인 종전 증인이 다시 법정에 출석하여 증언**을 하면서, 그 진술조서의 성립의 진정함을 인정하고 **피고인측에 반대신문의 기회가 부여되었다고 하더라도, 그 증언 자체를 유죄의 증거로 할 수 있음은 별론으로 하고 위와 같은 진술조서의 증거능력이 없다는 결론은 달리할 것이 아니다**(대판 2000.6.15. 99도1108 전원합의체)."라고 판시하여 증언 자체는 증거능력을 인정하는 입장이다. 다만, 그 법정증언의 증명력 판단은 별개의 문제이다.

대법원은 법정진술의 증거능력은 인정하고 있으나, "위 참고인이 법정에서 위와 같이 증거능력이 없는 진술조서와 같은 취지로 피고인에게 불리한 내용의 진술을 한 경우, 그 진술에 신빙성을 인정하여 유죄의 증거로 삼을 것인지는 증인신문 전 수사기관에서 진술조서가 작성된 경위와 그것이 법정진술에 영향을 미쳤을 가능성 등을 종합적으로 고려하여 신중하게 판단하여야 한다(대판 2019.11.28. 2013도6825)."고 판시하여 그 증명력은 매우 신중하게 판단하는 입장이다. 따라서 그 법정 증언이 증거능력이 있다고 하더라도 증명력이 낮아 유죄의 증거로 삼지 않을 수 있다는 것이다.

---

146) 김정철, 공판중심주의 관점에서 바라본 공소권남용(공소유지남용)에 관한 연구, 고려대학교 석사논문, 2007. 본 논문에서 검찰의 공소유지 방법으로 증언을 마친 참고인을 위증으로 입건하여 피의자신문조서를 작성한 후 이를 증거로 제출하는 것에 대하여 그 위법성을 처음으로 지적하였다. 드디어 대법원도 이제 그 위법성을 인정하게 되었고, 검찰에서 모범공소유지사례로 제시하던 위 수사방식은 더 이상 유지될 수 없게 되었다.

라. 제1심에서 피고인에 대하여 무죄판결이 선고되어 검사가 항소한 후, 수사기관이 항소심 공판기일에 증인으로 신청하여 신문할 수 있는 사람을 특별한 사정 없이 미리 수사기관에 소환하여 작성한 진술조서의 증거능력과 그 진술자의 법정증언의 증명력 판단

항소심에서 증인으로 신문할 것이 기대되는 사람에 대하여 미리 소환하여 진술조서를 작성한 경우 판례는 피고인이 증거로 할 수 있음에 **동의하지 않는 한** 증거능력이 없다는 입장이다. 이는 검사가 공소를 제기한 후 참고인을 소환하여 피고인에게 불리한 진술을 기재한 진술조서를 작성하여 이를 공판절차에 증거로 제출할 수 있게 한다면, 피고인과 대등한 당사자의 지위에 있는 검사가 수사기관으로서의 권한을 이용하여 일방적으로 법정 밖에서 유리한 증거를 만들 수 있게 하는 것이므로 **당사자주의·공판중심주의·직접심리주의**에 반하고 피고인의 **공정한 재판을 받을 권리를 침해**하기 때문이다(대판 2019.11.28. 2013도6825). 증명력에 대하여도 진술에 신빙성을 인정하여 유죄의 증거로 삼을 것인지는 증인신문 전 수사기관에서 진술조서가 작성된 경위와 그것이 법정진술에 영향을 미쳤을 가능성 등을 종합적으로 고려하여 신중하게 판단하여야 한다고 판시하고 있다. 그러나 **당사자주의·공판중심주의·직접심리주의**에 반하고 피고인의 **공정한 재판을 받을 권리를 침해**하는 것은 중대한 위법이므로 증거동의의 대상이 되지 않는다고 봄이 타당하다고 본다.

Ⅳ 진술서

> **제313조【진술서등】** ① 전2조의 규정 이외에 피고인 또는 피고인이 아닌 자가 작성한 진술서나 그 진술을 기재한 서류로서 그 작성자 또는 진술자의 **자필이거나 그 서명 또는 날인**이 있는 것(피고인 또는 피고인 아닌 자가 작성하였거나 진술한 내용이 포함된 문자·사진·영상 등의 정보로서 컴퓨터용디스크, 그 밖에 이와 비슷한 정보저장매체에 저장된 것을 포함한다. 이하 이 조에서 같다)은 공판준비나 공판기일에서의 그 작성자 또는 진술자의 **진술에 의하여 그 성립의 진정함이 증명**된 때에는 증거로 할 수 있다. 단, **피고인의 진술을 기재한 서류**는 공판준비 또는 공판기일에서의 그 작성자의 진술에 의하여 그 **성립의 진정함이 증명**되고 그 진술이 **특히 신빙할 수 있는 상태**하에서 행하여 진 때에 한하여 피고인의 공판준비 또는 공판기일에서의 진술에 불구하고 증거로 할 수 있다.
> ② 제1항 본문에도 불구하고 진술서의 작성자가 공판준비나 공판기일에서 그 **성립의 진정을 부인하는 경우**에는 과학적 분석결과에 기초한 디지털포렌식 자료, 감정 등 객관적 방법으로 성립의 진정함이 증명되는 때에는 증거로 할 수 있다. 다만 피고인 아닌 자가 작성한 진술서는 피고인 또는 변호인이 공판준비 또는 공판기일에 그 기재 내용에 관하여 작성자를 신문할 수 있었을 것을 요한다.
> ③ 감정의 경과와 결과를 기재한 서류도 제1항 및 제2항과 같다.

> **제314조【증거능력에 대한 예외】** 제312조 또는 제313조의 경우에 공판준비 또는 공판기일에 진술을 요하는 자가 **사망·질병·외국거주·소재불명** 그 밖에 이에 **준하는 사유로 인하여 진술할 수 없는 때**에는 그 조서 및 그 밖의 서류(피고인 또는 피고인 아닌 자가 작성하였거나 진술한 내용이 포함된 문자·사진·영상 등의 정보로서 컴퓨터용디스크, 그 밖에 이와 비슷한 정보저장매체에 저장된 것을 포함한다)를 증거로 할 수 있다. 다만, 그 진술 또는 작성이 **특히 신빙할 수 있는 상태**하에서 행하여졌음이 증명된 때에 한한다.

1. 개념

진술서는 피고인, 피의자 또는 참고인이 스스로 자기의 의사, 사상, 관념 및 사실관계 등을 기재한 서면을 말한다. 이에 반하여 진술기재서류는 진술서와 작성자가 서로 다른 것, 즉 다른 사람을 통해 진술의 내용이 서면화 된 것을 의미한다.

2. 진술서의 증거능력

가. 제312조 제5항과 제313조의 의의

제312조 제1항 내지 제4항의 규정은 피고인이나 피고인이 아닌 자가 **수사과정에서 작성한 진술서에 준용한다**(동조 제5항). 따라서 **검사의 수사과정에서 작성된 진술서 중 피고인이 작성**한 것은 제1항 및 제2항, **그 외의 자가 작성**한 것은 제4항이 **각각 적용된다.**

수사기관의 수사과정에서 작성된 진술서 중 피고인이 작성한 것은 제3항이 적용되어 그 피고인이나 변호인이 내용을 인정해야 증거능력이 있고, 그 외의 자가 작성한 것은 제4항이 적용되어 원진술자가 진정성립을 부인하더라도 진정성립과 특신상태가 입증되면 증거능력이 있다. 결론적으로 수사과정에서 작성된 진술서는 제312조 제5항에 의하여, 수사과정 이외의 상황에서 작성된 진술서는 제313조 제1항에 의하여 의율된다. 수사과정 이외의 상황이란 수사단계 이전에 작성된 것으로 대표적으로 고소장을 예로 들 수 있고, 수사단계 이후로는 공판단계에서 작성된 진술서가 해당된다.

나. 증거능력의 요건

제313조 제1항의 증거능력 요건은 크게 본문과 단서의 요건으로 구분된다. 단순하게 설명하면, 피고인 아닌 자 즉, 당해 피고인을 제외한 모든 제3자로서 피해자나 목격자, 공동피고인 등이 진술한 것을 내용으로 하는 경우는 본문이 적용되고,

피고인의 진술을 내용으로 하는 경우는 단서가 적용된다고 볼 수 있다. 본문과 단서의 구체적인 해석은 아래에서 상술하도록 한다. 이러한 본문과 단서의 요건을 갖추는 것 이외에 진술의 임의성이 있어야 하는 점은 의문의 여지가 없다.

> **관련판례** 피고인이 경찰에서 작성한 자술서가 진정성립을 인정할 자료가 없을 뿐만 아니라 피고인이 **경찰에서 엄문을 당하면서 작성한 것이라고 보여진다면** 그 자술서에 임의성을 인정하기 어렵다 할 것이고, 이러한 증거들을 유죄의 증거로 삼을 수는 없다(대판 1980.8.12. 80도1289).

3. 사법경찰관의 수사단계의 피의자의 진술서

종래 사법경찰관의 수사과정에서 피의자가 작성한 진술서의 증거능력을 제312조 제2항에 의하여 판단할 것인가 또는 제313조에 따라 결정할 것인가에 대해 제313조 적용시 요건이 완화되는 문제가 있어 견해가 나누어졌으나, 아래 전원합의체 판결 이후 앞서 언급한 바와 같이 제312조 제5항을 통해 입법적으로 해결되었다. 수사단계에서 진술서를 작성할 경우에는 **조사과정을 기록하는 등 형사소송법 제244조의4 제3항, 제1항에서 정한 절차를 준수하여야 하며, 만일 피의자로부터 진술서를 받는 경우는 진술거부권 고지 등 적법절차를 준수하여야 한다.**

> **관련판례** 증거능력의 부여에 있어서 검사이외의 수사기관 작성의 피의자신문조서에 엄격한 요건을 요구한 취지는 그 신문에 있어서 있을지도 모르는 개인의 인권보장의 결여를 방지하려는 입법정책적 고려라고 할 것이고, 피의자가 작성한 진술서에 대하여 그 성립만 인정되면 증거로 할 수 있고 그 이외에 기재내용의 인정이나 신빙성을 그 요건으로 하지 아니한 취지는 피고인의 자백이나 불이익한 사실을 진술하는 것은 진실성이 강하다는 데에 입법적 근거를 둔 것이다. 따라서 위와 같은 형사소송법 규정들의 입법취지 그리고 공익의 유지와 개인의 기본적 인권의 보장이라는 형사소송법의 기본이념들을 종합 고찰하여 볼 때, 사법경찰관이 피의자를 조사하는 과정에서 형사소송법 제244조에 의하여 피의자신문조서에 기재함이 마땅한 피의자의 진술내용을 진술서의 형식으로 피의자로 하여금 기재하여 제출케 한 경우에는 그 진술서의 증거능력 유무는 검사 이외의 수사기관이 작성한 피의자신문조서와 마찬가지로 형사소송법 제312조 제2항에 따라 결정되어야 할 것이고 동법 제313조 제1항 본문에 따라 결정할 것이 아니다(대판 1982.9.14. 82도1479 전원합의체).

> **관련판례** 형사소송법 제221조 제1항, 제244조의4 제1항, 제3항, 제312조 제4항, 제5항 및 그 입법 목적 등을 종합하여 보면, **피고인이 아닌 자가 수사과정에서 진술서를 작성하였지만 수사기관이 그에 대한 조사과정을 기록하지 아니하여 형사소송법 제244조의4 제3항, 제1항에서 정한 절차를 위반한 경우**에는, 특별한 사정이 없는 한 '적법한 절차와 방식'에 따라 수사과정에서 진술서가 작성되었다 할 수 없으므로 증거능력을 인정할 수 없다(대판 2015.4.23. 2013도3790).

현행 제312조는 앞서 본 바와 같이 제5항에서 "제1항 내지 제4항은 피고인 또는 피고인이 아닌 자가 수사과정에서 작성한 진술서에 관하여 준용한다."라고 규정하여 수사기관 앞에서 작성한 진술서는 피의자신문조서나 참고인진술조서에 준하여 증거능력을 판단하도록 하여 입법적으로 해결하였다. 즉, 이 조문은 **피고인이 수사과정에서 작성한 진술서인 자술서뿐 아니라 피고인이 아닌 자가 수사과정에서 작성한 진술서에 대하여도 규율**하고 있다는 점을 유의하여야 한다. 그렇다면 수사 이전에 이미 작성되어 있던 진술서의 경우는 "수사과정"에서 작성한 것이 아니므로 제312조 제5항이 적용될 수 없고 제313조에 따라 증거능력을 인정하여야 한다는 것이다. 압수한 컴퓨터의 디스켓에 들어있는 내용을 출력한 범행사실 기록메모는 수사과정에서 작성된 진술서가 아니므로 메모작성자인 원진술자의 성립의 진정으로 증거능력을 구비할 수 있다고 볼 것이다.

[관련판례] 압수물인 디지털 저장매체로부터 출력한 문건을 증거로 사용하기 위해서는 디지털 저장매체 원본에 저장된 내용과 출력한 문건의 동일성이 인정되어야 하고, 이를 위해서는 디지털 저장매체 원본이 압수시부터 문건 출력시까지 변경되지 않았음이 담보되어야 한다. 특히 디지털 저장매체 원본을 대신하여 저장매체에 저장된 자료를 '하드카피' 또는 '이미징'한 매체로부터 출력한 문건의 경우에는 디지털 저장매체 원본과 '하드카피' 또는 '이미징'한 매체 사이에 자료의 동일성도 인정되어야 할 뿐만 아니라, 이를 확인하는 과정에서 이용한 컴퓨터의 기계적 정확성, 프로그램의 신뢰성, 입력·처리·출력의 각 단계에서 조작자의 전문적인 기술능력과 정확성이 담보되어야 한다. 그리고 **압수된 디지털 저장매체로부터 출력한 문건을 진술증거로 사용하는 경우**, 그 기재 내용의 진실성에 관하여는 전문법칙이 적용되므로 **형사소송법 제313조 제1항에 따라 그 작성자 또는 진술자의 진술에 의하여 그 성립의 진정함이 증명된 때에 한하여 이를 증거로 사용할 수 있다**(대판 2007.12.13. 2007도7257).

[관련판례] 수사기관이 아닌 **사인(私人)이 피고인 아닌 사람과의 대화내용을 녹음한 녹음테이프는 형사소송법 제311조, 제312조 규정 이외의 피고인 아닌 자의 진술을 기재한 서류와 다를 바 없으므로**, 피고인이 그 녹음테이프를 증거로 할 수 있음에 동의하지 아니하는 이상 그 증거능력을 부여하기 위해서는 첫째, 녹음테이프가 원본이거나 원본으로부터 복사한 사본일 경우에는 복사과정에서 편집되는 등의 인위적 개작 없이 원본의 내용 그대로 복사된 사본일 것, 둘째 형사소송법 제313조 제1항에 따라 공판준비나 공판기일에서 원진술자의 진술에 의하여 그 녹음테이프에 녹음된 각자의 진술내용이 자신이 진술한 대로 녹음된 것이라는 점이 인정되어야 할 것이다. 사인(私人)이 피고인이 아닌 사람과의 대화내용을 녹음한 녹음테이프 등을 기초로 작성된 녹취록은 **형사소송법 제313조의 진술서에 준하여 피고인의 동의가 있거나 원진술자의 공판준비나 공판기일에서의 진술에 의하여 그 성립의 진정함이 증명되어야 증거능력을 인정할 수 있는 것임에도**, 원심이 유죄의 증거로 채용한 녹취록은 피고인이 증거로 함에 동의하지 않았고, 녹취록의 제출자가 법정에서 "목격자가 사건 당시 피고인의 말을 다 들었다. 그래서 지금 녹취도 해왔다."고 진술하였을 뿐, 검사는 녹취록 작성의 토대가 된 대화내용을 녹음한 원본 녹음테이프 등을 증거로 제출하지 아니하고, 원진술자들의 공판준비나 공판기일에서의 진술에 의하여 자신들이 진술한 대로 기재된 것이라는 점이 인정되지 아니하는 등 형사소송법 제313조 제1항에 따라 녹취록의 진정성립을 인정할 수 있는 요건이 전혀 갖추어지지 않았다는 이유로 녹취록의 증거능력을 부정하였다(대판 2011.9.8. 2010도7497).

> **관련판례** – 보강증거의 증거능력 – 피고인이 휴대전화기의 카메라로 피해자를 몰래 촬영한 현장에서 현행범으로 체포되면서 위 휴대전화기를 수사기관에 임의제출한 사안 피고인이 지하철역 에스컬레이터에서 휴대전화기의 카메라를 이용하여 성명불상 여성 피해자의 치마 속을 몰래 촬영하다가 현행범으로 체포되어 성폭력범죄의 처벌 등에 관한 특례법 위반(카메라등이용촬영)으로 기소된 사안에서, 피고인은 공소사실에 대해 자백하고 검사가 제출한 모든 서류에 대하여 증거로 함에 동의하였는데, 그 서류들 중 체포 당시 임의제출 방식으로 압수된 피고인 소유 휴대전화기(이하 '휴대전화기'라고 한다)에 대한 압수조서의 '압수경위'란에 '지하철역 승강장 및 게이트 앞에서 경찰관이 지하철범죄 예방·검거를 위한 비노출 잠복근무 중 검정 재킷, 검정 바지, 흰색 운동화를 착용한 20대가량 남성이 짧은 치마를 입고 에스컬레이터를 올라가는 여성을 쫓아가 뒤에 밀착하여 치마 속으로 휴대폰을 집어넣는 등 해당 여성의 신체를 몰래 촬영하는 행동을 하였다'는 내용이 포함되어 있고, 그 하단에 피고인의 범행을 직접 목격하면서 위 압수조서를 작성한 사법경찰관 및 사법경찰리의 각 기명날인이 들어가 있으므로, 위 압수조서 중 '압수경위'란에 기재된 내용은 피고인이 범행을 저지르는 현장을 직접 목격한 사람의 진술이 담긴 것으로서 형사소송법 제312조 제5항에서 정한 '피고인이 아닌 자가 수사과정에서 작성한 진술서'에 준하는 것으로 볼 수 있고, 이에 따라 휴대전화기에 대한 임의제출절차가 적법하였는지에 영향을 받지 않는 별개의 독립적인 증거에 해당하여, 피고인이 증거로 함에 동의한 이상 유죄를 인정하기 위한 증거로 사용할 수 있을 뿐 아니라 피고인의 자백을 보강하는 증거가 된다고 볼 여지가 많다는 이유로, 이와 달리 피고인의 자백을 뒷받침할 보강증거가 없다고 보아 무죄를 선고한 원심판결에 자백의 보강증거 등에 관한 법리를 오해하거나 필요한 심리를 다하지 아니한 잘못이 있다고 한 사례(대판 2019.11.14. 2019도13290).

Ⅴ 형사소송법 제313조의 해석

1. "피고인 또는 피고인이 아닌 자가 작성한 진술서" – "수사과정 이외에서 작성"

 일기장에 기재된 내용도 사인의 진술서에 해당하므로 전문법칙의 예외인 제313조 제1항의 요건을 갖추면 증거능력이 인정될 수 있다. 문제는 그 일기장에 담긴 내용이 피고인의 진술인지 아니면 피고인이 아닌 자의 진술인지가 제313조 제1항 본문과 단서의 적용여부를 결정짓는다. 이에 대하여 학설의 대립이 있기는 하나, 실질적으로 본문을 적용하건 단서를 적용하든 진술자와 작성자가 같은 진술서의 경우는 요건의 실질적 차이가 없다고 볼 수 있다. 왜냐하면 본문은 원진술자가, 단서는 작성자가 성립의 진정을 할 것을 요하는데, 원진술자와 작성자가 동일하기 때문이다. **판례**는 피고인의 자필로 작성된 진술서의 경우에는 서류의 작성자가 동시에 진술자이므로 진정하게 성립된 것으로 인정된다며 **형사소송법 제313조 단서에 의하여** 증거능력 구비여부를 판단하고 있다. 단서가 적용될 경우는 특신상태를 요건으로 함에 차이가 있으나, 이는 실질적인 차이로 보기는 어렵다.

 피고인 아닌 자의 진술서는 제313조 제1항 본문에 의하여 원진술자이자 작성자가 '자필'이나 서명 또는 날인이 본인의 것임을 인정하고, 본인이 진술한대로 기재되어 있음을 진술함으로써 증거능력을 갖춘다. 압수된 컴퓨터 디스켓에 들어 있는 문건은 그 작성자 또는 진술자의 진술에 의하여 그 성립의 진정함이 증명되면 증거로 사용할 수 있는데, 압수된 문건에 들어 있는 진술 내용이 피고인의 진술이라면 단서에 의하여 작성자가, 피고인 아닌 자의 진술이라면 본문에 의하여 진술자의 진술에 의하여 성립의 진정함이 증명되면 증거능력을 갖춘다.

> **관련판례 – 법률의견서의 증거능력** 甲 주식회사 및 그 직원인 피고인들이 정비사업전문관리업자의 임원에게 甲 회사가 주택재개발사업 시공사로 선정되게 해 달라는 청탁을 하면서 금원을 제공하였다고 하여 구 건설산업기본법(2011. 5. 24. 법률 제10719호로 개정되기 전의 것) 위반으로 기소되었는데, 변호사가 법률자문 과정에 작성하여 甲 회사 측에 전송한 전자문서를 출력한 '법률의견서'에 대하여 피고인들이 증거로 함에 동의하지 아니하고, 변호사가 원심 공판기일에 증인으로 출석하였으나 증언할 내용이 甲 회사로부터 업무상 위탁을 받은 관계로 알게 된 타인의 비밀에 관한 것임을 소명한 후 증언을 거부한 사안에서, 위 **법률의견서는 압수된 디지털 저장매체로부터 출력한 문건으로서 실질에 있어서 형사소송법 제313조 제1항에 규정된 '피고인 아닌 자가 작성한 진술서나 그 진술을 기재한 서류'에 해당**하는데, 공판준비 또는 공판기일에서 작성자 또는 진술자인 변호사의 진술에 의하여 성립의 진정함이 증명되지 아니하였으므로 위 규정에 의하여 증거능력을 인정할 수 없고, 나아가 원심 **공판기일에 출석한 변호사가 그 진정성립 등에 관하여 진술하지 아니한 것**은 형사소송법 제149조에서 정한 바에 따라 정당하게 증언거부권을 행사한 경우에 해당하므로 형사소송법 제314조에 의하여 증거능력을 인정할 수도 없다는 이유로, 원심이 이른바 변호인·의뢰인 특권에 근거하여 위 의견서의 증거능력을 부정한 것은 적절하다고 할 수 없으나, 위 의견서의 증거능력을 부정하고 나머지 증거들만으로 유죄를 인정하기 어렵다고 본 결론은 정당하다고 한 사례(대판 2012.5.17. 2009도6788 전원합의체).

2. "피고인의 진술을 기재한 서류" 또는 "피고인 아닌 자의 진술을 기재한 서류"

가. 수사기관의 공소제기 후 '피고인'에 대한 진술조서

판례가 공소제기 후 수사를 인정하고 있으므로 공소제기 후의 피고인에 대한 수사를 통한 진술기재 조서를 의미하고 이에 대한 증거능력을 인정하기 위한 조문이라고 해석하고 본 조를 적용하는 견해가 있었으나, 앞서 언급한 바와 같이 공소제기 후 수사는 공판중심주의하에서 허용되어서는 안 되므로 위법수사로 봄이 타당하고, 그 조서 역시 위법수집증거배제법칙에 의하여 증거능력을 배제함이 타당하다.

나. 피고인 또는 피고인 아닌 자의 진술기재 서류

피고인 아닌 자의 진술을 기재한 서류는 말 그대로 종이서류에 피고인 아닌 자의 진술을 타인이 기재하는 경우를 당연히 포함하지만, 실제 실무상으로는 종이서류보다는 녹취나 디지털 서류가 대부분 문제된다. 타인과 대화 중에 녹음하는 것이 통신비밀보호법에 위반되지 않는다는 판례로 인해 우리나라에서는 녹음이 적법하다고 인정된다. 이로 인해 일상생활 대화에서 휴대폰으로 녹음이 이루어지는 경우가 흔하며, 그 휴대폰의 녹취가 증거로 제출되는 경우가 많다. 이 때 그 녹취내용의 증거능력이 문제되는데, 바로 제313조 제1항의 문제이다. 피고인의 말을 녹음하였다면 **단서**가 적용되어 **녹음자**가 성립의 진정을 하여야 하나, 피고인이 아닌 자의 말을 녹음하였다면 **본문**이 적용되어 **원진술자**인 '피고인 아닌 자'가 법정에서 증인으로 선서한 후 성립의 진정을 하여야 증거능력을 갖추게 된다. **판례**가 피고인의 동료 교사가 학생들과의 사적인 대화 중에 피고인이 수업시간에 학생들에게 북한을 찬양·고무하는 발언을 하였다는 사실에 대한 학생들의 대화 내용을 학생들 모르게 녹음한 녹음테이프의 경우, 그 중 위와 같은 학생들의 대화의 내용은 피고인 아닌 자의 진술을 기재한 서류와 다를 바 없다고 판시한 것도 마찬가지 이유이다. 또한 **사인(私人)이 피고인 아닌 자의 진술을 녹음한 녹음테이프**에 대하여 법원이 실시한 검증의 내용이, 녹음테이프에 녹음된 대화내용이 검증조서에 첨부된 녹취서에 기재된 내용과 같다는 것에 불과한 경우, 그 검증조서는 **형사소송법 제313조 제1항 본문의 요건을 갖춘 경우에 한하여 증거능력이 인정**된다.

3. "그 작성자 또는 진술자의 진술에 의하여"

이는 피고인 아닌 자의 진술을 내용으로 하는 진술서인 경우는 작성자가, 진술기재 서류의 경우는 진술자가 그 성립의 진정을 증명하여야 한다는 것이다.

> **관련판례** 컴퓨터 디스켓에 들어 있는 문건이 증거로 사용되는 경우 그 컴퓨터 디스켓은 그 기재의 매체가 다를 뿐 실질에 있어서는 피고인 또는 피고인 아닌 자의 진술을 기재한 서류와 크게 다를 바 없고, 압수 후의 보관 및 출력과정에 조작의 가능성이 있으며, 기본적으로 반대신문의 기회가 보장되지 않는 점 등에 비추어 그 기재내용의 진실성에 관하여는 전문법칙이 적용된다고 할 것이고, 따라서 **형사소송법 제313조 제1항에 의하여** 그 작성자 또는 진술자의 진술에 의하여 그 성립의 진정함이 증명된 때에 한하여 이를 증거로 사용할 수 있다(대판 1999.9.3. 99도2317).

> **관련판례** 이 사건 문자메시지는 피해자가 피고인으로부터 풀려난 당일에 남동생에게 도움을 요청하면서 **피고인이 협박한 말을 포함하여 공갈 등 피고인으로부터 피해를 입은 내용을 문자메시지로 보낸 것이므로, 이 사건 문자메시지의 내용을 촬영한 사진**은 증거서류 중 피해자의 진술서에 준하는 것으로 취급함이 상당할 것인바, 진술서에 관한 **형사소송법 제313조에 따라** 이 사건 문자메시지의 작성자인 피해자 공소외 1이 제1심 법정에 출석하여 자신이 이 사건 문자메시지를 작성하여 동생에게 보낸 것과 같음을 확인하고, 동생인 공소외 3도 제1심 법정에 출석하여 피해자 공소외 1이 보낸 이 사건 문자메시지를 촬영한 사진이 맞다고 확인한 이상, 이 사건 문자메시지를 촬영한 사진은 그 성립의 진정함이 증명되었다고 볼 수 있으므로 이를 증거로 할 수 있다(대판 2010.11.25. 2010도8735).

4. 단, 피고인의 진술을 기재한 서류는 "그 작성자의 진술"에 의하여 "피고인의 공판 준비 또는 공판기일에서의 진술에 불구하고 증거로 할 수 있다"의 의미

가. 피고인의 자필 진술서의 경우(진술자와 작성자가 동일한 경우)

피고인의 자필 진술서의 경우에는 제313조 제1항 본문에 따라 진술자가 성립의 진정을 하여야 한다는 입장이 있으나, 판례는 단서규정이 피고인의 진술을 기재한 서류 뿐 아니라 피고인의 자필 진술서의 경우에도 적용된다고 하고 있다. 따라서 요건상 실질적 차이가 없는 상태에서는 본문을 굳이 적용할 필요가 없으며, 단서에 따라 특신상태가 인정되면 증거능력을 인정함이 타당하다.

> **관련판례** 피고인의 자필로 작성된 진술서의 경우에는 서류의 작성자가 동시에 진술자이므로 진정하게 성립된 것으로 인정되어 **형사소송법 제313조 단서에 의하여 그 진술이 특히 신빙할 수 있는 상태하에서 행하여진 때에는 증거능력이 있고, 이러한 특신상태는 증거능력의 요건에 해당하므로 검사가 그 존재에 대하여 구체적으로 주장·입증하여야 하는 것이지만**, 이는 소송상의 사실에 관한 것이므로, 엄격한 증명을 요하지 아니하고 자유로운 증명으로 족하다(대판 2001.9.4. 2000도1743).

위 판례를 보면서 제313조의 본문과 단서의 관계를 가중요건으로 해석하는 입장이 있다. 그러나 이를 가중요건으로 보는 것은 타당하지 않다. 피고인의 자필진술서가 본문도 적용되고, 단서도 적용된다는 의미로 새길 것이 아니라 단서만 적용된다고 봄이 제313조의 해석을 간명히 하며 불필요한 혼란을 막을 수 있다. 여기서의 '진술에도 불구하고'의 의미를 '진정성립을 부인하는 진술에도 불구하고'라고 해석하는 것 역시 피고인의 자필진술서의 경우 작성자가 동시에 진술자이므로 작성자가 성립의 진정을 부인함에도 특신상태가 있으면 증거능력이 인정될 수 있는 것으로 오해할 수 있다. '진술에도 불구하고'의 의미는 '증거부동의 의견'을 진술하였음에도 불구하고 작성자가 성립의 진정을 인정하는 경우는 증거능력을 갖춘다고 해석함이 '공판준비 또는 공판기일에서의 그 작성자의 진술에 의하여 그 **성립의 진정함이 증명**되고'라는 문구와 논리적인 해석이 가능하다.

나. 진술자와 작성자가 다른 경우

진술자와 작성자가 다른 경우는 '진술에도 불구하고'의 의미를 해석함에 어려움이 없다. 왜냐하면 피고인의 진술을 내용으로 하는 제3자가 작성한 진술기재서류는 원진술자인 피고인이 진정성립을 부인하는 경우라 하더라도 작성자인 제3자가 성립의 진정을 하면 증거능력을 갖춘다는 의미임이 명백하기 때문이다.

관련판례 – 원진술자와 작성자가 다르며 작성자가 수사기관이 아닌 경우 녹음테이프 검증조서의 기재 중 고소인이 피고인과의 대화를 녹음한 부분은 타인간의 대화를 녹음한 것이 아니므로 위 법 제14조의 적용을 받지는 않지만, 그 녹음테이프에 대하여 실시한 검증의 내용은 녹음테이프에 녹음된 대화의 내용이 검증조서에 첨부된 녹취서에 기재된 내용과 같다는 것에 불과하여 증거자료가 되는 것은 여전히 녹음테이프에 녹음된 대화의 내용이라 할 것인바, 그 중 피고인의 진술내용은 실질적으로 **형사소송법 제311조, 제312조 규정 이외에 피고인의 진술을 기재한 서류와 다를 바 없으므로**, 피고인이 그 녹음테이프를 증거로 할 수 있음에 동의하지 않은 이상 그 녹음테이프 검증조서의 기재 중 피고인의 진술내용을 증거로 사용하기 위해서는 **형사소송법 제313조 제1항 단서에 따라 공판준비 또는 공판기일에서 그 작성자인 고소인의 진술에 의하여 녹음테이프에 녹음된 피고인의 진술내용이 피고인이 진술한 대로 녹음된 것이라는 점이 증명되고 그 진술이 특히 신빙할 수 있는 상태 하에서 행하여진 것으로 인정되어야 한다**(대판 2001.10.9. 2001도3106).

관련판례 – 부동의한 녹음파일 사본의 피고인 진술내용을 증거로 하기 위한 요건 피고인과 상대방 사이의 대화 내용에 관한 녹취서가 공소사실의 증거로 제출되어 그 녹취서의 기재 내용과 녹음테이프의 녹음 내용이 동일한지 여부에 대하여 법원이 검증을 실시한 경우에, 증거자료가 되는 것은 녹음테이프에 녹음된 대화 내용 그 자체이고, 그 중 피고인의 진술 내용은 실질적으로 형사소송법 제311조, 제312조의 규정 이외에 피고인의 진술을 기재한 서류와 다름없어, **피고인이 그 녹음테이프를 증거로 할 수 있음에 동의하지 않은 이상 그 녹음테이프에 녹음된 피고인의 진술 내용을 증거로 사용하기 위해서는 형사소송법 제313조 제1항 단서에 따라 공판준비 또는 공판기일에서 그 작성자인 상대방의 진술에 의하여 녹음테이프에 녹음된 피고인의 진술 내용이 피고인이 진술한 대로 녹음된 것임이 증명되고 나아가 그 진술이 특히 신빙할 수 있는 상태 하에서 행하여진 것임이 인정되어야 한다**. 또한, 대화 내용을 녹음한 파일 등의 전자매체는 그 성질상 작성자나 진술자의 서명 또는 날인이 없을 뿐만 아니라, 녹음자의 의도나 특정한 기술에 의하여 그 내용이 편집, 조작될 위험성이 있음을 고려하여, 그 대화 내용을 녹음한 원본이거나 원본으로부터 복사한 **사본일 경우**에는 복사과정에서 편집되는 등의 인위적 개작 없이 **원본의 내용 그대로 복사된 사본임이 입증되어야** 한다(대판 2012.9.13. 2012도7461).

관련판례 – 수사과정에서 작성한 진술서의 조사과정 기록 요부 형사소송법 제221조 제1항, 제244조의4 제1항, 제3항, **제312조 제4항, 제5항** 및 그 입법 목적 등을 종합하여 보면, 피고인이 아닌 자가 수사과정에서 진술서를 작성하였지만 수사기관이 그에 대한 조사과정을 기록하지 아니하여 형사소송법 제244조의4 제3항, 제1항에서 정한 절차를 위반한 경우에는, 특별한 사정이 없는 한 '적법한 절차와 방식'에 따라 수사과정에서 진술서가 작성되었다 할 수 없으므로 증거능력을 인정할 수 없다(대판 2015.4.23. 2013도3790).

제313조 제1항 본문의 괄호에서는 종이서류 이외에 디지털 서류를 포함시켰다. 이러한 디지털서류라고 하더라도 문언의 형식과 내용 등에 비추어 문서 그 자체에 의하여 진술자와 작성자를 판별할 수 있어야 하고, 종이서류와 같은 서명 날인이 없더라도 적어도 진술자나 작성자의 의사에 기하여 작성된 것임이 확인될 수 있어야 한다. 만일 이러한 디지털서류가 정보저장매체의 원본으로부터 복사된 사본이거나 출력된 것이라면 그 원본과의 동일성이 확보될 수 있는 무결성이 담보되어야 한다.

즉, 인위적 개작 없이 원본내용 그대로 복사된 사본임이 증명되어야 한다. 최근 전기통신기술의 비약적인 발전에 따라 컴퓨터 등 각종 정보저장매체를 이용한 정보저장이 일상화되었고, 범죄행위에 사용된 증거들도 종이문서가 아닌 전자적 정보의 형태로 디지털화되어 있는 현실을 고려하여 개정한 것이다. 종래 개정 전에도 컴퓨터에 저장된 파일출력본 등에 대하여 진술서 등에 준하여 제313조 제1항을 적용해 왔으며 이번 개정에서는 이를 명확히 확인하는데 의미가 있다. '**진술서**' 및 그에 준하는 '**디지털 증거**'의 진정성립은 '**과학적 분석결과에 기초한 디지털포렌식 자료, 감정 등 객관적 방법**'으로도 인정할 수 있도록 하되, 피고인 아닌 자가 작성한 경우 반대신문권이 보장됨을 명확히 규정하려는 것이 이 규정의 입법취지이다.

5. 제313조 제2항의 해석

가. 적용대상

제313조 제2항이 신설되면서 제1항 본문에도 불구하고 진술서의 작성자가 공판준비나 공판기일에서 그 성립의 진정을 부인하는 경우에는 과학적 분석결과에 기초한 디지털포렌식 자료, 감정 등 객관적 방법으로 성립의 진정함이 증명되는 때에는 증거로 할 수 있다고 규정하고, 다만 피고인 아닌 자가 작성한 진술서는 피고인 또는 변호인이 공판준비 또는 공판기일에 그 기재 내용에 관하여 작성자를 신문할 수 있었을 것을 요한다고 규정하였다. 이에 의하면 진술기재서류는 적용되지 않고 **진술서에 한정**하여 제2항이 적용되는 것으로 해석함이 명문의 규정에 따른 해석으로 타당하다. 따라서 진술기재서류는 제2항의 신설에도 불구하고 원진술자가 성립의 진정을 부인하는 경우는 그 증거능력이 없다고 보아야 한다.

나. 진술서와 대체증명

여기서 말하는 '객관적 방법'이란 제312조 제2항에서 말하는 객관적 방법과 다르지 않다. 판례가 검사 작성의 피의자신문조서에 대한 실질적 진정성립을 증명할 수 있는 수단으로서 형사소송법 제312조 제2항에 규정된 '영상녹화물이나 그 밖의 객관적인 방법'이란 형사소송법 및 형사소송규칙에 규정된 방식과 절차에 따라 제작된 영상녹화물 또는 그러한 영상녹화물에 준할 정도로 피고인의 진술을 과학적·기계적·객관적으로 재현해 낼 수 있는 방법만을 의미하고, 그 외에 조사관 또는 조사 과정에 참여한 통역인 등의 증언은 이에 해당한다고 볼 수 없다(대판 2016.2.18. 2015도16586)고 판시한 것은 본 조항에도 동일하게 적용된다. 다만 실무상은 대부분 디지털포렌식을 통한 분석결과가 바로 여기의 객관적인 방법이 될 것이다.

다만, 이러한 디지털포렌식에 의한 성립의 진정 대체증명은 피고인의 진술거부권을 침해하거나 제3자의 증언거부권을 실질적으로 침해하는 결과가 발생할 수 있다는 점은 고민해야할 문제이다. 증인이 정당한 증언거부권의 행사로서 성립의 진정에 대한 증언을 거부하였음에도 대체증명을 허용한다면 실질적인 증언거부권 침해의 결과를 낳을 수 있기 때문이다.

다. 반대신문의 기회보장

피고인 작성한 진술서는 반대신문이 있을 수 없으므로 여기서 반대신문 기회보장은 '피고인 아닌 자'가 작성한 진술서에 한정된다. 이러한 반대신문권의 보장은 형식적·절차적인 것이 아니라 실질적·효과적인 것이어야 한다(대판 2001.9.14. 2001도1550). 다만, 제2항은 진술서의 작성자가 진정성립을 부인하는 경우에 적용되는 것이므로, 만일 진정성립을 인정하였다면 제2항은 적용될 여지가 없다.

VI 검증조서와 감정서

> **제311조【법원 또는 법관의 조서】** 공판준비 또는 공판기일에 피고인이나 피고인 아닌 자의 진술을 기재한 조서와 법원 또는 법관의 검증의 결과를 기재한 조서는 증거로 할 수 있다. 제184조 및 제221조의2의 규정에 의하여 작성한 조서도 또한 같다.
> **제49조【검증 등의 조서】** ① 검증, 압수 또는 수색에 관하여는 조서를 작성하여야 한다.
> ② 검증조서에는 검증목적물의 현상을 명확하게 하기 위하여 도화나 사진을 첨부할 수 있다.
> **제312조【검사 또는 사법경찰관의 조서 등】**
> ⑥ 검사 또는 사법경찰관이 *검증의 결과를 기재한 조서*는 적법한 절차와 방식에 따라 작성된 것으로서 공판준비 또는 공판기일에서의 *작성자의 진술에 따라 그 성립의 진정함*이 증명된 때에는 증거로 할 수 있다.

1. 검증조서의 의의

법원 또는 수사기관이 검증의 결과를 기재한 서면 검증을 한자가 오관의 작용에 의하여 물(物)의 존재와 상태에 대하여 인식한 것을 기재한 서면을 검증조서라 한다(제311조, 제312조 제6항).

2. 법원 또는 법관의 검증조서

가. 검증조서의 증거능력

(1) 신용성과 당사자의 참여권이 보장되므로 **당연히 그 증거능력을 인정한다**(제311조). 수소법원이 공판기일에 법정에서 검증한 내용은 그 검증결과가 바로 직접 증거로 되므로 전문법칙이 적용될 여지가 없다. 제311조에 의하여 증거능력이 인정되는 검증조서는 공판기일 외에서 행한 검증 내지 공판절차가 갱신된 경우 그 갱신 전의 검증조서 등이다.

(2) 다른 사건의 검증조서도 포함되는지에 대해서는 적극설과 소극설이 대립하나, 포함되지 않다는 소극설이 통설이다. 다른 사건의 검증에는 재판 중인 당사자가 참여하지 않았으므로 절대적으로 증거능력을 인정하는 근거가 없기 때문이다.

나. 검증조서에 기재된 참여인의 진술의 증거능력

검증을 함에 있어 피해자나 목격자, 경우에 따라서는 피고인 등을 참여하게 하는 경우가 있고, 그들의 진술이 검증조서에 기재되는 경우가 있다. 이 경우 법관의 검증조서에 기재된 참여자의 진술의 증거능력은 어떻게 판단할지 문제된다.

이러한 참여인의 진술은 크게 현장지시(검증의 대상을 지시하는 진술현장진술)와 현장진술(검증현장을 이용하여 행하여진 현장지시 이외의 진술)로 구분할 수 있는데, 현장지시가 검증활동의 동기를 설명하는 비진술증거로 이용될 경우에는 검증조서와 일체를 이루어 검증조서의 증거능력에 따라 판단하면 된다. 그러나 현장지시라고 하더라도 범죄사실 자체를 인정하는 진술증거로 이용될 경우는 현장진술과 달리 볼 이유가 없다. 대부분의 학설은 현장진술과 현장지시를 구분하면서도 결국 현장 진술의 경우에도 법원 또는 법관의 면전에서 이루어진 경우는 제311조 전단에 의하여 절대적 증거능력이 인정된다고 해석하고 있으나, 제3자 진술의 경우 반대신문이 보장이 되거나 증언처럼 선서가 이루어지지 않는 한 무조건 증거능력을 부여하는 것은 부당하다고 본다.147) 이는 제313조에 의하여 수사과정 이외에서 작성된 진술기재서류로 해석하고, 원진술자를 증인으로 반대신문할 기회를 주는 것이 피고인의 방어권 보장을 위해 타당하다.

---

147) **현장에서 당사자가 아닌 제3자에게 질문한 것에 대한 진술내용이 기재되는 경우**, 현장지시 설명에 해당하는가 아니면 현장진술에 해당하는가에 따라 달리 보아야 한다거나 어느 쪽이라도 법관 앞에서의 진술이라는 점에서 동일하므로 모두 증거능력을 인정하자는 견해 등이 있지만 선서 없는 진술이고 반대신문권도 보장되어 있지 않으므로 당연히 증거능력을 부여할 수는 없다고 하여야 할 것이다(2008 법원실무제요 102면).

다. 검증조서에 첨부된 사진, 도화의 증거능력(제49조 제2항)

검증조서에 붙은 사진이나 도면(제49조 제2항) 중 검증조서와 일체를 이루는 것은 그 일부로서 증거능력이 인정되고, 검증조서에 검사나 피고인의 주장이나 진술을 기재한 부분이나 그들이 제출한 도면 등은 검증의 결과가 아니므로, 공판조서의 진술기재와 같이 취급할 것이다.

3. 수사기관(검사 또는 사법경찰관)의 검증조서

수사기관의 검증에는 영장에 의한 검증, 영장주의 예외로서의 검증(제216조, 제217조), 피검자의 승낙에 의한 승낙검증 등이 있다.

가. 검증조서의 증거능력

(1) 성립의 진정(제312조 제6항)

수사기관의 검증조서는 ① 적법한 절차와 방식에 따라 작성된 것일 것 ② **작성자의 진술에 따라 그 성립의 진정함이 증명될 것**[148]이라는 요건하에 증거능력을 갖춘다. 피의자신문조서나 진술조서와 다른 점은 바로 당해 피고인이나 진술자가 아닌 조서의 작성자가 성립의 진정을 한다는 점이다. 또한 대체증명 역시 허용되지 않는다. 여기서의 작성자는 당해 검증조서를 작성한 검사 또는 사법경찰관을 의미하고, 단순히 검증에 참여한 수사기관은 제외된다[149]. 유의할 점은 여기의 검증조서는 당해 사건은 물론, 다른 사건에 관한 것도 포함된다는 점이 법원 또는 법관의 검증조서와 구별된다.

(2) 검증조서에 기재된 진술의 증거능력

검증조서에 기재된 피의자 또는 피의자 아닌 자의 진술은 검증의 결과 자체가 아니므로 검증조서에 이러한 참여인의 진술이 기재된 경우 그 증거능력에 관해 견해가 대립한다. 이에 대해 ① **비구별설**은 진술은 검증결과가 아니므로 제312조 제6항을 적용해선 안되고, 진술내용을 구별하지 않고 작성주체와 진술자에 따라 제312조 제1항 내지 제4항 또는 제313조가 적용된다는 입장이다. 이에 반해 ② **구별설**은 현장지시는 검증조서와 일체를 이루므로 제312조 제6항, 현장진술은 진술증거로서 실질적으로 참고인진술조서 또는 피의자신문조서이므로 작성주체와 진술자에 따라 제312조 제1항 내지 제4항 또는 제313조가 적용되어야 한다는 입장이다.

---

148) 종래의 "원진술자"의 진술을 둘러싼 해석상의 대립을 해소하기 위하여 입법적으로 "작성자"라고 규정한 것이다.
149) 피고인이 경찰에서 한 진술의 임의성을 부인하고 경찰의 검증조서를 증거로 함에 동의하지 않고있다 하여도 검증이나 압수를 한 경우에 관한 담당경찰관의 진술을 증거로 할 수 없는 것은 아니다(대판 1990. 2. 13. 89도2567).

이에 대하여 ③ **수정구별설**은 현장진술부분은 구별설과 일치하는 의견이나, 현장지시 부분을 세분하여 현장지시가 검증활동의 동기를 설명하는 비진술증거로 이용될 때(예 사건이 일어난 곳이 여기다)는 검증조서와 일체를 이루므로 제312조 제6항을 적용하지만, 범죄사실을 인정하기 위한 진술증거로 이용될 때(예 제가 여기서 칼로 찔렀습니다)는 현장진술과 같이 취급하여 검증주체와 진술자에 따라 제312조 제1항 내지 제4항 또는 제313조를 적용하여 증거능력을 판단하여야 한다는 입장이다. 현장지시 부분도 무조건 검증조서와 일체로 볼 것이 아니라 세분하여 요증사실에 대한 진술증거로서의 의미를 가질 때에는 진술증거와 동일하게 판단함이 타당하므로 수정구별설이 타당하다.

종래 대법원은 "사법경찰관 작성의 검증조서 중 피고인의 진술기재부분 및 범행재연의 사진영상에 관한 부분은 원진술자이며 행위자인 피고인에 의하여 그 진술내지 재연의 진정함이 인정되지 아니할 뿐 아니라 검증현장에서 피고인의 진술 및 범행재연이 특히 신빙할 수 있는 상태하에서 행하여진 것이라고 볼 수 없으면 증거능력이 없다(대판 1981.4.14. 81도343)."고 판시하여 제312조 제6항 적용의 입장이었으나, 그 후 대법원은 "사법경찰관 작성의 검증조서에 대하여 피고인이 증거로 함에 동의만 하였을 뿐 공판정에서 검증조서에 기재된 진술내용 및 범행을 재연한 부분에 대하여 그 성립의 진정 및 내용을 인정한 흔적을 찾아 볼 수 없고 오히려 이를 부인하고 있는 경우에는 그 증거능력을 인정할 수 없으므로, 위 검증조서 중 범행에 부합되는 피고인의 진술을 기재한 부분과 범행을 재연한 부분을 제외한 나머지 부분만을 증거로 채용하여야 한다(대판 1998.3.13. 98도159)."고 판시하여 제312조 제3항이 적용된다는 입장을 취하고 있다.

(3) 검증조서에 첨부된 사진·도화의 증거능력

(가) 검증목적물의 사진·도화

검증결과의 이해를 쉽게 하기 위한 표시방법에 불과하므로 검증조서와 일체로서 증거능력을 판단한다. 따라서 제312조 제6항에 의하여 증거능력의 요건을 구비하면 된다.

(나) 범행재연사진

검증목적물의 객관적 상태에 대한 검증활동이 아니고 ① 피의자의 자백진술이 행동으로 표현된 것이라는 점과 ② 범행재연은 실질적으로 수사기관의 요구에 의해 행해진다는 점에서 현장진술과 동일하게 취급해야 한다. 검사가 작성한 경우는 제312조 제1·2항에 의하여, 사법경찰관이 작성한 경우는 제312조 제3항이 적용될 것이며, 진술자가 피의자가 아닌 제3자인 경우 제312조 제4항이 적용될 것이다.

관련판례 사법경찰관이 작성한 검증조서에 피의자이던 피고인이 검사 이외의 수사기관 앞에서 자백한 범행내용을 현장에 따라 진술·재연한 내용이 기재되고 그 재연 과정을 촬영한 사진이 첨부되어 있다면, 그러한 기재나 사진은 피고인이 공판정에서 그 진술내용 및 범행재연의 상황을 모두 부인하는 이상 증거능력이 없다(대판 2006.1.13. 2003도6548).

(4) 제314조의 적용

검증조서의 작성자인 검사 또는 사경이 사망·질병, 외국거주 또는 기타의 사유로 진술할 수 없게 된 때에 제314조가 적용될 수 있다.

4. 감정서(제313조)

가. 감정서의 의의

감정서란 감정의 경과와 결과를 기재한 서류를 말한다. 감정은 법원의 명령에 의한 경우(제169조)와 수사기관의 촉탁에 의한 경우(제221조)가 있다. 감정서는 '진술서'에 준하여 증거능력이 인정된다. 감정인은 피고인이 아닌 자에 해당하므로 결국 제313조 제1항의 본문을 준용하여 공판기일에서 감정인의 진술에 의하여 성립의 진정함이 증명되어야 할 것이다. 다만 이 경우에도 제2항이 준용될 것이므로 대체증명이 가능할 것이다.

나. 적용범위

(1) 법원(법관)의 감정명령에 의한 감정보고서(제171조 제1항), 수사기관의 감정위촉에 의한 감정서(제221조), 거짓말 탐지기의 검사결과 보고서, 사인인 의사가 작성한 진단서, 감정인 신문조서 등이 대표적이다.

관련판례 **수사보고서에 검증의 결과에 해당하는 기재가 있는 경우**, 그 기재 부분은 검찰사건사무규칙 제17조에 의하여 검사가 범죄의 현장 기타 장소에서 실황조사를 한 후 작성하는 실황조서 또는 구 사법경찰관리집무규칙 제49조 제1항, 제2항에 의하여 사법경찰관이 수사상 필요하다고 인정하여 범죄현장 또는 기타 장소에 임하여 실황을 조사할 때 작성하는 **실황조사서에 해당하지 아니하며**, 단지 수사의 경위 및 결과를 내부적으로 보고하기 위하여 작성된 서류에 불과하므로 그 안에 검증의 결과에 해당하는 기재가 있다고 하여 이를 형사소송법 제312조 제1항의 '검사 또는 사법경찰관이 검증의 결과를 기재한 조서'라고 할 수 없을 뿐만 아니라 이를 같은 법 제313조 제1항의 '피고인 또는 피고인이 아닌 자가 작성한 진술서나 그 진술을 기재한 서류'라고 할 수도 없고, 같은 법 제311조, 제315조, 제316조의 적용대상이 되지 아니함이 분명하므로 그 기재 부분은 증거로 할 수 없다(대판 2001.5.29. 2000도2933).

(2) 형사소송법 제146조는 "법원은 법률에 다른 규정이 없으면 누구든지 증인으로 신문할 수 있다."라고 규정하고 있으므로, 원심이 당해 사건의 **수사경찰관을 증인으로 신문**한 것이 증거재판주의나 증인의 자격에 관한 법리를 오해하였다거나 헌법위반의 위법이 있다고 할 수 없다.

[판례해설] 형사소송법은 각종의 진술조서와 검증조서를 나누어 진술조서는 제312조 제1항부터 제5항에 걸쳐 규정하고 있다. 그런데 위의 수사보고서는 아무리 검증의 결과를 기재하고 있다고 하더라도 이는 수사의 경위를 보고하기 위한 것이지 검증의 결과를 기재한 **조서라고 볼 수 없는 것**이다. 그러므로 현행법에 의한다고 하더라도 제312조는 적용할 수 없는 것이다. 결국 ① **수사보고서상의 관찰기재 부분의 증거능력은** 제312조 제6항의 검증의 결과를 기재한 조서라고 볼 수 없어 증거능력이 없다. 또한 수사보고서상에 기재된 피고인들의 진술부분의 증거능력을 판단해 볼 수 있으나 피고인들이 피해자의 지위에서 진술한 것이고 앞서 본 바와 같이 수사보고서는 조서라고 볼 수 없어 **제313조 제1항**에 의하여 판단하여 보아야 한다. 그러므로 사안의 경우 ② **수사보고서상의 진술기재 부분은** 진술자들의 진술에 의하여 성립의 진정함이 증명된 바 없어 여전히 증거능력을 갖추지 못할 것이다. 그런데 위 판례사안에서는 ③ **조사경찰관의 법정 증언**이 존재하였는데 이에 대하여 제146조를 근거로 하여 증인적격을 인정하고 그 증언을 증거로 채택하였다150). 현행법에 의하여 제316조 제1항에서 조사자 증언제도를 도입하였으나 이는 피고인의 진술을 내용으로 하는 전문진술이므로 이와 구분된다.

Ⅶ 실황조사서의 증거능력

1. 개념

교통사고 등 각종 사고 직후 수사기관이 사고현장의 상황을 임의로 조사하여 결과를 기재한 서류를 실황조사서라고 한다. 실황조사는 임의수사의 일환으로 실시된다. 그러나 **상대방의 동의가 없는 경우에는 실황조사의 실질은 검증에 해당**하므로 강제수사의 성격을 띠게 되는 바, 실황조사서가 **사고발생 직후 긴급을 요하여 판사의 영장없이 시행된 것으로서 형사소송법 제216조 제3항에 의한 검증에 따라 작성된 것이라면 사후영장을 받지 않는 한 유죄의 증거로 삼을 수 없다**(대판 1984.3.13. 83도3006).

2. 실황조사서의 증거능력

검증은 영장에 의해 행해지는 강제처분임에 반해, 실황조사는 수사기관의 임의처분으로 행해지는 바, 실황조사서가 제312조 제6항의 검증의 결과를 기재한 서면에 포함되는지가 문제된다. 이에 대하여 ① 제312조 제6항은 '조서'일 것을 요구하는데,

---

150) 판례(대판 2005.11.25. 2005도5831)는 조사경찰관의 피신조서 작성의 경우는 조사자인 경찰의 법정증언을 허용하지 않는다고 보았지만 위 판례는 조서가 아니므로 그 법정 증언에 대하여 통제를 가하지 않은 것이다. 그러나 개정법은 조사자 증언제도를 도입하여 사경작성의 피신조서의 내용의 인정에 대한 조사자 증언을 배제한 판례의 취지를 몰각하는 결과를 가져오므로 문제점이 존재한다.

실황조사서는 법령의 근거에 의해 일정한 방식에 의하여 작성된 '조서'라고 할 수 없고, 기재의 정확성에 대한 제도적 보장이 없다는 점에서 증거능력이 없다고 해야 한다는 입장과 ② 실황조사의 실질은 임의수사의 성격을 가진 검증이고, 정확성에 있어서도 검증조서와 다르지 않기 때문에 제312조 제6항에 의해 증거능력을 인정해야 한다는 입장, ③ 실황조사는 범행 중·범행직후에만 인정되는 강제수사의 일종으로서 사후에 검증영장을 발부받은 경우에 한해 제312조 제6항에 따라 증거능력이 인정된다는 입장이 대립한다. 실황조사는 상대방의 동의를 받아 이루어지는 승낙검증과 유사하다. 그러나 상대방 동의 없이 이루어지는 실황조사는 강제수사인 검증에 해당한다고 할 것이다.

현재 실무는 상대방의 동의를 받아 임의수사의 형식으로 이루어지고 있고, 판례 역시 실황조사의 적법성을 전제로 실황조사서의 증거능력은 검증조서와 동일하게 판단하고 있다. 따라서 **실황조사서에 기재된 참여인의 진술 역시 검증조서에서 논한 것과 같다.** 판례는 피의자이던 피고인이 사법경찰리의 면전에서 자백한 진술에 따라 사고 당시의 상황을 재현한 사진과 그 진술내용으로 된 사법경찰리 작성의 실황조사서는 피고인이 공판정에서 그 범행 재현의 상황을 모두 부인하고 있는 이상 이를 범죄사실의 인정자료로 할 수 없다(대판 1989.12.26. 89도1557).

> **관련판례** 사법경찰관이 작성한 실황조사서에 피의자이던 피고인이 사법경찰관의 면전에서 자백한 범행내용을 현장에 따라 진술·재연하고 사법경찰관이 그 진술·재연의 상황을 기재하거나 이를 사진으로 촬영한 것 이외에 별다른 기재가 없는 경우에 있어서 피고인이 공판정에서 **실황조사서에 기재된 진술내용 및 범행재연의 상황을 모두 부인하고 있다면 그 실황조사서는 증거능력이 없다**(대판 1984.5.29. 84도378).

Ⅷ 증거능력에 대한 예외

> **제314조【증거능력에 대한 예외】** 제312조 또는 제313조의 경우에 공판준비 또는 공판기일에 진술을 요하는 자가 **사망·질병·외국거주·소재불명** 그 밖에 이에 준하는 **사유로 인하여 진술할 수 없는 때**에는 그 조서 및 그 밖의 서류(피고인 또는 피고인 아닌 자가 작성하였거나 진술한 내용이 포함된 문자·사진·영상 등의 정보로서 컴퓨터용디스크, 그 밖에 이와 비슷한 정보저장매체에 저장된 것을 포함한다)**를 증거로 할 수 있다.** 다만, 그 진술 또는 작성이 **특히 신빙할 수 있는 상태**하에서 행하여졌음이 증명된 때에 한한다.

1. 의의

형사소송법 제314조에 의하여 같은 법 제312조의 조서나 같은 법 제313조의 진술서, 서류 등을 증거로 하기 위하여는 공판기일에 진술을 요하는 자가 사망·

질병·외국거주·소재불명 그 밖에 이에 준하는 사유로 인하여 공판정에 출석하여 진술을 할 수 없는 경우에 특히 신빙할 수 있는 상태하에서 행하여진 경우 예외적으로 증거능력을 인정하는 보충규정으로 필요성과 신용성의 정황적 보장을 요건으로 한 전문법칙의 예외에 해당한다.

> **관련판례** 형사소송법 제314조에 의하여 같은 법 제312조의 조서나 같은 법 제313조의 진술서, 서류 등을 증거로 하기 위하여는 공판기일에 진술을 요하는 자가 사망·질병·외국거주·소재불명 그 밖에 이에 준하는 사유로 인하여 공판정에 출석하여 진술을 할 수 없는 경우이어야 하고, 그 진술 또는 서류의 작성이 특히 신빙할 수 있는 상태하에서 행하여진 것이어야 한다는 두 가지 요건을 갖추어야 한다. 그리고 직접주의와 전문법칙의 예외를 정한 **형사소송법 제314조의 요건 충족 여부는 엄격히 심사하여야 하고, 전문증거의 증거능력을 갖추기 위한 요건에 관한 증명책임은 검사**에게 있으므로, 법원이 증인이 소재불명이거나 그 밖에 이에 준하는 사유로 인하여 진술할 수 없는 때에 해당한다고 인정할 수 있으려면, **증인의 법정 출석을 위한 가능하고도 충분한 노력을 다하였음에도 불구하고 부득이 증인의 법정 출석이 불가능하게 되었다는 사정을 검사가 증명한 경우여야** 한다(대판 2013.4.11. 2013도1435).

> **관련판례** 형사소송법(이하 '법'이라 한다) 제312조 제4항, 제314조는 형사소송에서 헌법이 요구하는 적법절차의 원칙을 구현하기 위하여 사건의 실체에 대한 심증 형성은 법관의 면전에서 본래 증거에 대한 반대신문이 보장된 증거조사를 통하여 이루어져야 한다는 실질적 직접심리주의와 전문법칙을 기본원리로서 채택하면서도, 원진술자의 사망 등으로 위 원칙을 관철할 수 없는 특별한 사정이 있는 경우에는 '**그 진술 또는 작성이 특히 신빙할 수 있는 상태하에서 행하여졌음이 증명된 때**', 즉 그 진술의 내용이나 조서 또는 서류의 작성에 허위 개입의 여지가 거의 없고 그 진술 내용의 신빙성이나 임의성을 담보할 구체적이고 외부적인 정황이 증명된 때에 한하여 예외적으로 증거능력을 인정하고자 하는 취지이다. 그러므로 법원이 법 제314조에 따라 증거능력을 인정하기 위하여는 **단순히 그 진술이나 조서의 작성과정에 뚜렷한 절차적 위법이 보이지 않는다거나 진술의 임의성을 의심할 만한 구체적 사정이 없다는 것만으로는 부족하고**, 이를 넘어 법정에서의 반대신문 등을 통한 검증을 굳이 거치지 않더라도 진술의 신빙성과 임의성을 충분히 담보할 수 있는 구체적이고 외부적인 정황이 있어 그에 기초하여 법원이 유죄의 심증을 형성하더라도 증거재판주의의 원칙에 어긋나지 않는다고 평가할 수 있는 정도에 이르러야 한다(대판 2014.8.26. 2011도6035).

2. 적용범위

가. 검사작성의 피의자신문조서

이는 당해 피고인에 대하여 다른 공동피고인에 대한 피의자신문조서가 제314조를 적용할 수 있는가의 문제이다. 예를 들어, 당해 피고인이 사망하였다면 공판이 개정될 수 없기 때문에 이는 다른 공동피고인의 진술불능을 전제한 논의이다. 그러나 앞서 언급한 바와 같이 2022. 1. 1. 이전에 기소된 경우에는 공범자에 대한 피의자신문조서는 제314조가 적용될 수 있었으나, 그 이후에 기소된 경우에는 사법경찰관 작성의 피의자신문조서와 증거능력 부여 요건이 같으므로 결국 공범자의 진술불능은 의미가 없다. 왜냐하면 당해 피고인이 내용부인하면 증거능력이 없기 때문이다. 다만 사법경찰관이나 검사작성의 공범자 아닌 공동피고인에 대한 피의자신문조서는 제314조에 의하여 증거능력이 인정된다.

나. 사법경찰관작성의 피의자신문조서

이 역시 당해 피고인의 진술불능의 문제가 아닌 공동피고인의 진술불능의 문제이며, 위에서 언급한 바와 같이 공범자의 경우는 당해 피고인이 내용부인하면 증거능력이 없는 그 당연한 결과로 인해 제314조가 적용될 수 없다. 다만 공범자 아닌 공동피고인의 경우는 제312조 제4항이 적용되는 참고인 진술조서와 같으므로 본조가 적용된다.

다. 진술조서 및 진술서, 수사기관 작성의 검증조서와 실황조사서, 외국수사기관이 작성한 문서 등은 모두 본 조가 적용될 수 있다.

3. 요건

가. 원진술자의 진술불능(필요성)

(1) 의의

원진술자가 사망·질병·외국거주·소재불명 그 밖에 기타 사유로 인하여 공판정에 출석하여 진술할 수 없을 때를 의미한다.

(2) 사유에 해당하는지 문제되는 경우

1) 소재불명

소재불명도 명시적으로 제314조 사유에 포함되나, 다만 소재불명이라고 하기위해서는 **소환장이 송달불능된 것으로 족하지 않고, 소재수사를 하였어도 소재를 확인할 수 없을 것을 요한다.**

> **관련판례** 기록에 의하면 원심이 유지한 제1심은, 피고인이 공소외인의 고소장이나 그의 진술을 담은 수사기관에서의 조서들을 증거로 함에 동의하지 아니하자 공소외인을 증인으로 채택하였으나 그에 대한 증인소환장이 송달되지 아니함에 따라 검사의 주소보정, 소재탐지촉탁 등을 거쳐 제6회 공판기일에서 형사소송법 제314조를 근거로 위 고소장과 조서들을 증거로 채택·조사한 다음, 그 중 피고인에 대한 검찰 피의자신문조서 중 공소외인의 진술기재부분과 공소외인에 대한 경찰 진술조서 등을 증거로 삼아 이 사건 공소사실을 유죄로 인정하였음을 알 수 있다. 그러나 공소외인은 그에 대한 제1심법원의 증인소환장이 송달되지 아니하던 때인 제1심 제4회 공판기일의 며칠 전에 제1심법원에 전화를 걸어 공판기일을 통지받으면서 증인으로 출석할 의사가 있음을 밝혔고 그와 같은 내용의 전화통화결과보고가 제1심 소송기록에

편철되었으며 한편 공소외인의 휴대전화번호들이 수사기록에 기재되어 있었음에도, 이후 검사는 직접 또는 경찰을 통하여 수사기록에 나타난 공소외인의 **휴대전화번호들로 공소외인에게 연락하여 법정 출석의사가 있는지를 확인하는 등의 방법**으로 공소외인의 법정 출석을 위하여 **상당한 노력을 기울였다는 자료는 보이지 아니한다.** 이러한 사정을 앞서 본 법리에 비추어 보면 증인인 공소외인의 법정 출석을 위한 가능하고도 충분한 노력을 다하였음에도 부득이 공소외인의 법정 출석이 불가능하게 되었다는 사정을 검사가 입증한 경우라고 볼 수 없으므로, 공소외인의 고소장이나 그의 수사기관에서의 진술을 담은 조서들은 형사소송법 제314조의 요건을 갖추지 못하여 증거능력이 없다고 할 것이다(대판 2013.10.17. 2013도5001).

관련판례 형사소송법 제314조에 의하여 같은 법 제312조의 조서나 같은 법 제313조의 진술서, 서류 등을 증거로 하기 위하여는 공판기일에 진술을 요하는 자가 사망·질병·외국거주·소재불명 그 밖에 이에 준하는 사유로 인하여 공판정에 출석하여 진술을 할 수 없는 경우이어야 하고, 그 진술 또는 서류의 작성이 특히 신빙할 수 있는 상태하에서 행하여진 것이어야 한다는 두 가지 요건을 갖추어야 한다. 그리고 직접주의와 전문법칙의 예외를 정한 형사소송법 제314조의 요건 충족 여부는 엄격히 심사하여야 하고, 전문증거의 증거능력을 갖추기 위한 요건에 관한 증명책임은 검사에게 있으므로, 법원이 증인이 소재불명이거나 그 밖에 이에 준하는 사유로 인하여 진술할 수 없는 때에 해당한다고 인정할 수 있으려면, 증인의 법정 출석을 위한 가능하고도 충분한 노력을 다하였음에도 불구하고 부득이 증인의 법정 출석이 불가능하게 되었다는 사정을 검사가 증명한 경우여야 한다. 제1심법원이 증인 甲의 주소지에 송달한 증인소환장이 송달되지 아니하자 甲에 대한 소재탐지를 촉탁하여 소재탐지 불능보고서를 제출받은 다음 甲이 '소재불명'인 경우에 해당한다고 보아 甲에 대한 경찰 및 검찰 진술조서를 증거로 채택한 사안에서, **검사가 제출한 증인신청서에 휴대전화번호가 기재되어 있고, 수사기록 중 甲에 대한 경찰 진술조서에는 집 전화번호도 기재되어 있으며, 그 이후 작성된 검찰 진술조서에는 위 휴대전화번호와 다른 휴대전화번호가 기재되어 있는데도**, 검사가 직접 또는 경찰을 통하여 **위 각 전화번호로 甲에게 연락하여 법정 출석의사가 있는지 확인하는 등의 방법**으로 甲의 법정 출석을 위하여 상당한 노력을 기울였다는 자료가 보이지 않는 사정에 비추어, 甲의 법정 출석을 위한 가능하고도 충분한 노력을 다하였음에도 부득이 甲의 법정 출석이 불가능하게 되었다는 사정이 증명된 경우라고 볼 수 없어 형사소송법 제314조의 '소재불명 그 밖에 이에 준하는 사유로 인하여 진술할 수 없는 때'에 해당한다고 인정할 수 없는데도, 이와 달리 보아 甲에 대한 경찰 및 검찰 진술조서가 형사소송법 제314조에 의하여 증거능력이 있는 것으로 인정한 원심판결에 법리오해의 위법이 있다고 한 사례(대판 2013.4.11. 2013도1435).

관련판례 경찰이 증인과 가족의 실거주지를 방문하지 않은 상태에서 전화상으로 증인의 모로부터 법정에 출석케 할 의사가 없다는 취지의 진술을 들었다는 내용의 구인장 집행불능 보고서를 제출하고 있을 뿐이고, 검사가 기록상 확인된 증인의 **휴대전화번호로 연락하여 법정 출석의사가 있는지를 확인하는 등의 방법으로 출석을 적극적으로 권유·독려하는 등 증인의 법정 출석을 위하여 상당한 노력을 기울이지 않은 경우**, 형사소송법 제314조의 '기타 사유로 인하여 진술할 수 없는 때'에 해당하지 않는다(대판 2007.1.11. 2006도7228).

관련판례 만 5세 무렵에 당한 성추행으로 인하여 외상 후 스트레스 증후군을 앓고 있다는 등의 이유로 공판정에 출석하지 아니한 약 10세 남짓의 성추행 피해자에 대한 진술조서가 형사소송법 제314조에 정한 필요성의 요건과 신용성 정황적 보장의 요건을 모두 갖추지 못하여 증거능력이 없다(대판 2006.5.25. 2004도3619).

관련판례 수사기관에서 진술한 피해자인 유아가 공판정에서 진술을 하였더라도 증인신문 당시 일정한 사항에 관하여 기억이 나지 않는다는 취지로 진술하여 그 진술의 일부가 재현 불가능하게 된 경우, 형사소송법 제314조, 제316조 제2항에서 말하는 '원진술자가 진술을 할 수 없는 때'에 해당한다(대판 2006.4.14. 2005도9561).

2) 외국거주

관련판례 형사소송법 제314조에서의 '**외국거주**'는 진술을 하여야 할 사람이 **단순히 외국에 있다는 것만으로는 부족하고, 가능하고 상당한 수단을 다하더라도 그 사람을 법정에 출석하게 할 수 없는 사정이 있어야** 예외적으로 그 요건이 충족될 수 있다고 할 것인데 통상적으로 그 요건이 충족되었는지는 소재의 확인, 소환장의 발송과 같은 절차를 거쳐 확정되는 것이기는 하지만 항상 그러한 절차를 거쳐야만 되는 것은 아니고, 경우에 따라서는 비록 그러한 절차를 거치지 않더라도 법원이 그 사람을 법정에서 신문하는 것을 기대하기 어려운 사정이 있다고 인정할 수 있다면, 그 요건은 충족된다고 보아야 한다(대판 2011.7.14. 2011도1013).

관련판례 '외국거주'란 진술을 요하는 자가 외국에 있다는 것만으로는 부족하고, 수사 과정에서 수사기관이 진술을 청취하면서 진술자의 외국거주 여부와 장래 출국 가능성을 확인하고, 만일 진술자의 거주지가 외국이거나 그가 가까운 장래에 출국하여 장기간 외국에 체류하는 등의 사정으로 향후 공판정에 출석하여 진술을 할 수 없는 경우가 발생할 개연성이 있다면 진술자의 외국 연락처를, 일시 귀국할 예정이 있다면 귀국 시기와 귀국 시 체류 장소와 연락 방법 등을 사전에 미리 확인하고, 진술자에게 공판정 진술을 하기 전에는 출국을 미루거나, 출국한 후라도 공판 진행 상황에 따라 일시 귀국하여 공판정에 출석하여 진술하게끔 하는 방안을 확보하여 진술자가 공판정에 출석하여 진술할 기회를 충분히 제공하며, 그 밖에 **그를 공판정에 출석시켜 진술하게 할 모든 수단을 강구하는 등 가능하고 상당한 수단을 다하더라도 진술을 요할 자를 법정에 출석하게 할 수 없는 사정이 있어야** 예외적으로 적용이 있다. 나아가 진술을 요하는 자가 외국에 거주하고 있어 공판정 출석을 거부하면서 공판정에 출석할 수 없는 사정을 밝히고 있더라도 증언 자체를 거부하는 의사가 분명한 경우가 아닌 한 거주하는 외국의 주소나 연락처 등이 파악되고, 해당 국가와 대한민국 간에 국제형사사법공조조약이 체결된 상태라면 우선 사법공조의 절차에 의하여 증인을 소환할 수 있는지를 검토해 보아야 하고, 소환을 할 수 없는 경우라도 외국의 법원에 사법공조로 증인신문을 실시하도록 요청하는 등의 절차를 거쳐야 하고, 이러한 절차를 전혀 시도해 보지도 아니한 것은 가능하고 상당한 수단을 다하더라도 진술을 요하는 자를 법정에 출석하게 할 수 없는 사정이 있는 때에 해당한다고 보기 어렵다(대판 2016. 2. 18. 2015도17115).

3) 진술거부권 또는 증언거부권의 행사

제314조는 확실한 범죄인을 처벌하기 위한 규정으로 진술거부권이나 증언거부권을 행사하는 경우에도 본 조를 적용하여야 한다는 입장이 있으나 제314조는 전문법칙의 예외규정으로 가능한 한 제한적으로 해석함이 타당하다. 현행 형사소송법은 그 예외사유의 범위를 더욱 엄격하게 제한하고 있는데, 이는 바로 **직접심리주의와 공판중심주의 요소를 강화하려는 취지**가 반영된 것이라고 해석된다. 아래 판례 역시 같은 입장이다.

관련판례 [다수의견] 형사소송법 제314조는 "제312조 또는 제313조의 경우에 공판준비 또는 공판기일에 진술을 요하는 자가 사망·질병·외국거주·소재불명, 그 밖에 이에 준하는 사유로 인하여 진술할 수 없는 때에는 그 조서 및 그 밖의 서류를 증거로 할 수 있다. 다만, 그 진술 또는 작성이 특히 신빙할 수 있는 상태하에서 행하여졌음이 증명된 때에 한한다."라고 정함으로써, 원진술자 등의 진술에 의하여 진정성립이 증명되지 아니하는 전문증거에 대하여 예외적으로 증거능력이 인정될 수 있는 사유로 '사망·질병·외국거주·소재불명, 그 밖에 이에 준하는 사유로 인하여 진술할 수 없는 때'를 들고 있다. 위 증거능력에 대한 예외사유로 1995. 12. 29. 법률 제5054호로 개정되기 전의 구 형사소송법 제314조가 '사망, 질병 기타 사유로 인하여 진술할 수 없는 때', 2007. 6. 1. 법률 제8496호로 개정되기 전의 구 형사소송법 제314조가 '사망, 질병, 외국거주 기타 사유로 인하여 진술할 수 없는 때'라고 각 규정한 것에 비하여 **현행 형사소송법은 그 예외사유의 범위를 더욱 엄격하게 제한**하고 있는데, 이는 직접심리주의와 공판중심주의의 요소를 강화하려는 취지가 반영된 것이다. 한편 형사소송법은 누구든지 자기 또는 친족 등이 형사소추 또는 공소제기를 당하거나 유죄판결을 받을 사실이 발로될 염려가 있는 증언을 거부할 수 있도록 하고(제148조), 또한 변호사, 변리사, 공증인, 공인회계사, 세무사, 대서업자, 의사, 한의사, 치과의사, 약사, 약종상, 조산사, 간호사, 종교의 직에 있는 자 또는 이러한 직에 있던 사람은 그 업무상 위탁을 받은 관계로 알게 된 사실로서 타인의 비밀에 관한 것은 증언을 거부할 수 있도록 규정하여(제149조 본문), 증인에게 일정한 사유가 있는 경우 증언을 거부할 수 있는 권리를 보장하고 있다. 위와 같은 현행 형사소송법 제314조의 문언과 개정 취지, 증언거부권 관련 규정의 내용 등에 비추어 보면, 법정에 출석한 증인이 **형사소송법 제148조, 제149조 등에서 정한 바에 따라 정당하게 증언거부권을 행사하여 증언을 거부한 경우는 형사소송법 제314조의 '그 밖에 이에 준하는 사유로 인하여 진술할 수 없는 때'에 해당하지 아니한다**(대판 2012.5.17. 2009도6788 전원합의체).

판례는 나아가 정당하게 증언거부권을 행사하지 않는 경우라 할지라도 피고인이 증인의 증언거부 상황을 초래하였다는 등의 특별한 사정이 없는 한 본 조를 적용할 수 없다고 판시하고 있다.

관련판례 [다수의견] 수사기관에서 진술한 참고인이 법정에서 증언을 거부하여 피고인이 반대신문을 하지 못한 경우에는 **정당하게 증언거부권을 행사한 것이 아니라도**, 피고인이 증인의 증언거부 상황을 초래하였다는 등의 특별한 사정이 없는 한 형사소송법 제314조의 '그 밖에 이에 준하는 사유로 인하여 진술할 수 없는 때'에 해당하지 않는다고 보아야 한다. 따라서 증인이 **정당하게 증언거부권을 행사하여 증언을 거부한 경우와 마찬가지로** 수사기관에서 그 증인의 진술을 기재한 서류는 증거능력이 없다. 다만 피고인이 증인의 증언거부 상황을 초래하였다는 등의 특별한 사정이 있는 경우에는 형사소송법 제314조의 적용을 배제할 이유가 없다. 이러한 경우까지 형사소송법 제314조의 '그 밖에 이에 준하는 사유로 인하여 진술할 수 없는 때'에 해당하지 않는다고 보면 사건의 실체에 대한 심증 형성은 법관의 면전에서 본래증거에 대한 반대신문이 보장된 증거조사를 통하여 이루어져야 한다는 **실질적 직접심리주의와 전문법칙에 대하여 예외를 정한 형사소송법 제314조의 취지에 반하고 정의의 관념에도 맞지 않기 때문**이다(대판 2019.11.21. 2018도13945 전원합의체).

관련판례 형사소송법 제314조는 "제312조 또는 제313조의 경우에 공판준비 또는 공판기일에 진술을 요하는 자가 사망·질병·외국거주·소재불명, 그 밖에 이에 준하는 사유로 인하여 진술할 수 없는 때에는 그 조서 및 그 밖의 서류를 증거로 할 수 있다. 다만, 그 진술 또는 작성이 특히 신빙할 수 있는 상태하에서 행하여졌음이 증명된 때에 한한다."라고 정함으로써, 원진술자 등의 진술에 의하여 진정성립이 증명되지 아니하는 전문증거에 대하여 예외적으로 증거능력이 인정될 수 있는 사유로 '사망·질병·외국거주·소재불명, 그 밖에 이에 준하는 사유로 인하여 진술할 수 없는 때'를 들고 있다. 위 증거능력에 대한 예외사유로 1995. 12. 29. 법률 제5054호로 개정되기 전의 구 형사소송법 제314조가 '사망, 질병 기타 사유로 인하여 진술할 수 없는 때', 2007. 6. 1. 법률 제8496호로 개정되기 전의 구 형사소송법 제314조가 '사망, 질병, 외국거주 기타 사유로 인하여 진술할 수 없는 때'라고 각 규정한 것에 비하여 현행 형사소송법은 그 예외사유의 범위를 더욱 엄격하게 제한하고 있는데, 이는 **직접심리주의와 공판중심주의 요소를 강화하려는 취지**가 반영된 것이다. 한편 헌법은 모든 국민은 형사상 자기에게 불리한 진술을 강요당하지 아니한다고 선언하고(제12조 제2항), 형사소송법은 피고인은 진술하지 아니하거나 개개의 질문에 대하여 진술을 거부할 수 있다고 규정하여(제283조의2 제1항), 진술거부권을 피고인의 권리로서 보장하고 있다. 위와 같은 현행 형사소송법 제314조의 문언과 개정 취지, 진술거부권 관련 규정의 내용 등에 비추어 보면, 피고인이 증거서류의 진정성립을 묻는 검사의 질문에 대하여 **진술거부권을 행사하여 진술을 거부한 경우는** 형사소송법 제314조의 '그 밖에 이에 준하는 사유로 인하여 진술할 수 없는 때'에 해당하지 아니한다(대판 2013. 6. 13. 2012도16001).

[검토] 증언거부권행사에 대해서는 별도의 제재규정이 있고(제161조), 증언거부권이 공동화되므로 증언거부권 행사를 이유로 제314조를 적용할 수 없다는 **소극설이 타당하다고 본다**. 제314조는 전문법칙의 예외의 예외를 인정하는 것이므로 엄격하게 판단하여야 한다. 진술거부권 역시 같다.

비교판례 헌법은 모든 국민은 형사상 자기에게 불리한 진술을 강요당하지 아니한다고 선언하고(제12조 제2항), 형사소송법은 피고인은 진술하지 아니하거나 개개의 질문에 대하여 진술을 거부할 수 있다고 규정하여(제283조의2 제1항), 진술거부권을 피고인의 권리로서 보장하고 있다. 위와 같은 현행 형사소송법 제314조의 문언과 개정 취지, 진술거부권 관련 규정의 내용 등에 비추어 보면, 피고인이 증거서류의 진정성립을 묻는 검사의 질문에 대하여 **진술거부권을 행사하여 진술을 거부한 경우는 형사소송법 제314조의 '그 밖에 이에 준하는 사유로 인하여 진술할 수 없는 때'에 해당하지 아니한다**(대판 2013.6.13. 2012도16001).

나. 특신상태

여기서의 특신상태란 전문법칙의 예외의 인정기준인 신용성의 정황적 보장과 같은 의미이다. 즉, 그 진술의 내용이나 조서 또는 서류의 작성에 **허위 개입의 여지가 거의 없고 그 진술 내용의 신빙성이나 임의성을 담보할 구체적이고 외부적인 정황**이 증명된 때에 한하여 예외적으로 증거능력을 인정하고자 하는 취지이다. 그러므로 법원이 법 제314조에 따라 증거능력을 인정하기 위하여는 단순히 그 진술이나 조서의 작성과정에 뚜렷한 절차적 위법이 보이지 않는다거나 진술의 임의성을 의심할 만한 구체적 사정이 없다는 것만으로는 부족하고, 이를 넘어 법정에서의 반대신문 등을 통한 검증을 굳이 거치지 않더라도 진술의 신빙성과 임의성을 충분히 담보할 수 있는 구체적이고 외부적인 정황이 있어 그에 기초하여 법원이 유죄의 심증을 형성하더라도 증거재판주의의 원칙에 어긋나지 않는다고 평가할 수 있는 정도에 이르러야 한다(대판 2014.8.26. 2011도6035). 왜냐하면 제314조를 적용하면 반대신문의 기회를 제공함이 없이 증거능력을 인정하여야 하기 때문이다.

관련판례 형사소송법 제314조가 참고인의 소재불명 등의 경우에 그 참고인이 진술하거나 작성한 진술조서나 진술서에 대하여 증거능력을 인정하는 것은, 형사소송법이 제312조 또는 제313조에서 참고인 진술조서 등 서면증거에 대하여 **피고인 또는 변호인의 반대신문권이 보장되는 등 엄격한 요건이 충족될 경우에 한하여 증거능력을 인정할 수 있도록 함으로써 직접심리주의 등 기본원칙에 대한 예외를 인정한 데 대하여 다시 중대한 예외를 인정하여 원진술자 등에 대한 반대신문의 기회조차 없이 증거능력을 부여할 수 있도록 한 것이므로, 그 경우 참고인의 진술 또는 작성이 '특히 신빙할 수 있는 상태하에서 행하여졌음에 대한 증명'은 단지 그러할 개연성이 있다는 정도로는 부족하고 합리적인 의심의 여지를 배제할 정도에 이르러야 한다**(대판 2014.4.30. 2012도725).

> **제315조 【당연히 증거능력이 있는 서류】** 다음에 게기한 서류는 증거로 할 수 있다.
> 1. 가족관계기록사항에 관한 증명서, 공정증서등본 기타 공무원 또는 외국공무원의 직무상 증명할 수 있는 사항에 관하여 작성한 문서
> 2. 상업장부, 항해일지 기타 업무상 필요로 작성한 통상문서
> 3. 기타 특히 신용할 만한 정황에 의하여 작성된 문서

관련판례 동법 제315조에서 제2호는 '상업장부, 항해일지 기타 업무상 필요로 작성한 통상문서'는 당연히 증거능력이 인정된다(동조 제2호)고 규정하고 있는데 **동 서류들은 일상의 업무과정에 작성되어 업무의 기계적 반복성으로 인하여 허위가 개입할 여지가 적어 신용성의 정황적 보장이 고도로 인정되고, 작성자를 소환해 보아도 서면을 제출하는 것 이상의 의미가 없다는 점**에서 당연히 증거능력을 인정하도록 한 것이다. 상업장부나 항해일지, 진료일지 또는 이와 유사한 금전출납부 등과 같이 범죄사실의 인정 여부와는 관계없이 자기에게 맡겨진 사무를 처리한 내역을 그때그때 계속적, 기계적으로 기재한 문서는 사무처리 내역을 증명하기 위하여 존재하는 문서로서 형사소송법 제315조 제2호에 의하여 당연히 증거능력이 인정된다. 형사소송법 제315조 제3호에서 규정한 '기타 특히 신용할 만한 정황에 의하여 작성된 문서'는 형사소송법 제315조 제1호와 제2호에서 열거된 공권적 증명문서 및 업무상 통상문서에 준하여 '굳이 반대신문의 기회 부여 여부가 문제 되지 않을 정도로 고도의 신용성의 정황적 보장이 있는 문서'를 의미한다(대판 2017.12.5. 2017도12671).

관련판례 특별한 자격이 있지는 아니하나 범칙물자에 대한 시가감정업무에 4~5년 종사해온 **세관공무원이 세관에 비치된 기준과 수입신고서에 기재된 가격을 참작하여 작성한 감정서는 공무원이 그 직무상 작성한 공문서라 할 것이므로 피고인의 동의여부에 불구하고 형사소송법 제315조 제1호에 의하여 당연히 증거능력이 있다고 할 것이며 또 그 증명력에 무슨 하자가 있다고도 할 수 없다**(대판 1985.4.9. 85도225).

관련판례 성매매업소에 고용된 여성들이 성매매를 업으로 하면서 영업에 참고하기 위하여 성매매 상대방의 아이디와 전화번호 및 성매매방법 등을 메모지에 적어두었다가 직접 메모리카드에 입력하거나 업주가 고용한 다른 여직원이 그 내용을 입력한 사안에서, 위 메모리카드의 내용은 **형사소송법 제315조 제2호의 '영업상 필요로 작성한 통상문서'로서 당연히 증거능력 있는 문서**에 해당한다고 한 사례(대판 2007.7.26. 2007도3219).

관련판례 대한민국 주중국 대사관 영사가 작성한 사실확인서 중 공인 부분을 제외한 나머지 부분이 비록 영사의 공무수행 과정 중 작성되었지만 **공적인 증명보다는 상급자 등에 대한 보고를 목적으로 하는 것인 경우**, 형사소송법 제315조 제1호의 '공무원의 직무상 증명할 수 있는 사항에 관하여 작성한 문서' 또는 제3호의 '기타 특히 신뢰할 만한 정황에 의하여 작성된 문서'라고 볼 수 없으므로 **증거능력이 없다**(대판 2007.12.13. 2007도7257).

관련판례 형사소송법이 원진술자 또는 작성자(이하 '참고인'이라 한다)의 소재불명 등의 경우에 참고인이 진술하거나 작성한 진술조서나 진술서에 대하여 증거능력을 인정하는 것은, 형사소송법이 제312조 또는 제313조에서 참고인 진술조서 등 서면증거에 대하여 피고인 또는 변호인의 반대신문권이 보장되는 등 엄격한 요건이 충족될 경우에 한하여 증거능력을 인정할 수 있도록 함으로써 직접심리주의 등 기본원칙에 대한 예외를 인정한 데 대하여 다시 중대한 예외를 인정하여 원진술자 등에 대한 반대신문의 기회조차 없이 증거능력을 부여할 수 있도록 한 것이므로, 그 경우 참고인의 진술 또는 작성이 '**특히 신빙할 수 있는 상태하에서 행하여졌음에 대한 증명**'은 단지 그러할 개연성이 있다는 정도로는 부족하고 합리적인 의심의 여지를 배제할 정도에 이르러야 한다(대판 2014.2.21. 2013도12652).

관련판례 - '건강보험심사평가원의 입원진료 적정성 여부 등 검토의뢰에 대한 회신'이 제315조 제3호에 해당하는지 여부 사무처리 내역을 계속적, 기계적으로 기재한 문서가 아니라 범죄사실의 인정 여부와 관련 있는 어떠한 의견을 제시하는 내용을 담고 있는 문서는 형사소송법 제315조 제3호에서 규정하는 당연히 증거능력이 있는 서류에 해당한다고 볼 수 없으므로, 이른바 **보험사기 사건에서 건강보험심사평가원이 수사기관의 의뢰에 따라 그 보내온 자료를 토대로 입원진료의 적정성에 대한 의견을 제시하는 내용의 '건강보험심사평가원의 입원진료 적정성 여부 등 검토의뢰에 대한 회신'은 형사소송법 제315조 제3호의 '기타 특히 신용할 만한 정황에 의하여 작성된 문서'에 해당하지 않는다**(대판 2017.12.5. 2017도12671).

관련판례 다른 피고인에 대한 형사사건의 공판조서는 형사소송법 제315조 제3호에 정한 서류로서 당연히 증거능력이 있는바, 공판조서 중 일부인 증인신문조서 역시 형사소송법 제315조 제3호에 정한 서류로서 당연히 증거능력이 있다고 보아야 한다(대판 2005.4.28. 2004도4428 등 참조).

관련판례 구속적부심은 구속된 피의자 또는 그 변호인 등의 청구로 수사기관과는 별개 독립의 기관인 법원에 의하여 행하여지는 것으로서 구속된 피의자에 대하여 피의사실과 구속사유 등을 알려 그에 대한 자유로운 변명의 기회를 주어 구속의 적부를 심사함으로써 피의자의 권리보호에 이바지하는 제도인바, 법원 또는 합의부원, 검사, 변호인, 청구인이 구속된 피의자를 심문하고 그에 대한 피의자의 진술 등을 기재한 구속적부심문조서는 형사소송법 제311조가 규정한 문서에는 해당하지 않는다 할 것이나, 특히 신용할 만한 정황에 의하여 작성된 문서라고 할 것이므로 특별한 사정이 없는 한, 피고인이 증거로 함에 부동의하더라도 형사소송법 제315조 제3호에 의하여 당연히 그 증거능력이 인정된다(대판 2004.1.16. 2003도5693).

IX 전문진술

> **제316조 【전문의 진술】** ① 피고인이 아닌 자(공소제기 전에 피고인을 피의자로 조사하였거나 그 조사에 참여하였던 자를 포함한다. 이하 이 조에서 같다)의 공판준비 또는 공판기일에서의 진술이 **피고인의 진술을 그 내용으로 하는 것인 때**에는 그 진술이 **특히 신빙할 수 있는 상태**하에서 행하여졌음이 증명된 때에 한하여 이를 증거로 할 수 있다.
> ② 피고인 아닌 자의 공판준비 또는 공판기일에서의 진술이 **피고인 아닌 타인의 진술을 그 내용으로 하는 것인 때**에는 원진술자가 사망, 질병, 외국거주, 소재불명 그 밖에 이에 준하는 사유로 인하여 **진술할 수 없고**, 그 진술이 **특히 신빙할 수 있는 상태**하에서 행하여졌음이 증명된 때에 한하여 이를 증거로 할 수 있다.

1. 전문진술과 전문법칙

공판준비 또는 공판기일 외에서의 타인의 진술을 내용으로 하는 진술은 이를 증거로 할 수 없다(제310조의2). 피고인이 아닌 자(공소제기 전에 피고인을 피의자로 조사하였거나 그 조사에 참여하였던 자를 포함한다. 이하 이 조에서 같다)의 공판준비 또는 공판기일에서의 진술이 **피고인의 진술을 그 내용으로 하는 것인 때**에는 그 진술이 **특히 신빙할 수 있는 상태**하에서 행하여졌음이 증명된 때에 한하여 이를 증거로 할 수 있고, 피고인 아닌 자의 공판준비 또는 공판기일에서의 진술이 **피고인 아닌 타인의 진술을 그 내용으로 하는 것인 때**에는 원진술자가 사망, 질병, 외국거주, 소재불명 그 밖에 이에 준하는 사유로 인하여 **진술할 수 없고**, 그 진술이 **특히 신빙할 수 있는 상태**하에서 행하여졌음이 증명된 때에 한하여 이를 증거로 할 수 있다(제316조).

2. 제316조 제1항의 예외(피고인의 진술을 내용으로 하는 경우)

가. 규정의 성격

직접심리주의 예외설과 전문법칙의 예외설이 있으나 전문법칙의 예외로 봄이 타당하다.

나. 피고인의 진술

(1) 피고인의 범위

여기서 피고인이란 **당해 피고인만**을 의미한다. 따라서 피고인 아닌 자라고 함은 제3자는 말할 것도 없고 공동피고인이나 공범자를 모두 포함한다고 해석된다. 즉, **공동피고인과 공범자는 '피고인 아닌 자'에 해당한다**(대판 2000.12.27. 99도5679).

관련판례 피고인이 경찰에서 조사받는 도중에 범행을 인정하였고 피해자측에서도 용서를 구하는 것을 직접 보고 들었다는 취지의 증인들의 증언 및 그들에 대한 사법경찰리, 검사 작성의 각 진술조서 기재는 모두 피고인이 경찰에서 위와 같은 진술내용을 부인하고 있는 이상, 위 증거들은 증거능력이 없다(대판 2004.4.27. 2004도482). → 자백경위에 관한 것이므로 즉, 피고인이 인정하지 아니하는 경찰의 피신조서는 제312조 제2항으로 증거능력을 부인하면서 조서기재내용을 들었다는 증인의 증언을 취신하는 것은 모순이기 때문이다.

관련판례 피고인이 사법경찰관 앞에서의 진술의 내용을 부인하고 있는 이상 피고인을 수사한 경찰이 증인으로 나와서 수사과정에서 피고인이 범행을 자백하게 된 경위를 진술한 증언은 형사소송법 제312조 제2항의 규정과 그 취지에 비추어 증거능력이 없다(대판 1995.3.24. 94도2287).

(2) 진술의 범위 : 피고인의 지위에서 행해진 것임을 요하지 않는다. 따라서 피의자, 참고인, 증인 기타 지위에서 행해진 것도 모두 포함한다.

쟁점

조사자 증언제도[151](제316조)

제316조의 피고인 아닌 자에 공소제기 전에 피고인을 피의자로 조사하였거나 그 조사에 참여하였던 자를 포함하였다. 이를 도입한 취지는 사경작성의 피신조서의 경우 피고인이 공판정에서 내용을 부인하기만 하면 증거능력이 부인되어 실체진실발견에 저해가 될 뿐 아니라 이중수사의 폐해가 크기 때문에 개정법은 변호인의 참여권보장(제243조의2), 진술거부권의 고지(제244조의3), 수사과정기록제도(제244조의4), 위법수집증거배제의 법칙(제308조의2) 등을 통하여 수사절차의 적법절차성과 투명성을 보장하면서 2007년 형사소송법을 개정하면서 조사자 증언제도를 도입하기에 이른 것이다[152].

그런데 제316조 제1항이 사법경찰관을 포함한 조사자의 증언을 전문진술에 명시적으로 포함시키는 것은 문제가 있다고 본다. 이 규정이 조사자의 증언을 통해 조서에 기재된 진술의 증거능력을 인정해주자는 취지이나 이는 제312조 제2항이 사법경찰관 작성 피의자신문조서에 대해 내용의 인정을 요건으로 하는 것을 회피하는 결과가 된다는 것이다.

지금껏 대법원 판례(대판 1995.3.24. 94도2287) 피고인이 사법경찰관 앞에서의 진술의 내용을 부인하고 있는 이상 피고인을 수사한 경찰이 증인으로 나와서 수사과정에서 피고인이 범행을 자백하게 된 경위를 진술한 증언은 형사소송법 제312조 제2항의 규정과 그 취지에 비추어 증거능력이 없다고 판시한 것과 상반되는 취지의 개정이라고 보여지며 이 부분의 개정은 공판중심주의와 피고인의 인권보호적 측면에서 문제가 있다고 본다. 2007년 형사소송법을 개정함에 있어서 이 부분에 대한 좀 더 심도 있는 고찰을 하여 개정 내용에 포함을 시키는데 있어 신중을 기하였어야 한다고 생각한다.

---

151) 법무부 개정 형사소송법 해설에 의하면 위 개정 취지를 다음과 같이 설명하고 있다. "피고인을 조사한 경찰관의 증언에 증거능력을 인정하지 아니한 종래 판례를 변경하는 취지이고, **조사자가 위증죄의 부담을 안고 피고인측의 반대신문을 받으면서 증언을 하고 이에 증거능력을 부여함으로써** 실체적 진실발견과 피고인의 방어권 보장 사이에 조화를 도모한 것이며, 앞으로 증언하는 **조사자는 위증이나 허위공문서작성 등의 시비를 염두에 두고 수사에 임하게 되어 수사의 투명성 제고와 적법절차 준수를 촉진**하며, 불필요한 시비를 피하기 위하여 수사과정에서의 영상녹화가 활성화되는 등 수사 방식이 인권친화적으로 전환되는 계기로 작용할 수 있을 것"이라고 한다.
152) 신동운, 판례분석 423면

관련판례 – 피고인 아닌 자에 대한 조사자의 법정 증언의 증거능력   형사소송법 제316조 제2항은 "피고인 아닌 자의 공판준비 또는 공판기일에서의 진술이 피고인 아닌 타인의 진술을 그 내용으로 하는 것인 때에는 원진술자가 사망, 질병, 외국거주, 소재불명, 그 밖에 이에 준하는 사유로 인하여 진술할 수 없고, 그 진술이 특히 신빙할 수 있는 상태하에서 행하여졌음이 증명된 때에 한하여 이를 증거로 할 수 있다"고 규정하고 있고, 같은 조 제1항에 따르면 위 '**피고인 아닌 자**'에는 **공소제기 전에 피고인 아닌 타인을 조사하였거나 그 조사에 참여하였던 자(이하 '조사자'라고 한다)도 포함**된다. 따라서 조사자의 증언에 증거능력이 인정되기 위해서는 원진술자가 사망, 질병, 외국거주, 소재불명, 그 밖에 이에 준하는 사유로 인하여 진술할 수 없어야 하는 것이라서, **원진술자가 법정에 출석하여 수사기관에서 한 진술을 부인하는 취지로 증언한 이상 원진술자의 진술을 내용으로 하는 조사자의 증언은 증거능력이 없다**(대판 2008.9.25. 2008도6985).

3. 제316조 제2항의 예외(피고인 아닌 타인의 진술을 내용으로 하는 경우)

가. 피고인 아닌 자

당해 피고사건의 제3자 뿐만 아니라 공동피고인이나 공범자 포함된다. 예를 들어, 甲과 乙이 공범으로 기소가 되어 공동피고인으로 재판을 받고 있는 상황에서 甲은 공모를 부인하고, 乙은 '甲과 함께' 범행을 하였다고 자백을 하고 있다고 할 때, 丙이 乙로부터 "甲과 함께 범행을 했다"는 내용을 듣고 이를 법정에서 진술하게 되면 丙의 법정 증언이 바로 제316조 제2항의 전문진술에 해당한다. 그러나 이 경우 전문진술의 원진술자인 乙이 공동피고인이어서 형사소송법 제316조 제2항 소정의 '피고인 아닌 타인'에는 해당하나 **법정에 출석하였으므로** '원진술자가 사망, 질병 기타 사유로 인하여 진술할 수 없는 때'에는 해당되지 않기 때문에 증거능력을 인정할 수 없다.

관련판례   형사소송법 제316조 제2항에 의하면 피고인 아닌 자의 공판준비 또는 공판기일에서의 진술이 피고인 아닌 타인의 진술을 그 내용으로 하는 것인 때에는 원진술자가 사망, 질병 기타 사유로 인하여 진술할 수 없고 그 진술이 특히 신빙할 수 있는 상태 하에서 행하여진 때에 한하여 이를 증거로 할 수 있다고 규정하고 있는데 여기서 말하는 **피고인 아닌 자라고 함은 제3자는 말할 것도 없고 공동피고인이나 공범자를 모두 포함한다**고 해석된다(대판 2000.12.27. 99도5679).

나. 필요성과 신용성의 정황적 보장을 요건으로 한다.

원진술자의 진술불능이나 특신상태라는 요건은 앞서 살핀 형사소송법 제314조의 '필요성'과 '특신상태'와 관련된 법리가 원진술자의 소재불명 등을 전제로 하고 있는 형사소송법 제316조 제2항의 '특신상태'에 관한 해석에도 **그대로 적용**된다.[153] 나아가 현행 형사 항소심이 속심 겸 사후심의 구조로 되어 있고, 제1심법원에서 증거로

---

153) 대판 2014.4.30. 2012도725

할 수 있었던 증거는 항소법원에서도 증거로 할 수 있는 점(제363조 제3항) 등에 비추어 보면, 원진술자가 제1심법원에 출석하여 진술을 하였다가 항소심에 이르러 진술할 수 없게 된 경우에는 원진술자가 진술할 수 없는 경우에 해당한다고는 할 수 없다(대판 2001.9.28. 2001도3997).

나아가 전문의 진술을 증거로 함에 있어서는 전문진술자가 원진술자로부터 진술을 들을 당시 원진술자가 증언능력에 준하는 능력을 갖춘 상태에 있어야 할 것이다(대판 2006.4.14. 2005도9561). 이 판례 사안에서 수사기관에서 진술한 피해자인 유아가 공판정에서 진술을 하였더라도 증인신문 당시 일정한 사항에 관하여 기억이 나지 않는다는 취지로 진술하여 그 진술의 일부가 재현 불가능하게 된 경우, 형사소송법 제314조, 제316조 제2항에서 말하는 '원진술자가 진술을 할 수 없는 때'에 해당한다154)고 판단한 바 있다.

4. 피고인의 전문진술

'피고인'의 공판준비 또는 공판기일에서의 진술이 '피고인 아닌 자의 진술을 내용'으로 하는 경우 아래와 같이 견해가 대립한다. 원진술이 피고인에게 불이익한 경우에는 반대신문권을 포기한 것이므로 증거능력을 인정하고, 이익이 되는 경우에는 검사의 반대신문권 보장을 위하여 제316조 제2항을 유추적용하자는 견해와 원진술이 피고인에게 유리한지 여부를 불문하고 제316조 제2항을 유추적용하자는 견해가 있으나, 증거능력은 원진술의 이익·불이익에 따라 결정되는 것이 아니다. 따라서 명문의 규정은 없으나 제316조 제2항을 유추적용함이 타당하다. 그러나 유의할 것은 피고인이 자신에게 불리한 피고인 아닌 자의 진술을 내용으로 진술할 경우는 거의 없을 것인 바, 실제로는 유리한 반대증거인 경우가 대부분일 것이다. 따라서 이 경우에는 굳이 전문법칙이 적용되지 않으므로 증거능력을 요하지 않는다155).

---

154) 사고 당시 만 3세 3개월 내지 만 3세 7개월 가량이던 피해자인 여아의 증언능력 및 그 진술의 신빙성을 인정한 사례
155) 같은 의견으로 이주원, 509면.

X 재전문

1. 개념

전문법칙의 예외의 법리에 따라 증거능력이 인정되는 전문증거가 그 내용에 다시 전문증거를 포함하는 경우, 즉 **이중의 전문이 되는 경우를 재전문이라고 한다.**

2. 재전문의 증거능력

재전문의 경우 진술자를 반대신문하는 경우에도 원진술자의 존재나 진술정황을 확인할 수 없기 때문에 과연 그 증거능력을 인정할 수 있는가가 문제된다.

가. 학설

재전문증거의 증거능력에 대하여 ① **부정설**(이중의 예외, 증거능력을 인정하는 명문규정이 없음, 전문법칙을 무의미하게 함)과 ② **긍정설**(법정외의 진술 하나하나가(전언의 각 과정이) 전문법칙의 예외요건을 충족한다면 증거능력 있음), 그리고 ③ **제한적 긍정설**(최초의 진술자가 공판정에서 그러한 진술을 한 사실을 인정하면 증거로 할 수 있다)이 대립한다. 그러나 재전문 증거는 원칙적으로 증거능력을 인정할 수 없다고 보아야 한다. 물론 피고인이 증거동의를 하는 경우라면 위법수집증거는 아니므로 증거능력을 부여할 수 있다. 다만, 판례처럼 재전문진술과 전문진술이 기재된 조서를 구분하여 전자는 증거능력을 부정하고, 후자는 형사소송법 제312조 또는 제314조의 규정에 의하여 각 그 증거능력이 인정될 수 있는 경우에 해당하여야 함은 물론 나아가 형사소송법 제316조의 규정에 따른 요건을 갖추어야 예외적으로 증거능력이 있다고 봄이 타당하다고 본다.

나. 판례

[개요]
피고인A가 피해자 甲(유아)을 강제추행
피해자 甲 → 어머니 乙 → 아버지 丙
　　　　　　　　　↘ 성폭력상담소 직원 丁
원심이 유죄의 증거로 채용한 증거는
① 乙의 공판정 진술(제316조 제2항의 전문진술)
② 乙에 대한 참고인 진술조서(전문진술이 기재된 조서)
③ 丙의 공판정 진술(재전문진술)
④ 丁에 대한 참고인 진술조서(재전문진술이 기재된 조서)

전문진술이 기재된 조서는 형사소송법 제312조 또는 제314조의 규정에 의하여 각 그 증거능력이 인정될 수 있는 경우에 해당하여야 함은 물론 나아가 형사소송법 **제316조 제2항의 규정에 따른 요건을 갖추어야 예외적으로 증거능력이 있다.** 甲의 아버지인 丙의 원심법정에서의 진술과 인천 성폭력 상담소 상담원인 丁의 검찰에서의 진술을 기재한 조서는, 丙이나 丁이 乙이 甲으로부터 들었다는 甲의 피해사실을, 乙로부터 다시 전해 들어서 알게 되었다는 것을 그 내용으로 하고 있는 바, 이러한 丙의 원심법정에서의 진술은 요증사실을 체험한 자의 진술을 들은 자의 공판준비 또는 공판기일 외에서의 진술을 그 내용으로 하는 이른바 재전문진술이라고 할 것이고, 丁의 검찰에서의 진술조서는 그와 같은 재전문진술을 기재한 조서라고 할 것이다. 그런데 형사소송법은 전문진술에 대하여 제316조에서 실질상 단순한 전문의 형태를 취하는 경우에 한하여 예외적으로 그 증거능력을 인정하는 규정을 두고 있을 뿐, **재전문진술이나 재전문진술을 기재한 조서**에 대하여는 달리 그 증거능력을 인정하는 규정을 두고 있지 아니하고 있으므로, **피고인이 증거로 하는 데 동의하지 아니하는 한** 형사소송법 제310조의2의 규정에 의하여 이를 증거로 할 수 없다 할 것인바, 丙의 원심법정에서의 진술과 丁의 검찰에서의 진술을 기재한 조서는 재전문진술이거나 재전문진술을 기재한 조서이므로 이를 **증거로 할 수 없음**이 명백하다(대판 2000.3.10. 2000도159). → **판례는 결국 ①, ②까지만 증거능력 인정하고 있다. 그러나 ②의 경우도 제316조 제2항의 요건을 갖추어야 하므로 대부분의 사안에서 원진술자의 진술불능 요건을 갖추지 못하여 결국 증거능력이 없다는 결론에 이르게 된다.**

다. 검토

전문진술이 기재된 조서와 재전문진술은 이중의 전문이라는 점에서 원칙적으로 증거능력을 부정함이 타당하나, 판례처럼 전자의 경우는 전문증거의 예외로서 증거능력을 인정하는 취지상 재차의 전문성 결함을 극복하기 위한 요건을 각각 충족한다면 실체진실발견을 위해 증거능력을 인정함이 타당하다고 볼 수 있다. 그러나 형사소송법은 전문진술에 대하여 제316조에서 실질상 단순한 전문의 형태를 취하는 경우에 한하여 예외적으로 그 증거능력을 인정하는 규정을 두고 있을 뿐, **재전문진술이나 재전문진술을 기재한 조서**에 대하여는 달리 그 증거능력을 인정하는 규정을 두고 있지 아니하고 있으므로, 피고인이 증거로 하는 데 동의하지 아니하는 한 형사소송법 제310조의2의 규정에 의하여 이를 증거로 할 수 없다(대판 2004.3.11. 2003도171).

3. 증거동의와 탄핵증거로서 사용가부

가. 증거동의 가능

재전문증거라도 반대신문권을 포기하는 증거동의에 의하여 증거능력 인정할 수 있다.

나. 탄핵증거 가능

재전문증거로서 증거능력 없는 진술조서도 공판정에서 진술의 증명력을 탄핵하기 위한 증거로 사용할 수 있다.

XI 사진의 증거능력

1. 개념

과거에 발생한 역사적 사실을 렌즈에 비추어진 대로 필름 또는 인화지에 기계적으로 재생시킨 증거방법을 사진촬영이라 한다. 그에 의하여 확보된 사진의 증거능력은 전문법칙이 적용될지 문제된다. 사진은 신용성과 증거가치가 높지만, 인위적인 조작의 가능성이 문제되는바, 사진을 **비진술증거로 취급할 것인가 또는 진술증거로서 전문법칙이 적용된다고 할 것인가**가 문제가 되는 것이다. 이는 사진의 성질과 용법에 따라 사본, 진술의 일부, 현장사진으로 나누어 검토하도록 한다.

2. 사진의 증거능력

가. 사본으로서의 사진

사진이 본래 증거로 제출되어야 할 자료의 대용물로 제출되는 경우이다. 최량증거법칙에 따라 원본증거를 공판정에 제출할 수 없고 사건과의 관련성이 증명된 때에 한해 증거능력 인정된다. 다만, 원본증거가 증거물로서 비진술증거인 경우는 사진도 비진술증거로서의 성격을 갖게 되나, 원본증거가 진술증거라면 그 사진도 진술증거의 성격을 갖는다[156].

> 관련판례 문서의 사진에 관하여 **원본증거의 제출이 불가능하거나 현저히 곤란한 경우**에 있어서 **그 원본의 존재, 원본과 사진의 동일성 등이 확인되면** 그 사진을 **증거물로서** 조사를 하고 이를 증거로 할 수 있다(대판 1961.3.31. 4293형상440).

---

156) 이주원 516면.

관련판례 – 문자정보 자체는 전문증거가 아니라는 의미 검사는 휴대전화기 이용자가 그 문자정보를 읽을 수 있도록 한 휴대전화기의 화면을 촬영한 사진을 증거로 제출할 수도 있는데, 이를 증거로 사용하려면 문자정보가 저장된 휴대전화기를 법정에 제출할 수 없거나 그 제출이 곤란한 사정이 있고, 그 사진의 영상이 휴대전화기의 화면에 표시된 문자정보와 정확하게 같다는 사실이 증명되어야 한다(대판 2008.11.13. 2006도2556). → 구 정보통신망 이용촉진 및 정보보호 등에 관한 법률(2005. 12. 30. 법률 제7812호로 개정되기 전의 것) 제65조 제1항 제3호는 정보통신망을 통하여 공포심이나 불안감을 유발하는 글을 반복적으로 상대방에게 도달하게 하는 행위를 처벌하고 있다. 검사가 위 죄에 대한 유죄의 증거로 문자정보가 저장되어 있는 휴대전화기를 법정에 제출하는 경우, **휴대전화기에 저장된 문자정보 그 자체**가 범행의 직접적인 수단으로서 증거로 사용될 수 있다.

나. 진술의 일부인 사진

사진이 진술증거의 일부로 사용되는 경우, 즉 검증조서나 감정서에 사진이 첨부되는 경우가 대표적이다. 사진은 진술증거의 일부를 구성하는 보조수단에 불과하므로 **진술증거인 검증조서나 감정서와 일체**로 판단할 것이다. 다만 사법경찰관이 작성한 검증조서에 첨부된 **범행재연사진**인 경우는 사경 작성 피의자신문조서와 같다.

관련판례 – 피고인이 사법경찰관 작성의 검증조서 중 자신의 진술 또는 범행재연사진 부분을 부인하는 경우, 그 부분의 증거능력 유무(소극) 및 그 경우 검증조서 전부를 유죄의 증거로 인용한 조치의 적부(소극) 원심이 인용한 제1심 채택 증거들 중 '사법경찰관이 작성한 검증조서 중 피고인의 진술 부분을 제외한 기재 및 사진의 각 영상'에는 이 사건 범행에 부합되는 피의자이었던 피고인이 범행을 재연하는 사진이 첨부되어 있으나, 기록에 의하면 행위자인 피고인이 위 검증조서에 대하여 증거로 함에 부동의하였고 공판정에서 검증조서 중 범행을 재연한 부분에 대하여 그 성립의 진정 및 내용을 인정한 흔적을 찾아 볼 수 없고 오히려 이를 부인하고 있으므로 그 증거능력을 인정할 수 없는바, 원심으로서는 위 검증조서 중 피고인의 진술 부분 뿐만 아니라 범행을 재연한 부분까지도 제외한 나머지 부분만을 증거로 채용하여야 함에도 이를 구분하지 아니한 채 피고인의 진술 부분을 제외한 나머지를 유죄의 증거로 인용한 조치는 위법하다(대판 2007.4.26. 2007도1794).

다. (범죄)현장사진

(1) 개념

범인의 행동에 중점을 두어 범행상황과 그 전후 상황을 촬영한 사진으로서 독립 증거로 이용되는 경우를 말한다. CCTV 등으로 절도범행 현장이 촬영된 경우를 예로 들 수 있겠다.

(2) 현장사진의 증거능력

현장사진의 증거능력에 대하여 ① **비진술증거설**(사람의 지각에 의한 진술이 아니므로 전문법칙 적용 안됨)과 ② **진술증거설**(사실보고기능과 인위적 수정의 위험이 존재하므로 진술증거로서 전문법칙 적용함. 촬영주체에 따라 제311조 내지 제313조가 적용) 그리고 ③ **검증조서유추설**(비진술증거이지만 조작가능성 있으므로 예외적으로 검증조서에 준해 증거능력 인정함)하는 견해가 대립한다.

실무상은 현장사진을 비진술증거로 취급하는 것으로 보인다. 대법원이 사진의 촬영일자 부분에 대하여 조작된 것이라고 다툰다고 하더라도 이 부분은 전문증거에 해당되어 별도로 증거능력이 있는지를 살펴보면 족한 것이라고 하면서 촬영일자 부분이 아닌 "영상부분"과 관련하여서는 이 사건 사진이 진정한 것으로 인정되는 한 이로써 이 사건 사진은 증거능력을 취득한 것이라고 판시한 것(대판 1997.9.30. 97도1230)을 보면, 비진술증거로 본 듯하다. 그러나 촬영자를 증인으로 신문하여 인위적 조작 가능성과 편집의 가능성을 신문할 필요성이 존재하는 경우가 있으므로 무조건 비진술증거로 봄은 타당하지 않다고 생각한다. 검증조서를 유추하여 제312조 제6항에 따라 촬영자를 증인으로 소환하여 반대신문할 기회를 부여함이 타당하다.

3. 증거조사의 방법

증거물의 사본인 사진은 '제시'를 통해 증거조사를 하며, 문서의 사본인 사진 '제시와 그 요지의 고지'를 통해 증거조사를 한다. 문서는 물적 상태만 증거로 사용하는 것이 아니라 그 내용을 증거로 사용하기 때문이다.

4. 관련문제 - 비밀촬영사진 : 전문법칙의 전제요건으로서 사진촬영의 적법성 문제

가. 수사기관의 비밀촬영

(1) 법적 성질

강제처분성의 유무와 영장주의의 예외인지 여부가 문제된다. 이에 대해 다음과 같이 견해가 나뉜다.

- ① **임의수사설** : 사진촬영은 피촬영자에게 직접적 물리력을 행사하거나 의무를 부과하는 것이 아니므로 임의수사라는 견해이다.
- ② **강제수사설** : 피촬영자의 의사에 반하거나 승낙없는 사진촬영은 초상권을 침해하는 강제수사라는 견해이다.
- ③ **제3설** : 상대방의 사적공간 내에서의 촬영은 강제처분, 공개된 장소에서의 촬영은 임의수사라는 견해이다.

(2) 판례

① 판례는 **영남위원회 사건**(대판 1999.9.3. 99도2317)에서 초상권을 공익목적상 제한할 수 있다고 하면서 ㉠ 현재 범행이 행하여지고 있거나 행하여진 직후이고(범죄혐의의 명백성), ㉡ 증거보전의 **필**요성 및 ㉢ **긴급**성이 있으며, ㉣ 일반적으로 허용되는 **상당**한 방법에 의해 촬영을 한 경우라면 **영장없이 이루어졌다 하여 위법하다 단정할 수 없다**고 판시하여 그 증거능력을 인정한바 있다.

② **무인장비에 의한 제한속도 위반차량 단속**(대판 1999.12.7. 98도3329)사건에서도 운전차량의 차량번호 등을 촬영한 사진을 두고 위법하게 수집된 증거로서 증거능력이 없다고 말할 수 없다고 판시하였다.

(3) 검토

제308조의2는 위법수집증거배제의 법칙을 명문으로 도입하였다. 본 규정에는 '적법한 절차에 따르지 아니하고'라고 규정하고 있는데 여기서의 적법한 절차는 헌법 제12조 제1항과 제3항에 규정된 적법절차와 같은 정도의 의미로 바라보아야 한다. 그러므로 영남위원회 사건의 경우도 외부에서 육안으로 충분히 관찰할 수 있는 정도이므로(소위 육안관찰의 법리) 사생활의 비밀 기타 인격적 법익이 침해되는 등의 특별한 사정이 있다고 보기 어렵다. 무인카메라의 경우도 도로교통에 참여하는 사람은 다른 교통참여자의 안전도 고려하여야 하기 때문에 도로교통에 참여하는 사람들이 헌법적 관심사가 될 만한 특별한 사정을 주장하기는 어렵다고 본다[157].

나. 사인의 비밀촬영 - 사인의 위법수집증거배제법칙 적용여부 전술 참조

판례는 사인이 비밀촬영한 현장사진의 경우는 진실발견이라는 공익과 개인의 사생활 보호이익을 비교형량하여 그 허용여부를 결정한다. 대법원은 간통 피고인의 남편인 고소인이, 피고인이 실제상 거주를 종료한 주거에 침입하여 획득한 휴지 및 침대시트 등을 목적물로 하여 이루어진 감정의뢰회보의 증거능력이 문제된 사건에서 "모든 국민의 인간으로서의 존엄과 가치를 보장하는 것은 국가기관의 기본적인 의무에 속하는 것이고, 이는 형사절차에서도 당연히 구현되어야 하는 것이기는 하나, 그렇다고 하여 국민의 사생활 영역에 관계된 모든 증거의 제출이 곧바로 금지되는 것이 아니라고 보고 있으며…**효과적인 형사소추 및 형사소송에서의 진실발견이라는 공익과 개인의 사생활의 보호이익을 비교형량하여 그 허용여부를 결정**하고…(대판 2010.9.9. 2008도3990)"라고 판시한 바 있다.

---

157) 신동운, 판례분석 604면, 634면

XII. 녹음테이프의 증거능력

1. 녹음테이프의 개념

사람의 음성과 기타 음향을 기계적 장치를 통하여 기록하여 재생할 수 있도록 한 것으로 녹음테이프는 높은 증거가치를 가지나, 조작 위험성 있어 사진과 마찬가지로 그 증거능력이 문제된다. 사본으로서의 녹음테이프는 사본으로서의 사진과 마찬가지로 아래 판례와 같이 **복사과정에서 편집되는 등의 인위적 개작 없이 원본의 내용 그대로 복사된 사본임이 입증되면 그 증거능력이 인정된다.**

> **관련판례** 대화내용을 녹음한 테이프 등의 전자매체는 그 성질상 작성자나 진술자의 서명 혹은 날인이 없을 뿐만 아니라, 녹음자의 의도나 특정한 기술에 의하여 그 내용이 **편집, 조작될 위험성이 있음을** 고려하여, 그 대화내용을 녹음한 원본이거나 혹은 원본으로부터 복사한 사본일 경우에는 **복사과정에서 편집되는 등의 인위적 개작 없이 원본의 내용 그대로 복사된 사본임이 입증되어야만** 하고, 그러한 입증이 없는 경우에는 쉽게 그 증거능력을 인정할 수 없다(대판 2007.3.15. 2006도8869).

2. 진술녹음의 증거능력

가. 의의

진술녹음이란 사람의 진술이 녹음되어 있고, 그 진술내용의 진실성이 증명대상인 경우를 말한다. 진술녹음의 경우는 반대신문을 통해 그 진술의 신빙성 등을 탄핵할 수 있는 기회를 제공하여야 하므로 전문법칙이 적용된다. 물론 이러한 전문법칙의 적용을 위해서는 녹음이 적법하다는 것을 전제한다.

나. 전문법칙의 적용

(1) **제313조 적용설** : 제311조 내지 제312조의 서면형태의 조서가 아니므로 제313조의 '전 2조 규정 이외에'에 해당한다는 견해이다.

(2) **제311조 내지 제313조 적용설** : 녹음주체와 원진술의 성격에 따라 제311조 내지 제313조를 준용된다는 견해이다. 즉, 진술녹음에 대하여 수사기관이 한 경우는 녹음 주체와 원진술의 성격에 따라 제312조 제1항 내지 제5항이 적용되지만, 수사기관 이외의 자가 한 녹음의 경우는 제313조가 적용될 것이다.

> **관련판례 – 제311조 내지 제313조 적용설** 녹음테이프는 진술녹취서에 준하여 증거능력이 인정된다(대판 1968.6.28. 68도570). 검사가 피의자와 대화하는 내용과 장면을 녹화한 비디오테이프는 **피의자의 진술을 기재한 피의자신문조서와 실질적으로 같으므로** 피의자 신문조서에 준하여 증거능력 인정(대판 1992.6.23. 92도682).

관련판례 피고인의 동료교사가 학생들과의 사적인 대화 중에 피고인이 수업시간에 학생들에게 북한을 찬양 고무하는 발언을 하였다는 사실에 대한 학생들의 대화내용을 학생들 모르게 녹음한 녹음테이프에 대하여 실시한 검증의 내용은 녹음테이프에 녹음된 대화의 내용이 검증조서에 첨부된 녹취서에 기재된 내용과 같다는 것에 불과하여 증거자료가 되는 것은 여전히 녹음테이프에 녹음된 대화의 내용이라고 할 것인 바, 그 중 위와 같은 내용의 학생들의 대화의 내용은 **실질적으로 형사소송법 제311조, 제312조 규정 이외의 피고인 아닌 자의 진술을 기재한 서류와 다를 바 없으므로**, 피고인이 그 녹음테이프를 증거로 할 수 있음에 동의하지 않은 이상 녹음테이프의 녹음내용 중 위와 같은 내용의 학생들의 진술 및 이에 관한 검증조서의 기재 중 학생들의 진술내용 공소사실을 인정하기 위한 증거자료로 사용하기 위하여서는 형사소송법 **제313조 제1항에 따라** 공판준비나 공판기일에서 **원진술자인 학생들의 진술에 의하여** 이 사건 녹음테이프에 녹음된 각자의 진술내용이 **자신이 진술한 대로 녹음된 것이라는 점이 인정되어야** 한다(대판 1997.3.28. 96도2417).

관련판례 피고인과 피해자 사이의 대화내용에 관한 녹취서가 공소사실의 증거로 제출되어 그 녹취서의 기재내용과 녹음테이프의 녹음내용이 동일한지 여부에 관하여 법원이 검증을 실시한 경우에 증거자료가 되는 것은 녹음테이프에 녹음된 대화내용 그 자체이고, 그 중 피고인의 진술내용은 실질적으로 **형사소송법 제311조, 제312조의 규정 이외에 피고인의 진술을 기재한 서류와 다름없어** 피고인이 그 녹음테이프를 증거로 할 수 있음에 동의하지 않은 이상 그 녹음테이프 검증조서의 기재 중 피고인의 진술내용을 증거로 사용하기 위해서는 형사소송법 제313조 제1항 단서에 따라 공판준비 또는 공판기일에서 그 작성자인 피해자의 진술에 의하여 녹음테이프에 녹음된 피고인의 진술내용이 피고인이 진술한 대로 녹음된 것임이 증명되고 나아가 그 진술이 특히 신빙할 수 있는 상태하에서 행하여진 것임이 인정되어야 하고, 녹음테이프는 그 성질상 작성자나 진술자의 서명 혹은 날인이 없을 뿐만 아니라, 녹음자의 의도나 특정한 기술에 의하여 그 내용이 편집, 조작될 위험성이 있음을 고려하여, 그 대화내용을 녹음한 원본이거나 혹은 원본으로부터 복사한 사본일 경우에는 복사과정에서 편집되는 등의 인위적 개작 없이 원본의 내용 그대로 복사된 사본임이 입증되어야만 하고, 그러한 입증이 없는 경우에는 쉽게 그 증거능력을 인정할 수 없다(대판 2008.3.13. 2007도10804).

> **참고**
>
> **녹음테이프를 재녹음한 녹취록의 증거능력(공갈미수 (라) 상고기각)**
> 원심은 피고인과 피해자 사이의 대화내용 녹음테이프에 대한 제1심 검증조서 중 피고인의 진술부분의 증거능력을 인정하고 이를 유죄의 증거로 채택하였다. 그러나 제1심이 검증을 실시한 판시 **녹음테이프는 피해자가 피고인과의 대화내용을 디지털 녹음기(보이스펜)에 녹음해 두었다가 그 녹음내용을 카세트테이프에 재녹음한 복제본**이고, 피고인은 수사기관 이래 원심에 이르기까지 위 복제된 녹음테이프나 이를 풀어 쓴 녹취록이 편집 혹은 조작되었다고 주장하면서 그 증거능력을 일관되게 부정하여 왔음을 알 수 있는바, 그렇다면 **원본의 녹음내용을 옮겨 복제한 녹음테이프에 수록된 대화내용이 녹취록의 기재와 일치함을 확인한 것에 불과한 제1심의 검증결과만으로는 피고인이 그 진정성립을 다투고 있는 녹음의 원본, 즉 디지털 녹음기**에 수록된 피고인의 진술내용이 녹취록의 기재와 일치한다고 단정할 수는 없다 할 것이므로, 원심이 위 검증조서를 증거로 채택하기 위해서는 피해자가 소지 중이라고 하는 위 **녹음 원본이 수록된 디지털 녹음기**를 제출받아 이를

> 검증한 다음 작성자인 피해자의 진술 혹은 녹음상태 감정 등의 증거조사를 거쳐 그 채택 여부를 결정하였어야 할 것임에도 이러한 증거조사절차를 거치지도 아니한 채 만연히 위 검증조서에 기재된 피고인의 진술부분을 유죄의 증거로 채택한 조치는 잘못이라 할 것이다(다만 증거능력이 인정되는 나머지 적법한 원심의 채택 증거들에 의하더라도 범죄사실을 인정하기에 충분하므로 원심이 공소사실을 유죄로 인정한 조치는 결국 정당하다고 한 사례(대판 2005.12.23. 2005도2945).

> **영상녹화물의 증거능력**
> 여기서 논하는 진술녹음이 담긴 녹음테이프 등의 증거능력 문제와 영상녹화물의 증거능력 문제는 구분하여야 한다. 영상녹화물은 진정성립을 대체하는 증명을 위한 것으로 수사기관이 피의자나 참고인의 진술을 영상녹화실에서 녹음한 결과물이다. 수사기관은 피의자신문과정에서 피의자의 진술을 녹화할 수 있고(제244조의2), 참고인신문과정에서도 그러하다(제221조 제1항) ① 영상녹화물은 진술증거의 전문매체로서 그 실질이 전문서류와 다르지 않으므로 피의자 신문조서에 준하여 증거능력을 인정할 수 있다는 긍정설과 ② 영상녹화물에 대하여 독립된 증거능력을 인정할 경우 공판중심주의의 이념이 퇴색될 수 있으므로 독립된 증거능력을 부정하는 부정설의 대립이 있으나, 영상녹화물은 독립된 증거능력이 없다. 판례 역시 2007. 6. 1. 법률 제8496호로 개정되기 전의 형사소송법에는 없던 수사기관에 의한 피의자 아닌 자(이하 '참고인'이라 한다) 진술의 영상녹화를 새로 정하면서 그 용도를 참고인에 대한 진술조서의 실질적 진정성립을 증명하거나 참고인의 기억을 환기시키기 위한 것으로 한정하고 있는 현행 형사소송법의 규정 내용에 비추어 볼 때, 수사기관이 참고인을 조사하는 과정에서 형사소송법 제221조 제1항에 따라 작성한 영상녹화물은, 다른 법률에서 달리 규정하고 있는 등의 특별한 사정이 없는 한 공소사실을 직접 증명할 수 있는 독립적인 증거로 사용될 수는 없다고 해석함이 타당하다(대판 2014.7.10. 2012도5041)고 판시하고 있다.
> 다만, 성폭력범죄의 처벌 등에 관한 특례법 제30조 제6항 또는 아동·청소년의 성보호에 관한 법률 제26조 제6항의 규정은 영상물에 수록된 성범죄 피해자의 진술에 대하여 독립적인 증거능력을 인정하고 있다. 실무상 영상녹화물 CD는 일반 형사사건에서는 증거로 제출되지 않는다. 그러나 성범죄사건에서는 영상녹화물 CD가 독립된 증거능력이 있으므로 증거로 제출되고 있다.

3. 현장녹음의 증거능력

가. 의의

현장녹음이란 범행현장에서 당시의 존재·상태가 녹음되어 그것이 증명의 대상인 경우를 말한다.

나. 증거능력

이에 대하여는 비진술증거설, 진술증거설, 검증조서유사설이 대립되는데, 기본 논의는 앞서 언급한 현장사진과 같다. 결론적으로 현장녹음의 경우에도 실무상은 비진술증거처럼 취급하고 있으나, 반대신문의 기회를 부여하여 녹음의 진위 여부나 편집여부 등을 신문할 필요가 있으므로 제312조 제6항을 준용하여 검증조서와 유사하게 원진술자가 아닌 녹음자가 성립의 진정을 인정하면 증거능력이 인정된다고 봄이 타당하다.

4. 비밀녹음의 증거능력 – 녹음과정의 적법성 관련문제

가. 감청

(1) 감청의 의의

"감청"이라 함은 **전기통신에 대하여 당사자(송신인과 수신인)의 동의없이 전자장치·기계장치 등을 사용하여 통신의 음향·문언·부호·영상을 청취·공독하여 그 내용을 지득 또는 채록하거나 전기통신의 송·수신을 방해하는 것을** 말한다(통신비밀보호법 – 이하 통비법 제2조 제7호).

(2) 감청의 법적 성질

강제력이나 의무부과가 없다는 점에서 임의수사라는 견해가 있으나, 통설은 비밀녹음이 개인의 프라이버시를 중대하게 침해한다는 점에서 강제수사로 보고 있다. 통비법 역시 수사기관의 감청에 대해 일정한 요건 아래 법원의 허가를 얻을 경우에 한하여 허용하고 있다.

(3) 통신비밀보호법의 규율

1) **감청의 원칙적 금지** : 통비법 제3조(통신 및 대화비밀의 보호) – 일반적 규정으로 이해

> **관련판례** 전기통신의 감청은 제3자가 전기통신의 당사자인 송신인과 수신인의 동의를 받지 아니하고 전기통신 내용을 녹음하는 등의 행위를 하는 것만을 말한다고 풀이함이 상당하다고 할 것이므로, 전기통신에 해당하는 전화통화 당사자의 일방이 상대방 모르게 통화 내용을 녹음하는 것은 여기의 감청에 해당하지 아니하지만, 제3자의 경우는 설령 전화통화 당사자 일방의 동의를 받고 그 통화 내용을 녹음하였다 하더라도 그 상대방의 동의가 없었던 이상, 이는 여기의 감청에 해당하여 법 제3조 제1항 위반이 되고(대판 2002.10.8. 2002도123 참조), 이와 같이 법 제3조 제1항에 위반한 불법감청에 의하여 녹음된 전화통화의 내용은 법 제4조에 의하여 증거능력이 없다 (대판 2001. 10. 9. 2001도3106 등 참조). 그리고 사생활 및 통신의 불가침을 국민의 기본권의 하나로 선언하고 있는 헌법규정과 통신비밀의 보호와 통신의 자유 신장을 목적으로 제정된 통신비밀보호법의 취지에 비추어 볼 때 피고인이나 변호인이 이를 증거로 함에 동의하였다고 하더라도 달리 볼 것은 아니다(대판 2010.10.14. 2010도9016).[158]

2) 감청의 요건과 절차

① **통비법 제5조**(범죄수사를 위한 통신제한조치의 허가요건) : 대상범죄의 한정되어 있다.
② **통비법 제6조**(범죄수사를 위한 통신제한조치의 허가절차) : 검사의 신청과 법원의 허가
③ **통비법 제8조**(긴급통신제한조치) : 긴급한 사유가 있는 때, 단 36시간 이내 법원의 허가를 요한다.

여기서 '전기통신'은 전화·전자우편·모사전송 등과 같이 유선·무선·광선 및 기타의 전자적 방식에 의하여 모든 종류의 음향·문언·부호 또는 영상을 송신하거나 수신하는 것을 말하고(통비법 제2조 제3호), '감청'은 전기통신에 대하여 당사자의 동의 없이 전자장치·기계장치 등을 사용하여 통신의 음향·문언·부호·영상을 청취·공독하여 그 내용을 지득 또는 채록하거나 전기통신의 송·수신을 방해하는 것을 말한다고 규정되어 있다(통비법 제2조 제7호). 따라서 **'전기통신의 감청'은 '감청'의 개념 규정에 비추어 전기통신이 이루어지고 있는 상황에서 실시간으로 전기통신의 내용을 지득·채록하는 경우와 통신의 송·수신을 직접적으로 방해하는 경우를 의미하는 것이지, 이미 수신이 완료된 전기통신에 관하여 남아 있는 기록이나 내용을 열어보는 등의 행위는 포함하지 않는다**[159].

> **관련판례** 허가된 통신제한조치의 종류가 전기통신의 '감청'인 경우, 수사기관 또는 수사기관으로부터 통신제한조치의 집행을 위탁받은 통신기관 등은 통신비밀보호법이 정한 감청의 방식으로 집행하여야 하고 그와 다른 방식으로 집행하여서는 아니 된다. 한편 수사기관이 통신기관 등에 통신제한조치의 집행을 위탁하는 경우에는 집행에 필요한 설비를 제공하여야 한다(통신비밀보호법 시행령 제21조 제3항). 그러므로 수사기관으로부터 통신제한조치의 집행을 위탁받은 통신기관 등이 집행에 필요한 설비가 없을 때에는 수사기관에 설비의 제공을 요청하여야 하고, 그러한 요청 없이 **통신제한조치허가서에 기재된 사항을 준수하지 아니한 채 통신제한조치를 집행하였다면, 그러한 집행으로 취득한 전기통신의 내용 등은 헌법과 통신비밀보호법이 국민의 기본권인 통신의 비밀을 보장하기 위해 마련한 적법한 절차를 따르지 아니하고 수집한 증거에 해당하므로**(형사소송법 제308조의2), 이는 유죄 인정의 증거로 할 수 없다(대판 2016.10.13. 2016도8137).

---

158) 수사기관이 甲으로부터 피고인의 마약류관리에 관한 법률 위반(향정) 범행에 대한 진술을 듣고 추가적인 증거를 확보할 목적으로, 구속수감되어 있던 甲에게 그의 압수된 휴대전화를 제공하여 피고인과 통화하고 위 범행에 관한 통화 내용을 녹음하게 한 행위는 불법감청에 해당하므로, 그 녹음 자체는 물론 이를 근거로 작성된 녹취록 첨부 수사보고는 피고인의 증거동의에 상관없이 그 증거능력이 없다고 한 사례

159) 통신비밀보호법에 규정된 '통신제한조치'는 '우편물의 검열 또는 전기통신의 감청'을 말하는 것으로(제3조 제2항), 여기서 '전기통신'은 전화·전자우편·모사전송 등과 같이 유선·무선·광선 및 기타의 전자적 방식에 의하여 모든 종류의 음향·문언·부호 또는 영상을 송신하거나 수신하는 것을 말하고(제2조 제3호), '감청'은 전기통신에 대하여 당사자의 동의 없이 전자장치·기계장치 등을 사용하여 통신의 음향·문언·부호·영상을 청취·공독하여 그 내용을 지득 또는 채록하거나 전기통신의 송·수신을 방해하는 것을 말한다고 규정되어 있다(제2조 제7호). 따라서 '전기통신의 감청'은 '감청'의 개념 규정에 비추어 전기통신이 이루어지고 있는 상황에서 실시간으로 전기통신의 내용을 지득·채록하는 경우와 통신의 송·수신을 직접적으로 방해하는 경우를 의미하는 것이지, 이미 수신이 완료된 전기통신에 관하여 남아 있는 기록이나 내용을 열어보는 등의 행위는 포함하지 않는다(대판 2016.10.13. 2016도8137).

관련판례 통신비밀보호법 제1조, 제3조 제1항 본문, 제4조, 제14조 제1항, 제2항의 문언, 내용, 체계와 입법 취지 등에 비추어 보면, 통신비밀보호법에서 보호하는 타인 간의 '대화'는 원칙적으로 현장에 있는 당사자들이 육성으로 말을 주고받는 의사소통행위를 가리킨다. 따라서 사람의 육성이 아닌 사물에서 발생하는 음향['악', '우당탕']은 타인 간의 '대화'에 해당하지 않는다. 또한 사람의 목소리라고 하더라도 상대방에게 의사를 전달하는 말이 아닌 단순한 비명소리나 탄식 등은 타인과 의사소통을 하기 위한 것이 아니라면 특별한 사정이 없는 한 타인 간의 '대화'에 해당한다고 볼 수 없다(대판 2017.3.15. 2016도19843).

3) 위반의 효과

통비법 제4조(불법검열에 의한 우편물의 내용과 불법감청에 의한 전기통신내용의 증거사용 금지)에서 **통신제한조치허가서 없이 불법감청한 경우 증거능력을 부정**한다. 본 규정은 형사재판 뿐 아니라 민사재판 등 **모든 재판에 있어 증거로 사용하는 것이 금지되는 효과**를 가지고 있으며 금지되는 증거도 우편물과 취득, 지득, 채록된 '내용'이다. 그러나 제308조의2에 의하면 형사재판에 한정하여 증거사용이 금지되며 대상도 진술증거에 한하지 않는다는 점에서 위 통비법 제4조에 의하여 증거능력을 배제하지 못하는 '내용'이외의 각종의 증거물에 대하여는 개정법 제308조의2를 적용하여 증거능력을 배제할 수 있을 것이다.

4) 일방당사자가 녹음하는 경우(예 전화통화 당사자의 일방이 상대방 모르게 통화내용을 녹음하는 경우)

이 경우는 통비법상의 "감청"에 해당하지 아니하므로, 대화녹음이 위법성이 있는지를 검토한 후 수사기관이 녹음의 주체라면 위법수집증거에 해당하는지, 만일 주체가 사인이라면 위법수집증거재배제법칙을 적용할 수 있을지를 논의하여야 할 것이다. 학설은 다음과 같이 나뉜다.

① 1설 : 일방당사자의 동의로 대화의 비밀성이 인정되지 않으므로 위법성이 없다는 견해이다.

② 2설 : 일방당사자가 수사기관이나 그 하수인인 경우는 동의가 있어도 위법하다는 견해이다.

③ 3설 : 통비법의 위반은 아니나 자신의 발언에 대한 권리를 포함하는 인격권을 침해하여 위법하다는 견해이다.

판례는 증거능력을 인정하고 있다. 통비법상 동의는 양당사자의 동의를 의미하므로 통비법상의 "감청"에는 해당할 수 없고 다만, 인격권 등의 기본권침해로 인하여 위법성은 인정될 여지가 있다. 다만, 사인에 의한 경우는 위법하다고 보더라도 사회상규에 의하여 정당화되는 경우가 있을 것이다. 또한 적법절차를 위배하였다고 볼만한 사정이 존재한다면 제308조의2가 적용되어 증거능력을 부정할 수 있는 경우도 생각할 수 있다.

> **관련판례** '전기통신의 감청'은 그 전호의 '우편물의 검열' 규정과 아울러 고찰할 때 제3자가 전기통신의 당사자인 송신인과 수신인의 동의를 받지 아니하고 같은 호 소정의 각 행위를 하는 것만을 말한다고 풀이함이 상당하다고 할 것이므로, 전기통신에 해당하는 전화통화 당사자의 일방이 상대방 모르게 통화내용을 녹음(위 법에는 '채록'이라고 규정한다)하는 것은 여기의 감청에 해당하지 아니하지만(따라서 전화통화 당사자의 일방이 상대방 몰래 통화내용을 녹음하더라도, 대화 **당사자 일방이 상대방 모르게 그 대화내용을 녹음한 경우와 마찬가지로 동법 제3조 제1항 위반이 되지 아니한다**), 제3자의 경우는 설령 전화통화 당사자 일방의 동의를 받고 그 통화내용을 녹음하였다 하더라도 그 상대방의 동의가 없었던 이상, 사생활 및 통신의 불가침을 국민의 기본권의 하나로 선언하고 있는 헌법규정과 통신비밀의 보호와 통신의 자유신장을 목적으로 제정된 통신비밀보호법의 취지에 비추어 이는 동법 제3조 제1항 위반이 된다고 해석하여야 할 것이다(이 점은 제3자가 공개되지 아니한 타인간의 대화를 녹음한 경우에도 마찬가지이다(대판 2002.10.8. 2002도123).

5) 수사기관이 일방당사자에게 전화를 하도록 지시한 후 그 대화의 비밀녹음을 지시한 경우

수사기관이 일방당사자인 甲으로부터 피고인의 마약류관리에 관한 법률 위반(향정) 범행에 대한 진술을 듣고 추가적인 증거를 확보할 목적으로, 구속수감되어 있던 일방당사자인 甲에게 그의 압수된 휴대전화를 제공하여 피고인과 통화하고 위 범행에 관한 통화 내용을 녹음하게 한 행위는 **불법감청에 해당**하므로, 그 **녹음 자체**는 물론 이를 근거로 작성된 **녹취록 첨부 수사보고**는 피고인의 증거동의에 상관없이 그 증거능력이 **없다**(대판 2010.10.14. 2010도9016).

> **관련판례 - 대판 2010.10.14. 2010도9016** 전기통신의 감청은 제3자가 전기통신의 당사자인 송신인과 수신인의 동의를 받지 아니하고 전기통신 내용을 녹음하는 등의 행위를 하는 것만을 말한다고 풀이함이 상당하다고 할 것이므로, 전기통신에 해당하는 **전화통화 당사자의 일방이 상대방 모르게 통화 내용을 녹음하는 것**은 여기의 **감청에 해당하지 아니**하지만, **제3자의 경우는 설령 전화통화 당사자 일방의 동의를 받고 그 통화 내용을 녹음하였다 하더라도 그 상대방의 동의가 없었던 이상, 이는 여기의 감청에 해당**하여 법 제3조 제1항 위반이 되고(대판 2002.10.8. 2002도123 참조), 이와 같이 법 제3조 제1항에 위반한 불법감청에 의하여 녹음된 전화통화의 내용은 법 제4조에 의하여 증거능력이 없다(대판 2001.10.9. 2001도3106 등 참조). 그리고 사생활 및 통신의 불가침을 국민의 기본권의 하나로 선언하고 있는 헌법규정과 통신비밀의 보호와 통신의 자유 신장을 목적으로 제정된 통신비밀보호법의 취지에 비추어 볼 때 피고인이나 변호인이 이를 증거로 함에 동의하였다고 하더라도 달리 볼 것은 아니다(대판 2009.12.24. 2009도11401 참조).

나. 대화녹음

(1) 제3자의 비밀대화녹음

통비법 제3조는 이에 대한 일반적 규정이고 이를 구체적으로 규정한 것이 제14조이므로 이 경우 동법 제14조를 적용할 수 있고, 동법 제14조 위반은 동시에 동법 제3조의 위반이라고 할 수 있다. 증거능력과 관련하여 위법수집증거배제법칙의 특칙의 일종인 동법 제4조가 적용될 수 있으며 동법 제3조를 위반한 경우는 동법 제16조에 의하여 처벌된다. 실무상 통비법 위반으로 처벌을 하는 경우는 동법 제3조를 언급하고, 단순히 다른 범죄의 증거로 제출된 대화녹음 등에 대하여 증거능력을 부인하는 경우는 동법 제14조를 언급하고 있다.

> **통비법 제3조 【통신 및 대화비밀의 보호】** ① 누구든지 이 법과 형사소송법 또는 군사법원법의 규정에 의하지 아니하고는 **우편물의 검열·전기통신의 감청** 또는 **통신사실확인자료의 제공**을 하거나 **공개되지 아니한 타인간의 대화를 녹음 또는 청취**하지 못한다. 다만 다음 각호의 경우에는 당해 법률이 정하는 바에 의한다.
>
> **통비법 제14조 【타인의 대화비밀 침해금지】** ① 누구든지 공개되지 아니한 타인간의 대화를 녹음하거나 전자장치 또는 기계적 수단을 이용하여 청취할 수 없다.
> ② 제4조 내지 제8조, 제9조 제1항 전단 및 제3항, 제9조의2, 제11조 제1항·제3항·제4항 및 제12조의 규정은 제1항의 규정에 의한 녹음 또는 청취에 관하여 이를 적용한다.
> → 사인인 제3자가 타인간의 대화를 비밀녹음한 경우 통비법 제14조에 위반한 것이므로 동법 제14조 제2항과 제4조에 의해 그 **증거능력이 부정**된다.
>
> **통비법 제4조 【불법검열에 의한 우편물의 내용과 불법감청에 의한 전기통신내용의 증거사용 금지】**
> 제3조의 규정에 위반하여, 불법검열에 의하여 취득한 우편물이나 그 내용 및 불법감청에 의하여 지득 또는 채록된 전기통신의 내용은 재판 또는 징계절차에서 **증거로 사용할 수 없다.**
>
> **통비법 제16조 【벌칙】** ① 다음 각호의 1에 해당하는 자는 1년 이상 10년 이하의 징역과 5년 이하의 자격정지에 처한다.
> 1. 제3조의 규정에 위반하여 우편물의 검열 또는 전기통신의 감청을 하거나 공개되지 아니한 타인간의 대화를 녹음 또는 청취한 자

관련판례 – 간통죄 사안 남편이 자신의 주거지에 녹음장치를 설치하여 간통행위가 의심되는 자신의 처와 다른 남자 사이의 대화 및 신음소리 등을 녹음한 후 그 녹취록을 간통죄에 대한 증거로 제출한 사안에서, **그 대화 부분은 공개되지 아니한 타인간의 대화를 녹음한 것으로서 통신비밀보호법 제14조 제2항, 제4조의 규정에 의하여 그 증거능력이 없고, 그 신음소리는 문리해석상 곧바로 위 법문상 '대화'에 해당한다고 보기는 어려우나 위 법규정의 입법목적에 비추어 이를 유추해석하거나 헌법 제17조 사생활의 비밀과 자유보호 규정에 의하여 역시 증거능력을 인정할 수 없다**(서울서부지법 2007.9.19. 2007고단270).

관련판례 - 통비법 위반 사안 음식점 내부에 감시용 카메라와 도청마이크 등을 설치하여 타인간의 대화를 녹음하려 시도하거나 청취한 경우, 위 음식점 내에서 이루어진 타인간의 대화는 통신비밀보호법 제3조 제1항의 '**공개되지 아니한 타인간의 대화**'에 **해당**한다고 볼 것이다(대판 2007.12.27. 2007도9053).

(2) 대화의 일방당사자의 비밀녹음

'공개되지 않은 타인간 대화'가 아니므로 통비법의 적용대상은 아니나, 대화의 일방당사자가 상대방의 동의를 받지 않고 녹음하는 행위가 위법한지 견해가 대립한다. 이에 대하여는 대화의 비밀성이 더 이상 인정되지 않고, 일방당사자에게 비밀녹음을 할 더 중대한 이익이 있는 경우라면 적법하다는 것이 통설과 판례의 입장이다. 이에 대하여 대화상대방의 사생활의 비밀과 통신의 자유가 침해되므로 위법하다는 입장도 존재한다.

관련판례 피고인이 범행 후 피해자에게 전화를 걸자 피해자가 증거를 수집하기 위하여 그 전화 내용을 녹음한 경우, 그 녹음테이프가 피고인 모르게 녹음된 것이라 하여 이를 위법하게 수집된 증거라고 할 수는 없다(대판 1997.3.28. 97도240).

대화는 원칙적으로 자신의 말이 상대방에 한하여 전달되는 것을 전제로 하므로, 대화의 일방당사자가 비밀녹음 하는 것은 사생활의 비밀과 통신의 자유 침해로서 무조건 적법하다고 보는 것은 타당하지 않다. 협박전화 등을 피해자가 녹음하는 경우와 같이 비밀녹음을 할 중대한 이익이 있는 경우는 위법하다고 볼 수 없으나, 비밀녹음을 정당화할 만한 사유가 없이 오로지 타인의 사생활의 비밀에 관련된 내용을 녹음하는 것은 위법하다고 봄이 타당하다고 생각한다. 판례는 여기서 더 나아가 3자간의 대화의 경우에도 대화의 비밀성이 없다는 이유로 위법하지 않다는 입장이다(대판 2006.10.12. 2006도4981).

관련판례 - 3자간 대화에서의 비밀녹음의 경우(통신비밀보호법위반) 통신비밀보호법 제3조 제1항이 "공개되지 아니한 타인간의 대화를 녹음 또는 청취하지 못한다."라고 정한 것은, **대화에 원래부터 참여하지 않는 제3자가 그 대화를 하는 타인들 간의 발언을 녹음해서는 아니 된다는 취지**이고, 3인 간의 대화에 있어서 그 중 한 사람이 그 대화를 녹음하는 경우에 다른 두 사람의 발언은 **그 녹음자에 대한 관계에서 "타인간의 대화"라고 할 수 없으므로**, 이와 같은 녹음행위가 통신비밀보호법 제3조 제1항에 위배된다고 볼 수는 없다(대판 2006.10.12. 2006도4981).

구 통신비밀보호법 제3조 제1항이 공개되지 아니한 타인간의 대화를 녹음 또는 청취하지 못하도록 한 것은, 대화에 원래부터 참여하지 않는 제3자가 그 대화를 하는 타인간의 발언을 녹음 또는 청취해서는 아니 된다는 취지이다. 따라서 **대화에**

원래부터 참여하지 않는 제3자가 일반 공중이 알 수 있도록 공개되지 아니한 타인 간의 발언을 녹음하거나 전자장치 또는 기계적 수단을 이용하여 청취하는 것은 특별한 사정이 없는 한 같은 법 제3조 제1항에 위반된다.[160]

관련판례 C와 D가 피고인 A와의 통화내용을 녹음하기로 합의한 후 C가 스피커폰으로 피고인 A와 통화하고 D가 옆에서 이를 녹음한 경우, 전화통화의 당사자는 피고인 A과 C이고, **D은 위 전화통화에 있어서 제3자에 해당한다.** 따라서 D가 전화통화 당사자 일방인 C의 동의를 받고 그 통화 내용을 녹음하였다고 하더라도 전화통화 상대방인 피고인 A의 동의가 없었던 이상 D가 이들 간의 전화통화 내용을 녹음한 행위는 통신비밀보호법 제3조 제1항에 위반한 '**전기통신의 감청**'에 해당하여 제4조에 의하여 그 녹음파일은 재판절차에서 **증거로 사용할 수 없다.** 피고인 A가 제1심에서 위 녹음파일 및 이를 채록한 녹취록에 대하여 **증거동의를 하였다 하더라도 마찬가지이다**(대판 2019.3.14. 2015도1900).

5. 증거조사의 방법

테이프를 녹음재생기에 걸어 공판정에서 재생하거나 검증에 의하여 그 결과를 기재하는 방법으로 조사한다.

비교판례 – 정보저장매체에 기억된 문자정보 또는 그 출력물의 증거능력 압수물인 컴퓨터용 디스크 그 밖에 이와 비슷한 정보저장매체(이하 '정보저장매체'라고만 한다)에 입력하여 기억된 문자정보 또는 그 출력물(이하 '출력 문건'이라 한다)을 증거로 사용하기 위해서는 정보저장매체 **원본에 저장된 내용과 출력 문건의 동일성이 인정되어야** 하고, 이를 위해서는 **정보저장매체 원본이 압수 시부터 문건 출력 시까지 변경되지 않았다는 사정, 즉 무결성이 담보되어야** 한다. 특히 정보저장매체 원본을 대신하여 저장매체에 저장된 자료를 '**하드카피**' 또는 '**이미징**' **한 매체로부터 출력한 문건의 경우**에는 정보저장매체 원본과 '하드카피' 또는 '이미징'한 매체 사이에 자료의 동일성도 인정되어야 할뿐만 아니라, 이를 확인하는 과정에서 이용한 컴퓨터의 기계적 정확성, 프로그램의 신뢰성, 입력·처리·출력의 각 단계에서 조작자의 전문적인 기술능력과 정확성이 담보되어야 한다(대판 2007.12.13. 2007도7257 등 참조). 이 경우 출력 문건과 정보저장매체에 저장된 자료가 동일하고 정보저장매체 원본이 문건 출력 시까지 변경되지 않았다는 점은, 피압수·수색 당사자가 정보저장매체 원본과 '하드카피' 또는 '이미징'한 매체의 **해쉬(hash)값이 동일하다는 취지로 서명한 확인서면을 교부받아 법원에 제출하는 방법에 의하여 증명하는 것이 원칙**이나, 그와 같은 방법에 의한 증명이 불가능하거나 현저히 곤란한 경우에는, 정보저장매체 원본에 대한 압수, 봉인, 봉인해제, '하드카피' 또는 '이미징' 등 일련의

---

[160] 피고인이 ○○○신문사 빌딩에서 **휴대폰의 녹음기능을 작동시킨 상태**로 공소외 1 재단법인(이하 '공소외 1 법인'이라고 한다)의 이사장실에서 집무 중이던 공소외 1 법인 이사장인 공소외 2의 휴대폰으로 전화를 걸어 공소외 2와 약 8분간의 **전화통화를 마친 후** 상대방에 대한 예우 차원에서 바로 전화통화를 끊지 않고 공소외 2가 전화를 먼저 끊기를 기다리던 중, 평소 친분이 있는 △△방송 기획홍보본부장 공소외 3이 공소외 2와 인사를 나누면서 △△방송 전략기획본부장 공소외 4를 소개하는 목소리가 피고인의 휴대폰을 통해 들려오고, 때마침 공소외 2가 **실수로 휴대폰의 통화종료 버튼을 누르지 아니한 채** 이를 이사장실 내의 탁자 위에 놓아두자, 공소외 2의 휴대폰과 통화연결상태에 있는 자신의 휴대폰 수신 및 녹음기능을 이용하여 이 사건 대화를 몰래 청취하면서 녹음한 사실을 인정한 다음, 피고인은 이 사건 대화에 원래부터 참여하지 아니한 제3자이므로, 통화연결상태에 있는 휴대폰을 이용하여 이 사건 대화를 청취·녹음하는 행위는 작위에 의한 구 통신비밀보호법 제3조의 위반행위로서 같은 법 제16조 제1항 제1호에 의하여 처벌된다고 판단하였다(대판 2016.5.12. 2013도15616).

절차에 참여한 **수사관이나 전문가 등의 증언에 의해** 정보저장매체 원본과 '하드카피' 또는 '이미징'한 매체 사이의 해쉬 값이 동일하다거나 정보저장매체 원본이 최초 압수 시부터 밀봉되어 증거 제출 시까지 전혀 변경되지 않았다는 등의 사정을 증명하는 방법 또는 법원이 그 원본에 저장된 자료와 증거로 제출된 출력 **문건을 대조하는 방법** 등으로도 그와 같은 무결성·동일성을 인정할 수 있다고 할 것이며, **반드시 압수·수색 과정을 촬영한 영상녹화물 재생 등의 방법으로만 증명하여야 한다고 볼 것은 아니다**(대판 2013.7.26. 2013도2511).

XIII 거짓말탐지기 검사결과의 증거능력

1. 거짓말탐지기 검사의 의의

피의자 등의 피검자에 대하여 피의사실과 관계있는 질문을 하여 진술하게 하고 그때 피검자의 생리적 반응을 거짓말탐지기의 검사지에 기록한 후 이를 관찰·분석하여 피검자의 피의사실에 대한 진술의 허위나 피의사실에 관한 인식의 유무를 판단하는 것을 거짓말탐지기 검사라 한다.

2. 거짓말탐지기 사용의 허부

이에 대하여 ① **부정설**(불가침의 인격에 대한 침해이므로 불허)과 ② **긍정설**(피검자의 동의 또는 적극적인 요구가 있는 경우에 한해서 허용)이 대립하나, 수사의 신속한 종결로 피의자 지위에서 벗어날 수 있다는 점에서 긍정설이 타당하다. 단, 피검자의 동의는 명시적일 것을 요한다.

3. 검사결과의 증거능력

피검자의 동의가 없는 경우 당연히 증거능력이 부정되나, **동의가 있는 경우** 증거능력에 대하여 견해가 대립한다. 부정하는 입장은 ① 인격침해를 이유로 증거능력을 부정하는 견해와 ② 신용성의 결여를 이유로 증거능력을 부정하는 견해로 나뉜다. 반면, 피검자의 동의가 있는 경우에는 인격의 침해라고 볼 수 없으므로 감정서로서 증거능력을 판단하자는 견해가 있다. 그러나 판례는 실질적으로 부정설의 입장에 있으며 현재 실무상으로도 피고인이 증거부동의를 할 경우 증거능력은 인정되지 않는다. 판례는 거짓말탐지기의 검사 결과에 대하여 사실적 관련성을 가진 증거로서 증거능력을 인정할 수 있으려면, 첫째로 거짓말을 하면 반드시 일정한 **심리상태의 변동이 일어나고**, 둘째로 그 심리상태의 변동은 반드시 일정한 **생리적 반응**을 일으키며, 셋째로 그 생리적 반응에 의하여 피검사자의 말이 거짓인지 아닌지가 정확히 **판정될 수 있다**는 세 가지 전제요건이 충족되어야 할 것이며, 특히 마지막 생리적 반응에 대한 거짓 여부 판정은 거짓말탐지기가 검사에 동의한 피검사자의 생리적 반응을 정확히 **측정할 수 있는 장치**이어야 하고, 질문사항의 작성과 검사의 기술 및 방법이 합리적이어야 하며, 검사자가 탐지기의 측정내용을 객관성 있고 정확하게 판독할 능력을 갖춘 경우라야만 그 정확성을 확보할 수 있는 것이므로, 이상과 같은 여러 가지 요건이 충족되지 않는 한 거짓말탐지기 검사결과에 대하여 형사소송법상 증거능력을 부여할 수는 없다(대판 2005.5.26. 2005도130)고 판시하였다.

4. 검사결과와 탄핵증거

증거능력이 인정되는 경우에도 진술의 신빙성을 가늠하는 정황증거가 될 수 있을 뿐이라는 것이 판례인바, 탄핵증거로 사용하기 위하여도 자연적 관련성이 인정될 것을 요한다고 봄이 타당하다.

5. 거짓말탐지기 검사결과로 얻은 자백의 증거능력

검사가 인격권의 침해로 허용되지 않는다는 입장에서는 위법한 절차로 취득한 자백이 되어 위법배제설에 의할 때, 제309조의 기타방법에 해당하여 증거능력이 부정된다는 결론에 이른다. 그러나 피검자의 동의가 있는 경우 검사가 위법하지 아니하다는 것이 판례의 입장인바, 검사결과에 기인하여 얻은 자백의 증거능력은 긍정될 것이다.

> **관련판례** 거짓말 탐지기의 검사가 사실이라면 자백하겠다는 약속 하에 이루어진 자백을 임의성 없는 자백이라고 단정할 수는 없다(대판 1983.9.13. 83도712).

제7절 당사자의 동의와 증거능력

> **제318조 【당사자의 동의와 증거능력】** ① 검사와 피고인이 증거로 할 수 있음을 동의한 서류 또는 물건은 진정한 것으로 인정한 때에는 증거로 할 수 있다.
> ② 피고인의 출정없이 증거조사를 할 수 있는 경우에 **피고인이 출정하지 아니한 때에는 전항의 동의가 있는 것으로 간주한다.** 단, **대리인 또는 변호인이 출정한 때에는** 예외로 한다.
> **제318조의3 【간이공판절차에서의 증거능력에 관한 특례】** 제286조의2의 결정이 있는 사건의 증거에 관하여는 제310조의2, 제312조 내지 제314조 및 제316조의 규정에 의한 증거에 대하여 제318조 제1항의 **동의가 있는 것으로 간주**한다. 단, 검사, 피고인 또는 변호인이 증거로 함에 이의가 있는 때에는 그러하지 아니하다.

1. 증거동의의 의의 및 취지

가. 의의

검사와 피고인이 증거로 할 수 있음을 동의한 서류 또는 물건은 법원이 진정한 것으로 인정한 때에는 증거로 할 수 있다(제318조 제1항). 즉, 증거동의는 증거능력 없는 증거에 대하여 증거능력을 부여하는 당사자의 소송행위이다.

나. 취지

증거능력이 없는 전문증거라도 동의가 있으면 원진술자나 작성자를 소환하지 않아도 증거능력을 인정할 수 있도록 한다는 점에서 신속한 재판진행과 소송경제를 도모하고자 인정되는 제도이다. 다만, 동의를 요한다는 점과 법원의 진정성 판단이 필요하다는 점에서 당사자주의와 직권주의의 조화를 이루고자 하였다고 평가된다.

2. 동의의 본질

증거동의 본질에 대하여 처분권설과 반대신문권 포기설이 대립한다. 처분권설은 위법수집증거까지 당사자의 동의로 증거능력을 부여할 수 있다는 입장으로 타당하지 않다. 반대신문권 포기설이 타당하다.

> `관련판례` 형사소송법 제318조 제1항은 전문증거금지의 원칙에 대한 예외로서 **반대신문권을 포기**하겠다는 피고인의 의사표시에 의하여 **증거능력을 부여**하려는 규정이다(대판 1983.3.8. 82도2873).

3. 동의와 전문법칙

전문법칙예외설이라는 입장이 있으나, 전문증거에 대하여 증거능력을 부여하는 것으로 전문법칙의 적용이 처음부터 없는 경우라고 봄이 타당하다. 다만, 판례는 형사소송법 제318조의 제1항은 **전문증거금지의 원칙에 대한 예외라는 입장이다**(대판 1983.3.8. 82도2873).

4. 동의의 방법

가. 동의의 주체 : 검사와 피고인

변호인의 동의에 대해 다수설은 변호인의 동의권은 종속대리권이므로 피고인의 묵시의 동의 또는 추인을 요한다. 판례는 변호인은 피고인의 명시한 의사에 반하지 아니하는 한 피고인을 대리하여 증거로 함에 동의할 수 있다고 판시하였다. 묵시한 의사에 반하여는 대리가능하다는 점에서 판례를 독립대리권으로 이해하기도 한다.

> **관련판례** 형사소송법 제318조에 규정된 증거동의의 주체는 소송 주체인 검사와 피고인이고, **변호인은 피고인을 대리하여 증거동의에 관한 의견을 낼 수 있을 뿐**이므로 **피고인의 명시한 의사에 반**하여 증거로 함에 동의할 수는 없다. 따라서 피고인이 출석한 공판기일에서 증거로 함에 부동의한다는 의견이 진술된 경우에는 그 후 피고인이 출석하지 아니한 공판기일에 변호인만이 출석하여 종전 의견을 번복하여 증거로 함에 동의하였다 하더라도 이는 특별한 사정이 없는 한 효력이 없다고 보아야 한다(대판 2013.3.28. 2013도3).

나. 동의의 상대방

증거동의는 소송행위로서 증거능력을 부여하는 것이므로 법원에 하여야 한다.

다. 동의의 대상

(1) 서류

동의의 대상은 모든 전문증거이다.

(2) 물건

이에 대하여 적극설과 소극설(법원실무는 소극설을 전제로 증거조사에 앞서 물건의 증거동의 여부를 들을 필요가 없다고 하면서 굳이 동의의 진술을 하겠다고 한다면 이는 형사소송법 제296조의 이의신청을 미리 포기하는 취지로 받아들인다)이 대립하나, 실무상으로는 물건도 동의의 대상으로 증거의견을 제시한다. 반대신문권 포기의 의사표시라는 측면에서 소극설이 타당하다.

(3) 증거능력 없는 증거

이미 증거능력이 있는 증거는 동의의 대상이 아니다. 다만, 증언번복 진술조서나 증거보전절차에서 참여권을 침해한 조서 등에 대하여 판례가 증거동의가 있으면 증거능력이 부여된다고 판시한 바 있음은 앞서 본바와 같다. 그러나 위법수집증거로 봄이 타당하다는 측면에서 판례는 비판받아야 한다.

관련판례 피고인이 이미 성립의 진정을 인정한 검사작성의 피의자신문조서는 동의 여부에 불구하고 증거로 삼을 수 있으므로 동의의 대상이 되지 않는다(대판 1968.12.6. 67도657).

(4) 반대증거와 증거동의

반대증거는 피고인에게 유리한 증거이므로 증거능력이 필요없다. 따라서 증거동의 없는 증거도 반증에 사용가능하다. 즉, 검사가 유죄의 자료로 제출한 증거들이 그 진정성립이 인정되지 아니하고 이를 증거로 함에 상대방의 동의가 없더라도, 이는 유죄사실을 인정하는 증거로 사용하는 것이 아닌 이상 공소사실과 양립할 수 없는 사실을 인정하는 자료로 쓸 수 있다고 보아야 한다(대판 1994.11.11. 94도1159).

라. 동의의 시기와 방식

(1) 동의의 시기

원칙적으로 **증거조사 전** 증거결정 단계에서 하여야 한다(실무상 증거조사 전 증거결정단계에서 규칙 제134조 제2항에 의한 의견진술의 일환으로 행함). 검사가 제출한 증거들의 증거목록상의 증거들에 대하여 피고인측이 증거의견을 밝힌다. 피고인이 증거동의를 한 증거들은 증거능력을 갖추게 되어 검사는 법원에 이를 제출하여 증거조사를 진행할 수 있다. 그러나 증거를 부동의하게 되면, 전문법칙의 예외요건(제311조~제316조)을 구비하기 위하여 검사는 원진술자나 작성자를 증인으로 신청하고 피고인은 해당 증인에 대한 반대신문의 기회를 갖게 된다. 증거조사 도중에 사후 동의도 가능한데, 이 경우에는 하자가 치유되어 소급적으로 증거능력이 인정된다.

[증거의견 제시의 예]

			증 거 목 록 (증거서류 등) 2021고합765				① 김갑동 ② 이을남					
2021년 형제749호									신청인 : 검사			
순번	증거방법					참조사항등	신청기일	증거의견		증거결정		증거조사기일	비고
	작성	쪽수(수)	쪽수(증)	증거명칭	성명			기일	내용	기일	내용		
1	검사	27		피의자신문조서 등본	최유정	기재생략	1	1	①× ②○	기재생략			
2		30		판결문(2014고단123)	최유정		1	1	○				
3	사경	31		피의자신문조서	김갑동		1	1	○				
4	사경	34		피의자신문조서	이을남		1	1	①× ②○				
5	사경	37		진술조서	이동찬		1	1	○				무고
6	사경	39		피의자신문조서	이을남		1	1	○				특경(배임)
7	사경	41		피의자신문조서	이을남		1	1	○				강도상해 등
8	사경	45		진술조서 등본	최유정		1	1	○				
9	사경	45		피의자신문조서	김갑동		1	1	○				
10	검사	45		피의자신문조서	이을남		1	1	○				배임수재의의 사실
11		45		고소장	김갑동		1	1	○				
12		45		고소장(2017. 3. 10. 제출) 및 약속어음공정증서, 의정부지방법원 채권압류추심결정문	박부자		1	1	○				
13		45		범죄피해사실신고서 2건	나이모		1	1	○				
14		46		나이모 상해진단서	충일병원		1	1	○				
15	사경	46		참고인진술조서	나이모				○				
16	사경	46		참고인진술조서	박부자		1	1	○				
17		46		고소장	신후은행		1	1	○				
18		46		참고인진술조서	고은행		1	1	○				

※ 증거의견표시 - 피의자신문조서 : 인정 ○, 부인 ×
　　　　　　　　(여러 개의 부호가 있는 경우, 적법성 / 실질성립 / 임의성 / 내용의 순서임)
　　　　　　 - 기타 증거서류 : 동의 ○, 부동의 ×
　　　　　　 - 진술이 특히 신빙할 수 있는 상태하에서 행하여졌다는 점 부인 : "특신성 부인"
　　　　　　　 (비고란 기재)
※ 증거결정 표시 : 채 ○, 부 ×
※ 증거조사 내용은 제시, 낭독(내용고지, 열람)

(2) 동의의 방식

(가) 명시적 동의의 요부에 대해 동의는 증거능력을 부여하는 중요한 소송행위이므로 적극적 명시를 요한다는 설(통설)과 묵시의 동의로 족하다는 설이 대립한다. 판례는 발언태도에 비추어 반대신문권을 포기하였다고 해석할 정도이면 묵시적 동의를 인정하는 입장이다. 그러나 증거동의는 명시적인 의사표시에 의하여야 하며, 개별적으로 행하지는 것이 타당하다.

> **관련판례** 피고인의 공판정에서의 진술과 부합하는 피고인 아닌 자의 진술조서에 대하여 이견이 없다고 하거나, 피고인이 신청한 증인의 전문진술에 대하여 **이견 없다**고 진술하였다면 이는 증거로 함에 동의한 것으로 볼 수 있다.

(나) 포괄적 증거동의가 가능한지 여부에 대해서도 판례는 개개의 증거에 대하여 개별적 증거조사의 방식을 거치지 아니하고 검사가 제시한 **모든 증거에 대하여 피고인이 증거로 함에 동의한다는 방식으로 이루어진 것이라 하여도 증거동의로서의 효력을 부정할 이유가 되지 못한다**(대판 1983.3.8. 82도2873)고 하여 포괄적 동의를 인정하고 있다. 포괄적 동의는 실무상으로도 증거의 전부 내지는 일부 증거를 제외한 대부분의 증거를 동의하고자 할 때, 신속한 재판 진행을 위해서 필요하다고 본다.

5. 동의의 의제

가. 피고인의 불출석(제318조 제2항)

피고인의 출정없이 증거조사를 할 수 있는 경우에 피고인이 출정하지 아니한 때에는 전항의 동의가 있는 것으로 간주한다. 단, 대리인 또는 변호인이 출정한 때에는 예외로 한다. 피고인이 출정하지 않은 상태에서는 피고인의 증거의견을 확인할 방법이 없으므로 원활한 소송진행을 위해 인정된다.

(1) 불출석 재판사건 : 경미사건, 불출석 허가사건 구속피고인의 출석 거부 및 현저한 인치곤란의 경우, 그리고 약식명령에 불복하여 정식재판을 청구한 피고인이 2회 불출석한 경우[161], 소촉법 제23조에 의한 피고인 진술없이 재판하는 경우 등이 바로 피고인의 출정없이 증거조사를 할 수 있는 경우에 해당한다(제276조 단서, 제277조, 제277조의2, 제365조). 따라서 증거동의가 간주된다.

---

[161] 형사소송법 제458조 제2항, 제365조는 피고인이 출정을 하지 않음으로써 본안에 대한 변론권을 포기한 것으로 보는 일종의 제재적 규정으로, 이와 같은 경우 피고인의 출정 없이도 심리, 판결할 수 있고 공판심리의 일환으로 증거조사가 행해지게 마련이어서 피고인이 출석하지 아니한 상태에서 증거조사를 할 수밖에 없는 경우에는 위 법 제318조 제2항의 규정상 피고인의 진의와는 관계없이 같은 조 제1항의 동의가 있는 것으로 간주하게 되어 있는 점, 위 법 제318조 제2항의 입법 취지가 재판의 필요성 및 신속성 즉, 피고인의 불출정으로 인한 소송행위의 지연 방지 내지 피고인 불출정의 경우 전문증거의 증거능력을 결정하지 못함에 따른 소송지연 방지에 있는 점 등에 비추어, 약식명령에 불복하여 정식재판을 청구한 피고인이 정식재판절차에서 2회 불출정하여 법원이 피고인의 출정 없이 증거조사를 하는 경우에 위 법 제318조 제2항에 따른 피고인의 증거동의가 간주된다(대판 2010.7.15. 2007도5776).

(2) 무단퇴정·퇴정명령과 동의 의제

피고인이 재판장의 허가 없이 무단퇴정하거나 퇴정명령을 받은 경우(제281조, 제330조), 피고인 출석 없이 증거조사 즉 증거동의 간주를 할 수 있는지 문제된다. 이에 대하여 적극설과 소극설이 대립되나 무단퇴정이 방어권을 남용한 것이라 반드시 간주할 수 없고, 경우에 따라서는 불공정한 재판의 항의차원에서 이루어지는 퇴정이 있을 수 있으므로 이를 이유로 무조건 증거동의를 간주하는 것은 타당하지 않다162). 그러나 판례는 방어권의 포기 내지는 방어권의 남용으로 보고, 증거동의 간주를 긍정하고 있다.

> **관련판례** 필요적 변론사건이라 하여도 피고인이 재판 거부의 의사를 표시하고 재판장의 허가없이 퇴정하고 변호인마저 이에 동조하여 퇴정해버린 것은 모두 **피고인측의 방어권의 남용 내지 변호권의 포기**로 볼 수밖에 없는 것이므로 수소법원으로서는 형사소송법 제330조에 의하여 피고인이나 변호인의 재정없이도 심리·판결할 수 있고, 피고인과 변호인들이 출석하지 않은 상태에서 증거조사를 할 수 밖에 없는 경우에는 **형사소송법 제318조 제2항의 규정상 피고인의 진의와는 관계없이 형사소송법 제318조 제1항의 동의가 있는 것으로 간주**하게 되어 있다(대판 1991.6.28. 91도865).

나. 간이공판절차에서의 특칙(제318조의3)

간이공판절차 결정이 있는 사건의 증거에 관하여는 제310조의2, 제312조 내지 제314조 및 제316조의 규정에 의한 증거에 대하여 제318조 제1항의 **동의가 있는 것으로 간주**한다. 이는 자백하는 경우 반대신문권을 포기한 것으로 보고 신속하게 공판절차를 진행하겠다는 것이다. 그러나 **검사, 피고인 또는 변호인이 증거로 함에 이의가 있는 때**에는 그러하지 아니하다.

6. 동의의 효과

가. 전문증거의 증거능력

(1) 증거능력의 인정

증거동의를 한 당사자가 동의한 증거의 증명력을 다툴 수 있는가에 대해 견해가 나뉜다. 불필요한 절차의 지연초래를 한다는 이유로 부정설이 있으나, 증거능력과 증명력은 명백히 구별된다. 물론 증거동의를 통해 반대신문권을 포기한 것이나, 반대신문의 방식으로만 증명력을 다툴 수 있는 것도 아니다. 따라서 탄핵증거를 제출하는 방식으로 얼마든지 동의한 증거의 증명력을 다툴 수 있다.

---

162) 같은 입장으로 이주원, 535면.

(2) 동의의 효력이 미치는 범위

(가) 물적 범위 : 증거동의는 특정된 서류 또는 물건의 전체에 미치며 일부에 대한 동의는 허용되지 않는다. 단 서류의 기재내용이 가분일 때는 하나의 서류 중 일부 동의도 가능하다. 따라서 피고인들이 제1심 법정에서 경찰의 검증조서 가운데 범행부분만 부동의하고 현장상황 부분에 대해서는 모두 증거로 함에 동의하였다면 위 검증조서 중 범행상황 부분만을 증거로 채택할 수 있다(대판 1990.7.24. 90도1303).

관련판례 검사작성피신에 대하여 "공판정진술과 배치부분 부동의"라는 의견진술 – 조서내용의 특정 부분을 정한 것이 아니어서 "전부 부동의"로 해석함(대판 1984.10.10. 84도1552).

(나) 인적 범위 : 증거동의는 당해 피고인에게만 미치고 다른 피고인에게는 미치지 않는다.

(다) 시간적 범위 : 증거동의의 효력은 공판절차의 갱신이 있거나 심급을 달리한다고 하여 소멸하지 않는다. 피고인들이 제1심 법정에서 경찰작성 조서들에 대하여서 증거로 함에 동의하였다면 그 후 항소심에서 범행인정 여부를 다투고 있다하여도 이미 동의한 효과에 아무런 영향을 가져오지 아니한다(대판 1990.2.13. 89도2366).

나. 진정성의 조사

서류나 물건의 위조나 변조 또는 변형이 있을 수 있는 신용성을 의심하게 하는 유형적 상황이 없는 것을 의미한다. 진정한 것으로 인정하는 방법을 제한하고 있지 아니하므로, 증거동의가 있는 서류 또는 물건은 법원이 제반 사정을 참작하여 진정한 것으로 인정하면 증거로 할 수 있다(대판 2015.8.27. 2015도3467).

7. 동의의 철회(취소)

가. 증거동의 철회

증거동의의 철회가 허용됨에는 의문의 여지가 없다. 다만 언제까지 증거동의의 철회가 가능한지가 증거동의의 법적 성격을 어떻게 보는가에 따라 달라진다.

(1) 증거동의의 법적 성질과 철회가부에 대한 견해

① 증거동의는 **절차형성행위**이므로 절차의 안정성을 해하지 않는 범위에서만 철회가 허용된다는 견해와 ② 증거동의는 사건의 실체를 좌우하는 **실체형성행위**이므로 원칙적으로 철회가 허용된다는 견해가 있으나, 증거동의는 증거능력 없는 증거에 대해 증거능력을 부여하는 절차형성행위로 봄이 타당하다.

(2) 증거동의 철회가 언제까지 허용되는가에 대한 견해

이에 대하여는 ① 증거조사시행전까지 가능하다는 견해, ② 증거조사완료시까지 가능하다는 견해, ③ 구두변론종결시까지 가능하다는 견해가 있으나 앞서 증거동의의 법적성격을 절차형성행위로 보는 이상 형식적 확실성을 해하지 않는 범위인 증거조사 완료전까지 철회가 가능하다고 볼 것이다. 판례 역시 같은 입장이다.

> **관련판례** 형사소송법 제318조에 규정된 증거동의의 의사표시는 **증거조사가 완료되기 전까지** 취소 또는 철회할 수 있으나 일단 증거조사가 완료된 뒤에는 취소 또는 철회가 인정되지 아니하므로 취소 또는 철회 이전에 이미 취득한 증거능력은 상실되지 않는다(대판 2004.6.25. 2004도2611).

> **관련판례** 제1심에서 한 증거동의를 제2심에서 취소할 수 없고, 일단 **증거조사가 종료된 후**에 증거동의의 의사표시를 취소 또는 철회하더라도 취소 또는 철회 이전에 이미 취득한 증거능력은 상실되지 않는다(대판 1999.8.20. 99도2029).

나. 동의의 취소

증거동의가 협의의 취소가 가능한지, 즉 착오나 강박을 이유로 하는 동의의 철회가 허용되는지 여부에 대해 긍정설과 부정설이 나뉜다. 그러나 적법절차상 중대한 하자가 있으며, 당사자에게 귀책사유가 없음에도 취소를 허용하지 않는 것은 정의관념에 반한다. 판례도 이러한 관점에서 피의자신문조서에 대하여 증거조사가 완료된 뒤에는 '진정성립' 번복의 의사표시에 의하여 이미 인정된 조서의 증거능력이 당연히 상실되는 것은 아니라고 하면서도, **적법절차 보장의 정신에 비추어** 성립의 진정함을 인정한 최초의 진술에 그 효력을 그대로 유지하기 어려운 중대한 하자가 있고 그에 관하여 진술인에게 **귀책사유가 없는 경우에 한하여** 예외적으로 증거조사 절차가 완료된 뒤에도 그 진술을 취소할 수 있고, 그 취소 주장이 이유 있는 것으로 받아들여지게 되면 법원은 증거배제결정을 통하여 그 조서를 유죄 인정의 자료에서 제외하여야 한다(대판 2008.7.10. 2007도7760)고 판시하고 있다.

제8절 탄핵증거

> **제318조의2 【증명력을 다투기 위한 증거】** ① 제312조부터 제316조까지의 규정에 따라 증거로 할 수 없는 서류나 진술이라도 공판준비 또는 공판기일에서의 피고인 또는 피고인이 아닌 자(공소제기 전에 **피고인을 피의자로 조사하였거나 그 조사에 참여하였던 자를 포함**한다. 이하 이 조에서 같다)의 **진술의 증명력을 다투기 위하여 증거로 할 수 있다.**
> ② 제1항에도 불구하고 피고인 또는 피고인이 아닌 자의 진술을 내용으로 하는 영상녹화물은 공판준비 또는 공판기일에 피고인 또는 피고인이 아닌 자가 진술함에 있어서 기억이 명백하지 아니한 사항에 관하여 기억을 환기시켜야 할 필요가 있다고 인정되는 때에 한하여 피고인 또는 피고인이 아닌 자에게 재생하여 시청하게 할 수 있다.

1. 탄핵증거의 의의

가. 개념

공판준비 또는 공판기일에서의 피고인 또는 피고인 아닌 자의 진술의 증명력을 다투기 위한 **증거능력 없는** 증거(제318조의2)를 말한다. 즉, 진술의 **증명력을 다투기 위한** 증거를 말한다. 증거능력이 없는 전문증거라고 할지라도 법관면전에서 행해진 피고인 또는 피고인 아닌 자의 진술의 증명력을 다투기 위한 증거로는 허용된다는 의미이다.

나. 탄핵증거의 성질

(1) 탄핵증거와 전문법칙

탄핵증거는 전문법칙의 예외가 아니라 처음부터 전문법칙의 적용이 없는 경우에 해당한다. 탄핵증거는 피고인에 대한 유죄의 증명을 위하거나 유죄의 증명을 보강하기 위한 증거가 아니라 그 증명력을 감쇄시키는 방식으로 탄핵하기 위한 것으로 처음부터 전문법칙이 적용되지 않기 때문이다.

(2) 탄핵증거와 자유심증주의

탄핵증거는 자유심증주의의 예외가 아니라 '**보강**'의 의미를 가진다. 왜냐하면 탄핵증거를 통해 법관의 증명력 판단이 합리적으로 이루어질 수 있도록 돕기 때문이다. 탄핵증거는 반대신문이나 반증의 절차를 거치지 않고도 탄핵이 가능하므로 소송경제에도 도움이 된다.

다. 반대신문과 탄핵증거

반대신문은 증언의 증명력을 다투는 것에 한정(규칙 제77조 제2항)하고 법관의 면전에서 이루어지나 **탄핵증거**는 증언, 피고인의 진술, 증인이외의 자의 진술에 이르기까지 증명력을 다툴 수 있고 구두진술 외에 **서면의 제출도 허용**된다는 점에 차이가 있다.

Ⅰ. 증명력을 다투는 방법

1. 증인 X에 대한 반대신문

   가. 현행법상 증인신문은 **교호신문제**(형사소송법 제161조의2)를 채택하고 있다. 즉 증인신문신청자가 주신문을 행하면 반대당사자는 반대신문을 행하고 그리고 다시 증인신문신청자가 재주신문을 행한다.

   나. 주신문은 입증취지에 관해 이루어지고, 반대신문과 재주신문은 이전 신문에 대해 증인이 행한 진술의 내용 및 그와 관련한 사항에 대해서만 할 수 있다.

   다. 甲은 공판정에서 증인 X에 대한 반대신문을 통해서 그 증언의 신빙성을 감쇄시킬 수 있다. 乙이 피를 흘리고 쓰러져 있었다고 경찰 진술시 진술했던 사실이 밝혀진 이상 검찰이 출석한 증인에 대한 신문이 끝난 후 변호인은 증인에 대한 반대신문에 의하여 그 진술의 모순을 지적하면서 재판부에 증인의 신뢰성을 떨어뜨리는 방법을 사용할 수 있다.

2. 반증의 제출

   상대방 증거에 의하여 증명되는 사실과 모순되는 사실을 증명하는 증거, 즉 **반증**을 제출하는 방법이 있다. 반증으로 사건이 발생한 시각과 乙이 목격한 시간의 차이를 드러내는 객관적인 증거자료가 있다면 변호인은 이를 증거자료제출서와 함께 증거를 첨부하여 제출하여야 한다.

3. 탄핵증거의 제출

   상대방 증거 그 자체의 신빙성을 감쇄하기 위한 증거를 제출하는 방법이 있다. 즉 증인 X가 법정에서 행한 증언과 모순되는 경찰단계에서 참고인 진술을 법정외에서 하였다는 것을 **탄핵증거**로써 제출하는 것이다. 즉, 설사 증인 X가 참고인진술조서의 성립의 진정을 부인하여 증거능력을 갖추지 못한다고 하더라도 탄핵증거로는 사용할 수 있으므로 이를 제시하고 증인의 신빙성을 탄핵하는 것이 가능하다. 이러한 탄핵증거의 범위에 대하여 자기모순진술로 한정할 것인가에 대하여 논란이 있으나, 사안에서는 증인의 자기모순의 진술이라는 점에서 어느 견해에 따르더라도 허용된다고 할 것이다.

Ⅱ. 증명력을 다투는 위 방법들의 차이점

1. 위에서 살펴본 '증명력을 다투는 방법의 차이점은 무엇일까?' 그것은 바로 탄핵증거는 법관 앞에서 구두로 이루어지는 반대신문과 달리 증인의 증언뿐만 아니라 피고인의 진술, 증인 이외의 자의 진술에 대하여 구두 및 서면에 의해서도 탄핵증거로써의 증거조사가 가능하다는 점이다.

2. 나아가 탄핵증거로써의 증거조사는 엄격한 증명의 경우에 준한 법정절차에 의한 증거조사가 필요하다는 견해와 공판정에서의 조사는 필요하여도 정규의 증거조사의 절차와 방식을 요하는 것은 아니라고 해석하는 견해가 대립하나 판례(대판 1998.2.27. 97도1770)는 탄핵증거에 관하여는 엄격한 증거조사를 거칠 필요가 없으나, 법정에서 이에 대한 탄핵증거로써의 증거조사는 필요하다고 하여 후설의 입장을 따르고 있다.

2. 탄핵증거의 허용범위

피고인의 방어를 위해 마련한 엄격한 증명의 법리가 탄핵증거규정으로 인해 그 의미를 잃게 될 우려가 있는바, 양자의 조화점을 구하는 것으로서 탄핵증거로 제출할 수 있는 증거의 범위가 문제된다. 쉽게 설명하면 전문법칙을 통해 증거로 제출될 수 없도록 하였음에도 증거능력 없는 증거를 탄핵증거라는 이유로 무제한하게 법원에 제출될 수 있게 하는 것이 타당한가에 대한 의문에서 그 범위를 제한하자는 논의라 생각하면 된다.

이에 대하여 ① **한정설은 자기모순의 진술**에 한정하자는 견해(∵타인의 진술과 질적 차이 - 제318조의2는 주의규정)이다. 예를 들면, 甲의 법정 진술을 탄핵하기 위해서는 증거능력 없는 甲에 대한 진술조서를 탄핵증거로 제출할 수 있지만, 타인의 진술 즉, 乙에 대한 진술조서를 탄핵증거로 제출할 수 없다는 입장이다 이에 비해 ② **비한정설은** 전문증거를 **제한없이** 사용가능(∵제318조의2가 증거의 범위제한 無, 전문법칙예외)하다는 입장으로 자기모순 진술에 한정하지 않는 입장이다. ③ **절충설은** 자기모순의 진술 외에 진술자의 신빙성에 대한 순수한 보조사실에 대해서는 **탄핵증거를 제출할 수 있다는 입장인데**, 예를 들어 증인의 과거 전과사실이나 근무이력, 평판 등을 증명하는 증거능력 없는 전문증거를 탄핵증거로 제출할 수 있다는 주장이다. 그러나 이러한 신빙성에 대한 보조사실 증명은 자유로운 증명의 대상으로 처음부터 전문법칙의 제한이 없는 바, 허용여부에 대한 논의 대상 자체가 아니라고 볼 것이다. 여기에 ④ **이원설은** 검사는 자기 모순 진술로 한정하고, 피고인은 제한없이 사용할 수 있다는 비한정설(∵탄핵증거 범위도 피고인의 이익으로 해석)을 취한다.

사실 탄핵증거는 검사와 피고인 모두 제출할 수 있는 것이나, 피고인에게 그 의미가 크다. 실무상 증거조사 전 증거능력 없는 진술증거를 법정에 현출할 필요성이 있는데, 이 경우에 바로 탄핵증거의 허용범위가 주로 문제 된다. 예를 들어, 검사가 A, B, C에 대한 참고인진술조서를 유죄의 증거로 제출하였다고 하고, 피고인은 이 모든 참고인진술조서에 부동의하였다고 하자. 검사는 A, B, C 모두에 대하여 증인신청을 하였고, 법원은 증인으로 채택하여 3회 공판기일에는 A를 증인신문하기로 하였고, 4회에는 B를, 5회에는 C를 증인으로 신문하기로 하였다. 피고인의 변호인은 3회 공판기일에 A를 증인신문함에 있어 A의 진술과 모순되는 A에 대한 참고인진술조서, B에 대한 참고인진술조서 중 일부분, C에 대한 참고인진술조서 일부분을 증거로 제시하면서 반대신문을 하고자 한다. 그런데 A에 대한 참고인진술조서는 자기모순진술 부분을 탄핵하고자 하는 것인데, A는 증인으로 증언을 시작함에 앞서 먼저 자신에 대한 참고인진술조서의 성립의 진정 진술을 할 것이므로 실제로는 증거능력을 바로 갖추게 되어 법정에 제출됨에 아무런 문제가 없다. 즉 증거능력 없는 증거 제출의 문제가 아니게 된다. 그런데 B와 C는 4회와 5회 공판기일에 나오기로 하였으므로 이들에 대한 조서는 아직 성립의 진정이 이루어지지 않았기 때문에 증거능력이 없고 법정에 제출될 수 없다. 그러나 피고인은 A의 진술과 모순되는 부분을 지적하기 위해서 증거능력 없는 B에 대한 참고인진술조서를 제시하면서 증인신문을 할 수 있다고 보아야 한다. 그러나 검사가 아직 증거능력 없는 B에 대한 참고인진술조서 제시하면서 신문하는 것은 허용될 수 없다. 왜냐하면 검사의 신문과정에서 제시한 이유가 유죄를 증명하기 위한 것이기 때문에 증거능력 없는 증거가 법정에 현출되도록 하는 것은 전문법칙을 형해화 하기 때문이다. 따라서 **피고인에 대하여는 비한정설, 검사는 피고인에 대한 자기모순진술을 지적하기 위한 경우에 한하여 증거능력 없는 증거를 탄핵증거로 사용할 수 있다고 봄이 타당**하다.

3. 탄핵의 범위와 대상

가. 탄핵의 범위 – '증명력을 다투기 위하여'의 의의

증명력을 다투기 위함이란 증명력을 감쇄하는 것을 의미한다. 처음부터 증명력을 보강하거나 지지하는 것은 허용될 수 없다. 문제는 감쇄된 증명력을 회복하는 경우도 '증명력을 다투기 위하여'에 해당하는가에 대해 부정설과 긍정설로 나뉘나, 형평의 견지에서 감쇄된 증명력을 회복하기 위한 경우는 허용된다고 봄이 타당하다. 다만, 긍정설에 의할 때도 자기모순진술로 탄핵된 경우 그 진술자가 동일내용의 진술을 하였다는 사실을 입증하는 경우에 한하여 허용되고 그 진술자가 아닌 타인의 일치진술을 회복증거로 제출하는 것은 허용되지 않는다고 봄이 타당하다. 왜냐하면 탄핵증거는 자칫 전문법칙을 형해화할 수 있으므로 이를 제한적으로 허용함이 타당하기 때문이다.

나. 탄핵의 대상

(1) 피고인 또는 피고인 아닌 자의 진술

피고인의 진술이 탄핵의 대상이 될 수 있는가 즉, 공판정에서 성립의 진정이나 내용인정이 부인된 피의자신문조서에 의해 피고인의 진술이 탄핵될 수 있는가의 문제이다. 피고인의 부인진술이 탄핵대상이 되는지에 대하여 ① **소극설**(자백편중의 수사관행 부추길 우려) ② **적극설**(입법론상 재검토가 필요하지만 명문규정이 있는 이상)이 대립하나 판례는 적극설의 입장이다. 사법경찰관 작성의 피의자신문조서 이제는 검사 작성의 피의자신문조서(2022. 1. 1. 이후 기소된 사건)도 마찬가지로 피고인이 내용부인하면 증거능력이 없도록 한 취지는 자백편중의 수사를 막고 인권을 보호하기 위한 것이다.

> [관련판례] 사법경찰리 작성의 피고인에 대한 피의자신문조서와 피고인이 작성한 자술서들은 모두 검사가 유죄의 증거로 제출한 증거들로서 피고인이 각 그 내용을 부인하는 이상 증거능력이 없으나, 그러한 증거라 하더라도 그것이 임의로 작성된 것이 아니라고 의심할 만한 사정이 없는 한 **피고인의 법정에서의 진술을 탄핵하기 위한 반대증거로 사용할 수 있다**(대판 1998.2.27. 97도1770).

(2) 자기측 증인의 탄핵

증인을 신청한 당사자의 기대에 반하여 증언하는 경우, 해로운 내용을 증언하는 경우에는 탄핵 가능하다고 볼 것이다.

(3) 수사절차에서 피의자를 조사하였거나 그 조사에 참여하였던 자의 법정 증언

수사단계에서 피의자를 조사한 조사자·조사 참여자가 법정에서 증언할 수 있게 개정됨에 따라(제316조 제1항) 증거능력이 없는 서류나 진술로써 탄핵할 수 있는 대상에 포함되었다(현행법에서는 "공소제기 전에 피고인을 피의자로 조사하였거나 그 조사에 참여하였던 자를 포함한다"라고 규정하고 있다.)

4. 증거로 할 수 있는 범위(탄핵증거의 제한)

가. 입증취지와의 관계

탄핵증거는 진술의 증명력을 다투기 위하여 인정되는 것이므로 **범죄사실 또는 간접사실의 인정증거로는 허용될 수는 없다.**

> [관련판례] 탄핵증거는 **진술의 증명력을 감쇄하기 위하여** 인정되는 것이고 범죄사실 또는 그 간접사실의 인정의 증거로서는 허용되지 않는다(대판 1996.9.6. 95도2945).

나. 임의성 없는 자백과 탄핵증거

임의성 없는 자백은 탄핵증거로 사용할 수 없다(통설).

관련판례 임의로 작성된 것이 아니라고 의심할 만한 사정이 없는 한 피고인의 법정에서의 진술을 **탄핵하기 위한 반대증거로 사용할 수 있다**(대판 1998.2.27. 97도1770).

다. 탄핵증거와 성립의 진정

이중의 오류가능성이 있으므로 실질적 진정성립은 필요하지 않지만, 형식적인 서명과 날인의 존재는 필요하다고 본다. 판례에 따른 실무는 성립의 진정을 요하지 않고, 탄핵증거로 제출된 진술증거들의 서명과 날인의 존재 등을 확인하지 않고 있으나, 탄핵증거로 제시된 진술증거에 대하여 서명과 날인은 존재하는지 정도는 확인하는 것이 타당하다고 볼 것이다(통설).

관련판례 탄핵증거에 관하여는 **성립의 진정이 인정될 것을 요하지 않는다**(대판 1974.8.30. 74도1687).

라. 공판정에서의 진술 이후에 이루어진 자기모순의 진술

증인의 공판정에서의 증언을 탄핵하기 위해 증언이후에 수사기관에서 작성한 진술조서를 제출하는 것은 공판중심주의와 공정한 재판의 이념에 반하므로 허용될 수 없다.

마. 위법수집증거와 탄핵증거[163]

위법수집증거를 탄핵증거로 사용하는 것을 허용하면, 사실상 증거배제효과를 잠탈하므로 **불허함이 타당하다.**

바. 영상녹화물을 탄핵증거로 사용할 수 있는지 여부

영상녹화물을 탄핵증거로 사용할 수 있는지에 대하여 학설의 대립이 존재하는데 ① 제318조의2 제2항이 '제1항(탄핵증거는 반드시 증거능력이 있는 증거이어야 하는 것은 아님을 규정)에도 불구하고'라고 규정하고 있으므로 영상녹화물에 대하여서는 제1항의 적용이 없어, 영상녹화물의 탄핵증거 사용은 불가능하다는 의견[164]과

---

[163] 미국 판례는 미란다 원칙을 위반해 취득한 자백은 임의성이 인정되는 한 공소사실을 입증하기 위해 검찰이 제출하는 본증으로만 사용할 수 없을 뿐 검찰은 탄핵증거로는 사용할 수 있다[Harris v. New York, 401 U.S. 222 (1971)]는 판시를 한 바 있다.

[164] 탄핵증거라는 이유로 영상녹화물을 법정에서 광범위하게 재생하게 되면 그 영향력은 실질적으로 본증으로 사용하는 것과 큰 차이가 없게 되므로, 피의자 등의 진술 내용을 담은 영상녹화물은 기억환기용으로 당해 진술자에게만 보여주는 방식으로만 사용될 수 있다라는 의견도 같은 취지이다.(형사소송법개정안 설명자료, 사법제도개혁추진위원회, 2006. 2. 164면)

② 탄핵증거란 전문증거에 해당하여 증거능력이 없는 증거라도 진술의 증명력을 다투기 위하여 사용할 수 있는 증거이므로 영상녹화물을 탄핵증거로 사용하는 것을 제한해야 할 이유를 설명할 근거가 전혀 없다는 점에서 영상녹화물의 탄핵증거 사용은 당연히 가능하다는 의견[165]이 대립하였다.

현행법은 영상녹화물에 대하여는 제한적으로 사용을 허용하여 영상녹화 조사를 받은 자가 법정에서 진술하거나 증언함에 있어 기억이 명백하지 아니한 경우 기억 환기를 위하여 영상녹화물을 재생할 수 있도록 하였다. 이는 수사과정에서 사실대로 진술한 피고인이 기억불명을 이유로 제대로 진술하지 못하거나 수사기관에서의 진술과 달리 진술하는 경우, 영상녹화물 재생을 통하여 진실된 사실에 대한 기억을 환기시킴으로써 **그 진술을 사실상 탄핵하는 효과를 가질 수** 있다.

5. 탄핵증거의 조사방법

> **증명력을 다투기 위한 증거의 조사방법**
> 엄격한 증명의 경우에 준한 법정절차에 의한 증거조사가 필요하다는 견해와 공판정에서의 조사는 필요하여도 정규의 증거조사의 절차와 방식을 요하는 것은 아니라고 해석하는 견해가 대립하나, 탄핵증거는 증거능력 없는 증거로 증명력 탄핵을 위하여만 사용되는 만큼 엄격한 증거조사는 불필요하다.

`관련판례` 탄핵증거에 관하여는 **엄격한 증거조사를 거칠 필요가 없으나**, 법정에서 이에 대한 탄핵증거로서의 **증거조사는 필요**하다(대판 1998.2.27. 97도1770).

`관련판례` 검사가 유죄의 자료로 제출한 사법경찰리 작성의 피고인에 대한 피의자신문조서는 피고인이 그 내용을 부인하는 이상 증거능력이 없으나, 그것이 임의로 작성된 것이 아니라고 의심할 만한 사정이 없는 한 피고인의 법정에서의 진술을 탄핵하기 위한 반대증거로 사용할 수 있으며, 또한 탄핵증거는 범죄사실을 인정하는 증거가 아니므로 엄격한 증거조사를 거쳐야 할 필요가 없음은 형사소송법 제318조의2의 규정에 따라 명백하나 법정에서 이에 대한 탄핵증거로서의 증거조사는 필요한 것이고(대판 1996.1.26. 95도1333, 대판 1998.2.27. 97도1770 등 참조), 한편 증거신청의 방식에 관하여 규정한 형사소송규칙 제132조 제1항의 취지에 비추어 보면 탄핵증거의 제출에 있어서도 상대방에게 이에 대한 공격방어의 수단을 강구할 기회를 사전에 부여하여야 한다는 점에서 그 증거와 증명하고자 하는 사실과의 관계 및 입증취지 등을 미리 구체적으로 명시하여야 할 것이므로, 증명력을 다투고자 하는 **증거의 어느 부분에 의하여 진술의 어느 부분을 다투려고 한다는 것을 사전에 상대방에게 알려야** 한다(대판 2005.8.19. 2005도2617).

---

165) 이재상, "형사소송법 일부개정법률안에 관하여", 국회법사위 공청회(2006. 9. 25.) 발표자료, 28면

제9절 자백과 보강증거

> **제310조【불이익한 자백의 증거능력】** 피고인의 자백이 그 **피고인에게 불이익한 유일의 증거인 때**에는 이를 유죄의 증거로 하지 못한다.
> **제315조【당연히 증거능력이 있는 서류】** 다음에 게기한 서류는 증거로 할 수 있다.
>   2. 상업장부, 항해일지 기타 업무상 필요로 작성한 통상문서

1. 자백의 보강법칙의 의의

가. 개념

피고인이 임의로 한 증거능력과 신용성이 있는 자백에 의하여 법관이 유죄의 심증을 얻었다 할지라도 **보강증거가 없으면** 유죄로 인정할 수 없다는 원칙(제310조, 헌법 제12조 제7항 후단)이다. '**보강증거**'란 자백의 진실성을 담보할만한 증거능력 있는 자백이외의 별개 · 독립한 증거를 말하며, 이 법칙은 **자유심증주의에 대한 예외에 해당한다.** **자백배제법칙은 증거능력의 문제라면, 자백보강법칙은 증명력의 문제이다.**

나. 자백에 보강증거를 필요로 하는 이유

자백의 진실성 담보하고 인권침해의 방지를 위하여 그 필요성이 인정된다. 보강법칙을 통해 법관의 심증이 자백에 편중되는 위험을 최소화할 수 있다.

다. 적용범위

일반 형사소송절차와 간이공판절차, 약식명령절차에 적용된다. 그러나 **즉결심판절차, 소년보호사건에는 적용되지 않는다.** 따라서 즉결심판사건이나 소년보호 사건은 자백만으로 유죄인정이 가능하다.

2. 보강을 필요로 하는 자백

가. 피고인의 자백

지위불문, 상대방 · 방법 불문. 증거능력 있고 신용성도 갖춘 자백일 것을 요한다. 물론 신용성을 갖추었는지 여부는 법관의 자유심증에 맡겨져 있다.

나. 공판정의 자백 : 공판정에서의 자백은 법관의 충분한 신문과 심리를 통해 높은 신빙성이 있다고 판단되어 보강법칙이 적용되지 않는 것이 아닌지 의문이 있다. 그러나 **공판정에서의 자백**이라고 하더라도 허위자백의 여지와 오판의 위험성은

존재하므로 공판정에서 한 피고인의 자백이라고 하더라도 보강법칙이 적용된다. 물론 공판정 외에서의 자백인 **수사단계에서의 자백**에 보강법칙이 적용됨은 의문의 여지가 없다. 따라서 구속적부심사나 영장실질심사단계에서 자백을 하여 그 조서에 자백의 내용이 기재된 경우에도 공판정에서의 부인진술에도 불구하고, 자백보강법칙이 적용될 수 있다.

> 관련판례 형사소송법 제310조의 자백은 공판정의 자백과 **공판정 이외의 자백을 불문한다**(대판 1966.7.26. 66도634 전원합의체).

다. 공범자의 자백 [공범 중 1인만이 자백한 경우]

피고인의 자백에 공범자의 자백이 포함되어 공범자의 자백이 있는 때에도 보강증거가 있어야 부인하는 공범을 유죄로 인정할 수 있는지 여부에 대해 견해가 나뉜다. 예를 들면, 甲은 부인하고 공범자인 乙은 자백을 하는 경우에 있어서 부인하는 甲을 유죄로 인정하기 위해서는 보강증거가 있어야 하는가의 문제이다.

이에 대하여 ① **긍정설(보강증거필요설)**은 오판의 방지와 자백한 공범자는 무죄가 되고 당해 피고인은 유죄가 인정되는 것은 불합리하다고 하면서 피고인의 자백에도 공범자의 자백이 포함되므로 보강증거를 요한다고 한다. 반면, ② **부정설(보강증거불요설)**은 피고인의 자백에 공범자의 자백을 포함하는 것은 무리한 해석이며 법관의 자유심증으로 오판을 충분히 방지할 수 있다는 이유로 피고인의 자백에는 공범자의 자백이 포함되지 않는다고 한다.

결론적으로 공범자의 자백은 피고인의 자백으로 볼 수 없다. 공범자의 자백에 대하여 피고인은 반대신문을 할 수 있어 그 신빙성 판단의 근거도 마련되어 있는 이상 공범자의 자백은 독립된 증거로 볼 수 있고, 피고인의 자백으로 볼 수 없다. 따라서 보강증거 불요설이 타당하다. 위 예로 든 사안에서 乙의 자백은 독립된 증거능력을 갖추고 甲의 유죄의 증거로 사용될 수 있으므로 乙의 자백에 대한 보강증거가 없더라도 甲은 유죄가 인정될 수 있다. 반면, 자백하는 乙은 독립된 보강증거가 없는 한 무죄가 된다.

> 관련판례 형사소송법 제310조의 피고인의 자백에는 **공범인 공동피고인의 진술은 포함되지 않으며**, 이러한 공동피고인의 진술에 대하여는 **피고인의 반대신문권이 보장되어 있어 독립한 증거능력이 있으므로 보강증거를 요하지 않는다**(대판 1992.7.28. 92도917).

3. 보강증거의 성질

가. 독립증거

자백과는 독립된 증거여야 한다. 자백은 아무리 반복되어도 자백만 있는 것이지 독립된 증거가 될 수 없다. 판례 역시 피고인의 자백이 그에게 불리한 유일한 증거인 때에는 그 자백이 공판정에서의 자백이든 피의자로서의 조사관에 대한 진술이든 그 자백의 증거능력이 제한되어 있고 그 어느 것이나 독립하여 유죄의 증거가 될 수 없으므로 위 자백을 아무리 합쳐 보더라도 그것만으로는 유죄의 판결을 할 수 없다(대판 1966.7.26. 66도634 전원합의체)고 판시하였다.

관련판례 — 피고인의 자백을 내용으로 하는, 피고인 아닌 자의 진술이 보강증거가 될 수 있는지 여부 [1] **피고인이 범행을 자인하는 것을 들었다는 피고인 아닌 자의 진술내용**은 형사소송법 제310조의 **피고인의 자백에는 포함되지 아니하나 이는 피고인의 자백의 보강증거로 될 수 없다.**
[2] 실체적 경합범은 실질적으로 수죄이므로 각 범죄사실에 관하여 자백에 대한 보강증거가 있어야 한다.
[3] 필로폰 매수 대금을 송금한 사실에 대한 증거가 필로폰 매수죄와 실체적 경합범 관계에 있는 필로폰 투약행위에 대한 보강증거가 될 수 없다고 한 사례(대판 2008.2.14. 2007도10937).
[판례해설] 피고인이 경찰에서의 자백을 부인하는 경우 피고인의 경찰자백을 내용으로 하는 조사경찰관의 전문증언은 피고인에 대한 유죄를 인정하기 위한 독립된 증거로 쓸 수 없어 조사자증언제도의 도입이 큰 의미가 없다는 필자의 주장과 일치하는 판결이다[166]. 현재 실무상도 별다른 증거가 없이 조사자증언을 유죄의 증거로 제출하는 경우 독립된 증거라 볼 수 없어 무죄판결이 선고되고 있다.

피고인이 범죄사실 등을 기재한 수첩이 보강증거가 될 수 있는지에 대해 적극설과 소극설로 나뉜다.

① **적극설** : 수첩·메모 등은 자백과는 별개의 독립한 증거이며, 수첩에 의해 자백의 진실성이 담보되고, 소극설에 의하면 명백히 유죄인 자에 대해 무죄 선고해야 하는 불합리하다.

② **소극설** : 수첩에 기재된 사실이 범죄사실의 전부 또는 일부 인정하는 내용인 이상 자백에 해당하고, 신용성과 진실성이 담보된다고 하여 자백이 자백 아닌 것으로 바뀔 수는 없다.

---

166) 김정철, 개정 형사소송법상 조사자 증언제도의 실무상 문제점에 대하여, 법률신문 2008년 1월 3일 제3615호 연구논단

관련판례 [다수의견] 상법장부나 항해일지, 진료일지 또는 이와 유사한 금전출납부 등과 같이 범죄사실의 인정여부와는 관계없이 자기에게 맡겨진 사무를 처리한 사무내역을 그때 그때 기계적으로 기재한 문서 등의 경우는 사무처리 내역을 증명하기 위하여 존재하는 문서로서 그 존재 자체 및 기재가 그러한 내용의 사무가 처리되었음의 여부를 판단할 수 있는 별개 독립된 증거자료이고, 설사 그 문서가 우연히 피고인이 작성하였고 그 문서의 내용 중 피고인의 범죄사실의 존재를 추론할 수 있는, 즉 공소사실에 일부 부합되는 사실의 기재가 있다고 하더라도 이를 일컬어 피고인의 범죄사실을 자백하는 문서라고 볼 수는 없다.

피고인이 뇌물공여 혐의를 받기 전에 이와는 관계없이 준설공사에 필요한 각종 인허가등의 업무를 위임받아 이를 추진하는 과정에서 그 업무수행에 필요한 자금을 지출하면서 스스로 그 지출한 자금내역을 자료로 남겨두기 위하여 뇌물자금과 기타 자금을 구별하지 아니하고 그 지출, 일시 금액, 상대방 등 내역을 그때 그때 계속적, 기계적으로 기입한 수첩의 기재내용은 피고인이 자신의 범죄사실을 시인하는 자백이라고 볼 수 없으므로, 증거능력이 있는 한 피고인의 금전출납을 증명할 수 있는 별개의 증거라고 할 것인즉, 피고인의 검찰에서의 자백에 대한 보강증거가 될 수 있다(즉, 제315조 제2호로 본 것임).

[소수의견] 자백은 범죄 사실의 전부 또는 일부를 인정하는 진술을 말하는 것이고 그러한 진술이라면 피고인의 지위에서 행한 것이건, 기소 전에 피의자의 지위에서 행한 것이건, 또 범행혐의를 받기 전에 행한 것이건, 범행 발각 후에 행한 것이건 모두 자백임에는 다름이 없다. 그리고 그러한 진술은 구술의 형식으로 이루어 질 수도 있고 서면에 기재하는 방식으로 이루어질 수도 있다. 또 그 진술이 어디에서 누구에 대하여 행하여졌는지도 자백인지 아닌지의 문제와는 관계가 없는 것이고 상대방이 없이 행하여진 경우에도 자백인 점에서는 마찬가지라 할 것이다. 수첩의 기재는 피고인이 경험한 사물에 대한 인식을 외부에 글로 표현한 내용이 증거방법으로 사용된다는 점에서 이를 자백으로 봄이 합당하고, 이를 피고인의 자백과는 성질이 다른 독립된 증거라고 볼 수 없고, 따라서 물증 등 다른 증거에 비하면 거짓이나 조작이 개재될 여지가 많은 피고인의 자백만으로 유죄판단을 하지 못하도록 제한하려는 형사소송법 제310조의 입법취지에 비추어 이러한 수첩의 기재 내용만으로는 유죄의 판단을 할 수 없음은 물론 이는 자백에 대한 보강증거로도 될 수 없다고 보아야 한다(대판 1996.10.17. 94도2865 전원합의체).

③ **검토** : 진실성 있는 자백에 대하여도 자백편중으로 인한 인권침해방지 필요성은 인정되며, 자백은 그 시기와 무관하게 인정되는 것이므로 수첩의 기재내용이 범죄사실을 시인하는 것인 이상 보강증거가 될 수 없다.

나. 정황증거

보강증거는 간접증거 내지 정황증거로도 족하다. 판례는 "자백의 보강증거는 자백한 사실이 가공적인 것이 아니고 진실한 것이라고 인정할 수 있는 정도의 증거이면 족하고 직접증거 뿐만 아니라 상황증거로도 족한 것이다(대판 1976.9.28. 76도2569)"고 판시하면서 또한 "피고인은 경찰조사 이래 간통사실을 일관하여 자백하고 있는바, 위 공소사실 기재의 간통범행 일시경에 피고인의 가출과 외박이 잦아 의심을 하게 되었다는 취지의 진술이 있고 이러한 정도의 증거이면 피고인의 위 자백이 가공적인 사실이 아니라 진실한 것이라고 인정할만한 보강증거가 될 수 있다(대판 1983.5.10. 83도686)"고 판시하였다.

관련판례 피고인이 위조신분증을 제시·행사하였다고 자백하고 있는 때에 그 신분증의 현존은 자백을 보강하는 간접증거가 되며, 피고인이 간통사실을 자백하는 경우에 그 범행일시경에 피고인의 가출과 외박이 잦아 의심을 하게 되었다는 취지의 피고인의 남편에 대한 진술기재조서는 자백에 대한 보강증거가 되는 정황증거이다(대판 1983.5.10. 83도686).

다. 공범자의 자백이 보강증거가 될 수 있는지 여부 [공범 모두가 자백한 경우]

공범자인 甲과 乙이 모두 자백한 경우에 있어서 다른 보강증거가 없는 경우에 甲의 자백에 대해 乙의 자백이 보강증거가 될 수 있는가의 문제이다. 이에 대하여 ① **부정설**은 공범자의 자백도 피고인의 자백에 해당하므로 독립된 증거가 될 수 없다는 견해이다. 단, 독립증거를 부정하면서도 반가치증거가 된다는 입장이 있다. ② **긍정설**은 공범자의 자백은 피고인의 자백이 아니므로 별개의 독립증거가 된다는 견해이다. 결론적으로 공범자의 자백은 피고인의 자백과는 독립된 별개의 증거로 보아야 하고, 따라서 보강증거가 될 수 있다고 봄이 타당하다. 판례 역시 형사소송법 제310조 소정의 "피고인의 자백"에 공범인 공동피고인의 진술은 포함되지 아니하므로 공범인 공동피고인의 진술은 다른 공동피고인에 대한 범죄사실을 인정하는 증거로 할 수 있는 것일 뿐만 아니라 **공범인 공동피고인들의 각 진술은 상호간에 서로 보강증거가 될 수 있다**(대판 1990.10.30. 90도1939)는 입장이다.

관련판례 **공범자의 자백**이나 **공동피고인의 자백**은 **보강증거가 될 수 있으며**, 공범자 전원이 자백한 경우뿐만 아니라 공동피고인의 일부가 부인한 경우에도 자백한 공동피고인의 자백은 피고인의 자백에 대하여 보강증거가 될 수 있다(대판 1983.6.28. 83도1111 : 대판 1984.2.28. 83도3343).

관련판례 공동피고인중의 한 사람이 자백하였고 피고인 역시 자백했다면 다른 공동피고인 중의 한 사람이 부인한다 하여도 위 공동피고인중의 한 사람의 자백은 피고인의 자백에 대한 보강증거가 된다(대판 1968.3.19. 68도43).

4. 보강의 범위

가. 보강증거가 어느 범위까지 자백을 보강해야 하는가에 대하여 죄체설과 진실성담보설이 대립하나 보강증거는 범죄사실 전체에 대한 것이 아니라 하더라도 임의적인 자백사실이 가공적인 것이 아니고 진실한 것이라고 인정할 수 있는 정도의 증거이면 족하다(대판 2000.9.26. 2000도2365). 또한 자백에 대한 보강증거는 범죄사실의 전부 또는 중요부분을 인정할 수 있는 정도가 되지 아니하더라도 피고인의 자백이 가공적인 것이 아닌 진실한 것임을 인정할 수 있는 정도만 되면 족한 것으로서, 자백과 서로 어울려서 전체로서 범죄사실을 인정할 수 있으면 유죄의 증거로 충분하고, 나아가 사람의 기억에는 한계가 있는 만큼 자백과 보강증거 사이에 어느 정도의 차이가 있어도 중요부분이 일치하고 그로써 진실성이 담보되면 보강증거로서의 자격이 있다(대판 2008.5.29. 2008도2343).

나. 보강증거의 요부

(1) 범죄의 주관적 요소 : 고의나 목적은 보강증거를 요하지 않는다.

> 관련판례 범의는 피고인의 자백만으로 인정할 수 있다(대판 1961.8.16. 4294형상171).

(2) 범죄구성요건사실 이외의 사실 : 처벌조건인 사실, 전과에 관한 사실 역시 보강증거를 요하지 않는다.

(3) 죄수와 보강증거

1) **경합범** : 각각에 대하여 필요하다. 실체적 경합범은 실질적으로 수죄이므로 각 범죄사실에 관하여 자백에 대한 보강증거가 있어야 한다(대판 2008.2.14. 2007도10937).

2) **상상적 경합** : 실체법상 수죄인 이상 각 범죄에 대하여 보강증거가 필요하다.

3) **포괄일죄** : 식품위생법 위반과 같은 영업범처럼 개별적인 행위가 독립된 의미를 가지지 아니한 때에는 보강증거를 요하지 않으나, 상습범처럼 각 행위가 독립된 의미를 가지는 경우에는 보강증거가 필요하다고 할 것이다.

> 관련판례 포괄일죄인 상습범에 있어서 이를 구성하는 각 행위에 관하여 개별적으로 보강증거를 요한다(대판 1996.2.13. 95도1794).

5. 보강법칙위반의 효과

가. 확정전 – 보강법칙을 위반하여 자백을 유일한 증거로 유죄를 선고하는 경우에는 항소이유 또는 상고이유가 된다.

나. 확정후 – **비상상고**(무죄의 증거가 새로 발견된 것은 아니므로 재심 X)의 대상이 된다.

> 최근 중요 판례 피고인이 지하철역 에스컬레이터에서 휴대전화기의 카메라를 이용하여 성명불상 여성 피해자의 치마 속을 몰래 촬영하다가 현행범으로 체포되어 성폭력범죄의 처벌 등에 관한 특례법 위반(카메라등이용촬영)으로 기소된 사안에서, 피고인은 공소사실에 대해 자백하고 검사가 제출한 모든 서류에 대하여 증거로 함에 동의하였는데, 그 서류들 중 체포 당시 임의제출 방식으로 압수된 피고인 소유 휴대전화기(이하 '휴대전화기'라고 한다)에 대한 압수조서의 '압수경위'란에 '지하철역 승강장 및 게이트 앞에서 경찰관이 지하철범죄 예방·검거를 위한 비노출 잠복근무 중 검정 재킷, 검정 바지, 흰색 운동화를 착용한 20대가량 남성이 짧은 치마를 입고 에스컬레이터를 올라가는 여성을 쫓아가 뒤에 밀착하여 치마 속으로 휴대폰을 집어넣는 등 해당 여성의 신체를 몰래 촬영하는 행동을 하였다'는 내용이 포함되어 있고, 그 하단에 피고인의 범행을 직접 목격하면서 위 압수조서를 작성한 사법경찰관 및 사법경찰리의 각 기명날인이 들어가 있으므로, 위 압수조서 중 **'압수경위'란에 기재된 내용은 피고인이 범행을 저지르는 현장을 직접 목격한 사람의 진술이 담긴 것으로서 형사소송법 제312조 제5항에서**

정한 '피고인이 아닌 자가 수사과정에서 작성한 진술서'에 준하는 것으로 볼 수 있고, 이에 따라 휴대전화기에 대한 임의제출절차가 적법하였는지에 영향을 받지 않는 별개의 독립적인 증거에 해당하여, 피고인이 증거로 함에 동의한 이상 유죄를 인정하기 위한 증거로 사용할 수 있을 뿐 아니라 **피고인의 자백을 보강하는 증거가 된다고 볼 여지가 많다는 이유로**, 이와 달리 피고인의 자백을 뒷받침할 보강증거가 없다고 보아 무죄를 선고한 원심판결에 자백의 보강증거 등에 관한 법리를 오해하거나 필요한 심리를 다하지 아니한 잘못이 있다(대판 2019.11.14. 2019도13290).

제10절 공판조서의 증명력

제53조 【공판조서의 서명 등】 ① 공판조서에는 재판장과 참여한 법원사무관등이 **기명날인 또는 서명**하여야 한다.
② **재판장이 기명날인 또는 서명할 수 없는 때**에는 다른 법관이 그 사유를 부기하고 기명날인 또는 서명하여야 하며 법관전원이 기명날인 또는 서명할 수 없는 때에는 참여한 **법원사무관등이** 그 사유를 부기하고 **기명날인 또는 서명**하여야 한다.
③ **법원사무관등이 기명날인 또는 서명할 수 없는 때**에는 재판장 또는 다른 법관이 그 사유를 부기하고 **기명날인 또는 서명**하여야 한다.
제54조 【공판조서의 정리 등】 ① 공판조서는 각 공판기일 후 신속히 정리하여야 한다.
② 다음 회의 공판기일에 있어서는 **전회의 공판심리에 관한 주요사항의 요지를 조서에 의하여 고지**하여야 한다. 다만, 다음 회의 공판기일까지 전회의 공판조서가 **정리되지 아니한 때**에는 조서에 의하지 아니하고 고지할 수 있다.
③ 검사, 피고인 또는 변호인은 **공판조서의 기재에 대하여 변경을 청구하거나 이의를 제기할 수 있다**.
④ 제3항에 따른 청구나 이의가 있는 때에는 그 취지와 이에 대한 재판장의 의견을 기재한 조서를 당해 공판조서에 첨부하여야 한다.

> **제55조【피고인의 공판조서열람권 등】** ① 피고인은 공판조서의 열람 또는 등사를 청구할 수 있다.
> ② 피고인이 공판조서를 읽지 못하는 때에는 공판조서의 **낭독을 청구**할 수 있다.
> ③ 전2항의 청구에 응하지 아니한 때에는 그 공판조서를 유죄의 증거로 할 수 없다.
> **제56조【공판조서의 증명력】** 공판기일의 소송절차로서 **공판조서에 기재된 것은 그 조서만으로써** 증명한다.
> **제311조【법원 또는 법관의 조서】** 공판준비 또는 공판기일에 피고인이나 피고인 아닌 자의 진술을 기재한 조서와 법원 또는 법관의 검증의 결과를 기재한 조서는 증거로 할 수 있다. 제184조 및 제221조의2의 규정에 의하여 작성한 조서도 또한 같다.

1. 공판조서의 의의

공판조서란 법원사무관등이 공판기일의 **소송절차의 경과**를 기재한 조서이다.

2. 공판조서의 정확성 보장

제53조[167], 제54조[168], 제55조는 공판조서의 정확성을 보장하는 규정들이다. **재판장과 참여한 법원사무관등이 기명날인 또는 서명**하여야 하며, 검사와 피고인 또는 변호인은 **공판조서의 기재에 대하여 변경을 청구하거나 이의를 제기할 수 있다**. 나아가 **피고인**은 공판조서의 열람 또는 등사를 청구할 수 있다.

---

[167] 현행 제53조는 각종 조서 및 공판조서에 서명날인 대신 기명날인 또는 서명으로 갈음할 수 있도록 하였다. 종전에는 서명날인을 하도록 하면서 규칙에서 예외적 기명날인이 가능하도록 규정하였으나 업무의 간소화를 위하여 기명날인 또는 서명으로 갈음할 수 있도록 형사소송법에 명문화하였다. 정확성의 담보측면에서는 서명날인을 하도록 하는 것이 타당하지만 업무의 간소화라는 현실적 측면을 고려하여 개정된 것이다.

[168] 제1항에서는 '공판기일 후 5일 이내로 되어 있던 공판조서의 정리 시한을 삭제하고 '공판기일 후 신속히' 정리하도록 하였다. 또한 차회 공판기일까지 공판조서의 정리가 완료되지 아니한 경우 조서에 의하지 아니하고 공판심리의 요지를 고지할 수 있고, **공판조서의 정확성을 제고하기 위하여** 검사, 피고인 또는 변호인은 공판조서의 기재 내용에 대하여 변경을 청구하거나 이의를 제기할 수 있게 하였다. 나아가 **재판기일이 아닌 때에도** 공판조서의 변경청구·이의제기가 가능할 수 있도록 여지를 남겨두고 있으며, 변경청구·이의제기의 취지 및 이에 대한 **재판장의 의견을 반드시 '조서'에 기재하여** 당해 공판조서에 **첨부**하도록 하고 있다. 이러한 점에서 개정법은 공판조서의 정확성 제고가 한층 강화되었다고 볼 수 있다.

[공판조서의 예]

서울중앙지방법원

증인신문조서(제2회 공판조서의 일부)

사 건   2021고합765
증 인   이   름   나이모
         생 년 월 일 (생략)
         주   거   (생략)

판 사
　　　증인에게 형사소송법 제148조 또는 제 149조에 해당하는가의 여부를 물어 이에 해당하지 아니함을 인정하고 위증의 벌을 경고한 후 별지 선서서와 같이 선서를 하게 하였다.(별지 생략)

피고인 이을남의 변호인
증인에게

문   증인은 이을남을 알고 있지요
답   예, 이을남은 제 언니의 아들입니다.
문   증인은 어떤 피해를 입으신 것인가요
답   을남이가 2020. 2. 5.에 제가 현금을 찾아 나오는 것을 알고 제 핸드백을 낚아 채 가지고 갔습니다. 그리고 2021. 3. 경에는 제 아파트에 몰래 들어와 현금도 가지고 갔습니다.

3. 공판조서의 증거능력

　　공판준비 또는 공판기일에 피고인이나 피고인 아닌 자의 진술을 기재한 조서는 증거로 할 수 있다(제311조). 법원 또는 법관의 면전에서의 진술을 기재한 조서이므로 그 성립이 진정하고 신용성의 정황적보장이 높기 때문에 무조건 증거능력을 인정하는 것인데, 이는 공판조서 중 **소송절차 이외의** 기재 부분을 의미한다. 위 예에서 이을남의 변호인이 증인에게 묻고 답변을 듣는 내용 부분이 여기에 해당한다. 따라서 여기의 증인의 피해사실 진술은 절대적 증거능력을 가진다. 물론 이를 믿을 수 있는가라는 증명력의 문제는 별개의 문제이다.

4. 공판조서의 증명력

가. 배타적 증명력

(1) 개념

공판기일의 소송절차로서 공판조서에 기재된 것은 그 조서만으로써 증명한다(제56조). 즉, 다른 증거를 참작하거나 반증을 허용하지 않고 공판조서에 기재된 대로 인정한다는 의미이다. 위 예시에서 판사가 증언거부권이 있는 사람인지를 묻고 위증의 벌을 경고하게 한 후 선서하게 했다는 부분이 여기에 해당한다. 이렇듯 공판조서에 기재된 증언거부권 고지 여부나 진술거부권 고지 여부[169] 등 소송절차 진행과 관련된 기재는 오로지 공판조서의 기재만으로 증명한다. 이는 소송절차에 관한 부분이기 때문에 엄격한 증명의 대상이 아니며, 따라서 전문법칙이 적용되지 않아 절대적 증거능력을 갖추는 것이 아니다. '소송절차'로서 기재된 부분은 절대적 증거능력이 아닌 증명력의 문제이다.

> **관련판례** 형사소송법 제318조에 규정된 증거 동의는 소송 주체인 검사와 피고인이 하는 것이고, 변호인은 피고인을 대리하여 증거 동의에 관한 의견을 낼 수 있을 뿐이므로, 피고인이 변호인과 함께 출석한 공판기일의 공판조서에 검사가 제출한 증거에 대하여 동의한다는 기재가 되어 있다면 이는 **피고인이 증거 동의를 한 것으로 보아야 하고, 그 기재는 절대적인 증명력을 가진다**(대판 2016.3.10. 2015도19139).

(2) 자유심증주의의 예외에 해당한다.
(3) 상소심에서의 심사 편의를 위한 취지도 존재한다.

나. 증명력이 인정되는 범위

(1) 공판기일의 소송절차로서

공판기일의 절차에 한하므로 **기일 외**에서의 증인신문 또는 검증 등의 절차에는 배타적 증명력이 미치지 않는다.

---

[169] 공판조서의 기재가 명백한 오기인 경우를 제외하고는 공판기일의 소송절차로서 공판조서에 기재된 것은 조서만으로써 증명하여야 하고, 그 증명력은 공판조서 이외의 자료에 의한 반증이 허용되지 않는 절대적인 것이다(대판 1996. 4. 9. 96도173 참조). 기록에 의하면, 원심 제1회 공판기일에 재판장이 피고인에게 진술거부권이 있음을 고지하였고, 제3회 공판기일에 변호인의 최종변론 및 피고인의 최후진술이 있은 후 변론이 종결되었으며, 제4회 공판기일에 재판장이 판결을 선고하면서 상소기간, 상소장 제출법원 및 상소법원에 대하여 고지한 것으로 공판조서에 기재되어 있음을 알 수 있고, 그 기재가 명백한 오기라고 볼 만한 자료가 없다. 따라서 이와 같은 공판조서의 기재 내용을 다투는 상고이유는 받아들이지 아니한다(대판 2002.7.12. 2002도2134).

(2) 공판조서에 기재된 소송절차

공판조서에 기재되지 않은 사항에 대하여는 **다른 자료에 의하여 증명할 수 있다.**

관련판례 형사소송법 제56조는 공판기일의 소송절차로서 공판조서에 기재된 것은 그 조서만으로써 증명한다고 규정하고 있으므로 소송절차에 관한 사실은 공판조서에 기재된 대로 공판절차가 진행된 것으로 증명되고 **다른 자료에 의한 반증은 허용되지 아니하나**, 공판조서의 기재가 소송기록상 **명백한 오기인 경우**에는 공판조서는 그 올바른 내용에 따라 **증명력**을 가진다 (대판 1995.4.14. 95도110).

다만, **명백한 오기의 판단에 있어 다른 자료의 참조가 허용되는지 여부**에 대해 견해가 나뉜다.
 1) 1설 : 다른 자료의 개입을 허용하는 것은 제56조의 취지에 반하므로 공판조서의 기재만에 의하여 판단하여야 한다는 견해이다.
 2) 2설 : 공판조서의 배타적 증명력이 기재내용의 진실성 판단에 대하여도 미친다고는 할 수 없으므로 다른 자료에 의하여도 판단할 수 있다는 견해이다.

관련판례 대법원은 '소송기록상' 명백한 오류라는 표현을 사용하고 있어 당해 공판조서 뿐만 아니라 수사 서류, 공소장 등을 참조하여 명백한 오기 여부를 판단할 수 있다는 취지로 보인다 (대판 1995.12.22. 95도1289).

다. 공판조서의 멸실 및 무효

공판조사가 멸실되었거나 무효인 경우에 다른 자료에 의한 증명이 허용되는지 여부가 문제되는데, 주로 상소시 원심판결의 소송절차의 위법을 주장하기 위한 자료로 공판조서만으로 판단할 것인가 아니면 다른 자료로 판단이 가능한가의 문제이다. 이에 대하여 ① 소극설은 다른 자료로 판단할 수 없으므로 파기환송해서 다시 적법한 절차로 진행하여야 한다는 입장이다. 반면, ② 적극설은 다른 자료로 판단하는 것이 가능하므로 환송할 필요 없이 상소심에서 파기자판 가능하다고 본다. 멸실된 이상 적극설이 타당하다고 본다.

제11절 자유심증주의와 신빙성 판단

제308조 【자유심증주의】 증거의 증명력은 법관의 자유판단에 의한다.

I 합리적인 근거의 유무

피해자의 추측적 진술 등은 객관적 근거에 기한 것이 아니므로 진술을 신빙할 만한 합리적 근거가 없다.

관련판례 원심판결 이유에 의하면, 원심은 피고인은 경찰 제1회 피의자신문에서 폭행사실을 시인하였다가 제2회 피의자신문시부터 이 법정에 이르기까지 그 범행사실을 극력 부인하고 있고 원심공동피고인 역시 원심 및 당심 법정에서 피고인이 피해자의 팔꿈치를 찬 사실이 없다고 진술하고 있는데다가 의사 김근홍 작성의 피해자에 대한 진단서의 기재내용만으로는 피고인의 폭행사실에 대한 증거자료가 될 수 없고 공소사실을 뒷받침하는 증거로서 목격자라는 봉충식과 피해자의 경찰 및 원심 또는 당심 법정에서의 진술이 있을 뿐인바 **이들의 진술은 추측에 불과하거나 일관성이 없는 것들이어서 모두 신빙성이 극히 박약하다** 아니할 수 없고 그밖에 피고인에 대한 범죄사실을 인정할 만한 증거가 없다는 이유로 무죄를 선고하였다. 기록에 의하여 살피건대, 원심의 그와 같은 조치에 수긍이 가고 거기에 소론과 같은 채증법칙 위배로 인한 사실오인의 위법이 없으므로 논지 이유없다. 그러므로 상고를 기각하기로 하여 관여 법관의 일치된 의견으로 주문과 같이 판결한다(대판 1984.6.26. 84도851).

II 목격자의 진술을 합리적 근거를 이유로 배척하는 경우

관련판례 야간에 짧은 시간 동안 강도의 범행을 당한 피해자가 어떤 용의자의 인상착의 등에 의하여 그를 범인으로 진술하는 경우에, 피해자가 범행 전에 용의자를 한 번도 본 일이 없고 피해자의 진술 외에는 그 용의자를 범인으로 의심할 만한 객관적인 사정이 존재하지 않는 상태에서, 수사기관이 잘못된 단서에 의하여 범인으로 지목하고 신병을 확보한 용의자를 일대일로 대면하고 그가 범인임을 확인하였을 뿐이라면, 사람의 기억력의 한계 및 부정확성과 위와 같은 상황에서 피해자에게 주어질 수 있는 무의식적인 암시의 가능성에 비추어 그 피해자의 진술에 높은 정도의 신빙성을 부여하기는 곤란하다(대판 2001.2.9. 2000도4946).

III 진술이 번복되는 경우

관련판례 - 자백의 신빙성 판단 자백의 신빙성 유무를 판단할 때에는 자백 진술의 내용 자체가 객관적으로 합리성이 있는지, 자백의 동기나 이유는 무엇이며, 자백에 이르게 된 경위는 어떠한지, 그리고 자백 외의 정황증거 중 자백과 저촉되거나 모순되는 것은 없는지 등 제반 사정을 고려하여 판단하여야 한다. 나아가 피고인이 수사기관에서부터 공판기일에 이르기까지 일관되게 범행을 자백하다가 어느 공판기일부터 갑자기 자백을 번복한 경우에는, 자백 진술의 신빙성 유무를 살피는 외에도 자백을 번복하게 된 동기나 이유 및 경위 등과 함께 수사기관 이래의 진술 경과와 진술의 내용 등에 비추어 번복 진술이 납득할 만한 것이고 이를 뒷받침할 증거가 있는지 등을 살펴보아야 한다(대판 2016.10.13. 2015도17869).

관련판례 우선 공소외 1의 진술 중 피고인 1을 만난 후 부의장실에서 피고인 2와 함께 나왔다거나, 돈 3억 원이 든 상자(A4 크기의 복사용지 상자)들을 공소외 4에게 전달하는 현장에 피고인 2도 있었다는 진술 부분은 아래에서 보는 것처럼 **일관성이 없고**, 진술 내용 자체의 합리성을 인정하기 어려운 부분이 드러날 뿐 아니라, **진술 상호 간에도 모순되거나 다른 증거와 부합하지 아니하여 그 신빙성을 인정하기 어려운 사정들**이 나타나 있다(대판 2014.6.26. 2013도9866).

관련판례 [1] [다수의견] 형사소송법 제307조 제1항, 제308조는 증거에 의하여 사실을 인정하되 **증거의 증명력은 법관의 자유판단에 의하도록 규정**하고 있는데, 이는 법관이 증거능력 있는 증거 중 필요한 증거를 채택·사용하고 증거의 실질적인 가치를 평가하여 사실을 인정하는 것은 법관의 자유심증에 속한다는 것을 의미한다. 따라서 **충분한 증명력이 있는 증거를 합리적인 근거 없이 배척하거나 반대로 객관적인 사실에 명백히 반하는 증거를 아무런 합리적인 근거 없이 채택·사용하는 등으로 논리와 경험의 법칙에 어긋나는 것이 아닌 이상, 법관은 자유심증으로 증거를 채택하여 사실을 인정할 수 있다.**

[2] 국회의원인 피고인이 甲 주식회사 대표이사 乙에게서 3차례에 걸쳐 약 9억 원의 불법정치자금을 수수하였다는 내용으로 기소되었는데, **乙이 검찰의 소환 조사에서는 자금을 조성하여 피고인에게 정치자금으로 제공하였다고 진술하였다가, 제1심 법정에서는 이를 번복하여 자금 조성 사실은 시인하면서도 피고인에게 정치자금으로 제공한 사실을 부인하고 자금의 사용처를 달리 진술한 사안**에서, 공판중심주의와 실질적 직접심리주의 등 형사소송의 기본원칙상 검찰진술보다 법정진술에 더 무게를 두어야 한다는 점을 감안하더라도, **乙의 법정진술을 믿을 수 없는 사정 아래에서 乙이 법정에서 검찰진술을 번복하였다는 이유만으로 조성 자금을 피고인에게 정치자금으로 공여하였다는 검찰진술의 신빙성이 부정될 수는 없고,** 진술 내용 자체의 합리성, 객관적 상당성, 전후의 일관성, 이해관계 유무 등과 함께 다른 객관적인 증거나 정황사실에 의하여 진술의 신빙성이 보강될 수 있는지, 반대로 **공소사실과 배치되는 사정이 존재하는지** 두루 살펴 판단할 때 자금 사용처에 관한 乙의 검찰진술의 신빙성이 인정되므로, 乙의 검찰진술 등을 종합하여 공소사실을 모두 유죄로 인정한 원심판단에 자유심증주의의 한계를 벗어나는 등의 잘못이 없다고 한 사례(대판 2015.8.20. 2013도11650 전원합의체).

Ⅳ 시간이 지날수록 구체화되거나 기억이 명료해지는 증언의 신빙성 배척

관련판례 사람이 목격하거나 경험한 사실에 대한 기억은 시일의 경과에 따라 흐려질 수는 있을지언정 오히려 처음보다 명료해 진다는 것은 이례에 속하는 일이므로 피해자의 진술이 범행 다음날의 조사시에는 칼을 들이댄 범인이 피고인 (甲)인지의 여부를 알 수 없다고 하였다가 그후 검찰과 법정에서는 피고인 (甲)임이 틀림없다고 하고 다른 피고인들에 대해서도 검찰조사시 까지는 범행 가담여부를 정확히 기억하지 못한다고 하다가 법정에 이르러서 동인들의 범행가담이 틀림없다고 한 내용이라면 그 같은 피해자의 진술은 신빙성이 없다 할 것이다(대판 1983.3.8. 82도3217).

관련판례 – 자백보강증거가 되기 위한 요건 [1] **자백에 대한 보강증거는** 범죄사실의 전부 또는 중요 부분을 인정할 수 있는 정도가 되지 않더라도, 피고인의 자백이 가공적인 것이 아닌 진실한 것임을 인정할 수 있는 정도만 되면 충분하다. 또한 직접증거가 아닌 간접증거나 정황증거도 보강증거가 될 수 있고, 자백과 보강증거가 서로 어울려서 전체로서 범죄사실을 인정할 수 있으면 유죄의 증거로 충분하다.

[2] 피고인이 마약류취급자가 아님에도 향정신성의약품인 러미라를 3회에 걸쳐 甲에게 제공하고, 2회에 걸쳐 스스로 투약하였다고 하여 마약류 관리에 관한 법률 위반(향정)으로 기소된 사안에서, 피고인은 동종 범죄전력이 4회 더 있어 공소사실을 자백하면 더 불리한 처벌을 받으리라는 사정을 알고 있었음에도, 수사기관에서 '乙로부터 러미라 약 1,000정을 건네받아 그중 일부는 甲에게 제공하고, 남은 것은 자신이 투약하였다'고 자백하면서 투약방법과 동기 등에 관하여 구체적으로 진술한 이래 원심에 이르기까지 일관되게 진술을 유지하여 자백의 임의성이 인정되고, 乙에 대한 검찰 진술조서 및 수사보고(피의자 휴대전화에서 복원된 메시지 관련)의 기재 내용에 의하면, 乙은 피고인의 최초 러미라 투약행위가 있었던 시점에 피고인에게 50만 원 상당의 채무변제에 갈음하여 러미라 약 1,000정이 들어있는 플라스틱통 1개를 건네주었다고 하고 있고, 甲은 乙에게 피고인으로부터 러미라를 건네받았다는 취지의 카카오톡 메시지를 보낸 사실을 알 수 있어, 이러한 乙에 대한 검찰 진술조서 및 수사보고는 피고인이 乙로부터 수수한 러미라를 투약하고 甲에게 제공하였다는 자백의 진실성을 담보하기에 충분하다는 이유로, 이와 달리 보아 공소사실을 무죄로 판단한 원심판결에 자백의 보강증거에 관한 법리오해 또는 심리미진의 위법이 있다고 한 사례(대판 2018.3.15. 2017도20247).

Ⅴ 진술간의 모순 또는 불일치

관련판례 상해경위에 관하여도 피해자는, 피고인이 피해자의 우측 손을 잡아 손목 안쪽을 여러 번 긋고, 도망하는 피해자를 쫓아와 배 부분을 찔렀다고 진술하고 있으나, **그 상해의 경위는 공소사실과도 다르다. 위와 같이 내용이 번복된 이후의 피해자의 진술내용에는 범행의 중요 부분 또는 그 직전의 상황에 관하여 공소사실과 맞지 아니하거나 진술시마다 내용이 엇갈리고 있어 그 신빙성을 인정하기 어렵다고 하지 않을 수 없다**(대판 1997.5.23. 97도852).

Ⅵ 논리와 경험칙 또는 사회통념에 어긋나는 경우

양립할 수 없는 사실에 대한 진술, 진술의 합리성, 논리와 경험칙에 부합하는지 여부를 통해 신빙성을 다툴 수 있다.

관련판례 목격자의 진술 등 직접증거가 전혀 없는 사건에 있어서는 적법한 증거들에 의하여 인정되는 간접사실들에 **논리법칙과 경험칙을 적용**하여 공소사실이 합리적인 의심을 할 여지가 없이 진실한 것이라는 확신을 가지게 할 정도로 추단될 수 있을 경우에만 이를 유죄로 인정할 수 있고, 이러한 정도의 심증을 형성할 수 없다면 설령 피고인에게 유죄의 의심이 간다고 하더라도 피고인의 이익으로 판단할 수밖에 없다는 것이 형사소송의 대원칙이다(대판 2002.5.31. 2000도2716 등 참조).

Ⅶ 진술자의 인간됨 또는 진술자가 어느 일방과 밀접한 관계가 있다는 이유로 신빙성 배척을 주장하는 경우

관련판례 금품수수 여부가 쟁점이 된 사건에서 금품수수자로 지목된 피고인이 수수사실을 부인하고 있고 이를 뒷받침할 금융자료 등 객관적 물증이 없는 경우 금품을 제공하였다는 사람의 진술만으로 유죄를 인정하기 위해서는 그 진술이 증거능력이 있어야 하는 것은 물론 합리적인 의심을 배제할 만한 신빙성이 있어야 하고, **신빙성이 있는지 여부를 판단할 때에는 진술 내용 자체의 합리성, 객관적 상당성, 전후의 일관성뿐만 아니라 그의 인간됨, 그 진술로 얻게 되는 이해관계 유무 등도 아울러 살펴보아야** 한다(대판 2011.4.28. 2010도14487 참조). 그리고 이러한 이치는 피고인의 금품제공 여부가 쟁점이 된 사건에서 금품제공자로 지목된 피고인이 제공사실을 부인하고 있고 이를 뒷받침할 금융자료 등 객관적 물증이 없는 경우 금품을 제공받았다는 사람의 진술만으로 유죄를 인정하는 경우에도 마찬가지로 적용된다(대판 2014.5.29. 2012도14295).

Ⅷ 간접증거

관련판례 – 간접증거만으로 유죄판결이 가능한지 여부 [1] 살인죄와 같이 법정형이 무거운 범죄의 경우에도 직접증거 없이 간접증거만으로도 유죄를 인정할 수 있으나, 그 경우에도 **주요사실의 전제가 되는 간접사실의 인정은 합리적 의심을 허용하지 않을 정도의 증명이 있어야** 하고, 그 하나하나의 간접사실이 상호 모순, 저촉이 없어야 함은 물론 논리와 경험칙, 과학법칙에 의하여 뒷받침되어야 한다. 그러므로 유죄의 인정은 범행 동기, 범행수단의 선택, 범행에 이르는 과정, 범행 전후 피고인의 태도 등 **여러 간접사실로 보아 피고인이 범행한 것으로 보기에 충분할 만큼 압도적으로 우월한 증명이 있어야** 하고, 피고인이 고의적으로 범행한 것이라고 보기에 의심스러운 사정이 병존하고 증거관계 및 경험법칙상 고의적 범행이 아닐 여지를 확실하게 배제할 수 없다면 유죄로 인정할 수 없다.

[2] 피고인이 피해자 甲과 혼인한 후 피보험자를 甲, 수익자를 피고인으로 하는 다수의 생명보험에 가입하였다가, 경제적 상황이 어려워지자 거액의 보험금을 지급받을 목적으로 자신의 승합차 조수석에 甲을 태우고 고속도로를 주행하던 중 갓길 우측에 정차되어 있던 화물차량의 후미 좌측 부분에 피고인 승합차의 전면 우측 부분을 고의로 추돌시키는 방법으로 교통사고를 위장하여 甲을 살해하였다는 내용으로 주위적으로 기소된 사안에서, 피고인이 고의로 甲을 살해하였다는 점이 합리적 의심을 배제할 정도로 증명되었다고 보아 유죄를 인정한 원심판결에 법리오해 등의 잘못이 있다고 한 사례(대판 2017.5.30. 2017도1549).

관련판례 – 상해진단서의 증명력 형사사건에서 **상해진단서는** 피해자의 진술과 함께 피고인의 범죄사실을 증명하는 유력한 증거가 될 수 있다. 그러나 상해 사실의 존재 및 인과관계 역시 합리적인 의심이 없는 정도의 증명에 이르러야 인정할 수 있으므로, **상해진단서의 객관성과 신빙성을 의심할 만한 사정이 있는 때에는** 그 증명력을 판단하는 데 매우 신중하여야 한다. 특히 **상해진단서가 주로 통증이 있다는 피해자의 주관적인 호소 등에 의존하여 의학적인 가능성만으로 발급된 때에는** 그 진단 일자 및 진단서 작성일자가 상해 발생 시점과 시간상으로 근접하고 **상해진단서 발급 경위에 특별히 신빙성을 의심할 만한 사정은 없는지**, 상해진단서에 기재된 상해 부위 및 정도가 피해자가 주장하는 상해의 원인 내지 경위와 일치하는지, 피해자가 호소하는 불편이 기왕에 존재하던 신체 이상과 무관한 새로운 원인으로 생겼다고 단정할 수 있는지, 의사가 그 상해진단서를 발급한 근거 등을 두루 살피는 외에도 피해자가 상해 사건 이후 진료를 받은 시점, 진료를 받게 된 동기와 경위, 그 이후의 진료 경과 등을 면밀히 살펴 **논리와 경험법칙에 따라 그 증명력을 판단하여야 한다**(대판 2016.11.25. 2016도15018).

관련판례 - 허위진단서작성죄에서 허위의 판단 ▶ 허위진단서작성죄는 원래 허위의 증명을 금지하려는 것이므로, 진단서의 내용이 실질상 진실에 반하는 기재여야 할 뿐 아니라 그 내용이 **허위라는 의사의 주관적 인식이 필요하며, 그러한 인식은 미필적 인식으로도 충분하나, 이에 대하여는 검사가 증명책임**을 진다. 형사소송법 제471조 제1항 제1호에서 정하고 있는 형집행정지의 요건인 '형의 집행으로 인하여 현저히 건강을 해할 염려가 있는 때'에 해당하는지에 대한 판단은 검사가 직권으로 하는 것이고, 그러한 판단 과정에 의사가 진단서 등으로 어떠한 의견을 제시하였더라도 검사는 그 의견에 구애받지 아니하며, 검사의 책임하에 규범적으로 형집행정지 여부의 판단이 이루어진다. 그렇지만 이 경우에 **의사가 환자의 수형생활 또는 수감생활의 가능 여부에 관하여 기재한 의견이 환자의 건강상태에 기초한 향후 치료 소견의 일부로서 의료적 판단을 기재한 것으로 볼 수 있다면** 이는 환자의 건강상태를 나타내고 있다는 점에서 허위진단서 작성의 대상이 될 수 있다. 따라서 의사가 진단서에 단순히 환자의 수형생활 또는 수감생활의 가능 여부에 대한 의견만 기재한 것이 아니라, 그 판단의 근거로 환자에 대한 진단 결과 또는 향후 치료 의견 등을 함께 제시하였고 그와 결합하여 수형생활 또는 수감생활의 가능 여부에 대하여 판단한 것이라면 그 전체가 환자의 건강상태를 나타내고 있는 의료적 판단에 해당한다. 그리고 그러한 판단에 결합된 진단 결과 또는 향후 치료 의견이 허위라면 수형생활 또는 수감생활의 가능 여부에 대한 판단 부분도 허위라고 할 수 있다. 그러나 **그러한 판단에 결합된 진단 결과 내지 향후 치료 의견이 허위가 아니라면, 수형생활 또는 수감생활의 가능 여부에 관한 판단을 허위라고 할 수 있기 위해서는** 먼저 환자가 처한 구체적이고 객관적인 수형생활 또는 수감생활의 실체를 확정하고 위 판단에 결합된 진단 결과 내지 향후 치료 의견에 의한 환자의 현재 및 장래 건강상태를 거기에 비추어 보아 환자의 실제 수형생활 또는 수감생활 가능 여부가 위 판단과 다르다는 것이 증명되어야 하고 또한 그에 대한 의사의 인식이 인정될 수 있어야 한다(대판 2017.11.9. 2014도15129).

IX 과학적 증거방법의 증명력

관련판례 - 과학적 증거방법이 사실인정에서 상당한 정도의 구속력을 갖기 위한 요건 ▶ [1] 과학적 증거방법이 사실인정에 있어서 상당한 정도로 구속력을 갖기 위해서는 **감정인이 전문적인 지식·기술·경험을 가지고 공인된 표준 검사기법으로 분석한 후 법원에 제출하였다는 것만으로는 부족하고, 시료의 채취·보관·분석 등 모든 과정에서 시료의 동일성이 인정되고 인위적인 조작·훼손·첨가가 없었음이 담보되어야 하며** 각 단계에서 시료에 대한 정확한 인수·인계 절차를 확인할 수 있는 기록이 유지되어야 한다.

[2] 피고인은 경찰서에 출석하여 조사받으면서 투약혐의를 부인하고 소변과 머리카락을 임의로 제출하였는데, 경찰관이 조사실에서 아큐사인(AccuSign) 시약으로 피고인의 소변에 메트암페타민 성분이 있는지를 검사하였으나 결과가 음성이었던 점, 경찰관은 그 직후 피고인의 소변을 증거물 병에 담고 머리카락도 뽑은 후 별다른 봉인 조처 없이 조사실 밖으로 가지고 나간 점,

피고인의 눈앞에서 소변과 머리카락이 봉인되지 않은 채 반출되었음에도 그 후 조작·훼손·첨가를 막기 위하여 어떠한 조처가 행해졌고 누구의 손을 거쳐 국립과학수사연구원에 전달되었는지 확인할 수 없는 점, 감정물인 머리카락과 소변에 포함된 세포의 디엔에이(DNA) 분석 등 피고인의 것임을 과학적 검사로 확인한 자료가 없는 점 등 피고인으로부터 소변과 머리카락을 채취해 감정하기까지의 여러 사정을 종합하면, **국립과학수사연구원의 감정물이 피고인으로부터 채취한 것과 동일하다고 단정하기 어려워 그 감정 결과의 증명력은 피고인의 투약 사실을 인정하기에 충분하지 않은데도**, 이와 달리 보아 **공소사실을 유죄로 판단한 원심판결에 객관적·과학적인 분석을 필요로 하는 증거의 증명력에 관한 법리오해 등의 잘못이 있다고 한 사례**(대판 2018.2.8. 2017도14222).

CHAPTER 03 재판

제1절 재판 일반

I. 재판의 의의

재판이란 유죄와 무죄의 실체 및 절차적 형식적 법률관계를 종국적으로 판단하는 것을 말한다.

II. 재판의 종류

내용상으로는 실체재판과 형식재판으로 구분된다. 실체적 법률관계를 판단하는 유죄, 무죄의 판결이 **실체재판**이며, 사건의 실체가 아닌 절차적, 형식적 법률관계를 판단하는 관할위반, 공소기각, 면소와 같은 종국재판과 종국 전의 재판(공소장변경허가 결정, 증거결정 등)이 **형식재판**에 해당한다.

III. 재판의 성립과 방식

> **관련판례** 통고처분과 고발의 법적 성질 및 효과 등을 조세범칙사건의 처리 절차에 관한 조세범 처벌절차법 관련 규정들의 내용과 취지에 비추어 보면, **지방국세청장 또는 세무서장이 조세범 처벌절차법 제17조 제1항에 따라 통고처분을 거치지 아니하고 즉시 고발하였다면** 이로써 조세범칙사건에 대한 조사 및 처분 절차는 종료되고 형사사건 절차로 이행되어 지방국세청장 또는 세무서장으로서는 동일한 조세범칙행위에 대하여 더 이상 통고처분을 할 권한이 없다. 따라서 **지방국세청장 또는 세무서장이 조세범칙행위에 대하여 고발을 한 후에 동일한 조세범칙행위에 대하여 통고처분을 하였더라도, 이는 법적 권한 소멸 후에 이루어진 것으로서 특별한 사정이 없는 한 효력이 없고, 조세범칙행위자가 이러한 통고처분을 이행하였더라도 조세범 처벌절차법 제15조 제3항에서 정한 일사부재리의 원칙이 적용될 수 없다**(대판 2016.9.28. 2014도10748).

cf) 본래 관세법은 일사부재리라는 제목하에 관세범이 통고의 요지를 이행한 때에는 동일사건에 대하여 다시 처벌을 받지 아니한다고 규정하고 있어 관세법상 통고처분에도 일사부재리 효가 발생한다(관세법 제317조).

관련판례 – **군판사가 재판서에 다른 군판사의 인영을 날인한 경우 파기사유에 해당하는지 여부(적극)** 군사법원법 제72조에 의하면 재판은 재판관인 군판사가 작성한 재판서로 하여야 하고, 제75조에 의하면 재판서에는 재판한 재판관이 서명날인하여야 하며(제1항), 재판장 외의 재판관이 서명날인할 수 없을 때에는 재판장이 그 사유를 부기하고 서명날인하여야 하므로(제2항), 이러한 재판관의 서명날인이 없는 재판서에 의한 판결은 군사법원법 제442조 제1호가 정한 '판결에 영향을 미친 법률의 위반이 있는 때'에 해당하여 파기되어야 한다. 이는 서명한 재판관의 인영이 아닌 다른 재판관의 인영이 날인되어 있는 경우에도 마찬가지이다(대판 2021.4.29. 2021도2650).

제2절 종국재판

I 유죄의 판결 : 유죄판결에 명시할 이유

제39조 【재판의 이유】 재판에는 **이유를 명시하여야** 한다. 단, **상소를 불허하는 결정 또는 명령은 예외로** 한다.
제318조의4 【판결선고기일】 ① 판결의 선고는 **변론을 종결한 기일에 하여야 한다.** 다만 특별한 사정이 있는 때에는 **따로 선고기일을 지정할 수 있다.**
② 변론을 종결한 기일에 판결을 선고하는 경우에는 판결의 선고 후에 판결서를 작성할 수 있다.
③ 제1항 단서의 선고기일은 **변론종결 후 14일 이내로** 지정되어야 한다.
제323조 【유죄판결에 명시될 이유】 ① 형의 선고를 하는 때에는 판결이유에 **범죄될 사실, 증거의 요지와 법령의 적용을** 명시하여야 한다.
② 법률상 범죄의 성립을 조각하는 이유 또는 형의 가중, 감면의 이유되는 사실의 진술이 있은 때에는 이에 대한 판단을 명시하여야 한다.
제361조의5 【항소이유】 다음 사유가 있을 경우에는 원심판결에 대한 항소이유로 할 수 있다.
1. 판결에 영향을 미친 헌법 · 법률 · 명령 또는 규칙의 위반이 있는 때
11. 판결에 이유를 붙이지 아니하거나 이유에 모순이 있는 때

> 제383조【상고이유】 다음 사유가 있을 경우에는 원심판결에 대한 상고이유로 할 수 있다.
> 1. 판결에 영향을 미친 헌법·법률·명령 또는 규칙의 위반이 있을 때
> 2. 판결후 형의 폐지나 변경 또는 사면이 있는 때
> 3. 재심청구의 사유가 있는 때
> 4. 사형, 무기 또는 10년 이상의 징역이나 금고가 선고된 사건에 있어서 **중대한 사실의 오인이 있어 판결에 영향을 미친 때** 또는 **형의 양정이 심히 부당**하다고 인정할 현저한 사유가 있는 때

1. 의의

가. 유죄판결의 의의 : 피고사건의 실체에 관하여 범죄의 증명이 있는 때 선고하는 실체재판

나. 유죄판결에 명시할 이유 : 제323조, 제39조

2. 취지

가. 통제기능 : 재판의 공정성 담보

나. 정보제공기능 : 상소권자에게 상소제기의 여부에 대한 정당한 판단을 할 수 있게

다. 정의기능 : 기판력범위 확정

3. 유죄판결에 명시하여야 할 이유

가. 범죄될 사실

(1) 의의

특정한 구성요건에 해당하는 위법하고 유책한 구체적 사실을 말한다. 법령적용의 대상인 사실을 명확히 밝히고, 사건의 동일성과 일사부재리의 효력범위를 확정하는 기능을 한다.

(2) 범위

1) **구성요건해당사실** : 고의와 과실, 범행의 방법이나 태양, 범죄의 일시와 장소 등이다. 예를 들어, 공문서위조의 수단이나 방법, 증뢰죄에 있어서의 공무원의 직무범위, 상해죄에 있어서의 상해의 부위와 정도의 기재가 대표적이다.

관련판례 교사범, 방조범의 범죄사실 적시에 있어서는 그 전제요건이 되는 정범의 범죄구성요건이 되는 사실 전부를 적시하여야 하고, 이 기재가 없는 교사범, 방조범의 사실 적시는 죄가 되는 사실의 적시라고 할 수 없다(대판 1981.11.24. 81도2422).

2) **위법성과 책임** : 추정되어 특별한 명시가 필요없다.
3) **처벌조건** : 구성요건 해당사실은 아니나 형벌권의 존부를 좌우하므로 명시해야 한다.
4) **형의 가중·감면사유** : 판결이유에 명시하여야 한다.

다만, 범행의 동기, 범행의 도구 및 수법, 피고인의 성행, 전과, 연령, 직업과 환경 등의 양형의 조건이 되는 사유에 관하여는 이를 판결에 일일이 명시하지 아니하여도 위법이 아니다(대판 1994.12.13. 94도2584).

(3) 명시의 정도

1) **범죄될 사실** : 구체적으로 명시하여야 한다.
2) **일시와 장소** : 범죄사실을 특정하기 위하여 필요한 정도면 족하다.

관련판례 범죄의 일시는 형벌법규가 개정된 경우 그 적용법령을 결정하고, 행위자의 책임능력을 명확히 하여 공소시효의 완성여부를 명확히 할 수 있는 정도로 판시하면 된다(대판 1971.3.9. 70도2536).

나. 증거의 요지

(1) 의의

범죄될 사실을 인정하는 자료가 된 증거의 요지를 말한다.

(2) 증거적시를 요하는 범위

범죄사실의 내용을 이루는 사실에 제한된다. 따라서 범죄사실을 증명할 **적극적 증거**를 제시하면 족하고, **범죄사실 인정에 배치되는 소극적 증거까지 들어 판단할 필요는 없다.** 그러나 "피고인의 법정 진술과 적법하게 채택되어 조사된 증거들"로만 기재하는 것은 위법하다(대판 2000.3.10. 99도5312).

(3) 증거적시 방법 : 구체적·개별적으로 표시하여야 한다.

관련판례 증거의 요지는, 어느 증거의 어느 부분에 의해 범죄사실을 인정하였느냐 하는 이유 설명까지 할 필요는 없으나, 적어도 어떤 증거에 의해 어떤 범죄사실을 인정하였는가를 알아볼 정도로 증거의 중요부분을 표시하여야 하므로 '**피고인의 법정진술과 적법하게 채택되어 조사된 증거들'로만 기재시** 제323조 제1항에 위반한 **위법**이 있다(대판 2000.3.10. 99도5312).

다. 법령의 적용

(1) 의의
인정된 범죄사실에 대하여 실체형벌법규를 적용하는 것을 법령의 적용이라 한다.

(2) 적시를 요하는 범위
처벌규정, 형법총칙의 규정, 부수처분의 규정

(3) 적시의 방법
주로 합의부(문장식), 단독(나열식)

라. 소송관계인의 주장에 대한 판단

(1) 제323조 제2항의 취지
당사자주의의 표현, 재판의 객관적 공정성 담보하기 위한 것으로 주장이 배척된 때에만 의미를 갖는다. 그 주장을 인용하는 경우에는 무죄판결을 하거나 범죄될 사실로 기재될 것이기 때문이다.

(2) 주장과 판단의 방법 : 명시적으로 하여야 한다.
주장채부의 결론만을 표시하면 족하고, 이유설명은 필요없다는 것이 판례이다.

(3) 법률상 범죄의 성립을 조각하는 이유되는 사실의 주장
위법성·책임조각사유의 진술은 여기에 해당하나 구성요건해당성조각사유의 진술이나, 고의가 없다는 주장, 공소권소멸의 진술은 여기에 해당하지 않는다. 범행당시 술에 만취하였기 때문에 전혀 기억이 없다는 취지의 진술은 범행당시 심신상실 또는 심신미약의 상태에 있었다는 주장으로서 형사소송법 제323조 제2항 소정의 법률상 범죄의 성립을 조각하거나 형의 감면의 이유가 되는 사실의 진술에 해당한다(대판 1990.2.13. 89도2364).

(4) 법률상 형의 가중·감면의 이유되는 사실의 진술
필요적 가중·감면만을 의미한다는 견해, 임의적 가중·감면도 포함한다는 견해가 대립하나, 누범이나 심신장애, 중지미수가 같은 필요적 가중, 감면사유만을 의미하고, 과잉피난이나 불능미수같은 임의적 감면사유는 여기에 해당하지 않는다고 볼 것이다.

> 관련판례 자수는 형의 필요적 감경 또는 면제사유가 아니므로 자수사실에 대한 주장은 형의 양정에 영향을 미치는 사유에 지나지 아니하여 유죄판결에 명시할 이유에 해당한다고 할 수 없다 (대판 1987.7.7. 87도945).

4. 이유불비의 효과

가. 제323조 제1항의 경우 : 절대적 항소이유(제361의5 제11호)

나. 제323조 제2항의 경우 : 상대적항소이유설(제361의5 제1호) 다만 법원의 논증의무를 강조하여 절대적 항소이유라는 견해가 있다.

> **관련판례** 형사소송법 제323조 제1항에 따르면 유죄판결의 판결이유에는 범죄사실, 증거의 요지와 법령의 적용을 명시하여야 하므로, 유죄판결을 선고하면서 판결이유에 이 중 어느 하나를 전부 누락한 경우에는 형사소송법 **제383조 제1호에 정한 판결에 영향을 미친 법률위반으로서 파기사유**가 된다(대판 2009.6.25. 2009도3505).

> **제318조의4【판결선고기일】** ① 판결의 선고는 **변론을 종결한 기일에** 하여야 한다. 다만 특별한 사정이 있는 때에는 **따로 선고기일을 지정할 수 있다.**
> ② 변론을 종결한 기일에 판결을 선고하는 경우에는 **판결의 선고 후에 판결서를 작성할 수 있다.**
> ③ 제1항 단서의 선고기일은 **변론종결 후 14일 이내로** 지정되어야 한다.

현재의 재판관행과 같이 결심 후에도 2~3주 후에 선고기일을 지정할 경우 공판정에서의 생생한 인상을 유지한 채 판결을 선고하기가 어려워진다. 하지만 변론종결기일에 판결이 선고될 경우에는 이러한 문제점이 해소될 뿐 아니라 법원은 공판진행에 더욱 집중하게 되어 공판중심주의의 취지가 실현되고, 아울러 합의부 재판의 경우 합의부원간의 실질적 합의를 유도하게 되는 효과도 있다. 그리하여 판결의 선고는 원칙적으로 변론이 종결된 기일에 하도록 하고, 특별한 사정이 있는 경우에 한하여 따로 선고기일을 지정할 수 있되 변론이 종결된 날로부터 14일 이내로 하여야 한다. 변론을 종결한 기일에 판결을 선고하는 경우에는 판결의 선고 후에 판결서를 작성할 수 있다.

II 무죄의 판결

> **제325조【무죄의 판결】** 피고사건이 **범죄로 되지 아니하거나 범죄사실의 증명이 없는 때**에는 판결로써 무죄를 선고하여야 한다.
> **제323조【유죄판결에 명시될 이유】** ② 법률상 범죄의 성립을 조각하는 이유 또는 형의 가중, 감면의 이유되는 사실의 진술이 있은 때에는 이에 대한 판단을 명시하여야 한다.
> **제39조【재판의 이유】** 재판에는 **이유를** 명시하여야 한다. 단, **상소를 불허하는 결정 또는 명령**은 예외로 한다.

> **제314조【증거능력에 대한 예외】** 제312조 또는 제313조의 경우에 공판준비 또는 공판기일에 진술을 요하는 자가 **사망·질병·외국거주·소재불명** 그 밖에 이에 준하는 사유로 인하여 **진술할 수 없는** 때에는 그 조서 및 그 밖의 서류(피고인 또는 피고인 아닌 자가 작성하였거나 진술한 내용이 포함된 문자·사진·영상 등의 정보로서 컴퓨터용디스크, 그 밖에 이와 비슷한 정보저장매체에 저장된 것을 포함한다)를 **증거로 할 수 있다.** 다만 그 진술 또는 작성이 **특히 신빙할 수 있는 상태**하에서 행하여졌음이 증명된 때에 한한다.

1. 무죄판결의 의의

무죄판결이란 피고사건에 대하여 형벌권의 부존재를 확인하는 판결을 말한다. 피고사건이 범죄로 되지 않거나 범죄사실의 증명이 없는 때에는 판결로써 무죄의 선고를 하여야 한다(제325조).

2. 무죄판결의 유형

가. 피고사건이 범죄로 되지 아니하는 때

'피고사건이 범죄로 되지 아니하는 때'란 공소사실이 범죄를 구성하지 아니하는 경우 또는 제323조 제2항의 법률상 범죄의 성립을 조각하는 이유가 있다고 인정되는 경우를 말한다. **공소사실이 범죄를 구성하지 아니하는 경우**란 공소사실이 모두 증명되더라도 법령해석상 구성요건에 해당하지 아니하거나, 형벌조항이 헌법 기타 상위 법규에 위반되어 무효인 경우170) 등을 말하고, **법률상 범죄의 성립을 조각하는 이유**란 위법성이나 책임성 조각사유가 있는 경우를 말한다.171) 이를 '제325조 전단의 무죄172)'라고 부르기도 한다.

[대표적 사례]

① 특가법 상습절도 등에서 '상습성' 부인, 특가법 제5조의4 제5항, 제6항 적용 여부173)

② 강간치상, 강제추행치상, 특가법위반(도주) 등의 '상해' 부인 – 상대적 상해174)175) 개념

---

170) 대판 1999.12.24. 99도3003
171) 형사판결서작성실무 201면
172) 아래의 상습성 부인, 상대적 상해개념을 통한 상해부인 등 전단사유로 열거된 사례들이 경우에 따라서는 증거기록을 통해 증명이 부족한 후단 무죄사유가 될 수도 있다.
173) 형의 실효 등에 관한 법률 제7조 제1항은 '수형인이 자격정지 이상의 형을 받음이 없이 형의 집행을 종료하거나 그 집행이 면제된 날부터 같은 항 각 호에서 정한 기간이 경과한 때에는 그 형은 실효된다'고 규정하고 있으며, 같은 항 제2호에서 3년 이하의 징역·금고형의 경우는 그 기간을 5년으로 정하고 있다. 위 규정에 따라 형이 실효된 경우에는 형의 선고에 의한 법적 효과가 장래에 향하여 소멸하므로, 그 전과를 구 특정범죄 가중처벌 등에 관한 법률(2010.3.31. 법률 제10210호로 개정되기 전의 것) 제5조의4 제5항에서 정한 징역형의 선고를 받은 경우로 볼 수 없다(대판 2010.3.25. 2010도8).

③ 불가벌적 사후행위

④ 위법성조각 또는 책임조각사유 존재

⑤ 무면허운전 등에서 '도로'가 아닌 경우, 음주·무면허에서 '운전'의 개념에 포함되지 않는 경우, '운전면허를 받았으나 그 후 운전면허의 효력이 정지된 경우'의 무면허운전176)

⑥ '신분'이 없는 경우

⑦ 행위시 법률이 위헌·무효된 경우177)

⑧ 공문서부정행사죄에서 용도외 사용으로 부정사용이 아닌 경우178)

⑨ 위·변조된 수표를 변조하는 경우로 변조에 해당하지 않는 사안179), 구상호에서 신상호로 임의변경한 사안180)

---

174) 피해자의 우측 팔 부위에 멍이 생기기는 하였으나 그 크기도 동전 크기 정도의 멍이고 **별도로 병원치료를 받을 정도는** 아니어서 피해자가 며칠 동안 파스를 붙인 것 이외 따로 치료를 받지도 않았으며 상해 부분에 대한 소견서의 기재도 단순히 약 1주간의 안정가료를 요한다는 취지인 사실에 비추어 그 상처는 **굳이 따로 치료할 필요도 없는 것**이어서 그로 인하여 인체의 완전성을 해하거나 건강상태를 불량하게 변경하였다고 보기 어려움(대판 1996.12.23. 96도2673).

175) 상대적 상해개념을 이용하여 상해의 증명이 부족한 제325조 후단무죄사유로도 의율할 수 있다.

176) 도로교통법 제43조는 무면허운전 등을 금지하면서 "누구든지 제80조의 규정에 의하여 지방경찰청장으로부터 운전면허를 받지 아니하거나 운전면허의 효력이 정지된 경우에는 자동차 등을 운전하여서는 아니된다"고 정하여, 운전자의 금지사항으로 운전면허를 받지 아니한 경우와 운전면허의 효력이 정지된 경우를 구별하여 대등하게 나열하고 있다. 그렇다면 '**운전면허를 받지 아니하고**'라는 법률문언의 통상적인 의미에 '**운전면허를 받았으나 그 후 운전면허의 효력이 정지된 경우**'가 당연히 포함된다고는 해석할 수 없다(대판 2011.8.25. 2011도7725).

177) 대결 2013.4.18. 2011초기689 전원합의체 [형사보상]
형벌에 관한 법령이 헌법재판소의 위헌결정으로 소급하여 효력을 상실하였거나 법원에서 위헌·무효로 선언된 경우, 법원은 당해 법령을 적용하여 공소가 제기된 피고사건에 대하여 형사소송법 제325조에 따라 무죄를 선고하여야 한다. 나아가 형벌에 관한 법령이 폐지되었다 하더라도 그 '폐지'가 당초부터 헌법에 위배되어 효력이 없는 법령에 대한 것이었다면 그 피고사건은 형사소송법 제325조 전단이 규정하는 '범죄로 되지 아니한 때'의 무죄사유에 해당하는 것이지, 형사소송법 제326조 제4호에서 정한 면소사유에 해당한다고 할 수 없다.

178) [무죄이유설시] 이 사건 공소사실 중 피고인에 대한 공문서 부정행사죄의 점의 요지는 '피고인은 ㅇㅇㅇ에게 ㅇㅇㅇ가 작은 아버지인데 그의 허락을 받고 그의 이름으로 이동전화를 구입하려고 한다'고 거짓말하면서..절취하여 가지고 있던 ㅇㅇㅇ의 주민등록증을 제시하여 ..시장명의 공문서인 ㅇㅇㅇ의 주민등록증을 부정행사하였다는 것에 있다. 살피건대 사용권한자와 용도가 특정되어 작성된 공문서를 사용권한 없는 자가 그 사용권한이 있는 것처럼 부정한 목적으로 부정행사한 경우에는 공문서부정행사죄가 성립하나, 그 경우에도 그 공문서 본래의 용도에 따른 사용이 아닌 경우에는 공문서부정행사죄가 성립하지 아니한다. 따라서 **타인의 주민등록증을 제시하면서 주민등록증의 사람이 자신의 작은아버지라고 말하면서 이를 제시하였다고 하더라도 이는 주민등록증 본래의 용도인 신분확인용으로 사용한 것으로 볼 수 없어 공문서부정행사죄가 성립하지 아니한다.** 그렇다면 이 부분 공소사실은 범죄로 되지 아니하는 경우에 해당하므로 형사소송법 제325조 전단에 의하여 무죄를 선고한다.

179) 유가증권변조죄에서 '변조'는 진정하게 성립된 유가증권의 내용에 권한 없는 자가 유가증권의 동일성을 해하지 않는 한도에서 변경을 가하는 것을 의미하고, 이와 같이 권한 없는 자에 의해 변조된 부분은 진정하게 성립된 부분이라 할 수 없다. 따라서 **유가증권의 내용 중 권한 없는 자에 의하여 이미 변조된 부분을 다시 권한 없이 변경하였다고 하더라도 유가증권변조죄는 성립하지 않는다**(대판 2012.9.27. 2010도15206).

180) 무권리자가 수표 발행인 회사의 상호가 변경된 후에 임의로 그 회사가 상호변경 전에 적법하게 발행하였던 백지수표의 발행인란의 기명 부분만을 사선으로 지우고 그 밑에 변경 후의 상호를 써넣은 경우, 그 변경 전후의 기명은 모두 동일한 회사를 가리키는 것이어서 객관적으로 볼 때 그 백지수표의 발행인란의 기명날인은 그 동일성이 유지되어 있고 그 백지수표의 다른 기재 사항에는 아무런 변경도 없으므로 그와 같은 발행인란의 기명의 변경에 의하여 수표면에 부진정한 기명날인이 나타나게 되었다거나 새로운 수표행위가 있는 것과 같은 외관이 작출되었다고 볼 수는 없으므로 이를 수표법상 수표의 위조에 해당한다고 할 수는 없고, 또한 그 백지수표의 발행인란의 기명을 그와 같이 변경함으로 말미암아 그 백지수표의 효력이나 그 수표 관계자의 권리의무의 내용에 영향을 미친 것은 아니므로 이를 수표법상 수표의 변조에 해당한다고 할 수도 없다(대판 1996.10.11. 94다55163).

⑩ 공소시효 완성된 사실에 대한 무고행위[181]
⑪ 편취 또는 공갈하여 취득한 카드로 현금을 인출한 행위에 있어서 절도[182]
⑫ 불법원인급여와 횡령죄[183]
⑬ 사기죄[184]와 공갈죄[185]에서 처분행위 부존재 등이 대표적인 전단 무죄사유이다.

나. 범죄사실의 증명이 없는 때

'범죄사실의 증명이 없는 때'란 **통상 증거가 충족되지 않은 경우**를 뜻하나 그 진정한 의미는 합리적인 의심의 여지가 없을 정도로 심증을 형성하지 못한 경우를 말한다. 여기에는 객관적인 증거(예컨대 보강증거)가 부족한 경우와 객관적 증거는 있어도 증거능력이 있는 증거가 부족한 경우 및 위 모두가 갖추어져 있어도 증거가치가 없는 경우 등으로 대별할 수 있다.[186] 이를 '**제325조 후단의 무죄**'라고 부르기도 한다. 혈중알코올농도측정결과에 따른 음주운전의 증명부족사안[187], 무면허운전의 고

---

181) 타인으로 하여금 형사처분을 받게 할 목적으로 공무소에 대하여 허위사실을 신고하였다고 하더라도, 신고된 범죄사실에 대한 공소시효가 완성되었음이 신고 내용 자체에 의하여 분명한 경우에는 형사처분의 대상이 되지 않는 것이므로 무고죄가 성립하지 아니한다(대판 1994.2.8. 93도3445). 그러나 **객관적으로 고소사실에 대한 공소시효가 완성되었더라도 고소를 제기하면서 마치 공소시효가 완성되지 아니한 것처럼 고소한 경우에는** 국가기관의 직무를 그르칠 염려가 있으므로 무고죄를 구성한다(대판 1995.12.5. 95도1908).
182) 예금주인 현금카드 소유자를 협박하여 그 카드를 갈취한 다음 피해자의 승낙에 의하여 현금카드를 사용할 권한을 부여받아 이를 이용하여 현금자동지급기에서 현금을 인출한 행위는 모두 피해자의 예금을 갈취하고자 하는 피고인의 단일하고 계속된 범의 아래에서 이루어진 일련의 행위로서 포괄하여 하나의 공갈죄를 구성하므로, 현금자동지급기에서 피해자의 예금을 인출한 행위를 현금카드 갈취행위와 분리하여 따로 절도죄로 처단할 수는 없다. 왜냐하면 위 예금 인출 행위는 하자 있는 의사표시이기는 하지만 피해자의 승낙에 기한 것이고, 피해자가 그 승낙의 의사표시를 취소하기까지는 현금카드를 적법, 유효하게 사용할 수 있으므로, 은행으로서도 피해자의 지급정지 신청이 없는 한 그의 의사에 따라 그의 계산으로 적법하게 예금을 지급할 수밖에 없기 때문이다(대판 2007.5.10. 2007도1375).
183) 민법 제746조에 불법의 원인으로 인하여 재산을 급여하거나 노무를 제공한 때에는 그 이익의 반환을 청구하지 못한다고 규정한 뜻은 급여를 한 사람은 그 원인행위가 법률상 무효임을 내세워 상대방에게 부당이득반환청구를 할 수 없고, 또 급여한 물건의 소유권이 자기에게 있다고 하여 소유권에 기한 반환청구도 할 수 없어서 결국 급여한 물건의 소유권은 급여를 받은 상대방에게 귀속되는 것이므로, 甲이 乙로부터 제3자에 대한 뇌물공여 또는 배임증재의 목적으로 전달하여 달라고 교부받은 금전은 불법원인급여물에 해당하여 그 소유권은 甲에게 귀속되는 것으로서 甲이 위 금전을 제3자에게 전달하지 않고 임의로 소비하였다고 하더라도 횡령죄가 성립하지 않는다(대판 1999.6.11. 99도275).
184) 채무자가 위조수표를 채권자에게 진정한 것인양 채무변제조로 교부하고 채권자가 이를 진정수표로 오신하고 받았다는 것만으로는 채권자의 어떤 재산적 처분행위가 있다할 수 없을 뿐 아니라 위 채무변제조로 제공된 수표가 위조된 것이 탄로나서 부도된 이상 채권자의 채무자에 대한 기존채권이 소멸되지 아니한다 할 것이니 채무자가 채무면제의 이득을 취득한 것이라고 할 수도 없다(대판 1982.9.28. 82도1759, 서울고등법원 1983.2.4. 82노3282).
185) 재산상 이익의 취득으로 인한 공갈죄가 성립하려면 폭행 또는 협박과 같은 공갈행위로 인하여 피공갈자가 재산상 이익을 공여하는 처분행위가 있어야 한다. 물론 그러한 처분행위는 반드시 작위에 한하지 아니하고 부작위로도 족하여서, 피공갈자가 외포심을 일으켜 묵인하고 있는 동안에 공갈자가 직접 재산상의 이익을 탈취한 경우에도 공갈죄가 성립할 수 있다. 그러나 폭행의 상대방이 위와 같은 의미에서의 처분행위를 한 바 없고, **단지 행위자가 법적으로 의무 있는 재산상 이익의 공여를 면하기 위하여 상대방을 폭행하고 현장에서 도주함으로써 상대방이 행위자로부터 원래라면 얻을 수 있었던 재산상 이익의 실현에 장애가 발생한 것에 불과하다면, 그 행위자에게 공갈죄의 죄책을 물을 수 없다**(대판 2012.1.27. 2011도16044).
186) 형사판결서작성실무 201면.

의부정188), 특가법(도주)의 도주189)의 점 증명부족 사안, 명예훼손죄의 고의 부정190) 등이 대표적이다.

기록상에서는 주로 '전문법칙'에 따라 증거능력이 부정되는 경우가 많은데 ① 재전문으로 증거능력이 없는 경우 - 전문진술이 기재된 조서나 재전문진술 ② 원진술자가 불출석하였으나 진술불능191)으로 볼 수 없는 경우로 제314조 적용할 수 없는

---

187) **혈중알코올농도 결과의 신빙성 판단 – [위드마크공식]**
혈중알코올농도에 영향을 줄 수 있는 다른 요소들에 대해서는 이미 알려진 신빙성 있는 통계자료 중 피의자에게 가장 유리한 것을 대입하여야 함, 시간당 알코올 분해량은 사람에 따라 차이가 있으나 통상적으로 시간당 알코올 분해량은 시간당 0.008%~0.03%까지 분해가 되고 피의자에게 가장 유리한 0.03%를 적용하여 계산하여야 함(대판 2000.11.10. 99도5541) ※ 성, 비만도, 나이, 신장, 체중 등에 의한 영향을 받는 위드마크 상수를 0.86으로, 섭취한 알코올의 양 계산에 있어서는 가장 낮은 수치인 70%만이 체내에 흡수되며, 음주 개시 시각부터 곧바로 생리작용에 의하여 분해소멸이 시작되는 것으로 보고, 평소의 음주정도, 체질, 음주속도, 음주 후 신체활동의 정도 등에 좌우되는 시간당 알코올분해량을 0.03%로 계산하면 음주운전이라고 단정할 수 없는 경우 – 피고인에게 가장 유리한 감소치를 적용하여 위드마크 공식에 따라 계산한 혈중 알코올농도가 도로교통법상 처벌기준인 0.05%를 넘는 0.051%이었으나, 사건발생시간을 특정하는 과정에서 발생할 오차가능성 등의 여러 사정을 고려할 때 피고인의 운전 당시 혈중 알코올농도가 처벌기준치를 초과하였으리라고 단정할 수는 없다(대판 2005.7.28. 2005도3904) – 추산방식(분해량)은 0.03%가 가장 피고인에게 유리, 역추산 방식은 0.008%가 가장 유리

188) 무면허운전의 고의에 관하여, **적성검사미필로 인한 운전면허 취소통지를 받지 못하였고, 이전에 동일한 사정으로 면허취소처분을 받은 전력이 없는 점 등을 볼 때** 피의자가 소지하고 있는 운전면허증 앞면에 적성검사기간이 기재되어 있고 뒷면 하단에는 "적성검사 또는 면허증 갱신기간 내에 적성검사 또는 면허증을 갱신하지 아니하면 범칙금이 부과되며 1년의 기간이 지나면 운전면허가 취소됩니다"는 경고 문구가 있다는 점만으로는 피의자가 정기적성검사 미필로 면허가 취소된 사실을 미필적으로나마 인식하였다고 보기 어려움(대판 2004.12.10. 2004도6480)

189) 특정범죄 가중처벌 등에 관한 법률 제5조의3 도주차량 운전자의 가중처벌에 관한 규정의 입법 취지와 그 보호법익 등에 비추어 볼 때, 사고의 경위와 내용, 피해자의 나이와 그 상해의 부위 및 정도, 사고 뒤의 정황 등을 종합적으로 고려하여 사고 운전자가 실제로 피해자를 구호하는 등 **도로교통법 제50조 제1항의 규정에 따른 조치를 취할 필요가 있었다고 인정되지 아니하는 때에는 사고 운전자가 피해자를 구호하는 등의 조치를 취하지 아니하고 사고장소를 떠났다고 하더라도** 특정범죄 가중처벌 등에 관한 법률 제5조의3 제1항 위반죄가 되지 아니한다(대판 2002.10.22. 2002도4452, 대판 2004.6.11. 2003도8092 등 참조).

190) 명예훼손죄가 성립하기 위해서는 주관적 구성요소로서 타인의 명예를 훼손한다는 고의를 가지고 사람의 사회적 평가를 저하시키는 데 충분한 구체적 사실을 적시하는 행위를 할 것이 요구된다. 따라서 **불미스러운 소문의 진위를 확인하고자 질문을 하는 과정에서 타인의 명예를 훼손하는 발언을 하였다면** 이러한 경우에는 그 동기에 비추어 명예훼손의 고의를 인정하기 어렵다. 피고인이 아무도 없는 사무실로 甲을 불러 단둘이 이야기를 하였고, 甲에게 그와 같은 사실을 乙에게 말하지 말고 혼자만 알고 있으라고 당부하였으며, 甲이 그 후 乙에게는 이야기하였으나 을 외의 다른 사람들에게 이야기한 정황은 없는 점 등을 고려하면 피고인에게 전파가능성에 대한 인식과 그 위험을 용인하는 내심의 의사가 있었다고 보기도 어렵다(대판 2018.6.15. 2018도4200).

191) 피고인이 증거서류의 진정성립을 묻는 검사의 질문에 대하여 진술거부권을 행사하여 진술을 거부한 경우가 형사소송법 제314조의 '공판준비 또는 공판기일에 진술을 요하는 자가 사망·질병·외국거주·소재불명 그 밖에 이에 준하는 사유로 인하여 진술할 수 없는 때에 해당하는지 여부
형사소송법 제314조는 "제312조 또는 제313조의 경우에 공판준비 또는 공판기일에 진술을 요하는 자가 사망·질병·외국거주·소재불명, 그 밖에 이에 준하는 사유로 인하여 진술할 수 없는 때에는 그 조서 및 그 밖의 서류를 증거로 할 수 있다. 다만, 그 진술 또는 작성이 특히 신빙할 수 있는 상태하에서 행하여졌음이 증명된 때에 한한다"라고 정함으로써, 원진술자 등의 진술에 의하여 진정성립이 증명되지 아니하는 전문증거에 대하여 예외적으로 증거능력이 인정될 수 있는 사유로 '사망·질병·외국거주·소재불명, 그 밖에 이에 준하는 사유로 인하여 진술할 수 없는 때'를 들고 있다. 위 증거능력에 대한 예외사유로 1995. 12. 29. 법률 제5054호로 개정되기 전의 구 형사소송법 제314조가 '사망, 질병 기타 사유로 인하여 진술할 수 없는 때', 2007. 6. 1. 법률 제8496호로 개정되기 전의 구 형사소송법 제314조가 '사망, 질병, 외국거주 기타 사유로 인하여 진술할 수 없는 때'라고 각 규정한 것에 비하여 현행 형사소송법은 그 예외사유의 범위를 더욱 엄격하게 제한하고 있는데, 이는 직접심리주의와 공판중심주의의 요소를 강화하려는 취지가 반영된 것이다(대판 2012.5.17. 2009도6788 전원합의체 참조). 한편 헌법은 모든 국민은 형사상 자기에게 불리한 진술을 강요당하지 아니한다고 선언하고(제12조 제2항), 형사소송법은 피고인은 진술하지 아니하거나 개개의 질문에 대하여 진술을 거부할 수 있다고 규정하여(제283조의2 제1항), **진술거부권을 피고인의 권리로서 보장하고 있다. 위와 같은 현행 형사소송법 제314조의 문언과 개정 취지,**

사안이 많으며, ③ 공범자가 있는 경우 공범자의 진술이나 진술기재서류가 증거능력을 갖추고 있는지를 검토해보아야 한다. 사경 작성 공범자에 대한 피신조서의 증거능력을 부인하거나 공범자로부터 들은 전문진술 또는 전문진술 기재조서의 증거능력을 제316조 제2항에 따라 부정되는 것이 대표적이다. ④ 위법수집증거로 증거능력 부정되는 경우 역시 영장주의 위배[192] 또는 진술거부권 불고지 등을 주의 깊게 살펴보아야 한다.

또한 증거능력이 있는 증거만으로는 범죄의 증명이 되지 않는 경우(대표적으로 고의부정, 공모부정, 자백보강법칙 위반 사안 등)도 있다. 위에서 언급한 증거능력이 부정된 증거를 제외하면 유죄의 증거가 없는 경우인데 대표적인 기재례는 아래와 같다.

◆ 기재례

피고인이 ~ 하였다는 점에 대하여 살펴본다. 우선 사법경찰리가 작성한 피고인에 대한 피의자신문조서, 피고인이 작성한 자술서는 피고인이 이 법정에서 그 내용을 부인하므로 모두 그 증거능력이 없고, 사법경찰리가 작성한 ○○○에 대한 진술조서는 피고인이 증거로 동의한 바 없고, 원진술자에 의하여 성립의 진정이 인정되지도 않았으므로 증거능력이 없다. 한편 사법경찰리가 작성한 □□□ 에 대한 진술조서의 진술기재만으로는 이를 인정하기에 부족하고 달리 위 공소사실을 인정할만한 증거가 없다.

다. 무죄판결 유형의 구분

제325조 전단의 무죄와 후단의 무죄를 실제 사안에서 구분하기는 쉽지 않다. 다만 실무상으로는 위 전단 규정에 해당하는 것이 명백한 때 이외의 경우에는 모두 위 후단에 해당하는 것으로 보는 것이 통례이다.

진술거부권 관련 규정의 내용 등에 비추어 보면, 피고인이 증거서류의 진정성립을 묻는 검사의 질문에 대하여 진술거부권을 행사하여 진술을 거부한 경우는 형사소송법 제314조의 '그 밖에 이에 준하는 사유로 인하여 진술할 수 없는 때'에 해당하지 아니한다고 할 것이다(대판 2013.6.13. 2012도16001).
⇨ 공판기일에서 디지털 저장매체로부터 출력한 문서의 진정성립을 묻는 검사의 질문에 대하여 피고인들이 진술거부권을 행사한 경우는 형사소송법 제314조의 '공판준비 또는 공판기일에 진술을 요하는 자가 사망·질병·외국거주·소재불명 기타 그 밖에 이에 준하는 사유로 인하여 진술할 수 없는 때에 해당하지 않는다고 판단한 원심을 수긍한 사안

[192] 피고인이 운전 중 교통사고를 내고 의식을 잃은 채 병원 응급실로 호송되자, 출동한 경찰관이 법원으로부터 **압수·수색 또는 검증 영장을 발부받지 아니한 채 피고인의 동서로부터 채혈동의를 받고 의사로 하여금 채혈을 하도록 한** 사안에서, 원심이 적법한 절차에 따르지 아니하고 수집된 피고인의 혈액을 이용한 **혈중알코올농도에 관한 국립과학수사연구소 감정서 및 이에 기초한 주취운전자적발보고서의 증거능력을 부정**한 것은 정당하고, 음주운전자에 대한 채혈에 관하여 영장주의를 요구할 경우 증거가치가 없게 될 위험성이 있다거나 음주운전 중 교통사고를 야기하고 의식불명 상태에 빠져 병원에 후송된 자에 대해 수사기관이 수사의 목적으로 의료진에게 요청하여 혈액을 채취한 사정이 있다고 하더라도 이러한 증거의 증거능력을 배제하는 것이 형사사법 정의를 실현하려고 한 취지에 반하는 결과를 초래하는 예외적인 경우에 해당한다고 볼 수 없어 피고인에 대한 **도로교통법(음주운전)의 공소사실은 무죄**(대판 2011.4.28. 2009도2109).

3. 무죄판결의 주문과 이유

가. 무죄판결의 주문

무죄판결의 주문은 「피고인은 무죄」라고 기재한다. 수죄의 일부에 대하여 무죄를 선고하는 경우에는 그 부분의 무죄를 선고하여야 한다.

나. 무죄판결의 이유

무죄판결의 이유에 관하여는 특별한 규정이 없으나, 판결인 이상 이유를 기재함이 당연하다(제39조).[193] 무죄 이유는 주문에서 무죄가 선고된 부분을 먼저 기재하고, 다음에 이유에서만 무죄로 판단할 부분을 기재하되, 그 부분이 여러 개 있을 경우 공소장에 기재된 순서대로 기재한다.[194]

III 면소의 판결

> **제326조【면소의 판결】** 다음 경우에는 판결로써 면소의 선고를 하여야 한다.
> 1. **확정판결**이 있은 때
> 2. **사면**이 있은 때
> 3. **공소의 시효**가 완성되었을 때
> 4. 범죄 후의 법령개폐로 **형이 폐지**되었을 때
>
> **제252조【시효의 기산점】** ② 공범에는 **최종행위의 종료한 때**로부터 전공범에 대한 시효기간을 기산한다.
>
> **제277조【경미사건 등과 피고인의 불출석】** 다음 각 호의 어느 하나에 해당하는 사건에 관하여는 피고인의 출석을 요하지 아니한다. 이 경우 피고인은 대리인을 출석하게 할 수 있다.
> 1. **다액 500만 원 이하의 벌금** 또는 **과료**에 해당하는 사건
> 2. **공소기각** 또는 **면소의 재판**을 할 것이 명백한 사건
> 3. 장기 3년 이하의 징역 또는 금고, 다액 500만 원을 초과하는 벌금 또는 구류에 해당하는 사건에서 피고인의 **불출석허가신청**이 있고 법원이 피고인의 불출석이 그의 권리를 보호함에 지장이 없다고 인정하여 이를 허가한 사건. 다만, 제284조에 따른 절차를 진행하거나 판결을 선고하는 공판기일에는 출석하여야 한다.
> 4. 제453조 제1항에 따라 피고인만이 정식재판의 청구를 하여 판결을 선고하는 사건
>
> **제306조【공판절차의 정지】** ④ 피고사건에 대하여 **무죄, 면소, 형의 면제** 또는 **공소기각**의 재판을 할 것으로 명백한 때에는 제1항, 제2항의 사유있는 경우에도 **피고인의 출정없이** 재판할 수 있다.

---

[193] 이재상 642면.
[194] 형사판결서작성실무 201면.

> **제331조【무죄등 선고와 구속영장의 효력】** 무죄, 면소, 형의 면제, 형의 선고유예, 형의 집행유예, 공소기각 또는 벌금이나 과료를 과하는 판결이 선고된 때에는 **구속영장은 효력을 잃는다.**
> **제343조【상소 제기기간】** ① 상소의 제기는 그 기간 내에 **서면**으로 한다.
> ② 상소의 제기기간은 **재판을 선고 또는 고지한 날**로부터 진행된다.

1. 개념

피고사건의 공소범죄사실에 대하여 ① 확정판결 또는 사면이 있거나 ② 공소시효가 완성되거나 ③ 범죄 후 법령의 개폐로 형이 폐지되었을 경우에 판결로써 재판을 종료하는 종국재판이다(제326조).

2. 면소판결의 본질

면소판결은 소송조건의 구비여부에 대한 판단이라는 점에서 **형식재판이면서도 일사부재리의 효력이 인정**되는 재판인바, 여기서 실체재판인가, 형식재판인가 또는 독자적 유형의 재판(이분설, 실체관계적 형식재판설)인가라는 문제가 제기된다.

> **관련판례** 무죄의 판결은 실체적 공소권이 없다는 이유로서 하는 실체적 재판임에 반하여 **면소의 판결은 공소권의 소멸을 이유로 하여 소송을 종결시키는 형식재판**으로서 공소사실의 유무에 대하여 실체적 심리를 하여 그 사실이 인정되는 경우에 한하여 면소판결을 하는 것이 아니고 공소장에 기재되어 있는 범죄사실에 관하여 같은 법 제326조 각 호의 사유가 있으면 실체적 심리를 할 필요없이 면소의 판결을 하여야 한다(대판 1964.3.31. 64도64).

3. 면소판결의 법적 성질(형식재판설에 따른 구체적 검토)

가. 실체심리의 요부

실체심리가 필요한가에 대한 논의인데, 면소사유의 존부가 불분명한 경우는 어느 정도 실체심리가 필요하다고 본다.

나. 면소판결에 대해 피고인이 무죄를 이유로 상소할 수 있는지 여부

판례는 면소판결에 대하여 피고인에게 무죄판결청구권이 없다는 이유로 **상소가 허용되지 않는다**고 판시(실체판결청구권흠결설, 대판 1984.11.27. 84도2106)하고 있다. 면소판결 역시 피고인에게 불이익한 재판이 아니므로 실체판결청구권이 흠결되었다고 보기보다는 상소의 이익이 없다고 봄이 타당하다. 만일 상소의 이익이 없는 상소를 하면, 원심법원은 결정으로 상소를 기각한다(제360조).

그러나 처음부터 무죄사유만 있고 면소사유가 없음에도 잘못 면소를 한 경우는 면소판결에 대하여 무죄를 주장하며 상소할 수 있다.

관련판례 형벌에 관한 법령이 헌법재판소의 위헌결정으로 인하여 소급하여 그 효력을 상실하였거나 법원에서 위헌·무효로 선언된 경우, 당해 법령을 적용하여 공소가 제기된 피고사건에 대하여 같은 법 제325조에 따라 무죄를 선고하여야 한다. 나아가 형벌에 관한 법령이 재심판결 당시 폐지되었다 하더라도 그 '폐지'가 당초부터 헌법에 위배되어 효력이 없는 법령에 대한 것이었다면 같은 법 제325조 전단이 규정하는 '범죄로 되지 아니한 때'의 무죄사유에 해당하는 것이지, 같은 법 제326조 제4호의 면소사유에 해당한다고 할 수 없다. 따라서 면소판결에 대하여 무죄판결인 실체판결이 선고되어야 한다고 주장하면서 상고할 수 없는 것이 원칙이지만, 위와 같은 경우에는 이와 달리 면소를 할 수 없고 피고인에게 무죄의 선고를 하여야 하므로 **면소를 선고한 판결에 대하여 상고가 가능**하다(대판 2010.12.16. 2010도5986 전원합의체).

4. 면소판결의 사유

가. 제326조의 성질

예시규정설과 제한규정설이 있으나 우리 법은 4개의 면소사유로 제한하고 있다고 볼 것이다.

나. 면소판결의 사유 [확195) · 사 · 공 · 법]

(1) 확정판결이 존재하는 경우 – 기판력 저촉여부 : 제326조 제1호

판결196)문이 존재하는 경우 확정일자를 확인하고, 그 판결문의 범죄사실과 공소사실의 동일성을 판단하는 문제. 확정판결이 아니라고 하더라도 경범죄처벌법상의 통고처분도 범칙금 납부시 일사부재리효력 인정. 가장 대표적인 문제로는 **확정판결이 상습절도 내지 상습사기이고 공소사실은 그 확정판결 선고 전에 범한 사실로 판결이 확정된 사실과 그 판결선고 전**197)**에 범한 이 사건 공소사실이 실체법상 일죄로서 포괄일죄의 관계에 있어 확정판결의 효력이 공소사실에 미치는 경우**, 상상적 경합198)의 경우 등이 있다.

---

195) 소년법 제53조는 제32조의 보호처분을 받은 소년에 대하여는 그 심리 결정된 사건은 다시 공소를 제기하거나 소년부에 송치할 수 없다고 규정하고 있으므로, 제32조의 보호처분을 받은 사건과 동일(상습죄 등 포괄일죄 포함)한 사건에 관하여 다시 공소제기가 되었다면, 이는 공소제기절차가 법률의 규정에 위배하여 무효인 때에 해당한 경우이므로 면소가 아닌 형사소송법 제327조 제2호의 규정에 의하여 공소기각의 판결을 하여야 한다(대판 1985.5.28. 85도21).
196) 여기의 판결에는 약식명령, 즉결심판, 도교법이나 관세법 그리고 경범죄처벌법 등에 의한 범칙금납부도 포함됨. 단, 공소기각이나 관할위반, 소년법상의 보호처분은 해당되지 않는다.
197) 기판력의 기준시점은 사실심판결선고시(항소심판결선고시)이고, 약식명령인 경우는 송달시가 아닌 발령시가 기준시점이다. 즉, 포괄일죄의 관계에 있는 범행일부에 관하여 약식명령이 확정된 경우, 약식명령의 발령시를 기준으로 하여 그 전의 범행에 대하여는 면소의 판결을 하여야 하고, 그 이후의 범행에 대하여서만 일개의 범죄로 처벌하여야 한다(대판 1994.8.9. 94도1318).
198) 확정판결의 범죄사실 중 **업무방해죄와 이 사건 공소사실 중 명예훼손죄**(이하 '이 사건 공소사실 2'라 한다)는 모두 피고인이 같은 일시, 장소에서 피해자의 기념전시회에 참석한 손님들에게 피해자가 공사대금을 주지 않는다는 취지로 소리를 치며 소란을 피웠다는 1개의 행위에 의하여 실현된 경우로서 상상적 경합 관계에 있다고 보아, 이 사건 확정판결의 기판력이 이 사건 공소사실 2에 대해서도 미친다고 할 것이어서, 이 사건 공소사실 2에 대하여 이미 확정판결이 있다는 이유로 면소의 판결을 선고한 제1심판결을 정당하다고 판단하였다(대판 2007.2.23. 2005도10233).

(2) 공소시효 완성 사안 : 제326조 제3호

공소시효를 판단하는 기준시점은 '공소제기일'과 '범죄종료일[199][200]'이다. 범죄의 종료일로부터 시효를 기산하여 공소제기가 이루어졌는지를 판단한다. 특히, 공소시효를 검토할 때, ① 공범이 존재하는지, ② 공소장변경이 존재하는지, ③ 해외도피를 하였는지 ④ **특별법상 공소시효의 특례규정**[201]이 존재하는지를 확인하여야 한다. 공범은 최종행위가 종료한 때로부터 전체 공범에 대한 공소시효가 진행되고(제252조 제2항) 공범자 1인에 대한 기소로 시효가 정지되는 점을 유의한다. 공소장변경이 있는 경우 공소시효를 기산하는 시기와 관련하여 공소장변경시를 기준으로 한다는 견해와 최초 공소제기시를 기준으로 한다는 견해가 있으나 공소제기의 효력은 공소장에 기재된 공소사실과 동일성이 인정되는 사실에 대하여도 미치므로 '공소제기시'를 기준으로 판단해야 할 것이다[202]. 단, 변경된 공소사실의 법정형을 기준으로 공소시효기간을 정한다.

5. 심리상의 특칙

피고인의 공판정출석의무의 면제(제277조), 공판절차 정지의 예외(제306조 제4항)가 인정된다. 이는 면소판결이 피고인에게 유리한 재판이라는 점을 고려한 것이다.

6. 면소판결의 효력

가. 선고의 효력 : 구속력 발생, 당해 심급종결, 상소권발생(제343조)

나. 일사부재리의 효력

---

[199] 결과범에 있어서는 **결과가 발생한 때**부터 기산하며, 거동범과 미수범에 있어서는 **행위시**가 기산점이 된다. 계속범은 **법익침해가 종료한 때**가 공소시효의 기산점이 된다. 포괄일죄는 최종 **범죄행위가 종료된** 때로부터 공소시효가 진행된다.
[200] 이 사건 공소사실의 요지는, '대한민국에서 불법체류자로 생활하다가 적발되어 중국으로 강제퇴거 당한 피고인이 중국에서 성명과 생년월일이 변경된 신분증과 호구부를 발급받아 위장결혼을 통해 재입국하여 외국인등록을 마친 후, 2007. 12. 24. 법무부에 그와 같은 사실을 숨긴 채 **변경된 인적사항으로 귀화허가신청서를 작성하여 이를 접수·심사하는 담당공무원에게 제출하여**, 2009. 12. 9.경 귀화를 허가받아 대한민국 국적을 취득함으로써 위계로써 공무원의 직무집행을 방해하였다'는 것이다. 그리고 기록에 의하면 이 사건 공소는 2016. 7. 29. **제기되었다**. 원심은 그 판시와 같은 이유를 들어, 피고인이 2007. 12. 24. 허위의 사실이 기재된 귀화허가신청서를 담당공무원에게 제출하여 접수되게 함으로써 귀화허가에 관한 공무집행을 방해하는 상태가 초래된 이상 위계에 의한 공무집행방해죄가 기수 및 종료에 이르렀다고 판단하여, **그때부터 7년의 공소시효가** 진행되어 이미 이 사건 공소제기 전에 완성되었다는 이유로 면소를 선고한 제1심판결을 그대로 유지하였다. 그러나 앞서 본 법리에 비추어 살펴보면, 피고인이 **허위사실이 기재된 귀화허가신청서를 담당공무원에게 제출하여 그에 따라 귀화허가업무를 담당하는 행정청이 그릇된 행위나 처분을 하여야만 위계에 의한 공무집행방해죄가 기수 및 종료**에 이른다고 할 것이고, 한편 단지 허위사실이 기재된 귀화허가신청서를 제출하여 접수되게 한 사정만으로는 구체적인 직무집행을 저지하거나 현실적으로 곤란하게 하는 데까지 이르렀다고 단정할 수 없다(대판 2017.4.27. 2017도2583). ⇨ 면소할 사안이 아니라 이후 2009. 12. 9. 귀하허가를 받은 때 범죄가 종료되어 이 때로부터 7년 이내에 공소가 제기되어 적법한 공소제기이고 따라서 유죄로 판단해야 한다는 취지
[201] 성폭력범죄는 공소시효도 함께 유의 - 만 20세미만인 미성년자를 강간한 경우는 성폭력범죄처벌등에관한특례법 제21조 제1항에 따라 성폭력범죄로 피해를 당한 미성년자가 성년에 달한 날로부터 공소시효가 진행되게 된다.
[202] 공소장 변경이 있는 경우에 공소시효의 완성 여부는 당초의 공소제기가 있었던 시점을 기준으로 판단할 것이고 공소장 변경시를 기준으로 삼을 것은 아니다(대판 2004.7.22. 2003도8153).

다. 부수적 효력

　(1) 구속영장의 실효(제331조)

　(2) 보석의 실효 및 보증금의 환부

　(3) 형사보상청구권 발생(형사보상법 제25조)

Ⅳ 공소기각의 판결·결정

제327조【공소기각의 판결】 다음 경우에는 **판결로써** 공소기각의 선고를 하여야 한다.
1. 피고인에 대하여 **재판권이 없을 때**
2. 공소제기의 절차가 법률의 규정을 위반하여 **무효일 때**
3. 공소가 제기된 사건에 대하여 **다시 공소가 제기되었을 때**
4. 제329조를 위반하여 공소가 제기되었을 때
5. **고소가 있어야** 공소를 제기할 수 있는 사건에서 **고소가 취소되었을 때**
6. 피해자의 명시한 의사에 반하여 공소를 제기할 수 없는 사건에서 처벌을 원하지 아니하는 의사표시를 하거나 처벌을 원하는 의사표시를 철회하였을 때

제328조【공소기각의 결정】 ① 다음 경우에는 **결정으로** 공소를 기각하여야 한다.
1. **공소가 취소** 되었을 때
2. 피고인이 **사망**하거나 피고인인 **법인이 존속하지 아니하게** 되었을 때
3. 제12조 또는 제13조의 규정에 의하여 **재판할 수 없는 때**
4. 공소장에 기재된 사실이 진실하다 하더라도 **범죄가 될 만한 사실이 포함되지 아니하는 때**

② 전항의 결정에 대하여는 즉시항고를 할 수 있다.

제329조【공소취소와 재기소】 공소취소에 의한 공소기각의 결정이 확정된 때에는 공소취소 후 그 범죄사실에 대한 다른 중요한 증거를 발견한 경우에 한하여 다시 공소를 제기할 수 있다.

제12조【동일사건과 수개의 소송계속】 동일사건이 사물관할을 달리하는 수개의 법원에 계속된 때에는 **법원합의부**가 심판한다.

제13조【관할의 경합】 같은 사건이 사물관할이 같은 여러 개의 법원에 계속된 때에는 **먼저 공소를 받은 법원**이 심판한다. 다만, **각 법원에 공통되는 바로 위의 상급법원**은 검사나 피고인의 신청에 의하여 결정으로 뒤에 공소를 받은 법원으로 하여금 심판하게 할 수 있다.

1. 공소기각의 재판의 의의

공소기각의 재판은 피고사건에 대하여 관할권 이외의 형식적 소송조건이 결여된 경우에 절차상의 하자를 이유로 공소를 부적법하다고 인정하여 더 이상 사건의 실체에 대한 심리를 하지 않고 소송을 종결시키는 형식재판이다. 공소기각의 재판에는 공소기각의 결정(제328조)과 공소기각의 판결(제327조)이 있다. 공소기각의 사유는 제327조와 제328조에 열거되어 있으며, 이는 **한정적인 열거**로 보는 것이 통설적 입장이다.203)

> **관련판례** – 피고인이나 변호인에게 최종의견 진술의 기회를 주지 아니한 채 변론을 종결하고 판결을 선고한 경우가 법령위반에 해당하는지 여부(적극) 형사소송법 제303조는 "재판장은 검사의 의견을 들은 후 피고인과 변호인에게 최종의 의견을 진술할 기회를 주어야 한다."라고 정하고 있으므로, 최종의견 진술의 기회는 피고인과 변호인 모두에게 주어져야 한다. 이러한 **최종의견 진술의 기회는 피고인과 변호인의 소송법상 권리로서 피고인과 변호인이 사실관계의 다툼이나 유리한 양형사유를 주장할 수 있는 마지막 기회이므로, 피고인이나 변호인에게 최종의견 진술의 기회를 주지 아니한 채 변론을 종결하고 판결을 선고하는 것은** 소송절차의 **법령위반에 해당**한다(대판 2018.3.29. 2018도327).

2. 공소기각의 결정(제328조)

① 공소가 취소되었을 때, ② 피고인이 **사망**하거나 피고인인 **법인이 존속하지 아니하게 되었을 때**, ③ **관할의 경합**(제12조, 제13조)으로 인하여 **재판할 수 없는 때**, ④ 공소장에 기재된 사실이 진실하다고 하더라도 **범죄가 될 만한 사실이 포함되지 아니한** 때에는 결정으로 공소를 기각하여야 한다(제328조 제1항). 공소기각의 결정에 대하여는 **즉시항고**를 할 수 있다(동조 제2항). 다만, **공소취소에 의한 공소기각의 결정이 확정된 때에는 공소취소 후 그 범죄사실에 대한 다른 중요한 증거를 발견한 경우에 한하여 다시 공소를 제기**할 수 있다(제329조).

> **관련판례** 형사소송법 제328조 제1항 제4호에 규정된 '**공소장에 기재된 사실이 진실하다 하더라도 범죄가 될 만한 사실이 포함되지 아니한 때**란 공소장 기재사실 자체에 대한 판단으로 그 사실 자체가 죄가 되지 아니함이 명백한 경우**를 말한다. 정당법상 당원이 될 수 없는 피고인들이 특정 정당에 당원으로 가입하여 당비 명목으로 정치자금을 기부하였다고 하여 정치자금법 위반으로 기소된 사안에서, 위 공소사실에 대하여는 피고인들의 당원 가입행위의 효력, 피고인들이 기부한 돈의 실질적인 성격 및 정치자금법의 구성요건 등을 검토하여 실체적 판단을 하여야 하므로, 공소장 기재사실 자체에 대한 판단만으로도 그 사실 자체가 죄가 되지 아니함이 명백한 경우라고 할 수 없어 형사소송법 제328조 제1항 제4호의 공소기각결정 사유에 해당하지 않는다고 한 사례(대판 2014.5.16. 2012도12867).

---

203) 이재상 643면.

3. 공소기각의 판결

① 피고인에 대하여 **재판권이 없는 때**, ② 공소제기의 **절차가 법률의 규정에 위반하여 무효**인 때, ③ 공소가 제기된 사건에 대하여 **다시 공소가 제기**되었을 때, ④ **공소취소 후 다른 중요한 증거를 발견하지 않았음에도 불구하고 공소가 제기**되었을 때, ⑤ **친고죄에 대하여 고소의 취소가 있은 때**, ⑥ **반의사불벌죄에 대하여 처벌을 희망하지 아니하는 의사표시가 있거나 처벌을 희망하는 의사표시가 철회되었을 때**에는 판결로써 공소기각을 선고하여야 한다(제327조). 공소기각의 판결에 대하여는 **상소**할 수 있으나, 피고인이 무죄를 주장하여 상소하는 것은 허용되지 않는다.

가. 공소사실 불특정 사안 - 제327조 제2호 공소기각

마약류 위반[204], 강제추행, 강간, 간통, 공갈 등 행위표준설에 의하여 죄수를 판단하는 범죄들의 행위의 수가 특정되지 않은 경우가 대표적이다. 사문서위조죄에 있어서 명의자를 구체적으로 특정하지 않고 만연히 채권자 4인명의의 사문서를 위조하였다는 기재[205], 사기나 횡령 배임죄에서 피해자들의 성명과 피해자별 피해액이 불명확한 기재[206], 폭행죄에서 성명불상의 수인을 폭행하였다는 기재[207] 등은 모두

---

[204] 마약류 투약범죄는 그 범행이 은밀한 공간에서 목격자 없이 이루어지는 경우가 많고 관련 증거를 확보하기도 매우 어려운 사정이 있으므로 그 공소사실의 특정 여부를 판단함에 있어서도 해당 범죄의 특성이 충분히 고려될 필요가 있다고 할 것이나, 피고인이 필로폰 투약사실을 부인하고 있고 그에 관한 뚜렷한 증거가 확보되지 않았음에도 모발감정 결과에 기초하여 그 투약가능기간을 추정한 다음 개괄적으로만 그 범행시기를 적시하여 공소사실을 기재한 경우에 그 공소내용이 특정되었다고 볼 것인지는 매우 신중히 판단하여야 할 것이다. 우선 마약류 투약사실을 밝히기 위한 모발감정은 그 검사 조건 등 외부적 요인에 의한 변수가 작용할 수 있고, 그 결과에 터 잡아 투약가능기간을 추정하는 방법은 모발의 성장속도가 일정하다는 것을 전제로 하고 있으나 실제로는 개인에 따라 모발의 성장속도에 적지 않은 차이가 있고, 동일인의 경우에도 그 채취 부위, 건강상태에 따라 편차가 있으며, 채취된 모발에도 성장기, 휴지기, 퇴행기 단계의 모발이 혼재함으로 인해 그 정확성을 신뢰하기 어려운 문제가 있다. 또한 모발감정 결과에 기초한 투약가능기간의 추정은 수십 일에서 수개월에 걸쳐 있는 경우가 많은데, 마약류 투약범죄의 특성상 그 기간 동안 수회의 투약가능성을 부정하기 어려운 점에 비추어 볼 때, 그와 같은 방법으로 추정한 투약가능기간을 공소제기된 범죄의 범행시기로 기재하는 것은, 피고인의 방어권 행사에 현저한 지장을 초래할 수 있고, 매 투약 시마다 별개의 범죄를 구성하는 마약류 투약범죄의 성격상 이중기소 여부나 일사부재리의 효력이 미치는 범위를 판단함에 있어서도 곤란한 문제가 발생할 수 있다. 따라서 검사가 상고이유에서 주장하는 여러 사정을 고려하더라도, 이 사건 공소사실은 그 범행을 부인하는 피고인에 대한 모발감정 결과 등을 바탕으로 그 범행일시와 장소 및 투약방법을 단순히 추정한 것에 불과하고, 특히 범행시기로 기재된 '2010. 11.경'에는 1개월 이상의 기간이 포함될 수 있어 위에서 본 마약류 투약범죄의 특성 등에 비추어 그 공소내용이 특정되었다고 보기는 어렵다. 같은 취지의 원심판단은 정당하고, 거기에 공소사실의 특정에 관한 법리를 오해하는 등으로 판결에 영향을 미친 위법이 있다고 할 수 없다(대판 2012.4.26. 2011도11817).

[205] 공소사실의 기재는 각 범죄사실을 개별적으로 특정할 수 있도록 구체적으로 하여야 하므로 사문서위조 공소사실을 기재함에 있어서 2인의 명의만 특정하였을 뿐 나머지 채권자 4명에 대하여는 그 명의를 구체적으로 특정하지 않은 채 만연히 채권자들이라고만 지적하였다면 나머지 채권자 4명 명의의 사문서를 위조하였다는 공소는 그 공소사실을 기재하지 않은 것으로서 공소의 제기가 법률의 규정에 반한 경우에 해당한다(대판 1983.9.13. 82도2063).

[206] 원심이 같은 취지에서, 공소사실 제1항의 피해자와 관련하여 모두 "대구 동구 신천동, 달서구 상인동, 달서구 진천동, 수성구 지산동, 수성구 두산동 소재 단란주점 내지 유흥주점 성명불상 업주 등 그 일대 유흥업소 업주들"로, 공소사실 제2항의 피해자와 관련하여 "경주시, 전주시, 진주시, 대구시, 부산시, 상주시 각 일원 성명불상 유흥업소

불특정 사례이다. 대법원은 피고인이 간통사실을 부인하면서 강간을 당하여 임신하게 되었다고 주장하는 사안에서, '피고인이 2009. 4. 중순 일자 불상경 대한민국 내에서 성명불상 남자와 1회 성교하여 간통하였다'는 공소사실은 특정되지 않았다고 판단208)하였다.

나. 친고죄 · 반의사불벌죄에 있어서 고소취소 내지 처벌불원

(1) 소추조건을 판단함에 있어서 중요한 시점은 바로 **공소제기시점과 제1심판결선고시점**이다. 고소취소 내지 처벌불원서가 제출되거나 참고인진술조서나 공판조서상에서 피해자가 처벌불원을 진술하는지 잘 확인하여, 그 시점이 공소제기 후인지 아니면 공소제기 전인지에 따라 공소기각 적용법조가 달라진다. 반의사불벌죄 중 부수법 위반의 수표회수209)도 동일한 쟁점이다. 고소불가분의 원칙210)이 함께 문제

업주들" 또는 심지어 "경주시 일원"이라고까지 각 표시하고 있고, 그 피해액에 대해서도 피해자별로 각각의 편취 범행에 따른 피해액을 기재한 것이 아니라 각 동 및 시 별로 피해액의 합계액만 기재하고 피해자의 숫자조차 특정되지 아니한 것은 피해자나 그 피해액을 알 수 없어 공소사실이 특정되었다고 볼 수 없다는 이유로 공소를 기각한 것은 정당하고, 나아가 공소사실 제1항 중, 대구 동구 신천동 소재 티파니주점, 대구 달서구 진천동 소재 월광주점, 대구 수성구 지산동 소재 선단란주점, 대구 수성구 두산동 소재 비잔틴주점의 각 업주 등에 대해서도 비록 피해 업소의 명칭을 기재하고 있기는 하지만 이 역시 해당 피해자별 피해액을 특정하여 기재하지 아니한 이상 공소사실이 특정되었다고 볼 수는 없다고 할 것이므로, 원심판결에 상고이유로 주장하는 바와 같은 공소사실의 특정에 관한 법리오해의 위법이 있다고 할 수 없다(대판 2004.7.22. 2004도2390).

207) 폭행으로 인한 폭력행위등처벌에관한법률 제2조 제2항 위반죄는 피해자별로 1개의 죄가 성립되는 것으로 각 피해자별로 사실을 특정할 수 있도록 공소사실을 기재하여야 할 것인바, 공소사실 중 '피고인들이 공동하여, 성명불상 범종추측 승려 100여 명의 전신을 손으로 때리고 떠밀며 발로 차서 위 성명불상 피해자들에게 폭행을 각 가한 것이다'는 부분은 피해자의 숫자조차 특정되어 있지 않아 도대체 몇 개의 폭행으로 인한 폭력행위등처벌에관한법률위반죄를 공소제기한 것인지조차 알 수가 없으므로, 공소장에 구체적인 범죄사실의 기재가 없어 그 공소제기의 절차가 법률의 규정에 위반하여 무효인 경우에 해당한다고 한 사례(대판 1995.3.24. 95도22)

208) 피고인이 간통 사실을 부인하면서 강간을 당하여 임신하게 되었다고 주장하고 있는 이 사건에서 '피고인이 2009. 4. 중순 일자 불상경 대한민국 내에서 성명불상 남자와 1회 성교하여 간통하였다'는 공소사실 기재는 앞서 본 법리 및 이 사건 기록에 비추어 다른 사실과 구별이 가능하도록 공소사실이 특정되었다고 보기는 어렵다. 낙태 사실은 그 임신에 이르게 된 성관계가 있었던 사실을 추정하게 할 뿐이고, 그로써 곧 그 임신의 원인이 된 성관계가 간통행위에 의한 것이라고 특정되었다고 보기에는 부족하다(대판 2013.7.25. 2013도1444).

209) 부정수표단속법 제2조 제4항은 수표를 발행하거나 작성한 자가 그 수표를 회수한 경우 수표소지인이 처벌을 희망하지 아니하는 의사표시를 한 것과 마찬가지로 보아 같은 조 제2항 및 제3항의 죄를 이른바 반의사불벌죄로 규정한 취지라고 해석함이 상당하고, 친고죄에 있어서 고소 및 고소취소 불가분의 원칙을 규정한 형사소송법 제233조의 규정이 반의사불벌죄에 준용되지 아니하나, 부정수표단속법 제2조 제4항의 입법 취지는 수표거래질서의 확보를 위한 본래의 법기능을 그대로 유지하면서 부정수표를 회수한 경우 등에는 공소를 제기할 수 없도록 함으로써 부도를 낸 기업인의 기업회생을 도모하려는 데에 있는 것인바, 부정수표의 회수는 수표소지인이 수표를 여전히 소지하면서 단순히 처벌을 희망하지 아니하는 의사만을 표시하는 경우와는 달리 그 회수사실 자체가 소극적 소추조건이 되고, 그 소지인의 의사가 구체적 · 개별적으로 외부로 표출되지도 아니하며, 부정수표가 회수되면 그 회수 당시의 소지인은 더 이상 수표상의 권리를 행사할 수 없게 되는 점, 부정수표단속법 제2조 제4항의 규정 내용에 비추어, 부정수표를 돌려주거나 처벌을 희망하지 아니하는 의사를 표시할 수 있는 수표소지인이라 함은 그 수표의 발행자나 작성자 및 그 공범 이외의 자를 말하는 것으로 봄이 상당하므로, 부정수표가 그 발행자나 작성자 및 그 공범에 의하여 이미 회수된 경우에는 그 수표에 관한 한 처벌을 희망하지 아니하는 의사를 표시할 수 있는 수표소지인은 더 이상 존재하지 아니하게 되는 점 및 부정수표단속법 제2조 제4항의 규정 형식상 '수표소지인의 명시한 의사'는 수표를 회수하지 못하였을 경우에 소추조건이 되도록 규정되어 있는 점 등에 비추어 보면, 부정수표가 공범에 의하여 회수된 경우에 그 소추조건으로서의 효력은 회수 당시 소지인의 의사와 관계없이 다른 공범자에게도 당연히 미치는 것으로 보아야 할 것이고, 부정수표를 실제로 회수한 공범이 다른 공범자의 처벌을 원한다고 하여 달리 볼 것이 아니다(대판 1999.5.14. 99도900).

되는 경우가 많다. 비밀침해죄나 업무상비밀누설죄도 친고죄이므로 고소가 존재하는지, 고소취소가 있는지 등을 잘 검토하여야 한다.

(2) 공소제기 전이라면 제327조 제2호 공소기각, 공소제기 후 제1심판결선고 전이라면 친고죄는 제327조 제5호, 반의사불벌죄는 제327조 제6호에 의하여 공소기각 판결이 선고된다.

위와 같은 절대적 친고죄 뿐 아니라 사기죄 등 재산범죄가 친족관계로 인하여 상대적 친고죄가 되는 경우에도 소추조건 구비여부를 확인하여 공소기각 사유에 해당되는지 검토하여야 한다. '가족관계증명서'와 '주민등록등본'이 기록에 첨부되어 있는 경우 역시 친족상도례에 따라 피해자와 동거하지 않는 친족관계인지를 반드시 확인하여야 한다. 특히, 판례에 따라 이득액이 5억 이상으로 특정경제가중처벌등에관한법률이 적용될 경우에도 '친족상도례'가 적용된다는 점 역시 공소기각사유를 판단함에 있어 유의할 부분이다.

(3) '금전적인 보상만 해주면 굳이 형사처벌을 원하지 않습니다.'라고 말한 것은 확정적인 처벌불원의 의사표시로 볼 수 없다. 판례 역시 "반의사불벌죄에 있어서 피해자가 처벌을 희망하지 아니하는 의사표시 또는 그 처벌을 희망하는 의사표시의 철회는 **피해자의 진실한 의사가 명백하고 믿을 수 있는 방법으로 표명**되어야 한다(대판 2010.11.11. 2010도11550,2010전도83)"고 판시하고 있는 바, 조건부 처벌불원은 공소기각이 아닌 유죄판결이 이루어진다. 나아가 반의사불벌죄의 처벌불원의 의사표시는 의사능력이 있는 피해자가 단독으로 할 수 있는 것이고(대판 2009.11.19. 2009도6058 전원합의체 참조), 피해자가 **사망한 후 그 상속인이 피해자를 대신하여 처벌불원의 의사표시를 할 수도 없다**(대판 2010.5.27. 2010도2680).

[상대적 친고죄 사안의 경우]
① 공범자가 친족관계가 없다면 친족관계가 있는 당해 피고인만 친고죄가 되고, 공범자는 유죄가 선고될 것이다.
② 친족관계가 인정되지 않는 사안도 유의한다(**절도에서 소유자와는 친족이나 점유자와 친족이 아닌 경우로 대표적으로 타인신용카드 절취 후 현금인출사안, 횡령죄**[211])의 경우

---

210) 공범자에 대한 제1심 판결선고후 고소취소 가부
- 친고죄의 공범 중 그 일부에 대하여 제1심 판결이 선고된 후에는 제1심 판결선고 전의 다른 공범자에 대하여는 그 고소를 취소할 수 없고 그 고소의 취소가 있다 하더라도 그 효력을 발생할 수 없으므로 고소불가분의 원칙상 공범자에 대한 제1심 판결 선고 후에는 다른 공범자에 대하여 고소를 취소할 수 없다(대판 1985.11.12. 85도1940). 단 이혼심판사건이 취하간주되었다면 취하간주가 간통사건에 대한 제1심 판결선고 후일지라도 그로 인하여 간통고소는 소급하여 효력을 상실하게 되며 간통죄에 대한 공동피고인의 한 사람에 대한 유죄판결이 확정되어 그 사람에 대하여는 고소취소의 효력이 미치게 할 수 없는 경우라 할지라도 마찬가지이다(대판 1975.6.24. 75도1449 전원합의체).

위탁자 뿐만 아니라 소유자와의 관계에 있어서도 친족관계에 있을 것을 요하는데 대표적으로 위탁자와는 친족이나 소유자인 지입회사와는 친족관계가 없는 사안 등, 공갈죄도 피공갈자와 피해자 모두와 친족관계 요함).

다. 소년보호처분 사건

"소년법상 보호처분" 받은 사실 있고 그 사실과 이사건 공소사실의 동일성이 인정되면, 면소판결이 아니라 이 역시 공소기각 제327조 제2호 사유에 해당된다. 소년법 제32조의 보호처분을 받은 사건과 동일(상습죄 등 포괄일죄 포함)한 사건에 관하여 다시 공소제기가 되었다면, 이는 공소제기 절차가 법률의 규정에 위배하여 무효인 때에 해당한 경우이므로 형사소송법 제327조 제2호의 규정에 의하여 공소기각의 판결을 하여야 한다.212)

> **관련판례** 가정폭력범죄의 처벌 등에 관한 특례법(이하 '가정폭력처벌법'이라고 한다)에 규정된 가정보호사건의 조사·심리는 검사의 관여 없이 가정법원이 직권으로 진행하는 형사처벌의 특례에 따른 절차로서, 검사는 친고죄에서의 고소 등 공소제기의 요건이 갖추어지지 아니한 경우에도 가정보호사건으로 처리할 수 있고(가정폭력처벌법 제9조), 법원은 보호처분을 받은 가정폭력행위자가 보호처분을 이행하지 아니하거나 집행에 따르지 아니하면 직권으로 또는 청구에 의하여 보호처분을 취소할 수 있는 등(가정폭력처벌법 제46조) 당사자주의와 대심적 구조를 전제로 하는 형사소송절차와는 내용과 성질을 달리하여 형사소송절차와 동일하다고 보기 어려우므로, 가정폭력처벌법에 따른 보호처분의 결정 또는 불처분결정에 확정된 형사판결에 준하는 효력을 인정할 수 없다. 가정폭력처벌법에 따른 보호처분의 결정이 확정된 경우에는 원칙적으로 가정폭력행위자에 대하여 같은 범죄사실로 다시 공소를 제기할 수 없으나(가정폭력처벌법 제16조), **보호처분은 확정판결이 아니고 따라서 기판력도 없으므로 보호처분을 받은 사건과 동일한 사건에 대하여 다시 공소제기가 되었다면** 이에 대해서는 면소판결을 할 것이 아니라 **공소제기의 절차가 법률의 규정에 위배하여 무효인 때에 해당**한 경우이므로 형사소송법 제327조 제2호의 규정에 의하여 **공소기각의 판결**을 하여야 한다. 그러나 가정폭력처벌법은 불처분결정에 대해서는 그와 같은 규정을 두고 있지 않을 뿐만 아니라, 가정폭력범죄에 대한 공소시효에 관하여 불처분결정이 확정된 때에는 그때부터 공소시효가 진행된다고 규정하고 있으므로(가정폭력처벌법 제17조 제1항), 가정폭력처벌법은 불처분결정이 확정된 가정폭력범죄라 하더라도 일정한 경우 공소가 제기될 수 있음을 전제로 하고 있다. 따라서 **가정폭력처벌법 제37조 제1항 제1호의 불처분결정이 확정된 후에 검사가 동일한 범죄사실에 대하여 다시 공소를 제기하였다거나 법원이 이에 대하여 유죄판결을 선고하였더라도 이중처벌금지의 원칙 내지 일사부재리의 원칙에 위배된다고 할 수 없다**(대판 2017.8.23. 2016도5423).

---

211) 횡령범인이 위탁자가 소유자를 위해 보관하고 있는 물건을 위탁자로부터 보관받아 이를 횡령한 경우에 형법 제361조에 의하여 준용되는 제328조 제2항의 친족간의 범행에 관한 조문은 범인과 피해물건의 소유자 및 위탁자 쌍방 사이에 같은 조문에 정한 친족관계가 있는 경우에만 적용되고, 단지 횡령범인과 피해물건의 소유자간에만 친족관계가 있거나 횡령범인과 피해물건의 위탁자간에만 친족관계가 있는 경우에는 적용되지 않는다(대판 2008.7.24. 2008도3438).
212) 대판 1996.2.23. 96도47

관련판례 – 가정폭력범죄의처벌등에관한특례법상의 보호처분 결정 등에 대한 항고의 가부 가정폭력범죄의 처벌 등에 관한 특례법(이하 '법'이라 한다) 제8조 제1항에 따라 검사가 청구하는 임시조치에 대하여 법 제39조 위임에 따라 제정된 가정보호심판규칙(이하 '규칙'이라 한다) 제10조는 가정법원 판사가 임시조치 결정 또는 임시조치 청구를 기각하는 결정을 할 수 있다고 규정한다. **법 제49조 제1항은 법 제8조에 따른 임시조치 결정에 있어서 그 결정에 영향을 미칠 법령위반이 있거나 중대한 사실오인이 있는 경우 또는 그 결정이 현저히 부당한 경우에는 검사, 가정폭력행위자, 법정대리인 또는 보조인은 가정법원 본원합의부에 항고할 수 있다고 규정한다.** 한편 가정보호사건을 송치받은 가정법원 판사는 원활한 조사·심리 또는 피해자 보호를 위하여 필요하다고 인정하는 경우에는 결정으로 법 제29조가 정한 임시조치를 할 수 있고, 조사·심리를 거쳐 법 제40조가 정한 보호처분 결정이나 법 제37조가 정한 처분을 하지 아니하는 결정을 할 수 있다. **법 제49조 제1항은 보호처분 결정에 있어서 그 결정에 영향을 미칠 법령위반이 있거나 중대한 사실오인이 있는 경우 또는 그 결정이 현저히 부당한 경우 검사, 가정폭력행위자, 법정대리인 또는 보조인이 가정법원 본원합의부에 항고할 수 있다고 규정하고, 법 제49조 제2항은 처분을 하지 아니하는 결정에 대하여 그 결정이 현저히 부당할 때에는 검사, 피해자 또는 그 법정대리인은 항고할 수 있다고 규정**한다. 위와 같은 법, 규칙의 규정을 종합하여 보면, 검사가 청구한 임시조치를 기각한 결정에 대하여 피해자가 항고할 수는 없다. 이 법리에 따르면 규칙 제63조 제3항에 따라 항고법원이 제1심의 임시조치 결정을 파기하고, 검사의 청구를 기각하는 결정을 하는 경우 피해자가 재항고할 수 없다(대결 2019.5.30. 2018어21).

라. 조세범에 대한 고발

관련판례 포탈세액이 연간 10억 원 이상인 때에 적용되는 특정범죄가중처벌 등에 관한 법률 제8조 제1항 제1호 위반죄로 기소되었으나, 원심이 동일한 공소사실 범위 내에서 포탈세액을 감축하여 인정한 다음 조세범처벌법 제9조 제1항 제3호 위반죄로 의율한 사안에서, **특정범죄가중처벌 등에 관한 법률 제8조 제1항 제1호 위반죄는 같은 법 제16조에 의하여 기소함에 있어서 고발을 요하지 아니하나**, 조세범처벌법 제9조 제1항 제3호 위반죄는 같은 법 제6조에 의하여 국세청장 등의 고발을 기다려 논할 수 있는 죄이므로, 국세청장 등의 고발이 없음에도 법원이 이를 조세범처벌법 제9조 제1항 제3호 위반죄로 인정한 것은 위법하다(대판 2008.3.27. 2008도680).

특가법 위반은 고발이 소추조건이 아니나 조세범처벌법 위반은 고발이 소추조건이다.

마. 이중기소

관련판례 상상적 경합관계에 있는 공소사실 중 일부가 먼저 기소된 후 나머지 공소사실이 추가기소되고 이들 공소사실이 상상적 경합관계에 있음이 밝혀진 경우라면, 추가기소에 의하여 전후에 기소된 각 공소사실 전부를 처벌할 것을 신청하는 취지가 포함되었다고 볼 수 있어, 공소사실을 추가하는 등의 공소장변경과는 절차상 차이가 있을 뿐 실질에 있어서 별 차이가 없다. 따라서 법원으로서는 석명권을 행사하여 검사로 하여금 추가기소의 진정한 취지를 밝히도록 하여 검사의 석명에 의하여 추가기소가 상상적 경합관계에 있는 행위 중 먼저 기소된 공소장에 누락된 것을 추가 보충하는 취지로서 1개의 죄에 대하여 중복하여 공소를 제기한 것이 아님이 분명해진 경우에는, **추가기소에 의하여 공소장변경이** 이루어진 것으로 보아 전후에 기소된 공소사실 전부에 대하여 실체판단을 하여야 하고 **추가기소에 대하여 공소기각판결을 할 필요가 없다**(대판 2012.6.28. 2012도2087).

[죄수와 주문의 표시]

주문을 표시함에 있어서 기준이 되는 원칙은 "1죄 1주문주의"이다. 일죄에 대하여는 하나의 주문만 있을 수 있으며, 2개의 주문은 있을 수 없다. 일죄 **전부**에 대하여 유죄, 무죄, 면소, 공소기각 사유가 경합될 경우에는 형식재판우선 주의에 의하여 공소기각 주문만이 선고된다. 즉, 판단순서인 공소기각 ⇒ 면소 ⇒ 무죄 ⇒ 유죄 순서로 판단되므로, 만일 면소사유와 무죄사유가 경합하면, 면소판결을 선고한다.

그런데 문제는 일죄의 **일부**에 유죄, 무죄, 면소, 공소기각 사유가 경합하는 경우이다. 이 경우는 주문기재 순서는 유죄 ⇒ 무죄 ⇒ 면소 ⇒ 공소기각 순서이다. 형의 집행을 위해서는 실체판결 주문부터 주문에 기재하는 것이다. 예를 들어, 명예훼손죄와 업무방해죄가 상상적 경합 관계에 있다고 할 때, 명예훼손죄 부분이 공연성이 없어 무죄사유가 있고, 업무방해죄는 유죄가 인정된다고 하면 주문에서는 유죄만 설시하고 명예훼손죄 무죄주문을 설시하지 않는다. 다만, 명예훼손죄가 무죄가 된 이유를 판결이유에서만 설시한다. 만일, 이 경우에 유죄가 아닌 무죄를 주문에 설시하면 피고인에 대한 형을 집행할 수 없게 된다. 포괄1죄의 관계에 있어서도 공소사실 중 일부가 무죄로 판단된다고 하더라도 유죄부분이 있다면 유죄만 주문에서 선고하고, 주문에서 따로 무죄의 선고를 할 것이 아니다(대판 1995.3.24. 94도1112).

관련판례 상상적 경합범의 관계에 있는 공소사실의 일부에 대하여 무죄를 선고하여야 할 것으로 판단되는 경우에는 이를 판결주문에 따로 표시할 필요가 없으나, 판결주문에 표시하였다 하더라도 판결에 영향을 미친 위법사유가 되는 것은 아니다(대판 1999.12.24. 99도3003).

[일죄 일부 무죄·면소·공소기각 사안]

① 특가법위반(도주) 사안으로 도주의 점은 무죄[213], 업무상과실치상은 종합보험가입[214] 또는 처벌불원으로 공소기각사유가 존재하는 사안

---

[213] 도주차량 부정 예
- 사고발생 직후 피해자가 차에서 내려 그 때까지 차에 타고 있던 피고인에게 와서 과속을 하지 않았느냐며 따졌고, 교통사고발생보고서에는 피해자가 부상을 입지 아니한 것으로 되어 있으며, 사고 당일 경찰서에서 목만 조금 아픈 상태라고 진술하였는데, 다음날 오후 경부동통 및 운동제한으로 약 3주간의 안정가료, 진찰이 필요하다는 진단서 발급받았으나, 특별히 어떠한 치료를 받지 아니한 경우(대판 2004.6.11. 2003도8092).
- 동승자가 운전자인 것처럼 출동한 경찰관에게 허위신고(대판 2005.4.14. 2005도790).
- 피해자가 사고 후 피고인에게 '크게 아프지는 않고 범퍼만 고쳐달라'고 하고 백화점에서 정상적으로 쇼핑을 마치고 귀가한 후 전치 2주의 진단을 받음(대판 2005.9.30. 2005도4383).
- 피해자들이 교통사고 직후 피고인과 정상적인 대화를 나누었고 출동한 경찰관에게도 사고상황에 관하여 구체적으로 설명(대판 2007.2.9. 2006도6737).
- 사고 당시 피해자에게 외관상 확인할 수 있는 출혈 등의 외상이 없었고 치료를 받지 않고 별다른 후유증 없이 완쾌됨(대판 2007.4.12. 2007도828).
- 피해자들이 입원기간 동안 집에 가서 옷을 갈아입고 샤워를 함(대판 2008.10.9. 2008도3078).

[214] 보험료지급사실을 증명하는 보험영수증(납입증명서)은 보험계약을 통하여 특정약관의 보험에 가입된 사실을 증명하는 보험가입사실증명서와 그 성질을 달리할 뿐만 아니라 그 내용에 있어서도 교통사고처리특례법 제4조 제2항 소정의 취지가 기재되어 있지 않으므로 위 영수증만으로는 교통사고로 인하여 사람을 살상한 차량이 위 법 소정의 보험에 가입된 여부를 확답할 수 있는 서면이라고 할 수 없어 위 영수증을 위 법 제4조 제3항의 보험에 가입된 사실을 증명하는 서면이라고 인정할 수는 없다(대판 1985.6.11. 84도2012).

관련판례 피고인이 신호를 위반하여 차량을 운행함으로써 사람을 상해에 이르게 한 교통사고로서 교통사고처리특례법 제3조 제1항, 제2항 단서 제1호의 사유가 있다고 하여 공소가 제기된 사안에 대하여, 공판절차에서의 심리 결과 피고인이 신호를 위반하여 차량을 운행한 사실이 없다는 점이 밝혀지게 되고, 한편 위 교통사고 당시 피고인이 운행하던 차량은 교통사고처리특례법 제4조 제1항 본문 소정의 자동차종합보험에 가입되어 있었으므로, 결국 교통사고처리특례법 제4조 제1항 본문에 따라 공소를 제기할 수 없음에도 불구하고 이에 위반하여 공소를 제기한 경우에 해당하고, 따라서 위 공소제기는 형사소송법 제327조 제2호 소정의 공소제기 절차가 법률의 규정에 위반하여 무효인 때에 해당하는바, 이러한 경우 법원으로서는 위 교통사고에 대하여 피고인에게 아무런 업무상 주의의무위반이 없다는 점이 증명되었다 하더라도 바로 무죄를 선고할 것이 아니라, 형사소송법 제327조의 규정에 의하여 소송조건의 흠결을 이유로 공소기각의 판결을 선고하여야 한다(대판 2004.11.26. 2004도4693).

② 강간치상으로 기소된 사안에서 치상의 점은 증명이 없어 무죄사유가 있고 강간의 점은 제1심 판결선고 전 또는 공소제기 전 고소취소 내지 공소제기전에 고소가 없거나 고소기간 도과로 공소기각사유가 존재하는 사안(다만 유의할 것은 성범죄인 강간죄는 2013. 6. 19. 이후에 범한 경우에 친고죄가 폐지되었으므로 유무죄 실체 판단이 필요하다).

관련판례 강간치상죄는 강간죄의 결과적 가중범으로서 강간치상의 공소사실 중에는 강간죄의 공소사실도 포함되어 있는 것이어서 강간치상죄로 공소가 제기된 사건에 있어서 그 치상의 점에 관하여 증명이 없더라도 법원으로서는 공소장 변경절차 없이 강간의 점에 대하여 심리판단할 수 있다고 할 것인데, 다만 이 경우에 있어서 공소제기 전에 그 소추요건인 고소의 취소가 있었다면, 형사소송법 제327조 제2호에 의하여 공소기각의 판결을 선고하여야 할 것이지 범죄의 증명이 없다고 하여 무죄의 선고를 할 수는 없다(대판 2002.7.12. 2001도6777).

③ 중앙선 침범 내지 신호위반으로 교특법 위반으로 기소된 사안에서 중앙선 침범 내지 신호위반, 고속도로 등 후진, 보행자215) 등의 구성요건해당성이 없거나 그 증명이 없어 무죄사유가 있고, 종합보험가입216)으로 공소기각사유가 존재하는 사안217)

---

215) 횡단보도에서 자전거에서 내려 이를 끌고 가는 사람은 도로교통법 제27조 제1항의 보행자에 해당하나, 자전거는 도로교통법 제2조 제16호에 의하여 차마에 해당하므로 이를 타고 횡단보도를 건너는 사람은 보행자가 아니다. 다만 손수레를 끌고 가는 사람은 끌고 가는 것 이외에 다른 이동방법이 없으므로 보행자에 해당되어 교통사고처리특례법의 보호를 받게 된다.
216) 교통사고처리 특례법(이하 '특례법'이라고 한다)의 목적 및 취지와 아울러 특례법 제4조 제2항에서 제1항의 '보험 또는 공제'의 정의에 관하여 '보험업법에 따른 보험회사나 여객자동차 운수사업법 또는 화물자동차 운수사업법에 따른 공제조합 또는 공제사업자가 인가된 보험약관 또는 승인된 공제약관에 따라 피보험자와 피해자 간 또는 공제조합원과 피해자 간의 손해배상에 관한 합의 여부와 상관없이 피보험자나 공제조합원을 갈음하여 피해자의 치료비에 관하여는 통상비용의 전액을, 그 밖의 손해에 관하여는 보험약관이나 공제약관으로 정한 지급기준금액을 대통령령으로 정하는 바에 따라 우선 지급하되, 종국적으로는 확정판결이나 그 밖에 이에 준하는 집행권원상 피보험자 또는 공제조합원의 교통사고로 인한 손해배상금 전액을 보상하는 보험 또는 공제라고 명시하고 있음에 비추어 볼 때, 위 특례법상 형사처벌 등 특례의 적용대상이 되는 '보험 또는 공제에 가입된 경우'란 '교통사고를 일으킨 차가 위 보험 등에 가입되거나 '그 차의 운전자가 차의 운행과 관련한 보험 등에 가입한 경우에 그 가입한 보험에 의하여 특례법 제4조 제2항에서 정하고 있는 교통사고 손해배상금 전액의 신속·확실한 보상의 권리가 피해자에게 주어지는 경우를 가리킨다(대판 2012.10.25. 2011도6273).

관련판례 구 교통사고처리 특례법(2010. 1. 25. 법률 제9941호로 개정되기 전의 것 이하 '교특법'이라 한다) 제3조 제2항 단서 제2호에 의하면, 교통사고로 인하여 업무상과실치상죄 등을 범한 운전자가 "도로교통법 제13조 제3항의 규정을 위반하여 중앙선을 침범하거나 **동법 제62조의 규정을 위반하여 횡단·유턴 또는 후진한 경우**"에 해당하는 행위로 위 죄를 범한 때에는 피해자의 명시한 의사에 반하여도 공소를 제기할 수 있다. 그런데 구 도로교통법(2011. 6. 8. 법률 제10790호로 개정되기 전의 것) 제62조는 "자동차의 운전자는 차를 운전하여 고속도로등을 횡단하거나 유턴 또는 후진하여서는 아니된다."고 규정하고, 같은 법 제57조에 의하면 위 '고속도로등'은 고속도로 또는 자동차전용도로만을 의미하므로, **일반도로에서 후진하는 행위는 '동법 제62조의 규정을 위반하여 횡단·유턴 또는 후진한 경우'에 포함되지 않는다.** 또한 교특법 제3조 제2항 단서 제2호가 고속도로등에서 후진한 경우를 중앙선침범과 별도로 열거하고 있는 취지에 비추어 볼 때, 중앙선의 우측 차로 내에서 후진하는 행위는 같은 호 전단의 '도로교통법 제13조 제3항의 규정을 위반하여 중앙선을 침범한 경우'에 포함되지 않는다고 해석하여야 한다. 자동차 운전자인 피고인이 고속도로 또는 자동차전용도로가 아닌 일반도로를 후진하여 역주행한 과실로 도로를 횡단하던 피해자에게 상해를 입게 하였다고 하여 구 교통사고처리 특례법(2010. 1. 25. 법률 제9941호로 개정되기 전의 것 이하 '교특법'이라 한다) 위반으로 기소된 사안에서, 일반도로에서 후진하다가 교통사고를 낸 것은 교특법 제3조 제2항 단서 제2호 후단의 '도로교통법 제62조의 규정에 위반하여 후진한 경우'에 해당하지 아니하고, 같은 호 전단의 중앙선침범 사고에도 해당하지 않는다고 보아 교특법 제3조 제2항 본문에 의하여 피해자의 명시한 의사에 반하여 공소를 제기할 수 없는 죄라고 판단한 다음, 피해자가 공소제기 전에 피고인에 대한 처벌을 희망하는 의사를 철회하였다는 이유로 공소를 기각한 원심의 판단 및 조치가 정당하다고 한 사례(대판 2012.3.15. 2010도3436).

④ 폭처법(공동폭행)으로 기소되었는데 심리결과 甲은 싸움을 만류한 것이지 공동으로 폭행한 것으로 볼 수 없거나 공모를 입증할 증거가 없어 무죄사유가 존재하고, 피해자의 처벌불원서가 존재하여 공소기각사유가 존재하는 사안

관련판례 폭력행위등처벌에관한법률 제2조 제2항의 '2인 이상이 공동하여 폭행의 죄를 범한 때'라고 함은 그 수인 간에 소위 공범관계가 존재하는 것을 요건으로 하고, 또 수인이 동일 장소에서 동일 기회에 상호 다른 자의 범행을 인식하고 이를 이용하여 범행을 한 경우임을 요한다 할 것이므로(대판 1991.1.29. 90도2153 참조), 이 사건에 있어서와 같이 피고인 2는 피고인 1이 피해자와 상호 다투면서 폭행을 하는 것을 만류한 것이라면, 피고인 1은 피고인 2와 공동하여 피해자를 폭행하였다고 할 수 없다 할 것이다. 이와 같은 취지에서 피고인 1의 행위는 형법상의 폭행죄만을 구성할 뿐인데 피해자가 위 피고인에 대한 처벌을 바라지 않는다고 하여 같은 피고인에 대한 공소를 기각한 원심판단은 옳고, 거기에 소론과 같은 법리오해의 위법이 있다고 할 수 없다(대판 1996.2.23. 95도1642).

---

217) 피고인이 신호를 위반하여 차량을 운행함으로써 사람을 상해에 이르게 한 교통사고로서 교통사고처리특례법 제3조 제1항, 제2항 단서 제1호의 사유가 있다고 하여 공소가 제기된 사안에 대하여, 공판절차에서의 심리 결과 피고인이 신호를 위반하여 차량을 운행한 사실이 없다는 점이 밝혀지게 되고, 한편 위 교통사고 당시 피고인이 운행하던 차량은 교통사고처리특례법 제4조 제1항 본문 소정의 **자동차종합보험에 가입되어 있었으므로**, 결국 교통사고처리특례법 제4조 제1항 본문에 따라 **공소를 제기할 수 없음에도 불구하고 이에 위반하여 공소를 제기한 경우에 해당**하고, 따라서 위 공소제기는 형사소송법 제327조 제2호 소정의 **공소제기 절차가 법률의 규정에 위반하여 무효인 때에 해당**하는바, 이러한 경우 법원으로서는 위 교통사고에 대하여 피고인에게 아무런 업무상 주의의무위반이 없다는 점이 증명되었다 하더라도 바로 무죄를 선고할 것이 아니라, 형사소송법 제327조의 규정에 의하여 소송조건의 흠결을 이유로 공소기각의 판결을 선고하여야 한다(대판 2004.11.26. 2004도4693).

⑤ '업무'상과실치상 사안에서 "업무"에 해당하지 않아 무죄사유가 있고, 과실치상(반의사불벌죄)에 대하여 처벌불원으로 공소기각사유가 존재하는 사안

> **관련판례** [1] 업무상과실치상죄의 '업무'란 사람의 사회생활면에서 하나의 지위로서 계속적으로 종사하는 사무를 말한다. 여기에는 수행하는 직무 자체가 위험성을 갖기 때문에 안전배려를 의무의 내용으로 하는 경우는 물론 사람의 생명·신체의 위험을 방지하는 것을 의무의 내용으로 하는 업무도 포함된다. 그러나 건물 소유자가 안전배려나 안전관리 사무에 계속적으로 종사하거나 그러한 계속적 사무를 담당하는 지위를 가지지 않은 채 **단지 건물을 비정기적으로 수리하거나 건물의 일부분을 임대하였다는 사정만으로는 건물 소유자의 위와 같은 행위가 업무상과실치상죄의 '업무'에 해당한다고 보기 어렵다.**
> [2] 3층 건물의 소유자로서 건물 각 층을 임대한 피고인이, 건물 2층으로 올라가는 계단참의 전면 벽이 아크릴 소재의 창문 형태로 되어 있고 별도의 고정장치가 없는데도 안전바를 설치하는 등 낙하사고 방지를 위한 관리의무를 소홀히 함으로써, 건물 2층에서 나오던 갑이 신발을 신으려고 아크릴 벽면에 기대는 과정에서 벽면이 떨어지고 개방된 결과 약 4m 아래 1층으로 추락하여 상해를 입었다고 하여 업무상과실치상으로 기소된 사안에서, 피고인이 건물에 대한 수선 등의 관리를 비정기적으로 하였으나 그 이상의 안전배려나 안전관리 사무에 계속적으로 종사하였다고 인정하기 어렵다고 보아 **업무상과실치상의 공소사실을 이유에서 무죄로 판단하고 축소사실인 과실치상 부분을 유죄로 인정한 원심판결이 정당**하다(대판 2017.12.5. 2016도16738). ⇒ 만일 처벌불원이 있었다면 공소기각 판결이 선고되었을 것이다.

제3절 재판의 효력

I 재판의 확정

재판의 확정이란 재판이 통상의 불복방법에 의해서는 더 이상 다툴 수 없게 되어 그 내용을 변경할 수 없게 된 상태를 말한다. 재판의 확정을 통해 발생하는 본래의 효력을 재판의 확정력이라 한다.

불복신청이 허용되지 않는 재판은 선고 또는 고지와 동시에 확정된다. 대법원 판결은 더 이상 불복할 방법이 없으므로 선고와 동시에 확정된다. 반면, 불복이 허용되는 재판은 불복신청기간의 도과나 불복신청의 포기, 취하 등으로 통해서 확정된다.

Ⅱ 재판의 확정력

1. 형식적 확정력

재판이 형식적으로 확정되면, 동일한 절차에서 소송관계인은 더 이상 다툴 수 없게 되고(불가쟁력), 법원에서도 재판내용을 더 이상 변경할 수 없게 된다(불가변력). 이를 형식적 확정력이라 한다.

> **관련판례 – 일사부재리원칙 위반여부 / 공소권 남용** [1] 헌법은 제13조 제1항에서 "모든 국민은 … 동일한 범죄에 대하여 거듭 처벌받지 아니한다."라고 규정하여 이른바 이중처벌금지의 원칙 내지 일사부재리의 원칙을 선언하고 있다. 이는 한번 판결이 확정되면 그 후 동일한 사건에 대해서는 다시 심판하는 것이 허용되지 않는다는 원칙을 말한다. 여기에서 '처벌'이란 원칙적으로 범죄에 대한 국가의 형벌권 실행으로서의 과벌을 의미하고, 국가가 행하는 일체의 제재나 불이익처분이 모두 여기에 포함되는 것은 아니다. 그런데 가정폭력범죄의 처벌 등에 관한 특례법(이하 '가정폭력처벌법'이라고 한다)에 규정된 가정보호사건의 조사·심리는 검사의 관여 없이 가정법원이 직권으로 진행하는 형사처벌의 특례에 따른 절차로서, 검사는 친고죄에서의 고소 등 공소제기의 요건이 갖추어지지 아니한 경우에도 가정보호사건으로 처리할 수 있고(가정폭력처벌법 제9조), 법원은 보호처분을 받은 가정폭력행위자가 보호처분을 이행하지 아니하거나 집행에 따르지 아니하면 직권으로 또는 청구에 의하여 보호처분을 취소할 수 있는 등(가정폭력처벌법 제46조) 당사자주의와 대심적 구조를 전제로 하는 형사소송절차와는 내용과 성질을 달리하여 형사소송절차와 동일하다고 보기 어려우므로, 가정폭력처벌법에 따른 보호처분의 결정 또는 불처분결정에 확정된 형사판결에 준하는 효력을 인정할 수 없다. 가정폭력처벌법에 따른 보호처분의 결정이 확정된 경우에는 원칙적으로 가정폭력행위자에 대하여 같은 범죄사실로 다시 공소를 제기할 수 없으나(가정폭력처벌법 제16조), 보호처분은 확정판결이 아니고 따라서 기판력도 없으므로, 보호처분을 받은 사건과 동일한 사건에 대하여 다시 공소제기가 되었다면 이에 대해서는 면소판결을 할 것이 아니라 공소제기의 절차가 법률의 규정에 위배하여 무효인 때에 해당한 경우이므로 형사소송법 제327조 제2호의 규정에 의하여 공소기각의 판결을 하여야 한다. 그러나 가정폭력처벌법은 불처분결정에 대해서는 그와 같은 규정을 두고 있지 않을 뿐만 아니라, 가정폭력범죄에 대한 공소시효에 관하여 불처분결정이 확정된 때에는 그때부터 공소시효가 진행된다고 규정하고 있으므로(가정폭력처벌법 제17조 제1항), 가정폭력처벌법은 불처분결정이 확정된 가정폭력범죄라 하더라도 일정한 경우 공소가 제기될 수 있음을 전제로 하고 있다. 따라서 가정폭력처벌법 제37조 제1항 제1호의 불처분결정이 확정된 후에 검사가 동일한 범죄사실에 대하여 다시 공소를 제기하였다거나 법원이 이에 대하여 유죄판결을 선고하였더라도 이중처벌금지의 원칙 내지 일사부재리의 원칙에 위배된다고 할 수 없다(대판 2017.8.23. 2016도5423).

2. 내용적 확정력

유무죄의 실체판결과 면소판결의 경우 그 내용이 확정되면 이에 따라 형벌권의 존부와 범위가 정해지는데 이를 실체적 확정력이라 한다. 실체적 확정력은 동일한 사건의 재소금지효와 그 판단내용이 후소법원을 구속하는 효력이 발생하는데, 전자를 기판력이라 하고, 후자를 내용적 구속력이라 한다.

관련판례 – 공소사실의 동일성이 인정되는 경우 피고인이 공공의 안녕질서에 직접적인 위협을 끼칠 것이 명백하다는 등의 이유로 금지통고된 집회를 주최하였다는 집회 및 시위에 관한 법률 위반 공소사실로 기소되었는데, 선행 사건에서 위 집회와 그 이후 계속된 폭력적인 시위에 참가하였다는 이른바 질서위협 집회 및 시위 참가로 인한 집시법 위반죄 등으로 유죄 확정판결(이하 '선행 확정판결'이라고 한다)을 받은 사안에서, 위 공소사실과 선행 확정판결의 공소사실은 집회의 '주최'와 '참가'라는 점에서 차이가 있으나, 같은 일시, 장소에서 있었던 위 집회를 대상으로 하는 점에서 범행일시와 장소가 동일한 점, 집회 또는 시위의 주최자는 '자기 이름으로 자기 책임 아래 집회나 시위를 여는 사람이나 단체'를 말하므로(집시법 제2조 제3호), 이와 같은 집회나 시위에 뜻을 같이하여 단순히 참가하였음에 불과한 참가자는 주최자와는 구별되고, 집회 또는 시위의 주최자가 동일한 집회 또는 시위의 참가자도 되는 경우란 개념적으로 상정하기 어려워 동일한 집회를 주최하고 참가하는 행위는 서로 양립할 수 없는 관계에 있는 점, 금지통고된 집회 주최로 인한 집시법 위반죄(위 공소사실)와 질서위협 집회 참가로 인한 집시법 위반죄(선행 확정판결의 공소사실)는 모두 공공의 안녕질서 등을 보호법익으로 하는 점에서 각 행위에 따른 피해법익 역시 본질적으로 다르지 않은 점 등 **사회적인 사실관계와 규범적 요소를 아울러 고려하면,** 위 공소사실과 선행 확정판결의 공소사실은 기본적 사실관계가 동일한 것으로 평가할 수 있는데도, 이와 달리 보아 위 공소사실을 유죄로 인정한 원심판단에 공소사실이나 범죄사실의 동일성 여부, 일사부재리의 효력에 관한 법리오해의 잘못이 있다고 한 사례(대판 2017.8.23. 2015도11679).

관련판례 – 보호처분을 받은 사건과 동일한 사건에 대해 공소제기 된 경우 가정폭력처벌법에 따른 보호처분의 결정이 확정된 경우에는 원칙적으로 가정폭력행위자에 대하여 같은 범죄사실로 다시 공소를 제기할 수 없으나(가정폭력처벌법 제16조), 보호처분은 확정판결이 아니고 따라서 기판력도 없으므로, 보호처분을 받은 사건과 동일한 사건에 대하여 다시 공소제기가 되었다면 이에 대해서는 면소판결을 할 것이 아니라 공소제기의 절차가 법률의 규정에 위배하여 무효인 때에 해당한 경우이므로 형사소송법 제327조 제2호의 규정에 의하여 공소기각의 판결을 하여야 한다. 그러나 가정폭력처벌법은 불처분결정에 대해서는 그와 같은 규정을 두고 있지 않을 뿐만 아니라, 가정폭력처벌법 제37조 제1항 제1호의 불처분결정이 확정된 후에 검사가 동일한 범죄사실에 대하여 다시 공소를 제기하였다거나 법원이 이에 대하여 유죄판결을 선고하였더라도 이중처벌금지의 원칙 내지 일사부재리의 원칙에 위배된다고 할 수 없다(대판 2017.8.23. 2016도5423).

III 기판력

관련판례 - 상상적 경합과 확정판결의 기판력 [1] 상상적 경합은 1개의 행위가 수개의 죄에 해당하는 경우를 말한다(형법 제40조). 여기에서 1개의 행위란 법적 평가를 떠나 사회관념상 행위가 사물자연의 상태로서 1개로 평가되는 것을 의미한다. 그리고 **상상적 경합 관계의 경우에는 그 중 1죄에 대한 확정판결의 기판력은 다른 죄에 대하여도 미친다.**

[2] 피고인이 '2015. 4. 16. 13:10경부터 14:30경까지 甲 업체 사무실에서 직원 6명가량이 있는 가운데 직원들에게 행패를 하면서 피해자 乙의 업무를 방해하였다'는 공소사실로 기소되었는데, 피고인은 '2015. 4. 16. 13:30경부터 15:00경 사이에 甲 업체 사무실에 찾아와 피해자 丙, 丁과 일반직원들이 근무를 하고 있음에도 피해자들에게 욕설을 하는 등 큰소리를 지르고 돌아다니며 위력으로 업무를 방해하였다' 등의 범죄사실로 이미 유죄판결을 받아 확정된 사안에서, **업무방해의 공소사실과 확정판결 중 업무방해죄의 범죄사실은** 범행일시와 장소가 동일하고, 범행시간에 근소한 차이가 있으나 같은 시간대에 있었던 일이라고 보아도 무리가 없으며, 각 범행내용 역시 업무방해의 공소사실은 '직원들을 상대로 행패를 부렸다'는 것이고, 확정판결의 범죄사실은 '직원들이 근무를 하고 있는데도 욕설을 하는 등 큰소리를 지르고 돌아다녔다'는 것으로 **본질적으로 다르지 않아,** 결국 양자는 동일한 기회에, 동일한 장소에서 다수의 피해자를 상대로 한 위력에 의한 업무방해행위로서 사회관념상 1개의 행위로 평가할 여지가 충분하므로 상상적 경합 관계에 있고, 확정판결의 기판력이 업무방해의 공소사실에 미침에도, 이를 간과하여 업무방해의 공소사실을 유죄로 인정한 원심판결에 상상적 경합 관계, 확정판결의 기판력 등에 관한 법리오해의 잘못이 있다고 한 사례(대판 2017.9.21. 2017도11687).

관련판례 - 공소사실의 동일성이 인정되지 않는 사안 피고인이 유사석유제품을 판매하였다는 석유 및 석유대체연료 사업법 위반죄의 범죄사실로 유죄판결을 받아 확정되었는데, 위와 같은 유사석유제품을 제조하여 판매하고도 그에 관한 부가가치세 등을 신고·납부하지 않고 조세를 포탈하였다는 공소사실로 기소된 사안에서, 석유사업법 위반죄의 범죄사실은 내용이나 행위 태양, 피해법익이 조세 포탈행위로 인한 공소사실과 서로 달라 **석유사업법 위반죄의 범죄사실과 공소사실 사이에 기본적 사실관계의 동일성을 인정할 수 없다**는 이유로, 같은 취지에서 확정판결의 기판력이 공소사실에 미치지 않는다고 본 원심판단이 정당하다고 한 사례(대판 2017.12.5. 2013도7649).

Ⅳ 기판력이 미치는 객관적 범위판단

1. 기본적 사실 동일성

기판력(일사부재리의 효력)이 미치는 객관적 범위는 법원의 현실적 심판대상인 당해 **공소사실**은 물론 그 공소사실과 단일하고 동일한 관계에 있는 사실의 **전부**(잠재적 심판대상)에 미친다. 다만, 그 **기본적 사실의 동일성** 여부는 그 사실의 기초가 되는 사회적인 **사실**관계를 기본으로 하되 **규범**적 요소도 고려하여 판단하여야 한다는 것이 최근 판례의 입장이다(대판 1994.3.22. 93도2080 전원합의체 등 소위 수정된 기본적사실동일설). 그러나 이러한 기본적 사실 동일성을 판단하는 중요한 기준이 되는 것이 바로 **죄수론**이다.

2. 죄수에 따른 구체적인 경우

가. 포괄일죄의 경우

포괄일죄의 일부에 대한 기판력은 현실적 심판의 대상으로 되지 아니한 나머지 전부에 대하여도 미치므로, **확정판결 후 포괄일죄 관계에 있는 사실심판결선고 전의 나머지 범죄사실에 대하여 공소가 제기되면 법원은 면소판결**(제326조 제1호)을 선고하여야 한다.

다만, 상습범죄와 관련하여 판례는 다음과 같은 견해를 밝히었다(대판 2004. 9. 16. 2001도3206 전원합의체).

(1) 단순사기죄 확정판결의 일사부재리의 효력은 그 이전의 상습사기의 범죄사실에 미치지 않는다는 견해(대법원 다수의견)

포괄일죄인 상습사기죄의 범죄사실(공소사실)로 유죄판결이 선고되어 확정된 때에 한하여 그 확정판결에 의한 일사부재리의 효력은 확정판결이 있는 범죄사실과 포괄일죄의 관계에 있는 범죄사실에 미치는 것이며 단순사기죄의 범죄사실로 유죄판결이 선고되어 확정된 경우에는 그 확정판결에 의한 일사부재리의 효력은 그 유죄판결이 선고되기 이전에 행하여진 범죄사실(상습사기죄의 범죄사실)에 미치지 아니한다. 따라서 상습사기죄의 공소사실이 유죄로 인정되는 경우에는 법원은 유죄판결을 선고하여야 하며 면소판결을 선고하여서는 안된다.

(2) 단순사기죄 확정판결의 일사부재리의 효력은 그 이전의 상습사기의 범죄사실에 미친다는 견해(대법원 반대의견)

단순사기죄의 범죄사실(공소사실)로 유죄판결이 선고되어 확정된 후 그 유죄판결이 선고되기 전의 수개 사기범죄사실이 상습사기죄(포괄일죄)로 공소제기된 경우에는 단순사기죄의 공소사실에 대한 확정판결(유죄판결)의 일사부재리의 효력이 상습사기죄의 공소사실에 미친다고 해석하여야 하며 따라서 법원은 상습사기죄의 공소사실에 대해서 유죄판결을 선고하여서는 안되고 면소판결을 선고하여야 한다는 반대의견을 표명하면서 공소불가분의 원칙(제248조 제2항), 일사부재리의 원칙(헌법 제13조 제1항), 피고인의 이익218) 등을 논거로 한다.

나. 상상적 경합의 경우

(1) 피고인이 여관에서 종업원을 칼로 찔러 상해를 가하고 객실로 끌고 들어가는 등 폭행·협박을 하고 있던 중, 마침 다른 방에서 나오던 여관의 주인도 같은 방에 밀어 넣은 후, 주인으로부터 금품을 강취하고, 1층 안내실에서 종업원 소유의 현금을 꺼내 갔다면, 여관 종업원과 주인에 대한 각 강도행위가 각별로 강도죄를 구성하되 피고인이 피해자인 종업원과 주인을 폭행·협박한 행위는 법률상 1개의 행위로 평가되는 것이 상당하므로 위 2죄는 상상적 경합범관계에 있다고 할 것이다. 피해자별로 강도죄를 구성하되 상상적 경합범관계에 있는 피고인의 행위를 원심이 포괄하여 1개의 강도죄만을 구성하는 것으로 잘못 판단하여 피고인이 한 피해자에 대한 특수강도죄에 관하여 받은 유죄의 확정 판결의 효력이 다른 피해자에 대한 강도상해행위에 대하여도 미친다고 보아 그 공소사실에 대하여 면소의 선고를 하였더라도, 위 유죄의 확정 판결의 효력은 그 죄와 상상적경합의 관계에 있는 다른 피해자에 대한 강도상해죄에 대하여도 어차피 미치게 되므로, 원심의 위와 같은 잘못은 판결에 영향을 미칠 것이 못된다(대판 1991.6.25. 91도643).

(2) 공무원이 취급하는 사건에 관하여 청탁 또는 알선을 할 의사와 능력이 없음에도 청탁 또는 알선을 한다고 기망하고 금품을 교부받은 경우, 사기죄와 변호사법위반죄가 상상적 경합의 관계에 있다(대판 2006.1.27. 2005도8704).

(3) 회사 명의의 합의서를 임의로 작성·교부한 행위에 대하여 약식명령이 확정된 사문서위조 및 그 행사죄의 범죄사실과 그로 인하여 회사에 재산상 손해를 가하였다는 업무상 배임의 공소사실은 그 객관적 사실관계가 하나의 행위이므로 1개의 행위가 수개의 죄에 해당하는 경우로서 형법 제40조에 정해진 상상적 경합관계에 있다(대판 2009.4.9. 2008도5634).

---

218) 검사의 부주의로 포괄일죄의 관계에 있는 범행중 일부만을 단순범으로 공소제기하거나 검사가 상습범으로 공소제기 하였음에도 전소에서 법원이 단순범으로 잘못 인정한 경우를 상정해 보면 법원 및 검사의 부주의로 인한 위험을 피고인에게 전가하는 것이 되어 도저히 찬성하기 어렵다.

(4) 손괴 후 미조치 부분(도로교통법 제106조, 제50조 제1항 위반)은 일반사면으로 면소판결의 대상이 되나 이와 상상적 경합범의 관계에 있는 판시 특정범죄가중처벌등에관한법률위반(도주차량)의 공소사실에 대하여 원심이 무죄를 선고하였으므로 이에 관하여는 따로 주문에서 면소의 선고를 하지 아니한다(대판 1996.4.12. 95도2312).

다. 실체적 경합이 인정되는 경우 또는 그 외 규범적 요소를 고려하여 동일성이 부정되는 경우

(1) 실체적 경합의 경우

이 사건 공소사실 중 사문서위조 및 행사의 점은 종전에 판결이 확정된 특정경제범죄가중처벌등에관한법률위반(사기)죄 일부에 대한 범행수단으로서, 그 공소사실에 그 범행수단 및 태양으로 설시되어 있기는 하나, 종전사건의 공소장 등에 비추어 종전사건에서 검사가 이를 기소하지 아니하였음이 명백하고, 특정경제범죄가중처벌등에관한법률위반(사기)죄와 그 수단이 된 **사문서위조 및 행사죄는 실체적 경합범의 관계에 있을 뿐, 포괄일죄나 과형상일죄의 관계에 있지 아니하므로**, 특정경제범죄가중처벌등에관한법률위반(사기)죄에 대한 판결이 확정된 후에 그 수단이 된 사문서위조 및 행사의 점을 추가 기소하여도 확정판결의 기판력에 저촉되지 아니한다고 판시하였다(대판 2000.2.22. 99도5678).

(2) 규범적 요소를 고려하여 동일성을 부정한 경우

`관련판례` 대표적으로 범칙금의 통고 및 납부 등에 관한 규정들의 내용과 취지 등에 비추어 볼 때, 범칙자가 경찰서장으로부터 범칙행위를 하였음을 이유로 범칙금의 통고를 받고 납부기간 내에 그 범칙금을 납부한 경우 범칙금의 납부에 확정판결에 준하는 효력이 인정됨에 따라 다시 벌 받지 아니하게 되는 행위사실은 범칙금 통고의 이유에 기재된 당해 범칙행위 자체 및 그 범칙행위와 동일성이 인정되는 범칙행위에 한정된다고 해석함이 상당하다고 하면서 같은 일시, 장소에서 이루어진 안전운전의무 위반의 범칙행위와 중앙선을 침범한 과실로 사고를 일으켜 피해자에게 부상을 입혔다는 교통사고처리특례법위반죄의 범죄행위사실은 시간, 장소에 있어서는 근접하여 있는 것으로 볼 수 있으나 **범죄의 내용이나 행위의 태양, 피해법익 및 죄질에 있어 현격한 차이가 있어 동일성이 인정되지 아니하고 별개의 행위**라고 할 것이어서 피고인이 안전운전의 의무를 불이행하였음을 이유로 통고처분에 따른 범칙금을 납부하였다고 하더라도 피고인을 교통사고처리특례법 제3조 위반죄로 처벌한다고 하여 도로교통법 제119조 제3항에서 말하는 이중처벌에 해당한다고 볼 수 없다(대판 2002.11.22. 2001도849).

`관련판례` [다수의견] 유죄로 확정된 장물취득죄와 이 사건 강도상해죄는 범행일시가 근접하고 위 장물취득죄의 장물이 이 사건 강도상해죄의 목적물 중 일부이기는 하나, 그 범행의 일시, 장소가 서로 다르고, 강도상해죄는 피해자를 폭행하여 상해를 입히고 재물을 강취하였다는 것인 데 반하여 위 장물취득죄는 위와 같은 강도상해의 범행이 완료된 이후에 강도상해죄의

범인이 아닌 피고인이 다른 장소에서 그 장물을 교부받았음을 내용으로 하는 것으로서 **그 수단, 방법, 상대방 등 범죄사실의 내용이나 행위가 별개이고, 행위의 태양이나 피해법익도 다르고 죄질에도 현저한 차이가 있어, 위 장물취득죄와 이 사건 강도상해죄 사이에는 동일성이 있다고 보기 어렵고**, 따라서 피고인이 장물취득죄로 받은 판결이 확정되었다고 하여 강도상해죄의 공소사실에 대하여 면소를 선고하여야 한다거나 피고인을 강도상해죄로 처벌하는 것이 일사부재리의 원칙에 어긋난다고는 할 수 없다(대판 1994.3.22. 93도2080 전원합의체).

> 관련판례 범칙행위인 음주소란과 이 사건 폭력행위 등 처벌에 관한 법률 위반죄의 공소사실인 흉기휴대협박행위는 범행 장소와 일시가 근접하고 모두 피고인과 피해자의 시비에서 발단이 된 것으로 보이는 점에서 일부 중복되는 면이 있으나, 피고인에게 적용된 경범죄처벌법 제1조 제25호(음주소란등)의 범칙행위는 "공회당·극장·음식점등 여러 사람이 모이거나 다니는 곳 또는 여러 사람이 타는 기차·자동차·배등에서 몹시 거친 말 또는 행동으로 주위를 시끄럽게 하거나 술에 취하여 이유없이 다른 사람에게 주정을 한 행위"인 데 반하여, 이 사건 공소사실인 흉기휴대협박은 위험한 물건인 과도를 들고 피해자를 쫓아가며 "죽여 버린다"고 소리쳐 협박하였다는 것이므로 범죄사실의 내용이나 그 행위의 수단 및 태양이 매우 다르고, 또한 음주소란 등은 불특정인의 평온 내지 사회의 안녕질서를 보호법익으로 하는 데 비하여 흉기휴대협박은 특정인의 의사결정의 자유를 보호법익으로 하므로 각 행위에 따른 피해법익이 전혀 다르며, 그 죄질에도 현저한 차이가 있고, 나아가 위 범칙행위의 내용이나 수단 및 태양 등에 비추어 그 행위과정에서나 이로 인한 결과에 통상적으로 이 사건 공소사실인 흉기휴대협박행위까지 포함된다거나 이를 예상할 수 있다고는 볼 수 없으므로 위 범칙행위와 이 사건 공소사실은 서로 별개의 행위로서 양립할 수 있는 관계에 있고, 따라서 그 사회적인 사실관계와 함께 위와 같은 규범적 요소를 아울러 고려하여 보면, 위 범칙행위와 이 사건 공소사실은 **기본적 사실관계가 동일한 것으로 평가할 수 없다**(대판 2012.9.13. 2012도6612).

> 관련판례 [1] 경범죄처벌법 제7조 제3항이 범칙행위로 인하여 범칙금의 통고를 받고 범칙금을 납부한 경우에는 그 범칙행위에 대하여 다시 벌받지 아니한다고 명시적으로 규정하여 이중의 처벌이 금지되는 대상을 당해 범칙행위로 한정하고 있는 점을 감안할 때, 범칙자가 경찰서장으로부터 범칙행위를 하였음을 이유로 범칙금의 통고를 받고 납부기간 내에 그 범칙금을 납부한 경우 범칙금의 납부에 확정판결에 준하는 효력이 인정됨에 따라 다시 벌받지 않게 되는 행위사실은 통고처분 시까지의 행위 중 범칙금 통고의 이유에 기재된 당해 범칙행위 자체 및 그 범칙행위와 동일성이 인정되는 범칙행위에 한정된다고 해석함이 상당하다.

[2] 기록에 의하면, 피고인은 2009. 10. 10. 21:00경부터 21:30경까지 ○○치킨에서 술을 마시던 중 옆 좌석의 손님들과 시비가 되어 소리를 지르는 등 행패를 부린 사실, 당시 경사 공소외 1 등이 ○○치킨 주인 공소외 2의 신고를 받고 출동하여 피고인을 현행범으로 체포하여 장위지구대로 연행해 왔는데, 피고인은 장위지구대 내에서도 계속하여 경찰관에게 시비를 걸며 소란을 피운 사실, 경사 공소외 3은 피고인에 대해 금액: 오만 원, 범칙내용: 음주소란, 범칙행위 일시: 2009. 10. 20. 21:30, 범칙행위 장소: '장위지구대 내(○○치킨)'로 기재한 범칙금 납부통고서를 발부한 다음 집으로 돌아가도록 조치한 사실, 이후 피고인은 경위 공소외 4와 함께 장위지구대 밖으로 나가던 중 경위 공소외 4를 발로 걷어차고 마침 장위지구대로 귀대하던 경사 공소외 5의 멱살을 잡아 흔들고 이를 제지하는 경사 공소외 3의 배를 발로 걷어차는 등 폭행하여 현행범으로 체포된 후 공무집행방해죄로 공소제기된 사실, 피고인은 2010. 2. 5. 범칙금을 납부한 사실을 알 수 있다. 위 사실관계에 의하면 **피고인이**

범칙금의 통고처분을 받게 된 범칙행위는 2009. 10. 10. 21:30경까지 발생한 ○○치킨 및 장위지구대 내에서의 음주소란행위임에 반하여 피고인에 대한 이 사건 공무집행방해죄의 범죄행위 사실은 위 통고처분 후에 행한 공무집행방해행위라고 할 것인바, 앞서 본 법리에 비추어 보면 위 음주소란의 범칙행위와 공소가 제기된 이 사건 범죄행위 사실은 시간, 장소에 있어서는 근접하여 있으나 동일성이 인정되지 아니하는 별개의 행위라고 할 것이므로, 피고인이 경찰서장으로부터 위 음주소란을 이유로 한 통고처분을 받고 범칙금을 납부하였다 하더라도 이는 피고인을 공무집행방해죄로 처벌하는 데에 영향을 미칠 수 없는 것이어서 이중처벌이라고 할 수 없다(대판 2012.6.14. 2011도6858).

관련판례 - 기본적 사실의 동일성이 인정되어 면소되는 사례 가. 기록에 의하면, ① 피고인이 범칙금 납부통고처분에 의하여 2010. 2. 5. 범칙금을 납부한 범칙행위는 '피고인이 2009. 10. 13. 12:00경 ▽▽지구대 내에서 음주소란 등 행위를 하였다'는 것인 사실, ② 피고인은 당초 50,000원의 범칙금 납부를 통고받고서 이를 기한 내에 납부하지 않았으나, 2010. 1. 7.자 즉결심판의 출석(즉결심판 예정일시는 2010. 2. 9. 13:00) 내지 범칙금(50% 증액된 75,000원) 납부통고서를 송달받고는 2010. 2. 5. 위 범칙금을 납부한 것으로 보이는 사실, ③ 경찰공무원 공소외 2는 경찰에서의 참고인 조사 시에 '저는 2009. 10. 10. 21:00부터 23:00까지 경사 공소외 5와 소내 근무를 하고 있는데, 서울 성북구 (이하 상세 주소 생략) 소재 ○○치킨 집에서 술에 취한 채 손님들에게 행패를 부리고 손님을 내쫓아 영업을 방해하였다는 112신고를 받고 출동하였던 경사 공소외 4와 경장 공소외 6이 피고인을 영업방해로 데리고 와서, 피해자가 없다고 하여, 음주소란으로 경범스티커를 발부해 주고 귀가하라고 하자, 피고인이 욕설을 하는 것을 제가 저지하자 갑자기 발로 왼쪽 정강이를 걷어차 약 5㎝의 찰과상을 입었습니다'라고 진술한 사실, ④ 피고인은 2009. 10. 10. 23:28 서울 △△경찰서 형사과 형사3팀 사무실에 인치되었고, 2009. 10. 11. 08:35 서울 △△경찰서 유치장에 구금되었으며, 2009. 10. 13. 15:00경 법원에서 구속영장 실질심사가 예정되어 있었고, 영장실질심사 후 구속영장청구가 기각되어 같은 날 석방된 사실 등을 알 수 있다.

나. 이러한 사실관계에 의하면, 피고인은 2009. 10. 11. 08:35경부터 같은 달 13일 구속영장 실질심사 전까지 서울 △△경찰서 유치장에 구금되어 있었던 것으로 보여 2009. 10. 13. ▽▽지구대에서 다시 음주소란 행위를 할 수 있는 상황이 아니었고, ▽▽지구대 소속 경찰공무원 공소외 2도 2009. 10. 10. 피고인에게 경범스티커를 발부해 주고 귀가하라고 하자 피고인이 폭행을 하는 등 공무집행을 방해하였다는 취지로 진술하였으므로, 범칙금 납부통보서상 위반일시인 2009. 10. 13.은 2009. 10. 10.의 착오 기재로 보이는바, 이러한 여러 사정들을 앞서 본 법리에 비추어 보면, 피고인의 이 사건 범칙행위인 음주소란 등과 이 사건 공무집행방해죄의 공소사실은 범행장소가 동일하고 범행일시도 거의 같으며 피고인이 업무방해죄로 체포되어 ▽▽지구대로 연행되어 온 후 그곳에서 이루어진 일련의 행위임이 분명해 보이므로 양 사실은 그 기본적 사실관계가 동일한 것이라고 볼 여지가 크다. 또 다른 한편으로는, 피고인을 영업방해로 데리고 왔는데 피해자가 없다고 하여 음주소란으로 경범스티커를 발부해 주고 귀가하라고 하자 피고인이 경찰관을 폭행하였다는 공소외 2의 진술에 중점을 두어 본다면, 이 사건 범칙행위인 음주소란 등이 이 사건 업무방해죄의 공소사실과 동일한 사건일 여지도 있다(대판 2011.1.27. 2010도11987).

상습범으로 유죄확정 판결을 받은 후 동일한 습벽에 기한 범행을 범하고, 재심이 개시된 경우에 있어서 기판력 유무에 관하여 판례는 아래와 같이 판시하였다.

관련판례 [다수의견] ① 재심 개시 여부를 심리하는 절차의 성질과 판단 범위, 재심개시결정의 효력 등에 비추어 보면, 유죄의 확정판결 등에 대해 재심개시결정이 확정된 후 재심심판절차가 진행 중이라는 것만으로는 확정판결의 존재 내지 효력을 부정할 수 없고, 재심개시결정이 확정되어 법원이 그 사건에 대해 다시 심리를 한 후 재심의 판결을 선고하고 그 재심판결이 확정된 때에 종전의 확정판결이 효력을 상실한다. 재심의 취지와 특성, 형사소송법의 이익재심 원칙과 재심심판절차에 관한 특칙 등에 비추어 보면, 재심심판절차에서는 특별한 사정이 없는 한 검사가 재심대상사건과 별개의 공소사실을 추가하는 내용으로 공소장을 변경하는 것은 허용되지 않고, 재심대상사건에 일반 절차로 진행 중인 별개의 형사사건을 병합하여 심리하는 것도 허용되지 않는다.

② 상습범으로 유죄의 확정판결(이하 앞서 저질러 재심의 대상이 된 범죄를 '선행범죄'라 한다)을 받은 사람이 그 후 동일한 습벽에 의해 범행을 저질렀는데(이하 뒤에 저지른 범죄를 '후행범죄'라 한다) 유죄의 확정판결에 대하여 재심이 개시된 경우, 동일한 습벽에 의한 후행범죄가 재심대상판결에 대한 재심판결 선고 전에 저질러진 범죄라 하더라도 재심판결의 기판력이 후행범죄에 미치지 않는다. 재심심판절차에서 선행범죄, 즉 재심대상판결의 공소사실에 후행범죄를 추가하는 내용으로 공소장을 변경하거나 추가로 공소를 제기한 후 이를 재심대상사건에 병합하여 심리하는 것이 허용되지 않으므로 재심심판절차에서는 후행범죄에 대하여 사실심리를 할 가능성이 없다. 또한 재심심판절차에서 재심개시결정의 확정만으로는 재심대상판결의 효력이 상실되지 않으므로 재심대상판결은 확정판결로서 유효하게 존재하고 있고, 따라서 재심대상판결을 전후하여 범한 선행범죄와 후행범죄의 일죄성은 재심대상판결에 의하여 분단되어 동일성이 없는 별개의 상습범이 된다. 그러므로 선행범죄에 대한 공소제기의 효력은 후행범죄에 미치지 않고 선행범죄에 대한 재심판결의 기판력은 후행범죄에 미치지 않는다. 만약 재심판결의 기판력이 재심판결의 선고 전에 선행범죄와 동일한 습벽에 의해 저질러진 모든 범죄에 미친다고 하면, 선행범죄에 대한 재심대상판결의 선고 이후 재심판결 선고 시까지 저지른 범죄는 동시에 심리할 가능성이 없었음에도 모두 처벌할 수 없다는 결론에 이르게 되는데, 이는 처벌의 공백을 초래하고 형평에 반한다(대판 2019.6.20. 2018도20698 전원합의체).

제4절 소송비용

1. 소송비용의 부담자

> **제186조【피고인의 소송비용부담】** ① 형의 선고를 하는 때에는 피고인에게 **소송비용의 전부 또는 일부를 부담하게 하여야** 한다. 다만, 피고인의 **경제적 사정**으로 소송비용을 납부할 수 없는 때에는 그러하지 아니하다.
> ② 피고인에게 **책임지울 사유로 발생된 비용**은 형의 선고를 하지 아니하는 경우에도 피고인에게 부담하게 할 수 있다.
> **제187조【공범의 소송비용】** 공범의 소송비용은 **공범인에게 연대**부담하게 할 수 있다.
> **제188조【고소인등의 소송비용부담】** 고소 또는 고발에 의하여 공소를 제기한 사건에 관하여 피고인이 **무죄 또는 면소의 판결을 받은 경우**에 고소인 또는 고발인에게 **고의 또는 중대한 과실**이 있는 때에는 그 자에게 소송비용의 전부 또는 일부를 부담하게 할 수 있다.
> **제189조【검사의 상소취하와 소송비용부담】** 검사만이 상소 또는 재심청구를 한 경우에 **상소 또는 재심의 청구가 기각되거나 취하된 때**에는 그 소송비용을 피고인에게 부담하게 하지 못한다.
> **제190조【제삼자의 소송비용부담】** ① 검사 아닌 자가 상소 또는 재심청구를 한 경우에 상소 또는 재심의 청구가 기각되거나 취하된 때에는 그 자에게 그 소송비용을 부담하게 할 수 있다.
> ② 피고인 아닌 자가 피고인이 제기한 상소 또는 재심의 청구를 취하한 경우에도 전항과 같다.

2. 소송비용부담의 절차

> **제191조【소송비용부담의 재판】** ① 재판으로 소송절차가 종료되는 경우에 피고인에게 소송비용을 부담하게 하는 때에는 **직권**으로 **재판**하여야 한다.
> ② 전항의 재판에 대하여는 **본안의 재판에 관하여 상소하는 경우**에 한하여 **불복**할 수 있다.
> **제192조【제삼자부담의 재판】** ① 재판으로 소송절차가 종료되는 경우에 **피고인 아닌 자**에게 소송비용을 부담하게 하는 때에는 **직권**으로 **결정**을 하여야 한다.
> ② 전항의 결정에 대하여는 **즉시항고**를 할 수 있다.
> **제193조【재판에 의하지 아니한 절차종료】** ① 재판에 의하지 아니하고 소송절차가 종료되는 경우에 소송비용을 부담하게 하는 때에는 사건의 최종계속법원이 **직권**으로 결정을 하여야 한다.
> ② 전항의 결정에 대하여는 **즉시항고**를 할 수 있다.
> **제194조【부담액의 산정】** 소송비용의 부담을 명하는 재판에 그 **금액을 표시하지 아니한** 때에는 집행을 지휘하는 **검사가 산정**한다.

3. 피고인에 대한 비용의 보상 / 비용보상 절차

제194조의2 【무죄판결과 비용보상】 ① 국가는 무죄판결이 확정된 경우에는 당해 사건의 피고인이었던 자에 대하여 그 재판에 소요된 비용을 보상하여야 한다.
② 다음 각 호의 어느 하나에 해당하는 경우에는 제1항에 따른 비용의 전부 또는 일부를 **보상하지 아니할 수 있다.**
   1. 피고인이었던 자가 수사 또는 재판을 그르칠 목적으로 거짓 자백을 하거나 다른 유죄의 증거를 만들어 기소된 것으로 인정된 경우
   2. 1개의 재판으로써 경합범의 일부에 대하여 무죄판결이 확정되고 다른 부분에 대하여 유죄판결이 확정된 경우
   3. 「형법」 제9조 및 제10조 제1항의 사유에 따른 무죄판결이 확정된 경우
   4. 그 비용이 피고인이었던 자에게 책임지울 사유로 발생한 경우

제194조의3 【비용보상의 절차 등】 ① 제194조의2 제1항에 따른 비용의 보상은 피고인이었던 자의 청구에 따라 **무죄판결을 선고한 법원의 합의부에서 결정으로** 한다.
② 제1항에 따른 청구는 무죄판결이 확정된 사실을 **안 날부터 3년** 무죄판결이 **확정된 때부터 5년** 이내에 하여야 한다.
③ 제1항의 결정에 대하여는 **즉시항고**를 할 수 있다.

제194조의4 【비용보상의 범위】 ① 제194조의2에 따른 비용보상의 범위는 피고인이었던 자 또는 그 변호인이었던 자가 **공판준비 및 공판기일에 출석하는데 소요된 여비·일당·숙박료와 변호인이었던 자에 대한 보수**에 한한다. 이 경우 보상금액에 관하여는 「형사소송비용 등에 관한 법률」을 준용하되, 피고인이었던 자에 대하여는 증인에 관한 규정을, 변호인이었던 자에 대하여는 국선변호인에 관한 규정을 준용한다.
② 법원은 공판준비 또는 공판기일에 출석한 **변호인이 2인 이상이었던 경우**에는 사건의 성질, 심리 상황, 그 밖의 사정을 고려하여 변호인이었던 자의 여비·일당 및 숙박료를 대표변호인이나 그 밖의 일부 변호인의 비용만으로 한정할 수 있다.

PART 5

상소·
비상구제절차·
특별절차

CHAPTER 01 상소

제1절 상소 일반

Ⅰ. 상소의 의의와 종류

상소(上訴)란 **미확정의 재판에 대하여 상급법원에 구제를 구하는 불복신청제도**를 말한다.

약식명령이나 즉결심판에 대한 정식재판의 청구는 상소에 해당하지 않는다.

상소에는 항소·상고·항고가 있다. 항소는 제1심 판결에 대한, 상고는 제2심 판결에 대하여, 항고는 '법원의 결정'에 대한 상소이다. 항고는 다시 보통항고와 즉시항고로 나뉘는데, 대법원에 바로 제기하는 즉시항고를 재항고라 한다.

Ⅱ. 상소권

1. 상소권자

> 제338조【상소권자】① 검사 또는 피고인은 상소를 할 수 있다.
> 제339조【항고권자】검사 또는 피고인 아닌 자가 결정을 받은 때에는 항고할 수 있다.
> 제340조【당사자 이외의 상소권자】피고인의 법정대리인은 피고인을 위하여 상소할 수 있다.

변호인은 피고인의 상소권이 소멸된 후에는 상소를 제기할 수 없고, **피고인의 법정대리인은 피고인의 이익을 위하여 그의 명시적인 의사에 반하여서도 상소를 제기할 수 있지만, 변호인은 피고인의 명시한 의사에 반하지 않는 한 피고인을 위하여 상소할 수 있다.**

2. 상소권의 발생과 소멸

상소기간은 판결등본이 당사자에게 송달되는 여부에 관계없이 공판정에서 판결이 선고된 날로부터 상소기간이 기산되며, 이는 **피고인이 불출석한 상태에서 재판을 하는 경우에도 마찬가지**이다.

> **관련판례** 제1심판결에 대하여 피고인 또는 검사가 항소하여 항소법원이 판결을 선고한 후에는 **상고법원으로부터 사건이 환송 또는 이송되는 경우 등을 제외하고는 항소법원이 다시 항소심 소송절차를 진행하여 판결을 선고할 수 없다.** 따라서 항소심판결이 선고되면 **제1심판결에 대한 항소권이 소멸되어 제1심판결에 대한 항소권 회복청구와 항소는 적법하다고 볼 수 없다.** 이는 제1심 재판 또는 항소심 재판이 소송촉진 등에 관한 특례법이나 형사소송법 등에 따라 피고인이 출석하지 않은 가운데 불출석 재판으로 진행된 경우에도 마찬가지이다. 따라서 **제1심판결에 대하여 검사의 항소에 의한 항소심판결이 선고된 후 피고인이 동일한 제1심판결에 대하여 항소권 회복청구를 하는 경우** 이는 적법하다고 볼 수 없어 형사소송법 제347조 제1항에 **따라 결정으로 이를 기각하여야 한다**(대결 2017.3.30. 2016모2874).

가. 변호인은 피고인의 동의를 얻어 상소를 취하할 수 있으므로 변호인의 상소취하에 피고인의 동의가 없다면 상소취하의 효력은 발생하지 아니한다.

나. 변호인의 상소취하에 대한 피고인의 동의는 공판정에서는 구술로써 할 수 있지만, 피고인의 구술 동의는 명시적으로 이루어져야만 한다.

> **관련판례** 변호인은 피고인의 동의를 얻어 상소를 취하할 수 있으므로(형사소송법 제351조, 제341조), 변호인의 상소취하에 피고인의 동의가 없다면 상소취하의 효력은 발생하지 아니한다. 한편 변호인이 상소취하를 할 때 원칙적으로 피고인은 이에 동의하는 취지의 서면을 제출하여야 하나(형사소송규칙 제153조 제2항), **피고인은 공판정에서 구술로써 상소취하를 할 수 있으므로**(형사소송법 제352조 제1항 단서), **변호인의 상소취하에 대한 피고인의 동의도 공판정에서 구술로써 할 수 있다.** 다만 상소를 취하하거나 상소의 취하에 동의한 자는 다시 상소를 하지 못하는 제한을 받게 되므로(형사소송법 제354조), **상소취하에 대한 피고인의 구술 동의는 명시적으로 이루어져야만 한다**(대판 2015.9.10. 2015도7821).
> → 원심 제1회 공판기일에 피고인 2의 변호인이 구술로써 항소를 취하한다고 진술하였으나 피고인 2는 이에 대하여 아무런 의견도 진술하지 아니한 사실, 원심은 그러한 상태에서 피고인 2에게 변호인의 항소취하에 대하여 동의하는지 여부에 관한 명시적인 의사를 확인하지 아니한 채 검사의 항소이유에 대한 변호인의 최종변론과 피고인 2의 최후진술을 듣고 변론을 종결한 후, 선고기일에 판결을 선고하면서 피고인 2의 항소가 변호인에 의하여 적법하게 취하된 것으로 보아 공동정범의 성립에 관한 법리오해 등의 잘못이 있다는 취지의 피고인 2의 항소이유에 관하여는 판단하지 아니하고 검사의 항소이유에 관하여만 판단한 사실을 알 수 있다. 위와 같은 사실관계를 앞서 본 법리에 비추어 보면, **원심법정에서의 변호인의 항소취하에 피고인 2가 동의하였다고 인정하기 어려우므로 변호인의 항소취하는 효력이 없다고 할 것이다.**

3. 상소권의 회복

가. 상소권을 포기한 후 상소제기기간이 도과한 다음에 상소포기의 효력을 다투는 한편, 자기 또는 대리인이 책임질 수 없는 사유로 인하여 상소제기기간 내에 **상소를 하지 못하였다고 주장**하는 사람은 상소를 제기함과 동시에 상소권회복청구를 할 수 있다.

나. 피고인이 소송이 계속 중인 사실을 알면서 법원에 거주지 변경신고를 하지 않았다 하더라도, **잘못된 공시송달에 터 잡아 피고인의 진술 없이 공판이 진행되고 피고인이 출석하지 않은 기일에 판결이 선고되었다면**, 이는 상소권회복의 사유가 된다.

다. 피고인이 주소변경사실을 법원에 신고하지 아니하여 항소심에서 궐석재판이 행하여지고 피고인이 판결 선고 사실을 알지 못하여 상고제기기간이 도과되어 상고를 하지 못한 경우 상소권회복청구권이 인정되지 아니한다.

라. 피고인을 대리하여 법원결정 정본을 수령한 교도소장이 1주일이 지난 뒤에 그 사실을 피고인에게 알림으로써 피고인이 소정기간 내에 항고장을 제출할 수 없었던 경우 상소권회복신청은 인용할 여지가 있을 것이다.

마. 피고인이 난청으로 인하여 재판장의 선고내용 및 상소기간, 상소법원을 잘 듣지 못하여 판결이 송달되면 항소하려 했으나, 재판서가 송달되지 않아 항소를 못해 재판이 확정되었다면 이는 국민의 재판청구권 및 알권리를 침해하는 것으로 볼 수는 없다.

바. 피고인이 판결 선고 당시 법정이 소란하여 선고한 판결의 내용을 잘못 알아들었기 때문에 상소하지 못한 경우 상소권회복의 사유에 해당하지 아니한다.

사. 피고인이 단순히 질병으로 입원하거나 기거불능으로 상소제기기간 내에 상소하지 못한 경우 상소권회복의 사유에 해당하지 아니한다.

아. 자신에 대하여 소추가 제기된 사실을 알고 있었던 자가 사무소에 나가지 아니하여 사무소로 송달된 약식명령을 송달받지 못하여 정식재판 청구기간이 도과한 경우 이는 이미 확정된 약식명령에 대하여 적법한 정식재판청구권회복청구의 사유가 될 수 없다.

관련판례 - 약식명령 등본의 피송달자 [1] 형사소송법 제452조에서 약식명령의 고지는 검사와 피고인에 대한 재판서의 송달에 의하도록 규정하고 있으므로, **약식명령은** 그 **재판서를 피고인에게 송달함으로써 효력이 발생하고, 변호인이 있는 경우라도 반드시 변호인에게 약식명령 등본을 송달해야 하는 것은 아니다.** 따라서 **정식재판 청구기간은** 피고인에 대한 약식명령 고지일을 기준으로 하여 기산하여야 한다.

[2] 변호인이 정식재판청구서를 제출할 것으로 믿고 피고인이 스스로 적법한 정식재판의 청구기간 내에 정식재판청구서를 제출하지 못하였더라도 그것이 피고인 또는 대리인이 책임질 수 없는 사유로 인하여 정식재판의 청구기간 내에 정식재판을 청구하지 못한 때에 해당하지 않는다(대결 2017.7.27. 2017모1557).

형사소송절차에서 법원에 제출하는 서류는 법원에 도달하여야 제출의 효과가 발생하며, 각종 서류의 제출에 관하여 법정기간의 준수 여부를 판단할 때에도 당연히 해당 서류가 법원에 도달한 시점을 기준으로 하여야 한다. 따라서 상소는 상소장이 상소기간 내에 제출처인 원심법원에 도달하여야 한다. 이를 도달주의 원칙이라 한다. 다만, 교도소 또는 구치소에 있는 피고인의 경우는 재소자 특칙이 적용된다(제344조 제1항). 이는 도달주의 원칙에 대한 예외로서, 교도소 또는 구치소에 있는 피고인(이하 '재소자 피고인'이라 한다)이 제출하는 상소장에 대하여 상소의 제기기간 내에 교도소장이나 구치소장 또는 그 직무를 대리하는 사람에게 이를 제출한 때에 상소의 제기기간 내에 상소한 것으로 간주하는 재소자 피고인에 대한 특칙(제344조 제1항, 이하 '재소자 피고인 특칙'이라 한다)을 두고 있다. 그런데 형사소송법은 상소장 외에 재소자가 제출하는 다른 서류에 대하여는 재소자 피고인 특칙을 일반적으로 적용하거나 준용하지 아니하고, **상소권회복의 청구 또는 상소의 포기나 취하**(제355조), **항소이유서 및 상고이유서 제출**(제361조의3 제1항, 제379조 제1항), **재심의 청구와 취하**(제430조), **소송비용의 집행면제 신청, 재판의 해석에 대한 의의(의의)신청과 재판의 집행에 대한 이의신청 및 취하**(제490조 제2항) 등의 경우에 개별적으로 재소자 피고인 특칙을 준용하는 규정을 두고 있다. 그러나 재정신청절차에 대하여는 재소자 피고인 특칙의 준용 규정을 두고 있지 아니할 뿐 아니라 **재정신청절차는** 고소·고발인이 검찰의 불기소처분에 불복하여 법원에 그 당부에 관한 판단을 구하는 절차로서 검사가 공소를 제기하여 공판절차가 진행되는 형사재판절차와는 다르며, 또한 고소·고발인인 재정신청인은 검사에 의하여 공소가 제기되어 형사재판을 받는 피고인과는 지위가 본질적으로 다르다. 재정신청 기각결정에 대한 재항고나 그 기각결정에 대한 재항고에는 도달주의 원칙에 따라 재항고장이나 즉시항고장이 법원에 도달한 시점을 기준으로 판단하여야 하고, 거기에 재소자 **피고인 특칙은 준용되지 아니한다**(대결 2015.7.16. 2013모2347 전원합의체).

> **관련판례 - 재감자가에 대한 소송기록의 접수통지** [1] 교도소·구치소 또는 국가경찰관서의 유치장에 체포·구속 또는 유치된 사람에게 할 송달은 교도소·구치소 또는 국가경찰관서의 장에게 하여야 하고(형사소송법 제65조, 민사소송법 제182조), **재감자에 대한 송달을 교도소 등의 장에게 하지 아니하였다면** 그 **송달은 부적법하여 무효**이다. 한편 통지는 법령에 다른 정함이 있다는 등의 특별한 사정이 없는 한 서면 이외에 구술·전화·모사전송·전자우편·휴대전화 문자전송 그 밖에 적당한 방법으로도 할 수 있고, 통지의 대상자에게 도달됨으로써 효력이 발생한다.
> [2] 구치소에 재감 중인 재항고인이 제1심판결에 대하여 항소하였는데, **항소심법원이 구치소로 소송기록접수통지서를 송달하면서 송달받을 사람을 구치소의 장이 아닌 재항고인으로 하였고 구치소 서무계원이 이를 수령한 사안**에서, 송달받을 사람을 재항고인으로 한 송달은 효력이 없고, 달리 재항고인에게 소송기록접수의 통지가 도달하였다는 등의 사정을 발견할 수 없으므로, 소송기록접수의 통지는 효력이 없다고 한 사례(대결 2017.9.22. 2017모1680).

Ⅲ 상소의 이익

1. 의의

가. 개념

상소의 이익이란 상소가 상소권자에게 이익이 되는가의 문제를 말한다. 원판결에 잘못이 있는가를 뜻하는 상소의 이유와는 구별되는 개념이다. 상소권자가 상소를 하려면 상소할만한 이익이 있어야 한다. 즉, 상소의 이익은 상소의 적법요건이 된다.

나. 법적 근거

불이익변경금지원칙과 '불복이 있으면'이라는 규정(제357조)에서 근거를 찾는 것이 일반적이다.

2. 검사의 상소이익

가. 피고인에게 불이익한 상소

검사는 피고인에게 불이익한 상소를 할 수 있음은 피고인과 대립되는 검사의 당사자지위에서 당연하다고 할 것이다. 다만, 검사는 공익의 대표자로서 법령의 정당한 적용을 청구할 임무를 가지므로 이의신청을 기각하는 등 반대당사자에게 불이익한 재판에 대하여도 그것이 위법일 때에는 위법을 시정하기 위하여 상소로써 불복할 수 있지만 불복은 재판의 주문에 관한 것이어야 하고 재판의 이유만을 다투기 위하여 상소하는 것은 허용되지 않는다(대결 1993.3.4. 92모21).

나. 피고인의 이익을 위한 상소

피고인은 자신에게 이익되는 상소를 제기할 수 있다. 검사도 공익의 대표자로서 법령의 정당한 적용을 청구할 임무를 가지므로 상소를 제기할 수 있다.

> **관련판례** 검사의 항소가 특히 피고인의 이익을 위하여 한 취지라고 볼 수 없다면 항소심에서 제1심 판결의 형보다 중한 형을 선고할 수 있다(대판 1971.5.24. 71도574).

3. 상소이익의 판단기준

피고인의 주관을 기준으로 한다는 주관설, 사회통념을 기준으로 한다는 객관설이 대립되나, 재판에 의한 **법익박탈의 대소**라는 객관적 기준에 따라 판단하는 객관설이 통설이다. 결국, 주문을 기준으로 법익박탈의 대소를 판단하게 된다.

4. 상소이익의 구체적 내용

가. 유죄판결에 대한 상소

(1) 유죄판결과 상소이익

유죄판결은 피고인에게 불이익한 재판이므로 무죄를 주장하거나 경한 형을 선고할 것을 주장하는 경우 상소이익이 있다. 그러나 벌금형을 선고하였음에도 집행유예를 해달라고 상소하거나 피고인에게 누범에 해당하는 전과가 있음에도 불구하고 형법 제35조 제2항에 의한 누범가중을 하지 아니한 것은 위법하다고 주장하는 상소는 불이익을 주장하는 것이 되므로 이는 적법한 상소이유가 될 수 없다(대판 1994.8.12. 94도1591).

(2) 형면제 및 선고유예의 판결에 대한 상소

형면제나 선고유예도 유죄판결이므로 무죄를 주장하며 상소할 상소이익이 있다.

(3) 제3자의 소유물을 몰수하는 재판에 대한 상소

피고인에 대한 부가형이므로 상소이익을 인정한다.

나. 무죄판결에 대한 상소

무죄판결의 이유를 다투는 상소가 허용될 수 있는가의 문제된다. 유죄판결을 구하는 상소는 물론 면소나 공소기각을 구하는 상소는 허용되지 않는데, 무죄판결의 이유만을 다투는 상소가 가능한지가 논의된다. 피고인에게 유죄의 증명이 부족하다는 이유가 아닌 정신병 등으로 인한 심신상실 주장이 받아들여져 무죄판결이 선고된 경우 무죄이유를 다투면서 상소할 수 있는지 생각해보면, 상소의 이익은 주문을 기준으로 한 법익박탈의 대소를 기준으로 판단하므로 이유만을 다투는 상소는 허용될 수 없다.

> **관련판례** 상소는 자기에게 불이익한 재판에 대하여 유리하게 취소변경을 구하기 위한 것이므로 **승소판결에 대한 불복상소는** 허용될 수 없고, 재판이 상소인에게 불이익할 것인지 여부는 원칙적으로 재판의 **주문을 표준으로 하여** 상소제기 당시를 기준으로 하여 판단하여야 하며, 상소인의 청구가 전부 인용되었다면 그 판결이유에 불만이 있더라도 상소이익은 없다고 할 것이다(대판 1998.11.10. 98두11915).

다. 형식재판에 대하여 무죄를 구하는 취지의 항소에 대한 항소심 법원의 조치

상소의 이익이란 상소에 의하여 원심재판에 대한 불만이나 불복을 제거함으로써 얻게 되는 법률상태의 개선을 말한다. 상소의 이익은 상소제기의 적법요건이므로 상소의 이익이 없는 경우에는 그 상소를 기각하여야 한다.

이에 대하여 (1) 피고인의 주관적 측면을 고려하자는 주관설, (2) 사회윤리적 입장에서 사회통념을 기준을 판단하자는 사회통념설 등이 있으나 (3) 재판에 의한 법익박탈의 대소(大小)라는 객관적 기준으로 피고인의 상소이익 유무를 판단하여야 한다는 객관설의 입장이 타당하다. 상소이익이 없음이 명백한 경우에는 '법률상의 방식에 위반한 때'에 해당하므로 원심법원은 상소기각결정을 한다(제360조 제1항). 그러나 유죄판결에 대한 상소와 같은 경우는 상소이익이 없다는 것이 상소이유를 판단해 보아야 알 수 있으므로 이러한 경우 상소이익이 없다고 판명되면 항소법원이 상소기각판결을 한다(제364조 제4항).

형식재판에 대하여 상소를 할 수 있는지에 대하여 ① 형식재판보다는 무죄판결이 객관적으로 피고인에게 유리하며, 무죄판결이 확정되면 기판력이 발생하고 형사보상 등을 받을 수 있어 상소이익이 인정되므로 무죄를 주장하여 상소할 수 있다는 긍정설과 ② 형식재판에 대하여 무죄를 주장하여 상소할 수 없다는 부정설에는 다시 ㉠ 소송조건이 결여되어 법원이 실체판결을 할 수 없으므로, 상소이익을 논할 필요도 없이 실체재판청구권이 없어서 상소가 허용되지 않는다는 견해(실체판결청구권결여설)와 ㉡ 형식재판도 무죄판결과 같이 피고인에게 유리한 재판이므로 상소이익이 없기 때문에 상소가 허용되지 않는다는 견해(상소이익결여설)가 있다.

대법원은 형식재판의 경우 무죄를 주장하는 상소를 할 수 없다고 보는데 상소를 부정하는 근거에 대하여 **공소기각의 판결에 대하여는 상소이익결여설**(대판 1988.11.8. 85도1675)을, **면소판결에 있어서는 실체(무죄)판결청구권결여설**(대판 1984.11.27. 84도2106)을 각각 취하고 있다[161]을 취하고 있다. 결론적으로 형식재판은 실체판결인 무죄판결에 비하여 피고인을 형사절차에서 조속히 해방시킨다는 점에서 형식재판이 무죄판결보다 불이익한 재판이라고 할 수는 없으며 상소의 이익은 일률적으로 판단할 것이 아니라 구체적 타당성을 도모하여 판단할 필요성이 있다는 점을 고려할 때 기본적으로 판례의 입장이 타당하다.

> **관련판례** 재심이 개시된 사건에서 범죄사실에 대하여 적용하여야 할 법령은 재심판결 당시의 법령이므로, 법원은 재심대상판결 당시의 법령이 변경된 경우에는 그 범죄사실에 대하여 재심판결 당시의 법령을 적용하여야 하고, 폐지된 경우에는 형사소송법 제326조 제4호를 적용하여 그 범죄사실에 대하여 면소를 선고하는 것이 원칙이다. 그러나 법원은, 형벌에 관한 법령이 **헌법재판소의 위헌결정으로 인하여 소급하여 그 효력을 상실하였거나 법원에서 위헌·무효로 선언된 경우**, 당해 법령을 적용하여 공소가 제기된 피고사건에 대하여 같은 법 제325조에 따라 무죄를 선고하여야 한다. 나아가 형벌에 관한 법령이 재심판결 당시 폐지되었다 하더라도 그 '폐지'가 당초부터 헌법에 위배되어 효력이 없는 법령에 대한 것이었다면 같은 법 제325조 전단이 규정하는 '범죄로 되지 아니한 때'의 무죄사유에 해당하는 것이지, 같은 법 제326조 제4호의 면소사유에 해당한다고 할 수 없다. 따라서 면소판결에 대하여 무죄판결인 실체판결이 선고되어야 한다고 주장하면서 상고할 수 없는 것이 원칙이지만, **위와 같은 경우에는 이와 달리 면소를 할 수 없고 피고인에게 무죄의 선고를 하여야 하므로 면소를 선고한 판결에 대하여 상고가 가능**하다(대판 2010.12.16. 2010도5986 전원합의체).

라. 항소기각판결에 대한 상고의 경우 원칙적으로 **상고이익**이 있다.

다만, 제1심의 유죄판결에 대하여 피고인은 항소를 포기하고 검사만 양형이 부당하게 가볍다는 이유로 항소하였다가 이유없다고 기각된 항소심판결은 피고인에게 **불이익한 판결이라고 할 수 없으므로** 항소기각판결에 대하여 피고인은 상고의 이익이 없다(대판 1986.5.27. 86도479,86감도67).

5. 상소이익이 없는 경우의 재판

가. 상소의 적법요건

나. 무죄판결·형식재판에 대한 상소기각은 원심법원이 결정으로 한다. 다만, 원심법원이 상소기각 결정을 하지 않을 때에는 상소법원이 기각결정을 하여야 한다.

다. 유죄판결에 대한 상소기각은 **판결**로 한다.

---

161) 다만, 면소판결에 대해서는 예외적으로 '형벌에 관한 법령이 재심판결 당시 폐지되었다 하더라도 그 '폐지'가 당초부터 헌법에 위배되어 효력이 없는 법령에 대한 것이었다면 같은 법 제325조 전단이 규정하는 '범죄로 되지 아니한 때'의 무죄사유에 해당하는 것이지, 같은 법 제326조 제4호의 면소사유에 해당한다고 할 수 없다. 따라서 면소판결에 대하여 무죄판결인 실체판결이 선고되어야 한다고 주장하면서 상고할 수 없는 것이 원칙이지만, 위와 같은 경우에는 이와 달리 면소를 할 수 없고 피고인에게 무죄의 선고를 하여야 하므로 면소를 선고한 판결에 대하여 상고가 가능하다(대판 2010.12.16. 2010도5986 전원합의체)'는 입장이다.

참조판례 - 재소자 특칙의 준용여부 형사소송법 제344조 제1항은 "교도소 또는 구치소에 있는 피고인이 상소의 제기기간 내에 상소장을 교도소장 또는 구치소장 또는 그 직무를 대리하는 자에게 제출한 때에는 상소의 제기기간 내에 상소한 것으로 간주한다."는 소위 재소자에 대한 특칙을 두어 상소장 법원 도달주의의 예외를 인정하고 있는바, 형사소송법이 재소자에게 상소 제기에 관한 편의를 제공하는 내용의 위와 같은 특칙을 두게 된 취지와 제출기간 내에 교도소장 등에게 상소이유서를 제출하였음에도 불구하고 기간 도과 후에 법원에 전달되었다는 이유만으로 상소이유서를 제출하지 않은 것으로 취급되는 경우 재소자가 받을 불이익 등을 종합적으로 고려하면, 비록 형사소송법 제355조에서 재소자에 대한 특칙 규정이 준용되는 경우 중에 **상소이유서 제출의 경우를 빠뜨리고 있다고 하더라도 상소이유서 제출에 관하여도 위 재소자에 대한 특칙 규정이 준용되는 것으로 해석함이 상당하다**(대판 2006.3.16. 2005도9729 전원합의체).

참조판례 - 증인 진술의 신빙성 유무에 대한 제1심의 판단을 항소심이 뒤집을 수 있는 경우 우리 형사소송법이 채택하고 있는 실질적 직접심리주의의 정신에 비추어, 항소심으로서는 제1심 증인이 한 진술의 신빙성 유무에 대한 제1심의 판단이 항소심의 판단과 다르다는 이유만으로 이에 대한 제1심의 판단을 함부로 뒤집어서는 아니되나, **제1심 증인이 한 진술의 신빙성 유무에 대한 제1심의 판단이 명백하게 잘못되었다고 볼 특별한 사정이 있거나, 제1심의 증거조사 결과와 항소심 변론종결시까지 추가로 이루어진 증거조사 결과를 종합하면 제1심 증인이 한 진술의 신빙성 유무에 대한 제1심의 판단을 그대로 유지하는 것이 현저히 부당하다고 인정되는 예외적인 경우**에는 그러하지 아니하다(대판 2010.11.11. 2010도9106).

관련판례 형사소송법은 형사사건의 실체에 대한 유죄·무죄의 심증 형성은 법정에서의 심리에 의하여야 한다는 공판중심주의의 한 요소로서 실질적 직접심리주의를 채택하고 있다. 이는 법관이 법정에서 직접 원본 증거를 조사하는 방법을 통하여 사건에 대한 정확한 심증을 형성할 수 있고 피고인에게 원본 증거에 관한 직접적인 의견진술의 기회를 부여함으로써 실체적 진실을 발견하고 공정한 재판을 실현할 수 있기 때문이다. 법원은 형사소송절차의 진행과 심리 과정에서 법정을 중심으로, 특히 당사자의 주장과 증거조사가 이루어지는 원칙적인 절차인 제1심의 법정에서 위와 같은 실질적 직접심리주의의 정신이 충분히 구현될 수 있도록 하여야 한다. 원래 제1심이 증인신문 절차를 진행한 뒤 그 진술의 신빙성 유무를 판단할 때에는 진술 내용 자체의 합리성·논리성·모순 또는 경험칙 부합 여부나 다른 증거들과의 부합 여부 등은 물론, 공개된 법정에서 진술에 임하고 있는 증인의 모습이나 태도, 진술의 뉘앙스 등 증인신문조서에는 기록하기 어려운 여러 사정을 직접 관찰함으로써 얻게 된 심증까지 모두 고려하여 신빙성 유무를 평가하게 된다. 이에 비하여 제1심 증인이 한 진술에 대한 항소심의 신빙성 유무 판단은 원칙적으로 증인신문조서를 포함한 기록만을 그 자료로 삼게 되므로, 진술의 신빙성 유무 판단을 할 때 가장 중요한 요소 중의 하나라 할 수 있는 진술 당시 증인의 모습이나 태도, 진술의 뉘앙스 등을 그 평가에 반영하기가 어렵다. 이러한 사정을 고려하면, 제1심판결 내용과 제1심에서 증거조사를 거친 증거들에 비추어 제1심 증인이 한 진술의 신빙성 유무에 대한 제1심의 판단이 명백하게 잘못되었다고 볼 특별한 사정이 있거나, **제1심의 증거조사 결과와 항소심 변론종결 시까지 추가로 이루어진 증거조사 결과를 종합하면 제1심 증인이 한 진술의 신빙성 유무에 대한 제1심의 판단을 그대로 유지하는 것이 현저히 부당하다고 인정되는 예외적인 경우가 아니라면, 항소심으로서는 제1심 증인이 한 진술의 신빙성 유무에 대한 제1심의 판단이 항소심의 판단과 다르다는 이유만으로 이에 대한 제1심의 판단을 함부로 뒤집어서는 안 된다**(대판 2019.7.24. 2018도17748).

참조판례 - 국선변호인 선정 형사소송법 제33조는 헌법 제12조에 의하여 피고인에게 보장된 변호인의 조력을 받을 권리가 공판심리절차에서 효과적으로 실현될 수 있도록 일정한 경우에 직권 또는 피고인의 청구에 의한 법원의 국선변호인 선정의무를 규정하는 한편(제1항, 제2항), 피고인의 연령·지능 및 교육 정도 등을 참작하여 권리보호를 위하여 필요하다고 인정되는 때에도 피고인의 명시적 의사에 반하지 아니하는 범위 안에서 법원이 국선변호인을 선정하여야 한다고 규정하고 있다(제3항). 헌법상 변호인의 조력을 받을 권리와 형사소송법상 국선변호인 제도의 취지에 비추어 보면, 법원은 피고인으로부터 형사소송법 제33조 제2항에 의한 국선변호인 선정청구가 있는 경우 또는 직권으로 소송기록과 소명자료를 검토하여 피고인이 형사소송법 제33조 제2항 또는 제3항에 해당한다고 인정되는 경우 즉시 국선변호인을 선정하고, 소송기록에 나타난 자료만으로 그 해당여부가 불분명한 경우에는 제1회 공판기일의 심리에 의하여 국선변호인의 선정 여부를 결정할 것이며, 제1심에서 피고인의 청구 또는 직권으로 국선변호인이 선정되어 공판이 진행된 경우에는 항소법원은 **특별한 사정변경이 없는 한 국선변호인을 선정함이 바람직**하다(국선변호에 관한 예규 제6조 내지 제8조 참조, 대판 2013.7.11. 2013도351).

비교판례 [1] 형사소송법 제33조는 제1항 및 제3항에서 법원이 직권으로 변호인을 선정하여야 하는 경우를 규정하면서, 제1항 각 호에 해당하는 경우에 변호인이 없는 때에는 의무적으로 변호인을 선정하도록 규정한 반면, 제3항에서는 피고인의 연령. 지능 및 교육정도 등을 참작하여 권리보호를 위하여 필요하다고 인정하는 때에 한하여 재량으로 피고인의 명시적 의사에 반하지 아니하는 범위 안에서 변호인을 선정하도록 정하고 있으므로, **형사소송법 제33조 제1항 각 호에 해당하는 경우가 아닌 한 법원으로서는 권리보호를 위하여 필요하다고 인정하지 않으면 국선변호인을 선정하지 아니할 수** 있을 뿐만 아니라, 국선변호인의 선정 없이 공판심리를 하더라도 피고인의 방어권이 침해되어 판결에 영향을 미쳤다고 인정되지 않는 경우에는 형사소송법 제33조 제3항을 위반한 위법이 있다고 볼 수 없다.

참조판례 - 필요적 변호사건에서 법원이 정당한 이유 없이 국선변호인을 선정하지 않고 있는 사이에 피고인 스스로 변호인을 선임한 경우에 항소이유서제출기간의 기산점 기록을 송부받은 항소법원은 형사소송법 제33조 제1항 제1호 내지 제6호의 필요적 변호사건에 있어서 피고인에게 변호인이 없는 경우에는 지체없이 변호인을 선정한 후 그 변호인에게 소송기록접수통지를 하고, 항소이유서 제출기간이 도과하기 전에 한 형사소송법 제33조 제2항의 국선변호인 선정청구에 따라 변호인을 선정한 경우 및 형사소송법 제33조 제3항에 의하여 국선변호인을 선정한 경우에도 그 변호인에게 소송기록접수통지를 함으로써, 그 변호인이 통지를 받은 날로부터 기산한 소정의 기간 내에 피고인을 위하여 항소이유서를 작성·제출할 수 있도록 하여 변호인의 조력을 받을 피고인의 권리를 보호하여야 한다고 할 것인바(형사소송규칙 제156조의2), 변호인의 조력을 받을 위와 같은 피고인의 권리는 형사소송법 제33조 제1항 제1호 내지 제6호의 필요적 변호사건에서 법원이 정당한 이유 없이 국선변호인을 선정하지 않고 있는 사이에 또는 형사소송법 제33조 제2항의 규정에 따른 국선변호인 선정청구를 하였으나 그에 관한 결정을 하지 않고 있는 사이에 피고인 스스로 변호인을 선임하였으나 그 때는 이미 피고인에 대한 항소이유서 제출기간이 도과해버린 후이어서 그 사선변호인이 피고인을 위하여 항소이유서를 작성·제출할 시간적 여유가 없는 경우에도 마찬가지로 보호되어야 한다고 할 것이므로, 그 경우에는 **법원은 사선변호인에게도 형사소송규칙 제156조의2를 유추적용하여 소송기록접수통지를 함으로써 그 사선변호인이 통지를 받은 날부터 기산하여 소정의 기간 내에 피고인을 위하여 항소이유서를 작성·제출할 수 있는 기회를 주어야** 한다(대판 2009.2.12. 2008도11486).

[2] 필요적 국선사건이 아님에도 제1심이 국선변호인을 선정하여 준 후 피고인에게 징역 1년의 형을 선고하면서 법정구속을 하지 않았는데, 피고인이 항소장만을 제출한 다음 국선변호인 선정청구를 하지 않은 채 법정기간 내에 항소이유서를 제출하지 아니하자 원심이 피고인의 항소를 기각한 사안에서, 피고인의 권리보호를 위하여 법원이 재량으로 국선변호인 선정을 해 줄 필요는 없다고 보아 국선변호인 선정 없이 공판심리를 진행한 원심의 판단과 조치 및 절차는 정당하고, 피고인이 피해자들과의 합의를 전제로 감형만을 구하였던 이상 원심이 국선변호인을 선정하여 주지 않은 것이 피고인의 방어권을 침해하여 판결에 영향을 미쳤다고 보기도 어렵다(대판 2013.5.9. 2013도1886).

관련판례 — 국선변호인에게 소송기록접수의 통지를 하여야 하는지 여부 및 위 통지를 하지 아니한 채 선고한 판결이 위법한지 여부(적극) 법원은 피고인이 빈곤 그 밖의 사유로 변호인을 선임할 수 없는 경우에 피고인의 청구가 있는 때에는 변호인을 선정하여야 하고(형사소송법 제33조 제2항), 기록을 송부받은 항소법원은 항소이유서 제출기간이 도과하기 전에 이루어진 형사소송법 제33조 제2항의 국선변호인 선정청구에 따라 변호인을 선정한 경우 그 변호인에게 소송기록 접수통지를 하여야 하며(형사소송규칙 제156조의2 제2항), 항소법원이 그와 같이 선정된 국선변호인에게 소송기록접수통지를 하지 아니한 채 판결을 선고하는 것은 위법하다(대판 2011.2.10. 2008도4558).

비교판례 필요적 변호사건이 아니고 형사소송법 제33조 제3항에 의하여 국선변호인을 선정하여야 하는 경우도 아닌 사건에 있어서 피고인이 항소이유서 제출기간이 도과한 후에야 비로소 형사소송법 제33조 제2항의 규정에 따른 국선변호인 선정청구를 하고 법원이 국선변호인 선정결정을 한 경우에는 그 국선변호인에게 소송기록접수통지를 할 필요가 없고, 이러한 경우 설령 국선변호인에게 같은 통지를 하였다고 하더라도 국선변호인의 항소이유서 제출기간은 피고인이 소송기록접수통지를 받은 날로부터 계산된다고 할 것이다(대판 2013.6.27. 2013도4114).

관련판례 제1심에서 국선변호인 선정청구가 인용되고 불구속 상태로 실형을 선고받은 피고인이 그 후 별건 구속된 상태에서 항소를 제기하여 다시 국선변호인 선정청구를 하였는데, 원심이 이에 대해 아무런 결정도 하지 않고 공판기일을 진행하여 실질적 변론과 심리를 모두 마치고 난 뒤에 국선변호인 선정청구를 기각하고 판결을 선고한 사안에서, 피고인은 항소이유서 제출기간 내에 서면으로 형사소송법 제33조 제2항에서 정한 빈곤을 사유로 한 국선변호인 선정청구를 하였고, 제1심의 국선변호인 선정결정과 달리 원심에서 피고인의 국선변호인 선정청구를 배척할 특별한 사정변경이 있다고 볼만한 자료를 찾아볼 수 없을 뿐만 아니라 오히려 피고인은 빈곤 그 밖의 사유로 변호인을 선임할 수 없는 경우에 해당한다고 인정할 여지가 충분하므로, 특별한 사정이 없는 한 지체 없이 국선변호인 선정결정을 하여 선정된 변호인으로 하여금 공판심리에 참여하도록 하였어야 함에도, 국선변호인 선정청구에 대하여 아무런 결정도 하지 아니한 채 변호인 없이 피고인만 출석한 상태에서 공판기일을 진행하여 실질적 변론과 심리를 모두 마치고 난 뒤에야 국선변호인 선정청구를 기각하는 결정을 고지한 원심의 조치에 국선변호인 선정에 관한 형사소송법 규정을 위반한 잘못이 있다(대판 2013.7.11. 2012도16334).

관련판례 [다수의견] (가) 헌법상 보장되는 '변호인의 조력을 받을 권리'는 **변호인의 '충분한 조력을 받을 권리를 의미**하므로, 일정한 경우 피고인에게 국선변호인의 조력을 받을 권리를 보장하여야 할 국가의 의무에는 형사소송절차에서 **단순히 국선변호인을 선정하여 주는 데 그치지 않고 한 걸음 더 나아가 피고인이 국선변호인의 실질적인 조력을 받을 수 있도록 필요한 업무 감독과 절차적 조치를 취할 책무까지 포함**된다고 할 것이다.

(나) 피고인을 위하여 선정된 국선변호인이 법정기간 내에 항소이유서를 제출하지 아니하면 이는 피고인을 위하여 요구되는 충분한 조력을 제공하지 아니한 것으로 보아야 하고, 이런 경우에 피고인에게 책임을 돌릴 만한 아무런 사유가 없는데도 항소법원이 형사소송법 제361조의4 제1항 본문에 따라 피고인의 항소를 기각한다면, 이는 피고인에게 국선변호인으로부터 충분한 조력을 받을 권리를 보장하고 이를 위한 국가의 의무를 규정하고 있는 헌법의 취지에 반하는 조치이다. 따라서 **피고인과 국선변호인이 모두 법정기간 내에 항소이유서를 제출하지 아니하였더라도, 국선변호인이 항소이유서를 제출하지 아니한 데 대하여 피고인에게 귀책사유가 있음이 특별히 밝혀지지 않는 한, 항소법원은 종전 국선변호인의 선정을 취소하고 새로운 국선변호인을 선정하여 다시 소송기록접수통지를 함으로써 새로운 국선변호인으로 하여금 그 통지를 받은 때로부터 형사소송법 제361조의3 제1항의 기간 내에 피고인을 위하여 항소이유서를 제출하도록 하여야** 한다(대결 2012.2.16. 2009모1044 전원합의체).

관련판례 [1] 피고인과 국선변호인이 모두 법정기간 내에 항소이유서를 제출하지 아니하였더라도, 국선변호인이 항소이유서를 제출하지 아니한 데 대하여 피고인에게 귀책사유가 있음이 특별히 밝혀지지 않는 한, 항소법원은 종전 국선변호인의 선정을 취소하고 새로운 국선변호인을 선정하여 다시 소송기록접수통지를 함으로써 새로운 변호인으로 하여금 그 통지를 받은 때로부터 형사소송법 제361조의3 제1항의 기간 내에 피고인을 위하여 항소이유서를 제출하도록 하여야 한다. 그리고 이러한 법리는 항소법원이 종전 국선변호인의 선정을 취소하고 새로운 국선변호인을 선정하여 소송기록접수통지를 하기 이전에 피고인 스스로 변호인을 선임한 경우 그 사선변호인에 대하여도 마찬가지로 적용되어야 한다.

[2] 미성년자인 피고인이 제1심판결에 불복하여 항소하였다가 항소취하서를 제출하며 항소이유서를 제출하지 아니하였고, 피고인의 법정대리인 중 어머니가 항소취하에 동의하는 취지의 서면을 제출하였으나 아버지는 항소취하 동의서를 제출하지 아니하였는데, 원심이 국선변호인을 선정하여 소송기록접수통지를 하였음에도 국선변호인이 항소이유서 제출기간 만료일까지 항소이유서를 제출하지 아니하자 피고인의 어머니가 사선변호인을 선임한 사안에서, 피고인이 항소취하서를 제출하였으나 법정대리인인 피고인 아버지의 동의가 없었으므로 항소취하는 효력이 없고, 따라서 국선변호인은 항소이유서 제출기간 내에 항소이유서를 제출하여야 함에도 법정기간 내에 항소이유서를 제출하지 아니하였으므로, 미성년자로서 필요적으로 변호인의 조력을 받아야 하는 피고인이 위와 같이 법정대리인의 동의 없이 항소취하서를 제출하였다는 사정만으로 국선변호인이 항소이유서 제출기간 내에 항소이유서를 제출하지 않은 것에 대하여 피고인에게 귀책사유가 있다고 볼 수 없는데도, 이와 달리 보아 국선변호인의 선정을 취소하고 사선변호인에게 다시 소송기록접수통지를 하여 사선변호인으로 하여금 그 통지를 받은 때로부터 형사소송법 제361조의3 제1항의 기간 내에 피고인을 위하여 항소이유서를 제출할 수 있도록 기회를 주지 아니한 채 곧바로 피고인의 항소를 기각한 원심판결에 국선변호인의 조력을 받을 권리에 관한 헌법 및 형사소송법의 법리를 오해한 잘못이 있다고 한 사례(대판 2019.7.10. 2019도4221).

대법원 결정의 확정시점(사례)

[사실관계] 공갈미수죄로 2010년 1월 29일 징역 10월에 집행유예 2년이 확정된 A씨는 집행유예기간(2010년 1월 29일~2012년 1월 28일) 중이던 2010년 8월부터 8개월간 11차례에 걸쳐 남의 물건을 훔친 혐의(절도)로 지난해 3월 구속기소돼 제1심에서 징역 8월의 실형을 선고받았다. A씨는 제1심 판결에 불복해 항소했고 기각당하자 대법원에 상고했다. 대법원은 지난 1월 17일 적법한 상고이유서가 제출되지 않았다며 A씨의 상고를 기각하는 결정을 하고 상고기각결정문을 A씨에게 우편 발송했다. 하지만 결정문은 폐문부재(주소지의 문이 잠겨있고 온 가족이 집에 없는 경우)로 A씨에게 전달되지 않았다. A씨는 상고심 계류 중이던 지난해 11월 미결구금일수가 제1, 2심 선고형량인 징역 8월에 달해 석방된 후 불구속 상태에서 재판을 받고 있었다. 그러자 대법원은 지난 2월 공시송달을 통해 결정문을 송달했다.

상고기각 결정은 공갈미수죄에 대한 집행유예기간 만료 11일 전에 있었지만 결정문은 집행유예기간 만료 후에 A씨에게 전달되었음.

[쟁점] 상고기각결정의 확정시기가 결정시인지 아니면 결정문이 송달된 때인지에 따라 A씨가 기존에 선고받은 집행유예의 실효여부가 달라진다. 형법 제63조(집행유예의 실효)는 "집행유예의 선고를 받은 자가 유예기간 중 고의로 범한 죄로 금고 이상의 실형을 선고받아 그 판결이 확정된 때에는 집행유예의 선고는 효력을 잃는다."고 규정하고 있으므로 집행유예기간이 도과한 후 결정이 확정된다면 실효가 되지 않지만 결정시라고 보아 집행유예기간이 도과되기 전에 확정된 것으로 본다면 그 집행유예는 실효되게 된다.

[판단] 대법원은 "형사소송법 제37조, 제42조, 제65조, 민사소송법 제221조 규정을 종합해 보면 상고기각결정은 그 결정이 **고지되었을 때 효력을 가지고 확정된다**"며 "상고기각결정이 A씨에게 (공시송달을 통해) 고지된 것으로 보이는 2월 17일에 형이 확정됐다"고 판단하였다(대결 2012.4.27. 2012모576). 형사소송법 제42조(재판의 선고, 고지의 방식) "재판의 선고 또는 고지는 공판정에서는 재판서에 의하여야 하고 기타의 경우에는 재판서등본의 송달 또는 다른 적당한 방법으로 하여야 한다. 단, 법률에 다른 규정이 있는 때에는 예외로 한다."고 규정하고 있을 뿐 아니라 제63조에서 "피고인의 주거, 사무소와 현재지를 알 수 없는 때에는 공시송달을 할 수 있다"고 규정함과 동시에 제64조 제4항에서 "최초의 공시송달은 제2항의 공시를 한 날로부터 2주일을 경과하면 그 효력이 생긴다. 단 제2회이후의 공시송달은 5일을 경과하면 그 효력이 생긴다."고 규정하고 있다. 따라서 **고지시설이 타당**하다. 그러나 검찰은 고지시로 할 경우 형을 집행하는데 있어 기준이 불분명해지고 법적 안정성이 깨진다는 것을 이유로 결정시로 보아야 한다고 주장하고 있다.

Ⅳ 상소의 제기와 포기·취하

1. 상소의 제기

> 제343조【상소 제기기간】① 상소의 제기는 **그 기간 내에 서면**으로 한다.
> 제359조【항소제기의 방식】항소를 함에는 항소장을 **원심법원**에 제출하여야 한다.
> 제375조【상고제기의 방식】상고를 함에는 상고장을 **원심법원**에 제출하여야 한다.
> 제406조【항고의 절차】항고를 함에는 항고장을 **원심법원**에 제출하여야 한다.
> 제344조【재소자에 대한 특칙】① 교도소 또는 구치소에 있는 피고인이 상소의 제기기간 내에 상소장을 **교도소장 또는 구치소장 또는 그 직무를 대리하는 자에게 제출한 때**에는 상소의 제기기간 내에 상소한 것으로 간주한다.
> ② 전항의 경우에 피고인이 상소장을 작성할 수 없는 때에는 교도소장 또는 구치소장은 소속공무원으로 하여금 대서하게 하여야 한다.

가. 상소기간 중 구속의 집행정지에 대한 결정은 소송기록이 원심 법원에 있는 때에는 원심법원이 하여야 한다.

나. 항소 후 소송기록이 항소법원에 도달하지 않고 있는 사이에 피고인을 구속할 필요가 있는 경우 **불출석상태에서 징역형을 선고받고 항소한 피고인에 대하여 제1심법원이 구속영장을 발부한 것은 적법**하다.

다. 가납의 재판은 상소에 의하여 정지되지 아니하고, 항고는 즉시항고 외에는 재판의 집행을 정지하는 효력이 없다.

2. 상소의 포기와 취하

> 제349조【상소의 포기, 취하】검사나 피고인 또는 제339조에 규정한 자는 상소의 포기 또는 취하를 할 수 있다. 단, 피고인 또는 제341조에 규정한 자는 사형 또는 무기징역이나 무기금고가 선고된 판결에 대하여는 상소의 포기를 할 수 없다.
> 제350조【상소의 포기등과 법정대리인의 동의】법정대리인이 있는 피고인이 상소의 포기 또는 취하를 함에는 **법정대리인의 동의를 얻어야 한다. 단 법정대리인의 사망 기타 사유로 인하여 그 동의를 얻을 수 없는 때에는 예외로 한다.**
> 제351조【상소의 취하와 피고인의 동의】피고인의 법정대리인 또는 제341조에 규정한 자는 **피고인의 동의를 얻어 상소를 취하할 수 있다.**
> 제352조【상소포기 등의 방식】① 상소의 포기 또는 취하는 **서면**으로 하여야 한다. 단, **공판정에서는 구술로써** 할 수 있다.
> ② 구술로써 상소의 포기 또는 취하를 한 경우에는 그 사유를 조서에 기재하여야 한다.

> 제353조【상소포기 등의 관할】상소의 포기는 원심법원에, 상소의 취하는 상소법원에 하여야 한다. 단, **소송기록이 상소법원에 송부되지 아니한 때**에는 상소의 취하를 원심법원에 제출할 수 있다.
> 제354조【상소포기 후의 재상소의 금지】상소를 취하한 자 또는 상소의 포기나 취하에 동의한 자는 그 사건에 대하여 **다시 상소를 하지 못한다**.
> 제356조【상소포기등과 상대방의 통지】상소, 상소의 포기나 취하 또는 상소권회복의 청구가 있는 때에는 법원은 **지체없이 상대방에게 그 사유를 통지하여야** 한다.
> 제355조【재소자에 대한 특칙】제344조의 규정은 교도소 또는 구치소에 있는 피고인이 상소권회복의 청구 또는 상소의 포기나 취하를 하는 경우에 준용한다.

가. 변호인은 피고인의 동의를 얻어 상소를 취하할 수 있으므로 변호인의 상소 취하에 피고인의 동의가 없다면 상소 취하의 효력은 발생하지 아니한다.

나. 상소를 취하한 자 또는 상소의 포기나 취하에 동의한 자는 그 사건에 대하여 다시 상소를 하지 못한다.

다. 상소의 포기는 원심법원에, 상소의 취하는 상소법원에 하여야 한다. 단 **소송기록이 상소법원에 송부되지 아니한 때에는 상소의 취하도 원심법원에 할 수 있다.**

라. 소송기록이 상소법원에 송부되지 아니한 때에는 원심법원에 상소의 취하를 할 수 있다.

Ⅴ 일부상소

> 제342조【일부상소】① 상소는 **재판의 일부에 대하여** 할 수 있다.
> ② 일부에 대한 상소는 그 일부와 **불가분의 관계에 있는 부분에 대하여도 효력이 미친다**.

1. 개념

일부상소란 재판의 일부에 대한 상소를 말한다(제342조 제1항). 여기서 재판의 일부란 **한 개의 사건의 일부를 말하는 것이 아니라 수 개의 사건이 병합 심판된 경우 판결주문이 수개의 경우에 그 주문의 일부를 의미한다**.

2. 일부상소의 범위

가. 허용요건

일부상소가 허용되기 위해서는 ① 재판 내용이 가분이고 ② 독립된 판결이 가능할 것을 요한다. 재판의 가분성을 판단함에서 앞서 언급한 '1죄 1주문주의'를 이해하여야 한다. 포괄일죄는 일죄이므로 일죄의 일부에 유죄, 무죄, 면소, 공소기각 사유가 경합하는 경우에 주문을 하나만 설시하므로 주문이 분할될 수 없다. 이 경우는 제342조 제1항이 아닌 제2항의 상소불가분의 원칙이 적용된다. 즉, 일부상소가 허용되기 위한 재판 내용이 가분이려면 실체적 경합의 경우처럼 각 죄에 주문을 달리 설시할 수 있는 경우여야 한다. 이하에서 자세히 살펴보도록 한다.

나. 일부상소의 허용범위(제342조 제1항)

(1) 경합범에서 주문이 수개인 경우

관련판례 경합범으로 동시에 기소된 사건에 대하여 일부 유죄, 일부 무죄를 선고하는 등 판결주문이 수개일 때에는 그 1개의 주문에 포함된 부분을 다른 부분과 분리하여 일부상소를 할 수 있고 당사자 쌍방이 상소하지 아니한 부분은 분리 확정되므로, **경합범 중 일부에 대하여 무죄, 일부에 대하여 유죄를 선고한 제1심판결에 대하여 검사만이 무죄 부분에 대하여 항소를 한 경우**, 피고인과 검사가 항소하지 아니한 유죄판결 부분은 항소기간이 지남으로써 확정되어 **항소심에 계속된 사건은 무죄판결 부분에 대한 공소뿐**이며, 그에 따라 항소심에서 이를 파기할 때에는 무죄 부분만을 파기하여야 한다(대판 2010.11.25. 2010도10985).

관련판례 - 판결주문이 수 개인 경우에 있어 일부상소 [1] 형법 제37조 전단의 경합범으로 동시에 기소된 수 개의 공소사실에 대하여 일부 유죄, 일부 무죄를 선고하거나 수 개의 공소사실이 금고 이상의 형에 처한 확정판결 전후의 것이어서 형법 제37조 후단, 제39조 제1항에 의하여 각기 따로 유·무죄를 선고하거나 형을 정하는 등으로 **판결주문이 수 개일 때에는 그 1개의 주문에 포함된 부분을 다른 부분과 분리하여 일부상소를 할 수 있고, 이때 당사자 쌍방이 상소하지 아니한 부분은 분리 확정**된다. 그러므로 **확정판결 전의 공소사실과 확정판결 후의 공소사실에 대하여 따로 유죄를 선고하여 두 개의 형을 정한 제1심판결에 대하여 피고인만이 확정판결 전의 유죄판결 부분에 대하여 항소한 경우**, 피고인과 검사가 항소하지 아니한 확정판결 후의 유죄판결 부분은 항소기간이 지남으로써 확정되어 항소심에 계속된 사건은 확정판결 전의 **유죄판결 부분뿐**이고, 그에 따라 **항소심이 심리·판단하여야 할 범위는 확정판결 전의 유죄판결 부분에 한정**된다.

[2] 피고인을 금고 이상의 형에 처한 판결이 확정된 후, 확정판결 전의 사기범행에 대해 징역 2년을, 확정판결 후의 산지관리법위반 등 범행에 대해 징역 6월에 집행유예 2년을 선고한 제1심판결에 대하여 피고인만이 확정판결 전 범행인 사기 부분에 한하여 항소한 사안에서, 확정판결 후 범행인 산지관리법위반죄 등 부분은 항소기간이 지남으로써 확정되고 사기 부분만이 원심에 계속되게 되었으므로, 원심으로서는 사기 부분만을 심리·판단하였어야 하고, **설령 변호인이 항소이유서에 이미 확정된 산지관리법위반죄 등 부분에 대한 항소이유를 기재하였더라도**

그 부분은 원심의 심리·판단의 대상이 될 수 없는데도, 이와 달리 이미 유죄로 확정된 산지관리법위반죄 등 부분까지 다시 심리하여 판결로 위 부분에 대한 피고인의 항소를 기각한 원심판결 부분에는 항소심의 심리·판단의 범위에 관한 법리오해의 잘못이 있어 이 부분을 파기하되, 다만 이 부분은 이미 확정되어 당초부터 원심의 심판대상이 아니었으므로 원심에 환송할 수 없고, 상고심이 이를 파기하는 것으로 충분하다고 한 사례(대판 2018.3.29. 2016도18553).

(2) 경합범에서 서로 다른 형이 병과된 주문

관련판례 형법 제37조 전단의 경합범으로 같은 법 제38조 제1항 제2호에 해당하는 경우 하나의 형으로 처벌하여야 함은 물론이지만 위 규정은 이를 동시에 심판하는 경우에 관한 규정인 것이고 경합범으로 동시에 기소된 사건에 대하여 일부 유죄, 일부 무죄의 선고를 하거나 **일부의 죄에 대하여 징역형을, 다른 죄에 대하여 벌금형을 선고하는 등 판결주문이 수개일** 때에는 그 1개의 주문에 포함된 부분을 다른 부분과 분리하여 일부상소를 할 수 있는 것이고 당사자 쌍방이 상소하지 아니한 부분은 분리 확정된다고 볼 것이므로, 경합범 중 일부에 대하여 무죄, 일부에 대하여 유죄를 선고한 제1심판결에 대하여 검사만이 무죄 부분에 대하여 항소를 한 경우 피고인과 검사가 항소하지 아니한 유죄판결 부분은 항소기간이 지남으로써 확정되어 항소심에 계속된 사건은 무죄판결 부분에 대한 공소뿐이라 할 것이고, 그에 따라 항소심에서 이를 파기할 때에는 무죄 부분만을 파기할 수밖에 없다(대판 2000.2.11. 99도4840).

(3) 확정판결 전후에 범한 범죄(제37조 후단 경합으로 인한 두 개의 주문판결)

관련판례 – 사후적 경합범의 파기와 주문 항소심이 제1심의 양형이 과중하다고 인정하여 피고인의 항소이유를 받아들여 제1심판결을 파기하면서 제1심 그대로의 형을 선고하면 판결의 이유와 주문이 저촉모순되는 위법이 있고 이러한 위법은 판결 결과에 영향이 있는바, **동일 피고인의 확정판결 전후의 범죄에 대하여 주문 2개를 선고한 제1심의 항소심은 제1심판결의 하나의 주문 관련 부분과 그에 대한 항소이유, 또 하나의 주문 관련 부분과 그에 대한 항소이유를 살펴 개별적으로 항소이유가 있는지 여부를 판단하여야 하고**, 제1심의 양형이 과중하다고 인정하여 제1심판결 전부를 파기한 경우에는 제1심판결의 각 주문보다 개별적으로 가벼운 형을 각 선고하여야 한다(대판 2009.4.9. 2008도11718).

(4) 경합범 관계의 공소사실전부가 무죄인 경우

실체적 경합관계에 있는 공소사실 A와 B 모두에 대하여 무죄를 선고하는 경우, 굳이 'A죄에 대하여 무죄, B죄에 대하여 무죄' 이렇게 판결을 설시하지 않고 편의상 '피고인은 무죄'라고 설시한다. 그렇지만 실제는 주문을 가분할 수 있으므로 일부상소가 허용되므로 A죄의 무죄에 대하여만 검사는 항소할 수 있다.

> **참고**
>
> **일부상소의 적법여부 정리**
>
> 1. **일부상소의 의의 및 취지**
>
>   일부상소란 재판의 일부에 대한 상소를 말하고 여기서 '재판의 일부'란 상소불가분의 원칙상 한 개의 사건의 일부를 말하는 것이 아니라 수개의 사건이 병합 심판되고 그 결과 판결주문이 수개인 경우에 그 수개의 재판 중 일부만을 의미한다. 일부상소는 잔여부분에 대하여 재판의 확정을 촉진하여 법적안정성을 기하고, 상소법원의 심판대상을 축소하여 재판의 신속과 소송경제를 도모하자는데 그 취지가 있다.
>
> 2. **일부상소의 적법요건**
>
>   일부상소가 허용되기 위하여는 ① 재판의 내용이 가분이고, ② 독립된 재판이 가능할 것을 요한다. 따라서 일죄의 일부만 유죄로 한 경우 및 포괄일죄의 일부에 대하여도 일부상소가 허용되지 않고 상소불가분의 원칙이 적용됨이 원칙이다.
>
>   [판례] 형법 제37조 전단의 경합범으로 같은 법 제38조 제1항 제2호에 해당하는 경우 하나의 형으로 처벌하여야 함은 물론이지만 위 규정은 이를 동시에 심판하는 경우에 관한 규정인 것이고 경합범으로 동시에 기소된 사건에 대하여 일부 유죄, 일부 무죄의 선고를 하거나 일부의 죄에 대하여 징역형을, 다른 죄에 대하여 벌금형을 선고하는 등 판결주문이 수개일 때에는 그 1개의 주문에 포함된 부분을 다른 부분과 분리하여 일부상소를 할 수 있는 것이고 당사자 쌍방이 상소하지 아니한 부분은 분리 확정된다고 볼 것이므로, 경합범 중 일부에 대하여 무죄, 일부에 대하여 유죄를 선고한 제1심판결에 대하여 검사만이 무죄 부분에 대하여 항소를 한 경우 피고인과 검사가 항소하지 아니한 유죄판결 부분은 항소기간이 지남으로써 확정되어 항소심에 계속된 사건은 무죄판결 부분에 대한 공소뿐이라 할 것이고, 그에 따라 항소심에서 이를 파기할 때에는 무죄 부분만을 파기할 수밖에 없다(대판 2000.2.11. 99도4840).

다. 일부상소의 제한(일부상소가 허용되지 않는 경우, 제342조 제2항)

(1) 일죄의 일부(단순, 포괄, 소송법상 일죄)

일부상소가 허용되려면 재판의 가분성 즉, 주문이 분리될 수 있어야 한다. 그러나 단순, 포괄일죄, 상상적 경합(소송법상 일죄)의 경우는 주문이 1개이므로 재판의 가분성이 인정되지 않아 상소불가분의 원칙이 적용됨이 원칙이다.

관련판례 포괄적 1죄의 관계에 있는 공소사실의 일부에 대하여만 유죄로 인정하고 나머지는 무죄가 선고되어 검사는 위 무죄부분에 대하여 불복상고하고 피고인은 유죄부분에 대하여 상고하지 않은 경우, 공소불가분의 원칙상 경합범의 경우와는 달리 포괄적 1죄의 일부만에 대하여 상고할 수는 없으므로 **검사의 무죄부분에 대한 상고에 의해 상고되지 않은 원심에서 유죄로 인정된 부분도 상고심에 이심되어 심판의 대상이 된다**고 볼 것이다(대판 1985.11.12. 85도1998). → 검사의 상소시

관련판례 피고인만 상고하고 검사는 상고하지 않은 사안에서 **상소불가분의 원칙상 무죄부분도 상고심에 이심되기는 하나 그 부분은 이미 당사자간의 공격방어대상으로부터 벗어나게 되어 상고심으로서도 그 무죄부분에 대해서 까지 나아가 판단할 수는 없는 것이고..** 파기환송받은 항소심은 그 무죄부분에 대하여 다시 심리 판단하여 유죄를 선고할 수 없다(대판 1991.3.12. 90도2820). → **피고인 상소시**(판례는 상소불가분의 원칙을 피고인에게 이익되는 방향에서 결정한 것으로 볼 수 있다.)

관련판례 포괄일죄의 일부만이 유죄로 인정된 경우 그 유죄 부분에 대하여 피고인만이 항소하였을 뿐 공소기각으로 판단된 부분에 대하여 검사가 항소를 하지 않았다면, 상소불가분의 원칙에 의하여 유죄 이외의 부분도 항소심에 이심되기는 하나 그 부분은 이미 당사자 간의 공격·방어의 대상으로부터 벗어나 사실상 심판대상에서부터도 이탈하게 되므로 항소심으로서도 그 부분에까지 나아가 판단할 수 없다(대판 2010.1.14. 2009도12934).

(2) 한 개의 형이 선고된 경합범

A죄와 B죄가 실체적 경합관계에 있을 때 둘 다 유죄인 경우이다. 이 경우 경합범 처리로 인해 피고인에게는 '징역 3년'에 처한다는 식으로 주문이 하나로 선고된다. 이 경우는 주문을 분리할 수 없기 때문에 일부상소 할 수 없고, A죄에 대하여만 피고인이 상소하더라도 주문에 대한 불복이기 때문에 상소불가분의 원칙에 따라 전부 이심된다.

관련판례 주문이 단일한 경합범의 일부에 대한 상소가 있을 때에는 **경합범의 전부에 대한 상소가 있는 것으로 보아야 한다**(대판 1961.10.5. 60도403).

(3) 주형과 일체가 된 부가형

관련판례 [1] 형사소송법 제342조는 제1항에서 '상소는 재판의 일부에 대하여 할 수 있다'고 규정하여 일부 상소를 원칙적으로 허용하면서, 제2항에서 '일부에 대한 상소는 그 일부와 불가분의 관계에 있는 부분에 대하여도 효력이 미친다'고 규정하여 이른바 상소불가분의 원칙을 선언하고 있다. 따라서 불가분의 관계에 있는 재판의 일부만을 불복대상으로 삼은 경우 그 상소의 효력은 상소불가분의 원칙상 피고사건 전부에 미쳐 그 전부가 상소심에 이심되는 것이고, 이러한 경우로는 **일부 상소가 피고사건의 주위적 주문과 불가분적 관계에 있는 주문에 대한 것** 일죄의 일부에 대한 것, 경합범에 대하여 1개의 형이 선고된 경우 경합범의 일부 죄에 대한 것 등에 해당하는 경우를 들 수 있다.

[2] 그런데, 이 사건에 적용되는 **마약류 관리에 관한 법률 제67조는** '이 법에 규정된 죄에 제공한 마약류 및 시설·장비·자금 또는 운반수단과 그로 인한 수익금은 몰수한다. 다만 이를 몰수할 수 없는 때에는 그 가액을 추징한다고 정하고 있는바, 이는 이른바 필수적 몰수 또는 추징 조항으로서 그 요건에 해당하는 한 법원은 반드시 몰수를 선고하거나 추징을 명하여야 하고, 위와 같은 몰수 또는 추징은 범죄행위로 인한 이득의 박탈을 목적으로 하는 것이 아니라 **징벌적인 성질을 가지는 처분으로 부가형으로서의 성격**을 띠고 있어, 이는 피고사건 본안에 관한 판단에 따른 주형 등에 부가하여 한 번에 선고되고 **이와 일체를 이루어 동시에 확정되어야 하고 본안에 관한 주형 등과 분리되어 이심되어서는 아니되는 것이 원칙**이므로, 피고사건의 주위적 주문과 몰수 또는 추징에 관한 주문은 상호 불가분적 관계에 있어 **상소불가분의 원칙이 적용**되는 경우에 해당한다.

[3] 따라서 피고사건의 재판 가운데 몰수 또는 추징에 관한 부분만을 불복대상으로 삼아 상소가 제기되었다 하더라도, 상소심으로서는 이를 적법한 상소제기로 다루어야 하는 것이지 몰수 또는 추징에 관한 부분만을 불복대상으로 삼았다는 이유로 그 상소의 제기가 부적법하다고 보아서는 아니 되고, **그 부분에 대한 상소의 효력은 그 부분과 불가분의 관계에 있는 본안에 관한 판단 부분에까지 미쳐 그 전부가 상소심으로 이심되는 것**이다(대판 2008.11.20. 2008도 5596 전원합의체).

> **관련판례** 특정범죄자에 대한 위치추적 전자장치 부착 등에 관한 법률(이하 '법'이라 한다) 제4장에서는 '형의 집행유예와 부착명령'에 관하여 규정하고 있는데, 그 장에 포함된 법 제28조 제1항에서 정한 부착명령은 법원이 형의 집행을 유예하면서 보호관찰을 받을 것을 명하는 때에만 가능한 것으로서, 법 제2장에서 정하고 있는 '징역형 종료 이후의 부착명령'과는 성질과 요건이 다르다. 또한 법 제4장의 부착명령에 관하여는 법 제31조가 부착명령 '청구사건'의 판결에 대한 상소에 관한 규정들인 법 제9조 제8항과 제9항은 준용하지 아니하고 있는 점, **보호관찰부 집행유예의 경우 보호관찰명령 부분만에 대한 일부상소는 허용되지 않는 점** 등에 비추어 볼 때, 위와 같은 부착명령은 보호관찰부 집행유예와 서로 불가분의 관계에 있는 것으로서 독립하여 상소의 대상이 될 수 없다(대판 2012.8.30. 2011도14257, 2011전도233).

(4) 예비적 및 택일적 공소의 경우

주위적·예비적 공소사실의 일부에 대한 상소제기의 효력은 나머지 공소사실 부분에 대하여도 미치는 것이고, 동일한 사실관계에 대하여 서로 양립할 수 없는 적용법조의 적용을 주위적·예비적으로 구하는 경우에는 예비적 공소사실만 유죄로 인정되고 그 부분에 대하여 피고인만 상소하였다고 하더라도 주위적 공소사실까지 함께 상소심의 심판대상에 포함된다(대판 2006.5.25. 2006도1146).

> **관련판례** 공소사실과 적용법조가 택일적으로 기재되어 공소가 제기된 경우에 그 중 어느 하나의 범죄사실만에 관하여 유죄의 선고가 있은 제1심판결에 대하여 항소가 제기되었을 때 항소심에서 항소이유 있다고 인정하여 제1심판결을 파기하고 자판을 하는 경우에는 다시 사건 전체에 대하여 판결을 하는 것이어서 택일적으로 공소제기된 범죄사실 가운데 제1심판결에서 유죄로 인정된 이외의 다른 범죄사실이라도 그것이 철회되지 아니하는 한 당연히 항소심의 심판의 대상이 된다(대판 1975.6.24. 70도2660).

(5) 형의 종류를 선택하지 아니한 채 수죄에 대하여 징역형과 벌금형을 병과하는 경우

> **관련판례** [1] 상소는 재판의 일부에 대하여도 할 수 있으므로(형사소송법 제342조 제1항 참조) 경합범 중 일부의 죄에 대하여 징역형이, 나머지 죄에 대하여 벌금형이 선택되어 **병과형이 선고**된 경우 징역형이나 벌금형 중 어느 하나의 형에 관한 판결 부분만을 상소의 대상으로 할 수 있는 것이지만, 법원이 1개의 죄에 정한 형이 징역형, 벌금형 등 **수종임에도 형의 종류를 선택하지 아니한 채 수죄에 대하여 징역형과 벌금형을 병과하는 경우**에는 어느 죄에 대하여

징역형이, 어느 죄에 대하여 벌금형이 선고된 것인지 알 수 없게 되어 재판의 내용이 불가분적인 것이 되므로, 징역형이나 벌금형 중 어느 하나의 형에 관한 판결 부분만을 상소의 대상으로 할 수는 없다고 할 것이어서, 징역형이나 벌금형 중 어느 하나의 형에 관한 판결 부분에 대하여만 상소를 하였다고 하더라도 **그 일부와 불가분의 관계에 있는 다른 형에 관한 판결 부분에 대하여도 상소의 효력이 미친다**(형사소송법 제342조 제2항 참조, 대판 2004.9.23. 2004도4727[162]).

[2] 징역형과 벌금형이 선택적으로 규정되어 있는 수죄에 대하여 형을 선택하지 아니한 채 피고인에게 징역형 및 벌금형을 선고한 원심판결이 형을 특정하지 아니한 위법을 범하여 판결에 영향을 미쳤다고 보아 이를 파기하고 자판한 사례.

3. 일부상소의 방식

가. 일부상소의 특정(불복부분의 기재)

일부상소 취지의 명시, 불복부분 특정해야 한다. 불명할 때에는 상소장의 기재를 기준으로 판단한다.

나. (불복부분) 불특정의 효과

(1) **원칙** : 재판 전부에 대한 상소로 간주한다. 현재 항소장에 불복의 범위를 명시하라는 규정이 없고 또 상소는 재판의 전부에 대하여 하는 것을 원칙으로 삼고 다만 재판의 일부에 대하여도 상소할 수 있다고 규정한 형사소송법 제342조의 규정에 비추어 볼 때, 비록 항소장에 경합범으로서 2개의 형이 선고된 죄 중 일죄에 대한 형만을 기재하고 나머지 일죄에 대한 형을 기재하지 아니하였다 하더라도 항소이유서에서 그 나머지 일죄에 대하여도 항소이유를 개진한 경우에는 판결 전부에 대한 항소로 봄이 상당하다(대판 2004.12.10. 2004도3515).

(2) **예외** : 유무죄가 동시에 선고된 재판에 대해 피고인이 일부상소의 취지로 상소한 때에는 유죄판결에 대해서만, 검사가 일부상소의 취지로 상소한 때에는 무죄판결에 대해서만 상소한 것으로 보아야 한다.

4. 상소심의 심판범위

가. 일반원칙

일부상소가 허용되는 경우는 일부 상소시 그 부분만 이심되고, 상소가 없는 부분은 확정된다. 그러나 일부상소가 허용되지 않는 경우는 전부 이심된다.

---

[162] 이재상 기본서 648면에 방주의 내용 중 "주문에서 2개 이상의 다른 형이 병과된 때"를 일부상소가 가능한 대표적 예로 언급하고 있는데 위 판례 사안과 무엇이 다른지 생각해 보자.

나. 원심을 파기하는 경우(형법 제37조 경합범 사안에서 일부유죄·일부무죄선고 사안을 상정한다)

(1) 피고인만 유죄부분에 일부상소하고 상소이유가 인정되는 경우 그 부분에 대해서만 파기하면 된다.

(2) 검사만 무죄부분에 일부상소하고 상소이유가 인정되는 경우

경합범 중 일부유죄 그리고 일부무죄에 대해 검사가 무죄부분에 대하여만 상소시에 상소심에서 그 부분이 유죄로 인정된다고 판단시 분리 확정된 유죄판결과의 양형이 문제되는데, 이를 위해 원심판결 모두 파기할 수 있는지가 문제된다.

이에 대하여 ① '일부파기설'은 피고인과 검사가 모두 상소하지 않은 부분은 상소기간이 도과함으로써 분리 확정되므로 상소심에서는 상소제기된 부분만을 파기할 수밖에 없다는 견해이고, ② '전부파기설'은 무죄부분만 파기하여 원심에서 다시 형을 정하는 경우에는 피고인에게 과형상 불이익을 초래하게 되므로 전부 파기하여야 한다는 입장이다. 판례는 "경합범 중 일부에 대하여 무죄, 일부에 대하여 유죄를 선고한 항소심 판결에 대하여 검사만이 무죄 부분에 대하여 상고를 한 경우 피고인과 검사가 상고하지 아니한 유죄판결 부분은 상고기간이 지남으로써 확정되어 상고심에 계속된 사건은 무죄판결 부분에 대한 공소뿐이라 할 것이므로 상고심에서 이를 파기할 때에는 무죄 부분만을 파기할 수밖에 없다"고 판시하여 '일부파기설'의 입장이다. 결론적으로 '전부파기설'이 근거로 삼는 피고인의 불이익은 형법 제39조 및 불이익변경금지의 철저한 준수로 제거될 수 있으므로 '일부파기설'의 입장이 타당하다.

> **관련판례** [다수의견(일부파기설)] 형법 제37조 전단의 경합범으로 같은 법 제38종 제1항 제2호에 해당하는 경우 하나의 형으로 처벌하여야 함은 물론이지만 위 규정은 이를 동시에 심판하는 경우에 관한 규정인 것이고 경합범으로 동시에 기소된 사건에 대하여 일부유죄, 일부무죄의 선고를 하거나 일부의 죄에 대하여 징역형을, 다른 죄에 대하여 벌금형을 선고하는 등 **판결주문이 수개일 때에는 그 1개의 주문에 포함된 부분을 다른 부분과 분리하여 일부상소를 할 수 있는 것**이고, 당사자 쌍방이 상소하지 아니한 부분은 분리 확정된다고 볼 것인바, 경합범중 일부에 대하여 무죄, 일부에 대하여 유죄를 선고한 항소심판결에 대하여 검사만이 무죄부분에 대하여 상고를 한 경우 피고인과 검사가 상고하지 아니한 유죄판결부분은 상고기간이 지남으로써 확정되어 상고심에 계속된 사건은 무죄판결 부분에 대한 공소뿐이라 할 것이므로 상고심에서 이를 파기할 때에는 무죄부분만을 파기할 수 밖에 없다.
>
> [소수의견(전부파기설)] 형법 제37조 전단의 경합범으로 동시에 판결하여 1개의 형을 선고할 수 있었던 수개의 죄는 서로 과형상 불가분의 관계에 있었다고 볼 수 있으므로, 실제로 1개의 형이 선고되었는지의 여부와 관계없이 **상소불가분의 원칙이 적용**되므로 무죄부분을 파기해야 할 경우 직권으로 유죄부분도 함께 파기하여 다시 1개의 형을 선고할 수 있도록 해야 한다(대판 1992.1.21. 91도1402 전원합의체).

[검토] ① 무죄부분만을 파기하여 원심에서 다시 형을 정하는 경우에는 피고인에게 과형상의 불이익을 초래하게 되고, ② 경우에 따라서는 불이익변경금지의 원칙에 의하여 피고인에게 형을 선고할 수 없게 되어 과형 없는 유죄판결을 초래하지 않을 수 없다.

관련판례 형법 제37조 전단 경합범 관계에 있는 공소사실 중 일부에 대하여 유죄, 나머지 부분에 대하여 무죄를 선고한 제1심판결에 대하여 검사만이 항소하면서 무죄 부분에 관하여는 항소이유를 기재하고 유죄 부분에 관하여는 이를 기재하지 않았으나 항소 범위는 '전부'로 표시하였다면, 이러한 경우 제1심판결 전부가 이심되어 원심의 심판대상이 되므로, 원심이 제1심판결 무죄 부분을 유죄로 인정하는 때에는 제1심판결 전부를 파기하고 경합범 관계에 있는 공소사실 전부에 대하여 하나의 형을 선고하여야 한다(대판 2014.3.27. 2014도342).

(3) 쌍방이 일부상소를 하였으나, 검사의 상소만 이유 있는 경우

관련판례 항소심이 유죄로 인정한 죄와 무죄로 인정한 죄가 형법 제37조 전단의 경합범 관계에 있다면 **항소심 판결의 유죄부분도 무죄부분과 함께 파기**되어야 한다(대판 2000.6.13. 2000도778).

다. 죄수판단의 변경(경합범판단 오류와 일부상소)

원심에서 A, B 두 개의 공소사실을 경합범으로 판단하여 A죄에 대하여는 유죄주문을, B죄에 대하여는 무죄를 주문에 설시하였다. 주문이 두 개가 각각 선고되었으므로 일부상소가 가능한 상황에서 당사자 일방이 어느 주문 하나에 대하여만 항소하였는데, 항소심에서 판단한 결과 A, B죄는 실체적 경합관계가 아닌 상상적 경합 또는 포괄일죄 관계에 있다고 할 때, 그 심판범위에 대하여 학설의 대립이 있다.

(1) 상소심의 심판범위에 대한 학설

① **면소판결설**은 이미 확정된 판결의 기판력이 미친다고 보는 입장이다. 이에 반해 ② 전부 **상소심 이심설**은 항소심의 일죄성 판단을 우선시 하는 입장이다. ③ 일부 **상소심 이심설**은 원심의 판단에 따른 형식적 확실성에 중점을 두는 입장이다. 이에 대하여 ④ A죄 무죄 부분이 확정되고, B죄 유죄 부분만 피고인이 상소한 경우 피고인인의 이익을 위하여 유죄부분만 상소심으로 이심되고 무죄부분은 확정되고, 반면 B죄 무죄부분만 검사가 상소한 경우는 전부 이심되어 유죄부분도 확정되지 않는다는 입장이 있다. 피고인의 이익을 위하여 ④설의 입장이 타당하다고 본다. 피고인만 상소한 경우에 관한 판례는 아직 없다.

(2) 판례

관련판례 원심이 두 개의 죄를 경합범으로 보고 한 죄는 유죄, 다른 한 죄는 무죄를 선고하자 **검사가 무죄부분에 한하여** 불복 상고하였다 하더라도 위 두 죄가 **상상적 경합관계에 있다면** 유죄부분도 상고심의 심판의 대상이 된다(대판 1982.12.9. 80도384 전원합의체).

참고판례 – 경합범 중 일부에 대하여 재판을 누락한 경우 항소심의 판단방법 제1심이 실체적 경합범 관계에 있는 공소사실 중 일부에 대하여 재판을 누락한 경우, 원심으로서는 당사자의 주장이 없더라도 **직권으로 제1심의 누락부분을 파기하고 그 부분에 대하여 재판하여야 하고**, 다만 피고인만이 항소한 경우라면 불이익변경금지의 원칙에 따라 제1심의 형보다 중한 형을 선고하지 못한다(대판 2009.2.12. 2008도7848).

VI 불이익변경금지의 원칙

제368조【불이익변경의 금지】피고인이 항소한 사건과 피고인을 위하여 항소한 사건에 대해서는 원심판결의 형보다 무거운 형을 선고할 수 없다.

제383조【상고이유】다음 사유가 있을 경우에는 원심판결에 대한 상고이유로 할 수 있다.
  1. 판결에 영향을 미친 헌법·법률·명령 또는 규칙의 위반이 있을 때

제396조【파기자판】① 상고법원은 원심판결을 파기한 경우에 그 소송기록과 원심법원과 제1심법원이 조사한 증거에 의하여 판결하기 충분하다고 인정한 때에는 피고사건에 대하여 **직접판결을 할 수 있다.**
② 제368조의 규정은 전항의 판결에 준용한다.

제361조의4【항소기각의 결정】① 항소인이나 변호인이 전조 제1항의 기간 내에 **항소이유서를 제출하지 아니한 때에는 결정으로 항소를 기각하여야 한다.** 단, **직권조사사유가 있거나 항소장에 항소이유의 기재가 있는 때에는 예외로 한다.**

제361조의5【항소이유】다음 사유가 있을 경우에는 원심판결에 대한 항소이유로 할 수 있다.
  15. 형의 양정이 부당하다고 인정할 사유가 있는 때

제364조【항소법원의 심판】① 항소법원은 항소이유에 포함된 사유에 관하여 심판하여야 한다.
② 항소법원은 **판결에 영향을 미친 사유에 관하여는** 항소이유서에 포함되지 아니한 경우에도 직권으로 심판할 수 있다.

제441조【비상상고이유】검찰총장은 판결이 확정한 후 그 사건의 심판이 법령에 위반한 것을 발견한 때에는 **대법원에 비상상고를 할 수 있다.**

제457조의2【형종 상향의 금지 등】① 피고인이 정식재판을 청구한 사건에 대하여는 약식명령의 형보다 중한 종류의 형을 선고하지 못한다.
② 피고인이 정식재판을 청구한 사건에 대하여 약식명령의 형보다 중한 형을 선고하는 경우에는 판결서에 양형의 이유를 적어야 한다.

1. 의의

가. 개념

　피고인이 항소 또는 상고한 사건과 피고인을 위하여 항소 또는 상고한 사건에 관하여 상소심은 원심판결의 형보다 무거운 형을 선고하지 못한다는 원칙(제368조, 제396조)을 말한다.

　이 원칙은 일체의 불이익한 변경을 금지하는 것이 아니다. 원심판결의 형보다 무거운 형으로 변경만을 금지하는 것이므로 무거운 죄로 변경되는 것은 불이익변경금지 원칙에 위배되는 것이 아니다.

> **관련판례** 불이익변경금지의 원칙은 피고인의 상소권 또는 약식명령에 대한 정식재판청구권을 보장하려는 것으로서, 피고인만이 또는 피고인을 위하여 상소한 상급심 또는 정식재판청구사건에서 법원은 피고인이 같은 범죄사실에 대하여 이미 선고 또는 고지 받은 형보다 중한 형을 선고하지 못한다는 원칙이다. 이러한 불이익변경금지의 원칙을 적용함에 있어서는 **주문을** 개별적·형식적으로 고찰할 것이 아니라 **전체적·실질적으로 고찰**하여 그 경중을 판단하여야 하는 바, 선고된 형이 피고인에게 불이익하게 변경되었는지의 여부는 일단 **형법상 형의 경중**을 기준으로 하되, 한 걸음 더 나아가 **병과형이나 부가형, 집행유예, 노역장 유치기간 등 주문 전체**를 고려하여 피고인에게 실질적으로 불이익한가의 여부에 의하여 **판단**하여야 한다(대판 2013.12.12. 2012도7198).

> **관련판례** [1] 불이익변경금지원칙을 적용할 때에는 주문을 개별적·형식적으로 고찰할 것이 아니라 **전체적·실질적으로 고찰하여** 판단하여야 한다.
> [2] 2018. 12. 11. 법률 제15904호로 개정되어 2019. 6. 12. 시행된 장애인복지법(이하 '개정법'이라 한다)의 시행 전에 아동·청소년 대상 성범죄를 범한 피고인에 대하여, 제1심이 개정법 시행일 이전에 유죄를 인정하여 징역 7년과 80시간의 성폭력 치료프로그램 이수명령, 아동·청소년 관련기관 등에 10년간의 취업제한명령을 선고하였고, 이에 대하여 피고인만이 양형부당으로 항소하였는데, 개정법 시행일 이후에 판결을 선고한 원심이 제1심판결을 직권으로 파기하고 유죄를 인정하면서 제1심보다 가벼운 징역 6년과 80시간의 성폭력 치료프로그램 이수명령, 아동·청소년 관련기관 등에 10년간의 취업제한명령과 함께 개정법 부칙 제2조와 개정법 제59조의3 제1항 본문에 따라 장애인복지시설에 10년간의 취업제한명령을 선고한 사안에서, 제1심판결이 항소제기 없이 그대로 확정되었다면 개정법 부칙 제3조 제1항 제1호의 특례 규정에 따라 피고인은 5년간 장애인복지시설에 대한 취업이 제한되었을 것인데, 원심은 제1심이 선고한 징역형을 1년 단축하면서 제1심판결이 그대로 확정되었을 경우보다 더 긴 기간 동안 장애인복지시설에 대한 취업제한을 명한 것이므로 원심판결이 제1심판결보다 전체적·실질적으로 피고인에게 더 불이익한 판결이라고 할 수 없다는 이유로, 원심판결에 불이익변경금지원칙을 위반한 잘못이 없다고 한 사례(대판 2019.10.17. 2019도11609).

나. 근거

이 원칙은 당사자주의 귀결설, 상대적 확정력설, 정책적 배려설 등이 있으나, 이 불이익변경금지의 원칙은 피고인측의 상소결과 오히려 피고인에 불이익한 결과를 받게 되어서는 피고인측의 상고권행사에 지장이 있을 것이라는데 그 이유가 있다(대판 1964.9.17. 64도298 전원합의체). 즉, 상소권 보장을 위한 정책적 배려이다.

> **관련판례** '불이익변경의 금지'에 관한 형사소송법 제368조에서 피고인이 항소한 사건과 피고인을 위하여 항소한 사건에 대하여는 원심판결의 형보다 중한 **형**을 선고하지 못한다고 규정하고 있고, 위 법률조항은 형사소송법 제399조에 의하여 상고심에도 준용된다. 이러한 불이익변경금지 원칙은, 상소심에서 원심판결의 형보다 중한 형을 선고받을 수 있다는 우려로 말미암아 **피고인의 상소권 행사가 위축되는 것을 막기 위한 정책적 고려의 결과로** 입법자가 채택하였다. 위 법률조항의 문언이 '원심판결의 형보다 중한 형'으로의 변경만을 금지하고 있을 뿐이고, 상소심은 원심법원이 형을 정함에 있어서 전제로 삼았던 사정이나 견해에 반드시 구속되는 것은 아닌 점 등에 비추어 보면, 피고인만이 상소한 사건에서 **상소심이 원심법원이 인정한 범죄사실의 일부를 무죄로 인정하면서도 피고인에 대하여 원심법원과 동일한 형을 선고**하였다고 하여 그것이 불이익변경금지 원칙을 위반하였다고 볼 수 없다.

2. 적용범위

가. 피고인이 상소한 사건

(1) 피고인만 상소한 사건에 적용된다. 피고인과 검사가 쌍방 상소한 경우는 불이익변경금지 원칙이 원칙적으로 적용되지 않는다. 다만, 피고인과 검사 쌍방이 항소하였으나 검사가 항소 부분에 대한 항소이유서를 제출하지 아니하여 결정으로 항소를 기각하여야 하는 경우에는 실질적으로 피고인만이 항소한 경우와 같게 되므로 항소심은 불이익변경금지의 원칙에 따라 제1심판결의 형보다 중한 형을 선고하지 못한다(대판 1998. 9. 25. 98도2111). 나아가 항소법원은 제1심의 형량이 너무 가벼워서 부당하다는 검사의 항소이유에 대한 판단에 앞서 직권으로 제1심판결에 양형이 부당하다고 인정할 사유가 있는지 여부를 심판할 수 있고, 그러한 사유가 있는 때에는 제1심판결을 파기하고 제1심의 양형보다 가벼운 형을 정하여 선고할 수 있다(대판 2010. 12. 9. 2008도1092).

(2) 피고인만 항소한 제2심 판결에 대하여 검사가 상고한 경우도 '1심판결'의 형보다 중한 형을 선고하지 못한다. 쌍방이 상고하였으나 검사의 상고가 이유없어 기각되는 경우에도 피고인만 상고한 경우와 같다.

관련판례 – 피고인과 검사가 모두 상소하였으나 검사의 상소만이 받아들여져 원심판결이 전부 파기된 경우, 불이익변경금지의 원칙이 적용되는지 여부 불이익변경금지의 원칙은, 피고인의 상소권을 보장하기 위하여 피고인이 상소한 사건과 피고인을 위하여 상소한 사건에 있어서는 원심판결의 형보다 중한 형을 선고하지 못한다는 것이므로, 피고인과 검사 쌍방이 상소한 결과 검사의 상소가 받아들여져 원심판결 전부가 파기됨으로써 **피고인에 대한 형량 전체를 다시 정해야 하는 경우에는 적용되지 아니하는 것이며, 사건이 경합범에 해당한다고 하여 개개 범죄별로 불이익변경의 여부를 판단할 것은 아니다**(대판 2007.6.28. 2005도7473).

→ 원심이 피고인에 대하여 甲, 乙죄는 유죄, 丙죄는 무죄로 판단하여 징역 2년 6월과 집행유예 3년 및 자격정지 1년을 선고하자 그 중 유죄부분에 대하여 피고인이, 무죄부분에 대하여는 검사가 각 상고한 사안에서, 대법원이 검사의 상고만을 받아들여 무죄부분을 유죄의 취지로 하여 원심판결 전부를 파기환송하고, 환송 후 원심이 甲, 乙, 丙죄 전부를 유죄로 인정하면서 징역 3년과 집행유예 4년 및 자격정지 2년을 선고한 경우, 선고형량이 환송 전 원심의 그것보다 높아졌다 하더라도 불이익변경 금지에 위반되지 아니한다고 한 사례.

관련판례 검사가 일부 유죄, 일부 무죄가 선고된 제1심판결 전부에 대하여 항소하면서 유죄 부분에 대하여는 아무런 항소이유도 주장하지 않은 경우에는, **유죄 부분에 대하여 법정기간 내에 항소이유서를 제출하지 않은 것이 되고, 그 경우 설령 제1심의 양형이 가벼워 부당하다 하더라도 그와 같은 사유는 형사소송법 제361조의4 제1항 단서의 직권조사사유나 같은 법 제364조 제2항의 직권심판사항에 해당하지 않으므로, 항소심이 제1심판결의 형보다 중한 형을 선고하는 것은 허용되지 않는데**, 이러한 법리는 **검사가 유죄 부분에 대하여 아무런 항소이유를 주장하지 않은 경우뿐만 아니라 검사가 항소장이나 법정기간 내에 제출된 항소이유서에서 유죄 부분에 대하여 양형부당 주장을 하였으나, 항소이유 주장이 실질적으로 구두변론을 거쳐 심리되지 아니한 경우에도 마찬가지로 적용된다**(대판 2015.12.10. 2015도11696).

나. 피고인을 위하여 상소한 사건

(1) 상소대리권자가 피고인을 위해 상소한 경우

(2) 검사가 피고인 이익 위해 상소한 경우

이 경우도 피고인을 위하여 상소한 사건으로 보아 불이익변경금지원칙을 적용할 것인가 논의가 있으나 검사의 항소가 특히 **피고인의 이익을 위하여 한 취지라고 볼 수 없다면** 항소심에서 중한 형을 선고할 수 있다(대판 1971.5.24. 71도574)는 판례의 입장에 따르더라도 불이익변경금지원칙을 적용할 수 있다고 본다.

다. 상소한 사건

(1) 항고사건

항고사건에도 적용할 수 있는지 견해대립이 있으나 명문의 규정이 없는 바, 소극설이 타당하다.

(2) 파기환송 또는 파기이송사건

피고인의 상소에 의하여 원심판결이 파기된 경우에 원심법원이 원판결보다 중한 형을 선고할 수 있다고 하는 것은 피고인의 상소권을 보장한다는 이 원칙의 취지에 반하므로 불이익변경금지의 원칙은 상소심이 자판하는 경우뿐만 아니라 환송 또는 이송하는 경우에도 적용되어야 한다(대판 1970.2.10. 69도2296).

> **관련판례** 피고인만의 상고에 의한 상고심에서 원심판결을 파기하고 사건을 항소심에 환송한 경우 불이익변경금지 원칙은 환송 전 원심판결과의 관계에서도 적용되어 환송 후 원심법원은 파기된 환송 전 원심판결보다 중한 형을 선고할 수 없다(대판 2021.5.6. 2021도1282).

(3) 정식재판의 청구

(가) 약식명령

약식명령에서 정식재판을 청구한 경우에는 불이익변경금지가 아닌 형종상향금지로 변경되었다. 피고인이 정식재판을 청구한 사건에 대하여는 약식명령의 형보다 **중한 종류의 형**을 선고하지 못한다. 피고인이 정식재판을 청구한 사건에 대하여 약식명령의 형보다 중한 형을 선고하는 경우에는 판결서에 양형의 이유를 적어야 한다.

> **관련판례** 피고인이 정식재판을 청구한 당해 사건이 다른 사건과 병합·심리된 후 경합범으로 처단되는 경우에는 당해 사건에 대하여 고지받은 약식명령의 형과 병합·심리되어 선고받은 형을 단순 비교할 것이 아니라, 병합된 다른 사건에 대한 법정형, 선고형 등 피고인의 법률상 지위를 결정하는 객관적 사정을 전체적·실질적으로 고찰하여 병합·심판된 선고형이 불이익한 변경에 해당하는지를 판단하여야 한다. 다만 그 병합·심리 결과 다른 사건에 대하여 무죄가 선고됨으로써 당해 사건과 다른 사건이 경합범으로 처단되지 않고 당해 사건에 대하여만 형이 선고된 경우에는, 다른 사건에 대한 법정형, 선고형 등 피고인의 법률상 지위를 결정하는 객관적 사정까지 고려할 필요는 없으므로 원래대로 돌아가 당해 사건에 대하여 고지받은 약식명령의 형과 그 선고받은 형만 전체적으로 비교하여 피고인에게 실질적으로 불이익한 변경이 있었는지 여부를 판단하면 된다.[221](대판 2009.12.24. 2009도10754).

> **관련판례 — 정식재판을 청구한 사건과 다른 사건이 병합심리된 경우에도 형종상향금지원칙이 적용되는지 여부(적극)**
> 형사소송법 제457조의2 제1항은 "피고인이 정식재판을 청구한 사건에 대하여는 약식명령의 형보다 중한 종류의 형을 선고하지 못한다."라고 규정하여, 정식재판청구 사건에서의 형종 상향 금지의 원칙을 정하고 있다. 위 형종 상향 금지의 원칙은 피고인이 정식재판을 청구한 사건과 다른 사건이 병합·심리된 후 경합범으로 처단되는 경우에도 정식재판을 청구한 사건에 대하여 그대로 적용된다(대판 2020.3.26. 2020도355).

---

[221] 벌금 150만 원의 약식명령을 고지받고 정식재판을 청구한 '당해 사건'과 정식 기소된 '다른 사건'을 병합·심리한 후 두 사건을 경합범으로 처단하여 벌금 900만 원을 선고한 제1심판결에 대해, 피고인만이 항소한 원심에서 다른 사건의 공소사실 전부와 당해 사건의 공소사실 일부에 대하여 무죄를 선고하고 '당해 사건'의 나머지 공소사실은 유죄로 인정하면서 그에 대하여 벌금 300만 원을 선고한 사안에서, 원심판결은 당해 사건에 대하여 당초 피고인이 고지받은 약식명령의 형보다 중한 형을 선고하였음이 명백하므로, 형사소송법 제457조의2에서 규정한 불이익변경금지의 원칙(현 형종 상향의 금지 등의 원칙)을 위반한 위법이 있다고 한 사례.

관련판례 불이익변경금지의 원칙을 적용함에 있어서는 주문을 개별적·형식적으로 고찰할 것이 아니라 전체적·실질적으로 고찰하여 그 형의 경중을 판단하여야 한다(대판 1998.3.26. 97도1716 전원합의체). **피고인이 약식명령에 대하여 정식재판을 청구한 사건과 공소가 제기된 다른 사건을 병합하여 심리한 결과 형법 제37조 전단의 경합범 관계에 있어 하나의 벌금형으로 처단하는 경우**에는 **약식명령에서 정한 벌금형보다 중한 벌금형을 선고하더라도** 형사소송법 제457조의2에 정하여진 불이익변경금지의 원칙에 어긋나는 것이 아니다(대판 2016.5.12. 2016도2136).

(나) 즉결심판

관련판례 즉결심판에 대하여 피고인만이 정식재판을 청구한 사건에 대하여도 즉결심판에 관한 절차법 제19조의 규정에 따라 형사소송법 제457조의2 규정을 준용하여, **즉결심판의 형보다 무거운 형을 선고하지 못한다**(대판 1999.1.15. 98도550).

(4) 공소장변경의 경우

관련판례 피고인의 상고에 의하여 상고심에서 원심판결을 파기하고 사건을 항소심에 환송한 경우에 환송 후의 원심에서 적법한 공소장변경이 있어 이에 따라 그 항소심이 새로운 범죄사실을 유죄로 인정한 때에도 그 파기된 항소심판결의 형보다 **중한 형을 선고할 수 없다**(대판 1980.3.25. 79도2105).

3. 내용

가. 불이익변경금지의 대상

(1) 중형변경금지 : 형의 선고에 한한다.

(2) 형의 범위 : 형법 제41조의 **형의 종류**에 제한되지 않는다.

나. 불이익변경판단의 기준

형법 제50조가 기준이 될 것이다. 불이익변경금지의 원칙을 적용함에 있어서는 주문을 개별적·형식적으로 고찰할 것이 아니라 **전체적·실질적으로 고찰**하여 그 형의 경중을 판단하여야 한다(대판 1998.3.26. 97도1716 전원합의체).

다. 형의 경중의 비교

(1) 형의 추가와 종류의 변경

(가) 징역형과 금고형

관련판례 피고인에게 금고 5월의 실형을 선고한 제1심판결에 대해 피고인만이 항소하였는데, 원심이 제1심과 마찬가지로 유죄를 인정하여 甲죄에 대하여는 금고형을, 乙죄와 丙죄에 대하여는 징역형을 선택한 후 각 죄를 형법 제37조 전단 경합범으로 처벌하면서 피고인에게 금고 5월, 집행유예 2년, 보호관찰 및 40시간의 수강명령을 선고한 사안에서, 금고형과 징역형을 선택하여 경합범 가중을 하는 경우에는 형법 제38조 제2항에 따라 금고형과 징역형을 동종의 형으로 간주하여 징역형으로 처벌하여야 하고, **형기의 변경 없이 금고형을 징역형으로 바꾸어 집행유예를 선고하더라도 불이익변경금지 원칙에 위배되지 않는다**(대판 2013.12.12. 2013도6608).

(나) 자유형과 벌금형

자유형을 벌금형으로 변경하는 경우에 벌금형에 대한 노역장유치기간이 자유형을 초과하는 때에 불이익변경이 되는지 여부에 대해 판례는 이는 **벌금형의 특수한 집행방법에 불과하므로 전체적으로 볼 때에는 불이익변경이 아니라고 한다**(대판 1980.5.13. 80도765).

아래 판례와 같이 징역형을 선고한 제1심과 달리 항소심에서는 집행유예를 선고하여 주형인 징역형만을 보면 피고인에게 유리하나, 항소심에서 제1심에서 없던 벌금형을 병과하는 경우는 집행유예의 실효나 취소가능성, 벌금 미납 시의 노역장 유치 가능성 및 그 기간 등을 전체적·실질적으로 볼 때 불이익하다고 볼 것이다.

> **관련판례** 제1심이 선고한 형과 원심이 선고한 형의 경중을 비교해 볼 때 제1심이 선고한 '징역 1년 6월'의 형과 원심이 선고한 '징역 1년 6월에 집행유예 3년'의 형만을 놓고 본다면 제1심판결보다 원심판결이 가볍다 할 수 있으나, 원심은 제1심이 선고하지 아니한 벌금 50,000,000원(1일 50,000원으로 환산한 기간 노역장 유치)을 병과하였는 바, 집행유예의 실효나 취소가능성, 벌금 미납 시의 노역장 유치 가능성 및 그 기간 등을 전체적·실질적으로 고찰하면 원심이 선고한 형은 제1심이 선고한 형보다 무거워 피고인에게 불이익하다고 할 것이다(대판 2013.12.12. 2012도7198).

(다) 부정기형과 정기형

장기표준설, 단기표준설, 중간위설이 대립되었는데, 대법원은 항소심에서 소년이 만19세가 되어 성년이 되어 정기형을 선고해야 할 경우의 기준에 대하여 명시적으로 장기와 단기의 중간형을 기준으로 함을 명확히 하였다.

> **관련판례** [다수의견] (가) 소년법은 인격이 형성되는 과정에 있기에 그 개선가능성이 풍부하고 심신의 발육에 따르는 특수한 정신적 동요상태에 놓여 있는 소년의 특수성을 고려하여 소년의 건전한 성장을 돕기 위해 형사처분에 관한 특별조치로서 제60조 제1항에서 소년에 대하여 부정기형을 선고하도록 정하고 있다. 다만 소년법 제60조 제1항에 정한 '소년'은 소년법 제2조에 정한 19세 미만인 자를 의미하는 것으로 이에 해당하는지는 사실심판결 선고 시를 기준으로 판단하여야 하므로, 제1심에서 부정기형을 선고받은 피고인이 항소심 선고 이전에 19세에 도달하는 경우 정기형이 선고되어야 한다. 이 경우 피고인만이 항소하거나 피고인을 위하여 항소하였다면 **형사소송법 제368조가 규정한 불이익변경금지 원칙이 적용되어 항소심은 제1심판결의 부정기형보다 무거운 정기형을 선고할 수 없다.** 그런데 부정기형은 장기와 단기라는 폭의 형태를 가지는 양형인 반면 정기형은 점의 형태를 가지는 양형이므로 불이익변경금지 원칙의

적용과 관련하여 양자 사이의 형의 경중을 단순히 비교할 수 없는 특수한 상황이 발생한다. 결국 피고인이 항소심 선고 이전에 19세에 도달하여 부정기형을 정기형으로 변경해야 할 경우 불이익변경금지 원칙에 반하지 않는 정기형을 정하는 것은 부정기형과 실질적으로 동등하다고 평가될 수 있는 정기형이 부정기형의 장기와 단기 사이의 어느 지점에 존재하는지를 특정하는 문제로 귀결된다. 이는 정기형의 상한으로 단순히 부정기형의 장기와 단기 중 어느 하나를 택일적으로 선택하는 문제가 아니라, 단기부터 장기에 이르는 수많은 형 중 어느 정도의 형이 불이익변경금지 원칙 위반 여부를 판단하는 기준으로 설정되어야 하는지를 정하는 '정도'의 문제이다. 따라서 부정기형과 실질적으로 동등하다고 평가될 수 있는 정기형을 정할 때에는 형의 장기와 단기가 존재하는 특수성으로 인해 발생하는 요소들, 즉 부정기형이 정기형으로 변경되는 과정에서 피고인의 상소권 행사가 위축될 우려가 있는지 여부, 소년법이 부정기형 제도를 채택한 목적과 책임주의 원칙이 종합적으로 고려되어야 한다. 이러한 법리를 종합적으로 고려하면, 부정기형과 실질적으로 동등하다고 평가될 수 있는 **정기형은 부정기형의 장기와 단기의 정중앙에 해당하는 형**(예를 들어 징역 장기 4년, 단기 2년의 부정기형의 경우 징역 3년의 형이다. 이하 '중간형'이라 한다)이라고 봄이 적절하므로, **피고인이 항소심 선고 이전에 19세에 도달하여 제1심에서 선고한 부정기형을 파기하고 정기형을 선고함에 있어 불이익변경금지 원칙 위반 여부를 판단하는 기준은 부정기형의 장기와 단기의 중간형이 되어야** 한다(대판 2020.10.22. 2020도4140 전원합의체).

(2) 집행유예와 선고유예

(가) 징역형을 늘리면서 집행유예를 붙인 경우

형의 경중을 판단함에 있어서는 집행유예가 실효·취소되는 경우도 고려해야 하므로 **불이익변경**이 된다(통설, 판례). 선고유예의 경우도 제1심의 징역형의 선고유예의 판결에 대하여 피고인만이 항소한 경우에 제2심이 벌금형을 선고한 것은 제1심판결의 형보다 중한 형을 선고한 것에 해당된다(대판 1999.11.26. 99도3776). 왜냐하면, 벌금형은 노역장 유치의 가능성 및 집행가능성이 있기 때문이다.

> **관련판례** 제1심에서 징역 6월의 선고를 받고 피고인만이 항소한 사건에서 징역 8월에 집행유예 2년을 선고한 것은 제1심의 형보다 중하고 따라서 불이익변경금지원칙에 위반된다(대판 1966.12.8. 66도1319 전원합의체).

또한 제1심에서 징역형의 집행유예를 선고한 데 대하여 **제2심이 징역형의 형기를 단축하여 실형을 선고하는 것도 불이익변경금지원칙에 위배**되며, 재심대상사건에서 징역형의 집행유예를 선고하였음에도 재심사건에서 원판결보다 주형을 경하게 하고 집행유예를 없앤 경우, 불이익변경금지원칙에 위배된다.[222]

---

222) 대판 2016.3.24. 2016도1131

(나) 형의 집행유예와 집행면제

형의 집행면제판결을 집행유예로 변경하는 것은 불이익변경에 해당하지 않는다(대판 1985.9.24. 84도2972).

(3) 몰수·추징과 미결구금일수산입

주형을 가볍게 하고 몰수나 추징을 추가 또는 증가하게 하는 경우 불이익변경인지 여부에 대하여 긍정설과 부정설이 대립한다. 이는 일률적으로 판단할 문제가 아니라 전체적, 실질적으로 고찰하여 결정한다. 다만, 판례는 **징역형을 줄이면서 몰수·추징을 일부 추가한 것만으로는 불이익변경이 되지 않는다**(대판 1998.3.26. 97도1716 전원합의체)고 판시한 바 있다. 그러나 주형을 그대로 두면서 새로이 몰수를 선고하거나 추징액을 늘리는 것은 명백히 금지된다. 나아가 불이익변경금지의 원칙은 피고인의 상소권을 보장하려는 것으로, 피고인에게 불이익하게 변경되었는지에 관한 판단은 형법상 형의 경중을 일응의 기준으로 하되, 병과형이나 부가형, 집행유예, 미결구금일수의 통산, 노역장 유치기간 등 주문 전체를 고려하여 피고인에게 실질적으로 불이익한가의 여부에 의하여 판단하여야 한다. 따라서 제1심판결에서 선고된 추징을 항소심판결로 몰수로 변경하는 것은 실질적으로 볼 때 몰수와 표리관계에 있어 차이가 없는 것이므로 피고인의 이해관계에 실질적 변동이 생겼다고 볼 수는 없으며, 따라서 이를 두고 형이 불이익하게 변경되는 것이라고 볼 수 없다(대판 2005.10.28. 2005도5822).

(4) 보안처분, 치료감호

`관련판례` 제1심판결에서 치료감호만 선고되고 피고인만 항소한 경우에 항소심에서 징역형을 선고하는 것은 불이익변경이 된다(대판 1983.6.14. 83도765).

`관련판례` 피고인만이 항소한 사건에 대하여는 제1심판결의 형보다 중한 형을 선고하지 못한다. 불이익변경금지원칙을 적용할 때에는 주문을 개별적·형식적으로 고찰할 것이 아니라 **전체적·실질적으로 고찰**하여 판단하여야 한다. **취업제한명령**은 범죄인에 대한 사회내 처우의 한 유형으로서 형벌 그 자체가 아니라 **보안처분의 성격**을 가지는 것이지만, 실질적으로 **직업선택의 자유를 제한**하는 것이다. 따라서 원심이 제1심판결에서 정한 형과 동일한 형을 선고하면서 **제1심에서 정한 취업제한기간보다 더 긴 취업제한명령을 부가하는 것은 전체적·실질적으로 피고인에게 불리하게 변경한 것이므로, 피고인만이 항소한 경우에는 허용되지 않는다**(대판 2019.10.17. 2019도11540).

4. 위반의 효과

가. 항소심 판결이 위반한 경우 : 상고이유(제383조 제1호)

나. 상고심 판결이 위반한 경우 : 비상상고(제441조)

관련판례 항소법원은 항소이유에 포함된 사유에 관하여 심판하여야 하고, 다만 판결에 영향을 미친 사유에 관하여는 항소이유서에 포함되지 아니한 경우에도 직권으로 심판할 수 있다(형사소송법 제364조 제1항, 제2항). 한편 항소이유에는 '형의 양정이 부당하다고 인정할 사유가 있는 때'가 포함되고(같은 법 제361조의5 제15호), 위와 같이 판결에 영향을 미치는 사유는 항소이유서에 포함되지 아니한 것이라도 항소심의 심판의 대상이 될 뿐만 아니라, **검사만이 항소한 경우 항소심이 제1심의 양형보다 피고인에게 유리한 형량을 정할 수 없다는 제한이 있는 것도 아니다.** 따라서 항소법원은 제1심의 형량이 너무 가벼워서 부당하다는 검사의 항소이유에 대한 판단에 앞서 직권으로 제1심판결에 양형이 부당하다고 인정할 사유가 있는지 여부를 심판할 수 있고, 그러한 사유가 있는 때에는 제1심판결을 파기하고 제1심의 양형보다 가벼운 형을 정하여 선고할 수 있다(대판 2010.12.9. 2008도1092).

관련판례 [1] 피고인만이 항소한 사건에 대하여는 원심판결의 형보다 중한 형을 선고하지 못한다. 원심의 형이 피고인에게 불이익하게 변경되었는지 여부에 관한 판단은 형법상 형의 경중을 기준으로 하되 이를 개별적 · 형식적으로 고찰할 것이 아니라 주문 전체를 고려하여 피고인에게 실질적으로 불이익한지 아닌지를 보아 판단하여야 한다. 그리고 성폭력범죄의 처벌 등에 관한 특례법에 따라 병과하는 수강명령 또는 이수명령은 이른바 범죄인에 대한 사회내 처우의 한 유형으로서 형벌 자체가 아니라 보안처분의 성격을 가지는 것이지만, 의무적 강의 수강 또는 성폭력 치료프로그램의 의무적 이수를 받도록 함으로써 실질적으로는 신체적 자유를 제한하는 것이 되므로, **원심이 제1심판결에서 정한 형과 동일한 형을 선고하면서 새로 수강명령 또는 이수명령을 병과하는 것**은 전체적 · 실질적으로 볼 때 피고인에게 **불이익하게 변경한 것**이므로 허용되지 않는다.

[2] 피고인이 군인 신분에서 폭행, 모욕, 군인등강제추행, 군용물손괴, 특수폭행으로 기소되어 보통군사법원에서 진행된 제1심에서 징역 2년에 집행유예 3년의 유죄판결을 선고받고 위 판결에 대하여 피고인만이 항소하였는데, 항소심인 고등군사법원은 피고인이 예비역으로 전역하였음을 이유로 군용물손괴 부분을 제외한 나머지 공소사실을 원심으로 이송하면서, 군사법원법에 따라 여전히 신분적 재판권이 인정되는 군용물손괴 부분을 유죄로 인정하여 징역 1년에 집행유예 2년의 유죄판결(이하 '분리된 항소심판결'이라 한다)을 선고하였고, 분리된 항소심판결 확정 후 원심이 이송받은 공소사실 전부를 유죄로 인정하여 징역 1년에 집행유예 2년을 선고하면서 40시간의 성폭력 치료강의 수강명령을 병과한 사안에서, 제1심판결과 원심판결 및 분리된 항소심판결을 전체적으로 비교하여 보면, 집행을 유예한 징역형의 합산 형기가 동일하다고 하더라도 원심이 새로 수강명령을 병과한 것은 전체적 · 실질적으로 볼 때 피고인에게 불이익하게 변경한 것이어서 허용되지 않는다고 한 사례(대판 2018.10.4. 2016도15961).

Ⅶ 형종 상향의 금지

> **제457조의2 【형종 상향의 금지 등】** ① 피고인이 정식재판을 청구한 사건에 대하여는 약식명령의 형보다 중한 종류의 형을 선고하지 못한다.
> ② 피고인이 정식재판을 청구한 사건에 대하여 약식명령의 형보다 중한 형을 선고하는 경우에는 판결서에 양형의 이유를 적어야 한다.

피고인만 정식재판을 청구한 사건에 대하여 법원은 약식명령의 형보다 중한 종류의 형을 선고하지 못한다. 2017년 12월 형사소송법에서 약식명령의 정식재판청구사건에서 불이익변경금지원칙 대신 형종 상향의 금지로 개정하였다(불이익변경금지의 원칙 ⇨ 형종상향금지의 원칙).223)

관련판례 - 형종상향금지원칙에 위반된 사례 피고인이 절도죄 등으로 벌금 300만 원의 약식명령을 발령받은 후 이에 대해 정식재판을 청구하자, 제1심 법원이 위 정식재판청구 사건을 통상절차에 의해 공소가 제기된 다른 점유이탈물횡령 등 사건들과 병합한 후 각 죄에 대해 모두 징역형을 선택한 다음 경합범 가중하여 피고인에게 징역 1년 2월을 선고하였다면, 제1심판결에는 형사소송법 제457조의2 제1항에서 정한 형종 상향 금지의 원칙을 위반한 잘못이 있다(대판 2020.1.9. 2019도15700).

Ⅷ 파기판결의 구속력

1. 구속력의 개념

상소심에서 원판결을 파기하여 환송 또는 이송한 경우에 상급심의 판단이 **당해 사건에 관하여 환송 또는 이송받은 하급심을 구속하는 효력**(법원조직법 제8조)을 파기판결의 구속력 내지 기속력이라 한다. 이는 심급제도 본질에서 기인한다.

---

223) 1995년 「형사소송법」 개정으로 약식명령에 대하여 피고인이 정식재판을 청구한 사건의 경우 불이익변경금지의 원칙이 적용되어 약식명령의 형보다 중한 형을 선고하지 못하게 되었으나, 정식재판청구 사건에 대한 불이익변경금지의 원칙이 도입된 후에 정식재판 과정에서 벌금 납부지연 등의 정식재판청구를 남용하는 경우 등에도 불이익변경금지의 원칙으로 인하여 죄질이나 국민의 법감정에 맞지 아니한 가벼운 벌금형을 선고할 수 밖에 없어 정식재판청구가 범죄자에 대한 형벌 상한 보증제도로 전락하였다는 문제점과, 불이익변경금지의 원칙의 적용으로 서류재판인 약식명령의 결정이 공판절차를 거치는 정식재판 판결보다 우선하게 되는 결과를 가져옴에 따라 실체적 진실에 부합하는 처벌을 할 수 없는 등 사법 정의에 반하는 결과를 가져오게 되었다는 점이 부작용으로 지적되고 있고, 약식명령에 대한 정식재판청구 사건이 불이익변경 금지 원칙 도입 이전보다 6배 이상 급증함에 따라 사법역량이 오히려 경미한 사건에 집중되어, 경미한 사건을 간이한 절차에 따라 신속히 처리하려는 약식명령 제도의 취지에 반하는 결과를 가져오게 되었으며, 약식명령과 약식명령에 대한 정식재판청구 사건은 같은 1심 절차임에도 불구하고 약식명령에 대한 정식재판청구 사건에 대하여 불이익변경금지의 원칙을 적용하는 것은 형사소송구조에 부합한다고 보기 어려운 점 등으로 약식명령에 대한 정식재판청구 사건에서 불이익변경금지의 원칙을 폐지하여 정식재판청구의 남용을 방지하고 사법정의와 국민의 법감정에 맞는 판결이 가능하도록 하려는 것임.

2. 구속력의 법적 성질

중간판결설, 확정력설(기판력설), 특수효력설(심급제도의 합리적 유지를 위한 정책적 효력)이 대립하나, 심급제도의 합리적인 유지를 위한 정책적 근거에 의한 특수효력으로 봄이 타당하다.

3. 구속력의 범위

가. 구속력이 미치는 법원

(1) 하급법원

당해 사건의 하급심에 미친다. 상고심에서 상고이유의 주장이 이유 없다고 판단되어 배척된 부분은 그 판결 선고와 동시에 확정력이 발생하여 이 부분에 대하여 피고인은 더 이상 다툴 수 없고, 또한 환송받은 법원으로서도 이와 배치되는 판단을 할 수 없다고 할 것이므로, 피고인으로서는 더 이상 이 부분에 대한 주장을 상고이유로 삼을 수 없으며, 비록 환송 후 원심이 이 부분 범죄사실에 대하여 일부 증거조사를 한 바 있다 하더라도 이는 의미없는 것에 지나지 않는다(대판 2012.5.10. 2012도2496). 상고심이 제2심 판결을 파기하여 제1심으로 환송한 후 제1심에서 다시 항소하여 항소심이 이루어질 경우에도 당해 사건에 관하여 항소심은 하급심에 해당하므로 상고심의 판단에 기속된다.

(2) 파기한 상급심

파기판결의 기속력은 하급심 뿐 아니라 파기판결한 상급심 자신에 대하여도 기속한다.

> **관련판례** 파기환송을 받은 법원은 그 파기이유로 한 사실상 및 법률상의 판단에 기속되는 것이고 그에 따라 판단한 판결에 대하여 다시 상고를 한 경우에 그 상고사건을 재판하는 상고법원도 앞서의 파기이유로 한 판단에 기속되므로 이를 변경하지 못한다(대판 1987.4.28. 87도294).

나. 구속력이 미치는 판단(범위)

사실판단에도 구속력이 미치는가에 대해 긍정설과 제한적 긍정설로 나뉜다. 그러나 파기판결의 구속력은 법률판단 뿐 아니라 '사실판단'에도 미친다.

> **관련판례** 상고심으로부터 사건을 환송받은 법원은 그 사건을 재판함에 있어서 상고법원이 파기이유로 한 **사실상 및 법률상의 판단에 대하여** 환송 후의 심리과정에서 새로운 증거가 제시되어 기속적 판단의 기초가 된 증거관계에 변동이 생기지 않는 한 이에 기속된다(대판 1996.12.10. 95도830).

(1) 법률판단과 사실판단

(2) 적극적, 긍정적 판단

구속력이 소극적, 부정적 판단에 미치는 것에는 의문의 여지가 없다. 그러나 적극적 판단에도 미치는가에 대하여는 긍정설과 부정설로 견해가 대립한다. 어떤 범죄가 어떤 이유로 범죄가 성립하지 아니한다는 대법원 판단이 있는 경우, 다른 이유나 그 범죄사실이 하급심에서 변경되었다면 파기판결의 구속력이 미칠 수 없다. 즉, 파기판결의 기속력은 파기의 직접 이유가 된 원심판결에 대한 소극적인 부정 판단에 한하여 생긴다고 보아야 한다. 예를 들어, 출판물에 의한 명예훼손의 공소사실을 유죄로 인정한 환송 전 원심판결에 위법이 있다고 한 파기환송판결의 사실판단의 기속력은 파기의 직접 이유가 된 환송 전 원심에 이르기까지 조사한 증거들만에 의하여서는 출판물에 의한 명예훼손의 공소사실이 인정되지 아니한다는 소극적인 부정 판단에만 미치는 것이므로, 환송 후 원심에서 이 부분 공소사실이 형법 제307조 제2항의 명예훼손죄의 공소사실로 변경되었다면 환송 후 원심은 이에 대하여 새롭게 사실인정을 할 재량권을 가지게 되는 것이고 더 이상 파기환송판결이 한 사실판단에 기속될 필요는 없다(대판 2004.4.9. 2004도340).

관련판례 환송판결의 하급심에 대한 구속력은 파기의 이유가 된 원판결의 사실상 및 법률상의 판단이 정당하지 않다는 소극적인 면에서만 발생하는 것이다(대판 1983.2.8. 82도2672).

다. 구속력의 배제

(1) 사실관계가 변경 · 법령의 변경

상고심으로부터 사건을 환송받은 법원은 그 사건을 재판함에 있어서 상고법원이 파기이유로 한 사실상 및 법률상의 판단에 대하여 환송 후의 심리과정에서 새로운 증거가 제시되어 기속적 판단의 기초가 된 증거관계에 변동이 생기지 않는 한 이에 기속된다(대판 2009.4.9. 2008도10572). 즉, 새로운 증거가 제시되어 기속적 판단의 기초가 된 증거관계에 변동이 생기는 경우는 기속되지 않는다.

(2) 판례의 변경

판례의 변경은 법률의 변경에 준하는 효과를 가지므로 기속력의 배제사유에 해당한다고 볼 것이다.

4. 구속력 위반의 효과

하급심법원이 파기판결의 구속력을 무시한 판결을 한 때에는 그 판결은 법률위반(법원조직법 제7조 제1항 제2호)에 해당한다.

제2절 항소

I 항소의 의의와 구조

항소(抗訴)란 제1심의 종국판결에 대하여 다시 유리한 판결을 구하기 위하여 그 직근의 상급법원에 하는 불복신청을 말한다. 항소는 **오판으로 인한 불이익을 받는 당사자를 구제**하는 것을 주된 목적으로 한다. 현행 형사소송법상 항소심은 기본적으로 실체적 진실을 추구하는 면에서 **속심적 구조를 취하고 있다**.

> **관련판례** 현행 형사소송법상 항소심은 속심을 기반으로 하되 사후심적 요소도 상당 부분 들어 있는 이른바 **사후심적 속심**의 성격을 가지므로 항소심에서 제1심판결의 당부를 판단할 때에는 그러한 심급구조의 특성을 고려하여야 한다. 그러므로 항소심이 심리과정에서 심증의 형성에 영향을 미칠 만한 객관적 사유가 새로 드러난 것이 없음에도 제1심의 판단을 재평가하여 사후심적으로 판단하여 뒤집고자 할 때에는, 제1심의 증거가치 판단이 명백히 잘못되었다거나 사실인정에 이르는 논증이 논리와 경험법칙에 어긋나는 등으로 그 판단을 그대로 유지하는 것이 현저히 부당하다고 볼 만한 합리적인 사정이 있어야 하고, 그러한 예외적 사정도 없이 제1심의 사실인정에 관한 판단을 함부로 뒤집어서는 안 된다. 그것이 형사사건의 실체에 관한 유죄·무죄의 심증은 법정 심리에 의하여 형성하여야 한다는 공판중심주의, 그리고 법관의 면전에서 직접 조사한 증거만을 재판의 기초로 삼는 것을 원칙으로 하는 실질적 직접심리주의의 정신에 부합한다(대판 2017.3.22. 2016도18031).

이러한 속심적 성격으로 인해 항소심판결 당시 피고인이 소년이었기 때문에 부정기형이 선고되었다면 그 후 상고심 계속 중에 피고인이 성년이 되었다 하더라도 항소심판결은 위법하지 않다.

> **관련판례** 판결의 확정력은 사실심리의 가능성이 있는 최후의 시점인 판결선고시를 기준으로 하여 그때까지 행하여진 행위에 대하여만 미치는 것으로서, 제1심 판결에 대하여 항소가 된 경우 판결의 확정력이 미치는 시간적 한계는 현행 형사항소심의 구조와 운용실태에 비추어 볼 때 **항소심 판결선고시**이다(대판 1993.5.25. 93도836).

Ⅱ 항소이유

항소이유란 항소권자가 적법하게 항소할 수 있는 법률상의 이유를 말하는데, 항소이유는 제361조의5에 제한적으로 열거되어 있다.

1. 상대적 항소이유

상대적 항소이유는 일정한 객관적 사유의 존재가 '판결에 영향을 미친 경우'에 한하여 항소이유로 되는 것을 말한다(제361조의5 제1호, 제14호).

(1) 법령위반 - 헌법·법률·명령·규칙의 위반

> **관련판례** 피고인의 자백이 그 피고인에게 불이익한 유일의 증거인 때에는 이를 유죄의 증거로 하지 못하는 것이므로, 보강증거가 없이 피고인의 자백만을 근거로 공소사실을 유죄로 판단한 경우에는 그 자체로 판결 결과에 영향을 미친 위법이 있는 것으로 보아야 한다(대판 2007.11.29. 2007도7835).

> **관련판례** 판결내용 자체가 아니고, 피고인의 신병확보를 위한 구속 등 조치와 공판기일의 통지, 재판의 공개 등 소송절차가 법령에 위반되었음에 지나지 아니한 경우에는, 그로 인하여 피고인의 방어권, 변호인의 변호권이 본질적으로 침해되고 판결의 정당성마저 인정하기 어렵다고 보여지는 정도에 이르지 아니하는 한, 그것 자체만으로는 판결에 영향을 미친 위법이라고 할 수 없다(대판 2005.5.26. 2004도1925).

> **관련판례** 70세 이상인 피고인으로서 사선변호인이 없음에도 국선변호인을 선정하지 아니한 채 개정하여 심리한 원심판결을 소송절차가 법령에 위반하였다(대판 2006.1.13. 2005도5925).

(2) 사실오인

사실오인의 사실은 재판의 기초가 된 모든 사실을 말하는 것이 아니다. 형벌권의 존재와 그 범위에 관한 사실을 말한다. 따라서 소송법적 사실이나 정상관계사실은 제외된다. 그러므로 구체적인 논리법칙 위반이나 경험법칙 위반의 점 등을 지적하는 것은 법령위배에 해당하고, 단지 원심의 증거취사와 사실인정만을 다투는 것은 특별한 사정이 없는 한 사실오인의 주장에 해당한다(대판 2008.5.29. 2007도1755).

(3) 판결에 영향을 미친 때

'사실의 오인이 있어 판결에 영향을 미친 때'라는 것은 사실오인에 의하여 판결의 주문에 영향을 미쳤을 경우와 범죄에 대한 구성요건적 평가에 직접 또는 간접으로 영향을 미쳤을 경우를 의미한다(대판 1996.9.20. 96도1665).

2. 절대적 항소이유

(1) 관할 또는 관할위반의 인정이 법률에 위반한 때

(2) 판결법원의 구성이 법률에 위반한 때

(3) 법률상 그 재판에 관여하지 못할 판사가 그 사건의 심판에 관여한 때

(4) 사건의 심리에 관여하지 아니한 판사가 그 사건의 판결에 관여한 때

(5) 공판의 공개에 관한 규정에 위반한 때

(6) 판결에 이유를 붙이지 아니하거나 이유에 모순이 있는 때

> **관련판례 – 소송기록접수통지와 항소이유서 제출** 항소이유서 부제출을 이유로 항소기각의 결정을 하기 위해서는 항소인이 적법한 소송기록접수통지서를 받고서도 정당한 이유 없이 20일 이내에 항소이유서를 제출하지 않았어야 한다. **피고인의 항소대리권자인 배우자가 피고인을 위하여 항소한 경우(형사소송법 제341조)에도 소송기록접수통지는 항소인인 피고인에게 하여야 하는데**(형사소송법 제361조의2), **피고인이 적법하게 소송기록접수통지서를 받지 못하였다면 항소이유서 제출기간이 지났다는 이유로 항소기각결정을 하는 것은 위법하다**(대결 2018.3.29. 2018모642).

> **관련판례 – 항소이유서 제출기간의 경과를 기다리지 않고 항소사건을 심판할 수 있는지 여부(소극)** 형사소송법 제361조의3, 제364조의 각 규정에 의하면 항소심의 구조는 피고인 또는 변호인이 법정기간 내에 제출한 항소이유서에 의하여 심판하는 것이고, 이미 항소이유서를 제출하였더라도 항소이유를 추가·변경·철회할 수 있으므로, **항소이유서 제출기간의 경과를 기다리지 않고는 항소사건을 심판할 수 없다.** 따라서 항소이유서 제출기간 내에 변론이 종결되었는데 그 후 위 제출기간 내에 항소이유서가 제출되었다면 특별한 사정이 없는 한 항소심법원으로서는 변론을 재개하여 항소이유의 주장에 대해서도 심리를 해 보아야 한다(대판 2018.4.12. 2017도13748).

Ⅲ 항소심의 절차

1. 항소의 제기

항소를 함에는 항소장을 **원심법원에 제출하여야** 한다. 피고인에게 소송기록접수통지를 한 후에 변호인의 선임이 있는 경우에는 변호인에게 다시 같은 통지를 할 필요가 없으며, 필요적 변호사건에서 피고인이 항소이유서 제출기간 이내에 항소이유서를 제출하지 않고 항소장에도 항소이유를 기재하지 않았다고 하더라도 피고인에게 변호인이 없는 때에는 **국선변호인을 선정하지 않은 채** 결정으로 피고인의 항소를 기각할 수는 없다. 또한, 피고인이 항소한 필요적 변호사건에서 항소장에 항소이유기재가 없고 항소이유서도 제출하지 아니한 경우 법원이 **국선변호인 선임 없이** 항소기각 결정을 할 수 없다.

가. 필요적 변호사건에서 피고인의 국선변호인 선정청구에 따라 선정된 국선변호인이 '항소이유보충서'의 명목으로 항소이유서를 제출한 경우 항소이유서 제출기간이 경과되기 전에 항소를 기각한 원심의 조치는 위법하다.

나. 항소인 또는 변호인이 항소이유서에 '원심판결은 도저히 납득할 수 없는 억울한 판결이므로 항소를 한 것입니다.'라고 기재하였다고 하더라도 항소심으로서는 이를 제1심판결에 사실의 오인이 있거나 양형부당의 위법이 있다는 항소이유를 기재한 것으로 선해하여 그 항소이유에 대하여 심리를 하여야 한다.

> **관련판례** 변호인의 선임은 심급마다 변호인과 연명날인한 서면으로 제출하여야 하므로(형사소송법 제32조 제1항), 변호인 선임서를 제출하지 아니한 채 상고이유서만을 제출하고 상고이유서 제출기간이 경과한 후에 변호인 선임서를 제출하였다면 그 상고이유서는 적법·유효한 상고이유서가 될 수 없다. 이는 그 변호인이 원심 변호인으로서 원심법원에 상고장을 제출하였더라도 마찬가지이다(대판 2014.2.13. 2013도9605).

> **관련판례** 제1심과 비교하여 양형의 조건에 변화가 없고 제1심의 양형이 재량의 합리적인 범위를 벗어나지 아니하는 경우에는 이를 존중함이 타당하며, 제1심의 형량이 재량의 합리적인 범위 내에 속함에도 항소심의 견해와 다소 다르다는 이유만으로 제1심판결을 파기하여 제1심과 별로 차이가 없는 형을 선고하는 것은 자제함이 바람직하다. 그렇지만 제1심의 양형심리 과정에서 나타난 양형의 조건이 되는 사항과 양형기준 등을 종합하여 볼 때에 제1심의 양형판단이 재량의 합리적인 한계를 벗어났다고 평가되거나, 항소심의 양형심리 과정에서 새로이 현출된 자료를 종합하면 제1심의 양형판단을 그대로 유지하는 것이 부당하다고 인정되는 등의 사정이 있는 경우에는, 항소심은 형의 양정이 부당한 제1심판결을 파기하여야 한다. 그런데 항소심은 제1심에 대한 사후심적 성격이 가미된 속심으로서 제1심과 구분되는 고유의 양형재량을 가지고 있다고 보아야 하므로, 항소심이 그 자신의 양형판단과 일치하지 아니한다고 하여 양형부당을 이유로 제1심판결을 파기하는 것이 앞서 본 바와 같은 이유로 바람직하지 아니한 점이 있다고 하더라도 이를 두고 양형심리 및 양형판단 방법이 위법하다고까지 할 수는 없다. 그리고 위와 같은 원심의 판단에 그 근거가 된 양형자료와 그에 관한 판단 내용이 모순 없이 설시되어 있는 경우에는 양형의 조건이 되는 사유에 관하여 일일이 명시하지 아니하여도 위법하다고 할 수 없다(대판 2015.7.23. 2015도3260 전원합의체).
>
> → 피고인 甲에게 징역 10월, 피고인 乙에게 징역 8월을 선고한 제1심판결에 대하여 검사가 양형부당을 이유로 항소하였는데, 항소심이 제1심이 설시한 양형의 이유와 거의 유사한 사정을 그대로 설시하면서 검사의 양형부당 주장을 받아들여 제1심판결을 파기하고 피고인 甲에게 징역 4년, 피고인 乙에게 징역 1년 6월을 선고한 사안을 적법하다고 한 사례.

> **관련판례 – 항소이유서 제출기간의 말일이 공휴일인 경우에도 기간에 산입하지 아니하는지 여부(적극)** [1] 형사소송법 제361조의2와 제361조의3 제1항에 의하면, 항소법원이 기록의 송부를 받은 때에는 즉시 항소인과 그 상대방에게 통지하여야 하고, 이 통지 전에 변호인의 선임이 있는 때에는 변호인에게도 통지를 하여야 하며, 항소인 또는 변호인은 이 통지를 받은 날로부터 20일 이내에 항소이유서를 제출하도록 되어 있다. 그리고 같은 법 제66조 제3항에 의하면, 시효와 구속의 기간을 제외하고는 기간의 말일이 공휴일 또는 토요일에 해당하는 날은 항소이유서 제출기간에 산입하지 아니하도록 되어 있다. 이때 기간의 말일이 공휴일인지 여부는 '공휴일'에 관하여 규정하고 있는 '관공서의 공휴일에 관한 규정' 제2조 각호에 해당하는지에 따라 결정되고, 같은 조 제11호가 정한 '기타 정부에서 수시 지정하는 날'인 임시공휴일 역시 공휴일에 해당한다.

[2] 피고인이 제1심판결에 대해 항소를 제기하여 2020. 7. 27. 원심으로부터 소송기록접수통지서를 송달받고 2020. 8. 18. 항소이유서를 제출하였는데, 원심이 국선변호인을 선정하거나 피고인이 사선변호인을 선임한 바는 없으며, 정부는 2020. 7.경 국무회의의 심의·의결 대통령의 재가 및 관보 게재를 통해 2020. 8. 17.을 임시공휴일로 지정한 사안에서, **피고인이 소송기록접수통지를 받은 2020. 7. 27.부터 계산한 항소이유서 제출기간의 말일인 2020. 8. 16.은 일요일이고, 다음 날인 2020. 8. 17. 역시 임시공휴일로서 위 기간에 산입되지 아니하여 그 다음 날인 2020. 8. 18.이 위 기간의 말일이 되므로, 2020. 8. 18. 제출된 피고인의 항소이유서는 제출기간 내에 적법하게 제출되었다**는 이유로, 이와 달리 보아 피고인의 항소를 기각한 원심결정에 항소이유서 제출기간에 관한 법리오해의 잘못이 있다고 한 사례(대결 2021.1.14. 2020모3694).

2. 항소심의 심리

> **제364조【항소법원의 심판】** ① 항소법원은 **항소이유에 포함된 사유에 관하여** 심판하여야 한다.
> ② 항소법원은 **판결에 영향을 미친 사유에 관하여는** 항소이유서에 포함되지 아니한 경우에도 **직권으로 심판할 수** 있다.
> ③ 제1심법원에서 증거로 할 수 있었던 증거는 항소법원에서도 증거로 할 수 있다.
> ④ 항소이유 없다고 인정한 때에는 **판결로써 항소를 기각하여야** 한다.
> ⑤ 항소이유 없음이 명백한 때에는 항소장, 항소이유서 기타의 소송기록에 의하여 **변론없이 판결로써 항소를 기각할 수** 있다.
> ⑥ 항소이유가 있다고 인정한 때에는 원심판결을 파기하고 다시 판결을 하여야 한다.
>
> **제365조【피고인의 출정】** ① 피고인이 공판기일에 출정하지 아니한 때에는 **다시 기일을 정하여야** 한다.
> ② 피고인이 정당한 사유없이 다시 정한 기일에 출정하지 아니한 때에는 **피고인의 진술 없이 판결을 할 수** 있다.

항소심의 공판절차는 제1심 공판절차가 원칙적으로 준용된다. 다만, 항소심에 이르러 범행을 부인하였다고 하더라도 제1심법원에서 증거로 할 수 있었던 증거는 항소법원에서도 증거로 할 수 있는 것이므로 제1심법원에서 이미 증거능력이 있었던 증거는 항소심에서도 증거능력이 그대로 유지되어 심판의 기초가 될 수 있고 다시 증거조사를 할 필요가 없다(대판 2005.3.11. 2004도8313).

가. 피고인이 제1심판결에 대하여 **양형부당만을 이유로 항소한 경우** 항소심 판결에 대하여 **법령위반이나 사실오인**을 주장하여 상고할 수 없으나, 항소이유서에 포함되지 아니한 경우에도 판결에 영향을 미친 사유에 관하여는 항소심 법원은 이를 직권으로 심판할 수 있다.

나. 제1심이 경합범 관계에 있는 공소사실 중 일부에 대하여 재판을 **누락**한 경우 항소심은 **당사자의 주장이 없더라도** 직권으로 제1심의 누락 부분을 파기하고 그 부분에 대하여 재판하여야 한다.

다. 항소이유서를 제출한 자는 항소심의 공판기일에 항소이유서에 기재된 항소이유의 일부를 철회할 수 있고, 이 경우 항소심 법원은 판결이유에서 철회된 항소이유에 대하여 판단을 설시할 필요가 없다.

> **관련판례 – 항소심에서 피고인의 진술 없이 판결할 수 있는 경우** 피고인이 제1심에서 도로교통법 위반(음주운전)죄로 유죄판결을 받고 항소한 후 **원심 제1회, 제2회 공판기일에 출석하였고, 제3회 공판기일에 변호인만이 출석하고 피고인은 건강상 이유를 들어 출석하지 않았으나, 제4회 공판기일에 변호인과 함께 출석**하자 원심은 변론을 종결하고 제5회 공판기일인 선고기일을 지정하여 고지하였는데, 피고인과 변호인이 모두 제5회 공판기일에 출석하지 아니하자 원심이 피고인의 출석 없이 공판기일을 개정하여 피고인의 항소를 기각하는 판결을 선고한 사안에서, 피고인이 고지된 선고기일인 제5회 공판기일에 출석하지 않았더라도 제4회 공판기일에 출석한 이상 2회 연속으로 정당한 이유 없이 출정하지 않은 경우에 해당하지 않아 형사소송법 제365조 제2항에 따라 제5회 공판기일을 개정할 수 없다는 이유로, 그런데도 피고인의 출석 없이 제5회 공판기일을 개정하여 판결을 선고한 원심의 조치에 소송절차에 관한 형사소송법 제365조에 반하여 판결에 영향을 미친 잘못이 있다고 한 사례(대판 2019.10.31. 2019도5426).

> **관련판례 – 증인 진술의 신빙성을 부정한 제1심의 판단을 항소심이 뒤집을 수 있는 경우** 형사소송법이 채택하고 있는 실질적 직접심리주의의 정신에 비추어, **항소심으로서는 제1심 증인이 한 진술의 신빙성 유무에 대한 제1심의 판단이 항소심의 판단과 다르다는 이유만으로 이에 대한 제1심의 판단을 함부로 뒤집어서는 아니되나, 제1심 증인이 한 진술의 신빙성 유무에 대한 제1심의 판단이 명백하게 잘못되었다고 볼 특별한 사정이 있거나**, 제1심 증거조사 결과와 항소심 변론종결 시까지 추가로 이루어진 증거조사 결과를 종합하면 제1심 증인이 한 진술의 신빙성 유무에 대한 제1심의 판단을 그대로 유지하는 것이 현저히 부당하다고 인정되는 예외적인 경우에는 그러하지 아니하다(대판 2021.6.10. 2021도2726).

3. 항소심의 재판

항소의 제기가 법률상의 방식에 위반하거나 항소권소멸후인 것이 명백한 때에는 **원심법원은 결정으로 항소를 기각하여야** 한다. 그러나 항소인이 항소이유서를 제출기한내에 제출하지 아니한 때에는 **항소심이** 항소기각의 **결정**을 하지만, 직권조사사유가 있어 항소장에 항소이유의 기재가 있는 경우에는 예외가 된다. 만약 강도예비죄 부분에 대하여 제1심에서 무죄가 선고되어 검사가 항소하였는데 항소심이 검사의 항소가 이유 없다고 판단하는 경우라면, 항소심은 주문에서 항소기각 **판결**의 선고를 하여야 한다(제364조). 항소심은 **파기자판**이 원칙이나 예외적으로 공소기각이나 관할위반의 재판이 법률에 위반됨을 이유로 파기할 경우에는 원심법원에 환송한다. 따라서 제1심의 공소기각 판결이 잘못이라고 하여 파기하면서도 사건을 제1심법원에 환송하지 아니하고 본안에 들어가 심리한 후 피고인에게 유죄판결을 선고한 것은 형사소송법 제366조를 위반한 것이다(대판 2013.10.11. 2013도2198).

관련판례 제1심이 경합범 관계에 있는 공소사실 중 일부에 대하여 재판을 누락한 경우 원심으로서는 당사자의 주장이 없더라도 직권으로 제1심의 누락 부분을 파기하고 그 부분에 대하여 재판하여야 한다(대판 2009.2.12. 2008도7848; 대판 2013.3.14. 2011도7259).

제3절 상고

I 상고의 의의와 구조

> **제371조【상고할 수 있는 판결】** 제2심판결에 대하여 불복이 있으면 **대법원**에 상고할 수 있다.

상고심은 **법률심**이고 **사후심**이므로 상고이유는 법률상 엄격히 제한되어 있다. 따라서 상고이유 이외의 사유로 상고를 제기하면 부적법하다. 상고심의 주된 기능은 바로 법령해석의 통일에 있기 때문이다.

II 상고이유

> **제383조【상고이유】** 다음 사유가 있을 경우에는 원심판결에 대한 상고이유로 할 수 있다.
> 1. 판결에 영향을 미친 헌법·법률·명령 또는 규칙의 위반이 있을 때
> 2. 판결후 형의 폐지나 변경 또는 사면이 있는 때
> 3. 재심청구의 사유가 있는 때
> 4. 사형, 무기 또는 10년 이상의 징역이나 금고가 선고된 사건에 있어서 중대한 사실의 오인이 있어 판결에 영향을 미친 때 또는 형의 양정이 심히 부당하다고 인정할 현저한 사유가 있는 때

1. 법령위반 등

가. 판결에 영향을 미친 헌법·법률·명령 또는 규칙의 위반이 있을 때(제1호)

나. 판결 후 형의 폐지나 변경 또는 사면이 있는 때(제2호)

다. 재심청구의 사유가 있는 때(제3호)

형사소송법상 상고인이나 변호인은 소정의 기간 내에 상고법원에 상고이유서를 제출하여야 하고, 상고이유서에는 소송기록과 항소법원의 증거조사에 표현된 사실을 인용하여 그 이유를 명시하여야 한다(제379조 제1항, 제2항). 상고법원은 원칙적으로 상고이유서에 포함된 사유에 관하여 심판하여야 하고(제384조 본문), 상고이유가 있는 때에는 판결로써 항소심판결을 파기하여야 하는데(제391조), 파기하는 경우에도 환송 또는 이송을 통해 항소심으로 하여금 사건을 다시 심리·판단하도록 함이 원칙이며 자판은 예외적으로만 허용된다(제393조 내지 제397조). 또한 상고심은 항소심까지의 소송자료만을 기초로 하여 항소심판결 선고 시를 기준으로 그 당부를 판단하여야 하므로, 직권조사 기타 법령에 특정한 경우를 제외하고는 새로운 증거조사를 할 수 없을뿐더러 항소심판결 후에 나타난 사실이나 증거의 경우 비록 그것이 상고이유서 등에 첨부되어 있다 하더라도 사용할 수 없다. 위 규정 및 법리를 종합해 보면, 상고심은 항소심판결에 대한 사후심으로서 항소심에서 심판대상으로 되었던 사항에 한하여 상고이유의 범위 내에서 그 당부만을 심사하여야 한다. 그 결과 항소인이 항소이유로 주장하거나 항소심이 직권으로 심판대상으로 삼아 판단한 사항 이외의 사유는 상고이유로 삼을 수 없고 이를 다시 상고심의 심판범위에 포함시키는 것은 상고심의 사후심 구조에 반한다. 이러한 점에서 이른바 '상고이유 제한에 관한 법리'(이하 **'상고이유 제한 법리'**라고 한다)는 형사소송법이 상고심을 사후심으로 규정한 데에 따른 귀결이라고 할 수 있다(대판 2019.3.21. 2017도16593-1 전원합의체).

2. 사실오인과 양형부당

가. **사형, 무기 또는 10년 이상의 징역이나 금고가 선고된 사건에 있어서 중대한 사실의 오인이 있어 판결에 영향을 미친 때 또는 형의 양정이 심히 부당하다고 인정할 현저한 사유가 있는 때**(제4호) 피고인에 대하여 10년 미만의 징역형이 선고된 사건에서 원심의 형량이 너무 무거워서 부당하다는 취지의 주장이나 원심이 정상에 관하여 심리를 제대로 하지 아니하였다는 사유는 적법한 상고이유가 될 수 없다. 항소심이 피고인에 대하여 사형·무기 또는 10년 이상의 징역이나 금고를 선고한 경우 검사가 항소심의 양형이 심히 가볍다는 이유로 상고할 수 없다.

나. 구체적인 논리법칙 위반이나 경험법칙 위반의 점 등을 지적하지 아니한 채 단지 원심의 증거취사와 사실인정만을 다투는 주장은 **형사소송법 제383조 제1호가 상고이유로 규정하고 있는 법령위반에 해당하는 것이 아닌 특별한 사정이 없는 한 사실오인의 주장에 불과**하다.

Ⅲ 상고심의 절차

1. 상고의 제기

> 제374조【상고기간】 상고의 제기기간은 **7일**로 한다.
> 제375조【상고제기의 방식】 상고를 함에는 상고장을 **원심법원**에 제출하여야 한다.
> 제371조【상고할 수 있는 판결】 제2심판결에 대하여 불복이 있으면 대법원에 상고할 수 있다.

상고의 제기기간은 **7일**로 한다. **변호인 선임서를 제출하지 않은 채 상고이유서만을 제출하고 상고이유서 제출기간이 지난 후에 변호인 선임서를 제출하였다 하더라도** 그 상고이유서는 적법·유효한 변호인의 상고이유서가 될 수 없다.

2. 상고심의 심리

> 제384조【심판범위】 상고법원은 **상고이유서에 포함된 사유**에 관하여 심판하여야 한다. 그러나, 전조 제1호 내지 제3호의 경우에는 **상고이유서에 포함되지 아니한** 때에도 직권으로 심판할 수 있다.

가. 제1심 판결에 대하여 검사만이 양형부당을 이유로 항소하였을 뿐 피고인은 항소하지 아니한 경우, 피고인으로서는 항소심 판결에 대하여 사실오인, 채증법칙 위반, 심리미진 또는 법령위반 등의 사유를 들어 상고이유로 삼을 수 없다.

나. 사실심 법원은 주장과 증거에 대하여 신중하고 충실한 심리를 하여야 하고, 그에 이르지 못하여 필요한 심리를 다하지 아니하는 등으로 판결 결과에 영향을 미친 때에는 사실인정을 사실심 법원의 전권으로 인정한 전제가 충족되지 아니하므로 이는 당연히 상고심의 심판대상에 해당한다.

다. **원심판결 후에 나타난 사실이나 증거가 상고이유서 등에 첨부되어 있다 하더라도** 상고심은 원칙적으로 이를 소송자료로 사용할 수 없다.

> **관련판례** 상고심은 항소심판결에 대한 사후심으로서 항소심에서 **심판대상으로 되었던 사항에 한하여 상고이유의 범위 내에서 그 당부만을 심사하여야** 한다. 그 결과 항소인이 항소이유로 주장하거나 항소심이 직권으로 심판대상으로 삼아 판단한 사항 이외의 사유는 상고이유로 삼을 수 없고 이를 다시 상고심의 심판범위에 포함시키는 것은 상고심의 사후심 구조에 반한다(대판 2019.3.21. 2017도16593-1 전원합의체).

상고심은 법률심으로 피고인의 변론은 허용되지 않으며 오로지 변호사를 변호인을 선임하여 변론할 수 있다(변론능력 제한). 또한 피고인의 출석 없이 공판기일을 개정할 수 있다(제387조).

3. 상고심의 재판

> **제398조【재판서의 기재방식】** 재판서에는 **상고의 이유**에 관한 판단을 기재하여야 한다.

항소심과 달리 상고심은 파기환송·파기이송이 원칙이고 파기자판이 예외에 속한다. 관할의 인정이 법률에 위반됨을 이유로 원심판결 또는 제1심 판결을 파기하는 경우에는 판결로써 사건을 관할 있는 법원으로 이송한다(제394조). 상고심에서 상고이유의 주장이 이유 없다고 판단되어 배척된 부분은 상고심으로부터 당해 사건을 환송받은 법원으로서도 이와 배치되는 판단을 할 수 없다.

Ⅳ 비약적 상고

1. 의의

가. 비약적 상고(飛躍的 上告)는 상소권자가 **제1심판결**에 대하여 **항소를 제기하지 않고** 직접 대법원에 상고하는 것을 말한다.

나. 법령해석의 통일과 피고인의 이익을 신속히 회복시키기 위하여 제2심을 생략한 제도이다.

2. 비약적 상고의 이유(제372조)

> **제372조【비약적 상고】** 다음 경우에는 제1심판결에 대하여 항소를 제기하지 아니하고 상고를 할 수 있다.
> 1. 원심판결이 인정한 사실에 대하여 법령을 적용하지 아니하였거나 법령의 적용에 착오가 있는 때
> 2. 원심판결이 있은 후 형의 폐지나 변경 또는 사면이 있는 때

형사소송법 제372조에 의하면, 비약적 상고는 제1심판결이 그 인정한 사실에 대하여 법령을 적용하지 아니하였거나 법령의 적용에 착오가 있는 때 또는 제1심판결이 있은 후 형의 폐지나 변경 또는 사면이 있는 때에 한하여 제기할 수 있는데, 여기서 말하는 '제1심판결이 인정한 사실에 대하여 법령을 적용하지 아니하거나 법령의 적용에 착오가 있는 때'라 함은, **제1심판결이 인정한 사실이 옳다는 것을 전제로 하여 볼 때 그에 대한 법령을 적용하지 아니하거나 법령의 적용을 잘못한 경우**를 말하는 것이다(대판 2017.2.3. 2016도20069). 따라서 사실인정의 잘못이나 양형부당은 비약적 상고이유가 될 수 없다.

3. 비약적 상고의 제한

> **제373조【항소와 비약적 상고】** 제1심판결에 대한 상고는 그 사건에 대한 항소가 제기된 때에는 그 효력을 잃는다. 단, **항소의 취하 또는 항소기각의 결정이 있는 때에는** 예외로 한다.

검사의 비약적 상고는 피고인의 항소제기가 있으면 상고로서의 효력은 물론 항소로서의 효력도 인정되지 않는다. 이렇게 효력을 잃게 되면, 피고인만 항소한 것이 되어 불이익변경금지 원칙이 적용될 수 있다.

Ⅴ 상고심판결의 정정

1. 의의

가. 상고심판결에 명백한 오류가 있는 경우 이를 시정하는 것을 판결의 정정이라 한다.

나. 상고심은 선고와 동시에 확정되고 최종심이므로 재심·비상상고 이외에는 달리 불복할 방법이 없으므로 상고법원의 판결내용에 오류가 있음이 명백한 경우에 스스로 정정할 수 있게 하기 위해서 인정된 것이다.

2. 판결정정의 사유

> **제400조【판결정정의 신청】** ① 상고법원은 **그 판결의 내용에 오류가 있음을 발견한 때에는** 직권 또는 검사, 상고인이나 변호인의 신청에 의하여 판결로써 정정할 수 있다.
> ② 전항의 신청은 **판결의 선고가 있은 날로부터 10일 이내에** 하여야 한다.
> ③ 제1항의 신청은 신청의 이유를 기재한 서면으로 하여야 한다.

대법원이 채증법칙위배에 대한 판단을 잘못하였으니 무죄판결로 정정하여 달라고 주장하는 경우는 판결정정의 사유인 "판결의 내용에 오류가 있음"에 해당하지 않는다.

3. 판결정정의 절차

> **제401조【정정의 판결】** ① 정정의 판결은 **변론없이 할 수 있다**
> ② 정정할 필요가 없다고 인정한 때에는 지체없이 결정으로 신청을 기각하여야 한다.

> **관련판례 – 이미 선고된 판결의 내용을 실질적으로 변경하는 판결서 경정이 허용되는지 여부(소극) / 판결 주문에 기재하지 아니하고 판결 이유에만 기재한 경정결정의 효력(무효)** 법원은 '재판서에 잘못된 계산이나 기재, 그 밖에 이와 비슷한 잘못이 있음이 분명한 때'에는 경정결정을 통하여 위와 같은 재판서의 잘못을 바로잡을 수 있다(형사소송규칙 제25조 제1항). 그러나 이미 선고된 판결의 내용을 실질적으로 변경하는 것은 위 규정에서 예정하고 있는 경정의 범위를 벗어나는 것으로서 허용되지 않는다. 그리고 경정결정은 이를 주문에 기재하여야 하고, 판결 이유에만 기재한 경우 경정결정이 이루어졌다고 할 수 없다(대판 2021.1.28. 2017도18536).

제4절 항고

I 항고의 의의

> **제402조 【항고할 수 있는 재판】** 법원의 결정에 대하여 불복이 있으면 항고를 할 수 있다. 단, 이 법률에 특별한 규정이 있는 경우에는 예외로 한다.
> **제403조 【판결 전의 결정에 대한 항고】** ① 법원의 관할 또는 판결 전의 소송절차에 관한 결정에 대하여는 특히 즉시항고를 할 수 있는 경우 외에는 항고하지 못한다.
> ② 전항의 규정은 **구금, 보석, 압수나 압수물의 환부에 관한 결정 또는 감정하기 위한 피고인의 유치에 관한 결정**에 적용하지 아니한다.

가. 항고(抗告)란 법원의 재판 중 **결정에 대한 상소**를 말한다.

나. 결정은 판결에 이르는 과정에서 절차상의 사항에 관한 종국전의 재판에 불과하므로, 결정에 대한 상소는 법이 특히 필요하다고 인정하는 경우에만 허용하고 그 절차도 간이화되어 있다.

II 항고의 종류

1. 보통항고

> **제402조 【항고할 수 있는 재판】** 법원의 결정에 대하여 불복이 있으면 항고를 할 수 있다. 단, 이 법률에 특별한 규정이 있는 경우에는 예외로 한다.
> **제404조 【보통항고의 시기】** 항고는 즉시항고 외에는 언제든지 할 수 있다. 단, 원심결정을 취소하여도 실익이 없게 된 때에는 예외로 한다.

> **제409조 【보통항고와 집행정지】** 항고는 즉시항고 외에는 재판의 집행을 정지하는 효력이 없다. 단 원심법원 또는 항고법원은 결정으로 항고에 대한 결정이 있을 때까지 집행을 정지할 수 있다

지방법원판사가 한 압수·수색영장의 발부에 대한 재판은 항고의 대상이 되지 않는다.

가. 항고가 허용되지 않는 경우

(1) 위헌제청신청을 기각하는 하급심의 결정(대결 1986.7.18. 85모49)
(2) 국선변호인선임청구를 기각하는 결정(대결 1986.9.5. 86모40)
(3) 공소장변경허가결정(대결 1987.3.28. 87모17)
(4) **체포·구속적부심사청구에 대한 기각결정이나 인용결정**(대결 2006.12.18. 2006모646)
(5) 구속기간 연장결정 또는 구속기간연장불허결정(대결 1997.6.16. 97모1)
(6) 간이공판절차개시와 취소결정
(7) 증거신청에 대한 증거결정
(8) 재판의 비공개결정
(9) 공판절차의 정지·갱신결정
(10) 소송지휘권행사
(11) 관할의 지정·이전(제14조, 제15조) 등에 관한 결정
(12) 변론의 병합·분리(제300조)에 관한 결정
(13) 국민참여재판 진행결정, 통상절차회부결정

관련판례 – 관할이전의 신청을 기각한 결정에 대해 불복이 가능한지 여부(소극) [1] 법원의 관할 또는 판결 전의 소송절차에 관한 결정에 대하여는 특히 즉시항고를 할 수 있는 경우 외에는 항고를 하지 못한다(형사소송법 제403조 제1항). 그런데 관할이전의 신청을 기각한 결정에 대하여 즉시항고를 할 수 있다는 규정이 없으므로, 원심결정에 대하여 재항고인이 불복할 수 없다.
[2] 재항고인이 춘천지방법원에 무고 사건으로 공소제기를 당하자 관할법원이 법률상의 이유 또는 특별한 사정으로 재판권을 행할 수 없는 때이거나 기타 사정으로 재판의 공평을 유지하기 어려운 염려가 있는 때에 해당한다는 이유로 형사소송법 제15조에 따라 관할이전의 신청을 하였으나 원심은 관할이전의 사유에 해당한다고 보기 어렵다는 이유로 이를 기각하였다. 관할에 관한 결정에 대하여는 특히 즉시항고를 할 수 있다는 경우 외에는 항고를 하지 못하는데(형사소송법 제403조 제1항), 관할이전의 신청을 기각한 결정에 대하여 즉시항고를 할 수 있다는 규정이 없으므로 재항고를 기각한 것은 적법하다(대결 2021.4.2. 2020모2561).

나. 보통항고가 허용되는 경우

(1) 증거보전청구를 기각하는 결정(제184조 제4항)

구법 하에서는 판례가 불복할 수 없다(대결 1986.7.12. 86모25)고 하였으나 형사소송법에서 3일 이내에 항고할 수 있다는 규정을 두었다.

(2) 구금·보석·압수나 압수물의 환부에 관한 결정 또는 감정하기 위하여 피고인의 유치에 관한 결정(제403조 제2항)

(3) 형사피고사건에 대한 법원의 소년부송치결정(대결 1965.1.15. 64모29)

(4) 보증금납입을 조건으로 한 피의자석방결정(대결 1997.8.27. 97모21)

2. 즉시항고

> 제405조【즉시항고의 제기기간】즉시항고의 제기기간은 7일로 한다. <개정 2019. 12. 31.>
> 제410조【즉시항고와 집행정지의 효력】즉시항고의 제기기간 내와 그 제기가 있는 때에는 재판의 집행은 정지된다.

가. 피고인에게 중대한 이익을 주는 결정

(1) 종국적 재판으로 행하여지는 결정

공소기각결정(제328조 제2항), 상소기각결정(제360조 제2항, 제362조 제2항, 제376조 제2항), 원심법원의 항고기각결정(제407조 제2항)

(2) 재심과 상소에 관한 결정

재심청구기각결정(제437조), 재심개시결정(제435조 제1항), 상소권회복청구와 정식재판청구권회복청구에 대한 허부결정(제347조 제2항, 제458조), 상소절차속행신청기각결정(규칙 제154조 제3항), 약식명령에 대한 정식재판청구를 기각하는 결정(제455조)

(3) 비용부담 및 감치와 집행유예 취소에 관한 결정

보석조건을 위반한 피고인에 대한 과태료 또는 감치결정(제102조 4항), 증인에 대한 과태료·비용배상명령(제151조, 제161조), 감정인·통역인·번역인에게 과태료를 과하거나 비용배상을 명하는 결정(제177조, 제183조), 소송비용부담결정(제192조), 집행유예취소결정(제335조), 무죄판결에 따른 비용보상결정(제194조의3)

<u>관련판례</u> 항고 기간을 3일로 지정한 형사소송법 제405조 규정이 재판청구권을 침해하는지 여부(적극; 잠정적용 헌법불합치) 심판대상조항은 즉시항고 제기기간을 지나치게 짧게 정함으로써

실질적으로 즉시항고 제기를 어렵게 하고, 즉시항고 제도를 단지 형식적이고 이론적인 권리로서만 기능하게 함으로써 헌법상 재판청구권을 공허하게 하므로 입법재량의 한계를 일탈하여 **재판청구권을 침해**하는 규정이다(헌재결 2018.12.27. 2015헌바77).

나. 신속한 구제가 필요한 결정

(1) 재판의 집행에 관한 결정 : 재판의 해석에 대한 의의신청(제488조)·재판의 집행에 관한 이의신청(제489조)에 대하여 내려진 법원의 결정(제491조)

(2) 급속을 요하는 경우 : **구속취소결정**(제97조)

(3) 기피신청기각결정(제23조), 재판서경정결정(규칙 제25조), 집행유예·선고유예·취소결정(제335조 제3항·제4항)

3. 즉시항고와 보통항고의 구별

즉시항고는 '즉시항고할 수 있다'는 명문규정이 있는 경우에만 허용된다. 즉시항고가 제기되면, **재판의 집행은 정지**된다.

가. 즉시항고와 보통항고의 공통점

(1) **대상** : 수소법원의 결정

(2) **항고권자** : 검사, 피고인과 변호인, 결정을 받은 제3자

(3) **항고장 제출법원** : 원심법원에 제출(제406조)

(4) **원심법원의 조치** : 항고기각 결정(제407조), 경정결정(제408조) 항고장·기록의 송부(제408조)

(5) **항고법원에서의 절차** : 소송기록의 송부(제411조), 항고심의 심리(구두변론 불요), 항고심의 재판(제413조 내지 제415조)

나. 즉시항고와 보통항고의 차이점

(1) **제기기간** : 즉시항고는 **7일**(제405조), **보통항고는 제한이 없다**.

(2) **집행 정지의 효력** : 즉시항고는 즉시항고의 제기기간 내와 그 제기가 있는 때에 재판의 집행이 정지(제410조)된다. 단, **기피신청기각결정에 대한 즉시항고는 집행정지의 효력이 없다**(제23조 제2항). 즉시항고가 제기되지 않아도 기간 내이면 집행이 정지된다. 반면, 보통항고는 집행정지의 효력이 없으나 다만 법원의 결정으로 항고에 대한 결정이 있을 때까지 정지할 수 있다(제409조).

(3) **허용 여부** : 즉시항고는 명문의 규정이 있는 경우에 한한다. 보통항고는 원칙적으로 허용되나, 특별한 규정이 있는 경우에는 인정되지 않는다(제403조).

4. 재항고

> **제415조【재항고】** 항고법원 또는 고등법원의 결정에 대하여는 **재판에 영향을 미친 헌법·법률·명령 또는 규칙의 위반이 있음을 이유로 하는 때에** 한하여 대법원에 즉시항고를 할 수 있다.

재항고(再抗告)란, **항고법원, 고등법원의 결정**에 대하여 **대법원에 제기하는 항고**를 말한다.

항고법원의 결정이란 지방법원본원합의부가 항고심으로 한 결정, 즉 지방법원본원합의부(항소부)의 제2심 결정을 말한다(법원조직법 제32조 제2항 제2호). 항소법원의 결정에 대하여도 대법원에 재항고하는 방법으로 다투어야 한다(대결 2008.4.14. 2007모726).

즉, 항고법원 또는 고등법원의 결정에 대한 항고인 재항고는 즉시항고이다. 재항고는 **즉시항고의 일종**이므로(제415조), **재항고의 제기기간은 7일이다.**

관련판례 [1] 형사소송법(이하 '법'이라고 한다) 제262조 제2항, 제4항은 검사의 불기소처분에 따른 재정신청에 대한 법원의 재정신청기각 또는 공소제기의 결정에 불복할 수 없다고 규정하고 있는데, 법 제262조 제2항 제2호의 공소제기결정에 잘못이 있는 경우에는 그 공소제기에 따른 본안사건의 절차가 개시되어 본안사건 자체의 재판을 통하여 대법원의 최종적인 판단을 받는 길이 열려 있으므로, 이와 같은 공소제기의 결정에 대한 재항고를 허용하지 않는다고 하여 재판에 대하여 최종적으로 대법원의 심사를 받을 수 있는 권리가 침해되는 것은 아니고, 따라서 법 제262조 제2항 제2호의 공소제기결정에 대하여는 법 제415조의 재항고가 허용되지 않는다고 보아야 한다.

[2] 형사소송법(이하 '법'이라고 한다) 제415조에 규정된 재항고 절차에 관하여는 법에 아무런 규정을 두고 있지 아니하므로 **성질상 상고에 관한 규정을 준용**하여야 하고, 한편 상고에 관한 법 제376조 제1항에 의하면 상고의 제기가 법률상의 방식에 위반하거나 상고권 소멸 후인 것이 명백한 때에는 원심법원은 결정으로 상고를 기각하여야 하는데, 재항고의 대상이 아닌 공소제기의 결정에 대하여 재항고가 제기된 경우에는 재항고의 제기가 법률상의 방식에 위반한 것이 명백한 때에 해당하므로 원심법원은 결정으로 이를 기각하여야 한다(대결 2012.10.29. 2012모1090).

III 항고심의 절차

1. 항고의 제기

> **제406조【항고의 절차】** 항고를 함에는 항고장을 원심법원에 제출하여야 한다.

항고를 함에는 항고장을 원심법원에 제출하여야 한다. 위헌제청신청을 기각하는 결정은 판결 전의 소송절차에 관한 결정으로서 그에 대해서는 항고할 수 없다.

2. 항고심의 재판

> **제411조 【소송기록등의 송부】** ① 원심법원이 **필요하다고 인정한 때**에는 **소송기록과 증거물을 항고법원에 송부하여야** 한다.
> ② 항고법원은 소송기록과 증거물의 송부를 **요구할 수** 있다.
> ③ 전2항의 경우에 항고법원이 소송기록과 증거물의 송부를 받은 날로부터 **5일 이내**에 당사자에게 그 사유를 **통지하여야** 한다.
> **제412조 【검사의 의견진술】** 검사는 항고사건에 대하여 의견을 진술할 수 있다.

　　항고법원은 제1심법원으로부터 소송기록과 증거물을 받은 날부터 5일 이내에 당사자에게 그 사유를 통지하여야 한다. 이는 비록 항고인이 항고이유서 제출의무를 부담하는 것은 아니지만 당사자에게 항고에 관하여 그 이유서를 제출하거나 의견을 진술하고 유리한 증거를 제출할 기회를 부여하려는 데 그 취지가 있다. 항고법원이 제1심법원으로부터 소송기록을 송부받고 피고인에게 소송기록접수통지서를 발송한 후 송달보고서를 통해 피고인이 이를 송달받았는지 여부를 확인하지도 않은 상태에서 피고인이 위 통지서를 수령한 다음날 곧바로 피고인의 즉시항고를 기각한 것은 위법하다(대결 2006.7.25. 2006모389).

　관련판례 형사소송법 제411조에 의하면, 항고법원은 제1심법원으로부터 소송기록과 증거물을 받은 날부터 5일 이내에 당사자에게 그 사유를 통지하여야 한다. 그 취지는 당사자에게 항고에 관하여 이유서를 제출하거나 의견을 진술하고 유리한 증거를 제출할 기회를 부여하려는 데 있다(대결 2018.6.22. 2018모1698).

　　재항고인이 집행유예의 취소 청구를 인용한 제1심결정에 대하여 즉시항고를 하고, 즉시항고장에 항고이유를 적지 않았는데, 원심이 제1심법원으로부터 소송기록을 송부받은 당일에 항고를 기각하는 결정을 하면서, 항고를 제기한 재항고인에게 **소송기록과 증거물을 송부받았다는 통지를 하지 않은 사안**에서, 원심은 재항고인에게 항고에 관하여 이유서를 제출하거나 의견을 진술하고 유리한 증거를 제출할 기회를 부여하였다고 할 수 없으므로, 원심결정에 형사소송법 제411조에 관한 법리를 오해한 잘못이 있다[224].

> **제413조 【항고기각의 결정】** 제407조의 규정에 해당한 경우에 원심법원이 항고기각의 결정을 하지 아니한 때에는 항고법원은 결정으로 항고를 기각하여야 한다.

---

224) 그러므로 원심결정을 파기하고 사건을 원심법원에 환송한다.

> **제414조【항고기각과 항고이유 인정】** ① 항고를 이유없다고 인정한 때에는 결정으로 항고를 기각하여야 한다.
> ② 항고를 이유있다고 인정한 때에는 결정으로 원심결정을 취소하고 필요한 경우에는 항고사건에 대하여 직접 재판을 하여야 한다.

판결 전 소송절차에 관한 결정이더라도 구금에 관한 결정에 대해서는 항고할 수 있으나, 체포·구속적부심사청구에 대한 법원의 결정에 대해서는 항고할 수 없다.
구속취소청구를 불허한 결정에 관여하지 아니한 법관이 항고에 대한 의견서를 첨부하여 항고법원에 송부하였다 하여 직접심리주의에 위배되는 위법이 있다고 할 수 없다.

Ⅳ 준항고

> **제416조【준항고】** ① 재판장 또는 수명법관이 다음 각 호의 1에 해당한 재판을 고지한 경우에 불복이 있으면 그 법관소속의 법원에 재판의 **취소 또는 변경을** 청구할 수 있다.
>   1. **기피신청을 기각한** 재판
>   2. **구금, 보석, 압수 또는 압수물환부**에 관한 재판
>   3. **감정하기 위하여 피고인의 유치를 명**한 재판
>   4. **증인, 감정인, 통역인 또는 번역인에 대하여 과태료 또는 비용의 배상을 명**한 재판
> ② 지방법원이 전항의 청구를 받은 때에는 **합의부**에서 결정을 하여야 한다.
> ③ 제1항의 청구는 재판의 고지있는 날로부터 **7일 이내**에 하여야 한다.
> ④ 제1항 제4호의 재판은 전항의 청구기간 내와 청구가 있는 때에는 그 **재판의 집행은 정지**된다.
>
> **제417조【동전】** 검사 또는 사법경찰관의 구금, 압수 또는 압수물의 환부에 관한 처분과 제243조의2에 따른 변호인의 참여 등에 관한 처분에 대하여 불복이 있으면 그 직무집행지의 관할법원 또는 검사의 소속검찰청에 대응한 법원에 그 처분의 취소 또는 변경을 청구할 수 있다.
>
> **제418조【준항고의 방식】** 전2조의 청구는 서면으로 관할법원에 제출하여야 한다.
>
> **제419조【준용규정】** 제409조, 제413조, 제414조, 제415조의 규정은 제416조, 제417조의 청구있는 경우에 준용한다.
>
> **제413조【항고기각의 결정】** 제407조의 규정에 해당한 경우에 원심법원이 항고기각의 결정을 하지 아니한 때에는 항고법원은 결정으로 항고를 기각하여야 한다.
>
> **제414조【항고기각과 항고이유 인정】** ① 항고를 이유없다고 인정한 때에는 결정으로 항고를 기각하여야 한다.
> ② 항고를 이유있다고 인정한 때에는 결정으로 원심결정을 취소하고 필요한 경우에는 항고사건에 대하여 직접 재판을 하여야 한다.

1. 개념

재판장 또는 수명법관의 재판과 검사 또는 사법경찰관의 처분에 대하여 그 소속 법원 또는 관할법원에 취소 또는 변경을 청구하는 불복신청방법(제416조, 제417조)을 '준항고'라 한다. 준항고는 상급법원에 대하여 하는 것이 아니므로 엄격한 의미의 상소에 해당하지 아니한다. 재판의 취소와 변경을 구하는 점에서 실질적으로 항고에 준하므로 이를 '준항고'라 칭한다.

2. 준항고의 대상

가. 재판장 또는 수명법관의 재판(제416조 제1항)

형사소송법 제416조는 재판장 또는 수명법관이 한 재판에 대한 준항고에 관하여 규정하고 있는바, 여기에서 말하는 '재판장 또는 수명법관'이라 함은 **수소법원의 구성원으로서의 재판장 또는 수명법관만을 가리키는 것**이어서, 수사기관의 청구에 의하여 압수영장 등을 발부하는 독립된 재판기관인 지방법원 판사가 이에 해당된다고 볼 수 없으므로, 지방법원 판사가 한 압수영장발부의 재판에 대하여는 위 조항에서 정한 준항고로 불복할 수 없고, 나아가 같은 법 제402조, 제403조에서 규정하는 항고는 법원이 한 결정을 그 대상으로 하는 것이므로 법원의 결정이 아닌 지방법원 판사가 한 압수영장발부의 재판에 대하여 그와 같은 항고의 방법으로도 불복할 수 없다(대결 1997.9.29. 97모66).

(1) 기피신청을 기각하는 재판(제1호)

(2) 구금, 보석, 압수 또는 압수물환부에 관한 재판(제2호)

(3) 피고인의 감정유치를 명하는 재판(제3호)

(4) 과태료, 비용배상을 명하는 재판(제4호)

나. 수사기관의 처분(제417조)

(1) **구금에 관한 처분** – 변호인의 접견교통권을 침해하는 경우(대결 2007.1.31. 2006모656)등이 대표적이다.

> **관련판례** 형사소송법 제417조는 검사 또는 사법경찰관의 '구금에 관한 처분'에 불복이 있으면 법원에 그 처분의 취소 또는 변경을 청구할 수 있다고 규정하고 있다. 검사 또는 사법경찰관이 보호장비 사용을 정당화할 예외적 사정이 존재하지 않음에도 구금된 피의자에 대한 교도관의 보호장비 사용을 용인한 채 그 해제를 요청하지 않는 경우에, 검사 및 사법경찰관의 이러한 조치를 형사소송법 제417조에서 정한 '구금에 관한 처분'으로 보지 않는다면 구금된

피의자로서는 이에 대하여 불복하여 침해된 권리를 구제받을 방법이 없게 된다. 따라서 검사 또는 사법경찰관이 구금된 피의자를 신문할 때 피의자 또는 **변호인으로부터 보호장비를 해제해 달라는 요구를 받고도 거부한 조치**는 형사소송법 제417조에서 정한 **'구금에 관한 처분'에 해당한다**고 보아야 한다(대결 2020.3.17. 2015모2357).

(2) 압수, 압수물의 환부에 관한 처분

관련판례 검사가 압수·수색영장의 청구 등 강제처분을 위한 조치를 취하지 아니한 것 그 자체는 '압수에 관한 처분'이 아니므로 준항고할 수 없다. 헌법과 형사소송법 및 검찰청법 등의 규정을 종합해 보면, 고소인 또는 고발인, 그 밖의 일반국민이 검사에 대하여 영장청구 등의 강제처분을 위한 조치를 취하도록 요구하거나 신청할 수 있는 권리를 가진다고 할 수 없고, 검사가 수사과정에서 영장의 청구 등 강제처분을 위한 조치를 취하지 아니함으로 말미암아 고소인 또는 고발인, 그 밖의 일반국민의 법률상의 지위가 직접적으로 어떤 영향을 받는다고도 할 수 없다. 따라서 검사가 수사과정에서 증거수집을 위한 압수·수색영장의 청구 등 강제처분을 위한 조치를 취하지 아니하고 그로 인하여 증거를 확보하지 못하고 불기소처분에 이르렀다면, 그 불기소처분에 대하여 형사소송법상의 재정신청이나 검찰청법상의 항고·재항고 등으로써 불복하는 것은 별론으로 하고, **검사가 압수·수색영장의 청구 등 강제처분을 위한 조치를 취하지 아니한 것 그 자체를 형사소송법 제417조 소정의 '압수에 관한 처분'으로 보아 이에 대해 준항고로써 불복할 수는 없다.** 검사의 불기소처분에 대하여 검찰청법의 규정에 따른 항고 또는 재항고의 결과 고등검찰청검사장 등이 하는 이른바 재기수사명령은 검찰 내부에서의 지휘권의 행사에 지나지 아니하므로 그 재기수사명령에서 증거물의 압수·수색이 필요하다는 등의 지적이 있었다고 하여 달리 볼 것은 아니다(대결 2007.5.25. 2007모82).

(3) 변호인의 참여 등에 관한 처분

관련판례 변호인의 피의자신문 참여권을 규정한 형사소송법 제243조의2 제1항에서 **'정당한 사유'란** 변호인이 피의자신문을 방해하거나 수사기밀을 누설할 염려가 있음이 객관적으로 **명백한 경우 등을 말하는 것**이므로, 수사기관이 피의자신문을 하면서 위와 같은 정당한 사유가 없는데도 **변호인에 대하여 피의자로부터 떨어진 곳으로 옮겨 앉으라고 지시를 한 다음 이러한 지시에 따르지 않았음을 이유로 변호인의 피의자신문 참여권을 제한하는 것은 허용될 수 없다**고 하면서 준항고를 인용하는 결정을 하였다(대결 2008.9.12. 2008모793).

3. 준항고의 절차

가. 청구권자 : 명문규정이 없다. 당해 처분에 대하여 불복하는 자가 청구권자가 된다.

나. 방식

(1) 관할법원에 제출한다(제418조).

(2) 불복신청이유를 명시함이 타당하다.

(3) 법관의 재판에 대한 준항고는 그 법관이 **소속된 합의부**에서 관할한다(제416조). 반면, 수사기관의 처분에 대한 준항고는 그 직무집행지의 관할법원 또는 검사의 **소속검찰청에 대응한 법원**에서 관할한다(제417조).

4. 준항고심의 심판

가. 준항고심의 심리

수사기관의 압수물의 환부에 관한 처분의 취소를 구하는 준항고는 일종의 항고소송이므로, 통상의 **항고소송에서와 마찬가지로 그 이익이 있어야** 하고, 소송 계속 중 준항고로써 달성하고자 하는 목적이 이미 이루어졌거나 시일의 경과 또는 그 밖의 사정으로 인하여 그 이익이 상실된 경우에는 준항고는 그 이익이 없어 부적법하게 된다(대결 2015.10.15. 2013모1970).

나. 준항고심의 재판

(1) **이유 없는 경우** – 결정으로 기각(제419조, 제413조, 제414조)

(2) **이유 있는 경우** – 취소, 변경, 직접재판(제419조, 제414조)

CHAPTER 02 비상구제절차

제1절 재심

I. 재심의 의의와 구조

재심이란 **유죄의 확정판결**에 대한 '중대한 사실인정의 오류'가 있는 경우에 판결을 받은 자의 이익을 위하여 이를 시정하는 비상구제절차를 말한다. 우리는 이익재심 즉, 유죄의 확정판결을 받은 자의 이익을 위한 재심만 허용되고, 불이익한 재심은 인정되지 않는다.

1. 재심은 법적 안정성을 위태롭게 하지 않는 범위 안에서 실질적 정의를 실현하는 제도이다. 하지만, **재정신청기각의 결정은 재심의 대상이 될 수 없다.** 또한, **공소기각판결이 이루어진 재판에 대해서 무죄판결을 구하는 재심청구**는 허용되지 않는다.

2. 재심대상판결 확정 후에 형 선고의 효력을 상실케 하는 특별사면이 있었다고 하더라도, 재심개시결정이 확정되어 재심심판절차를 진행하는 **법원은 그 심급에 따라 다시 심판하여 실체에 관한 유·무죄 등의 판단을 해야지, 특별사면이 있음을 들어 면소판결을 하여서는 아니 된다.**

3. 약식명령에 대한 정식재판청구에 따라 유죄의 판결이 확정된 경우, 재심의 대상은 **약식명령이 아니라 유죄의 확정판결을 대상으로 재심을 청구하여야 한다.**

재심의 대상은 '유죄의 확정판결'인 바, 확정된 약식명령, 즉결심판, 경범죄처벌법상의 범칙금 납부 등도 재심의 대상이 된다. 특별사면을 받은 유죄의 확정판결 역시 재심의 대상이다. 일반사면의 경우도 형선고의 효력이 상실되기는 하나, 형선고에 의한 기성의 효과가 변경되지 않는다는 점은 특별사면과 다를 바 없기 때문에 재심대상이 된다고 본다.

반면, 유죄의 확정판결이 아닌 무죄판결, 면소, 공소기각 판결, 관할위반의 판결 등은 재심대상이 될 수 없다.

관련판례 형사재판에서 재심은 형사소송법 제420조, 제421조 제1항의 규정에 의하여 유죄 확정판결 및 유죄판결에 대한 항소 또는 상고를 기각한 확정판결에 대하여만 허용된다. 면소판결은 유죄 확정판결이라 할 수 없으므로 면소판결을 대상으로 한 재심청구는 부적법하다(대결 2018.5.2. 2015모3243).

관련판례 형사소송법 제420조 본문은 재심은 유죄의 확정판결에 대하여 그 선고를 받은 자의 이익을 위하여 청구할 수 있도록 하고, 같은 법 제456조는 약식명령은 정식재판의 청구에 의한 판결이 있는 때에는 그 효력을 잃도록 규정하고 있다. 위 각 규정에 의하면, 약식명령에 대하여 정식재판 청구가 이루어지고 그 후 진행된 **정식재판 절차에서 유죄판결이 선고되어 확정된 경우**, 재심사유가 존재한다고 주장하는 피고인 등은 효력을 잃은 **약식명령이 아니라 유죄의 확정판결을 대상으로 재심을 청구하여야** 한다. 그런데도 피고인 등이 약식명령에 대하여 재심의 청구를 한 경우, 법원으로서는 재심의 청구에 기재된 재심을 개시할 대상의 표시 이외에도 재심청구의 이유에 기재된 주장 내용을 살펴보고 재심을 청구한 피고인 등의 의사를 참작하여 재심청구의 대상을 무엇으로 보아야 하는지 심리·판단할 필요가 있다. 그러나 법원이 심리한 결과 재심청구의 대상이 약식명령이라고 판단하여 그 약식명령을 대상으로 재심개시결정을 한 후 이에 대하여 검사나 피고인 등이 모두 불복하지 아니함으로써 그 결정이 확정된 때에는, 그 재심개시결정에 의하여 재심이 개시된 대상은 **약식명령으로 확**정되고, 그 재심개시결정에 따라 재심절차를 진행하는 법원이 재심이 개시된 대상을 유죄의 확정판결로 변경할 수는 없다. 이 경우 그 재심개시결정은 이미 효력을 상실하여 재심을 개시할 수 없는 약식명령을 대상으로 한 것이므로, **그 재심개시결정에 따라 재심절차를 진행하는 법원으로서는 심판의 대상이 없어 아무런 재판을 할 수 없다**(대판 2013.4.11. 2011도10626).

II 재심사유

> **제420조【재심이유】** 재심은 다음 각 호의 어느 하나에 해당하는 이유가 있는 경우에 유죄의 확정판결에 대하여 그 선고를 받은 자의 이익을 위하여 청구할 수 있다.
> 1. 원판결의 증거가 된 서류 또는 증거물이 **확정판결에 의하여 위조되거나 변조된 것임이 증명**된 때
> 2. 원판결의 증거가 된 **증언, 감정, 통역 또는 번역이 확정판결에 의하여 허위임이 증명**된 때
> 3. 무고(誣告)로 인하여 유죄를 선고받은 경우에 그 **무고의 죄가 확정판결에 의하여 증명**된 때

4. 원판결의 증거가 된 재판이 확정재판에 의하여 변경된 때
5. 유죄를 선고받은 자에 대하여 무죄 또는 면소를, 형의 선고를 받은 자에 대하여 형의 면제 또는 원판결이 인정한 죄보다 가벼운 죄를 인정할 명백한 증거가 새로 발견된 때
6. 저작권, 특허권, 실용신안권, 디자인권 또는 상표권을 침해한 죄로 유죄의 선고를 받은 사건에 관하여 그 권리에 대한 무효의 심결 또는 무효의 판결이 확정된 때
7. 원판결, 전심판결 또는 그 판결의 기초가 된 조사에 **관여한 법관**, 공소의 제기 또는 그 공소의 기초가 된 수사에 **관여한 검사나 사법경찰관이 그 직무에 관한 죄를 지은 것이 확정판결에 의하여 증명**된 때. 다만, 원판결의 선고 전에 법관, 검사 또는 사법경찰관에 대하여 공소가 제기되었을 경우에는 원판결의 법원이 그 사유를 알지 못한 때로 한정한다.

1. 유죄의 확정판결에 대한 재심이유

예외적인 비상구제절차인 재심은 유죄의 확정판결에 대한 재심사유가 7가지로 제한되어 있다. 크게 신규증거(NOVA형)과 허위증거(FALSA형)로 구분하는 것이 일반적이다. 제5호가 바로 NOVA형 재심사유이다.

관련판례 [1] 형사소송법 제323조 제2항은 '법률상 범죄의 성립을 조각하는 이유 또는 형의 가중, 감면의 이유되는 사실의 진술이 있을 때에는 이에 대한 판단을 명시하여야 한다'고 규정하고 있다. 여기에서 '**형의 가중, 감면의 이유되는 사실**'이란 **형의 필요적 가중, 감면의 이유되는 사실**을 말하고 형의 감면이 법원의 재량에 맡겨진 경우, 즉 **임의적 감면사유는 이에 해당하지 않는다**. 따라서 피해회복에 관한 주장이 있었더라도 이는 작량감경 사유에 해당하여 형의 양정에 영향을 미칠 수 있을지언정 유죄판결에 반드시 명시하여야 하는 것은 아니다.

[2] 형사소송법 제420조 제5호의 '원판결이 인정한 죄보다 경한 죄를 인정할 경우'란 원판결에서 인정한 죄와는 별개의 경한 죄를 말하고, 원판결에서 인정한 죄 자체에는 변함이 없고 다만 양형상의 자료에 변동을 가져올 사유에 불과한 것은 여기에 해당하지 않는다(대판 2017.11.9. 2017도14769).

관련판례 – 재심법원이 재심사유가 없는 범죄에 대하여 새로이 양형을 하는 것이 헌법상 이중처벌금지 원칙에 반하는지 여부(소극) 및 이때 불이익변경금지 원칙이 적용되는지 여부(적극) [1] 경합범 관계에 있는 수 개의 범죄사실을 유죄로 인정하여 1개의 형을 선고한 불가분의 확정판결에서 그중 일부의 범죄사실에 대하여만 재심청구의 이유가 있는 것으로 인정되었으나 형식적으로는 1개의 형이 선고된 판결에 대한 것이어서 그 판결 전부에 대하여 재심개시의 결정을 한 경우, **재심법원은 재심사유가 없는 범죄에 대하여는 새로이 양형을 하여야 하는 것이므로 이를 헌법상 이중처벌금지의 원칙을 위반한 것이라고 할 수 없고, 다만 불이익변경의 금지 원칙이 적용되어 원판결의 형보다 중한 형을 선고하지 못할 뿐이다.**

[2] 형사소송법은 이익재심의 원칙을 반영하여 제439조에서 "재심에는 원판결의 형보다 중한 형을 선고하지 못한다."라고 규정하고 있는데, **이는 단순히 원판결보다 무거운 형을 선고할 수 없다는 원칙만을 의미하는 것이 아니라 실체적 정의를 실현하기 위하여 재심을 허용하지만 피고인의 법적 안정성을 해치지 않는 범위 내에서 재심이 이루어져야 한다는 취지이다.**

다만 재심심판절차는 원판결의 당부를 심사하는 종전 소송절차의 후속절차가 아니라 **사건 자체를 처음부터 다시 심판하는 완전히 새로운 소송절차로서 재심판결이 확정되면 원판결은 당연히 효력을 잃는다.** … 따라서 원판결이 선고한 집행유예가 실효 또는 취소됨이 없이 유예기간이 지난 후에 새로운 형을 정한 재심판결이 선고되는 경우에도, 그 유예기간 경과로 인하여 원판결의 형 선고 효력이 상실되는 것은 원판결이 선고한 집행유예 자체의 법률적 효과로서 재심판결이 확정되면 당연히 실효될 원판결 본래의 효력일 뿐이므로, 이를 형의 집행과 같이 볼 수는 없고, 재심판결의 확정에 따라 원판결이 효력을 잃게 되는 결과 그 집행유예의 법률적 효과까지 없어진다 하더라도 재심판결의 형이 원판결의 형보다 중하지 않다면 불이익변경금지의 원칙이나 이익재심의 원칙에 반한다고 볼 수 없다(대판 2018.2.28. 2015도15782).

> **관련판례** [1] **형사재판에서 재심은** 형사소송법 제420조, 제421조 제1항의 규정에 의하여 **유죄 확정판결 및 유죄판결에 대한 항소 또는 상고를 기각한 확정판결에 대하여만 허용**된다. **면소판결은** 유죄 확정판결이라 할 수 없으므로 면소판결을 대상으로 한 재심청구는 부적법하다.
>
> [2] 형사소송법 제420조 제7호는 재심사유의 하나로서 "원판결, 전심판결 또는 그 판결의 기초된 조사에 관여한 법관, 공소의 제기 또는 그 공소의 기초된 수사에 관여한 검사나 사법경찰관이 그 직무에 관한 죄를 범한 것이 확정판결에 의하여 증명된 때"를 들고 있다. **형법 제124조의 불법체포·감금죄는 위 재심사유가 규정하는 대표적인 직무범죄로서 헌법상 영장주의를 관철하기 위한 것이다.** 헌법 제12조 제3항은 영장주의를 천명하고 있는데, 이는 강제처분의 남용으로부터 신체의 자유 등 국민의 기본권을 보장하기 위한 핵심 수단이 된다. 수사기관이 영장주의에 어긋나는 체포·구금을 하여 불법체포·감금의 직무범죄를 범하는 상황은 일반적으로 영장주의에 관한 합헌적 법령을 따르지 아니한 경우에 문제 된다. 이와 달리 **영장주의를 배제하는 위헌적 법령이 시행되고 있는 동안 수사기관이 그 법령에 따라 영장 없는 체포·구금을 하였다면** 법체계상 그러한 행위를 곧바로 직무범죄로 평가하기는 어렵다. 그러나 이러한 경우에도 영장주의를 배제하는 법령 자체가 위헌이라면 결국 헌법상 영장주의에 위반하여 영장 없는 체포·구금을 한 것이고 그로 인한 국민의 기본권 침해 결과는 수사기관이 직무범죄를 저지른 경우와 다르지 않다. 즉, 수사기관이 영장주의를 배제하는 위헌적 법령에 따라 체포·구금을 한 경우 비록 그것이 형식상 존재하는 당시의 법령에 따른 행위라고 하더라도 그 법령 자체가 위헌이라면 **결과적으로 그 수사에 기초한 공소제기에 따른 유죄의 확정판결에는 수사기관이 형법 제124조의 불법체포·감금죄를 범한 경우와 마찬가지의 중대한 하자가 있다고 보아야 한다.** 만일 이러한 경우를 재심사유로 인정하지 않는다면, 수사기관이 헌법상 영장주의를 위반하여 국민을 체포·구금하였고 그 수사에 기초한 공소제기에 따라 진행된 유죄 확정판결에 형사소송법 제420조 제7호의 재심사유와 동일하게 평가할 수 있는 중대한 하자가 존재함에도 단지 위헌적인 법령이 존재하였다는 이유만으로 그 하자를 바로잡는 것을 거부하는 결과가 된다. 이는 위헌적인 법령을 이유로 국민의 재판받을 권리를 제한하는 것일 뿐만 아니라 확정판결에 중대한 하자가 있는 경우 법적 안정성을 후퇴시키더라도 구체적 정의를 실현하고자 하는 재심제도의 이념에도 반한다.
> 한편 이러한 수사기관의 행위에 관하여도 **당시의 법령에 의하여 불법체포·감금죄가 성립하는 경우에만 형사소송법 제420조 제7호의 재심사유가 인정된다고 해석하는 것은** 위헌적 법령으로 인하여 갖출 수 없게 된 요건을 요구하며 재심사유를 부정하는 것이 되어 부당하다. 따라서 위와 같은 재심제도의 목적과 이념, 형사소송법 제420조 제7호의 취지, 영장주의를 배제하는 위헌적 법령에 따른 체포·구금으로 인한 기본권 침해 결과 등 제반 사정을 종합하여

보면, 수사기관이 영장주의를 배제하는 위헌적 법령에 따라 영장 없는 체포·구금을 한 경우에도 불법체포·감금의 직무범죄가 인정되는 경우에 준하는 것으로 보아 형사소송법 제420조 제7호의 재심사유가 있다고 보아야 한다. 위와 같이 유추적용을 통하여 영장주의를 배제하는 위헌적 법령에 따라 영장 없는 체포·구금을 당한 국민에게 사법적 구제수단 중의 하나인 재심의 문을 열어놓는 것이 헌법상 재판받을 권리를 보장하는 헌법합치적 해석이다(대결 2018.5.2. 2015모3243).

가. 특별사면으로 형 선고의 효력이 상실된 유죄의 확정판결도 형사소송법 제420조의 '유죄의 확정판결'에 해당하여 재심청구의 대상이 될 수 있다.

나. 특별사면으로 형 선고의 효력이 상실된 유죄의 확정판결에 대하여 재심개시결정이 이루어져 재심심판법원이 심급에 따라 다시 심판한 결과 무죄로 인정되는 경우라면 무죄를 선고하여야 하겠지만, 그와 달리 유죄로 인정되는 경우에는, 재심심판법원으로서는 '피고인에 대하여 다시 형을 선고한다'는 주문을 선고할 수밖에 없다.

관련판례 형사소송법은 유죄의 확정판결과 항소 또는 상고의 기각판결에 대하여 각 선고를 받은 자의 이익을 위하여 재심을 청구할 수 있다고 규정함으로써 피고인에게 이익이 되는 이른바 이익재심만을 허용하고 있으며(제420조, 제421조 제1항), 그러한 이익재심의 원칙을 반영하여 제439조에서 "재심에는 원판결의 형보다 중한 형을 선고하지 못한다."라고 규정하고 있는데, 이는 실체적 정의를 실현하기 위하여 재심을 허용하지만 피고인의 법적 안정성을 해치지 않는 범위 내에서 재심이 이루어져야 한다는 취지로서, 단순히 재심절차에서 전의 판결보다 무거운 형을 선고할 수 없다는 원칙만을 의미하고 있는 것이 아니라, 피고인이 원판결 이후에 형 선고의 효력을 상실하게 하는 특별사면을 받아 형사처벌의 위험에서 벗어나 있는 경우라면 재심절차에서 형을 다시 선고함으로써 특별사면에 따라 발생한 피고인의 법적 지위를 상실하게 하여서는 안 된다는 의미도 포함되어 있다. 따라서 특별사면으로 형 선고의 효력이 상실된 유죄의 확정판결에 대하여 재심개시결정이 이루어져 재심심판법원이 심급에 따라 다시 심판한 결과 무죄로 인정되는 경우라면 무죄를 선고하여야 하겠지만, 그와 달리 유죄로 인정되는 경우에는, 피고인에 대하여 다시 형을 선고하거나 피고인의 항소를 기각하여 제1심판결을 유지시키는 것은 이미 형 선고의 효력을 상실하게 하는 특별사면을 받은 피고인의 법적 지위를 해치는 결과가 되어 이익재심과 불이익변경금지의 원칙에 반하게 되므로, 재심심판법원으로서는 '피고인에 대하여 형을 선고하지 아니한다'는 주문을 선고할 수밖에 없다(대판 2015.10.29. 2012도2938).

관련판례 항소심의 유죄판결에 대하여 상고가 제기되어 상고심 재판이 계속되던 중 피고인이 사망하여 형사소송법 제382조, 제328조 제1항 제2호에 따라 공소기각결정이 확정되었다면 항소심의 유죄판결은 이로써 당연히 그 효력을 상실하게 되므로, 이러한 경우에는 형사소송법상 재심절차의 전제가 되는 '유죄의 확정판결'이 존재하는 경우에 해당한다고 할 수 없다. 그런데 피고인 등이 이와 같이 공소기각결정으로 효력을 상실한 항소심의 유죄판결을 대상으로 하여 재심을 청구한 경우, 법원이 일단 이를 대상으로 재심개시결정을 한 후 이에 대하여 검사나 피고인 등이 모두 불복하지 아니함으로써 재심개시결정이 확정된 때에는, 재심개시결정에 의하여 재심이 개시된 대상은 항소심의 유죄판결로 확정되고, 재심개시결정에 따라 재심절차를 진행하는 법원이 재심이 개시된 대상을 변경할 수는 없다. 그러나 이 경우 재심개시결정은 재심을 개시할 수 없는 항소심의 유죄판결을 대상으로 한 것이므로, **재심개시결정에 따라 재심절차를 진행하는 법원으로서는 심판의 대상이 없어 아무런 재판을 할 수 없다**(대판 2013.6.27. 2011도7931).
→ 항소심의 유죄판결에 대한 상고심 재판 계속 중 피고인이 사망하여 공소기각결정이 확정된 경우에는 재심절차의 전제가 되는 '유죄의 확정판결'이 존재하지 않게 된다.

2. 상소기각의 확정판결에 대한 재심사유

상소기각판결에 대한 재심사유는 유죄의 확정판결에 대한 재심사유보다 제한적이다(3개, 제1호·제2호·제7호 사유). 제1심 확정판결에 대한 재심청구사건의 판결이 있은 후에는 항소기각 판결에 대하여 다시 재심을 청구하지 못한다. 또한 제1심 또는 제2심의 확정판결에 대한 재심청구사건의 판결이 있은 후에는 상고기각 판결에 대하여 다시 재심을 청구하지 못한다(제421조).

3. 확정판결에 대신하는 증명

확정판결로써 범죄가 증명됨을 재심청구의 이유로 할 경우에 그 확정판결을 얻을 수 없는 때에는 그 사실을 증명하여 재심의 청구를 할 수 있다. 단, 증거가 없다는 이유로 확정판결을 얻을 수 없는 때에는 예외로 한다(제422조). 유죄판결을 선고할 수 없는 사실상 또는 법률상 장애가 있었던 경우가 여기에 해당한다. 판례는 검사의 기소유예처분과 법원의 재정신청결정에 의하여 확인되었으므로 이는 형사소송법 제422조에서 정한 '확정판결에 대신하는 증명'이 있는 경우에 해당한다(대결 2006.5.11. 2004모16)고 판시한 바 있다. 유죄의 확정판결을 대신하는 정도로 증명하여야 하므로 합리적 의심의 여지가 없을 정도로 증명하여야 한다. 예를 들어, 매매계약서 변조를 들어 형사소송법 제420조 제1호 소정의 재심사유를 주장함에 있어 매매계약서 변조의 점에 대하여 공소시효완성을 이유로 한 검사의 불기소처분으로써 같은 법 제422조에 의한 확정판결에 대신하는 증명으로 삼기 위하여는 그와 같은 불기소처분이 있었다는 것만으로는 부족하고 나아가 그와 같은 범죄사실의 존재가 적극적으로 입증되어야 한다(대결 1994.7.14. 93모66).

▌특별한 재심사유

관련판례 헌법재판소법 제47조 제4항에 따라 재심을 청구할 수 있는 '위헌으로 결정된 법률 또는 법률의 조항에 근거한 유죄의 확정판결'이란 헌법재판소의 위헌결정으로 인하여 같은 조 제3항의 규정에 의하여 소급하여 효력을 상실하는 법률 또는 법률의 조항을 적용한 유죄의 확정판결을 의미한다. 따라서 위헌으로 결정된 법률 또는 법률의 조항이 같은 조 제3항 단서에 의하여 종전의 합헌결정이 있는 날의 다음 날로 소급하여 효력을 상실하는 경우 **합헌결정이 있는 날의 다음 날 이후에 유죄판결이 선고되어 확정되었다면, 비록 범죄행위가 그 이전에 행하여졌더라도 그 판결은 위헌결정으로 인하여 소급하여 효력을 상실한 법률 또는 법률의 조항을 적용한 것으로서 '위헌으로 결정된 법률 또는 법률의 조항에 근거한 유죄의 확정판결'에 해당**하므로 이에 대하여 재심을 청구할 수 있다(대결 2016.11.10. 2015모1475).

관련판례 재항고인의 '국가안전과 공공질서의 수호를 위한 대통령긴급조치'(이하 '긴급조치 제9호'라 한다) 위반 공소사실에 대하여 유죄를 선고한 재심대상판결이 확정되었는데, 그 후 재항고인이 위 판결에 대하여 재심을 청구한 경우, **대결 2013. 4. 18.자 2011초기689 전원합의체에서 긴급조치 제9호가 당초부터 위헌·무효라고 판단**된 이상, 이는 '유죄의 선고를 받은 자에 대하여 무죄를 인정할 명백한 증거가 새로 발견된 때'에 해당하므로 형사소송법 **제420조 제5호의 재심사유가 있다**(대결 2013.4.18. 2010모363).

→ 형사소송법 제420조 제5호에 정한 무죄 등을 인정할 '증거가 새로 발견된 때'란 재심대상이 되는 확정판결의 소송절차에서 발견되지 못하였거나 또는 발견되었다 하더라도 제출할 수 없었던 증거를 새로 발견하였거나 비로소 제출할 수 있게 된 때를 말한다.

Ⅲ 형사소송법 제420조 제5호 – 신증거에 의한 재심

제420조【재심이유】 재심은 다음 각 호의 어느 하나에 해당하는 이유가 있는 경우에 유죄의 확정판결에 대하여 그 선고를 받은 자의 이익을 위하여 청구할 수 있다.
5. 유죄를 선고받은 자에 대하여 **무죄 또는 면소를**, 형의 선고를 받은 자에 대하여 **형의 면제 또는 원판결이 인정한 죄보다 가벼운 죄를 인정할 명백한 증거가 새로 발견**된 때

제342조【일부상소】 ② 일부에 대한 상소는 그 일부와 불가분의 관계에 있는 부분에 대하여도 효력이 미친다.

제436조【청구의 경합과 청구기각의 결정】 ① 항소기각의 확정판결과 그 판결에 의하여 확정된 제1심판결에 대하여 재심의 청구가 있는 경우에 제1심법원이 재심의 판결을 한 때에는 항소법원은 결정으로 재심의 청구를 기각하여야 한다.
② 제1심 또는 제2심판결에 대한 상고기각의 판결과 그 판결에 의하여 확정된 제1심 또는 제2심의 판결에 대하여 재심의 청구가 있는 경우에 제1심법원 또는 항소법원이 재심의 판결을 한 때에는 상고법원은 결정으로 재심의 청구를 기각하여야 한다.

제437조【즉시항고】 제433조, 제434조 제1항, 제435조 제1항과 전조 제1항의 결정에 대하여는 즉시항고를 할 수 있다.

1. 의의

유죄를 선고를 받은 자에 대하여 무죄 또는 면소를, 형의 선고를 받은 자에 대하여 형의 면제 또는 원판결이 인정한 죄보다 가벼운 죄를 인정할 명백한 증거가 새로 발견된 때(제5호)를 재심사유로 규정하고 있는데, 앞서 언급한 대표적인 NOVA형 재심사유이다.

2. 적용범위

형사소송법 제420조 제5호는 유죄의 선고를 받은 자에 대하여 무죄 또는 면소를, 형의 선고를 받은 자에 대하여 형의 면제 또는 원판결이 인정한 죄보다 **경한 죄**를 인정할 명백한 증거가 발견된 때에는 재심을 청구할 수 있다고 규정하고 있고, 위 법조 소정의 '**원판결이 인정한 죄보다 경한 죄**'라 함은 **원판결이 인정한 죄와는 별개의 죄로서 그 법정형이 가벼운 죄**를 말하는 것이므로, **동일한 죄에 대하여 공소기각을 선고받을 수 있는 경우**는 여기에서의 경한 죄에 해당하지 않는다(대결 1997.1.13. 96모51). 그러나 공소기각을 제외할 합리적인 이유가 없고, 피고인에게 유리하므로 제5호를 유추적용하여 재심사유로 인정함이 타당하다고 본다225).

또한 형의 선고를 받은 자에 대하여 형의 면제를 인정할 명백한 증거가 새로 발견된 때를 재심사유로 들고 있는데, 여기서 형의 면제라 함은 형의 **필요적 면제의 경우만**을 말하고 임의적 면제는 해당하지 않는다(대결 1984.5.30. 84모32). 예를 들어 사기죄의 피해자가 처였다는 사실이 나중에 밝혀진 경우 등이 여기에 해당할 것이다. 그러나 '원판결이 인정한 죄보다 경한 죄'라 함은 원판결이 인정한 죄와는 별개의 죄로서 그 법정형이 가벼운 죄를 말하므로, **필요적이건 임의적이건 형의 감경사유를 주장하는 것은 포함하지 않는다**(대판 2007.7.12. 2007도3496). 나아가 '원판결이 인정한 죄보다 경한 죄를 인정할 경우'란 원판결에서 인정한 죄와는 별개의 경한 죄를 말하고, 원판결에서 인정한 죄 자체에는 변함이 없고 다만 양형상의 자료에 변동을 가져올 사유에 불과한 것은 여기에 해당하지 않는다(대판 2017.11.9. 2017도14769).

---

225) 이주원, 674면.

3. 증거의 신규성

가. 개념

증거가 새로 발견되었을 것을 요한다. '증거가 새로 발견된 때'란 재심대상이 되는 확정판결의 소송절차에서 발견되지 못하였거나 또는 발견되었다 하더라도 제출할 수 없었던 증거로서 이를 새로 발견하였거나 비로소 제출할 수 있게 된 때는 물론이고, 형벌에 관한 법령이 당초부터 헌법에 위배되어 법원에서 위헌·무효라고 선언한 때에도 역시 이에 해당한다(대결 2013.4.18. 2010모363).

나. 신규성의 판단기준

문제는 누구에게 새로운 증거여야 하는가에 있다.

(1) 법원에 대한 신규성

법원에 대하여 신규성이 있어야 함에는 의문의 여지가 없다. 문제는 법원 이외에 피고인에게도 새로운 것이어야 하는지 문제가 된다. 아래(2)에서 언급한다.

> **관련판례** 증거의 신규성을 누구를 기준으로 판단할 것인지에 대하여 이 사건 조항이 그 범위를 제한하고 있지 않으므로 그 대상을 **법원으로 한정할 것은 아니다**(대결 2009.7.16. 2005모472 전원합의체).

(2) 재심청구인(당사자)에 대한 신규성

이에 대하여 필요설(엄격설), 불필요설(완화설), 절충설(중간설)이 대립하는데, 판례는 절충설적인 입장이다. 즉, 피고인에게 그 증거를 제출하지 못한 데에 고의 내지 과실이 있는 경우에는 신규성을 인정할 수 없다는 것이다.

> **관련판례** [다수의견] 형사소송법 제420조 제5호에 정한 무죄 등을 인정할 '증거가 새로 발견된 때'란 재심대상이 되는 확정판결의 소송절차에서 발견되지 못하였거나 또는 발견되었다 하더라도 제출할 수 없었던 증거를 새로 발견하였거나 비로소 제출할 수 있게 된 때를 말한다. 증거의 신규성을 누구를 기준으로 판단할 것인지에 대하여 위 조항이 그 범위를 제한하고 있지 않으므로 그 대상을 법원으로 한정할 것은 아니다. 그러나 재심은 당해 심급에서 또는 상소를 통한 신중한 사실심리를 거쳐 확정된 사실관계를 재심사하는 예외적인 비상구제절차이므로, 피고인이 판결확정 전 소송절차에서 제출할 수 있었던 증거까지 거기에 포함된다고 보게 되면, 판결의 확정력이 피고인이 선택한 증거제출시기에 따라 손쉽게 부인될 수 있게 되어 형사재판의 법적 안정성을 해치고, 헌법이 대법원을 최종심으로 규정한 취지에 반하여 제4심으로서의 재심을 허용하는 결과를 초래할 수 있다. 따라서 **피고인이 재심을 청구한 경우 재심대상이 되는 확정판결의 소송절차 중에 그러한 증거를 제출하지 못한 데 과실이 있는 경우에는** 그 증거는 위 조항에서의 '증거가 새로 발견된 때'에서 제외된다고 해석함이 상당하다(대결 2009.7.16. 2005모472 전원합의체).

4. 증거의 명백성

가. 개념

증거의 명백성이란 새로운 증거가 확정판결을 파기할 고도의 가능성 내지 개연성이 인정되는 것을 말한다.

나. 명백성의 정도

형사소송법 제420조 제5호에 정한 '무죄 등을 인정할 명백한 증거'에 해당하는지 여부는 단순히 재심대상이 되는 유죄의 확정판결에 대하여 그 정당성이 의심되는 수준을 넘어 그 판결을 그대로 유지할 수 없을 정도로 고도의 개연성이 인정되는 경우라면 그 새로운 증거는 위 조항의 '명백한 증거'에 해당한다(대결 2009.7.16. 2005모472 전원합의체).

> **관련판례** 제420조 제5호에서 말하는 '무죄를 인정할 명백한 증거가 새로 발견된 때'라 함은 확정판결의 소송절차에서 발견되지 못하였거나 발견되었어도 제출 또는 신문할 수 없었던 증거로서 그 증거가치에 있어서 다른 증거들에 비하여 객관적인 우위성이 인정되는 것을 발견하거나 이를 제출할 수 있게 된 때를 의미하고, 따라서 법관의 자유심증에 의해서 그 증거가치가 좌우되는 증거는 이에 해당하지 않는다(대결 1995.11.8. 95모67).

다. 명백성의 판단방법

(1) 판단대상이 되는 증거의 범위 및 심증의 인계여부

이에 대하여는 ① 새로운 증거만을 기준으로 단독평가한다는 **단독평가설**과 ② 기존의 구증거도 함께 고려 대상이 된다는 **종합평가설**(㉠ **심증인계설**, ㉡ **재평가설**)이 대립한다.

종래 판례는 아래와 같이 단독평가설의 입장에서 판시하였다.

> **관련판례 – 단독평가설** 신수영의 진술서가 제420조 제5호 소정의 무죄를 인정할 명백한 증거에 해당한다는 원심의 판단은, 무죄를 인정할 명백한 증거인지 여부가 문제로 된 증거를 따로 제쳐두고 그 증거가치와는 무관하게 확정판결이 채용한 증거들의 증거가치와 그에 의한 사실 인정의 당부를 전면적으로 재심사하여 재심의 개시여부를 결정한 것과 다름이 없어 무죄를 인정할 명백한 증거가 새로 발견된 경우에만 예외적으로 재심을 허용하는 형사소송법 제420조 제5호의 규정내용이나 취지에 반하는 판단방법이므로 옳다고 할 수 없다(대결 1995.11.8. 95모67).

그러나 최근 대법원은 전원합의체를 통하여 이를 아래와 같이 변경하였다.

> **관련판례 – 재심사유 – 증거의 신규성과 증거의 명백성** 피고인이 재심을 청구한 경우 재심대상이 되는 확정판결의 소송절차 중에 그러한 증거를 제출하지 못한 데에 과실이 있는 경우에는 그 증거는 이 사건 조항에서의 '증거가 새로 발견된 때'에서 제외된다고 해석함이 상당하다. '무죄 등을 인정할 명백한 증거'에 해당하는지 여부를 판단할 때에는 법원으로서는 새로 발견된 증거만을 독립적·고립적으로 고찰하여 그 증거가치만으로 재심의 개시 여부를 판단할 것이 아니라,

재심대상이 되는 확정판결을 선고한 법원이 사실인정의 기초로 삼은 증거들 가운데 새로 발견된 증거와 유기적으로 밀접하게 관련되고 모순되는 것들은 함께 고려하여 평가하여야 하고, 그 결과 단순히 재심대상이 되는 유죄의 확정판결에 대하여 그 정당성이 의심되는 수준을 넘어 그 판결을 그대로 유지할 수 없을 정도로 고도의 개연성이 인정되는 경우라면 그 새로운 증거는 이 사건 조항에서의 '명백한 증거'에 해당한다. 이와 달리 새로 발견된 증거의 증거가치만을 기준으로 하여 '무죄를 인정할 명백한 증거'인지 여부를 판단한 대결 1990.11.5. 90모50 등은 위 법리와 저촉되는 범위 내에서 이를 변경한다(대결 2009.7.16. 2005모472 전원합의체)[226].

관련판례 – 강기훈 유서대필사건 형사소송법 제438조 제1항은 "재심개시의 결정이 확정한 사건에 대하여는 제436조의 경우 외에는 법원은 그 심급에 따라 다시 심판을 하여야 한다."고 규정하고 있다. 여기서 '다시' 심판한다는 것은 재심대상판결의 당부를 심사하는 것이 아니라 피고사건 자체를 처음부터 새로 심판하는 것을 의미하므로, 재심대상판결이 상소심을 거쳐 확정되었더라도 재심사건에서는 재심대상판결의 기초가 된 증거와 재심사건의 심리과정에서 제출된 증거를 모두 종합하여 공소사실이 인정되는지를 새로이 판단하여야 한다(대판 2015.5.14. 2014도2946).

(2) 공범자간의 모순된 판결

공범자에 대한 모순된 판결이 제420조 제5호 '명백한 증거'에 해당되는지 문제된다. 甲과 乙의 공범사건에 대하여 甲이 먼저 기소되어 유죄판결이 확정된 후, 乙이 기소되었는데 乙에 대하여는 무죄판결이 선고된 경우, 甲은 이를 이유로 재심을 청구할 수 있을 것인지가 대표적인 예로 볼 수 있다.

공범자에 대한 모순된 판결로 증거의 명백성을 인정할 수 있는지에 대하여 ① 형벌법규의 해석의 차이로 인한 것이 아닌 한 명백한 증거가 된다는 '긍정설', ② 공범자에 대한 판결이 증거자료가 동일한 경우에는 증거의 증명력의 문제에 지나지 않으므로 명백한 증거가 될 수 없다는 '부정설', ③ 공범자에 대한 무죄판결이 법령의 개폐나 판례의 변경으로 인한 것이 라면 재심이유가 될 수 없으나, 사실문제에 기초한 경우에는 명백한 증거에 해당한다는 '이분설', 그리고 ④ 무죄판결의 기초가 된 증거가 유죄판결에서 사용하지 못한 새로운 증거로서 유죄판결을 파기할 만한 명백한 것일 때에 한하여 재심이유가 된다는 '절충설'의 대립이 있다.

판례는 "당해 사건의 증거가 아니고 공범자 중 1인에 대하여는 무죄, 다른 1인에 대하여는 유죄의 확정판결이 있는 경우에 무죄확정 판결의 증거자료를 자기의

---

[226] 판결 확정 후에 이루어진 신체검사결과 재항고인은 무정자증이 아님이 밝혀졌으므로 범인이 무정자증임을 전제로 한 원판결에는 형사소송법 제420조 제5호의 재심사유가 있다는 재항고인의 주장에 대하여, 위 검사결과가 원판결의 소송절차에서 제출될 수 없었다거나 무죄를 인정할 명백한 증거라고 볼 수 없다고 판단한 원심결정에는 위 검사결과가 새로 발견된 것인지 여부 등을 제대로 심리하지 않았고, 위 검사결과의 증거가치만을 기준으로 무죄를 인정할 명백한 증거인지 여부를 판단한 잘못이 있으나, 확정판결의 사실인정에 기초가 된 증거들 가운데 위 검사결과와 유기적으로 밀접하게 관련된 증거들을 함께 살펴보면, 범인이 반드시 무정자증이라고 단정할 수 없으므로, 재항고인이 무정자증이 아니라는 위 검사결과는 위 증거들을 함께 고려하더라도 무죄를 인정할 명백한 증거라고 보기 어렵다고 하여 원심결정의 결론이 정당하다고 한 사례.

증거자료로 하지 못하였고 또 새로 발견된 것이 아닌 한 무죄확정판결 자체만으로는 유죄확정 판결에 대한 새로운 증거로서의 재심사유에 해당한다고 할 수 없다(대결 1984.4.13. 84모14)"고 판시하여 '절충설'의 입장을 취한 것으로 보인다.

공범에 대한 모순된 판결은 법관의 자유심증의 결과일 수 있으므로 모순된 판결의 존재만으로 증거의 명백성을 인정할 수는 없으며 추가적으로 증거의 신규성을 요구하는 '절충설'의 입장이 타당하다.

> 관련판례 당해사건의 증거가 아니고 공범자 중 1인에 대하여는 무죄, 다른 1인에 대하여는 유죄의 확정판결이 있는 경우에 무죄확정판결의 증거자료를 자기의 증거자료로 하지 못하였고 또 새로 발견된 것이 아닌 한 **무죄확정판결 자체만**으로는 유죄확정판결에 대한 새로운 증거로서 재심사유에 해당한다고 할 수 없다(대결 1984.4.13. 84모14).

5. 재심개시범위

경합범 중 일부의 범죄사실에만 재심청구가 이유있다고 인정되는 경우 그에 대한 재심개시결정의 범위가 문제이며 아래와 같은 학설의 대립이 존재한다.

가. 일부재심설

재심사유가 있고 재심청구된 부분에 대해서만 재심개시결정을 하고 재판심리(재심심판)의 대상도 역시 그 부분에 한한다는 견해이다.[227] 따라서 이 견해에 따르면 형의 분리절차를 별도로 진행하여야 하며, 양형 고려사유도 원판결시를 기준으로 하며 원판결 이후의 사정은 고려하지 않는다. 그 근거로 재심의 본질상 경합범 관계에 있는 일부사실에 대하여 재심사유가 인정된다고 하여 하등의 재심사유가 없는 다른 사실까지도 조사하여 원판결의 인정을 움직일 필요는 없고, 또 그렇게 하는 것은 재심제도의 본질과 입법취지에도 반하는 것이므로 재심사유가 인정되는 사실만 재심의 대상으로 하여야 한다는 점 등을 들고 있다.

나. 전부재심설

경우에 1개의 형이 선고되면 재심청구가 없는 부분도 양형에서 재심사유가 인정된 부분과 불가분의 관계를 이루게 되므로 경합범 전체에 대해 재심개시결정을 하여야 하고 재심이 개시된 이상 전체 범죄사실(재심심판의 대상)에 관하여 다시 심리해야 한다는 견해이다.[228] 그 근거로 상소불가분의 원칙(제342조 제2항)을 유추적용해야 하며, 현행 형사소송법체계는 범죄사실의 인정절차와 양형절차를 구분하고 있지 아니하므로 재심사유 없는 乙 사실에 관하여 사실심리는 할 수 없고 양형만을 조사한다는 것은 부적절하다는 점을 들고 있다.

---

[227] 이재상, 전게서, 706면.
[228] 배종대/이상돈, 전게서, 847면; 백형구, 전게서, 882면; 신동운, 전게서, 1181면; 김희옥, 형사소송법의 쟁점, 566면.

다. 절충설

재심개시결정은 심판대상의 전부에 대하여 해야 하지만, 재심사유가 없는 사실에 대하여는 재심개시결정으로 형식적으로 재판심리(재심심판)의 대상에 포함되는 것에 불과하므로 재심법원은 재심사유가 없는 사실에 대하여 유죄인정을 파기할 수는 없고 다만 그 양형에 관하여 필요한 조사를 할 수 있다는 견해이다. 이처럼 양형조건에 관하여 확정판결후의 정상도 참작하여 양형을 정하므로 재심사유 있는 사실이 유죄로 인정되는 경우에는 재심사유 없는 사실과 경합범으로 처리하여 1개의 형을 선고해야 한다고 본다.

[관련판례 - 경합범 관계에 있는 수개의 범죄사실 중 일부 범죄사실에 대하여 재심청구의 이유가 있어 재심개시결정이 있는 경우, 재심법원이 나머지 범죄사실에 대하여도 재심사유가 있다고 보아 심리 후 무죄판결을 선고할 수 있는지 여부(소극)] 경합범 관계에 있는 수개의 범죄사실을 유죄로 인정하여 한 개의 형을 선고한 불가분의 확정판결에서 그 중 일부의 범죄사실에 대하여만 재심청구의 이유가 있는 것으로 인정된 경우에는 형식적으로는 1개의 형이 선고된 판결에 대한 것이어서 그 판결 전부에 대하여 재심개시의 결정을 할 수밖에 없지만, **비상구제수단인 재심제도의 본질상 재심사유가 없는 범죄사실에 대하여는 재심개시결정의 효력이 그 부분을 형식적으로 심판의 대상에 포함시키는데 그치므로 재심법원은 그 부분에 대하여는 이를 다시 심리하여 유죄인정을 파기할 수 없고, 다만 그 부분에 관하여 새로이 양형을 하여야 하므로 양형을 위하여 필요한 범위에 한하여만 심리를 할 수 있을 뿐**이다.

→ 대통령긴급조치9호위반, 반공법위반의 경합범으로 유죄판결이 확정된 후, 검사가 대통령긴급조치9호위반에 대하여 재심청구를 하여 재심개시결정이 있었는데, 원심이 반공법위반에 대하여도 재심사유가 있다고 보아 심리 후 전부 무죄판결을 선고하여 검사가 상고한 사건에서, 재심의 심판범위에 대한 법리를 오해하여 판결에 영향을 미친 위법이 있다고 판단하여 파기환송한 사례(대판 2021.7.8. 2021도2738).

[관련판례] 경합범 관계에 있는 수개의 범죄사실을 유죄로 인정하여 1개의 형을 선고한 불가분의 확정판결에서 그 중 일부의 범죄사실에 대하여 재심청구의 이유가 있는 것으로 인정된 경우에는 형식적으로는 1개의 형이 선고된 판결에 대한 것이어서 그 판결 전부에 대하여 재심개시의 결정을 하지 않으면 안 된다. 대법원은 「경합범의 관계에 있는 수개의 범죄사실을 유죄로 인정하여 한 개의 형을 선고한 확정판결에서 그 중 일부의 범죄사실에 대하여만 재심청구의 이유가 있는 것으로 인정되는 경우에는 형식적으로 1개의 형이 선고된 판결에 대한 것이어서 그 판결 전부에 대하여 재심개시결정을 할 수밖에 없지만, 비상구제수단인 재심제도의 본질상 재심사유가 없는 범죄사실에 대하여는 재심개시결정의 효력이 그 부분을 형식적으로 심판의 대상에 포함시키는데 그치므로 재심법원은 그 부분에 대하여는 이를 다시 심리하여 유죄인정을 파기할 수 없고, 다만 그 부분에 관하여 새로이 양형을 하여야 하므로 양형을 위하여 필요한 범위에 한하여만 심리를 할 수 있을 뿐이다」[229]고 하여 판시하면서, 양형시점에 관해서도 「재심사유가 없는 범죄사실에 관한 법령이 재심대상 판결 후 개정 폐지된 경우에는 그 범죄사실에 관하여도 **재심판결당시의 법률**[230]을 적용하여야 하고 양형조건에 관하여도 재심대상 판결 후

---

[229] 대판 2001.7.13. 2001도1239.

재심판결까지의 새로운 정상도 참작하여야 하며, **재심사유 있는 사실에 관하여 심리 결과 만일 다시 유죄로 인정되는 경우에는 재심사유 없는 범죄사실과 경합범으로 처리하여 한 개의 형을 선고하여야 한다**,231)고 판시하여 재심판결시점을 기준으로 삼고 있다(절충설, 대결 2010.10.29. 2008재도11 전원합의체).

비교판례 – 약식명령과 재심 형사소송법 제420조 본문은 재심은 유죄의 확정판결에 대하여 그 선고를 받은 자의 이익을 위하여 청구할 수 있도록 하고, 같은 법 제456조는 약식명령은 정식재판의 청구에 의한 판결이 있는 때에는 그 효력을 잃도록 규정하고 있다. 위 각 규정에 의하면, **약식명령에 대하여 정식재판 청구가 이루어지고 그 후 진행된 정식재판 절차에서 유죄판결이 선고되어 확정된 경우**, 재심사유가 존재한다고 주장하는 피고인 등은 **효력을 잃은 약식명령이 아니라 유죄의 확정판결을 대상으로 재심을 청구하여야** 한다. 그런데도 피고인 등이 약식명령에 대하여 재심의 청구를 한 경우, 법원으로서는 재심의 청구에 기재된 재심을 개시할 대상의 표시 이외에도 재심청구의 이유에 기재된 주장내용을 살펴보고 재심을 청구한 피고인 등의 의사를 참작하여 재심청구의 대상을 무엇으로 보아야 하는지 심리·판단할 필요가 있다. 그러나 법원이 심리한 결과 재심청구의 대상이 약식명령이라고 판단하여 그 약식명령을 대상으로 재심개시결정을 한 후 이에 대하여 검사나 피고인 등이 모두 불복하지 아니함으로써 그 결정이 확정된 때에는, 그 재심개시결정에 의하여 재심이 개시된 대상은 약식명령으로 확정되고, 그 재심개시결정에 따라 재심절차를 진행하는 법원이 재심이 개시된 대상을 유죄의 확정판결로 변경할 수는 없다. 이 경우 그 재심개시결정은 **이미 효력을 상실하여 재심을 개시할 수 없는 약식명령을 대상**으로 한 것이므로, 그 재심개시결정에 따라 재심절차를 진행하는 법원으로서는 심판의 대상이 없어 아무런 재판을 할 수 **없다**(대판 2013.4.11. 2011도10626).

비교판례 – 피고인의 사망과 재심 형사소송법 제420조 본문에 의하면 재심은 유죄의 확정판결에 대하여 그 선고를 받은 자의 이익을 위하여 청구할 수 있다. **항소심의 유죄판결에 대하여 상고가 제기되어 상고심 재판이 계속되던 중 피고인이 사망하여 형사소송법 제382조, 제328조 제1항 제2호에 따라 공소기각결정이 확정되었다면 항소심의 유죄판결은 이로써 당연히 그 효력을 상실하게 되므로**, 이러한 경우에는 형사소송법상 재심절차의 전제가 되는 '**유죄의 확정판결**'이 **존재하는 경우에 해당한다고 할 수 없다**. 그런데 피고인 등이 이와 같이 공소기각결정으로 효력을 상실한 항소심의 유죄판결을 대상으로 하여 재심을 청구한 경우, 법원이 일단 이를 대상으로 재심개시결정을 한 후 이에 대하여 검사나 피고인 등이 모두 불복하지 아니함으로써 재심개시결정이 확정된 때에는, 재심개시결정에 의하여 재심이 개시된 대상은 항소심의 유죄판결로 확정되고, 재심개시결정에 따라 재심절차를 진행하는 법원이 재심이 개시된 대상을 변경할 수는 없다. 그러나 이 경우 재심개시결정은 재심을 개시할 수 없는 항소심의 유죄판결을 대상으로 한 것이므로, 재심개시결정에 따라 재심절차를 진행하는 법원으로서는 심판의 대상이 없어 아무런 재판을 할 수 없다(대판 2013.6.27. 2011도7931).

---

230) 재심이 개시된 피고인에 대한 재심대상판결의 범죄사실 중 보호감호 청구원인사실인 상습사기죄에는 재심사유가 없으나, 그 근거 법률인 구 사회보호법(2005. 8. 4. 법률 제7656호로 폐지)이 재심대상판결 후 폐지된 사안에서, 구 사회보호법 폐지법률(2005. 8. 4. 법률 제7656호) 시행 당시 재판 계속 중에 있는 보호감호 청구사건에 관하여는 청구기각 판결을 하도록 규정한 위 폐지법률 부칙 제3조에 따라 위 보호감호 청구가 기각되어야 한다고 본 원심판단을 수긍한 사례가 있다. 판례는 재심의 심판대상에 포함된 보호감호 청구사건에 관한 법령이 재심대상판결 후 개정·폐지된 경우, 보호감호 청구사건에 적용되어야 할 법령은 재심판결 당시의 법령이라는 것을 명확히 하였다(대판 2011.6.9. 2010도13590).

231) 대판 1996.6.14. 96도477

6. 재심개시결정의 확정과 효력

재심개시결정에 대하여는 형사소송법 제437조에 규정되어 있는 **즉시항고에 의하여 불복할 수 있고**, 이러한 불복이 없이 확정된 재심개시결정의 효력에 대하여는 더 이상 다툴 수 없으므로, 설령 재심개시결정이 부당하더라도 이미 확정되었다면 법원은 더 이상 재심사유의 존부에 대하여 살펴볼 필요 없이 형사소송법 제436조의 경우가 아닌 한 그 심급에 따라 다시 심판을 하여야 한다(대판 2002.7.12. 2000도4597, 대판 2004.9.24. 2004도2154 등 참조).

> **관련판례** 재심개시여부를 심리하는 절차의 성질과 판단 범위, 재심개시결정의 효력 등에 비추어 보면, 유죄의 확정판결 등에 대해 **재심개시결정이 확정된 후 재심심판절차가 진행 중이라는 것만으로는 확정판결의 존재 내지 효력을 부정할 수 없고**, 재심개시결정이 확정되어 법원이 그 사건에 대해 다시 심리를 한 후 재심의 판결을 선고하고 그 재심판결이 확정된 때에 종전의 **확정판결이 효력을 상실**한다. 재심의 취지와 특성, 형사소송법의 이익재심 원칙과 재심심판절차에 관한 특칙 등에 비추어 보면, 재심심판절차에서는 특별한 사정이 없는 한 검사가 재심대상사건과 별개의 공소사실을 추가하는 내용으로 공소장을 변경하는 것은 허용되지 않고, 재심대상사건에 일반 절차로 진행 중인 별개의 형사사건을 병합하여 심리하는 것도 허용되지 않는다(대판 2019.8.29. 2018도14303 전원합의체).

Ⅳ 재심개시절차

1. 재심의 관할

> **제423조 【재심의 관할】** 재심의 청구는 **원판결의 법원**이 관할한다.

2. 재심의 청구

> **제424조 【재심청구권자】** 다음 각 호의 1에 해당하는 자는 재심의 청구를 할 수 있다.
> 1. **검사**
> 2. **유죄의 선고를 받은 자**
> 3. 유죄의 선고를 받은 자의 **법정대리인**
> 4. 유죄의 선고를 받은 자가 **사망하거나 심신장애가 있는 경우**에는 그 배우자, 직계친족 또는 형제자매

상소기각판결을 대상으로 재심을 청구하는 때에 상소기각판결의 등본뿐만 아니라 원판결의 등본 및 증거자료도 첨부하여야 한다. 재심청구인이 **재심청구를 취하한 경우에는 동일한 이유로 다시 재심을 청구하지 못한다**. 재심의 청구는 형의 집행을 종료하거나 형의 집행을 받지 아니하게 된 때에도 할 수 있다. 즉, 재심청구의

시기에는 제한이 없다. 이러한 재심청구는 형의 집행을 정지하는 효과가 없다. 단 관할법원에 대응한 검찰청검사는 재심청구에 대한 재판이 있을 때까지 형의 집행을 정지할 수 있다(제428조).

> **관련판례** 소송촉진 등에 관한 특례법 제23조에 따라 진행된 제1심의 불출석 재판에 대하여 검사만 항소하고 항소심도 불출석 재판으로 진행한 후에 제1심판결을 파기하고 새로 또는 다시 유죄판결을 선고하여 그 유죄판결이 확정된 경우에도, 이 사건 재심 규정을 유추 적용하여, **귀책사유 없이 제1심과 항소심의 공판절차에 출석할 수 없었던 피고인**은 이 사건 재심 규정(동법 제23조의2)이 정한 기간 내에 항소심 법원에 그 유죄판결에 대한 재심을 청구할 수 있다. 위 경우에 피고인이 재심을 청구하지 않고 상고권회복에 의한 상고를 제기하여 위 사유를 상고이유로 주장한다면, 이는 **형사소송법 제383조 제3호**에서 상고이유로 정한 원심판결에 '재심청구의 사유가 있는 때'에 해당한다고 볼 수 있으므로 원심판결에 대한 파기사유가 될 수 있다. 나아가 위 사유로 파기되는 사건을 환송받아 다시 항소심 절차를 진행하는 원심으로서는 피고인의 귀책사유 없이 이 사건 특례 규정에 의하여 제1심이 진행되었다는 파기환송 판결 취지에 따라, 제1심판결에 형사소송법 제361조의5 제13호의 항소이유에 해당하는 이 사건 **재심 규정에 의한 재심청구의 사유가 있어 직권 파기 사유에 해당한다고 보고**, 다시 공소장 부본 등을 송달하는 등 새로 소송절차를 진행한 다음 새로운 심리 결과에 따라 다시 판결을 하여야 할 것이다(대판 2015.6.25. 2014도17252 전원합의체).

가. 약식명령에 대하여 정식재판 청구가 이루어지고 그 후 진행된 정식재판 절차에서 유죄판결이 선고되어 확정된 경우, 재심사유가 존재한다고 주장하는 피고인 등은 효력을 잃은 약식명령이 아니라 유죄의 확정판결을 대상으로 재심을 청구하여야 한다.

나. 약식명령에 대하여 정식재판 청구가 이루어지고 그 후 진행된 정식재판 절차에서 유죄판결이 선고되어 확정된 경우, 재심사유가 존재한다고 주장하는 피고인은 약식명령을 대상으로 재심을 청구하여야 한다.

다. 약식명령에 대한 정식재판절차에서 유죄판결이 선고되어 확정된 경우라도 그 약식명령은 재심청구의 대상이 된다.

> **관련판례** 형사소송법 제420조 본문은 재심은 유죄의 확정판결에 대하여 그 선고를 받은 자의 이익을 위하여 청구할 수 있도록 하고, 같은 법 제456조는 약식명령은 정식재판의 청구에 의한 판결이 있는 때에는 그 효력을 잃도록 규정하고 있다. 위 각 규정에 의하면, **약식명령에 대하여 정식재판 청구가 이루어지고 그 후 진행된 정식재판 절차에서 유죄판결이 선고되어 확정된 경우**, 재심사유가 존재한다고 주장하는 피고인 등은 효력을 잃은 약식명령이 아니라 유죄의 확정판결을 대상으로 재심을 청구하여야 한다. 그런데도 피고인 등이 약식명령에 대하여 재심의 청구를 한 경우, 법원으로서는 재심의 청구에 기재된 재심을 개시할 대상의 표시 이외에도 재심청구의 이유에 기재된 주장 내용을 살펴보고 재심을 청구한 피고인 등의 의사를 참작하여 재심청구의 대상을 무엇으로 보아야 하는지 심리·판단할 필요가 있다. 그러나 **법원이 심리한 결과** 재심청구의 대상이 약식명령이라고 판단하여 그 **약식명령을 대상으로**

재심개시결정을 한 후 이에 대하여 검사나 피고인 등이 모두 불복하지 아니함으로써 그 결정이 확정된 때에는, 그 재심개시결정에 의하여 재심이 개시된 대상은 약식명령으로 확정되고, 그 재심개시결정에 따라 재심절차를 진행하는 법원이 재심이 개시된 대상을 유죄의 확정판결로 변경할 수는 없다. 이 경우 그 재심개시결정은 이미 효력을 상실하여 재심을 개시할 수 없는 약식명령을 대상으로 한 것이므로, 그 재심개시결정에 따라 재심절차를 진행하는 법원으로서는 심판의 대상이 없어 아무런 재판을 할 수 없다(대판 2013.4.11. 2011도10626).

→ 재심청구인이 재심의 청구를 한 후 청구에 대한 결정이 확정되기 전에 사망한 경우라도 재심청구절차는 재심청구인의 사망으로 당연히 종료하게 되는 것은 아니다.

관련판례 형사소송법이나 형사소송규칙에는 재심청구인이 재심의 청구를 한 후 청구에 대한 결정이 확정되기 전에 사망한 경우에 재심청구인의 배우자나 친족 등에 의한 재심청구인 지위의 승계를 인정하거나 형사소송법 제438조와 같이 재심청구인이 사망한 경우에도 절차를 속행할 수 있는 규정이 없으므로, 재심청구절차는 재심청구인의 사망으로 당연히 종료하게 된다(대결 2014.5.30. 2014모739).

가. 특별사면된 유죄의 확정판결은 재심청구의 대상이 되지 않는다.
나. 재심대상판결 확정 후에 형 선고의 효력을 상실케 하는 특별사면이 있었다고 하더라도, 재심개시결정이 확정되어 재심심판절차를 진행하는 법원은 그 심급에 따라 다시 심판하여 실체에 관한 유·무죄 등의 판단을 해야지, 특별사면이 있음을 들어 면소판결을 하여서는 아니 된다.
다. 면소판결의 사유 중 '사면이 있은 때'란 일반사면이 있은 때를 말한다.

관련판례 [1] 재심심판절차는 물론 재심사유의 존부를 심사하여 다시 심판할 것인지를 결정하는 재심개시절차 역시 재판권 없이는 심리와 재판을 할 수 없는 것이므로, 재심청구를 받은 군사법원으로서는 먼저 재판권 유무를 심사하여 군사법원에 재판권이 없다고 판단되면 재심개시절차로 나아가지 말고 곧바로 사건을 군사법원법 제2조 제3항에 따라 같은 심급의 일반법원으로 이송하여야 한다. 이와 달리 군사법원이 재판권이 없음에도 재심개시결정을 한 후에 비로소 사건을 일반법원으로 이송한다면 이는 위법한 재판권의 행사이다. 다만 군사법원법 제2조 제3항 후문이 "이 경우 이송 전에 한 소송행위는 이송 후에도 그 효력에 영향이 없다."고 규정하고 있으므로, 사건을 이송받은 일반법원으로서는 다시 처음부터 재심개시절차를 진행할 필요는 없고 군사법원의 재심개시결정을 유효한 것으로 보아 후속 절차를 진행할 수 있다.

[2] 유죄판결 확정 후에 형 선고의 효력을 상실케 하는 특별사면이 있었다고 하더라도, 형 선고의 법률적 효과만 장래를 향하여 소멸될 뿐이고 확정된 유죄판결에서 이루어진 사실인정과 그에 따른 유죄 판단까지 없어지는 것은 아니므로, 유죄판결은 형 선고의 효력만 상실된 채로 여전히 존재하는 것으로 보아야 하고, 한편 형사소송법 제420조 각 호의 재심사유가 있는 피고인으로서는 재심을 통하여 특별사면에도 불구하고 여전히 남아 있는 불이익, 즉 유죄의 선고는 물론 형 선고가 있었다는 기왕의 경력 자체 등을 제거할 필요가 있다. 따라서 특별사면으로 형 선고의 효력이 상실된 유죄의 확정판결도 형사소송법 제420조의 '유죄의 확정판결'에 해당하여 재심청구의 대상이 될 수 있다(대판 1997.7.22. 96도2153; 대결 2010.2.26. 2010모24 판례변경).

[3] **면소판결 사유**인 형사소송법 제326조 제2호의 '사면이 있는 때'에서 말하는 '**사면'이란 일반사면을 의미할 뿐**, 형을 선고받아 확정된 자를 상대로 이루어지는 특별사면은 여기에 해당하지 않으므로, **재심대상판결 확정 후에 형 선고의 효력을 상실케 하는 특별사면이 있었다고 하더라도**, 재심개시결정이 확정되어 재심심판절차를 진행하는 법원은 그 심급에 따라 다시 실체에 관한 유·무죄 등의 판단을 해야지, 위 **특별사면이 있음을 들어 면소판결을 하여서는 아니 된다**(대판 2015.5.21. 2011도1932 전원합의체).

관련판례 — 면소판결을 대상으로 한 재심청구가 적법한지 여부(소극) [1] 형사재판에서 재심은 형사소송법 제420조, 제421조 제1항의 규정에 의하여 **유죄 확정판결 및 유죄판결에 대한 항소 또는 상고를 기각한 확정판결에 대하여만 허용**된다. 면소판결은 유죄 확정판결이라 할 수 없으므로 면소판결을 대상으로 한 재심청구는 부적법하다.
[2] 재항고인은 대통령긴급조치 제9호로 구속기소되었다가 위 긴급조치 제9호가 해제되어 범죄 후 개폐로 형이 폐지된 경우에 해당한다는 이유로 면소판결을 선고받았고 그 무렵 위 판결이 확정되었다. 원심은 위헌·무효인 긴급조치 제9호 위반으로 기소되었고 판결선고 전에 위 긴급조치 제9가 해제되어 면소판결을 받아 확정된 경우에는 예외적으로 면소판결을 재심의 대상으로 할 수 있다고 판단하였으나, 위와 같은 원심의 판단은 형사소송법 제420조에 관한 법리를 오해하여 재판에 영향을 미친 잘못이 있다는 이유로 파기환송한 사안임(대결 2021.4.2. 2020모2071).

3. 재심청구에 대한 심판

제436조 【청구의 경합과 청구기각의 결정】 ① 항소기각의 확정판결과 그 판결에 의하여 확정된 제1심판결에 대하여 재심의 청구가 있는 경우에 제1심법원이 재심의 판결을 한 때에는 항소법원은 결정으로 재심의 청구를 기각하여야 한다.
② 제1심 또는 제2심판결에 대한 상고기각의 판결과 그 판결에 의하여 확정된 제1심 또는 제2심의 판결에 대하여 재심의 청구가 있는 경우에 제1심법원 또는 항소법원이 재심의 판결을 한 때에는 상고법원은 결정으로 재심의 청구를 기각하여야 한다.

Ⅴ 재심심판절차

1. 재심의 공판절차

제425조 【검사만이 청구할 수 있는 재심】 제420조 제7호의 사유에 의한 재심의 청구는 유죄의 선고를 받은 자가 그 죄를 범하게 한 경우에는 **검사**가 아니면 하지 못한다.
제426조 【변호인의 선임】 ① **검사 이외의 자**가 재심의 청구를 하는 경우에는 변호인을 선임할 수 있다.
② 전항의 규정에 의한 변호인의 선임은 **재심의 판결이 있을 때까지** 그 효력이 있다.
제431조 【사실조사】 ① 재심의 청구를 받은 법원은 필요하다고 인정한 때에는 합의부원에게 재심청구의 이유에 대한 사실조사를 명하거나 다른 법원판사에게 이를 촉탁할 수 있다.
② 전항의 경우에는 수명법관 또는 수탁판사는 법원 또는 **재판장과 동일한 권한**이 있다.

관련판례 재심의 청구를 받은 법원은 재심청구 이유의 유무를 판단함에 필요한 경우에는 사실을 조사할 수 있으며(형사소송법 제37조 제3항), 공판절차에 적용되는 **엄격한 증거조사 방식에 따라야만 하는 것은 아니다**(대결 2019.3.21. 2015모2229 전원합의체).

2. 재심심판절차의 특칙

가. 사망자·심신장애자를 위한 재심청구

(1) ㉠ 사망자 또는 회복할 수 없는 심신장애자를 위하여 재심의 청구가 있는 때, ㉡ 유죄의 선고를 받은 자가 재심의 판결 전에 사망하거나 회복할 수 없는 심신장애자로 된 때에는 **공판절차정지**(제306조 제1항)와 공소기각의 결정(제328조 제1항 제2호)에 관한 규정은 적용되지 아니한다(제438조 제2항). 따라서 이 경우에도 **실체판결**을 하여야 한다.

(2) 피고인불출석재판·필요적 변호 : 이 경우에 피고인이 출정하지 아니하여도 심판을 할 수 있다. 단, 변호인이 출정하지 아니하면 개정하지 못한다(제438조 제3항). 재심을 청구한 자가 변호인을 선임하지 아니한 때에는 재판장은 직권으로 변호인을 선임하여야 한다(동조 제4항 필요적 변호).

나. 공소취소금지

공소취소는 제1심 판결의 선고 전까지 가능하기 때문에(제255조 제1항) **제1심 판결이 선고되어 확정되어 재심의 공판절차가 진행 중에는 공소취소를 할 수 없다**(대판 1976.12.28. 76도3203).

다. 공소장 변경

재심에서도 각 심급의 공판절차 규정이 준용되므로 **재심의 공판절차에서 공소장 변경이 허용**된다. 다만 공소장변경의 허용범위에 대해서는, 공소장변경이 허용된다는 전면적 허용설도 있으나 이익재심이므로 **중한 죄를 인정하기 위한 공소사실의 추가·변경은 허용되지 않는다**(제한적 허용설, 다수설). 또한 공소사실의 동일성이 없는 경우 추가기소 후 병합하는 것 역시 허용되지 않는다(대판 2019.6.20. 2018도20698 전원합의체).

3. 재심의 심판

> 제438조【재심의 심판】① 재심개시의 결정이 확정한 사건에 대하여는 **제436조의 경우** 외에는 법원은 그 심급에 따라 다시 심판을 하여야 한다.
> ② 다음 경우에는 제306조 제1항, 제328조 제1항 제2호의 규정은 전항의 심판에 적용하지 아니한다.
> 1. 사망자 또는 회복할 수 없는 심신장애인을 위하여 재심의 청구가 있는 때

2. 유죄의 선고를 받은 자가 **재심의 판결 전에 사망**하거나 회복할 수 없는 **심신장애인으로 된 때**
③ 전항의 경우에는 **피고인**이 출정하지 아니하여도 심판을 할 수 있다. 단, **변호인**이 출정하지 아니하면 개정하지 못한다.
④ 전2항의 경우에 재심을 청구한 자가 변호인을 선임하지 아니한 때에는 재판장은 **직권**으로 변호인을 선임하여야 한다.

가. 무죄추정의 원칙

무죄추정의 원칙은 재심개시절차뿐만 아니라, **재심심판절차에도 적용되지 않는다**(다수설). 재심은 이미 유죄의 확정판결을 선고받은 자에 대한 구제절차이기 때문이다.

나. 불이익변경의 금지

재심에는 원판결의 형보다 무거운 형을 선고할 수 없다(제439조). 검사가 재심을 청구한 경우에도 불이익변경금지의 원칙은 적용된다.

> **관련판례 – 재심판결의 기판력 관련** [1] 상습범으로 유죄의 확정판결(이하 앞서 저질러 재심의 대상이 된 범죄를 '선행범죄'라 한다)을 받은 사람이 그 후 동일한 습벽에 의해 범행을 저질렀는데(이하 뒤에 저지른 범죄를 '후행범죄'라 한다) 유죄의 확정판결에 대하여 재심이 개시된 경우, 동일한 습벽에 의한 후행범죄가 재심대상판결에 대한 재심판결 선고 전에 저질러진 범죄라 하더라도 재심판결의 기판력이 후행범죄에 미치지 않는다. 재심심판절차에서 선행범죄, 즉 재심대상판결의 공소사실에 후행범죄를 추가하는 내용으로 공소장을 변경하거나 추가로 공소를 제기한 후 이를 재심대상사건에 병합하여 심리하는 것이 허용되지 않으므로 재심심판절차에서는 후행범죄에 대하여 사실심리를 할 가능성이 없다. 또한 재심심판절차에서 재심개시결정의 확정만으로는 재심대상판결의 효력이 상실되지 않으므로 재심대상판결은 확정판결로서 유효하게 존재하고, 따라서 재심대상판결을 전후하여 범한 선행범죄와 후행범죄의 일죄성은 재심대상판결에 의하여 분단되어 동일성이 없는 별개의 상습범이 된다. 그러므로 선행범죄에 대한 공소제기의 효력은 후행범죄에 미치지 않고 선행범죄에 대한 재심판결의 기판력은 후행범죄에 미치지 않는다.
> [2] 유죄의 확정판결을 받은 사람이 그 후 별개의 후행범죄를 저질렀는데 유죄의 확정판결에 대하여 재심이 개시된 경우, 후행범죄가 재심대상판결에 대한 재심판결 확정 전에 범하여졌다 하더라도 아직 판결을 받지 아니한 후행범죄와 재심판결이 확정된 선행범죄 사이에는 형법 제37조 후단에서 정한 경합범 관계(이하 '후단 경합범'이라 한다)가 성립하지 않는다. 재심판결이 후행범죄 사건에 대한 판결보다 먼저 확정된 경우에 후행범죄에 대해 재심판결을 근거로 후단 경합범이 성립한다고 하려면 재심심판법원이 후행범죄를 동시에 판결할 수 있었어야 한다. 그러나 아직 판결을 받지 아니한 후행범죄는 재심심판절차에서 재심대상이 된 선행범죄와 함께 심리하여 동시에 판결할 수 없었으므로 후행범죄와 재심판결이 확정된 선행범죄 사이에는 후단 경합범이 성립하지 않고, 동시에 판결할 경우와 형평을 고려하여 그 형을 감경 또는 면제할 수 없다. 재심판결이 후행범죄에 대한 판결보다 먼저 확정되는 경우에는 재심판결을 근거로 형식적으로 후행범죄를 판결확정 전에 범한 범죄로 보아 후단 경합범이 성립한다고 하면, 선행범죄에 대한 재심판결과 후행범죄에 대한 판결 중 어떤 판결이 먼저 확정되느냐는 우연한 사정에 따라 후단 경합범 성립이 좌우되는 **형평에 반하는 결과가 발생한다**(대판 2019.6.20. 2018도20698 전원합의체).

제2절 비상상고

I 의의

> **제441조 【비상상고이유】** 검찰총장은 판결이 확정한 후 그 사건의 심판이 법령에 위반한 것을 발견한 때에는 대법원에 비상상고를 할 수 있다.
> **제446조 【파기의 판결】** 비상상고가 이유 있다고 인정한 때에는 다음의 구별에 따라 판결을 하여야 한다.
> 1. **원판결이 법령에 위반한 때에는 그 위반된 부분을 파기하여야 한다.** 단, 원판결이 피고인에게 불이익한 때에는 원판결을 파기하고 피고사건에 대하여 다시 판결을 한다.
> 2. **원심소송절차가 법령에 위반한 때에는 그 위반된 절차를 파기한다.**
>
> **제447조 【판결의 효력】** 비상상고의 판결은 전조 제1호 단행의 규정에 의한 판결 외에는 그 효력이 피고인에게 미치지 아니한다.

II 비상상고의 대상

1. 확정판결

가. 비상상고는 **모든 확정판결을 대상**으로 한다(제441조). 유죄·무죄의 실체판결뿐만 아니라 면소·공소기각·관할위반 등 형식판결도 포함한다. 또 **심급 여하도 불문**한다.

나. 항소기각결정, 상고기각결정 등은 결정의 형식을 취하지만 원판결을 확정시키는 효력을 갖는 당해사건의 종국재판이므로 비상상고의 대상이 된다(대판 1963.1.10. 62오4).

다. 공소기각결정도 종국재판이라는 점에서 비상상고의 대상이 된다.

라. 약식명령·즉결심판도 비상상고의 대상이 되는데 이는 약식명령·즉결심판이 확정되면 확정 판결과 동일한 효력이 생기기 때문이다.

> **참고**
> 甲은 乙의 부동산을 명의신탁받아 보관하던 중, 乙의 승낙 없이 X은행으로부터 1억 원을 대출받고 제1근저당권을 설정해주었다. 그 후 甲은 다시 丙으로부터 1억 5천만 원을 대여받고 제2근저당권을 설정해주었다. 검사는 위의 사실관계를 토대로 甲을 기소하였으며, 제1심법원은 유죄판결을 선고하여 그 판결이 확정되었다. 하지만 甲은 판결 선고 전에 사고로 사망하였는데 이 판결은 「형사소송법」 제441조에 따른 비상상고의 대상에 해당하지 아니한다.

> **관련판례 – 상급심의 파기판결에 의해 효력을 상실한 재판이 형사소송법 제441조에 따른 비상상고의 대상이 될 수 있는지 여부(소극)** 형사소송법 제441조는 "검찰총장은 판결이 확정한 후 그 사건의 심판이 법령에 위반한 것을 발견한 때에는 대법원에 비상상고를 할 수 있다."라고 규정하고 있다. **상급심의 파기판결에 의해 효력을 상실한 재판의 법령위반 여부를 다시 심사하는 것은 무익할 뿐만 아니라, 법령의 해석·적용의 통일을 도모하려는 비상상고 제도의 주된 목적과도 부합하지 않는다. 따라서 상급심의 파기판결에 의해 효력을 상실한 재판은 위 조항에 따른 비상상고의 대상이 될 수 없다**(대판 2021.3.11. 2019오1).

2. 당연무효판결

판결이 당연무효라 할지라도 판결은 확정되어 존재하므로 비상상고에 의하여 당연무효를 확인할 필요가 있기 때문에 **비상상고의 대상이 된다**(다수설).

Ⅲ 비상상고의 이유

1. 의의

> **제441조 【비상상고이유】** 검찰총장은 판결이 확정한 후 그 사건의 심판이 법령에 위반한 것을 발견한 때에는 대법원에 비상상고를 할 수 있다.

2. 판결의 법령위반과 소송절차의 법령위반

가. 판결의 법령위반

판결의 법령위반이란 실체법·절차법을 불문하고 그 위반이 판결에 영향을 미친 경우이다. 이 경우 그 위반된 부분을 파기하여야 한다. 단 **원판결이 피고인에게 불이익한 때**에는 원판결을 파기하고 피고사건에 대하여 **다시** 판결을 한다(제446조 제1호).

법원이 원판결의 선고 전에 피고인이 이미 사망한 사실을 알지 못하여 공소기각의 결정을 하지 않고 실체판결에 나아감으로써 법령위반의 결과를 초래하였다고 하더라도 **이는 비상상고의 이유인 사건의 심판이 법령에 위반한 것에 해당한다고 볼 수 없다.**

(1) 판결의 실체법위반

(가) 범죄의 성립에 관한 법령위반

이미 폐지된 벌칙을 적용하여 유죄판결을 선고한 경우, 형사미성년자에 대하여 유죄판결을 선고한 경우 등

(나) 형에 관한 법령위반

구류형에 대하여 선고를 유예한 경우(대판 1993.6.22. 93오1), 도로교통법위반죄에 대한 즉결심판에서 형의 면제를 선고한 경우(대판 1994.10.14. 94오1 제2부 판결) 등

(2) 판결의 절차법위반

진정성립이 인정되지 않은 감정서를 유죄의 증거로 한 경우, 보강없는 자백을 근거로 유죄를 선고한 경우

(3) 소송조건의 오인

소송조건의 존부에 대해서 오인을 한 경우에도 판결내용에 영향을 미치므로 판결의 법령위반으로 원판결을 파기하여야 한다(친고죄에 있어서 고소가 취소되었음에도 불구하고 유죄판결을 한 경우, 반의사불벌죄의 처벌불원의사를 간과하고 유죄판결을 한 경우, 공소시효가 완성되었음에도 불구하고 공소가 제기되어 약식명령 또는 유죄판결이 확정된 경우 등).

나. 소송절차의 법령위반

소송절차의 법령위반은 **판결내용에 영향을 미치지 않는 소송절차의 법령위반**을 말한다. 그 위반된 절차만 파기한다(제446조 제2호). 대표적으로 형을 선고함에 있어서 상소권을 고지하지 아니한 경우, 증인신문방식이 위법한 경우를 들 수 있다.

> **관련판례** 비상상고에서 '그 사건의 심판이 법령에 위반된 때'의 의미 [1] 비상상고 제도는 이미 확정된 판결에 대하여 법령 적용의 오류를 시정함으로써 법령의 해석·적용의 통일을 도모하려는 데에 그 목적이 있다. 형사소송법이 확정판결을 시정하는 또 다른 절차인 재심과는 달리, 비상상고의 이유를 심판의 법령위반에, 신청권자를 검찰총장에, 관할법원을 대법원에 각각 한정하여 인정하고(제441조), 비상상고 판결의 효력이 일정한 경우를 제외하고는 피고인에게 미치지 않도록 규정한 것도(제447조) 이러한 제도 본래의 의의와 기능을 고려하였기 때문이다. 이와 같은 비상상고 제도의 의의와 기능은 적법한 비상상고이유의 의미가 무엇인지, 그 범위가 어디까지인지를 해석·판단하는 때에도 중요한 지침이 된다. [2] 형사소송법이 정한 비상상고이유인 '그 사건의 심판이 법령에 위반한 때'란 확정판결에서 인정한 사실을 변경하지 아니하고 이를 전제로 한 실체법의 적용에 관한 위법 또는 그 사건에서의 절차법상의 위배가 있는 경우를 뜻한다. 단순히 그 법령을 적용하는 과정에서 전제가 되는 사실을 오인함에 따라 법령위반의 결과를 초래한 것과 같은 경우에는 이를 이유로 비상상고를 허용하는 것이 법령의 해석·적용의 통일을 도모한다는 비상상고 제도의 목적에 유용하지 않으므로 '그 사건의 심판이 법령에 위반한 때'에 해당하지 않는다고 해석하여야 한다(대판 2021.3.11. 2018오2).

3. 사실오인과 비상상고

대법원은 종래 실체법적 사실인 소년의 연령을 오인하여 정기형을 선고한 경우에 비상상고로서 적법하다고 한 반면에, 소송법적 사실인 피고인의 사망을 간과하여 공소기각결정을 하지 않고 실체판결을 한 것에 대한 비상상고는 위법하다고 보아 그 입장이 명확하지 않다.

Ⅳ. 비상상고의 절차

1. 비상상고의 신청

2. 비상상고의 심리

가. 검사의 출석

검사의 출석·공판기일에는 검사가 출석하여야 하며, **검사의 출석이 없으면 심리를 진행할 수 없다**(제443조). 검사는 **신청서에 의하여 진술**하여야 한다. 즉, 진술의 범위는 신청서의 기재에 한정한다.

나. 피고인의 출석 불필요

공판기일에 **피고인의 출석은 필요하지 않다**. 비상상고의 공판절차에는 제1심의 공판절차에 관한 규정이 준용되지 않고 상고심의 절차가 준용되는데, 상고심의 공판기일에는 피고인을 출석을 요하지 않기 때문이다.

다. 변호인의 출석 여부

이에 대하여 비상상고의 공판절차에는 상고와 다릴 검사에게 대립하는 당사자인 피고인이 존재하지 않으므로 그 대리인인 변호인의 관여는 허용되지 않는다는 소극설도 있으나 판결결과는 피고인이었던 자의 이해에 직접적인 영향을 미칠 수 있으므로 법률적 의견을 들을 필요가 있어 변호인의 출석을 요구하는 적극설이 타당하다.

> 제444조【조사의 범위, 사실의 조사】① 대법원은 **신청서에 포함된 이유에 한하여** 조사하여야 한다.
> ② **법원의 관할, 공소의 수리와 소송절차에 관하여는 사실조사를 할 수 있다.**
> ③ 전항의 경우에는 제431조의 규정을 준용한다.

3. 비상상고의 판결

> 제445조【기각의 판결】비상상고가 이유 없다고 인정한 때에는 **판결로써 이를 기각**하여야 한다.
> 제446조【파기의 판결】비상상고가 이유 있다고 인정한 때에는 다음의 구별에 따라 판결을 하여야 한다.
>   1. 원판결이 법령에 위반한 때에는 그 위반된 부분을 파기하여야 한다. 단, 원판결이 피고인에게 불이익한 때에는 원판결을 파기하고 피고사건에 대하여 다시 판결을 한다.
>   2. 원심소송절차가 법령에 위반한 때에는 그 위반된 절차를 파기한다.
> 제447조【판결의 효력】비상상고의 판결은 전조 제1호 단행의 규정에 의한 판결 외에는 그 효력이 피고인에게 미치지 아니한다.

Ⅴ 재심과 비상상고의 구별

1. 재심과 비상상고 공통점

① 양자 모두 기능상 확정판결에 대한 비상구제수단으로 **신청이 이유 있는 때에는 확정판결의 기판력이 배제**된다.
② 절차상 양자 모두 **신청에는 기간의 제한이 없고, 청구는 반드시 서면에 의해야** 한다는 점과 청구의 취하가 인정된다는 점에서 같다.

2. 재심과 비상상고 차이점

가. 목적

① 재심은 형사소송에 있어서 법적 안정성과 정의의 이념이 충돌하는 경우에 정의(피고인 구제)를 위하여 판결의 확정력을 제거하는 경우이다. 반면, ② 비상상고는 원칙적으로 **법령의 해석·적용의 통일(법적 안정성)**을 목적으로 하는 제도이다.

나. 대상

재심은 유죄의 확정판결인데 반하여, 비상상고는 모든 확정판결이 대상이다. 또한 판결형식은 아니더라도 확정판결의 효력이 인정되는 약식명령이나, 즉결심판, 경범죄처벌법 등에 의한 범칙금의 납부도 그 대상이 된다. 당연무효의 판결이라고 하더라도 판결이 존재할 뿐 아니라 당연무효를 확인하기 위하여 대상이 된다고 볼 것이다.

다. 청구사유

재심은 원판결의 사실오인이 청구사유이나, 비상상고는 심판의 법령위반이 청구사유이다. 여기서의 심판은 '심리와 판결'을 의미한다. 비상상고 제도는 이미 확정된 판결에 대하여 법령 적용의 오류를 시정함으로써 법령의 해석·적용의 통일을 도모하려는 데에 그 목적이 있다. 형사소송법이 확정판결을 시정하는 또 다른 절차인 재심과는 달리, 비상상고의 이유를 심판의 법령위반에 한정한 것은 바로 비상상고 제도 본래의 의의와 기능을 고려하였기 때문이다. 형사소송법이 정한 비상상고 이유인 '그 사건의 심판이 법령에 위반한 때'란 **확정판결에서 인정한 사실을 변경하지 아니하고** 이를 전제로 한 실체법의 적용에 관한 위법 또는 그 사건에서의 절차법상의 위배가 있는 경우를 뜻한다. **단순히 그 법령을 적용하는 과정에서 전제가 되는 사실을 오인함에 따라** 법령위반의 결과를 초래한 것과 같은 경우에는 이를 이유로 비상상고를 허용하는 것이 법령의 해석·적용의 통일을 도모한다는 비상상고 제도의 목적에 유용하지 않으므로 '그 사건의 심판이 법령에 위반한 때'에 해당하지 않는다고 해석하여야 한다(대판 2021.3.11. 2018오2).

라. 청구권자

재심은 ① 검사 ② 유죄의 선고를 받은 자 ③ 유죄의 선고를 받은 자의 법정대리인 ④ 유죄의 선고를 받은 자가 사망하거나 ⑤ 심신장애가 있는 경우에는 그 배우, 직계친족 또는 형제자매이나, 비상상고는 검찰총장에 한정된다.

마. 관할

재심은 원판결을 한 법원에서 관할하나, 비상상고는 대법원에서 관할한다. 비상상고를 함에는 그 이유를 기재한 신청서를 대법원에 제출하여야 한다(법 제442조).

바. 청구의 효력

재심에 대한 효력은 재심을 청구한 검사가 형의 집행을 정지할 수 있다. 반면 비상상고는 정지에 관한 규정이 없다.

사. 심판상의 차이

(1) 재심

① 재심은 **재심개시절차와 재심심판절차**라는 2단계의 구조를 취한다.
② 재심의 판결은 **당연히 피고인 등에게 효력**이 미친다.
③ 재심의 판결에는 **불이익변경금지의 원칙**이 적용된다.

(2) 비상상고

① 비상상고의 신청이 이유가 있는 때에는 원판결 또는 원판결의 소송절차를 파기함에 그치고 예외적으로만 파기자판이 허용된다. 파기판결이 원판결의 주문에 아무런 영향을 미치지 않기 때문에, 원판결의 선고형을 그대로 집행하여야 한다.

② 비상상고의 파기판결은 원칙적으로 **피고인에게 그 효력이 미치지 아니하고**, **파기자판의 경우에** 한해서 그 판결의 효력이 피고인에게 미친다.

③ 비상상고의 경우에는 원칙적으로 **불이익 변경**이라는 문제가 발생할 여지가 없다. 왜냐하면 비상상고의 파기원칙은 '부분파기'이며 피고인에게 불이익한 자판을 하지 않기 때문이다. 즉, 원판결이 법령에 위반된 때에는 그 위반된 부분을 파기하여야 하는데 그 부분파기는 결국 법령에 위반된 부분만 파기하지 자판하지 않는다(제446조). 예를 들면, 형법 제59조 제1항은 1년 이하의 징역이나 금고, 자격정지 또는 벌금의 형을 선고할 경우 같은 법 제51조의 사항을 참작하여 개전의 정상이 현저한 때에는 선고를 유예할 수 있다고 규정하고 있어 형의 선고를 유예할 수 있는 경우는 선고할 형이 1년 이하의 징역이나 금고, 자격정지 또는 벌금의 형인 경우에

한하고 구류형에 대하여는 선고를 유예할 수 없다(대판 1993.6.22. 93오1). 이 때 대법원은 "각 원즉결심판 중 피고인들에 대한 구류형의 선고를 유예한 부분을 파기한다."라고 판시함으로써 부분파기를 한다. 다만, 예외적으로 원판결이 피고인에게 불이익하게 될 경우는 파기자판에 의해서 피고인에게 형을 선고하는 경우가 발생하므로 불이익변경금지의 원칙이 적용되는 것과 같은 효과를 가져올 수는 있다. 피고인에게 이익이 되는 자판의 예로는 공소시효가 완성되었음에도 이를 간과한 채 양식명령이 발령된 경우232)나, 친족상도례 규정에 의하여 형을 면제하여야 함에도 이를 간과하고 유죄판결을 내린 경우233)이다.

아. 판결의 공시

재심에서는 피고인의 명예회복 등을 위해 무죄 선고시 공시제도를 두고 있다. 그러나 **비상상고**의 경우는 **파기자판에 의해서 무죄판결이 선고되는 경우에도 공시하지 아니**한다. 비상상고의 본래 목적이 피고인 구제가 아니기 때문이다.

---

232) 조세범처벌법 제17조는 제9조 제1항 소정의 조세포탈죄의 공소시효를 5년으로 규정하고 있고, 이 사건과 같이 과세표준이나 세액을 허위로 과소신고하여 조세를 포탈한 경우에는 그 **신고 · 납부기한이 경과함으로써 조세포탈죄는 기수에 이르는 것이므로**(조세범처벌법 제9조의3 제2호 참조), 각 신고 · 납부기한으로서 이 사건 법인세의 경우에는 2000. 3. 31.이 경과함으로써(법인세법 제60조 제1항 및 제64조 제1항 참조), 증권거래세의 경우에는 늦어도 1999. 12. 10.이 경과함으로써(증권거래세법 제10조 제1항, 제2항 참조), 각 조세포탈죄는 기수에 이르렀다고 할 것인데, 이 사건 약식명령은 그로부터 5년의 공소시효 기간이 경과한 이후인 2005. 9. 7.에 청구되었으므로, 결국 이 사건 공소사실은 모두 공소시효가 완성된 때에 해당한다고 할 것이다. 그럼에도 불구하고, 공소시효가 완성된 사실을 간과한 채 피고인에 대하여 약식명령을 발령한 원판결은 법령을 위반한 잘못이 있고(대법원 1957. 5. 3. 선고 4289형비상1 판결, 1963. 1. 10. 선고 62오4 판결 등 참조), 또한 피고인에게 불이익하다고 할 것인바, 이 점을 지적하는 이 사건 비상상고는 이유가 있다. 그러므로 형사소송법 제446조 제1호 단서에 의하여 원판결을 파기하고, 다음과 같이 피고사건에 대하여 다시 판결을 하기로 한다. 이 사건 공소사실의 요지는 위 제1항 기재와 같은바, 앞서 본 바와 같이 **이는 공소시효가 완성된 때에 해당하므로, 형사소송법 제326조 제3호에 의하여 피고인에 대해 면소를 선고하기로 하여**, 관여 대법관의 일치된 의견으로 주문과 같이 판결한다(대판 2006.10. 13. 2006오2).

233) 파기자판의 예시] 원판결 중 유죄 부분을 파기한다. 피고인을 징역 2년에 처한다. 원판결선고 전의 구금일수 중 300일을 위 형에 산입한다. 다만, 원판결확정일로부터 3년간 위 형의 집행을 유예한다. 이 사건 공소사실 중 피해자 1,2,3,4,5에 대한 특정경제범죄가중처벌등에관한법률위반(사기) 및 사기미수의 각 점에 대하여는 형을 면제한다. 이 사건 공소사실 중 피해자 6에 대한 특정경제범죄가중처벌등에관한법률위반(사기) 및 사기미수의 각 점에 대한 공소를 기각한다(대판 2000.10.13. 99오1).

CHAPTER 03
특별절차

제1절 약식절차

I 의의

> 제448조 【약식명령을 할 수 있는 사건】 ① 지방법원은 그 관할에 속한 사건에 대하여 검사의 청구가 있는 때에는 공판절차없이 약식명령으로 피고인을 벌금, 과료 또는 몰수에 처할 수 있다.
> ② 전항의 경우에는 추징 기타 부수의 처분을 할 수 있다.

II 약식명령의 청구

1. 청구권자

> 제449조 【약식명령의 청구】 약식명령의 청구는 공소의 제기와 동시에 서면으로 하여야 한다.

가. 검사 또는 피고인

(1) 검사 또는 피고인은 약식명령의 고지를 받은 날로부터 7일 이내에 정식재판의 청구를 할 수 있다. 단, 피고인의 정식재판청구권을 실질적으로 보장하기 위해서 피고인은 정식재판의 청구를 포기할 수 없다(제453조 제1항).

(2) 그러나 검사는 포기가 가능하지만, 포기한 후에는 다시 정식재판을 청구할 수 없다(제458조 제1항, 제354조).

나. 상소대리권자

  (1) 피고인의 **법정대리인**은 피고인의 의사에 관계없이 피고인을 위하여 정식재판을 청구할 수 있다(제458조 제1항, 제340조).

  (2) 피고인의 **배우자, 직계친족, 형제자매 또는 원심의 대리인이나 변호인**은 **피고인의 명시한 의사에 반하지 않는 한** 피고인을 위하여 정식재판을 청구할 수 있다(제458조 제1항, 제341조).

2. 청구의 대상

  (1) 약식명령을 청구할 수 있는 사건은 **지방법원관할사건**으로서 **벌금·과료·몰수에 처할 수 있는 사건**이다(제448조 제1항). 법정형이 아니라 **선고형**을 기준으로 한다.

  (2) 지방법원의 관할에 속하는 사건이면 **단독판사의 관할이냐 합의부 관할이냐를 불문**한다.

  (3) 법정형상 벌금·과료·몰수(재산형)가 단독 또는 선택형으로 규정되어 있어야 한다. 따라서 법정형이 징역이나 금고 등의 자유형만으로 규정되어 있거나 다른 형과 벌금·과료·몰수를 병과해야 하는 사건에는 약식명령을 청구할 수 없다.

3. 청구의 방식

> **제451조【약식명령의 방식】** 약식명령에는 범죄사실, 적용법령, 주형, 부수처분과 약식명령의 고지를 받은 날로부터 **7일 이내에 정식재판의 청구를 할 수 있음을 명시**하여야 한다.
> **제452조【약식명령의 고지】** 약식명령의 고지는 **검사와 피고인에 대한 재판서의 송달**에 의하여 한다.

Ⅲ 약식절차의 심판

1. 법원의 심사

> **제450조【보통의 심판】** 약식명령의 청구가 있는 경우에 그 사건이 **약식명령으로 할 수 없거나 약식명령으로 하는 것이 적당하지 아니하다고 인정한 때에는 공판절차에 의하여 심판**하여야 한다.

2. 공판절차에의 이행

(1) 심판의 대상 : 정식재판의 청구가 적법한 때에는 공판절차에 의하여 심판하여야 한다(제455조 제3항). **판결의 대상은 공소사실이며 약식명령의 당부를 판단하는 것은 아니다.**

(2) 피고인의 불출석 : 정식재판을 청구한 피고인이 정식재판절차의 공판기일에 출석하지 않은 경우에는 **다시 기일을 정하여야 하고, 피고인이 정당한 사유 없이 다시 정한 기일에 출정하지 않으면 피고인의 진술 없이 판결할 수 있다**(제458조 제2항).

(3) 법관의 제척 : ㉠ 약식명령에 대한 정식재판청구는 동일심급의 소송절차로서 전심이 아니므로, **약식명령을 한 판사가 제1심의 정식재판에 관여하여도 제척사유는 아니다**(대판 2002.4.12. 2002도944). ㉡ 그러나 약식명령을 한 판사가 그에 대한 정식재판 절차의 **항소심판결에 관여한 경우, 제척사유가 된다**(대판 2011.4.28. 2011도17).

(4) 변호인 선임의 효력 : 약식명령에 대한 정식재판청구는 동일심급의 소송절차이므로 약식절차에서의 변호인의 당연히 **정식재판절차에서도** 변호인의 지위를 가진다.

3. 약식명령

<u>관련판례</u> 여러 개의 업무상 횡령행위라 하더라도 피해법익이 단일하고, 범죄의 태양이 동일하며, 단일 범의의 발현에 기인하는 일련의 행위라고 인정될 때에는, 포괄하여 1개의 범죄라고 봄이 타당하고, **포괄일죄의 관계에 있는 범행의 일부에 대하여 약식명령이 확정된 경우에는 그 약식명령의 발령 시를 기준으로 하여 그 이전에 이루어진 범행에 대하여는 면소의 판결을 선고**하여야 한다(대판 1994.8.9. 94도1318; 대판 2013.6.13. 2013도4737).

→ 포괄일죄의 일부에 대하여 약식명령이 확정된 때에는 그 명령의 발령시까지 행하여진 행위에 대하여는 기판력이 미치므로 그 행위에 대하여 공소가 제기되면 면소판결을 하여야 한다.

Ⅳ 정식재판의 청구

1. 의의와 청구권자

> 제453조【정식재판의 청구】① 검사 또는 피고인은 약식명령의 고지를 받은 날로부터 **7일 이내에 정식재판의 청구를 할 수 있다.** 단 피고인은 **정식재판의 청구를 포기할 수 없다.**
> ② 정식재판의 청구는 **약식명령을 한 법원에 서면으로 제출하여야 한다.**
> ③ 정식재판의 청구가 있는 때에는 법원은 지체없이 검사 또는 피고인에게 그 **사유를 통지하여야 한다.**

2. 청구의 시기·방식·통지

가. 청구의 시기

(1) 정식재판의 청구는 **약식명령의 고지를 받은 날로부터 7일 이내**에 하여야 한다(제453조 제1항).

(2) 명문의 규정은 없지만, 판례는 **재소자에 대한 특칙**을 규정한 정식재판청구서 제출에 관하여도 준용된다고 한다(대결 2006.10.13. 2005모552).

나. 청구의 방식

정식재판의 청구는 약식명령을 한 법원에 **서면(정식재판청구서)으로 제출**하여야 한다(제453조 제2항).

다. 청구의 통지

정식재판의 청구가 있는 때에는 법원은 지체없이 검사 또는 피고인에게 그 사유를 통지하여야 한다(제453조 제3항). 다만 공소장부본과 동일한 내용의 약식명령이 이미 송달되었으므로 정식재판의 청구가 있어도 다시 공소장부본을 송달할 필요는 없다.

라. 일부청구

정식재판의 청구는 독립성이 인정된다면 **약식명령의 일부에 대해서도** 할 수 있다(제458조 제1항, 제342조 제1항).

> **관련판례 – 변호인이 있는 경우 약식명령 등본 피송달인 및 정식재판 청구기간** [1] 형사소송법 제452조에서 **약식명령의 고지는 검사와 피고인에 대한 재판서의 송달에 의하도록 규정**하고 있으므로, **약식명령은 그 재판서를 피고인에게 송달함으로써 효력이 발생**하고, **변호인이 있는 경우라도** 반드시 변호인에게 약식명령 등본을 송달해야 하는 것은 아니다. 따라서 **정식재판 청구기간은 피고인에 대한 약식명령 고지일을 기준으로 하여 기산하여야** 한다(대결 2016.12.2. 2016모2711 참조).
> [2] 변호인이 정식재판청구서를 제출할 것으로 믿고 피고인이 스스로 적법한 정식재판의 청구기간 내에 정식재판청구서를 제출하지 못하였더라도 그것이 피고인 또는 대리인이 책임질 수 없는 사유로 인하여 정식재판의 청구기간 내에 정식재판을 청구하지 못한 때에 해당하지 않는다(대결 2007.1.12. 2006모658 참조 ; 대결 2017.7.27. 2017모1557).

3. 청구의 취하

> **제354조 【상소포기 후의 재상소의 금지】** 상소를 취하한 자 또는 상소의 포기나 취하에 동의한 자는 그 사건에 대하여 다시 상소를 하지 못한다.

> **제454조【정식재판청구의 취하】** 정식재판의 청구는 **제1심판결선고 전까지** 취하할 수 있다.
> **제458조【준용규정】** ① 제340조 내지 제342조, 제345조 내지 제352조, 제354조의 규정은 정식재판의 청구 또는 그 취하에 준용한다.
> ② 제365조의 규정은 정식재판절차의 공판기일에 정식재판을 청구한 피고인이 출석하지 아니한 경우에 이를 준용한다.

4. 정식재판청구에 대한 재판

> **제453조【정식재판의 청구】** ① 검사 또는 피고인은 약식명령의 고지를 받은 날로부터 7일 이내에 정식재판의 청구를 할 수 있다. 단, 피고인은 정식재판의 청구를 포기할 수 없다.
> ② 정식재판의 청구는 약식명령을 한 법원에 서면으로 제출하여야 한다.
> ③ 정식재판의 청구가 있는 때에는 법원은 지체없이 검사 또는 피고인에게 그 사유를 통지하여야 한다.
> **제457조의2【형종 상향의 금지 등】** ① 피고인이 정식재판을 청구한 사건에 대하여는 **약식명령의 형보다 중한 종류의 형**을 선고하지 못한다.
> ② 피고인이 정식재판을 청구한 사건에 대하여 **약식명령의 형보다 중한 형**을 선고하는 경우에는 **판결서에 양형의 이유**를 적어야 한다.

제2절 즉결심판절차

I 즉결심판절차의 의의

즉결심판절차란 지방법원 지방법원지원 또는 시·군법원의 판사가 **20만 원 이하의 벌금·구류 또는 과료**에 처할 경미한 범죄에 대하여 **공판절차에 의하지 아니하고** 신속하게 처리하는 심판절차를 말한다. 즉결심판절차는 경미한 형사사건의 신속·적절한 처리를 통하여 소송경제를 도모하려는 데 주된 목적이 있는 제도이다.

Ⅱ 즉결심판의 청구

1. 청구권자와 대상

> **즉결심판에 관한 절차법(이하 '즉심법') 제2조【즉결심판의 대상】** 지방법원, 지원 또는 시·군법원의 판사(이하 "判事"라 한다)는 즉결심판절차에 의하여 피고인에게 **20만원 이하의 벌금, 구류 또는 과료에 처할 수 있다.**
> **즉심법 제3조【즉결심판청구】** ① 즉결심판은 **관할경찰서장 또는 관할해양경찰서장**(이하 "경찰서장"이라 한다)이 관할법원에 이를 청구한다.
> ② 즉결심판을 청구함에는 즉결심판청구서를 제출하여야 하며, 즉결심판청구서에는 피고인의 성명 기타 피고인을 특정할 수 있는 사항, 죄명, 범죄사실과 적용법조를 기재하여야 한다.
> ③ 즉결심판을 청구할 때에는 사전에 피고인에게 즉결심판의 절차를 이해하는 데 필요한 사항을 서면 또는 구두로 알려주어야 한다.

2. 관할법원

> **즉심법 제3조의2【관할에 대한 특례】** 지방법원 또는 그 지원의 판사는 소속 지방법원장의 명령을 받아 소속 법원의 관할사무와 관계없이 즉결심판청구사건을 심판할 수 있다.

3. 청구의 방식

가. 즉결심판청구서

(1) 즉결심판을 청구함에는 즉결심판청구서를 제출하여야 하며, 즉결심판청구서에는 **피고인의 성명 기타 피고인을 특정할 수 있는 사항, 죄명, 범죄사실과 적용법조를 기재**하여야 한다(즉심법 제3조 제2항). 형량은 기재하지 않는다.

(2) 즉결심판을 청구할 때에는 사전에 피고인에게 즉결심판의 절차를 이해하는 데 필요한 사항을 서면 또는 구두로 알려주어야 한다(동조 제3항).

나. 서류·증거물의 제출

경찰서장은 즉결심판의 청구와 동시에 즉결심판을 함에 필요한 **서류 또는 증거물을 판사에게 제출하여야 한다**(동법 제4조). 즉결심판에 관한 절차법이 즉결심판의 청구와 동시에 판사에게 증거서류 및 증거물을 제출하도록 한 것은 즉결심판이 범증이 명백하고 죄질이 경미한 범죄사건을 신속·적정하게 심판하기 위한 입법적 고려에서 공소장일본주의가 배제되도록 한 것이라고 보아야 한다(대판 2011.1.27. 2008도7375). 즉, **공소장일본주의가 적용되지 않는다.**

Ⅲ 즉결심판청구사건의 심리

1. 청구기각의 결정

> **즉심법 제5조【청구의 기각등】** ① 판사는 사건이 즉결심판을 할 수 없거나 즉결심판 절차에 의하여 심판함이 적당하지 아니하다고 인정할 때에는 **결정으로 즉결심판의 청구를 기각**하여야 한다.
> ② 제1항의 결정이 있는 때에는 경찰서장은 지체없이 사건을 관할지방검찰청 또는 지청의 장에게 **송치**하여야 한다.

2. 심리상의 특칙

> **즉심법 제6조【심판】** 즉결심판의 청구가 있는 때에는 판사는 제5조 제1항의 경우를 제외하고 즉시 심판을 하여야 한다
> **즉심법 제7조【개정】** ① 즉결심판절차에 의한 **심리와 재판의 선고는 공개된 법정**에서 행하되, 그 법정은 경찰관서(해양경찰관서를 포함한다)외의 장소에 설치되어야 한다.
> ② 법정은 판사와 법원서기관, 법원사무관, 법원주사 또는 법원주사보가 열석하여 개정한다.
> ③ 제1항 및 제2항의 규정에 불구하고 판사는 **상당한 이유가 있는 경우에는 개정없이 피고인의 진술서와 제4조의 서류 또는 증거물에 의하여 심판할 수 있다.** 다만, **구류에 처하는 경우**에는 그러하지 아니하다.
> **즉심법 제8조【피고인의 출석】** 피고인이 기일에 출석하지 아니한 때에는 이 법 또는 다른 법률에 특별한 규정이 있는 경우를 제외하고는 **개정할 수 없다.**
> **즉심법 제8조의2【불출석심판】** ① **벌금 또는 과료를 선고하는 경우에는 피고인이 출석하지 아니하더라도** 심판할 수 있다.
> ② 피고인 또는 즉결심판출석통지서를 받은 자(이하 "被告人등"이라 한다)는 법원에 불출석심판을 청구할 수 있고, 법원이 이를 허가한 때에는 피고인이 출석하지 아니하더라도 심판할 수 있다.
> ③ 제2항의 규정에 의한 불출석심판의 청구와 그 허가절차에 관하여 필요한 사항은 대법원규칙으로 정한다.

3. 증거에 관한 특칙

> **즉심법 제4조【서류ㆍ증거물의 제출】** 경찰서장은 **즉결심판의 청구와 동시에** 즉결심판을 함에 필요한 서류 또는 증거물을 판사에게 제출하여야 한다.

Ⅳ 즉결심판의 선고와 효력

1. 청구기각의 결정

> **즉심법 제5조【청구의 기각등】** ① 판사는 사건이 즉결심판을 할 수 없거나 즉결심판절차에 의하여 심판함이 적당하지 아니하다고 인정할 때에는 결정으로 즉결심판의 청구를 기각하여야 한다.
> ② 제1항의 결정이 있는 때에는 경찰서장은 지체없이 사건을 관할지방검찰청 또는 지청의 장에게 송치하여야 한다.

2. 즉결심판의 선고

> **즉심법 제11조【즉결심판의 선고】** ① 즉결심판으로 유죄를 선고할 때에는 **형, 범죄사실과 적용법조**를 명시하고 피고인은 **7일 이내**에 정식재판을 청구할 수 있다는 것을 고지하여야 한다.
> ② 참여한 법원사무관등은 제1항의 선고의 내용을 기록하여야 한다.
> ③ 피고인이 판사에게 정식재판청구의 의사를 표시하였을 때에는 이를 제2항의 기록에 명시하여야 한다.
> ④ 제7조 제3항 또는 제8조의2의 경우에는 법원사무관등은 7일 이내에 정식재판을 청구할 수 있음을 부기한 즉결심판서의 등본을 피고인에게 송달하여 고지한다. 다만, 제8조의2 제2항의 경우에 피고인등이 미리 즉결심판서의 등본송달을 요하지 아니한다는 뜻을 표시한 때에는 그러하지 아니하다.
> ⑤ 판사는 사건이 **무죄·면소 또는 공소기각을 함이 명백**하다고 인정할 때에는 이를 선고·고지할 수 있다.

3. 즉결심판의 효력

> **즉심법 제15조【즉결심판의 실효】** 즉결심판은 **정식재판의 청구에 의한 판결이 있는 때에는 그 효력을 잃는다**.
> **즉심법 제16조【즉결심판의 효력】** 즉결심판은 **정식재판의 청구기간의 경과, 정식재판청구권의 포기 또는 그 청구의 취하에 의하여 확정판결과 동일한 효력**이 생긴다. 정식재판청구를 기각하는 재판이 확정된 때에도 같다.

관련판례 경범죄처벌법은 제3장에서 '경범죄 처벌의 특례'로서 범칙행위에 대한 통고처분(제7조), 범칙금의 납부(제8조, 제8조의2)와 통고처분 불이행자 등의 처리(제9조)를 정하고 있다. 경찰서장으로부터 범칙금 통고처분을 받은 사람은 통고처분서를 받은 날부터 10일 이내에 범칙금을 납부하여야 하고, 위 기간에 범칙금을 납부하지 않은 사람은 위 기간의 마지막 날의 다음 날부터 20일 이내에 통고받은 범칙금에 20/100을 더한 금액을 납부하여야 한다(제8조 제1항, 제2항). 경범죄 처벌법 제8조 제2항에 따른 납부기간에 범칙금을 납부하지 않은 사람에 대하여 경찰서장은 지체 없이 즉결심판을 청구하여야 하고(제9조 제1항 제2호), 즉결심판이 청구되더라도 그 선고 전까지 피고인이 통고받은 범칙금에 50/100을 더한 금액을 납부하고 그 증명서류를 제출하였을 경우에는 경찰서장은 즉결심판 청구를 취소하여야 한다(제9조 제2항). 이와 같이 통고받은 범칙금을 납부한 사람은 그 범칙행위에 대하여 다시 처벌받지 않는다(제8조 제3항, 제9조 제3항). 위와 같은 규정 내용과 통고처분의 입법 취지를 고려하면, 경범죄 처벌법상 범칙금제도는 범칙행위에 대하여 형사절차에 앞서 경찰서장의 통고처분에 따라 범칙금을 납부할 경우 이를 납부하는 사람에 대하여는 기소를 하지 않는 처벌의 특례를 마련해 둔 것으로 법원의 재판절차와는 제도적 취지와 법적 성질에서 차이가 있다. 또한 범칙자가 통고처분을 불이행하였더라도 기소독점주의의 예외를 인정하여 경찰서장의 즉결심판 청구를 통하여 공판절차를 거치지 않고 사건을 간이하고 신속·적정하게 처리함으로써 소송경제를 도모하되, 즉결심판 선고 전까지 범칙금을 납부하면 형사처벌을 면할 수 있도록 함으로써 범칙자에 대하여 형사소추와 형사처벌을 면제받을 기회를 부여하고 있다. 따라서 경찰서장이 범칙행위에 대하여 통고처분을 한 이상, 범칙자의 위와 같은 절차적 지위를 보장하기 위하여 통고처분에서 정한 범칙금 납부기간까지는 원칙적으로 경찰서장은 즉결심판을 청구할 수 없고, 검사도 동일한 범칙행위에 대하여 공소를 제기할 수 없다고 보아야 한다(대판 2020.4.29. 2017도13409).

4. 형의 집행

즉심법 제18조【형의 집행】① 형의 집행은 **경찰서장**이 하고 그 **집행결과를 지체없이 검사에게 보고**하여야 한다.
② 구류는 경찰서유치장·구치소 또는 교도소에서 집행하며 구치소 또는 교도소에서 집행할 때에는 검사가 이를 지휘한다.
③ 벌금, 과료, 몰수는 그 집행을 종료하면 **지체없이 검사에게 이를 인계**하여야 한다. 다만 즉결심판 확정후 상당기간내에 집행할 수 없을 때에는 검사에게 통지하여야 한다. 통지를 받은 검사는 형사소송법 제477조에 의하여 집행할 수 있다.
④ 형의 집행정지는 사전에 검사의 허가를 얻어야 한다.

Ⅴ 정식재판의 청구와 재판

1. 정식재판의 청구

청구권자는 다음과 같다.

가. 피고인 : 피고인은 즉결심판의 선고·고지를 받은 날부터 7일 이내에 정식재판청구서를 **경찰서장에게 제출**하여야 한다(즉심법 제14조 제1항 1문).

나. 경찰서장 : 즉결심판에서 **무죄, 면소 또는 공소기각의 선고가 있는 때**에는 경찰서장은 선고 또는 고지를 한 날로부터 **7일 이내에 정식재판을 청구**할 수 있다. 따라서 경찰서장은 양형부당을 이유로 정식재판을 청구할 수는 없다. 이 경우 경찰서장은 **관할지방검찰청 또는 지청의 검사의 승인을 얻어 정식재판청구서를 판사에게 제출해야** 한다(동조 제2항).

2. 판사·경찰서장·검사의 처리

가. 정식재판청구서를 받은 경찰서장은 **지체없이 판사에게 이를 송부하여야** 한다(동법 제14조 제1항 2문).

나. 판사는 정식재판청구서를 받은 날부터 **7일 이내에 경찰서장에게 정식재판청구서를 첨부한 사건기록과 증거물을 송부하고, 경찰서장은 지체없이 관할지방검찰청 또는 지청의 장에게 이를 송부**하여야 하며, 그 **검찰청 또는 지청의 장은 지체없이 관할법원에 이를 송부하여야** 한다(동법 제14조 제3항).

> **관련판례** [1] 즉결심판에 관한 절차법 제14조 제1항, 제3항, 제4항 및 형사소송법 제455조 제3항에 의하면, 경찰서장의 청구에 의해 즉결심판을 받은 피고인으로부터 적법한 **정식재판의 청구가 있는 경우** 경찰서장의 즉결심판청구는 공소제기와 동일한 소송행위이므로 **공판절차에 의하여 심판하여야** 한다.
>
> [2] 즉결심판에 대하여 피고인의 정식재판 청구가 있는 경우 경찰서는 검찰청으로, 검찰청은 법원으로 정식재판청구서를 첨부한 사건기록과증거물을 그대로 송부하여야 하고 검사의 별도의 공소제기는 필요하지 아니한데도 **검사가 정식재판을 청구한 즉결심판사건에 대하여 법원에 사건기록과 증거물을 그대로 송부하지 아니하고 즉결심판이 청구된 위반 내용과 동일성 있는 범죄사실에 대하여 약식명령을 청구하였다면** 이러한 공소제기 절차는 법률의 규정에 위반하여 무효인 때에 해당하거나 공소가 제기된 사건에 대하여 다시 공소가 제기되었을 때에 해당하므로 **공소기각판결을 하여야** 한다(대판 2017.10.12. 2017도10368).

3. 정식재판청구에 대한 재판

> **형사소송법 제455조 【기각의 결정】** ① 정식재판의 청구가 **법령상의 방식에 위반**하거나 **청구권의 소멸 후인 것이 명백한 때**에는 **결정으로 기각하여야** 한다.
> ② 전항의 결정에 대하여는 즉시항고를 할 수 있다.
> ③ 정식재판의 청구가 **적법한 때**에는 **공판절차에 의하여 심판하여야** 한다.
>
> **즉심법 제14조 【정식재판의 청구】** ① 정식재판을 청구하고자 하는 피고인은 즉결심판의 선고·고지를 받은 날부터 **7일 이내**에 정식재판청구서를 경찰서장에게 제출하여야 한다. 정식재판청구서를 받은 경찰서장은 지체없이 판사에게 이를 송부하여야 한다.
> ② 경찰서장은 제11조 제5항의 경우에 그 선고·고지를 한 날부터 7일 이내에 정식재판을 청구할 수 있다. 이 경우 경찰서장은 관할지방검찰청 또는 지청의 검사(이하 "檢事"라 한다)의 승인을 얻어 정식재판청구서를 판사에게 제출하여야 한다.
> ③ 판사는 정식재판청구서를 받은 날부터 7일 이내에 경찰서장에게 정식재판청구서를 첨부한 사건기록과 증거물을 송부하고, 경찰서장은 지체없이 관할지방검찰청 또는 지청의 장에게 이를 송부하여야 하며, 그 검찰청 또는 지청의 장은 지체없이 관할법원에 이를 송부하여야 한다.
> ④ 형사소송법 제340조 내지 제342조, 제344조 내지 제352조, 제354조, 제454조, 제455조의 규정은 정식재판의 청구 또는 그 포기·취하에 이를 준용한다.

가. 기각결정

청구가 **법령상의 방식에 위배**하거나 **청구권의 소멸 후인 것이 명백한 때**에는 청구를 기각하여야 하며, 청구가 적법한 때에는 공판절차에 의하여 심판하여야 한다(즉심법 제14조 제4항, 형사소송법 제455조 제1항). 이 결정에 대하여는 **즉시항고**할 수 있다(즉심법 제14조 제4항, 형사소송법 제455조 제2항).

나. 공판절차에 의한 진행

정식재판의 청구가 적법한 때에는 공판절차에 의하여 심판하여야 한다(즉심법 제14조 제4항, 형사소송법 제455조 제3항).

제3절 소년에 대한 형사절차

소년법 제2조 【소년 및 보호자】 이 법에서 "소년"이란 **19세 미만인 자**를 말하며, "보호자"란 법률상 감호교육(監護教育)을 할 의무가 있는 자 또는 현재 감호하는 자를 말한다.

소년법 제4조 【보호의 대상과 송치 및 통고】 ① 다음 각 호의 어느 하나에 해당하는 소년은 소년부의 보호사건으로 심리한다.
1. **죄를 범한 소년**
2. 형벌 법령에 저촉되는 행위를 한 **10세 이상 14세 미만인 소년**
3. 다음 각 목에 해당하는 사유가 있고 그의 성격이나 환경에 비추어 앞으로 **형벌 법령에 저촉되는 행위를 할 우려가 있는 10세 이상인 소년**
   가. 집단적으로 몰려다니며 주위 사람들에게 불안감을 조성하는 성벽(性癖)이 있는 것
   나. **정당한 이유 없이 가출**하는 것
   다. 술을 마시고 소란을 피우거나 유해환경에 접하는 성벽이 있는 것

② 제1항 제2호 및 제3호에 해당하는 소년이 있을 때에는 **경찰서장은 직접 관할 소년부에 송치(送致)**하여야 한다.
③ 제1항 각 호의 어느 하나에 해당하는 소년을 발견한 보호자 또는 학교·사회복리시설·보호관찰소(보호관찰지소를 포함한다. 이하 같다)의 장은 이를 관할 소년부에 통고할 수 있다.

소년법 제6조 【이송】 ① 보호사건을 송치받은 소년부는 보호의 적정을 기하기 위하여 필요하다고 인정하면 **결정(決定)으로써 사건을 다른 관할 소년부에 이송할 수 있다.**
② 소년부는 사건이 그 관할에 속하지 아니한다고 인정하면 결정으로써 그 사건을 관할 소년부에 이송하여야 한다.

소년법 제7조 【형사처분 등을 위한 관할 검찰청으로의 송치】 ① 소년부는 조사 또는 심리한 결과 **금고 이상의 형에 해당하는 범죄 사실이 발견된 경우** 그 동기와 죄질이 형사처분을 할 필요가 있다고 인정하면 결정으로써 사건을 관할 지방법원에 대응한 검찰청 검사에게 송치하여야 한다.
② 소년부는 조사 또는 심리한 결과 사건의 본인이 **19세 이상인 것으로 밝혀진 경우**에는 결정으로써 사건을 관할 **지방법원에 대응하는 검찰청 검사에게 송치**하여야 한다. 다만, 제51조에 따라 법원에 이송하여야 할 경우에는 그러하지 아니하다.

소년법 제9조 【조사 방침】 조사는 의학·심리학·교육학·사회학이나 그 밖의 전문적인 지식을 활용하여 소년과 보호자 또는 참고인의 품행, 경력, 가정 상황, 그 밖의 환경 등을 밝히도록 노력하여야 한다.

소년법 제10조 【진술거부권의 고지】 소년부 또는 조사관이 범죄 사실에 관하여 소년을 조사할 때에는 **미리 소년에게 불리한 진술을 거부할 수 있음을 알려야** 한다.

소년법 제16조 【동행영장의 집행】 ① 동행영장은 **조사관이 집행**한다.
② 소년부 판사는 소년부 법원서기관·법원사무관·법원주사·법원주사보나 보호관찰관 또는 사법경찰관리에게 동행영장을 집행하게 할 수 있다.
③ 동행영장을 집행하면 **지체 없이 보호자나 보조인에게 알려야 한다**

소년법 제17조 【보조인 선임】 ① 사건 본인이나 보호자는 **소년부 판사의 허가를 받아** 보조인을 선임할 수 있다.
② **보호자나 변호사를 보조인으로 선임하는 경우**에는 제1항의 허가를 받지 아니하여도 된다.
③ 보조인을 선임함에 있어서는 **보조인과 연명날인한 서면을 제출**하여야 한다. 이 경우 변호사가 아닌 사람을 보조인으로 선임할 경우에는 위 서면에 소년과 **보조인과의 관계를 기재**하여야 한다.
④ 소년부 판사는 보조인이 심리절차를 고의로 지연시키는 등 심리진행을 방해하거나 소년의 이익에 반하는 행위를 할 우려가 있다고 판단하는 경우에는 보조인 선임의 허가를 취소할 수 있다.
⑤ **보조인의 선임은 심급마다** 하여야 한다.
⑥ 「형사소송법」 중 변호인의 권리의무에 관한 규정은 소년 보호사건의 성질에 위배되지 아니하는 한 보조인에 대하여 준용한다.

소년법 제32조 【보호처분의 결정】 ① 소년부 판사는 심리 결과 보호처분을 할 필요가 있다고 인정하면 결정으로써 다음 각 호의 어느 하나에 해당하는 처분을 하여야 한다.
  1. **보호자 또는 보호자를 대신하여 소년을 보호할 수 있는 자에게 감호 위탁**
  2. **수강명령**
  3. **사회봉사명령**
  4. 보호관찰관의 **단기(短期) 보호관찰**
  5. 보호관찰관의 **장기(長期) 보호관찰**
  6. 「아동복지법」에 따른 아동복지시설이나 그 밖의 **소년보호시설에 감호 위탁**
  7. 병원, 요양소 또는 「보호소년 등의 처우에 관한 법률」에 따른 **의료재활소년원에 위탁**
  8. **1개월 이내의 소년원 송치**
  9. **단기 소년원 송치**
  10. **장기 소년원 송치**

② 다음 각 호 안의 처분 상호 간에는 **그 전부 또는 일부를 병합할 수 있다.**
  1. 제1항 제1호·제2호·제3호·제4호 처분
  2. 제1항 제1호·제2호·제3호·제5호 처분
  3. 제1항 제4호·제6호 처분
  4. 제1항 제5호·제6호 처분
  5. 제1항 제5호·제8호 처분

③ 제1항 제3호의 처분은 **14세 이상의 소년**에게만 할 수 있다.
④ 제1항 제2호 및 제10호의 처분은 **12세 이상의 소년**에게만 할 수 있다.
⑤ 제1항 각 호의 어느 하나에 해당하는 처분을 한 경우 소년부는 소년을 인도하면서 소년의 교정에 필요한 참고자료를 위탁받는 자나 처분을 집행하는 자에게 넘겨야 한다.
⑥ 소년의 보호처분은 그 소년의 장래 신상에 어떠한 영향도 미치지 아니한다.

|관련판례| 소년부 판사는 심리 결과 보호처분을 할 필요가 있다고 인정하면 결정으로써 보호처분을 하여야 하고(소년법 제32조 제1항), 보호관찰처분에 따른 부가처분을 동시에 명할 수 있다(소년법 제32조의2 제1항). 소년부 판사는 위탁받은 자나 보호처분을 집행하는 자의 신청에 따라 또는 직권으로 보호처분과 부가처분을 변경할 수 있다(소년법 제37조 제1항). 한편 보호처분을 받은 소년에 대하여는 그 심리가 결정된 사건은 다시 공소를 제기하거나 소년부에 송치할 수 없다(소년법 제53조 본문). 이러한 보호처분의 변경은 보호처분결정에 따른 위탁 또는 집행 과정에서 발생한 준수사항 위반 등 사정변경을 이유로 종전 보호처분결정을 변경하는 것이다. 즉 이는 종전 보호처분 사건에 관한 재판이다. 따라서 종전 보호처분에서 심리가 결정된 사건이 아닌 사건에 대하여 공소를 제기하거나 소년부에 송치하는 것은 소년법 제53조에 위배되지 않는다(대판 2019.5.10. 2018도3768).

제4절 배상명령과 범죄피해자 구조제도

I 배상명령

1. 배상명령의 의의

배상명령절차란 제1심 또는 제2심 형사공판절차에서, 일정한 죄에 관하여 유죄판결을 선고할 경우, 법원의 직권 또는 피해자나 그 상속인의 신청에 의하여 피고인에게 피고사건의 범죄행위로 인하여 발생한 손해의 배상을 명하는 절차를 말한다. 배상명령의 법적성질은 민사소송의 일종이라기보다는 **형사소송에 부대하는 특수한 소송형태**라고 볼 수 있다.

2. 배상명령의 요건

소송 촉진 등에 관한 특례법 (이하 '소촉법')제25조 【배상명령】 ① 제1심 또는 제2심의 형사공판 절차에서 다음 각 호의 죄 중 어느 하나에 관하여 유죄판결을 선고할 경우, 법원은 **직권**에 의하여 또는 피해자나 그 상속인(이하 "피해자"라 한다)의 **신청**에 의하여 피고사건의 범죄행위로 인하여 발생한 직접적인 물적(物的) 피해, 치료비 손해 및 위자료의 배상을 명할 수 있다.

1. 「형법」 제257조 제1항, 제258조 제1항 및 제2항, 제258조의2 제1항(제257조 제1항의 죄로 한정한다)·제2항(제258조 제1항·제2항의 죄로 한정한다), 제259조 제1항, 제262조(존속폭행치사상의 죄는 제외한다), 같은 법 제26장, 제32장(제304조의 죄는 제외한다), 제38장부터 제40장까지 및 제42장에 규정된 죄
2. 「성폭력범죄의 처벌 등에 관한 특례법」 제10조부터 제14조까지, 제15조(제3조부터 제9조까지의 미수범은 제외한다), 「아동·청소년의 성보호에 관한 법률」 제12조 및 제14조에 규정된 죄
3. 제1호의 죄를 가중처벌 하는 죄 및 그 죄의 미수범을 처벌하는 경우 미수의 죄

② 법원은 제1항에 규정된 죄 및 그 외의 죄에 대한 피고사건에서 피고인과 피해자 사이에 **합의된 손해배상액에 관하여도** 제1항에 따라 배상을 명할 수 있다.
③ 법원은 다음 각 호의 어느 하나에 해당하는 경우에는 **배상명령을 하여서는 아니 된다.**
  1. 피해자의 **성명·주소가 분명하지 아니한 경우**
  2. **피해 금액이 특정되지 아니한 경우**
  3. 피고인의 **배상책임의 유무** 또는 그 범위가 **명백하지 아니한 경우**
  4. 배상명령으로 인하여 **공판절차가 현저히 지연될 우려가 있거나** 형사소송 절차에서 배상명령을 하는 것이 **타당하지 아니하다고 인정되는 경우**

3. 배상명령의 신청

소촉법 제26조 【배상신청】 ① 피해자는 **제1심 또는 제2심 공판의 변론이 종결될 때까지** 사건이 계속(係屬)된 법원에 제25조에 따른 피해배상을 신청할 수 있다. 이 경우 신청서에 **인지(印紙)를 붙이지 아니한다.**
② 피해자는 배상신청을 할 때에는 신청서와 **상대방 피고인 수만큼의 신청서 부본(副本)**을 제출하여야 한다.
③ 신청서에는 다음 각 호의 사항을 적고 신청인 또는 대리인이 **서명·날인**하여야 한다.
  1. 피고사건의 번호, 사건명 및 사건이 계속된 법원
  2. 신청인의 성명과 주소
  3. 대리인이 신청할 때에는 그 대리인의 성명과 주소
  4. 상대방 피고인의 성명과 주소
  5. 배상의 대상과 그 내용
  6. 배상 청구 금액
④ 신청서에는 필요한 **증거서류를 첨부할 수 있다.**
⑤ 피해자가 증인으로 **법정에 출석한 경우에는 말로써 배상을 신청할 수 있다.** 이 때에는 공판조서(公判調書)에 신청의 취지를 적어야 한다.
⑥ 신청인은 **배상명령이 확정되기 전까지는 언제든지 배상신청을 취하(取下)할 수 있다.**
⑦ 피해자는 피고사건의 범죄행위로 인하여 발생한 피해에 관하여 **다른 절차에 따른 손해배상청구가 법원에 계속 중일 때에는** 배상신청을 할 수 없다.
⑧ 배상신청은 **민사소송에서의 소의 제기와 동일한 효력**이 있다.

4. 배상명령사건의 심리

가. 신청서부본송달과 기일통지
법원은 서면에 의한 배상명령의 신청이 있는 때에는 지체없이 그 신청서부본을 피고인에게 송달하여야 한다(소촉법 제28조). 배상신청이 있는 때에는 신청인에게 공판기일을 통지하여야 한다(동법 제29조 제1항). 신청인이 공판기일의 통지를 받고도 출석하지 아니한 때에는 그 진술 없이 재판할 수 있다(동조 제2항).

나. 소송행위의 대리
피해자는 법원의 허가를 받아 그 배우자·직계혈족·형제자매 또는 호주에게 배상신청에 관하여 소송행위를 대리하게 할 수 있다(동법 제27조 제1항). 피고인의 변호인은 배상신청에 관하여 피고인의 대리인으로서 소송행위를 할 수 있다(동조 제2항).

다. 기록의 열람과 증거조사
(1) 신청인 및 그 대리인은 공판절차를 현저히 지연시키지 않는 범위 안에서 **재판장의 허가**를 받아 **소송기록을 열람**할 수 있고 공판기일에 **피고인 또는 증인을 신문**할 수 있으며 기타 필요한 **증거를 제출**할 수 있다(동법 제30조 제1항). 위 신청에 대하여 허가를 하지 아니한 재판에 대하여는 불복을 신청하지 못한다(동조 제2항).

(2) 법원은 필요한 경우에 피고인의 배상책임유무와 범위를 인정하는 데 필요한 **증거를 조사**할 수 있다(동 규칙 제24조 제1항).

라. 청구의 인낙과 화해
피해자와 피고인이 배상청구에 대해 인낙이나 화해의 의사표시를 하는 경우에 피해자와 피고인이 합의한 것으로 보고 합의시의 배상명령을 할 수 있다(동 규칙 제25조 제2항).

5. 배상명령의 재판

> **소촉법 제32조【배상신청의 각하】** ① 법원은 다음 각 호의 어느 하나에 해당하는 경우에는 결정(決定)으로 배상신청을 각하(却下)하여야 한다.
> 1. 배상신청이 **적법하지 아니한** 경우
> 2. 배상신청이 **이유 없다고 인정되는** 경우
> 3. 배상명령을 하는 것이 **타당하지 아니하다고 인정되는** 경우

② 유죄판결의 선고와 동시에 제1항의 재판을 할 때에는 이를 **유죄판결의 주문에 표시할 수 있다.**
③ 법원은 제1항의 재판서에 신청인 성명과 주소 등 신청인의 신원을 알 수 있는 사항의 기재를 생략할 수 있다.
④ 배상신청을 각하하거나 그 일부를 인용(認容)한 재판에 대하여 신청인은 불복을 신청하지 못하며, **다시 동일한 배상신청을 할 수 없다.**

소촉법 제33조【불복】 ① 유죄판결에 대한 상소가 제기된 경우에는 **배상명령은 피고사건과 함께 상소심(上訴審)으로 이심(移審)**된다.
② 상소심에서 원심(原審)의 유죄판결을 파기하고 피고사건에 대하여 무죄, 면소(免訴) 또는 공소기각(公訴棄却)의 재판을 할 때에는 원심의 배상명령을 취소하여야 한다. 이 경우 상소심에서 원심의 배상명령을 취소하지 아니한 경우에는 그 배상명령을 취소한 것으로 본다.
③ 원심에서 제25조 제2항에 따라 배상명령을 하였을 때에는 제2항을 적용하지 아니한다.
④ 상소심에서 원심판결을 유지하는 경우에도 원심의 배상명령을 취소하거나 변경할 수 있다.
⑤ 피고인은 유죄판결에 대하여 상소를 제기하지 아니하고 배상명령에 대하여만 상소 제기기간에 「형사소송법」에 따른 즉시항고(卽時抗告)를 할 수 있다. 다만, 즉시항고 제기 후 상소권자의 적법한 상소가 있는 경우에는 즉시항고는 취하된 것으로 본다.

Ⅱ 형사소송절차에서의 화해절차

소촉법 제36조【민사상 다툼에 관한 형사소송 절차에서의 화해】 ① 형사피고사건의 피고인과 피해자 사이에 민사상 다툼(해당 피고사건과 관련된 피해에 관한 다툼을 포함하는 경우로 한정한다)에 관하여 합의한 경우, 피고인과 피해자는 그 피고사건이 **계속 중인 제1심 또는 제2심 법원에 합의 사실을 공판조서에 기재하여 줄 것을 공동으로 신청할 수 있다.**
② 제1항의 **합의가 피고인의 피해자에 대한 금전 지불을 내용으로 하는 경우**에 피고인 **외의 자가 피해자에 대하여 그 지불을 보증하거나 연대하여 의무를 부담하기로 합의하였을 때**에는 제1항의 신청과 동시에 그 피고인 외의 자는 피고인 및 피해자와 공동으로 그 취지를 공판조서에 기재하여 줄 것을 신청할 수 있다.
③ 제1항 및 제2항에 따른 신청은 **변론이 종결되기 전까지 공판기일에 출석하여 서면으로 하여야 한다.**
④ 제3항에 따른 서면에는 해당 신청과 관련된 합의 및 그 합의가 이루어진 민사상 다툼의 목적인 권리를 특정할 수 있는 충분한 사실을 적어야 한다.
⑤ 합의가 기재된 공판조서의 효력 및 화해비용에 관하여는 「민사소송법」 제220조 및 제389조를 준용한다.

소촉법 제37조【화해기록】 ① 제36조 제1항 또는 제2항에 따른 신청에 따라 공판조서에 기재된 합의를 한 자나 이해관계를 소명(疎明)한 제3자는 「형사소송법」 제55조에도 불구하고 대법원규칙으로 정하는 바에 따라 법원서기관, 법원사무관, 법원주사 또는 법원주사보(이하 "법원사무관등"이라 한다)에게 다음 각 호의 사항을 신청할 수 있다.

> 1. 다음 각 목에 해당하는 서류(이하 "화해기록"이라 한다)의 열람 또는 복사
>   가. 해당 공판조서(해당 합의 및 그 합의가 이루어진 민사상 다툼의 목적인 권리를 특정할 수 있는 충분한 사실이 기재된 부분으로 한정한다)
>   나. 해당 신청과 관련된 제36조 제3항에 따른 서면
>   다. 그 밖에 해당 합의에 관한 기록
> 2. 조서의 정본·등본 또는 초본의 발급
> 3. 화해에 관한 사항의 증명서의 발급
>
> ② 제1항에 따라 신청하는 자는 대법원규칙으로 정하는 바에 따라 수수료를 내야 한다.
> ③ 제1항 각 호의 신청에 관한 법원사무관등의 처분에 대한 이의신청은 「민사소송법」 제223조의 예에 따르고, 화해기록에 관한 비밀보호를 위한 열람 등의 제한 절차는 같은 법 제163조의 예에 따른다.
> ④ 화해기록은 형사피고사건이 종결된 후에는 그 피고사건의 제1심 법원에서 보관한다.
>
> **소촉법 제38조 【화해 절차 당사자 등에 관한 「민사소송법」의 준용】** 제36조 및 제37조에 따른 민사상 다툼에 관한 형사소송 절차에서의 화해 절차의 당사자 및 대리인에 관하여는 그 성질에 반하지 아니하면 「민사소송법」 제1편 제2장 제1절(선정당사자 및 특별대리인에 관한 규정은 제외한다) 및 제4절을 준용한다.

Ⅲ 범죄피해자 구조제도

1. 의의

가. 범죄피해자 구조제도란 범죄로 인하여 생명·신체에 대한 피해를 받은 사람에 대하여 국가가 구조금을 지급하여 피해자를 구조하는 제도를 말한다.

나. 헌법 제30조는 「**타인의 범죄행위**로 인하여 **생명·신체에 피해를 받은 국민**은 법률이 정하는 바에 의하여 **국가로부터 구조**를 받을 수 있다」고 규정하고 있으며, 이에 근거하여 제정된 법률이 「**범죄피해자보호법**」이다.

2. 주체

가. 타인의 범죄행위로 인하여 생명·신체에 피해를 받은 사람이다. 외국인에 대하여는 상호보증주의가 적용된다(범죄피해자보호법 제23조).

나. 한국인 간의 범죄라 하더라도 외국에서 발생한 경우에는 범죄피해구조청구권을 행사할 수 없다.

3. 대상범죄(범죄피해자보호법 제3조 제4호)

가. 우리나라의 주권이 미치는 영역(우리 항공기, 선박) 내에서 발생한 범죄행위로 인한 피해

나. 사람의 생명 또는 신체를 해치는 죄에 해당하는 행위(형법 제9조, 제10조 제1항, 제12조, 제22조 제1항에 따라 처벌되지 아니하는 행위를 포함하며, 같은 법 제20조 또는 제21조 제1항에 따라 처벌되지 아니하는 행위 및 과실에 의한 행위는 제외한다)로 인하여 **사망하거나 장해 또는 중상해를 입은 것**을 말한다.

4. 구조피해자의 요건(범죄피해자보호법 제16조)

가. 구조피해자가 피해의 전부 또는 일부를 배상받지 못하는 경우

나. 자기 또는 타인의 형사사건의 수사 또는 재판에서 고소·고발 등 수사단서를 제공하거나 진술, 증언 또는 자료제출을 하다가 구조피해자가 된 경우

5. 성립요건

가. 적극적 요건 : 타인의 범죄행위로 인한 피해가 발생해야 한다(범죄피해자보호법 제1조).

(1) 대한민국의 영역 안에서 또는 대한민국의 영역 밖에 있는 대한민국의 선박이나 항공기 안에서 행하여진 사람의 생명 또는 신체를 해치는 죄에 해당하는 범죄가 발생한 경우이어야 한다.

(2) 미성년자의 행위(형법 제9조), 심신장애자의 행위(형법 제10조 제1항), 강요된 행위(형법 제12조) 긴급피난(형법 제22조 제1항)의 규정에 의해 처벌되지 아니하는 행위는 포함되지만 정당행위·정당방위 또는 과실에 의한 행위에 기한 피해는 제외된다(범죄피해자보호법 제3조 제4호).

(3) 개정 전 가해자의 불명 또는 무자력의 사유(범죄피해자구조법 제3조 제1항)는 개정으로 삭제되었다. 따라서 **생계유지곤란과 더불어, 가해자의 불명 또는 무자력은 적극적인 청구요건이 아니다.** 범죄수사 또는 형사재판절차에 대한 협조(수사단서의 제공, 재판에 있어서의 증언 등)와 관련하여 범죄피해자가 된 경우에도 가해자의 불명 또는 무자력이라는 요건은 갖출 필요가 없다.

나. 소극적 요건(배제사유, 범죄피해자보호법 제19조)

(1) 피해자와 가해자가 친족관계(동조 제1항)

범죄행위 당시 구조피해자와 가해자 사이에 **부부(사실상의 혼인관계 포함)**, 직계혈족, 4촌 이내의 친족, 동거친족의 관계가 있는 경우 구조금을 지급하지 아니하나, 기타의 친족관계가 있는 경우에는 구조금의 일부를 지급하지 아니한다.

(2) 피해자에게 귀책사유(동조 제3항, 제4항)

구조피해자가 해당 범죄행위를 교사 또는 방조하는 행위, 과도한 폭행·협박 또는 중대한 모욕 등 해당 범죄행위를 유발하는 행위, 해당 범죄행위와 관련하여 현저하게 부정한 행위, 해당 범죄행위를 용인하는 행위, 집단적 또는 상습적으로 불법행위를 행할 우려가 있는 조직에 속하는 행위(다만, 그 조직에 속하고 있는 것이 해당 범죄피해를 당한 것과 관련이 없다고 인정되는 경우는 제외한다), **범죄행위에 대한 보복으로 가해자 또는 그 친족이나 그 밖에 가해자와 밀접한 관계가 있는 사람의 생명을 해치거나 신체를 중대하게 침해하는 행위를 하는 경우**에는 구조금을 지급하지 아니한다. 또 폭행·협박 또는 모욕 등 해당 범죄행위를 유발하는 행위, 해당 범죄피해의 발생 또는 증대에 가공한 부주의한 행위 또는 부적절한 행위를 한 경우에는 구조금의 일부를 지급하지 않는다.

(3) 사회통념에 위배(동조 제6항, 제7항)

구조피해자 또는 그 유족과 가해자 사이의 관계, 그 밖의 사정을 고려하여 구조금의 전부 또는 일부를 지급하는 것이 사회통념에 위배된다고 인정될 때에는 구조금의 전부 또는 일부를 지급하지 **아니할 수 있다**(동조 제6항). 구조금의 실질적인 수혜자가 가해자로 귀착될 우려가 없는 경우 등 구조금을 지급하지 아니하는 것이 사회통념에 위배된다고 인정할 만한 특별한 사정이 있는 경우에는 구조금의 전부 또는 일부를 지급할 수 있다(동조 제7항).

6. 내용

가. 구조청구권의 내용

구조청구권의 내용은 **범죄피해구조금의 청구와 지급**이다. 구조금은 '유족구조금'과 '장해구조금', '중상해구조금'으로 구분된다. '유족구조금'은 피해자가 사망한 경우에 유족에게 지급되고 '장해구조금 및 중상해구조금'은 피해자에게 지급된다.

나. 구조청구권의 보충성

(1) 범죄피해자에 대한 국가의 구조의무는 무과실책임이지만 구조금의 지급은 범죄로 인한 피해보상에 대해서 보충성을 갖는다. 즉 피해자가 범죄를 원인으로 하여 국가배상법 **기타 법령에 의한 급여를 지급받을 수 있는 경우에는 구조금을 지급하지 아니**하며(범죄피해자보호법 제20조), 국가는 피해자 또는 유족이 당해 범죄피해를 원인으로 하여 손해배상을 받은 때에는 그 금액의 한도 내에서 구조금을 지급하지 아니한다(동법 제21조 제1항).

(2) 국가는 구조금을 지급한 때에는 **그 지급한 금액의 한도 내에서 당해 구조금의 지급을 받은 자가 가지는 손해배상청구권을 대위**한다(동법 제21조 제2항).

다. 지급방법과 절차

(1) 구조금의 지급에 관한 사항을 심의·결정하기 위하여 지방검찰청에 범죄피해자구조심의회를 둔다. 심의회는 법무부장관의 지휘·감독을 받는다(범죄피해자보호법 제24조).

(2) 지급방법은 일시금을 지급하는 것을 원칙으로 한다(동법 제17조 제1항).

(3) 구조금지급신청은 당해 **범죄피해의 발생을 안 날로부터 3년** 또는 당해 범죄피해가 **발생한 날로부터 10년**이 경과한 때에는 이를 할 수 없다(동법 제25조 제2항).

(4) 구조금의 지급을 받을 권리는 그 **구조결정이 당해 신청인에게 송달된 날로부터 2년간 행사하지 아니하면 시효로 인하여 소멸된다**(동법 제31조).

(5) 구조금의 지급을 받을 권리는 양도 또는 담보로 제공하거나 압류할 수 없다(동법 제32조).

(6) 구조금의 신청이 있는 때에는 심의회는 신속하게 구조금을 지급하거나 또는 지급하지 아니한다는 결정을 하여야 한다(동법 제26조).

라. 재심신청

지구심의회에서 구조금 지급신청을 기각(일부기각된 경우를 포함한다) 또는 각하하면 신청인은 결정의 정본이 송달된 날부터 2주일 이내에 그 지구심의회를 거쳐 본부심의회에 재심을 신청할 수 있다(범죄피해자보호법 제27조 제1항).

CHAPTER 04 재판의 집행과 형사보상

제1절 재판의 집행

I. 재판집행의 일반원칙

1. 재판의 집행이란 재판의 의사표시 내용을 국가권력에 의하여 강제적으로 실현하는 것을 말한다.

2. **형의 집행** 이외에 추징·소송비용과 같은 부수처분, 과태료·보증금의 몰수, 비용배상 등 **형 이외의 제재의 집행, 강제처분을 위한 영장의 집행도** 재판의 집행에 포함된다.

3. 그러나 무죄판결이나 공소기각의 재판의 경우에는 그 재판의 내용을 강제적으로 실현할 수 없으므로 재판의 집행이 문제되지 않는다.

II. 형의 집행

> **제459조 【재판의 확정과 집행】** 재판은 이 법률에 특별한 규정이 없으면 **확정한 후에** 집행한다.
>
> **제409조 【보통항고와 집행정지】** 항고는 즉시항고 외에는 재판의 집행을 정지하는 효력이 없다. 단 원심법원 또는 항고법원은 결정으로 항고에 대한 결정이 있을 때까지 집행을 정지할 수 있다.
>
> **제334조 【재산형의 가납판결】** ① 법원은 벌금, 과료 또는 추징의 선고를 하는 경우에 **판결의 확정 후에는 집행할 수 없거나 집행하기 곤란할 염려가 있다고 인정한 때에는 직권** 또는 검사의 **청구**에 의하여 피고인에게 벌금, 과료 또는 추징에 **상당한 금액의 가납**을 명할 수 있다.
> ② 전항의 재판은 **형의 선고와 동시에 판결로써** 선고하여야 한다.
> ③ 전항의 판결은 **즉시로 집행할 수 있다.**

관련판례 [1] 형사소송법 제475조는 이 경우 **형집행장의 집행에 관하여 형사소송법 제1편 제9장에서 정하는 피고인의 구속에 관한 규정을 준용**한다고 규정하고 있고, 여기서 '피고인의 구속에 관한 규정'은 '피고인의 구속영장의 집행에 관한 규정'을 의미한다고 할 것이므로, **형집행장의 집행에 관하여는** 구속의 사유에 관한 형사소송법 제70조나 구속이유의 고지에 관한 형사소송법 제72조가 준용되지 아니한다.

[2] 사법경찰관리가 벌금형을 받은 사람을 그에 따르는 노역장유치의 집행을 위하여 구인하려면 검사로부터 발부받은 **형집행장을 그 상대방에게 제시하여야 하지만**(형사소송법 제85조 제1항 참조), **형집행장을 소지하지 아니한 경우에 급속을 요하는 때에는 그 상대방에 대하여 형집행 사유와 형집행장이 발부되었음을 고하고 집행할 수 있다**(형사소송법 제85조 제3항 참조). 그리고 형집행장의 제시 없이 구인할 수 있는 '급속을 요하는 때'란 애초 사법경찰관리가 적법하게 발부된 형집행장을 소지할 여유가 없이 형집행의 상대방을 조우한 경우 등을 가리킨다(대판 2013.9.12. 2012도2349).

→ 사법경찰관리가 노역장유치의 집행을 위하여 벌금미납자를 구인하는 것은 사법경찰관의 직무범위 안에 속하므로, 그 상대방에게 형집행장을 제시할 필요가 없다.

관련판례 — 형집행장의 긴급집행에 있어 형집행장 발부를 고지하지 아니한 경우 [1] **벌금형에 따르는 노역장유치**는 실질적으로 자유형과 동일하므로, 그 집행에 대하여는 자유형의 집행에 관한 규정이 준용된다(형사소송법 제492조). 구금되지 아니한 당사자에 대하여 형의 집행기관인 검사는 그 형의 집행을 위하여 이를 소환할 수 있으나, **당사자가 소환에 응하지 아니한 때에는 형집행장을 발부하여 이를 구인할 수 있는데**(형사소송법 제473조), 이 경우의 **형집행장의 집행에 관하여는 형사소송법 제1편 제9장에서 정하는 피고인의 구속에 관한 규정이 준용**된다(형사소송법 제475조). 그리하여 **사법경찰관리가 벌금형을 받은 이를 그에 따르는 노역장 유치의 집행을 위하여 구인하려면** 검사로부터 발부받은 형집행장을 상대방에게 제시하여야 하지만(형사소송법 제85조 제1항), 형집행장을 소지하지 아니한 경우에 급속을 요하는 때에는 상대방에 대하여 형집행 사유와 형집행장이 발부되었음을 고하고 집행할 수 있고(형사소송법 제85조 제3항), 여기서 형집행장의 제시 없이 구인할 수 있는 '급속을 요하는 때'란 애초 사법경찰관리가 적법하게 발부된 형집행장을 소지할 여유가 없이 형집행의 상대방을 조우한 경우 등을 가리킨다. 이때 사법경찰관리가 벌금 미납으로 인한 노역장 유치의 집행의 상대방에게 형집행 사유와 더불어 벌금 미납으로 인한 지명수배 사실을 고지하였더라도 특별한 사정이 없는 한 그러한 고지를 형집행장이 발부되어 있는 사실도 고지한 것이라거나 형집행장이 발부되어 있는 사실까지도 포함하여 고지한 것이라고 볼 수 없으므로, 이와 같은 사법경찰관리의 직무집행은 적법한 직무집행에 해당한다고 할 수 없다.

[2] 경찰관 甲이 도로를 순찰하던 중 벌금 미납으로 지명수배된 피고인과 조우하게 되어 벌금 미납 사실을 고지하고 벌금납부를 유도하였으나 피고인이 이를 거부하자 벌금 미납으로 인한 노역장 유치의 집행을 위하여 구인하려 하였는데, 피고인이 이에 저항하여 甲의 가슴을 양손으로 수차례 밀침으로써 벌금수배자 검거를 위한 경찰관의 공무집행을 방해하였다는 내용으로 기소된 사안에서, 피고인에 대하여 확정된 벌금형의 집행을 위하여 형집행장이 이미 발부되어 있었으나, 甲이 피고인을 구인하는 과정에서 형집행장이 발부되어 있는 사실은 고지하지 않았던 사정에 비추어 甲의 위와 같은 직무집행은 위법하다고 보아 공소사실을 무죄로 **판단**한 원심판결이 정당하다고 한 사례(대판 2017.9.26. 2017도9458).

관련판례 – 피고인의 차명재산이라는 이유만으로 제3자 명의로 등기되어 있는 부동산에 관하여 피고인에 대한 추징판결을 곧바로 집행하는 것이 허용되는지 여부(소극)

[1] 형사소송법은, 추징의 집행은 민사집행법의 집행에 관한 규정을 준용하거나 국세징수법에 따른 국세체납처분의 예에 따르도록 규정하고 있다(제477조). 따라서 추징의 집행은 민사집행법에 의한 집행이나 국세징수법에 따른 국세체납처분의 일반원칙에 따라 이루어져야 하는데, 민사집행법에 의한 집행이나 국세체납처분을 할 때에 '채무자가 사실상 소유하는 재산'이라는 이유로 제3자 명의로 등기되어 있는 부동산에 관하여 곧바로 집행이나 체납처분을 하는 것은 허용되지 않는다. 이와 같이 제3자 명의로 등기되어 있는 부동산에 대하여 추징의 집행을 허용하는 것은 강제집행의 일반원칙에 반하는 것이므로 이를 허용하기 위해서는 별도의 법적 근거가 있어야 한다. 2013. 7. 12. 법률 제11883호로 개정된 「공무원범죄에 관한 몰수 특례법」 제9조의2는 "제6조의 추징은 범인 외의 자가 그 정황을 알면서 취득한 불법재산 및 그로부터 유래한 재산에 대하여 그 범인 외의 자를 상대로 집행할 수 있다."라고 규정함으로써 범인 외의 자를 상대로 추징을 집행할 수 있는 법적 근거를 마련하였는바, 이에 해당하지 않는 이상 제3자 명의로 등기되어 있는 부동산에 관하여 추징을 집행할 수는 없다고 보아야 한다.

[2] 한편, 제3자 명의로 등기되어 있으나 실질적으로 피고인에게 귀속하는 부동산이 공무원범죄몰수법 제42조 등에 따라 추징보전명령의 대상이 될 수는 있다(대법원 2009. 6. 25.자 2009모471 결정 등 참조). 그러나 추징보전명령은 추징의 집행을 보전할 목적으로 형사정책적으로 도입된 제도로서 반드시 민사집행법상 보전처분과 그 대상이나 요건이 동일하다고 볼 필요가 없는 데 반하여, 추징의 집행은 재판확정 후 국가의 형 집행으로 민사집행법의 집행에 관한 규정을 준용하거나 국세징수법에 따른 국세체납처분의 예에 따라야 한다(형사소송법 제477조)는 점에서 추징의 집행을 추징보전명령과 동일시 할 수 없다. 피고인이 범죄행위를 통하여 취득한 불법수익 등을 철저히 환수할 필요성이 크더라도 추징의 집행 역시 형의 집행이므로 법률에서 정한 절차에 따라야 하고, **피고인이 제3자 명의로 부동산을 은닉하고 있다면 적법한 절차를 통하여 피고인 명의로 그 등기를 회복한 후 추징판결을 집행하여야** 한다(대결 2021.4.9. 2020모4058).

Ⅲ 재판집행에 대한 구제방법

1. 재판해석에 대한 의의신청

가. 의의

(1) 형의 선고를 받은 자는 집행에 관하여 재판의 해석에 대한 의의가 있는 때에는 재판을 선고한 법원에 의의(疑議)신청을 할 수 있다(제488조).

(2) 의의신청은 판결주문의 취지가 불명확하여 **주문의 해석에 의문이 있는 경우에 한하여** 할 수 있고 **판결이유의 모순·불명 또는 부당을 주장하는 의의신청은 허용되지 않는다**(대결 1985.8.20. 85모22).

> **판례** ─ 형사소송법 제488조 의의신청이나 제489조의 이의신청에 의하여 재판의 내용자체의 부당성을 주장할 수 있는지 여부   형사소송법 제488조의 의의신청은 판결의 취지가 명료하지 않아 그 해석에 대한 의의가 있는 경우에 적용되는 것이고, 같은 법 제489조의 이의신청은 재판의 집행에 관한 검사의 처분이 부당함을 이유로 하는 경우에 적용되는 것이므로 재판의 내용 자체가 부당하다고 주장하는 것은 이에 해당되지 아니한다(대판 1987.8.20. 87도1057).

나. 절차

(1) 의의신청은 형의 선고를 받은 **자만**이 할 수 있다. 따라서 그의 법정대리인 등이나 검사에게는 이의신청권이 인정되지 아니한다.

(2) 의의신청은 재판을 선고한 법원에 **서면으로** 하여야 한다(규칙 제174조).

(3) 의의신청의 **관할법원은 재판을 선고한 법원**이다(제488조). 즉 형을 선고한 법원이다. **상소를 기각하는 판결**이 있는 경우에는 **원심법원**이 된다(대결 1987.5.12. 자 87초28,2703).

(4) 의의신청은 법원의 결정이 있을 때까지 취하할 수 있다(제490조 제1항).

(5) 의의신청에 대하여 법원은 결정을 하여야 하고(제491조 제1항), 이 결정에 대하여 즉시항고를 할 수 있다(동조 제2항).

2. 재판집행에 대한 이의신청

가. 의의

(1) 재판의 집행을 받은 자 또는 그 법정대리인이나 배우자는 **집행에 관한 검사의 처분이 부당함을 이유로 재판을 선고한 법원에 이의(異議)신청**을 할 수 있다(제489조).

(2) 이의신청은 검사의 처분에 대해서만 허용되므로 교도서장의 처분에 대해서는 이의신청을 할 수 없다

(3) 이의신청은 재판의 확정전에도 가능하지만, 집행종료후의 이의신청은 실익이 없으므로 인정되지 않는다.

나. 절차

이의신청은 재판의 집행을 받은 자 또는 그 법정대리인이나 배우자가 할 수 있다. 그 외의 절차는 의의신청과 동일하다.

제2절 형사보상

I 의의와 성질

가. 형사보상이란 국가형사사법의 과오에 의하여 죄인의 누명을 쓰고 구속되었거나 형의 집행을 받은 자에 대하여 국가가 그 손해를 보상하여 주는 제도를 말한다.

나. 헌법 제28조는 「형사피의자 또는 형사피고인으로서 구금되었던 자가 법률이 정하는 불기소처분을 받거나 무죄판결을 받은 때에는 **법률이 정하는 바에 의하여 국가에 상당한 보상을 청구할 수 있다**」고 규정하여 형사보상을 국민의 기본권으로 보장하고 있으며, 이를 구체화하여 「형사보상 및 명예회복에 관한 법률」에서 형사보상의 요건과 절차 및 그 내용이 규정되어 있다.

II 형사보상의 요건

1. 피의자보상의 요건

가. 협의의 불기소처분

(1) 피의자로서 **구금되었던 자 중 검사로부터 기소유예처분 이외의 불기소처분을 받은 자**는 국가에 대하여 그 구금에 대한 보상(이하 "피의자보상"이라 한다)을 청구할 수 있다.

(2) 다만, 구금된 이후 공소를 제기하지 아니하는 처분을 할 사유가 있는 경우와 공소를 제기하지 아니하는 **처분이 종국적인 처분이 아니거나(기소중지)**, 「형사소송법」 제247조(기소유예)에 따른 것일 경우에는 그러하지 아니하다(형사보상법 제27조 제1항).

나. 미결구금의 집행

피의자보상을 청구할 수 있는 자는 불기소처분을 받을 때까지 미결구금을 당한 자이어야 한다.

다. 피의자보상의 제외사유

다음 각 호의 어느 하나에 해당하는 경우에는 피의자보상의 전부 또는 일부를 지급하지 아니할 수 있다(형사보상법 제27조 제2항).

(1) 본인이 수사·재판을 그르칠 목적으로 허위의 자백을 하거나 다른 유죄의 증거를 만듦으로써 구금된 것으로 인정되는 경우

(2) 구금기간 중에 다른 사실에 대하여 수사가 행하여지고 그 사실에 관하여 **범죄가 성립한 경우**

(3) 보상을 하는 것이 **선량한 풍속 기타 사회질서에 반한다**고 인정할 특별한 사정이 있는 경우

> [관련판례] 형사보상 및 명예회복에 관한 법률 제2조 제1항은 무죄재판을 받아 확정된 사건의 피고인이 미결구금을 당하였을 때에는 국가에 대하여 그 구금에 대한 보상을 청구할 수 있다고 규정하고 있다. 이에 따라 **판결 주문에서 경합범의 일부에 대하여 유죄가 선고되더라도 다른 부분에 대하여 무죄가 선고되었다면 형사보상을 청구할 수 있다. 그러나 그 경우라도** 미결구금 일수의 전부 또는 일부가 유죄에 대한 본형에 산입되는 것으로 확정되었다면, **그 본형이 실형이든 집행유예가 부가된 형이든 불문하고 그 산입된 미결구금 일수는 형사보상의 대상이 되지 않는다.** 그 미결구금은 유죄에 대한 본형에 산입되는 것으로 확정된 이상 형의 집행과 동일시되므로, 형사보상할 미결구금 자체가 아닌 셈이기 때문이다.
>
> 한편 **판결 주문에서 무죄가 선고되지 아니하고 판결 이유에서만 무죄로 판단된 경우에도 미결구금 가운데 무죄로 판단된 부분의 수사와 심리에 필요하였다고 인정된 부분에 관하여는 판결 주문에서 무죄가 선고된 경우와 마찬가지로 보상을 청구할 수 있다. 그러나 앞서 본 법리 역시 그대로 적용되어 미결구금 일수의 전부 또는 일부가 선고된 형에 산입되는 것으로 확정되었다면, 그 산입된 미결구금 일수는 형사보상의 대상이 되지 않는다**(대결 2017.11.28. 2017모1990).

2. 피고인보상의 요건

가. 무죄판결과 면소·공소기각의 재판

(1) 무죄판결

피고인보상은 피고인이 무죄판결을 받은 경우에 이를 청구할 수 있다. 무죄재판을 받은 경우란 **무죄재판이 확정된 것**을 의미한다. 무죄판결은 형사소송법에 의한 일반절차, 재심, 비상상고, 상소권 회복에 의한 상소의 절차에 의하여 받을 수 있다(형사보상법 제2조 제1항·제2항).

(2) 면소·공소기각의 재판

① 면소·공소기각의 재판을 받은 자는 면소·공소기각의 재판을 할 만한 사유가 없었더라면 무죄의 재판을 받을 만한 현저한 사유가 있었을 경우나 ② 치료감호의 독립 청구를 받은 피치료감호청구인의 치료감호사건이 범죄로 되지 아니하거나 범죄사실의 증명이 없는 때에 해당되어 청구기각의 판결을 받아 확정된 경우에는 국가에 대하여 구금에 대한 보상을 청구할 수 있다(형사보상법 제26조 제1항).

나. 미결구금 또는 형의 집행

(1) 무죄·면소·공소기각·치료감호청구기각의 재판을 받은 피고인이 미결구금 또는 형집행을 받아야 한다.

(2) 피고인이 무죄판결 등을 받을 당시에 **구금상태에 있을 것을 요하지 않는다**(예 재심·비상상고절차에서 무죄판결을 받은 경우).

> **관련판례 면소판결 - 형사보상 가능** 피고인이 '국가안전과 공공질서의 수호를 위한 대통령긴급조치'(이하 '긴급조치 제9호'라 한다)를 위반하였다는 공소사실로 제1, 2심에서 유죄판결을 선고받고 상고하여 상고심에서 구속집행이 정지된 한편 긴급조치 제9호가 해제됨에 따라 **면소판결을 받아 확정된 다음 사망**하였는데, 그 후 피고인의 처(妻) 甲이 형사보상을 청구한 사안에서, 긴급조치 제9호는 헌법에 위배되어 당초부터 무효이고, 이와 같이 위헌·무효인 긴급조치 제9호를 적용하여 공소가 제기된 경우에는 형사소송법 제325조 전단의 '피고사건이 범죄로 되지 아니한 때'에 해당하므로 법원은 무죄를 선고하였어야 하는데, 피고인이 면소판결을 받은 경위 및 그 이유, 원판결 당시 법원이 긴급조치 제9호에 대한 사법심사를 자제하는 바람에 그 위반죄로 기소된 사람으로서는 재판절차에서 긴급조치 제9호의 위헌성을 다툴 수 없었던 사정 등을 종합하여 보면, 이 결정에서 **긴급조치 제9호의 위헌·무효를 선언함으로써 비로소 면소의 재판을 할 만한 사유가 없었더라면 무죄재판을 받을 만한 현저한 사유가 피고인에게 생겼다**고 할 것이므로, 甲은 형사보상 및 명예회복에 관한 법률 제26조 제1항 제1호, 제3조 제1항, 제11조를 근거로 **긴급조치 제9호 위반으로 피고인이 구금을 당한 데 대한 보상을 청구할 수 있다**(대결 2013.4.18. 2011초기689 전원합의체).

Ⅲ 형사보상의 내용

1. 구금에 대한 보상

(1) 구금에 대한 보상을 할 때에는 그 구금일수에 따라 1일당 보상청구의 원인이 발생한 연도의 「최저임금법」에 따른 일급 최저임금액 이상 대통령령으로 정하는 금액 이하의 비율에 의한 보상금을 지급한다(형사보상법 제5조 제1항).

(2) 노역장유치의 집행을 한 경우 그에 대한 보상에 관하여는 제1항을 준용한다(동조 제5조 제5항).

2. 사형집행에 대한 보상

사형집행에 대한 보상금은 **집행 전 구금에 대한 보상금 외에 3천만 원 이내에서 모든 사정을 고려하여 법원이 상당하다고 인정하는 액을 가산하여 보상**한다. 이 경우 본인의 사망에 의하여 생긴 재산상의 손실액이 증명된 때에는 그 손실액도 보상한다(동조 제3항).

3. 벌금·과료의 집행에 대한 보상

벌금 또는 과료(科料)의 집행에 대한 보상을 할 때에는 이미 징수한 벌금 또는 과료의 금액에 징수일의 다음 날부터 보상 결정일까지의 일수에 대하여 「민법」 제379조의 법정이율(연 5분)을 적용하여 계산한 금액을 더한 금액을 보상한다(동조 제4항).

4. 몰수·추징의 집행에 대한 보상

(1) 몰수 집행에 대한 보상을 할 때에는 그 몰수물을 반환하고, 그것이 이미 처분되었을 때에는 보상결정 시의 시가를 보상한다(동조 제6항).

(2) 추징금에 대한 보상을 할 때에는 그 액수에 징수일의 다음 날부터 보상 결정일까지의 일수에 대하여 「민법」 제379조의 법정이율을 적용하여 계산한 금액을 더한 금액을 보상한다(동조 제7항).

(3) 다만 면소 또는 공소기각의 재판을 받은 자는 구금에 대한 보상만을 청구할 수 있으므로(형사보상법 제25조), 몰수 또는 추징에 대한 보상을 청구할 수 없다(대판 1965.5.18. 65다532).

Ⅳ 형사보상의 절차

1. 청구권자

가. 피의자 보상
기소유예 이외의 불기소처분을 받은 피의자(형사보상법 제27조 제1항)

나. 피고인 보상
(1) 무죄·면소·공소기각의 재판을 받아 확정된 사건의 피고인(형사보상법 제2조, 제26조 제1항)

(2) 치료감호청구기각의 판결을 받아 확정된 피치료감호청구인(형사보상법 제26조 제2항)

2. 보상금지급의 청구

가. 피의자보상청구

(1) 피의자보상을 청구하려는 자는 공소를 제기하지 아니하는 처분을 한 **검사가 소속된 지방검찰청**(지방검찰청 지청의 검사가 그러한 처분을 한 경우에는 그 지청이 속하는 지방검찰청을 말한다)의 심의회에 보상을 **청구**하여야 한다(형사보상법 제28조 제1항).

(2) 피의자보상의 청구는 검사로부터 **공소를 제기하지 아니하는 처분의 고지(告知) 또는 통지를 받은 날부터 3년 이내에 하여야** 한다(동조 제3항).

(3) 심의회의 보상결정이 송달(제4항의 심판을 청구하거나 소송을 제기한 경우에는 그 재결 또는 판결에 따른 심의회의 보상결정이 송달된 때를 말한다)된 후 2년 이내에 보상금 지급청구를 하지 아니할 때에는 그 권리를 상실한다(동조 제5항).

나. 피고인보상청구

(1) 보상의 청구는 **무죄판결을 한 법원**에 대하여 하여야 한다(형사보상법 제7조).

(2) 보상청구는 무죄재판이 확정된 사실을 **안 날부터 3년**, 무죄재판이 **확정된 때부터 5년** 이내에 하여야 한다(형사보상법 제8조).

(3) 보상청구를 할 때에는 보상청구서에 재판서의 등본과 그 재판의 확정증명서를 첨부하여 법원에 제출하여야 한다(형사보상법 제9조 제1항). 보상청구서에는 청구자의 등록기준지·주소·성명·생년월일, 청구의 원인된 사실과 청구액을 기재하여야 한다(동조 제2항).

(4) 보상청구는 대리인을 통하여서도 할 수 있다(형사보상법 제13조).

INDEX

판례색인

대법원 결정

1965. 1.15. 64모29	602
1969. 1. 6. 68모57	221
1970. 3.13. 65모4	111
1974.10.16. 74모68	221
1984. 3.29. 84모15	150
1984. 4.13. 84모14	622
1984. 5.30. 84모32	618
1985. 7. 8. 85초29	222
1985. 7.29. 85모16	59
1985. 8.20. 85모22	663
1986. 7.12. 86모25	151, 602
1986. 7.18. 85모49	601
1986. 9. 5. 86모40	601
1987. 3.28. 87모17	601
1987. 5.12. 87초28,2703	664
1990. 2.13. 87모37	256
1990. 4.18. 90모22	106
1990.11. 2. 90모44	221
1990.11. 5. 90모50	621
1991. 3.28. 91모24	97, 257
1992. 3.13. 92모1	277
1992. 8. 7. 92두30	257
1993. 3. 4. 92모21	557
1994. 7.14. 93모66	616
1995. 1. 9. 94모77	222
1995. 4. 3. 95모10	221
1995.11. 8. 95모67	620
1996. 5.15. 95모94	258
1996. 6. 3. 96모18	13, 255, 270
1996. 8.16. 94모51 전원합의체	137, 138, 139
1997. 1.13. 96모51	618
1997. 4.28. 97모26	109
1997. 6.16. 97모1	601
1997. 8.27. 97모21	99, 104, 105, 602
1997. 9.29. 97모66	607
1997.11.27. 97모88	108
1999.12. 1. 99모161	120
2000.11.10. 2000모134	90
2001. 3.21. 2001모2	221
2001. 5.29. 2000모22 전원합의체	111
2002. 5.17. 2001모53	111
2003.11.11. 2003모402	269, 270
2005. 1.20. 2003모429	280
2005. 5. 9. 2004모24	270
2006. 5.11. 2004모16	616
2006. 7.25. 2006모389	605
2006.10.13. 2005모552	642
2006.12. 5. 2006초기335 전원합의체	211
2006.12.18. 2006모646	601
2007. 1.12. 2006모658	642
2007. 1.31. 2006모656	607
2007. 1.31. 2006모657	252
2007. 5.25. 2007모82	608
2008. 4.14. 2007모726	604
2008. 9.12. 2008모793	270, 608
2009. 7.16. 2005모472 전원합의체	619, 620, 621
2010. 2.26. 2010모24	627
2010.10.29. 2008재도11 전원합의체	624
2011. 2.10. 2009모407	163
2011. 5.26. 2009모1190	133
2012. 2.16. 2009모1044 전원합의체	564
2012. 4.27. 2012모576	565
2012.10.29. 2012모1090	162, 604
2013. 1.24. 2012모1393	317
2013. 4.18. 2010모363	617, 619
2013. 4.18. 2011초기689 전원합의체	520, 667
2013. 7. 1. 2013모160	64, 88, 252
2014. 5.30. 2014모739	627
2015. 7.16. 2011모1839 전원합의체	65, 117, 134
2015. 7.16. 2013모2347 전원합의체	162, 556
2015.10.15. 2013모1970	609
2016. 6.16. 2016초기318 전원합의체	212
2016.11.10. 2015모1475	617
2016.12. 2. 2016모2711	642
2017. 3.30. 2016모2874	554
2017. 7.27. 2017모1377	253
2017. 7.27. 2017모1557	556, 642
2017. 9.22. 2017모1680	557
2017. 9.29. 2017모236	141
2017.11. 7. 2017모2162	279
2017.11.28. 2017모1990	666
2018. 3.29. 2018모642	591
2018. 5. 2. 2015모3243	612, 615
2018. 6.22. 2018모1698	605
2019. 3.21. 2015모2229 전원합의체	629
2019. 5.30. 2018어21	534

2020. 3.17. 2015모2357	271, 608
2020. 4.16. 2019모3526	119
2021. 1.14. 2020모3694	593
2021. 4. 2. 2020모2071	628
2021. 4. 2. 2020모2561	601
2021. 4. 9. 2020모4058	663

대법원 판결

1961. 3.31. 4293형상440	464
1961. 6. 7. 4293형상923	280
1961. 8.16. 4294형상171	500
1961.10. 5. 60도403	571
1961.10.26. 4294형상590	364
1962. 6.28. 62도66	185
1963. 1.10. 62오4	631
1964. 3.31. 64도64	525
1964. 9.17. 64도298 전원합의체	578
1964.12.29. 64도664	293
1965. 5.18. 65다532	668
1965.10. 5. 65도597	55
1966. 3.24. 65도114 전원합의체	185
1966. 7.19. 66도793	188
1966. 7.26. 66도634 전원합의체	496, 497
1966.12. 8. 66도1319 전원합의체	583
1967. 3. 7. 66도1749	293
1967. 4.25. 67도322	424
1967. 5.23. 67도471	53
1968. 3.19. 68도43	499
1968. 6.28. 68도570	468
1968.12. 6. 67도657	482
1969. 2.18. 68도1601	47
1969. 4.29. 69도376	47
1970. 2.10. 69도2296	580
1970. 7.28. 70도942	281
1971. 3. 9. 70도2536	516
1971. 5.24. 71도574	558, 579
1971. 7. 6. 71도974	152, 218
1972. 6.12. 79도702	150
1973. 5. 1. 73도289	365
1974. 8.30. 74도1687	493
1975. 6.24. 70도2660	572
1975. 6.24. 75도1449 전원합의체	45, 532
1976. 4.27. 75도3365	42, 197
1976. 5.26. 76도1126	186
1976. 9.28. 74도1676	294
1976. 9.28. 76도2569	498
1976.12.28. 76도3203	629
1977. 4.26. 77도210	393
1977.12.13. 77도2770	410
1977.12.27. 77도1308	182
1978.11. 1. 78도1540	293
1979. 3.27. 78도1031	332
1979.11.27. 79도2410	296
1980. 2.12. 79도1032	298
1980. 3.25. 79도2105	297, 581
1980. 4. 8. 79도2125	372
1980. 4.22. 80도333	347
1980. 5.13. 80도765	582
1980. 8.12. 80도1289	435
1980.10.27. 80도1448	47
1981. 4.14. 81도343	446
1981. 6. 9. 81도1269	186
1981. 7. 7. 81도182	241
1981.10. 6. 81도1968	51
1981.10.13. 81도2160	394
1981.10.27. 81도1370	69
1981.11.10. 81도1171	47
1981.11.24. 81도2422	516
1982. 5.25. 82도716	394
1982. 6. 8. 82도754	168, 431
1982. 6.22. 82도938	303
1982. 9.14. 82도1000	232, 233
1982. 9.14. 82도1479 전원합의체	435
1982. 9.14. 82도1504	281
1982. 9.28. 82도1759	521
1982.10.12. 82도2078	240
1982.12. 9. 80도384 전원합의체	575
1983. 2. 8. 82도2672	588
1983. 3. 8. 82도2873	480, 481, 484
1983. 3. 8. 82도3217	375, 507
1983. 3. 8. 82도3248	393
1983. 5.10. 83도686	498, 499
1983. 6.14. 83도765	584
1983. 6.28. 83도1111	499
1983. 6.28. 83도931	430
1983. 7.26. 82도835	427
1983. 7.26. 83도1431	47
1983. 9.13. 82도2063	530
1983. 9.13. 83도712	395, 479
1983. 9.27. 83도516	47
1983.11. 8. 83도1979	189
1983.11. 8. 83도2500	293

1984. 1.24. 83도2945	424
1984. 2.28. 83도3343	499
1984. 3.13. 83도3006	448
1984. 4.27. 84도2252	398
1984. 5.15. 84도508	410
1984. 5.29. 84도378	449
1984. 6.26. 84도666	294
1984. 6.26. 84도709	38
1984. 6.26. 84도851	506
1984. 8.14. 84도1139	398
1984. 9.11. 84도1579	39
1984. 9.25. 84도1610	238
1984. 9.25. 84도619	340
1984. 9.26. 85도1646	168
1984.10.10. 84도1552	486
1984.11.27. 84도2106	525, 559
1985. 2.26. 82도2413	398
1985. 3.12. 85도190	40
1985. 4. 9. 85도225	456
1985. 4.23. 85도281	217
1985. 5.28. 85도21	526
1985. 6.11. 84도2012	535
1985. 6.25. 85도691	232
1985. 9.24. 84도2972	584
1985.11.12. 85도1940	45, 532
1985.11.12. 85도1998	570
1985.12.10. 85도2182,85감도313	395
1986. 5.27. 86도479,86감도67	560
1986. 9.23. 86도1547	373
1986.12. 9. 86도1875	90
1987. 1.20. 86도2396	294
1987. 2.10. 85도897	291
1987. 4.14. 87도317	395
1987. 4.28. 87도294	587
1987. 7. 7. 87도945	517
1987. 8.20. 87도1057	664
1988. 3. 8. 87도2673	303
1988. 4.12. 87도2709	374
1988. 5.10. 87도2716	68, 415
1988.11. 8. 85도1675	559
1988.11. 8. 86도1646	151, 152
1989. 1.24. 87도1978	294
1989. 3.14. 88도1399	129
1989. 3.14. 88도2428	163
1989. 6.13. 89도582	197
1989.11.14. 88도1251	412
1989.12.26. 89도1557	449
1990. 1.25. 89도1317	281
1990. 2.13. 89도2364	517
1990. 2.13. 89도2366	486
1990. 6. 8. 90도646	97, 287
1990. 7.24. 90도1303	486
1990. 8.24. 90도1285	97, 258, 397
1990. 9.25. 90도1586	178
1990. 9.25. 90도1613	258
1990.10.30. 90도1694	293
1990.10.30. 90도1939	499
1990.12.11. 90도2337	91, 92
1991. 1.29. 90도2153	537
1991. 3.12. 90도2820	571
1991. 6.25. 91도643	543
1991. 6.28. 91도865	323, 485
1991. 9.24. 91도1314	82
1992. 1.21. 91도1402 전원합의체	574
1992. 2.28. 91도2337	151
1992. 4.14. 92도442	234
1992. 6.23. 92도682	247, 248, 250, 251, 468
1992. 6.23. 92도954	412
1992. 6.26. 92도682	378, 396
1992. 7.28. 92도917	333, 408, 496
1992. 9.22. 92도1751	153
1992.10.27. 92도1377	27
1993. 1.19. 92도2554	240, 241
1993. 3.23. 92도3327	359
1993. 3.26. 92도2033	293
1993. 5.14. 93도486	68
1993. 5.25. 93도836	589
1993. 6.22. 93오1	632, 637
1993.10.22. 93도1620	53
1993.10.22. 93도2178	195
1993.11.23. 93다35155	58
1994. 2. 8. 93도3445	521
1994. 3.11. 93도958	59
1994. 3.22. 93도2080 전원합의체	291, 292, 294, 542, 545
1994. 4.26. 93도1689	43, 44
1994. 8. 9. 94도1228	416
1994. 8. 9. 94도1318	526, 641
1994. 8.12. 94도1591	558
1994. 9.13. 94도1335	359
1994.10.14. 94오1	632
1994.11. 3. 94모73	221

1994.11. 4. 94도129	366, 367	1997.12.12. 97도2463	214
1994.11. 4. 94도2354	350	1997.12.26. 97도2249	153
1994.11.11. 94도1159	482	1998. 2.27. 97도1770	360, 425, 490, 492, 493, 494
1994.12. 9. 94도1888	297		
1994.12.13. 94도2584	516	1998. 3.13. 98도159	446
1995. 1.20. 94도2752	203	1998. 3.26. 97도1716 전원합의체	581, 584
1995. 2.17. 94도3297	192, 297	1998. 4.10. 97도3234	366
1995. 2.24. 94도252	23, 50	1998. 5. 8. 97다54482	128
1995. 2.24. 94도3163	372	1998. 5. 8. 98도631	30
1995. 3.10. 94도3373	23	1998. 6.23. 98도869	153
1995. 3.24. 94도1112	535	1998. 9.25. 98도2111	578
1995. 3.24. 94도2287	459	1998.11.10. 98두11915	559
1995. 3.24. 95도22	531	1998.11.13. 96도1783	373
1995. 4.14. 95도110	505	1999. 1.15. 98도550	581
1995. 5. 9. 95도535	83	1999. 1.26. 98도3029	391
1995. 5.12. 95도484	398	1999. 1.29. 98도3584	393
1995.12. 5. 94도1520	297	1999. 3. 9. 98도4621	203
1995.12. 5. 95도1908	521	1999. 4.13. 99도155	218
1995.12.22. 95도1289	505	1999. 4.15. 96도1922 전원합의체	4, 49, 302
1996. 1.26. 95도1333	494	1999. 4.23. 98다1377	59
1996. 2.13. 94도2568	179	1999. 4.23. 99도915	428
1996. 2.13. 95도1794	500	1999. 5.14. 98도1438	293
1996. 2.23. 95도1642	537	1999. 5.14. 99도900	531
1996. 2.23. 96도47	533	1999. 6.11. 99도275	521
1996. 3.12. 94도2423	43	1999. 7.23. 99도1860	188
1996. 4.12. 95도2312	544	1999. 8.20. 99도2029	487
1996. 6.14. 96도1016	244	1999. 9. 3. 98도968	145
1996. 6.14. 96도477	624	1999. 9. 3. 99도2317	60, 439, 467
1996. 9. 6. 95도2945	492	1999.10. 8. 99도3063	417
1996. 9.20. 96도1665	590	1999.10.22. 99도3534	218
1996. 9.24. 96도1730	179	1999.11. 9. 99도2530	301
1996. 9.24. 96도2151	42, 281	1999.11.26. 99도1904	196
1996.10.11. 94다55163	520	1999.11.26. 99도3776	583
1996.10.11. 96도1698	194	1999.11.26. 99도3929,99감도97	191
1996.10.15. 96도1669	409	1999.12. 7. 98도3329	13, 467
1996.10.17. 94도2865 전원합의체	498	1999.12.21. 99도4670	53
1996.10.25. 95도1473	364, 371	1999.12.24. 99도3003	519, 535
1996.12.10. 95도830	587	1999.12.26. 99도3929	195
1996.12.23. 96도2673	520	1999.12.27. 98도3329	60
1997. 3.28. 96도2417	469	2000. 2.11. 99도4840	569, 570
1997. 3.28. 97도240	476	2000. 2.22. 99도5678	544
1997. 5.23. 97도852	508	2000. 2.25. 99도1252	401
1997. 6.27. 95도1964	396	2000. 3.10. 2000도159	463
1997. 7.22. 96도2153	627	2000. 3.10. 99도5312	516
1997. 9.30. 97도1230	389, 390, 466	2000. 3.28. 99두11264	225
1997.11.28. 97도2215	191, 239, 241	2000. 4. 1. 99도5210	59

2000. 6.13. 2000도778	575
2000. 6.15. 99도1108 전원합의체	8, 431, 432, 169
2000. 7. 4. 99도4341	82
2000. 9. 8. 2000도258	303
2000. 9.26. 2000도2365	499
2000.10.13. 99오1	637
2000.11.10. 99도5541	522
2000.11.24. 2000도4078	244
2000.12.27. 99도5679	458, 460
2001. 2. 9. 2000도4946	375, 506
2001. 3. 9. 2001도192	250
2001. 5.29. 2000도2933	447
2001. 7.13. 2001도1239	623
2001. 8.24. 2001도2902	201
2001. 9. 4. 2000도1743	440
2001. 9.14. 2001도1550	401, 429, 443
2001. 9.28. 2001도3997	420, 461
2001. 9.28. 2001도4091	69, 413
2001. 9.28. 2001도4291	78
2001.10. 8. 2001도3931	369
2001.10. 9. 2001도3106	24, 179, 429, 441, 471, 474
2001.10.26. 2000도2968	14, 150
2001.10.26. 2001도4583	93
2001.12.11. 2001도4013	301
2001.12.14. 2001도4283	52
2001.12.27. 2001도5304	7
2002. 1.22. 2001도4014	201
2002. 1.22. 2001도5920	294
2002. 2.22. 2001다23447	229
2002. 3.12. 2001도2064	363
2002. 3.29. 2002도587	299
2002. 4.12. 2002도944	217, 641
2002. 5.16. 2002도51 전원합의체	42, 197
2002. 5.31. 2000도2716	374, 508
2002. 6.11. 2000도5701	74, 79, 394
2002. 7.12. 2000도4597	625
2002. 7.12. 2001도6777	47, 536
2002. 7.12. 2002도2134	504
2002.10. 8. 2002도123	471, 474
2002.10.22. 2002도4452	522
2002.11.22. 2001도849	544
2003. 5.13. 2003도1366	303
2003. 9. 5. 2003도2578	50
2003. 9.23. 2001도6839	294
2003. 9.26. 2002도3924	201
2003. 9.26. 2003도3394	205
2003.10. 9. 2002도4372	416
2003.10.23. 2002도446	38
2003.11.14. 2003도2735	183, 278
2003.12.26. 2003도5255	368
2004. 1.16. 2003도5693	101, 410, 457
2004. 3.11. 2003도171	463
2004. 4. 9. 2004도340	588
2004. 4.27. 2004도482	175, 176, 177, 459
2004. 6.11. 2003도8092	522, 535
2004. 6.25. 2004도2611	487
2004. 7. 9. 2004도2116	346
2004. 7.15. 2003도7185 전원합의체	423
2004. 7.22. 2003도8153	199, 527
2004. 7.22. 2004도2390	531
2004. 9. 3. 2004도3588	250, 251
2004. 9.23. 2004도3203	183
2004. 9.23. 2004도4727	573
2004. 9.24. 2004도2154	625
2004.10.28. 2004도5014	24
2004.11.12. 2004도5257	145
2004.11.26. 2004도4693	536, 537
2004.12.10. 2004도3515	573
2004.12.10. 2004도6480	522
2005. 3.11. 2004도8313	593
2005. 4.14. 2005도790	535
2005. 4.28. 2004도4428	457
2005. 5.26. 2004도1925	590
2005. 5.26. 2005도130	59, 479
2005. 7.28. 2005도3904	522
2005. 8.19. 2005도2617	494
2005. 9.30. 2005도4383	535
2005.10.14. 2005도4758	222
2005.10.28. 2005도1247	29, 178
2005.10.28. 2005도5822	584
2005.10.28. 2005도5854	382
2005.11.25. 2005도5831	448
2005.11.25. 2005도6925	215
2005.12.23. 2005도2945	470
2005.12.23. 2005도6402	215
2006. 1.12. 2005도7601	234, 408
2006. 1.13. 2003도6548	420, 447
2006. 1.13. 2005도5925	590
2006. 1.26. 2004도517	396
2006. 1.27. 2005도8704	200, 543
2006. 3.16. 2005도9729 전원합의체	561

판례	페이지
2006. 3.23. 2005도9678	192
2006. 4.14. 2005도9561	453, 461
2006. 4.28. 2005도8976	281
2006. 4.28. 2006도1296	215
2006. 5.25. 2004도3619	431, 452
2006. 5.25. 2006도114	572
2006. 7. 6. 2005도6810	34, 58
2006. 9. 8. 2006도148	74
2006.10.12. 2006도4981	476
2006.10.13. 2006오2	637
2006.11. 9. 2004도8404	58
2006.11.23. 2004도7900	429
2006.12. 8. 2006도6356	200
2007. 1.11. 2006도7228	452
2007. 2. 9. 2006도6737	535
2007. 2.23. 2005도10233	294, 526
2007. 3.15. 2006도8869	468
2007. 4.12. 2007도828	301, 535
2007. 4.13. 2007도1249	81
2007. 4.26. 2007도1794	465
2007. 5.10. 2007도1375	521
2007. 5.11. 2006도1993	23
2007. 5.11. 2007도748	188
2007. 5.31. 2007도1903	27, 29
2007. 6.28. 2005도7473	579
2007. 7.12. 2007도3496	618
2007. 7.26. 2007도3219	457
2007. 7.26. 2007도3906	190
2007. 8.23. 2007도2595	196, 455, 401
2007.10.11. 2007도4962	24
2007.11.15. 2007도3061 전원합의체	378, 384, 388
2007.11.29. 2007도7680	28
2007.11.29. 2007도7835	590
2007.11.29. 2007도7961	76
2007.12.13. 2007도7257	436, 457, 477
2007.12.27. 2007도5313	179
2007.12.27. 2007도9053	476
2008. 2.14. 2005도4202	196
2008. 2.14. 2007도10937	497, 500
2008. 3.13. 2007도10804	28, 469
2008. 3.27. 2008도680	534
2008. 3.27. 2007도11400	74
2008. 5.29. 2007도1755	590
2008. 5.29. 2007도7260	300
2008. 5.29. 2008도1816	365
2008. 5.29. 2008도2343	499
2008. 6.12. 2006도8568	210
2008. 6.12. 2008도2621	127
2008. 6.26. 2008도1584	390
2008. 6.26.. 2008도3300	332
2008. 7.10. 2007도7760	277, 487
2008. 7.10. 2008도2245	130
2008. 7.24. 2008도3438	533
2008. 9.25. 2008도5347	403
2008. 9.25. 2008도5508	324
2008. 9.25. 2008도6985	460
2008.10. 9. 2008도3078	535
2008.10.23. 2008도7471	141, 384
2008.11.13. 2006도2556	404, 465
2008.11.13. 2008도8007	403
2008.11.20. 2008도5596 전원합의체	572
2008.11.27. 2007도4977	51
2008.12.11. 2008도4101	202
2008.12.11. 2008도4376	200
2008.12.11. 2008도7112	367
2009. 1.30. 2008도7462	43
2009. 2.12. 2008도11486	563
2009. 2.12. 2008도7848	576, 595
2009. 2.26. 2008도11813	279
2009. 3.12. 2008도11437	386
2009. 3.12. 2008도763	120
2009. 4. 9. 2008도10572	588
2009. 4. 9. 2008도11718	569
2009. 4. 9. 2008도5634	543
2009. 4.23. 2009도526	385
2009. 5.14. 2008도10914	121, 386
2009. 6.11. 2008도12111	32
2009. 6.23. 2009도1322	432
2009. 6.25. 2009도3505	518
2009. 7. 9. 2009도2865	422, 234
2009. 7.23. 2009도3282	54
2009. 7.23. 2009도3934	30
2009. 8.20. 2008도8213	248, 250
2009.10.15. 2009도1889	235
2009.10.22. 2009도7436 전원합의체	4, 187, 189
2009.11.12. 2009도8949	344
2009.11.19. 2009도6058 전원합의체	46, 381, 532
2009.12.10. 2009도9939	44
2009.12.24. 2009도10754	580
2009.12.24. 2009도11401	125, 474
2010. 1.14. 2009도12934	571
2010. 1.14. 2009도9344	323, 333

2010. 1.28. 2009도10092	132
2010. 2.25. 2009도14409	422
2010. 3.25. 2010도8	519
2010. 4.29. 2010도750	365
2010. 5.27. 2010도2680	532
2010. 6.24. 2010도5040	420
2010. 7.15. 2007도5776	484
2010. 7.22. 2009도14376	126, 386
2010. 9. 9. 2008도3990	391, 467
2010. 9.30. 2008도4762	41, 54
2010.10.14. 2010도5610,2010전도31	366
2010.10.14. 2010도8591	81
2010.10.14. 2010도9016	471, 474
2010.10.28. 2008도11999	78
2010.11.11. 2009도224	162
2010.11.11. 2010도11550,2010전도83	50, 532
2010.11.11. 2010도9106	561
2010.11.25. 2010도10985	568
2010.11.25. 2010도8735	439
2010.12. 9. 2008도1092	578, 585
2010.12.16. 2010도5986 전원합의체	526, 560
2011. 1.27. 2008도7375	644
2011. 1.27. 2010도11987	292, 546
2011. 1.27. 2010도12375	292
2011. 2.10. 2008도4558	563
2011. 2.10. 2010도14391	298
2011. 4.28. 2009도10412	167
2011. 4.28. 2009도2109	146, 523
2011. 4.28. 2010도14487	509
2011. 4.28. 2011도17	641
2011. 5.13. 2011도1094	323
2011. 5.13. 2011도2233	281
2011. 5.26. 2009도2453	363
2011. 5.26. 2011도1902	132
2011. 5.26. 2011도3682	82
2011. 6. 9. 2010도13590	624
2011. 6.24. 2011도4451,2011전도76	366
2011. 7.14. 2011도1013	453
2011. 7.14. 2011도3809	429
2011. 8.25. 2009도9112	49, 51
2011. 8.25. 2011도7725	520
2011. 9. 8. 2010도7497	436
2011. 9. 8. 2011도6325	325
2011.10.27. 2009도1603	398
2011.11.10. 2011도8125	249
2011.11.24. 2009도7166	303
2011.11.24. 2011도11994	341
2011.12. 8. 2010도2816	340
2011.12.22. 2011도12041	56
2011.12.22. 2011도12927	83, 212
2012. 1.27. 2011도16044	521
2012. 2. 9. 2009도14884	129
2012. 2.23. 2011도7282	201
2012. 3.15. 2010도3436	537
2012. 3.29. 2011도15137	204
2012. 4.26. 2011도11817	530
2012. 5.10. 2012도2496	587
2012. 5.17. 2009도6788 전원합의체	428, 438, 454, 522
2012. 5.24. 2011도7757	248, 380, 428
2012. 5.24. 2012도1284	318
2012. 6.14. 2011도15653	372
2012. 6.14. 2011도6858	546
2012. 6.28. 2012도2087	535
2012. 7.26. 2012도2937	430
2012. 8.30. 2011도14257,2011전도233	572
2012. 8.30. 2012도7377	368
2012. 9.13. 2010도6203	33, 35, 36
2012. 9.13. 2012도6612	545
2012. 9.13. 2012도7461	441
2012. 9.27. 2010도15206	520
2012. 9.27. 2010도17052	413
2012.10.11. 2012도6848,2012전도143	332
2012.10.25. 2011도6273	536
2012.11.15. 2011다48452	225
2012.11.15. 2011도15258	129, 144
2012.11.29. 2010도11788	394
2012.11.29. 2012도8184	391
2013. 2.28. 2011도14986	294
2013. 3.14. 2010도2094	387
2013. 3.14. 2011도7259	595
2013. 3.14. 2011도8325	417
2013. 3.14. 2012도13611	387
2013. 3.28. 2010도3359	65, 248, 258, 272, 380, 397, 412, 415
2013. 3.28. 2012도12843	324
2013. 3.28. 2012도13607	387
2013. 3.28. 2013도3	481
2013. 4.11. 2011도10626	612, 624, 627
2013. 4.11. 2013도1435	450, 452
2013. 4.25. 2013도1658	214
2013. 5. 9. 2013도1886	562

판례	페이지
2013. 6.13. 2012도16001	455, 523
2013. 6.13. 2013도4737	641
2013. 6.27. 2011도7931	616, 624
2013. 6.27. 2013도2714	281, 309, 325
2013. 6.27. 2013도3983	300
2013. 6.27. 2013도4114	563
2013. 7.11. 2012도16334	563
2013. 7.11. 2013도351	562
2013. 7.12. 2013도5165	295
2013. 7.25. 2013도1444	531
2013. 7.26. 2013도2511	265, 318, 333, 360, 478
2013. 7.26. 2013도6182	201
2013. 8.14. 2012도13665	169
2013. 9.12. 2011도12918	219, 227, 397
2013. 9.12. 2012도2349	81, 662
2013. 9.26. 2013도7718	123, 133
2013.10.11. 2013도2198	594
2013.10.17. 2013도5001	452
2013.10.24. 2013도6285	374
2013.11.14. 2013도8121	364
2013.12.12. 2012도7198	577, 582
2013.12.12. 2013도6608	582
2014. 1.16. 2013도10316	219
2014. 1.16. 2013도5441	247, 382
2014. 1.16. 2013도7101	381
2014. 2.13. 2013도9605	592
2014. 2.21. 2013도12652	457
2014. 2.27. 2011도13999	33
2014. 3.27. 2013도13567	300, 304
2014. 3.27. 2014도342	575
2014. 4.10. 2014도1779	65
2014. 4.24. 2013도9162	203
2014. 4.24. 2013도9498	278, 309
2014. 4.30. 2012도725	430, 456, 460
2014. 5.16. 2012도12867	529
2014. 5.16. 2013도14656	375
2014. 5.16. 2014도3037	321
2014. 5.29. 2012도14295	509
2014. 6.12. 2014도3163	363
2014. 6.26. 2013도9866	507
2014. 7.10. 2012도5041	411, 470
2014. 7.10. 2014도4708	366
2014. 8.26. 2011도6035	450, 456
2014. 9.26. 2014도9030	363
2014.01.16. 2013도7101	121
2014.10.15. 2013도5650	54
2014.11.13. 2013도1228	381
2014.12.11. 2014도7976	32, 34
2015. 1.22. 2014도10978 전원합의체	119
2015. 2.12. 2012도4842	204
2015. 4.23. 2013도3790	69, 412, 435, 441
2015. 4.23. 2015도2275	404
2015. 5.14. 2012도11431	283
2015. 5.14. 2014도2946	621
2015. 5.21. 2011도1932 전원합의체	628
2015. 5.28. 2013도10958	283
2015. 5.28. 2014도18006	338
2015. 5.28. 2015도1362,2015전도19	199
2015. 6.24. 2015도5916	203
2015. 6.25. 2014도17252 전원합의체	626
2015. 7.23. 2015도3260 전원합의체	592
2015. 8.20. 2013도11650 전원합의체	371, 507
2015. 8.27. 2015도3467	486
2015. 9.10. 2012도14755	163
2015. 9.10. 2015도7821	554
2015.10.15. 2015도1803	212
2015.10.29. 2012도2938	615
2015.10.29. 2014도5939	70
2015.11.17. 2013도7987	52
2015.12.10. 2015도11696	579
2016. 2.18. 2015도13726	133, 391
2016. 2.18. 2015도16586	417, 442
2016. 2.18. 2015도17115	453
2016. 3.10. 2013도11233	134, 383
2016. 3.10. 2015도19139	504
2016. 3.24. 2016도1131	583
2016. 4.29. 2016도2210	324
2016. 5.12. 2013도15616	477
2016. 5.12. 2016도2136	581
2016. 9.28. 2014도10748	513
2016.10.13. 2015도17869	506
2016.10.13. 2016도5814	75
2016.10.13. 2016도8137	61, 472
2016.11.10. 2016도7622	253
2016.11.25. 2016도15018	510
2016.11.25. 2016도9470	45, 283
2016.12.15. 2015도3682	184
2016.12.29. 2016도11138	295
2017. 1.25. 2016도13489	62
2017. 2. 3. 2016도20069	598
2017. 2. 6. 2016도19006	253
2017. 2.15. 2016도19027	181

2017. 3. 9. 2013도16162	95, 163, 257	
2017. 3.15. 2013도2168	76	
2017. 3.15. 2016도19843	381, 473	
2017. 3.16. 2016도21075	295	
2017. 3.22. 2016도17465	212	
2017. 3.22. 2016도18031	589	
2017. 4. 7. 2016도19907	83	
2017. 4.13. 2016도12551	193	
2017. 4.27. 2017도2583	527	
2017. 4.28. 2016도21342	295	
2017. 5.30. 2017도1549	374, 509	
2017. 6.15. 2017도3448	181	
2017. 6.19. 2013도564	181	
2017. 6.29. 2016도18194	211	
2017. 7.11. 2016도14820	205	
2017. 7.18. 2014도8719	21, 123	
2017. 7.18. 2015도12981,2015전도218	379, 419	
2017. 8.23. 2015도11679	540	
2017. 8.23. 2016도5423	533, 539, 540	
2017. 9.12. 2017도10309	130, 131	
2017. 9.21. 2015도12400	118	
2017. 9.21. 2017도10866	76	
2017. 9.21. 2017도1168	541	
2017. 9.26. 2017도9458	662	
2017.10.12. 2017도10368	648	
2017.11. 9. 2014도15129	510	
2017.11. 9. 2017도14769	613, 618	
2017.11.29. 2014도16080	127, 128, 388	
2017.12. 5. 2013도7649	541	
2017.12. 5. 2016도16738	538	
2017.12. 5. 2017도12671	456, 457	
2017.12. 5. 2017도13458	120, 121	
2018. 2. 8. 2017도13263	117, 118	
2018. 2. 8. 2017도14222	511	
2018. 2.28. 2015도15782	614	
2018. 3.15. 2017도20247	508	
2018. 3.29. 2016도18553	569	
2018. 3.29. 2017도21537	84	
2018. 3.29. 2018도327	529	
2018. 4.12. 2017도13748	591	
2018. 4.26. 2018도2624	388	
2018. 5.11. 2018도4075	388	
2018. 6.15. 2018도4200	522	
2018. 6.28. 2014도13504	26	
2018. 7.12. 2018도6219	143, 144, 146	
2018. 7.24. 2018도3443	184	
2018.10. 4. 2016도15961	585	
2018.10.25. 2018도7709	376	
2018.10.25. 2018도9810	293	
2018.11. 1. 2016도10912 전원합의체	373	
2018.11.29. 2018도13377	310	
2018.12.13. 2016도19417	35	
2018.12.27. 2016다266736	95	
2019. 3.14. 2015도1900	477	
2019. 3.21. 2017도16593-1 전원합의체	596, 597	
2019. 5.10. 2018도3768	652	
2019. 5.30. 2018도19051	326	
2019. 6.13. 2019도4608	299	
2019. 6.20. 2018도20698 전원합의체	547, 629, 630	
2019. 7.10. 2019도4221	564	
2019. 7.11. 2018도20504	383	
2019. 7.24. 2018도17748	561	
2019. 8.29. 2018도14303 전원합의체	625	
2019. 8.29. 2018도2738 전원합의체	402	
2019. 9.26. 2019도8531	254	
2019.10.17. 2019도11540	584	
2019.10.17. 2019도11609	577	
2019.10.31. 2019도5426	594	
2019.10.31. 2019도8815	205	
2019.11.14. 2019도11552	423	
2019.11.14. 2019도13290	83, 437, 501	
2019.11.21. 2018도13945 전원합의체	454	
2019.11.28. 2013도6825	170, 432, 433	
2019.12.13. 2019도10678	282	
2020. 1. 9. 2019도15700	586	
2020. 1.30. 2019도15987	28, 30	
2020. 2.13. 2019도14341	122	
2020. 3.26. 2020도355	580	
2020. 4. 9. 2019도17142	132	
2020. 4.29. 2017도13409	180, 647	
2020. 5.14. 2020도398	132	
2020. 6.11. 2016도9367	424	
2020. 8.20. 2020도6965,2020전도74	375	
2020.10.22. 2020도4140 전원합의체	583	
2020.11.26. 2020도10729	119	
2021. 1.28. 2017도18536	600	
2021. 1.28. 2018도4708	368	
2021. 2.25. 2020도17109	403	
2021. 3.11. 2018오2	633, 635	
2021. 3.11. 2019오1	632	
2021. 3.11. 2020도12583	201	

2021. 3.11. 2020도15259	376
2021. 4.29. 2021도2650	514
2021. 5. 6. 2021도1282	580
2021. 6.10. 2020도15891	304
2021. 6.10. 2021도2726	594
2021. 6.24. 2021도4648	73
2021. 7. 8. 2021도2738	623
2021. 7.21. 2020도13812	293
2021. 7.29. 2017도16810	29
2021.11.18. 2016도348 전원합의체	135

헌법재판소 결정

1991. 5.13. 90헌마133	262, 263
1991. 7. 8. 89헌마181	98
1992. 1.28. 91헌마111	95, 256
1993. 9.27. 92헌마284	199
1993.12.23. 93헌가2	109
1995. 7.21. 92헌마144	256
1996. 2.16. 96헌가2	199
1996.12.26. 94헌바1	153
1997. 3.27. 96헌가11	248
1997.11.27. 94헌마60	86, 261, 263, 315
1998. 7.16. 97헌바22	323
1998. 9.30. 97헌바51	401
2001.11.29. 2001헌바41	331
2003. 3.27. 2000헌마474	262
2004. 3.25. 2002헌바104	101
2004. 9.23. 2000마138	269
2009. 6.25. 2007헌바25	93
2017.11.30. 2016헌마503	66
2018. 4.26. 2015헌바370	125
2018. 8.30. 2016헌마263	62
2018.12.27. 2015헌바77	603
2019. 2.28. 2015헌마1204	256, 258

하급심 판결

서울고등법원 1983. 2. 4. 82노3282	521
서울서부지법 2007. 9.19. 2007고단270	475
서울지방법원 1996. 8. 8. 95나54753	57
정부지방법원 2019. 4.18. 2018노1311	27
제주지방법원 2018. 9. 3. 2017재고합4	3